JN428947

맨큐의 핵심경제학 원론: 학습 길잡이

제1부 경제학 시작하기

제1장 경제학의 열 가지 원리 — 경제학을 학습할 때는 몇 가지 중요한 원리에 근거하여 판단한다.

제2장 경제학자처럼 생각하기 — 경제학자들은 과학자이자 정책 입안자로서 세상을 본다.

제3장 상호의존과 거래를 통한 이익 — 비교우위이론은 사람들이 경제적 상호의존을 통해 어떻게 이익을 얻는지 설명한다.

제2부 시장의 작동

제4장 시장에서 작동하는 공급과 수요
제5장 탄력성: 개념 및 응용
— 경제는 상호의존적인 경제주체들을 어떻게 조화시키는가? 시장에서 작동하는 공급과 수요를 통해 조화시킨다.

제6장 공급, 수요, 정부정책 — 공급과 수요라는 도구를 활용하여 다양한 정부정책이 미치는 영향을 고찰한다.

제3부 시장 및 후생

제7장 소비자, 생산자, 시장 효율성
제8장 응용: 과세에 수반되는 비용
제9장 응용: 국제무역
— 공급과 수요의 균형이 사회 전체를 위해 바람직한 이유는 무엇인가? 소비자 잉여와 생산자 잉여란 개념을 활용하여 시장 효율성, 과세에 따른 비용, 국제무역의 이익을 설명할 수 있다.

제4부 공공부문 경제학

제10장 외부효과
제11장 공공재와 공유자원
— 시장에서 이루어진 결과가 반드시 효율적이지는 않으며 정부는 이따금 시장실패를 해결할 수 있다.

제5부 기업 행태와 산업조직

제12장 생산비용
제13장 경쟁시장에서의 기업
— 기업 이론은 경쟁시장의 공급 이면에서 이루어지는 결정을 설명해준다.

제14장 독점 — 시장 지배력이 있는 기업들은 시장에서 비효율적인 결과를 야기할 수 있다.

제6부 거시경제학의 자료

제15장 국민소득의 측정

제16장 생활비의 측정

전체 생산량과 전체 물가수준을 활용하여 경제 전체의 전개 상황을 추적한다.

제7부 장기적으로 본 실물 경제

제17장 생산과 성장

제18장 저축, 투자, 금융제도

제19장 기본적인 재무분석 방법

제20장 실업

여기서는 GDP성장, 저축, 투자, 실질이자율, 실업을 포함한 주요 실질변수를 장기적으로 결정하는 요인을 살펴본다.

제8부 장기적으로 본 화폐 및 물가

제21장 화폐제도

제22장 통화 증가와 인플레이션

화폐제도는 물가수준, 인플레이션, 기타 명목변수의 장기적인 행태를 결정하는 데 중요한 역할을 한다.

제9부 단기적으로 본 경제 변동

제23장 총수요 및 총공급 모형

제24장 통화정책 및 재정정책이 총수요에 미치는 영향

총수요 및 총공급 모형은 단기적인 영향, 실질변수와 명목변수 사이의 단기적인 연계관계를 설명한다.

ESSENTIALS OF 10e
ECONOMICS
맨큐의 핵심경제학

***Essentials of Economics*, Tenth Edition**

N. Gregory Mankiw

ISBN-13: 978-89-6218-571-3

Cengage Learning Korea Ltd.
14F YTN Newsquare 76 Sangamsan-ro
Mapo-gu Seoul 03926 Korea

Cengage is a leading provider of customized learning solutions with employees residing in nearly 40 different countries and sales in more than 125 countries around the world. Find your local representative at: **www.cengage.com**

To learn more about Cengage Learning Solutions, visit **www.cengageasia.com**

Printed in Korea
Print Number: 01 Print Year: 2025

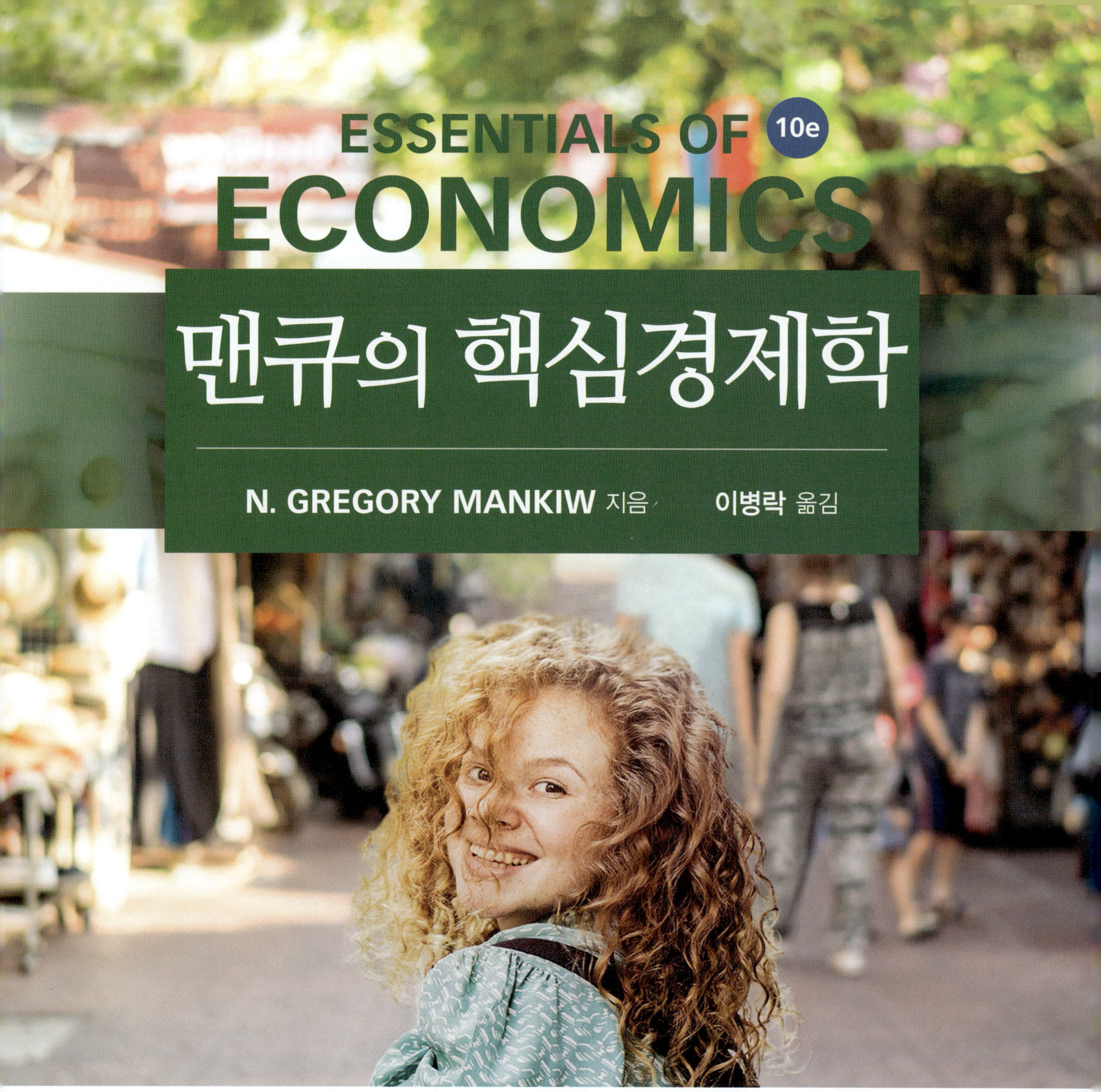

ESSENTIALS OF ECONOMICS 10e

맨큐의 핵심경제학

N. GREGORY MANKIW 지음   이병락 옮김

Australia • Brazil • Canada • Mexico • Singapore • United Kingdom • United States

옮긴이 소개

이병락
고려대학교 경상대학 교수 역임

맨큐의 핵심경제학

Essentials of Economics, Tenth Edition

제10판 1쇄 인쇄 | 2025년 2월 21일
제10판 1쇄 발행 | 2025년 2월 28일

지은이 | N. Gregory Mankiw
옮긴이 | 이병락
발행인 | 리리안후아, 탄록민
발행처 | 센게이지러닝코리아㈜
등록번호 | 제313-2007-000074호(2007.3.19.)
이메일 | asia.infokorea@cengage.com
홈페이지 | www.cengage.co.kr

ISBN | 978-89-6218-571-3

정 가 | 43,000원

저자 소개

JORDI CABRÉ

N. Gregory Mankiw 교수는 하버드대학교 경제학과 Robert M. Beren 석좌교수이다. 학생으로서는 프린스턴대학교와 MIT에서 경제학을 공부했다. 교수로서는 거시경제학, 미시경제학, 통계학, 경제학 원론을 가르치고 있다. 오래전 어느 여름에 뉴저지주 롱비치 섬에서 요트 항해 강사로도 일했었다.

Mankiw 교수는 다작을 하는 저술가이며 학술 및 정책 토론에 정기적으로 참가하고 있다. 그의 논문은 「American Economic Review」, 「Journal of Political Economy」, 「Quarterly Journal of Economics」 같은 학술지에 발표되었으며, 그의 글은 「뉴욕타임스」, 「월 스트리트 저널」 같은 보다 대중적인 매체의 특별 기고란에 실렸다. 또한 베스트셀러인 중급 경제학 교과서 『Macroeconomics』(Worth 출판사 간행)를 저술했다.

강의, 연구, 저술활동 이외에도 Mankiw 교수는 National Bureau of Economic Research 연구원, Brookings Panel on Economic Activity 회원, Congressional Budget Office 고문, 보스턴 및 뉴욕 Federal Reserve Bank 고문, Urban Institute 이사, Economic Club of New York 이사, ETS의 경제학 분야 Advanced Placement(AP) 시험을 위한 시험문제개발위원회 위원으로 활동하고 있다. 2003년부터 2005년까지 President's Council of Economic Advisers의 의장으로 재임했다.

요약 차례

저자 서문

저자가 학생으로서 경제학 과목을 처음 수강했을 때 느꼈던 흥분을 조금이라도 전하고 싶어서 이 책을 저술했다. 경제학은 약간의 지식만을 가지고도 많은 것을 분석하고 해법을 모색할 수 있는 학문분야라고 생각한다.(예를 들어 물리학이나 중국어는 그렇게 할 수 없다) 경제학자들은 독특한 세계관을 가지고 있으며, 그중 많은 부분을 한두 학기 만에 배울 수 있다. 이 책에서 추구하는 목표는 이런 사고방식을 가능한 한 많은 사람에게 전달해서 이들이 자신의 삶과 접하는 세계에 관해 많은 것을 설명할 수 있다고 확신하도록 하는 것이다.

저자는 모든 사람이 경제학이 제시하는 근본적인 사고의 틀을 배워야 한다고 믿는다. 일반적인 교육의 한 가지 목적은 사람들에게 세상에 관해 가르쳐서 보다 나은 사람이 되게 하는 것이다. 여타 학문과 마찬가지로 경제학도 이 목표를 달성하고자 한다. 따라서 경제학 교과서를 집필하는 것은 큰 영광이며 큰 의무감을 느끼게 하는 작업이다. 이것은 또한 경제학자들이 보다 나은 정부와 보다 번영하는 장래를 만드는 데 기여할 수 있는 한 가지 방법이다.

학습 구성

이 책은 가능한 한 학생들이 경제학을 친근하게 접할 수 있도록 구성되었다. 다음은 이 책의 각 부분이 어떻게 서로 연계되는지 개략적으로 소개한다.

도입

제1장 '경제학의 열 가지 원리'는 경제학자가 세상을 바라보는 견해를 학생들에게 소개한다. 이 장에서는 예를 들면 기회비용, 한계적 의사결정, 유인의 역할, 거래를 통한 이익, 시장 배분의 효율성과 같이 경제학에서 반복적으로 원용되는 사고의 틀을 간략하게 소개한다. 이 책 전반에 걸쳐, 학생들에게 이런 사고의 틀이 모든 경제학의 기초가 된다는 사실을 깨닫게 하기 위해서 제1장에서 살펴본 경제학의 열 가지 원리를 필요할 때마다 언급할 것이다.

제2장 '경제학자처럼 생각하기'는 경제학자들이 연구 대상에 어떻게 접근하는지를 살펴본다. 이 장에서는 이론을 개발하는 데 있어서 가정이 하는 역할에 대해 논의하고 경제 모형의 개념을 소개한다. 또한 정책 입안에서 경제학자가 하는 역할을 살펴볼 것이다. 이 장의 부록에서는 도표들이 어떻게 잘못 사용되는지뿐만 아니라 어떻게 사용되는지에 대해서 간단하게 복습하는 과정을 밟는다.

제3장 '상호의존과 거래를 통한 이익'은 비교우위 이론을 소개한다. 이 이론은 개인들이 이웃들과 거래하는 이유와 국가들이 다른 국가들과 거래하는 이유를 설명해준다. 경제학의 많은 부분은 시장에서 작동하는 힘이 많은 개별 생산 결정과 소비 결정을 어떻게 조화시키는지에 관한 것이다. 이런 분석의 출발점으로서 학생들은 이 장에서 특화, 상호의존, 무역이 모든 사람에게 이익이 되는 이유를 살펴보게 된다.

기본 도구인 공급 및 수요

다음 세 개 장에서는 기본 도구인 공급 및 수요를 소개한다. 제4장 '시장에서 작동하는 공급과 수요'는 공급곡선, 수요곡선, 시장균형 개념을 소개한다. 제5장 '탄력성: 개념 및 응용'은 탄력성의 개념을 소개하고 이를 활용하여 세 가지 상이한 시장에서의 상황을 분석한다. 제6장 '공급, 수요, 정부정책'은 이들 도구를 활용하여 예를 들면 임대료 통제와 최저임금법 같은 가격 통제 그리고 조세 부담을 검토한다.

제7장 '소비자, 생산자, 시장 효율성'은 소비자 잉여와 생산자 잉여란 개념을 사용하여 공급 및 수요의 분석을 확장시킨다. 이것은 소비자의 지불하겠다는 의지와 수요곡선 사이의 연계 그리고 생산자의 생산비용과 공급곡선 사이의 연계를 전개시켜 나가는 데서 시작한다. 그러고 나서 시장균형이 생산자 잉여와 소비자 잉여의 합계를 극대화한다는 사실을 보여준다. 따라서 학생들은 시장 배분의 효율성에 관해 일찌감치 배우게 된다.

다음 두 개 장은 생산자 잉여와 소비자 잉여의 개념을 정책문제에 적용한다. 제8장 '응용: 과세에 수반되는 비용'은 과세로 인해 사장된 손실이 발생하는 이유와 무엇이 이런 손실 규모를 결정하는지 보여준다. 제9장 '응용: 국제무역'은 국제무역에서 누가 승자이고 누가 패자인지와 보호주의 무역정책에 관한 논쟁을 소개한다.

미시경제

시장 배분이 종종 바람직한 이유를 살펴보고 나서, 정부가 어떻게 이따금 이를 향상시킬 수 있는지 생각해본다. 제10장 '외부효과'는 오염과 같은 외부효과가 시장에서 이루어진 결과를 어떻게 비효율적으로 만들 수 있는지 설명하고 그런 비효율성에 대해 가능한 공적 및 사적 해법을 논의한다. 제11장 '공공재와 공유자원'은 국가방위와 같은 물품에 대한 시장가격이 존재하지 않을 때 발생하는 문제에 대해 생각해본다.

다음 세 개 장은 기업 행태와 산업조직에 대해 알아본다. 제12장 '생산비용'은 기업의 비용에 무엇이 포함되는지 논의하고 비용곡선을 소개한다. 제13장 '경쟁시장에서의 기업'은 가격에 순응하는 기업의 행태를 분석하고 시장 공급곡선을 도출한다. 제14장 '독점'은 해당 시장에 존재하는 단 한 개 매도인인 기업의 행태에 대해 논의한다. 이 장은 독점기업의 가격책정에 따른 비효율성, 가능한 정책 대응, 독점기업에 의한 가격차별 시도에 대해 살펴본다.

거시경제

거시경제학을 가르치는 저자의 전반적인 방법은 (가격이 비신축적인) 단기에서의 경제를 살펴보기 전에 (가격이 신축적인) 장기에서의 경제를 소개하는 것이다. 이런 구성은 다음과 같은 몇 가지 이유로 인해 거시경제학에 대한 학습을 단순화시킨다. 첫째, 가격이 신축적이라는 고전파의 가정이 학생들이 이미 습득한 공급과 수요의 기본 원리와 보다 밀접하게 연계된다. 둘째, 고전파의 이분법으로 인해 장기적인 거시경제 연구가 쉽게 분류되는 몇 가지 부분으로 나누어질 수 있다. 셋째, 경기 순환은 경제의 장기적인 성장경로에서 일시적으로 이탈되는 현상이므로, 장기균형을 이해한 후에 일시적인 이탈현상을 학습하는 것이 자연스럽다. 넷째, 장기적인 거시경제 이론은 단기적인 거시경제 이론보다 경제학자들 사이에서 논란의 여지가 적다. 이런 이유로 인해서 거시경제학의 대부분 상위 과정은 현재 단기 이론을 학습하기 전에 장기 이론을 학습하는 방식을 따르고 있다. 저자의 목표는 거시경제 입문과정을 학습하려는 학생들에게 동일한 이점을 제공하는 것이다.

거시경제학을 측정문제부터 시작할 것이다. 제15장 '국민소득의 측정'은 국내총생산의 의미와 국민소득 계정상의 관련 통계에 대해 논의한다. 제16장 '생활비의 측정'은 소비자 물가지수의 측정과 용도에 관해 살펴본다.

다음 네 개 장은 실물 경제의 장기적인 행태를 설명한다. 제17장 '생산과 성장'은 시간이 흐름에 따라 발생하고 국가들 사이에 나타나는 생활수준의 대규모 변동을 결정하는 요인들을 검토한다. 제18장 '저축, 투자, 금융제도'는 경제 내 금융기관의 유형에 대해 논의하고 자원을 배분하는 데 따른 이들의 역할을 살펴본다. 제19장 '기본적인 재무분석 방법'은 현재가치, 위험 관리, 자산 가격 결정을 소개한다. 제20장 '실업'은 구직, 최저임금법, 노동조합의 시장 지배력, 효율성 임금을 포함하여 실업률의 장기 결정요인에 대해 알아본다.

실물 경제의 장기적인 행태를 살펴보고 나서, 화폐와 물가의 장기적인 행태에 관해 알아보고자 한다. 제21장 '화폐제도'는 경제학자들이 갖고 있는 화폐에 대한 개념과 통화량을 관리하는 중앙은행의 역할을 소개한다. 제22장 '통화 증가와 인플레이션'은 인플레이션에 관한 고전파 이론을 설명하고 인플레이션이 사회에 부과하는 비용에 관해 논의한다.

제17장부터 제22장까지 경제에 관한 장기적인 이론을 전개하고 나서, 이제는 장기적인 추세에서 이탈한 단기적인 변동을 설명하고자 한다. 제23장 '총수요 및 총공급 모형'은 경기 순환에 관한 몇 가지 사실에서 시작하여 총수요 및 총공급 모형을 소개한다. 제24장 '통화정책 및 재정정책이 총수요에 미치는 영향'은 총수요곡선을 이동시키기 위해서 정책 입안자들이 자신들이 동원할 수 있는 정책도구들을 사용해서 심각한 경제 변동을 어떻게 완화시킬 수 있는지 설명한다.

학습도구

이 책의 목적은 학생들이 경제학의 기본 원리를 학습하도록 도와주고 이들의 삶과 이들이 살고 있는 세상에 이런 원리들을 어떻게 적용할 수 있는지 보여주는 것이다. 이런 목적에 부합되도록 이 책 전반에 걸쳐 반복적으로 다양한 학습도구를 사용했다.

사례연구

경제 이론은 실제 상황과 실제 정책을 이해하도록 적용할 수 있을 경우에만 유용하고 흥미로워진다. 따라서 이 책은 학습했던 이론을 적용한 많은 사례연구를 포함한다.

시사경제

경제학을 학습하면서 학생들이 얻는 한 가지 편익은 전 세계 뉴스에 대해 새로운 관점을 갖고 보다 폭넓은 이해를 할 수 있다는 것이다. 이런 이점을 강조하기 위해서 많은 신문과 잡지 기사의 발췌문을 포함했으며, 이들 중 일부는 저명한 경제학자들이 쓴 오피니언 칼럼이다. 간략한 소개 글과 함께 이들 기사는 기본적인 경제 이론이 어떻게 적용될 수 있는지를 보여준다. 이들 중 상당 부분은 새로운 내용이다. 각 뉴스 기사는 '논의 사항'으로 끝맺는데, 이는 수업 중 토론을 이끌어내는 데 사용될 수 있다.

FYI

'for your information'을 의미하는 FYI의 일부는 경제 사상사를 일별하며, 다른 일부는 기술적인 문제를 명확하게 설명한다. 그럼에도 또 다른 일부는 수업 중에 논의할 수도 있고 건너뛸 수도 있는 보충적인 주제를 다룬다.

경제패널

이 특집란은 수십 명의 저명한 경제학자들을 대상으로 설문조사를 실시하는 IGM 경제 전문가 패널의 조사 결과를 요약해서 제시한다. 몇 주마다 경제 전문가들에게 설문지를 회람하고 나서 이들에게 동의하는지, 동의하지 않는지, 확신하지 못하는지 여부를 질문한다. 이에 따른 설문조사 결과는 관련 주제와 인접한 장에 소개된다. 이를 통해 경제학자들의 의견이 일치할 때, 의견이 나뉠 때, 확신하지 못할 때를 학생들에게 알려준다.

주요 개념의 정의

주요한 개념을 본문 중에 다른 색깔의 글씨로 제시했으며, 이에 대한 정의는 여백에 다시 한번 정리했다.

Quiz

각 절이 끝나고 나면 학생들이 방금 학습한 내용에 대한 이해도를 확인할 수 있도록 간단한 객관식 퀴즈를 제시했다. 이들 퀴즈에 쉽게 답할 수 없다면 진도를 나가기 전에 학습한 내용을 복습하도록 권한다. 모든 퀴즈에 대한 해답은 각 장 끝부분에 있다.

요약

각 장은 학습한 중요한 원리를 학생들에게 상기시켜 주는 간략한 요약으로 끝맺는다. 이것은 나중에 시험 준비를 위해 복습하는 데 효율적으로 사용될 수 있다.

주요 개념

각 장 끝에는 주요 개념 목록이 있으며 이는 각 장에 소개된 새로운 용어의 이해도를 점검해보는 데 사용될 수 있다.

복습용 질문

각 장 끝에는 해당 장에서 학습한 주요 원리를 복습하는 문제가 있다. 학생들은 이런 질문을 통해 이해력을 점검하고 시험을 준비할 수 있다.

문제와 응용

각 장에는 또한 다양한 문제와 응용 연습이 포함되어 있으며, 이를 과제물로 사용하거나 수업 중에 논의의 출발점으로 활용할 수 있다.

역자 서문

이 책은 N. Gregory Mankiw 교수가 저술한 『Essentials of Economics』(제10판)를 번역한 것이며 24장으로 구성되어 있다. 『Principles of Economics』(제10판) 중에서 핵심적인 내용을 뽑아 마련되었다. 『Principles of Economics』와 마찬가지로 경제학 입문서로서 세계적으로 널리 사용되는 교과서답게 구성이나 내용 면에서 빈틈없이 짜여 있으며, 특히 경제학을 처음 접하는 학생들에게 논리적이면서도 흥미를 잃지 않도록 경제학을 설명하고 이해시키려는 저자의 의도가 책 전반에 깔려 있다. 저자의 이런 의도를 반영할 수 있도록 노력했다.

'시사경제'는 시사성 있는 현실의 경제문제를 독자가 생각하고 유추하면서 읽을 만한 내용으로 골라서 수록했다고 생각되며, 이런 의도가 반영되도록 노력했다. 대부분의 교과서와 달리 '경제패널'이란 색다른 내용이 포함되어 있어 경제학자들 사이에 의견의 일치를 보는 부분과 의견을 달리하는 부분을 보여주고 있다. 이를 통해 부담을 주지 않으면서 독자들이 단순히 책을 읽는 데 그치지 않고 자신의 생각을 정립하고 의견을 스스로 정리할 수 있도록 시도하고 있다고 생각된다. 저자가 저술한 교과서에는 모두 포함되어 있는 FYI도 독자들이 개념을 정리하고 요약하는 데 도움이 될 것으로 보인다.

이 책은 경제학을 처음 접하는 학생들이 보다 용이하게 이해할 수 있도록 마련되었지만, 경제에 관심을 갖고 있는 모든 사람들에게도 도움이 될 것이라 생각한다. 아무쪼록 학생들뿐만 아니라 경제에 관심이 있는 모든 사람들의 경제 지식을 함양하는 데 작은 도움이 되길 바란다. 끝으로 이 책이 나오기까지 많은 도움을 주신 권 부장님, 황 과장님, 김 선생님께 감사드리는 바이다.

2025년 1월

이병락

차례 대조표

『맨큐의 경제학』과 『맨큐의 핵심경제학』의 장별 차례 대조표

맨큐의 경제학		맨큐의 핵심경제학	
제1부	경제학 시작하기	제1부	경제학 시작하기
제1장	경제학의 열 가지 원리	제1장	경제학의 열 가지 원리
제2장	경제학자처럼 생각하기	제2장	경제학자처럼 생각하기
제3장	상호의존과 거래를 통한 이익	제3장	상호의존과 거래를 통한 이익
제2부	시장의 작동	제2부	시장의 작동
제4장	시장에서 작동하는 공급과 수요	제4장	시장에서 작동하는 공급과 수요
제5장	탄력성: 개념 및 응용	제5장	탄력성: 개념 및 응용
제6장	공급, 수요, 정부정책	제6장	공급, 수요, 정부정책
제3부	시장 및 후생	제3부	시장 및 후생
제7장	소비자, 생산자, 시장 효율성	제7장	소비자, 생산자, 시장 효율성
제8장	응용: 과세에 수반되는 비용	제8장	응용: 과세에 수반되는 비용
제9장	응용: 국제무역	제9장	응용: 국제무역
제4부	공공부문 경제학	제4부	공공부문 경제학
제10장	외부효과	제10장	외부효과
제11장	공공재와 공유자원	제11장	공공재와 공유자원
제12장	의료경제학		
제13장	조세제도의 설계		
제5부	기업 행태와 산업조직	제5부	기업 행태와 산업조직
제14장	생산비용	제12장	생산비용
제15장	경쟁시장에서의 기업	제13장	경쟁시장에서의 기업
제16장	독점	제14장	독점
제17장	독점적 경쟁		
제18장	과점		
제6부	노동시장 경제학		
제19장	생산요소시장		
제20장	임금소득과 차별		
제21장	소득 불평등과 빈곤		
제7부	미시경제 추가 논제		
제22장	소비자 선택 이론		
제23장	미시경제학의 새로운 학습주제		
제8부	거시경제학의 자료	제6부	거시경제학의 자료
제24장	국민소득의 측정	제15장	국민소득의 측정
제25장	생활비의 측정	제16장	생활비의 측정
제9부	장기적으로 본 실물 경제	제7부	장기적으로 본 실물 경제
제26장	생산과 성장	제17장	생산과 성장
제27장	저축, 투자, 금융제도	제18장	저축, 투자, 금융제도
제28장	기본적인 재무분석 방법	제19장	기본적인 재무분석 방법
제29장	실업	제20장	실업
제10부	장기적으로 본 화폐 및 물가	제8부	장기적으로 본 화폐 및 물가
제30장	화폐제도	제21장	화폐제도
제31장	통화 증가와 인플레이션	제22장	통화 증가와 인플레이션
제11부	개방거시경제		
제32장	개방거시경제: 기본 개념		
제33장	개방거시경제: 이론		
제12부	단기적으로 본 경제 변동	제9부	단기적으로 본 경제 변동
제34장	총수요 및 총공급 모형	제23장	총수요 및 총공급 모형
제35장	통화정책 및 재정정책이 총수요에 미치는 영향	제24장	통화정책 및 재정정책이 총수요에 미치는 영향
제36장	인플레이션과 실업의 단기적 상충관계		
제13부	거시경제 끝맺기		
제37장	거시경제 정책에 관한 여섯 가지 논쟁		
제38장	부록: 경제학자들의 데이터 활용방법		

차례

Part 1
경제학 시작하기

경제학의 열 가지 원리 3

경제학자처럼 생각하기 23

부록 46

Chapter 3

상호의존과 거래를 통한 이익 57

Part 2
시장의 작동

Chapter 4

시장에서 작동하는 공급과 수요 79

Chapter 5

탄력성: 개념 및 응용 109

Chapter 6

공급, 수요, 정부정책 137

Part 3
시장 및 후생

소비자, 생산자, 시장 효율성 165

응용: 과세에 수반되는 비용 191

응용: 국제무역 209

Part 4
공공부문 경제학

외부효과 235

공공재와 공유자원 263

Part 5
기업 행태와 산업조직

생산비용 285

경쟁시장에서의 기업 309

독점 337

Part 6
거시경제학의 자료

Part 7
장기적으로 본 실물 경제

생산과 성장 425

저축, 투자, 금융제도 453

기본적인 재무분석 방법 479

실업 501

Part 8
장기적으로 본 화폐 및 물가

화폐제도 533

통화 증가와 인플레이션 563

Part 9
단기적으로 본 경제 변동

총수요 및 총공급 모형 597

Chapter 24

Part

1 경제학 시작하기

Chapter

1

경제학의 열 가지 원리

경제를 의미하는 이코노미는 그리스어 '이코노모스'에서 유래했으며, '가계를 운영하는 사람'이란 뜻이다. 언뜻 생각하면, 가계와 경제는 연관이 없는 것처럼 보일 수도 있지만 실제로는 공통점이 많다.

현대의 가계를 어떻게 보는지에 상관없이 구성원들은 끊임없이 결정을 내려야 한다. 누가 어떤 일을 하고 대가로 무엇을 받을지 결정해야만 한다. 누가 저녁을 준비할 것인가? 누가 디저트를 더 먹을 것인가? 누가 화장실을 청소할 것인가? 누가 운전할 것인가? 가계소득이 높든 낮든 중간이든 관계없이, 각 가계는 보유한 자원(예를 들면 시간, 디저트, 자동차 주행거리)을 여러 가지 용도 중 하나에 배정해야 한다.

가계와 마찬가지로 사회도 수많은 결정을 내려야 한다. 어떤 일을 진행해야 하고 그 일을 누가 할지 결정하는 방법을 모색해야 한다. 사회는 곡물을 경작하고 의복을 만들며 소프트웨어를 설계할 사람들이 필요하다. (토지, 건물, 기계뿐만 아니라) 사람들을 다양

ROMAN SAMBORSKYI/SHUTTERSTOCK.COM, ARNO VAN ENGELAND/EYEEM/GETTY IMAGES

한 일자리에 배정하게 되면 이들이 생산한 재화 및 용역을 분배해야 한다. 사회는 누가 값싼 감자를 먹고, 누가 값비싼 캐비아를 먹으며, 누가 대저택에 살고, 누가 승강기가 없어 5층까지 계단으로 올라가야 하는 연립주택에 살아야 할지 결정해야 한다.

희소성
사회가 보유하고 있는 자원이 제한되어 있다는 특성

이런 일련의 결정은 중요하다. 왜냐하면 자원이 희소하기 때문이다. 여기서 희소성(scarcity)이란 사회의 자원이 한정되어 사람들이 원하는 모든 재화 및 용역을 생산할 수 없음을 뜻한다. 가계 구성원들이 자신들의 욕구를 항상 충족시킬 수 없는 것처럼, 사회 구성원들도 역시 자신들이 원하는 생활수준에 언제나 도달할 수 있는 것이 아니다.

경제학
사회가 희소한 자원을 어떻게 운영하는지에 관해 연구하는 학문 분야

경제학(economics)은 사회가 이러한 희소한 자원을 어떻게 운영해야 하는지에 관해 연구하는 학문이다. 대부분의 사회에서 자원은 수많은 가계와 기업의 선택을 모두 종합하여 분배된다. 경제학자들은 사람들이 이런 선택을 어떻게 하는지, 예를 들면 사람들은 얼마나 노동을 하고, 무엇을 구입하며, 얼마나 저축하여 이들 저축을 어떻게 투자하는지 등을 분석한다. 또한 경제학자들은 사람들이 어떻게 상호작용하는지도 연구한다. 예를 들어 매수인과 매도인이 판매가격과 판매량을 어떻게 함께 결정하는지 분석한다. 마지막으로 경제학자들은 평균소득의 증가, 일자리가 없는 인구의 비율, 물가 상승률과 같이 전체 경제에 영향을 미치는 요인과 추세도 분석한다.

경제학은 광범위한 주제를 다루고 다양한 분석방법을 채택하지만, 몇 개의 핵심적인 사고 방식으로 요약할 수 있다. 이 장에서는 **경제학의 열 가지 원리**에 대해 살펴볼 것이다. 처음에는 열 가지 원리를 완벽하게 이해하지 못하거나, 그 의미나 중요성을 완전하게 확신하지 못할 수도 있다. 이들 사고방식은 이후 각 장에서 자세하게 살펴볼 것이다. 열 가지 원리를 소개함으로써 경제학이 무엇을 다루는지 알려주고자 한다. 이 장에서는 앞으로 살펴볼 흥미로운 주제들을 미리 개략적으로 고찰해볼 것이다.

1-1 사람들은 어떻게 결정을 내리는가

경제란 무엇인가에 관해 특별히 신비로운 해석을 할 수는 없다. 경제가 서울이라는 도시, 미국이라는 국가, 지구라는 행성 전체를 포괄하든 그렇지 않든 간에, 그것은 삶을 영위하면서 서로를 상대하는 사람들의 집단일 뿐이다. 경제의 행태는 그 안에 있는 개인들의 행태를 반영하기 때문에, 앞선 네 개 원리는 개인들의 의사 결정과 관련된다.

1-1a 원리 1: 사람들은 상충적인 상황에 부딪히게 된다

"공짜 점심 같은 것은 없다." "공짜 점심은 없다." "공짜는 없다." 이와 같은 오래된 말에는 많은 진리가 담겨 있다. 원하는 것을 얻으려면, 보통 원하는 다른 것을 포기해야

한다. 결정을 내리려면 한 가지 목표를 다른 목표와 맞바꾸어야 한다.

한 예로, 자신이 가장 소중하게 여기는 자원인 시간을 어떻게 사용할지 결정해야 하는 학생 태희를 생각해보자. 태희는 주어진 시간을 경제학을 공부하는 데만 사용할 수 있고, 심리학을 공부하는 데만 사용할 수도 있으며, 두 과목에 배분할 수도 있다. 특정 과목에 할애한 각 시간에 대해, 다른 과목에 사용했을지도 모를 각 시간을 포기하게 된다. 그리고 공부하는 데 사용한 각 시간에 대해, 낮잠을 자거나 자전거를 타거나 비디오 게임을 하거나 용돈을 벌기 위해 일하는 데 사용했을 각 시간을 포기해야 한다.

가계소득을 어떻게 사용할지 결정해야 하는 태희의 부모님을 생각해보자. 이들은 소득을 식료품과 의류 구입비, 태희의 수업료로 사용할 수 있다. 아니면 소득 일부를 은퇴나 향후 가족 여행을 위해 저축할 수도 있다. 이런 항목 중 어느 하나에 소득을 배분하게 되면, 다른 것에 사용할 수 있는 소득의 몫은 줄게 된다.

사회적으로 보면, 사람들은 다른 상충적인 상황에 부딪히게 된다. 대표적인 예로 '총과 버터'의 상충적인 상황을 들 수 있다. 어떤 사회에서 군비 지출이 많아질수록, 소비재에 대한 지출은 적어지게 된다. 다른 중요한 예로는 깨끗한 환경과 소득수준의 상충적인 상황이 있다. 기업들에게 오염 저감을 요구하는 법률이 시행될 경우, 재화 및 용역을 생산하는 비용이 인상될 수 있다. 비용이 인상됨에 따라, 기업들은 더 적은 이윤을 얻거나, 더 낮은 임금을 지급하거나, 더 높은 가격을 책정하거나, 이들 세 가지를 혼합한 방식을 실행할지 모른다. 오염 규제로 환경이 더 깨끗해지고 이로 인해 국민 건강이 향상될지 모르지만, 규제를 받는 기업의 소유주, 근로자, 고객의 소득은 하락할 수 있다.

또 다른 사회적인 예로는 효율성과 형평성 사이의 상충적인 상황을 들 수 있다. **효율성**(efficiency)은 희소한 자원으로부터 최대한의 편익을 얻는 것을 의미한다. 반면에 **형평성**(equality)은 이러한 편익을 사회 구성원들 사이에 균등하게 분배하는 것을 의미한다. 다시 말해 효율성은 경제적 총액의 크기, 즉 경제규모에 관한 것인 반면에 형평성은 이런 총액을 얼마나 고르게 나누는지에 관한 것이다.

효율성
최소한의 자원으로부터 최대한을 얻으려는 사회의 특성

형평성
경제적 번영의 과실을 사회 구성원들 사이에 균등하게 분배하려는 특성

이런 두 가지 목표는 상충할 수 있다. 예를 들어 불평등을 해소하려는 정부정책을 생각해보자. 가령 복지나 실업보험 같은 일부 정책은 도움이 가장 절실한 사회 구성원을 도와줄 수 있다. 다른 예로 개인소득세 같은 정책은 금전적으로 풍족한 사람들에게 정부를 지원하는 데 더 많이 공헌하도록 요구하게 된다. 이런 정책들은 형평성을 증진시키기는 하지만 효율성은 떨어뜨릴 수 있다. 정부가 부유층에서 빈곤층으로 소득을 재분배할 경우, 모든 소득 계층의 사람들이 열심히 일한 것에 대한 보상을 적게 받게 된다. 결과적으로 사람들은 덜 일하게 돼서 재화 및 용역의 생산이 감소할 수 있다. 다시 말해 정부가 경제적 총액을 좀 더 균등하게 분배할 경우 이따금 총액 자체가 감소할 수 있다.

사람들이 상충적인 상황에 부딪히게 된다는 사실을 인식한다고 해서 어떤 결정이 최선인지 알 수 있는 것은 아니다. 심리학 공부를 포기할 경우, 경제학을 공부할 시간을 확보할 수 있다는 이유만으로 그렇게 해서는 안 된다. 환경을 규제할 경우, 물질적 생활수준을 떨어뜨릴 수 있다는 이유만으로 오염을 방관해서는 안 된다. 빈곤층을 도울 경우, 근로 의욕을 왜곡시킬 수 있다는 이유만으로 그들을 방치해서는 안 된다. 하지만 사람들은 자신들이 가용할 수 있는 여러 가지 방안을 이해하게 되면 더 나은 선택을 하게 된다. 이처럼 경제학에 대한 학습은 우리의 삶 속에 상충적인 상황이 존재한다는 사실을 인정하는 데서 시작된다.

1-1b 원리 2: 어떤 것의 비용은 그것을 얻기 위해서 포기해야 하는 것이다

사람들이 상충적인 상황에 부딪히게 되기 때문에, 여러 가지 대안적인 결정에 따른 비용과 편익을 비교해야 한다. 하지만 많은 경우에 비용은 처음에 생각했던 것처럼 명확하지 않다.

대학 진학에 관한 결정을 생각해보자. 대학 진학에 따른 편익은 지적 풍요로움을 얻을 수 있고 평생동안 더 나은 취업 기회를 갖게 된다는 것이다. 하지만 비용은 어떠한가? 여러분은 수업료, 책값, 기숙사비, 식비 등을 합산하고자 할 것이다. 하지만 이 총액은 대학을 1년 다니기 위해 포기해야 하는 것을 진정으로 나타내지는 못한다.

이런 계산에는 두 가지 문제가 있다. 첫째, 실제로 대학 다니는 데 드는 비용이 아닌 것이 포함되어 있다. 학교를 그만두더라도 잠잘 곳과 먹을 음식은 필요하다. 숙식비는 집이나 아파트에서 생활하고 식사하는 데 드는 비용을 초과하는 범위에서만 대학 다니는 비용에 포함된다. 둘째, 이 계산은 대학 다니는 데 수반되는 가장 큰 비용인 여러분의 시간을 간과하고 있다. 여러분은 강의를 듣고, 책을 읽으며, 과제물을 작성하느라 일해서 돈을 버는 데 시간을 사용할 수 없다. 대부분의 학생에게는 진학으로 인해 포기하게 될 수입이 교육을 받는 데 수반되는 가장 큰 비용이다.

기회비용
어떤 것을 얻기 위해 포기해야 하는 것

어떤 것의 기회비용(opportunity cost)은 그것을 얻기 위해 포기해야 하는 것이다. 결정을 내릴 때 기회비용을 고려하는 것이 현명하며, 사람들은 종종 그렇게 한다. 대학을 중퇴하고 프로 운동선수로 활동할 경우 수백만 달러를 벌 수 있는 재학 중인 운동선수들은 진학에 따른 기회비용이 높다는 사실을 잘 알고 있다. 물론 이들은 이따금 대학 교육에 따른 편익이 비용만큼 가치 있지 않다는 결정을 내리기도 한다.

1-1c 원리 3: 합리적인 사람들은 한계적으로 생각한다

합리적인 사람
자신의 목표를 달성하기 위해서 체계적이며 의도적으로 할 수 있는 최선을 다하는 사람

경제학자들은 종종 사람들이 합리적이라고 가정한다. 합리적인 사람(rational people)은 활용할 수 있는 기회가 주어지면 자신의 목표를 달성하기 위해 체계적이며 의도적으로

할 수 있는 최선을 다한다. 경제학을 공부하다 보면, 이윤을 극대화하기 위해 얼마나 많은 노동자를 고용하고 얼마나 많이 생산해서 판매해야 할지를 결정해야 하는 기업들을 접하게 된다. 다른 한편으로는 가능한 한 가장 높은 수준의 만족을 얻기 위해서 얼마나 많이 노동하고 어떤 재화 및 용역을 구입할지 결정해야 하는 사람들을 만나게 될 것이다. 분명히 인간의 행태는 복잡하며 이따금 합리성에서 벗어나기도 한다. 하지만 사람들이 할 수 있는 한 최선을 다한다는 가정은 사람들이 내리는 결정을 설명하는 데 좋은 출발점이 된다는 사실을 경제학자들은 알고 있다.

합리적인 의사 결정자들은 인생의 많은 문제들이 흑백이 아니라 회색 지대에 속한다는 사실을 알고 있다. 저녁 식사 시간에 '금식을 해야 할까, 아니면 게걸스럽게 먹어야 할까?'하고 자문하기보다는, '으깬 감자를 한 숟가락 더 먹어야 할까?'하고 스스로에게 물어볼 가능성이 높다. 시험이 다가오면 여러분은 아마도 완전히 시험을 포기하느냐 아니면 24시간 내내 공부하느냐를 결정하기보다는, 친구들과 어울리는 대신에 학습한 노트를 1시간 더 들여다볼지 여부를 결정해야 할 것이다. 경제학자들은 기존의 행동 계획에 대한 점진적인 조정을 설명하기 위해 **한계변화**(marginal change)라는 용어를 사용한다.

한계변화
행동 계획에 대한 점진적인 조정

한계는 '가장자리'를 의미한다. 따라서 한계변화란 현재 진행 중인 작업의 가장자리 주변에서 이루어지는 작은 조정이라는 점을 기억하도록 하자. 합리적인 사람은 **한계편익**과 **한계비용**을 비교하여 결정을 내린다.

예를 들면 오늘밤에 영화를 볼지 여부를 결정한다고 가정해보자. 영상자료원에 무제한 접근할 수 있는 연속적인 방영서비스를 이용하기 위해 월간 30달러를 지불하고 있으며, 일반적으로 월간 다섯 편의 영화를 본다. 다섯 편 외에 또 다른 영화를 볼지 여부를 결정할 때 어떤 비용을 고려해야 하는가? 영화 한 편의 **평균비용**, 즉 30달러/5 또는 6달러라고 답할지도 모른다. 하지만 또 다른 영화를 볼 경우 지불해야만 하는 추가적인 비용, 즉 **한계비용**이 결정을 내릴 때 더 관련된다. 여기서는 얼마나 많은 영화를 보느냐에 관계없이 30달러를 지불하기 때문에 한계비용은 0이 된다. 다시 말해, 한계에서 영화를 보는 것은 무료다. 오늘밤에 영화를 볼 경우 드는 유일한 비용은, 가령 직장에서 일을 하거나 (더 좋게는) 이 교재를 읽는 것처럼 다른 활동을 하지 못해 빼앗기게 되는 시간이다.

VANTAGE_DS/SHUTTERSTOCK.COM

넷플릭스처럼 많은 영화를 잇달아 방영하는 경우, 시청하려는 영화의 한계비용은 0이 된다.

한계적으로 생각할 경우, 이는 사업상의 결정을 내리는 데도 유용하다. 항공기 공석을 기다리는 승객에게 얼마나 많은 요금을 부과할지 결정해야 하는 항공사를 생각해보자. 200석 규모의 항공기를 미국 전역에 운항하는 데 드는 비용이 100,000달러라고 하자. 항공기 좌석당 평균비용은 500달러(100,000달러/200)가 된다. 항공사는 500달러 미만으로 항공권을 판매하지 말아야 된다고 생각할지 모른다. 하지만 항공기가 공석이 열 개인 상태로 이륙하려 하며, 공석 대기 중인 승객인 동하가 탑승구에서 한 좌석에 300달러를 지불할 의향이 있는 상황을 상상해보자. 항공사가 동하에게 항공권을 판매해야 하는가? 물론 그래야 한다. 항공기에 공석이 있는 경우, 승객 한 명을 추가적으로 탑승시키는 데 드는 비용은 거의 안 든다. 승객 한 명을 탑승시키는 데 드는 **평균비용**은 500달러이지만, **한계비용**은 동하가 마실 탄산음료와 그의 체중을 실어 나르는 데 필요한 약간의 항공유 비용이다. 동하가 한계비용보다 더 많이 지불한다면, 그에게 항공권을 판매하는 것은 수익성이 있다. 합리적인 항공사는 한계적으로 생각함으로써 편익을 얻을 수 있다.

한계분석을 통해 다른 방법으로는 이해하기 어려웠을 몇 가지 현상을 설명할 수 있다. 예를 들면 다이아몬드는 매우 비싼데 물이 그렇게 저렴한 이유는 무엇인가? 정반대가 되어야 한다고 생각할지 모른다. 인간은 생존하기 위해 물이 정말로 필요한 데 반해 다이아몬드는 단지 반짝거릴 뿐이다. 하지만 사람들은 물 한 컵보다 다이아몬드에 훨씬 더 많은 대가를 지불하고자 한다. 경제학자들은 이런 현상을 설명할 수 있다. 사람들이 어떤 재화에 지불하려고 하는 의지는 해당 재화의 추가적인 단위가 제공하게 될 한계편익에 기초한다. 그리고 한계편익은 사람들이 이미 얼마나 많은 단위를 보유하고 있는지에 달려 있다. 물은 반드시 필요하지만 풍부하기 때문에, 추가적으로 물을 한 컵 얻는 데 따른 한계편익이 작다. 반면에 아무도 생존하기 위해 다이아몬드가 필요하지는 않지만, 매우 희귀하기 때문에 추가적으로 다이아몬드를 얻는 데 따른 한계편익은 크다.

합리적인 의사 결정자는 행동하는 데 따른 한계편익이 한계비용을 초과할 경우에만 행동을 하게 된다. 이런 원칙에 기초하여, 사람들이 연속적으로 계속 제공되는 서비스를 할 수 있는 한 많이 사용하는 이유, 항공사가 평균비용보다 더 저렴하게 항공권을 판매하는 이유, 사람들이 물보다 다이아몬드에 더 많은 대가를 지불하는 이유 등을 설명할 수 있다. 한계적으로 생각하는 논리에 익숙해지는 데는 시간이 걸리겠지만, 경제학을 공부하다 보면 이를 접할 기회가 많이 생길 것이다.

1-1d 원리 4: 사람들은 유인에 반응한다

유인
사람들이 행동하도록 유도하는 것

유인(incentive)은 가령 처벌이나 보상을 받을 것이라 예상되는 것처럼 사람들이 행동하도록 유도하는 것이다. 사람들은 비용과 편익을 비교하여 결정을 내릴 때 유인에 반응한다. 유인은 경제학에서 핵심적인 역할을 한다. 어떤 경제학자는 전 분야가 다음과 같이 간략하게 요약될 수 있다고 말하기까지 했다. "사람들은 유인에 반응한다. 나머지는 해설에 불과하다."

유인은 시장이 어떻게 작동하는지 분석하는 데 중요한 역할을 한다. 예를 들어 사과 가격이 상승할 때 사람들은 사과를 덜 먹기로 결정한다. 동시에 사과 과수원 운영자들은 더 많은 근로자를 고용하여 더 많은 사과를 수확하기로 결정한다. 다시 말해, 사과 가격이 인상될 경우 매수인은 덜 소비하고 매도인은 더 많이 생산하도록 하는 유인이 제공된다. 앞으로 살펴보겠지만, 소비자와 생산자의 행태에 가격이 미치는 영향은 시장경제가 희소한 자원을 어떻게 분배하는지에 대해 중요한 역할을 한다.

공공정책 입안자들은 유인에 주의를 기울여야 한다. 많은 정책들은 사람들이 직면하는 비용이나 편익을 변경해서 결과적으로 이들의 행동을 변화시킨다. 예를 들어 휘발유에 조세를 부과할 경우, 사람들은 연비 효율이 더 높은 자동차를 운전하게 되고 전기 자동차를 이용하고자 한다. 이것이 바로 유류세가 높은 노르웨이에서 많은 사람들이 전기 자동차를 운전하는 데 비해, 유류세가 낮은 미국에서는 대형 SUV가 인기 있는 하나의 이유다. 또한 유류세가 높아지면 사람들은 자동차 합승, 대중교통, 자전거를 더욱 많이 이용하게 되고 직장 근처에 거주하려고 한다.

정책 입안자들이 유인을 고려하지 않을 경우, 자신들이 마련한 정책들은 의도하지 않은 결과를 초래할 수 있다. 예를 들어 자동차 안전을 생각해보자. 오늘날에는 모든 자동차에 안전벨트가 설치되지만, 60년 전에는 그렇지 않았다. 1965년 랄프 네이더가 저술한『어떠한 속도에서도 안전하지 않다』라는 책은 자동차 안전에 관한 대중의 관심을 끌었다. 이에 따라 의회는 신형 차에 안전벨트를 기본 장비로 장착하도록 하는 법률을 제정했다.

안전벨트법은 자동차 안전에 어떤 영향을 미치는가? 직접적인 효과는 명백하다. 운전자가 안전벨트를 착용할 경우, 자동차 사고 발생 시 생존할 가능성이 높아진다. 하지만 그것이 이야기의 끝이 아니다. 법은 또한 유인을 변화시켜서 운전자의 행태에 영향을 미친다. 이와 관련된 행태로는 운전자가 운전할 때의 속도와 기울이는 주의력을 들 수 있다. 운전자가 서행으로 조심스럽게 운전하려면 시간과 기력을 사용해야 하므로 높은 비용이 든다고 볼 수 있다. 합리적인 사람들이 어떻게 운전할지를 결정하려는 경우, 아마도 무의식적으로 안전 운전에 따른 한계편익과 한계비용을 비교할 것이다. 안전을 증대시켜 얻게 되는 편익이 클 경우, 운전자는 서행으로 안전하게 운전할 것이다. 예를 들어 도로가 빙판일 경우, 사람들은 도로 상황이 좋을 때보다 주의를 더 기울여 낮은 속도로 운전하게 된다.

안전벨트 착용 법규가 운전자의 비용–편익 계산을 어떻게 변화시켰는지 생각해보도록 하자. 안전벨트를 맬 경우 부상이나 사망 위험을 낮춰 사고로 인한 비용을 줄일 수 있다. 이 상황은 마치 도로 상황이 개선된 것과 같다. 도로 상황이 더 안전해지면, 사람들은 속도를 내고 덜 주의를 기울여 운전하게 된다. 이런 점은 안전벨트로 인해 사고에 따른 부상 위험이 낮아진 자동차 운전자에게는 좋을 수 있다. 하지만 속도를 내서 덜 주의를 기울여 운전하게 되어 사고가 더 많이 발생한다면, 안전벨트 법규는 오히려 보행자에게 악영향을 미칠 수 있다. 이들은 사고를 당할 가능성이 높아지지만, (운전자들과 달리) 추가된 보호조치의 혜택은 받지 못한다.

유인과 안전벨트에 대한 이런 논의는 근거 없이 단순히 추측에서 비롯된 것이 아니다. 1975년의 믿을 만한 연구에서 경제학자 샘 펠츠먼은 이론을 검정하고, 자동차 안전 법규가 시행되면서 여러 가지 영향을 미쳤다는 사실을 발견했다. 펠츠먼의 연구에 따르면, 이런 법률이 시행됨에 따라 자동차 사고당 사망 건수가 감소한 동시에 다른 한편으로는 사고가 더 많이 발생했다. 이에 기초하여 자동차 운전자 사망에는 변화가 거의 없으며 보행자 사망이 증가했다고 결론 내렸다.

자동차 안전에 관한 펠츠먼의 분석은 사람들이 유인에 반응한다는 원칙에 대해 논의할 여지가 있는 다소 색다른 사례이다. 정책을 분석할 때는 직접적인 영향뿐만 아니라 유인을 통해 작동하는 간접적인 영향도 고려하는 것이 중요하다. 정책으로 인해 유인이 변경된다면, 사람들은 자신들의 행태를 변화시킬 수 있다.

Quiz

1. 경제학은 __________에 관해 연구하는 학문 분야라고 할 때 가장 잘 정의된다.
   a. 사회가 희소한 자원을 어떻게 운영하는가
   b. 기업을 어떻게 하면 가장 수익성 있게 운영하는가
   c. 인플레이션, 실업, 주식가격을 어떻게 예측하는가
   d. 정부가 사람들을 통제되지 않은 사리 추구로부터 어떻게 보호할 수 있는가

2. 여러분이 영화 보러 가는 데 따른 기회비용은, __________이다.
   a. 입장권의 가격
   b. 입장권의 가격 그리고 극장에서 구입하게 될 청량음료와 팝콘의 비용
   c. 영화 보는 데 필요한 총 현금 지출액 그리고 여러분이 사용하게 될 시간의 가치
   d. 영화를 즐겁게 보고 시간과 금전을 사용할 만한 가치가 있다고 생각한다면, 0

3. 한계변화는 __________이다.
   a. 공공정책에서 중요하지 않은 것
   b. 기존 계획을 점진적으로 변화시키는 것
   c. 결과를 비효율적으로 만드는 것
   d. 유인에 영향을 미치지 않는 것

4. 사람들은 유인에 반응하기 때문에, __________.
   a. 정책 입안자들은 처벌이나 보상을 변경함으로써 결과를 변화시킬 수 있다.
   b. 정책으로 인해 의도하지 않은 결과가 발생할 수 있다.
   c. 사회는 효율성과 형평성 사이의 상충적인 상황에 직면하게 된다.
   d. 위의 모든 것이 해당한다.

해답은 이 장의 끝부분에 있다.

1-2 사람들은 어떻게 상호작용하는가

처음 네 개 원리에서는 개인들이 어떻게 결정을 내리는지에 관해 논의했다. 다음 세 개 원리에서는 사람들이 어떻게 상호작용하는지 살펴볼 것이다.

1-2a 원리 5: 거래를 통해 모든 사람의 형편이 나아질 수 있다

세계 경제에서 중국이 미국의 경쟁자라는 말을 뉴스에서 들었을지 모른다. 어떤 면에서 이 말은 사실이다. 중국 기업과 미국 기업은 의류, 장난감, 태양광 패널, 자동차 타이어, 그 밖에 많은 품목의 시장에서 고객을 확보하기 위해 경쟁한다.

하지만 국가들 간의 경쟁에 관해 생각할 때 오해하기 쉽다. 미국과 중국 간의 무역은 한쪽이 이기고 한쪽이 지는 운동경기와 다르다. 오히려 정반대이다. 두 국가 사이의 거래인 무역은 관계 국가들 모두의 형편을 나아지게 할 수 있다. 세계 경제에서 무역 경쟁이 치열할 때조차도, 무역을 통해 관계국들 모두에게 이익이 되는 결과를 얻을 수 있다.

그 이유를 알아보기 위해 국가 간의 무역에 해당하는 거래가 한 가족에 어떤 영향을 미치는지 생각해보자. 가족 구성원이 일자리를 구하려 할 때, 일자리를 구하고 있는 다른 가족의 구성원들과 경쟁을 하게 된다. 가족은 무언가를 구입할 때도 다른 가족들과 경쟁을 한다. 왜냐하면 모든 가족이 더 저렴한 가격에 최상의 물품을 구입하려 하기 때문이다. 어떤 의미에서 경제 내에 있는 각 가족은 다른 가족들과 모두 경쟁을 한다.

이런 경쟁에도 불구하고, 어떤 가족이 다른 가족들로부터 고립될 경우 형편이 나아질 수 없다. 만일 고립된다면, 해당 가족은 스스로 곡물을 재배하고 의복을 만들며 집도 자신이 지어야 할 것이다. 분명한 사실은 한 가족이 다른 가족들과 거래를 함으로써 더 많은 것을 얻을 수 있다는 것이다. 거래를 통해 모든 사람들은 농사, 바느질, 집 짓기 등처럼 자신이 가장 잘 할 수 있는 활동에 특화하게 된다. 거래를 통해 사람들은 더 저렴한 비용으로 더 다양한 재화 및 용역을 구입할 수 있다.

가족들과 마찬가지로, 국가들도 서로 간의 무역을 통해 혜택을 볼 수 있다. 무역을 통해 국가들은 가장 잘 할 수 있는 것에 특화하고 훨씬 더 다양한 재화 및 용역을 향유할 수 있다. 프랑스인, 브라질인, 나이지리아인뿐만 아니라 중국인도 세계 경제에서 미국의 경쟁자인 동시에 동반자이다.

"주당 5달러만 주시면, 잔디를 깎으라는 잔소리를 듣지 않으면서 야구 경기를 시청하실 수 있습니다!"

1-2b 원리 6: 시장은 일반적으로 경제활동을 조직화하는 좋은 방법이다

1980년대 말과 1990년대 초에 발생한 소련 및 동구권 공산주의의 몰락은 지난 세기에 일어난 변혁적인 사건들 중 하나였다. 구소연방 블록 내에 있던 국가들은 대부분의 경우 정부 관리들이 경제의 희소한 자원을 배분하는 데 가장 적합한 위치에 있다는 가정 하에 운영되었다. 이들 중앙집권적 계획 입안자들이 어떤 재화와 용역을 생산할지, 이것들을 얼마나 생산할지, 누가 이것들을 생산하고 소비할지 결정했다. 자국 그리고 유사한 이념을 공유하는 국가들의 안녕을 확보하기 위해서는 정부가 경제활동을 조직화해야 한다는 이론이 중앙집권적 계획경제의 이면에 있었기 때문이다.

시장경제
많은 기업과 가계가 재화 및 용역 시장에서 상호작용을 하면서 내리는 분산된 결정을 통해 자원을 배분하는 경제

한때 중앙집권적 계획경제를 영위했던 대부분의 국가들은 이제 시장경제로 전환했다. 시장경제(market economy)에서는 중앙집권적 계획 입안자들이 내리던 결정을 수백만 개의 기업과 가계가 대신 내리게 된다. 기업들은 누구를 고용하여 무엇을 생산할지 결정해야 한다. 가계들은 어디서 일을 하고 자신들의 소득으로 무엇을 구매할지 결정해야 한다. 기업과 가계는 가격과 이기심에 기반하여 결정이 내려지는 시장에서 상호작용을 한다.

언뜻 보면 아무도 사회 전체의 복지를 돌보지 않는 것처럼 보이는 시장경제가 성공한 것은 의아하다. 경쟁시장에는 수많은 재화와 용역에 대해 많은 매수인과 매도인이 존재하는데, 이들 모두는 주로 자신들의 복지에만 관심을 둔다. 하지만 이런 분산된 의사 결정과 이기적인 의사 결정자들에도 불구하고, 시장은 경제적 번영이 촉진되도록 경제활동을 조직화하는 데 놀랍도록 성공적이라는 사실이 입증되었다.

애덤 스미스(Adam Smith)는 1776년 출간된 저서『국부의 본질과 원인에 관한 연구』, 간단히 말해『국부론』에서 경제학 서적을 통틀어 가장 유명한 말을 했다. 즉, 경쟁시장에 있는 기업과 가계는 바람직한 결과에 도달하도록 하는 '보이지 않는 손'에 인도되는 것처럼 행동한다는 것이다. 이 책의 주요 목표 하나는 보이지 않는 손이 어떻게 마술을 부리는지 이해하는 것이다.

경제학을 공부하다 보면, 보이지 않는 손이 경제활동을 지휘할 수 있도록 해주는 도구가 바로 가격이라는 사실을 알게 될 것이다. 경쟁시장에서 매도인은 공급량을 결정할 때 가격을 보고, 매수인은 수요량을 결정할 때 가격을 본다. 이렇게 결정이 내려지기 때문에, 가격은 매도인의 생산비와 매수인이 갖고 있는 상품의 가치를 둘 다 반영한다. 애덤 스미스가 발견한 위대한 통찰에 따르면 가격이 조정되어 시장 참여자들이 어떤 결과에 도달할 수 있도록 유도하며, 많은 경우에 이런 결과는 사회 전체의 복지를 극대화한다.

애덤 스미스의 통찰은 다음과 같은 점에서 중요한 추론적 의미가 있다. 가격이 공급과 수요에 의해 조정되는 것을 정부가 방해할 경우, 경제를 구성하는 기업과 가계의 결정을 조화시키는 보이지 않는 손의 능력을 저해하게 된다. 이런 함축적 의미를 통해 대부분의 조세가 자원 배분에 미치는 부정적 효과를 설명할 수 있다. 조세는 가격 그리고 기업 및 가계의 결정을 왜곡시킨다. 또한 이 점은 가령 임대료 관리처럼 가격을 통제하는 정책들로 인한 문제점들을 설명할 수 있다. 공산주의 국가에서는 가격이 시장에

FYI 애덤 스미스와 보이지 않는 손

미국의 혁명가들이 독립선언서에 서명한 1776년 바로 그 해에 애덤 스미스의 위대한 저서 『국부론』이 출간된 것은 우연의 일치라고 할 수 있다. 하지만 두 문서는 그 당시 만연했던 다음과 같은 관점을 공유한다. 즉 정부가 개인의 행동을 지시하는 엄격한 간섭 없이 개인이 원하는 것을 하도록 허용해야 한다는 것이다. 이런 철학이 시장경제, 나아가 자유 사회의 지적 토대가 되었다.

분산된 시장경제가 합리적으로 잘 작동하는 이유는 무엇인가? 사람들이 사랑하며 친절하고도 관대하게 서로를 대할 것이라고 믿기 때문인가? 전혀 그렇지 않다. 애덤 스미스는 사람들이 시장경제에서 어떻게 상호작용하는지를 다음과 같이 설명한다.

LIBRARY OF CONGRESS PRINTS AND PHOTOGRAPHS DIVISION[LC-USZ62-17407]

애덤 스미스

> 사람이 동업자들에게 도움을 청할 기회는 거의 항상 존재하는데, 동업자들의 자비에만 기대어 도움을 기대한다면 헛수고가 될 것이다. 자신에게 유리하게 그들의 이기심에 관심을 표명하고 자신이 요구하는 것을 해주는 것이 그들에게도 이익이 된다는 것을 보여줄 수 있다면, 도움을 받을 가능성이 더 높아질 것이다. … 내가 원하는 것을 주면, 네가 원하는 것을 얻게 될 것이다. 이것이 이런 종류의 제안에 함축된 의미이다. 우리가 필요로 하는 선의를 서로에게서 훨씬 더 많이 얻어내는 방법은 바로 이런 것이다.
>
> 정육점 주인, 양조장 주인, 식빵 업자의 자비가 아니라 이들이 추구하는 이익을 존중함으로써 저녁식사를 할 수 있다. 이들의 자비심이 아니라 이기주의에 호소하고, 자신의 필요가 아니라 이들이 얻게 될 이익에 대해 말해야 한다. 걸인이 아니고는 어느 누구도 시민들의 자비심에 의존하려 하지 않는다. …
>
> 각 개인은 … 공익을 증진하려 하지 않았고, 공익을 얼마나 많이 증진하고 있는지 알지도 못한다. … 개인은 자신의 이익만을 추구하며 많은 경우 그랬듯이 이번에도 보이지 않는 손에 인도되어 의도하지 않은 결과를 이루게 된다. 의도하지 않았던 것이 사회에 언제나 더 나쁜 것은 아니다. 개인이 자신의 이익을 추구함으로써, 사회적 이익을 실제로 추구하려 했을 때보다도 종종 더 효과적으로 공익을 달성하게 된다.

위에서 애덤 스미스가 말하는 바는 다음과 같다. 즉, 경제에 참여하고 있는 사람들은 이기심에 의해 동기가 부여되지만, 시장의 '보이지 않는 손'이 좀 더 일반적인 경제적 복지를 달성할 수 있도록 인도한다는 것이다.

애덤 스미스의 통찰 중 많은 부분이 현대 경제학의 핵심 논리로 여전히 남아 있다. 앞으로 살펴볼 장들에서는 애덤 스미스의 몇 가지 결론을 더 정확하게 설명하고, 시장의 보이지 않는 손이 지닌 강점과 약점을 자세하게 분석할 것이다. ■

서 결정되지 않고 중앙집권적 계획 입안자에 의해 설정된다. 이들 계획 입안자는, 시장경제에서 가격에 반영되는 생산자 비용과 소비자 기호에 관한 복잡하면서도 계속 변화하는 압도적 규모의 정보량이 결여되어 있다. 중앙집권적인 계획경제는 시장의 보이지 않는 손을 등 뒤에 묶어 놓은 채 경제를 운영했기 때문에 실패했다.

애덤 스미스는 우버를 좋아했을 것이다

여러분이 중앙집권적 계획경제 국가에서 살아보지는 않았겠지만, 대도시에서 택시를 잡으려 할 때 어쩌면 엄격하게 규제된 시장을 겪어보았을지 모른다. 대다수 도시의 지방정부가 택시시장을 엄격히 통제하곤 한다. 이런 규정은 대개 보험과 안전에 대한 규제보다 훨씬 더 엄격하다. 가령 지방정부가 일정한 수의 택시 영업 허가증을

RICHARD LEVINE/ALAMY STOCK PHOTO

기술이 발전하면서 택시를 더 편리하게 이용하게 될 것이다.

승인함으로써 택시시장 진입을 제한할 수 있다. 또 택시가 요구할 수 있는 요금을 결정할 수도 있다. 허가증이 없는 운전자를 거리에서 퇴출하고 허가받지 못한 요금을 청구하지 못하도록 하기 위해 경찰 권한으로 벌금이나 구금에 처할 수 있다고 위협할 수도 있다.

하지만 2009년에 이처럼 고도로 통제되는 시장에 파괴력 있는 업체가 밀고 들어왔다. 스마트폰 앱을 제공해서 승객과 운전자를 연결해주는 기업, 즉 우버였다. 우버 차량은 거리를 돌아다니면서 택시를 타려고 보도에 나와 있는 승객을 찾지 않기 때문에, 엄격히 말해 택시가 아니고 택시와 동일한 규제를 적용받지도 않는다. 하지만 택시와 유사한 서비스를 제공한다. 실제로 우버와 그 이후 여러 시장에 진입한 우버의 경쟁업체들이 제공하는 차량 서비스가 종종 더 편리했다. 비 오는 추운 날 빈 택시가 지나가길 길옆에서 기다릴 사람이 누가 있겠는가? 건물 안에서 스마트폰으로 차량 서비스를 예약하고, 차량이 도착할 때까지 비를 피해 따뜻한 곳에서 기다리는 것이 더 쾌적하다.

우버 차량의 요금은 항상은 아니지만 종종 더 저렴하다. 예를 들어 갑작스럽게 폭풍우가 몰아치는 날이나 얼근히 취한 많은 사람들이 파티를 끝내고 안전하게 귀가하길 원하는 새해 전야와 같이 수요가 급증할 때는 우버 요금이 큰 폭으로 상승한다. 반면에 규제를 받는 택시는 일반적으로 요금이 급등하지 않는다.

모든 사람이 우버를 좋아하는 것은 아니다. 기존의 택시 운전사들은 새로운 경쟁자 때문에 수입이 줄었다고 불평한다. 놀랄 것도 없다. 재화와 용역 공급자들에게는 종종 새로운 경쟁자가 달갑지 않다. 하지만 생산자들 간에 활발한 경쟁이 이루어질 때 시장은 소비자를 위해 잘 작동하게 된다.

이것이 경제학자가 우버의 시장 진입을 기꺼이 수용하는 이유이다. 저명한 경제학자 수십 명을 대상으로 실시한 2014년 설문조사에서 우버와 같은 차량 서비스가 소비자 후생을 증대시키는지 여부에 대해 물었다. 모든 경제학자들이 '그렇다'고 답했다. 급등하는 요금 책정 방식이 소비자 후생을 증대시키는지 여부에 대해서도 물어보았다. 경제학자들 중 85%가 '그렇다'고 답했다. 급등하는 요금 책정 방식으로 인해 소비자들이 이따금 요금을 더 많이 지불하지만, 우버 운전사들이 유인에 반응하기 때문에 이 방식은 가장 필요할 때 차량 서비스의 공급량 역시 증가시킨다. 이런 요금 책정 방식은 해당 차량 서비스에 가장 큰 가치를 두는 소비자들에게 이를 배분하는 데 도움이 되고, 차량을 찾아 대기하는 데 따른 비용을 줄인다.

애덤 스미스가 오늘날 살아 있었다면, 분명 자신의 스마트폰에 차량 공유 앱을 설치했을 것이다. ●

1-2c 원리 7: 정부는 때때로 시장에서 이루어진 결과를 개선할 수 있다

보이지 않는 손이 그렇게 대단하다면, 정부가 경제에서 할 수 있는 일은 무엇인가? 경제학을 공부하는 한 가지 목적은 정부정책의 적절한 역할과 범위에 관한 자신의 관점을 다듬는 것이다.

정부가 필요한 한 가지 이유는 정부가 규칙을 시행하고 시장경제의 핵심이 되는 제도를 유지할 경우에만 보이지 않는 손이 마술을 부릴 수 있기 때문이다. 가장 중요한 점은 시장경제는 개인이 희소한 자원을 소유하고 통제할 수 있도록 재산권(property right)을 집행할 제도가 필요하다는 사실이다. 농부가 수확한 농작물을 도둑맞을 것이라고 생각한다면 곡물을 재배하지 않으며, 많은 고객이 음식값을 지불하기 전에 자리를 뜬다면 식당은 식사를 제공하지 않고, 매우 많은 사람이 불법 복제를 한다면 영화사는 영화를 제작하지 않을 것이다. 시장에 참여하는 사람들은 정부가 세운 경찰과 법원에 의존해서 재산권을 행사한다. 법적 제도가 유지될 때만 보이지 않는 손이 잘 작동한다.

재산권
희소한 자원을 소유하고 통제할 수 있는 개인의 능력

정부가 필요한 또 다른 이유는 보이지 않는 손이 강력하기는 하지만 무엇이든 모두 할 수 있는 것은 아니기 때문이다. 정부가 경제에 개입하여 사람들이 선택한 자원 배분을 변경할 수 있는 근거는 크게 두 가지, 즉 효율성 촉진이거나 형평성 증진이다. 즉, 정책은 경제규모의 증대 또는 분배방식의 변경을 목표로 한다.

효율성이라는 목표에 대해 생각해보자. 보이지 않는 손은 일반적으로 시장을 통해 경제적 총액의 규모를 극대화할 수 있도록 자원을 배분한다. 하지만 언제나 그런 것은 아니다. 경제학자들은 시장실패(market failure)라는 용어를 사용하여, 시장이 자체적으로 효율적인 자원 배분을 하지 못하는 상황을 설명한다. 시장실패를 촉발하는 원인 하나가 외부효과(externality)인데, 이는 어떤 사람의 행위가 관계없는 제3자의 후생에 미치는 영향을 말한다. 외부효과의 대표적인 예로 오염을 들 수 있다. 어떤 물품의 생산으로 인해 공기가 오염되고 공장 근처에 사는 사람들에게 건강문제를 일으킬 경우, 시장은 이런 빈틈을 고려하지 않을 수 있다. 시장 지배력(market power)도 시장실패의 원인이 되는데, 이는 한 개인이나 기업(또는 이들의 소규모 집단)이 부당하게 시장가격에 영향을 미치는 능력이다. 예를 들어 마을의 모든 사람이 물이 필요하지만 우물이 단 한 개만 있는 경우, 해당 우물의 소유자는 일반적으로 이기심을 억제하는 엄격한 경쟁에 직면하지 않게 된다. 우물 소유자는 이 기회를 이용하기 위해 물의 생산량을 제한해서 더 높은 가격을 부과하려 한다. 외부효과나 시장 지배력이 존재하는 경우, 잘 짜인 공공정책이 시행되면 효율성을 높일 수 있다.

시장실패
시장만으로는 홀로 자원을 효율적으로 배분하지 못하는 상황

외부효과
한 사람의 행위가 관계없는 제3자의 후생에 미치는 영향

시장 지배력
시장가격에 상당한 영향을 미치는 단일 경제 행위자(또는 소규모 경제 행위자 집단)의 능력

이번에는 형평성이라는 목표에 대해 생각해보자. 보이지 않는 손에 의해 효율적인 결과가 나올 때조차도, 후생상에는 커다란 격차가 발생할 수 있다. 시장경제는 다른 사람들이 대가를 지불하고자 하는 물품을 생산할 수 있는 능력에 따라 사람들에게 보상을 한다. 세계 최고의 농구선수가 세계 최고의 체스선수보다 수입이 더 많다. 그 이유는 간단하다. 사람들이 체스보다 농구경기를 보는 데 더 많은 대가를 지불하려 하기 때

문이다. 보이지 않는 손을 통해, 모든 사람들이 충분한 식료품, 고급 의류, 적절한 의료 서비스를 향유하도록 보장할 수는 없다. 이런 불평등으로 인해 정부 개입을 요청하게 된다. 실제로, 소득세와 복지제도 같은 많은 공공정책은 평등한 복지 분배를 달성하고자 한다.

정부가 시장에서 이루어진 결과를 개선할 수 있다는 것이 언제나 개선한다는 것을 의미하지는 않는다. 공공정책은 천사가 아니라 불완전한 정치과정을 통해 만들어진다. 정책은 때로는 정치적 영향력이 있는 사람들에게 보상을 제공할 수 있도록 고안된다. 또 이따금 잘 알지 못하면서 좋은 의도를 갖고 있는 지도자들에 의해 마련되기도 한다. 경제학을 공부하다 보면, 정부정책이 효율성이나 형평성을 촉진하기 때문에 정당한 경우와 정당하지 못한 경우를 더 잘 판단하게 될 것이다.

Quiz

5. 국제무역은 ___________ 일국에 이익이 된다.
   a. 해외 판매로 인한 수입이 해외 구매로 인한 지출을 초과할 때
   b. 무역 상대국이 경제적 후생의 감소를 경험할 때
   c. 모든 국가들이 가장 잘 하는 것에 특화할 때
   d. 무역으로 인해 국내 일자리가 사라지지 않을 때

6. 애덤 스미스가 말한 '보이지 않는 손'은 ___________이다.
   a. 기업이 소비자를 희생시켜 이윤을 얻기 위해 사용하는 교묘하고 종종 드러나지 않는 방법
   b. 시장 참여자들이 이기심에 근거해 행동을 해도, 바람직한 결과에 도달할 수 있는 경쟁시장의 능력
   c. 소비자들이 규제를 인지하지 못하더라도, 소비자에게 이익이 되는 정부 규제의 능력
   d. 규제되지 않은 시장의 생산자나 소비자가 무고한 제3자에게 비용을 부과하는 방법

7. 정부는 ___________ 위해서 시장경제에 개입할 수 있다.
   a. 재산권을 보호하기
   b. 외부효과로 인한 시장실패를 바로잡기
   c. 보다 평등한 소득 분배를 달성하기
   d. 위의 것 모두를 달성하기

해답은 이 장의 끝부분에 있다.

1-3 경제 전체는 어떻게 작동하는가

개인이 결정을 어떻게 내리는지에 대한 논의로 시작해서, 사람들이 어떻게 상호작용하는지를 살펴보았다. 이런 모든 결정과 상호작용이 '경제'를 구성한다. 나머지 세 가지 원리는 경제의 전체적인 작동에 관한 것이다.

1-3a 원리 8: 일국의 생활수준은 재화 및 용역을 생산할 수 있는 능력에 달려 있다

전 세계의 생활수준 차이는 충격적이라고 할 수 있다. 2019년 미국의 평균소득은 약

65,000달러였다. 같은 해 독일의 평균소득은 약 56,000달러, 중국은 17,000달러였고, 나이지리아는 5,000달러에 불과했다. 평균소득상의 이런 차이는 삶의 질을 측정하는 데 반영된다. 고소득 국가에 사는 사람들은 저소득 국가에 사는 사람들보다 더 많은 컴퓨터와 자동차, 더 나은 영양섭취, 더 좋은 의료 서비스, 더 긴 기대수명을 향유한다.

시간의 흐름에 따른 생활수준의 변화도 크다. 미국의 경우, 역사적으로 볼 때 (생활비 변화를 조정한) 소득이 연간 약 2%씩 증가했다. 이런 비율로 증가한다면 평균소득은 35년마다 두 배가 된다. 지난 세기 동안 미국의 평균소득은 약 8배 증가했다.

국가들 사이에 그리고 시간의 흐름에 따라 발생하는 이 같은 큰 격차를 어떻게 설명할 수 있는가? 대답은 간단하다. 생활수준상의 거의 모든 격차는 국가들의 생산성(productivity) 차이, 즉 생산요소인 노동 단위당 재화 및 용역의 생산량 차이에서 비롯된다. 노동자들이 시간당 많은 양의 재화 및 용역을 생산할 수 있는 국가에서 대다수의 사람들은 높은 생활수준을 향유한다. 반면에 노동자들의 생산성이 낮은 국가에서 대다수의 사람들은 궁핍한 생활수준을 견디어 낸다. 이와 같이 일국의 생산성 증가율은 해당 국가의 평균소득 성장률을 결정하게 된다.

생산성
생산요소인 노동 단위당 재화와 용역의 생산량

생산성과 생활수준의 관계는 간단하지만, 그것이 갖는 의미는 광범위하다. 생산성이 생활수준을 결정하는 주요 요인이라면, 다른 설명은 덜 중요하다고 보아야 한다. 예를 들어 지난 세기 동안 미국 근로자들의 소득이 증가한 것은 관대한 고용주나 역동적인 노동조합 덕분이라고 말하고 싶을지 모른다. 하지만 미국 근로자들의 진짜 영웅은 생산성 증가이다. 다른 예를 들면 일부 해설가들은 격화된 국제경쟁으로 인해서 1970년대 중반부터 소득 증가의 둔화현상이 발생했다고 설명한다. 그러나 진짜 악당은 미국의 하락하는 생산성 증가였다.

생산성과 생활수준의 관계는 공공정책에 중대한 의미를 시사한다. 특정 정책이 생활수준에 어떤 영향을 미치는지 생각해볼 때 핵심 의문점은 그 정책이 재화와 용역을 생산하는 경제의 능력에 어떤 영향을 미치느냐에 관한 것이다. 생활수준을 높이기 위해서는 정책 입안자들이 생산성을 높여야 하며, 이를 위해 근로자들을 잘 훈련시키고 재화 및 용역을 생산하는 데 필요한 도구를 공급하며 최상의 기술에 접근할 수 있도록 해야 한다.

1-3b 원리 9: 정부가 너무 많은 통화를 발행할 경우 물가가 상승한다

1921년 1월에 독일 일간신문 가격은 0.30마르크였다. 2년이 채 지나지 않은 1922년 11월에 이 신문의 가격은 70,000,000마르크였다. 경제 내 다른 가격도 모두 동일한 폭으로 상승했다. 이 같은 폭등은 경제의 전반적인 물가수준이 상승하는 현상인 인플레이션(inflation)을 보여준 역사상 가장 놀라운 사례 중 하나이다.

인플레이션
경제의 전반적인 물가수준이 상승하는 현상

미국에서 인플레이션은 1920년대의 독일과 비슷한 수준으로 발생한 적이 없지만, 이따금 문제가 되었다. 1970년대에는 전반적인 물가수준이 두 배 이상 상승했으며, 제럴드 포드 대통령은 인플레이션을 '공공의 적 제1호'라고까지 했다. 반면에 21세기 처음 20년 동안 인플레이션은 연간 약 2%였으며, 이런 율이라면 물가가 두 배 오르는 데 35년이 걸릴 것이다. 인플레이션이 높아질 경우 사회에 다양한 비용이 발생하기 때문에, 인플레이션을 합리적인 수준으로 유지하는 것이 전 세계 경제정책 입안자들의 목표이다.

인플레이션을 일으키는 원인은 무엇인가? 규모가 크거나 계속 지속되는 거의 모든 인플레이션의 경우에 원인은 통화량 증가이다. 정부가 자국의 통화량을 대규모로 창출하면, 통화가치가 하락한다. 독일에서 물가가 매월 평균적으로 세 배씩 상승했던 1920년대 초에, 통화량도 매월 세 배씩 증가했다. 덜 극단적이긴 하지만, 미국의 역사도 유사한 결론에 도달한다. 1970년대의 높은 인플레이션은 빠른 통화량 증가와 관련이 있고, 1980년대 낮은 인플레이션으로의 복귀는 느린 통화량 증가와 관련된다.

"이런, 줄에 서 계셨을 때는 68센트였을지 모르지만, 그 사이에 가격이 올라 지금은 74센트가 되었습니다."

이 책이 출간되려 했던 2022년에 미국의 인플레이션은 급등하고 있었다. 그해 2월 소비자 물가는 1년 전보다 7.9% 상승했는데, 이는 40년 만에 가장 높은 인플레이션율이었다. 2020년에 발생한 코로나 바이러스 감염증의 세계적 대유행으로 촉발된 경기 침체 동안, 미국 정부는 어려움을 완화하기 위해 지출을 대폭 늘렸고, 경제의 통화량도 크게 증가했다. 세계적 대유행으로 인한 공급 차질과 맞물려 이런 정책들은 인플레이션 상승에 일조했다. 핵심적인 질문은 인플레이션 급등이 많은 정부 관료들이 믿는 것처럼 일시적인 현상이 될지, 아니면 1970년대처럼 경제에 고착될지 여부에 관한 것이다. 결과는 향후 금융정책에 따라 크게 달라질 것이다.

1-3c 원리 10: 사회는 인플레이션과 실업 사이에 존재하는 단기적인 상충관계에 직면하게 된다

통화량이 증가할 경우 장기적으로 보면 물가가 주로 상승하지만, 단기적으로 보면 상황이 조금 더 복잡해진다. 대부분의 경제학자들은 통화 증가에 따른 단기적 효과를 다음과 같이 설명한다.

- 경제의 통화량이 증가할 경우 전반적인 지출수준이 높아져서, 재화 및 용역에 대한 수요가 증가한다.
- 수요가 증가하면 시간이 흐름에 따라 기업들이 가격을 인상하게 되지만, 그동안에는 기업들이 더 많은 노동자를 고용하여 더 많은 양의 재화와 용역을 생산한다.
- 노동자를 더 많이 고용한다는 것은 실업이 감소함을 의미한다.

이렇게 추론하다 보면 경제 전반에 걸친 최종적인 상충관계, 즉 인플레이션과 실업의 단기적인 상충관계로 연결된다.

일부 경제학자들은 여전히 이런 논리에 의문을 제기하지만 대부분은 사회가 인플레이션과 실업의 단기적인 상충관계에 직면하게 된다는 사실을 받아들인다. 이것이 의미하는 바는 간단히 말해 많은 정책이 1~2년 동안에는 인플레이션과 실업을 정반대방향으로 밀어낸다는 것이다. 정책 입안자들은 인플레이션과 실업이 둘 다 (1980년대 초처럼) 높은 수준이거나, (2010년대 말처럼) 낮은 수준이거나, 중간 수준에서 시작하든지에 관계없이 이런 상충관계에 직면한다. 이런 단기적인 상충관계는 재화 및 용역의 생산이나 고용된 인원수에 기반하여 측정되는, 경제활동의 불규칙적이며 대체로 예측할 수 없는 변동인 경기 순환(business cycle)을 분석하는 데 중요한 역할을 한다.

경기 순환
고용 및 생산과 같은 경제활동의 변동

정책 입안자들은 다양한 정책수단을 사용하여 인플레이션과 실업의 단기적인 상충관계를 활용할 수 있다. 정책 입안자들은 정부 지출총액, 부과되는 조세총액, 통화 발행량을 변화시켜 재화와 용역에 대한 총체적 수요에 영향을 미칠 수 있다. 이러한 수요의 변화는 다시 경제가 단기적으로 경험하는 인플레이션과 실업의 조합에 영향을 미친다. 이런 경제정책 수단들은 매우 강력하기 때문에, 정책 입안자들이 이를 어떻게 사용해야 하는지는 끊임없는 쟁점이 되고 있다.

Quiz

8. 일부 국가들이 다른 국가들보다 평균 생활수준이 더 높은 주된 이유는 ______________.
   a. 부국이 빈국을 착취했기 때문이다.
   b. 일부 국가들의 정부가 통화를 더 많이 창출하기 때문이다.
   c. 일부 국가들이 노동자의 권리를 보호하는 보다 강력한 법률을 시행하기 때문이다.
   d. 일부 국가들이 더 높은 생산성 수준을 유지하기 때문이다.

9. 일국에서 높은 인플레이션이 지속되는 경우, 가장 그럴듯한 설명은 이 상황이 ______________.
   a. 정부가 과도한 통화량을 창출한 데서 비롯된다는 것이다.
   b. 과도한 고임금을 요구하는 노조교섭에서 비롯된다는 것이다.
   c. 정부가 과도한 조세를 부과한 데서 비롯된다는 것이다.
   d. 기업들이 과도한 가격 인상을 단행할 수 있는 시장 지배력을 사용한 데서 비롯된다는 것이다.

10. 정부가 금융정책 수단들을 사용하여 재화와 용역에 대한 수요를 낮추려 한다면, 단기적으로 발생 가능한 결과는 ______ 인플레이션과 ______ 실업이다.
   a. 더 낮은; 더 낮은
   b. 더 낮은; 더 높은
   c. 더 높은; 더 높은
   d. 더 높은; 더 낮은

해답은 이 장의 끝부분에 있다.

표 1

경제학의 열 가지 원리

사람들은 어떻게 결정을 내리는가

1. 사람들은 상충적인 상황에 부딪히게 된다.
2. 어떤 것의 비용은 그것을 얻기 위해서 포기해야 하는 것이다.
3. 합리적인 사람들은 한계적으로 생각한다.
4. 사람들은 유인에 반응한다.

사람들은 어떻게 상호작용하는가

5. 거래를 통해 모든 사람의 형편이 나아질 수 있다.
6. 시장은 일반적으로 경제활동을 조직화하는 좋은 방법이다.
7. 정부는 때때로 시장에서 이루어진 결과를 개선할 수 있다.

경제 전체는 어떻게 작동하는가

8. 일국의 생활수준은 재화 및 용역을 생산할 수 있는 능력에 달려 있다.
9. 정부가 너무 많은 통화를 발행할 경우 물가가 상승한다.
10. 사회는 인플레이션과 실업 사이에 존재하는 단기적인 상충관계에 직면하게 된다.

1-4 결론

이제는 경제학이 무엇인지 조금은 이해했을 것으로 생각된다. 앞으로 살펴볼 장들에서 사람, 시장, 경제에 대한 구체적인 통찰을 많이 습득할 것이다. 이런 내용을 숙지하기 위해서는 약간의 노력이 필요하겠지만 압도될 정도는 아니다. 경제학 분야는 많은 상황에 적용할 수 있는 몇 가지 생각에 기반을 두고 있다.

이 장에서 소개하고 표 1에 요약한 **경제학의 열 가지 원리**를 이 책 곳곳에서 언급할 것이다. 이런 사고의 틀을 구성하는 요소들을 숙지하고 염두에 두어야 한다. 가장 복잡하고 정교한 경제분석도 이런 열 가지 원리에 기반을 둔다.

요약

- 개인의 의사 결정에 관해 학습하고 나서 얻은 근본적인 교훈은 다음과 같다. 사람들은 대안적인 목표들 사이에 존재하는 상충적인 상황에 부딪히게 된다. 어떤 행위의 비용은 그로 인해 포기한 기회의 측면에서 측정된다. 합리적인 사람들은 한계비용과 한계편익을 비교하여 결정한다. 사람들은 직면하게 되는 유인에 반응하여 자신들의 행태를 변화시킨다.
- 경제적 상호작용에 관해 얻은 근본적인 교훈은 다음과 같다. 거래와 상호의존을 통해 서로 이익을 얻을 수 있다. 시장은 일반적으로 경제행위를 조화시키는 좋은 방

법이다. 정부는 시장실패를 시정하거나 경제적 형평성을 증진하여 시장에서 이루어진 결과를 잠재적으로 개선할 수 있다.

- 전체적으로 작동되는 경제에 관해 얻은 근본적인 교훈은 다음과 같다. 생산성이 생활수준을 결정하는 궁극적인 원천이다. 통화량 증가가 인플레이션을 일으키는 결정적인 근본원인이다. 사회는 인플레이션과 실업 사이에 존재하는 단기적인 상충관계에 직면하게 된다.

주요 개념

희소성 4
경제학 4
효율성 5
형평성 5
기회비용 6
합리적인 사람 6
한계변화 7
유인 8
시장경제 12
재산권 15
시장실패 15
외부효과 15
시장 지배력 15
생산성 17
인플레이션 17
경기 순환 19

복습용 질문

1. 생활에서 직면하는 중요한 상충적인 상황의 예를 세 가지 들어보시오.
2. 놀이공원 방문에 따른 기회비용을 계산할 때 어떤 항목을 포함시켜야 하는가?
3. 물은 생명을 유지하기 위해 필수적으로 필요하다. 물 한 잔의 한계편익은 큰가 아니면 작은가?
4. 정책 입안자들이 유인을 고려해야 하는 이유는 무엇인가?
5. 두 국가 사이의 무역이 한 국가가 이기고 다른 국가가 지는 게임과 같지 않은 것은 무엇 때문인가?
6. 시장에서 작동하는 '보이지 않는 손'이 하는 역할은 무엇인가?
7. 시장실패가 발생하는 주요한 이유 두 가지는 무엇인가? 각각의 예를 들어보시오.
8. 생산성이 중요한 이유는 무엇인가?
9. 인플레이션이란 무엇이며, 그것이 발생하는 원인은 무엇인가?
10. 인플레이션과 실업은 단기적으로 어떤 관계가 있는가?

문제와 응용

1. 다음의 각 경우에 직면하게 될 상충적인 상황을 설명하시오.
   a. 자동차 구매 여부를 결정해야 하는 가족
   b. 국립공원에 얼마나 지출할지를 결정해야 하는 국회의원
   c. 새로운 공장을 설립해야 할지 여부를 결정해야 하는 회사 대표
   d. 수업 준비를 얼마나 해야 할지 결정해야 하는 교수
   e. 대학원 진학 여부를 결정해야 하는 최근의 대학 졸업생
   f. 취업 여부를 결정해야 하는 어린 자녀를 키우는 편부모

2. 휴가 갈지 여부를 결정하려고 한다. 휴가 비용(항공료, 호텔, 받지 못하게 될 임금)은 대부분 화폐로 측정되지만, 휴가에 따른 편익은 심리적인 것이다. 편익과 비용을 어떻게 비교할 수 있는가?

3. 토요일에 아르바이트를 할 계획이었지만, 친구가 스키를 타러 가자고 한다. 스키를 타러 가는 데 드는 비용은 무엇인가? 이번에는 도서관에서 하루 종일 공부할 계획이었다고 가정해보자. 이 경우 스키를 타러 가는 데 드는 비용은 무엇인가? 설명하시오.

4. 내기 농구에서 100달러를 받았다. 지금 그 돈을 사용할지, 아니면 5% 이자를 지급하는 은행 계좌에 1년 동안 저축할지 선택할 수 있다. 지금 100달러를 사용할 경우 발생하는 기회비용은 무엇인가?

5. 여러분이 경영하는 회사는 신제품을 개발하기 위해 5백만 달러를 투자했지만, 개발이 아직 완료되지 않았다. 최근 회의에서 영업 담당자는 경쟁제품이 출시되어 신제품의 예상 매출액이 3백만 달러로 감소할 것이라고 보고했다. 개발을 완료하여 제품을 만드는 데 1백만 달러의 비용이 소요된다고 할 경우, 그렇게 해야 하는가? 개발을 완료하기 위해 지불해야 하는 최대 비용은 얼마가 되는가?

6. 미국 연방정부의 빈곤퇴치 프로그램을 개혁하려는 1996년 법안으로 인해, 많은 복지 프로그램 수혜자들이 단지 2년 동안만 혜택을 받을 수 있게 되었다.
   a. 이런 변화가 노동하려는 유인에 어떤 영향을 미치는가?
   b. 이런 변화가 형평성과 효율성 사이의 상충적 관계를 어떻게 설명할 수 있는가?

7. 다음의 각 정부활동이 형평성에 대한 우려에서 비롯된 것인지, 아니면 효율성에 대한 우려에서 비롯된 것인지 여부를 설명하시오. 효율성의 경우, 관련된 시장실패의 유형을 논의하시오.
   a. 케이블 TV 가격을 규제하기
   b. 일부 저소득층에게 식료품을 구입하는 데 사용할 수 있는 증표를 제공하기
   c. 공공장소에서 흡연을 실시하기
   d. (한때 미국 정유시설의 90%를 소유했던 기업) 스탠다드 오일을 소규모 기업 몇 개로 분할하기
   e. 소득이 더 높은 사람들에게 더 높은 개인 소득세율을 부과하기
   f. 음주 운전 금지법을 제정하기

8. 다음의 각 진술을 형평성과 효율성 관점에서 논의하시오.
   a. "사회 구성원 모두는 최상의 의료 서비스를 보장받아야 한다."
   b. "근로자가 해고되면, 새로운 일자리를 찾을 때까지 실업 수당을 받을 수 있어야 한다."

9. 여러분의 생활수준은 부모님이나 조부모님이 여러분 연령이었을 때 그분들의 생활수준과 어떤 면에서 상이한가? 이러한 변화가 발생한 이유는 무엇인가?

10. 미국인들이 자신들의 소득 중 더 많은 부분을 저축하기로 결정했다고 가상하자. 은행들이 이들 자금을 사용하여 새로운 공항을 지으려는 기업들에게 대출을 제공한다면, 이것은 생산성의 신속한 증가로 어떻게 이어질 수 있는가? 이런 생산성 증가의 혜택은 누구에게 돌아갈 것이라고 생각하는가? 사회는 공짜 점심을 얻을 수 있는가?

11. 독립전쟁 기간에 미국의 13개 식민지는 전비를 완전히 조달할 수 있을 정도의 충분한 세수를 확보하지 못했다. 차액을 메우기 위해 식민지들은 통화를 더 발행하기로 결정했다. 지출을 충당하기 위해 통화를 발행할 경우, 이를 이따금 '인플레이션 조세'라고 한다. 더 많은 통화가 발행될 때 누구에게 조세가 부과된다고 생각하는가? 그 이유는 무엇인가?

Quiz 해답

1. a 2. c 3. b 4. d 5. c 6. b 7. d 8. d 9. a 10. b

Chapter

2

경제학자처럼 생각하기

여러분이 경제학자처럼 생각할 수 있도록 도와주고자 이 책을 집필했다. 경제학자처럼 생각하기는 여러 면에서 유용하게 활용될 수 있다. 뉴스 기사를 이해하거나, 가계나 기업의 재무 상태를 관리하거나, 지역 교통 혼잡에서 지구 기후 변화에 이르는 다양한 문제에 대한 정치가들의 공약을 평가하려 할 때, 경제학적 지식이 있다면 좀 더 분별력 있고 체계적으로 생각할 수 있다. 이런 방식으로 생각하게 되면 더 좋은 결과를 이끌어낼 수 있다.

어느 학문 분야이든 전문가들은 자신들만의 용어와 사고 방식을 발전시키고 있다. 수학자들은 공리, 적분, 벡터공간에 대해 논의하고, 심리학자들은 자아, 원초아, 인지 부조화 등에 관해 이야기한다. 또한 법학자들은 범행지, 불법행위, 금반언의 원칙에 대해 말하곤 한다. 경제학자들도 다르지 않다. 경제학자들은 예를 들면 공급, 수요, 탄력성, 비교우위, 소비자 잉여, 사장된 손실 등의 용어를 사용하곤 한다. 앞으로 경제학자들이 전문적으로 사용하는 다수의 새로운 용어와 몇몇의 익숙한 단어를 접하게 될 것이다. 처음

GAUDILAB/SHUTTERSTOCK.COM, LECHATNOIR/E+/GETTY IMAGES

에는 이런 용어와 전문적인 내용이 쓸데없이 난해해 보일 수 있고, 사실 일상생활에서는 이런 것들의 상당수가 그렇다. 하지만 이런 것들을 이해할 경우, 여러분이 살고 있는 세계를 이해하는 데 필요한 새롭고 유용한 시각을 갖게 될 것이다. 이 책은 여러분이 이런 과정을 무리 없이 헤쳐 나갈 수 있도록 도와줄 것이다.

경제학의 실체와 세부 사항을 알아보기 전에, 경제학자들이 세계를 어떻게 바라보는지에 관해 개괄적으로 살펴보는 것은 유용할 수 있다. 이 장에서는 경제학의 방법론에 관해 논의할 것이다. 경제학자들이 문제에 대처하는 방식은 어떤 특징이 있는가? 경제학자처럼 생각한다는 것은 무엇을 의미하는가?

2-1 과학자로서의 경제학자

경제학자들은 과학자의 객관성을 갖고 자신들의 연구 주제를 다루고자 한다. 물리학자가 물체를 연구하고 생물학자가 생명체를 연구하는 것처럼, 경제학자들은 경제에 관해 연구한다. 경제학자들은 이론을 정립하고 데이터를 수집하며, 그러고 나서 해당 데이터를 분석하여 자신들의 이론을 입증하든지 아니면 이를 반박하게 된다.

경제학이 과학이라는 주장은 이상하게 들릴 수 있다. 물론 경제학자들은 시험관이나 망원경을 갖고 작업을 하지 않으며, 흰색 실험복을 입지도 않는다. 그들은 여느 사회과학자들처럼 굳이 대학학위가 없어도 누구나 알고 있는 인간에 관해 연구한다. 하지만 과학의 핵심은 **과학적 방법**이며, 이 방법은 세계가 어떻게 작동하는지에 관한 이론을 냉정하게 발전시키고 검정하고자 한다. 이 방법이 지구의 중력이나 종의 진화에 관한 연구에 활용될 수 있는 것처럼, 일국의 경제를 연구하는 데도 활용될 수 있다. 알베르트 아인슈타인이 말했듯 "과학은 일상적인 사고를 세심하게 재구성한 것일 뿐이다."

아인슈타인의 이 말은 물리학만이 아니라 경제학에서도 타당하다. 하지만 대부분의 사람들은 과학적인 관점에서 사회를 보는 것에 익숙하지 못하다. 경제가 어떻게 작동하는지 살펴보기 위해서 경제학자들이 과학의 논리를 적용하는 방법을 생각해보자.

J.B. HANDELSMAN/THE NEW YORKER COLLECTION/THE CARTOON BANK

"얘야, 나는 사회과학자란다. 그래서 전기 같은 것에 대해 물어보면 설명해줄 수 없단다. 하지만 언젠가 사람들에 대해 알고자 한다면 내가 설명해줄 수 있지."

2-1a 과학적 방법: 관찰, 이론, 추가적인 관찰

17세기의 과학자이자 수학자인 아이작 뉴턴은 자신의 전기를 쓰던 작가에게 사과가 나무에서 떨어지는 것을 보고 영감을 얻었다고 말했다. 사과가 항상 땅으로 곧장 떨어지는 이유는 무엇인가? 뉴턴은 사색을 통해서 떨어지는 사과뿐만 아니라 우주의 모든 두 물체 사이에도 적용되는 중력 이론을 발견했다. 뉴턴의 이론은 후속 실험을 통해 (아인슈타인이 후일에 보여주었듯 모든 상황에 작동하지는 않지만) 많은 경우에 잘 작동한다는 사실을 알 수 있었다. 뉴턴의 이론은 관찰된 사실을 잘 설명할 수 있기에 지금까지도 물리학과 교육과정에서 가르치고 있다.

이와 유사한 이론과 관찰 사이의 상호작용은 경제학에서도 일어나고 있다. 물가가 급속히 상승하는 국가에서 생활하고 있는 경제학자는 이런 현상에 대한 관찰을 통해 인플레이션 이론을 발전시킬 수 있다. 그 이론에 따르면, 정부가 너무 많은 통화를 발행할 경우 고율의 인플레이션이 발생한다. 경제학자는 이 이론을 검증하기 위해 상이한 많은 국가에서 물가와 통화에 대한 데이터를 수집하여 분석할 수 있다. 통화량 증가가 물가 상승률과 관련이 없다면, 경제학자는 인플레이션 이론의 타당성에 의구심을 갖게 될 것이다. 통화량 증가와 인플레이션이 국제적인 데이터상에서 상관관계가 있다면, 실제로 종종 이런 사례가 있었던바 경제학자는 위에서 제시된 이론을 좀 더 신뢰하게 된다.

여느 과학자들과 마찬가지로 경제학자들도 이론과 관찰을 활용해야 하지만, 이런 일을 어렵게 만드는 장애물에 직면하게 된다. 즉, 경제학자들은 종종 실험을 진행하지 못한다. 물리학자들은 이론을 검증하기 위해서 자신의 실험실에서 물체를 낙하시킬 수 있다. 반면에 인플레이션에 관해 연구하는 경제학자들은 유용한 데이터를 얻겠다는 이유만으로 일국의 금융정책을 변화시킬 수 없다. 천문학자와 진화생물학자처럼 경제학자들은 통상적으로 자신에게 주어진 데이터가 무엇이든 간에 이를 활용해야 한다.

실험실에서 이루어지는 실험을 대신하여, 경제학자들은 역사를 통해 자연적으로 이루어진 실험에 세심한 주의를 기울인다. 예를 들면 중동에서 발생한 전쟁으로 인해 원유 공급이 중단되었을 때, 전 세계적으로 석유가격이 급등했다. 이로 인해 석유와 관련 제품을 소비하는 사람들의 생활비가 상승했고, 정책 입안자들은 최선의 대응책을 선택해야 하는 어려움에 직면하게 되었다. 하지만 이로 인해 과학적인 경제분석을 하려는 학자들은 주요한 천연자원이 세계 경제에 미치는 영향을 연구할 수 있는 기회를 갖게 되었다. 이 책 전반에 걸쳐 많은 역사적 사건을 살펴볼 것이다. 이에 대한 연구를 통해 과거의 경제에 대한 통찰력을 얻음과 동시에 현재의 경제 이론을 설명하고 평가할 수 있게 된다.

2-1b '가정'이 하는 역할

어린아이들이 갖고 노는 구슬을 10층 건물 꼭대기에서 밑으로 떨어뜨릴 경우 바닥에 도달하는 데 얼마나 오래 걸릴지를 물리학자에게 물어본다면, 아마도 진공상태에서 구슬이 떨어진다고 가정하고 답할 것이다. 건물은 공기로 둘러싸여 있기 때문에, 구슬이 떨어질 때 마찰이 발생하여 떨어지는 속도가 감소하게 된다. 실제 세계의 복잡한 상황을 무시하고 답하는 이유는 무엇인가? 이 경우 물리학자는 구슬에 대한 마찰이 작아서 그것이 미치는 영향은 무시해도 된다는 점을 지적할 것이다. 구슬이 진공상태에서 떨어진다고 가정하게 되면, 답하는 데 실질적인 영향을 미치지 않으면서 문제를 단순화시킬 수 있다. 하지만 물리학자는 더 정확한 답변을 하려면 위에서 한 가정을 수정하고 더 정교한 분석을 해야 된다는 사실을 알고 있다.

경제학자들도 동일한 이유로 가정을 하게 된다. 가정을 하게 되면 복잡한 세계를 단순화시켜서 더 쉽게 이해할 수 있다. 예를 들어 국제무역에 관해 연구할 경우, 세계가 단지 두 개 국가로 구성되고 각국이 두 개 상품만을 생산한다고 가정할 수 있다. 알다시피 이런 가정은 실제 세계를 정확히 반영하지 못한다. 실제 세계는 상이한 종류의 수많은 상품을 생산하는 많은 국가로 구성된다. 하지만 세계가 두 국가로만 구성되고 두 상품만 생산한다고 가정함으로써 문제의 본질에 초점을 맞출 수 있다. 단순화된 가상세계에서 이루어지는 무역을 분석하고 나면, 우리가 실제로 살고 있는 복잡한 세계에서의 무역을 이해하는 데 큰 도움이 된다.

물리학이든, 생물학이든, 경제학이든 간에 과학적 사고를 할 때 필요한 사항은 어떠한 가정을 하느냐이다. 예를 들어 건물 꼭대기에서 밑으로 구슬을 떨어뜨리는 대신에 이번에는 중량이 같되 해변가에서 갖고 노는 큰 비닐공을 떨어뜨린다고 가정하자. 이런 경우 마찰이 없다는 가정은 대단히 부정확하다. 큰 비닐공이 구슬보다 훨씬 더 크기 때문에 마찰이 크게 작용한다. 진공상태에서 중력이 작용한다는 가정은 구슬 낙하를 연구할 때는 타당하지만, 큰 비닐공 낙하를 연구할 때는 큰 오차를 발생시킬 수 있다.

마찬가지로 경제학자도 상이한 물음에 답하기 위해 상이한 가정을 사용한다. 예를 들어 정부가 통화의 유통량을 변화시킬 경우 경제에 어떤 영향을 미치는지 알아보고자 한다고 가정하자. 이 분석에서 정작 중요한 점은 가격이 어떻게 반응하느냐이다. 경제에서 많은 가격은 드물게 변동한다. 예를 들면 신문 가판대에서 판매되는 잡지가격은 몇 년에 한 번 변동한다. 이런 사실을 고려할 때 분석기간이 달라지면 가정도 달리하게 된다. 정책이 미치는 단기간의 효과를 분석하려는 경우, 가격이 크게 변동하지 않는다고 가정할 수 있다. 모든 가격이 완전하게 고정된다는 극단적인 가정까지도 할 수 있다. 하지만 정책이 미치는 장기간의 효과를 분석하려는 경우, 모든 가격이 완전하게 탄력적이라고 가정할 수 있다. 물리학자가 떨어뜨린 구슬과 큰 비닐공을 연구할 때 가정을 달리했듯이, 경제학자들도 통화량의 변화가 미치는 단기간 및 장기간의 효과를 연구할 때 상이한 가정을 하게 된다.

2-1c 경제 모형

미국 고등학교에서 생물학을 가르치는 선생님들은 인체 플라스틱 복제물을 활용하여 기초 해부학을 가르친다. 이 플라스틱 모형물이 심장, 간, 신장 등 모든 주요 장기를 보여주므로 선생님들은 신체의 주요 부분들이 어떻게 연결되는지를 매우 간략하게 설명할 수 있다. 이들 플라스틱 모형은 틀에 박히게 양식화되어 있고 많은 세부 사항을 생략했기 때문에, 아무도 해당 모형을 실제 사람으로 착각하지는 않을 것이다. 이렇게 현실성이 결여되어 있음에도, 실제로는 이런 플라스틱 모형을 활용하여 학습하는 것이 인체가 어떻게 기능하는지를 학습하는 데 도움이 된다.

경제학자들도 모형을 활용하여 실제 세계를 이해하지만, 플라스틱 인체 해부 모형과 달리 경제 모형은 대부분 도해와 식으로 구성된다. 생물학 선생님이 활용하는 플라스틱 모형처럼, 경제 모형도 많은 세부 사항을 생략하고 정말로 중요한 것을 보여준다. 플라스틱 인체 해부 모형이 신체의 모든 근육과 혈관을 포함하고 있지 않은 것처럼, 경제 모형도 경제의 모든 특징이나 인간 행태의 모든 양상을 포함하지는 않는다.

이 책 전반에서 모형을 사용하여 다양한 문제를 분석하다 보면, 특정 가정하에서 모형이 설정된다는 사실을 알게 될 것이다. 물리학자가 떨어지는 구슬을 분석할 때 마찰이 존재하지 않는다고 가정하듯이, 경제학자도 당면한 문제와 무관한 다수의 경제 세부 사항이 존재하지 않는다고 가정한다. 물리학이든, 생물학이든, 경제학이든 간에 모든 모형은 현실을 단순화시켜 그에 대한 이해를 돕는다. 중요한 점은 적절할 때에 알맞은 모형을 찾아내야 한다는 것이다. 통계학자 조지 박스(George Box)가 말한 것처럼 "모든 모형이 틀리지만, 일부는 유용하다."

2-1d 첫 번째 모형: 순환경로 도해

경제는 매수, 매도, 노동, 임대차, 제조 등 다양한 활동에 종사하는 수많은 사람들로 구성된다. 경제가 어떻게 작동하는지 이해하기 위해, 우리는 이런 모든 활동들에 대한 생각을 단순화시켜야 한다. 다시 말해, 경제가 어떻게 구성되고 경제 참가자들이 어떻게 상호작용하는지 설명하는 모형이 필요하다.

그림 1은 경제를 시각적으로 보여주는 모형, 즉 **순환경로 도해**(circular-flow diagram)를 제시한다. 이 모형에서 경제는 두 가지 형태의 의사 결정자, 즉 기업과 가계만을 포함한다. 기업은 예를 들면 노동, 토지, 자본(건물과 기계) 같은 요소를 사용하여 재화 및 용역을 생산한다. 이들 요소를 **생산요소**라고 한다. 가계는 생산요소를 소유하고 기업이 생산한 모든 재화 및 용역을 소비한다.

순환경로 도해
가계와 기업 사이에 존재하는 시장을 통해 화폐가 어떻게 유통되는지 보여주는 시각적인 경제 모형

가계와 기업은 두 가지 형태의 시장에서 상호작용한다. **재화 및 용역시장**에서는 가계가 매수인이 되고 기업은 매도인이 된다. 특히 가계는 기업이 생산한 재화 및 용역을 매수한다. **생산요소시장**에서 가계는 매도인이 되고 기업은 매수인이 된다. 이 시장에서 가계는 재화 및 용역을 생산하기 위해 기업이 사용하는 요소를 공급한다. 순환경로 도해는 어떤 경제 내에 있는 가계와 기업 사이에 이루어지는 모든 거래를 체계적으로 정

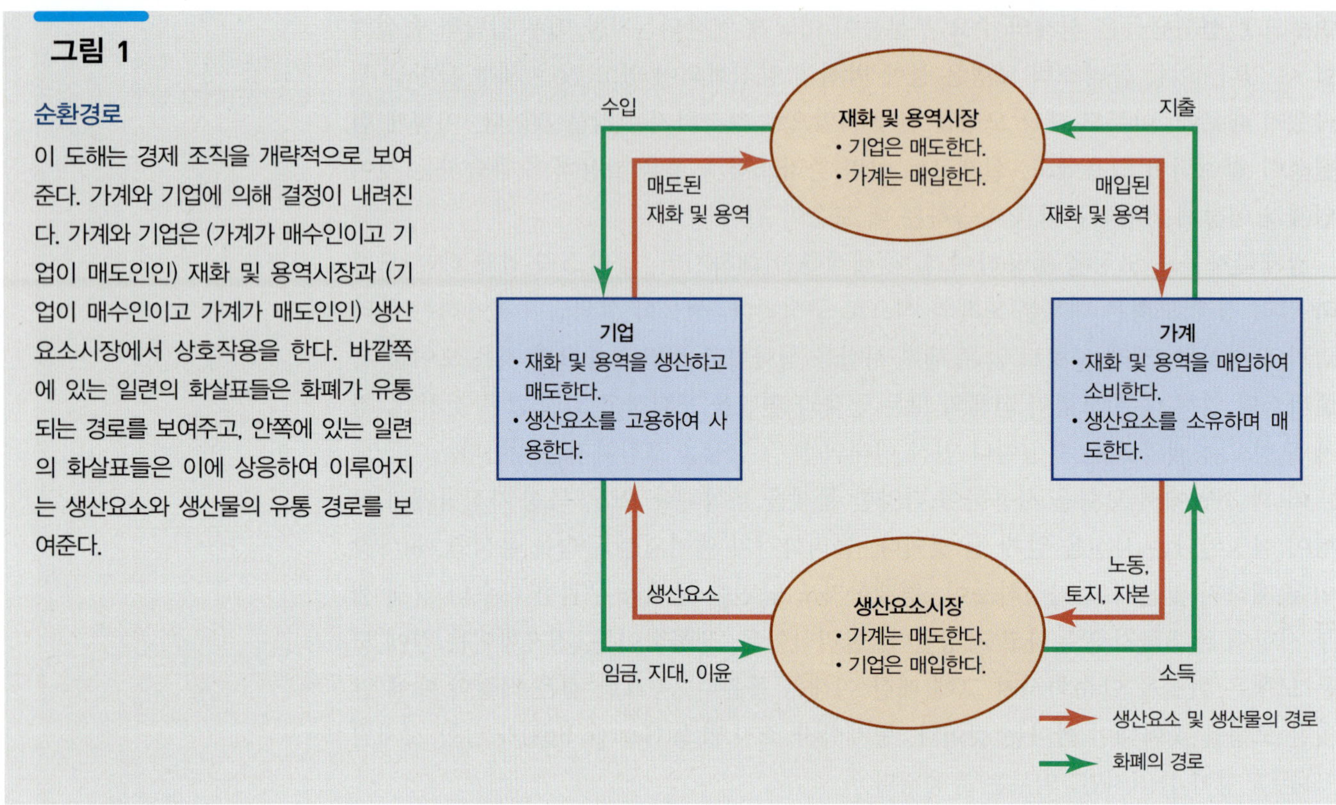

그림 1

순환경로

이 도해는 경제 조직을 개략적으로 보여준다. 가계와 기업에 의해 결정이 내려진다. 가계와 기업은 (가계가 매수인이고 기업이 매도인인) 재화 및 용역시장과 (기업이 매수인이고 가계가 매도인인) 생산요소시장에서 상호작용을 한다. 바깥쪽에 있는 일련의 화살표들은 화폐가 유통되는 경로를 보여주고, 안쪽에 있는 일련의 화살표들은 이에 상응하여 이루어지는 생산요소와 생산물의 유통 경로를 보여준다.

리하여 보여주는 간단한 방법이다.

이 순환경로 도해에 있는 두 개의 화살표 고리는 별개이기는 하지만 상호 연계되어 있다. 안쪽에 있는 화살표 고리는 요소와 생산물의 순환을 보여준다. 가계는 생산요소시장에서 자신들의 노동, 토지, 자본을 기업에게 매도한다. 그러면 기업은 이들 요소를 사용하여 재화 및 용역을 생산하고, 이는 다시 재화 및 용역시장에서 가계에 판매된다. 반면에, 바깥쪽에 있는 화살표 고리는 이에 상응하여 이루어지는 화폐의 흐름을 보여준다. 가계는 이들 화폐를 지출하여 기업으로부터 재화 및 용역을 매수한다. 기업은 이를 통해 얻은 수입 중 일부를 사용하여, 예를 들면 노동자에게 임금을 지급하고 노동을 고용하는 것처럼 생산요소를 매수하게 된다. 남은 것은 기업 소유주의 이윤이 되며, 기업 소유주 역시 가계의 구성원이다.

경제 내에서 사람으로부터 사람으로 이동하는 화폐를 추적하여 순환경로를 살펴보도록 하자. 화폐가 가계에서, 예를 들면 여러분의 지갑에서 이동하기 시작한 상황을 가상해보자. 여러분이 커피를 마시고 싶다면 (화폐처럼 기능하는 몇몇 것과 함께) 화폐를 가지고 커피시장으로 가는데, 커피시장은 많은 재화 및 용역시장 중 하나이다. 근처에 있는 커피 전문점에서 좋아하는 음료를 매수했을 때, 화폐는 해당 점포의 금전 등록기로 이동해서 해당 기업의 수입이 된다. 하지만 이 기업은 생산요소시장에서 요소를 매수하기 위해 이를 지출하기 때문에, 화폐는 이 기업에 오래 머무르지 않는다. 커피 전문점은 화폐를 사용하여 점유하고 있는 공간의 주인에게 임대료를 지불하거나 바리스타에게 보상을 해준다. 또는 화폐가 점포 소유주의 이윤으로 들어갈 수 있다. 여하튼 화폐는 어떤 가계의 소득이 되어 다시 한번 어떤 사람의 지갑으로 돌아오게 된다. 그때부터 경제의 순환경로를 다시 한번 더 밟게 된다.

그림 1의 순환경로 도해는 단순한 경제 모형이다. 예를 들어 좀 더 복잡하고 현실적인 순환경로 모형은 정부 및 국제무역의 역할을 포함한다.(즉, 여러분이 커피 전문점에서 지불한 화폐 중 일부는 조세를 납부하거나 케냐 농부로부터 커피 원두를 매수하기 위해 사용될 수도 있다) 하지만 이런 세부 사항들은 경제가 어떻게 구성되는지를 기본적으로 이해하는 데는 중요하지 않다. 이 순환경로 도해는 간단하기 때문에 경제의 각 부분이 어떻게 연계되는지 이해하고자 할 때 유용하게 활용될 수 있다.

2-1e 두 번째 모형: 생산가능곡선

순환경로 도해와 달리 대부분의 경제 모형은 수학을 활용하여 설정된다. 이제는 기본적인 경제 개념을 설명하기 위해, 가장 단순한 경제 모형의 하나인 생산가능곡선을 살펴보도록 하자.

실제 경제는 수많은 재화 및 용역을 생산하지만, 두 개 물품 즉 자동차와 컴퓨터만을 생산하는 경제를 생각해보자. 동시에 자동차 산업과 컴퓨터 산업이 해당 경제의 모든 생산요소를 사용한다고 하자. 생산가능곡선(production possibilities frontier)은 가용할 수 있는 생산요소와 해당 기업이 이들 요소를 생산물로 전환시키는 데 활용할 수 있는 생산기술이 주어진 경우, 해당 경제가 생산할 수 있는 생산물, 여기서는 자동차와 컴퓨터의 다양한 생산량 조합을 보여준다.

생산가능곡선
가용할 수 있는 생산요소와 생산기술하에서 해당 경제가 어떻게든 해서 생산할 수 있는 생산량의 조합을 보여주는 도해

그림 2는 해당 경제의 생산가능곡선을 보여준다. 해당 경제가 모든 자원을 자동차 산업에 투입할 경우, 1,000대의 자동차와 0대의 컴퓨터를 생산하게 된다. 반면에 모든 자원을 컴퓨터 산업에 투입할 경우, 3,000대의 컴퓨터와 0대의 자동차를 생산하게 된다. 생산가능곡선의 양단점은 이런 극단적인 가능성을 나타낸다.

가능성이 더 높은 경우는 자원을 두 개 산업에 배분해서 자동차와 컴퓨터를 둘 다 생산하는 것이다. 예를 들어 그림 2의 점 A에서 보는 것처럼 자동차 600대와 컴퓨터 2,200대를 생산하는 것이다. 아니면 생산요소의 일부를 컴퓨터 산업에서 자동차 산업으로 이동시켜 점 B에서 보는 것처럼 자동차 700대와 컴퓨터 2,000대를 생산하는 것이다.

자원이 희소하기 때문에, 생각할 수 있는 모든 생산량을 생산할 수는 없다. 예를 들어 자원이 두 산업에 어떻게 배분되든 간에 점 C상의 자동차와 컴퓨터를 생산할 수는

그림 2

생산가능곡선

생산가능곡선은 해당 경제가 생산할 수 있는 생산량의 조합, 즉 이 경우에는 자동차와 컴퓨터 생산량의 조합을 보여준다. 이 곡선상에 있거나 아래에 있는 어떠한 점도 이 경제에서 달성될 수 있는 생산량의 조합이다. 곡선 바깥에 위치한 점은 해당 경제에 현재 주어진 자원을 가지고는 달성될 수 없다. 생산가능곡선의 기울기는 컴퓨터 측면에서 본 자동차의 기회비용을 측정한 것이다. 해당 경제가 생산하는 두 재화를 얼마나 생산하느냐에 따라 기회비용은 변화한다.

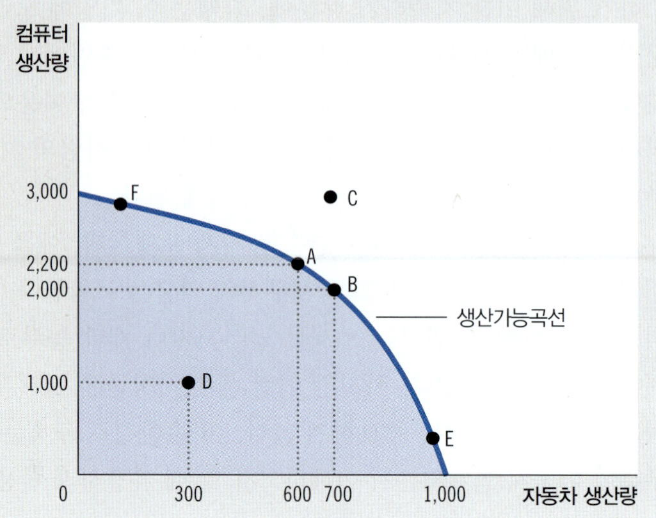

없다. 자동차와 컴퓨터를 생산하는 데 사용할 수 있는 기술이 주어진 경우, 점 C를 달성할 수 있는 생산요소가 충분하지 않다. 사용할 수 있는 자원이 주어진 경우 생산가능곡선상이나 안에 위치한 점들에서는 생산할 수 있지만, 바깥에 위치한 점들에서는 생산할 수 없다.

가용할 수 있는 희소한 자원을 갖고 달성할 수 있는 최대한을 얻게 될 경우 **효율적**이라고 한다. (생산가능곡선 안에 위치하지 않고) 그 곡선상에 있는 점들은 효율적인 생산수준을 보여준다. 예를 들면 점 A와 같은 점에서 생산이 이루어질 경우 다른 물품의 생산을 줄이지 않고는 어떤 물품의 생산을 증대시킬 수 없다. 점 D는 **비효율적**인 경우를 나타낸다. 어떤 이유 가령 실업이 만연하여 가용한 자원을 갖고 생산할 수 있는 것보다 더 적게 생산할 수도 있다. 예를 들면 자동차 300대와 컴퓨터 1,000대만을 생산할 수 있다. 비효율성이 발생한 원인을 제거할 경우 두 물품의 생산을 모두 증대시킬 수 있다. 예를 들어 점 D에서 점 A로 이동할 경우 자동차는 300대에서 600대로, 컴퓨터는 1,000대에서 2,200대로 각각 생산이 증가하게 된다.

제1장에서 살펴본 **경제학의 열 가지 원리** 중 하나는 사람들이 상충적인 상황에 부딪히게 된다는 사실이다. 생산가능곡선은 사회가 부딪히게 되는 상충적인 상황을 보여준다. 경제가 생산가능곡선상의 효율적인 점에 도달하게 되면, 어떤 물품의 생산을 증가시키는 유일한 방법은 다른 물품의 생산을 감소시키는 것이다. 예를 들어 점 A에서 점 B로 이동할 경우 컴퓨터 200대의 생산을 감소시키는 대가로 자동차 100대를 더 생산할 수 있다.

이런 상충적인 상황은 **경제학의 열 가지 원리** 중 또 다른 원리를 이해하는 데 도움이 된다. 어떤 것의 비용은 그것을 얻기 위해서 포기해야 하는 것이다. 이를 **기회비용**이라고 한다. 생산가능곡선은 다른 물품의 측면에서 측정한 어떤 물품의 기회비용을 보여준다. 점 A에서 점 B로 이동할 경우, 자동차 100대를 추가적으로 얻기 위해 컴퓨터 200대를 포기해야 한다. 즉 점 A에서 자동차 100대의 기회비용은 컴퓨터 200대이다. 이를 달리 표현하면 자동차 1대의 기회비용은 컴퓨터 2대이다. 자동차의 기회비용은 생산가능곡선의 기울기와 같다는 사실에 주목하자.(이 장 부록 '그래프 활용하기'에서 기울기에 대해 살펴볼 것이다)

컴퓨터의 대수 측면에서 본 자동차의 기회비용은 이 생산가능곡선에서 일정하지 않으며, 얼마나 많은 자동차와 컴퓨터를 생산하느냐에 달려 있다. 이런 사실은 생산가능곡선의 형태에도 반영된다. 그림 2의 생산가능곡선은 바깥쪽으로 볼록하기 때문에, 예를 들면 기울기가 가파른 점 E처럼 자동차를 많이 생산하고 컴퓨터를 적게 생산할 경우 자동차의 기회비용이 높아진다. 또한 기울기가 완만한 점 F처럼 자동차를 적게 생산하고 컴퓨터를 많이 생산할 경우 자동차의 기회비용은 낮아진다.

경제학자들은 생산가능곡선이 종종 바깥쪽으로 볼록한 형태가 된다고 생각한다. 컴퓨터를 생산하기 위해 자원의 대부분을 사용한 경우, 숙련된 자동차 생산 노동자처럼 자동차 생산에 가장 적합한 자원이 컴퓨터 산업에 투입될 것이다. 이들 노동자는 컴퓨터를 생산하는 데 그렇게 능숙하지 않기 때문에, 자동차 생산을 1대 증가시키더라도 컴퓨터의 생산 대수는 단지 약간만 감소하게 된다. 따라서 점 F에서 컴퓨터 측면에서 본 자동차의 기회비용은 작으며 생산가능곡선은 상대적으로 평평하다. 반면에, 예를 들면 점 E처럼 자동차를 생산하기 위해 자원의 대부분을 사용할 경우, 자동차 생산에 가장 적합한 자원들은 이미 자동차 산업에 투입되어 있다. 이제 자동차 생산을 증가시키려면, 우수한 컴퓨터 생산 기술자 일부를 컴퓨터 산업에서 빼내서 자동차 생산 노동자로 전환시켜야 한다. 따라서 자동차 생산을 1대 증가시키면 컴퓨터의 생산 대수는 상당히 감소하게 된다. 자동차의 기회비용은 높으며 생산가능곡선은 가파르다.

생산가능곡선은 일정 시점에서 상이한 물품들의 생산량 사이에 존재하는 상충적인 상황을 보여준다. 하지만 이런 상충적인 상황은 시간이 흐름에 따라 변화할 수 있다. 예를 들어 컴퓨터 산업에서의 기술진보로 인해 노동자 1인의 주당 컴퓨터 생산 대수가 증가할 수 있다. 이런 기술진보가 이루어지면 사회가 직면하는 일련의 기회들이 확장된다. 이제는 모든 주어진 자동차 생산 대수에 대해 더 많은 컴퓨터를 생산할 수 있다. 컴퓨터를 전혀 생산하지 않을 경우 여전히 자동차 1,000대를 생산한다. 따라서 생산가능곡선의 한쪽 끝점은 변하지 않고 동일하다. 하지만 자원의 일부를 컴퓨터 산업에 투입할 경우 이들 자원을 활용하여 이전보다 더 많은 컴퓨터를 생산할 수 있다. 따라서 그림 3에서 보는 것처럼 생산가능곡선은 바깥쪽으로 이동한다.

이 그림은 경제가 성장할 때 어떤 일이 발생하는지 보여준다. 즉, 이전의 생산가능곡선상의 점에서 새로운 생산가능곡선상의 점으로 생산이 이동한다. 어느 점으로 이동하

그림 3

생산가능곡선의 이동

컴퓨터 산업에서 기술진보가 이루어질 경우 해당 경제는 일정하게 주어진 자동차 생산 대수에 대해 더 많은 컴퓨터를 생산할 수 있다. 따라서 생산가능곡선은 바깥쪽으로 이동하게 된다. 해당 경제가 점 A에서 점 G로 이동할 경우 자동차와 컴퓨터 둘 다의 생산이 증가한다.

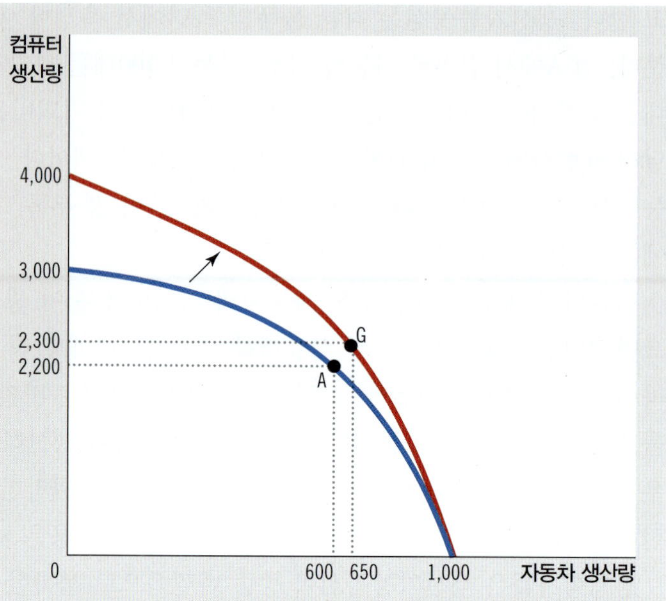

느냐는 두 물품에 대한 선호에 달려 있다. 이 예에서 생산은 점 A에서 점 G로 이동하여 더 많은 컴퓨터(2,200대가 아니라 2,300대)와 더 많은 자동차(600대가 아니라 650대)를 생산하게 된다.

생산가능곡선은 복잡한 현실 경제를 단순화하여 기본적이지만 핵심적인 개념, 즉 희소성, 효율성, 상충적인 상황, 기회비용, 경제 성장을 명확하게 설명해준다. 여러분은 경제학을 배우면서 이런 개념들을 다양한 형태로 그리고 반복적으로 접하게 될 것이다. 생산가능곡선은 이들 개념을 이해할 수 있는 간단한 방법이다.

2-1f 미시경제학 및 거시경제학

많은 주제에 대해 다양한 분야에서 연구가 이루어지고 있다. 예를 들어 생물학을 생각해보자. 분자생물학자들은 생물을 구성하는 화학적 화합물에 대해 연구한다. 세포생물학자들은 화학적 화합물로 이루어져 있으며 동시에 살아 있는 유기체들의 구성요소가 되는 세포를 연구한다. 진화생물학자들은 동물과 식물의 다양성과 종들이 수세기에 걸쳐 어떻게 점진적으로 변화하는지를 연구한다.

경제학에서도 다양한 분야에서 연구가 이루어지고 있다. 개별 가계와 기업의 결정을 분석하거나, 특정 재화 및 용역시장에서의 가계와 기업의 상호작용에 대해 살펴볼 수 있다. 또는 모든 시장에서의 모든 활동을 포괄하는 경제 전체의 운용에 대해 고찰할 수 있다.

경제학은 일반적으로 크게 두 분야로 분류된다. 미시경제학(microeconomics)은 가계와 기업이 의사 결정을 하는 방법 그리고 이들이 특정 시장에서 상호작용하는 방법을 살펴본다. 거시경제학(macroeconomics)은 전체 경제를 살펴본다. 미시경제학자는 임대료 통제가 뉴욕시 주택시장에 미치는 영향, 해외 경쟁이 미국 자동차 산업에 미치는 충격, 교육이 근로자 소득에 미치는 영향 등에 관해 연구한다. 거시경제학자는 연방정부 채무가 미치는 영향, 실업률의 장기적인 변화 추세, 국민의 생활수준을 향상시키기 위한 정책 등에 관해 연구한다.

미시경제학
가계와 기업이 어떻게 의사 결정을 하고 이들이 시장에서 어떻게 상호작용하는지를 연구하는 경제학 분야

거시경제학
인플레이션, 실업, 경제 성장을 포함하여 경제 전반에 걸친 현상을 연구하는 경제학 분야

미시경제학과 거시경제학은 밀접하게 상호 연계되어 있다. 전체 경제의 변화는 수많은 개인들의 결정에서 비롯되기 때문에, 근저를 이루는 미시경제적 결정을 고려하지 않고 거시경제적 현상을 이해하는 것은 불가능하다. 예를 들어 거시경제학자는 연방정부의 소득세 감면이 재화 및 용역의 전체 생산에 미치는 영향을 살펴보자고 할 수 있다. 하지만 이 문제를 분석하기 위해서는 이런 조세 감면이 재화 및 용역에 대한 가계의 지출 결정에 어떤 영향을 미치는지 고려해야 한다.

미시경제학과 거시경제학 사이에 존재하는 이런 타고난 연계성에도 불구하고, 두 분야는 독자적 특성을 지닌다. 이렇게 상이한 주제에 관해 연구하기 때문에, 각각 독자적인 모형을 활용한다. 따라서 이 두 분야는 종종 별개의 교과목으로 분리하여 가르치게 된다.

Quiz

1. 경제 모형은 ___________이다.
   a. 경제의 기능을 복제한 기계적인 틀
   b. 경제에 대한 완벽하게 상세하며 현실적인 설명
   c. 경제의 중요한 일부 측면이 두드러지도록 단순화한 설명
   d. 경제의 장래를 예측하는 컴퓨터 프로그램

2. 순환경로 도해에 따르면 생산요소시장에서 ___________.
   a. 가계는 매도인이고, 기업은 매수인이다.
   b. 가계는 매수인이고, 기업은 매도인이다.
   c. 가계와 기업은 둘 다 매수인이다.
   d. 가계와 기업은 둘 다 매도인이다.

3. 생산가능곡선 안쪽에 있는 점은 ___________.
   a. 효율적이지만 실현 가능하지 않다.
   b. 실현 가능하지만 효율적이지 않다.
   c. 효율적이며 실현 가능하다.
   d. 효율적이지도 실현 가능하지도 않다.

4. 미시경제학 연구 범주에 속하지 않는 것은 ___________이다.
   a. 담뱃세가 10대 청소년들의 흡연 행태에 미치는 영향
   b. 소프트웨어 가격책정 시 마이크로소프트 사의 시장 지배력이 하는 역할
   c. 노숙자를 줄이려 할 때 빈곤퇴치 프로그램의 효과
   d. 정부의 재정적자가 경제 성장에 미치는 영향

해답은 이 장의 끝부분에 있다.

2-2 정책 조언자로서의 경제학자

경제학자들은 경제 현상의 원인을 설명해 달라는 요청을 받곤 한다. 예를 들면 실업이 성인 근로자보다 10대 청소년 근로자에서 더 높은 이유는 무엇인가? 이것은 사실에 관한 질문이며 과학적으로 답변할 수 있다. 하지만 이따금 경제학자들은 경제적 성과를 높일 수 있는 정책을 제시해 달라는 요청도 받는다. 예를 들면 10대 청소년의 복지를 향상시키기 위해 정부는 무엇을 해야 하는가? 이에 답하기 위해서는, 무슨 일이 발생했는지에 대해 이해해야 할 뿐만 아니라 무엇이 시행되어야 하는지에 대한 가치 판단도 필요하다.

경제학자들이 현실 세계를 설명하려는 경우 그들은 과학자가 된다. 현실 세계를 개선하고 발전시키는 방법에 대한 지침을 제시하려는 경우 그들은 정책 조언자가 된다. 전문적인 경제학자가 아니더라도 일상생활에서 경제문제를 생각할 때는 뇌의 양면을 사용하게 된다. 즉 현실 세계 자체를 분석하는 측면과, 이를 더 좋게 만들 해결책을 마

시사경제 첨단기술 기업이 경제학자를 고용하는 이유

많은 첨단기술 기업은 경제학 전문가들의 의견이 의사 결정을 하는 데 유용하다는 사실을 깨닫고 있다.

안녕히 계십시오, 상아탑.
안녕하세요, 실리콘 밸리 '사탕가게'

스티브 로어(Steve Lohr)

잭 콜스(Jack Coles)는 하버드 경영대학원에서 경제학자라면 꿈꾸는 자리를 8년 동안 재임했다. 그가 연구한 분야는 나날이 성장하고 있는 중요한 분야로 미국 재무성 증권 경매, 장기 이식자 선정 같은 의사 결정에 영향을 미치는 효율적인 시장의 설계였다. 그는 또 2012년 노벨 경제학상을 받은 알빈 로스(Alvin E. Roth)와 같이 일하기도 했다.

하지만 잭 콜스는 하버드에 근무하면서 얻는 명성에 만족하지 않았다. 그는 2013년에 샌프란시스코 베이지역으로 이주하여 현재는 온라인 숙박시장인 에어비앤비에서 근무한다. 에어비앤비는 대규모 데이터 세트와 높은 봉급을 약속하며 경제학자를 유혹하는 수많은 첨단 기업 중 한 곳이다.

실리콘 밸리는 오래된 시장에서 더 많은 돈을 짜내고 새로운 시장을 구축하기 위해 끝없이 탐색하면서 암울한 과학인 경제학에 눈을 돌리고 있다. 그러자 경제학자들은 시대를 불문하고 늘 있어왔던 경제문제, 이를테면 가격책정, 유인, 행태에 대한 참신한 통찰력을 얻기 위해 디지털 세계를 탐험하길 열망한다고 말한다.

잭 콜스의 말을 빌면 "이곳은 경제학자들에게 있어 의심할 여지가 없는 완벽한 '사탕가게'입니다"라고 한다.

기업들은 이전부터 경제학자들을 고용해왔다. 통상적으로 경제학자들은 경기 침체와 환율 같은 거시경제 동향을 분석하고 고용주들이 이런 문제를 해결할 수 있도록 자문해왔다.

하지만 첨단기술 기업에서 근무하는 경제학자들은 하는 일이 다르다. 국가 경제나 세계 경제 동향을 연구하는 대신, 소비자 행태에 관한 데이터를 추적하고 분석하여 디지털 기업이 광고, 영화, 여행, 숙박 등의 온라인 시장을 강화할 수 있는 현명한 결정을 내리도록 돕는다.

아마존, 페이스북, 구글, 마이크로소프트 같은 거대한 기업과 에어비앤비, 우버 같은 급성장한 기업을 비롯하여 첨단기술 기업은 효율성을 향상하여 더 많은 이윤을 창출하길 바란다.

넷플릭스에 근무하는 경제분석 연구자인 랜달 루이스(Randall Lewis)는 광고 효과를 면밀하게 측정하고, 경제 행태가 상관관계인지 아니면 인과관계인지 밝히고자 했다. 즉 어떤 소비자 행동이 광고를 본 후에 우연히 발생한 것인지 아니면 광고로 유발된 것인지를 알아내려 했다.

련하는 측면에서 생각해야 한다. 이런 양면을 고려한 접근법이 반드시 필요하지만 이들의 차이점을 이해하는 것도 중요하다.

2-2a 실증적 분석 대 규범적 분석

경제학자들이 하는 두 가지 역할을 명확히 하기 위해 어법에 대해 알아보도록 하자. 과학자와 정책 조언자는 목표가 서로 다르기 때문에 사용하는 어법도 다르다.

예를 들어 두 사람이 최저임금법에 대해 논의한다고 가정하자. 다음은 여러분이 들을지도 모르는 두 가지 진술이다.

태희: 최저임금법으로 인해 실업이 발생한다.
광재: 정부는 최저임금을 인상해야 한다.

여러분이 위의 두 가지 주장에 동의하는지 여부는 제쳐두고, 태희와 광재가 하고자 하는 바가 서로 다르다는 사실에 주목하자. 태희는 과학자처럼 말한다. 즉 현실 세계가

에어비앤비에 근무하는 경제학자 잭 콜스는 숙박업자와 고객 사이에 형성된 시장을 분석했으며, 이를 통해 신규 사업을 창출하고 소비자 행태를 이해하는 데 일조했다. 그가 시도한 연구 중 하나는 행태경제학자들의 주요 관심사로, 예약상황을 분석하여 질질 끌며 꾸물거리는 행태를 고찰한 것이었다. 고객은 막바지가 되어야 예약하는가? 아니면 몇 주나 몇 개월 전에 예약하는가? 예약 관행은 연령, 성별, 출신국에 따라 다른가?

미국 기업경제협회의 집행이사인 톰 비어스(Tom Beers)는 다음과 같이 말했다. "첨단기술 기업에 근무하는 사람들은 미시경제 전문가이며 데이터와 머신러닝, 알고리즘 같은 컴퓨터 분석도구를 많이 활용한다."

구글의 수석 경제학자 할 배리언(Hal Varian)은 디지털 시장이 어떻게 작동하는지에 대한 이해에 최근 많은 관심이 집중되고 있다면서 "나는 수년 전부터 그렇게 될 거라고 생각했다"고 덧붙였다.

69세인 할 배리언은 첨단기술 기업에 근무하는 경제학자들의 대부이다. 한때 캘리포니아 버클리 대학 교수로 잘 알려졌던 그는 2002년 처음에는 구글에서 시간제로 일하다가 곧 정식 직원이 되었다. 그는 광고주들이 자사 광고를 검색 페이지에 올려놓을 수 있도록 구글이 경매를 시행하는 애드워즈(AdWords) 시장의 개선에 도움을 주었다.

요즘 경제학자 채용에 가장 적극적인 기업은 아마존인 것 같다. 이 기업은 이력서 제출을 독려하기 위해 아마존 경제학자란 웹사이트도 운영한다. 이 웹사이트 비디오에서 아마존의 수석 경제학자인 패트릭 바야리(Patrick Bajari)는 회사에서 내린 수십 억 달러 규모의 의사 결정에 자신이 이끄는 경제팀이 기여했다고 말한다.

아마존과 마이크로소프트가 현재 직면한 시장 설계와 관련된 도전은 자사의 빅 클라우드 컴퓨팅 서비스에 대한 것이다. 가령 전기회사들과 마찬가지로 디지털 서비스도 최대 수요 부하 문제로 고전하고 있다.

고객 일부가 접속하지 못할 수 있는 위험이 있을 때는 서비스를 어떻게 판매해야 하는가? 고객이 중단될 수도 있는 서비스에 지불하고자 하는 것에 대한 경매를 해야 하는가? 아니면 위험수준을 차등화하여 할인을 제시해야 하는가? 아마존과 마이크로소프트 두 기업은 한결같이 이 문제를 두고 고심하고 있다.

이에 경제학자들은 컴퓨터 과학자들, 업계 종사자들과 팀을 이루어 이런 질문의 답을 찾고자 한다. 첨단기술 기업의 시장 설계에는 경제학뿐만 아니라 공학과 마케팅도 필요하다. 어떤 해법이 기술적으로 얼마나 어려운가? 고객에게 설명하는 것이 얼마나 쉬운가?

구글과 야후 근무 경력이 있는 마이크로소프트의 수석 경제학자 프레스턴 맥아피(Preston McAfee)는 이렇게 말했다. "경제학은 결정을 하는 것이 아니라 결정에 영향을 미치는 학문이다." ■

논의 사항

1. 종종 접하는 기업들에 대해 생각해보자. 경제학자들의 조언이 이 기업들의 발전에 어떻게 기여할 수 있다고 보는가?
2. 대학에서 경제학을 전공하고 난 후, 어떤 종류의 기업에서 일하는 것이 가장 흥미로울 거라고 생각하는가?

출처: Steve Lohr, "Goodbye, Ivory Tower. Hello, Silicon Valley Candy Store," New York Times, September 4, 2016.

어떻게 작동하는지 설명한다. 반면에 광재는 정책 조언자처럼 말한다. 즉 현실 세계를 어떻게 변화시키고 싶은지 설명한다.

실증적 진술
세계를 있는 그대로 설명하려고 주장

규범적 진술
세계가 어떻게 되어야만 하는지를 규정하는 주장

일반적으로 현실 세계에 대한 진술은 두 가지 방식으로 이루어진다. 하나는 태희가 한 것처럼 실증적인 방식이다. **실증적 진술**(positive statement)이란 서술하거나 설명하는 진술을 말한다. 이런 진술은 세계가 실제로 어떠한지에 대해 주장한다. 다른 하나는 광재가 한 것처럼 규범적인 방식이다. **규범적 진술**(normative statement)이란 규정하거나 지시하는 진술을 말한다. 이런 진술은 세계가 **어떻게 되어야만 하는지**에 대해 주장한다.

실증적 진술과 규범적 진술은 진술의 타당성을 판단하는 방식에서 중요한 차이가 있다. 실증적 진술은 원칙적으로 증거 자료를 검토함으로써 확인하거나 거부할 수 있다. 경제학자는 최저임금 변화와 실업에 관한 장기적인 데이터를 분석해서 태희의 진술을 평가할 수 있다. 나중에 논의하겠지만 인과관계를 입증하는 것은 어려울 수 있다. 하지만 기본적으로는 증거자료로 결정해야 한다. 반면에, 규범적 진술을 평가하려면 사실뿐만 아니라 가치도 고려해야 한다. 광재의 진술은 데이터만 갖고 판단할 수 없다. 좋은 정책인지 아니면 나쁜 정책인지를 결정하는 것은 단순히 과학의 문제가 아니다. 여기에는 가치가 포함되며 윤리, 종교, 정치 철학에 대한 견해도 고려된다.

실증적 진술과 규범적 진술은 서로 다르지만 종종 서로 뒤엉켜 있다. 특히, 세계가 어떻게 작동하는지에 대한 실증적 분석 결과는 어떤 정책이 바람직한지에 관한 규범적 판단에 쉽사리 영향을 미칠 수 있다. 최저임금으로 인해 실업이 발생한다는 태희의 주장이 참이라면, 그로 인해 정부가 최저임금을 인상해야 한다는 광재의 주장을 기각하게 된다. 반면에, 실증적 분석 결과에 따를 경우 실업에 미치는 영향이 작다고 한다면 광재의 정책방안을 수락하게 된다.

규범적 판단은 또한 연구자들이 고찰하고자 한 실증적 주장에 영향을 미칠 수 있다. 예를 들어 광재는 최저임금을 인상하고자 하기 때문에, 최저임금으로 인해 실업이 증가한다는 태희의 주장을 고찰해보고자 할 수 있다. 편견이 발생하지 않도록 하기 위해, 광재는 자신의 규범적 견해를 제쳐놓고 가능한 한 객관적으로 데이터를 분석해야 한다. 이렇게 되면 실증적 경제학은 연구자의 개인적 가치나 정책 의제와는 무관하게 적합한 상황에서 진척이 이루어진다.

경제학을 공부할 때 실증적 진술과 규범적 진술 사이에 존재하는 큰 차이를 염두에 두어야 한다. 왜냐하면 그렇게 해야 당면한 과제에 집중할 수 있기 때문이다. 경제학의 많은 부분이 실증적이다. 즉, 경제가 어떻게 작동하는지를 설명하고자 한다. 하지만 경제학을 활용하는 사람들은 종종 규범적 목표를 갖고 있다. 이들은 경제를 어떻게 개선하고 발전시킬 수 있는지를 알고 싶어한다. 경제학자들이 규범적 진술을 할 경우 그들은 과학자로서가 아니라 정책 조언자로서 말하고 있다는 사실을 알아야 한다.

2-2b 정부에서 활동하는 경제학자

미국의 해리 트루먼 대통령은 이전에 팔이 하나만 있는 경제학자가 있으면 좋겠다고 말한 적이 있다. 왜냐하면 경제 보좌진들에게 조언을 들을 때면 그들이 언제나 '한편으로는(on the one **hand**), …하다. 반면에 다른 한편으로는(on the other **hand**), … 하다' 라고 답했기 때문이다.

JAMES STEVENSON/ THE NEW YORKER COLLECTION/THE CARTOON BANK

"역할을 바꿔봅시다. 내가 정책을 입안하고, 당신이 시행하며, 이 사람이 설명하도록 합시다."

경제학자들의 조언이 항상 명확하지만은 않다는 트루먼 대통령의 말은 옳다. 이런 경향은 **경제학의 열 가지 원리** 중 하나인, '사람들은 상충적인 상황에 부딪히게 된다'는 원리에 뿌리를 둔다. 경제학자들은 상충적인 상황이 대부분의 정책 결정과 관련된다는 사실을 알고 있다. 어떤 정책은 형평성의 희생하에 효율성을 증대시킬 수 있다. 또한 장래 세대에는 도움이 되지만 현재 세대에는 고통을 줄 수 있다. 모든 정책 결정이 용이하다고 말하는 경제학자는 신뢰하기 어려운 경제학자이다.

트루먼 대통령만이 경제학자들의 조언을 들었던 것은 아니다. 1946년 이래로 미국 대통령은 경제자문위원회의 조언을 듣고 있다. 이 위원회는 세 명의 위원과 수십 명의 경제학자로 구성되며 백악관에서 불과 몇 걸음 거리에 위치한다. 이 위원회는 대통령에게 조언을 하며 최근의 경제 발전을 논의하고 현재 정책문제를 분석한『대통령 경제 보고서』를 매년 작성하여 발간한다.

또한 미국 대통령은 많은 행정부처에서 활동하는 경제학자들에게 정보와 조언을 듣는다. 관리예산실에서 일하는 경제학자들은 세출 계획과 규제 정책 수립에 관여한다. 재무성에서 일하는 경제학자들은 조세정책 수립을 돕는다. 노동성에서 일하는 경제학자들은 근로자와 구직자에 관한 데이터를 분석하여 노동시장 정책을 세우는 데 일조한다. 법무성에서 일하는 경제학자들은 미국 독점금지법의 집행을 돕는다.

미국 연방정부에서 일하는 경제학자들은 미국 행정부 밖에서도 근무한다. 제안된 정책을 독립적으로 평가하기 위해, 미국 의회는 경제학자들로 구성된 의회예산국의 조언에 귀를 기울인다. 미국의 통화정책을 수립하는 기관인 연방준비은행은 경제학자 수백 명을 고용하여 미국과 세계의 경제상황을 분석한다.

정책 수립에 미치는 경제학자들의 영향은 조언자의 역할을 넘어선다. 이들의 연구와 저작물은 정책 수립에 간접적으로 영향을 미칠 수 있다. 경제학자 존 메이너드 케인스(John Maynard Keynes)는 다음과 같이 기술했다.

> 경제학자들과 정치학자들의 생각은 이들이 옳을 때나 틀릴 때 모두 일반적으로 생각하는 것보다 더 영향력이 있다. 실제로 세상은 그 밖의 하찮은 사람들에 의해 통치되고 있다. 지적 영향력에서 벗어나 있다고 자신을 생각하는 실용적인 사람들도 보통은 어떤 사망한 경제학자의 노예가 되어 있다. 허공에서 목소리를 듣는 권위 있는 광인은 수년 전에 있었던 어떤 학구적인 잡문가로부터 광기를 증류하고 있는 것이다.

이 말은 1935년에 쓰였지만 오늘날에도 여전히 사실이다. 실제로 지금까지 공공정책에 영향을 미치고 있는 '학구적인 잡문가'는 케인스 본인이기도 하다.

2-2c 경제학자의 조언이 종종 받아들여지지 않는 이유

대통령과 그 밖의 선출직 지도자들에게 조언을 하는 경제학자들은 자신들의 권고안이 언제나 주목받지는 않는다는 사실을 알고 있다. 그 이유는 간단하다. 경제정책이 실제로 수립되는 과정이 교과서에서 가상하고 있는 이상적인 방법과 여러 면에서 다르기 때문이다.

이 책 전반에 걸쳐 정책에 관해 논의할 때는 언제나 다음과 같은 한 가지 문제에 집중한다. 정부가 추구해야 하는 최선의 정책은 무엇인가? 우리는 모든 정책이 자애롭고 전능한 왕에 의해 수립되는 것처럼 보고 행동한다. 왕이 올바른 정책을 찾아낸 후에 이를 시행하는 데는 어려움이 없다고 본다.

실제 세계에서는 올바른 정책을 도출하는 일이 지도자의 임무 중 일부분에 불과하며, 때로는 가장 수월한 부분이기도 하다. 여러분이 대통령이라고 생각해보자. 경제 담당 보좌관으로부터 어떤 정책이 최선의 방안인지를 들은 후에, 다른 보좌관들의 의견을 듣게 될 것이다. 소통 담당 보좌관은 일반 대중에게 해당 정책을 설명하는 최선의 방법을 설명할 것이다. 이들은 또한 상황을 더욱 어렵게 만들지도 모를 정책에 대한 오해를 예상해보려 할 것이다. 언론 담당 보좌관은 언론 매체가 해당 정책을 어떻게 보도하고, 사설에서는 어떤 의견들이 개진될 여지가 있으며, 소셜미디어는 어떤 내용을 전파할지 조언할 것이다. 입법 담당 보좌관은 의회가 해당 정책을 어떻게 바라보고, 의원들이 어떤 개정안을 제시할 것이며, 의회가 정책에 대한 수정안을 입법화할 가능성이 얼마나 높은지 설명할 것이다. 정치 담당 보좌관은 해당 정책을 지지하거나 반대하기 위해 어떤 단체가 조직화될 것이고, 다양한 유권자 집단 간의 입지에 관해 언급하고, 다른 정책 발의에 대한 지지 변경 여부에 대해서도 조언할 것이다. 이런 모든 조언과 설명을 고려하고 나서 해당 정책을 어떻게 진행할지 결정할 것이다.(이런 절차와 상황조차도 이상적이라고 할 수 있다. 최근에 직무를 수행한 모든 대통령이 이 같은 체계적인 방법으로 일을 진행한 것은 아니다)

대의민주주의하에서 경제정책을 수립하는 작업은 혼탁스러운 일이며, 대통령(그리고 다른 정치인)들이 경제학자가 제시하는 정책을 수용하지 못하는 그럴 만한 이유가 종종 있다. 경제학자들의 조언은 복잡한 정책 수립 과정 중 단지 한 부분에 불과하다.

Quiz

5. 다음 진술 중 어느 것이 규범적 진술이 아니라 실증적 진술인가?
   a. 법안 X로 인해 국민소득이 감소한다.
   b. 법안 X는 좋은 입법이다.
   c. 의회는 법안 X를 통과시켜야만 한다.
   d. 대통령은 법안 X에 대해 거부권을 행사해야만 한다.

6. 다음 미국 정부기관 중 어느 곳이 경제학자의 조언을 정기적으로 들어야 하는가?
   a. 재무성
   b. 관리예산실
   c. 법무성
   d. 위의 정부기관 모두

해답은 이 장의 끝부분에 있다.

2-3 경제학자의 의견이 일치하지 않는 이유

"모든 경제학자를 처음부터 끝까지 쭉 연결하게 되면, 그들은 결론에 도달하지 못할 것이다." 조지 버나드 쇼의 이 명언은 시사하는 바가 있다. 한 집단으로서의 경제학자들은 정책 입안자들에게 서로 상충되는 조언을 한다고 종종 비판을 받는다. 로널드 레이건 대통령은 일전에 다음과 같은 농담을 했다. 경제학자들과 문답식 게임을 하면 100개 질문에 3,000개의 답을 듣게 될 것이다.

경제학자들이 정책 입안자들에게 하는 조언이 종종 상충하는 것처럼 보이는 이유는 무엇인가? 기본적으로 다음과 같은 이유가 있다.

- 경제학자들은 세계가 어떻게 작동하는지에 관한 대안적인 실증적 이론의 타당성에 대해 의견이 다르다.
- 경제학자들은 가치관이 서로 상이할 수 있다. 따라서 정부정책이 달성해야 할 목표에 대한 규범적 견해가 다를 수 있다.

이 두 가지 이유를 좀 더 자세히 살펴보도록 하자.

2-3a 과학적 판단에서의 상이성

수세기 전에는 천문학자들이 태양계의 중심이 지구인지 아니면 태양인지를 두고 논란을 벌였다. 최근에는 기후학자들이 지구온난화를 겪고 있는지, 그렇다면 그 이유가 무엇인지에 대해 논쟁한다. 과학은 우리를 둘러싼 주변 세계를 이해하기 위해 지속적으로 탐구를 이어간다. 이런 탐구가 계속됨에 따라 과학자들이 진실의 향방에 대해 의견이 이따금 다른 것은 어쩌면 당연하다.

경제학자들도 이와 동일한 이유로 종종 서로 다른 의견을 갖게 된다. (이 책을 통해 알게 될) 경제학이란 분야는 세상의 다양한 문제에 답을 제시하기는 하지만 아직도 배워야 할 것이 많다. 경제학자들은 때에 따라 대안적인 이론의 타당성에 대해 상이한 직감을 갖기 때문에 의견이 상이할 수 있다. 그런가 하면 경제변수가 어떻게 관련되는지를 측정한 모숫값의 크기에 대한 판단이 상이하여 의견이 갈리기도 한다.

예를 들면 경제학자들은 정부가 가계소득에 과세해야 할지, 아니면 가계소비(가계지출)에 과세해야 할지 여부에 대해 토론을 벌일 수 있다. 현행 소득세를 소비세로 전환하자고 주장하는 측은 저축된 소득이 과세되지 않기 때문에 가계저축을 촉진하게 된다고 생각한다. 저축이 증가하면 자본을 축적할 수 있는 재원이 확보되고, 이로 인해 생산성과 생활수준이 더 빨리 향상될 수 있다. 현행 소득세 체제를 유지하자고 주장하는 측은 세법의 변화에 따라 가계가 저축을 크게 변화시키지는 않을 것이라고 믿는다. 이들 두 진영의 경제학자들은 저축이 조세제도의 변화에 얼마나 반응하는지에 관해 상이한 실증적 견해를 갖고 있으며, 이로 인해 조세제도에 대해서도 상이한 규범적 견해를 갖게 된다.

2-3b 가치 판단에서의 상이성

철수와 영희가 마을의 공동 우물에서 동일한 양의 물을 사용한다고 가정하자. 마을 주민센터는 공동 우물을 유지하고 관리하기 위해 주민들에게 과세를 하려고 한다. 영희는 소득이 150,000달러이고 15,000달러를 과세했으니 세금이 소득의 10%에 해당한다. 철수는 소득이 40,000달러이고 6,000달러를 과세했으니 세금이 소득의 15%에 해당한다.

이 과세는 공평한가? 그렇지 않다면, 세금을 누가 너무 많이 내고 누가 너무 적게 낸 것인가? 철수의 소득이 낮은 이유가 중요한가? 예를 들면 소득이 낮은 것이 신체 장애 때문인지, 직업이 연극배우이기 때문인지를 고려해야 하는가? 영희의 소득이 높은 이유가 중요한가? 예를 들면 소득이 높은 것이 상속 때문인지, 지루하고 힘든 일을 장시간 했기 때문인지를 고려해야 하는가?

이런 사안은 의견이 일치하지 않을 가능성이 높은 어려운 질문이다. 주민센터에서 전문가 두 사람을 고용하여 주민에게 어떻게 과세해야 할지에 대해 분석을 요청할 경우, 이들이 서로 상충되는 조언을 하더라도 놀라울 것이 없다.

이런 간단한 예를 통해 경제학자들이 이따금 공공정책에 관해 의견의 일치를 보지 못하는 이유를 알 수 있다. 규범적 분석과 실증적 분석에 관한 논의에서 알 수 있었던 것처럼, 정책은 과학적 근거에만 기초하여 판단할 수 없다. 때때로 경제학자들은 가치 판단이나 정치 철학이 상이하여 서로 상충되는 조언을 하게 된다. 경제학을 완전하게 과학화하더라도 철수나 영희가 세금을 너무 많이 납부했는지 여부는 알지 못할 것이다.

2-3c 인식 대 현실

과학적 판단에서의 차이와 가치 판단에서의 차이로 인해 경제학자들 간에 의견 불일치가 빚어지는 현상은 불가피하다. 하지만 불일치 정도를 과장해서는 안 된다. 경제학자들은 생각하는 것보다 이따금 더 자주 상호 간에 의견이 일치한다.

'임대료를 통제할 경우, 가용한 주택의 수량과 품질이 하락한다'는 주장을 생각해보자. 경제학자들에게 이에 관해 의견을 물으면 93%가 동의한다. 집주인이 자신의 아파트에 부과할 수 있는 임대료의 법적 최고한도를 설정하는 정책인 임대료 통제가 주택공급에 악영향을 미치고 사회에서 도움이 절실한 사람들을 돕는 데 비용이 많이 드는 방법이라고 경제학자들은 생각한다. 그럼에도 불구하고, 많은 시 당국이 경제학자들의 조언을 무시하고 집주인이 거주자에게 부과할 수 있는 임대료 상한을 설정하곤 한다.

마찬가지로 '관세 및 수입할당은 대개의 경우 일반적인 경제적 후생을 낮춘다'는 주장을 생각해보자. 다시 한번, 경제학자들의 93%가 이 주장에 동의한다. (수입품에 부과하는 조세인) 관세 및 (해외에서 수입하는 물량을 제한하는) 수입할당 같은 정책은 국내와 해외에서의 생활수준을 향상시켜줄 특화를 저해하기 때문에, 경제학자들은 이런 정책에 반대한다. 그럼에도 불구하고, 대통령과 의회는 종종 일부 품목의 수입을 수년에 걸쳐 제한한다.

전문가들이 반대 입장을 고수하는데도, 예를 들면 임대료 통제나 무역장벽 같은 정책이 지속적으로 시행되는 이유는 무엇인가? 정치 과정이란 현실이 움직일 수 없는 장애물로 작용하기 때문일 수도 있다. 하지만 경제학자들이 일반인들에게 이런 정책이 바람직하지 않다는 확신을 충분히 주지 못했기 때문일 수도 있다. 이 책의 목적 중 하나는 여러분이 이 문제를 비롯해 여러 문제에 대한 경제학자들의 견해를 이해하도록 돕고, 이 정책이 올바른 정책이라는 사실을 납득시키는 것이다.

이 책을 읽다 보면, '경제패널'이란 제목이 붙은 작은 글상자를 보게 될 것이다. 이것은 수십 명의 저명한 경제학자를 대상으로 진행한 설문조사인 IGM(Initiative on Global Markets) 경제 전문가 패널에 기초하여 작성되었다. 몇 주마다 전문가들에게 설문을 주고 동의하는지, 동의하지 않는지, 확신하지 못하는지 여부를 물었다. 여러분은 글상자에 실린 설문 결과를 통해 경제학자들의 의견이 일치하는 경우, 갈리는 경우, 확신하지 못하는 경우가 언제인지 알 수 있게 될 것이다.

이번에는 공연 및 운동경기 입장권의 재판매에 관한 예를 살펴보자. 입법자들은 이따금 입장권 재판매, 일명 '암표 판매'를 금

출처: IGM Economic Experts Panel, April 16, 2012.

지시키려 한다. 하지만 설문조사 결과에 따르면 입법자들과 달리 많은 경제학자들이 암표상을 용인하는 것처럼 보인다.

Quiz

7. 경제학자들은 ______________ 의견의 일치를 볼 수 없다.
   a. 대안적인 이론의 타당성에 대해 직감이 상이하기 때문에
   b. 주요 모숫값들의 크기에 대해 판단이 상이하기 때문에
   c. 공공정책의 목표에 관해 정치철학이 상이하기 때문에
   d. 위의 사항 모두 때문에

8. 대부분의 경제학자들은 ______________ 생각한다.
   a. 관세가 국내 경제 성장을 촉진시키는 좋은 방법이라고
   b. 관세가 전반적인 경제 후생을 증진시키는 좋은 방법은 아니라고
   c. 관세가 외국 경쟁에 대응하기 위해 종종 필요한 조치라고
   d. 관세가 조세수입을 올리기 위한 정부의 효율적인 방법이라고

해답은 이 장의 끝부분에 있다.

2-4 시작하기

이 책의 제1장과 2장에서는 경제학적 사고 및 방법을 소개했다. 이제 경제학을 학습할 준비가 되었으니, 다음 장에서는 경제적 행태 및 정책의 원리에 관해 좀 더 자세히 살펴볼 것이다.

여러분은 이 책을 학습해 나가면서 많은 지적 능력을 활용해야 할 것이다. 위대한 경제학자 존 메이너드 케인스의 다음과 같은 충고를 기억해두면 도움이 될 것이다.

> 경제학을 공부하는 데 특별히 우수한 재능이 필요한 것 같지는 않다. 철학이나 순수과학의 상위 분야에 비하면 매우 쉬운 … 분야가 아닌가? 쉬운 분야인 동시에 극소수만이 탁월성을 보여줄 수 있는 분야이다. 이런 역설을 어떻게 설명할 수 있을까. 아마도 이 역설은 경제학 대가가 되려면 여러 가지 재능의 **조합**이라는 드문 조건을 갖추어야 한다는 사실로 설명할 수 있을 것이다. 즉, 일정 수준의 수학자, 역사가, 정치가, 철학자여야 가능하다. 기호를 이해하고 말로 표현해야만 한다. 일반적 사실 측면에서 특수한 사실을 숙고해내야 하며, 하나를 생각하면서 추상적인 것과 구체적인 것을 모두 보아야만 한다. 미래를 알기 위해 과거에 비추어 현재를 탐구해야만 한다. 인간의 본성이나 자신이 속한 제도를 관심 밖에 두지는 말아야 한다. 목적이 있어야만 하고, 동시에 어우러지는 분위기나 풍조에 휩싸이지 말아야 한다. 예술가처럼 현실에 대해 초연하고 맑아야 하지만 때로는 정치가처럼 세속적이 되어야 한다.

위의 모든 사항을 지키라는 것은 터무니없는 요구이다. 하지만 연습을 하다 보면, 여러분은 경제학자처럼 생각하는 데 점점 더 익숙해질 것이다.

요약

- 경제학자들은 과학자들이 활용하는 객관성을 가지고 자신들의 분야를 다루려고 한다. 과학자들처럼, 경제학자들은 적절한 가정을 하여 단순화된 모형을 만들고, 이를 통해 주변 세계를 이해하려 한다. 두 가지 단순경제 모형은 순환경로 도해와 생산가능곡선이다. 순환경로 도해는 가계와 기업이 재화 및 용역시장과 생산요소시장에서 어떻게 상호작용하는지 보여준다. 생산가능곡선은 생산하고자 하는 상이한 물품들 사이에 발생하는 상충 관계에 사회가 어떻게 직면하게 되는지 보여준다.
- 경제학은 두 개의 하위분야, 즉 미시경제학과 거시경제학으로 나뉜다. 미시경제학자들은 가계와 기업에 의한 의사 결정 그리고 시장에서 이루어지는 가계와 기업의 상호작용을 연구한다. 거시경제학자들은 경제 전체에 영향을 미치는 요인과 추세를 연구한다.
- 실증적 진술은 세상이 어떠한지에 대한 주장이다. 규범적 진술은 세상이 어떻게 되어야 하는지에 대한 주장이다. 실증적 진술은 사실과 과학적 방법에 기초하여 판단될 수 있는 반면에, 규범적 진술은 가치 판단도 필요로 한다. 경제학자들이 규범적 진술을 할 경우, 과학자라기보다는 정책 조언자로서 더 많은 역할을 한다.
- 정책 입안자들에게 조언하는 경제학자들은 과학적 판단이나 가치 판단의 상이성으로 인해 이따금 상충된 조언을 하게 된다. 하지만 어떤 경우 경제학자들이 일치된 조언을 해도, 정책 입안자들은 여러 요인과 정치 과정상 자신들에게 부과된 제약으로 인해 그런 조언을 무시하기도 한다.

주요 개념

순환경로 도해 27
생산가능곡선 29
미시경제학 33
거시경제학 33
실증적 진술 36
규범적 진술 36

복습용 질문

1. 경제학은 어떤 면에서 과학인가?

2. 경제학자들이 가정을 하는 이유는 무엇인가?

3. 경제 모형은 현실을 있는 그대로 정확하게 나타내야 하는가?

4. 여러분의 가족이 생산요소시장에서 상호작용하는 방법과 재화 및 용역시장에서 상호작용하는 방법에 대해 설명하시오.

5. 단순화한 순환경로 도해에 포함되지 않는 경제적 상호작용에 대해 설명하시오.

6. 우유와 쿠키를 생산하는 경제에 대한 생산가능곡선을 그리고 이를 설명하시오. 해당 경제에 있는 젖소의 절반이 질병으로 죽은 경우 이 생산가능곡선은 어떻게 변하는가?

7. 생산가능곡선을 활용하여 효율성의 개념을 설명하시오.

8. 경제학의 두 개 하위분야는 무엇인가? 각 하위분야의 학습 주제에 대해 설명하시오.

9. 실증적 진술과 규범적 진술의 차이가 무엇인가? 각각의 예를 드시오.

10. 경제학자들이 이따금 정책 입안자들에게 상충된 조언을 하는 이유가 무엇인가?

문제와 응용

1. 순환경로 도해를 그리시오. 그리고 각 활동이 재화 및 용역의 순환과 화폐의 순환에서 어디에 해당하는지 밝히시오.
   a. 수진이는 식료품 가게주인에게 우유 1쿼트(약 1.14리터)에 대한 대가로 1달러를 지불했다.
   b. 승규는 간이식당에서 일하면서 시간당 8달러를 받는다.
   c. 민경이는 머리를 자르는 데 40달러를 지불했다.
   d. 현준이는 애크미 인더스트리얼 회사의 지분 10%를 보유하고 있으며, 이로 인해 20,000달러를 받았다.

2. 군수용 물품과 소비용 물품을 생산하는 사회를 생각해보자. 여기서는 군수용 물품을 '총'이라고 하고, 소비용 물품을 '버터'라고 하자.
   a. 총과 버터에 대한 생산가능곡선을 그리시오. 기회비용이란 개념을 사용하여, 생산가능곡선이 활처럼 바깥쪽으로 볼록한 형태가 될 가능성이 높은 이유를 설명하시오.
   b. 이 경제에서 달성 불가능한 점 하나를 그래프상에 나타내시오. 달성 가능하지만 비효율적인 점 하나를 그래프상에 나타내시오.
   c. 어떤 사회에 두 개 정당, 즉 매파 정당(강력한 군대를 유지하자는 정당)과 비둘기파 정당(소규모 군대를 유지하자는 정당)이 존재한다. 생산가능곡선 상에 매파 정당이 선택할 점과 비둘기파 정당이 선택할 점을 나타내시오.
   d. 공격적인 이웃 국가가 군대규모를 축소시킨다고 가정하자. 따라서 매파 정당과 비둘기파 정당은 둘 다 바람직한 '총' 생산을 동일한 양만큼 감소시키려 한다. 어느 정당이 더 큰 '평화 배당금'을 얻게 되는가? 여기서 평화 배당금은 버터 생산 증가로 측정된다. 설명하시오.

3. 제1장에서 살펴본 경제학의 열 가지 원리 중 첫 번째 원리는 '사람들은 상충적인 상황에 부딪히게 된다'는 것이다. 생산가능곡선을 사용하여 두 가지 물품, 즉 깨끗한 환경과 산업 생산량 간에 존재하는 상충적인 상황을 설명하시오. 무엇이 생산가능곡선의 형태와 위치를 결정한다고 생각하는가? 기술자들이 더 적은 오염물질을 배출하면서 전기를 생산하는 새로운 방법을 개발할 경우, 생산가능곡선이 어떻게 변하는지 보이시오.

4. 어떤 경제가 세 명의 노동자, 즉 동하, 승준, 수진으로 구성된다. 각 노동자가 1일 10시간 노동하고 두 종류의 서비스, 즉 잔디 깎기와 세차를 생산해낼 수 있다. 1시간에 동하는 잔디밭 1개를 깎거나 또는 자동차 1대를 세차할 수 있고, 승준이는 잔디밭 1개를 깎거나 또는 자동차 2대를 세차할 수 있으며, 수진이는 잔디밭 2개를 깎거나 자동차 1대를 세차할 수 있다.
   a. 다음 시나리오에서 각 서비스가 얼마나 많이 생산되는지 계산하시오. 각 시나리오를 A, B, C, D로 표기할 것이다.
      - 세 명 모두 자신의 시간을 잔디 깎기에 사용한다. (A)
      - 세 명 모두 자신의 시간을 세차하는 데 사용한다. (B)
      - 세 명 모두 자신의 시간 중 절반을 각 서비스 생산에 사용한다. (C)
      - 동하는 자신의 시간 중 절반을 각 서비스 생산에 사용한다. 반면에 승준이는 자신의 시간 전부를 세차에 사용하고, 수진이는 자신의 시간 전부를 잔디 깎기에 사용한다. (D)
   b. 이 경제에 대한 생산가능곡선을 그리시오. (a)에서 구한 답을 기초로 하여, 생산가능곡선상에 점 A, B, C, D를 표기하시오.

c. 생산가능곡선이 이런 형태가 되는 이유를 설명하시오.

d. (a)에서 계산한 배분 중 어느 것이 비효율적인가? 그 이유를 설명하시오.

5. 다음의 각 주제가 미시경제학과 관련되는지 아니면 거시경제학과 관련되는지 분류하시오.

a. 소득 중 얼마나 많은 부분을 저축할지에 관한 가계의 결정

b. 정부 규제가 자동차 배기가스 배출에 미치는 영향

c. 총저축이 증가할 경우, 이것이 경제 성장에 미치는 영향

d. 얼마나 많은 근로자를 고용할지에 관한 기업의 결정

e. 인플레이션율과 통화량 변화 사이의 관계

6. 다음의 각 진술이 실증적 진술인지 아니면 규범적 진술인지 분류하시오. 그리고 그 이유를 설명하시오.

a. 사회는 인플레이션과 실업 사이에 존재하는 단기적인 상충관계에 직면하게 된다.

b. 통화 공급 증가율이 감소할 경우, 인플레이션율이 감소한다.

c. 연방준비은행(중앙은행)은 통화 공급 증가율을 감소시켜야만 한다.

d. 사회는 복지 수혜자들에게 일자리를 구하도록 요구해야만 한다.

e. 세율이 낮아질 경우 더 많이 노동하고 더 많이 저축하게 된다.

Quiz 해답

1. c 2. a 3. b 4. d 5. a 6. d 7. d 8. b

부록

그래프 활용하기: 간략한 복습

많은 경제적 개념을 숫자, 예를 들면 바나나 가격, 바나나 판매량, 바나나 재배 비용 등으로 나타낼 수 있다. 종종 이들 변수는 서로 연관된다. 바나나 가격이 상승할 경우, 사람들은 더 적은 수의 바나나를 매입하게 된다. 이들 관계를 표현하는 한 방법은 그래프를 활용하는 것이다.

그래프는 두 가지 목적으로 사용한다. 첫째, 이론을 발전시키려는 경우, 식이나 언어로 표현한다면 덜 명확해질 수 있는 생각을 시각적으로 표현할 수 있다. 둘째, 데이터를 분석하려는 경우, 경향을 찾고 해석하는 강력한 방법으로 사용할 수 있다. 두 경우 모두에서 그래프는 무성한 나무들 속에서 보이지 않던 숲을 알아볼 수 있게 해준다.

숫자로 나타낸 정보는 여러 종류의 그래프로 나타낼 수 있는데, 이는 생각을 언어로 표현하는 방법이 여러 가지인 것과 마찬가지다. 훌륭한 작가는 주장을 명확하게 하고, 설명을 완벽하게 하며, 장면을 극적으로 만드는 언어를 선택한다. 이처럼 훌륭한 경제학자도 현재의 목적에 가장 적합한 그래프를 선택한다.

부록에서는 경제학자들이 변수 사이에 존재하는 수학적 관계를 알기 위해 그래프를 어떻게 활용하는지에 대해 논의할 것이다. 또한 그래프를 활용할 경우 발생할 수 있는 생각지 못한 함정도 살펴볼 것이다.

변수가 한 개인 경우의 그래프

그림 A-1에는 일반적으로 활용되는 세 가지 그래프가 있다. (a)의 **원 그래프**는 미국의 총소득이 소득의 출처별로 어떻게 배분되는지 보여주며, 이런 출처에는 종업원의 보수, 기업 이윤 등이 포함된다. 이 원 그래프의 각 조각은 총소득에서 소득의 각 출처가 차지하는 비중을 나타낸다. (b)의 **막대 그래프**는 4개 국가의 소득을 비교하여 보여준다. 각 막대 그래프의 높이는 해당하는 각 국의 평균소득을 나타낸다. (c)의 **시계열 그래프**는 시간이 흐름에 따라 나타나는 미국 산업의 생산성 증가 추세를 보여준다. 이 그래프에서 높이는 각 연도의 시간당 생산량을 나타낸다. 여러분은 아마도 뉴스 보도를 보면서 이와 유사한 그래프들을 접했을 것이다.

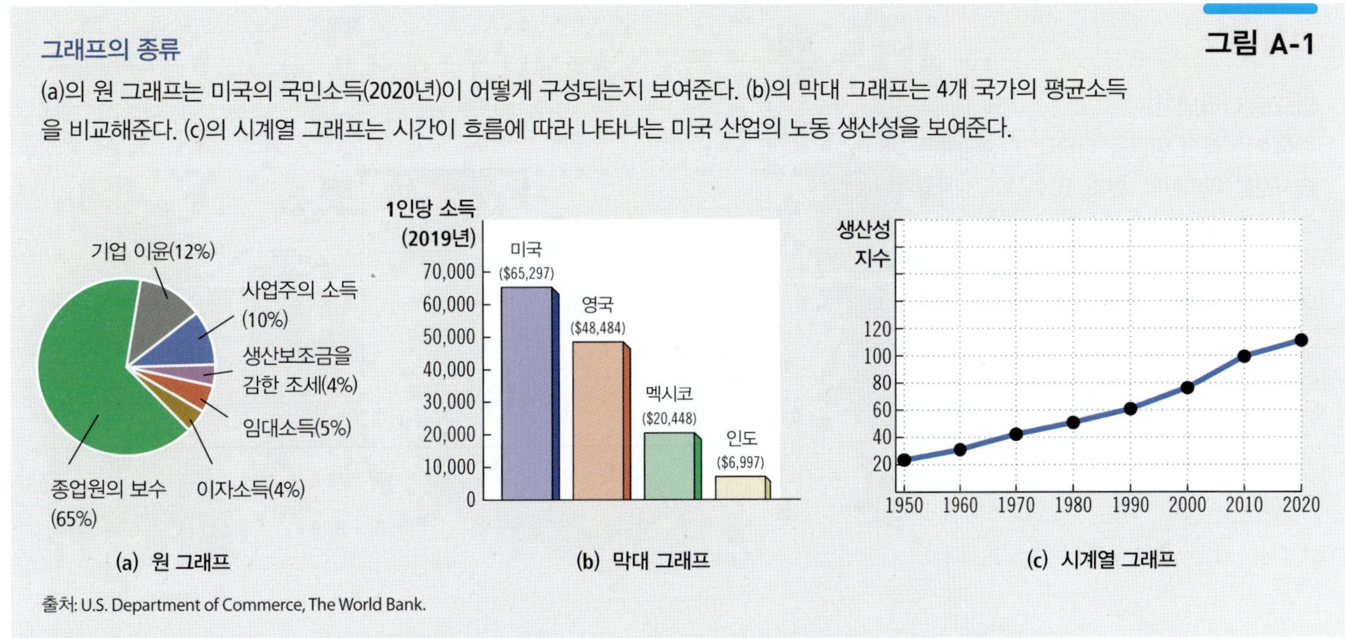

그래프의 종류

(a)의 원 그래프는 미국의 국민소득(2020년)이 어떻게 구성되는지 보여준다. (b)의 막대 그래프는 4개 국가의 평균소득을 비교해준다. (c)의 시계열 그래프는 시간이 흐름에 따라 나타나는 미국 산업의 노동 생산성을 보여준다.

변수가 두 개인 경우의 그래프: 좌표체계

그림 A-1에 있는 세 가지 그래프는 유용하지만, 많은 정보를 알려주는 데는 한계가 있다. 이들 세 개 그래프는 단일 변수에 대한 정보만을 제공한다. 경제학자들이 변수들 사이의 관계를 알아보려는 경우, 하나의 그래프상에 두 개의 변수를 나타내고자 할 수 있다. **좌표체계**가 이를 가능하게 할 수 있다.

학습시간과 평점의 관계를 알아보고자 한다고 가상하자. 수강을 한 각 학생에 대해 한 쌍의 숫자, 즉 주당 학습시간 및 평점을 기록할 수 있다. 그러면 이들 숫자는 **정해진 순서에 따른 쌍**으로 괄호 안에 표기되며, 그래프상에 단일 점으로 표기된다. 예를 들면 현준이는 정해진 순서에 따른 쌍(주당 학습시간 25, 평점 3.5)으로 나타낼 수 있는 반면에, '만사에 걱정이 없는' 민수는 (주당 학습시간 5, 평점 2.0)으로 나타낼 수 있다.

이런 정해진 순서에 따른 쌍들을 2차원 모눈 위에 그래프로 나타낼 수 있다. 이들 각 쌍에서 첫 번째 숫자, 즉 ***x* 좌표**는 해당하는 점이 수평축에 놓인 위치를 알려준다. 두 번째 숫자, 즉 ***y* 좌표**는 수직축에 놓인 위치를 알려준다. *x* 좌표와 *y* 좌표가 둘 다 영인 점을 **원점**이라고 한다. 정해진 순서에 따른 쌍에서 두 개 좌표는 원점과 관련하여 해당하는 점이 위치한 지점을 알려준다. 즉, 해당하는 점은 원점의 오른쪽으로 숫자로 나타낸 *x*만큼 떨어지고 원점의 위쪽으로 *y*만큼 떨어진 지점에 위치한다.

그림 A-2는 현준, 민수, 동급생들의 학습시간과 평점을 그래프로 나타낸 것이다. 이런 종류의 그래프를 **산포도**라고 하는데, 왜냐하면 이 그래프가 흩어진 점들을 나타내기 때문이다. 그래프를 살펴보면, 오른쪽으로 더 멀리 위치하는(즉, 더 많은 학습시간을

그림 A-2

좌표로 나타내기

수직축은 학점 평균을 나타내고, 수평축은 학습시간을 의미한다. 현준, 민수, 동급생들을 점으로 나타내었다. 이 그래프는 더 오랜 시간 동안 학습한 학생들이 더 높은 학점을 받는 경향이 있다는 사실을 보여준다.

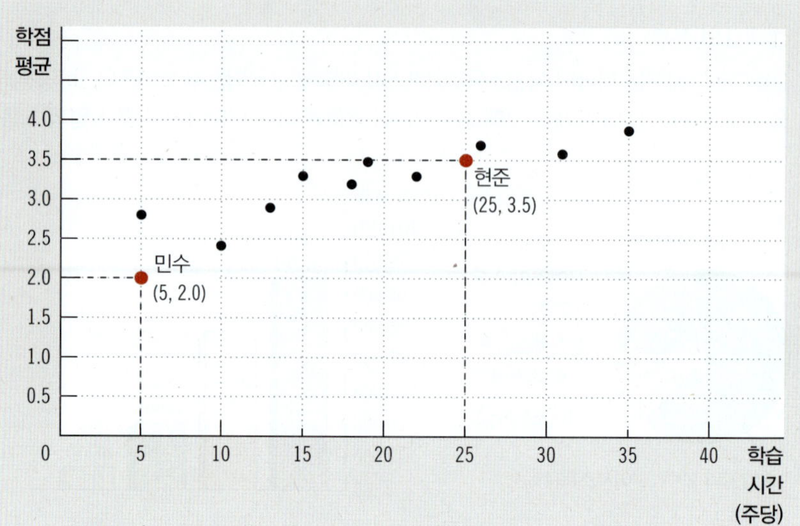

나타내는) 점들은 위쪽으로 더 멀리 위치하는(즉, 더 좋은 평점을 보여주는) 경향이 있다는 사실을 알 수 있다. 학습시간과 평점은 일반적으로 동일한 방향으로 움직이기 때문에, 이들 두 변수는 **양의 상관**을 갖는다. 반면에 즐거운 모임으로 보내는 시간이 많으면 이는 낮은 평점과 연계된다. 이들 두 변수는 일반적으로 반대방향으로 움직이기 때문에 **음의 상관**을 갖는다고 한다. 두 경우 모두에서 좌표체계를 활용하면 두 변수 사이의 상관을 쉽게 파악할 수 있다.

좌표체계에서의 곡선

더 많은 시간을 학습한 학생들이 더 높은 평점을 받는 경향이 있기는 하지만, 다른 요인들도 학생들의 평점에 영향을 미친다. 예를 들면 학생 각자의 재능, 교사들의 관심도, 좋은 아침식사처럼 이전의 학습준비 상태도 중요한 요인이 될 수 있다. 그림 A-2는 학습이 평점에 미치는 영향을 다른 변수들이 미치는 영향에서 분리시키려 하지는 않았다. 하지만 경제학자들은 예상할 수 있는 다른 모든 변수들이 일정하다고 보고, 한 변수가 다른 변수에 어떤 영향을 미치는지 알아보고자 한다.

이것이 어떻게 가능한지 알아보기 위해, 경제학에서 다루는 가장 중요한 그래프 중 하나인 **수요곡선**을 생각해보자. 수요곡선은 소비자들이 매수하고자 하는 수량에 해당 상품의 가격이 미치는 영향을 추적한 것이다. 하지만 수요곡선에 대해 살펴보기 전에 표 A-1을 생각해보자. 이 표는 채윤이가 매입하는 소설책의 권수가 자신의 소득과 소설책의 가격에 어떻게 의존하는지 보여준다. 소설책 가격이 저렴할 때 채윤이는 많은 소설책을 매입한다. 하지만 가격이 상승함에 따라, 도서관에서 소설책을 빌려보거나

가격	소득이 30,000달러인 경우	소득이 40,000달러인 경우	소득이 50,000달러인 경우
10달러	소설책 2권	소설책 5권	소설책 8권
9	6	9	12
8	10	13	16
7	14	17	20
6	18	21	24
5	22	25	28
	수요곡선, D_3	수요곡선, D_1	수요곡선, D_2

표 A-1

채윤이가 매입한 소설책

이 표는 다양한 소득 및 가격에서 채윤이가 매입하고자 하는 소설책의 권수를 보여준다. 일정하게 주어진 소득수준에 대해서 소설책의 가격 및 수요량에 관한 데이터를 사용하여 채윤이의 수요곡선을 구할 수 있다. 이 수요곡선이 그림 A-3과 그림 A-4이다.

또는 소설책을 읽지 않고 영화를 보러 간다. 이와 유사하게 소득이 증가함에 따라 더 많은 소설책을 매입하게 된다. 즉, 소득 증가에 따른 추가적인 소득 중 일부는 소설책을 매입하는 데 지출하고 또 다른 일부는 다른 물품들을 매입하는 데 지출한다.

이제 우리는 세 개 변수, 즉 소설책 가격, 소득, 매입한 소설책 권수를 갖게 되는데, 이는 2차원으로 보여줄 수 있는 것보다 개수가 많다. 표 A-1에 있는 정보를 그래프 형태로 나타내려면, 세 개 변수 중 한 개를 일정하다고 보고 다른 두 변수 사이의 관계를 추적해 나가야 한다. 수요곡선은 가격과 수요량 사이의 관계를 나타내기 때문에, 채윤이의 소득을 일정하다고 보고 그녀가 매입한 소설책 권수가 소설책 가격에 따라 어떻게 변화하는지 보여주어야 한다.

채윤이 소득이 연간 40,000달러라고 가상하자. 채윤이가 매입한 소설책 권수를 x축에 놓고 소설책 가격을 y축에 놓을 경우, 표 A-1의 가운데 열을 그래프로 나타낼 수 있다. 이 표에 기재된 사항, 즉 (소설책 5권, 10달러) (소설책 9권, 9달러) 등을 나타낸 점을 연결할 경우, 한 개의 선이 된다. 그림 A-3에 그려진 선을 소설책에 대한 채윤이의 수요곡선이라고 한다. 이 곡선은 소득이 일정할 경우 모든 가격수준에서 채윤이가 매입할 소설책 권수를 알려준다. 수요곡선의 기울기는 하향하는데 이것이 의미하는 바는 소설책 가격이 하락할 경우 수요량이 증가한다는 것이다. 소설책의 수요량과 가격이 서로 반대방향으로 움직이기 때문에, 두 변수가 **음으로 연계된다**고 본다.

이제 채윤이의 소득이 연간 50,000달러로 증가했다고 가상하자. 모든 가격수준에서, 채윤이는 이전 소득에서 매입했던 것보다 더 많은 소설책을 매입하게 된다. 표 A-1의 가운데 열에 기재된 사항을 활용하여 이전에 소설책에 대한 채윤이의 수요곡선을 그렸던 것처럼, 이번에는 오른쪽 열에 있는 기재 사항을 활용하여 새로운 수요곡선을 그릴 수 있다. 그림 A-4에서 새로운 수요곡선(곡선 D_2)은 이전의 수요곡선(곡선 D_1)과 나란히 위치한다. 새로운 수요곡선은 오른쪽으로 더 멀리 위치하여 유사하게 그려진 선이

그림 A-3

수요곡선

D_1은 채윤이의 소설책 매입이 소득이 일정할 경우 소설책의 가격에 어떻게 의존하는지 보여준다. 가격과 수요량은 음의 관계가 있기 때문에 수요곡선의 기울기는 하향한다.

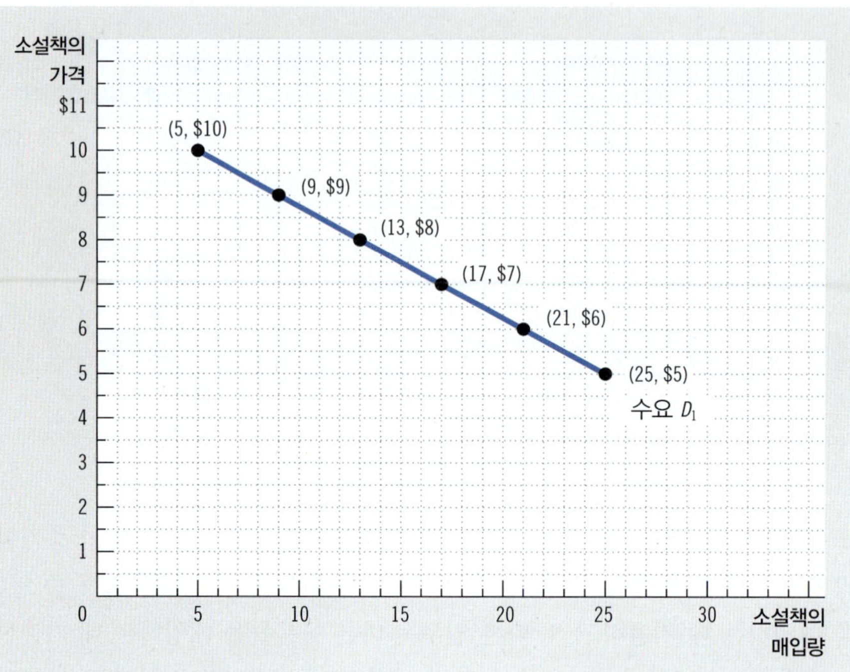

다. 따라서 채윤이의 소득이 증가할 경우, 소설책에 대한 채윤이의 수요곡선은 **오른쪽으로 이동한다**고 말할 수 있다. 이와 유사하게 채윤이의 소득이 연간 30,000달러로 하락할 경우, 모든 가격수준에서 더 적게 소설책을 매입하게 되어 그녀의 수요곡선은 왼쪽으로(즉, D_3로) 이동하게 된다.

경제학에서는 **곡선상에서의 이동**과 **곡선 자체의 이동**을 구별하는 것이 중요하다. 그림 A-3에서 보는 것처럼 채윤이의 소득이 연간 40,000달러이고 소설책 한 권의 가격이 8달러인 경우, 그녀는 연간 13권의 소설책을 매입한다. 소설책 한 권의 가격이 7달러로 하락할 경우, 채윤이는 연간 17권의 소설책을 매입하게 된다. 하지만 수요곡선은 동일한 곳에 계속 위치한다. 채윤이는 **각 가격수준**에서 동일한 권수의 소설책을 계속 매입하지만, 가격이 하락할 경우 수요곡선을 따라 왼쪽에서 오른쪽으로 이동하게 된다. 반면에 소설책 가격은 8달러로 고정되지만 소득이 50,000달러로 증가할 경우, 채윤이는 소설책의 매입을 연간 13권에서 16권으로 증대시키게 된다. 채윤이는 **각 가격수준**에서 더 많은 수의 소설책을 매입하기 때문에, 그림 A-4에서 보는 것처럼 수요곡선 자체가 바깥쪽으로 이동하게 된다.

어떤 경우에 곡선 자체가 이동하는지 알 수 있는 간단한 방법이 있다. 수평축이나 수직축 **어떤 축에도 명명되지 않은 관련 변수가 변화할 경우 곡선 자체가 이동하게 된다**. 소득은 *x* 축이나 *y* 축 어떤 축에도 명명되어 있지 않다. 따라서 채윤이의 소득이 변화하는 경우, 수요곡선 자체가 이동한다. 소설책 가격이 변화하는 경우를 제외하고, 채윤이의

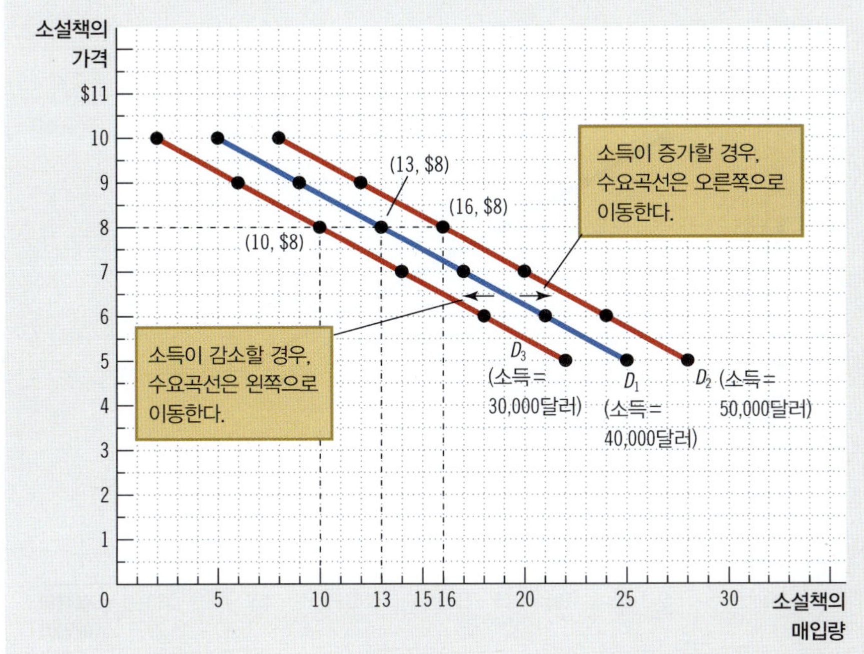

그림 A-4

수요곡선의 이동

소설책에 대한 채윤이의 수요곡선이 어디에 위치할지는 그녀의 소득이 얼마인지에 달려 있다. 소득이 높을수록 모든 가격수준에서 더 많은 소설책을 매입하게 되며, 이에 따라 수요곡선도 오른쪽으로 더 멀리 위치하게 된다. 수요곡선 D_1은 채윤이의 최초 수요곡선을 나타내며, 이는 연간 소득이 40,000달러일 경우이다. 연간 소득이 50,000달러로 증가할 경우, 수요곡선은 D_2로 이동한다. 또한 연간 소득이 30,000달러로 감소할 경우, 수요곡선은 D_3으로 이동한다.

매입 습관에 영향을 미치는 어떠한 변화에 대해서도 이런 사실이 적용된다. 예를 들어 공공도서관이 폐쇄되어 채윤이가 읽고자 하는 모든 소설책들을 매입해야 하는 경우, 각 가격수준에서 더 많은 수의 소설책을 수요하게 되어 수요곡선은 오른쪽으로 이동한다. 또는 영화관 입장권 가격이 하락하여 채윤이가 영화를 보는 데 더 많은 시간을 사용하고 소설책을 읽는 데 더 적은 시간을 할애할 경우, 각 가격수준에서 더 적은 수의 소설책을 수요하게 되어 수요곡선은 왼쪽으로 이동한다. 반면에 그래프상의 한 축에 명명된 변수가 변화할 경우, 곡선 자체가 이동하지 않는다. 이런 변화는 곡선상에서의 이동으로 나타난다.

기울기

채윤이에 관해 묻고 싶은 한 가지 질문은 그녀의 매입 행태가 가격 변화에 얼마나 많이 반응하느냐에 관한 것이다. 그림 A-5에 있는 수요곡선을 살펴보도록 하자. 이 수요곡선이 매우 가파른 경우, 소설책 가격이 저렴하든 비싸든 간에 채윤이는 거의 동일한 수의 소설책을 매입한다. 수요곡선이 훨씬 더 완만한 경우, 채윤이가 매입할 소설책 권수는 가격 변화에 더 민감하다. 어떤 변수가 다른 변수의 변화에 얼마나 많이 반응하는지에 관한 질문에 답하기 위해 기울기의 개념을 사용할 수 있다.

선의 기울기는 선을 따라 이동할 때 변화하는 수평축상 거리에 대한 수직축상 거리

그림 A-5

선분의 기울기 계산하기

수요곡선의 기울기를 계산하기 위해서 x축 및 y축의 변화를 살펴보도록 하자. 이 그림에서는 (소설책 13권, 8달러)인 점에서 (소설책 21권, 6달러)인 점으로 이동한다. 이 선분의 기울기는 x축 좌표 변화(+8)에 대한 y축 좌표 변화(−2)의 비율이며, 그 값은 −1/4이다.

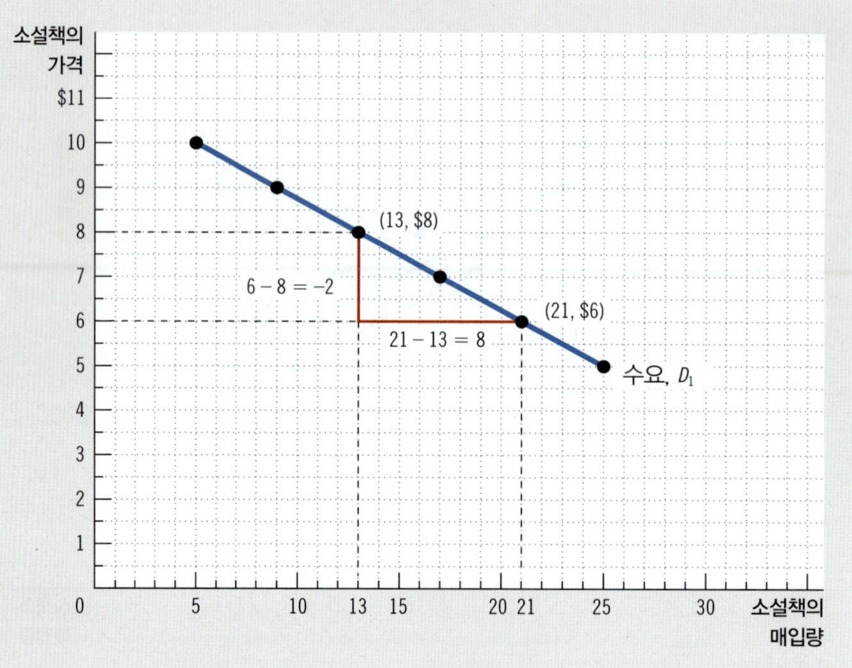

의 비율이다. 이 정의는 보통 수학적 부호를 사용하여 다음과 같이 나타낸다.

$$\text{기울기} = \frac{\Delta y}{\Delta x}$$

여기서 그리스 문자 Δ(델타)는 변수의 변화를 의미한다. 다시 말하면, 선의 기울기는 '높이'(y의 변화)를 '밑변'(x의 변화)으로 나눈 것이다.

기울기가 상향하는 선의 경우, x의 변화와 y의 변화가 동일한 방향으로 움직이기 때문에 기울기는 양수가 된다. x가 증가하면 y도 증가하고, x가 감소하면 y도 감소한다. 기울기가 상향하지만 상당히 완만한 경우, 기울기는 작은 양수가 된다. 하지만 기울기가 상향하면서 가파른 경우, 기울기는 큰 양수가 된다.

기울기가 하향하는 선의 경우 x의 변화와 y의 변화가 반대방향으로 움직이기 때문에 기울기는 음수가 된다. x가 증가하면 y가 감소하고, x가 감소하면 y가 증가한다. 기울기가 하향하지만 상당히 완만한 경우, 기울기는 작은 음수가 된다. 하지만 기울기가 하향하면서 가파른 경우, 기울기는 큰 음수가 된다.

수평선인 경우, y 변수는 결코 변화하지 않기 때문에 기울기는 영이 된다. 수직선인 경우, x 변수가 전혀 변화하지 않더라도 y 변수는 모든 값을 취할 수 있기 때문에 기울기는 무한대가 된다.

소설책에 대한 채윤이의 수요곡선 기울기는 어떠한가? 무엇보다도 수요곡선의 기울기가 하향하기 때문에 기울기가 음수라는 사실을 알 수 있다. 기울기의 숫잣값을 구하기 위해 수요곡선상의 두 점을 선택해보자. 채윤이의 소득이 40,000달러인 경우, 소설책 가격 8달러에서 13권을 매입하거나 6달러에서 21권을 매입한다. 기울기 계산 공식을 적용하려면 이들 두 점 간의 변화에 관심을 가져야 한다. 다시 말해 두 점 사이의 차이에 관심을 가져야 하며, 이를 위해 어느 점의 값에서 다른 점의 값을 빼야 한다. 이는 다음과 같다.

$$\text{기울기} = \frac{\Delta y}{\Delta x} = \frac{\text{나중의 } y\text{좌표} - \text{최초의 } y\text{좌표}}{\text{나중의 } x\text{좌표} - \text{최초의 } x\text{좌표}} = \frac{6-8}{21-13} = \frac{-2}{8} = \frac{-1}{4}$$

그림 A-5는 이런 계산이 어떻게 이루어지는지 보여준다. 두 개의 상이한 점을 이용하여 채윤이의 수요곡선 기울기를 계산해보자. 위와 동일한 결과 −1/4을 얻을 수 있어야 한다. 직선이 갖는 특성 중 하나는 선상의 모든 점에서 기울기가 동일하다는 사실이다. 하지만 이런 특성은 어느 지점이 다른 지점보다 더 가파른 형태의 곡선에서는 준수되지 않는다.

채윤이의 수요곡선 기울기는 그녀의 매입 행태가 가격 변화에 어떻게 반응하는지 알려준다. 기울기가 작다면(즉, 영에 가까운 음수라면) 채윤이의 수요곡선은 상대적으로 완만하다. 이런 경우 채윤이는 소설책 가격 변화에 대해 매입하고자 하는 소설책 권수를 큰 폭으로 조정한다. 기울기가 크다면(즉, 영으로부터 멀리 떨어진 음수라면) 채윤이의 수요곡선은 상대적으로 가파르다. 이런 경우 채윤이는 소설책 가격 변화에 대해 매입하고자 하는 소설책 권수를 단지 소폭으로 조정할 뿐이다.

원인 및 결과

경제학자들은 종종 그래프를 사용하여 경제가 어떻게 작동하는지에 관한 자신의 주장을 펼치곤 한다. 다시 말해, 그래프를 활용하여 일련의 상황들이 다른 일련의 상황들을

어떻게 유발하는지 설명하곤 한다. 수요곡선 같은 그래프를 활용하면 원인과 결과를 분명하게 파악할 수 있다. 가격은 변화시키고 다른 모든 변수는 일정하다고 보았기 때문에, 소설책 가격 변화가 채윤이의 수요량 변화를 유발했다는 사실을 알고 있다. 하지만 이 수요곡선은 가상적인 예에서 비롯됐다는 것을 기억하자. 실제 세계의 데이터를 그래프로 나타낼 경우, 한 변수가 다른 변수에 어떤 영향을 미치는지 파악하기 어려울 때가 종종 있다.

첫 번째 문제는 두 변수 사이의 관계를 알아보려는 경우, 그 밖의 모든 것을 일정하게 유지하는 것이 어렵다는 점이다. 다른 변수들을 일정하게 유지할 수 없다면, 그래프상에 표기되지 않은 제3의 **누락변수**에 의해 실제로 유발된 변화에 대해서, 그래프상의 한 변수가 다른 변수의 변화를 유발했다고 결론 내릴 수도 있다. 살펴보고자 하는 두 개 변수를 올바르게 식별했더라도 두 번째 문제, 즉 **역 인과관계**에 부딪힐 수 있다. 다시 말해 실제로는 B가 A를 유발하는데 A가 B를 유발한다고 결론 내릴 수도 있다. 누락변수 문제와 역 인과관계 문제 같은 함정을 피하려면, 그래프를 사용하여 원인과 결과에 대해 결론을 내릴 경우 조심스럽게 진행해야 한다.

누락변수 변수를 누락할 경우 이것이 어떻게 사실을 오도하는 그래프로 이어질 수 있는지 알아보기 위해 예를 들어보도록 하자. 암으로 인한 다수의 사망자에 대한 대중의 우려 때문에, 정부는 통계분석 업체에게 철저한 연구를 의뢰했다. 이 통계분석 업체는 일반 가계에서 발견할 수 있는 많은 물품들을 면밀하게 조사하여, 이들 중 어느 것이 발암 위험과 연관되는지 살펴보았다. 이 업체는 두 개 변수, 즉 어떤 가계가 보유한 담배 라이터의 개수와 해당 가계 구성원 중 누군가가 암에 걸릴 확률 사이에 존재하는 강한 관계를 보고했다. 그림 A-6은 이런 관계를 보여준다.

이런 결과 보고로부터 어떤 결정을 내려야 하는가? 해당 통계분석 업체는 다음과 같이 신속한 정책 대응 방안을 제시했다. 정부는 담배 라이터 판매에 조세를 부과하여 담

그림 A-6

누락변수가 있는 그래프

기울기가 상향하는 곡선은 담배 라이터가 더 많은 가계 구성원들이 암에 걸릴 가능성이 더 높다는 것을 시사한다. 하지만 담배 라이터를 보유한다는 사실이 암을 유발한다고 결론 내려서는 안 된다. 왜냐하면 이 그래프는 실제로 흡연한 담배의 수를 고려하지 않았기 때문이다.

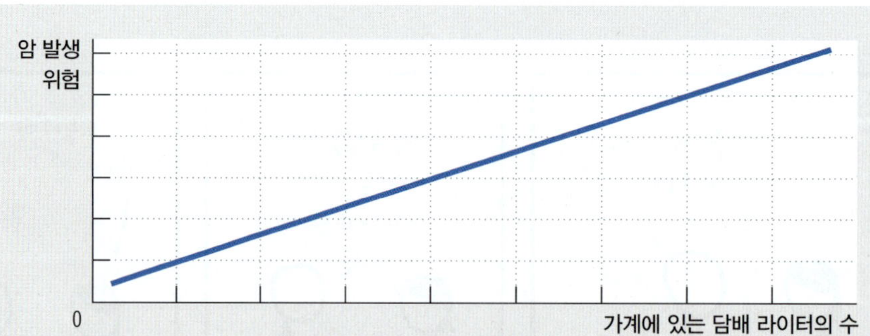

배 라이터의 보유를 억제해야 한다고 조언했다. 또한 정부는 다음과 같은 경고, 즉 '통계분석 결과에 따르면 담배 라이터가 여러분의 건강을 위태롭게 할 수 있습니다'라는 문구를 부착하도록 해야 한다고 제안했다.

해당 통계분석 업체가 실시한 분석이 타당한지 여부를 판단할 경우 다음 질문이 중요하다. 이 통계분석 업체는 고려 중인 변수를 제외한 모든 관련 변수를 일정하게 유지했는가? 이 물음에 대한 대답이 부정적이라면 분석 결과도 의심스럽다. 그림 A-6을 쉽게 설명하면, 담배 라이터를 더 많이 보유한 사람들이 흡연할 가능성이 더 높으며 라이터가 아니라 담배가 암을 유발한다는 것이다. 그림 A-6에서 흡연량이 일정하게 유지되지 않는다면(해당 통계분석 업체가 이 변수를 결코 고려하지 않았기 때문에 일정하게 유지하지 못했다면), 담배 라이터 보유에 따른 진정한 효과를 알려주지 못한다.

이런 사실은 다음과 같은 한 가지 중요한 원칙을 시사한다. 원인과 결과에 대한 주장을 펼치기 위해 사용한 그래프를 살펴볼 경우, 누락변수의 변화가 여러분이 얻은 분석 결과를 설명할 수 있는지 여부를 물어보는 것이 중요하다.

역 인과관계 경제학자들은 또한 인과관계의 방향을 잘못 이해해서 실수할 수도 있다. 이것이 어떻게 가능한지 알아보기 위해, 미국 무정부주의자협회가 미국에서 발생하는 범죄에 대한 연구를 의뢰하여 그림 A-7과 같은 결과에 도달했다고 가상하자. 그림 A-7은 인구 천 명당 경찰관 수에 대해 주요 도시에서 인구 천 명당 발생하는 폭력범죄 수를 도해로 나타낸 것이다. 무정부주의자들은 곡선의 기울기가 상향한다는 사실에 주목하여, 경찰은 도시 폭력범죄를 감소시키기보다는 증가시키기 때문에 법 집행을 폐지해야 한다고 주장한다.

하지만 그림 A-7은 무정부주의자들의 이런 주장을 입증하지 못한다. 그래프는 단순히 더 위험한 도시에 더 많은 경찰관이 있다는 사실을 보여줄 뿐이다. 더 위험한 도시가 더 많은 경찰관을 채용하고 있다고 설명할 수도 있다. 다시 말해 경찰관의 수가 폭력범죄의 발생을 유발하는 것이 아니라, 폭력범죄의 발생이 경찰관의 채용을 유발한다

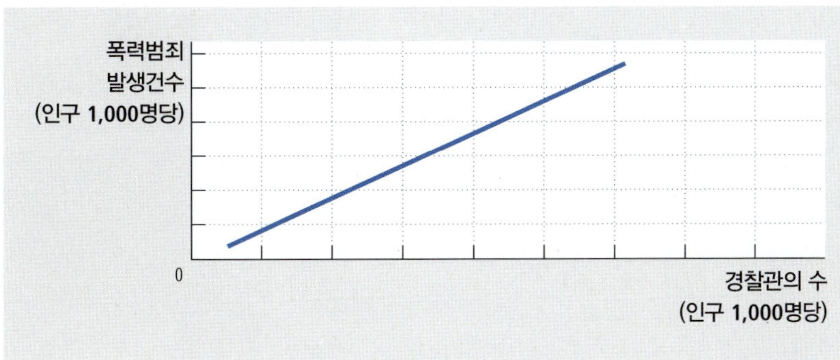

그림 A-7

역 인과관계를 시사하는 그래프

기울기가 상향하는 곡선은 경찰이 좀 더 집중적으로 근무하는 도시가 더 위험하다는 것을 시사한다. 하지만 이 그래프는 경찰이 범죄를 유발했는지 아니면 범죄에 시달리는 도시가 더 많은 경찰을 채용했는지 여부를 알려주지 않는다.

는 것이다. 우리가 통제된 실험을 한다면 이런 역 인과관계의 위험성을 피할 수도 있다. 이 경우 서로 다른 도시에 서로 다른 수의 경찰관을 무작위로 배정하고 나서 경찰관 수와 폭력범죄 수 사이의 상관을 살펴보게 된다. 이런 실험을 하지 않고는 아무리 잘해도 인과관계의 방향을 확립하는 것은 어렵다.

어떤 변수가 먼저 변화하는지 살펴봄으로써 인과관계의 방향을 결정할 수 있을 것이라 생각할 수도 있다. 범죄가 증가하고 그러고 나서 경찰력이 확장될 경우, 우리는 한 결론에 도달하게 된다. 하지만 경찰력이 확장되고 그러고 나서 범죄가 증가할 경우, 우리는 다른 결론에 도달하게 된다. 하지만 이런 방법도 결함이 있다. 사람들은 종종 현재 상황의 변화가 아니라 장래 상황에 대한 **기대**의 변화에 대응하여 자신의 행태를 변화시키곤 한다. 예를 들면 장래에 대규모로 범죄가 증가할 것이라고 예상하는 도시는 지금 더 많은 경찰관을 채용할 것이다. 이런 문제는 아기와 미니밴의 예시로 더 쉽게 이해할 수 있다. 부부는 종종 아기가 태어날 것이라는 기대에서 미니밴을 매입한다. 즉, 아기가 출생하기 전에 미니밴을 먼저 소유하게 된다. 하지만 우리는 미니밴의 판매가 인구 증가를 유발했다고 결론 내리고 싶지는 않다.

그래프를 이용하여 인과관계 방향에 대한 결론을 도출하는 것이 언제 적절한지 말해줄 완벽한 규칙은 존재하지 않는다. 하지만 담배 라이터가 암을 유발하지 않으며(누락변수 문제) 미니밴이 아기의 출생을 유발하지 않는다(역 인과관계 문제)는 사실을 명심하는 것만으로도 여러분이 많은 잘못된 경제적 주장에 빠지는 것을 방지할 수 있다.

Chapter

3

상호의존과 거래를 통한 이익

평범한 일상을 생각해보자. 여러분은 아침에 일어나서, 플로리다에서 재배한 오렌지로 만든 주스와 브라질에서 수확한 커피콩으로 만든 커피를 잔에 붓는다. 아침식사를 하면서, 뉴욕에서 편집한 뉴스기사를 중국에서 조립한 태블릿으로 읽는다. 조지아에서 재배한 면화로 만들고 태국 공장에서 바느질한 옷을 입는다. 전 세계 6개국에서 제조한 부품으로 만든 자전거를 타고 학교에 간다. 그러고 나서 매사추세츠에 거주하는 저자가 저술하고, 오하이오에 소재한 회사가 출판하며, 오리건에서 자라는 나무로 만든 종이에 인쇄한 경제학 교과서를 펼친다.

매일마다 여러분은 재화 및 용역을 제공해주는 많은 사람들에게 의존하지만, 이들 중 대부분은 만난 적도 없는 사람들이다. 이런 상호의존은 사람들이 서로 거래하기 때문에 가능하다. 여러분에게 이런 것들을 제공하는 사람들은 관대해서 그렇게 하는 것이 아니며, 어떤 정부기관이 그들에게 여러분의 욕구를 충족시키도록 지시하는 것도 아니다. 대신에 사람들은 대가로 그 무엇을 얻기 때문

BLACKCAT/E+/GETTY IMAGES, GOWITHSTOCK/SHUTTERSTOCK.COM

에 여러분과 다른 소비자들에게 재화 및 용역을 제공한다.

이후의 장들에서 다양한 기호와 능력을 가진 수많은 사람들의 행태를 경제가 어떻게 조정하는지 살펴볼 것이다. 출발점으로 이 장에서는 경제적 상호의존이 발생하는 이유에 대해 알아볼 것이다. 제1장에서 살펴본 **경제학의 열 가지 원리** 중 하나는 거래를 통해 모든 사람의 형편이 나아질 수 있다는 것이다. 이제는 이 원리를 보다 자세하게 살펴볼 것이다. 사람들이 서로 거래를 할 때 정확히 무엇을 얻게 되는가? 사람들이 상호의존하게 되는 이유는 무엇인가?

이런 질문들에 대한 답변은 세계 경제를 이해하려면 알아야 할 핵심이다. 오늘날 대부분의 국가는 자국에서 소비하는 많은 재화 및 용역을 해외로부터 수입하고, 자국에서 생산하는 것들 중 많은 부분을 해외 고객에게 수출하고 있다. 이 장에서 살펴볼 분석을 통해 개인들뿐만 아니라 국가들 간의 상호의존을 설명할 수 있다. 앞으로 살펴보겠지만, 거래를 통한 이익은 동네 이발소에서 이발을 하든 또는 지구 반대편에서 생산한 티셔츠를 매입하든 거의 같다.

3-1 현대 경제에 관한 짧은 이야기

재화 및 용역을 얻으려고 사람들이 서로에게 의존하게 될 경우 어떻게 이익을 얻게 되는지 이해하기 위해, 단순한 경제를 살펴보도록 하자. 세계에는 단 두 개의 물품, 즉 고기와 감자만 있으며, 단 두 명의 사람, 즉 소를 사육하는 주혜와 감자를 재배하는 광재만이 있다. 주혜와 광재가 둘 다 고기와 감자 모두를 식사로 먹고 싶어한다.

주혜가 고기만을 생산하고 광재가 감자만을 생산할 경우, 거래를 통한 이익이 가장 명백하게 드러난다. 먼저 광재와 주혜는 서로 연관되지 않고 의존하지 않는 방법을 선택할 수도 있다. 하지만 주혜는 고기를 불에 굽거나 그을리는 등 다양한 방법으로 먹고 나서 자급자족만 전부는 아닌 것 같다고 결론 내릴 수 있다. 감자를 으깨거나 튀기는 등 다양한 방법으로 먹고 있는 광재도 주혜와 같은 결론에 도달할 가능성이 있다. 거래를 통해 이들은 둘 다 더 다양한 소비를 할 수 있다는 점을 쉽게 알 수 있다. 이들은 각각 구운 감자를 곁들인 스테이크나 감자튀김을 곁들인 햄버거를 먹을 수 있게 된다.

위의 상황은 거래를 통해 모든 사람이 어떻게 이익을 얻는지를 가장 간단하게 보여주기는 하지만, 광재와 주혜가 각자 두 가지 모두, 즉 소를 사육하고 감자를 재배하고 나서 거래를 해도 이익을 얻을 수는 있다. 그러나 이럴 경우 큰 비용이 동반될 수 있다. 예를 들어 주혜가 감자를 재배할 수는 있지만 그녀가 소유하고 있는 토지가 감자 재배에 적합하지 않다고 가상하자. 유사하게, 광재도 소를 사육하여 고기를 생산할 수 있기는 하지만 그 일에 익숙하지 않다고 가상하자. 이런 경우 광재와 주혜는 각자 가장 잘

할 수 있는 것에 특화하여 서로 거래를 하게 되면 이익을 보게 된다.

하지만 한 사람이 모든 것의 생산을 더 잘할 수 있다면 거래를 통한 이익은 덜 분명해진다. 예를 들어 주혜가 소를 사육하고 감자를 재배하는 일 **모두**에서 더 잘한다고 가상하자. 이 경우 주혜는 계속해서 자급자족해야 하는가? 아니면 광재와 거래해야 하는 이유가 여전히 존재하는가? 이런 결정을 내리려고 할 때 영향을 미치는 요소를 보다 자세히 살펴보도록 하자.

3-1a 생산가능곡선

광재와 주혜는 각각 하루에 8시간을 일하며, 이 시간을 사용하여 감자를 재배하거나, 소를 사육하거나, 이 두 가지 일을 모두 한다. 그림 1에 있는 표는 각 물품 1온스를 생

그림 1

생산가능곡선

(a)는 농장주 광재와 목장주 주혜에게 가능한 생산기회를 보여준다. (b)는 광재가 생산할 수 있는 고기와 감자의 조합을 보여준다. (c)는 주혜가 생산할 수 있는 고기와 감자의 조합을 보여준다. 두 개 생산가능곡선은 모두 광재와 주혜가 각각 하루에 8시간 노동을 한다고 가정한다. 둘 사이에 거래가 이루어지지 않는 경우, 이들 둘의 생산가능곡선은 또한 소비가능곡선이 된다.

	1온스 생산에 필요한 시간		8시간 동안 생산량	
	고기	감자	고기	감자
광재(농부)	60분/온스	15분/온스	8온스	32온스
주혜(목축업자)	20분/온스	10분/온스	24온스	48온스

(a) 생산기회

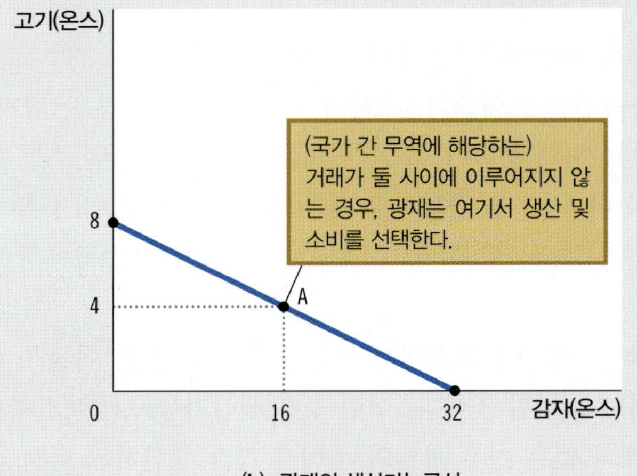

(b) 광재의 생산가능곡선

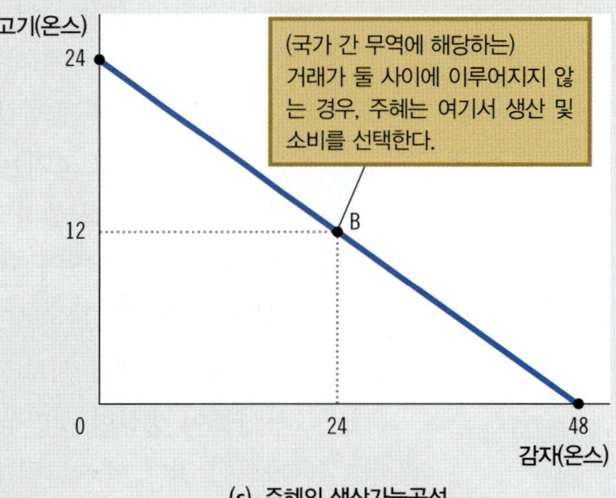

(c) 주혜의 생산가능곡선

산하는 데 이들이 각각 필요로 하는 시간의 규모를 알려준다. 광재는 감자 1온스를 생산하는 데 15분이 필요하며, 고기 1온스를 생산하는 데는 60분이 필요하다. 두 가지 물품 모두를 더 잘 생산하는 주혜는 감자 1온스를 생산하는 데 10분이 필요하며, 고기 1온스를 생산하는 데는 20분이 필요하다. 마지막 두 개 열은 이들이 8시간 전부를 투입하여 고기만 생산하거나 감자만 생산하는 경우 각각 얼마나 생산할 수 있는지 알려준다.

그림 1(b)는 광재가 생산할 수 있는 고기와 감자의 수량을 보여준다. 광재가 8시간을 모두 투입하여 감자를 재배할 경우, (수평축에 표시되어 있는) 감자 32온스를 생산하고 고기는 전혀 생산하지 못한다. 8시간을 모두 투입하여 소를 사육할 경우, (수직축에 표시되어 있는) 고기 8온스를 생산하고 감자는 전혀 생산하지 못한다. 광재가 시간을 균등하게 배분하여 각각 4시간씩을 투입할 경우, 감자 16온스와 고기 4온스를 생산할 수 있다. 이 그림은 이런 세 가지 생산 조합과 그 사이에 있는 모든 가능한 생산 조합을 보여준다.

이 그래프는 광재의 생산가능곡선이다. 제2장에서 논의한 것처럼 생산가능곡선은 어떤 경제가 생산할 수 있는 생산량의 조합을 보여준다. 이것은 제1장에서 살펴본 **경제학의 열 가지 원리** 중 하나, 즉 사람들은 상충적인 상황에 부딪히게 된다는 원리를 설명하고 있다. 여기서 광재는 고기 생산과 감자 생산 사이에 존재하는 상충적인 상황에 부딪히고 있다.

제2장에서 생산가능곡선을 바깥쪽으로 볼록하게 그렸던 것을 기억하자. 그 경우에 사회가 한 물품에 대해 다른 물품을 거래하고자 하는 비율은 생산이 이루어지고 있는 수량에 달렸었다. 하지만 지금 이 경우에 광재는 고기 생산과 감자 생산 사이에서 일정한 비율로 전환할 수 있다.(이는 그림 1에 요약되어 있다) 광재가 고기를 생산하는 데 1시간을 덜 투입하고 감자를 생산하는 데 1시간을 더 투입할 경우, 고기 생산량은 1온스 감소하고 감자 생산량은 4온스 증가한다. 광재가 이미 얼마나 생산했느냐에 관계없이, 이것이 동일하게 적용된다. 따라서 생산가능곡선은 직선이 된다.

그림 1(c)는 주혜의 생산가능곡선을 보여준다. 주혜가 감자만 재배할 경우, 감자 48온스를 생산하고 고기는 전혀 생산하지 못한다. 소만 사육할 경우, 고기 24온스를 생산하고 감자는 전혀 생산하지 못한다. 시간을 균등하게 배분하여 각각 4시간씩을 투입할 경우, 감자 24온스와 고기 12온스를 생산할 수 있다. 다시 한번, 생산가능곡선은 모든 가능한 생산 조합을 보여준다.

광재와 주혜가 서로 거래를 하는 대신에 계속해서 자급자족을 할 경우, 이들은 각각 자신들이 생산한 것만을 정확하게 소비할 것이다. 이런 경우 생산가능곡선은 소비가능곡선이 된다. 즉, 그림 1은 거래가 없는 경우 광재와 주혜가 각각 생산하고 나서 소비하는 고기와 감자의 가능한 조합을 보여준다.

이들 생산가능곡선은 광재와 주혜가 부딪히게 되는 상충적인 상황을 보여주는 데 유용하다. 하지만 이들이 각각 무엇을 선택할지를 알려주지는 않는다. 그러기 위해서는 이들의 식사에 대한 선호를 알아야 한다. 광재와 주혜가 그림 1에서 각각 점 A와 점 B로 표시된 조합을 선택했다고 가상하자. 광재는 자신이 선택할 수 있는 가능한 생산과 선호에 기초하여 감자 16온스와 고기 4온스를 생산하고 소비한다. 반면에 주혜는 감자 24온스와 고기 12온스를 생산하고 소비한다.

3-1b 특화 및 거래

주혜는 생산 조합 B에서 소비를 몇 년 하다가 친구인 광재를 방문하여 한 가지 제안을 했다.

주혜: 친구, 광재야! 내가 제안 하나 할게. 우리 둘 다의 삶을 향상시킬 수 있는 방법이야. 너는 함께 생산하고 있는 고기 생산을 멈추고, 감자만 재배해야 되지. 내 계산에 따르면 네가 하루에 8시간을 일할 경우 감자 32온스를 생산할 수 있지. 그러고 나서 나에게 32온스 중 15온스를 줘. 나는 그 대가로 고기 5온스를 너에게 줄게. 그럴싸하지? 너는 지금 감자 16온스와 고기 4온스를 소비하고 있지. 이제는 그 대신에 감자 17온스와 고기 5온스를 소비할 수 있게 되지. 내 제안을 받아들이면, 너는 감자와 고기 둘 다를 더 많이 소비할 수 있게 돼. [소비할 수 있는 점을 설명하기 위해 주혜는 광재에게 그림 2(a)를 보여준다.]

광재: (회의적으로 들린다는 듯) 나에게는 좋은 거래처럼 보이는데. 하지만 나에게 그런 제안을 하는 이유를 모르겠는데. 그 거래가 나에게 좋다면, 너에게도 역시 좋을 수는 없을 것 같은데.

주혜: 아니야. 나에게도 좋은 거래야. 내가 소를 사육하는 데 하루에 6시간을 투입하고 감자를 재배하는 데 2시간을 투입한다고 가상해보자. 그러면 나는 고기 18온스와 감자 12온스를 생산할 수 있지. 네가 생산한 감자 15온스를 나에게 주고 그 대가로 내가 생산한 고기 5온스를 너에게 주고 나면, 나는 고기 13온스와 감자 27온스를 소비할 수 있지. 나는 지금 고기 12온스와 감자 24온스를 소비할 수 있을 뿐이야. 따라서 나도 고기와 감자 둘 다를 현재보다 더 많이 소비할 수 있게 되지. [주혜는 그림 2(b)를 가리킨다.]

광재: 나는 잘 모르겠어…. 사실이라면 정말 좋겠는데.

주혜: 그렇게 복잡한 것은 아니야. 자 이것이 내 제안을 간단한 표로 나타낸 거야. [주혜는 그림 2 아래에 있는 표를 광재에게 보여준다.]

그림 2 **거래는 어떻게 소비기회의 조합을 확장시키는가**

이 그림은 제안된 거래가 이루어질 경우, 둘 사이에 거래가 이루어지지 않았다면 달성할 수 없었을 고기와 감자의 조합을 소비할 수 있다고 광재와 주혜에게 제시하고 있다. (a)에서 광재는 점 A가 아니라 점 A*를 소비할 수 있다. 또한 (b)에서 주혜는 점 B가 아니라 점 B*를 소비할 수 있다. 두 사람은 모두 각각 더 많은 고기와 더 많은 감자를 소비할 수 있다.

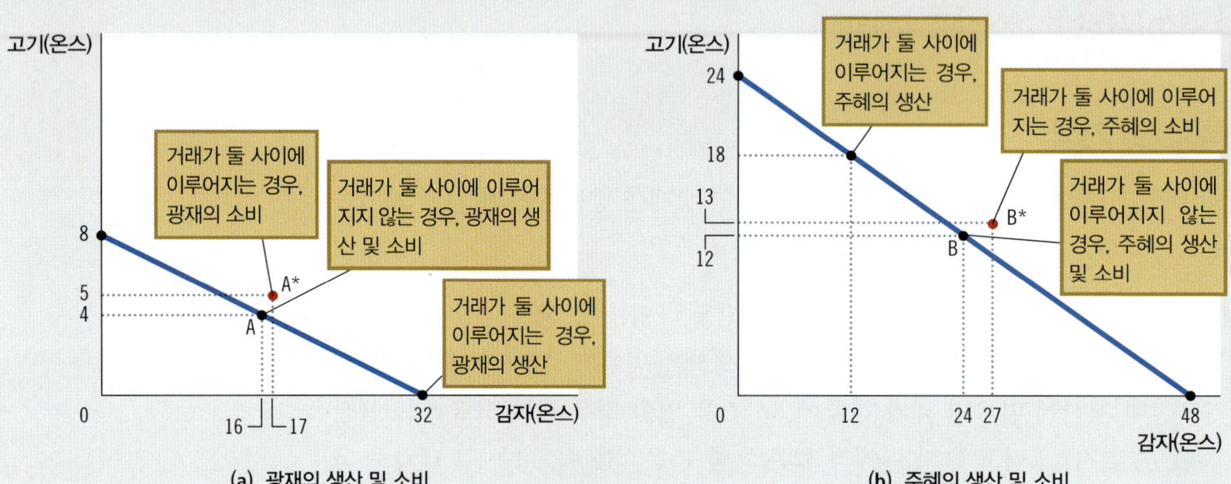

(a) 광재의 생산 및 소비

(b) 주혜의 생산 및 소비

	광재		주혜	
	고기	감자	고기	감자
거래가 둘 사이에 이루어지지 않는 경우				
생산 및 소비	4온스	16온스	12온스	24온스
거래가 둘 사이에 이루어지는 경우				
생산	0온스	32온스	18온스	12온스
거래	5온스를 받는다	15온스를 준다	5온스를 준다	15온스를 받는다
소비	5온스	17온스	13온스	27온스
거래를 통한 이익				
소비의 증가	+1온스	+1온스	+1온스	+3온스

(c) 거래를 통한 이익: 요약

광재: (잠시 멈춰서 주혜가 보여준 표를 훑어보고는) 이 계산들은 맞는 것 같은데, 아직도 의아하고 혼란스러워. 이 거래를 통해 우리 둘 다 어떻게 이익을 볼 수 있는 거지?

주혜: 거래를 할 수 있다면, 우리는 각자 가장 잘할 수 있는 것을 하면 되지. 너는 감자를 재배하는 데 더 많은 시간을 투입하고 소를 사육하는 데 더 적은 시간을 투입해야 되겠지. 나는 소를 사육하는 데 더 많은 시간을 투입하고 감

자를 재배하는 데 더 적은 시간을 투입해야지. 특화와 거래 덕분에 우리는 둘 다 더 많은 시간을 일하지 않고서도 더 많은 고기와 더 많은 감자를 소비할 수 있는 거야.

Quiz

1. 광재와 주혜가 거래를 하기 전에, 이들은 __________ 소비한다.
   a. 자신들의 생산가능곡선 안에 있는 점에서
   b. 자신들의 생산가능곡선상에 있는 점에서
   c. 자신들의 생산가능곡선 밖에 있는 점에서
   d. 다른 사람들과 같은 양의 고기와 감자를

2. 광재와 주혜가 거래를 한 후에, 이들은 __________ 소비한다.
   a. 자신들의 생산가능곡선 안에 있는 점에서
   b. 자신들의 생산가능곡선상에 있는 점에서
   c. 자신들의 생산가능곡선 밖에 있는 점에서
   d. 다른 사람들과 같은 양의 고기와 감자를

해답은 이 장의 끝부분에 있다.

3-2 비교우위: 특화의 원동력

거래를 통한 이익에 대한 주혜의 설명은 옳기는 하지만 다음과 같은 수수께끼를 제기하게 된다. 주혜가 소를 사육하고 감자를 재배하는 일 두 가지를 더 잘할 수 있다면, 광재가 어떻게 자신이 가장 잘하는 것에 특화할 수 있단 말인가? 광재는 자신이 가장 잘하는 것을 할 것처럼 보이지 않는다. 이 수수께끼를 풀기 위해서 **비교우위**의 원리를 살펴보아야 한다.

첫 번째 단계로, 다음과 같은 질문을 생각해보자. 위의 예에서, 누가 더 낮은 비용으로 감자를 생산할 수 있는가? 광재인가 아니면 주혜인가? 두 가지 가능한 대답이 있으며, 그 안에 거래를 통한 이익을 이해할 수 있는 열쇠가 있다.

3-2a 절대우위

감자 생산에 따른 비용을 묻는 질문에 답하는 한 방법은 각 생산자가 필요로 하는 생산요소를 비교하는 것이다. 경제학자들은 어떤 사람, 기업, 국가의 생산성을 다른 사람, 기업, 국가의 생산성과 비교할 때 절대우위(absolute advantage)란 용어를 사용한다. 어떤 물품을 생산하는 데 더 적은 양의 생산요소를 필요로 하는 생산자는 해당 물품을 생산하는 데 절대우위를 갖는다고 한다.

절대우위
다른 생산자보다 더 적은 생산요소를 사용하여 물품을 생산하는 능력

위에서 살펴본 간단한 예에서는 시간이 유일한 생산요소였다. 따라서 절대우위를 결정하기 위해서 우리가 살펴보아야 할 것은 시간뿐이다. 주혜는 고기나 감자 한 단위를 생산하는 데 광재보다 더 적은 시간을 필요로 하기 때문에 이들 두 물품을 생산하는 데

절대우위를 갖는다. 주혜는 고기 1온스를 생산하기 위해 단지 20분이 필요할 뿐인 데 반해, 광재는 60분이 필요하다. 이와 유사하게 주혜는 감자 1온스를 생산하기 위해 단지 10분이 필요할 뿐인 데 반해, 광재는 15분이 필요하다. 따라서 비용을 생산요소의 양적 측면에서 측정할 경우, 주혜는 더 낮은 비용으로 감자를 생산할 수 있다.

3-2b 기회비용과 비교우위

기회비용
어떤 것을 얻기 위해 포기해야 하는 것

감자를 생산하는 비용을 살펴보는 다른 방법이 있다. 투입되는 생산요소에 초점을 맞추는 것이 아니라 기회비용을 검토하는 것이다. 제1장에서 살펴본 것처럼 어떤 물품의 기회비용(opportunity cost)은 해당 물품을 얻기 위해 포기해야 하는 것이다. 광재와 주혜는 각각 하루에 8시간 일을 한다고 가정했다. 감자를 생산하는 데 사용한 시간은 고기를 생산하는 데 사용할 수 있는 시간을 줄여서 투입한 것이다. 두 재화에 시간을 재배분하려는 경우, 주혜와 광재는 생산가능곡선상을 이동하면서 한 물품을 생산하기 위해 다른 물품을 포기하게 된다. 기회비용은 각 생산자가 직면하는 상충적인 상황을 측정한 것이다.

먼저, 주혜의 기회비용에 대해 생각해보자. 그림 1(a)에 있는 표에 따르면, 감자 1온스를 생산하기 위해 주혜는 10분을 투입해야 하며, 이는 주혜가 고기를 생산하는 데 사용하지 못하게 되는 시간이다. 주혜가 고기 1온스를 생산하는 데는 20분이 필요하기 때문에, 10분을 투입할 경우 고기 1/2온스를 생산하게 된다. 따라서 감자 1온스를 생산하는 데 따른 주혜의 기회비용은 고기 1/2온스이다.

이제는 광재의 기회비용에 대해 생각해보자. 감자 1온스를 생산하기 위해 광재는 15분을 투입해야 한다. 고기 1온스를 생산하는 데 광재는 60분이 필요하기 때문에, 15분을 투입할 경우 고기 1/4온스를 생산할 수 있다. 따라서 감자 1온스를 생산하는 데 따른 광재의 기회비용은 고기 1/4온스이다.

표 1은 이들 두 사람 각각에 대한 고기와 감자의 기회비용을 보여준다. 고기의 기회비용은 감자의 기회비용의 역수라는 사실에 주목하자. 감자 1온스에 대해 주혜는 고기 1/2온스를 비용으로 지불하기 때문에, 고기 1온스에 대해 주혜가 감자 2온스를 지불한다는 것 또한 사실이다.

표 1

고기와 감자의 기회비용

	고기 1온스 생산에 따른 기회비용	감자 1온스 생산에 따른 기회비용
광재(농부)	감자 4온스	고기 1/4온스
주혜(목축업자)	감자 2온스	고기 1/2온스

경제학자들은 두 생산자가 직면하는 기회비용을 설명할 때 비교우위(comparative advantage)란 용어를 사용한다. 물품X를 생산하기 위해 다른 물품을 더 적게 포기하는 생산자는 물품X를 생산하는 데 따른 기회비용이 더 작아지며, 물품X를 생산하는 데 비교우위를 갖는다고 한다. 위의 예에서 광재는 감자를 생산하는 데 따른 기회비용이 주혜보다 더 낮다. 즉, 감자 1온스에 대한 비용으로 광재는 고기 1/4온스만을 지불하지만 주혜는 고기 1/2온스를 지불한다. 반대로, 주혜는 고기를 생산하는 데 따른 기회비용이 광재보다 더 낮다. 고기 1온스에 대한 비용으로 주혜는 감자 2온스를 지불하지만 광재는 감자 4온스를 지불한다. 따라서 광재는 감자를 생산하는 데 비교우위를 갖고, 주혜는 고기를 생산하는 데 비교우위를 갖는다.

비교우위
다른 물품보다 어떤 물품을 더 낮은 기회비용으로 생산하는 능력

어떤 사람이 두 물품 모두에 절대우위를 갖는 것이 가능하더라도(위의 예에서 주혜는 두 물품 모두에 절대우위를 갖는다), 두 물품 모두에 비교우위를 갖는 것은 불가능하다. 한 물품의 기회비용은 다른 물품의 기회비용의 역수이므로, 어떤 사람의 한 물품에 대한 기회비용이 상대적으로 높은 경우 다른 물품에 대한 기회비용은 상대적으로 낮아야만 한다. 두 사람은 기회비용이 동일하지 않는 한, 각자 서로 다른 물품에 비교우위를 갖는다.

3-2c 비교우위와 거래

특화와 거래를 통해 얻는 이익은 비교우위에 기반한다. 사람들이 비교우위를 갖는 물품을 생산할 때, 총생산은 증가한다. 사람들이 향유할 수 있는 경제규모는 더 커지게 된다. 이런 보상을 어떻게 배분하느냐에 따라 모든 사람의 형편이 나아질 수 있다.

일단 거래를 시작하게 되면, 광재는 감자를 생산하는 데 더 많은 시간을 투입하고 주혜는 고기를 생산하는 데 더 많은 시간을 투입한다. 감자의 총생산량은 40온스에서 44온스로 증가하며, 고기의 총생산은 16온스에서 18온스로 증가한다. 광재와 주혜는 증대된 생산에 따른 이익을 공유하게 된다.

이익은 거래 상대방이 서로에게 지불하는 묵시적 가격에 반영된다. 광재와 주혜는 기회비용이 서로 다르기 때문에 모두 물품을 싸게 얻을 수 있다. 즉, 이들은 각각 어떤 물품에 대한 자신의 기회비용보다 더 낮은 가격으로 해당 물품을 얻게 됨으로써 거래에 따른 이익을 얻게 된다.

광재의 관점에서 거래를 생각해보자. 그는 감자 15온스와 교환으로 고기 5온스를 받는다. 다시 말해, 그는 고기 1온스를 감자 3온스의 가격으로 매입한다. 이 고기가격은 고기 1온스에 대한 그의 기회비용인 감자 4온스보다 낮다. 광재는 좋은 가격에 고기를 매입하게 되므로 이 거래를 통해 이익을 얻게 된다.

이제는 주혜의 관점에서 생각해보자. 그녀는 고기 5온스와 교환으로 감자 15온스를

받는다. 즉, 감자 1온스의 가격은 고기 1/3온스이다. 이 감자가격은 감자 1온스에 대한 그녀의 기회비용인 고기 1/2온스보다 낮다. 주혜는 좋은 가격에 감자를 매입하게 되므로 이익을 얻게 된다.

목축업자인 주혜와 농부인 광재에 대한 위의 이야기는 단순하지만 명료한 사실을 알려준다. **거래를 할 수 있는 경우 사람들은 자신들이 비교우위를 갖는 분야에 특화할 수 있으므로, 이로 인해 거래는 모든 사람에게 이익을 줄 수 있다.**

3-2d 거래가 이루어지는 가격

비교우위 원리는 특화와 거래를 통해 얻게 되는 이익을 설명하는 데 도움이 되기는 하지만, 동시에 다음과 같은 몇 가지 관련 의문점이 제기된다. 거래가 이루어지는 가격을 무엇이 결정하는가? 이런 이익은 거래 당사자들 사이에 어떻게 공유되는가? 이들 물음에 대한 정확한 답은 이 장의 범위를 벗어나기는 하지만, 여기서는 다음과 같은 일반적인 규칙을 제시하고자 한다. **거래에서 두 당사자가 모두 이익을 얻으려면 거래가격이 두 당사자의 기회비용 사이에서 결정되어야 한다.**

위의 예에서 광재와 주혜는 고기 1온스당 감자 3온스의 비율로 거래하기로 합의했다. 이 가격은 주혜의 기회비용(고기 1온스당 감자 2온스)과 광재의 기회비용(고기 1온스당 감자 4온스) 사이에 위치한다. 두 당사자가 이익을 얻기 위해 가격이 정확히 중간에 위치할 필요는 없지만, 2온스와 4온스 사이 어딘가에 위치해야 한다.

이 범위를 벗어나서 가격이 결정될 경우 어떤 일이 발생하는지 생각해보자. 고기가격이 감자 2온스보다 낮게 결정될 경우, 광재와 주혜는 둘 다 고기를 매수하고자 한다. 왜냐하면 이 가격은 이들 두 사람 각각의 기회비용보다 더 낮기 때문이다. 이와 유사하게 고기가격이 감자 4온스보다 높게 결정될 경우, 광재와 주혜는 둘 다 고기를 매도하고자 한다. 왜냐하면 이 가격은 이들 두 사람 각각의 기회비용보다 더 높기 때문이다. 하지만 이들 두 사람이 모두 고기의 매수인이 될 수 없으며, 두 사람이 모두 고기의 매도인도 될 수 없다. 거래가 이루어지려면, 누군가는 매도인이 되고 누군가는 매수인이 되어야 한다. 따라서 이런 가격들에서는 거래가 성립될 수 없다.

2온스와 4온스 사이에서 가격이 결정될 때, 두 사람 모두에게 상호이익이 되는 거래가 이루어질 수 있다. 가격이 이 범위에 있을 때 주혜는 고기를 매도하고 감자를 매수하고자 하며, 광재는 감자를 매도하고 고기를 매수하고자 한다. 이들 두 사람은 어떤 물품에 대한 자신의 기회비용보다 낮게 결정된 가격에서 해당 물품을 매수하게 된다. 결국에 이들은 자신이 비교우위를 갖고 있는 물품에 특화하며, 결과적으로 둘 다 형편이 나아진다.

FYI 애덤 스미스와 데이비드 리카도의 유산

위대한 경제학자 애덤 스미스는 거래를 통한 이익에 관해 다음과 같이 주장을 펼친다.

> 가계를 운영해본 생각이 깊은 사람들은 다음과 같은 처세술을 갖는다. 구입하는 것보다 만드는 데 더 많은 비용이 드는 것을 집에서 만들려고 하지 마라. 재단사는 자신의 신발을 만들려 하지 않으며, 제화공으로부터 구입한다. 제화공은 자신의 의복을 만들려 하지 않으며, 재단사로부터 구입한다. 농부는 이것들 중 어느 것도 만들지 않고, 관련 장인들에게 의뢰한다. 이들 모두는 자신들의 이웃보다 우위를 갖는 분야에 집중하며, 그 생산물의 일부 또는 가격을 지불하고 기회가 되면 그 밖의 물품을 구입하는 것이 자신들에게 이익이 된다는 사실을 알고 있다.

BETTMANN/GETTY IMAGES

데이비드 리카도

이 인용문은 애덤 스미스가 1776년에 저술한 『국부론』에서 발췌했다. 이 책은 거래와 경제적 상호의존을 분석하는 데 이정표가 됐다.

애덤 스미스의 책은 백만장자 주식 중계인인 데이비드 리카도가 경제학자로 변신하는 데 영감을 주었다. 데이비드 리카도는 1817년에 자신이 저술한 『정치경제 및 조세의 원칙』에서 오늘날 우리가 비교우위라고 알고 있는 개념을 소개했다. 그는 두 개 물품(포도주와 의류), 두 개 국가(영국과 포르투갈)를 상정하는 예를 들었다. 거래를 하고 특화함으로써 두 국가는 모두 이익을 얻을 수 있다는 사실을 보여주었다.

리카도가 제시한 이론은 현대 국제경제학의 출발점이 되었다. 또한 자유무역을 옹호하는 그의 입장은 단순히 학문적인 것에 그치지 않았다. 그는 자신이 제시한 이론을 영국 국회의원으로 활동하면서 현실에 적용하여 그 당시에 곡물 수입을 제한하려는 곡물법에 반대했다.

거래를 통한 이익에 관해 스미스와 리카도가 내린 결론은 시간이 흐르는 오랜 기간 동안 잘 유지되어 왔다. 경제학자들은 정책문제에 관해 종종 의견이 불일치하지만 자유무역에 대해서는 거의 언제나 같은 입장을 취한다. 나아가 핵심적인 논리가 지난 2세기 동안 크게 변하지 않았다. 경제학 분야가 연구 범위를 넓히고 이론들을 다듬어 오기는 했지만, 무역제한에 대해 반대하는 경제학자들의 논리는 아직도 비교우위 원칙에 주로 기반을 둔다. ■

Quiz

3. 1시간 동안, 동현이는 자동차 2대를 세차하거나 잔디 1개를 깎을 수 있다. 반면에 수경이는 자동차 3대를 세차하거나 잔디 1개를 깎을 수 있다. 누가 자동차 세차에 대해 절대우위를 갖는가?
   a. 동현이가 자동차 세차에 절대우위를 갖는 반면에, 수경이는 잔디 깎기에 절대우위를 갖는다.
   b. 수경이가 자동차 세차에 절대우위를 갖는 반면에, 동현이는 잔디 깎기에 절대우위를 갖는다.
   c. 동현이가 자동차 세차에 절대우위를 갖는 반면에, 어느 누구도 잔디 깎기에 절대우위를 갖지 못한다.
   d. 수경이가 자동차 세차에 절대우위를 갖는 반면에, 어느 누구도 잔디 깎기에 절대우위를 갖지 못한다.

4. 동현이와 수경이 중 누가 자동차 세차에 대해 비교우위를 갖는가? 누가 잔디 깎기에 대해 비교우위를 갖는가?
   a. 동현이가 자동차 세차에 비교우위를 갖는 반면에, 수경이는 잔디 깎기에 비교우위를 갖는다.
   b. 수경이가 자동차 세차에 비교우위를 갖는 반면에, 동현이는 잔디 깎기에 비교우위를 갖는다.
   c. 동현이가 자동차 세차에 비교우위를 갖는 반면에, 어느 누구도 잔디 깎기에 비교우위를 갖지 못한다.
   d. 수경이가 자동차 세차에 비교우위를 갖는 반면에, 어느 누구도 잔디 깎기에 비교우위를 갖지 못한다.

5. 동현이와 수경이가 효율적으로 생산을 하고, 비교우위에 기반하여 상호이익이 되는 거래를 할 경우, ________________.
   a. 동현이는 잔디를 더 많이 깎게 되고, 수경이는 자동차 세차를 더 많이 하게 된다.
   b. 동현이는 자동차 세차를 더 많이 하게 되고, 수경이는 잔디를 더 많이 깎게 된다.
   c. 동현이와 수경이가 둘 다 자동차 세차를 더 많이 하게 된다.
   d. 동현이와 수경이가 둘 다 잔디를 더 많이 깎게 된다.

해답은 이 장의 끝부분에 있다.

3-3 비교우위의 적용

상호의존과 거래를 통한 이익을 비교우위 원리에 기반하여 설명했다. 상호의존은 널리 퍼져 있는 현상이기 때문에, 비교우위의 원리를 적용할 수 있는 예가 많이 있다. 여기서는 다소 가상적인 예와 실제로 매우 중요한 예를 살펴보도록 한다.

3-3a 나오미 오사카는 자기 집의 잔디를 직접 깎아야 하는가?

나오미 오사카는 훌륭한 운동선수이다. 당대에 최고의 테니스 선수 일인으로 꼽히는 그녀는 대부분의 사람보다 더 빨리 뛰고 더 강하게 테니스 공을 칠 수 있다. 아마 그녀는 테니스가 아닌 신체활동에도 재능이 있을 것이다. 예를 들어 그녀가 다른 누구보다 자기 집에 있는 잔디를 더 빠르게 깎을 수 있다고 가상해보자. 하지만 단지 그녀가 자기 집 잔디를 빠르게 깎을 수 있다는 이유만으로, 자신이 직접 잔디를 깎아야만 한다는 것인가? 그녀가 좋아하는 휴식의 하나로 잔디 깎기를 즐긴다면, 물론 그렇게 해야 한다. 그렇지 않다면, 기회비용과 비교우위 개념을 적용하여 더 나은 결과에 도달할 수 있다.

오사카가 자기 집 잔디를 2시간 안에 깎을 수 있다고 하자. 그 2시간 동안 그녀는 텔레비전 광고를 찍고 30,000달러를 벌 수 있다. 반면에 옆집에 사는 해리는 오사카네 집 잔디를 4시간 안에 깎을 수 있다. 그 4시간 동안 해리는 맥도날드에서 일하고 50달러를 벌 수 있다.

ADRIAN DENNIS/AFP/GETTY IMAGES

나오미 오사카는 잔디를 능숙하게 깎을 수 있겠지만, 그것이 그녀의 비교우위는 아니다.

오사카는 더 짧은 시간 안에 잔디를 깎을 수 있기 때문에 그 일에 절대우위를 갖고 있다. 하지만 잔디 깎는 데 수반되는 그녀의 기회비용은 30,000달러이고, 해리의 기회비용은 50달러에 불과하다. 해리는 잔디를 깎는 데 비교우위를 갖는다.

여기서 거래를 통한 이익은 엄청나게 크다. 오사카는 자신의 잔디를 깎지 말고 광고를 찍어야 하며, 해리를 고용해서 잔디를 깎게 해야 한다. 오사카가 해리에게 50달러보다 많이 그리고 30,000달러보다 적게 지불하는 한, 두 사람은 모두 형편이 나아질 수 있다.

3-3b 미국은 다른 나라들과 무역 거래를 해야 하는가?

수입품
해외에서 생산되어 국내에서 판매되는 물품

수출품
국내에서 생산되어 해외에서 판매되는 물품

개인이 특화와 서로 간의 거래를 통해 이익을 얻을 수 있는 것처럼, 국가도 그럴 수 있다. 미국인들이 소비하는 물품 중 많은 것이 해외에서 생산되고, 미국에서 생산되는 물품 중 많은 것이 해외에서 판매된다. 해외에서 생산되어 국내에서 판매되는 물품을 **수입품**(imports)이라고 한다. 반면에, 국내에서 생산되어 해외에서 판매되는 물품을 **수출**

품(exports)이라고 한다.

식량과 자동차를 생산하는 두 국가, 즉 미국과 일본에 초점을 맞추어보자. 이들 두 국가가 똑같이 자동차를 잘 생산한다고 가상하자. 즉, 미국 노동자 한 명과 일본 노동자 한 명은 각각 한 달에 자동차 한 대를 생산한다. 반면에, 미국은 토지가 더 비옥해서 식량 생산을 더 잘할 수 있다. 즉, 미국 노동자 한 명은 한 달에 식량 2톤을 생산할 수 있는 반면에, 일본 노동자 한 명은 한 달에 식량 1톤을 생산할 수 있을 뿐이다.

비교우위 원리에 따르면, 각 물품은 해당 물품을 생산하는 기회비용이 더 낮은 국가에서 생산되어야 한다. 자동차 1대에 대한 기회비용은 미국에서 식량 2톤이지만 일본에서는 식량 1톤에 불과하기 때문에, 일본이 자동차 생산에서 비교우위를 갖는다. 일본은 자국에서 사용하기 위해 필요한 것보다 더 많은 자동차를 생산해서 그중 일부를 미국에 수출해야 한다. 이와 유사하게 식량 1톤에 대한 기회비용은 일본에서 자동차 1대이지만 미국에서는 자동차 1/2대에 불과하기 때문에, 미국은 식량 생산에서 비교우위를 갖는다. 미국은 자국에서 소비하고자 하는 것보다 더 많은 식량을 생산해서 그중 일부를 일본에 수출해야 한다. 특화와 무역 거래를 통해, 이들 두 국가는 더 많은 식량과 더 많은 자동차를 향유할 수 있다.

물론, 국가들 사이의 무역 거래와 관련된 문제들은 이런 간단한 예가 시사하는 것보다 더 복잡하다. 가장 중요한 점은 각국에는 많은 사람들이 있고 무역은 이들에게 서로 다르게 영향을 미친다는 것이다. 미국이 식량을 수출하고 자동차를 수입할 경우, 미국 농부들에게 미치는 영향은 미국 자동차 산업 노동자들에게 미치는 영향과 같지 않다. 따라서 국제무역으로 인해 국가가 전체적으로 형편이 나아질 때조차도, 일부 국민은 형편이 나빠질 수 있다. 하지만 이런 예는 다음과 같은 중요한 교훈을 알려준다. 정치가와 비평가가 이따금 하는 주장과 상반되게, 국제무역은 승자와 패자가 있는 전쟁과 다르다. 무역 거래를 통해 모든 국가가 더 큰 번영을 이룰 수 있다.

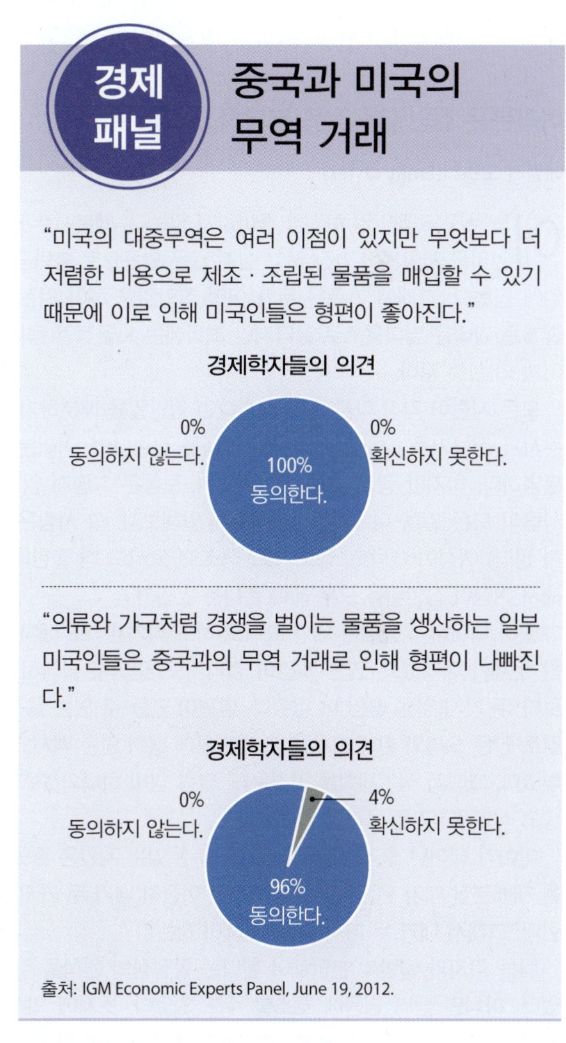

3-4 결론

상호의존적 경제에서 생활하는 데 따른 이익은 대단히 크다. 미국인들이 중국에서 만

시사 경제

결혼생활에서의 경제학

이 경제학자의 주장에 따르면, 여러분이 배우자보다 더 잘한다는 이유만으로 세척이 끝난 후 항상 식기세척기에서 그릇을 꺼내 이를 정리하지는 말아야 한다. 다시 말해, 배우자보다 식기세척을 더 잘한다고 해서 항상 그 일을 해야 하는 것은 아니다.

여러분은 집안일을 잘못 분담하고 있다

에밀리 오스터(Emily Oster)

어느 누구도 집안일 하기를 좋아하지 않는다. 행복지수 조사에서 집안일은 사람들이 가장 하고 싶지 않은 활동으로 출퇴근과 함께 하위에 꼽혔다. 그래서 가족은 누가 어떤 집안일을 해야 하는지 가릴 때 좋게는 가벼운 말다툼으로 끝나지만 최악에는 노골적인 몸싸움까지 벌이게 되는 것 같다.

모든 사람이 각각 다른 일을 잘한다면 집안일을 배분하기는 쉽다. 배우자가 장보기를 잘하고 여러분이 빨래를 잘한다면, 여러분이 할 일은 분명하다. 하지만 항상 그렇지는 않으며, 보통은 그렇지 않다. 종종 한 사람이 모든 일을 더 잘한다.(솔직하게 말해보자. 그 사람은 여성일 때가 많다) 여성이 세탁도, 장보기도, 청소도, 요리도 더 잘한다. 그렇다고 해서 여성이 집안일을 모두 해야 한다는 것인가?

딸이 태어나기 전에는 내가 요리도 하고 식기세척도 했다. 이런 일은 큰 문제가 아니었고, 많은 시간이 걸리지도 않았다. 솔직히, 내가 남편보다 두 가지 일을 훨씬 더 잘했다. 남편이 만들 수 있는 음식이라곤 달걀로 만든 요리와 칠레 고추를 고기와 콩에 넣어 만든 멕시코 요리가 전부였다. 그래서 식기세척을 맡겼는데, 달랑 냄비 하나와 포크 여덟 개만 넣고 식기세척기를 돌리기 일쑤였다.

아이가 태어난 후, 할 일은 늘었고 할 수 있는 시간은 줄었다. 집안일을 재배분할 때가 된 것 같았다. 하지만 여전히 내가 두 가지 일을 더 잘한다. 그래서 내가 두 가지 일을 다 해야 하는가?

나는 각자가 절반씩 분담해야 한다는 공정성의 원칙을 주장할 수 있었다. 아니면 남녀 평등에 호소할 수도 있었다. 조사에 의하면 여성은 집안일에서 불리한 입장에 있다고 한다. 시간에 기반한 데이터에 따르면, 여성은 남성보다 집안일을 약 44분 더 많이 한다.(여성이 집안일을 하는 시간은 2시간 11분이고, 남성은 1시간 27분이다) 남성이 여성보다 더 많이 하는 일은 잔디 깎기와 주택 외관 보수 작업뿐이다. 엄마와 아빠는 평등하며 둘이 같이하면 집안일도 즐겁다는 것을 어린이 오락 프로그램 방식으로 딸에게 보여주어서, 남편이 집안일을 더 많이 하도록 하여 이런 불균형을 해소할 수도 있었다. 아니면 남편이 알아차리고 스스로 해주기를 희망하면서, 크게 한숨 쉬며 식기세척기 안에 냄비를 던져 넣어 큰 소리가 나게 할 수도 있었다.

하지만 우리 부부에게 천만다행인 것은 내가 경제학자란 것이다. 나는 수동적으로 공격성을 표출하는 것보다 더 효과적인 방법을 알고 있다. 요리와 식기세척을 가장 잘하는 사람이 둘 다 할 경우, 한마디로 말해 **효율적**이지 못하므로 집안일을 분담해야 한다. 여기에 적용되는 경제 원칙은 한계비용체증의 법칙이다. 기본적으로 사람은 피곤해지면 효율이 떨어지게 된다. 학생들에게 이 원칙을 가르칠 때는 자신이 고용한 직원을 관리하는 관점에서 설명하곤 한다. 효율적이며 능력이 우수한 직원과 그렇지 못한 직원이 있다고 가상하자. 능력이 우수한 직원이 말 그대로 모든 일을 수행하도록 해야 하는가?

일반적으로 이 물음에 대한 대답은 '아니오'이다. 왜 그런가? 능력이 우수한 직원이 하루 17시간 일하고 나서 오전 2시에 발휘하는 효율보다, 능력이 부족한 직원이 밤새 숙면을 취하고 오전 9시에 발휘하는 효율이 더 높다고 보기 때문이다. 따라서 능력이 부족한 직원에게도 최소한 몇 가지 업무를 부여하게 된다. 동일한 원칙이 여러분의 집안일에도 적용된다. 맞는 말이다. 부부 중에 한 사람이 모든 일을 더 잘할지도 모른다. 하지만 새벽 4시에 세탁하는 사람은 흰 티셔츠와 빨간 수건을 세탁기에 함께 집어넣고 돌릴 가능성이 있다. 작업 분담은 좋은 생각이다. 분담의 양은 사람의 작업 효율이 얼마나 빨리 소실되느냐에 따라 조절해야 한다.

(경제학자의 궁극의 목표이자 여러분의 목표이기도 한) 가족의 효율을 '최적화'하기 위해, 각 사람이 맡은 마지막 일을 할 때 내는 효율을 균등히 하고자 한다. 배우자가 설거지를 하고, 잔디를 깎으며, 장볼 물품의 목록을 작성한다. 여러분은 요리, 세탁, 장보기, 청소, 청구서 대금

든 뒤축이 없는 통양말을 구입할 때, 메인주 거주자들이 플로리다주에서 생산된 오렌지로 만든 주스를 마실 때, 집주인들이 동네 아이를 고용하여 자기 집 잔디를 깎도록 할 때, 이와 동일한 경제 원리가 작동한다. 비교우위 원리에 따르면 무역 거래를 통해

납부를 처리한다. 이런 분담이 한쪽으로 치우친 것처럼 보일 수도 있으나, 잘 들여다보면 그렇지도 않다. 배우자는 장볼 목록을 완료할 때쯤 피곤해서 졸기도 한다. 여러분에게 얼마나 많은 우유가 필요한지 알아보는 것까지가 배우자가 할 수 있는 전부일지 모른다. 실제로 이때 배우자가 내는 효율은 여러분이 청구서 대금 납부라는 마지막 일을 할 때 내는 효율 수준일 수도 있다.

공평하게 네 개씩 분담하기 위해 배우자에게 여러분의 넷째 작업인 청소도 맡긴다면, 집안이 엉망이 될 것이다. 여러분은 아직 괜찮지만 배우자는 이미 셋째 작업으로 효율성이 고갈되었기 때문이다. 이런 방식에서는 결국 한 사람이 집안일을 더 많이 할 수 있지만 한 사람이 모든 일을 할 가능성은 매우 낮다.

여러분이 집안일을 이런 식으로 분담하기로 정했다면, 누가 무슨 일을 할지 어떻게 결정해야 하는가? 한 방법은 집안일은 무작위적으로 배분하는 것이다. 또 다른 방법은 각 구성원이 모든 집안일을 조금씩 맡는 것이다. 내가 알고 있는 어떤 결혼생활 조언 웹사이트는 각자가 가장 좋아하는 일로 집안일을 분담하라고 제안한다. 이런 방법들 중 전적으로 옳은 방법은 없다.(마지막 방법의 경우, 누가 화장실 청소를 맡으려 하겠는가?)

누가 무슨 일을 할지 결정하려면, 경제학 이론을 좀 더 살펴보아야 하는데 특히 비교우위 원리를 참고할 필요가 있다. 경제학자들은 보통 무역 거래의 틀로 이 원리를 논한다. 가령 핀란드가 순록모자와 눈신발을 스웨덴보다 더 잘 만든다고 가상하자. 하지만 핀란드는 순록모자를 훨씬 더 잘 만들고 눈신발은 약간 더 잘 만들 뿐이다. 핀란드가 순록모자를 만들고 스웨덴이 눈신발을 만들 경우, 세계 총생산이 극대화된다.

핀란드는 두 물품 모두에 **절대우위**를 갖지만, **비교우위**는 순록모자에 대해서만 갖는다고 본다. 이 원리가 경제학자들이 자유 무역을 옹호하는 이유의 하나인데, 관련 내용은 다른 칼럼에서 (아마도 다른 저자가) 다룰 문제이다. 어쨌든 이 원리는 부부간에 집안일을 어떻게 분담할지 결정하는 지침이 된다. 여러분은 부부에게 각자 비교우위를 갖는 집안일을 배분하고자 한다. 여러분이 모든 일에 절대우위를 갖는다는 사실은 중요하지 않다. 여러분이 세탁을 훨씬 잘하고 화장실 청소를 약간 더 잘할 뿐이라면, 여러분은 세탁을 맡고 배우자는 수세미로 하는 화장실 청소를 맡아야 한다. 이것이 효율적이라고 설명하면 된다.

우리 집은 분담하기가 쉬웠다. 나는 요리를 훨씬 더 잘한다. 단, 당연히 남편의 영역이라고 인정한, 고기 굽는 데 필요한 그릴 다루는 일은

에밀리 오스터

제외이다. 그리고 식기세척은 조금 더 잘할 뿐이었다. 그래서 남편이 식기세척기에 그릇을 넣는 방식은 주의 깊게 살펴보아야 하지만, 식사 후에 식기를 세척하는 일은 남편이 하기로 했다. 좋은 소식도 있다. 전혀 예상하지 못했던 또 다른 경제 원리, 즉 실행하면서 얻는 **학습효과**가 작동했다. 사람은 일에 익숙해지면, 그 일을 더 효율적으로 수행하게 된다. 집안일을 분담하고 18개월이 지나자, 식기세척기는 거의 예술작품이 되어 있었다. 접시가 가지런히 정리되고, 세척기 안에 식기류가 제대로 분류되어 모든 것이 주의 깊게 배열되었다. 어느새 나는 식기세척기 접근이 금지될 정도였다. 나로 인해 남편이 정리해놓은 배열이 망가질 우려가 있었기 때문이다. ■

논의 사항

1. 여러분의 가정에서는 비교우위에 따라 가족 구성원들 간에 집안일이 분담되었는가? 만일 그렇지 않다면, 집안일 분담을 어떻게 개선할 수 있는가?
2. 경제학자와 결혼할 경우 가족의 화합을 촉진한다고 생각하는가, 아니면 그 반대라고 생각하는가?

에밀리 오스터는 브라운대학교 경제학 교수이다.

출처: *Slate*, November 21, 2012.

모든 사람의 형편이 나아질 수 있다.

상호의존하는 것이 바람직한 이유를 살펴보고 나면, 그것이 어떻게 가능할 수 있을지에 의문을 가질 수 있다. 자유로운 사회에서 경제에 관여하는 모든 사람의 다양한 활

동을 어떻게 조화시킬 수 있을까? 재화 및 용역이 이를 생산하는 사람들에게서 소비하는 사람들에게로 전달되도록 보장하는 것은 무엇인가? 예를 들어 주혜와 광재처럼 두 사람만 있는 경제에서 이들 물음에 대한 답은 간단하다. 즉, 이들은 타협하여 자원을 직접 배분할 수 있다. 수십억 명이 있는 실제 세계에서는 이 작업이 훨씬 더 복잡하다. 다음 장에서 살펴볼 것처럼, 대부분의 경제는 시장에서 작동하는 공급과 수요를 활용하여 자원을 배분한다.

Quiz

6. 일국은 일반적으로 ______________ 물품을 수입한다.
   a. 자국이 절대우위를 갖는
   b. 자국이 비교우위를 갖는
   c. 상대국이 절대우위를 갖는
   d. 상대국이 비교우위를 갖는

7. 다음과 같다고 가상하자. 미국에서는 비행기 한 대 제작에 노동 10,000시간이 필요하며, 와이셔츠 한 장 생산에 노동 2시간이 필요하다. 중국에서는 비행기 한 대 제작에 노동 40,000시간이 필요하며, 와이셔츠 한 장 생산에 노동 4시간이 필요하다. 이들 국가는 어떤 물품을 무역으로 거래하게 될 것인가?
   a. 중국은 비행기를 수출하고, 미국은 와이셔츠를 수출할 것이다.
   b. 중국은 와이셔츠를 수출하고, 미국은 비행기를 수출할 것이다.
   c. 두 국가가 모두 와이셔츠를 수출한다.
   d. 이 상황에서 무역 거래를 통한 이익은 발생하지 않는다.

8. 현경이는 저녁식사를 요리하는 데 30분이 걸리며, 빨래를 하는 데는 20분이 걸린다. 그녀와 같이 생활하는 룸메이트는 이런 각 작업을 수행하는 데 두 배의 시간이 걸린다. 이들은 이런 작업들을 어떻게 배분해야 하는가?
   a. 현경이는 자신의 비교우위에 기반하여 저녁식사를 더 많이 요리해야 한다.
   b. 현경이는 자신의 비교우위에 기반하여 빨래를 더 많이 해야 한다.
   c. 현경이는 자신의 절대우위에 기반하여 빨래를 더 많이 해야 한다.
   d. 이 상황에서 무역 거래를 통한 이익은 발생하지 않는다.

해답은 이 장의 끝부분에 있다.

요약

- 사람들은 국내와 세계 각국에서 많은 사람들이 생산한 재화 및 용역을 소비한다. 상호의존 및 거래로 인해 모든 사람들이 더 많고 더 다양한 재화 및 용역을 향유할 수 있으므로, 이들 두 가지는 바람직하다.
- 어떤 물품을 생산하는 두 사람의 능력을 비교해 볼 수 있는 두 가지 방법이 있다. 더 적은 양의 생산요소로 해당 물품을 생산할 수 있는 사람은 해당 물품을 생산하는 데 **절대우위**를 갖고 있다고 본다. 해당 물품을 생산하는 데 더 낮은 기회비용을 갖는 사람은 **비교우위**를 갖고 있다고 본다. 거래를 통해 얻은 이익은 절대우위에 기반하지 않고 비교우위에 기반한다.
- 거래가 가능하면 모든 사람들이 비교우위를 갖는 분야에 특화할 수 있기 때문에, 이들 모두의 형편이 나아진다.
- 비교우위 원리는 개인들뿐만 아니라 국가 들에도 적용된다. 경제학자들은 비교우위의 원리를 사용하여 국가 간의 자유무역을 옹호한다.

주요 개념

복습용 질문

1. 어떤 조건하에서 생산가능곡선은 바깥쪽으로 볼록하지 않고 직선이 되는가?
2. 절대우위와 비교우위가 어떻게 다른지 설명하시오.
3. 한 사람은 어떤 일을 하는 데 절대우위를 갖지만, 다른 사람은 그 일에 비교우위를 갖는 예를 들어보시오.
4. 거래를 하는 데 절대우위가 더 중요한가? 아니면 비교우위가 더 중요한가? 3번 문제에서 대답으로 제시한 예를 사용하여 여러분의 추론을 설명하시오.
5. 두 당사자가 비교우위에 기반하여 거래를 하고 둘 모두가 이익을 얻는 경우, 거래의 묵시적 가격은 어떤 범위에 위치해야 하는가?
6. 경제학자들이 국가 간의 무역 거래를 제한하는 정책에 반대하는 이유는 무엇인가?

문제와 응용

1. 지영이는 1시간에 경제학 교과서를 20페이지 읽을 수 있다. 또한 1시간에 사회학 교과서를 50페이지 읽을 수 있다. 그녀는 교과서를 읽으며 공부하는 데 하루에 5시간을 사용한다.
   a. 경제학 교과서와 사회학 교과서를 읽는 것에 대한 지영이의 생산가능곡선을 그리시오.
   b. 사회학 교과서 100페이지를 읽는 데 따른 지영이의 기회비용은 무엇인가?
2. 미국과 일본의 노동자들은 각각 연간 자동차 4대를 생산할 수 있다. 미국 노동자 한 명은 연간 곡물 10톤을 생산할 수 있는 반면에, 일본 노동자 한 명은 연간 곡물 5톤을 생산할 수 있다. 상황을 단순하게 만들기 위해 이들 각국에는 1억 명의 노동자가 있다고 가정하자.
   a. 이런 상황에 대해, 그림 1에 있는 표와 유사한 표를 작성하시오.
   b. 미국 경제와 일본 경제에 대한 생산가능곡선을 그리시오.
   c. 미국의 경우, 자동차의 기회비용은 무엇인가? 곡물의 기회비용은 무엇인가? 일본의 경우, 자동차의 기회비용은 무엇인가? 곡물의 기회비용은 무엇인가? 위의 정보들을 활용하여, 표 1과 유사한 표를 작성하시오.
   d. 어느 국가가 자동차 생산에 절대우위를 갖는가? 또한 어느 국가가 곡물 생산에 절대우위를 갖는가?
   e. 어느 국가가 자동차 생산에 비교우위를 갖는가? 또한 어느 국가가 곡물 생산에 비교우위를 갖는가?
   f. 무역 거래가 이루어지지 않는 경우, 각국 노동자들의 절반은 자동차를 생산하고 나머지 절반은 곡물을 생산한다. 각국의 자동차 및 곡물 생산량은 얼마인가?
   g. 무역 거래가 이루어지지 않는 상황을 출발점으로 하여, 무역을 통해 이들 각국의 형편이 나아지는 예를 들어보시오.
3. 승준이와 동현이는 룸메이트이다. 이들은 대부분의 시간을 (물론) 공부하는 데 사용하지만, 일부 시간은 피자 만들기와 (무알코올 탄산음료인) 루트비어 양조하기 같이 자신이 좋아하는 활동을 하는 데 사용한다. 승준이는 루트비어 1갤런을 양조하는 데 4시간이 필요하고 피자를 만드는 데 2시간이 필요하다. 동현이는 루트비어 1갤런을 만드는 데 6시간이 필요하고 피자를 만드는 데 4시간

이 필요하다.

a. 피자를 만드는 데 따른 이들 각각의 기회비용은 무엇인가? 누가 피자 만드는 데 절대우위를 갖는가? 누가 피자 만드는 데 비교우위를 갖는가?

b. 승준이와 동현이가 각자 만든 음식료를 서로 거래한다고 하면, 누가 루트비어를 대가로 하여 피자를 거래하게 되는가?

c. 피자가격을 루트비어 갤런의 측면에서 나타낼 수 있다. 룸메이트 두 명 모두의 형편이 나아지면서 피자가 거래될 수 있는 최고가격은 무엇인가? 최저가격은 무엇인가? 설명하시오.

4. 캐나다에 사는 1,000만 명의 노동자가 있고, 이들 노동자 각각은 일 년에 자동차 2대 또는 밀 30부셸을 생산할 수 있다고 가상하자.

a. 캐나다에서 자동차 1대를 생산하는 데 따른 기회비용은 무엇인가? 이들 두 물품의 기회비용 간에 존재하는 관계를 설명하시오.

b. 캐나다의 생산가능곡선을 그리시오. 캐나다가 자동차 1,000만 대를 소비하기로 선택한 경우, 무역 거래가 이루어지지 않는다면 밀을 얼마나 소비할 수 있는가?

c. 이제는 자동차 한 대당 밀 20부셸을 대가로 캐나다로부터 자동차 1,000만 대를 매수하겠다고 미국이 제안했다고 가상하자. 캐나다가 계속해서 자동차 1,000만 대를 소비할 경우, 이 거래로 인해 캐나다는 밀을 얼마나 소비할 수 있는가? 도해상에 이 점을 나타내시오. 캐나다는 이 거래를 수락해야 하는가?

5. 잉글랜드와 스코틀랜드는 둘 다 (작은 빵의 일종인) 스콘과 스웨터를 생산한다. 잉글랜드의 노동자는 시간당 스콘 50개를 생산하거나 시간당 스웨터 1개를 생산한다. 스코틀랜드의 노동자는 시간당 스콘 40개를 생산하거나 시간당 스웨터 2개를 생산할 수 있다고 가상하자.

a. 어느 국가가 이들 각 물품을 생산하는 데 절대우위를 갖는가? 어느 국가가 비교우위를 갖는가?

b. 잉글랜드와 스코틀랜드가 무역 거래를 하기로 결정한 경우, 스코틀랜드는 어느 물품을 잉글랜드로 수출하게 되는가? 설명하시오.

c. 스코틀랜드 노동자가 시간당 스웨터 1개만 생산할 수 있다면, 스코틀랜드는 아직도 무역 거래를 통해 이익을 얻을 수 있는가? 잉글랜드는 아직도 무역 거래를 통해 이익을 얻을 수 있는가? 설명하시오.

6. 다음 표는 베이스볼비아란 국가에 있는 두 도시의 생산능력을 보여준다.

	시간당, 노동자 1인당 생산가능한 빨간 양말	시간당, 노동자 1인당 생산가능한 하얀 양말
보스턴	3켤레	3켤레
시카고	2켤레	1켤레

a. 무역 거래가 이루어지지 않는 경우, 보스턴에서(빨간 양말 측면에서 본) 하얀 양말의 가격은 무엇인가? 시카고에서의 가격은 무엇인가?

b. 어느 도시가 각 색깔의 양말을 생산하는 데 절대우위를 갖는가? 어느 도시가 각 색깔의 양말을 생산하는 데 비교우위를 갖는가?

c. 두 도시가 서로 거래를 하는 경우, 각 도시는 어느 색깔의 양말을 수출하는가?

d. 상호간에 이익이 되는 거래가 발생할 수 있도록 하는 가격의 범위는 무엇인가?

7. 독일 노동자는 자동차 한 대를 생산하는 데 400시간이 필요하며, 포도주 한 상자를 생산하는 데 2시간이 필요하다. 프랑스 노동자는 자동차 한 대를 생산하는 데 600시간이 필요하며, 포도주 한 상자를 생산하는 데 X시간이 필요하다.

a. 어떤 X값에서 거래를 통한 이익이 발생할 수 있는가? 설명하시오.

b. 어떤 X값에서 독일은 자동차를 수출하고 포도주를 수입하게 되는가? 설명하시오.

8. 1년 동안 미국 노동자는 와이셔츠 100장을 생산하거나 컴퓨터 20대를 생산하며, 중국 노동자는 와이셔츠 100장을 생산하거나 컴퓨터 10대를 생산한다고 가상하자.

a. 각국에 대한 생산가능곡선을 그리시오. 무역 거래가 발생하지 않는다면 각국의 노동자는 각 물품을 생산하는 데 자신의 시간 절반을 사용한다. 여러분이 그린 생산가능곡선상에 해당하는 점을 표시하시오.

b. 이들 국가가 무역 거래를 하게 될 경우, 어느 국가가

와이셔츠를 수출하게 되는가? 구체적인 개수를 예로 들고 여러분이 그린 생산가능곡선상에 이를 나타내시오. 어느 국가가 무역을 통해 이익을 보게 되는가? 설명하시오.

c. (와이셔츠 측면에서 본) 어떤 컴퓨터 가격에서 두 국가가 무역 거래를 할 수 있는지 설명하시오.

d. 중국이 미국의 생산성을 따라잡아서 1년 동안 중국 노동자가 와이셔츠 100장 또는 컴퓨터 20대를 생산할 수 있다고 가상하자. 여러분은 이제 어떤 무역 형태를 예상할 수 있는가? 중국 생산성이 이렇게 향상될 경우, 이들 두 국가 국민들의 경제적 후생에는 어떤 영향을 미치는가?

9. 다음 진술은 옳은가 아니면 틀리는가? 각 경우에 대한 여러분의 대답을 설명하시오.

a. "두 국가 중 한 국가가 모든 물품을 생산하는 데 절대우위를 갖더라도, 두 국가는 모두 무역을 통한 이익을 얻을 수 있다."

b. "재능 있는 사람들은 자신들이 하는 모든 일에서 비교우위를 갖는다."

c. "어떤 거래가 한 사람에게 좋다면 그 거래는 다른 사람에게 좋지 않을 수 있다."

d. "어떤 거래가 한 사람에게 좋다면 그 거래는 다른 사람에게 언제나 좋다."

e. "무역 거래가 일국에 좋다면 그 거래는 해당 국가의 모든 사람에게 좋아야만 한다."

Quiz 해답

1. b 2. c 3. d 4. b 5. a 6. d 7. b 8. d

Part 2 시장의 작동

Chapter

4

시장에서 작동하는 공급과 수요

한파가 플로리다주를 강타하면, 오렌지 주스의 가격이 미국 전역에 있는 슈퍼마켓에서 상승한다. 미국 뉴잉글랜드 지역의 날씨가 매년 여름에 따뜻해지면, 카리브해에 있는 호텔의 객실 요금이 폭락한다. 중동에서 전쟁이 발발하면, 미국의 휘발유 가격이 상승하고 중고 SUV의 가격이 하락한다. 이런 현상들은 어떤 공통점이 있는가? 이것들은 모두 공급과 수요가 작동하고 있다는 사실을 보여준다.

공급과 **수요**는 경제학자들이 가장 자주 사용하는 두 단어이다. 이것들은 시장경제를 작동시키는 힘이며, 생산된 각 물품의 수량과 판매되는 가격을 결정한다. 사건과 정책이 경제에 어떤 영향을 미치는지 알아보고자 할 경우, 공급과 수요를 살펴보아야 한다.

이 장에서는 공급과 수요에 관한 이론을 소개할 것이다. 이를 위해 매수인과 매도인은 어떻게 행동하고 상호작용하는지, 공급과 수요는 가격을 어떻게 결정하는지, 가격은 희소한 자원을 어떻게 배분하는지 등에 대해 살펴볼 것이다.

SHIFT DRIVE/SHUTTERSTOCK.COM, ERDARK/E+/GETTY IMAGES

4-1 시장 및 경쟁

공급과 **수요**란 용어는 사람들이 경쟁시장에서 상호작용할 때 보이는 그들의 행태를 가리킨다. 먼저 **시장**과 **경쟁**이란 용어의 의미에 대해 논의할 것이다.

4-1a 시장이란 무엇인가?

시장
재화 또는 용역의 매수인과 매도인으로 구성된 집합체

시장(market)은 재화 또는 용역의 매수인과 매도인으로 구성된다. 매수인이 해당 물품의 수요를 결정하며, 매도인이 공급을 결정한다.

시장에는 많은 유형이 있으며 일부 시장은 고도로 조직화되어 있다. 밀과 옥수수 시장에서 매수인과 매도인은 특정한 시간과 장소에서 만나며, 이들은 다양한 가격에서 매수하고 매도하고자 하는 농산물의 수량을 알고 있다. 경매인은 판매를 주선하며 (가장 중요한 업무인) 매수와 매도가 일치하는 가격을 찾아내서 이런 과정이 질서 있게 진행되도록 한다.

자주 접하는 시장은 이보다 덜 조직화되어 있다. 예를 들면 특정 지역에 있는 아이스크림 시장을 생각해보자. 아이스크림 매수인은 일정한 시간이나 장소에 모두 모이지 않는다. 매도인은 몇몇 장소에 위치해 있으며, 토핑과 맛이 살짝 다른 아이스크림을 판매한다. 경매인이 (시럽, 과일 등을 얹은) 아이스크림의 가격을 외치지도 않는다. 각 매도인은 아이스크림 콘의 가격을 제시하고, 각 매수인은 각 점포에서 구매할 수량을 결정한다. 그럼에도 불구하고 아이스크림 소비자와 생산자는 밀접하게 연계되어 있다. 매수인은 욕구를 충족시키기 위해 다양한 매도인 중에서 선택하며, 매도인은 사업을 번창시키기 위해 바로 그 매수인을 유치하려고 노력한다. 이들 매수인과 매도인이 조직화되어 있는 것처럼 보이지는 않지만, 아이스크림 매수인과 매도인은 시장을 형성하고 있다.

4-1b 경쟁이란 무엇인가?

경제 내에 있는 많은 시장처럼 아이스크림 시장도 경쟁이 치열하다. 매수인은 자신이 선택할 수 있는 매도인이 여러 명 있다는 것을 알고 있으며, 매도인도 자신이 판매하는 각 제품이 다른 매도인이 판매하는 제품과 유사하다는 것을 알고 있다. 따라서 아이스크림 가격과 판매량은 단일 매수인이나 단일 매도인에 의해 결정되는 것이 아니라, 시장에서 상호작용하는 모든 매수인과 매도인에 의해 결정된다.

경쟁시장
매수인과 매도인이 매우 많아서 각각의 단일 매수인과 단일 매도인은 시장가격에 무시할 정도의 영향만 미치는 시장

매수인과 매도인이 매우 많아서 이들 각각이 시장가격에 거의 영향을 미치지 못하는 시장을 설명하기 위해, 경제학자들은 경쟁시장(competitive market)이란 용어를 사용한다. 다른 많은 매도인이 유사한 제품을 판매하기 때문에 각 매도인은 가격에 대한 통제

력이 제한된다. 매도인이 현재의 시장가격보다 더 낮은 가격으로 판매할 이유가 거의 없으며, 더 높은 가격으로 판매하려는 경우 매수인은 다른 가게로 갈 것이다. 이와 유사하게, 각 매수인이 소량만을 구입하기 때문에 단일 매수인은 가격에 영향을 미칠 수 없다.

이 장에서는 상황을 단순하게 만들기 위해 시장이 **완전하게 경쟁적**이라고 가정한다. 이런 이상적인 형태의 경쟁 상태에서 시장은 다음과 같은 두 가지 특성을 갖는다. (1) 판매하려는 물품은 정확하게 동일하다. (2) 많은 수의 매수인과 매도인이 있어서, 단일 매수인이나 단일 매도인이 시장가격에 어떠한 영향도 미치지 못한다. 완전경쟁시장에서는 매수인과 매도인이 시장이 결정한 가격을 받아들여야만 하기 때문에, 이들을 **가격 순응자**라고 한다. 시장가격에서 매수인은 원하는 모든 것을 구입할 수 있으며, 매도인은 원하는 모든 것을 판매할 수 있다.

완전경쟁이란 가정이 완벽하게 적용될 수 있는 시장이 있다. 예를 들면 밀시장에는 밀을 판매하는 수천 명의 농부와 밀과 밀제품을 이용하는 수백만 명의 소비자가 있다. 단일 매수인이나 단일 매도인은 밀가격에 영향을 미칠 수 없기 때문에, 이들은 시장가격을 주어진 것으로 본다.

모든 재화 및 용역이 완전경쟁시장에서 판매되는 것은 아니다. 예를 들면 일부 시장에는 단 하나의 매도인이 있고, 이 매도인이 가격을 정한다. 이런 시장에 있는 매도인을 **독점기업**이라고 한다. 예를 들어 지역 거주민들이 케이블 서비스를 구입할 수 있는 기업이 한 개 있는 경우, 해당 지역 케이블 텔레비전 회사는 독점기업이 된다. 하지만 많은 기업들은 극단적인 완전경쟁과 독점 사이에 위치한다.

그러나 완전경쟁시장은 유용한 출발점이 될 수 있다. 완전경쟁시장에 참여한 모든 사람들이 가격을 시장상황에 의해 주어진 것으로 보기 때문에, 이 시장은 분석하기가 가장 쉬운 형태이다. 나아가 대부분의 시장에는 어느 정도의 경쟁이 존재하기 때문에, 완전경쟁하에서의 공급과 수요를 학습하여 얻게 되는 많은 교훈은 보다 복잡한 시장에도 역시 적용된다.

Quiz

1. 다음 중 시장을 가장 잘 정의한 것은 무엇인가?
   a. 시장은 다양한 재화 및 용역을 판매하는 상점이다.
   b. 시장은 매수인들이 만나고 경매인이 가격을 소리 내어 외치는 장소이다.
   c. 시장은 재화 또는 용역의 매수인들과 매도인들의 집합체이다.
   d. 시장은 어떤 물품의 단일 공급자가 해당 물품을 판매하는 장소이다.

2. 완전경쟁시장에서 ________________.
   a. 각 매도인은 경쟁자들보다 더 나은 물품을 판매함으로써 자신을 차별화하고자 한다.
   b. 각 매도인은 자신의 물품가격을 시장상황에 의해 결정된 것으로 본다.
   c. 각 매도인은 경쟁자들이 책정한 가격보다 더 싼 값으로 판매하려 한다.
   d. 한 명의 매도인이 경쟁자들과 경쟁하여 이김으로써, 다른 매도인들은 더 이상 존재하지 않게 된다.

3. 다음 중 어느 물품의 시장이 완전경쟁시장에 관한 정의에 가장 잘 부합하는가?
   a. 달걀
   b. 수돗물
   c. 영화
   d. 컴퓨터 운영체계

해답은 이 장의 끝부분에 있다.

4-2 수요

매수인, 특히 아이스크림을 좋아하는 사람들(아이스크림을 좋아하지 않는 사람도 있는지 모르겠지만)의 행태를 살펴봄으로써 시장에 관해 알아보도록 하자.

4-2a 수요곡선: 가격과 수요량의 관계

수요량
매수인들이 구입하겠다는 의사를 갖고 있으며 실제로 구입할 수 있는 능력을 갖춘 수량

수요법칙
다른 사정이 동일하다면, 어떤 물품의 가격이 상승할 경우 해당 물품의 수요량은 감소한다는 주장

수요 스케줄
어떤 물품의 가격과 수요량 사이의 관계를 보여주는 표

수요곡선
어떤 물품의 가격과 수요량 사이의 관계를 나타낸 그래프

어떤 물품의 수요량(quantity demanded)은 매수인이 구입하겠다는 의사를 갖고 있으며 실제로 구입할 수 있는 능력을 갖춘 수량을 말한다. 어떤 물품의 수요량은 많은 요인에 의해 결정되지만, 그중 결정적인 요인은 물품의 가격이다. 아이스크림 가격이 아이스크림 주걱당 20달러로 상승할 경우, 대부분의 사람은 더 적은 양을 구입하게 된다. 그 대신 냉동 요구르트를 구입할지 모른다. 아이스크림 가격이 주걱당 0.50달러로 하락할 경우, 사람들은 더 많은 양을 구입하게 될 것이다. 가격과 수요량 사이의 이런 관계는 대부분의 물품에 적용된다. 사실 이런 관계가 보편적이므로, 경제학자들은 이를 수요법칙(law of demand)이라고 한다. 가격 이외에 다른 사정이 동일하다면, 수요량은 어떤 물품의 가격이 상승할 경우 감소하며 하락할 경우 증가한다.

그림 1의 표는 태희가 상이한 가격에서 매달 얼마나 많은 아이스크림 콘을 구입하는지 보여준다. 아이스크림 콘이 무료인 경우 태희는 매달 12개의 콘을 구입한다. 콘이 개당 1달러인 경우 매달 10개를 구입한다. 콘가격이 점점 더 상승함에 따라 태희는 점점 더 적은 수의 콘을 구입하게 된다. 콘가격이 6달러가 되면 태희는 아이스크림 콘을 전혀 구입하지 않는다. 이런 표를 수요 스케줄(demand schedule)이라고 한다. 이 표는 소비자가 구입하고자 하는 어떤 물품의 수량에 영향을 미치는 가격 이외의 모든 것이 일정하다고 보고, 해당 물품의 가격과 수요량 사이의 관계를 보여준다.

그림 1의 그래프는 표에 있는 숫자들을 활용하여 수요법칙을 설명하고 있다. 관례에 따라, 아이스크림 가격은 수직축에 표시했으며 수요량은 수평축에 표시했다. 가격과 수요량 사이의 관계를 선으로 나타낸 것이 수요곡선(demand curve)이다. 다른 사정이 동일하다면, 가격이 낮아질 경우 수요량이 증가하기 때문에 수요곡선의 기울기는 하향한다.

그림 1

태희의 수요 스케줄과 수요곡선

수요 스케줄은 각 가격에서 수요되는 수량을 보여주는 표이다. 수요곡선은 이런 스케줄을 그래프로 나타낸 것이며, 가격 변화에 따라 수요량이 어떻게 변화하는지 알려준다. 가격이 하락할 경우 수요량이 증가하기 때문에, 수요곡선의 기울기는 하향하게 된다.

아이스크림 콘의 가격	아이스크림 콘의 수요량
0달러	12개
1	10
2	8
3	6
4	4
5	2
6	0

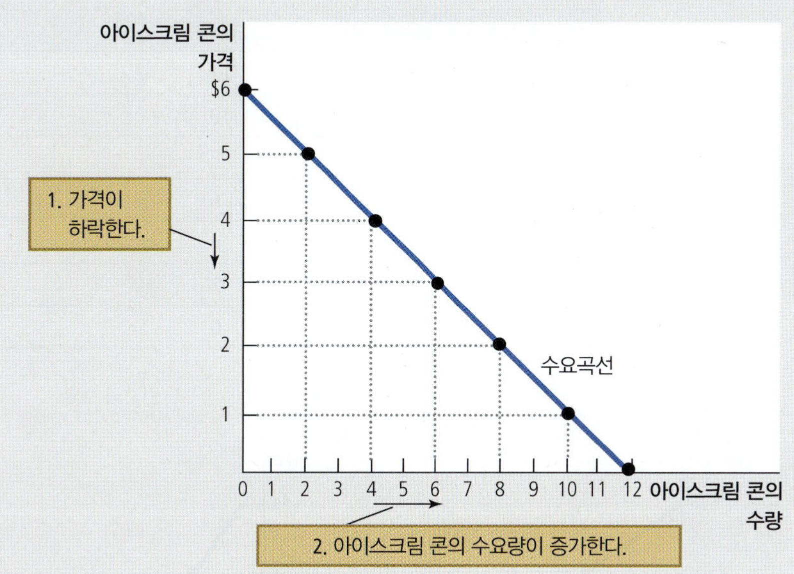

4-2b 시장 수요 대 개별 수요

그림 1의 수요곡선은 어떤 생산물에 대한 개별 수요를 보여준다. 하지만 시장이 어떻게 작동하는지 분석하기 위해서는 **시장 수요**에 대해 아는 것이 중요하며, 이 수요는 특정 재화 또는 용역에 대한 모든 개별 수요를 합하여 구할 수 있다.

그림 2의 표는 두 사람, 즉 태희와 민수의 아이스크림에 대한 수요 스케줄을 보여주고 있다. 태희의 수요 스케줄은 각 가격수준에서 그녀가 얼마나 많은 아이스크림 콘을 구입하는지 보여주며, 민수의 수요 스케줄도 이와 동일한 정보를 알려준다. 각 가격수준에서의 시장 수요는 이들 개별 수요를 합한 것이다.

그림 2의 그래프는 이들 수요 스케줄에 대한 수요곡선을 보여준다. 시장 수요곡선을 구하려면, 개별 수요곡선을 **수평으로** 합산하면 된다. 즉 각 가격에서 총수요량을 구하려면, 개별 수요곡선의 수평축상에 있는 개별 수요량을 합산하면 된다. 시장 수요곡선은 시장이 어떻게 작동하는지 분석하는 데 중요하다. 즉 시장 수요곡선은 가격 이외에 소비자 구매에 영향을 미치는 다른 요인들이 일정하다고 보고, 어떤 물품의 가격이 변화함에 따라 해당 물품의 총수요량이 어떻게 변하는지 보여준다.

그림 2

개별 수요의 합인 시장 수요

시장 수요량은 각 가격에서 모든 매수인들이 수요하는 양을 합산한 총량이다. 따라서 시장 수요곡선은 개별 수요곡선을 수평으로 합산하여 구할 수 있다. 가격 4달러에서 태희는 4개, 민수는 3개의 아이스크림을 수요한다. 그러므로 이 가격에서 시장의 수요량은 7개의 아이스크림 콘이다.

아이스크림 콘의 가격	태희		민수		시장
0달러	12	+	7	=	19개
1	10		6		16
2	8		5		13
3	6		4		10
4	4		3		7
5	2		2		4
6	0		1		1

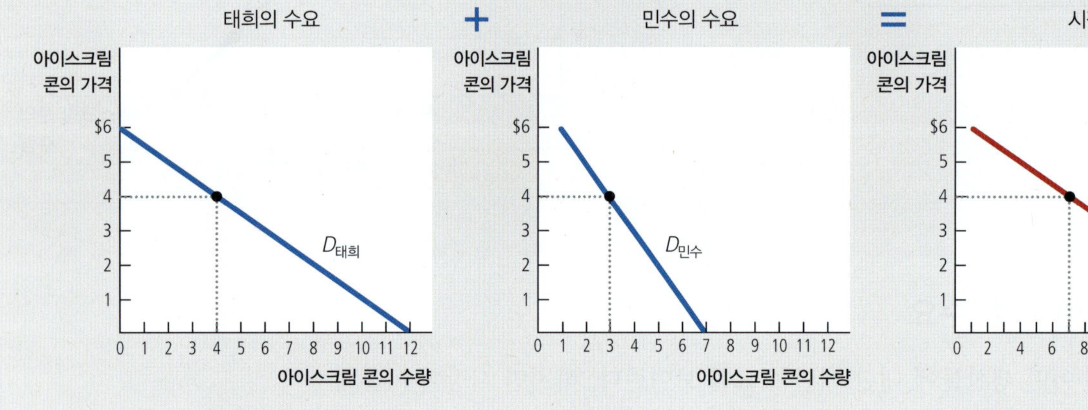

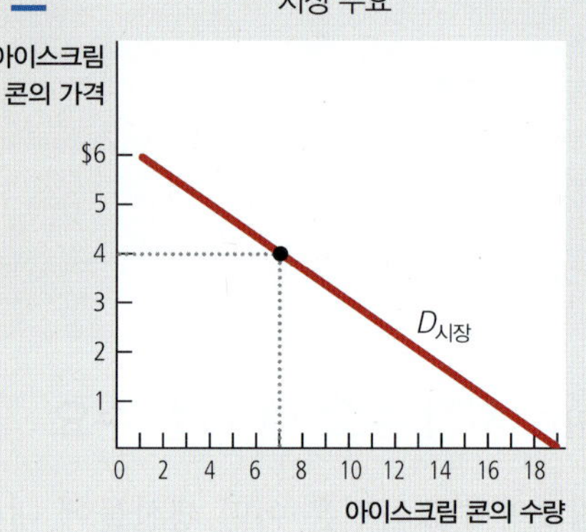

4-2c 수요곡선 자체의 이동

시장 수요곡선은 다른 것들이 변화하지 않고 일정하게 유지된다고 전제하기 때문에, 시간이 흐름에 따라 이런 것들이 변화할 경우 위치를 이동하게 된다. 즉 어떤 일이 발생하여 특정하게 주어진 각 가격수준에서 수요량이 변화한다면, 수요곡선 자체가 이동하게 된다.

예를 들면 아이스크림을 정기적으로 먹는 사람들이 더 오래 더 건강하게 산다는 사실을 의학협회에서 발견했다고 가상하자. 이런 놀라운 발견으로 인해 아이스크림에 대한 수요가 증가하게 되었다. 특정하게 주어진 각 가격수준에서 매수인은 이제 더 많은 아이스크림을 구입하게 되고, 아이스크림에 대한 수요곡선 자체가 이동한다.

그림 3은 수요곡선 자체가 이동하는 상황을 설명하고 있다. 예를 들면 위에서 살펴본 가상적이만 놀라운 발견처럼 각 가격수준에서 수요량을 증가시키는 변화로 인해 수

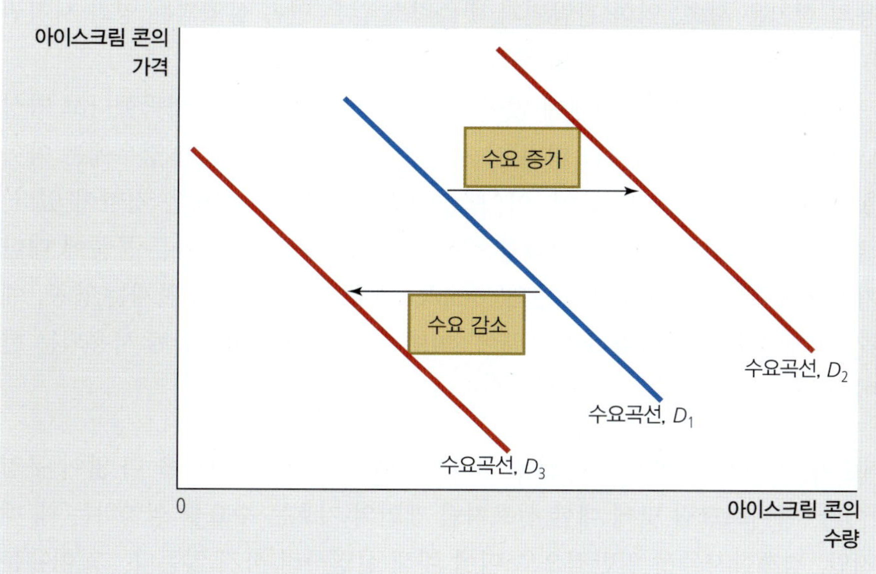

그림 3

수요곡선 자체의 이동
매수인이 각 가격에서 구입하고자 하는 수량을 증가시키는 변화가 발생하는 경우, 이는 수요곡선을 오른쪽으로 이동시킨다. 매수인이 각 가격에서 구입하고자 하는 수량을 감소시키는 변화가 발생하는 경우, 이는 수요곡선을 왼쪽으로 이동시킨다.

요곡선 자체가 오른쪽으로 이동하게 되며, 이를 **수요 증가**라고 한다. 반면에 각 가격수준에서 수요량을 감소시키는 변화로 인해 수요곡선 자체가 왼쪽으로 이동하게 되며, 이를 **수요 감소**라고 한다.

다음과 같은 변수를 포함하여 많은 변수가 변화할 경우 수요곡선 자체가 이동할 수 있다.

소득 여러분이 어느 여름에 직장을 잃었다면 아이스크림에 대한 수요는 어떻게 될 것인가? 아이스크림과 같은 것에 지출할 돈이 감소하기 때문에, 그에 대한 수요는 감소할 가능성이 매우 높다. 소득이 감소할 때 어떤 물품에 대한 수요가 감소한다면 해당 물품을 **정상재**(normal good)라고 한다.

정상재
다른 사정이 동일하다면, 소득이 증가할 경우 수요가 증가하는 물품

정상재가 일반적이긴 하지만 그렇다고 모든 물품이 정상재인 것은 아니다. 소득이 감소할 때 어떤 물품에 대한 수요가 증가한다면 해당 물품을 **열등재**(inferior good)라고 한다. 열등재의 한 가지 예를 들면 버스 타기를 들 수 있다. 여러분은 소득이 감소하면 차를 구입하거나 택시를 타기보다는 버스를 탈 가능성이 높아진다.

열등재
다른 사정이 동일하다면, 소득이 증가할 경우 수요가 감소하는 물품

연관 물품의 가격 냉동 요구르트의 가격이 하락했다고 가상하자. 수요법칙에 따르면 냉동 요구르트를 더 많이 구입하게 된다. 또한 동시에 아이스크림을 더 적게 구입하게 될 수 있다. 아이스크림과 냉동 요구르트 두 가지가 모두 차갑고 달콤하며 부드러운 디저트이기 때문에 유사한 욕구를 충족시킬 수 있다. 냉동 요구르트와 같은 어떤 물품의 가격이 하락할 경우 아이스크림과 같은 다른 물품에 대한 수요가 감소한다면, 이들 두 물품을 **대체재**(substitutes)라고 한다. 대체재는 종종, 예를 들면 핫도그와 햄버거, 스웨

대체재
어떤 물품의 가격이 상승할 경우 다른 물품에 대한 수요가 증가하는 이들 두 물품

터와 보온용의 헐거운 셔츠, 영화 관람권과 넷플릭스 같은 연속 상영되는 영화 시청권처럼 서로 대신 사용할 수 있는 한 쌍의 물품이다.

(초콜릿 등으로 만들어 아이스크림에 얹어 먹는) 핫 퍼지의 가격이 하락했다고 가상하자. 수요법칙에 따르면 핫 퍼지를 더 많이 구입하게 된다. 하지만 이 경우에는 아이스크림과 핫 퍼지를 함께 먹기 때문에, 아이스크림도 더 많이 구입하는 경향이 있다. 핫 퍼지와 같은 어떤 물품의 가격이 하락할 경우 아이스크림과 같은 다른 물품에 대한 수요가 증가한다면, 이들 두 물품을 보완재(complements)라고 한다. 보완재는 종종, 예를 들면 전기와 에어컨, 컴퓨터와 소프트웨어, 피넛 버터와 젤리처럼 함께 사용되는 한 쌍의 물품이다.

보완재
어떤 물품의 가격이 상승할 경우 다른 물품에 대한 수요가 감소하는 이들 두 물품

기호 여러분이 피스타치오 아이스크림을 좋아할 경우, 그 아이스크림을 더 많이 구입하게 될 것이다. 아이스크림 맛에 대한 선호처럼 개인의 기호는 수요를 설명하는 데 매우 중요하지만, 경제학자들은 일반적으로 이에 대해 설명하려 하지 않는다. 그 이유는 기호가 역사적인 경험과 심리적인 요인에 의해 영향을 받기는 하지만 각 사람마다 독특하기 때문이다. 하지만 경제학자들은 기호가 변할 때 어떤 일이 발생하는지 살펴본다.

기대 장래에 대한 여러분의 견해는 어떤 것에 대한 여러분의 현재 수요에 영향을 미칠 수 있다. 다음 달에 소득이 증가할 것으로 기대한다면, 여러분은 지금 더 적게 저축하고 오늘 아이스크림에 더 많이 지출하고자 할 수 있다. 아이스크림이 내일 더 저렴해질 것이라고 믿는다면, 아이스크림 콘을 오늘 가격으로 구입하는 데 주저할 수 있다.

매수인의 수 개별 매수인의 행태에 영향을 미치는 요인들 이외에, 시장 수요는 이들 매수인이 얼마나 많이 있는지에 달려 있다. 찬우가 아이스크림 소비자로서 현경과 동현에 합류할 경우, 각 가격에서 수요량이 더 많아져서 시장 수요가 증가한다.

요약 수요곡선은 매수인에게 영향을 미치는 가격 이외의 모든 변수를 일정하다고 보고, 가격 변화에 따라 해당 물품의 수요량에 어떤 일이 발생하는지 보여준다. 이런 변수 중 하나가 변화할 경우, 각 가격에서 수요량이 변하고 이에 따라 수요곡선 자체가 이동한다. 표 1은 소비자들이 해당 물품을 얼마나 많이 구입할지에 영향을 미치는 변수를 나열하고 있다.

수요곡선 자체의 이동인지 아니면 수요곡선상에서의 이동인지 여부를 기억하기가 어렵다면, 제2장 부록에서 학습한 내용을 상기해볼 경우 도움이 된다. 수직축이나 수평축 어느 축에서도 측정되지 않는 관련 변수가 변화할 때 곡선 자체가 이동한다. 가격은 수직축에서 측정되기 때문에, 가격이 변화할 경우 수요곡선상에서의 이동으로 이어진다. 반면에 소득, 연관 물품의 가격, 기호, 기대, 매수인의 수는 수직축이나 수평축

표 1

매수인에게 영향을 미치는 변수

이 표는 소비자가 어떠한 물품을 얼마나 구입할지에 영향을 미치는 변수들을 보여준다. 해당 물품의 가격이 하는 특별한 역할에 주목하자. 해당 물품의 가격이 변화할 경우 수요곡선상에서 이동하게 된다. 반면에 표에 있는 가격 이외의 변수 중 한 개가 변화할 경우 수요곡선 자체가 이동하게 된다.

변수	해당 변수의 변화
해당 물품의 가격	수요곡선상에서의 이동
소득	수요곡선 자체의 이동
연관 물품의 가격	수요곡선 자체의 이동
기호	수요곡선 자체의 이동
기대	수요곡선 자체의 이동
매수인의 수	수요곡선 자체의 이동

어느 축에서도 측정되지 않는다. 따라서 이들 변수 중 하나가 변화할 경우 수요곡선 자체가 이동한다.

흡연을 줄이는 두 가지 방법

정책 입안자들은 흡연이 자신과 주변 사람들에게 해롭기 때문에 종종 사람들의 흡연량을 줄이고자 한다. 이 목표를 달성할 수 있는 두 가지 방법이 있다.

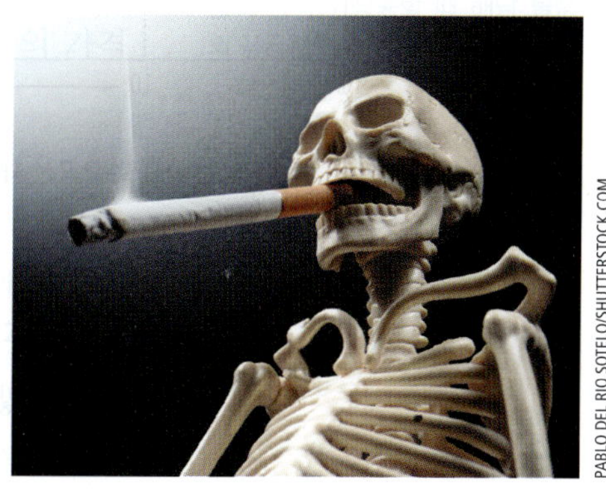
PABLO DEL RIO SOTELO/SHUTTERSTOCK.COM

흡연을 줄이는 한 가지 방법은 담배와 관련 제품에 대한 수요곡선 자체를 이동시키는 것이다. 이는 공익광고, 담뱃갑에 건강 경고문 인쇄 의무화, 텔레비전의 담배광고 금지를 통해 달성될 수 있다. 이 모두는 각 가격에서 담배 수요량을 줄이는 것을 목표로 한다. 이런 정책들이 성공적으로 시행될 경우, 그림 4(a)에서 보는 것처럼 담배에 대한 수요곡선 자체가 왼쪽으로 이동한다.

흡연을 억제하는 다른 방법은 담배가격을 인상시키는 것이다. 정부가 담배에 과세할 경우, 담배를 제조하여 판매하는 기업은 더 높은 가격의 형태로 대부분의 세금을 소비자들에게 전가한다. 가격이 인상되면 사람들은 더 적게 구입하는 경향이 있으므로 이런 정책 역시 흡연을 낮출 수 있다. 하지만 이 방법은 수요곡선 자체를 이동시키지 않는다. 그 대신, 그림 4(b)에서 보는 것처럼 동일한 곡선상에서 더 높은 가격과 더 적은 수량을 나타내는 점으로 이동하게 된다.

담배가격이 변화하면 그에 따라 흡연량은 얼마나 변화하는가? 경제학자들은 담뱃세가 변화할 때 어떤 일이 발생하는지 살펴보았다. 이들에 따르면, 담배가격이 10% 상승할 경우 수요량이 4% 감소한다고 한다. 특히 10대 소비자들은 담배가격에 민감하여 가격이 10% 상승하면 10대의 흡연은 12% 감소한다.

관련된 문제는 담배가격이 예를 들면 마리화나와 같은 마약류에 대한 수요에 어떤 영향을 미치는가이다. 담뱃세에 반대하는 사람들은 이따금 다음과 같이 주장한다. 즉, 담배와 마

이 상승할 때 공급량도 증가하고 가격이 하락할 때 공급량도 역시 감소한다.

그림 5에 있는 표는 아이스크림 매도인 승규가 다양한 아이스크림 가격에서 매달 공급하는 아이스크림 콘의 수량을 보여준다. 2달러 미만인 가격에서 승규는 아이스크림을 전혀 공급하지 않는다. 가격이 상승함에 따라 승규는 점점 더 많은 양을 공급한다. 이 표를 공급 스케줄(supply schedule)이라고 한다. 이 표는 생산자가 판매하려는 수량에 영향을 미치는 가격 이외의 모든 요인이 일정하다고 보고, 가격과 공급량 사이의 관계를 보여준다.

공급 스케줄
가격과 공급량 사이의 관계를 보여주는 표

그림 5에 있는 그래프는 공급법칙을 설명한 표의 숫자들을 사용하고 있다. 가격과 공급량을 연계시킨 선은 공급곡선(supply curve)이 된다. 다른 사정이 동일하다면, 가격이 상승할 경우 공급량이 증가하기 때문에 공급곡선의 기울기는 상향한다.

공급곡선
어떤 물품의 가격과 공급량 사이의 관계를 나타낸 그래프

그림 6 개별 공급의 합인 시장 공급

시장 공급량은 각 가격에서 모든 매도인이 공급하는 양을 합산한 총량이다. 따라서 시장 공급곡선은 개별 공급곡선을 수평으로 합산하여 구할 수 있다. 가격 4달러에서 승규는 3개, 동현이는 4개의 아이스크림 콘을 공급한다. 그러므로 이 가격에서 시장의 공급량은 7개의 아이스크림 콘이다.

아이스크림 콘의 가격	승규의 공급		동현의 공급		시장 공급
0달러	0	+	0	=	0개
1	0		0		0
2	1		0		1
3	2		2		4
4	3		4		7
5	4		6		10
6	5		8		13

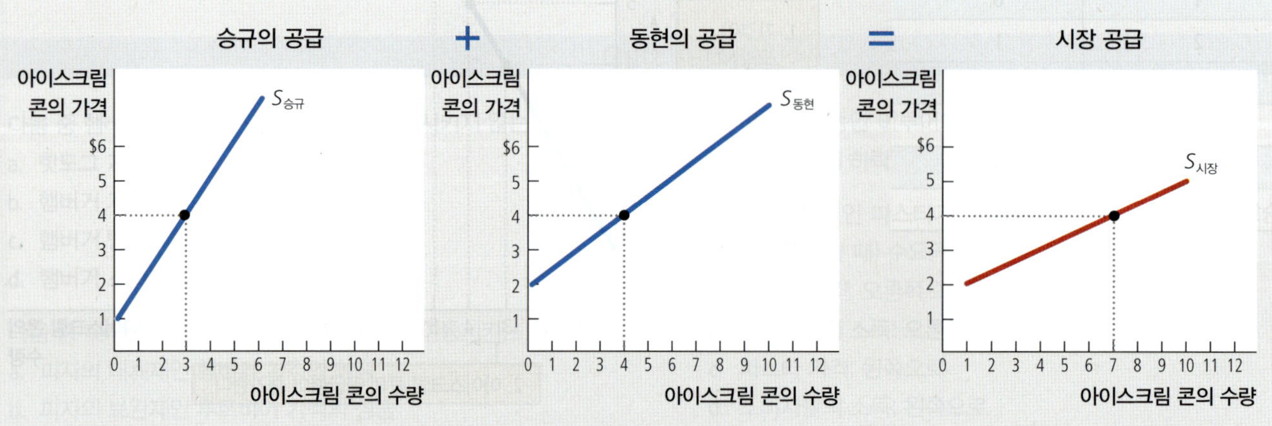

4-3b 시장 공급 대 개별 공급

시장 수요가 모든 매수인의 수요의 합인 것처럼, 시장 공급은 모든 매도인의 공급의 합이다. 그림 6의 표는 시장에 있는 두 명의 아이스크림 생산자인 승규와 동현이에 대한 공급 스케줄을 보여준다. 각 가격에서 승규의 공급 스케줄은 승규가 공급하려는 수량을 알려주며, 동현이의 공급 스케줄은 동현이가 얼마나 공급할지를 알려준다. 시장 공급은 이들 두 개별 공급을 합산한 것이다.

그림 6의 그래프는 공급 스케줄에 상응하는 공급곡선을 보여준다. 수요곡선과 마찬가지로, 시장 공급곡선은 개별 공급곡선들을 **수평으로** 합산하여 구할 수 있다. 즉, 각 가격에서의 총공급량을 구하기 위해 개별 공급곡선의 수평축에 위치한 개별 수량을 합산해야 한다. 시장 공급곡선은 얼마나 판매할 것인가에 관한 생산자들의 결정에 영향을 미치는 가격 이외의 모든 요인을 일정하다고 보고, 가격이 변화함에 따라 총공급량이 어떻게 변하는지 보여준다.

4-3c 공급곡선 자체의 이동

시장 공급곡선은 공급량에 영향을 미치는 가격 이외의 모든 변수를 일정하다고 보기 때문에 시간이 흐름에 따라 이동할 수 있다. 이런 변수 중 한 개가 변화할 때, 각 가격에서 생산자들이 판매하고자 하는 수량이 변화하며 이에 따라 공급곡선 자체가 이동한다.

예를 들어 설탕가격이 하락했다고 가상하자. 설탕은 아이스크림의 생산요소이기 때문에, 설탕가격이 하락할 경우 아이스크림을 판매하여 더 많은 이윤을 얻을 수 있다. 이로 인해 아이스크림 공급이 증가한다. 즉, 가격에서 매도인은 더 많이 생산하려 하며, 결과적으로 공급곡선 자체가 오른쪽으로 이동한다.

그림 7은 공급곡선 자체의 이동을 보여준다. 예를 들면 설탕가격의 하락처럼 각 가격에서의 공급량을 증가시키는 변화로 인해 공급곡선 자체가 오른쪽으로 이동하며, 이를 **공급 증가**라고 한다. 각 가격에서의 공급량을 감소시키는 변화로 인해 공급곡선 자체가 왼쪽으로 이동하며, 이를 **공급 감소**라고 한다.

많은 변수가 공급곡선 자체를 이동시킬 수 있으며, 가장 중요한 변수는 다음과 같다.

생산요소 가격 아이스크림 매도인은 크림, 설탕, 향료, 아이스크림 제조 기계, 아이스크림 만드는 건물, 원료를 혼합하고 기계를 작동하는 노동자들의 노동과 같은 다양한 생산요소를 사용하여 생산물을 만든다. 이들 생산요소 중 한 개 이상의 가격이 상승하면, 아이스크림을 만드는 사업의 수익이 감소하고 기업은 아이스크림을 더 적게 공급하게 된다. 생산요소 가격이 대폭 상승할 경우, 기업은 해당 사업을 중지하고 아이스크

그림 7

공급곡선 자체의 이동

매도인이 각 가격에서 생산하고자 하는 수량을 증가시키는 변화가 발생하는 경우, 이는 공급곡선을 오른쪽으로 이동시킨다. 매도인이 각 가격에서 생산하고자 하는 수량을 감소시키는 변화가 발생하는 경우, 이는 공급곡선을 왼쪽으로 이동시킨다.

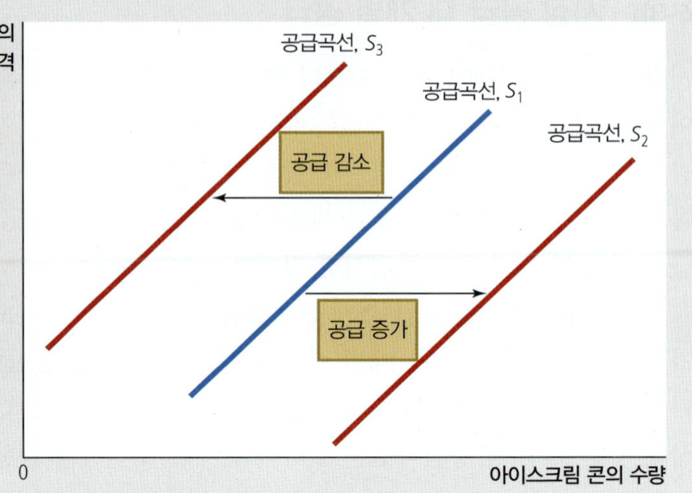

림을 전혀 공급하지 않을 수도 있다. 따라서 물품의 공급은 생산요소 가격과 반대방향으로 움직인다.

기술 생산요소를 생산물로 전환시키는 기술은 공급을 결정하는 또 다른 요인이다. 예를 들면 기계화가 이루어진 아이스크림 제조 기계가 발명되면 이는 아이스크림을 만드는 데 투입되어야 하는 노동을 감소시킨다. 이렇게 기술이 진보하면 생산자들의 비용이 낮아져서 공급이 증가한다. 장기적으로 보면 이런 기술의 변화가 시장에서 나타나는 결과에 영향을 주는 가장 강력한 힘이다.

기대 아이스크림 제조업자가 공급하는 양은 장래에 대한 자신의 기대에 달려 있을 수 있다. 예를 들어 아이스크림 가격이 인상될 것으로 기대한다면, 현재 생산된 것 중 일부를 보관하고 당장은 시장에 적게 공급할 수 있다.

매도인의 수 개별 매도인의 행태에 영향을 미치는 요소들 이외에, 시장 공급은 얼마나 많은 매도인이 시장에 있는지에 달려 있다. 승규나 동현이가 아이스크림 사업을 그만두면 시장 공급은 감소한다. 승범이가 아이스크림 사업을 새로 시작하게 되면 시장 공급은 증가한다.

요약 공급곡선은 매도인에게 영향을 주는 가격 이외의 모든 변수가 일정하다고 보고, 해당 물품의 가격이 변화할 때 공급량이 어떻게 되는지 보여준다. 이들 변수 중 한 개가 변화할 때, 각 가격에서 공급량이 변하여 공급곡선 자체가 이동한다. 표 2는 생산자들이 얼마나 많이 판매할지에 영향을 미치는 변수를 나열하고 있다.

변수	해당 변수의 변화
해당 물품의 가격	공급곡선상에서의 이동
생산요소 가격	공급곡선 자체의 이동
기술	공급곡선 자체의 이동
기대	공급곡선 자체의 이동
매도인의 수	공급곡선 자체의 이동

표 2

매도인에게 영향을 미치는 변수

이 표는 생산자가 어떠한 상품을 얼마나 판매할지에 영향을 미치는 변수들을 보여준다. 해당 물품의 가격이 하는 특별한 역할에 주목하자. 해당 물품의 가격이 변화할 경우 공급곡선상에서 이동을 하게 된다. 반면에 표에 있는 다른 변수 중 한 개가 변화할 경우 공급곡선 자체가 이동하게 된다.

다시 한번, 공급곡선 자체의 이동인지 공급곡선상에서의 이동인지 여부를 기억하려면 다음의 사실을 명심하자. 수평축이나 수직축 어느 축에도 명명되지 않은 관련 변수가 변화할 때만 곡선 자체가 이동한다. 가격은 수직축에 명명되어 있으므로, 가격이 변화할 경우 공급곡선상에서 이동하게 된다. 반면에 생산요소 가격, 기술, 기대, 매도인의 수는 어느 축에서도 측정되지 않기 때문에, 이들 변수 중 한 개가 변화할 경우 공급곡선 자체가 이동한다.

Quiz

7. 다음 중 어느 것이 주어진 공급곡선상에서 피자 공급자를 위로 이동시키는가?
   a. 피자가격의 상승
   b. 피자의 보완재인 루트비어 가격의 상승
   c. 피자를 생산하는 데 필요한 요소인 치즈가격의 하락
   d. 인기 있는 피자 레스토랑을 소실시킨 주방 화재
8. 다음 중 어느 것이 피자의 공급곡선을 오른쪽으로 이동시키는가?
   a. 피자가격의 상승
   b. 피자의 보완재인 루트비어 가격의 상승
   c. 피자를 생산하는 데 필요한 요소인 치즈가격의 하락
   d. 인기 있는 피자 레스토랑을 소실시킨 주방 화재
9. 영화 관람 그리고 넷플릭스처럼 연속 상영되는 영화 시청은 대체재이다. 연속 상영되는 영화 시청의 가격이 상승할 경우, 영화 관람 시장에는 어떤 일이 일어나는가?
   a. 공급곡선이 왼쪽으로 이동한다.
   b. 공급곡선이 오른쪽으로 이동한다.
   c. 수요곡선이 왼쪽으로 이동한다.
   d. 수요곡선이 오른쪽으로 이동한다.

해답은 이 장의 끝부분에 있다.

4-4 공급과 수요를 함께 살펴보기

이제는 공급과 수요를 결합시키고 이를 통해 시장에서 판매되는 물품의 가격과 수량이 어떻게 결정되는지 살펴보도록 하자.

그림 8

공급 및 수요의 균형

시장의 균형은 공급곡선과 수요곡선이 교차하는 점에서 이루어진다. 균형가격에서 공급량과 수요량은 일치한다. 이 그림에서 균형가격은 4달러이며, 이 가격에서 아이스크림 콘 7개가 공급되고 7개가 수요된다.

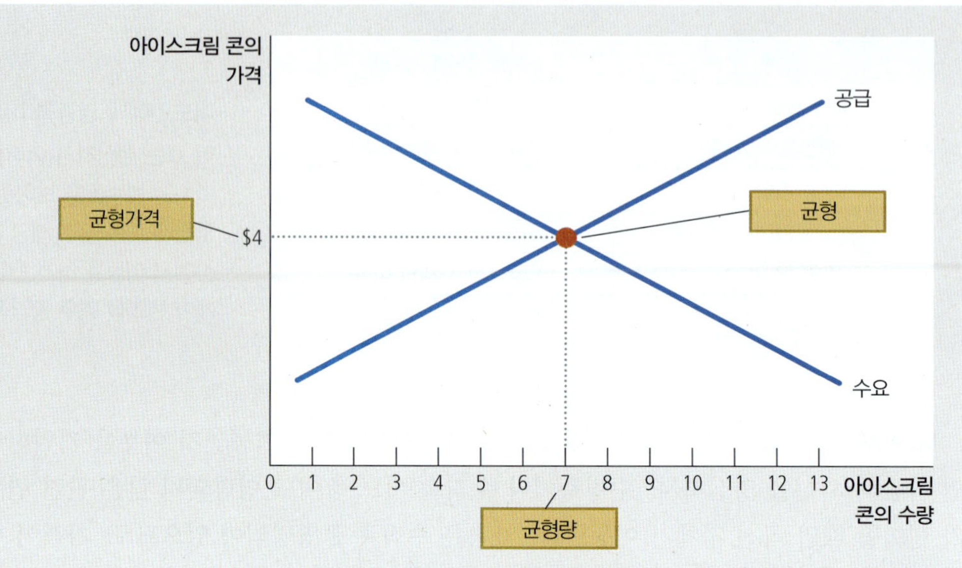

4-4a 균형

균형
시장가격이 공급량과 수요량이 같아지는 수준에서 결정되는 상황

균형가격
공급량과 수요량이 균형을 이루는 가격

균형량
균형가격에서의 공급량과 수요량

그림 8은 시장 공급곡선과 시장 수요곡선을 함께 보여준다. 공급곡선과 수요곡선이 교차하는 하나의 점이 있다는 사실에 주목하자. 이 점에서 시장의 균형(equilibrium)이 이루어진다. 이 교차점에서의 가격을 균형가격(equilibrium price)이라고 하며, 수량을 균형량(equilibrium quantity)이라고 한다. 여기서 균형가격은 아이스크림 콘 한 개당 4달러이며, 균형량은 7개이다.

사전에서는 **균형**을 여러 힘이 평형을 이루는 상황이라고 정의한다. 평형을 이룬다는 생각이 시장균형이란 개념의 핵심이 된다. **균형가격에서는 매수인이 구입하겠다는 의사와 실제로 구입할 수 있는 능력을 갖고 있는 수량이, 매도인이 판매하겠다는 의사와 실제로 판매할 수 있는 능력을 갖고 있는 수량과 정확하게 평형을 이룬다.** 균형가격은 이 가격에서 시장에 있는 모든 사람들이 만족해하기 때문에, 다시 말해 매수인은 구입하고자 하는 모든 것을 구입하고 매도인도 판매하고자 하는 모든 것을 판매하기 때문에 **시장청산가격**이라고도 한다.

매수인과 매도인의 상호작용을 통해 시장은 공급과 수요가 균형을 이루도록 움직이게 된다. 그 이유를 알아보기 위해서 시장가격과 균형가격이 같지 않을 때 어떤 일이 발생하는지 생각해보자.

과잉
공급량이 수요량보다 많은 상황

그림 9(a)처럼, 시장가격이 균형가격보다 더 높은 경우를 먼저 생각해보자. 아이스크림 콘 한 개당 가격이 5달러인 경우, 공급량(아이스크림 콘 10개)이 수요량(4개)을 초과한다. 따라서 해당 물품의 과잉(surplus)현상이 발생한다. 즉, 생산자들은 현재 가격에

그림 9

균형이 이루어지지 않은 시장

(a)에서는 과잉현상이 발생한다. 시장가격 5달러는 균형가격보다 높기 때문에, 공급량(아이스크림 콘 10개)이 수요량(4개)을 초과하게 된다. 생산자들은 가격을 인하하여 판매를 증대시키려 하게 되고, 이를 통해 가격은 균형수준을 향해 이동하게 된다. (b)에서는 부족현상이 발생한다. 시장가격 3달러는 균형가격보다 낮기 때문에, 수요량(아이스크림 콘 10개)이 공급량(4개)을 초과하게 된다. 너무 많은 수의 매수인이 너무 적은 수의 물품을 구매하려는 상황이기 때문에, 생산자들은 가격을 인상하게 된다. 두 경우 모두에서 가격 조정이 이루어져, 시장은 공급과 수요가 균형을 이루는 점으로 향하게 된다.

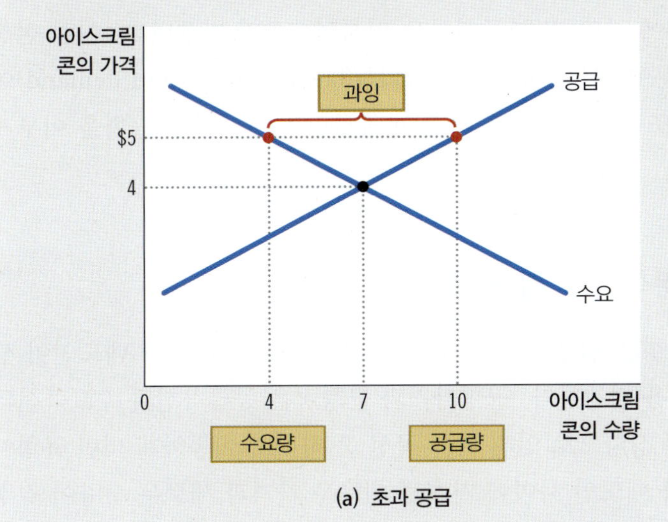

(a) 초과 공급

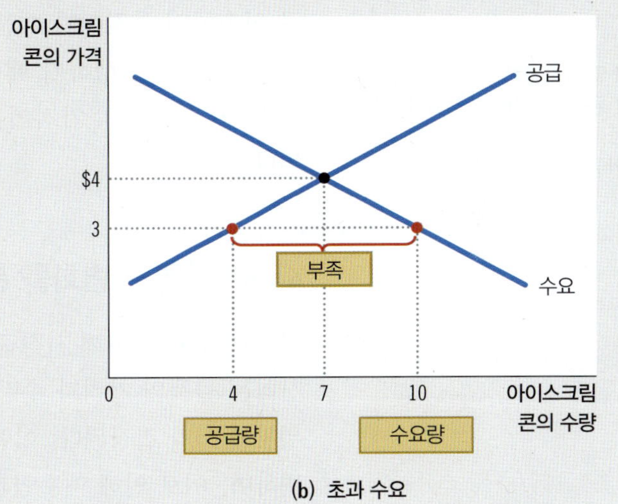

(b) 초과 수요

서 원하는 모든 물품을 판매할 수 없다. 이런 과잉현상을 **초과 공급** 상황이라고도 한다. 아이스크림 시장에서 과잉현상이 발생하는 경우, 매도인은 판매하려 했으나 하지 못한 아이스크림으로 냉동고가 점점 가득 채워진다는 사실을 깨닫게 된다. 이들은 이런 상황에 대응하기 위해 가격을 인하한다. 가격이 인하됨에 따라 수요량이 증가하고 공급량은 감소한다. 이런 변화들은 **공급곡선상에서의 이동과 수요곡선상에서의 이동**이며, 곡선 자체의 이동은 아니다. 가격이 계속 하락하여 시장은 균형에 도달하게 된다.

그림 9(b)처럼 시장가격이 균형가격보다 더 낮은 경우를 이제 생각해보자. 이 경우 아이스크림 콘 한 개당 가격은 3달러이며 수요량이 공급량을 초과한다. 따라서 해당 물품의 **부족**(shortage)현상이 발생한다. 즉, 소비자들은 현재 가격에서 원하는 모든 물품을 구입할 수 없다. 이런 부족현상을 **초과 수요** 상황이라고도 한다. 아이스크림 시장에서 부족현상이 발생하는 경우, 매수인은 구할 수 있는 적은 수의 콘 중 한 개를 구입하기 위해 긴 줄을 서서 기다려야만 한다. 너무 많은 수의 매수인이 너무 적은 수의 물품을 구입하려 하기 때문에, 매도인은 판매손실 없이 가격을 인상할 수 있다. 가격이 인상됨에 따라 수요량이 감소하고 공급량은 증가한다. 다시 한번 이런 변화는 **공급곡선상**

부족
수요량이 공급량보다 많은 상황

에서의 이동과 수요곡선상에서의 이동이며, 시장은 균형에 더욱 근접하게 된다.

가격이 어느 수준에서 시작하든 관계없이 매수인과 매도인의 상호작용을 통해 시장가격은 균형으로 움직이게 된다. 시장이 일단 균형에 도달하게 되면, 매수인과 매도인은 현재 가격에서 자신이 원하는 수량을 구입하고 판매할 수 있다는 의미에서 모두 만족하게 된다. 균형을 이루는 점에서 가격에 대한 추가적인 상승 또는 하락 압력은 존재하지 않는다. 균형에 얼마나 신속하게 도달하느냐는 가격이 얼마나 신속하게 조정되느냐에 따라 시장마다 다르다. 가장 잘 작동하는 시장에서 가격은 균형수준으로 신속하게 움직이기 때문에 과잉 및 부족현상은 일시적으로만 발생한다. 이런 현상은 널리 퍼져 발생하기 때문에, 이를 공급 및 수요법칙(law of supply and demand)이라고 한다. 물품의 가격이 조정되어서 해당 물품의 공급량과 수요량은 균형을 이루게 된다.

공급 및 수요법칙
어떤 물품의 가격이 조정되어서 해당 물품의 공급량과 수요량이 균형을 이루게 된다는 주장

4-4b 균형의 변화를 분석하는 세 단계

공급과 수요가 함께 시장균형을 결정하며, 이는 다시 매수인이 구매하고 매도인이 생산하는 물품의 가격과 수량을 결정한다. 균형가격과 균형량은 공급곡선과 수요곡선의 위치에 따라 결정된다. 어떤 상황으로 인해 이들 곡선 중 하나가 이동하게 되면 균형이 변하며, 이로 인해 매수인과 매도인 사이에 거래될 새로운 가격과 새로운 수량이 결정된다.

발생한 상황이 시장균형에 어떤 영향을 미치는지 분석하려 할 때, 다음과 같이 세 단계를 밟아 진행하게 된다. 첫째, 해당 상황이 공급곡선이나 수요곡선, 아니면 두 곡선 모두를 이동시키는지 여부를 결정한다. 둘째, 해당 곡선이 오른쪽 또는 왼쪽으로 이동하는지 여부를 결정한다. 셋째, 공급 및 수요 도해를 활용하여 최초 균형과 새로운 균형을 비교한다. 이를 통해 해당 상황이 균형가격과 균형량에 어떤 영향을 미쳤는지 알 수 있다. 표 3은 이런 세 단계를 요약해서 설명한다. 이것이 어떻게 작동하는지 알아보기

표 3

균형의 변화를 분석하는 세 단계

단계 1	해당 상황이 공급곡선 또는 수요곡선(또는 어쩌면 두 곡선 모두)을 이동시키는지 여부를 결정한다.
단계 2	해당 곡선이 어느 방향으로 이동하는지를 결정한다.
단계 3	공급 및 수요 도해를 활용하여 이런 이동이 균형가격 및 균형량을 어떻게 변화시키는지 살펴본다.

위해서 아이스크림 시장에 영향을 미칠 수 있는 몇 가지 상황을 생각해보자.

상황: 수요곡선 자체의 이동으로 인해 시장균형이 변화하는 경우 올 여름 날씨가 유난히 더웠다고 가상하자. 이는 아이스크림 시장에 어떤 영향을 미치는가? 이 물음에 답하기 위해 다음과 같은 세 단계를 밟아보도록 하자.

1. 날씨는 아이스크림에 대한 소비자들의 기호를 변화시키며, 이를 통해 수요곡선에 영향을 미친다. 즉 날씨는 사람들이 각 가격에서 구입하고자 하는 수량을 변화시킨다. 날씨는 아이스크림을 판매하는 기업에 직접적으로 영향을 미치지 않기 때문에, 공급곡선은 변화 없이 동일하다.
2. 더운 날씨로 인해 시원한 간식이 더 필요하기 때문에, 사람들은 더 많은 아이스

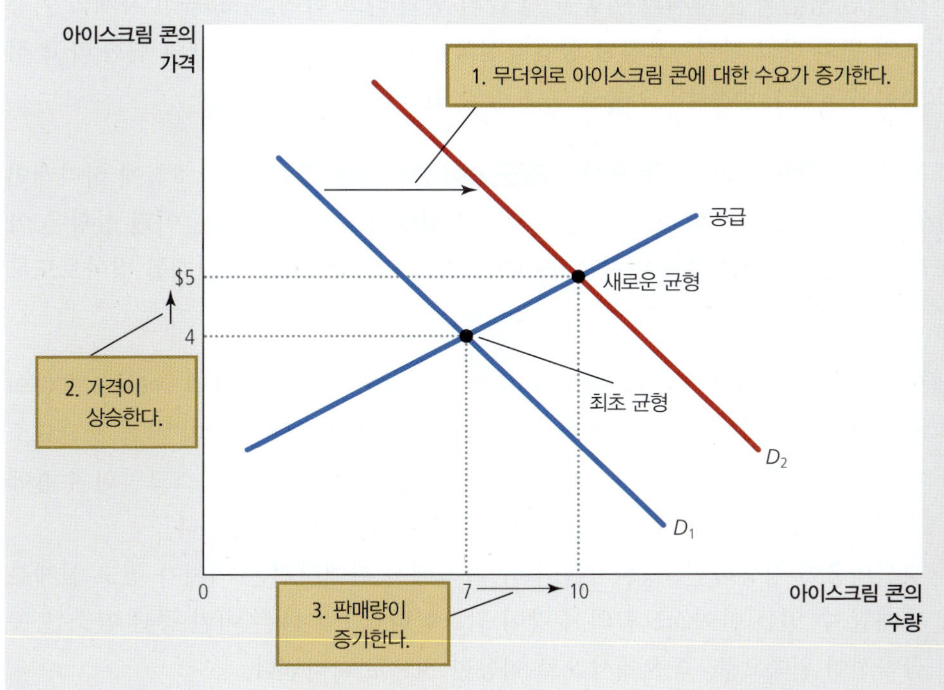

그림 10

수요의 증가는 균형에 어떤 영향을 미치는가

각 가격에서 수요량이 증가하는 상황이 발생하는 경우, 수요곡선은 오른쪽으로 이동한다. 이렇게 되면 균형가격과 균형량이 둘 다 증가하게 된다. 이 그림에서는 무더운 여름 날씨로 인해 매수인이 아이스크림 콘을 더 많이 수요한다. 수요곡선은 D_1에서 D_2로 이동하며, 균형가격은 4달러에서 5달러로 상승하고 균형량은 7개에서 10개로 증가한다.

크림을 원하게 된다. 그림 10은 이런 수요 증가를 수요곡선이 오른쪽으로, 즉 D_1에서 D_2로 이동한 것으로 나타내었다. 이런 이동은 각 가격에서 수요량이 증가함을 의미한다.

3. 최초의 균형가격 4달러에서, 이제는 아이스크림에 대한 초과 수요가 발생하며 이런 부족현상으로 인해 기업은 가격을 인상하게 된다. 그림 10이 보여주는 것처럼, 수요가 증가하면 균형가격은 4달러에서 5달러로 상승하며 균형량은 아이스크림 콘 7개에서 10개로 증가한다. 다시 말해 더운 날씨로 인해 아이스크림 가격과 판매량은 둘 다 증가한다.

곡선 자체의 이동 대 곡선상에서의 이동 더운 날씨로 인해 아이스크림에 대한 수요가 증가하고 가격이 상승할 경우, 공급곡선은 변하지 않고 그대로이지만 아이스크림 제조업자가 공급하는 수량이 증가하게 된다. 이럴 때 경제학자들은 공급량은 증가했지만 공급에는 변화가 없다고 한다.

공급은 공급곡선의 위치를 알려주며, **공급량**은 생산자들이 판매하고자 하는 수량을 알려준다. 여름 더위 속에서 날씨는 생산자들이 각 가격에서 판매하고자 하는 수량에 영향을 미치지 않기 때문에 공급은 변하지 않는다. 대신에 무더운 날씨로 인해 소비자들은 각 가격에서 더욱 아이스크림을 구입하려 하며, 이로 인해 수요곡선이 오른쪽으로 이동한다. 수요가 증가하게 되면 균형가격이 상승한다. 가격이 상승할 때 공급량이 증가한다. 공급량의 증가는 공급곡선상에서의 이동이다.

요약하자면 공급곡선 자체의 이동을 '공급의 변화'라고 하며, 수요곡선 자체의 이동을 '수요의 변화'라고 한다. 고정된 공급곡선상에서의 이동을 '공급량의 변화'라고 하며, 고정된 수요곡선상에서의 이동을 '수요량의 변화'라고 한다.

상황: 공급곡선 자체의 이동으로 인해 시장균형이 변화하는 경우 어느 8월에 허리케인이 발생하여 사탕수수 수확의 일부가 소실되고 설탕가격이 상승했다. 이런 상황은 아이스크림 시장에 어떤 영향을 미치는가? 다시 한번 다음과 같은 세 단계를 밟아보도록 하자.

1. 아이스크림을 생산하는 데 필요한 요소인 설탕가격이 상승하면, 아이스크림의 생산비용이 증가한다. 따라서 이런 상황은 공급곡선에 영향을 미친다. 생산요소 비용이 상승할 경우, 이것이 소비자들이 구입하고자 하는 아이스크림의 수량에 직접적으로 영향을 미치지 않기 때문에 수요곡선은 변하지 않는다.
2. 생산비용이 상승하면, 생산자들이 각 가격에서 판매하려는 의지가 있고 실제로 판매할 수 있는 아이스크림의 수량이 감소한다. 그림 11은 이런 공급 감소를 공급곡선이 왼쪽으로, 즉 S_1에서 S_2로 이동한 것으로 나타낸다.

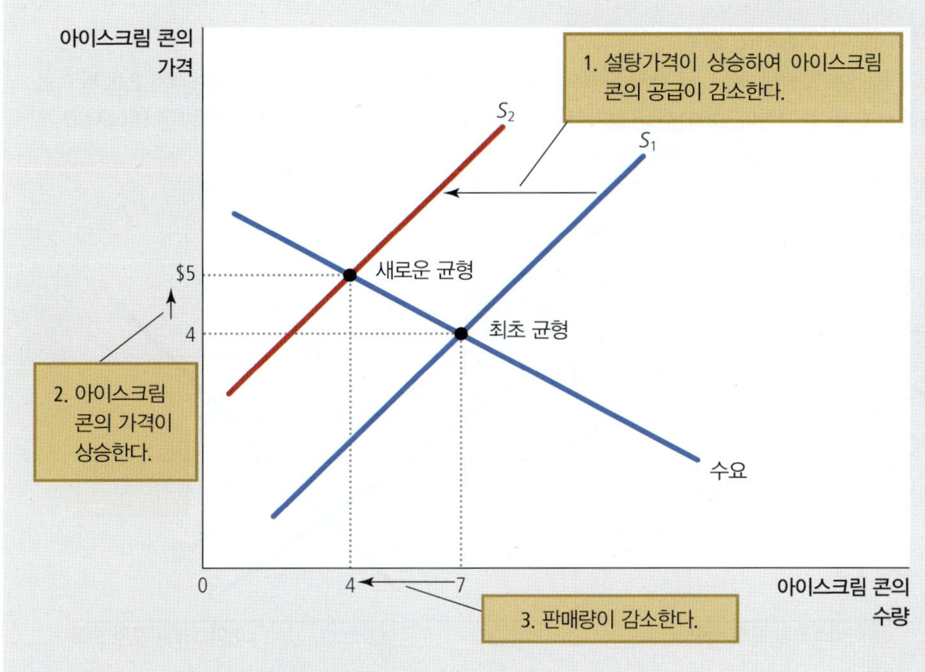

그림 11

공급의 감소는 균형에 어떤 영향을 미치는가

각 가격에서 공급량이 감소하는 상황이 발생하는 경우, 공급곡선은 왼쪽으로 이동한다. 이렇게 되면 균형가격은 상승하고 균형량은 감소한다. 이 그림에서는 (생산요소인) 설탕가격이 상승하여 매도인이 아이스크림 콘을 더 적게 공급하게 된다. 공급곡선은 S_1에서 S_2로 이동하며, 균형가격은 4달러에서 5달러로 상승하고 균형량은 7개에서 4개로 감소한다.

3. 최초의 균형가격 4달러에서, 이제는 아이스크림에 대한 초과 수요가 발생하며 이런 부족현상으로 인해 기업은 가격을 인상하게 된다. 그림 11이 보여주는 것처럼, 공급곡선 자체의 이동으로 인해 균형가격이 4달러에서 5달러로 상승하며 균형량은 아이스크림 콘 7개에서 4개로 감소한다. 설탕가격의 상승으로 인해 아이스크림 가격은 상승하고 판매량은 감소한다.

상황: 공급곡선과 수요곡선 자체가 두 개 모두 이동하는 경우 연속되는 불행한 사건, 즉 폭염과 허리케인이 같은 여름에 함께 발생했다. 이런 좋지 않은 조합을 분석하기 위해 다음과 같은 세 단계를 다시 한번 밟아보도록 하자.

1. 두 곡선은 모두 이동해야 한다. 폭염으로 인해 각 가격에서 소비자들이 구입하고자 하는 아이스크림의 수량이 변화하기 때문에, 이는 수요곡선에 영향을 미치게 된다. 동시에 허리케인으로 인해 아이스크림에 대한 공급곡선이 변화한다. 즉 설탕가격이 상승함에 따라, 이는 생산자들이 각 가격에서 판매하고자 하는 아이스크림의 수량을 변화시키게 된다.
2. 곡선은 이전 상황에서 이동한 방향과 동일한 방향으로 이동한다. 즉 그림 12처럼, 수요곡선은 오른쪽으로 이동하고 공급곡선은 왼쪽으로 이동한다.
3. 수요곡선과 공급곡선의 상대적인 이동규모, 즉 어느 곡선이 더 많이 이동했느냐

그림 12 **공급곡선 및 수요곡선이 둘 다 이동하는 경우**

수요증가와 공급 감소가 동시에 발생할 경우 두 가지 종류의 결과가 발생할 수 있다. (a)에서 균형가격은 P_1에서 P_2로 상승하고 균형량은 Q_1에서 Q_2로 증가한다. (b)에서 균형가격은 또다시 P_1에서 P_2로 상승하지만 균형량은 Q_1에서 Q_2로 감소한다.

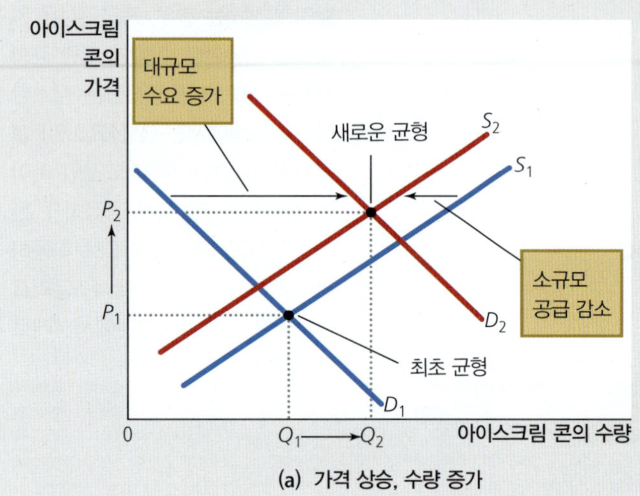

(a) 가격 상승, 수량 증가

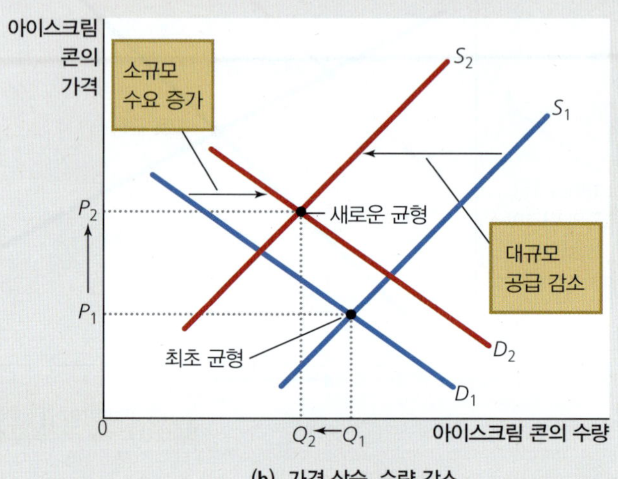

(b) 가격 상승, 수량 감소

에 따라 두 가지 결과가 발생할 수 있다. 두 가지 결과 모두에서 균형가격은 상승한다. 수요가 대규모로 증가하는 반면 공급이 소규모로 감소하는 그림 12(a)에서는 균형량 역시 증가한다. 하지만 공급이 대규모로 감소하는 반면 수요가 소규모로 증가하는 그림 12(b)에서는 균형량이 감소한다. 따라서 이런 상황에서 아이스크림 가격은 확실히 상승하지만 아이스크림 판매량에 미치는 영향은 분명하지 않다.(즉 증가할 수도 있고 감소할 수도 있다)

요약 공급곡선과 수요곡선은 균형의 변화를 분석하는 데 도움이 된다. 어떤 상황으로

표 4

공급곡선 또는 수요곡선 자체가 이동하는 경우 가격 및 수량에 어떤 상황이 발생하는가?

간단한 퀴즈라 생각하고, 공급 및 수요 도해를 활용하여 이 표에 있는 항목을 최소한 몇 개 설명할 수 있는지 확인해보시오.

	공급의 불변	공급의 증가	공급의 감소
수요의 불변	*P* 불변 *Q* 불편	*P* 하락 *Q* 증가	*P* 상승 *Q* 감소
수요의 증가	*P* 상승 *Q* 증가	*P* 불분명 *Q* 증가	*P* 상승 *Q* 불분명
수요의 감소	*P* 하락 *Q* 감소	*P* 하락 *Q* 불분명	*P* 불분명 *Q* 감소

P: 가격, *Q*: 수량

인해 공급곡선이나 수요곡선 아니면 두 곡선 모두가 이동할 경우, 이들 분석방법을 활용하여 균형가격과 균형판매량이 어떻게 변화하는지 예측할 수 있다. 표 4는 두 곡선의 이동에 따른 모든 조합의 예측 결과를 보여준다. 공급과 수요의 분석방법을 이해했는지 확인해보기 위해, 표의 항목 중 몇 개를 선택하여 명시된 예측을 설명할 수 있는지 확인해보자.

Quiz

10. 새로운 대규모 원유 매장량을 발견한 경우, 이는 휘발유의 ________을 이동시켜 균형가격의 ________으로 이어진다.
    a. 공급곡선; 상승
    b. 공급곡선; 하락
    c. 수요곡선; 상승
    d. 수요곡선; 하락

11. 경제가 침체되고 소득이 감소할 경우, 열등재 시장에서 어떤 일이 발생하는가?
    a. 가격과 판매량이 둘 다 증가한다.
    b. 가격과 판매량이 둘 다 감소한다.
    c. 가격은 상승하고; 판매량은 감소한다.
    d. 가격은 하락하고; 판매량은 증가한다.

12. 다음 중 어느 상황이 젤리 균형가격의 상승과 균형판매량의 감소로 이어지는가?
    a. 젤리의 보완재인 땅콩버터 가격이 상승하는 경우
    b. 젤리의 대체재인 머시멜로 플러프 가격이 상승하는 경우
    c. 젤리 생산에 필요한 요소인 포도가격이 상승하는 경우
    d. 젤리가 정상재이며 소비자 소득이 증가하는 경우

13. ________의 증가는 주어진 공급곡선상에서의 이동을 유발하며, 이를 ________의 변화라고 한다.
    a. 공급; 수요
    b. 공급; 수요량
    c. 수요; 공급
    d. 수요; 공급량

해답은 이 장의 끝부분에 있다.

4-5 결론: 가격은 자원을 어떻게 배분하는가

이 장에서는 단일 시장에서의 공급과 수요를 분석했다. 논의는 아이스크림 시장에 중점을 두었지만, 학습한 원리들은 대부분의 다른 시장들에도 적용된다. 어떤 것을 구입하기 위해 상점에 가게 되면, 여러분은 해당 품목의 수요에 기여하여 수요를 증가시키게 된다. 일자리를 구하려 하면, 여러분은 노동력의 공급에 기여하여 공급을 증가시키게 된다. 공급과 수요는 시장경제에서 매우 널리 일반적으로 작동하기 때문에, 공급 및 수요 모형은 강력한 분석도구이다.

제1장에서 살펴본 **경제학의 열 가지 원리** 중 하나는 시장이 일반적으로 경제활동을 조직화하는 좋은 방법이라는 것이다. 시장에서 이루어진 결과가 좋은지 아니면 나쁜지 여부를 판단하기에는 아직 이르지만, 이 장에서는 시장이 어떻게 작동하는지 살펴보았다. 어떠한 경제체제에서도 희소한 자원들은 서로 경쟁적으로 필요로 하는 용도들 사

재난 후 이루어지는 가격 인상

재해가 발생하면 많은 물품에 대한 수요가 증가하거나 공급이 감소하여 가격에 인상 압박이 가해진다. 어느 누구도 이것이 공정하다고 생각하지 않는다.

공급 및 수요법칙은 공정하지 않다

리처드 탈러(Richard Thaler)

경제학자 입장에서 볼 때, 미국에서 코로나 바이러스 위기가 발생한 직후 몇 주 동안 매우 충격적이었던 광경은 슈퍼마켓의 선반이 텅 빈 모습이었다.

화장지나 손소독제가 소진되고 없었다. 사회적 거리두기가 시행된 첫 몇 주 동안, 많은 사람이 빵을 직접 굽기로 하면서 파스타, 밀가루, 심지어 효모도 구하기 어려운 실정이었다. 더 큰 우려는 병원이 코로나 바이러스 감염 환자들을 안전하게 치료할 때 필요한 마스크, 가운, 인공호흡기를 충분히 구할 수 없다는 사실이었다.

공급 및 수요법칙에 어떤 일이 발생했는가? 경제 모형이 예측한 것처럼, 가격이 시장을 청산할 정도로 충분히 상승하지 않은 이유는 무엇인가?

나는 심리학자 다니엘 카너먼(Daniel Kahneman), 경제학자 잭 크네치(Jack Knetsch)와 함께 쓴 논문에서 이 문제를 다뤘다. 질문의 답은 일반적인 공급 및 수요 모형에서는 찾을 수 없는 한 단어, 즉 공정성으로 축약할 수 있다. 기본적으로 긴급상황에서의 가격 인상은 사회적으로 용납되지 않는다.

가상 기업의 행태에 관해 사람들에게 물었다. 예를 들면 다음과 같다. "어떤 철물점이 눈삽을 15달러에 판매하는데 눈보라가 몰아친 다음 날 아침에 가격을 20달러로 인상했다."

응답자의 82%가 가격 인상이 불공정하다고 판단했다. 이 응답자들은 품위 있기로 정평 난 캐나다인이었지만, 이제는 세계 전역에서 실시된 연구를 통해 이 같은 일반적인 조사 결과가 반복적으로 나타나 확인되고 있다.

대부분의 기업은 공정성에 대한 사회 규범을 준수하는 것이 자사 사업 모형으로 실현되어야 한다고 암묵적으로 인정한다. 현재의 긴급상황에서 대규모 소매체인점은 가격 인상이 아니라 각 고객의 매입 수량을 제한함으로써 화장지 부족현상에 대응하고 있다. 아마존과 이베이는 자사 사이트에서 가격을 부당하게 책정하는 행위를 금지했다.

이와 유사한 행태를 허리케인 이후 나타나는 모습에서 관찰할 수 있다. 폭풍우가 끝난 직후에는 전형적으로 생수나 합판 같은 물품에 대규모 수요가 발생한다. 미국의 홈 디포나 월마트 같은 대형 소매업체는 이를 예상하고, 위험구역 인근으로 보급품을 실은 트럭을 보내 배포할 준비를 한다. 그러고 나서 안전해지면, 생수는 무료로 제공하고 합판은 '정가 이하'로 판매한다.

동일한 긴급상황에서 일부 '장사꾼'은 다르게 행동할 수 있다. 그들은 재난을 기회로 보고, 집 근처에서 트럭에 합판을 가득 싣고 재난 현장으로 트럭을 몰고가 받을 수만 있다면 어떤 가격이라도 받아내고 물품을 판매한다.

대형 소매업체가 본질적으로 '장사꾼'보다 더 윤리적이라는 말은 아니다. 단지 시간 영역이 다를 뿐이다. 대규모 업체는 장기전을 펼치며, '공정하게' 행동함으로써 재난 이후에도 고객 충성도를 유지하고자 한다. 반면에 장사꾼은 재빨리 돈을 버는 것에만 관심을 둔다.

공정성 규범은 코로나 바이러스 위기 상황에서 의료장비 공급망의 붕괴를 일부 설명할 수 있다. 병원은 보통 필수품을 공급하는 도매업체와 장기적으로 거래하는 구매조합을 이용한다. 도매업체는 일반적으로

이에 배분되어야만 한다. 시장경제는 공급과 수요의 힘을 이용하여 이런 목적을 충족시킨다. 공급과 수요는 함께 경제에서 거래되는 많은 재화 및 용역의 가격을 결정한다. 그러면 이번에는 가격이 자원 배분을 유도하는 신호가 된다.

예를 들면 해변가 토지의 배분에 대해 생각해보자. 이런 토지는 제한되기 때문에, 모든 사람이 해변가에서 거주하는 호사스러움을 누릴 수는 없다. 그렇다면 누가 이 희소자원을 갖게 되는가? 이 물음에 대한 답변은 해당되는 가격을 지불할 의지와 능력이 있는 누구라도 가능하다고 할 수 있다. 토지에 대한 수요량과 공급량이 균형을 이룰 때

이런 관계를 계속 유지하려 하며, 지금은 가격을 인상할 적절한 시기가 아니라는 점도 안다. 종종 이들은 수요가 급등하기 전에 협상한 가격으로 물품을 공급할 계약상의 의무가 있다.

현재의 한 사례는 N95 안면 마스크이다. 뉴욕 병원의 한 임원이 귀띔한 바에 의하면, 전염병이 시작되었을 때 병원은 개당 35센트에 구입하기로 장기계약을 맺고 있었다. 마스크에 대한 수요가 급증하자, 이들 공급업체는 가격을 인상하고 싶어했지만 허용되지 않았다.

하지만 공급망에 있는 다른 사람들은 판로를 바꿔 최고가를 지불하려는 사람들에게 마스크를 공급하고 큰 이익을 거뒀다. 이로 인해 병원은 곤궁에 빠지게 되었다. 코로나 바이러스가 뉴욕에 퍼지자 뉴욕 병원은 필사적으로 마스크를 찾아 나섰으며, 결국 마스크의 재고가 바닥에 떨어졌을 때 해외 공급자에게 수십만 장의 마스크에 개당 6달러를 지불했다.

누구라도 이 같은 긴급상황에서 큰 이익을 얻으려 한다면 추해 보일 것이다. 미국에서 코로나 바이러스 감염에 의한 사망자가 처음 발표된 3월 1일에 손소독제, 마스크, 기타 희소 물품을 매입하기 시작한 두 형제의 사례를 생각해보자. 이들은 아마존과 이베이 가격에 큰 가산액을 붙여 매장의 물품 일부를 판매한 후, 판매를 중단했다. 결국 형제는 상당히 좋지 않은 평판을 들은 후에야 물품을 기부하기로 결정했다.

형제가 저가에 매입해서 고가에 판매함으로써 시장을 더 '효율적'으로 만들었다는 사실에 주목하자. 이들이 코로나 바이러스 관련 보급품을 중개 거래하는 대신에, 항공사와 호텔업체의 주식을 팔고 넷플릭스와 줌의 주식을 샀다면 단순히 현명한 거래자로 간주되었을 것이다. 그러나 현명한 거래는 투자에 적합할 수 있지만, 전염병 대유행 기간에 필수적인 물품을 두고 하는 거래는 공정한 것으로 간주되지 않는다.

사회 규범은 시장이 부리는 마법을 방해한다는 점에서 해롭다고 할 수 있다. 예를 들어, 조지 메이슨 대학에 근무하는 경제학자 타일러 카웬(Tyler Cowen)은 코로나 바이러스 관련 필수품의 가격을 인상해도 괜찮으면 좋겠다고 하며 다음과 같이 말했다. "높은 가격은 사재기를 억제하고 정말 필요한 사람들이 특정 물품과 서비스를 구매할 가능성을 높인다."

하지만 어떤 사람들에게 N95 안면 마스크가 '정말 필요'한가? 자금이 풍부한 연구 중심 병원, 자금이 부족한 시립병원, 요양병원, 식품가공 공장에 마스크를 올바르게 배분하는 방법은 무엇인가? 공급과 수요에 따르면, 마스크는 가장 높은 가격을 지불할 의지와 능력이 있는 매수인에게 돌아가야 한다. 하지만 공정성을 따를 경우, 이것이 유일한 고려사항이 될 수는 없다.

대기업과 중소기업이 장기적으로 사업을 운영하길 원한다면, 공정성의 법칙을 준수하는 것이 합리적이다. 만약 다음에 부족한 것이 고기인데 정육점 주인이 돼지갈비 한 개 포장꾸러미밖에 없다는 사실을 알게 된다면, 경매에서 최고가를 제시한 입찰자에게 판매하는 것은 현명하지 못한 처사일 수 있다. ■

TAB62/SHUTTERSTOCK.COM

긴급상황시 손소독제에 얼마나 지불하시겠습니까?

논의 사항

1. 전염병 대유행이 시작되고 나서 매도인이 가격을 인상할 수 있다면, 손소독제를 구할 가능성이 높아진다고 생각하는가 아니면 낮아진다고 생각하는가? 그 이유는 무엇인가?
2. 희소 자원을 판매하는 사람이 재난 후 공급과 수요가 균형을 이루도록 가격을 인상할 수 없다면, 해당 자원을 사람들에게 어떻게 배분해야 한다고 생각하는가? 여러분이 한 제안은 어떤 이점이 있는가? 여러분의 제안은 실제로 어떤 문제를 야기할 수 있는가?

리처드 탈러는 시카고대학교 교수이며, 2017년 노벨 경제학상을 받았다.

출처: *New York Times*, March 24, 2020.

까지 해당 토지의 가격은 조정을 거친다. 시장경제에서 가격은 희소 자원을 배분하는 기능을 한다.

이와 유사하게, 가격은 각 물품을 누가 생산하고 이들 물품을 얼마나 생산할지 결정한다. 예를 들어 농업에 대해 생각해보자. 모든 사람이 살기 위해 식료품이 필요하기 때문에 어떤 사람들은 농업에 종사해야만 한다. 누가 농부가 되고 누가 농부가 되지 않는 것을 무엇이 결정하는가? 자유 사회에서는 적정한 식량 공급을 확보하기 위해 어떠한 정부기관도 이런 결정을 내리지 못한다. 대신에, 농업에 종사할 노동력의 배분은 수

"2달러 주세요."

"비가 오기 시작하네요. 75센트 더 주셔야겠습니다."

ROBERT J. DAY/THE NEW YORKER COLLECTION/THE CARTOON BANK

경제 패널 바가지 씌우는 가격

"위기 발생시 공급이 부족한 필수 물품의 가격 인상을 방지하는 법안은 사회적 후생을 증가시킬 것이다."

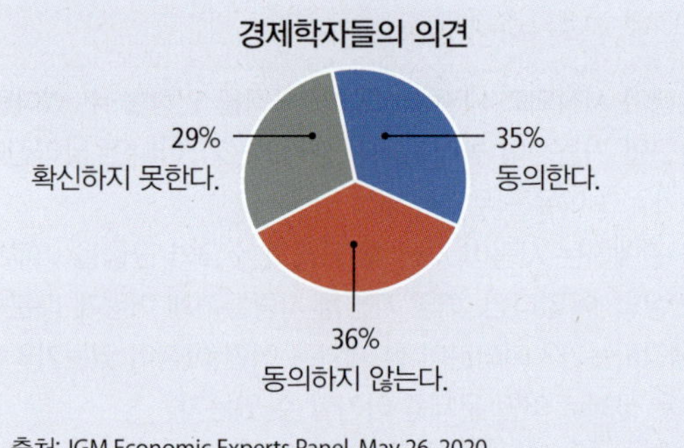

출처: IGM Economic Experts Panel, May 26, 2020.

백만 명의 노동자들이 일자리를 선택하여 내린 결정에 기초한다. 이런 결정이 가격에 달려 있기 때문에 이렇게 분권화된 체제는 잘 작동한다. 충분히 많은 사람들이 농부라는 일자리를 선택하도록 식료품 가격과 농부 임금(즉 노동력의 가격)이 조정을 거치게 된다.

실제로 작동하는 시장경제를 경험해보지 못했다면, 지금까지 논의한 논리가 터무니없어 보일 수도 있다. 경제는 수많은 상호의존적인 활동에 종사하는 사람들의 거대한 집합체이다. 분권화된 의사 결정이 혼돈에 빠지지 않게 하는 것은 무엇인가? 다양한 능력과 욕구를 갖고 있는 수백만 명의 행태를 조정하는 것은 무엇인가? 이루어져야만 하는 일이 실제로 이루어지도록 하는 것은 무엇인가? 한마디로 답하면, 바로 가격이다. 애덤 스미스가 남긴 유명한 말처럼, 보이지 않는 손이 시장경제를 인도할 경우 가격 체계는 보이지 않는 손이 경제라는 오케스트라를 지휘할 때 사용하는 지휘봉이 된다.

요약

- 경제학자들은 공급 및 수요 모형을 이용하여 경쟁시장을 분석한다. 이런 시장에는 많은 매수인과 매도인이 있으며, 각 매수인과 각 매도인은 시장가격에 거의 영향을 미치지 못하거나 전혀 영향을 미치지 못한다.
- 어떤 물품에 대한 수요곡선은 수요량이 가격에 어떻게 의존하는지 보여준다. 수요법칙에 따르면, 물품의 가격이 하락함에 따라 수요량이 증가한다. 이것이 수요곡선의 기울기가 하향하는 이유이다.
- 소비자들이 매수하고자 하는 수량을 결정하는 요인에는 가격 이외에 소득, 대체재 가격, 보완재 가격, 기호, 기대, 매수인 수가 포함된다. 이들 요인 중 하나가 변화할 경우, 각 가격에서 수요되는 수량이 변화하여 수요곡선 자체가 이동한다.
- 어떤 물품에 대한 공급곡선은 공급량이 가격에 어떻게 의존하는지 보여준다. 공급법칙에 따르면, 물품의 가격이 상승함에 따라 공급량이 증가한다. 이것이 공급곡선의 기울기가 상향하는 이유이다.
- 생산자들이 매도하고자 하는 수량을 결정하는 요인에는 가격 이외에 생산요소 가격, 기술, 기대, 매도인 수가 포함된다. 이들 요인 중 하나가 변화할 경우, 각 가격에서 공급되는 수량이 변화하여 공급곡선 자체가 이동한다.
- 공급곡선과 수요곡선이 교차하는 점에서 시장균형이 이루어진다. 균형가격에서 수요량은 공급량과 같아진다.
- 매수인과 매도인의 행태를 통해 시장은 자연스럽게 균형으로 유도된다. 시장가격이 균형가격보다 위에서 형성되는 경우, 해당 물품의 과잉현상이 발생하며 이로 인해 시장가격이 하락한다. 시장가격이 균형가격보다 아래에서 형성되는 경우, 해당 물품의 부족현상이 발생하며 이로 인해 시장가격이 상승한다.
- 어떤 상황이 시장에서 균형가격과 균형량에 어떤 영향을 미치는지 분석하기 위해, 공급 및 수요 도해를 활용하여 다음과 같은 세 가지 단계를 밟는다. 첫째, 해당 상황이 공급곡선 또는 수요곡선(또는 두 곡선 모두)을 이동시키는지 여부를 결정한다. 둘째, 해당 곡선이 어느 방향으로 이동하는지를 결정한다. 셋째, 새로운 균형과 최초의 균형을 비교한다.
- 시장경제에서 가격은 결정을 유도하는 신호이며 희소한 자원을 배분한다. 가격은 경제에 있는 모든 물품에 대해 공급과 수요가 균형을 이루도록 한다. 균형가격은 매수인이 소비하고자 하는 수량과 매도인이 생산하고자 하는 수량을 결정한다.

주요 개념

복습용 질문

1. 경쟁시장은 무엇인가? 완전경쟁이 아닌 시장의 형태를 간략하게 설명하시오.
2. 수요 스케줄과 수요곡선은 무엇이며, 이들은 어떻게 연계되는가? 수요곡선의 기울기가 하향하는 이유는 무엇인가?
3. 소비자 기호가 변화할 경우, 이는 수요곡선상에서의 이동으로 이어지는가 아니면 수요곡선 자체의 이동으로 이어지는가? 가격이 변화할 경우, 이는 수요곡선상에서의 이동으로 이어지는가 아니면 수요곡선 자체의 이동으로 이어지는가? 여러분의 대답을 설명하시오.
4. 현준이는 소득이 감소했으며, 이에 따라 호박 주스를 더 많이 구입했다. 호박 주스는 열등재인가 아니면 정상재인가? 호박 주스에 대한 현준이의 수요곡선에 어떤 일이 발생하는가?
5. 공급 스케줄과 공급곡선은 무엇이며, 이들은 어떻게 연계되는가? 공급곡선의 기울기가 상향하는 이유는 무엇인가?
6. 생산자의 기술이 변화할 경우, 이는 공급곡선상에서의 이동으로 이어지는가 아니면 공급곡선 자체의 이동으로 이어지는가? 가격이 변화할 경우, 이는 공급곡선상에서 이동으로 이어지는가 아니면 공급곡선 자체의 이동으로 이어지는가?
7. 시장균형을 정의하시오. 시장을 균형으로 유도하는 힘을 설명하시오.
8. 맥주와 피자는 종종 함께 먹기 때문에 보완재가 된다. 맥주가격이 상승할 경우, 피자시장에서의 공급, 수요, 공급량, 수요량, 가격에 어떤 일이 발생하는가?
9. 시장경제에서 가격이 하는 역할을 설명하시오.

문제와 응용

1. 공급 및 수요 도해를 활용하여 다음의 각 진술을 설명하시오.
   a. "한파가 플로리다를 강타할 경우, 미국 전역에 소재한 슈퍼마켓에서 판매되는 오렌지 주스의 가격이 상승한다."
   b. "미국 뉴잉글랜드 지역의 날씨가 따뜻해질 경우, 카리브해에 소재한 호텔의 객실 요금이 하락한다."
   c. "중동에서 전쟁이 발발할 경우, 휘발유 가격이 상승하고 중고 SUV의 가격이 하락한다."
2. "노트북에 대한 수요가 증가할 경우, 이는 노트북의 수요량을 증대시키지만 공급량을 증대시키지는 않는다." 이 진술은 참인가 아니면 거짓인가? 설명하시오.
3. 미니밴 시장에 대해 생각해보자. 아래에 나열된 각 상황에 대해, 수요 또는 공급의 어떤 결정요인이 영향을 받는지 설명하시오. 또한 수요 또는 공급이 증가하는지 아니면 감소하는지 여부를 밝히시오. 그러고 나서 공급 및 수요 도해를 그려 미니밴의 가격과 수량에 미치는 영향을 설명하시오.
   a. 사람들이 더 많은 자녀를 갖기로 했다.
   b. 철강산업 노동자들이 벌인 파업으로 철강가격이 상승했다.
   c. 엔지니어들이 미니밴 생산에 필요한 자동화 기계를 새로 개발했다.
   d. 스포츠 유틸리티 차량(SUV)의 가격이 상승했다.
   e. 주식시장 붕괴로 사람들의 재산이 감소했다.
4. 넷플릭스처럼 연속 상영되는 영화 시청, TV스크린, 영화 관람 시장을 생각해보자.
   a. 다음의 각 쌍이 보완재인지 아니면 대체재인지 설명하시오.
      - 연속 상영되는 영화 시청과 TV스크린
      - 연속 상영되는 영화 시청과 영화 관람
      - TV스크린과 영화 관람

b. 기술진보로 TV스크린 제작비용이 감소했다고 가상하자. 공급 및 수요 도해를 그려 TV스크린 시장에 어떤 일이 발생하는지 설명하시오.

c. 두 개의 추가적인 공급 및 수요 도해를 그리고 TV스크린 시장의 변화가 연속 상영되는 영화 시청과 영화 관람 시장에 어떤 영향을 미치는지 설명하시오.

5. 지난 40년 동안 기술진보로 컴퓨터 칩의 생산비용이 하락했다. 이로 인해 컴퓨터 시장에 어떤 영향을 미쳤다고 생각하는가? 컴퓨터 소프트웨어 시장은 어떠한가? 타자기 시장은 어떠한가?

6. 공급 및 수요 도해를 활용하여, 다음의 상황들이 스웨트셔츠(경기 전후에 입는 헐거운 스웨터) 시장에 미치는 영향을 설명하시오.

a. 사우스 캐롤라이나에 불어닥친 허리케인으로 인해 목화 수확이 피해를 입었다.

b. 가죽 재킷 가격이 하락했다.

c. 모든 대학들이 적절한 복장을 갖추고 아침 운동을 하도록 요구한다.

d. 새로운 편물 기계가 발명되었다.

7. 토마토 케첩은 핫도그의 (소스일 뿐만 아니라) 보완재이다. 핫도그 가격이 상승할 경우, 케첩시장에는 어떤 일이 발생하는가? 토마토 시장은 어떠한가? 토마토 주스 시장은 어떠한가? 오렌지 주스 시장은 어떠한가?

8. 피자시장의 수요 스케줄과 공급 스케줄은 다음과 같다.

가격	수요량	공급량
4달러	피자 135판	피자 26판
5	104	53
6	81	81
7	68	98
8	53	110
9	39	121

a. 수요곡선과 공급곡선을 그리시오. 이 시장에서 균형가격과 균형량은 무엇인가?

b. 이 시장에서 실제가격이 균형가격보다 높은 경우, 무엇이 이 시장을 균형으로 유도하는가?

c. 이 시장에서 실제가격이 균형가격보다 낮은 경우, 무엇이 이 시장을 균형으로 유도하는가?

9. 다음 상황을 생각해보자. 과학자들은 오렌지를 먹을 경우 당뇨병의 위험이 낮아진다고 밝혔다. 동시에 농부들은 오렌지 나무가 더 많은 오렌지를 산출하도록 해주는 새로운 비료를 사용했다. 이런 변화가 오렌지의 균형가격과 균형량에 어떤 영향을 미치는지 설명하시오.

10. 베이글과 크림치즈는 종종 함께 먹기 때문에 보완재이다.

a. 크림치즈의 균형가격과 베이글의 균형량이 둘 다 증가하는 상황이 관찰되었다. 이런 상황을 어떻게 설명할 수 있는가? 밀가루 가격이 하락했는가? 또는 우유가격이 하락했는가?

b. 대신에 크림치즈의 균형가격은 상승했지만 베이글의 균형량은 감소했다고 가상하자. 이런 상황을 어떻게 설명할 수 있는가? 밀가루 가격이 상승했는가? 또는 우유가격이 상승했는가? 그래프를 활용하여 설명하시오.

11. 여러분이 다니는 대학에서 벌어지는 농구경기 입장권의 가격이 시장에서 작동되는 힘에 의해 결정된다고 가상하자. 현재 수요 스케줄과 공급 스케줄은 다음과 같다.

가격	수요량	공급량
4달러	입장권 10,000장	입장권 8,000장
8	8,000	8,000
12	6,000	8,000
16	4,000	8,000
20	2,000	8,000

a. 수요곡선과 공급곡선을 그리시오. 이 공급곡선의 특이한 점은 무엇인가? 이 공급곡선이 옳은 이유는 무엇인가?

b. 이 입장권의 균형가격과 균형량은 무엇인가?

c. 여러분이 다니는 대학이 내년에 등록된 총학생 수를 5,000명 증가시키려 한다. 추가적으로 등록할 학생들의 수요 스케줄은 다음과 같다.

가격	수요량
4달러	입장권 4,000장
8	3,000
12	2,000
16	1,000
20	0

이제는 이전의 수요 스케줄과 신규 등록할 학생들의 수요 스케줄을 합하여, 전체 대학에 대한 새로운 수요 스케줄을 작성하시오. 새로운 균형가격과 균형량은 무엇인가?

Quiz 해답

1. c 2. b 3. a 4. b 5. a 6. d 7. a 8. c 9. d 10. b 11. a 12. c 13. d

Chapter

5

탄력성: 개념 및 응용

어떤 사건으로 인해 미국의 휘발유 가격이 급등하는 경우를 가상해보자. 이런 사건에는 세계 석유 공급을 옥죌 수 있는 중동의 긴장상황, 세계 석유 수요를 끌어올릴 중국 경제의 호황, 미국 의회가 통과시킨 휘발유세의 인상 등이 포함된다. 미국 소비자들은 유가 상승에 어떻게 대응하는가?

폭넓게 뭉뚱그려 이 질문에 답하는 것은 용이하다. 즉, 사람들은 더 적은 휘발유를 구입하게 된다고 답할 수 있다. 이것은 앞 장에서 배운 수요법칙에 따른 것이다. 즉, 다른 사정이 동일하다면 어떤 물품의 가격이 상승할 때 해당 물품의 수요량은 감소한다. 하지만 여러분은 정확한 답을 원할지도 모른다. 휘발유 구매는 얼마나 감소할 것인가? 이 질문은 **탄력성**이란 개념을 사용하여 답할 수 있다.

탄력성은 매수인과 매도인이 시장상황의 변화에 얼마나 많이 반응하는지를 측정한 척도이다. 사건이나 정책이 시장에 어떤 영향을 미치는지 살펴볼 경우, 미치는 영향의 방향만이 아니라 그 크기도 논의할 수 있다.

AZMANJAKA/E+/GETTY IMAGES CARLOS FLORES/EYEEM/GETTY IMAGES

휘발유 시장에 관한 연구에서 보면, 수요량이 단기보다는 장기에서 휘발유 가격에 더 많이 반응한다는 사실을 일반적으로 알 수 있다. 가격이 10% 상승할 경우 휘발유 소비는 1년 후에 약 2.5% 감소하지만, 5년 후에는 약 6% 감소한다. 장기적인 감소의 약 절반은 운전을 덜 하는 데서 비롯되며, 나머지 절반은 연비가 더 효율적인 자동차로 바꾸고 더 나아가 휘발유가 전혀 필요하지 않은 전기차로 바꾸는 데서 비롯된다. 이들 두 반응 모두가 수요곡선과 그 탄력성에 반영된다.

5-1 수요 탄력성

제4장에서는 어떤 물품의 가격이 하락하거나 소득이 증대하거나 대체재의 가격이 상승하거나 보완재의 가격이 하락하는 경우, 소비자들은 보통 해당 물품을 더 많이 구입하게 된다는 사실을 알게 되었다. 이런 논의는 질적 분석이지, 양적 분석은 아니다. 즉 수요량의 증가와 감소에 대해 논의했지만, 변화의 크기에 대해서는 알아보지 않았다. 소비자들이 이런 변수의 변화에 얼마나 반응하는지 알아보기 위해, 경제학자들은 탄력성(elasticity)이란 개념을 사용한다.

탄력성
결정요인 중 한 개가 변화하는 경우, 수요량 또는 공급량이 그 변화에 반응하는 정도를 측정하는 척도

5-1a 수요의 가격 탄력성과 결정요인

수요의 가격 탄력성
어떤 물품의 수요량이 그 물품의 가격 변화에 얼마나 반응하는지를 측정한 척도이며, 수요량의 백분율 변화를 가격의 백분율 변화로 나누어 계산한 값

수요법칙에 따르면, 어떤 물품의 가격이 하락하는 경우 그 수요량이 증가한다. 수요의 가격 탄력성(price elasticity of demand)은 가격 변화에 수요량이 얼마나 반응하는지를 측정한 것이다. 수요량이 가격 변화에 크게 반응하는 경우, 해당 품목에 대한 수요는 **탄력적**이라고 한다. 수요량이 가격 변화에 약간만 반응하는 경우, 수요는 **비탄력적**이라고 한다.

각 물품에 대한 수요의 가격 탄력성은, 가격이 상승함에 따라 소비자가 얼마나 덜 구입하려는 의향이 있는지를 측정한다. 수요곡선은 소비자 선호를 결정하는 경제적, 사회적, 심리적 요인을 반영하기 때문에, 무엇이 수요곡선의 탄력성을 결정하는지에 대한 간단하고 보편적인 규칙은 없다. 하지만 경험에 기반한 몇 가지 규칙이 있다.

밀접한 대체재의 존재 유무 밀접한 대체재가 있는 물품은, 소비자들이 해당 물품에서 다른 물품으로 더 쉽게 전환할 수 있기 때문에 보다 탄력적인 수요를 갖는 경향이 있다. 예를 들면 마가린은 버터의 일반적인 대체품이다. 버터가격을 조금만 인상해도 마가린 가격이 일정하다고 가정할 경우, 버터의 수요량은 크게 감소한다는 사실을 알게 될 것이다. 반면에 달걀은 밀접한 대체재가 없기 때문에, 그것의 수요는 덜 탄력적이다. 달걀가격이 조금 인상되더라도, 그것의 수요량이 크게 감소하지는 않는다.

필수품과 사치품 진정으로 필요한 물품은 가격이 조금 상승하더라도 구입량이 많이 감소하지는 않는다. 달리 표현하면, 필수품의 수요는 비탄력적인 경향이 있다. 예를 들면 의사를 내방하여 지불하는 진료비가 상승할 경우, 대부분의 사람은 약간 덜 자주 방문할 수는 있지만 방문 횟수를 급격히 줄이지는 않는다. 사치품은 또 다른 문제이다. 요트가격이 상승할 경우, 요트의 수요량은 크게 감소한다. 그 이유는 대부분의 사람이 요트를 사치품으로 간주하기 때문이다. 어떤 품목이 필수품인지, 사치품인지 여부는 해당 품목의 본질적 특성이 아니라 매수인의 선호에 달려 있다. 건강에는 거의 관심이 없으면서 열광적인 항해자인 경우, 요트는 수요가 비탄력적인 필수품이고 의사를 내방하여 진료받는 것은 수요가 탄력적인 사치품일 수 있다.

광범하게 정의된 시장인지 아니면 협소하게 정의된 시장인지 여부 수요의 탄력성은 시장의 경계를 어떻게 설정하느냐에 달려 있다. 좁게 정의된 시장은 폭넓게 정의된 시장보다 수요가 더 탄력적인 경향이 있다. 그 이유는 좁게 정의된 물품의 밀접한 대체재를 찾는 것이 더 용이하기 때문이다. 예를 들어 범주가 폭넓은 식료품의 경우, 적당한 대체재가 없기 때문에 수요가 상당히 비탄력적이다. 범주가 좁은 아이스크림의 경우, 다른 디저트로 쉽게 대체할 수 있기 때문에 수요가 좀 더 탄력적이다. 범주가 훨씬 더 좁은 바닐라 아이스크림의 경우, 예를 들면 달콤한 크림과 같은 다른 맛의 아이스크림이 바닐라 아이스크림의 거의 완벽한 대체재가 되기 때문에 수요가 매우 탄력적이다.

시간 영역 수요는 시간이 길수록 더 탄력적이 되는 경향이 있다. 휘발유 가격이 상승한 경우, 수요량은 처음 몇 달 동안에는 약간만 감소한다. 하지만 시간이 흐르면 사람들은 연비가 더 효율적인 자동차나 전기차를 구입하고, 카풀을 하고 대중교통으로 바꾸고 직장과 가까운 곳으로 이사를 한다. 몇 년에 걸쳐 휘발유 수요량은 더 많이 감소한다.

5-1b 숫자를 활용한 수요의 가격 탄력성

지금까지 수요의 가격 탄력성 개념을 전반적으로 살펴보았으므로, 이제는 이를 어떻게 측정하는지 구체적으로 살펴보도록 하자. 경제학자들은 수요의 가격 탄력성을 다음과 같이, 즉 수요량의 백분율 변화를 가격의 백분율 변화로 나누어 구한다.

$$\text{수요의 가격 탄력성} = \frac{\text{수요량의 백분율 변화(즉, 변화율)}}{\text{가격의 백분율 변화(즉, 변화율)}}$$

예를 들어 아이스크림 가격이 10% 상승하고 나서 20% 더 적게 구입했다고 가상하자. 이런 경우 수요의 가격 탄력성은 다음과 같이 계산된다.

$$\text{수요의 가격 탄력성} = \frac{20\%}{10\%} = 2$$

위의 예에서 탄력성은 2가 되는데, 이는 수요량 변화가 가격 변화에 비해 비율적으로 2배 크다는 의미이다.

어떤 물품의 수요량은 가격과 반대방향으로 변화하기 때문에, 수요량의 백분율 변화는 가격의 백분율 변화에 대해 반대 부호를 갖게 된다. 위의 예에서, 가격의 백분율 변화는 **양수** 10%(이는 상승을 의미한다)이고, 수요량의 백분율 변화는 **음수** 20%(이는 감소를 의미한다)이다. 이런 이유로, 수요의 가격 탄력성은 이따금 음수로 발표되지만, 일반적으로는 음수 부호를 떼고 모든 수요의 가격 탄력성이 양수로 발표된다.(수학에서는 이를 **절댓값**이라고 한다) 이 책에서는 관례에 따라, 가격 탄력성이 크다는 것은 가격 변화에 대한 수요량의 변화가 크다는 의미이다.

5-1c 중간점에 기반한 방법: 백분율 변화와 탄력성을 계산하는 방법

수요곡선상의 두 점 사이에 존재하는 수요의 가격 탄력성을 계산하려는 경우, 성가신 문제가 발생한다. 점 A로부터 점 B까지의 탄력성은 점 B로부터 점 A까지의 탄력성과 상이한 것처럼 보인다. 다음 예를 통해 살펴보자.

점 A: 가격 = 4달러, 수량 = 120
점 B: 가격 = 6달러, 수량 = 80

점 A에서 점 B로 살펴볼 경우, 가격은 50%만큼 상승하고 수량은 33%만큼 감소하는데 이는 수요의 가격 탄력성이 33/50 또는 0.66이 된다는 의미이다.

점 B에서 점 A로 살펴볼 경우, 가격은 33%만큼 하락하고 수량은 50%만큼 증가하는데 이는 수요의 가격 탄력성이 50/33 또는 1.5가 된다는 의미이다. 백분율 변화를 계산할 때 상이한 기본값에 기초하기 때문에 이런 차이가 발생한다. 하지만 분석하고자 하는 현실, 즉 점 A에서 점 B로 또는 점 B에서 점 A로 살펴보는지 여부에 관계없이 가격 변화에 대한 매수인의 반응은 동일하다.

탄력성을 계산하기 위해 **중간점 방법**을 사용할 경우 이런 혼란을 피할 수 있다. 백분율 변화를 계산하는 일반적인 절차에 따르면, 변화량을 최초수준 값으로 나눈다. 하지만 중간점 방법의 경우에는 그 대신에 변화량을 최초수준 값과 최종수준 값의 중간점(평균)으로 나눈다. 예를 들면 5달러는 4달러와 6달러의 중간이다. 따라서 중간점 방법에 따르면, 4달러에서 6달러로 변화할 경우 (6−4)/5×100 = 40이기 때문에 40% 상승했다고 본다. 이와 유사하게 6달러에서 4달러로 변화할 경우 역시 40% 하락했다고 본다.

중간점 방법은 변화의 방향에 관계없이 동일한 값을 구할 수 있기 때문에, 두 점 사이 수요의 가격 탄력성을 계산할 때는 이 방법이 종종 사용된다. 위의 예에서 점 A와 점 B 사이의 중간점은 다음과 같다.

중간점: 가격 = 5달러, 수량 = 100

중간점 방법에 따르면, 점 A에서 점 B로 이동할 경우 가격은 40%만큼 상승하고 수량은 40%만큼 감소한다. 이와 유사하게 점 B에서 점 A로 이동할 경우, 가격은 40%만큼 하락하고 수량은 40%만큼 증가한다. 이들 두 이동방향 모두에서 수요의 가격 탄력성은 1이 된다.

아래 공식은 (Q_1, P_1) 및 (Q_2, P_2)로 나타낸 두 점 사이 수요의 가격 탄력성을 계산하는 중간점 방법이다.

$$\text{수요의 가격 탄력성} = \frac{(Q_2 - Q_1)/[(Q_2 + Q_1)/2]}{(P_2 - P_1)/[(P_2 + P_1)/2]}$$

분자는 중간점 방법을 사용하여 구한 수량의 백분율 변화이고, 분모는 중간점 방법을 사용하여 구한 가격의 백분율 변화이다. 탄력성을 계산해야 한다면 위의 공식을 사용하자.

이 책에서는 이런 계산을 거의 하지 않는다. 이 책에서 학습하는 대부분의 목적은 탄력성을 어떻게 계산하느냐보다 탄력성의 개념, 즉 가격 변화에 수요량이 반응한다는 개념을 이해하는 것이기 때문이다.

5-1d 다양한 형태의 수요곡선

경제학자들은 탄력성을 사용하여 수요곡선을 분류한다. 수량이 가격보다 비율적으로 더 많이 변화할 때, 탄력성이 1보다 크고 수요가 **탄력적**이라고 한다. 수량이 가격보다 비율적으로 더 적게 변화할 때, 탄력성이 1보다 작고 수요가 **비탄력적**이라고 한다. 마지막으로 수량의 백분율 변화가 가격의 백분율 변화와 같을 때, 탄력성이 정확히 1이 되고 수요가 **단위 탄력적**이라고 한다.

수요의 가격 탄력성은 가격 변화에 수요량이 얼마나 많이 반응하는지를 측정한 것이기 때문에 수요곡선의 기울기와 밀접하게 연계된다. 경험에 기반한 다음과 같은 유용한 규칙이 있다. 주어진 점에서 수요곡선이 완만할수록 수요의 가격 탄력성이 더 커진다. 주어진 점에서 수요곡선이 가파를수록 수요의 가격 탄력성이 더 작아진다.

그림 1은 다섯 가지 경우를 보여준다. 그림 1(a)에서 보는 것처럼 탄력성이 영인 극단적인 경우에 수요는 **완전 비탄력적**이고 수요곡선은 수직선이 된다. 이 경우, 가격에 관계없이 수요량은 동일하다. 탄력성이 증가함에 따라, 그림 1(b), (c), (d)에서 보는 것

그림 1

수요의 가격 탄력성

수요의 가격 탄력성은 수요곡선이 가파른지 아니면 완만한지 여부를 결정한다. 모든 백분율 변화는 중간점 방법을 활용하여 계산되었다는 사실에 주목하자.

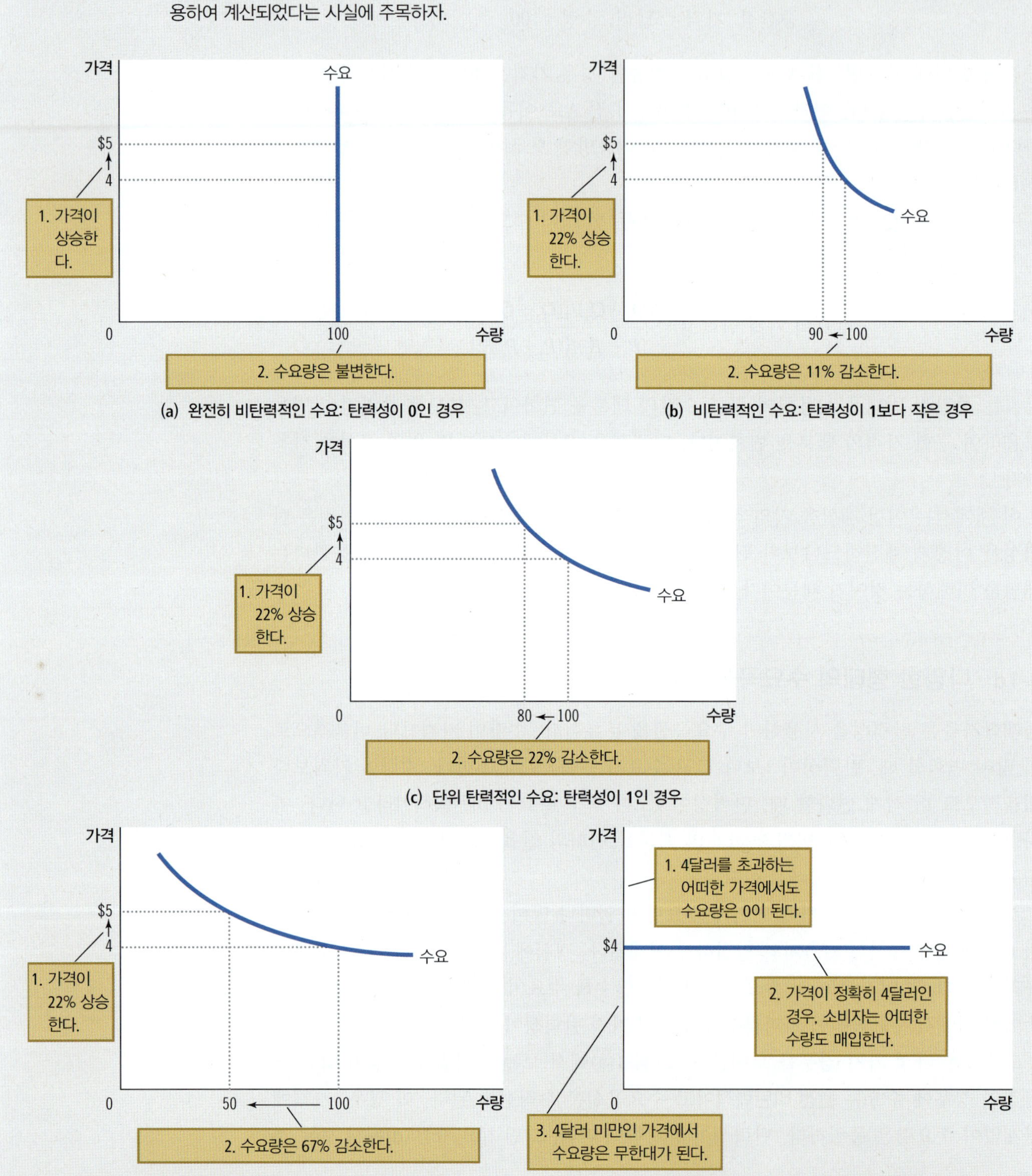

(a) 완전히 비탄력적인 수요: 탄력성이 0인 경우

(b) 비탄력적인 수요: 탄력성이 1보다 작은 경우

(c) 단위 탄력적인 수요: 탄력성이 1인 경우

(d) 탄력적인 수요: 탄력성이 1보다 큰 경우

(e) 완전히 탄력적인 수요: 탄력성이 무한대인 경우

처럼 수요곡선은 서서히 완만해진다. 정반대의 극단적인 경우인 그림 1(e)에서 수요는 **완전 탄력적**이다. 수요의 가격 탄력성이 매우 커서 무한대로 근접함에 따라 이런 상황이 발생한다. 수요곡선은 수평선이 되며, 이는 가격의 조그마한 변화가 수요량의 큰 변화로 이어진다는 사실을 보여준다.

어떤 곡선이 탄력적이고 어떤 곡선이 비탄력적인지가 바로 기억나지 않을 때 효과적인 요령이 있다. Inelastic이란 비탄력적이라는 의미이며 맨 앞글자가 I이다. 예를 들면 그림 1(a)처럼 비탄력적인 곡선은 문자 I처럼 보인다.(경제학자들은 곡선이라고 하지만, 수요곡선이 완전 비탄력적인 경우 실제로는 수직선이 된다) 요령에 깊은 뜻이 있지는 않지만, 시험 볼 때 도움이 될지도 모른다.

5-1e 총수입과 수요의 가격 탄력성

어떤 시장에서 공급 또는 수요의 변화를 고찰할 경우 종종 살펴보고자 하는 한 가지 변수는 **총수입**(total revenue)이며, 이는 해당 물품의 매수인이 지급하고 매도인이 수령하는 금액이다. 수학으로 나타내면, 총수입은 $P \times Q$이며 해당 물품의 가격에 판매량을 곱한 것이다. 그림 2는 총수입을 그래프로 보여준다. 수요곡선 아래에 있는 사각형의 높이는 P이고 폭은 Q이다. 이 사각형의 면적은 $P \times Q$이고, 이것은 이 시장에서의

총수입
어떤 물품의 매수인이 지급하고 매도인이 수령한 금액으로 해당 물품의 가격에 판매량을 곱하여 계산한 값

FYI 실제 세계의 몇 가지 탄력성

탄력성이 무엇을 의미하고, 탄력성을 결정하는 것이 무엇이며, 탄력성이 어떻게 계산되는지에 관해 살펴보았다. 이런 일반적인 논의를 넘어서, 탄력성의 특정 숫잣값에도 관심을 가질 수 있다. 어떤 물품의 가격이 해당 물품의 수요량에 정확하게 얼마나 영향을 미치는가?

이런 물음에 답하기 위해, 경제학자들은 시장 데이터를 수집하고 통계적 방법을 사용하여 수요의 가격 탄력성을 추정한다. 다음은 여러 연구 결과에서 수집한 다양한 물품에 대한 수요의 가격 탄력성이다.

이들 숫자는 생각해보면 재미있고 시장들을 비교할 때 유용하게 사용될 수는 있지만, 주의를 기울여 해석해야 한다. 그 이유 중 하나는 추정값을 구하기 위해 사용하는 통계적 방법은 실제 세계에 관해 가정을 하는데, 이들 가정이 실제에서 타당하지 않을 수 있기 때문이다.(계량경제학이라는 경제학의 한 분야는 이런 통계적 방법에 관해 논의한다) 또 다른 이유는 수요의 가격 탄력성이 수요곡선상의 모든 점에서 같을 필요가 없기 때문이다. 이런 두 가지 이유로 인해 서로 다른 연구들이 동일한 물품에 대해 상이한 가격 탄력성을 발표하더라도 놀랄 필요가 없다. ■

물품	탄력성	
달걀	0.1	↑ 매우 비탄력적 (수요량은 가격 변화에 거의 반응하지 않는다)
보건의료	0.2	
담배	0.4	
쌀	0.5	
주택	0.7	
쇠고기	1.6	
땅콩버터	1.7	
외식	2.3	매우 탄력적 (수요량은 가격 변화에 매우 크게 반응한다) ↓
(아침식사용 시리얼인) 치리오스	3.7	
(청량음료인) 마운틴 듀	4.4	

그림 2

총수입

수요곡선 아래의 사각형 면적, 즉 $P \times Q$는 매도인이 수령한 총수입 그리고 매수인이 지급한 총액과 같다. 이 그림에서 가격은 4달러이고 수요량은 100이므로 총수입은 400달러이다.

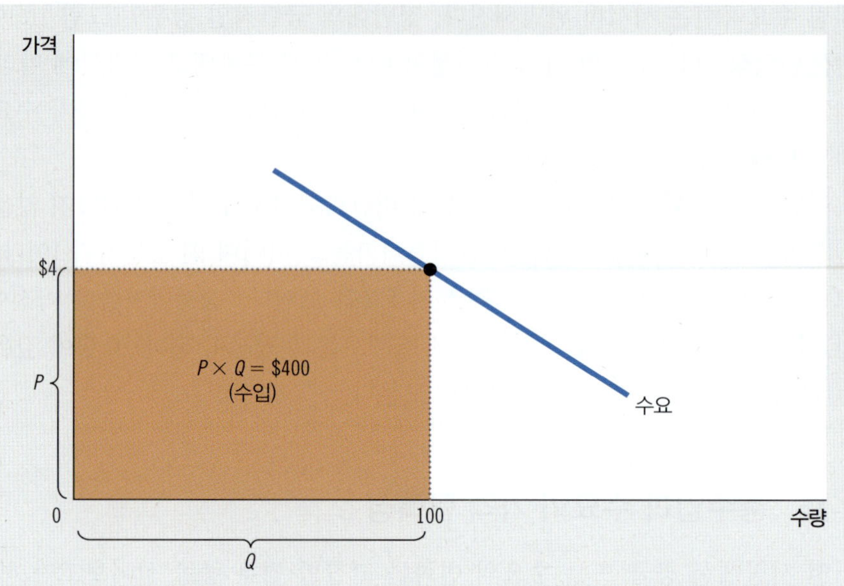

총수입이다. 그림 2에서 $P=4$달러이고 $Q=100$이며, 총수입은 4달러×100 또는 400달러이다.

수요곡선을 따라 이동할 경우, 총수입은 어떻게 변화하는가? 이 물음에 대한 대답은 수요의 가격 탄력성에 달려 있다. 그림 3(a)에서 보는 것처럼, 수요가 비탄력적이라면 가격이 상승할 경우 총수입이 증가한다. 이 그림에서 가격이 4달러에서 5달러로 상승하면 수요량은 100에서 90으로 감소하며, 이에 따라 총수입이 400달러에서 450달러로 증가한다. 가격이 상승할 경우 $P \times Q$가 증가하는데, 그 이유는 Q의 감소가 P의 상승보다 비율적으로 더 작기 때문이다.

수요가 탄력적이면 정반대의 결과가 발생한다. 가격이 상승할 경우 총수입이 감소한다. 예를 들면 그림 3(b)에서 가격이 4달러에서 5달러로 상승하면 수요량은 100에서 70으로 감소하며, 이에 따라 총수입은 400달러에서 350달러로 감소한다. 수요가 탄력적이기 때문에, 수요량의 감소가 매우 커서 가격 상승을 상쇄하고도 남는다. 즉, 가격이 상승할 경우 $P \times Q$가 감소하는데, 그 이유는 Q의 감소가 P의 상승보다 비율적으로 더 크기 때문이다. 이 경우, 인상된 가격에서 물품을 판매함에 따른 수입 증가액(면적 A)이 더 적은 수량의 물품을 판매함에 따른 수입 감소액(면적 B)보다 더 작다.

위의 그림에서 살펴본 예를 통해 다음과 같은 일반적인 규칙을 도출할 수 있다.

- 수요가 비탄력적인 경우(가격 탄력성이 1 미만인 경우), 가격과 총수입은 같은 방향으로 변화한다. 즉, 가격이 상승하면 총수입도 증가한다.
- 수요가 탄력적인 경우(가격 탄력성이 1을 초과한 경우), 가격과 총수입은 반대방

그림 3

가격이 변화할 경우 총수입은 어떻게 변화하는가

가격 변화가 (가격에 수량을 곱하여 구한) 총수입에 미치는 영향은 수요 탄력성에 달려 있다. (a)에서 수요곡선은 비탄력적이다. 이때 가격이 상승할 경우 비율적으로 볼 때 더 적게 수요량이 감소하므로, 총수입이 증가하게 된다. 이 그림에서 가격은 4달러에서 5달러로 상승하고 수요량은 100에서 90으로 감소하므로, 총수입은 400달러에서 450달러로 증가한다. (b)에서 수요곡선은 탄력적이다. 이때 가격이 상승할 경우 비율적으로 볼 때 더 많게 수요량이 감소하므로, 총수입이 감소하게 된다. 이 그림에서 가격은 4달러에서 5달러로 상승하고 수요량은 100에서 70으로 감소하므로, 총수입은 400달러에서 350달러로 감소한다.

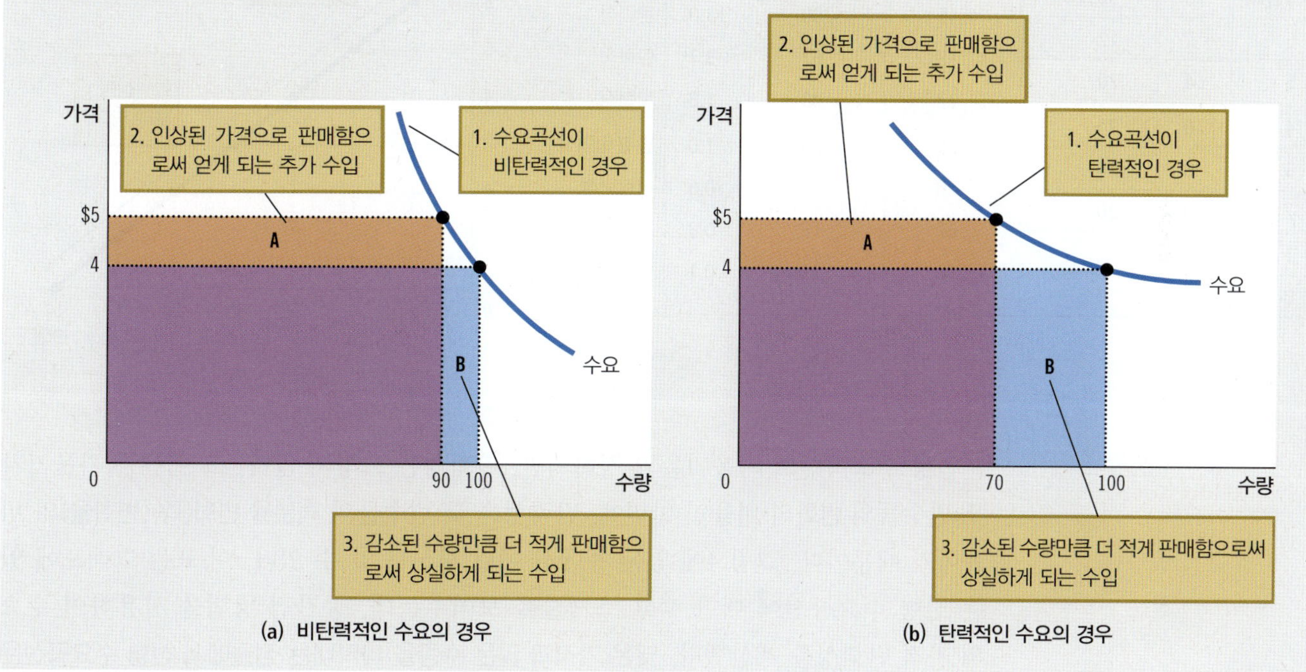

(a) 비탄력적인 수요의 경우

(b) 탄력적인 수요의 경우

향으로 변화한다. 즉, 가격이 상승하면 총수입이 감소한다.

- 수요가 단위 탄력적인 경우(가격 탄력성이 정확하게 1인 경우), 가격이 변화해도 총수입은 일정하다.

5-1f 선형 수요곡선인 경우 탄력성과 총수입

그림 4에서 보는 것처럼, 탄력성이 선형 수요곡선상에서 어떻게 변화하는지 살펴보도록 하자. 수요곡선이 직선이기 때문에 기울기는 일정하다. 기울기는 '수평방향의 변화량에 대한 수직방향의 변화량'으로 정의되며, 여기서는 수량(수평방향) 변화에 대한 가격(수직방향) 변화의 비율이 된다. 이 경우 가격이 1달러 증가하면 수요량이 동일하게 2단위 감소하기 때문에, 수요곡선의 기울기는 일정하다.

그림 4 선형 수요곡선상에서의 탄력성

선형 수요곡선의 기울기는 일정하지만 탄력성은 그렇지 않다. 수요 스케줄과 중간점 방법을 사용하여 수요의 가격 탄력성을 계산해보자. 낮은 가격과 많은 수량을 나타내는 점들에서 수요는 비탄력적이다. 반면에 높은 가격과 적은 수량을 나타내는 점들에서 수요는 탄력적이다.

가격	수량	총수입 (가격×수량)	가격의 백분율 변화	수량의 백분율 변화	탄력성	설명
7달러	0	0달러				
			15	200	13.0	탄력적
6	2	12				
			18	67	3.7	탄력적
5	4	20				
			22	40	1.8	탄력적
4	6	24				
			29	29	1.0	단위 탄력적
3	8	24				
			40	22	0.6	비탄력적
2	10	20				
			67	18	0.3	비탄력적
1	12	12				
			200	15	0.1	비탄력적
0	14	0				

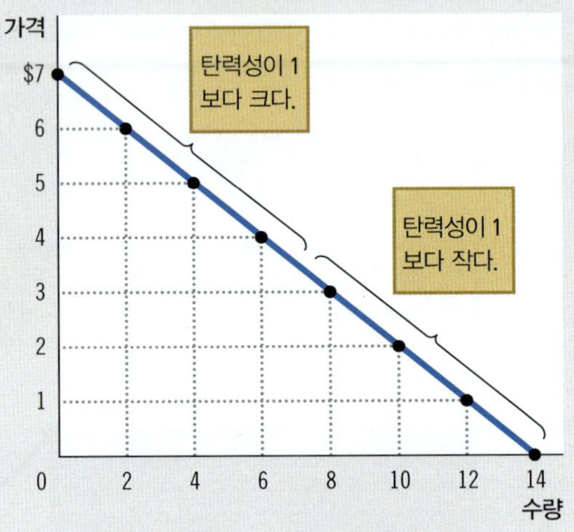

선형 수요곡선의 기울기는 일정하지만, 탄력성은 그렇지 않다. 그 이유는 기울기가 두 변수들의 **변화**의 비율인 반면에, 탄력성은 두 변수들의 **백분율 변화**(즉, **변화율**)의 비율이기 때문이다. 그림 4에 있는 표에서 이런 사실을 알 수 있다. 이 표는 그래프에 있는 선형 수요곡선에 대한 수요 스케줄을 보여주는데, 중간점 방법을 사용하여 수요의 가격 탄력성을 계산했다. **낮은 가격과 많은 수량을 나타내는 점들에서 선형 수요곡선은 비탄력적이다. 반면에 높은 가격과 적은 수량을 나타내는 점들에서 선형 수요곡선은 탄력적이다.**

이런 사실은 백분율 변화의 산술 계산을 통해 설명할 수 있다. 가격이 낮고 소비자들이 많이 구입할 때, 가격이 1달러 상승하고 수요량이 2단위 감소하면 가격의 백분율 증가는 커지고 수요량의 백분율 감소는 작아지게 된다. 이에 따라 탄력성이 작아진다. 가격이 높고 소비자들이 많이 구입하지 않을 때, 가격이 1달러 상승하고 수요량이 2단위 감소하면 가격의 백분율 증가는 작아지고 수요량의 백분율 감소는 커지게 된다. 이에 따라 탄력성이 커진다.

표는 수요곡선상의 각 점에서 얻게 되는 총수입을 제시하고 있다. 이들 숫자는 총수입과 탄력성 사이의 관계를 설명한다. 예를 들어 가격이 1달러일 때 수요는 비탄력적이고, 가격이 2달러로 상승하면 총수입이 증가한다. 가격이 5달러일 때 수요는 탄력적이고, 가격이 6달러로 상승하면 총수입이 감소한다. 가격이 3달러와 4달러 사이일 때 수요는 정확하게 단위 탄력적이고, 총수입이 이들 두 가격에서 동일하다.

요컨대, 수요의 가격 탄력성이 수요곡선상의 모든 점에서 같을 필요는 없다. 일정한 탄력성을 갖는 수요곡선은 존재하지만 특별한 경우이다. 선형 수요곡선은 결코 일정한 탄력성을 갖지 않는다.

5-1g 기타 수요 탄력성

경제학자들은 수요의 가격 탄력성 이외에 시장에서 일어나는 매수인의 행태를 설명하기 위해 다른 탄력성을 사용한다.

수요의 소득 탄력성 수요의 소득 탄력성(income elasticity of demand)은 소비자 소득이 변화함에 따라 수요량이 얼마나 변화하는지를 측정한 값이다. 이는 수요량의 백분율 변화를 소득의 백분율 변화로 나누어서 다음과 같이 계산된다.

수요의 소득 탄력성
어떤 물품의 수요량이 소비자의 소득 변화에 얼마나 반응하는지를 측정한 척도이며, 수요량의 백분율 변화를 소득의 백분율 변화로 나누어 계산한 값

$$\text{수요의 소득 탄력성} = \frac{\text{수요량의 백분율 변화(즉, 변화율)}}{\text{소득의 백분율 변화(즉, 변화율)}}$$

제4장에서 논의했던 것처럼, 대부분의 물품은 **정상재**이다. 즉, 소득이 증가함에 따라 수요량이 증가한다. 수요량과 소득은 같은 방향으로 변화하기 때문에 정상재의 소득 탄력성은 양수이다. 예를 들면 대중교통과 같은 일부 물품들은 **열등재**이다. 이것이 의미하는 바는 이들 물품이 뭔가 문제가 있다는 것이 아니며, 소득이 증가함에 따라 수요량이 단지 감소할 뿐이라는 것이다. 수요량과 소득은 서로 반대방향으로 변화하기 때문에, 열등재의 소득 탄력성은 음수이다.

정상재들 사이에서도 소득 탄력성은 크기에서 커다란 차이가 있다. 소비자들은 자신의 소득이 낮을 때도 가령 식료품과 같은 필수품을 어느 정도는 구입하기 때문에 이들 물품의 소득 탄력성은 작은 경향이 있다.(이를 발견한 19세기 통계학자의 이름을 따서 명명된 **엥겔의 법칙**에 따르면, 가계 소득이 증가함에 따라 식료품에 지출된 소득의 백분율은 감소하며, 이로 인해 소득 탄력성이 1보다 작아진다) 반면에 대부분의 소비자들은 자신의 소득이 낮을 때, 가령 다이아몬드 보석류와 요트 같은 사치품이 없더라도 지낼 수 있다고 생각하기 때문에 이들 물품의 소득 탄력성은 큰 경향이 있다.

수요의 교차가격 탄력성 수요의 교차가격 탄력성(cross-price elasticity of demand)은 어떤 물품의 수요량이 다른 물품의 가격 변화에 얼마나 반응하는지를 측정한 값이다. 이는 다음과 같이 물품 1 수요량의 백분율 변화를 물품 2 가격의 백분율 변화로 나누어 계산할 수 있다.

수요의 교차가격 탄력성
어떤 물품의 수요량이 다른 물품의 가격 변화에 얼마나 반응하는지를 측정한 값이며, 물품 1 수요량의 백분율 변화를 물품 2 가격의 백분율 변화로 나누어 계산한 값

$$\text{수요의 교차가격 탄력성} = \frac{\text{물품 1 수요량의 백분율 변화(즉, 변화율)}}{\text{물품 2 가격의 백분율 변화(즉, 변화율)}}$$

교차가격 탄력성이 양수인지 아니면 음수인지 여부는 두 물품이 대체재인지 아니면 보완재인지 여부에 달려 있다. 제4장에서 논의했던 것처럼, **대체재**의 예를 들면 햄버거와 핫도그처럼 일반적으로 대신 사용되는 물품이다. 핫도그 가격이 상승하면 사람들은 핫도그 대신에 햄버거를 더 많이 먹게 된다. 핫도그 가격과 햄버거 수요량은 같은 방향으로 변화하기 때문에, 교차가격 탄력성은 양수가 된다. 반대로 **보완재**는 가령 컴퓨터와 소프트웨어처럼 일반적으로 함께 사용되는 물품이다. 이 경우 교차가격 탄력성은 음수가 되는데, 이는 컴퓨터 가격이 상승하면 소프트웨어의 수요량이 감소한다는 의미이다.

Quiz

1. ________________, 해당 물품에 대한 수요의 가격 탄력성은 작은 경향이 있다.
   a. 어떤 물품이 필수품인 경우
   b. 밀접한 대체재가 많은 경우
   c. 시장을 협소하게 정의한 경우
   d. 어떤 물품의 장기적인 반응을 측정한 경우

2. 수요의 ________ 탄력성이 1보다 ________ 경우, 해당 물품의 가격이 상승하면 소비자가 그 물품에 지출하는 총액이 감소한다.
   a. 소득; 작은
   b. 소득; 큰
   c. 가격; 작은
   d. 가격; 큰

3. 기울기가 하락하는 선형 수요곡선은 ________________이다.
   a. 비탄력적
   b. 단위 탄력적
   c. 탄력적
   d. 직선상의 일부분에서는 비탄력적이고 다른 부분에서는 탄력적

4. 로한국의 국민은 곤도르국의 국민보다 소득 중 더 많은 부분을 식료품에 지출한다. 그 이유는 ________________.
   a. 로한국의 식료품 가격이 더 낮고, 수요의 가격 탄력성이 0이기 때문일 수 있다.
   b. 로한국의 식료품 가격이 더 낮고, 수요의 가격 탄력성이 0.5이기 때문일 수 있다.
   c. 로한국의 소득이 더 낮고, 수요의 소득 탄력성이 0.5이기 때문일 수 있다.
   d. 로한국의 소득이 더 낮고, 수요의 소득 탄력성이 1.5이기 때문일 수 있다.

해답은 이 장의 끝부분에 있다.

5-2 공급 탄력성

제4장에서 공급에 관해 논의하면서, 어떤 물품의 생산자들은 해당 물품의 가격이 상승할 때 이를 더 많이 판매하고자 한다는 사실을 알게 되었다. 공급량에 관한 질적 분석에서 양적 분석으로 전환하기 위해, 경제학자들은 탄력성이라는 개념을 다시 사용한다.

5-2a 공급의 가격 탄력성과 결정요인

공급법칙에 따르면 가격이 상승할 경우 공급량이 증가한다. 공급의 가격 탄력성(price elasticity of supply)은 공급량이 가격 변화에 얼마나 반응하는지를 측정한 척도이다. 공급량이 가격 변화에 크게 반응할 경우 공급이 **탄력적**이라고 하며, 공급량이 약간만 반응할 경우 **비탄력적**이라고 한다.

공급의 가격 탄력성
어떤 물품의 공급량이 해당 물품의 가격 변화에 얼마나 반응하는지를 측정한 척도이며, 공급량의 백분율 변화를 가격의 백분율 변화로 나누어 계산한 값

공급의 가격 탄력성은 매도인이 생산량을 변화시킬 수 있는 신축성에 달려 있다. 해변가 토지의 공급은 비탄력적이다. 그 이유는 소설가 마크 트웨인이 이전에 조언했던 "토지를 구입하시오. 토지는 더 이상 만들 수 없습니다"라는 말로 설명할 수 있다. 반면에 가령 책, 자동차, 텔레비전과 같은 제조물품의 공급은 탄력적이다. 그 이유는 이를 생산하는 기업들이 가격이 상승할 경우 공장을 더 연장하여 가동할 수 있기 때문이다.

대부분의 시장에서 공급은 단기보다 장기에서 더 탄력적이다. 그 이유는 간단하다. 즉 짧은 기간 동안에 기업은 더 긴 근무교대를 시행함으로써 더 많이 생산할 수 있지만, 공장규모를 손쉽게 변경할 수는 없다. 따라서 단기적으로는 공급량이 가격 변화에 잘 반응하지 못한다. 장기간 동안에 기업은 새로운 공장을 건설하거나 오래된 공장을 폐쇄할 수 있다. 이 밖에 새로운 기업이 시장에 진입하고 기존의 오래된 기업이 퇴출할 수도 있다. 따라서 장기적으로는 공급량이 가격 변화에 크게 반응하게 된다.

5-2b 숫자를 활용한 공급의 가격 탄력성

지금까지 공급의 가격 탄력성이 어떻게 작동하는지에 대해 전반적으로 살펴보았는데, 이제는 구체적으로 살펴보도록 하자. 경제학자들은 이를 다음과 같이 공급량의 백분율 변화를 가격의 백분율 변화로 나누어 구한다.

$$\text{공급의 가격 탄력성} = \frac{\text{공급량의 백분율 변화(즉, 변화율)}}{\text{가격의 백분율 변화(즉, 변화율)}}$$

예를 들어 우유가격이 갤런당 2.85달러에서 3.15달러로 상승했고 낙농업자는 월간 9,000갤런에서 11,000갤런으로 생산량이 증가했다고 가정하자. 중간점 방법을 사용하여 가격의 백분율 변화를 계산하면 다음과 같다.

$$\text{가격의 백분율 변화} = (3.15-2.85)/3.00 \times 100 = 10\%$$

이와 유사하게 공급량의 백분율 변화를 계산하면 다음과 같다.

$$\text{공급량의 백분율 변화} = (11,000-9,000)/10,000 \times 100 = 20\%$$

이 경우 공급의 가격 탄력성은 다음과 같다.

$$\text{공급의 가격 탄력성} = \frac{20\%}{10\%} = 2$$

위의 예에서 탄력성은 2가 되는데, 이는 공급량이 가격에 비율적으로 2배로 변화한다는 의미이다.

5-2c 다양한 형태의 공급곡선

공급곡선의 형태는 공급의 가격 탄력성에 시사하는 바가 있으며, 그림 5는 다섯 가지 경우를 보여준다. 그림 5(a)는 탄력성이 0인 극단적인 경우로, 공급이 **완전 비탄력적**이며 공급곡선은 수직선이 된다. 이 경우 공급량은 가격에 상관없이 동일하다. 탄력성이 증가함에 따라 공급곡선은 완만해지는데, 이는 공급량이 가격 변화에 더 반응하게 된다는 의미이다. 그림 5(e)는 정반대의 극단적인 경우로, 공급이 **완전 탄력적**이다. 이는 공급의 가격 탄력성이 무한대로 근접하고 공급곡선이 수평선이 되는 상황이다. 이는 조그마한 가격 변화가 공급량의 큰 변화로 이어진다는 의미이다.

일부 시장에서 공급 탄력성은 일정하지 않으며, 공급곡선상의 위치에 따라 변화한다. 그림 6은 생산능력이 제한된 공장을 보유한 기업들로 구성된 산업의 일반적인 경우이다. 공급량 수준이 낮을 때 공급 탄력성은 높은데, 이는 기업들이 가격 변화에 크게 반응한다는 의미이다. 공급곡선상의 이 영역에서 기업은 가령 하루 중 일정 시간 동안 사용되지 않는 공장과 설비처럼 추가적인 생산능력을 갖추고 있다. 가격이 조금이라도 상승할 때, 기업이 유휴 생산능력을 사용하게 되면 수익이 발생한다. 하지만 공급량이 증가함에 따라, 기업은 현재 생산능력의 한계점에 근접하게 된다. 생산이 증가할 때마다 새로운 공장 건설이 필요할 수 있다. 하지만 추가적인 비용을 정당화하기 위해서는 가격이 대폭 상승해야 한다. 따라서 이 영역에서는 공급이 덜 탄력적이 된다.

그림 6은 위의 내용이 어떻게 작동하는지 보여준다. 가격이 3달러에서 4달러로 증가(중간점 방법을 사용하여 계산하면 29% 증가)하는 경우, 공급량은 100에서 200으로 증가(67% 증가)한다. 공급량이 가격보다 비율적으로 더 많이 변화하기 때문에, 공급곡선은 1보다 더 큰 탄력성을 갖는다. 반면에 가격이 12달러에서 15달러로 증가(22% 증가)하는 경우, 공급량은 500에서 525로 증가(5% 증가)한다. 이 경우 공급량이 가격보다 비율적으로 더 적게 변화하기 때문에, 탄력성은 1보다 작다.

그림 5

공급의 가격 탄력성

공급의 가격 탄력성은 공급곡선이 가파른지 아니면 완만한지 여부를 결정한다. 모든 백분율 변화는 중간점 방법을 활용하여 계산되었다는 사실에 주목하자.

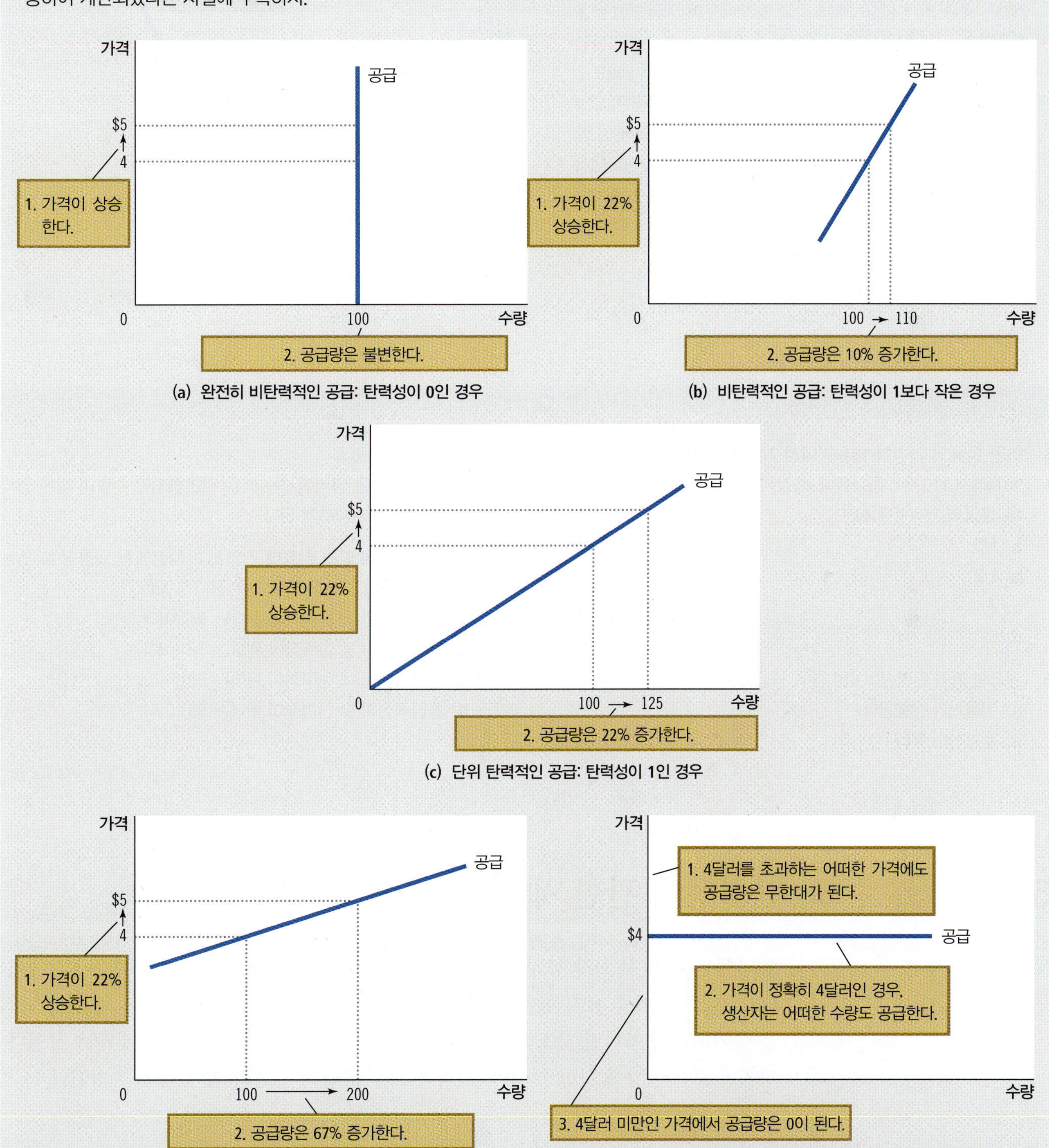

(a) 완전히 비탄력적인 공급: 탄력성이 0인 경우

(b) 비탄력적인 공급: 탄력성이 1보다 작은 경우

(c) 단위 탄력적인 공급: 탄력성이 1인 경우

(d) 탄력적인 공급: 탄력성이 1보다 큰 경우

(e) 완전히 탄력적인 공급: 탄력성이 무한대인 경우

그림 6

공급의 가격 탄력성은 어떻게 변화하는가

기업은 종종 최대 생산능력을 갖고 있기 때문에, 공급량이 낮은 수준일 때 공급 탄력성이 매우 높을 수 있다. 이 그림에서 가격이 3달러에서 4달러로 인상될 경우, 공급량은 100에서 200으로 증가한다. (중간점 방법을 사용하여 계산하면) 공급량은 67% 증가하기 때문에, 가격의 29% 인상보다 더 크다. 따라서 이 범위에서 공급곡선은 탄력적이 된다. 반면에 가격이 12달러에서 15달러로 상승할 경우, 공급량은 겨우 500에서 525로 증가할 뿐이다. 공급량의 5% 증가는 가격의 22% 인상보다 더 작기 때문에, 이 범위에서 공급곡선은 비탄력적이 된다.

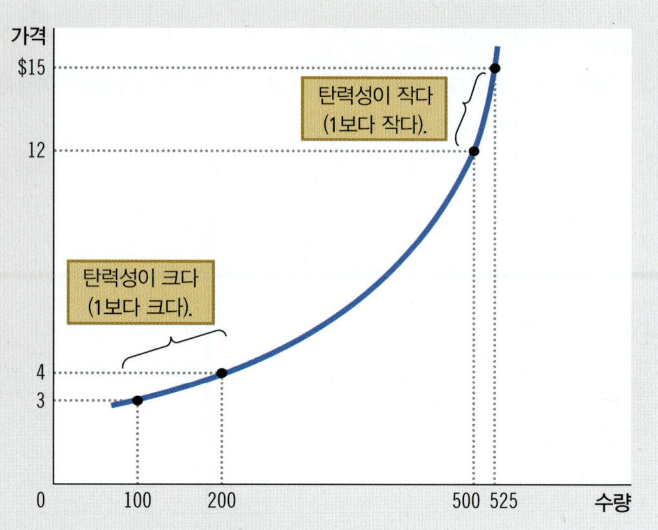

Quiz

5. 어떤 물품의 가격이 16달러에서 24달러로 상승했고, 공급량은 90개에서 110개로 증가했다. 중간점 방법을 이용해서 계산할 경우, 공급의 가격 탄력성은 ____________이다.
   a. 1/5
   b. 1/2
   c. 2
   d. 5

6. 공급의 가격 탄력성이 0인 경우, 공급곡선은 ____________.
   a. 기울기가 상향한다.
   b. 수평선이 된다.
   c. 수직선이 된다.
   d. 수량이 적은 영역에서는 매우 완만하지만 수량이 많은 영역에서는 더 가파르게 된다.

7. 시간이 흐름에 따라 시장에 진입하고 시장에서 퇴출할 수 있는 능력을 기업이 갖게 된다는 것은 장기적으로 ____________.
   a. 수요곡선이 더 탄력적이 된다는 의미이다.
   b. 수요곡선이 덜 탄력적이 된다는 의미이다.
   c. 공급곡선이 더 탄력적이 된다는 의미이다.
   d. 공급곡선이 덜 탄력적이 된다는 의미이다.

해답은 이 장의 끝부분에 있다.

5-3 공급, 수요, 탄력성에 관한 세 가지 응용 사례

농업에는 좋은 뉴스가 농부에게는 나쁜 뉴스가 될 수 있는가? 국제 석유 카르텔인 OPEC이 고유가를 유지하지 못하는 이유는 무엇인가? 마약을 금지할 경우 마약 범죄는 증가하는가 아니면 감소하는가? 이런 질문들은 공통점이 거의 없는 것처럼 보인다. 하지만 모두 시장에 관한 것이며, 시장은 모두 공급과 수요의 힘에 따라 움직인다.

5-3a 농업에는 좋은 뉴스가 농부에게는 나쁜 뉴스가 될 수 있는가?

여러분이 미국 캔자스에서 밀을 경작하는 농부라고 가상하자. 여러분은 소득의 전부를 밀 판매에서 얻기 때문에 가능한 한 토지의 생산력을 높게 유지하려 한다. 이를 위해 날씨와 토양 상태를 점검하고, 경작지에 해충과 질병이 있는지 확인해보며, 발전된 최신 영농기술을 배운다. 밀을 많이 경작할수록 밀 수확이 증가하며, 이에 따라 밀 판매액과 생활수준도 높아질 것이라 생각한다.

어느 날 농업부문 연구에 우위를 갖고 있는 캔자스 주립대학교가 주요한 발견을 했다고 발표를 한다. 즉, 연구자들이 에이커당 생산을 20% 증가시키는 새로운 품종을 개발했다고 밝혔다. 이에 대해 어떻게 대응해야 하는가? 이 신품종을 경작해야 하는가? 이 발견으로 인해 농부인 여러분은 이전보다 형편이 더 나아지는가 아니면 나빠지는가?

제4장에서 살펴본 세 가지 단계를 설명해보자. 첫째, 공급곡선 또는 수요곡선 자체가 이동하는지 여부를 검토한다. 둘째, 어느 쪽인지 이동방향을 생각한다. 셋째, 공급 및 수요 도해를 활용하여 시장균형이 어떻게 변화하는지 살펴본다.

이 경우, 신품종이 개발되면 이는 공급곡선에 영향을 미친다. 신품종은 에이커당 생산을 증가시키기 때문에, 농부들은 각 가격에서 더 많은 공급을 하려 한다. 다시 말해 공급곡선 자체가 오른쪽으로 이동한다. 하지만 각 가정에서 밀제품을 구입하려는 소비자들의 욕구는 신품종 개발의 영향을 받지 않기 때문에, 수요곡선은 그대로 남아 있다. 그림 7은 이런 변화를 보여준다. 공급곡선이 S_1에서 S_2로 이동할 경우, 밀 판매량은 100

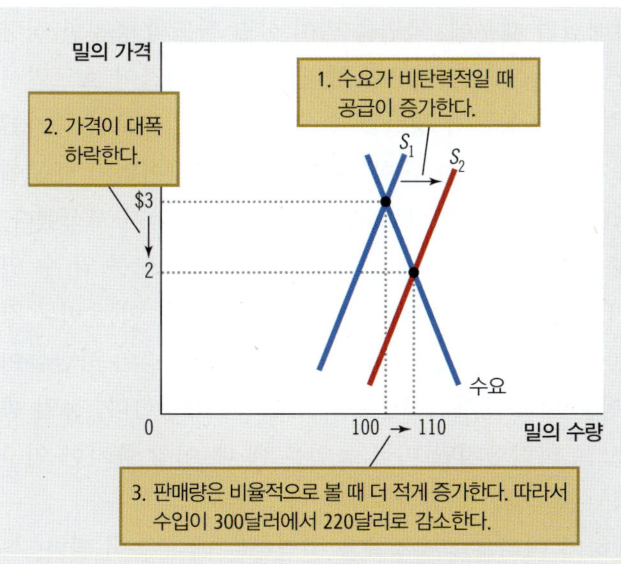

그림 7

밀시장에서의 공급 증가

기술진보, 즉 신품종으로 인해 밀의 공급이 S_1에서 S_2로 증가하고 가격은 하락한다. 밀에 대한 수요가 비탄력적이기 때문에, 100에서 110으로의 수량 증가는 3달러에서 2달러로의 가격 하락보다 비율적으로 볼 때 더 작다. 따라서 농부의 총수입은 300달러(3달러×100)에서 220달러(2달러×110)로 감소한다.

에서 110으로 증가하고 가격은 3달러에서 2달러로 하락한다.

이런 신품종 발명으로 인해 농부들의 형편은 나아지는가? 농부들이 받는 총수입에 어떤 일이 발생하는지 생각해보자. 이 총수입은 밀가격에 판매량을 곱하여, 즉 $P \times Q$로 나타낼 수 있다. 이런 신품종의 발명은 농부들에게 상충되는 방식으로 영향을 미친다. 이런 신품종으로 인해 농부들은 밀을 더 많이 생산하지만(즉 Q가 증가하지만), 밀을 부셸당 더 싸게 판매하게 된다(즉 P가 하락한다).

수요의 가격 탄력성은 총수입이 증가하는지 아니면 감소하는지 여부를 결정한다. 미국에서 밀은 많은 사람들의 식단에서 핵심적인 곡물이다. 이런 기본 식료품은 상대적으로 저렴하고 좋은 대체품이 거의 없기 때문에, 이에 대한 수요는 대개 비탄력적이다. 그림 7에서처럼 수요곡선이 비탄력적일 때, 가격이 하락하면 총수입이 감소한다. 그림에서 이를 알 수 있다. 밀가격이 대폭 하락한 반면에, 판매량은 단지 소폭만 증가한다. 따라서 총수입은 300달러에서 220달러로 감소한다. 요컨대, 신품종이 개발되어 경작한 결과 농부의 총수입이 감소한다.

신품종 개발로 인해 농부들의 형편이 나빠진다면, 이들이 이를 채택하는 이유는 무엇인가? 이 물음에 대한 대답은 경쟁시장이 어떻게 작동하는지에 관한 본질적인 문제로 귀착된다. 개별 농부는 밀시장에서 매우 작은 부분만을 담당하기 때문에 가격을 주어진 것으로 간주한다. 주어진 각 가격에 대해 밀을 더 많이 생산하여 판매할 때 개별 농부의 형편이 나아지며, 이것은 신품종을 경작하여 달성될 수 있다. 하지만 모든 농부들이 이렇게 할 경우, 밀 공급은 증가하고 가격은 하락하며 농부들의 형편은 나빠진다.

이 사례연구는 가상적인 것처럼 보이지만 미국 경제에서 일어났던 커다란 변화를 설명하는 데 도움이 된다. 200년 전에는 대부분의 미국인이 농장에 거주했다. 영농방법에 관한 지식이 발전하지 못한 상태였기 때문에, 국민을 먹여 살릴 정도의 충분한 식량을 생산하기 위해 대부분의 미국인은 농부가 되어야만 했다. 하지만 시간이 흐르면서 영농기술이 발전하자 개별 농부가 생산할 수 있는 식량의 규모가 증가했다. 식량 공급이 증가했지만, 이에 대한 수요가 비탄력적이었기 때문에 농부의 수입이 감소했으며, 이에 따라 사람들은 농장을 떠나기 시작했다.

몇 개의 통계 수치들을 통해 미국에서 발생한 변화의 규모를 알 수 있다. 1900년에는 약 1,200만 명의 사람들이 농업에 종사했다. 이는 미국 경제활동인구의 약 40%에 해당했다. 2020년에는 약 300만 명의 사람들이 농업에 종사했다. 이는 미국 경제활동인구의 약 2%에 해당한다. 농업 종사자의 수가 큰 폭으로 하락했지만 미국 농업은 네 배 이상 증가한 인구를 부양하고 있는데, 이는 생산성 향상 덕분이다.

"화단만으로는 충분하지 않습니다. 농장을 소유하고 있으셔야만 경작되지 않은 농지에 대해 대가를 지급해 드릴 수 있습니다."

이런 분석은 납득하기 어려운 공공정책을 설명하는 데 도움이 된다. 특정 정부 프로그램은 농부들이 경작을 하지 않도록 하여 이들을 돕고자 한다. 그 목적은 농산물 총량을 감소시키고 이를 통해 가격을 인상하는 데 있다. 이런 물품에 대한 수요가 비탄력적이라면, 농부들이 더 적은 양의 수확물을 시장에 공급할 경우 집단으로서의 농부들은 더 많은 총수입을 받게 된다. 정부 개입이 없는 경우 개별 농부는 시장가격을 주어진 것으로 보기 때문에 어느 누구도 경작지를 휴경하려 하지 않는다. 이럴 때 경작을 축소시킬 경우, 이는 바로 벌어들이는 소득의 감소로 이어진다. 하지만 모든 농부들을 설득하여 함께 덜 경작하게 할 수 있다면, 농부들의 시장가격이 상승하고 농부들의 형편이 나아질 수 있다. 납세자가 납부한 자금으로 제공되는 보조금은 이런 설득을 하도록 도울 수 있다.

하지만 농부들에 대한 이익은 사회 전체에 대한 이익과 일치하지 않을 수 있다. 영농기술이 발전할 경우 농부들이 점점 불필요해지기 때문에 이는 농부들에게는 나쁠 수 있지만 식료품 가격을 덜 지불하게 되는 소비자들에게는 좋을 수 있다. 이에 유사하게 농산물 공급을 감소시키려는 정부정책은 농부의 소득을 증대시킬 수 있지만, 이것은 더 높은 가격을 지불하는 소비자들과 보조금 지급에 따른 비용을 부담하는 납세자들이 그 대가를 치러야 가능하다.

5-3b OPEC이 고유가를 유지하지 못하는 이유는 무엇인가?

세계 경제를 가장 크게 붕괴시킨 많은 사건들은 세계 석유시장에서 비롯되었다. 1970년대에 석유수출국기구(OPEC) 회원국은 자국의 수입을 증대시키기 위해 세계 유가를 인상하려 했다. 이들 국가는 자국의 석유 생산량을 공동으로 감소시키기로 합의하여 이 목표를 달성했다. 따라서 (전반적인 인플레이션으로 조정된) 유가는 1973년부터 1974년까지 50% 이상 상승했다. 몇 년이 지난 후 OPEC은 다시 동일한 결정을 내렸다. 1979년부터 1981년 사이에 유가는 대략 두 배가 되었다.

하지만 OPEC은 이렇게 높은 유가를 유지하는 것이 어렵다는 사실을 깨달았다. 1982년부터 1985년까지 유가는 매년 약 10%씩 꾸준히 하락했다. OPEC 회원국 사이에 불만과 혼란이 곧 만연했다. 1986년에 OPEC 회원국 사이의 협력은 완전히 붕괴되었고, 유가는 45% 떨어졌다. 1990년에 (전반적인 인플레이션으로 조정된) 유가는 1970년 수준으로 돌아갔고, 1990년대 대부분은 이 낮은 수준을 유지했다.

1970년대와 1980년대에 OPEC이 경험한 상황은 공급과 수요가 단기 및 장기에서 어떻게 서로 다르게 작동할 수 있는지 보여준다. 단기적으로, 석유의 공급과 수요는 둘 다 상대적으로 비탄력적이다. 알려진 석유 매장량과 석유 채굴 능력이 신속하게 변화할 수 없으므로, 공급은 비탄력적이다. 소비자들의 구매 습관 역시 가격 변화에 신속하게 반응하지 못하기 때문에, 수요도 비탄력적이다. 그림 8(a)에서 보는 것처럼, 단기 공급곡선 및 수요곡선의 기울기가 가파른 이유는 바로 이 때문이다. 석유 공급이 S_1에서

그림 8 **세계 석유시장에서의 공급 감소**

석유 공급이 감소할 경우, 이에 대한 반응은 시간 영역에 달려 있다. (a)에서 보는 것처럼 공급과 수요는 단기적으로 볼 때 상대적으로 비탄력적이다. 공급곡선이 S_1에서 S_2로 이동할 경우 가격은 대폭 상승하게 된다. 하지만, (b)에서 보는 것처럼 공급과 수요는 장기적으로 볼 때 상대적으로 탄력적이다. 이런 경우에 공급곡선이 (S_1에서 S_2로) 동일한 규모로 이동하더라도 가격은 소폭 상승할 뿐이다.

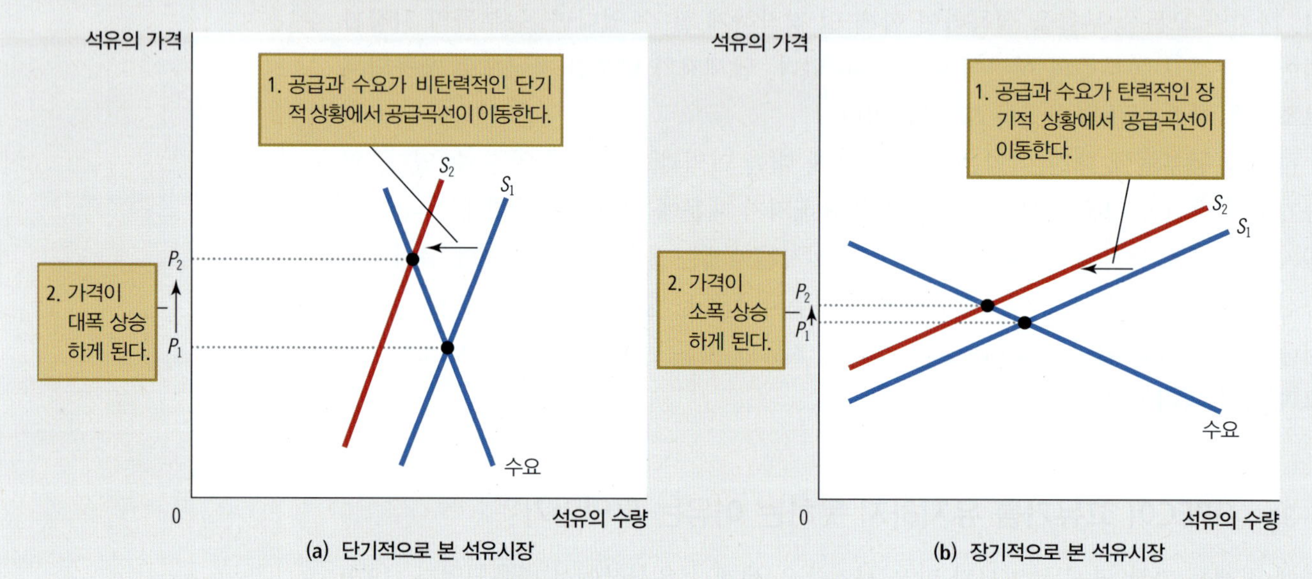

(a) 단기적으로 본 석유시장

(b) 장기적으로 본 석유시장

S_2로 이동할 때 가격은 P_1에서 P_2로 대폭 상승한다.

장기적으로는 상황이 매우 다르다. OPEC 비회원 산유국은 장기간에 걸쳐 석유 탐사를 늘리고 새로운 석유 채굴 능력을 구현하여 높은 유가에 대응한다. 소비자들은, 가령 비효율적인 구형 차를 효율적인 신형 차로 교체하는 것처럼 에너지를 더 많이 보존하며 대응한다. 그림 8(b)가 보여주는 것처럼, 장기 공급곡선과 수요곡선은 둘 다 더 탄력적이다. 장기적으로, 공급곡선은 S_1에서 S_2로 이동하며 가격은 소폭 상승한다.

이것이 바로 OPEC이 고유가를 단기적으로만 유지할 수 있는 이유이다. OPEC 회원국이 감산에 합의하면, 공급곡선은 왼쪽으로 이동한다. 각 OPEC 회원국이 석유를 덜 판매하더라도, 유가가 단기적으로 많이 상승하여 OPEC 수입은 증가한다. 하지만 장기적으로 공급과 수요는 더 탄력적이다. 따라서 공급곡선의 수평이동으로 측정된 공급 감소가 동일하더라도 가격은 더 적게 상승한다. OPEC은 유가 인상이 장기보다는 단기에 용이하다는 사실을 깨닫게 된다.

21세기 첫 20년 동안 유가는 다시 한번 큰 폭으로 변동했지만, 이러한 변동의 주된 동력은 OPEC의 공급 제약이 아니었다. 대신에 세계 경제의 호황 및 불황으로 석유 수요가 요동쳤고, 파쇄 기술의 발전으로 공급은 대폭 증가했다. 이야기를 더 하자면, 석유시장에서 작동하는 주된 동력은 지구 기후 변화에 대한 우려에서 촉발되었는데, 바로 화석 연료로부터의 이탈 움직임이다.

5-3c 마약을 금지할 경우 마약 관련 범죄는 증가하는가 아니면 감소하는가?

예를 들면 헤로인, 펜타닐, 코카인, 엑스터시, 메스암페타민과 같은 불법 마약이 유통되고 투여됨에 따라 미국은 수십 년 동안 어려움을 겪고 있다. 마약이 투여될 경우 몇몇 유해한 결과가 발생한다. 마약에 중독될 경우 마약자 자신과 가족의 생활을 파괴시킬 수 있다. 중독자들은 중독 습성을 유지하기 위해 강도와 기타 폭력범죄를 종종 저지르며, 체포됐을 때는 감옥에서 오랜 시간을 보내게 된다. 확산되는 불법 마약에 대응하기 위해, 미국 정부는 매년 수십억 달러를 들여 자국으로 유입되는 마약을 줄이려고 한다. 마약 금지 조치로 발생하는 영향을 검토하기 위해, 공급과 수요에 기반한 분석방법을 유용하게 사용할 수 있다.

불법 마약 투여를 줄이기 위한 정책 **그림 9**

(a)에서 보는 것처럼, 마약 금지 조치로 인해 마약 공급이 S_1에서 S_2로 감소한다. 마약에 대한 수요가 비탄력적이라면, 마약 투여 총량이 감소했을 때도 마약 투여자가 지불하는 총액은 증가할 수 있다. 반면에 (b)에서 보는 것처럼 마약 예방 교육으로 인해 마약 수요가 D_1에서 D_2로 감소한다. 가격과 수량이 둘 다 감소하기 때문에 마약 사용자가 지불하는 총액은 감소하게 된다.

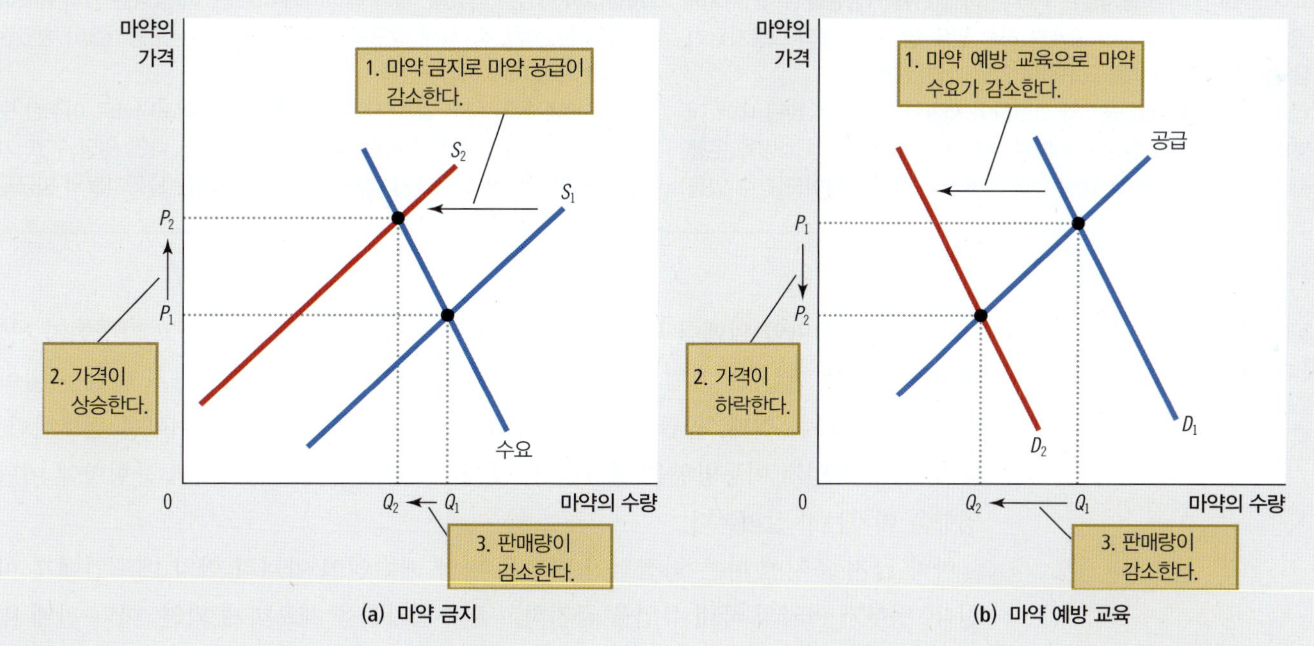

차량 공유 시장에서 공급 및 수요의 탄력성

이 칼럼을 쓴 경제학자 오스턴 굴즈비에 따르면 차량 공유는 공급이 수요보다 더 탄력적인데, 바로 이 사실에 이 시장의 미래가 달려 있다고 한다.

승객은 훨씬 더 많이 지불할 수 있다.
운전사는 훨씬 더 적게는 받아들이지 않을 것이다.

오스턴 굴즈비(Austan Goolsbee)

차량 공유 선도 회사인 우버와 리프트는 막대한 손실을 입었고, 조만간 수익을 내지 못할 것 같다.

하지만 두 기업은 모두 공개 시장에서 거래를 하며, 합산한 총가치가 800억 달러를 넘어섰다. 투자자들은 이 기업들이 언젠가는 수익을 낼 방법을 강구할 것이라 기대하는데, 여기서 다음과 같은 근본적인 의문이 제기된다. 추가적인 수익을 내기 위해 소비자가 지불하는 가격을 인상해야 하는가? 아니면 운전사에게 지급하는 임금을 낮추어야 하는가?

진부한 경제학은 다음 답변을 제시한다. 적어도 향후 몇 년 내에 재무상태를 개선할 수 있는 주요 원천은 운전사가 아니라 승객일 가능성이 높다. 바로 '상대적인 가격 민감도' 때문이다.

이 결론이 대중의 통념에 어긋나는 것처럼 보일 수 있다. 월스트리트 분석가들은 우버와 리프트가 운전사에게 압박을 가해 비용을 줄여야 한다고 제안했다. 이 노동자들은 이 제안이 실현될 가능성을 무척 우려하고 있다. 5월 우버의 기업 공개를 하루 앞둔 날, 수천 명의 노동자들이 임금 인상과 추가 혜택을 요구하며 일일 파업을 했다.

리프트는 자체 기업 공개와 관련하여 제출한 문서에서 10년 내에 대부분의 차량 운행에 임금을 지불할 필요가 없는 자율주행 차량을 운행하길 희망한다고 밝혔다. 10년 만에 자율주행 차량을 긁어모을 수 있을지에 대한 타당성이나 비용에 관한 논의보다는, 단기적으로 가능한 것이 무엇인지 생각해보자.

경제 이론에 따르면, 누가 더 많이 지불할지를 결정하는 것은 가격 변화에 대한 민감도이다. 그리고 승객은 가격에 별로 민감하지 않은 반면, 운전사는 가격에 민감하다는 사실이 밝혀졌다.

그렇다. 수요가 많을 때 가격을 인상하는 관행, 즉 가격을 대폭 인상하면 많은 사람이 성난 감정을 느낀다. 하지만 행동을 실행하는 것이 중요하다. 시장에서의 승객 행태에 관한 매우 광범위한 연구에 따르면, 승객은 가격이 급등할 때 행태를 크게 변화시키지 않는다.(우버에 관한 대부분의 주요한 정량적 연구들과 마찬가지로, 이 연구는 회사의 데이터에 의존했으며 우버 직원을 참여시켰다)

경제학자들은 승객이 '비탄력적'이라고 말했는데, 이는 승차 수요가 가격 상승보다 더 적게 감소한다는 의미이다. 가격이 10% 상승할 때마다 수요는 약 5%가 감소할 뿐이다.

반면에 운전사는 가격, 즉 자신이 받는 임금에 매우 민감한데, 이는 언제든 운전할 준비가 되어 있는 사람이 많기 때문이다. 가격이 바뀔 경우 사람들은 시장에 진입하거나 시장에서 퇴출하며, 평균임금이 '시장임금'과 같아지도록 압박하게 된다.

이것은 시장에 진입장벽이 없을 때 늘 벌어지는 현상이다. 예를 들면, 캘리포니아 골드러시가 시작된 1848년 최초의 광부들은 평균적으로 약 20달러의 일당을 받았다. 과거 데이터에 따르면, 이 금액은 당시 뉴욕에서 유사한 작업, 즉 석재 절단과 벽돌 쌓기를 하는 노동자들이 받았던 임금의 최소 10배 이상이었다.

이후 8년 동안 너무 많은 사람이 금을 찾아 캘리포니아로 이주한 탓에 광부들의 평균 수입이 하락하여 경비를 제하고 나면 일당 3달러가 되었다. 이 금액은 뉴욕에서 석재 절단 작업을 하는 노동자들의 임금을

미국 정부가 마약 밀매를 막기 위해 연방정부 요원의 수를 증원했다고 가상하자. 불법 마약시장에 관한 큰 그림은 무엇인가? 평소처럼 다음과 같은 세 가지 단계를 밟아 답을 도출해보자. 첫째, 공급곡선 또는 수요곡선 자체가 이동하는지 여부를 검토한다. 둘째, 어느 쪽인지 이동방향을 생각한다. 셋째, 이런 이동이 균형가격과 균형량에 어떤 영향을 미치는지 살펴본다.

마약 금지 조치에 따른 직접적인 영향은 마약 매수인이 아니라 마약 매도인에게 미친다. 정부가 마약의 국내 유입을 금지하고 밀수업자들을 체포하게 되면, 마약 판매 비

약간 상회하는 수준이었다.

골드러시가 소멸한 것은 금이 부족했기 때문이 아니었다. 해당 기간에 생산은 3배로 늘었다. 평균 수입이 낮은 수준으로 하락하여 대부분의 노동자가 해당 업종에서 근근이 일할 수 있도록 벌이를 낮춘 것은, 수많은 광부들의 진입에서 비롯된 경쟁이었다.

오늘날 차량 공유 운전사도 마찬가지이다. 뉴욕대학교 교수와 우버 근로자 두 사람이 수행한 연구에 따르면, 동일한 동태적 상황이 발생했다고 한다. 즉 급여가 상승함에 따라 운전사 소득이 증가했지만, 단 몇 주만 그랬다.

높은 임금에 이끌린 신입 운전사들이 시장에 진입하면서, 평균적인 운전사는 요금을 벌기 위해 더 많은 시간을 기다리는 데 쓰게 되었다. 평균 급여는 경제학자들이 '외부 옵션'이라고 하는 수준으로 떨어지게 되는데, 이는 운전사가 우버나 리프트에서 운전하는 대신 할 수 있는 그 밖의 모든 일에서 받게 될 급여 수준이었다.

도미노 피자 같은 매장에서 배달하거나 패스트푸드점에서 근무하는 것이 많은 공유 차량 운전사의 차선책이라면, 운전사의 평균 급여 역시 최저임금 언저리로 끝나게 될지 모른다.

이 내용 일부는 추측일 뿐이다. 운전사의 평균임금과 그 민감도를 측정하기는 생각처럼 쉽지 않다. 운전사는 연료비와 감가상각비를 지불하기 때문에, 이 경비를 급여에서 감해야 하지만 적절한 데이터를 갖고 있지 못하다.

그럼에도, 분석 기업인 라이드스터가 지난해에 시행한 운전사에 관한 주요 조사에 따르면, 우버엑스 운전사의 평균 원초 수입은 시간당 약 8달러라는 공제금을 감하기 전 금액으로 시간당 약 15달러였다.

그런데 운전사에게 나쁜 뉴스는 평균 급여가 낮아진다는 것이다. 그리고 운전사가 받을 몫을 인상하고 혜택을 증가시켜야 한다고 차량 공유 회사를 설득해도, 이런 수입의 증가가 한시적일 가능성이 있다는 것이다. 수천 명의 신규 운전사들이 수입이 좋은 시장으로 진입할 것이며, 이로 인해 평균 급여는 다시 시장임금 수준으로 하락할 것이다.

반면에, 운전사에게 좋은 뉴스는 차량 공유 회사들이 임금을 매우 낮은 수준으로 삭감하기가 쉽지 않다는 점이다. 임금이 낮아질 경우 많은 운전사가 그냥 운전을 멈추고 일하지 않을 것이다.

(예일대학교 및 UCLA 대학교의 교수들과 우버 근로자가 실시한) 운전자 행태에 관한 매우 중요한 연구에서는 급여 변화에 대한 운전사의 민감도를 확인했다. 운전사는 평균적으로 임금이 10% 인상될 경우 이에 반응하여 근로시간을 20% 증가시킨다. 이것은 승차 요금 변화에 대한 승객의 반응보다 약 4배 더 크다.

경제학 이론에 따르면, 어떤 사람이 이윤율 증가에 따른 부담을 떠안을 가능성은 가격 민감도에 반비례한다. 다시 말해 운전사는 승객보다 4배 더 가격에 민감하기 때문에, 합리적으로 추론해보면 요금 인상에 따른 부담의 80%는 승객이 떠안고 20%는 운전사가 떠안게 된다. 우버와 리프트는 계속해서 네트워크를 구축하여 시장 점유율을 높이고 있는데, 이것이 문제를 복잡하게 만든다. 이로 인해 가격 인상이 늦어질 수 있다.

그럼에도, 승객인 여러분은 요금이 상대적으로 저렴하다면 우버와 리프트를 이용해야 한다고 생각한다. 그리고 여러분이 우버와 리프트가 이윤을 얻도록 임금 삭감과 로봇을 염두에 두는 투자자라면, 시간이 필요할 수도 있다. ■

논의 사항

1. 차량 공유 서비스 요금이 10% 상승할 경우, 여러분의 이용도는 얼마나 감소할 것인가? 여러분의 수요의 가격 탄력성은 얼마인가?
2. 이 시장에서 공급이 수요보다 더 탄력적인 이유가 무엇이라고 생각하는가?

오스턴 굴즈비는 시카고대학교 부스 경영대학원 경제학 교수이다.

출처: *New York Times*, June 2, 2019.

용은 증가시키고 다른 사정이 동일하다면 각 가격에서의 마약 공급량을 감소시킨다. 마약에 대한 수요, 즉 매수인이 각 가격에서 원하는 마약의 수량은 그대로이다. 그림 9(a)에서처럼, 마약 금지 조치로 인해 공급곡선은 왼쪽으로 즉 S_1에서 S_2로 이동하지만, 수요곡선은 이동하지 않는다. 균형가격은 P_1에서 P_2로 상승하며 균형량은 Q_1에서 Q_2로 감소한다. 균형량이 감소한다는 사실은 마약 금지 조치로 인해 마약의 유통과 투여가 감소했다는 점을 시사한다.

그런데 마약 관련 범죄와 연관된 금전적 규모에는 어떤 영향을 미치는가? 마약 투여자들이 구입하는 마약에 지불하는 총액을 생각해보자. 마약가격이 상승한다고 마약을 끊을 중독자는 거의 없기 때문에, 그림에서 보는 것처럼 마약에 대한 수요는 비탄력적일 가능성이 높다. 수요가 비탄력적이라면, 가격이 상승할 경우 마약시장에서의 총수입은 증가하게 된다. 즉, 마약 금지 조치로 인한 마약가격의 상승이 마약 투여의 감소보다 비율적으로 더 크기 때문에, 마약에 지불하는 총액은 증가하게 된다. 마약 중독자들은 이제 당장 쓸 현금이 훨씬 더 필요해진다. 즉, 마약 금지 조치로 마약 관련 범죄는 증가할 수 있다.(여기서 특정 지역사회, 특히 유색인종 사회에서 마약법을 집행함으로써 발생하는, 문서로 충분히 입증된 경제적 및 사회적 피해는 고려하지도 않았다)

마약 금지 조치에 따른 역효과로 인해, 일부 분석가들은 대안적인 접근법을 주장한다. 그중 하나가 마리화나처럼 덜 위험한 마약을 합법화하는 것이다. 여전히 불법 마약인 경우, 정책 입안자들은 공급을 감소시키려 하기보다 마약 예방 교육을 통해 수요를 감소시키려 할 수 있다. 마약 예방 교육이 성공할 경우, 그 효과는 그림 9(b)와 같아진다. 수요곡선이 왼쪽으로, 즉 D_1에서 D_2로 이동한다. 따라서 균형량은 Q_1에서 Q_2로 감소하고, 균형가격은 P_1에서 P_2로 하락한다. 또한 총수입 $P \times Q$가 감소한다. 마약 금지 조치와 대조적으로, 마약 예방 교육은 마약 투약과 마약 관련 범죄를 둘 다 감소시킨다.

마약 금지 조치를 옹호하는 사람들은, 수요 탄력성이 시간의 범위에 좌우되기 때문에 이런 조치의 장기적 효과와 단기적 효과가 상이하다고 본다. 마약에 대한 수요는 단기적으론 어쩌면 비탄력적일 수 있다. 왜냐하면 마약가격이 상승해도 기존 마약 중독자의 마약 투여에는 실제로 영향을 미치지 못하기 때문이다. 하지만 장기적으론 보다 탄력적일 수 있다. 왜냐하면 마약가격이 높아질 경우 젊은이들 사이에서 마약을 시도해보는 것 자체가 억제되어 장기적으로 마약 중독자의 수가 감소하기 때문이다. 이런 경우, 마약 금지 조치로 인해 단기적으론 마약 관련 범죄가 증가할 수 있지만 장기적으론 감소하게 된다.

Quiz

8. ______________, 곡물 공급이 증가할 경우 곡물 생산자가 받을 총수입이 감소한다.
   a. 공급곡선이 비탄력적이라면
   b. 공급곡선이 탄력적이라면
   c. 수요곡선이 비탄력적이라면
   d. 수요곡선이 탄력적이라면

9. 경쟁시장에서는 ______________, 농부들은 궁극적으로 자신의 수입을 낮추게 될 신기술을 채택한다.
   a. 각 농부가 가격 순응자이기 때문에
   b. 농부들이 근시안적이기 때문에
   c. 규제로 인해 최신 영농기술을 사용해야 하기 때문에
   d. 소비자들이 농부들에게 가격을 인하하도록 압력을 가하기 때문에

10. 석유에 대한 수요곡선은 장기에서 _______ 탄력적이기 때문에, OPEC이 석유 공급을 감소시킬 경우 단기보다 장기에서 석유가격에 _______ 영향을 미친다.
    a. 덜; 더 작은
    b. 덜; 더 큰
    c. 더; 더 작은
    d. 더; 더 큰

11. 시간이 흐름에 따라, 기술진보로 소비자 소득은 증가하고 스마트폰 가격은 하락한다. 이런 요인들로 인해, 수요의 소득 탄력성이 _______보다 크고 수요의 가격 탄력성이 _______보다 크다면, 소비자가 스마트폰에 지출하는 총액은 증가하게 된다.
    a. 0; 0
    b. 0; 1
    c. 1; 0
    d. 1; 1

해답은 이 장의 끝부분에 있다.

5-4 결론

앵무새라도 '공급 및 수요'라고 말할 수만 있다면 경제학자가 될 수 있다. 이 말은 오래 전부터 회자되는 농담이지만, 제4장과 5장을 학습하고 나면 이 말이 어느 정도 사실이라고 확신하게 될 것이다. 공급 및 수요에 기반한 분석방법들은 경제에 영향을 미치는 상황과 정책을 분석하는 데 유용하다. 여러분은 이제 경제학자(아니면 최소한 충분히 교육받은 앵무새)가 되는 길에 잘 진입했다고 볼 수 있다.

요약

- 수요의 가격 탄력성은 수요량이 가격 변화에 대해 얼마나 반응하는지를 측정한다. 밀접한 대체재가 존재하는 경우, 필수품이 아니라 사치품인 경우, 시장을 좁게 정의하는 경우, 매수인이 가격 변화에 대응할 수 있도록 시간이 충분히 많은 경우, 수요는 더 탄력적인 경향이 있다.
- 수요의 가격 탄력성은 수요량의 백분율 변화를 가격의 백분율 변화로 나누어 계산한 값이다. 수요량이 가격보다 비율적으로 더 적게 변화하면, 탄력성은 1보다 작으며, 수요가 비탄력적이다. 수요량이 가격보다 비율적으로 더 많이 변화하면, 탄력성은 1보다 크며, 수요가 탄력적이다.
- 어떤 물품에 지급된 총액인 총수입은 가격에 판매량을 곱하여 구할 수 있다. 비탄력적인 수요곡선의 경우, 총수입은 가격과 같은 방향으로 변화한다. 탄력적인 수요곡선의 경우, 총수입은 반대방향으로 변화한다.
- 수요의 소득 탄력성은 수요량이 소비자의 소득 변화에 얼마나 반응하는지 측정한다. 수요의 교차가격 탄력성은 어떤 물품의 수요량이 다른 물품의 가격 변화에 얼마나 반응하는지를 측정한다.
- 공급의 가격 탄력성은 공급량이 가격 변화에 얼마나 반응하는지를 측정한다. 탄력성은 종종 시간 영역에 달려 있다. 대부분의 시장에서, 공급은 단기에서보다 장기에서 더 탄력적이다.
- 공급의 가격 탄력성은 공급량의 백분율 변화를 가격의 백분율 변화로 나누어 계산한 값이다. 공급량이 가격보다 비율적으로 더 적게 변화한다면, 탄력성은 1보다 작

고 공급은 비탄력적이다. 공급량이 가격보다 비율적으로 더 많이 변화하면, 탄력성은 1보다 크고, 공급이 탄력적이다.

- 공급 및 수요에 기반한 분석방법은 많은 상이한 시장들에 적용될 수 있다. 이 장에서는 이런 분석방법들을 활용하여 밀시장, 석유시장, 불법 마약시장에 대해 분석했다.

주요 개념

복습용 질문

1. 수요의 가격 탄력성과 수요의 소득 탄력성을 정의하시오.
2. 이 장에서 논의한 수요의 가격 탄력성을 결정하는 네 가지 요인의 목록을 작성하고 설명하시오.
3. 탄력성이 1보다 크다면, 수요는 탄력적인가 아니면 비탄력적인가? 탄력성이 0이라면, 수요는 완전 탄력적인가 아니면 완전 비탄력적인가?
4. 공급 및 수요 도해를 활용하여, 균형가격, 균형량, 생산자가 받는 총수입을 설명하시오.
5. 수요가 탄력적인 경우, 가격 상승은 총수입에 어떤 영향을 미치는가? 설명하시오.
6. 소득 탄력성이 영보다 작은 물품은 무엇이라고 하는가?
7. 공급의 가격 탄력성은 어떻게 계산하는가? 이것이 무엇을 측정하는지 설명하시오.
8. 물품의 수량이 고정되어 있고 더 이상 제조할 수도 없다면, 공급의 가격 탄력성은 얼마인가?
9. 폭풍우로 인해 잠두 수확의 절반이 소실되었다. 이런 상황으로 인해 잠두에 대한 수요가 매우 탄력적이거나 매우 비탄력적이라면, 잠두를 경작하는 농민들에게 피해를 입힐 가능성이 높아지는가? 설명하시오.

문제와 응용

1. 다음 물품의 각 쌍에서 어느 물품에 대한 수요가 더 탄력적이라고 생각하는가? 그 이유를 설명하시오.
   a. 필수 교과서 대 추리 소설
   b. (미국의 싱어송라이터인) 빌리 아일리시의 음반 대 일반적인 대중음악 음반
   c. 향후 6개월 동안의 지하철 이용 대 향후 5년 동안의 지하철 이용
   d. (무알코올 탄산음료인) 루트비어 대 물
2. 사업 목적 여행객과 휴가 목적 여행객이 시카고에서 마이애미까지 가는 항공권에 대한 수요가 다음과 같다.

가격	수요량 (사업 목적 여행객)	수요량 (휴가 목적 여행객)
150달러	항공권 2,100매	항공권 1,000매
200	2,000	800
250	1,900	600
300	1,800	400

a. 항공권 가격이 200달러에서 250달러로 상승할 경우 (i) 사업 목적 여행객과 (ii) 휴가 목적 여행객에 대한 수요의 가격 탄력성은 얼마인가? (중간점 방법을 활용하여 계산하시오)
b. 이들의 탄력성이 상이한 이유는 무엇인가?

3. 난방유에 대한 수요의 가격 탄력성은 단기적으로 0.2이고, 장기적으로 0.7이라고 가상하라.
a. 난방유의 가격이 갤런당 1.80달러에서 2.20달러로 상승할 경우, 단기적으로 난방유의 수요량에 어떤 일이 발생하는가? 장기적으로는 어떠한가? (중간점 방법을 사용하여 계산하시오)
b. 이 탄력성이 시간 범위에 따라 달라지는 이유는 무엇인가?

4. 가격 변화로 인해 어떤 물품의 수요량이 30%만큼 감소한 반면에, 해당 물품의 총수입은 15%만큼 증가했다. 이 수요곡선은 탄력적인가 아니면 비탄력적인가? 설명하시오.

5. 커피와 도너츠는 보완재이다. 이들 두 물품의 수요는 비탄력적이다. 폭풍우로 인해 커피콩 수확의 절반이 손상되었다. 적절하게 표기한 그래프를 사용하여 다음 물음에 답하시오.
a. 커피콩 가격에는 어떤 변화가 발생하는가?
b. 커피가격에는 어떤 변화가 발생하는가? 커피에 대한 총지출에는 어떤 변화가 발생하는가?
c. 도너츠 가격에는 어떤 변화가 발생하는가? 도너츠에 대한 총지출에는 어떤 변화가 발생하는가?

6. 아스피린 가격이 지난 달에 급격히 상승한 반면에, 판매량은 그대로이다. 아래 다섯 명은 이런 상황에 대해 다음과 같이 다양한 분석을 했다.

대희: 수요는 증가했지만, 공급이 완전히 비탄력적이었다.
승규: 수요는 증가했지만, 완전히 비탄력적이었다.
기령: 수요는 증가했지만, 공급이 동시에 감소했다.
동현: 공급은 감소했지만, 수요가 단위 탄력적이었다.
유나: 공급은 감소했지만, 수요가 완전히 비탄력적이었다.

누구의 분석이 옳을 것 같은가? 그래프를 사용하여 여러분의 답을 설명하시오.

7. 여러분의 피자에 대한 수요 스케줄이 다음과 같다고 가상하자.

가격	수요량 (소득=20,000달러)	수요량 (소득=24,000달러)
8달러	피자 40판	피자 50판
10	32	45
12	24	30
14	16	20
16	8	12

a. 여러분의 소득이 (i) 20,000달러이고 (ii) 25,000달러일 때 피자가격이 8달러에서 10달러로 상승할 경우, 중간점 방법을 사용하여 수요의 가격 탄력성을 계산하시오.
b. 가격이 (i) 12달러이고, (ii) 16달러일 때 여러분의 소득이 20,000달러에서 24,000달러로 증가할 경우, 수요의 소득 탄력성을 계산하시오.

8. 「뉴욕타임스」(1996년 2월 17일)는 지하철 요금이 인상되고 나면 지하철 이용자 수가 감소한다고 다음과 같이 보도했다. "지하철 토큰가격이 지난 12월 말보다 25센트 인상된 1.50달러가 된 후 첫 달인 1995년 12월에 지하철 승객 수가 거의 400만 명 감소했는데 이는 4.3%가 감소한 수치이다."
a. 이 데이터를 사용하여 지하철 이용에 관한 수요의 가격 탄력성을 구하시오.
b. 여러분이 추정한 탄력성에 따르면, 요금이 인상될 때 뉴욕시 공공여객 운송기구의 수입에는 어떤 변화가 발생하는가?
c. 여러분의 탄력성 추정값을 신뢰하지 못할 수도 있는 이유는 무엇인가?

9. 두 명의 운전자 태수와 승규는 각각 주유소까지 운전을 한다. 이들은 휘발유 가격을 보기 전에 다음과 같이 주문한다. 태수는 "휘발유 5갤런을 주세요"라고 말한다. 승규는 "20달러 상당의 휘발유를 주세요"라고 말한다. 각 운전자에 대한 수요의 가격 탄력성은 무엇인가?

10. 흡연에 대한 다음과 같은 공공정책을 생각해보자.
    a. 연구에 따르면 담배에 대한 수요의 가격 탄력성은 약 0.4이다. 담배 한 갑이 현재 5달러인데, 정부가 흡연을 20%만큼 감소시키려 한다면, 가격을 얼마만큼 인상해야 하는가?
    b. 정부가 영구적으로 담배가격을 인상할 경우, 이는 지금부터 1년 뒤에 흡연에 더 큰 영향을 미치는가 아니면 5년 뒤에 더 큰 영향을 미치는가?
    c. 연구에 따르면, 십대들이 성인들보다 수요의 가격 탄력성이 더 높다. 이것이 참일 수 있는 이유는 무엇인가?

11. 여러분은 어떤 박물관의 관장이다. 자금이 부족하여 수입을 증대시키고자 한다. 입장료를 인상해야 하는가 아니면 인하해야 하는가? 설명하시오.

12. 다음 문구가 참일 수 있는 이유를 설명하시오. 전 세계적으로 가뭄이 발생할 경우, 곡물을 판매하여 농부들이 받을 총수입이 증가할 수 있다. 하지만 (미국 곡물의 주 생산지인) 캔자스에만 가뭄이 발생할 경우, 캔자스의 농부들이 받을 총수입은 감소한다.

Quiz 해답

1. a 2. d 3. d 4. c 5. b 6. c 7. c 8. c 9. a 10. c 11. b

Chapter

6

공급, 수요, 정부정책

경제학자들은 많은 역할을 수행한다. 과학자로서 이론을 개발하고 검증하여 우리 주변의 세계를 설명한다. 또 정책 분석가와 조언자로서 이들 이론을 활용하여 세상을 변화시키고자 한다. 앞의 두 장은 과학적인 내용에 초점을 맞추었다. 공급 및 수요 이론은 가격과 판매량의 관계를 설명한다. 다양한 상황이 발생하여 공급 및 수요가 변화할 때 균형가격과 균형량이 변화한다. 이런 변화의 크기는 탄력성 개념을 이용하여 가늠하게 된다. 이 이론은 대부분의 경제학에서 기초가 된다.

이 장에서는 정책에 관해 논의할 것이다. 놀라운 통찰력으로 공급과 수요라는 분석도구를 활용하여 여러 유형의 정부정책을 분석할 것이다. 시행되는 정책들은 종종 제안자들이 예상하지 못했던 효과가 있다.

가격을 통제하려는 노력은 면밀히 고려할 만한 가치가 있다. 이 분야에서 우리는 집주인이 세입자에게 부과할 수 있는 최대 임대료를 설정해놓은 임대료 통제법, 그리고 그 이하로 내려서는 안 되

ROMAN SAMBORSKYI/SHUTTERSTOCK.COM, ARNO VAN ENGELAND/EYEEM/GETTY IMAGES

는 급여기준을 설정해놓은 최저임금법에 대해 살펴볼 것이다. 정책 입안자들은 어떤 물품 또는 서비스의 시장가격이 너무 높거나 아니면 너무 낮다고 판단할 경우 종종 가격 통제를 규정하게 된다. 하지만 이런 정책들은 그 자체가 문제를 야기할 수 있다.

가격 통제를 살펴본 후에, 조세가 미치는 영향을 알아볼 것이다. 정책 입안자들은 조세를 사용하여 수입을 올릴 수 있고 시장 결과에 영향을 미칠 수 있다. 경제에서 조세가 널리 부과되고 있다는 사실은 분명하지만, 이것이 미치는 영향은 명백하지 않다. 예를 들어 기업들이 근로자들에게 지급하는 임금에 정부가 과세할 경우, 조세부담을 지는 쪽은 기업인가 아니면 근로자인가? 이에 대한 대답은 공급과 수요에 기반한 분석을 하고 나서야 분명해진다.

6-1 가격 통제가 미치는 놀라운 영향

가격 통제가 시장에서 이루어진 결과에 어떤 영향을 미치는지 알아보기 위해 아이스크림 시장을 다시 한번 분석해보자. 제4장에서 살펴본 것처럼, 아이스크림이 경쟁시장에서 판매된다면, 가격은 보통 조정이 이루어져 공급과 수요가 균형을 이루게 된다. 균형가격에서 매수인이 구입하고자 하는 아이스크림의 수량은 매도인이 판매하고자 하는 수량과 정확하게 일치한다. 구체적으로 살펴보기 위해 균형가격이 아이스크림 콘 1개당 3달러라고 가상하자.

일부 사람은 시장에서 결정된 이런 결과를 좋아하지 않을 수도 있다. 미국 아이스크림 소비자 협회는 3달러라는 가격이 너무 높아서 누구나 하루에 한 개의 아이스크림 콘(하루 권장량에 해당)을 먹을 수 없다고 불만을 제기한다. 반면에, 전국 아이스크림 생산자 협회는 치열한 경쟁을 통해 결정된 3달러라는 가격이 너무 낮아서 협회 회원사들의 수입이 줄고 있다고 말한다. 이들 협회는 각각 아이스크림 콘 가격을 통제하는 법안을 통과시켜 시장에서 이루어진 결과를 변경하기 위해 정부에 로비를 할 수 있다.

보통 매수인이 더 낮은 가격을 원하는 반면에 매도인이 더 높은 가격을 원한다면, 이들 두 집단의 이해는 충돌하게 된다. 아이스크림 소비자들이 로비에 성공할 경우, 정부는 아이스크림 콘이 판매될 수 있는 가격에 법적 최대치를 부과한다. 가격이 이 최대치 수준 이상으로 상승하는 것은 허용되지 않기 때문에 이런 법적 최대치를 가격상한(price ceiling)이라고 한다. 반면에 아이스크림 생산업자들이 로비에 성공할 경우, 정부는 판매가격에 법적 최소치를 부과한다. 가격이 이 최소치 수준 이하로 하락할 수 없기 때문에 이런 법적 최소치를 가격하한(price floor)이라고 한다.

가격상한
어떤 물품이 판매될 수 있는 가격에 부과되는 법적 최대치

가격하한
어떤 물품이 판매될 수 있는 가격에 부과되는 법적 최소치

그림 1

가격상한제가 시행되는 시장

(a)에서 정부는 가격상한으로 4달러를 설정한다. 이 가격이 균형가격 3달러를 초과하기 때문에, 가격상한은 효과가 없으며 시장은 공급과 수요의 균형에 도달할 수 있다. 이 균형점에서 공급량과 수요량은 둘 다 100개이다. (b)에서 정부는 가격상한으로 2달러를 설정한다. 이 가격이 균형가격 3달러에 미치지 못하기 때문에, 시장가격은 2달러가 된다. 이 가격수준에서는 125개가 수요되는 반면에 겨우 75개가 공급될 뿐이다. 따라서 50개가 부족하다.

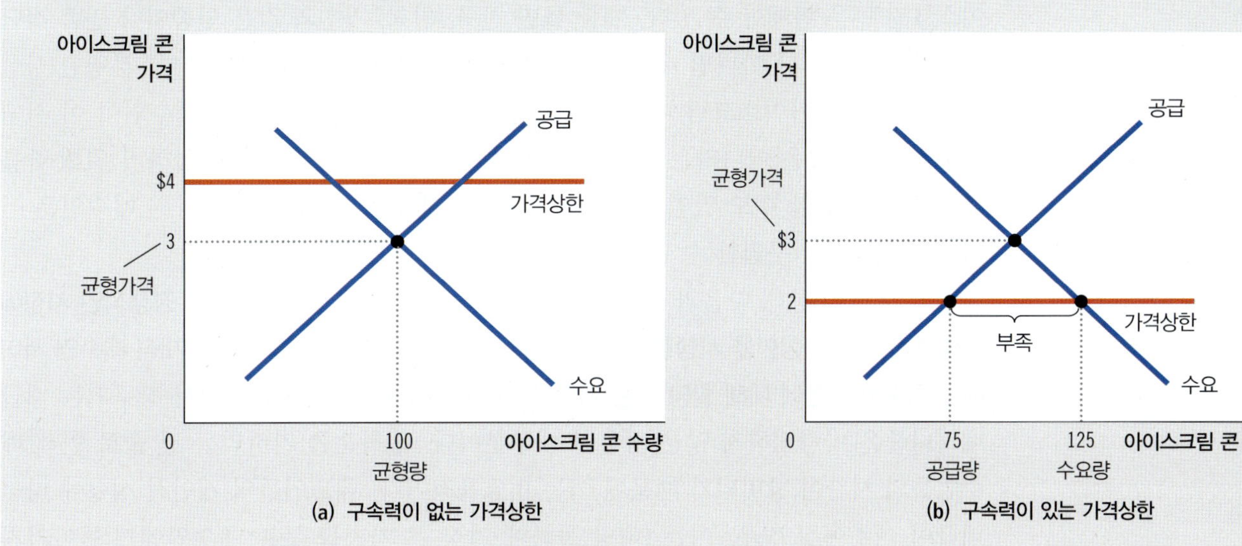

(a) 구속력이 없는 가격상한

(b) 구속력이 있는 가격상한

6-1a 가격상한은 시장에서 이루어진 결과에 어떤 영향을 미치는가

아이스크림 소비자들의 고충 호소와 선거운동 기부금으로 영향을 받은 정부가 아이스크림 시장에 가격상한을 실시할 경우, 다음과 같은 두 가지 상황이 발생할 수 있다. 그림 1(a)에서 정부는 콘 한 개당 4달러인 가격상한을 부과한다. 이 경우, 공급과 수요가 같아지도록 하는 가격(3달러)이 가격상한에 미치지 못하기 때문에 가격상한은 **구속력이 없다**. 시장에서 작동하는 힘은 경제가 균형에 도달하도록 하며, 가격상한은 판매가격 또는 판매량에 영향을 미치지 못한다.

그림 1(b)는 흥미로운 가능성을 보여준다. 이 경우, 정부는 콘 한 개당 2달러인 가격상한을 부과한다. 균형가격 3달러는 가격상한을 초과하기 때문에, 가격상한은 시장에서 **구속력이 있다**. 공급과 수요에 의해 가격이 균형을 향해 이동하는 경향이 있지만, 가격상한으로 인해 시장가격은 균형에 이르지 못한다. 대신에 시장가격은 가격상한에서 성립된다. 이 가격에서, 아이스크림 수요량(그림에서 콘 125개)은 공급량(콘 75개)을 초과한다. 이렇게 발생된 초과 수요 50개로 인해, 현재 가격에서 아이스크림을 원하는 일부 사람들이 이를 구입하지 못하게 된다. 가격상한이 실시됨에 따라 아이스크림이 부족한 상황이 발생했다.

이런 부족한 현상에 대응하기 위해 아이스크림 배급 메커니즘이 자연적으로 발생했다. 그것은 선착순을 기다리는 긴 줄이 될 수도 있다. 즉, 일찍 도착해서 줄을 서서 기다리는(아니면 다른 사람이 그렇게 하도록 하는 대가를 지불하는) 매수인들은 아이스크림 콘을 구입하는 반면에, 그렇게 할 수 없거나 하지 않는 매수인들은 구입하지 못한다. 다른 메커니즘이 나타날 가능성도 있다. 매도인은 자신의 개인적인 성향에 따라 아이스크림 콘을 판매할 수 있다. 예를 들면 친구, 친척, 자신과 같은 인종이나 민족 집단에게만 판매하거나 아니면 대가로 호의를 베푸는 사람들에게만 판매한다. 분명한 사실은 가격상한이 아이스크림 매수인을 돕기 위해 시행되었지만, 모든 매수인이 이 시책의 혜택을 본 것은 아니라는 점이다. 일부 매수인은 아이스크림을 구입하기 위해 줄을 서서 기다려야 할 수도 있었지만, 낮은 가격을 지불한다. 하지만 또 다른 매수인은 아이스크림을 전혀 구입할 수 없다.

위의 설명을 통해 다음과 같은 일반적인 결과를 알 수 있다. **정부가 경쟁적인 시장에 구속력 있는 가격상한을 시행할 경우, 부족한 상황이 발생하고 매도인은 잠재적 매수인 사이에서 희소한 물품에 대해 할당 또는 배급을 시행해야 한다.** 가격상한하에서 강구되는 배급 메커니즘은 바람직하지 않은 경우가 대부분이다. 선착순을 기다리는 긴 줄로 인해 매수인들의 시간이 낭비되기 때문에 이는 비효율적이다. 매도인들의 개인적 성향에 따라 배급이 이루어질 경우, 이는 (해당 물품에 가장 큰 가치를 두는 매수인에게 돌아가지 않을 수 있기 때문에) 비효율적이며 불공정하다. 반면에 자유로운 경쟁시장에서 배급 메커니즘이 작동할 경우, 이는 간단하다. 시장이 균형에 도달할 때, 시장가격을 지불하고자 하는 사람들은 해당 물품을 구입할 수 있다. 가격이 높을 때 이것은 일부 매수인들에게 불공정한 것처럼 보일 수 있지만, 효율적이며 개인적인 편향이 개입하지 않는다. 아이스크림 콘을 구입하기 위해 아이스크림 생산업자의 친구나 친척이 될 필요는 없다. 3달러라는 가격을 지불할 수 있고, 지불할 의향만 있으면 된다.

주유소에서 선착순을 기다리는 긴 줄이 어떻게 생기게 되었는가

제5장에서는 1973년에 석유수출국기구(OPEC)가 어떻게 원유 생산을 감축하고 가격을 상승시켰는지에 대해 논의했다. 원유를 사용하여 휘발유를 생산하기 때문에, 유가가 상승하면 휘발유 생산이 감소했다. 주유소에 긴 행렬이 이어져, 운전자들은 휘발유 몇 갤런을 구입하기 위해 종종 몇 시간을 기다려야 했다.

어떤 이유 때문에 주유소에 긴 줄이 생기게 되었는가? 대부분의 사람들은 OPEC 때문이라고 생각했다. OPEC이 원유를 감산하지 않았다면 석유가 부족한 상황은 분명 발생하지 않았을 것이다. 하지만 경제학자들은 또 다른 발생 원인을 찾아내었다. 그것은 바로 휘발유 가격에 상한을 둔 미국 정부의 규제였다.

그림 2는 어떤 일이 발생했는지 보여준다. 그림 2(a)에서 보듯, OPEC이 유가를 인상하기

그림 2

가격상한이 시행되는 휘발유 시장

(a)는 균형가격 P_1이 상한가격에 미치지 못하기 때문에 가격상한이 구속력이 없는 경우의 휘발유 시장을 보여준다. (b)는 (휘발유를 생산하는 데 사용되는 생산요소인) 원유의 가격이 상승함으로써 공급곡선이 왼쪽으로, 즉 S_1에서 S_2로 이동한 후의 휘발유 시장을 보여준다. 규제되지 않은 시장이라면 가격은 P_1에서 P_2로 상승하지만, 가격상한이 시행되는 경우 이런 일이 발생하지 않는다. 구속력이 있는 가격상한하에서 소비자는 Q_D를 구입하려 하지만, 휘발유 생산자는 겨우 Q_S만을 판매하려 한다. 수요량과 공급량 사이의 차이, 즉 $Q_D - Q_S$가 휘발유 부족분을 나타낸다.

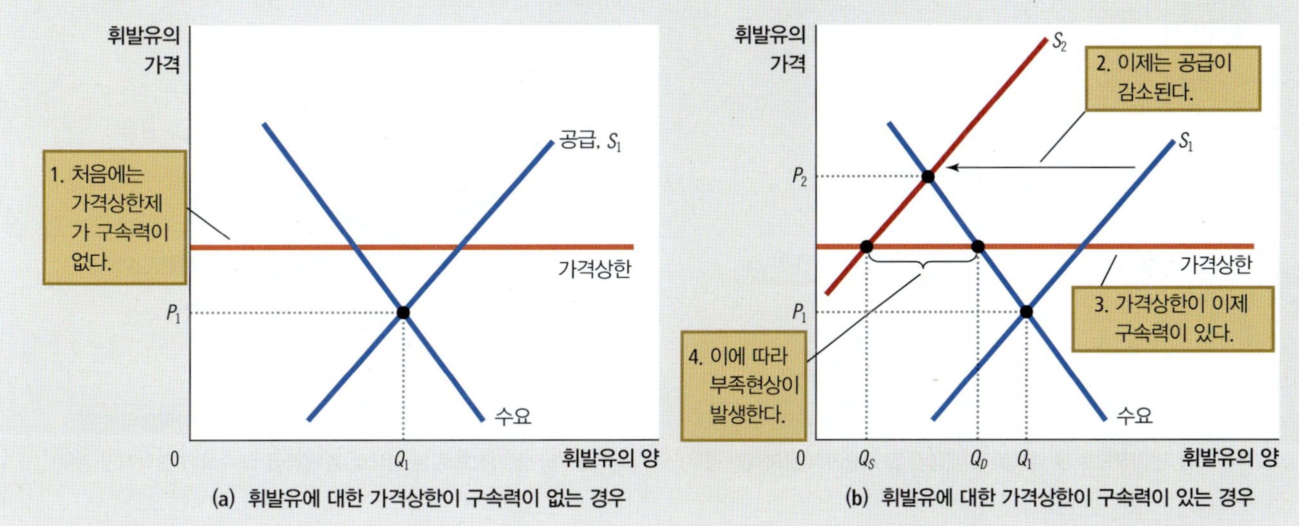

(a) 휘발유에 대한 가격상한이 구속력이 없는 경우

(b) 휘발유에 대한 가격상한이 구속력이 있는 경우

전에는 휘발유의 균형가격 P_1이 가격상한에 미치지 못했다. 따라서 가격 규제는 영향을 미치지 못했다. 하지만 유가가 상승하자 상황이 변했다. 유가 인상으로 휘발유의 생산비가 상승하며, 이로 인해 휘발유 공급이 감소했다. 그림 2(b)에서 보듯 공급곡선이 왼쪽으로, 즉 S_1에서 S_2로 이동했다. 규제되지 않은 시장에서 공급이 이렇게 변하게 되면, 휘발유의 균형가격은 P_1에서 P_2로 상승하고 부족현상은 발생하지 않았을 것이다. 대신에 가격상한이 시행되면 가격이 균형수준으로 상승하지 못하게 된다. 가격상한하에서 생산자들은 Q_S를 판매하고자 하지만, 소비자들은 Q_D를 구입하고자 한다. 공급이 변화함에 따라 규제된 가격수준에서 심각한 부족현상이 발생했다.

결국에는 휘발유의 가격을 규제하는 법률들이 폐지되었다. 미국인들이 휘발유를 구입하기 위해 줄을 서느라 잃어버린 시간에 대해 일부 책임이 있다는 사실을, 입법자들이 깨달은 것이다. 오늘날에는 유가가 변할 경우 공급과 수요가 균형을 이루도록 휘발유의 가격이 자유롭게 조정된다. ●

임대료 통제로 인해 특히 장기적으로 주택 부족현상이 발생하는 이유는 무엇인가

많은 도시에서 지방정부는 집주인이 세입자에게 청구할 수 있는 상한을 설정

그림 3 **단기적 및 장기적으로 본 임대료 통제**

(a)는 임대료 통제에 따른 단기적인 영향을 보여준다. 즉, 아파트의 공급곡선 및 수요곡선이 상대적으로 비탄력적이기 때문에, 임대료 통제법에 따라 부과된 가격상한으로 인해 소규모의 주택 부족현상만 발생할 뿐이다. (b)는 임대료 통제에 따른 장기적인 영향을 보여준다. 즉, 아파트의 공급곡선 및 수요곡선이 더 탄력적이기 때문에, 임대료 통제로 인해 더 대규모의 주택 부족현상이 생기게 된다.

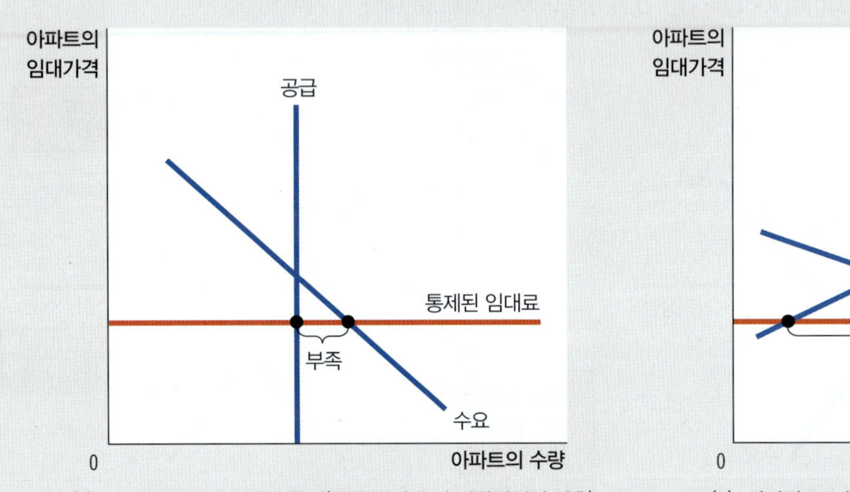

(a) 단기적으로 본 임대료 통제(공급 및 수요가 비탄력적인 경우)

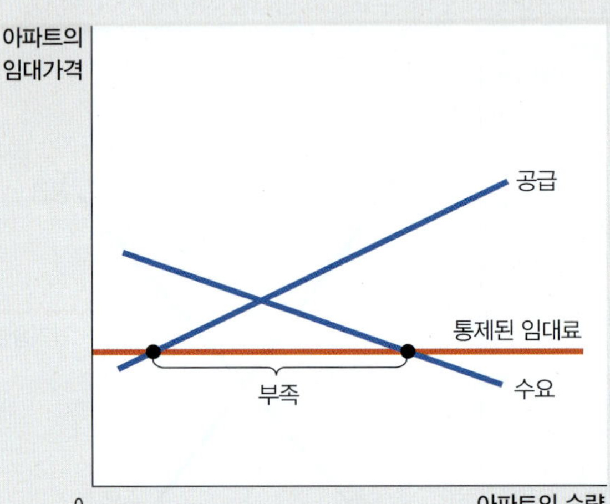

(b) 장기적으로 본 임대료 통제(공급 및 수요가 탄력적인 경우)

해놓고 있다. 이를 임대료 통제라 하는데, 이는 주거비용을 낮게 유지하여 저소득층을 돕고자 하는 정책이다. 하지만 경제학자들은 임대료 통제가 저소득층을 도와주는 매우 비효율적인 방법이라 주장하면서 이를 종종 비판하곤 한다. 어떤 경제학자는 임대료 통제를 "폭격을 제외하고, 한 도시를 파괴할 수 있는 가장 좋은 방법"이라고까지 했다.

임대료 통제에 따른 부작용은 장기간에 걸쳐 발생하기 때문에, 이런 효과가 명백하지 않을 수 있다. 단기적으로, 집주인들은 임대할 수 있는 아파트의 수가 고정되어 있으며, 시장 상황이 변화할 때 이 수량을 신속하게 조정할 수 없다. 더구나 아파트를 임차하려는 사람들이 주거방식을 조정하는 데는 시간이 필요하기 때문에, 단기적으로 임대료에 민감하지 않을 수 있다. 다시 말해, 주택에 대한 단기적인 공급과 수요는 둘 다 상대적으로 비탄력적이다.

그림 3(a)는 주택시장에 대한 임대료 통제로 인해 발생하는 단기적인 효과를 보여준다. 구속력 있는 가격상한과 마찬가지로, 임대료 통제로 인해 부족현상이 발생한다. 하지만 단기적으로 공급과 수요가 비탄력적이기 때문에, 최초의 주택 부족분은 규모가 작다. 단기적으로 발생하는 주요한 결과는 임대료 하락이므로 세입자들 사이에 인기가 있다.

임대주택의 매수인과 매도인은 시간이 흐름에 따라 시장 형편에 더 잘 반응하기 때문에 장기적인 상황은 매우 다르다. 공급 측면에서 집주인들은 새로운 아파트를 건설하지 않고 기존 아파트를 유지 보수하지 않음으로써 낮은 임대료에 대응하게 된다. 수요 측면에서 사람들은 낮은 임대료로 인해 (룸메이트나 부모와 함께 살지 않고) 자신의 아파트를 구하고 도시로 이주하고자 한다. 따라서 공급과 수요는 둘 다 장기적으로 더 탄력적이 된다.

그림 3(b)는 장기적인 주택시장 상황을 보여준다. 임대료 통제로 인해 임대료가 균형수준에 미치지 못할 때, 아파트 공급량이 큰 폭으로 감소하고 수요량은 큰 폭으로 증가한다. 따라서 대규모 주택 부족현상이 발생한다.

임대료가 통제되는 도시에서 집주인들과 건물 관리자들은 다양한 메커니즘을 활용하여 주택을 배분한다. 그들 중 일부는 긴 대기자 명단을 갖고 있고, 다른 일부는 자녀가 없는 임차인에게 우선권을 준다. 또 다른 일부는 아직도 인종을 기준으로 차별한다. 이따금 아파트는 부당한 거래금을 제의하는 세입자에게 배분된다. 이런 뇌물로 인해 아파트의 총가격은 균형가격에 더 근접하게 된다.

제1장에서 살펴본 **경제학의 열 가지 원리** 중 하나인, '사람들은 유인에 반응한다'라는 원리를 기억해보자. 잘 작동하는 시장에서 집주인들은 주택을 청결하고 안전하게 유지할 경우 더 높은 임대료를 받을 수 있다. 하지만 임대료 통제로 인해 부족현상이 발생하고 대기자 명단이 존재하게 된다면 집주인은 그런 동기를 상실하게 된다. 현재 상태 그대로 입주하겠다는 사람들이 기다리고 있을 때, 주택을 유지 보수하고 환경을 개선하기 위해 금전을 왜 지출하겠는가? 결국 임대료 통제로 세입자가 지급해야 할 금액을 낮출 수는 있었지만, 이것은 또한 해당 도시 주택 재고수량과 질을 낮추었다.

이런 부작용들이 명백하게 드러나게 되면, 정책 입안자들은 종종 추가적 규제를 시행하여 대응한다. 예를 들어 다양한 입법을 통해 주택 배분상의 인종차별을 불법화하고, 집주인들이 최소한의 적절한 생활환경을 제공하도록 규정하게 된다. 하지만 이런 법률들은 시행하는 데 어려움이 있고 비용이 많이 든다. 반면에 임대료가 통제되지 않을 경우, 주택시장은 경쟁에 의해 규제되기 때문에 이런 법률들이 덜 필요하다. 주택가격이 균형수준으로 상승할 수 있다면, 집주인들의 바람직하지 않은 행태를 유발했던 주택 부족현상은 대부분 사라지게 된다. ●

경제 패널 **임대료 통제**

"예를 들면 뉴욕과 샌프란시스코에서 시행된 것처럼, 일부 임대주택의 임대료 인상을 제한하는 지역 조례는 이를 시행한 도시들에서 지난 30년 동안 저렴한 임대주택의 공급과 질에 긍정적인 영향을 미쳤다."

경제학자들의 의견

4% 확신하지 못한다.
1% 동의한다.
95% 동의하지 않는다.

출처: IGM Economic Experts Panel, February 7, 2012.

6-1b 가격하한은 시장에서 이루어진 결과에 어떤 영향을 미치는가

정부가 시행하는 또 다른 종류의 가격 통제가 미치는 영향을 분석하기 위해 아이스크림 시장을 다시 한번 살펴보도록 하자. 이제는 전국 아이스크림 생산자 협회가 균형가격 3달러가 너무 낮다고 주장하며 정부를 설득했다고 가상하자. 이 경우 정부는 가격하한을 설정할 수도 있다. 가격하한은 가격상한처럼 균형이 아닌 수준에서 가격을 유지하려는 정부의 시책이다. 가격상한으로 인해 가격에 법적 최대치가 설정되는 반면에, 가격하한은 법적 최소치가 설정된다.

정부가 아이스크림에 가격하한을 시행할 경우 두 가지 결과가 발생할 수 있다. 가격하한이 아이스크림 콘 한 개당 2달러인데 균형가격이 3달러라면, 어떤 일도 발생하지 않는다. 균형가격이 가격하한을 초과하기 때문에 가격하한은 구속력이 없다. 시장에서 작동하는 힘으로 인해 경제는 균형으로 이동하게 되며, 가격하한은 영향을 미치지 못한다. 그림 4(a)는 이런 상황을 보여준다.

그림 4(b)는 콘 한 개당 균형가격인 3달러보다 높은 4달러를 가격하한으로 설정할 때 어떤 일이 발생하는지 보여준다. 이 경우 가격하한은 시장에서 구속력이 있다. 공급과 수요가 상호작용하여 가격이 균형가격으로 이동하려 하지만, 가격은 가격하한 아래로 내려갈 수 없다. 따라서 가격하한이 시장가격이 된다. 이 가격수준에서 아이스크림 공급량(콘 120개)은 수요량(콘 80개)을 초과하여 40개의 초과 공급이 발생한다. 다시 말해 현재 가격에서 아이스크림을 판매하고자 하는 사람들 중 일부가 매수인을 구할 수 없다. **구속력 있는 가격하한으로 인해 과잉현상이 발생한다.**

그림 4 **가격하한이 시행되는 시장**

(a)에서 정부는 가격하한으로 2달러를 설정한다. 이것은 균형가격 3달러보다 낮기 때문에, 가격하한은 효과가 없으며 시장은 공급과 수요의 균형에 도달할 수 있다. 이 균형점에서 공급량과 수요량은 둘 다 100이다. (b)에서 정부는 가격하한으로 4달러를 설정한다. 이것은 균형가격 3달러보다 높기 때문에, 시장가격은 4달러가 된다. 이 가격수준에서는 120개가 공급되는 반면에 겨우 80개가 수요가 이루어져 40개의 과잉이 발생한다.

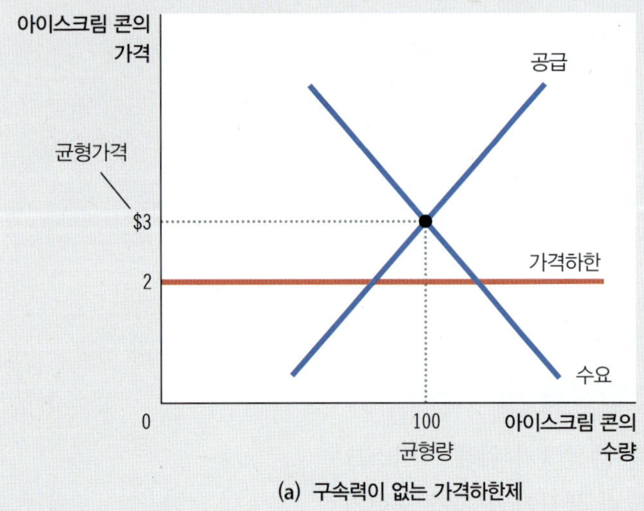

(a) 구속력이 없는 가격하한제

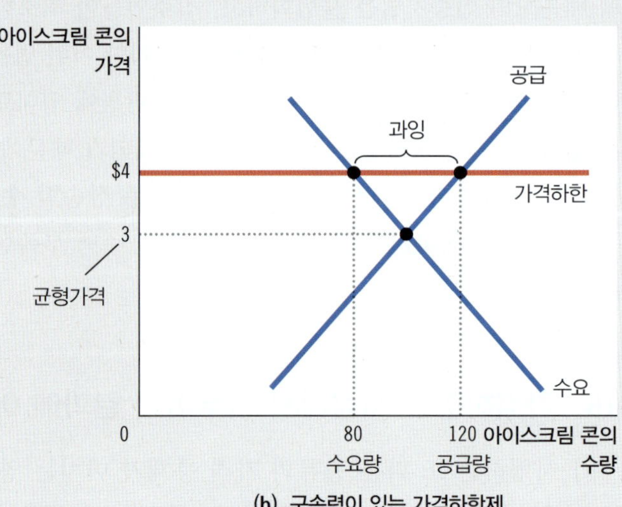

(b) 구속력이 있는 가격하한제

가격상한으로 인해 발생한 부족현상이 바람직하지 못한 배분 메커니즘으로 이어졌던 것처럼, 가격하한으로 인해 발생한 과잉현상도 그렇게 될 수 있다. 매수인들의 개인적인 선호에 호소하는 매도인들은 그렇지 않은 매도인들보다 물품을 더 잘 판매할 수 있다. 반면에 자유 시장에서는 가격이 배분 메커니즘의 역할을 수행한다. 이때 매도인들은 균형가격에서 받은 금액에 만족하지 못할 수는 있지만, 자신들이 원하는 모든 것을 판매할 수는 있다.

사례 연구

최저임금에 대한 논쟁

최저임금은 가격하한제 시행에 관한 중요하면서도 논쟁의 여지가 있는 사례가 되고 있다. 최저임금법에 따라 고용주는 노동에 대해 지불해야 하는 최저 수준을 정한다. 근로자들에 대해 최소한의 적절한 생활수준을 보장해주기 위해 미국 의회는 1938년 제정된 공정근로기준법에 따라 처음으로 최저임금을 실시하게 되었다.

2021년에 미국 연방법에 따른 최저임금은 시간당 7.25달러였다. 이 밖에 많은 주와 시는 연방수준보다 높게 최저임금을 정하고 있다. 예를 들어 2021년에 미국 시애틀의 최저임금은 대규모 고용주인 경우 시간당 16.69달러였다.

대부분의 유럽 국가들은 미국보다 종종 훨씬 더 높은 최저임금을 규정한 법률을 제정해 놓고 있다. 예를 들어 프랑스의 평균임금은 미국보다 거의 30% 더 낮지만, 프랑스의 최저임

그림 5

최저임금은 경쟁적인 노동시장에 어떤 영향을 미치는가

(a)는 임금이 조정되어 노동 공급과 노동 수요가 균형을 이루는 노동시장을 보여준다. (b)는 구속력 있는 최저임금이 시행되는 경우 미치는 영향을 보여준다. 최저임금은 설정된 가격하한이므로 과잉현상이 발생하게 된다. 노동 공급량이 노동 수요량을 초과하여 실업이 발생한다.

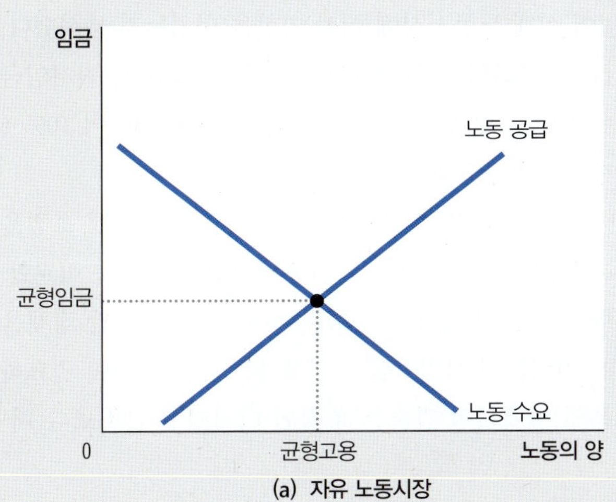

(a) 자유 노동시장

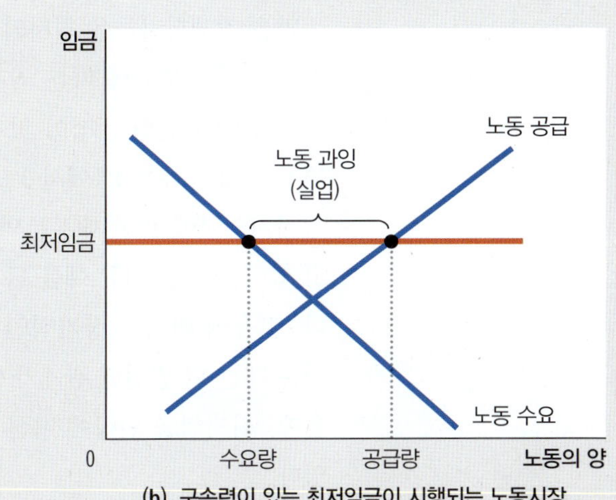

(b) 구속력이 있는 최저임금이 시행되는 노동시장

금은 50% 이상 더 높다.

공급 및 수요 이론에 따를 경우 최저임금이 미치는 영향에 대해 어떤 예측을 하는지 알아보기 위해 노동시장을 생각해보자. 그림 5(a)는 경쟁적인 노동시장을 보여주고 있으며, 이 시장은 모든 경쟁시장과 마찬가지로 공급과 수요의 상호작용에 따른다. 노동자들은 노동을 공급하고, 기업들은 노동을 수요한다. 정부가 개입을 하지 않는다면, 임금이 조정되어 노동의 공급과 수요가 균형을 이루게 된다.

그림 5(b)는 최저임금이 시행되는 노동시장을 보여준다. 그림에서 보는 것처럼 최저임금이 균형임금 수준보다 높은 경우, 노동 공급량이 노동 수요량을 초과한다. 따라서 노동 과잉현상이 발생했고, 실업이 존재하게 된다. 최저임금이 시행될 경우, 현재 일자리가 있는 노동자들의 소득은 증가하는 반면에, 현재 일자리를 구할 수 없는 예비 근로자들의 소득은 감소한다.

최저임금을 완전히 이해하기 위해, 경제에는 단일 노동시장이 아니라 다양한 유형의 근로자들에 대한 많은 노동시장이 존재한다는 사실에 유의하자. 최저임금이 미치는 영향은 노동자의 기술과 경험에 달려 있다. 고도로 숙련되고 경험이 풍부한 근로자들의 경우, 이들은 균형임금이 최저임금보다 훨씬 높기 때문에 영향을 받지 않는다. 즉 이들에게 최저임금은 구속력이 없다.

최저임금은 십대 노동시장에 가장 큰 영향을 미친다. 십대 청소년들은 노동력 구성원 중에서 기술이 가장 낮고 경험도 가장 적기 때문에, 균형임금이 낮다. 이 밖에 이들은 직업 교육을 대가로 더 낮은 임금을 종종 받아들인다.(일부 십대 청소년들은 전혀 급여를 받지 않고 인턴으로 근무하기도 한다. 많은 인턴십들이 급여를 전혀 지불하지 않기 때문에, 최저임금법이 종종 적용되지 않는다. 급여를 지불할 경우, 이들 인턴십 기회 중 일부가 사라져버릴 것이다) 따라서 종종 최저임금은 노동력을 구성하는 다른 계층보다 십대 청소년들에게 더 구속력이 있다.

많은 경제학자들은 최저임금법이 십대 노동시장에 어떤 영향을 미치는지 분석했다. 연구자들은 시간 경과에 따른 최저임금의 변화와 십대 고용의 변화를 비교했다. 최저임금이 미치는 영향에 관한 논쟁이 있기는 하지만, 일반적인 연구에 따르면 최저임금이 10% 상승할 경우 십대 고용은 1%에서 3%까지 감소한다고 본다.

최저임금에 관한 대부분의 연구들이 갖는 한 가지 단점은 단기적인 영향에 초점을 맞추고 있다는 사실이다. 예를 들면 최저임금 변경 전 1년과 변경 후 1년의 고용을 비교할 수 있다. 고용에 미치는 장기적인 영향은 신뢰성 있게 추정하는 것이 더 어렵지만 정책을 평가하는 데는 더 밀접한 관계가 있다. 기업들이 작업장을 재편성하는 데는 시간이 필요하기 때문에, 최저임금 인상에 따른 고용의 장기적인 감소는 추정된 단기적인 감소보다 더 클 수 있다.

최저임금으로 인해 노동 수요량이 변화할 뿐만 아니라 노동 공급량도 변화한다. 최저임금이 시행되면 십대 청소년이 받을 수 있는 임금이 상승하게 되며, 이로 인해 일자리를 찾기로 선택하는 청소년의 수도 증가한다. 일부 연구에 따르면, 최저임금이 인상될 경우 어떤 청소년들이 고용될지에도 역시 영향을 미친다고 한다. 최저임금이 인상되면, 고등학교 재학 중인 일부 청소년들이 자퇴하고 취직하려 할 수 있다. 더 많은 사람들이 가용할 수 있는 일자리를 놓고 경쟁을 함에 따라 새로운 자퇴자들 중 일부가, 자퇴하여 이미 취직한 청소년들을 대신하게 되어 기존의 자퇴자들은 일자리를 잃게 된다.

최저임금은 종종 논쟁의 대상이 되고 있다. 최저임금 인상을 옹호하는 사람들은 이런 정책이 가난한 노동자들의 소득을 높일 수 있는 인간적인 방법이라고 본다. 이들은 최저임금을 받는 노동자들이 겨우 빈약한 생활수준을 감당할 뿐이라는 사실을 정확하게 지적했다. 예를 들면 시간당 최저임금이 7.25달러였던 2021년에, 연중 매주마다 주당 40시간을 근무하는 두 명의 성인이 최저임금 일자리에서 받은 합계 연간소득은 30,160달러에 불과했다. 이 금액은 미국 중위 가계소득의 약 40%에 불과했다. 최저임금 인상에 찬성하는 일부 사람들은 다음과 같이 주장한다. 즉 노동시장은 경쟁시장에서의 공급 및 수요 이론에 기반해서는 잘 설명되지 않으며, 따라서 이들 이론에 기반하여 이루어진 실업에 관한 예측에 대해 의구심을 갖게 된다고 한다. 다른 일부 사람들은 최저임금 인상 정책이 일자리 상실을 포함하여 일부 부작용이 있다는 점은 인정하지만, 이런 효과는 작으며 모든 상황을 고려할 경우 최저임금 인상으로 인해 가난한 사람들의 형편이 나아진다고 본다.

최저임금 인상에 반대하는 사람들은 이것이 빈곤을 퇴치하는 최선의 시책이 아니라고 주장한다. 이들에 따르면 최저임금이 인상될 경우 실업이 발생하고, 십대 청소년들이 자퇴하여 직업훈련을 받지 않은 미숙련 노동자가 된다고 본다. 게다가 반대론자들은 최저임금 인상은 목표가 잘못 설정된 정책이라고 생각한다. 최저임금을 받는 사람들 중 3분의 1 이하가 빈곤선 아래의 소득을 받는 가계에 속한다. 최저임금 수혜자의 대다수는 추가로 지출할 돈을 벌기 위해 파트타임으로 일하는 중산층 가계의 십대 청소년들이다.

2021년에 바이든 대통령은 2025년까지 시간당 최저임금을 15달러로 인상하겠다고 제안하면서 "아무도 주당 40시간 일하면서 빈곤하게 살아서는 안 된다"고 말했다. 2021년 2월에 무당파 정책분석 담당 직원들로 구성된 정부기관인 미국 의회예산국은 이 제안에 관한 연구를 발표했다. 이들의 추정에 따르면, 최저임금이 인상될 경우 1,700만 명의 임금을 증가시키고, 90만 명을 빈곤에서 구하며, 140만 명을 해고시키게 된다고 한다. 이 책이 출간된 때는 미국 의회가 바이든 대통령의 제안을 입법화하기 전이었다. ●

최저임금

"현재 미국 연방정부의 최저임금은 시간당 7.25달러이다. 주정부는 이보다 높은 최저임금을 선택할 수 있으며, 많은 주가 그렇게 하고 있다. 연방정부의 최저임금이 시간당 15달러가 될 경우, 많은 주에서 저임금 근로자의 고통이 감소하게 될 것이다."

경제학자들의 의견

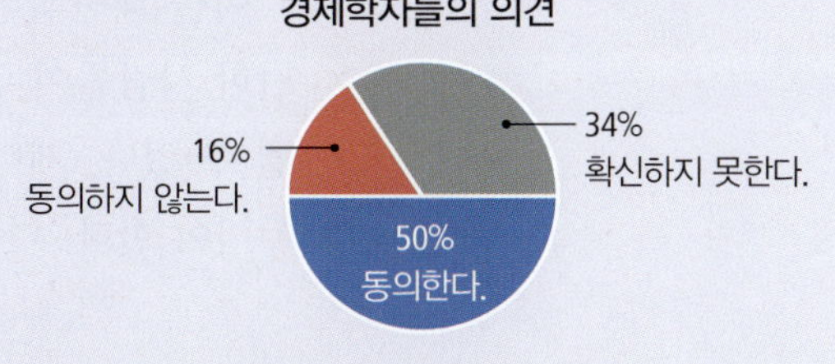

출처: IGM Economic Experts Panel, February 2, 2021.

6-1c 가격 통제에 대한 평가

제1장에서 살펴본 경제학의 열 가지 원리 중 하나가 '시장은 일반적으로 경제활동을 조직화하는 좋은 방법'이라는 것이다. 이것이 경제학자들이 종종 가격상한과 가격하한에 반대하는 이유이다. 경제학자들의 관점에서 보면, 가격은 우연한 과정의 결과가 아니다. 그들에게 있어 가격은 공급곡선과 수요곡선의 이면에서 이루어진 수많은 결정의 결과이다. 가격은 공급과 수요를 일치시키며, 이를 통해 경제활동을 조정하는 중요한 역할을 수행한다. 정부가 하는 가격설정은, 그렇지 않았다면 사회자원의 배분을 이끌어 나갔을 신호를 모호하게 만든다.

이것은 전개된 상황의 한쪽만을 살펴본 것이다. 경제학의 열 가지 원리 중 또 다른 하나가 '정부는 때때로 시장에서 이루어진 결과를 개선할 수 있다'라는 것이다. 실제로 정책 입안자들은 시장에서 이루어진 결과를 불공정한 것으로 보기 때문에 종종 가격을 통제하려는 동기를 갖게 된다. 가격 통제는 가난한 사람들을 돕는 것을 목표로 하는 경우가 많다. 예를 들어 임대료 통제법은 모든 사람들에게 저렴한 주택을 제공하고자 하며, 최저임금법은 사람들이 가난에서 벗어나도록 도와주고자 한다.

하지만 가격 통제로 인해 자신들이 도우려 했던 사람들에게 피해를 입힐 수 있다. 임대료 통제로 인해 임대료는 낮게 유지되지만, 집주인들이 자신들의 건물에 대한 유지보수를 하지 않게 되고 주택을 구하는 것이 어려워진다. 최저임금법은 일부 근로자들의 소득을 증대시키지만 일부 근로자들이 실직하게 만들 수 있다.

도움이 필요한 사람들을 돕는 것은 가격 통제 이외의 방법으로도 할 수 있다. 예를 들면 정부는 가난한 가족들 대신에 임대료의 일부를 지불하거나 현금 이체를 해서 이들 자신이 임대료를 지불하게 하여 주택을 저렴하게 공급해줄 수 있다. 임대료 통제와 달리, 이런 보조금들은 주택 공급량을 감소시키지 않아서 주택이 부족한 상황으로 이어지지 않는다. 이와 유사하게, 임금 보조금을 시행할 경우 가난한 노동자의 생활수준은 높이지만 기업들이 이들을 고용하는 것을 축소시키지는 않는다. 임금 보조금의 한 예로 저임금 근로자들의 소득을 보충해주는 정부 프로그램인 근로소득 세액공제를 들 수 있다.

이들 대안적인 정책은 종종 가격 규제보다 더 나을 수 있지만 완벽하지는 않다. 가난한 사람들이 임대료 보조금이나 임금 보조금을 신청하는 것 자체가 이들에게 부담이 될 수 있다. 게다가 이들 보조금은 정부 예산에서 충당하며, 따라서 더 높은 세금을 거두어야 한다. 다음 절에서 살펴보는 것처럼, 과세할 경우 그 자체의 비용이 수반된다.

Quiz

1. 정부가 구속력 있는 가격하한을 설정할 경우, 이로 인해 ___________.
   a. 공급곡선이 왼쪽으로 이동한다.
   b. 수요곡선이 오른쪽으로 이동한다.
   c. 해당 물품의 부족현상이 발생한다.
   d. 해당 물품의 과잉현상이 발생한다.

2. 구속력 있는 가격상한이 설정된 시장에서 상한가격이 상승할 경우, ___________.
   a. 해당 물품의 과잉이 증대된다.
   b. 해당 물품의 부족이 증대된다.
   c. 해당 물품의 과잉이 감소된다.
   d. 해당 물품의 부족이 감소된다.

3. 임대료 통제로 인해 ___________ 부족현상이 더욱 확대된다. 그 이유는 시간이 흐름에 따라 공급과 수요가 ___________ 탄력적으로 되기 때문이다.
   a. 장기적으로; 더
   b. 장기적으로; 덜
   c. 단기적으로; 더
   d. 단기적으로; 덜

4. 최저임금이 인상될 경우, ___________의 가격 탄력성이 1보다 ___________, 이로 인해 영향을 받는 전체 근로자에게 지불될 총액은 감소한다.
   a. 공급; 크다면
   b. 공급; 작다면
   c. 수요; 크다면
   d. 수요; 작다면

해답은 이 장의 끝부분에 있다.

6-2 조세귀착에 대해 주목할 사실

전 세계 각국 정부부터 소도시의 지방정부까지 모든 정부들은 조세를 활용하여 도로, 학교, 국가방위와 같은 공공 프로젝트를 수행하는 데 필요한 수입을 거두어 들인다. 조세는 중요한 정책도구이고 여러 가지 면에서 우리의 생활에 영향을 미치기 때문에 이 책 전반에 걸쳐 살펴볼 것이다. 먼저 조세가 경제에 어떤 영향을 미치는지 살펴보자.

분석하기 위한 상황을 만들기 위해, 지방정부가 연례 아이스크림 축하행사로 축제, 불꽃놀이, 마을 유지들의 연설을 마련하기로 결정했다고 가상하자. 이 행사를 개최하기 위한 수입을 거두기 위해, 해당 도시는 판매되는 아이스크림 콘 한 개당 0.50달러의 조세를 부과하기로 했다. 이런 계획이 발표되자 두 개의 로비단체가 행동에 나섰다. 전국 아이스크림 소비자 협회는 다음과 같이 주장했다. 아이스크림 소비자들은 생계를 꾸리는 데 어려움을 겪고 있기 때문에, 아이스크림 **매도인**들이 조세를 납부해야 한다고 본다. 반면에 전국 아이스크림 생산자 협회는 다음과 같이 말을 한다. 회원사들이 경쟁 시장에서 생존하기 위해서 분투를 하고 있으므로 아이스크림 **매수인**들이 조세를 납부해야 한다고 본다. 시장은 타협이 이루어지길 희망하면서 매수인과 매도인이 각각 조세의 절반을 납부하도록 제의했다.

이 제의를 평가하기 위해 다음과 같은 간략하지만 미묘한 질문을 해보도록 하자. 정

최저임금을 시간당 15달러로 해야 하는가?

2021년에 바이든 대통령은 최저임금을 시간당 15달러로 제의했는데, 이 제안은 정치인과 경제학자 모두에게 논쟁을 불러일으켰다.

최저임금을 인상할 경우 이는 분명히 일자리 감소로 이어질 것이다

데이비드 뉴마크(David Newmark)

최근의 미국 의회예산국 보고서에 따르면, 연방정부의 새로운 최저임금인 15달러가 입법화될 경우 140만 개의 일자리가 사라지게 될 것이라고 추정했다. 반면에 새로운 최저임금을 옹호하는 사람들은 의회예산국의 이런 결론을 재빨리 일축했다. 미국 워싱턴 D.C.에 소재한 경제정책연구소의 하이디 셔올즈(Heidi Shierholz)는 다음과 같이 말했다. "최저임금 인상이 대량의 일자리 상실 없이 임금을 상승시키게 될 것이라는 새로운 의견 일치가 경제학자들 사이에 이루어졌다고 해도 과언이 아니다." 또한 그는 이와 동일한 주장을 하는 노벨 경제학상 수상자들과 다른 경제학자들이 서명한 편지를 배포했다.

미국에서의 최저임금과 일자리 상실에 관해 이루어진 연구에 대한 최근의 광범위한 조사에서 내가 밝힌 것처럼, 이는 간략히 말해 사실이 아니다. 대부분의 연구에 따르면, 최저임금은 저숙련 근로자들의 고용을 축소시키며 특히 최저임금을 인상하면 최저 소득자들이 가장 직접적으로 영향을 받는다.

최저임금이 고용에 대해 미치는 영향에 관해서 이루어진 개별 연구들의 결과는 서로 상충된다. 이런 불일치하는 상황은 놀라운 것이 아니다. 경제학은 사회과학이지 자연과학이 아니다. 최저임금과 일자리 상실에 관한 연구는 실험실에서 이루어지는 실험이 아니다. 이들은 복제되어 반복적으로 이루어질 수 없으며, 따라서 정확히 동일한 결과를 얻을 수는 없을 것으로 보인다.

그래도 놀라운 사실은, 연구문헌 요약들이 전반적인 증거가 말하는 것에 대해 상반되는 주장을 한다는 것이다. 앵거스 디턴(Angus Deaton)과 피터 다이아몬드(Peter Diamond)와 같은 저명한 경제학자들이, 연구 결과가 일자리 상실에 관해 증거가 거의 없거나 없다는 사실을 보여준다고 주장하면서 위에서 언급한 편지에 서명했다. 반면에 다른 경제학자들은 연구 결과를 보고 일자리 상실을 의미한다고 결론 내렸다. 어떻게 이럴 수가 있는가? 누가 옳은가?

대부분의 경제학자들은 어떤 식으로든 최저임금에 대해 강경한 입장을 취한다. 어쩌면 이로 인해 이들이 증거들을 보고 해석하는 방식에 영향을 미치게 된다. 또는 최저임금이 고용에 미치는 효과에 관한 연구가 매우 많아서 전체 증거가 의미하는 바에 관한 일종의 '채점표'를 유지하는 것이 어려울 수 있다.

연구를 정확하게 이해하기 위해 피터 셜리(Peter Shirley)와 나는 지난 30년간 발간된 최저임금이 고용에 미치는 영향을 추정했던 거의 모든 미국의 연구 저자들을 조사했다. 우리는 저자들에게 '탄력성' 또는 최저임금 1% 변화에 대한 고용의 백분율 변화로 측정한, 고용에 미치는 효과에 관한 최선의 추정치를 알려달라고 요청했다. 대부분의 저자들이 답변했으며, 응답하지 않은 소수의 경우에 이들의 연구에서 추정값을 뽑았다.

그 결과는 참담했다. 모든 연구에 걸쳐 볼 때 79%가 최저임금으로 인해 고용이 축소된다고 밝혔다. 연구 중 46%에서 이런 음의 효과가 통계적으로 유의했다. 반면에 연구 중 21%만이 최저임금이 고용에 소규모의 양의 효과가 있다고 밝혔으며, 이 중 매우 작은 비율(4%)만이 통계적으로 유의했다. 간단하지만 통상적인 계산에 따르면, 실제 효과가 영인

조세귀착
조세부담이 시장 참여자들 사이에 배분되는 방식

부가 어떤 물품에 조세를 부과할 경우, 누가 실제로 조세부담을 지는가? 매수인인가? 매도인인가? 그렇지 않고 매수인과 매도인이 조세부담을 분담할 경우, 조세부담이 어떻게 배분될지를 무엇이 결정하는가? 위에서 시장이 제의했던 것처럼, 정부가 이런 결정을 내릴 수 있는가? 아니면 시장에서 작동되는 힘이 개입하는가? 이런 질문에는 조세귀착(tax incidence) 문제가 내포되어 있다. 즉, 조세부담이 경제의 다양한 사람들 사이에 어떻게 배분되는지 살펴보아야 한다. 공급과 수요란 도구를 사용할 경우 조세귀착에 관한 놀라운 교훈들을 알 수 있게 된다.

경우 거의 80%의 연구에서 음의 고용효과를 발견할 확률은 백만분의 1 미만이다.

모든 연구를 살펴보면 평균 고용 탄력성은 약 −0.15인데, 이는 가령 최저임금이 10% 상승할 경우 미숙련 노동의 고용은 1.5% 감소한다는 것을 의미한다. 이를 최저임금 15달러에 외삽하여 추정하면, 연방정부 최저임금 7.25달러가 현재 널리 행해지고 있는 주에서 이렇게 최저임금이 107% 증가할 경우 미숙련 노동의 고용은 16% 감소할 수 있다는 의미이다.(이는 미국 의회예산국의 최근 연구와 대체로 일치한다) 이는 상당한 일자리 감소처럼 보인다.

일부 근로자들이 더 높은 소득을 경험하고 저임금 근로자들의 순소득이 어쩌면 증가할 수 있다는 것은 사실이다. 하지만 최저임금 인상으로 인한 소득 증가의 상당 부분이 소득이 더 높은 가계로 돌아간다는 연구 결과처럼, 이것은 최저임금이 저임금 근로자나 저소득 가계를 도울 수 있는 최선의 방법이라는 것을 의미하지는 않는다. 대안적 정책인 근로소득 세액공제는 훨씬 더 효과적으로 혜택이 저소득층에게 돌아가도록 한다. 이 방법이 빈곤을 낮추고, 일자리를 파괴하지 않고 창출할 수 있다는 사실이 입증되었다.

우리가 한 조사에서 또 다른 중요한 결과들을 얻을 수 있었다. 첫째, 이따금 주장하는 것과는 상반되게, 가장 최근의 연구에서 일자리 상실의 증거가 적어지는 추세는 발견하지 못했다. 둘째, 최저임금에 의해 직접적으로 영향을 받는 근로자들에 대해 더 정밀하게 초점을 맞추어 연구가 이루어질수록, 일자리 상실에 관한 증거가 더욱 분명해진다. 예를 들어 많아야 고등학교 교육을 받은 근로자들에 대한 평균 고용 탄력성은 −0.24인데, 이는 최저임금이 10% 상승할 경우 이들의 고용이 2.4% 만큼 감소한다는 의미이다. 여러 증거가 뒤섞인 유일한 연구들은 소매업이나 레스토랑 같은 저임금 업종에 관한 것이다. 특히 이들 연구에서 최저임금에 의해 가장 크게 영향받는 노동자들 사이의 일자리 상실이, 저숙련 근로자를 고숙련 근로자로 대체하는 고용주들에 의해 가려질 수 있다.

맞다. 일부 연구들은 일자리 상실의 증거를 발견하지 못한다. 하지만 최저임금 인상에 찬성하는 사람들은 연구 증거의 대부분을 무시해야만, 전반적인 연구에서 지지를 받고 있다고 주장할 수 있다. 최저임금이 미치는 영향에 관한 연구자들의 합의된 견해에 따르면, 이는 분명히 일자리 상실로 이어진다. 정책 입안자들은 최저임금의 급격한 인상에 따른 잠재적 비용과 편익을 따져볼 때, 이런 일자리 상실을 고려해야만 한다. ■

AP IMAGES/LYNNE SLADKY

논의 사항

1. 저임금 근로자들을 도와줄 정책을 설계하는 경제학자라고 가상하자. 여러분은 최저임금을 선호하는가? 또는 근로소득 세액공제를 선호하는가? 그 이유를 설명하시오.
2. 여러분이 이제는 출마한 정치인이라고 가상하자. 최저임금 인상을 강령으로 하는 선거운동을 하는 것이 더 용이한가? 또는 더 관대한 근로소득 세액공제를 강령으로 하는 선거운동을 하는 것이 더 용이한가? 그 이유를 설명하시오.

데이비드 뉴마크는 어바인 소재 캘리포니아대학교(UC Irvine)의 경제학 교수이다.

출처: *The Wall Street Journal*, March 19, 2021.

6-2a 매도인에게 부과된 조세는 시장에서 이루어진 결과에 어떤 영향을 미치는가

매도인에게 부과된 조세부터 살펴보도록 하자. 아이스크림 콘의 매도인들이 자신들이 판매하는 각 아이스크림 콘에 대한 세금으로 지방정부에 0.50달러를 납부해야 한다고 가상하자. 이런 경우 아이스크림의 매수인과 매도인에게 어떤 영향을 미치는가? 이 물음에 답하기 위해, 제4장에서 공급과 수요를 분석하기 위해 살펴본 세 가지 단계를 밟아가도록 하자. (1) 해당 상황이 공급곡선 아니면 수요곡선에 영향을 미치는지 여부를

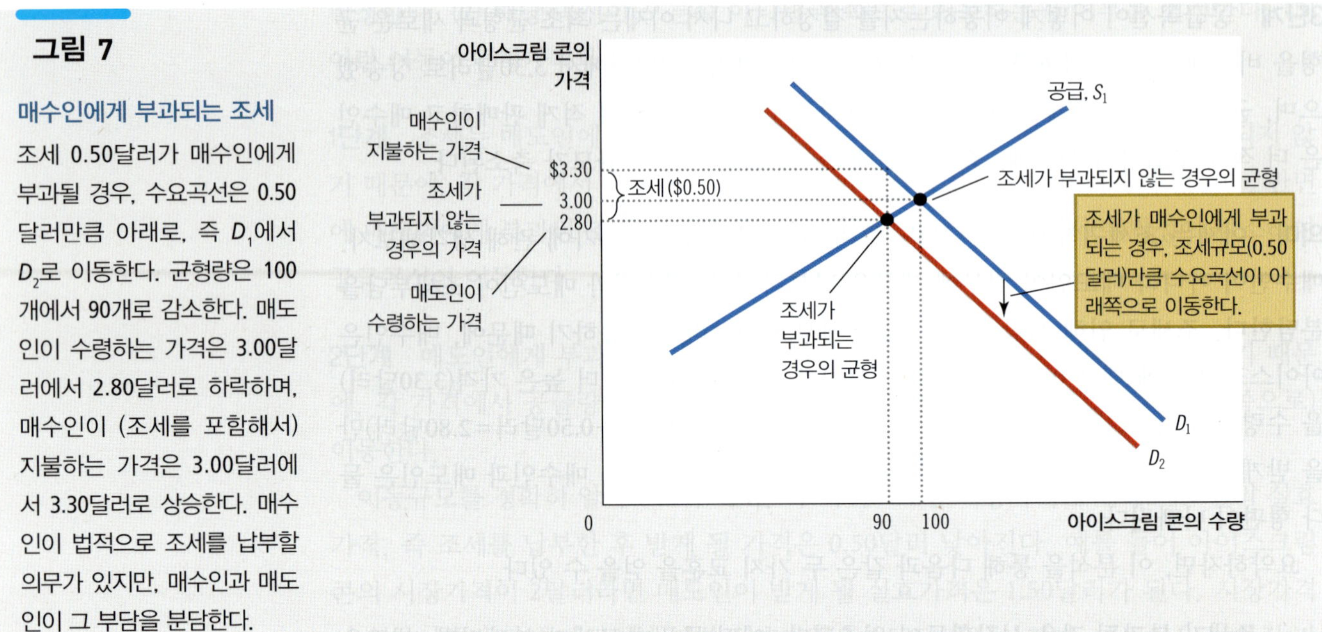

그림 7

매수인에게 부과되는 조세

조세 0.50달러가 매수인에게 부과될 경우, 수요곡선은 0.50달러만큼 아래로, 즉 D_1에서 D_2로 이동한다. 균형량은 100개에서 90개로 감소한다. 매도인이 수령하는 가격은 3.00달러에서 2.80달러로 하락하며, 매수인이 (조세를 포함해서) 지불하는 가격은 3.00달러에서 3.30달러로 상승한다. 매수인이 법적으로 조세를 납부할 의무가 있지만, 매수인과 매도인이 그 부담을 분담한다.

다시 한번 이동규모를 정확히 알아보도록 하자. 매수인에게 조세 0.50달러가 부과되었기 때문에, 이들의 실효가격은 이제 시장가격이 어떻게 되었든 간에 이것보다 0.50달러가 더 높아지게 된다. 예를 들어 아이스크림 콘의 시장가격이 2달러라면, 매수인은 자신에 대한 실효가격 2.50달러에 직면하게 된다. 매수인은 조세를 포함해 자신이 부담해야 하는 총비용을 고려하기 때문에, 시장가격이 실제보다 0.50달러가 더 높은 것처럼 생각하고 아이스크림 수량을 수요한다. 다시 말해 매수인이 각 특정 수량을 수요하도록 유도하기 위해, 시장가격은 조세가 미친 영향을 보상할 수 있도록 이제 0.50달러가 더 낮아야 한다. 조세부과로 인해 수요곡선은 조세와 정확하게 동일한 규모(0.50달러)만큼 아래쪽으로, 즉 D_1에서 D_2로 이동한다.

3단계 이제는 최초 균형과 새로운 균형을 비교해서 보고 조세가 미치는 영향을 평가해보자. 그림 7에서 아이스크림 균형가격은 3달러에서 2.80달러로 하락하고 균형량은 아이스크림 콘 100개에서 90개로 감소한다. 다시 한번, 조세부과로 인해 아이스크림 시장의 규모가 축소된다. 그리고 또 한 번 매수인과 매도인이 조세부담을 분담한다. 매도인은 자신의 생산물에 대해 더 낮은 가격을 수령하고, 매수인은 이전보다도 더 낮아진 시장가격을 매도인에게 지불한다. 하지만 (조세를 포함한) 실효가격은 3달러에서 3.30달러로 상승한다.

의미 그림 6과 그림 7을 비교해보면, 다음과 같은 주목할 만한 결론을 깨닫게 된다.

매도인에게 부과된 조세와 매수인에게 부과된 조세는 효과면에서 동등하다. 두 경우는 모두 조세로 인해 매수인이 지불하는 가격과 매도인이 수령하는 가격 사이에 차이가 발생한다. 조세가 매수인과 매도인 중 어느 쪽에 부과되었는지에 관계없이, 그 차이는 동일하다. 두 경우 모두에서 공급곡선과 수요곡선의 상대적인 위치가 이동한다. 새로운 균형에서 매수인과 매도인은 조세부담을 분담한다. 매도인에게 부과된 조세와 매수인에게 부과된 조세의 유일한 차이점은 누가 조세를 정부에 납부하느냐 하는 것이다.

이들 두 개 조세의 동등성을 보다 잘 이해하기 위해, 정부는 아이스크림 가게의 카운터에 있는 용기에 세금을 내도록 하여 아이스크림에 대한 조세 0.50달러를 징수한다고 가상하자. 조세가 매도인에게 부과될 경우, 매도인은 아이스크림 콘을 판매할 때마다 용기에 0.50달러를 놓아야 한다. 조세가 매수인에게 부과될 경우, 매수인은 아이스크림 콘을 구입할 때마다 역시 용기에 0.50달러를 놓아야 한다. 0.50달러가 매수인 지갑에서 용기로 직접적으로 나가든지 아니면 매수인 지갑에서 매도인 손을 거쳐 용기로 간접적으로 나가든지 여부는 중요하지 않다. 일단 시장이 새로운 균형에 도달하게 되면, 조세가 어떻게 부과되는지에 관계없이 매수인과 매도인은 조세부담을 분담하게 된다.

사례 연구

의회는 급여세 부담을 배분할 수 있는가?

여러분이 월급을 받아본 적이 있다면, 일해서 번 금액에서 몇몇 세금이 공제되었다는 사실을 아마도 알아챘을 것이다. 이들 세금 중 하나가 연방보험기여금법, 즉 Federal Insurance Contributions Act의 머리글자를 딴 FICA이다. 미국 연방정부는 FICA 조세를 통해 거두어 들인 수입을 사용하여, 소득 지원과 노인 건강관리 프로그램인 사회보장과 메디케어에 지출을 한다. FICA는 기업이 근로자에게 지급한 임금에 부과하는 조세인 근로소득세, 즉 **급여세**이다. 2021년에 일반적인 근로자에 대한 FICA 조세 총액은 근로자들이 번 급여의 15.3%에 해당했다.

누가 급여세를 부담해야 하는가? 기업인가? 아니면 근로자인가? 의회는 이 법안을 통과시킬 때 조세부담을 배분하려 했다. 법에 의하면, 조세의 절반은 기업이 납부하고 나머지 절반은 근로자가 납부한다. 즉, 조세의 절반은 기업의 수입에서 지급되고, 나머지 절반은 근로자의 월급에서 공제된다. 급여명세서에 공제액으로 표시된 금액은 근로자가 부담한 기여금이다.(자영업자들은 일반적으로 세금 총액을 자신들이 전부 부담한다)

하지만 조세귀착에 대한 분석에 따르면, 입법자들이 조세부담의 배분을 그렇게 쉽게 지시할 수는 없다. 급여세는 아이스크림과 같은 물품에 대한 조세와 거의 같게 분석된다. 이 경우 물품은 노동이고 가격은 임금이다. 다시 한번, 조세로 인해 기업이 지불하는 임금과 근로자가 수령하는 임금(이는 '집에 가져가는 급여'라고도 한다) 사이에 차이가 있다. 그림 8은 이런 결과를 보여준다. 급여세가 제정되면, 근로자가 수령하는 임금은 하락하고 기업이

그림 8

급여세

급여세로 인해 기업이 지불하는 금액과 근로자가 수령하는 금액 사이에 차이가 발생한다. 급여세가 부과되는 경우의 임금과 부과되지 않는 경우의 임금을 비교해보면, 근로자와 기업 사이의 급여세 분담을 명확히 알 수 있다. 이런 급여세의 분담은 정부가 급여세를 근로자에게 전부 부과했거나 기업에 전부 부과했거나 또는 이들 둘 사이에 균등하게 배분했는지 여부에 달려 있지 않다.

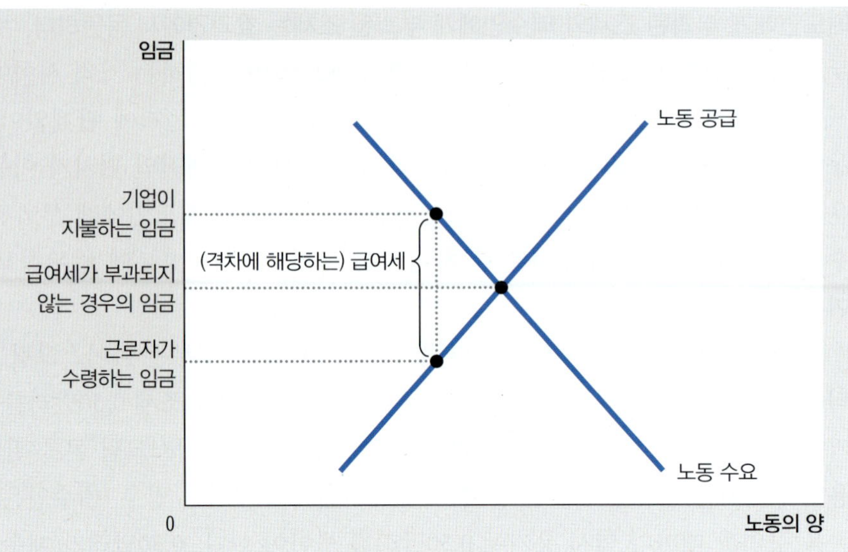

지불하는 임금은 상승한다. 결국, 근로자와 기업은 법률이 요구하는 만큼 조세부담을 분담하게 된다. 하지만 이런 경제적인 배분은 법률적인 배분과 아무 관련이 없다. 그림 8에서 조세부담의 배분이 반드시 50–50일 필요는 없으며, 법률에 따라 조세 전부를 근로자에게 부과하거나 아니면 기업에 부과할 경우에도 동일한 결과가 나올 것이다.

이 사례연구는 종종 간과되고 있는 교훈을 강조한다. 입법자들은 조세가 매수인의 지갑에서 나올지 아니면 매도인의 지갑에서 나올지 여부를 결정할 수는 있지만, 조세의 진정한 부담을 입법화할 수는 없다. 오히려 조세귀착은 공급과 수요의 힘에 따라 결정된다. ●

6-2c 탄력성과 조세귀착

매수인과 매도인 사이에 조세부담이 얼마나 정확하게 분배되는가? 아주 드물게만 공평하게 분배된다. 이에 대해 알아보기 위해 그림 9의 두 개 시장에서 조세부과가 미치는 영향을 생각해보자. 두 경우 모두에서 조세로 인해 최초의 공급곡선과 수요곡선, 그리고 매수인이 지불하는 가격과 매도인이 수령하는 가격 사이에 차이가 발생했다.(어느 그림에도 새로운 공급곡선과 수요곡선이 그려져 있지 않다. 어떤 곡선이 이동하느냐 여부는 조세가 매수인에게 부과되느냐 아니면 매도인에게 부과되느냐 여부에 달려 있다. 이는 조세귀착을 판단하는 것과 무관하다) 이들 두 그림의 차이는 공급과 수요의 상대적인 탄력성이다.

그림 9(a)는 매우 탄력적인 공급과 상대적으로 비탄력적인 수요를 갖는 시장에 조세가 부과된 경우를 보여준다. 이것이 의미하는 바는 매도인이 가격 변화에 매우 민감하게 반응하는(따라서 공급곡선이 상대적으로 완만하다) 반면에, 매수인은 그닥 민감하

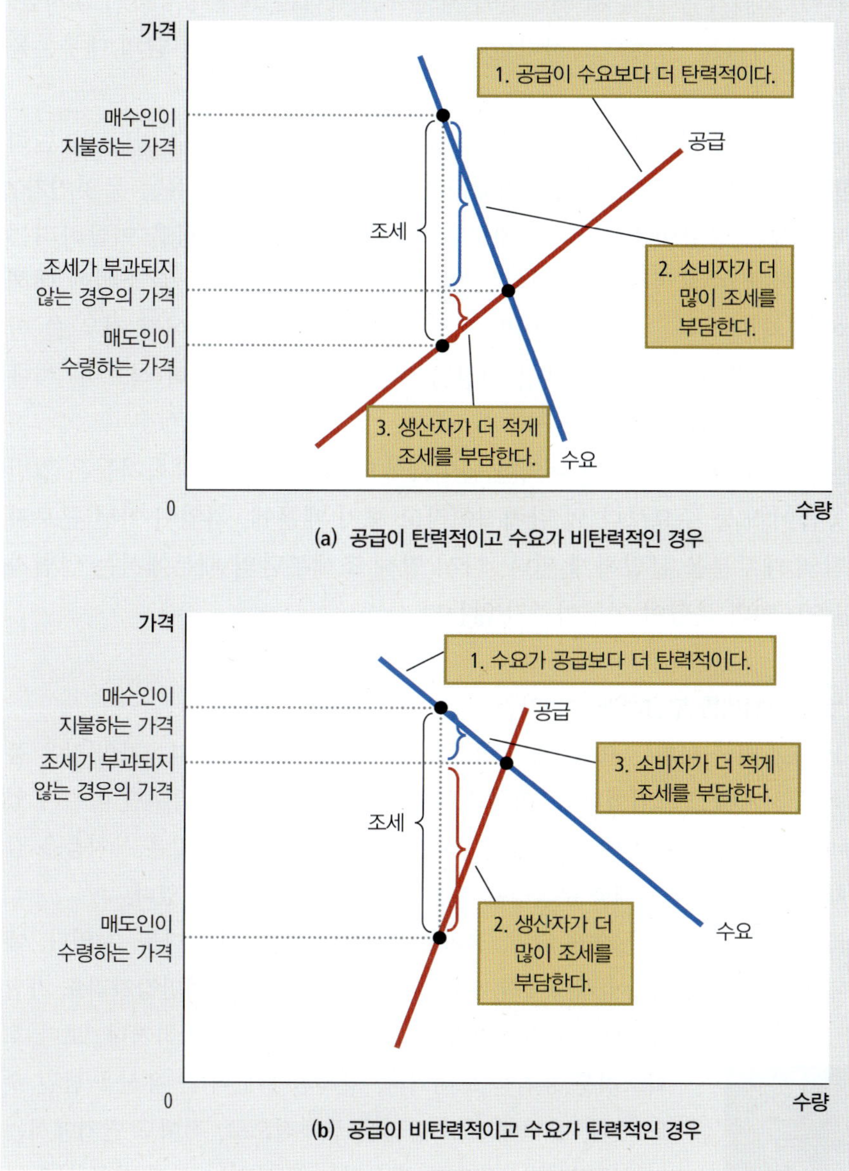

그림 9

조세부담은 어떻게 배분되는가

(a)에서 공급곡선이 탄력적이고 수요곡선은 비탄력적이다. 이 경우에 매도인이 수령하는 가격은 약간 하락하는 반면에, 매수인이 지불하는 가격은 큰 폭으로 상승한다. 이것이 의미하는 바는 매수인이 조세의 대부분을 부담한다는 것이다. (b)에서 상황은 반대이다. 즉, 공급곡선이 비탄력적이고 수요곡선은 탄력적이다. 이 경우에 매도인이 수령하는 가격은 큰 폭으로 하락하는 반면에, 매수인이 지불하는 가격은 약간 상승한다. 이것이 의미하는 바는 매도인이 조세의 대부분을 부담한다는 것이다.

게 반응하지는 않는다(따라서 수요곡선이 상대적으로 가파르다). 조세가 이와 같은 시장에 부과될 때 매도인이 수령하는 가격은 크게 하락하지 않으며, 따라서 매도인은 조세부담을 단지 적게 분담할 뿐이다. 하지만 매수인이 지급하는 가격은 큰 폭으로 상승하는데 이는 조세부담의 대부분을 분담한다는 의미이다.

그림 9(b)는 상당히 비탄력적인 공급과 매우 탄력적인 수요를 갖는 시장에 조세가 부과된 경우를 보여준다. 이 경우, 매도인은 가격 변화에 그다지 민감하게 반응하지는 않는(따라서 공급곡선이 가파르다) 반면에, 매수인은 매우 민감하게 반응한다(따라서 수요

곡선이 완만하다). 조세가 부과될 때 매수인이 지불하는 가격은 크게 상승하지 않지만, 매도인이 수령하는 가격은 큰 폭으로 하락한다. 따라서 매도인이 조세부담의 대부분을 분담하게 된다.

이들 두 그림을 함께 살펴보면, 다음과 같은 일반적인 교훈을 얻을 수 있다. **덜 탄력적인 시장의 한쪽 측에 조세부담이 더 많이 가해진다.** 이 교훈이 참인 이유는 무엇인가? 본질적으로, 탄력성은 상황이 악화될 때 매수인 아니면 매도인이 시장을 이탈하려는 의지를 측정한 것이다. 수요 탄력성이 작다는 의미는 매수인이 특정 물품 소비에 대해 쓸 만한 대안이 있지 못하다는 것이다. 어떤 물품에 대해 과세가 이루어질 경우 쓸 만한 대안이 더 적은 시장의 한쪽 측이 해당 시장을 이탈하려는 의지가 더 적으며, 이에 따라 조세부담을 더 많이 분담하게 된다.

이런 논리는 이전의 사례연구에서 논의한 급여세에도 적용된다. 경제학자들은 일반적으로 노동 공급이 노동 수요보다 덜 탄력적이라고 보기 때문에, 기업이 아닌 근로자가 급여세 부담의 대부분을 분담하게 된다. 다시 말해 조세부담의 배분에서는 입법자들이 의도했던 50-50의 분할이 이루어지지 않는다.

사례
연구

누가 사치세를 부담하게 되는가?

1990년 미국 의회는 요트, 개인 비행기, 모피, 보석류, 고급 자동차와 같은 품목에 사치세를 도입했다. 도입한 목적은 가장 쉽게 조세를 납부할 여유가 있는 사람들로부터 조세수입을 올리는 데 있었다. 부유한 사람들만이 이와 같은 사치품을 감당할 수 있기 때문에 사치품에 조세를 부과하는 것은 논리적인 방법처럼 보였다.

하지만 공급과 수요의 힘이 작동하게 되면, 결과는 의회가 의도한 것과 다를 수 있다. 예를 들어 요트시장을 생각해보자. 이 시장에서 수요는 매우 탄력적이다. 억만장자라도 가볍게 요트 구입을 결정할 수는 없다. 섬을 구입하거나, 보다 호화스러운 휴가를 보내거나, 상속인에게 더 큰 유산을 남길 수도 있다. 반면에 요트 공급은 상대적으로, 적어도 단기에서는 비탄력적이다. 요트를 생산하는 조선소는 쉽게 다른 용도로 전환할 수 없으며, 조선소 근로자들은 시장상황의 변화에 대응하여 일자리를 바꿀 마음도 별로 없다.

VANTAGE_DS/SHUTTERSTOCK.COM

"이 요트가 조금이라도 더 비싸다면 골프를 칠 것이다."

위에서 한 분석에 기초할 경우 명확하게 예측할 수 있다. 수요가 탄력적이고 공급이 비탄력적이라면, 조세부담은 주로 공급자에게 가해진다. 이 경우 요트를 건조한 기업과 근로자가 결국에는 해당 요트에 대해 훨씬 더 적은 금액을 받게 되기 때문에, 부과된 조세의 부담이 주로 이들에게 돌아가게 된다. 요트를 건조하는 기업의 소유주 중 일부는 부유할 수 있지만, 근로자들은 부유하지 않다. 결국 사치세의 부담은 부유한 고객이 아니라 중산층 근로자가 더 많이 분담하게 될 수 있다.

사치세의 귀착에 관한 가정이 잘못됐다는 것은 시행되자 곧 분명해졌다. 이에 사치품을 공급하는 업체들은 선출된 대표자들이 자신들의 문제를 잘 인식하도록 했으며, 의회는 1993년에 사치세 대부분을 폐지했다. ●

Quiz

5. 어떤 물품의 소비자들에게 부과되는 개당 1달러의 조세는 __________________와(과) 동일하다.
   a. 해당 물품의 생산자들에게 부과되는 개당 1달러의 조세
   b. 해당 물품의 생산자들에게 지불되는 개당 1달러의 보조금
   c. 해당 물품의 가격을 개당 1달러만큼 상승시키는 가격하한
   d. 해당 물품의 가격을 개당 1달러만큼 상승시키는 가격상한

6. 어떤 물품에 조세가 부담될 때, __________________ 조세부담은 주로 소비자에게 귀착된다.
   a. 조세가 소비자에게 부과되면
   b. 조세가 생산자에게 부과되면
   c. 공급이 비탄력적이고 수요가 탄력적이면
   d. 공급이 탄력적이고 수요가 비탄력적이면

7. 다음 중 어느 것이 공급량을 증가시키고, 수요량을 감소시키며, 소비자가 지불하는 가격을 상승시키는가?
   a. 어떤 물품에 조세가 부과되는 경우
   b. 어떤 물품에 대한 조세가 폐지되는 경우
   c. 구속력 있는 가격하한이 설정되는 경우
   d. 구속력 있는 가격하한이 폐지되는 경우

8. 다음 중 어느 것이 공급량을 증가시키고, 수요량을 증대시키며, 소비자가 지불하는 가격을 하락시키는가?
   a. 어떤 물품에 조세가 부과되는 경우
   b. 어떤 물품에 대한 조세가 폐지되는 경우
   c. 구속력 있는 가격하한이 설정되는 경우
   d. 구속력 있는 가격하한이 폐지되는 경우

해답은 이 장의 끝부분에 있다.

6-3 결론

경제는 두 가지 종류의 법, 즉 공급 및 수요의 법칙 그리고 정부가 제정한 법률에 의해 운용된다. 이 장에서는 이것들이 어떻게 상호작용하는지를 살펴보았다. 가격 통제와 조세는 다양한 시장에서 흔히 접할 수 있으며, 이들이 미치는 영향에 대해 자주 논의가 이루어졌다. 약간의 경제지식만 있더라도 이런 정책들을 이해하고 평가하는 데 큰 도움이 될 수 있다.

이후의 장들에서는 정부정책들을 좀 더 자세히 분석할 것이다. 조세부과가 미치는 영향을 좀 더 완벽하게 검토하고, 좀 더 폭넓은 정책들을 살펴볼 것이다. 하지만 기본적인 교훈, 즉 정부정책들을 분석할 경우 공급 및 수요가 제일 먼저 고려해야 하는 가장 유용한 분석도구라는 사실은 변하지 않을 것이다.

요약

- 가격상한은 물품 또는 서비스 가격에 부과되는 법적 최대치이다. 임대료 통제가 한 예이다. 가격상한이 균형가격에 미치지 못하는 경우, 이는 구속력이 있으며 수요량이 공급량을 초과하게 된다. 이에 따라 발생하는 부족현상으로 인해, 매도인은 어떻게든 매수인 사이에 물품 또는 서비스를 배분해야 한다.
- 가격하한은 물품 또는 서비스 가격에 부과되는 법적 최소치이다. 최저임금이 한 예이다. 가격하한이 균형가격을 상회하는 경우, 이는 구속력이 있으며 공급량이 수요량을 초과하게 된다. 이에 따라 발생하는 과잉현상으로 인해, 매수인의 물품 또는 서비스에 대한 수요가 어떻게든 매도인 사이에 배분되어야 한다.
- 정부가 어떤 물품에 조세를 부과하면, 해당 물품의 균형량이 감소한다. 즉 시장에서 조세가 부과될 경우 시장규모가 축소된다.
- 어떤 물품에 조세가 부과되면, 매수인이 지불하는 가격과 매도인이 수령하는 가격 사이에 차이가 발생한다. 시장이 새로운 균형으로 이동할 경우, 매수인은 해당 물품에 더 많이 지불하고 매도인은 더 적게 수령하게 된다. 이런 의미에서 매수인과 매도인은 조세부담을 분담한다. 조세귀착(즉 조세부담의 배분)은 조세가 매수인에게 부과되는지 아니면 매도인에게 부과되는지 여부에 달려 있지 않다.
- 조세귀착은 공급과 수요의 가격 탄력성에 달려 있다. 조세부담의 대부분은 덜 탄력적인 시장의 한쪽 측에 귀착되는데, 그 이유는 이들이 구입량 또는 판매량을 변화시켜 조세부과에 쉽게 대응할 수 없기 때문이다.

주요 개념

가격상한 138 가격하한 138 조세귀착 150

복습용 질문

1. 가격상한과 가격하한의 예를 각각 들어보시오.
2. 가격상한 또는 가격하한 중 어느 것이 시행될 경우, 물품 부족현상이 발생하는가? 그래프를 사용하여 설명하시오.
3. 물품의 가격이 공급과 수요의 균형을 도출하지 못할 경우 어떤 메커니즘을 통해 자원을 배분하게 되는가?
4. 경제학자들이 종종 가격 통제에 반대하는 이유가 무엇인지 설명하시오.
5. 정부가 어떤 물품의 매수인에게 부과된 조세를 폐지하고, 매도인에게 동일한 규모의 조세를 부과한다고 가상하자. 이런 정책 변화는 매수인이 이 물품에 대해 매도인에게 지불한 가격, (자신이 납부한 조세를 포함하여) 매수인이 자신의 지갑에서 낸 금액, (자신이 납부한 조세를 제외하고) 매도인이 수령한 금액, 해당 물품의 판매량에 어떤 영향을 미치는가?
6. 어떤 물품에 조세가 부과된 경우, 이는 매수인이 지불하는 가격, 매도인이 수령하는 가격, 판매량에 어떤 영향을 미치는가?
7. 조세부담이 매수인과 매도인 사이에 어떻게 배분되는지를 무엇이 결정하는가? 그 이유를 설명하시오.

문제와 응용

1. 코미디 애호가들은 의회를 설득하여 라이브 코미디 공연 티켓당 가격상한 50달러를 설정하도록 했다. 이 정책이 시행된 결과, 더 많은 사람들이 코미디 공연을 관람할 수 있는가? 아니면 더 적은 사람들이 관람할 수 있는가? 설명하시오.

2. 정부는 치즈의 자유시장 가격이 너무 낮다고 결정했다.

a. 정부가 치즈시장에 구속력 있는 가격하한을 설정했다고 가상하자. 공급 및 수요 그래프를 그리고, 이 정책이 치즈의 가격과 판매량에 미친 영향을 설명하시오. 치즈 부족현상이 발생하는가? 치즈 과잉현상이 발생하는가?

b. 치즈 생산업체들은 가격하한으로 인해 총수입이 감소했다고 불평한다. 이것은 가능한 일인가? 설명하시오.

c. 치즈 생산업체의 이런 불평에 대응하여, 정부는 가격하한에서 치즈 과잉분 모두를 구입하기로 했다. 최초의 가격하한과 비교해볼 때 이런 새로운 정책으로 인해 누가 이익을 보는가? 누가 손실을 보는가?

3. 최근의 연구 결과에 따르면, (원반던지기 놀이용 플라스틱 원반인) 프리스비에 대한 수요 및 공급 스케줄은 다음과 같다.

개당 가격	수요량	공급량
11달러	1(백만 개)	15(백만 개)
10	2	12
9	4	9
8	6	6
7	8	3
6	10	1

a. 프리스비의 균형가격과 균형량은 얼마인가?

b. 프리스비 제조업체들은 프리스비가 생산되면 공기역학에 관한 과학자들의 이해를 향상시켜 국가안보에 기여한다고 정부를 설득했다. 이를 우려한 의회는 균형가격보다 2달러 높게 가격하한을 설정하기로 의결했다. 새로운 시장가격은 얼마인가? 프리스비는 얼마나 많이 판매되는가?

c. 성난 대학생들은 워싱턴에서 행진을 하며 프리스비의 가격인하를 요구했다. 훨씬 더 우려하게 된 의회는 가격하한을 폐지하고 이전 가격하한보다 1달러 낮은 가격상한을 설정하기로 의결했다. 새로운 시장가격은 얼마인가? 프리스비는 얼마나 많이 판매되는가?

4. 연방정부가 맥주 소비자들에게 구입한 맥주 한 상자당 조세 2달러를 부과한다고 가상하자.(사실 연방정부와 주정부는 둘 다 몇 가지 종류의 맥주세를 부과하고 있다)

a. 조세가 부과되지 않은 경우 맥주시장의 공급 및 수요 그래프를 그리시오. 소비자가 지불하는 가격, 생산자가 수령하는 가격, 맥주 판매량을 표시하시오. 소비자가 지불하는 가격과 생산자가 수령하는 가격 사이의 차이는 무엇인가?

b. 이제는 조세가 부과된 경우 맥주시장의 공급 및 수요 그래프를 그리시오. 소비자가 지불하는 가격, 생산자가 수령하는 가격, 맥주 판매량을 표시하시오. 소비자가 지불하는 가격과 생산자가 수령하는 가격 사이의 차이는 무엇인가? 맥주 판매량은 증가하는가 아니면 감소하는가?

5. 상원의원은 조세수입을 증가시키고 근로자들의 형편을 나아지게 하고자 한다. 보좌진은 기업들이 지불하는 급여세를 인상하고 근로자들이 지불하는 급여세를 낮추기 위해 추가적인 조세수입의 일부를 사용할 것을 제안했다. 이 제안은 상원의원이 이루고자 하는 목적을 달성할 수 있는가? 설명하시오.

6. 정부가 고급자동차에 조세 500달러를 부과할 경우, 소비자가 지불하는 가격은 500달러보다 더 많이 상승하는가, 더 적게 상승하는가, 아니면 500달러만큼 상승하는가? 설명하시오.

7. 의회와 대통령은 미국이 휘발유 사용을 줄여서 대기오염을 낮추어야 한다고 결정을 내렸다. 이에 따라 판매되는 휘발유 1갤런당 조세 0.50달러를 부과했다.

a. 이 조세를 생산자에게, 아니면 소비자에게 부과해야

하는가? 공급 및 수요 그래프를 활용하여 주의 깊게 설명하시오.

b. 휘발유에 대한 수요가 더 탄력적이라면, 이 조세는 휘발유 소비량을 줄이는 데 더 효과적인가 아니면 덜 효과적인가? 언어와 그래프를 둘 다 사용하여 설명하시오.

c. 휘발유 소비자들은 이 조세로 인해 이득을 보는가 아니면 손해를 보는가? 그 이유는 무엇인가?

d. 석유산업에 종사하는 근로자들은 이 조세로 인해 이익을 보는가 아니면 손해를 보는가? 그 이유는 무엇인가?

8. 이 장에서 살펴본 사례연구에서는 연방정부가 제정한 최저임금법에 대해 논의했다.

a. 최저임금이 미숙련 노동시장에서 균형임금을 초과하여 설정된다고 가상하자. 미숙련 노동시장의 공급 및 수요 그래프를 사용하여, 시장에서 결정되는 임금, 고용상태에 있는 노동자의 수, 실업상태에 있는 노동자의 수를 나타내시오. 또한 미숙련 노동자들에게 지불되는 임금 총액을 나타내시오.

b. 이제는 노동부 장관이 최저임금 인상을 제안했다고 가상하자. 이런 인상은 고용에 어떤 영향을 미치는가? 고용의 변화는 수요 탄력성에 달려 있는가 아니면 공급 탄력성에 달려 있는가? 두 탄력성 모두에 달려 있는가? 어느 것에도 의존하지 않는가?

c. 최저임금 인상은 실업에 어떤 영향을 미치는가? 실업의 변화는 수요 탄력성에 달려 있는가 아니면 공급 탄력성에 달려 있는가? 두 탄력성 모두에 달려 있는가? 어느 것에도 의존하지 않는가?

d. 미숙련 노동에 대한 수요가 비탄력적인 경우, 앞에서 제의된 최저임금의 인상으로 인해 미숙련 노동자들에게 지불된 임금 총액은 증가하는가 아니면 감소하는가? 미숙련 노동에 대한 수요가 탄력적인 경우, 위의 질문에 대한 답변은 달라지는가?

9. 보스턴 레드 삭스 야구팀의 홈구장인 펜웨이 파크의 좌석은 38,000석으로 제한되어 있다. 따라서 발행되는 입장권의 수는 이 좌석 수에 고정된다. 조세수입을 올릴 수 있는 절호의 기회라고 판단한 보스턴 시는 입장권 1장당 조세 5달러를 부과했다. 시민의식을 갖고 있는 것으로 유명한 보스턴 시의 스포츠 팬들은 입장권 1장당 5달러를 성실하게 납부한다. 라벨이 제대로 표기된 그래프를 그려서 이 조세가 미치는 영향을 설명하시오. 조세부담은 누구에게로 돌아가는가? 레드 삭스 야구팀의 소유주인가? 보스턴 시의 스포츠 팬들인가? 이들 둘 다인가? 그 이유는 무엇인가?

10. 어떤 시장을 다음과 같은 공급곡선과 수요곡선으로 설명할 수 있다.

$$Q^S = 2P$$
$$Q^D = 300 - P$$

a. 균형가격과 균형량을 구하시오.

b. 정부가 가격상한 90달러를 설정할 경우, 부족현상 아니면 과잉현상이 발생하는가(두 가지 중 어느 현상도 발생하지 않는가)? 가격, 공급량, 수요량, 부족한 규모 또는 과잉인 규모는 얼마인가?

c. 정부가 가격하한 90달러를 설정할 경우, 부족현상 아니면 과잉현상이 발생하는가(두 가지 중 어느 현상도 발생하지 않는가)?

d. 가격 통제 대신에, 정부는 생산자에게 조세 30달러를 부과했다. 따라서 새로운 공급곡선은 다음과 같다.

$$Q^S = 2(P - 30)$$

부족현상 아니면 과잉현상이 발생하는가(두 가지 중 어느 현상도 발생하지 않는가)? 가격, 공급량, 수요량, 부족한 규모 또는 과잉인 규모는 얼마인가?

Quiz 해답

1. d 2. d 3. a 4. c 5. a 6. d 7. c 8. b

Part 3 시장 및 후생

Chapter

7

소비자, 생산자, 시장 효율성

소비자들은 거주지 내에 있는 농민 시장을 방문할 때, 빨갛게 익어 즙이 풍부한 토마토를 보고 기쁘겠지만 가격이 비싸 놀랄지 모른다. 동시에, 농민들은 손수 재배한 토마토를 시장에 내다 팔 때 가격이 훨씬 더 높기를 바랄지 모른다. 이런 생각은 놀라울 게 없다. 다른 사정이 동일하다면, 보통 매수인은 더 적게 지불하고 매도인은 더 많이 수령하기를 원한다. 하지만 사회 전체의 관점에서 볼 때 토마토의 '적정한 가격'이 존재하는가?

앞 장들에서는 경쟁시장에서 공급과 수요가 작용하여 물품과 서비스의 가격과 판매량을 어떻게 결정하는지 살펴보았다. 하지만 지금까지는 시장에 의한 이런 배분들이 바람직한지 여부에 대한 고려 없이, 시장이 희소한 자원을 어떻게 배분하는지에 관해 설명했다. 토마토 가격이 조정되어 토마토 공급량과 수요량이 같아진다는 사실을 알고 있다. 하지만 이 균형에서 토마토 생산량과 소비량은 너무 적은가, 너무 많은가, 아니면 딱 적당한가?

GAUDILAB/SHUTTERSTOCK.COM, LECHAINOIRE+/GETTY IMAGES

후생경제학
자원 배분이 경제적 후생에 어떤 영향을 미치는지에 대해 분석하는 경제학의 한 분야

이 장에서는 후생경제학(welfare economics)에 대해 살펴볼 것인데, 이는 자원 배분이 경제적 후생에 어떤 영향을 미치는지 분석하는 경제학의 한 분야이다. 매수인과 매도인이 시장거래에 참여하여 얻게 되는 편익을 검토하는 데서부터 시작할 것이다. 그러고 나서 사회가 이런 편익을 어떻게 가능한 한 크게 만들 수 있는지 알아볼 것이다. 이런 분석을 통해 다음과 같은 심오한 결론에 도달할 수 있다. 즉, 경쟁시장에서 이루어지는 공급과 수요의 균형에서 모든 매수인과 매도인이 받는 편익의 총합이 극대화된다.

제1장에서 살펴본 것처럼, **경제학의 열 가지 원리** 중 하나는 '시장이 일반적으로 경제활동을 조직화하는 좋은 방법'이라는 것이다. 후생경제학은 이 원리를 보다 완벽하게 설명한다. 또한 후생경제학은 토마토의 적정가에 관한 질문에 답변을 제시한다. 토마토의 공급과 수요가 균형을 이루는 가격이 소비자와 생산자의 총후생을 극대화하기 때문에, 바로 이런 점에서 균형가격은 최선의 가격이 된다. 토마토의 소비자나 생산자는 어느 누구도 총후생의 극대화를 목표로 삼을 필요가 없지만, 시장가격에 따른 공동 행동을 통해 보이지 않는 손에 이끌리듯 후생을 극대화하는 결과를 향해 나아가게 된다.

7-1 소비자 잉여

시장에 참여하여 매수인들이 얻게 되는 편익을 살펴봄으로써 후생경제학에 대한 학습을 시작해보자.

7-1a 지불하려는 의지

여러분이 이모 할머니로부터 엘비스 프레슬리의 새것이나 다름없는 희귀한 첫 번째 앨범을 물려받았다고 가정하자. 여러분은 엘비스 음악에 관심이 없기 때문에, 해당 앨범을 경매에 붙여 판매하기로 결정했다.

네 명의 엘비스 팬 즉 유림, 지영, 주혜, 수경이가 경매에 참여했다. 이들 모두는 앨

표 1

4명 매수인 후보자들의 지불하려는 의지

매수인	지불하려는 의지
유림	1,000달러
지영	800
주혜	700
수경	500

범을 원하지만, 자신이 지불하려는 금액에 대해 한계를 정해놓고 있다. 표 1은 이들 네 명의 잠재적 매수인 각각이 지불하고자 하는 최대 가격을 보여준다. 이런 매수인의 최대치를 이들의 지불하려는 의지(willingness to pay)라 하는데 이는 얼마나 많은 가치를 두는지를 나타낸다. 각 매수인은 자신이 지불하려는 의지보다 더 낮은 가격에서 해당 앨범을 구입하려 하며, 더 높은 가격에서는 구입하려 하지 않는다. 지불하려는 의지와 동일한 가격에서, 매수인은 해당 물품의 구입 여부에 관해 무관심하다. 즉, 가격이 해당 앨범에 둔 가치와 정확하게 같은 경우, 앨범을 구입하는 것과 자신의 돈을 그대로 갖고 있는 것은 마찬가지라는 생각을 한다.

지불하려는 의지
매수인이 어떤 물품에 대해 지불하게 될 최대 금액

여러분은 앨범을 판매하기 위해서 낮은 가격, 가령 100달러에서 입찰 과정을 시작한다. 네 명의 매수인은 모두 훨씬 더 많이 지불하려 하기 때문에, 가격이 신속하게 상승하게 된다. 유림이가 800달러로 (또는 약간 더 높은 가격으로) 입찰을 할 때 입찰이 종료된다. 지영, 주혜, 수경이는 800달러를 초과하여 입찰하려 하지 않기 때문에 이 시점에는 입찰에 참여하지 않는다. 유림이는 800달러를 지불하고 앨범을 구매하게 된다. 앨범에 가장 큰 가치를 두는 매수인에게 돌아간다는 사실에 주목하자.

유림이는 엘비스 프레슬리 앨범을 구매하여 어떤 편익을 얻는가? 어떤 의미에서 유림이는 거래를 하게 되었다. 즉, 해당 앨범에 1,000달러를 지불할 의지가 있지만 800달러만을 건넨다. 경제학자들은 유림이가 200달러 상당의 소비자 잉여(consumer surplus)를 얻는다고 말한다. 소비자 잉여는 매수인이 어떤 물품에 대해 기꺼이 지불하려는 금액에서 매수인이 실제로 지불한 금액을 감하여 구할 수 있다.

소비자 잉여
매수인이 어떤 물품에 대해 기꺼이 지불하려는 금액에서 매수인이 실제로 지불한 금액을 감한 것

소비자 잉여는 매수인이 시장에 참여해서 얻게 되는 편익을 나타낸다. 이 예에서 유림이는 자신이 1,000달러의 가치를 두는 물품에 단지 800달러만을 지불하기 때문에 200달러 상당의 편익을 얻게 된다. 지영, 주혜, 수경이는 앨범을 구입하지 않고 어떤 것도 지불하지 않은 채로 경매를 종료하기 때문에 어떠한 소비자 잉여도 얻지 못한다.

이제는 다소 다른 예를 생각해보자. 여러분이 판매할 두 개의 동일한 엘비스 프레슬리 앨범을 갖고 있다고 가상하자. 다시 한번, 여러분은 네 명의 잠재적 매수인에게 경매로 이를 판매하려고 한다. 간단하게 하기 위해, 두 개의 앨범이 동일한 가격에 판매되며, 어느 매수인도 앨범을 두 개 이상 사려고 하지 않는다고 가정하자. 따라서 두 명의 매수인이 남을 때까지 가격이 상승한다.

이 경우, 유림이와 지영이가 각각 약 700달러(또는 약간 더 높은 가격)로 입찰할 때 입찰이 종료된다. 이 가격에서 유림이와 지영이는 앨범을 기꺼이 구입하며, 주혜와 수경이는 더 높게 입찰하려 하지 않는다. 유림이와 지영이는 각각 지불하려는 의지에서 가격을 감한 것에 상당하는 소비자 잉여를 얻게 된다. 유림이의 소비자 잉여는 300달러이고 지영이는 100달러이다. 유림이는 동일한 앨범에 대해 이전의 예보다 더 적게 지불하기 때문에 소비자 잉여가 이전보다 더 커진다. 시장의 총 소비자 잉여는 400달러이다.

7-1b 수요곡선을 이용하여 소비자 잉여 측정하기

소비자 잉여는 어떤 생산물에 대한 수요곡선과 밀접히 연관된다. 이에 대해 알아보기 위해 희귀한 엘비스 프레슬리 앨범에 대한 수요곡선을 생각해보자.

네 명의 잠재적 매수인이 지불하려는 의지를 이용하여, 앨범의 시장 수요 스케줄을 구하는 것부터 시작해보자. 그림 1의 표는 표 1의 가치평가에 상응하는 수요 스케줄이다. 가격이 1,000달러를 초과하는 경우, 어떠한 매수인도 그만큼 지불하려 하지 않기 때문에 수요량은 0이 된다. 가격이 800달러와 1,000달러 사이인 경우, 수요량은 1이 된다. 유림이만이 이런 높은 가격을 지불하려 한다. 가격이 700달러에서 800달러 사이인 경우, 유림이와 지영이가 이 가격을 지불하려 하기 때문에 수요량은 2가 된다. 다른 가격들에 대해서도 이런 분석을 계속 진행할 수 있다. 이런 식으로 네 명의 잠재적 매수인의 지불하려는 의지에서 수요 스케줄을 도출할 수 있다.

그림 1의 그래프는 이 수요 스케줄에 상응하는 수요곡선을 보여준다. 수요곡선의 높이와 매수인의 지불하려는 의지의 관계에 주목하자. 각 수량에서 수요곡선이 제시하는 가격은, 가격이 조금 더 높아지면 첫 번째로 시장을 떠날 매수인 즉 **한계 매수인**의 지불하려는 의지를 보여준다. 예를 들어 네 번째 앨범에서 수요곡선의 높이는 500달러이며, 이는 수경(한계 매수인)이가 지불하려는 가격이다. 세 번째 앨범에서 수요곡선의 높이는 700달러이며, 이는 주혜(이 경우의 한계 매수인)가 지불하려는 가격이다.

그림 1 수요 스케줄과 수요곡선

표는 엘비스 프레슬리의 새것이나 다름없는 첫 번째 앨범에 대한 (표 1에 나열된) 매수인의 수요 스케줄을 보여준다. 그래프는 이에 상응하는 수요곡선이며, 이 수요곡선의 높이는 매수인이 지불하려는 의지를 나타낸다.

가격	매수인	수요량
1,000달러 초과	없음	0
800~1,000달러	유림	1
700~800달러	유림, 지영	2
500~700달러	유림, 지영, 주혜	3
500달러 이하	유림, 지영, 주혜, 수경	4

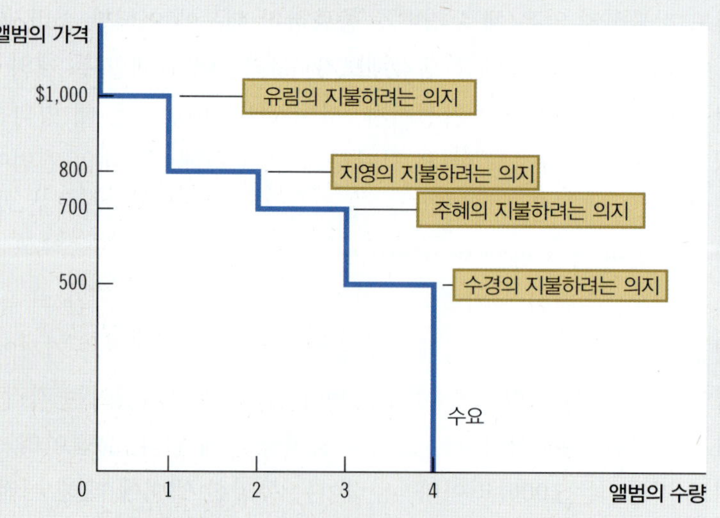

수요곡선은 매수인의 지불하려는 의지를 나타내기 때문에 소비자 잉여를 측정하는 데 사용할 수 있다. 그림 2에서는 두 가지 예에서의 소비자 잉여를 측정한다. 그림 2(a)에서 가격이 800달러이고(또는 약간 더 높을 수 있고) 수요량은 1이다. 가격 위 그리고 수요곡선 아래의 면적은 200달러라는 사실에 주목하자. 이 금액은 앞서 앨범이 한 개만 판매되었을 때 계산한 소비자 잉여이다.

그림 2(b)는 가격이 700달러일 때(또는 약간 더 높을 때)의 소비자 잉여를 보여준다. 이 경우, 가격 위 그리고 수요곡선 아래의 면적은 두 개 직사각형을 합한 면적과 같다. 즉 이 가격에서 유림이의 소비자 잉여는 300달러이고, 지영이의 소비자 잉여는 100달러이다. 이 면적은 총 400달러이다. 다시 한번, 이 금액은 앞에서 계산한 소비자 잉여가 된다.

이 예를 통해 얻은 교훈은 모든 수요곡선에 대해서도 적용된다. 즉 **수요곡선 아래 그리고 가격 위의 면적은 시장의 소비자 잉여를 나타낸다.** 수요곡선의 높이는 매수인이 해당 물품에 대해 두는 가치이며, 이는 그것에 대해 지불하고자 하는 의지로 측정된다. 지불하고자 하는 의지와 시장가격 사이의 차이가 각 매수인의 소비자 잉여이다. 수요곡선과 가격에서 그은 선 사이의 면적은 어떤 물품 또는 서비스에 대한 시장에서 모든 매수인의 소비자 잉여를 합산한 것이다.

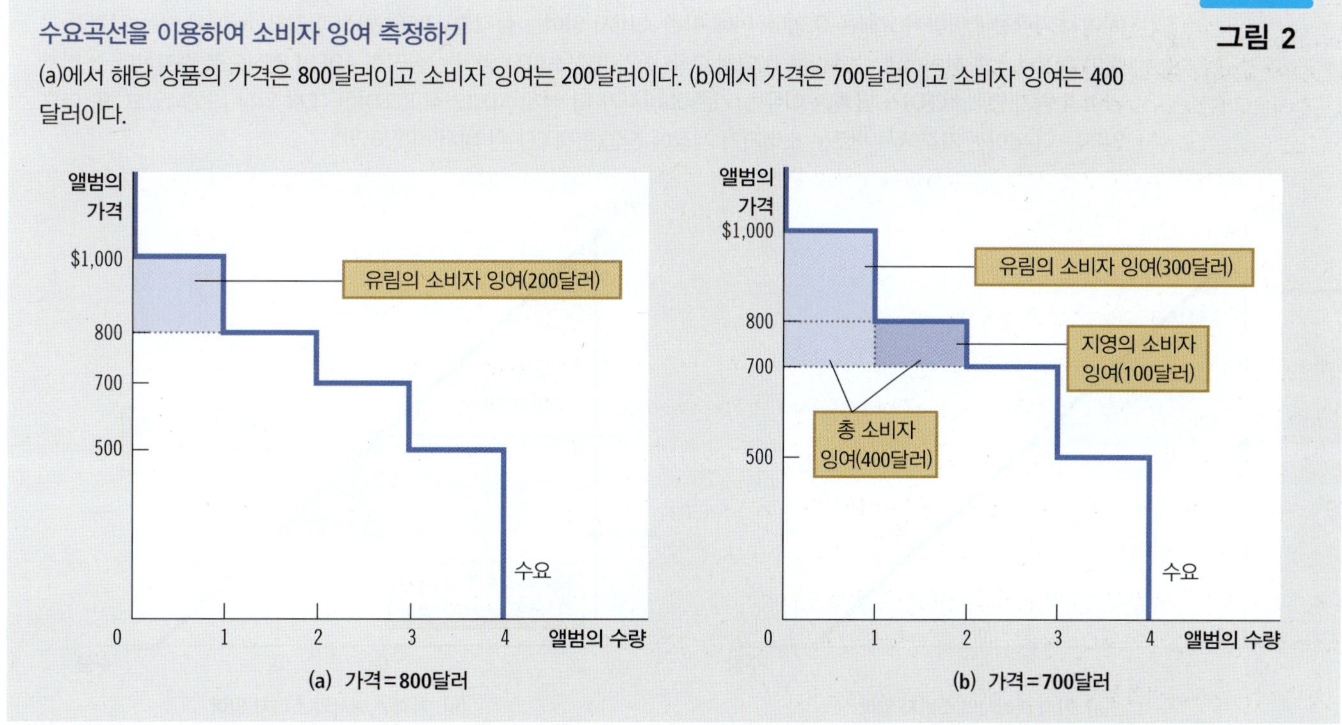

그림 2

수요곡선을 이용하여 소비자 잉여 측정하기

(a)에서 해당 상품의 가격은 800달러이고 소비자 잉여는 200달러이다. (b)에서 가격은 700달러이고 소비자 잉여는 400달러이다.

7-1c 가격이 하락할 경우 소비자 잉여는 어떻게 증대하는가

매수인은 자신이 구입한 물품에 대해 더 적게 지불하고자 하기 때문에, 가격이 하락하면 해당 물품 매수인의 형편이 나아지게 된다. 하지만 가격 인하에 따라 매수인의 후생은 얼마나 증대되는가? 소비자 잉여란 개념을 이용하면 이런 물음에 정확한 대답을 제시할 수 있다.

그림 3은 일반적인 수요곡선을 보여준다. 그림 1, 2의 불연속적인 계단 형태 대신에, 기울기가 점진적으로 하강하는 형태를 취한다. 매수인이 많은 시장에서는 각 매수인의 한 명 감소에 따른 각 계단 한 개의 길이가 매우 작아서 부드러운 형태의 수요곡선을 갖게 된다. 이 수요곡선은 이전 곡선과 형태가 다르지만, 바로 위에서 도출한 방법을 계속해서 적용할 수 있다. 즉, 소비자 잉여는 가격에서 그은 선 위 그리고 수요곡선 아래의 면적이 된다. 그림 3(a)에서 가격은 P_1이고 소비자 잉여는 삼각형 ABC의 면적이다.

이제는 그림 3(b)에서 보는 것처럼 가격이 P_1에서 P_2로 하락했다고 가상하자. 소비자 잉여는 면적 ADF가 된다. 가격이 하락함에 따라 소비자 잉여는 면적 BCFD만큼 증가한다.

그림 3 **가격은 소비자 잉여에 어떤 영향을 미치는가**

(a)에서 가격은 P_1이며 수요량은 Q_1이다. 이에 따른 소비자 잉여는 삼각형 ABC의 면적과 같다. (b)에서 보는 것처럼 가격이 P_1에서 P_2로 하락하면, 수요량은 Q_1에서 Q_2로 증가하고 소비자 잉여는 삼각형 ADF의 면적으로 증가한다. 소비자 잉여의 증가(면적 BCFD)가 발생한 이유는 기존 소비자가 더 적게 지불(면적 BCED)한 데서 일부 비롯되었고, 또 다른 일부는 더 낮아진 가격에서 새로운 소비자가 시장에 진입(면적 CEF)한 데서 비롯되었다.

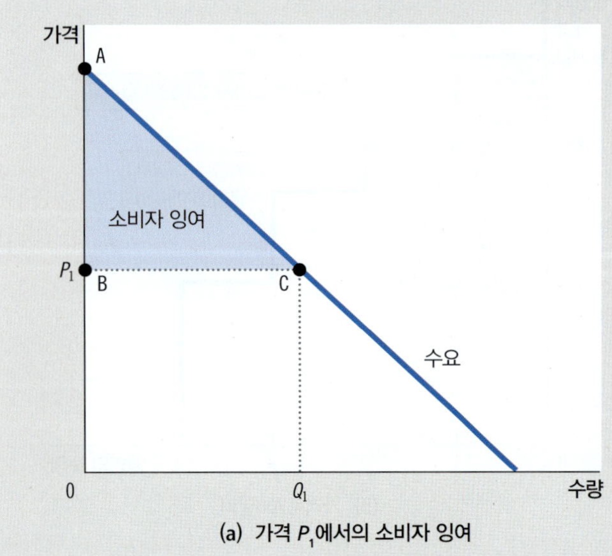

(a) 가격 P_1에서의 소비자 잉여

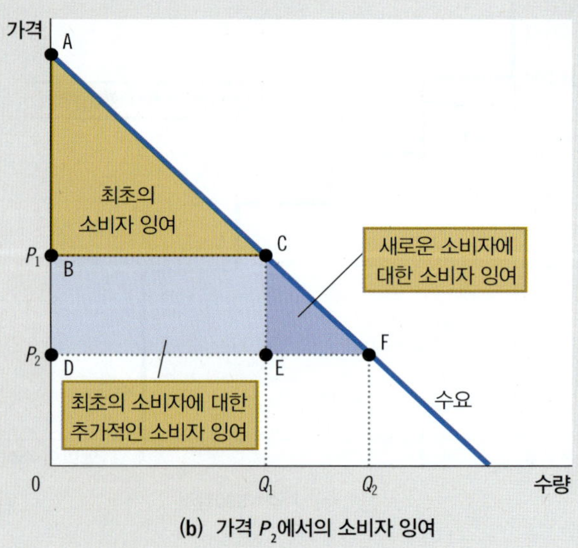

(b) 가격 P_2에서의 소비자 잉여

소비자 잉여의 이런 증가는 두 부분으로 나누어진다. 첫째, 더 높은 P_1에서 해당 물품 Q_1을 이미 구입했던 매수인은 이제 더 적게 지불하기 때문에 형편이 나아진다. 기존 매수인의 소비자 잉여 증가분은 이들이 지불한 금액의 감소분과 같으며 이는 직사각형 BCED의 면적이다. 둘째, 새로운 매수인은 낮아진 가격에서 해당 물품을 매입하려 하기 때문에 해당 시장에 진입하게 된다. 이로 인해 수요량은 Q_1에서 Q_2로 증가한다. 새로운 매수인에 대한 소비자 잉여는 삼각형 CEF의 면적이다.

7-1d 소비자 잉여는 무엇을 측정하는가?

소비자 잉여란 개념은 시장에서 이루어진 결과의 바람직성에 대한 판단을 내리는 데 도움이 될 수 있다. 소비자 잉여가 무엇인지를 살펴보고 나서, 이것이 경제적 후생을 측정할 수 있는 좋은 척도인지 여부에 대해 생각해보자.

여러분이 경제제도를 설계하는 정책 입안자라고 가상하자. 여러분은 소비자 잉여에 관심을 갖고 있는가? 소비자 잉여는 매수자가 어떤 물품에 대해 지불하고자 하는 금액에서 실제로 지불한 금액을 감한 것이므로, 이는 **매수인 스스로가 인식하는 대로** 시장에서 얻은 편익을 측정한 것이다. 정책 입안자가 매수인의 선호를 충족시키고자 한다면 소비자 잉여는 경제적 후생을 측정하는 좋은 척도가 된다.

어떤 상황에서 정책 입안자들은 매수인의 행태를 유도하는 선호를 존중하지 않기 때문에 소비자 잉여를 무시하는 선택을 할 수도 있다. 예를 들어 중독자들은 자신이 선택한 마약에 높은 가격을 지불하려 한다. 하지만 정책 입안자들은 중독자들이 낮은 가격에 마약을 구입할 수 있어서 큰 편익을 얻었다고 말하지는 않을 것이다.(중독자들은 자신들이 큰 편익을 얻었다고 말하지도 모른다) 사회의 입장에서 본다면, 이 경우에 지불하려는 의지는 매수인의 편익을 측정하는 좋은 척도가 아니며, 소비자 잉여도 경제적 후생을 측정하는 좋은 척도가 되지 못한다. 왜냐하면 중독자들은 자신들의 최선의 이익에 관심을 기울이지 않기 때문이다.

하지만 대부분의 시장에서 소비자 잉여는 경제적 후생을 반영한다. 경제학자들은 일반적으로 매수인이 결정을 내릴 때 합리적이라고 가정한다. 합리적인 사람들은 기회가 주어진 경우 목적을 달성하기 위해 최선을 다한다. 경제학자들은 또한 보통 사람들의 선호가 존중되어야 한다고 당연히 생각한다. 이 경우, 소비자들은 자신들이 구입한 물품에서 얼마나 많은 편익을 얻을 수 있는지 가장 잘 판단한다.

Quiz

1. 광재, 대희, 현경이는 각각 아이스크림 콘을 원한다. 광재는 12달러를 지불하려 하고, 대희는 8달러를 지불하려 하며, 현경이는 4달러를 지불하려 한다. 시장가격은 6달러이다. 이들의 소비자 잉여는 _______이다.
   a. 6달러
   b. 8달러
   c. 14달러
   d. 18달러
2. 아이스크림 콘의 가격이 3달러로 하락할 경우, 광재, 대희, 현경이의 소비자 잉여는 _______만큼 증가한다.
   a. 6달러
   b. 7달러
   c. 8달러
   d. 9달러
3. 과자에 대한 수요곡선의 기울기는 하향한다. 과자 1개당 가격이 3달러인 경우, 수요량은 100개이다. 가격이 2달러로 하락하는 경우, 소비자 잉여에 어떤 일이 발생하는가?
   a. 소비자 잉여는 100달러만큼 감소한다.
   b. 소비자 잉여는 100달러를 초과하는 만큼 감소한다.
   c. 소비자 잉여는 100달러 미만만큼 증가한다.
   d. 소비자 잉여는 100달러를 초과하는 만큼 증가한다.

해답은 이 장의 끝부분에 있다.

7-2 생산자 잉여

이제는 시장의 반대편으로 가서 매도인이 시장에 참여하여 얻게 되는 편익을 생각해보자. 매도인의 후생에 관한 분석은 매수인의 후생에 관한 분석과 유사하다.

7-2a 비용과 판매하려는 의지

여러분이 집주인이고 집에 페인트칠을 하려 한다고 가상하자. 여러분은 페인트칠을 해 줄 네 명의 페인트공, 다시 말해 네 명의 매도인 즉 동하, 현준, 민수, 광재에게 의뢰를 하려 한다. 각 페인트공은 가격이 적정하다면 여러분을 위해 페인트칠을 해주려 한다. 여러분은 페인트공들에게 입찰을 받으려 한다.

각 페인트공은 가격이 해당 작업을 하는 데 따른 비용을 초과할 경우 그 일을 하려

표 2

4명 잠재적 매도인들의 비용

매도인	비용
동하	3,600달러
현준	3,200
민수	2,400
광재	2,000

한다. 여기서 비용(cost)이란 용어는 페인트공의 기회비용으로 해석되어야 한다. 즉, 거기에는 자기 지갑에서 나가는 비용(페인트, 페인트칠하는 솔 등) 그리고 가장 중요하게 자신의 시간에 두는 가치가 포함된다. 표 2는 각 페인트공의 비용을 보여준다. 페인트공의 비용은 자신의 작업에 대한 대가로 받아들일 수 있는 가장 낮은 가격이므로, 자신의 서비스를 판매하려는 의지를 나타낸다. 각 페인트공은 자신이 부담하는 비용보다 더 높은 가격으로 자신의 서비스를 판매하려 하며, 비용보다 더 낮은 가격으로는 서비스를 판매하려 하지 않는다. 부담하는 비용과 정확히 같은 가격에서는 서비스를 판매하는 것에 무관심하게 된다. 즉, 해당하는 작업을 하거나 아니면 시간과 에너지를 다른 곳에 사용하는 데 대해 동일하게 만족한다.

비용
물품을 생산하기 위해서 매도인이 포기해야만 하는 모든 것의 가치

여러분이 입찰을 받을 때, 가격이 높은 데서 시작할 수 있지만 페인트공들이 경쟁을 하므로 신속하게 하락한다. 일단 광재가 2,400달러(또는 약간 더 낮게)에 입찰을 하게 되면, 광재만이 남아 있는 유일한 입찰자가 된다. 광재가 일을 할 경우 수반되는 비용은 2,000달러에 불과하기 때문에, 이 가격으로 해당 작업을 하고자 한다. 동하, 현준, 민수는 2,400달러 미만으로는 이 작업을 하려고 하지 않는다. 가장 낮은 비용으로 해당 작업을 할 수 있는 페인트공에게 이 일이 돌아간다는 사실에 주목하자.

광재는 이 일을 함으로써 어떤 편익을 얻게 되는가? 광재는 2,000달러를 받고도 해당 작업을 하려 하지만 2,400달러를 받기 때문에, 경제학자들은 광재가 생산자 잉여(producer surplus)를 얻게 된다고 말한다. 생산자 잉여는 매도인이 받은 금액에서 생산에 수반되는 비용을 감한 것이다. 이것은 매도인이 시장에 참여하여 얼마나 많은 편익을 얻게 되는지를 측정한다.

생산자 잉여
매도인이 어떤 물품에 대해 지급받은 금액에서 이를 생산하는 데 소요된 비용을 감한 것

이제는 다른 예를 생각해보자. 주택 두 채에 페인트칠을 해야 한다고 가상하자. 다시 한번, 여러분은 이 작업을 네 명의 페인트공에게 경매에 부친다. 간단히 하기 위해, 어떤 페인트공도 두 채 모두에 페인트칠을 할 수 없으며, 여러분은 각 주택에 동일한 금액을 지불한다고 가정하자. 따라서 두 명의 페인트공이 남을 때까지 가격은 하락한다.

이 경우, 광재와 민수가 각각 3,200달러에(또는 약간 더 낮게) 입찰을 하게 되면 경매는 종료된다. 이들은 이 가격에 해당 작업을 하려고 하는 반면에, 동하와 현준이는 그렇게 낮은 가격에서는 작업을 하지 않는다. 3,200달러에서 광재의 생산자 잉여는 1,200달러이고, 민수의 생산자 잉여는 800달러가 된다. 이 시장에서 총 생산자 잉여는 2,000달러이다.

7-2b 공급곡선을 이용하여 생산자 잉여 측정하기

소비자 잉여가 수요곡선과 밀접히 연계되는 것처럼, 생산자 잉여는 공급곡선과 밀접히 연계된다. 어떻게 그런지 알아보기 위해 페인트칠 서비스에 대한 공급곡선을 도출

그림 4 **공급 스케줄과 공급곡선**

표는 페인트칠 서비스를 제공하는 (표 2에 나열된) 매도인의 공급 스케줄을 보여준다. 그래프는 이에 상응하는 공급곡선을 보여주며, 공급곡선의 높이는 매도인의 비용을 나타낸다

가격	매도인	공급량
3,600달러 이상	동하, 형준, 민수, 광재	4
3,200~3,600달러	형준, 민수, 광재	3
2,400~3,200달러	민수, 광재	2
2,000~2,400달러	광재	1
2,000달러 미만	없음	0

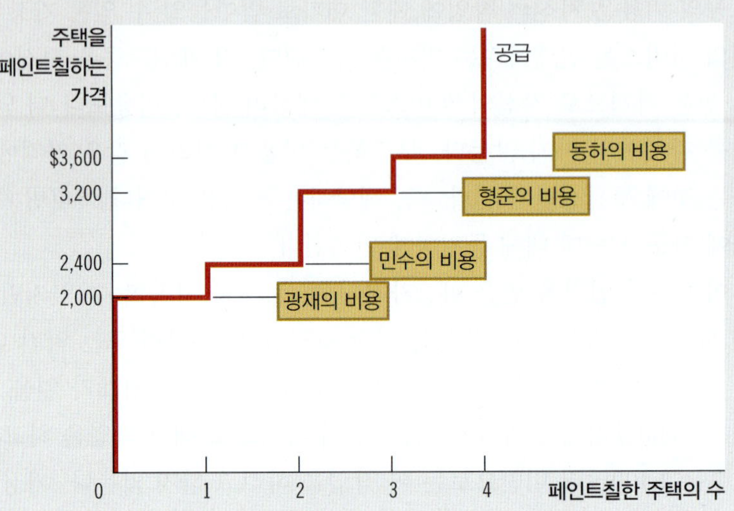

해보자.

네 명 페인트공의 비용을 활용하여 공급 스케줄을 구하는 일부터 시작해보자. 그림 4의 표는 표 2의 비용에 상응하는 스케줄을 보여준다. 가격이 2,000달러 미만인 경우, 어떤 페인트공도 해당 직업을 하지 않을 것이므로 공급량은 0이 된다. 가격이 2,000달러와 2,400달러 사이인 경우, 광재만이 해당 작업을 하므로 공급량은 1이 된다. 가격이 2,400달러와 3,200달러 사이인 경우, 광재와 민수가 해당 작업을 하므로 공급량은 2가 되며 이런 과정을 계속 밟아 나갈 수 있다. 이처럼 공급 스케줄은 네 명 페인트공의 비용에서 도출된다.

그림 4의 그래프는 공급 스케줄에 상응하는 공급곡선을 나타낸다. 공급곡선의 높이는 매도인의 비용과 관련된다는 사실에 주목하자. 각 수량에 대해 공급곡선이 나타내는 가격은, 가격이 더 낮아질 경우 제일 먼저 시장을 떠날 매도인 즉 **한계 매도인**의 비용에 해당한다. 예를 들어 주택 수량이 4채인 경우 공급곡선의 높이는 3,600달러이며, 이는 동하(한계 매도인)가 페인트칠 서비스를 제공하기 위해 부담하는 비용이다. 주택 수량이 3채인 경우 공급곡선의 높이는 3,200달러이며, 이는 현준(이 경우의 한계 매도인)이가 부담하게 되는 비용이다.

공급곡선은 매도인의 비용을 반영하기 때문에 이를 이용하여 생산자 잉여를 측정할 수 있다. 그림 5에서는 두 가지 예에서의 생산자 잉여를 계산한다. 그림 5(a)에서 가격은 2,400달러이고(또는 약간 더 낮을 수 있고) 공급량은 1이다. 가격 아래 그리고 공급

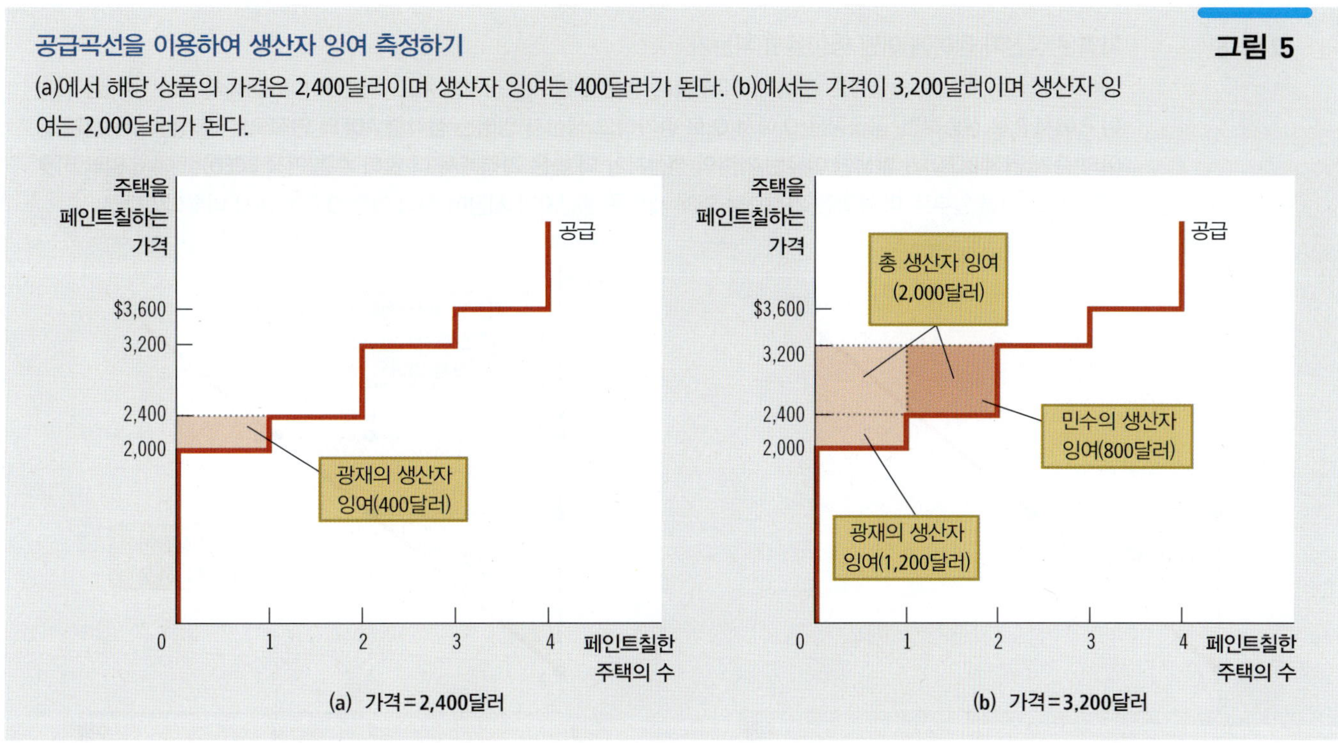

그림 5

공급곡선을 이용하여 생산자 잉여 측정하기

(a)에서 해당 상품의 가격은 2,400달러이며 생산자 잉여는 400달러가 된다. (b)에서는 가격이 3,200달러이며 생산자 잉여는 2,000달러가 된다.

곡선 위의 면적은 400달러가 된다. 이는 광재에 대해 앞에서 계산한 생산자 잉여이다.

그림 5(b)는 가격이 3,200달러일(또는 약간 더 낮은) 경우의 생산자 잉여를 보여준다. 이 경우, 가격 아래 그리고 공급곡선 위의 면적은 두 개 직사각형을 합한 총면적과 같다. 이 면적은 2,000달러이며, 이는 주택 두 채에 페인트칠을 할 때 광재와 민수에 대해 앞에서 계산한 생산자 잉여이다.

이 사례를 통해 배운 교훈은 모든 공급곡선에 적용된다. **가격 아래 그리고 공급곡선 위의 면적은 시장의 생산자 잉여를 나타낸다.** 논리는 간단하다. 공급곡선의 높이는 매도인의 비용이며, 가격과 생산비 사이의 차이는 각 매도인의 생산자 잉여이다. 이처럼 가격에서 그은 선과 공급곡선 사이의 면적은 모든 매도인들의 생산자 잉여를 합산한 것이다.

7-2c 가격이 상승할 경우 생산자 잉여는 어떻게 증대하는가

매도인이 판매하는 물품에 대한 가격 인상을 일반적으로 선호한다는 말을 듣는다 해도 그다지 놀랄 것은 없다. 하지만 가격 인상에 따라 매도인의 후생은 얼마나 증대될까? 생산자 잉여란 개념을 이용하면 이 물음에 답할 수 있다.

그림 6은 매도인이 많은 시장에서 접하게 되는, 기울기가 상향하는 공급곡선을 보여

그림 6 **가격은 생산자 잉여에 어떤 영향을 미치는가**

(a)에서 가격은 P_1이며, 공급량은 Q_1이다. 이에 따른 생산자 잉여는 삼각형 ABC의 면적이다. (b)에서 보는 것처럼 가격이 P_1에서 P_2로 상승하면, 공급량은 Q_1에서 Q_2로 증가하고 생산자 잉여는 삼각형 ADF의 면적으로 증가한다. 생산자 잉여의 증가(면적 BCFD)가 발생한 이유는 기존의 생산자가 더 높은 가격에서 더 많이 수령(면적 BCED)한 데서 일부 비롯되었고, 또 다른 일부는 더 높아진 가격으로 인해 새로운 생산자가 시장에 진입(면적 CEF)한 데서 비롯되었다.

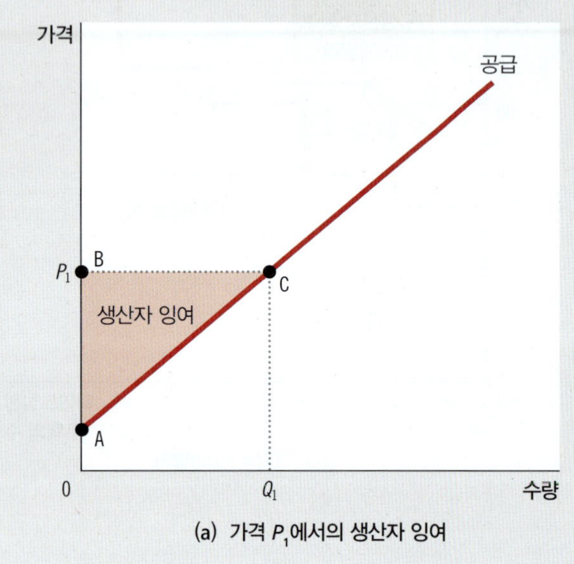

(a) 가격 P_1에서의 생산자 잉여

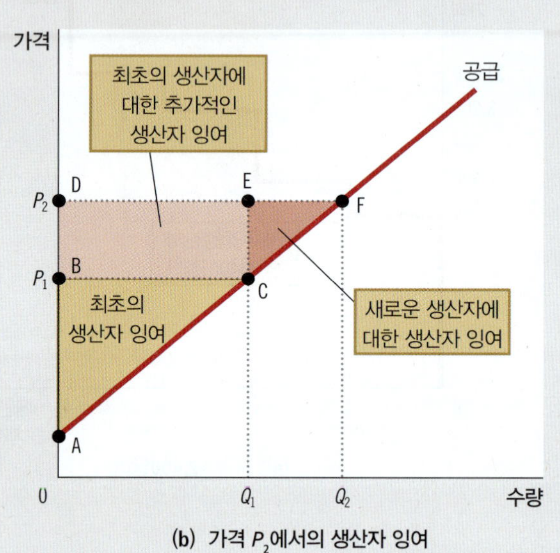

(b) 가격 P_2에서의 생산자 잉여

준다. 이 공급곡선은 이전의 공급곡선과 형태면에서 상이하기는 하지만, 생산자 잉여는 동일한 방법으로 측정된다. 즉 생산자 잉여는 가격 아래 그리고 공급곡선 위의 면적에 해당한다. 그림 6(a)에서 가격은 P_1이고 생산자 잉여는 삼각형 ABC의 면적이다.

그림 6(b)는 가격이 P_1에서 P_2로 상승할 경우 어떤 일이 발생하는지 보여준다. 이제 생산자 잉여는 면적 ADF가 된다. 이런 생산자 잉여의 증대는 두 가지 부분으로 구성된다. 첫째, 낮은 가격 P_1에서 해당 물품 Q_1을 이미 판매했던 매도인은 자신이 판매한 물품에 대해 더 많이 받게 된다. 이런 기존 매도인에 대한 생산자 잉여의 증대는 직사각형 BCED의 면적에 해당한다. 둘째, 새로운 매도인이 더 높은 가격에서 시장에 진입하며, 이에 따라 공급량은 Q_1에서 Q_2로 증가한다. 신규 진입자의 생산자 잉여는 삼각형 CEF의 면적에 해당한다.

이 분석이 보여주는 것처럼, 생산자 잉여는 소비자 잉여가 매수인의 후생을 측정했던 것과 거의 같은 방식으로 매도인의 후생을 측정한다. 경제적 후생에 대한 이 두 가지의 측정 방식이 매우 유사하기 때문에, 다음 절에서 하는 것처럼 이 둘을 함께 고려하는 것은 자연스럽다.

Quiz

4. 동현, 기령, 지인이는 학기동안 학습조교로 근무할 수 있다. 학습조교로 근무하는 데 따르는 기회비용은 동현이는 400달러이고, 기령이는 200달러이며, 지인이는 100달러이다. 대학 당국은 급여로 300달러를 지급하고 학습조교를 채용하려 한다. 이 시장에서 생산자 잉여는 __________이다.
   a. 100달러
   b. 200달러
   c. 300달러
   d. 400달러

5. 승규는 주당 300달러를 받고 풀타임 정원사로 일하고 있다. 시장가격이 400달러로 상승할 경우, 현준이도 정원사가 된다. 이런 가격 상승으로 인해 생산자 잉여는 얼마나 많이 증가하는가?
   a. 100달러 미만만큼 증가한다.
   b. 100달러와 200달러 사이만큼 증가한다.
   c. 200달러와 300달러 사이만큼 증가한다.
   d. 300달러 초과만큼 증가한다.

6. 어떤 물품의 공급곡선은 $Q^S = 2P$이고, 시장가격은 10달러이다. 이 시장에서 생산자 잉여는 얼마인가?(요령: 공급곡선을 그래프로 그려서 삼각형 면적을 구하는 공식을 기억해보자)
   a. 5달러
   b. 20달러
   c. 100달러
   d. 200달러

해답은 이 장의 끝부분에 있다.

7-3 시장 효율성

소비자 잉여와 생산자 잉여는 시장에서 매수인과 매도인의 후생을 분석하기 위해 경제학자들이 사용하는 기본도구이다. 이 도구는 다음과 같은 근본적 질문, 즉 경쟁시장을 통해 자원을 바람직하게 배분할 수 있는가와 같은 물음을 해결하는 데 도움이 될 수 있다.

7-3a 선의의 사회 계획 입안자

시장에서 이루어진 결과를 평가하기 위해 새로운 가상집단 즉 선의의 사회 계획 입안자 위원회를 소개할 것이다. 선의의 사회 계획 입안자들은 전지전능하며 선한 의도를 갖고 있다. 이들은 사회 구성원 모두의 경제적 후생을 극대화하고자 한다. 이들은 무엇을 해야 하는가? 매수인과 매도인이 스스로 균형에 도달하도록 놔두어야 하는가? 아니면 계획 입안자들이 시장에서 이루어진 결과를 어떻게든 변화시켜 후생을 향상시킬 수 있는가?

이 물음에 답하기 위해, 사회 계획 입안자는 먼저 사회적 후생을 어떻게 측정할지를 결정해야 한다. 사회적 후생을 측정하기 위해 고려해야 하는 한 가지 요소는 소비자 잉여와 생산자 잉여를 합산한 것, 즉 **총잉여**(total surplus)이다. 소비자 잉여는 매수인이 시장에 참여하여 얻게 되는 편익이며, 생산자 잉여는 매도인이 얻게 되는 편익이다. 따라서 총잉여는 시장의 자원 배분을 판단할 때 사회 계획 입안자가 당연히 고려해야 하는 변수이다.

이 측정치를 더 잘 이해하기 위해 소비자 잉여와 생산자 잉여의 정의를 기억해보자. 소비자 잉여는 다음과 같다.

소비자 잉여 = 매수인이 수령하는 가치 − 매수인이 지불하는 금액

이와 유사하게 생산자 잉여는 다음과 같다.

생산자 잉여 = 매도인이 수령하는 금액 − 매도인이 부담하는 비용

소비자 잉여와 생산자 잉여를 합산하면 다음과 같다.

총잉여 = (매수인이 수령하는 가치 − 매수인이 지불하는 금액) +
(매도인이 수령하는 금액 − 매도인이 부담하는 비용)

여기서 매수인이 지불하는 금액은 매도인이 수령하는 금액과 동일하다. 따라서 중간에 있는 두 항을 서로 상쇄하면 다음과 같다.

총잉여 = 매수인이 수령하는 가치 − 매도인이 부담하는 비용

시장에서 총잉여는 해당 물품의 매수인이 수령하는 총가치(이것은 지불하려는 의지로 측정된다)에서 해당 물품을 공급한 매도인이 부담하는 총비용을 감한 것이다.

효율성
사회의 모든 구성원이 수령하는 총잉여가 극대화되도록 자원 배분이 이루어질 경우 갖게 되는 특성

자원 배분이 총잉여를 극대화할 경우, 경제학자들은 해당 배분이 **효율성**(efficiency)을 보여준다고 한다. 배분이 효율적이지 않다면 매수인과 매도인 사이의 거래를 통해 얻을 수 있는 잠재적 이득의 일부를 실현하지 못하게 된다. 예를 들어 물품이 생산 비용이 가장 낮은 매도인에 의해 생산되지 않는다면, 배분은 비효율적이다. 이런 경우 고비용 생산자에서 저비용 생산자로 생산이 변경되면, 매도인이 부담하는 총비용은 감소하여 총잉여가 증가하게 된다. 이와 유사하게 어떤 물품에 대해 가장 많이 지불하려는 매수인에 의해 해당 물품이 소비되지 않는다면, 배분은 비효율적이 된다. 이런 경우 해당 물품에 대해 낮은 가치를 부여하는 매수인에서 더 높은 가치를 부여하는 매수인으로 소비가 변경되면, 총잉여가 증가하게 된다.

형평성
경제적 번영에 따른 과실이 사회 구성원들 사이에 균등하게 배분되는 특성

효율성 이외에 사회 계획 입안자들은 또한 **형평성**(equality), 즉 시장에서 다양한 매수인과 매도인이 유사한 수준의 경제적 후생을 누리는지 여부에도 관심을 갖는다. 본질적으로, 시장에서 거래를 통해 얻은 이익은 시장 참여자들 사이에 나누어야 하는 파이와 같다. 효율성에 대한 질문은 파이가 가능한 한 큰지 여부에 관한 것이다. 형평성

에 대한 질문은 파이를 잘라서 사회 구성원들 사이에 어떻게 배분하느냐에 관한 것이다. 이 장에서는 사회 계획 입안자들의 기준으로서 효율성에 초점을 맞추고 있다. 하지만 실제 정책 입안자들은 종종 형평성에도 관심을 갖는다는 사실에 주목하자.

7-3b 시장에서 이루어진 균형을 평가하기

그림 7은 공급과 수요가 시장에서 균형에 도달했을 때 측정된 후생을 보여준다. 소비자 잉여는 가격 위 그리고 수요곡선 아래의 면적에 해당하며, 생산자 잉여는 가격 아래 그리고 공급곡선 위의 면적에 해당한다. 균형점까지의 공급곡선과 수요곡선 사이의 면적은 이 시장에서의 총잉여를 나타낸다.

균형에서의 이런 자원 배분은 효율적인가? 즉 총잉여를 극대화하는가? 시장이 균형 상태에 있을 때 가격은 잠재적 매수인과 매도인 중 누가 시장에 참여할지를 결정한다. 가격보다 해당 물품에 더 많은 가치를 두는 매수인(이는 수요곡선상에서 선분 AE로 표시)은 구입하기로 하며, 가격보다 더 낮은 가치를 두는 매수인(이는 선분 EB로 표시)은 구입하지 않기로 한다. 가격보다 비용이 더 적게 소요되는 매도인(이는 공급곡선상에서 선분 CE로 표시)은 해당 물품을 생산하여 판매하기로 하며, 가격보다 비용이 더 많이 드는 매도인(이는 선분 ED로 표시)은 그렇게 하지 않는다.

이런 관찰을 통해 시장에서 이루어진 결과에 대해 다음과 같은 두 가지 통찰을 할 수 있다.

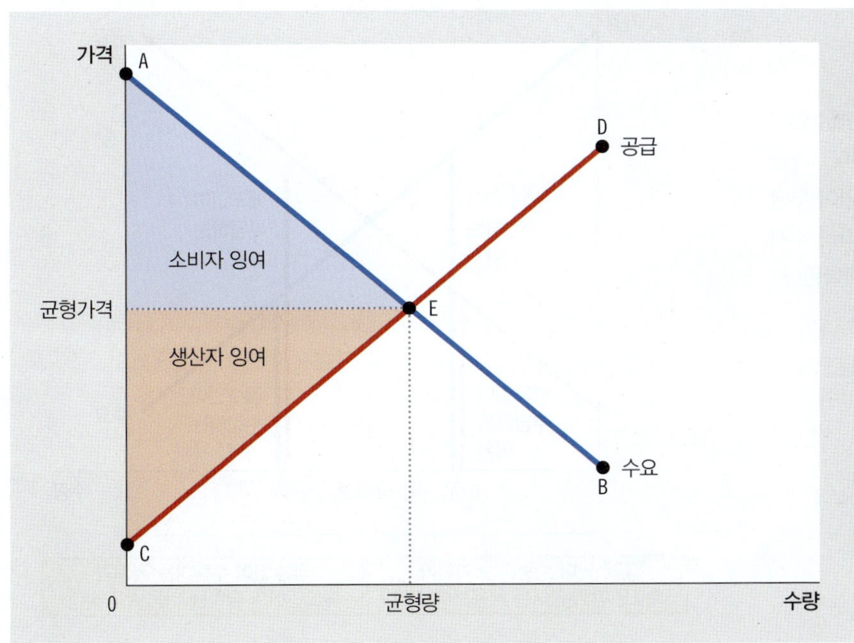

그림 7

시장균형에서의 소비자 잉여 및 생산자 잉여

소비자 잉여와 생산자 잉여의 합인 총잉여는 균형량까지의 공급곡선과 수요곡선 사이의 면적이다.

1. 경쟁시장은 해당 물품에 가장 큰 가치(이는 지불하려는 의지로 측정된다)를 두는 매수인에게 공급된 물품을 배분한다.
2. 경쟁시장은 해당 물품을 가장 낮은 비용으로 생산할 수 있는 매도인에게 수요되는 물품을 배분한다.

따라서 시장의 균형상태에서 생산되어 판매되는 수량이 주어진 경우, 사회 계획 입안자들은 매수인 사이에 이루어지는 소비의 배분 또는 매도인 사이에 이루어지는 생산의 배분을 변화시켜서는 경제적 후생을 증대시킬 수 없다.

그러나 사회 계획 입안자는 해당 물품의 수량을 증가시키거나 감소시킴으로써 후생을 증대시킬 수 있는가? 시장에서 이루어진 결과에 대한 다음 통찰에서 밝히는 것처럼, 이에 대한 답변은 '아니다'이다.

3. 경쟁시장은 소비자 잉여와 생산자 잉여의 합을 극대화하는 물품의 수량을 생산한다.

그림 8은 셋째 통찰이 참인 이유를 보여주고 있다. 이 그림을 설명하기 위해, 수요곡선은 매수인이 수령하는 가치를 반영하고 공급곡선은 매도인이 부담하는 비용을 반영한다는 사실을 기억하자. 예를 들면 Q_1처럼 균형수준에 미치지 못하는 각 수량에서, 한계 매수인이 수령하는 가치는 한계 매도인이 부담하는 비용을 상회한다. 따라서 생산량과 소비량을 증가시킬 경우 총잉여가 증대된다. 이것은 수량이 균형수준에 도달할 때까지

그림 8

균형량의 효율성

예를 들면 Q_1처럼 균형량보다 더 적은 수량에서는 매수인이 수령하는 가치가 매도인이 부담하는 비용을 상회한다. 예를 들면 Q_2처럼 균형량보다 더 많은 수량에서는 매도인이 부담하는 비용이 매수인이 수령하는 가치를 상회한다. 따라서 시장균형에서 생산자 잉여와 소비자 잉여의 합이 극대화된다.

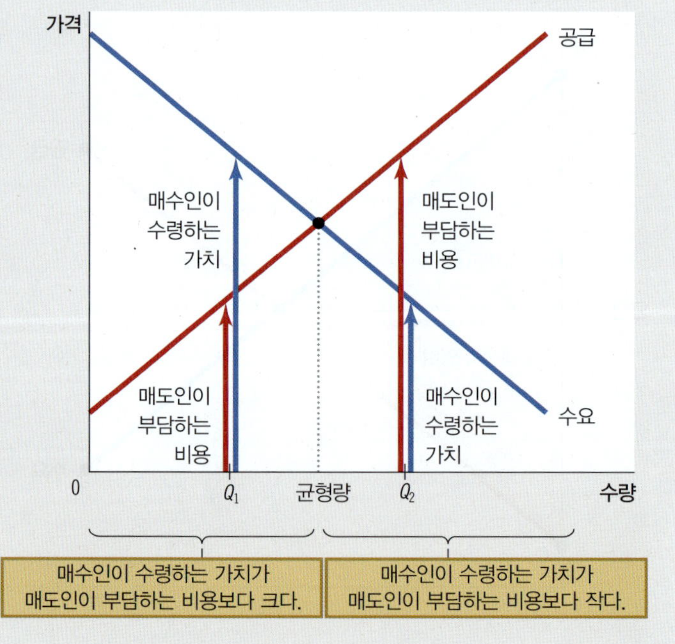

계속해서 참이다. 반대로, 예를 들면 Q_2처럼 균형수준을 초과하는 각 수량에서, 한계 매수인이 수령하는 가치는 한계 매도인이 부담하는 비용보다 작다. 그러므로 수량을 감소시킬 경우 총잉여가 증대되며, 이것은 수량이 균형수준으로 감소할 때까지 계속해서 참이다. 총잉여를 극대화하기 위해, 사회 계획 입안자는 공급곡선과 수요곡선이 교차하는 점에서의 수량을 선택하게 된다.

이 세 가지 통찰을 함께 고찰해보면, 시장에서 이루어진 결과가 소비자 잉여와 생산자 잉여의 합을 극대화한다고 본다. 다시 말해 균형에서 이루어진 결과는 효율적인 자원 배분이다. 따라서 효율성에 관심이 있는 사회 계획 입안자는 시장에서 이루어진 결과를 관찰된 그대로 놔둘 수 있게 된다. 아주 충분히 그냥 놔두는 이런 정책은 자유방임을 의미하는 프랑스어 표현인 **레세페르**라고 한다. 이것이 의미하는 바를 말 그대로 번역하면 '하도록 내버려두시오'이지만, 좀 더 넓게 해석하면 '사람들이 하고자 하는 대로 하도록 놔두시오'라고 할 수 있다.

사회 계획 입안자가 개입할 필요가 없다는 게 사회에는 행운이다. 전지전능하며 선의를 갖고 있는 계획 입안자가 하려는 것을 가상해보는 것은 유용한 실질적인 연습이 될 수 있다. 하지만 현실을 직시하자. 이런 인물이 나오기는 힘들다. 일부 독재자들이 거의 전능적으로 행동할 수는 있지만, 선의를 갖는 경우는 드물다. 어떤 사람들이 매우 유덕하다는 사실을 알게 되더라도, 이들은 중대한 정보를 알지 못할 수 있다.

사회 계획 입안자가 시장에서 작동하는 힘에 의존하는 대신에, 자의적으로 효율적인 자원 배분을 선택하려 한다고 가상하자. 그렇게 하기 위해서는, 모든 잠재적 소비자들이 수령할 특정 물품의 가치와 모든 잠재적 생산자들이 부담할 비용에 대해 알아야 한다. 그리고 해당 시장뿐만 아니라 경제 내에 있는 수천 개의 시장 각각에 대해 이런 정보를 갖고 있어야 한다. 이런 일을 수행하기란 실제로 불가능하며, 이를 통해 실질적으로 중앙 계획을 수립하여 실시하는 경제들이 비효율성으로 가득 찬 이유를 설명할 수 있다.

하지만 일단 계획 입안자들이 파트너, 즉 애덤 스미스의 '시장에서 작동하는 보이지 않는 손'을 채용하게 되면, 이들의 임무는 용이해진다. 보이지 않는 손은 매수인과 매도인에 관한 모든 정보를 고려하여 시장에 있는 모든 사람들이 경제적 효율성의 기준에서 볼 때 최선의 결과를 얻도록 인도한다. 이것은 놀라운 업적이다. 그리고 바로 이것이 경제학자들이 속박되지 않은 경쟁시장이 경제활동을 조직화하는 최선의 방법이라고 그렇게 자주 주장하는 이유이다.

신체 장기 시장이 존재해야만 하는가?

몇 년 전에 「보스턴 글로브」는 '어머니의 사랑이 두 생명을 구하는 데 어떻게 도움이 되었는가'란 기사를 게재했다. 이 기사는 신장 이식이 필요한 아들을 둔 어머니 수잔 스티븐스에 관한 이야기이다. 의사는 스티븐스의 신장이 아들에게 이식될 수 없다는 사실을 알고 다음과 같은 새로운 해법을 제시했다. 즉, 스티븐스가 신장 하나를 낯선 사람에게 기증하면, 그녀의 아들 이름이 신장 이식 대기자 명단의 맨 꼭대기로 올라가게 된다고 했다. 스티븐스는 이 거래를 수락했고, 곧 두 명의 환자가 그렇게도 고대하던 이식을 받게 되었다.

의사의 정교한 제안과 어머니의 숭고한 행동에 의문을 제기할 수는 없다. 하지만 이 이야기는 호기심을 자아내는 질문을 제기할 수 있다. 신장을 신장으로 거래할 수 있다면, 신장을 감당할 수 없는 고가의 시험적인 암치료와도 거래할 수 있도록 허용해야 하는가? 어머니가 신장을 해당 병원 의과대학에 다니는 아들의 등록금 면제와 교환할 수 있도록 허용해야 하는가? 신장을 판매하고 그 대금으로 낡고 오래된 차를 고가의 새 차로 교환할 수 있도록 허용해야 하는가?

공공정책의 관점에서 볼 때 사람들이 자신의 신체 장기를 판매하는 것은 불법이다. 인간의 장기를 판매하는 것은 불법이다. 인간의 장기를 사고파는 행위는 신성한 생명에 대한 문화적, 종교적 기준을 위배하는 것이기 때문에, 많은 사람들은 이런 생각 자체를 논의하고 싶어하지 않는다. 하지만 잠시 이런 반응은 제쳐두고, 신장을 시장에서 작동하는 힘에 따르는 물품으로 생각하자. 본질적으로 신장 시장에서 정부는 가격상한으로 0을 설정하고 있다. 모든 구속력 있는 가격상한과 마찬가지로 부족현상이 발생하게 된다. 스티븐스 경우의 거래는 현금이 직접 오가지 않았기 때문에 이런 금지 사항에 해당하지 않는다. 법적 의미에서 스티븐스의 거래는 시장 거래가 아니다.

하지만 많은 경제학자들은 이런 금지 사항을 폐지하고 인간 장기를 거래하는 공개된 시장을 허용할 경우 큰 편익이 생긴다고 말한다. 사람들은 두 개의 신장을 갖고 태어나지만, 보통 한 개만 필요하다. 동시에 일부 사람들은 두 개 신장 모두가 작동하지 않는 질병으로 고통을 받는다. 거래를 통한 명백한 이득이 존재함에도 불구하고, 현재 상황은 어떤 면에서 처참하다고 할 수 있다. 즉, 일반적인 환자는 신장 이식을 받기 위해 수년 동안 대기해야 하며, 신장을 구할 수 없어서 매년 수천 명이 사망한다. 시장에 기반한 해법을 제안하는 사람들은, 신장이 필요한 사람이 건강한 신장을 두 개 갖고 있는 사람에게서 한 개를 구입할 경우, 가격은 공급과 수요가 균형을 이루도록 상승하게 된다고 말한다. 신장을 공여하는 사람은 주머니에 여분의 현금을 갖게 되어 형편이 나아지게 된다. 신장을 공여받는 사람은 생명을 구하기 위해 필요한 장기를 얻게 되어 혜택을 보게 된다. 시장의 부족현상은 사라지게 된다.

이런 시장은 효율적인 자원 배분으로 이어질 것이지만, 그럼에도 불구하고 이런 방안은 비판을 받고 있다. 이에 대해 반감을 갖는다

경제 패널 신장의 공여

"신장병을 앓는 환자들의 생명 연장을 돕기 위해 신장 공여에 대해 대가를 치르는 시장이 시험적으로 운영돼야 한다."

경제학자들의 의견

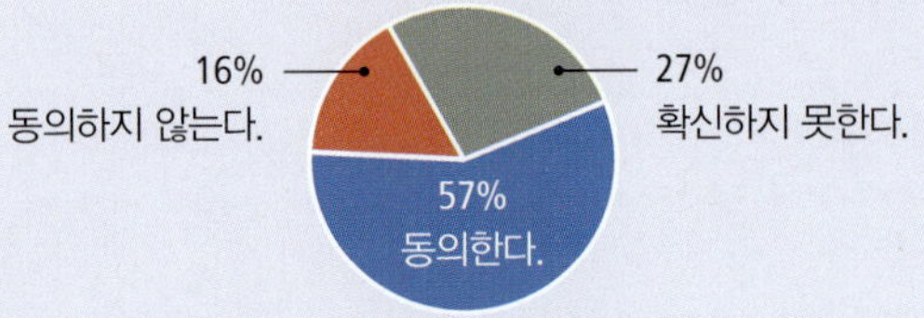

의견	비율
동의한다.	57%
확신하지 못한다.	27%
동의하지 않는다.	16%

출처: IGM Economic Experts Panel, March 11, 2014.

는 문제 이외에도, 일부 사람들은 공평성에 관해 우려를 표한다. 그들의 주장에 따르면, 신체 장기는 지불하려는 의지와 능력이 가장 큰 사람들에게 배분되기 때문에 신체 장기 시장은 가난한 사람들을 희생시키면서 부유한 사람들에게 이익을 주게 된다고 한다. 그러나 여러분은 현행 제도의 공평성에 대해서도 의문점을 가질 수 있다. 지금 대부분의 사람들은 정말로 필요하지는 않은 여분의 장기를 갖고서 멀쩡하게 걸어다니는 반면에, 우리 국민들 중 일부는 한 개를 구하지 못해서 죽어가고 있다. 이것을 공평하다고 할 수 있는가? ●

Quiz

7. 태희는 자신의 시간에 대해 시간당 60달러의 가치를 두며 채영이에게 마사지를 해주는 데 2시간을 사용했다. 채영이는 마사지를 받는 대가로 300달러를 지불하려 했지만, 이들은 200달러로 타협을 보았다. 이 거래에서 _______________.
   a. 소비자 잉여가 생산자 잉여보다 20달러 더 크다.
   b. 소비자 잉여가 생산자 잉여보다 40달러 더 크다.
   c. 생산자 잉여가 소비자 잉여보다 20달러 더 크다.
   d. 생산자 잉여가 소비자 잉여보다 40달러 더 크다.

8. 효율적인 자원 배분은 _______________을(를) 극대화한다.
   a. 소비자 잉여
   b. 생산자 잉여
   c. 소비자 잉여와 생산자 잉여를 합한 것
   d. 소비자 잉여에서 생산자 잉여를 감한 것

9. 시장이 균형상태에 있을 때, 매수인들은 지불하려는 의지가 _______________ 사람들이며, 매도인들은 _______________ 비용을 부담하려는 사람들이다.
   a. 가장 높은; 가장 높은
   b. 가장 높은; 가장 낮은
   c. 가장 낮은; 가장 높은
   d. 가장 낮은; 가장 낮은

10. 공급과 수요가 균형을 이루는 경우보다 더 많은 수량을 생산하게 되면, 이는 비효율적이다. 왜냐하면 한계 매수인의 지불하려는 의지가 _______________.
   a. 마이너스가 되기 때문이다.
   b. 영이 되기 때문이다.
   c. 플러스지만 한계 매도인이 부담하는 비용보다 작기 때문이다.
   d. 플러스지만 한계 매도인이 부담하는 비용보다 크기 때문이다.

해답은 이 장의 끝부분에 있다.

7-4 결론: 시장 효율성 및 시장실패

이 장에서는 후생경제학의 기본적인 도구 즉 소비자 잉여와 생산자 잉여를 소개했으며, 이를 이용하여 시장에서 이루어진 결과의 효율성을 평가했다. 공급과 수요가 작동하여 자원을 효율적으로 배분한다는 사실을 보여주었다. 시장에 있는 매수인과 매도인은 각자 자신의 후생에만 관심을 갖지만, 이들은 보이지 않는 손에 의해 매수인과 매도인의 총편익을 극대화하는 균형으로 인도된다.

하지만 유의할 사항이 있다. 시장이 효율적이라고 결론을 내리기 위해서는 시장이 어떻게 작동하는지에 관해 몇 가지 가정을 해야 한다. 이런 가정들이 준수되지 않을 경우, 시장에서 이루어진 균형상태가 효율적이라는 가정은 타당하지 않을 수 있다. 이 장

입장권을 재판매하는 사람들은 희소한 자원의 배분에 어떤 도움을 주는가

입장권 재판매는 시장 질서를 어지럽히는 두통거리인가 아니면 시장을 효율적으로 만드는 방법인가?

입장권을 단기간에 재판매하는 행위는 편취가 아니다

트레이시 밀러(Tracy Miller)

브로드웨이 뮤지컬 〈해밀턴〉의 입장권 비용은 암표상이 입장권에 1,000달러를 넘게 받으면서 여름 한 철 내내 급등했다. 당시 입장권의 평균 액면가는 189달러였다. 이에 대응하여 척 슈머 상원의원(민주당 소속, 뉴욕주)은 입장권 암표 판매를 용이하게 하는 소프트웨어의 사용을 금지하기 위해 연방 입법안을 발의했다. 이런 관행을 억제하는 입법안이 정말로 필요한가?

암표상은 일반인에게 입장권을 구입할 기회가 주어지기도 전에 반복 작업을 수행하는 소프트웨어 프로그램을 사용해 온라인으로 대량의 입장권을 구입한다. 그다음에 웃돈을 얹어 훨씬 더 높은 가격으로 입장권을 재판매한다. 이런 악습은 일반인과 입법자가 오래전부터 악마화했던 관행이 현대적으로 변형된 것이다.

암표 판매로 인해 일부 소비자들은 그렇지 않은 경우보다 분명 더 높은 가격을 지불하게 된다. 하지만 소비자들은 줄을 서서 기다리지 않아도 되고, 제한된 시간 내에 온라인으로 입장권을 구입하려고 경쟁하지 않고 원할 때 높은 가격을 지불하고 원하는 입장권을 구입할 수 있다. 암표 판매에 반대하는 사람들은 사실 수요가 많은데 공급이 제한되어 가격이 높을 때, 높은 가격이 암표상의 잘못이라고 오해하여 이 같은 결론을 내린다.

현재 어떤 연방 법률도 암표 행위를 제한하지 않지만, 15개 주는 적어도 일정한 상황에서는 암표 판매를 금지하는 법률을 시행하고 있다. 그리고 7개 주는 재판매하는 사람이 입장권을 중개할 수 있고, 허가증을 취득하도록 하며, 입장권 중개업자가 올릴 수 있는 입장권 가격에 상한치를 두도록 요구하고 있다. 또 일부 주는 공연이 개최되는 장소로부터 일정 거리 내에서는 암표 판매를 허용하지 않는다. 그 외 주에서는 사적인 용도로 구매한 입장권의 재판매는 허용하되, 중개인으로 등록되지 않은 사람이 이윤을 목적으로 입장권을 사고파는 행위는 금지하고 있다.

암표 판매는 입장권에 가장 높은 가치를 두는 누구에게나 입장권이 돌아가게 하여, 암표상과 암표 매수인이 이익을 보게 한다. 막바지에 연극, 콘서트, 경기를 관람하기로 결정한 사람도 일정 가격을 지불하고 입장권을 구할 수 있다. 암표상이 없다면, 해당 행사에 높은 가치를 두는 일부 사람들은 원하는 좋은 좌석의 입장권을 구입할 수 없을 것이나.

또 암표 판매는 다음의 두 방법으로 입장권 발행업자, 즉 입장권을 발행하는 스포츠 팀이나 공연하는 예술가에게 이익이 될 수 있다. 첫째, 이들은 행사가 개최되기 오래전에 액면가로 입장권 수입을 올리는 반면, 암표상은 수요와 가격이 자신이 지불한 가격 아래로 하락할 위험을 부담하게 된다. 둘째, 암표상으로 인해 최초의 입장권 수요가 없었을 경우보다 수요가 더 많아질 수 있으며, 이에 따라 입장권 발행업자는 더 많은 금액을 청구할 수 있게 된다.

입장권 발행업자는 공연장 임대비처럼 행사 전에 일부 비용을 부담

을 끝맺으면서, 우리가 했던 두 가지 가장 중요한 가정을 간단히 살펴보도록 하자.

첫째, 우리가 분석을 할 때 시장은 완전경쟁 상태라고 가정한다. 하지만 실제 경제에서는 경쟁이 이따금 완전하지 못하다. 일부 시장에서는 단 하나의 (또는 소수의) 매수인 또는 매도인이 시장가격을 통제할 수 있다. 가격에 영향을 미치는 이런 능력을 **시장 지배력**이라고 한다. 시장 지배력으로 인해 가격과 수량은 공급과 수요의 균형을 맞추는 수준에서 이탈하게 되며, 이로 인해 시장은 비효율적이 된다.

둘째, 우리가 분석을 할 때 시장에서 이루어진 결과는 해당 시장에 참여한 매수인과 매도인에게만 문제가 된다고 가정했다. 하지만 이따금 매수인과 매도인이 내린 결정들은 관련이 없는 제3자에게도 영향을 미친다. 오염이 바로 전형적인 예이다. 예를 들어 농업용 살충제가 사용될 경우, 이를 생산한 제조업체와 사용하는 농부뿐만 아니라

하게 된다. 이들은 입장권의 전부나 상당량을 장기에 걸쳐 판매하지 않고 신속하게 판매하여 판매 비용을 낮출 수 있다. 암표상은 입장권을 처음 구입할 수 있을 때 구입하여 소비자들에게 가장 편리한 때 판매할 수 있도록 입장권을 보유함으로써, 매수인을 매도인에게 연결시켜 양측 모두에게 이익을 줄 수 있다. 이들은 중개인으로 활동하며, 그 보상으로 자신들이 지급한 가격과 수령한 가격의 차액을 얻게 된다. 암표상이 입장권을 구입하여 재판매하려는 경쟁이 심할수록, 각 암표상이 차지하는 차액은 더 많이 줄게 된다.

암표상의 수가 적고 이들이 숙련되게 각 소비자의 입장권 수요를 평가할 수 있다면, 소비자들이 지불하려고 하는 최대치에 가까운 가격을 부과할 수 있다. 또 암표상이 입장권에 부과하는 평균가격이 높아질수록, 입장권을 발행한 스포츠 팀이나 공연 예술가들에게 더 많이 지불할 수 있다.

소비자들보다 먼저 입장권 사이트에 접속한 암표상에게서 더 높은 가격을 지불하고 입장권을 구입하여야 하는 일부 소비자들은 암표 판매로 인해 이런 공연이나 경기에 덜 관심을 갖게 될 수 있다. 따라서 이 소비자들은 앞으로 공연이나 경기를 덜 관람하려 할 수 있다. 공연 예술가나 스포츠 팀이 충성도가 높은 고객을 소외시키지 않으려면, 가령 이들 고객에게 합리적이라고 생각하는 가격으로 판매할 입장권을 일정량 따로 떼어두는 식으로 입장권 배분 방식을 운용할 수 있다. 그렇지만 많은 경우에 입장권 발행업자들은 높은 가격으로 책정된 입장권을 신속히 판매하고자 한다. 이는 입장권 대부분을 암표상에게 판매하겠다는 의미일 수도 있다.

암표 판매를 금지하는 법률은 불필요하며, 이런 법률은 상호간에 이익이 되는 거래를 막게 될 것이다. 암표 판매는 입장권을 재판매하는 사람들이 일부 소비자들이 지불하려는 가격보다 더 낮은 가격을 부과할 때만 이루어진다. 암표상이 입장권을 사고파는 데 효율적인 소프트웨어를 사용한다면, 이들은 시간과 노력을 아껴주고 이런 과정에 개입된 각 당사자는 이익을 보게 된다. 어떤 식으로든 입장권 발행업자, 재판매자, 공연이나 경기의 관람자는 각각 이익을 보게 될 것이다. ■

논의 사항

1. 뮤지컬 〈해밀턴〉의 연출자가 입장권 재판매업자들이 부과하는 가격보다 훨씬 더 낮게 입장권 가격을 정하는 이유가 무엇이라고 생각하는가?
2. 액면가보다 높게 입장권을 재판매하려는 행위를 금지하는 법률이 제정되어야 한다고 생각하는가? 그래야 하는 이유는 무엇인가? 그러지 말아야 하는 이유는 무엇인가?

THEO WARGO/WIREIMAGE/GETTY IMAGES

뮤지컬 〈해밀턴〉에 주인공으로 출연한 린마누엘 미란다

트레이시 밀러는 조지 메이슨 대학교 메르카투스 센터에 근무하는 경제학자이다.

출처: *U.S. News and World Report*, October 4, 2016.

이런 살충제로 인해 오염된 공기를 들이마시거나 물을 마시는 많은 사람들에게 영향을 미친다. 시장이 **외부효과**라고 하는 부작용을 보일 때, 시장에서 이루어지는 활동이 갖는 후생적 의미는 매수인이 갖게 되는 가치와 매도인이 부담하는 비용 이외의 것에도 의존한다. 매수인과 매도인이 얼마나 많이 소비하고 생산할지를 결정하려 할 때, 이런 외부효과를 무시할 수 있다. 이로 인해 시장에서 이루어진 균형은 사회 전체의 관점에서 볼 때 비효율적일 수 있다.

시장 지배력과 외부효과는 **시장실패**라고 하는 일반적인 현상들의 예이다. 이 시장실패는 일부 규제되지 않은 시장들이 자원을 효율적으로 배분하지 못하는 상황이다. 시장이 실패할 경우, 공공정책을 통해 잠재적으로 문제를 해결하여 경제적 효율성을 높일 수 있다. 미시경제학자들은 많은 노력을 기울여, 시장실패가 언제 발생할 가능성이 높으며 어떻게 하면 가장 잘 교정할 수 있는지에 대해 연구한다. 경제학을 계속해서 공부하다 보면, 여기서 살펴본 후생경제학의 분석도구들이 이런 노력에 쉽게 활용된다는 사실을 깨닫게 될 것이다.

시장실패의 가능성에도 불구하고, 시장에서 작동하는 보이지 않는 손은 매우 중요하다. 많은 시장의 경우, 이 장에서 살펴본 가정들이 잘 작동하며 시장에서 효율성이 달성된다는 결론이 직접적으로 적용된다. 나아가, 후생경제학과 시장 효율성에서 사용하는 분석도구를 활용하여 다양한 정부정책이 미치는 영향을 살펴볼 수 있다. 다음의 두 장에서는 지금까지 살펴본 분석도구들을 두 가지 중요한 정책상의 문제, 즉 과세 및 국제무역에 따른 후생효과에 적용할 것이다.

요약

- 소비자 잉여는 어떤 물품에 대해 매수인들이 지불하고자 하는 의지에서 실제로 지불한 금액을 감한 것이다. 소비자 잉여는 매수인들이 시장에 참여하여 얻은 편익을 측정한 것이다. 소비자 잉여는 수요곡선 아래 그리고 가격 위의 면적을 계산하여 구할 수 있다.
- 생산자 잉여는 매도인들이 자신들이 생산한 물품에 대해 수령한 금액에서 이를 생산하기 위해 소요된 비용을 감한 것이다. 생산자 잉여는 매도인들이 시장에 참여하여 얻은 편익을 측정한 것이다. 생산자 잉여는 가격 아래 그리고 공급곡선 위의 면적을 계산하여 구할 수 있다.
- (소비자 잉여와 생산자 잉여를 합산한) 총잉여를 극대화할 수 있게 자원이 배분될 경우 효율적이라고 한다. 정책입안자들은 경제적 결과에 대한 효율성은 물론 형평성에도 종종 관심을 갖는다.
- 정상적인 상황에서, 공급과 수요가 균형을 이룰 경우 총잉여가 극대화된다. 즉, 시장에서 작동하는 보이지 않는 손으로 인해 경쟁시장의 매수인과 매도인은 자원을 효율적으로 배분하게 된다.
- 예를 들어 시장 지배력이나 외부효과와 같은 시장실패가 있는 경우, 시장은 자원을 효율적으로 배분하지 못한다.

주요 개념

후생경제학 166
지불하려는 의지 167
소비자 잉여 167
비용 173
생산자 잉여 173
효율성 178
형평성 178

복습용 질문

1. 매수인의 지불하려는 의지, 소비자 잉여, 수요곡선이 어떻게 관련되는지 설명하시오.

2. 매도인의 비용, 생산자 잉여, 공급곡선이 어떻게 관련되는지 설명하시오.

3. 공급 및 수요 도해를 이용하여, 시장이 균형상태에 있을 때의 생산자 잉여와 소비자 잉여를 표시하시오.

4. 효율성이란 무엇인가? 이것이 경제정책 입안자들의 유일한 목표인가?

5. 두 가지 유형의 시장실패를 들어보시오. 이들 각각이 시장에서 이루어진 결과가 비효율적이 되도록 하는 이유를 설명하시오.

문제와 응용

1. 현경이는 360달러를 지불하고 아이폰을 구입했으며 소비자 잉여 240달러를 얻었다.
   a. 현경이의 지불하려는 의지는 얼마인가?
   b. 현경이가 270달러를 지불하고 할인판매 중인 아이폰을 구입했다면, 그녀의 소비자 잉여는 얼마인가?
   c. 아이폰 가격이 750달러라면, 소비자 잉여는 얼마인가?

2. 캘리포니아에서 조기 동결 상황이 발생하여 레몬 수확에 피해를 입게 되었다. 레몬 시장에서 소비자 잉여에 어떤 일이 발생하는지 설명하시오. 레몬 에이드 시장에서 소비자 잉여에 어떤 일이 발생하는지 설명하시오. 도해를 사용하여 여러분의 대답을 설명하시오. 레몬 에이드는 일반적으로 레몬즙과 물, 감미료(사탕수수, 메이플 시럽, 꿀 등)를 사용하여 만드는 음료이다.

3. 프랑스 빵(바게트)에 대한 수요가 증가한다고 가상하자. 프랑스 빵 시장에서 생산자 잉여에 어떤 일이 발생하는지 설명하시오. 밀가루 시장에서 생산자 잉여에 어떤 일이 발생하는지 설명하시오. 도해를 사용하여 여러분의 대답을 설명하시오.

4. 날씨가 더워서 승규는 목이 마르다. 다음은 승규가 각 물병(생수)에 두는 가치를 보여준다.

첫 번째 물병에 두는 가치	7달러
두 번째 물병에 두는 가치	5달러
세 번째 물병에 두는 가치	3달러
네 번째 물병에 두는 가치	1달러

   a. 이 정보를 활용하여, 승규의 수요 스케줄을 도출하시오. 생수에 대한 승규의 수요곡선을 그래프로 그리시오.
   b. 물 1병의 가격이 4달러라면, 승규는 몇 병을 구입하게 되는가? 이 구입을 통해 승규는 얼마나 많은 소비자 잉여를 얻게 되는가? 그래프상에 승규의 소비자 잉여를 표시하시오.
   c. 가격이 2달러로 하락하면, 수요량은 어떻게 변하겠는가? 승규의 소비자 잉여는 어떻게 변화하는가? 그래프상에 이런 변화를 표시하시오.

5. 민수는 물을 퍼올릴 수 있는 펌프를 보유하고 있다. 대량의 물을 퍼올리는 것이 소량의 물을 퍼올리는 것보다 어렵기 때문에, 더 많이 퍼올릴수록 생수 생산비는 증가한다. 생수를 생산하는 데 민수가 부담해야 하는 비용은 다음과 같다.

첫 번째 물병을 생산하는 데 드는 비용	1달러
두 번째 물병을 생산하는 데 드는 비용	3달러
세 번째 물병을 생산하는 데 드는 비용	5달러
네 번째 물병을 생산하는 데 드는 비용	7달러

   a. 이 정보를 활용하여, 민수의 공급 스케줄을 도출하시오. 생수에 대한 민수의 공급곡선을 그래프로 그리시오.
   b. 물 1병의 가격이 4달러라면, 민수는 몇 병을 생산하여 판매하게 되는가? 이 판매를 통해 민수는 얼마나 많은 생산자 잉여를 얻게 되는가? 그래프상에 민수의

생산자 잉여를 표시하시오.

c. 가격이 6달러로 상승하면, 공급량은 어떻게 변화하는가? 민수의 생산자 잉여는 어떻게 변화하는가? 그래프상에 이런 변화를 표시하시오.

6. 문제 4의 승규는 매수인이고, 문제 5의 민수는 매도인인 시장을 생각해보자.

a. 민수의 공급 스케줄과 승규의 수요 스케줄을 이용하여, 가격이 2달러, 4달러, 6달러인 경우 공급량과 수요량을 구하시오. 어느 가격에서 공급과 수요가 균형을 이루는가?

b. 이 균형에서 소비자 잉여, 생산자 잉여, 총잉여는 얼마인가?

c. 민수가 1병을 덜 생산하고 승규가 1병을 덜 소비할 경우, 총잉여에 어떤 변화가 발생하는가?

d. 민수가 1병을 더 생산하고 승규가 1병을 더 소비할 경우, 총잉여에 어떤 변화가 발생하는가?

7. 지난 10년 동안 평면 스크린 TV를 생산하는 비용이 하락했다. 이런 변화가 갖는 의미를 생각해보자.

a. 공급 및 수요 도해를 그리고 나서, 생산비의 하락이 평면 스크린 TV의 판매가격과 판매량에 미치는 영향을 분석하시오.

b. 여러분이 그린 도해에서 소비자 잉여와 생산자 잉여에 어떤 일이 발생하는지 설명하시오.

c. 평면 스크린 TV의 공급이 매우 탄력적이라고 가정하시오. 생산비가 하락함에 따라, 이 TV의 소비자와 생산자 중에서 누가 가장 큰 이익을 보는가?

8. 네 명의 소비자가 다음과 같은 이발 금액을 지불하려 한다.

- 서현: 35달러
- 지인: 10달러
- 민수: 40달러
- 성진: 25달러

네 개의 이발 업소는 다음과 같은 이발 비용을 부담하게 된다.

- 이발 업소 A: 15달러
- 이발 업소 B: 30달러
- 이발 업소 C: 20달러
- 이발 업소 D: 10달러

각 이발 업소는 많아야 한 명에게 이발을 해줄 수 있다. 효율성을 달성하려면 얼마나 많은 사람이 이발을 해야 하는가? 어느 이발 업소가 이발을 해주고, 어느 소비자가 이발 서비스를 받아야 하는가? 가능한 최대 총잉여는 얼마인가?

9. 지난 수십 년 동안 경제에서 발생한 가장 큰 변화 중 하나는, 기술진보로 인해 컴퓨터 제조 비용이 감소했다는 점이다.

a. 공급 및 수요 도해를 그리고 나서, 컴퓨터 시장에서의 가격, 수량, 소비자 잉여, 생산자 잉여에 어떤 일이 발생하는지 설명하시오.

b. 40년 전에 학생들은 타이프라이터를 사용하여 수업 과제물을 준비했다. 반면에 오늘날에는 컴퓨터를 사용하고 있다. 이런 사실에 비추어볼 때 컴퓨터와 타이프라이터는 보완재인가 아니면 대체재인가? 공급 및 수요 도해를 이용하여, 타이프라이터 시장에서의 가격, 수량, 소비자 잉여, 생산자 잉여에 어떤 일이 발생했는지 설명하시오. 타이프라이터 생산업자는 컴퓨터의 기술진보를 좋아해야 하는가 아니면 좋아하지 않아야 하는가?

c. 컴퓨터와 소프트웨어는 보완재인가 아니면 대체재인가? 공급 및 수요 도해를 그리고 나서, 소프트웨어 시장에서의 가격, 수량, 소비자 잉여, 생산자 잉여에 어떤 일이 발생했는지 설명하시오. 소프트웨어 생산업자는 컴퓨터의 기술진보를 좋아해야 하는가 아니면 좋아하지 않아야 하는가?

d. 이런 분석은 소프트웨어 생산업자 빌 게이츠가 세계에서 가장 부유한 사람들 중 하나가 된 이유를 설명하는 데 도움이 되는가?

10. 여러분 친구들 중 한 명이 영화 상영 서비스를 제공하는 두 개 업체 중 하나를 선택하려 한다. 업체 A는 방영되는 영화 수에 관계없이 연간 120달러를 부과한다. 업체 B는 고정된 서비스 요금 체계를 갖추고 있지 않으며, 대신에 영화 한 편당 1달러를 부과한다. 여러분 친구의 영화에 대한 연간 수요는 식 $Q^D = 150 - 50P$로 나타낼 수 있다.

여기서 P는 영화 한 편당 가격이다.

a. 각 업체에서, 추가적인 영화에 대해 여러분의 친구가 부담하는 비용은 무엇인가?

b. (a)에 대한 여러분의 답변에 비추어볼 때, 여러분의 친구는 각 업체에서 얼마나 많은 영화를 관람하게 되는가?

c. 여러분의 친구는 매년 각 업체에 얼마를 지불하게 되는가?

d. 각 업체에서 얼마나 많은 소비자 잉여를 얻게 되는가?(요령: 수요곡선의 그래프를 그린 후 삼각형의 면적을 구하는 공식을 기억해보자)

e. 여러분의 친구가 어느 업체를 선택하도록 추천하겠는가? 그 이유는 무엇인가?

Quiz 해답

1. b 2. b 3. d 4. c 5. b 6. c 7. a 8. c 9. b 10. c

Chapter

8

응용: 과세에 수반되는 비용

조세는 종종 열띤 정치적 논쟁의 원천이 되곤 한다. 1776년에 영국이 부과한 조세에 의해 촉발된 미국 식민지 주민의 분노가 미국 혁명에 불길을 당겼다. 2세기 이상 지난 지금도 미국인들은 조세의 적절한 규모와 조세제도의 형태에 관해 논쟁을 하고 있다. 하지만 과세가 필요하다는 사실을 부정하는 사람은 거의 없다. 미국 연방 대법원의 대법관을 역임했고 위대한 법사상가였던 올리버 웬들 홈스 주니어(Oliver Wendell Holmes Jr.)는 "조세는 문명사회를 유지하기 위해 지불해야 하는 것이다"라고 말했다.

과세는 현대 경제에 큰 영향을 미치기 때문에, 이에 관한 주제는 분석도구를 원하는 바에 따라 확장시켜 나가면서 이 책 전반에 걸쳐 반복적으로 살펴볼 것이다. 제6장에서는 공급, 수요, 탄력성을 이용하여, 어떤 물품에 조세가 부과될 경우 해당 물품의 가격과 수량에 어떤 영향을 미치는지 보여주고, 조세부담이 매수인과 매도인 사이에 어떻게 분담되는지에 대해 알아보았다. 이 장에서는 분석을 확장하여 조세가 후생, 즉 시장 참여자들의 경제적 복지에 어

BLACKCAT/E+/GETTY IMAGES; GOWITHSTOCK/SHUTTERSTOCK.COM

떤 영향을 미치는지 살펴볼 것이다.

조세가 후생에 미치는 영향은 명백한 것처럼 보일 수도 있다. 정부는 수입을 올리기 위해 조세를 법률로 제정하는데, 이런 수입은 누군가의 지갑에서 나와야만 한다. 제6장에서 살펴보았듯이 어떤 물품에 조세가 부과될 경우 해당 물품의 매수인과 매도인은 둘 다 형편이 나빠진다. 즉 매수인은 더 많이 지불하고 매도인은 더 적게 수령하게 된다. 하지만 조세가 후생에 어떤 영향을 미치는지 완전히 이해하기 위해서는 매수인과 매도인의 손실액과 정부가 징수한 수입액을 비교해야 한다. 소비자 잉여와 생산자 잉여라는 분석도구를 이용하면 이런 비교를 할 수 있다. 이런 분석에 따르면, 매수인과 매도인이 부담해야 하는 조세에 따른 비용이 정부가 수령하는 수입을 일반적으로 초과하게 된다.

과세가 언제나 바람직하지 않다고 말하는 것은 아니다. 정부 프로그램의 재원을 조달하기 위해서는 세수가 필요하며, 정부 프로그램들은 운영할 가치가 있다. 하지만 대안적인 정책들을 판단하기 위해서는 문명사회를 향유하기 위한 가격이 얼마나 높을 수 있는지 이해해야 한다.

8-1 과세에 따른 사장된 손실

제6장에서 학습한 교훈을 기억하는 데서 시작해보자. 시장에 부과된 과세가 미치는 궁극적인 영향은 조세가 매수인에게 부과되든지 아니면 매도인에게 부과되든지 간에 동일하다. 매수인에게 조세가 부과될 경우 수요곡선은 조세규모만큼 아래쪽으로 이동하고, 매도인에게 부과될 경우 공급곡선은 해당 금액만큼 위쪽으로 이동한다. 어느 경우이든, 과세로 인해 매수인이 지불하는 가격은 상승하고 매도인이 수령하는 가격은 하락한다. 이처럼, 조세부담이 생산자와 소비자 사이에 어떻게 배분되느냐는 조세가 어떻게 부과되느냐가 아니라 공급 탄력성과 수요 탄력성에 달려 있다.

그림 1은 조세가 미치는 영향을 보여준다. 조세가 누구에게 부과되었느냐에 따라 공급곡선이나 수요곡선이 이동해야겠지만, 이런 이동을 포함시키지 않음으로써 분석을 단순화하고 그래프가 덜 복잡해지도록 하고자 한다. 중요한 점은 조세로 인해 매수인이 지급하는 가격과 매도인이 수령하는 가격 사이에 차이가 발생한다는 것이다. 이런 차이로 인해, 판매량이 조세가 부과되지 않았을 경우보다 더 적어진다. 다시 말해 어떤 물품에 조세가 부과될 경우 제6장에서 살펴본 것처럼 해당 물품의 시장규모는 축소된다.

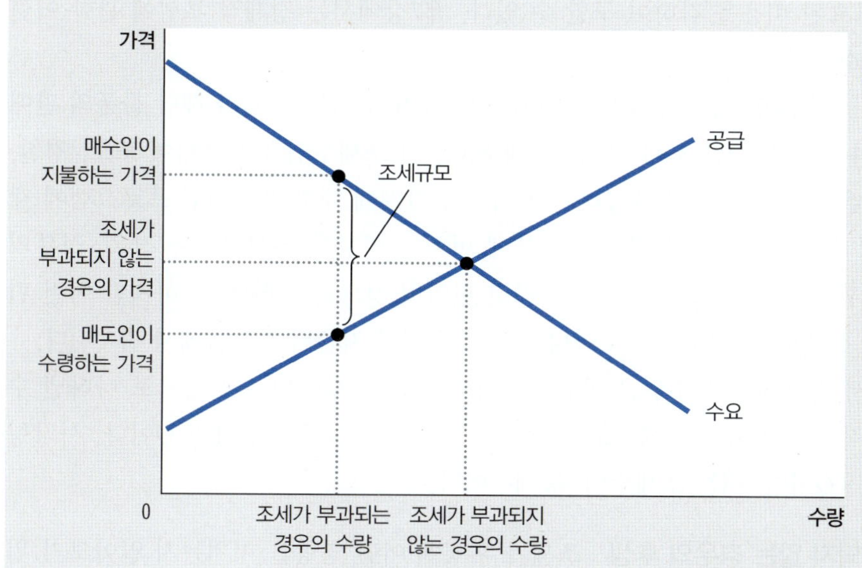

그림 1

조세가 미치는 영향

어떤 상품에 부과되는 조세는 매수인이 지불하는 가격과 매도인이 수령하는 가격 사이의 격차이다. 판매되는 상품의 수량이 감소한다.

8-1a 조세는 시장 참여자들에게 어떤 영향을 미치는가

후생경제학의 분석도구들을 사용하여, 어떤 물품에 부과된 조세로부터 얻게 되는 이득과 손실을 측정해보자. 그러자면 조세가 매수인, 매도인, 정부에 어떤 영향을 미치는지 생각해보아야 한다. 매수인의 후생은 소비자 잉여로 측정되며, 이는 매수인이 해당 물품에 대해 지불하려는 금액에서 실제로 지불한 금액을 감하여 구할 수 있다. 매도인의 후생은 생산자 잉여로 측정되며, 이는 매도인이 해당 물품에 대해 수령한 금액에서 생

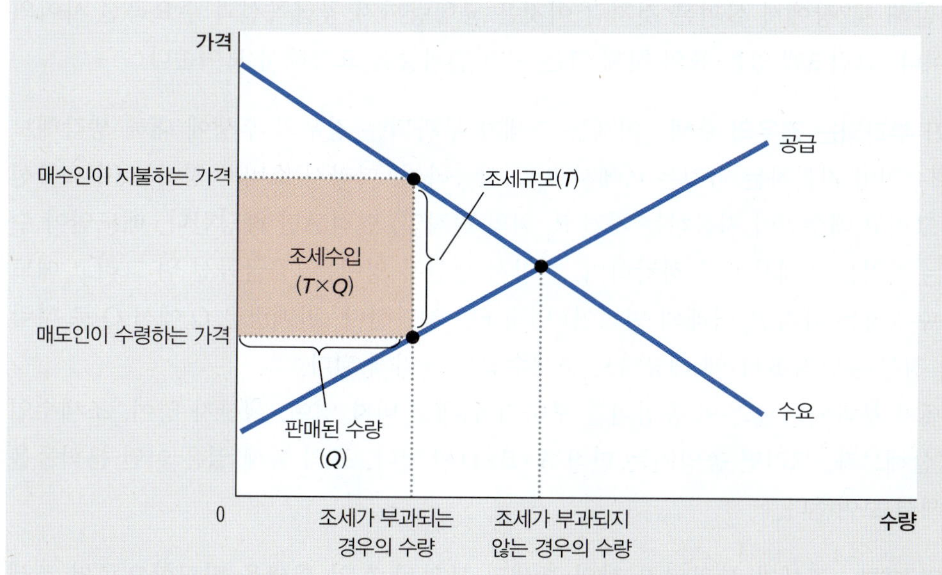

그림 2

조세수입

정부가 징수하는 조세수입은 $T \times Q$이며, 여기서 T는 조세규모이고 Q는 판매되는 수량이다. 따라서 조세수입은 공급곡선과 수요곡선 사이에 있는 사각형의 면적이다.

J.B. HANDELSMAN/THE NEW YORKER COLLECTION/THE CARTOON BANK

"저기 있잖아, '대표 있는 과세'라는 방식도 내가 보기에는 역시 그렇게 호소력이 있어 보이지는 않는군."

산하는 데 소요된 비용을 감하여 구할 수 있다. 제7장에서는 경제적 후생에 관한 이런 측정치들을 소개했다.

제3의 이해관계자인 정부의 경우는 어떠한가? T가 조세규모, Q가 해당 물품의 판매량이라면, 정부는 $T \times Q$란 조세수입을 받게 된다. 이 조세수입을 사용하여 도로, 경찰, 공교육과 같은 정부 서비스를 제공하거나 저소득 가계에 대한 재정지원 프로그램에 재원을 조달할 수 있다. 조세가 경제적 후생에 미치는 영향을 분석하려는 경우, 정부의 조세수입을 활용하여 조세로 얻게 되는 공적 편익의 정도를 나타낸다. 하지만 이런 편익은 정부에 실제로 귀속되는 것이 아니라 해당 수입이 지출된 사람들에게 귀속된다.

그림 2에서 정부의 조세수입은 공급곡선과 수요곡선 사이의 사각형으로 나타낼 수 있다. 이 사각형의 높이는 조세규모 T이고 너비는 해당 물품의 판매량 Q이다. 사각형의 면적은 $T \times Q$이며, 이는 조세수입 즉 세수이다.

조세가 부과되지 않는 경우의 후생 조세가 후생에 어떤 영향을 미치는지 알아보기 위해 조세가 부과되기 전의 상황을 먼저 생각해보자. 그림 3은 문자 A부터 F까지 주요한 면적을 표시한 공급 및 수요 도해를 보여준다.

조세가 부과되지 않는 경우, 균형가격과 균형량은 공급곡선과 수요곡선의 교차점에서 결정된다. 가격은 P_1이고 판매량은 Q_1이다. 수요곡선은 매수인의 지불하려는 의지를 반영하기 때문에, 소비자 잉여는 수요곡선과 가격 사이의 면적 A+B+C에 해당한다. 이와 유사하게 공급곡선은 매도인이 부담하는 비용을 반영하기 때문에, 생산자 잉여는 공급곡선과 가격 사이의 면적 D+E+F에 해당한다. 조세가 부과되지 않는 경우, 조세수입은 영이 된다.

소비자 잉여와 생산자 잉여를 합산한 총잉여는 면적 A+B+C+D+E+F에 해당한다. 다시 말해 제7장에서 살펴본 것처럼 이것은 균형량까지 공급곡선과 수요곡선 사이의 면적이다. 그림 3에 있는 표의 첫째 열은 이런 결과들을 요약해서 보여준다.

조세가 부과되는 경우의 후생 이제는 조세가 부과되는 경우의 후생에 대해 생각해보자. 매수인이 지불하는 가격은 P_1에서 P_B로 상승하며, 따라서 소비자 잉여는 (수요곡선 아래 그리고 매수인이 지불하는 가격 P_B 위의 면적인) 면적 A만 해당한다. 매도인이 수령하는 가격은 P_1에서 P_S로 하락하며, 따라서 생산자 잉여는 (공급곡선 위 그리고 매도인이 수령하는 가격 P_S 아래의 면적인) 면적 F만 해당한다. 판매량은 Q_1에서 Q_2로 하락하며, 정부는 면적 B+D에 해당하는 조세수입을 올리게 된다.

조세가 부과되는 경우의 총잉여를 구하기 위해 소비자 잉여, 생산자 잉여, 조세수입을 합산해보자. 그러면 총잉여는 면적 A+B+D+F이다. 표의 둘째 열은 이런 분석들을 요약해서 보여준다.

후생의 변화 조세가 부과되기 전의 후생과 부과된 후의 후생을 비교함으로써 조세

그림 3

조세는 후생에 어떤 영향을 미치는가

어떤 물품에 조세가 부과되는 경우 (면적 B+C만큼의) 소비자 잉여와 (면적 D+E만큼의) 생산자 잉여가 감소한다. 생산자 잉여와 소비자 잉여의 감소가 (면적 B+D에 해당하는) 조세수입을 초과하기 때문에, 조세가 부과될 경우 (면적 C+E에 해당하는) 사장된 손실이 발생한다고 본다.

	조세가 부과되지 않는 경우	조세가 부과되는 경우	차이
소비자 잉여	A+B+C	A	−(B+C)
생산자 잉여	D+E+F	F	−(D+E)
조세수입	없음	B+D	+(B+D)
총잉여	A+B+C+D+E+F	A+B+D+F	−(C+E)

면적 C+E는 총잉여의 감소를 보여주며 조세부과에 따른 사장된 손실이 된다.

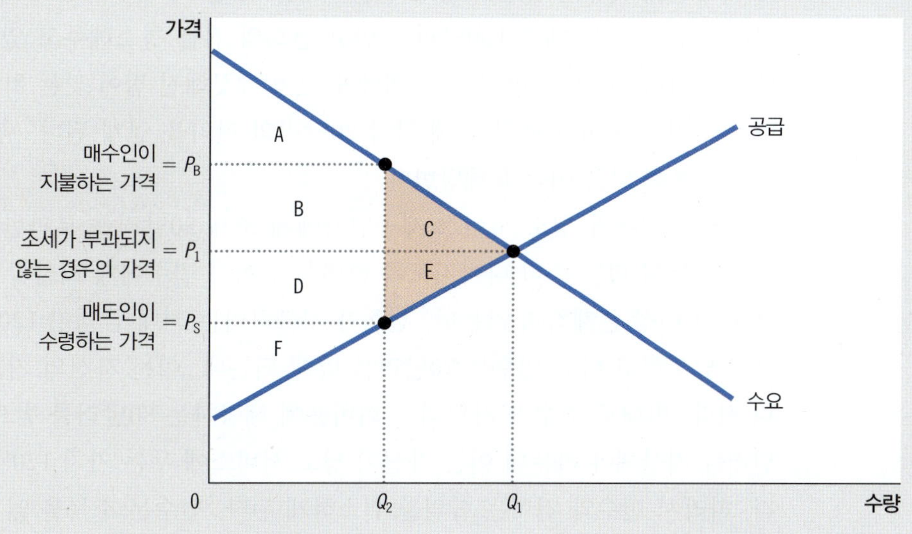

가 미치는 영향을 살펴보도록 하자. 표의 제3열은 이런 변화를 보여준다. 소비자 잉여는 면적 B+C만큼 감소하며, 생산자 잉여는 면적 D+E만큼 감소한다. 조세수입은 면적 B+D만큼 증가한다. 당연히, 조세가 부과될 경우 매수인과 매도인의 형편은 나빠지게 되며 정부의 조세수입은 증대된다.

총후생의 변화는 소비자 잉여의 변화(마이너스), 생산자 잉여의 변화(마이너스), 조세수입의 변화(플러스)를 모두 포함한다. 이런 세 가지를 모두 합산할 경우 시장의 총잉여는 면적 C+E만큼 감소한다. **조세부과에 따른 매수인과 매도인의 손실이 정부가 거둔 수입을 초과한다.** 조세(또는 다른 정책)로 인해, 그렇지 않았다면 효율적이었을 시장에서 이루어진 결과가 왜곡될 경우, 발생하는 총잉여의 감소를 **사장된 손실**(deadweight loss)이라고 한다. 면적 C+E가 이런 손실의 규모를 나타낸다.

사장된 손실
시장 왜곡에 따른 총잉여 감소

조세로 인해 사장된 손실이 발생하는 이유를 이해하기 위해, 제1장에서 살펴본 경제학의 열 가지 원리 중 하나인 '사람들은 유인에 반응한다'는 원리를 기억해보자. 제7장에서 살펴본 바에 따르면, 경쟁시장은 일반적으로 희소한 자원을 효율적으로 배분한다. 즉 조세가 부과되지 않는 경우, 시장에서 공급과 수요가 균형을 이룬다면 매수인과 매도인의 총잉여가 극대화된다. 정부가 조세를 부과할 경우, 매수인이 지불하는 가격은 상승하고 매도인이 수령하는 가격은 하락한다. 따라서 시장은 (그림에서 Q_1에서 Q_2로 이동하는 것으로 알 수 있는 것처럼) 최적수준 아래로 축소된다. 따라서 조세가 유인을 왜곡하기 때문에 시장은 자원을 비효율적으로 배분하게 된다.

8-1b 사장된 손실과 거래를 통한 이득

조세로 인해 사장된 손실이 발생하는 이유를 더 잘 이해하기 위해 다음과 같은 예를 생각해보자. 민수는 매주 100달러를 받고 건희의 집을 청소해주고 있다. 민수의 시간에 대한 기회비용은 80달러이고, 건희에게 있어 깨끗해진 집이 갖는 가치는 120달러이다. 따라서 이들은 이 거래를 통해 각각 20달러의 편익을 얻게 된다. 총잉여 40달러는 이 거래를 통해 얻은 이득에 해당한다.

이제는 정부가 청소 서비스 제공업자에게 조세 50달러를 부과한다고 가상하자. 두 사람 모두의 형편이 더 나아지도록 하면서 건희가 민수에게 지불할 수 있는 가격이 이제는 더 이상 존재하지 않는다. 건희가 지불하려는 최대 금액이 120달러이며, 이때 조세를 납부하고 나면 민수는 70달러를 받게 되는데, 이는 자신의 기회비용 80달러보다 더 적다. 반대로 민수가 자신의 기회비용에 해당하는 80달러를 받으려면, 건희는 130달러를 지불해야 하는데 이는 자신이 청소 서비스에 두는 가치 120달러를 초과하게 된다. 따라서 민수와 건희는 합의를 취소하게 된다. 민수는 소득을 잃게 되며, 건희는 자신이 집을 청소하게 된다.

조세로 인해 민수와 건희는 각각 잉여 20달러를 상실하게 되기 때문에, 이들은 총 40달러만큼 형편이 나빠진다. 하지만 민수와 건희가 합의를 취소했기 때문에 정부는 이들로부터 조세수입을 올리지 못한다. 이 40달러가 순수한 사장된 손실이다. 즉 이것은 정부수입의 증가로 상쇄되지 못하며, 이 시장에 참여한 매수인과 매도인에게 손실이 된다. 이 예는 사장된 손실의 궁극적인 근원을 보여준다. 즉 **조세로 인해 매수인과 매도인이 거래를 통한 이득의 일부를 실현시키지 못하기 때문에, 사장된 손실이 발생한다.**

조세로 인해 공급곡선과 수요곡선 사이에 만들어진 삼각형의 면적(그림 3에서 면적 C+E)이 이런 손실에 해당한다. 수요곡선은 소비자에 대한 해당 물품의 가치를 반영하고, 공급곡선은 생산자가 부담하는 비용을 반영한다는 사실을 기억하자. 그러면 그림 4에서 이런 결론을 쉽게 알 수 있다. 조세로 인해 매수인이 지불하는 가격은 P_B로 상승하고 매도인이 수령하는 가격은 P_S로 하락할 때, 한계 매수인과 한계 매도인은 이 시장을 떠나게 되며, 따라서 판매량은 Q_1에서 Q_2로 감소한다. 하지만 그림에서 보는 것처

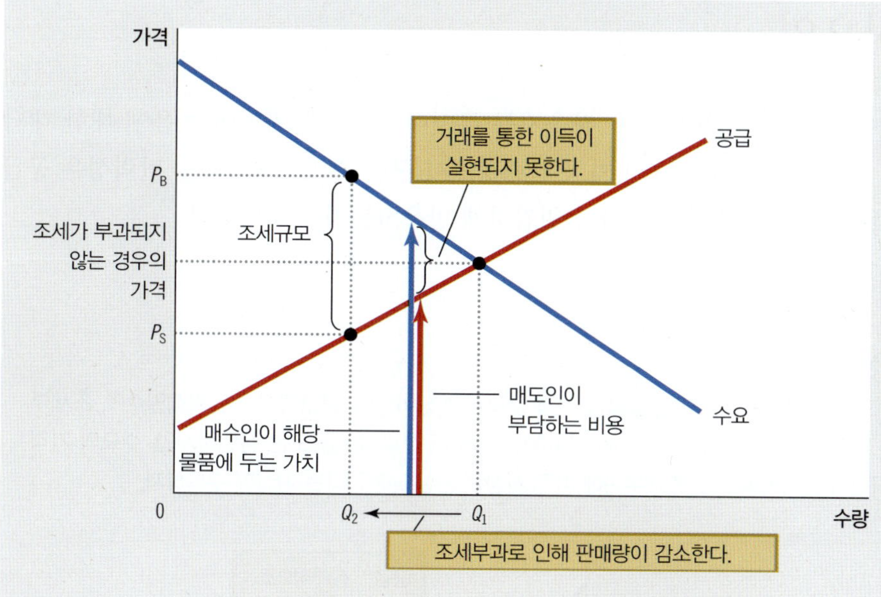

그림 4

사장된 손실의 근원

정부가 물품에 조세를 부과할 경우, 판매량은 Q_1에서 Q_2로 감소한다. Q_1과 Q_2 사이에 존재하는 각 수량에서, 매수인과 매도인의 거래를 통해 발생할 수 있는 잠재적인 이득이 실현되지 못하게 된다. 거래를 통해 얻을 수 있는 이득이 이렇게 사라지게 되며, 이것이 바로 사장된 손실이 된다.

럼, 이들 매수인이 해당 물품에 두는 가치가 아직도 매도인이 부담하는 비용을 초과하고 있다. Q_1과 Q_2 사이에 위치한 각 수량에서, 상황은 위에서 살펴본 민수와 건희의 예와 같다. 거래를 통한 이득, 즉 매수인이 두는 가치와 매도인이 부담하는 비용 사이의 차이가 조세보다 더 작다. 따라서 일단 조세가 부과되면 이 거래들은 성립되지 않는다. 사장된 손실은 조세로 인해 이런 상호 이익이 되는 거래가 억제되어서 상실하게 되는 잉여이다.

Quiz

1. __________, 어떤 물품에 부과된 조세로 인해 사장된 손실이 발생한다.
   a. 소비자 잉여와 생산자 잉여의 감소가 조세수입보다 더 큰 경우
   b. 조세수입이 소비자 잉여와 생산자 잉여의 감소보다 더 큰 경우
   c. 소비자 잉여의 감소가 생산자 잉여의 감소보다 더 큰 경우
   d. 생산자 잉여의 감소가 소비자 잉여의 감소보다 더 큰 경우

2. 수영이는 여관을 운영하고 있으며, 하루 숙박당 300달러의 요금을 부과한다. 이는 수영이가 부담하는 비용과 같다. 동헌, 양호, 승범이는 각각 500달러, 325달러, 250달러를 지불하려는 세 명의 잠재적인 고객이다. 정부가 하루 숙박당 50달러의 조세를 여관주인에게 부과할 경우, 수경이는 숙박요금을 350달러로 인상한다. 조세에 따른 사장된 손실은 ________이다.
   a. 25달러
   b. 50달러
   c. 100달러
   d. 150달러

3. 수진이는 매주 자기 집의 잔디를 깎는 대가로 광재에게 50달러를 지불한다. 정부가 잔디 깎는 데 따른 조세 10달러를 광재에게 부과할 경우, 광재는 잔디 깎는 가격을 60달러로 인상한다. 수진이는 인상된 가격으로 계속해서 광재를 고용한다. 생산자 잉여의 변화, 소비자 잉여의 변화, 사장된 손실은 각각 얼마가 되는가?
   a. 0달러, 0달러, 10달러
   b. 0달러, −10달러, 0달러
   c. +10달러, −10달러, 10달러
   d. +10달러, −10달러, 0달러

해답은 이 장의 끝부분에 있다.

8-2 사장된 손실의 결정요인

조세로 인한 사장된 손실이 클지, 작을지를 무엇이 결정하는가? 이 물음에 대한 대답은 공급의 가격 탄력성과 수요의 가격 탄력성에서 구할 수 있으며, 이들 탄력성은 공급량과 수요량이 가격의 변화에 얼마나 민감하게 반응하는지를 나타낸다.

그림 5 **조세부과에 따른 왜곡현상과 탄력성**

(a) 및 (b)에서 수요곡선과 조세규모는 동일하지만, 공급의 가격 탄력성은 상이하다. 공급곡선이 탄력적일수록, 조세부과에 따른 사장된 손실도 커진다는 사실에 주목하자. (c) 및 (d)에서 공급곡선과 조세규모는 동일하지만, 수요의 가격 탄력성은 상이하다. 수요곡선이 탄력적일수록, 조세부과에 따른 사장된 손실도 커진다는 사실에 주목하자.

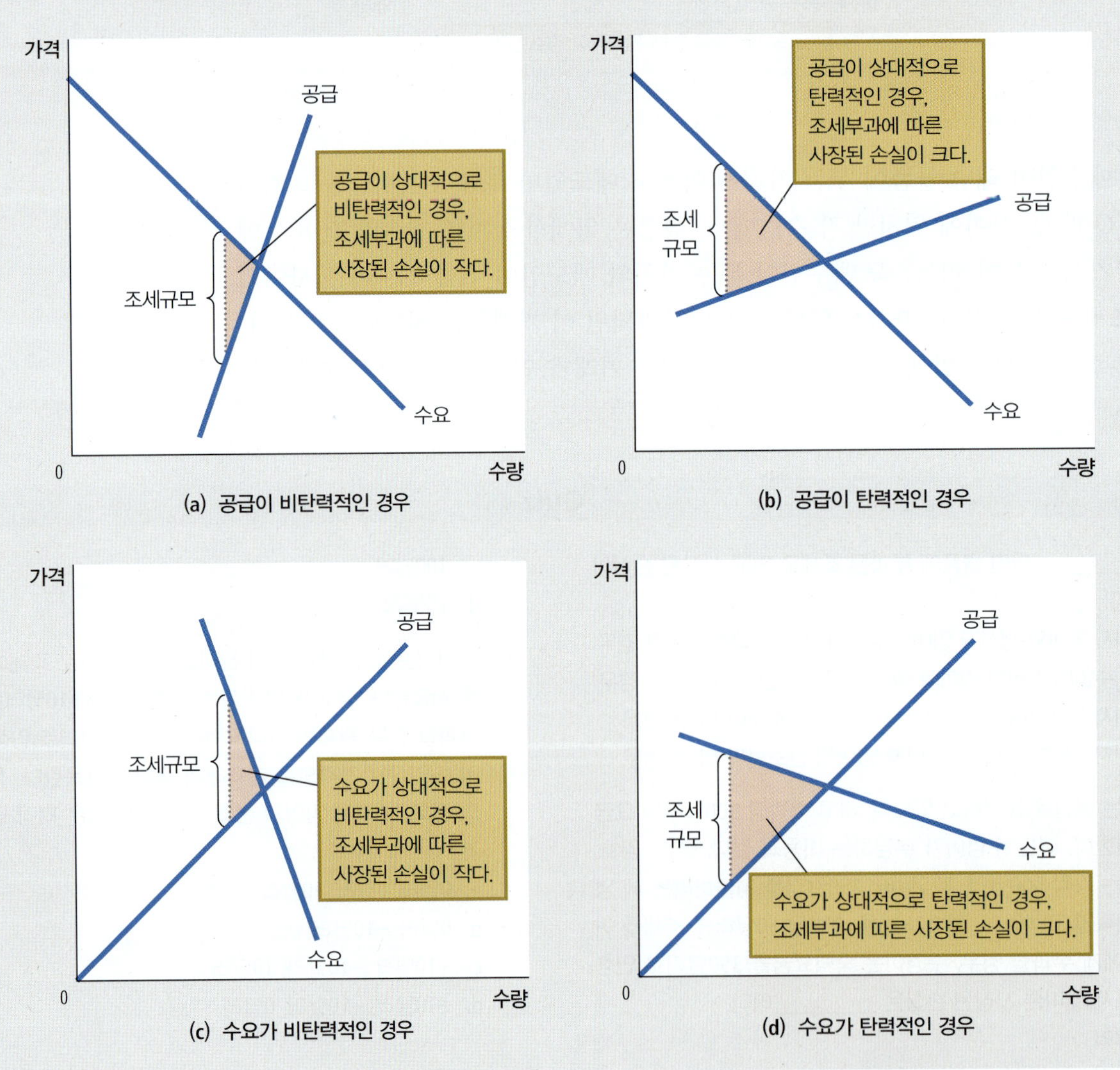

먼저 공급 탄력성이 사장된 손실의 규모에 어떤 영향을 미치는지 생각해보자. 그림 5(a) 및 (b)에서 수요곡선과 조세의 규모는 동일하다. 유일한 차이는 공급곡선의 탄력성이다. 그림 5(a)에서 공급곡선은 상대적으로 비탄력적이다. 즉, 공급량이 가격 변화에 약간만 반응한다. 그림 5(b)에서 공급곡선은 상대적으로 탄력적이다. 즉, 공급량이 가격 변화에 상당히 크게 변화한다. 공급곡선과 수요곡선 사이에 존재하는 삼각형의 면적, 즉 사장된 손실은 공급곡선이 탄력적일 때 더 크다.

이와 유사하게, 그림 5(c) 및 (d)는 수요의 탄력성이 사장된 손실의 규모에 어떤 영향을 미치는지 보여준다. 여기서 공급곡선과 조세의 규모는 동일하다고 본다. 그림 5(c)에서 수요곡선은 상대적으로 비탄력적이며 사장된 손실이 작다. 그림 5(d)에서 수요곡선은 보다 탄력적이며 조세로 인한 사장된 손실이 더 크다.

이 그림을 통해 얻은 교훈은 명백하다. 조세가 부과될 경우, 이는 매수인과 매도인이 자신의 행태를 변화시키도록 유도하기 때문에 사장된 손실이 발생한다. 조세로 인해 매수인이 지불하는 가격이 상승하게 되어, 이들은 덜 소비하게 된다. 동시에 조세로 인해 매도인이 수령하는 가격이 하락하게 되어, 이들은 덜 생산하게 된다. 이런 행태 변화로 인해, 시장에서의 균형량은 경제적 효율성을 달성하기 위해 필요한 최적량 밑으로 축소된다. 매수인과 매도인이 가격 변화에 더 크게 반응할수록 시장에서의 균형량은 더 많이 축소된다. 이처럼 **공급과 수요의 탄력성이 클수록 조세에 수반되는 사장된 손실도 커진다.**

사례 연구

사장된 손실에 관한 논쟁

여러분에게 공급, 수요, 탄력성, 사장된 손실 같은 경제 이론은 현기증을 일으키기에 충분하다. 하지만 이런 개념들은 진지한 정치적 논의, 즉 정부규모가 얼마나 커야 하는가에 대한 논쟁에서 주요한 부분을 차지한다. 과세에 따른 사장된 손실이 커질수록 정부 프로그램 운영에 따른 비용이 커지므로, 이런 개념들은 중요하다. 과세할 경우 사장된 손실이 막대하다면, 손실은 프로그램을 적게 운영하고 과세도 적게 부과하는 작은 정부를 주장하는 근거가 될 것이다. 하지만 조세를 부과해도 사장된 손실이 작다면, 정부 프로그램은 그렇지 않았더라면 발생했을 비용보다 더 적게 소모된다. 이렇게 되면, 큰 정부를 주장하게 된다. 물론, 사장된 손실이 큰 정부와 작은 정부 중 어느 쪽을 선택할지 결정하는 유일한 이유는 아니다. 논쟁이 벌어지는 또 다른 주요한 부분은 조세수입으로 재원이 조달되는 정부 프로그램의 가치에 관한 것이다.

과세에 따른 사장된 손실은 얼마나 되는가? 이 질문에 대한 경제학자들의 답변은 일치하지 않는다. 그 이유를 알아보기 위해 미국 경제에서 가장 중요한 조세, 즉 노동에 대한 조세를 생각해보자. 사회보장세, 메디케어세, 연방소득세의 대부분이 노동에 부과하는 조세이다. 또 많은 주정부가 주 소득세를 통해 노동소득에 과세를 한다. 노동에 대한 조세로 인해,

MORRY GASH/AP PHOTO/BLOOMBERG/GETTY IMAGES

"노동의 공급 탄력성에 대한 귀하의 입장은 무엇인가요?"

기업이 지불하는 임금과 근로자가 수령하는 임금에는 차이가 발생한다. 일반 근로자의 경우 노동에 부과되는 여러 형태의 조세를 합산하면, 노동소득에 대한 **한계세율**, 다시 말해 소득의 최종 금액에 대한 세금은 약 40%가 된다.

노동에 대한 조세의 규모를 알아내기는 쉽지만, 조세에 따른 사장된 손실을 계산하기는 간단하지 않다. 40%란 노동에 대한 조세로 수반되는 사장된 손실이 작은지 아니면 큰지 그 여부에 대해 경제학자들은 의견이 일치하지 않는다. 이런 의견 불일치는 노동 공급 탄력성에 대한 경제학자들의 견해가 상이한 데서 비롯한다.

노동에 부과되는 조세가 시장에서 이루어진 결과를 크게 왜곡시키지 않는다고 말하는 경제학자들은 노동 공급이 상당히 비탄력적이라고 주장한다. 이들의 주장에 따르면, 대부분의 사람들은 임금에 관계없이 전일제로 근무한다. 만일 그렇다면, 노동 공급곡선은 거의 수직선이 되며 노동에 부과되는 조세에 수반되는 사장된 손실은 규모가 작다. 연구 결과에 따르면, 이 사람들은 가족의 생계를 유지하고 인생의 전성기에 있는 근로자일 경우라고 생각된다.

노동에 부과되는 세금이 상당한 왜곡을 일으킨다고 말하는 경제학자들은 노동 공급이 상당히 탄력적이라고 주장한다. 경제학자들은 노동에 부과되는 조세의 변화에 반응하여 노동 공급규모를 크게 변화시킬 수 없는 일군의 근로자들이 일부 있다는 점을 인정하면서도, 다른 일군의 근로자들은 유인에 더 크게 반응한다고 말한다. 예를 들면 다음과 같다.

- 일부 사람들은 가령 초과근무처럼 근무시간을 조절할 수 있다. 임금이 높아질수록 더 많은 시간을 근무하고자 한다.
- 많은 가정에는 자녀를 둔 기혼 여성 같은 제2의 소득자가 있으며, 이들은 집에서 무급으로 일할지 아니면 시장에서 유급으로 일할지 생각한 후 결정을 내린다. 이들은 취업을 할지 말지 여부를 결정할 때, (보육비 절약을 포함하여) 집에 있을 때의 편익과 벌 수 있는 임금을 비교한다.
- 많은 사람들이 은퇴 시기를 선택할 수 있으며 그 결정을 좌우하는 것은 부분적으로 임금이다. 일단 전일제 근무를 그만두면, 임금수준에 따라 시간제 근무에 대한 유인이 결정된다.
- 일부 사람들은 '부정거래'로 대가를 받는 일자리에서 일하거나, 금지된 마약 판매와 같은 불법적인 경제활동에 종사함으로써 조세를 회피한다. 경제학자들은 이런 것을 **지하경제**라고 한다. 잠재적인 범죄자들은 지하경제에서 일할지 여부를 결정할 때 불법으로 벌 수 있는 임금과 합법으로 벌 수 있는 임금을 비교한다.

각 경우에 노동 공급량은 세후 임금에 따라 달라지며, 따라서 노동소득에 부과되는 조세는 사람들의 결정에 영향을 미친다. 이 조세 때문에 근로자는 더 적은 시간을 일하고, 제2의 소득자는 취업하지 않으며, 노인은 조기에 은퇴를 할 수 있다. 또 부정직한 사람들은 지하경제로 유입될 수 있다.

노동에 대한 과세에서 비롯되는 왜곡효과에 관한 논쟁은 오늘날까지 지속되고 있다. 실제로, 정부가 더 많은 서비스를 제공해야 할지 말지 또는 조세부담을 경감해야 할지 말지에 대해 매번 서로 다른 정당에 속한 정치 후보들의 의견이 일치하지 않는 것은 노동 공급량의 탄력성과 과세에 따른 사장된 손실에 관한 견해가 다른 데서 일부 비롯된다. ●

Quiz

4. 정책 입안자들이 물품에 조세를 부과해 조세수입을 올리면서도 사장된 손실을 극소화하려 한다면, 이들은 _________ 수요 탄력성과 _________ 공급 탄력성을 갖는 물품을 찾아야 한다.
   a. 작은; 작은
   b. 작은; 큰
   c. 큰; 작은
   d. 큰; 큰

5. 어떤 경제에서 사람들이 토지를 임대하여 경작한다고 하자. 토지의 공급이 완전히 비탄력적이라면, 토지에 부과되는 조세로 인해 사장된 손실은 _________, 조세부담은 전적으로 _________가 지게 된다.
   a. 매우 크게 발생하며; 농부
   b. 매우 크게 발생하며; 지주
   c. 발생하지 않으며; 농부
   d. 발생하지 않으며; 지주

6. 포도 젤리에 대한 수요는 밀접한 대체재인 딸기 젤리가 존재하기 때문에 완전히 탄력적인 반면에, 공급은 단위 탄력적이라고 가상하자. 포도 젤리에 조세가 부과될 경우, 이로 인해 사장된 손실은 _________, 조세부담은 전적으로 포도 젤리의 _________가 지게 된다.
   a. 매우 크게 발생하며; 소비자
   b. 매우 크게 발생하며; 생산자
   c. 발생하지 않으며; 소비자
   d. 발생하지 않으며; 생산자

해답은 이 장의 끝부분에 있다.

8-3 조세규모의 변화에 따른 사장된 손실과 조세수입

조세는 오랫동안 그대로 유지되는 경우가 드물다. 정책 입안자들은 언제나 어떤 조세를 인상할지 또는 어떤 조세를 인하할지에 대해 생각한다. 조세규모가 변화할 때 사장된 손실과 조세수입에 어떤 일이 발생하는지 살펴보도록 하자.

그림 6은 시장의 공급곡선과 수요곡선이 동일하다고 보고 소규모 조세, 중규모 조세, 대규모 조세가 미치는 영향을 보여준다. 조세부과로 인해 최적규모 아래로 시장의 규모가 축소될 경우 이에 따른 총잉여의 감소, 즉 사장된 손실은 공급곡선과 수요곡선 사

그림 6 **조세규모에 따라 사장된 손실과 조세수입이 어떻게 변화하는가**

사장된 손실은 조세부과에 따른 총잉여의 감소를 말한다. 조세수입은 조세규모에 해당 상품의 판매량을 곱하여 구할 수 있다. (a)에서 소규모 조세가 부과될 경우, 사장된 손실이 작고 조세수입도 작아진다. (b)에서 다소 큰 규모의 조세가 부과될 경우, 사장된 손실이 커지고 조세수입도 커지게 된다. (c)에서 매우 큰 규모의 조세가 부과될 경우, 사장된 손실이 매우 커진다. 하지만 시장규모가 대폭 축소되어서 조세수입은 소액에 불과하게 된다. (d) 및 (e)는 이런 결론들을 요약해서 보여준다. (d)에 따르면 조세규모가 커질수록 사장된 손실도 커지게 된다. (e)에 따르면 조세수입이 처음에는 증가하다가 그후에는 감소하게 된다. 이런 관계를 래퍼곡선이라고 한다.

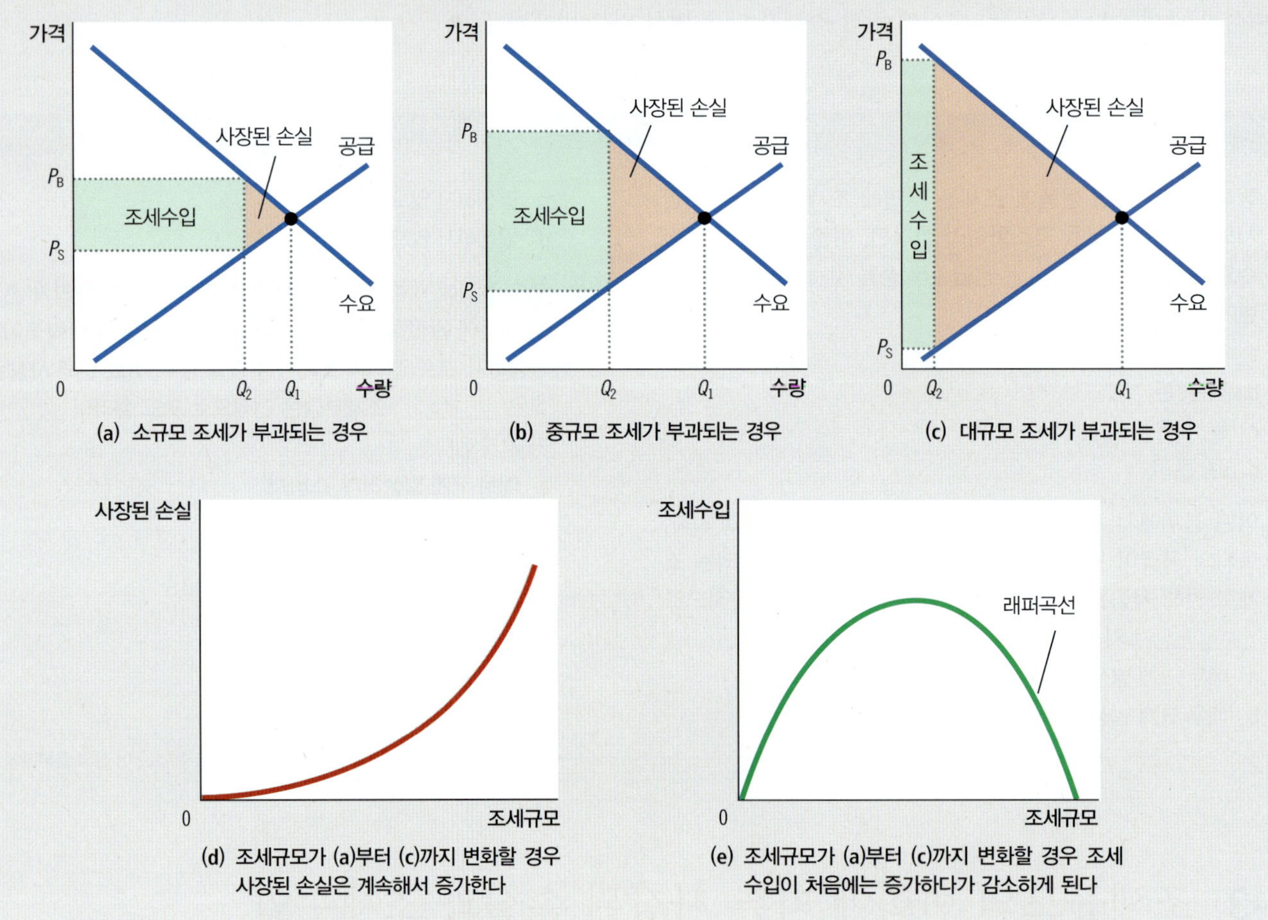

(a) 소규모 조세가 부과되는 경우

(b) 중규모 조세가 부과되는 경우

(c) 대규모 조세가 부과되는 경우

(d) 조세규모가 (a)부터 (c)까지 변화할 경우 사장된 손실은 계속해서 증가한다

(e) 조세규모가 (a)부터 (c)까지 변화할 경우 조세수입이 처음에는 증가하다가 감소하게 된다

이의 삼각형 면적과 같다. 그림 6(a)처럼 소규모 과세가 부과될 경우, 사장된 손실인 삼각형의 면적은 매우 작다. 하지만 그림 6(b) 및 (c)처럼 조세의 규모가 증가하게 되면, 사장된 손실은 점점 더 커지게 된다.

실제로, 조세에 따른 사장된 손실은 조세규모보다 확연히 더 신속하게 증가한다. 사장된 손실은 삼각형의 면적에 해당하는데 이 삼각형의 면적은 조세규모의 **제곱**에 해당하기 때문에, 이런 현상이 발생한다. 예를 들어 조세규모가 2배가 될 경우, 삼각형의 밑변과 높이가 2배가 돼서 사장된 손실은 4배가 된다. 조세규모가 3배가 될 경우, 밑변과 높이가 3배가 돼서 사장된 손실은 9배가 된다.

정부의 조세수입은 조세규모에 해당 물품의 판매량을 곱하여 구하게 된다. 그림 6(a), (b), (c)에서 보는 것처럼, 조세수입은 공급곡선과 수요곡선 사이의 직사각형 면적에 해당한다. 그림 6(a)의 소규모 조세인 경우, 조세수입은 작다. 조세규모가 그림 6(a)에서 (b)로 증가하게 되면, 조세수입은 증가한다. 하지만 조세규모가 그림 6(b)에서 (c)로 더욱 증가하게 되면, 조세가 너무 높아져서 시장규모가 급격히 감소하기 때문에 조세수입은 감소한다. 거대규모 조세인 경우, 사람들은 해당 물품을 구입하고 판매하는 행위를 함께 멈추기 때문에 조세수입은 발생하지 않는다.

그림 6(d) 및 (e)는 이런 결과들을 요약해서 설명하고 있다. 그림 6(d)에서, 조세규모가 증가함에 따라 사장된 손실이 빠르게 더 커진다는 사실을 알 수 있다. 반면에 그림 6(e)는 조세규모가 증가함에 따라 조세수입이 처음에는 증가하다가, 조세규모가 더 증가하게 되면 시장이 매우 많이 축소되어 조세수입이 하락하기 시작한다는 사실을 보여준다.

사례 연구

래퍼곡선과 공급 측면 경제학

1974년 어느 날 경제학자 아서 래퍼(Arthur Laffer)는 워싱턴에 있는 어떤 레스토랑에서 몇몇의 저명한 언론인, 정치인과 함께 앉아 있었다. 그는 냅킨을 한 장 꺼내서, 세율이 조세수입에 어떤 영향을 미치는지 보여주는 그림을 그렸다. 그림은 그림 6(e)와 매우 비슷했다. 그러고 나서 미국은 이 곡선에서 기울기가 하향하는 부분에 있다고 말했다. 즉, 세율이 매우 높아서 이를 낮출 경우 실제로 조세수입을 증대시킬 수 있을지 모른다고 주장했다.

대부분의 경제학자들은 래퍼의 주장에 대해 회의적이었다. 이들은 세율이 인하될 경우 이론적으로는 조세수입을 증가시킬 수 있다고 보는 견해를 수긍하지만, 실제로 그렇게 될 수 있는지에 대해서는 미심쩍어했다. 미국의 세율이 그렇게 극단적인 수준까지 도달했다는 래퍼의 견해를 지지하기에는 근거가 부족했다.

그럼에도, **래퍼곡선**(당시에도 지금의 명칭이 그대로 사용되었다)은 로널드 레이건 대통령의 상상력을 사로잡았다. 1차 레이건 행정부의 예산 책임자였던 데이비드 스톡먼은 다음과 같은 이야기를 전했다.

> 한때 직접 레퍼곡선을 접해본 레이건 대통령은 "나는 2차 세계대전 중에 영화를 제작하여 큰 돈을 벌기 시작했다"고 말하곤 했는데, 당시 전시 소득 특별부과세는 90%가량 되었다. 또 그는 "영화 네 편만 제작하면 세율이 가장 높은 소득구간에 속했다. 그래서 우리는 네 편을 제작한 후에 일을 그만두고 시골로 갔다"고 했다. 사람들은 세율이

높아지면 덜 일하고 세율이 낮아지면 더 일한다. 이 생각은 그의 경험에서 비롯된 것이다.

감세는 레이건이 1980년 대통령 선거에 출마할 때 내건 선거공약이었다. 그는 조세가 너무 높아서 사람들이 열심히 일하지 않게 되고 그래서 소득이 감소한다고 주장했다. 조세가 낮아지면 사람들은 일하려는 유인이 더 많이 생기고 그래서 경제적 복지가 증가한다고 했다. 또 세율이 낮아지더라도, 소득이 많이 증가하여 조세수입은 증가할 것이라고 주장했다. 세율을 인하하려는 의도는 사람들이 노동 공급량을 늘리도록 하는 데 있기 때문에, 래퍼와 레이건의 견해는 **공급 측면 경제학**으로 알려지게 되었다.

아직도 경제학자들은 래퍼의 주장을 두고 논쟁을 벌인다. 많은 사람들은 감세가 이루어진 후의 상황에 비추어볼 때 세율이 낮아질 경우 세수가 증가할 것이라는 래퍼의 주장은 반박을 받는다고 생각한다. 하지만 이는 다르게 해석될 여지가 있기 때문에, 1980년대 상황에는 공급 중시 경제학자들의 주장이 더 적합했다고 보는 사람들도 있다. 래퍼의 가설을 확실하게 평가하려면, 레이건 행정부의 감세가 이루어지지 않은 과거로 돌아가서 세수가 증가했는지 감소했는지를 살펴봐야 한다. 하지만 이런 실험은 불가능하다.

일부 경제학자들은 중도의 입장을 취한다. 이들은 전반적인 세율 인하로 보통 세수가 감소하지만, 일부 납세자들은 래퍼곡선에서 기울기가 하향하는 부분에 위치할 수도 있다고 생각한다. 다른 사정이 동일하다면, 가장 높은 세율에 직면한 납세자들에게 감세가 적용될 경우 세수가 증가할 가능성이 높다. 이 밖에 래퍼의 주장은 미국보다 세율이 훨씬 더 높은 국가에 더 적합할 수 있다. 예를 들어 1980년대 초 스웨덴에서 일반 근로자는 한계세율을 약 80% 적용받았다. 세율이 이렇게 높은 경우, 근로하려는 의욕은 상당히 낮아진다. 여러 연구에 따르면, 스웨덴은 세율을 낮추었을 경우 실제로 세수가 증가했을 것이라고 본다.

경제학자들은 이런 문제들에 관해 견해가 일치하지 않는데, 그 이유는 부분적으로 관련 탄력성의 크기에 대한 의견이 상이하기 때문이다. 시장에서 공급과 수요가 탄력적일수록 조세로 인해 행태가 더 왜곡되며, 조세가 삭감될 경우 세수가 증가할 가능성은 더 높아진다. 하지만 다음과 같은 보편적인 교훈에 대해서는 의견이 일치한다. 즉, 정부가 조세 변화로 얼마나 많은 세수를 얻고 잃을지를 세율만으로 계산할 수는 없다. 조세 변화가 사람들의 행태에 미치는 영향도 고려해야 한다.

경제 패널 래퍼곡선

"미국에서 연방소득 세율을 지금 당장[2012년] 낮출 경우, 국민소득은 5년 내에 감세하기 전보다 더 증가할 것이다."

경제학자들의 의견

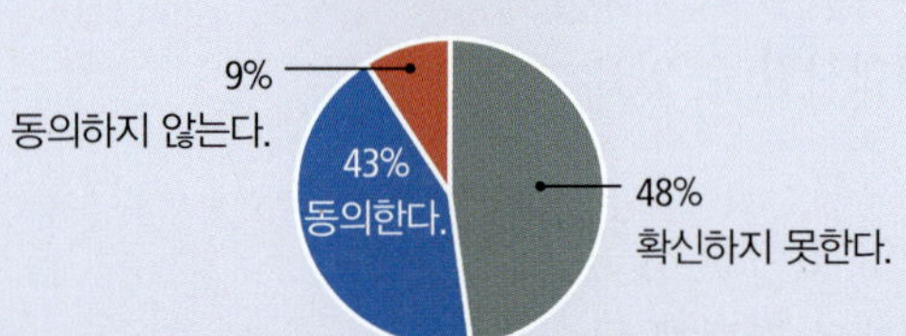

"미국에서 연방 소득세율을 지금 당장 낮출 경우, 과세 소득이 충분히 증가하므로 연간 총조세수입은 5년 내에 감세하기 전보다 더 증가할 것이다."

경제학자들의 의견

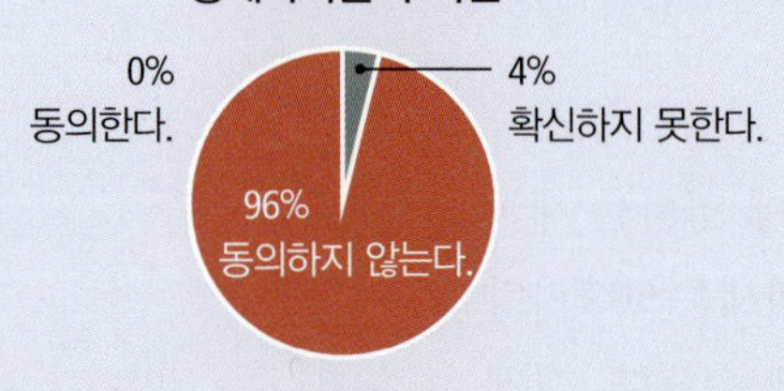

출처: IGM Economic Experts Panel, June 26, 2012.

이후 아서 래퍼는 2016년 대선 캠페인 기간에 다시 주목을 받았는데, 그때는 도널드 트럼프의 고문으로 활동 중이었다. 그는 스티븐 무어와 공동 집필한 『트럼프노믹스』에 상세히 밝힌 대로 트럼프에게 대규모 감세를 제시하라고 권했다. 이 주장은 수년 전에 한 다음 주장과 유사했다. '대부분의 경제학자들이 예측하는 2% 성장률에 안주하는 이유는 무엇인가? 경제가 더 빨리 성장할 경우, 우리가 당면한 모든 문제를 더 쉽게 해결할 수 있지 않은가?' 트럼프가 조세 계획을 발표하면서 이로 인해 성장률이 '3%, 4%, 5%, 심지어 6%'가 될 수 있기 때문에 정부의 재정적자(정부 지출로 인한 세수 부족)는 증가하지 않을 것이라고 한 말 역시 이 책에 인용되었다. 하지만 대부분의 경제학자들은 이 주장에 회의적이었으며, 그들이 옳았다. 감세가 시행되고 2년이 지난 후, 경제는 2.4% 성장했으며 재정적자가 증가했다. ●

Quiz

7. 래퍼곡선에 따르면, 어떤 상황에서 정부는 어떤 물품에 대한 조세를 낮추어 ____________을 증가시킬 수 있다.
   a. 소비자가 지불하는 가격
   b. 균형량
   c. 사장된 손실
   d. 정부의 조세수입

8. 달걀의 공급곡선은 선형이며 기울기가 상향하고, 수요곡선은 선형이며 기울기가 하향한다. 달걀 한 개당 부과되는 조세가 2센트에서 3센트로 증가할 경우, 이 조세로 인한 사장된 손실은 ____________.
   a. 50% 미만만큼 증가하고 감소할 수도 있다.
   b. 정확히 50%만큼 증가한다.
   c. 50% 초과만큼 증가한다.
   d. 공급과 수요 중 어느 것이 더 탄력적인지 여부에 달렸다.

9. 땅콩버터의 공급곡선 기울기는 상향하고, 수요곡선 기울기는 하향한다. 파운드당 부과되는 조세가 10센트에서 15센트로 증가할 경우, 정부의 조세수입은 ____________.
   a. 50% 미만만큼 증가하고 감소할 수도 있다.
   b. 정확히 50%만큼 증가한다.
   c. 50% 초과만큼 증가한다.
   d. 공급과 수요 중 어느 것이 더 탄력적인지 여부에 달렸다.

해답은 이 장의 끝부분에 있다.

8-4 결론

이 장에서는 조세에 대해 좀 더 잘 이해하기 위해서 후생경제학에서 사용하는 분석도구들을 사용했다. 제1장에서 살펴본 **경제학의 열 가지 원리** 중 하나는 '시장은 일반적으로 경제활동을 조직화하는 좋은 방법이다'라는 것이다. 제7장에서는 소비자 잉여, 생산자 잉여, 시장 효율성이란 개념을 이용하여 이 원리를 정교하게 설명했다. 여기서는 정부가 어떤 물품에 조세를 부과할 경우 자원 배분을 덜 효율적으로 만든다는 사실을 살펴보았다. 조세는 자원을 시장 참여자들에서 정부로 이전할 뿐만 아니라 유인을 왜곡시켜 사장된 손실을 발생시키기 때문에, 조세를 부과할 경우 비용이 수반된다.

이 장과 제6장의 분석을 통해 조세가 미치는 영향을 많이 이해할 수 있게 되었지만, 이것이 이야기의 끝은 아니다. 미시경제학자들은 효율성과 형평성 사이에 올바른 균형을 어떻게 달성할 수 있는지를 포함하여 조세제도를 어떻게 가장 잘 마련할 수 있는지를 연구한다. 그리고 시장실패로 효율성이 저해될 때, 목표가 잘 설정된 조세는 이따금 이런 문제를 어떻게 해결할 수 있는지도 탐구한다. 거시경제학자들은 조세가 전반적인 경제에 어떤 영향을 미치고, 정책 입안자들이 경제활동을 안정화하고 급속한 성장을 촉진하기 위해서 조세제도를 어떻게 활용할 수 있는지에 대해 연구한다. 따라서 경제학을 공부하면서 과세에 관한 다양한 논의가 다시 나오더라도 이상해하거나 놀랄 필요가 없다.

요약

- 어떤 물품에 조세가 부과될 경우 해당 물품의 매수인과 매도인에 대한 후생이 감소하며, 소비자 잉여와 생산자 잉여의 감소분은 보통 정부가 얻은 조세수입을 상회한다. 소비자 잉여, 생산자 잉여, 조세수입을 합산한 총잉여의 감소를 조세에 따른 사장된 손실이라고 한다.
- 과세로 인해 매수인은 더 적게 소비하고 매도인은 더 적게 생산하며, 이런 행태 변화로 인해 시장이 총잉여를 극대화하는 수준 아래로 축소되기 때문에, 조세를 부과할 경우 사장된 손실이 발생한다. 공급 탄력성과 수요 탄력성은 매도인과 매수인이 시장상황에 얼마나 민감하게 반응하는지를 나타내기 때문에, 탄력성이 클수록 사장된 손실도 커진다.
- 조세규모가 커짐에 따라, 유인을 더 많이 왜곡하고 사장된 손실도 더 커지게 된다. 하지만 조세로 인해 시장규모가 축소되기 때문에, 조세수입이 계속해서 증가하지는 않는다. 조세수입은 처음에 조세규모에 따라 증가하지만, 조세규모가 충분히 커지게 되면 감소하기 시작한다.

주요 개념

사장된 손실 195

복습용 질문

1. 어떤 물품의 판매에 대해 조세가 부과될 경우 소비자 잉여, 생산자 잉여에 어떤 일이 발생하는가? 소비자 잉여와 생산자 잉여는 조세수입과 비교하여 어떻게 변하는가? 설명하시오.
2. 어떤 물품의 판매에 조세가 부과된 경우의 공급 및 수요 도해를 그리시오. 사장된 손실을 나타내시오. 조세수입을 나타내시오.

3. 공급 탄력성과 수요 탄력성은 조세에 따른 사장된 손실에 어떤 영향을 미치는가? 이런 영향을 미치는 이유는 무엇인가?

4. 노동에 조세가 부과될 경우 사장된 손실이 작을지 클지에 대해 경제 전문가들의 의견이 상이한 이유는 무엇인가?

5. 조세가 증가할 경우 사장된 손실과 조세수입에 어떤 일이 발생하는가?

문제와 응용

1. 피자시장에서 수요곡선의 기울기는 하향하고 공급곡선의 기울기는 상향한다.
   a. 경쟁시장 균형을 그리시오. 가격, 수량, 소비자 잉여, 생산자 잉여를 표시하시오. 사장된 손실이 발생하는가? 설명하시오.
   b. 정부가 각 피자 가게에 판매되는 피자 한 판에 1달러의 조세를 납부하도록 요구한다고 가상하자. 이런 조세가 피자시장에 미치는 영향을 설명하시오. 소비자 잉여, 생산자 잉여, 정부수입, 사장된 손실을 표시하시오. 이들의 각 면적은 조세가 부과되기 전의 면적과 비교해 어떻게 달라지는가?
   c. 조세가 철회될 경우, 피자를 먹는 매수인과 매도인의 형편은 나아지지만 정부는 조세수입을 잃게 된다. 소비자와 생산자가 자신이 얻은 이득 중 일부를 정부에 자발적으로 이전한다고 가상하자. (정부를 포함하여) 모든 당사자들이 조세가 부과됐을 경우보다 형편이 나아질 수 있는가? 여러분이 그린 그래프에 표시한 면적을 이용하여 설명하시오.

2. 다음의 두 개 진술을 평가하시오.
   a. "사장된 손실을 발생시키지 않는 조세는 정부에 어떠한 조세수입도 올려줄 수 없다."
   b. "정부에 어떠한 조세수입도 올려주지 못하는 조세는 어떠한 사장된 손실도 수반할 수 없다."

3. 고무밴드 시장을 생각해보자.
   a. 이 시장에서 공급이 매우 탄력적이고 수요가 매우 비탄력적이라면, 고무밴드에 대한 조세부담은 소비자와 생산자 사이에 어떻게 배분되는가? 소비자 잉여와 생산자 잉여란 분석도구를 사용하여 답하시오.
   b. 이 시장에서 공급이 매우 비탄력적이고 수요가 매우 탄력적이라면, 고무밴드에 대한 조세부담은 소비자와 생산자 사이에 어떻게 배분되는가? 이 답변을 (a)의 답변과 비교하시오.

4. 정부가 난방유에 조세를 부과한다고 가상하자.
   a. 이 조세로 인해 사장된 손실은 조세가 부과된 후 1년 차에 더 클 것 같은가 아니면 5년 차에 더 클 것 같은가? 설명하시오.
   b. 이 조세로 인해 징수한 조세수입은 조세가 부과된 후 1년 차에 더 클 것 같은가 아니면 5년 차에 더 클 것 같은가? 설명하시오.

5. 경제학 수업을 들은 여러분의 친구는 식료품에 대한 수요가 매우 비탄력적이기 때문에 과세는 조세수입을 올릴 좋은 방법이라고 제안했다. 어떤 의미에서 식료품에 조세를 부과하는 것이 조세수입을 올릴 '좋은' 방법인가? 어떤 의미에서 조세수입을 올릴 '좋은' 방법이 아닌가?

6. 1977년부터 2001년까지 뉴욕주의 미국 상원의원을 지낸 다니엘 패트릭 모이니한은 중공탄에 10,000%의 조세를 부과하는 법안을 한때 제출했다. 중공탄은 관통력을 줄이고 표적의 생체조직 내부를 훼손할 목적으로 탄두 속에 구멍을 파놓은 탄환이다.
   a. 여러분은 이 조세부과가 많은 조세수입을 올릴 것이라고 생각하는가? 그렇다고 생각하는 이유는 무엇인가? 또는 그렇지 않다고 생각하는 이유는 무엇인가?
   b. 이 조세부과가 조세수입을 올릴 수 없다고 하더라도, 상원의원이 이를 제안한 이유는 무엇인가?

7. 정부는 양말 구입에 대해 조세를 부과한다.
   a. 이 조세가 양말시장의 가격과 균형량에 미치는 영향을 설명하시오. 조세가 부과되기 전과 부과된 후에 대

해 다음의 면적, 즉 소비자의 총지출, 생산자의 총수입, 정부 조세수입의 면적을 식별하시오.

b. 생산자가 수령하는 가격은 상승하는가 아니면 하락하는가? 생산자의 총수령액이 증가하는지, 감소하는지 여부를 말할 수 있는가? 설명하시오.

c. 소비자가 지불하는 가격은 상승하는가 아니면 하락하는가? 소비자에 의한 총지출이 증가하는지, 감소하는지 여부를 말할 수 있는가? 주의를 기울여 설명하시오.(요령: 탄력성에 관해 생각하시오) 소비자의 총지출액이 감소한다면, 소비자 잉여는 증가하는가? 설명하시오.

8. 이 장에서는 조세가 어떤 물품에 부과될 경우, 이것이 후생효과에 미치는 영향을 분석했다. 이제는 반대되는 정책을 생각해보자. 정부가 어떤 물품에 보조금을 지급한다고 가상하자. 판매되는 용품의 각 단위에 대해, 정부는 매수인에게 2달러를 지급한다. 보조금은 소비자 잉여, 생산자 잉여, 조세수입, 총잉여에 어떤 영향을 미치는가? 보조금은 사장된 손실로 이어지는가? 설명하시오.

9. 어떤 도시에서 호텔 객실요금은 하루에 100달러이고, 통상적으로 1,000개의 객실이 임대된다.

a. 조세수입을 올리기 위하여, 이 도시의 시장은 임대되는 객실당 조세 10달러를 부과하기로 했다. 조세가 부과된 후에, 호텔 객실요금은 108달러로 증가했고 임대된 객실 수는 900개로 감소했다. 이 조세부과로 인해 얻는 조세수입액과 이 조세에 수반되는 사장된 손실을 계산하시오.(요령: 삼각형의 면적을 구하는 공식은 1/2×밑변×높이이다)

b. 시장은 이제 조세를 두 배, 즉 20달러로 인상했다. 요금은 116달러로 상승하고, 임대된 객실 수는 800개로 감소했다. 조세가 인상된 후의 조세수입과 사장된 손실을 계산하시오. 이 값은 (a)에서 구한 값의 두 배인가? 두 배를 초과하는가? 두 배 미만인가?

10. 시장을 다음과 같은 공급식과 수요식으로 나타낼 수 있다고 가상하자.

$$Q^S = 2P$$
$$Q^D = 300 - P$$

a. 균형가격과 균형량을 구하시오.

b. 조세 T가 매수인에게 부과되어서 새로운 수요식이 다음과 같다고 가정하자.

$$Q^D = 300 - (P + T)$$

새로운 균형을 구하시오. 매도인이 수령하는 가격, 매수인이 지불하는 가격, 판매량에 어떤 일이 발생하는가?

c. 조세수입은 $T \times Q$이다. (b)에서 구한 답을 이용하여 조세수입을 T의 함수로 나타내시오.

d. 조세에 따른 사장된 손실은 공급곡선과 수요곡선 사이에 존재하는 삼각형의 면적이다. 삼각형의 면적은 1/2×밑변×높이라는 사실을 기억하면서 사장된 손실을 T의 함수로 나타내시오. 0과 300 사이의 T에 대한 관계를 그래프로 나타내시오.(요령: 다른 측면에서 보면, 사장된 손실인 삼각형의 밑변은 T이고, 높이는 조세가 부과된 경우의 판매량과 조세가 부과되지 않은 경우의 판매량의 차이이다)

e. 정부는 이제 이 물품에 단위당 200달러의 조세를 부과한다. 이것은 좋은 정책인가? 좋은 정책인 이유는 무엇인가? 좋은 정책이 아닌 이유는 무엇인가? 더 나은 정책을 제안할 수 있는가?

Quiz 해답

1. a　2. a　3. b　4. a　5. d　6. b　7. d　8. c　9. a

Chapter

9

응용: 국제무역

여러분이 입고 있는 의류의 라벨을 확인해보면, 아마도 많은 옷이 다른 나라에서 만들어졌을 것이다. 1세기 전에는 대부분이 그렇지 않았을 것이다. 직물 및 의류 산업은 그 당시 미국 경제에서 주요한 역할을 했다. 하지만 외국 공장들이 품질 좋은 상품을 더 낮은 비용으로 생산하기 시작하면서 미국 기업들은 국내 생산을 폐쇄하고 근로자들을 해고했다. 오늘날 미국인들이 소비하는 대부분의 직물 및 의류는 수입된다.

직물 및 의류 산업의 이런 변화를 보면서 다음과 같은 중요한 의문을 제기하게 된다. 국제무역은 경제적 후생에 어떤 영향을 미치는가? 국가 간의 무역을 통해 누가 이득을 보고 누가 손실을 보는가? 이득과 손실을 어떻게 비교할 수 있는가?

제3장에서는 비교우위의 원리를 적용하여 국제무역에 관한 학습을 시작했다. 이 원리에 따르면, 각국은 자국이 가장 잘하는 것에 특화할 수 있기 때문에 모든 국가들이 무역을 통해 이득을 볼 수 있다고 한다. 하지만 제3장의 분석은 불완전했다. 국제시장에서 무

SHIFT DRIVE/SHUTTERSTOCK.COM, ERDARK/E+/GETTY IMAGES

역을 통해 이런 이득을 어떻게 달성할 수 있는지 또는 이득이 다양한 시장 참여자들 사이에 어떻게 배분되는지에 대해서는 설명하지 않았다.

이제는 지난 몇 개 장들에서 살펴본 분석도구들, 즉 공급, 수요, 균형, 소비자 잉여, 생산자 잉여 등을 이용하여 이들 문제들을 다루어볼 것이다. 이런 도구들은 국제무역이 경제적 후생에 어떤 영향을 미치는지 설명하는 데 도움이 될 수 있다.

9-1 무역의 결정요인

섬유시장에 대해 생각해보자. 섬유시장은 국제무역을 통한 이득과 손실을 살펴보는 데 매우 적합하다. 섬유는 생산 후 전 세계적으로 무역이 이루어지며, 정책 입안자들은 외국의 경쟁자들로부터 국내 섬유 생산자들을 보호하기 위해 무역제한을 종종 고려한다.(그리고 이따금 이를 실행한다) 여기서는 가상 국가인 아이소랜드의 섬유시장을 고찰해볼 것이다.

9-1a 무역이 없는 경우의 균형

우리가 시작하려는 이야기에서 아이소랜드의 섬유시장은 세계의 다른 국가들과 단절되어 있다. 정부 법령에 의해 아이소랜드의 어떤 사람도 섬유를 수입하거나 수출할 수 없으며, 이 금지사항을 위반할 경우 형벌이 엄해서 아무도 감히 시도하지 못한다.

국제무역이 이루어지지 않기 때문에 아이소랜드의 섬유시장은 국내 매수인과 국내 매도인으로만 구성된다. 그림 1이 보여주는 것처럼 국내 가격이 조정되어, 국내 매도인이 공급하는 수량과 국내 매수인이 수요하는 수량이 균형을 이루게 된다. 이 그림은

그림 1

국제무역이 없는 경우의 균형

일국의 경제가 세계시장에서 무역을 할 수 없을 때, 가격이 조정되어 국내 공급과 국내 수요가 균형을 이룬다. 그림은 국제무역이 없는 경우의 균형에서 섬유시장에 대한 소비자 잉여와 생산자 잉여를 보여준다.

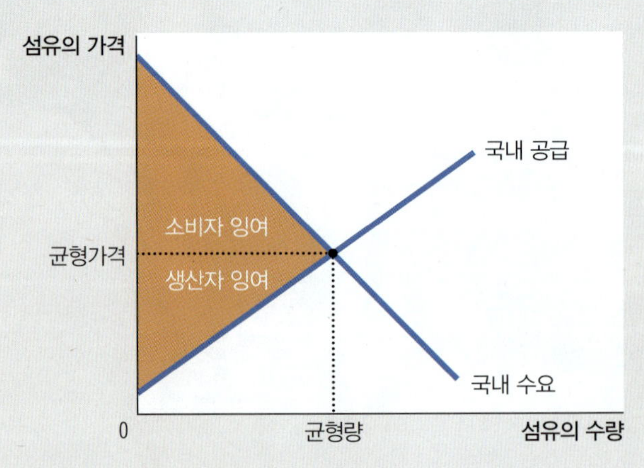

무역이 없는 균형에서의 소비자 잉여와 생산자 잉여를 보여준다. 소비자 잉여와 생산자 잉여의 합은 매수인과 매도인이 섬유시장에서 얻게 되는 총편익을 나타낸다.

이제는 정치적 혼란 속에서 올리비아 오픈마인디드가 새로운 대통령으로 선출되었다고 가정하자. '변화'라는 강령으로 유세를 하고 대담하고 새로운 아이디어를 약속하면서 대통령으로 선출된 후 첫 행보는 경제학자들로 팀을 꾸려 무역정책을 평가하는 것이었다. 이들에게 다음과 같은 세 가지 질문에 대해 보고하도록 요청했다.

- 정부가 국민들에게 섬유를 수출입할 수 있도록 허용하는 경우, 국내 시장에서 판매되는 섬유의 가격과 수량에 어떤 일이 발생하게 되는가?
- 누가 섬유의 자유무역을 통해 이득을 얻고 누가 손실을 보게 되는가? 이득이 손실을 초과하는가?
- 관세 (섬유 수입에 대한 조세)

아이소랜드 경제팀은 이 교재로 공급과 수요에 대한 내용을 복습한 후 분석을 하기 시작했다.

9-1b 세계 가격과 비교우위

경제학자들이 맨 처음 분석한 문제는 아이소랜드가 섬유 수입국이 될 것인가 아니면 섬유 수출국이 될 것인가 여부에 관한 것이다. 다시 말해 자유무역이 허용될 경우, 아이소랜드 국민들은 궁극적으로 세계시장에서 섬유를 구입하게 될 것인가 아니면 판매하게 될 것인가?

이런 질문에 답하기 위해, 경제학자들은 아이소랜드의 현재 섬유가격과 다른 국가들에서 널리 받아들여지는 가격, 즉 세계 가격(world price)을 비교하게 된다. 세계 섬유가격이 국내 섬유가격을 상회할 경우, 아이소랜드는 무역이 허용되면 섬유를 수출하게 된다. 아이소랜드의 섬유 생산업자는 외국에서 받을 수 있는 더 높은 가격을 수령하고자 할 것이며, 다른 국가들의 소비자들에게 섬유를 판매하기 시작할 것이다. 반대로 섬유의 세계 가격이 국내 가격보다 더 낮을 경우, 아이소랜드는 섬유를 수입하게 된다. 외국의 매도인들이 더 낮은 가격을 제시하기 때문에 아이소랜드의 섬유 소비자들은 다른 국가들로부터 섬유를 구입하기 시작한다.

세계 가격
어떤 물품에 대해 세계시장에서 널리 받아들여지는 해당 물품의 가격

본질적으로 세계 가격과 무역이 없을 때의 국내 가격을 비교해보면, 아이소랜드가 섬유를 생산하는 데 비교우위가 있는지 여부를 알 수 있다. 국내 가격은 섬유 한 단위를 얻기 위해서 아이소랜드 사람들이 얼마나 많이 포기해야 하는지를 알려주는 기회비용을 나타낸다. 국내 가격이 낮다면 아이소랜드에서 섬유를 생산하는 비용이 낮은데, 이것이 시사하는 바는 아이소랜드가 세계의 다른 국가들과 비교해서 섬유를 생산하는

데 비교우위를 갖는다는 것이다. 국내 가격이 높다면 아이소랜드에서 섬유를 생산하는 비용이 높은데, 이것이 시사하는 바는 외국이 섬유를 생산하는 데 비교우위를 갖는다는 것이다.

제3장에서 논의했던 것처럼, 국가들 사이의 무역은 비교우위에 기초한다. 즉, 무역을 통해 각국은 자신이 가장 잘하는 것에 특화할 수 있기 때문에 이득이 된다. 세계 가격과 무역이 없는 경우의 국내 가격을 비교함으로써, 아이소랜드가 섬유를 생산하는 것이 세계의 다른 국가들보다 유리한지, 불리한지 여부를 결정할 수 있다.

Quiz

1. 아우타르카는 국제무역을 허용하지 않는 국가이다. 아우타르카에서는 양복 한 벌을 금 3온스에 구입할 수 있는 반면에, 이웃 국가에서는 동일한 양복을 금 2온스로 구입한다. 이것이 시사하는 바는 ____________________.
   a. 아우타르카는 양복을 생산하는 데 비교우위를 갖고 있으며, 무역이 시작되면 양복 수출국이 될 수 있다는 것이다.
   b. 아우타르카는 양복을 생산하는 데 비교우위를 갖고 있으며, 무역이 시작되면 양복 수입국이 될 수 있다는 것이다.
   c. 아우타르카는 양복을 생산하는 데 비교우위를 갖고 있지 않으며, 무역이 시작되면 양복 수출국이 될 수 있다는 것이다.
   d. 아우타르카는 양복을 생산하는 데 비교우위를 갖고 있지 않으며, 무역이 시작되면 양복 수입국이 될 수 있다는 것이다.

2. 오프니아는 자유무역을 허용하며 철강을 수출하는 국가이다. 철강 수출이 금지될 경우, 오프니아에서 철강가격은 __________, 철강 __________에게 이득을 주게 된다.
   a. 상승하며; 소비자들
   b. 하락하며; 소비자들
   c. 상승하며; 생산자들
   d. 하락하며; 생산자들

해답은 이 장의 끝부분에 있다.

9-2 무역의 승자와 패자

무역의 후생효과를 분석하기 위해 아이소랜드의 경제학자들은 아이소랜드가 세계의 다른 국가들과 비교해볼 때 소국이라고 가정한다. 소국 경제란 가정은 아이소랜드의 행태가 세계 시장에 미치는 효과가 무시할 만한 수준이라는 것을 의미한다. 구체적으로 말하면, 아이소랜드의 무역정책이 변화하더라도 섬유의 세계 가격에 영향을 미치지 못하게 된다. 아이소랜드는 세계 경제에서 **가격 순응자**라고 한다. 즉, 섬유가격을 세계 시장에서 공급과 수요의 작용에 의해 주어진 것으로 간주한다. 아이소랜드는 세계 가격에서 섬유를 판매하여 수출국이 되거나 또는 세계 가격에서 섬유를 구입하여 수입국이 될 수 있다.

소규모 경제라는 가정이 국제무역을 통한 이득과 손실을 분석하는 데 필요하지는 않지만, 경험을 통해서 (그리고 제2장을 읽은) 아이소랜드의 경제학자들은 단순화된 가정이 유용한 경제 모형을 수립하는 데 중요하다는 사실을 알고 있다. 아이소랜드가 소규모 경제라는 가정은 분석을 단순화하며, 이를 통해 얻은 기본적인 교훈은 대규모 경제의 보다 복잡한 경우에도 변하지 않는다.

9-2a 수출국이 얻는 이득과 손실

그림 2는 무역이 없는 경우 달성되는 국내 균형가격이 세계 가격보다 아래에 위치할 때 아이소랜드의 섬유시장을 보여준다. 일단 무역이 허용되면 국내 가격은 상승하여 세계 가격과 동일해진다. 시장 참여자들이 모두 자신들에게 가장 유리한 가격을 찾으려 한다면, 어떠한 섬유 매도인도 세계 가격보다 더 낮은 가격을 받아들이지 않고, 어떠한 섬유 매수인도 세계 가격보다 더 많이 지불하려 하지 않는다.

국내 가격이 상승하여 세계 가격과 같아진 후, 국내 공급량은 국내 수요량과 상이해진다. 공급곡선은 아이소랜드의 매도인에 의해 공급되는 섬유의 수량을 보여주며, 수요곡선은 아이소랜드 매수인에 의해 수요되는 섬유의 수량을 보여준다. 국내 공급량이 국내 수요량을 초과하기 때문에, 아이소랜드는 섬유를 외국에 판매하게 된다. 즉, 아이소랜드는 섬유 수출국이 된다.

국내 공급량과 국내 수요량이 상이하기는 하지만, 이제 또 다른 시장 참여자 즉 세계에 여러 국가들이 존재하기 때문에 섬유시장은 계속 균형상태를 유지한다. 세계 가격

그림 2

수출국에서의 국제무역

일단 무역이 이루어지게 되면, 국내 가격은 세계 가격과 같아지도록 상승하게 된다. 공급곡선은 국내에서 생산된 섬유의 수량을 보여주며, 수요곡선은 국내에서 소비된 섬유의 수량을 보여준다. 아이소랜드는 세계 가격수준에서 국내 공급량과 국내 수요량 사이의 차이만큼 수출한다. 매도인의 상황은 나아지며(생산자 잉여가 C에서 B+C+D로 증가하며), 매수인의 상황은 나빠진다(소비자 잉여가 A+B에서 A로 감소한다). 총잉여는 면적 D에 해당하는 금액만큼 증가하는데, 이는 무역을 통해 해당 국가의 경제적 후생이 전체적으로 볼 때 증가한다는 것을 나타낸다.

	무역 전	무역 후	차이
소비자 잉여	A+B	A	−B
생산자 잉여	C	B+C+D	+(B+D)
총잉여	A+B+C	A+B+C+D	+D

면적 D는 총잉여의 증가를 보여주며 무역을 통한 이득을 나타낸다.

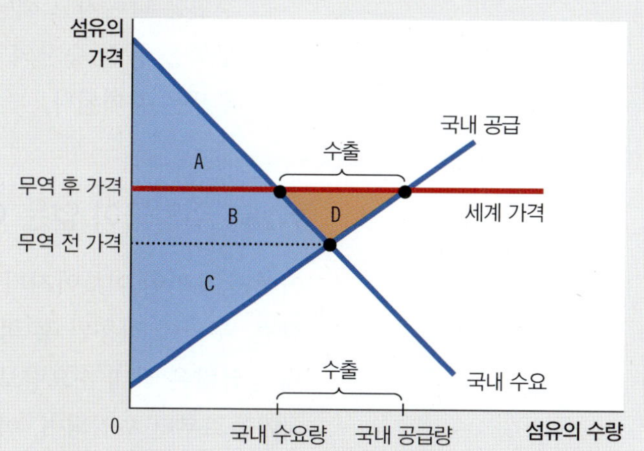

에서 그은 수평선은 섬유에 대한 세계 다른 국가들의 수요를 나타내는 것으로 볼 수 있다. 소규모 경제인 아이소랜드가 세계 가격에서 자국이 원하는 만큼의 섬유를 판매할 수 있기 때문에, 이 수요곡선은 완전히 탄력적이다.

무역을 시작하는 데 따른 이득과 손실을 생각해보자. 명백하게 모든 사람이 이득을 보게 되지는 않는다. 무역으로 인해 국내 가격은 세계 가격수준으로 상승하게 된다. 국내 섬유 생산자들은 이제 더 높은 가격으로 섬유를 판매할 수 있어서 형편이 나아지지만, 국내 섬유 소비자들은 더 높은 가격으로 섬유를 구입해야 하기 때문에 형편이 나빠진다.

이득과 손실을 측정하기 위해 소비자 잉여와 생산자 잉여의 변화를 살펴보도록 하자. 무역이 허용되기 전에, 섬유가격이 조정되어 국내 시장의 공급과 수요가 균형을 이루게 된다. 수요곡선과 무역 전 가격 사이의 면적인 소비자 잉여는 면적 A+B이다. 공급곡선과 무역 전 가격 사이의 면적인 생산자 잉여는 면적 C이다. 소비자 잉여와 생산자 잉여의 합인 무역 전의 총잉여는 면적 A+B+C이다.

무역이 허용되고 난 후에, 국내 가격은 세계 가격으로 상승한다. 소비자 잉여는 면적 A(수요곡선과 세계 가격 사이의 면적)로 축소되며, 생산자 잉여는 면적 B+C+D(공급곡선과 세계 가격 사이의 면적)로 증대된다. 무역이 이루어지는 총잉여는 면적 A+B+C+D이다.

후생에 대한 이런 계산을 살펴볼 경우, 수출국에서 무역을 통해 누가 이득을 보고 누가 손실을 보는지 알 수 있다. 생산자 잉여가 면적 B+D만큼 증가하기 때문에, 매도인은 이득을 본다. 소비자 잉여가 면적 B만큼 감소하기 때문에, 매수인은 형편이 나빠진다. 매도인의 이득이 매수인의 손실을 면적 D만큼 초과하기 때문에, 아이소랜드의 총잉여는 증대된다.

수출국에 대한 이런 분석을 통해 다음과 같은 두 가지 결론을 도출할 수 있다.

- 일국이 무역을 허용하고 어떤 물품을 수출하게 될 때, 해당 물품 국내 생산자의 형편은 나아지고 해당 물품 국내 소비자의 형편은 나빠진다.
- 무역을 통한 승자의 이득이 패자의 손실을 초과한다는 의미에서 일국의 경제적 후생은 증대된다.

9-2b 수입국이 얻는 이득과 손실

이제는 무역이 이루어지기 전의 국내 가격이 세계 가격보다 더 높다고 가상하자. 다시 한번, 무역이 허용된 후 국내 가격은 세계 가격이 된다. 그림 3이 보여주는 것처럼 국내 공급량은 국내 수요량보다 더 적다. 국내 수요량과 국내 공급량 사이의 차이는 다른 국가들로부터 수입되며, 아이소랜드는 섬유 수입국이 된다.

이 경우, 세계 가격에서 그은 수평선은 섬유에 대한 세계 다른 국가들의 공급을 나타

그림 3

수입국에서의 국제무역

일단 무역이 이루어지게 되면, 국내 가격은 하락하여 세계 가격과 같아진다. 공급곡선은 국내에서 생산되는 수량을 보여주며, 수요곡선은 국내에서 소비되는 수량을 보여준다. 수입은 세계 가격수준에서의 국내 수요량과 국내 공급량 사이의 차이이다. 매수인의 형편은 나아지며(소비자 잉여가 A에서 A+B+D로 증가하며), 매도인의 상황은 나빠진다(생산자 잉여가 B+C에서 C로 감소한다). 총잉여는 면적 D에 해당하는 금액만큼 증가하며, 이것이 의미하는 바는 무역을 통해 해당 국가의 경제적 후생이 전체적으로 볼 때 증대한다는 것이다.

	무역 전	무역 후	차이
소비자 잉여	A	A+B+D	+(B+D)
생산자 잉여	B+C	C	−B
총잉여	A+B+C	A+B+C+D	+D

면적 D는 총잉여의 증가를 보여주며 무역을 통한 이득을 나타낸다.

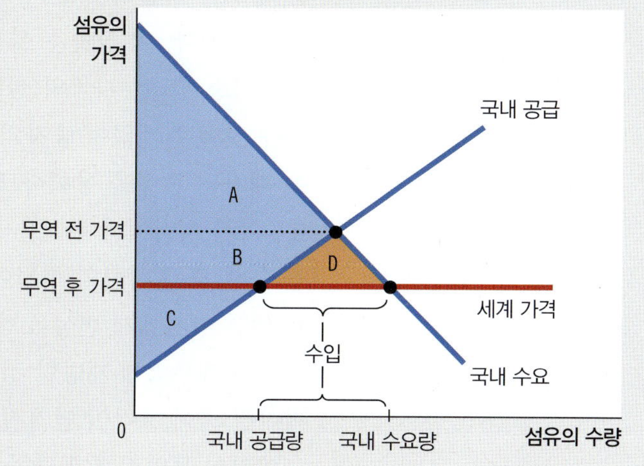

낸다. 아이소랜드는 소규모 경제이며 세계 가격에서 자국이 원하는 만큼 섬유를 구입할 수 있기 때문에, 이 공급곡선은 완전히 탄력적이다.

무역을 통한 이득과 손실을 생각해보자. 다시 한번, 모든 사람이 이득을 얻지는 못하지만 여기서는 승자와 패자가 반대가 된다. 무역을 통해 국내 가격이 인하될 때, 국내 소비자의 형편은 나아지며(인하된 가격으로 섬유를 구입할 수 있으며), 국내 생산자의 형편은 나빠진다(인하된 가격으로 섬유를 판매해야 한다). 소비자 잉여와 생산자 잉여의 변화로 이득과 손실의 규모를 측정할 수 있다. 무역이 이루어지기 전에, 소비자 잉여는 면적 A이고 생산자 잉여는 면적 B+C이며 총잉여는 면적 A+B+C이다. 무역이 이루어질 경우, 소비자 잉여는 면적 A+B+D이고 생산자 잉여는 면적 C이며 총잉여는 면적 A+B+C+D이다.

후생에 대한 이런 계산법을 통해 수입국에서 누가 이득을 얻고 누가 손실을 보는지 알 수 있다. 소비자 잉여가 면적 B+D만큼 증가하기 때문에, 매수인은 이득을 본다. 생산자 잉여가 면적 B만큼 감소하기 때문에, 매도인은 형편이 나빠진다. 매수인의 이득이 매도인의 손실을 초과하며, 총잉여는 면적 D만큼 증대된다.

수입국에 대한 이런 분석을 통해 수출국에 대한 분석과 유사한 두 가지 결론을 다음과 같이 도출할 수 있다.

- 일국이 무역을 허용하고 어떤 물품을 수입하게 될 때, 해당 물품 국내 소비자의 형편은 나아지고 해당 물품 국내 생산자의 형편은 나빠진다.
- 무역을 통한 승자의 이득이 패자의 손실을 초과한다는 의미에서 일국의 경제적 후생은 증대된다.

무역에 대한 이런 분석은 제1장에서 살펴본 **경제학의 열 가지 원리** 중 하나인 '거래를 통해 모든 사람의 형편이 나아질 수 있다'는 원리를 설명하고 적합하다고 판단하는 데 도움이 된다. 이 진술은 실제로 무엇을 의미하는가?

아이소랜드는 자국의 섬유시장을 국제무역에 개방할 경우, 섬유를 수출하거나 수입하는 것에 관계없이 승자와 패자를 만들어낸다. 하지만 두 경우 모두에서 승자의 이익은 패자의 손실을 상회하므로, 승자는 패자에게 변상을 해주고도 계속 형편이 나아진다. 이런 의미에서 무역을 통해 모든 사람의 형편이 나아질 수 있다. 하지만 과연 무역을 통해 모든 사람의 형편이 나아질 것인가? 아마도 아닐 것이다. 실제로, 국제무역으로 인한 패자에게 변상을 해주는 경우는 드물다. 이런 변상이 이루어지지 않는다면, 경제를 국제무역에 개방할 경우 경제적 파이의 크기는 커지겠지만 일부 사람들에게는 더 작아진 파이 조각이 남겨질 수 있다.

이것이 무역정책에 관한 논의가 종종 논쟁으로 이어지는 이유이다. 무역정책으로 인해 승자와 패자가 생길 경우에는 언제나 정치투쟁의 무대가 펼쳐진다. 무역으로 인한 패자가 승자보다 더 잘 조직화되기 때문에, 국가는 이따금 무역을 제한하곤 한다. 패자는 자신의 응집력을 정치적 영향력으로 전환하여, 예를 들면 관세 또는 수입할당과 같은 무역제한 정책을 시행하도록 압력을 가하게 된다.

9-2c 관세가 미치는 영향

관세
외국에서 생산되어 국내에서 판매되는 물품에 부과되는 조세

그다음으로 아이소랜드의 경제학자들은 수입품에 부과되는 조세, 즉 관세(tariff)가 미치는 영향을 생각한다. 경제학자들은 아이소랜드가 섬유 수출국이 될 경우 섬유에 부과되는 관세가 영향을 미치지 못한다는 사실을 빠르게 깨닫게 된다. 아이소랜드에서 섬유 수입에 관심이 있는 사람이 없다면 섬유 수입에 부과되는 조세가 무관하기 때문이다. 관세는 아이소랜드가 섬유 수입국일 경우에만 중요하다. 경제학자들은 이 경우에만 주의를 기울여서 관세가 부과된 경우의 후생과 부과되지 않은 경우의 후생을 비교한다.

그림 4는 아이소랜드 섬유시장을 보여준다. 자유무역하에서 국내 가격은 세계 가격과 동일해진다. 관세가 부과되면, 수입 섬유의 가격은 세계 섬유의 가격에 관세에 해당하는 금액만큼을 더한 수준으로 상승한다. 수입 섬유의 외국 공급자와 경쟁하는 국내 공급자는 이제 자신의 물품을 세계 가격에 관세를 더한 금액으로 판매할 수 있다. 따라

그림 4

관세가 미치는 영향

수입품에 부과되는 조세인 관세는 수입품의 수량을 감소시키고, 시장을 무역이 없는 경우에 달성되었던 균형에 좀 더 근접시키게 된다. 총잉여는 면적 D+F에 해당하는 금액만큼 감소하며, 이들 두 삼각형은 관세로 인한 사장된 손실을 나타낸다.

	관세부과 전	관세부과 후	차이
소비자 잉여	A+B+C+D+E+F	A+B	−(C+D+E+F)
생산자 잉여	G	C+G	+C
정부수입	없음	E	+E
총잉여	A+B+C+D+E+F+G	A+B+C+E+G	−(D+F)

면적 D+F는 총잉여의 감소를 보여주며 관세부과로 인한 사장된 손실을 나타낸다.

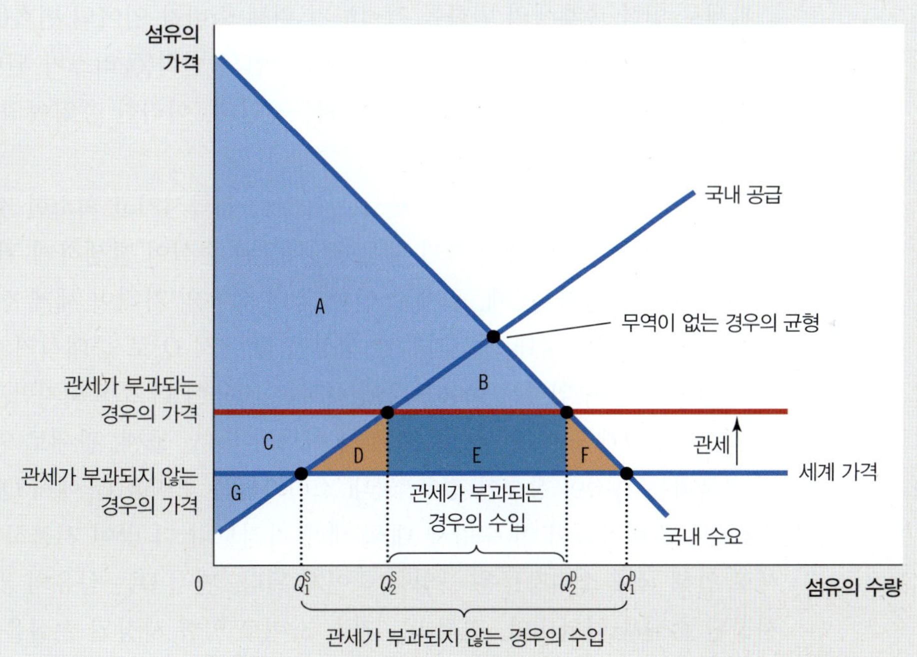

서 수입 섬유의 가격과 국내 섬유의 가격은 관세 해당액만큼 상승하며 무역이 없는 경우의 가격에 더 근접하게 된다.

가격이 변화할 경우, 이는 국내 매수인과 국내 매도인의 행태에 영향을 미친다. 관세로 인해 섬유가격이 상승하기 때문에, 국내 수요량은 Q_1^D에서 Q_2^D로 감소하며 국내 공급량은 Q_1^S에서 Q_2^S로 증가한다. **관세로 인해 수입량이 감소하고 국내 시장은 무역이 없는 경우의 균형으로 더욱 근접하게 된다.**

관세를 통한 이득과 손실을 생각해보자. 관세로 인해 국내 가격이 상승하기 때문에,

국내 매도인의 형편은 나빠진다. 이 밖에 정부는 조세수입을 얻게 되며 이를 공공목적에 사용할 수 있다. 이런 이득과 손실은 제8장에서 살펴본 것처럼 소비자 잉여, 생산자 잉여, 정부수입의 변화로 나타낼 수 있다. 이런 변화는 그림 4의 표에 요약되어 있다.

관세가 부과되기 전에, 국내 가격은 세계 가격과 동일하다. 수요곡선과 세계 가격 사이의 면적인 소비자 잉여는 면적 A+B+C+D+E+F이며, 공급곡선과 세계 가격 사이의 면적인 생산자 잉여는 면적 G이다. 정부수입은 영이다. 소비자 잉여, 생산자 잉여, 정부수입의 합인 총잉여는 면적 A+B+C+D+E+F+G이다.

관세가 부과된 후에, 국내 가격은 관세 해당액만큼 세계 가격을 상회한다. 소비자 잉여는 이제 면적 A+B가 되고, 생산자 잉여는 면적 C+G가 된다. 관세규모에 관세부과 후의 수입량을 곱하여 구하는 정부수입은 면적 E가 된다. 관세가 부과된 후의 총잉여는 면적 A+B+C+E+G가 된다.

관세로 인한 총후생의 변화를 결정하기 위해 소비자 잉여의 변화(마이너스가 된다), 생산자 잉여의 변화(플러스가 된다), 정부수입의 변화(플러스가 된다)를 합산해보자. 결과는 총잉여가 면적 D+F만큼 감소하는 것인데, 이러한 총잉여의 감소를 관세의 **사장된 손실**이라고 한다.

대부분의 소세와 마찬가지로, 관세는 유인을 왜곡시키고 희소한 자원의 배분을 최적의 배분상태에서 벗어나게 하기 때문에, 사장된 손실이 발생하게 된다. 이 경우 두 가지 효과에 주목하자. 첫째, 관세로 인해 국내 섬유의 가격이 세계 섬유의 가격보다 더 높게 상승할 경우, 국내 생산자들은 생산을 Q_1^S에서 Q_2^S로 증대시키게 된다. 세계 가격으로 이 수량을 구입하는 비용보다 생산하는 비용이 더 소요되지만, 관세로 인해 국내 생산자들은 그래도 이를 생산하는 것이 이득이 된다. 둘째, 관세로 인해 국내 소비자들이 지불하는 가격이 상승할 경우, 국내 소비자들은 소비를 Q_1^D에서 Q_2^D로 감소시키게 된다. 국내 소비자들이 이 수량에 대해 세계 가격보다 더 많이 지불하려고는 하지만, 관세로 인해 국내 소비자들은 구입을 줄이게 된다. 면적 D는 섬유의 과잉 생산으로 인한 사장된 손실을 나타내며, 면적 F는 과소 소비로 인한 사장된 손실을 나타낸다. 사장된 총손실은 두 삼각형의 합이다.

9-2d 무역정책에 대한 교훈

아이소랜드 경제학자 팀은 신임 대통령에게 다음과 같은 답변서를 작성했다.

> 오픈마인디드 대통령 귀하.
>
> 무역을 개방하는 사안에 대해 세 가지 질문을 하셨습니다. 많은 노력을 기울인 끝에 다음과 같은 답변을 하게 되었습니다.

FYI 수입할당: 무역을 제한하는 또 다른 방법

관세 외에 국가가 국제무역을 제한하는 또 다른 방법은 물품이 수입될 수 있는 수량에 제한을 두는 것이다. 이 책은 수입할당이 관세와 매우 유사하다는 결론을 적시할 뿐 정책 자체는 분석하지 않는다. 관세와 할당으로 인해, 해당 물품의 수입량이 감소하고 국내 가격이 상승한다. 또한 국내 소비자의 후생이 감소하고, 국내 생산자의 후생이 증가하며, 사장된 손실이 발생한다.

이들 두 유형의 무역제한 사이에는 차이점이 하나 있다. 즉, 관세로 정부수입이 증가하는 반면, 수입할당으로 수입 허가증을 보유한 사람들이 잉여를 차지하게 된다. 수입 허가증 보유자들이 얻게 되는 이득은 (수입 물품을 판매하는) 국내 가격과 (수입 물품을 구입하는) 세계 가격의 차이이다.

정부가 허가증에 수수료를 부과할 경우, 관세와 수입할당은 훨씬 더 유사해진다. 정부가 수입 허가증 수수료를 국내 가격과 세계 가격의 차이와 동일해지도록 설정한다고 가상하자. 이 경우 수입 허가증 보유자의 총이득은 수입 허가증 수수료의 형태로 정부에게 돌아가서, 수입할당은 정확히 관세처럼 작동한다. 소비자 잉여, 생산자 잉여, 정부수입은 두 정책하에서 정확하게 동일해진다.

하지만 실제로 수입할당으로 무역을 제한하는 국가는, 수입 허가증을 판매함으로써 이를 시행하는 일이 거의 없다. 예를 들어 미국 정부는 한때 일본에 압력을 가해 미국에서 일본 자동차 판매를 '자발적으로' 제한하도록 했다. 이 경우 일본 정부는 수입 허가증을 일본 기업에 배분했고, 기업은 허가증에서 비롯되는 잉여를 차지했다. 미국 후생의 관점에서 보면, 이런 종류의 수입할당은 수입차에 부과된 미국 관세보다 더 나쁘다. 관세와 수입할당으로 인해 가격이 상승하고, 무역이 제한되며, 사장된 손실이 발생한다. 하지만 적어도 관세가 부과되면 외국 생산자들에게 이득이 돌아가는 것이 아니라 미국 정부가 관세수입을 얻게 된다. ■

질문: 정부가 아이소랜드 사람들이 섬유를 수입하고 수출할 수 있도록 허용한다면, 국내 시장에서 판매되는 섬유의 가격과 수량에 어떤 일이 발생하게 되는지요?

답변: 일단 무역이 허용되면, 아이소랜드의 가격은 변화하여 세계에서 널리 받아들여지는 가격과 같아질 것입니다.

무역이 이루어지기 전에 아이소랜드의 가격이 세계 가격보다 낮았다면, 우리나라의 가격은 상승하게 될 것입니다. 높아진 가격으로 인해 아이소랜드 사람들의 섬유 소비량은 감소하고 생산량은 증가하게 될 것입니다. 이 경우 아이소랜드는 섬유를 생산하는 데 비교우위를 갖기 때문에 섬유 수출국이 될 것입니다.

반대로 무역이 이루어지기 전에 아이소랜드의 가격이 세계 가격보다 높았다면, 우리나라의 가격은 하락하게 될 것입니다. 낮아진 가격으로 인해 아이소랜드 사람들의 섬유 소비량은 증가하고 생산량은 감소하게 될 것입니다. 이 경우 다른 국가들이 섬유를 생산하는 데 비교우위를 갖기 때문에 아이소랜드는 섬유 수입국이 될 것입니다.

질문: 섬유 부문에서 자유무역이 실시될 경우, 누가 이득을 보고 누가 손실을 보게 되는지요? 이득이 손실을 초과하게 되는지요?

답변: 무역이 허용될 때 가격이 상승할지 하락할지 여부에 달려 있습니다. 가격이 상승할 경우, 섬유 생산자들은 이득을 얻고 소비자들은 손실을 보게 됩니다. 가격이 하락할 경우, 섬유 소비자들은 이득을 얻고 생산자들은 손실을 봅니다. 하지만 두 경우 모두에서 이득이 손실보다 더 크기 때문에, 자유무역으로 인해 아이소랜드 사람들의 총후생이 증대될 것입니다.

질문: 관세가 새로운 무역정책의 일부로 부과되어야 합니까?

답변: 아이소랜드가 섬유 수입국일 경우에만 관세가 영향을 미칩니다. 이 경우, 관세로 인해 경제는 무역이 없었을 때 이루어진 균형에 더 근접하게 되며, 대부분의 조세와 마찬가지로 사장된 손실이 발생합니다. 관세로 인해 국내 생산자의 후생이 향상되고 정부는 관세 수입을 얻게 되지만, 이런 이득은 소비자가 입은 손실보다 작습니다. 경제적 효율성의 관점에서 보면, 최선의 정책은 관세를 부과하지 않고 무역을 허용하는 것입니다.

마지막으로 섬유부문을 자유무역으로 전환할 경우, 패자가 입는 손실이 승자가 얻는 이득보다 작기는 하지만, 승자뿐만 아니라 패자도 발생한다는 사실을 유념하시기 바랍니다. 따라서 국민 중 일부가 이 정책에 반대할 것이라는 점도 예상하시기 바랍니다. 이런 반대를 둔화시키고 무역을 통해 얻는 이득을 보다 공평하게 누리도록 하기 위해, 패자들이 입는 피해를 완화할 수 있도록 사회 안전망이 관대하게 마련되어야 한다는 것도 마음에 두시기 바랍니다.

질문에 대한 저희들의 답변이 새로운 정책을 결정할 때 도움이 될 수 있기를 바랍니다.

아이소랜드 경제학 연구팀 배상

9-2e 국제무역을 통한 기타 편익

아이소랜드 경제 연구팀이 내린 결론은 국제무역에 관한 일반적인 분석에 기초하고 있다. 이들은 경제학자들이 사용하는 가장 기본적인 분석도구, 즉 공급, 수요, 생산자 잉여, 소비자 잉여를 사용한다. 이 분석에 따르면 자유무역을 시행할 경우 승자와 패자가 발생하지만 승자가 얻는 이득이 패자가 입는 손실을 초과하게 된다.

하지만 무역에 관한 일반적인 분석에서 강조되는 편익 이외에 다른 경제적 편익도 있기 때문에 자유무역에 관한 논의는 훨씬 더 격렬해질 수 있다. 이들 중 일부를 간단히 정리하면 다음과 같다.

- **물품 다양성의 증대:** 상이한 국가에서 생산된 물품들이 정확하게 동일하지는 않다. 예를 들면 독일산 맥주는 미국산 맥주와 동일하지 않다. 자유무역을 통해, 모

든 국가들의 소비자들은 선택할 수 있는 더 큰 다양성을 누릴 수 있다.

- **규모의 경제를 통한 비용 인하:** 일부 물품들은 대규모로 생산될 경우에만 낮은 비용으로 생산할 수 있으며, 이를 **규모의 경제**라고 한다. 어떤 기업이 소규모 국내 시장에서만 판매할 수 있다면, 규모의 경제를 충분히 이용할 수 없다. 자유무역을 통해 기업들은 세계 시장에 접근할 수 있게 되어, 규모의 경제를 보다 충분히 실현시킬 수 있다.
- **경쟁의 촉진:** 외국 경쟁자들로부터 보호를 받는 기업은 시장 지배력을 가질 가능성이 더 높아지며, 가격을 경쟁수준보다 높게 인상할 수 있게 된다. 이로 인해 소비자들에게 피해를 주고 비효율성으로 이어지는 일종의 시장실패가 발생할 수 있다. 무역을 시작하게 되면, 경쟁을 촉진하고 보이지 않는 손이 마법을 부릴 수 있는 더 나은 기회를 제공하게 된다.
- **생산성의 증대:** 일국이 국제무역을 시작하게 될 때 가장 생산적인 기업들은 시장을 확장하는 반면에, 가장 비생산적인 기업들은 격화된 경쟁으로 인해 어쩔 수 없이 퇴출되게 된다. 자원이 가장 비생산적인 기업에서 가장 생산적인 기업으로 이동함에 따라 전반적인 생산성은 증대된다.
- **아이디어 유입의 강화:** 세계 전역에서 이루어진 기술진보의 이전은 기술을 구현한 물품들을 교역하는 중에 종종 이루어진다. 예를 들어 가난한 농업 국가가 컴퓨터 혁명에 대해 알 수 있는 최선의 방법은 처음부터 컴퓨터를 만드는 것이 아니라 외국에서 컴퓨터를 구입하는 것이다.

요컨대, 자유무역을 통해 소비자들에게 다양성을 증대시켜 주고, 기업들이 규모의 경제를 실현할 수 있게 하며, 시장을 보다 경쟁적으로 만들게 된다. 또한 경제를 더 생산적으로 만들며 기술의 확산을 촉진한다. 아이소랜드 경제학자들이 이런 편익 역시 고려했다면, 대통령의 질문에 대한 답변이 확실히 더 강력해졌을지 모른다.

Quiz

3. 엑테니아 국가가 커피콩 부문에서 세계 무역을 개방하자, 국내 가격이 하락했다. 다음 중 어느 것이 이 상황을 설명하는가?
   a. 커피의 국내 생산이 증가하고 엑테니아국은 커피를 수입한다.
   b. 커피의 국내 생산이 증가하고 엑테니아국은 커피를 수출한다.
   c. 커피의 국내 생산이 감소하고 엑테니아국은 커피를 수입한다.
   d. 커피의 국내 생산이 감소하고 엑테니아국은 커피를 수출한다.

4. 일국이 어떤 물품에 대한 무역을 시작하고 수입국이 될 때, ______________.
   a. 생산자 잉여는 감소하지만, 소비자 잉여와 총잉여는 둘 다 증가한다.
   b. 생산자 잉여는 감소하지만, 소비자 잉여는 증가한다. 따라서 총잉여에 미치는 영향은 모호하다.
   c. 생산자 잉여와 총잉여는 증가하지만, 소비자 잉여는 감소한다.
   d. 생산자 잉여, 소비자 잉여, 총잉여가 모두 증가한다.

5. 어떤 물품을 수입하는 국가가 관세를 부과할 경우, 이는 ______________을 증가시킨다.
   a. 국내 수요량
   b. 국내 공급량
   c. 해외로부터 수입량
   d. 균형의 효율성

6. 다음 정책들 중 어느 것이 생산자들에게 이득을 주고, 소비자들에게 손해를 끼치며, 무역량을 증가시키는가?
   a. 수입국에서 관세를 인상하는 정책
   b. 수입국에서 관세를 인하하는 정책
   c. 세계 가격이 국내 가격보다 높을 때 무역을 허용하는 정책
   d. 세계 가격이 국내 가격보다 낮을 때 무역을 허용하는 정책

해답은 이 장의 끝부분에 있다.

9-3 무역제한을 옹호하는 주장

아이소랜드의 경제 연구팀이 제출한 답변서를 읽고 나서, 오픈마인디드 대통령은 섬유부문의 무역 허용을 고려하기 시작한다. 대통령은 세계 가격과 비교해볼 때 국내 가격이 현재 높다는 사실에 주목한다. 그러므로 자유무역이 시행될 경우 섬유가격은 하락하고 국내 섬유 생산자는 손해를 입게 된다. 이에 대통령은 새로운 정책을 시행하기에 앞서, 경제 연구팀의 답변에 대한 섬유기업의 의견을 듣고자 한다.

당연히 섬유기업은 섬유부문의 자유무역에 반대한다. 이들은 정부가 국내 섬유산업을 해외 경쟁으로부터 보호해야 한다고 주장한다. 섬유기업이 그들의 입장을 지지하기 위해 펼치는 주장과 그 주장에 경제 연구팀이 어떻게 반응하는지 생각해보자.

9-3a 일자리가 축소될 것이라는 주장

자유무역을 반대하는 사람들은 자유무역으로 일자리가 소멸될 것이라고 말하곤 한다. 예를 들어 아이소랜드에서 섬유부문에 자유무역이 실시될 경우, 가격이 하락하여 국내 생산량이 감소하고 국내 섬유산업에 고용된 근로자 수가 대폭 축소될 것이다. 이런 일자리 축소는 험악한 상황이며 무역이 확장될 때 발생하곤 한다.

하지만 자유무역은 기존의 일자리가 일부 사라질 때조차도 새로운 일자리를 창출한다. 아이소랜드 사람들이 다른 국가들로부터 섬유를 수입할 때 이 국가들은 받은 재원을 활용하여 아이소랜드로부터 다른 물품을 구입한다. 해고된 아이소랜드 섬유 노동자들은 아이소랜드가 비교우위를 갖는 산업으로 이동할 수 있다. 이런 이동은 특히 단기적으로 일부 노동자들에게 어려울 수 있다. 하지만 사회 안전망은 이런 어려움을 완화해주며, 국가는 전체적으로 볼 때 더 높은 생활수준을 향유하게 된다.

DAVID BROWN/CARTOONSTOCK LTD

"일제 자동차를 몰고, 프랑스산 포도주를 마시며, 중국 음식을 먹고 있잖아. 또한 미제 컴퓨터를 소유하고, 캐나다산 목재를 구매하며, 멕시코에서 휴가를 보내고 있잖아. 그런데 어떻게 자유무역에 반대할 수 있단 말인가?"

무역을 반대하는 사람들은 무역을 통해 일자리가 창출된다는 주장에 종종 회의적이다. 이들은 모든 것이 해외에서 더 저렴하게 생산될 수 있다고 말할지도 모른다. 자유무역하에서는 아이소랜드 사람들이 어떤 산업에서든 수익을 내면서 고용될 수 없다고 말할 수도 있다. 하지만 제3장에서 살펴본 것처럼, 무역을 통한 이득은 비교우위에 기초하지 절대우위에 기초하지 않는다. 이 개념은 이해하기 어렵지만 중요한 개념이다. 한

국가가 다른 국가보다 모든 것을 더 잘 생산할 수 있더라도, 각국은 서로 무역을 함으로써 이득을 얻을 수 있다. 노동자들은 궁극적으로 자국이 비교우위를 갖는 산업에서 일자리를 구하게 된다.

9-3b 국가안보를 우려하는 주장

어떤 산업이 국제 경쟁으로 인해 존속 여부가 불투명해질 때, 자유무역에 반대하는 사람들은 해당 산업이 국가안보에 중요할 수 있다고 종종 주장한다. 예를 들어 아이소랜드의 철강기업은 철강을 사용하여 총과 탱크를 만든다는 사실을 지적할지 모른다. 철강부문의 자유무역으로 인해 아이소랜드는 철강을 공급하는 외국에 의존해야 할 수 있다. 전쟁으로 외국의 공급이 중단된다면, 아이소랜드는 철강과 필요한 무기를 신속히 생산하지 못할 수도 있다.

경제학자들도 국가안보에 관한 정당한 우려가 있을 때 주요 산업을 보호하는 것이 적절하다는 사실을 인정한다. 하지만 소비자의 희생으로 이득을 얻으려는 생산자들이 이런 주장들을 종종 너무 쉽게 제기한다는 점도 알고 있다.

누가 국가안보에 대한 주장을 하는지에 주의를 기울일 필요가 있다. 기업들은 외국 경쟁으로부터 보호를 받을 경우 유리할 수 있기 때문에, 국가방위에서의 자기 역할을 과장하고자 하는 금전적 유인을 갖는다. 일국의 전략가들은 상황을 다르게 볼 수도 있다. 사실, 군인들이 어떤 산업의 생산품을 구입할 때 이들은 소비자이며 수입을 통해 이득을 볼 수 있다. 예를 들어 아이소랜드에서 더 저렴한 철강을 활용할 수 있다면 아이소랜드의 군인들은 더 낮은 비용으로 무기를 비축할 수 있을지 모른다.

9-3c 유치산업을 보호해야 한다는 주장

새로운 산업이 경쟁력을 확보할 수 있도록 돕기 위해 일시적으로 무역을 제한해야 한다는 주장이 있다. 이 주장에 따르면, 보호 기간이 지난 후 이들 산업은 외국 기업들과 경쟁할 수 있을 정도로 강해진다고 한다. 이와 유사하게 오래된 산업들도 새로운 상황에 적응될 때까지 일시적으로 보호가 필요하다고 한다.

경제학자들은 주로 유치산업 보호를 실제로 시행하기가 어렵기 때문에 이 주장에 대해 종종 회의적이다. 보호를 성공적으로 하기 위해, 정부는 어떤 산업이 궁극적으로 유리한지 결정해야 하고, 보호에 따른 편익이 소비자들이 부담해야 하는 비용을 초과하는지 여부도 결정해야 한다. 하지만 이런 산업을 올바르게 선택하기는 지극히 어렵다. 이것은 정치적 과정으로 인해 훨씬 더 어려워지며, 종종 영향력이 가장 큰 산업에 보상해주는 형태를 띤다. 그리고 일단 정치적으로 힘이 있는 산업에 혜택을 주게 되면, 이런 '일시적인' 정책이 영원히 지속될 수도 있다.

이 밖에 많은 경제학자들은 원칙적으로 유치산업 보호에 의문을 제기한다. 예를 들어 어떤 산업이 시작한 지 얼마 되지 않아서 외국의 경쟁산업들과 경쟁할 수는 없지만 장기적으로는 수익이 발생할 수 있다는 신뢰할 만한 이유가 있다고 가상하자. 이 경우, 기업 소유주들은 최종적인 이윤을 얻기 위해 일시적인 손실을 당연히 부담해야 한다. 보호가 필요하지 않다. 스타트업 기업들은 종종 일시적인 손실을 감내하지만, 경쟁으로부터의 보호를 받지 않고도 장기적으로는 성공을 한다.

경제 패널 무역 거래와 관세

"과거 대부분의 무역 거래는 대부분의 미국인들에게 이득이 되었다."

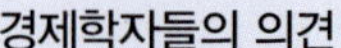

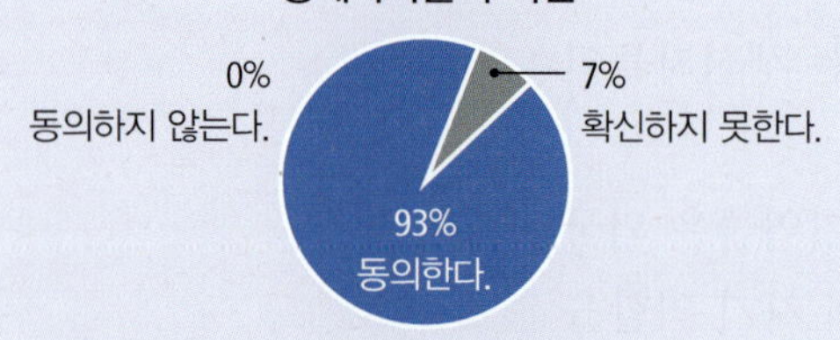

"상대국이 노동이나 환경에 대한 새 규정을 채택하지 않는다고 무역 자유화를 거절하는 것은 나쁜 정책이다. 이 정책은, 새 규정이 일정 범위에서 왜곡을 완화하더라도, 제한된 무역 형태로 대규모 왜곡을 지속시킬 수 있기 때문이다."

경제학자들의 의견

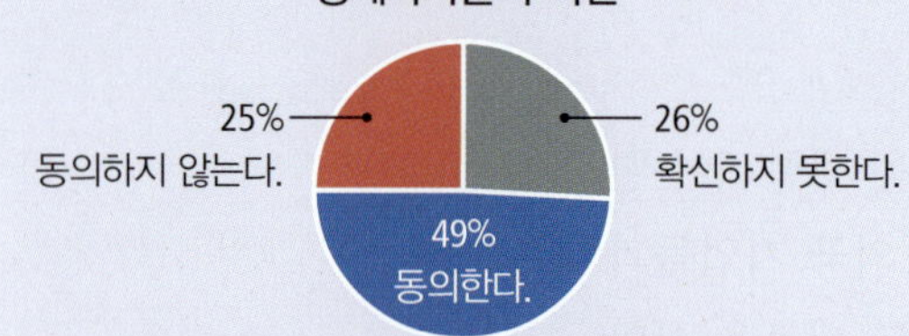

"미국 수입관세에 대한 최근의 일괄 협상(2019년)에 따른 부담은 주로 미국 가계에 부과될 가능성이 높다."

경제학자들의 의견

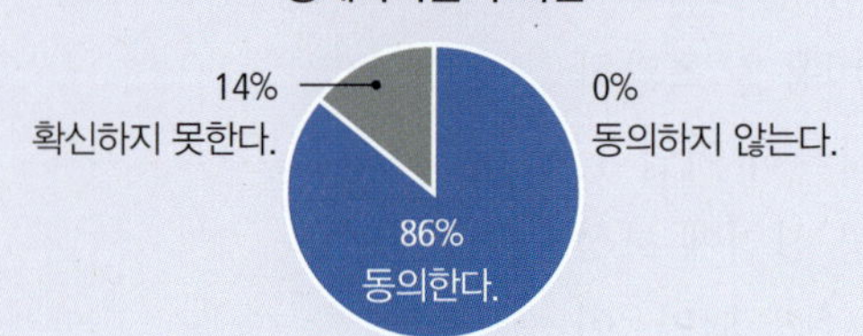

9-3d 불공정 경쟁에 대응해야 한다는 주장

모든 국가들이 동일한 규칙에 따라 운영될 경우에만 자유무역이 바람직하다고 종종 말한다. 상이한 국가에 있는 기업들이 상이한 법률과 규제에 따를 경우, 이들이 전 세계적으로 경쟁하는 것은 불공정할 수 있다고 본다.

예를 들어 이웃 국가가 자국의 섬유산업에 보조금을 지급하여 이들 국가의 섬유기업들에 대한 생산비가 감소했다고 가상하자. 아이소랜드 섬유산업은, 이웃 국가가 공정하게 경쟁하지 않기 때문에 이런 해외 경쟁으로부터 보호받아야 한다고 주장할 수 있다.

보조금이 지급된 가격으로 다른 국가로부터 섬유를 구입할 경우, 이것이 정말 아이소랜드에 피해를 입히는가? 그렇다고 볼 수 있다. 아이소랜드의 섬유 생산자들은 어려움을 겪을 수 있다. 하지만 아이소랜드의 소비자들은 낮은 가격을 좋아할 수 있다. 자유무역을 옹호하는 주장, 즉 소비자 이득이 생산자 손실을 상회한다는 논리는 변하지 않는다. 이웃 국가가 제공하는 보조금은 나쁜 정책이기는 하지만, 해당 국가의 납세자들이 대가를 지불한다. 아이소랜드가 보조금이 지급된 가격으로 섬유를 구입할 경우 형편이 나아진다. 아이소랜드는 외국의 보조금 지급에 반대하기보다는 어쩌면 이웃 국가에 감사 편지를 보내야 할지도 모른다.

9-3e 보호주의를 협상카드로 사용할 수 있다는 주장

일부 정치가들은 무역제한이 협상카드가 될 수 있다고 말한다. 이들의 주장에 따르면 자유무역이 바람직하기는 하지만, 무역 상대국들로부터 양해를 얻어내는 데 무역제한이 유용하게 사용될 수 있다고 한다. 예를 들어 이웃 국가가 밀에 대한 관세를 철폐하지 않는다면 아이소랜드의 섬유에 관세를 부과하겠다고 위협할 수 있다. 이웃 국가가 관세를 철폐하여 이 위협에 대응할 경우, 결과적으로 자유무역에 더 근접할 수 있다.

이런 전략하에서의 문제는 위협이 작동하지 않을 수 있으며 이로 인해 해당 국가가 나쁜 두 가지 선택에 직면하게 된다는 점이다. 무역제한을 시행하고 나서 자신의 발에 총을 쏠 수도 있다. 즉, 경제학자들의 표현을 빌리면 자국의 경제적 후생을 낮출 수 있다. 그렇지 않다면, 위협하는 것에서 물러나 명성이 땅에 떨어지고 미래의 협상력까지도 잃게 된다. 행동으로 옮기지는 않고 말만 거칠게 하는 국가를 누가 믿으려 하겠는가? 이런 선택에 직면하게 되는 국가는 어쩌면 처음부터 위협하지 말았어야 한다고 생각할지도 모른다.

"미국이 부과하는 관세와 이에 상응하는 중국의 조치가 미국의 물가와 고용에 미치는 영향은, 저소득층과 저소득 지역에서 가장 심하게 체감될 가능성이 높다."

경제학자들의 의견

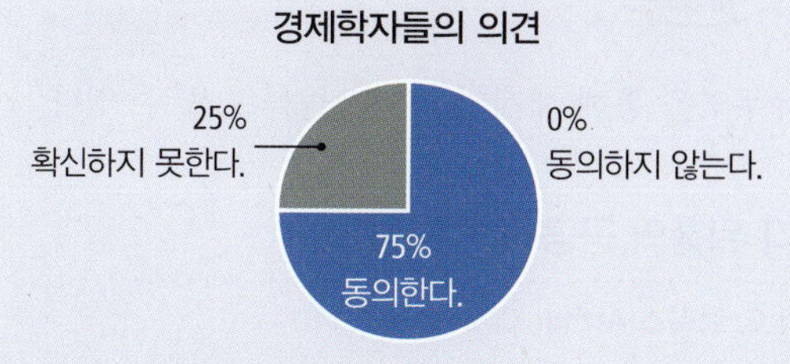

출처: IGM Economic Experts Panel, November 11, 2014, March 27, 2013, and May 29, 2019.

무역협정과 세계무역기구

일국은 자유무역을 시행하기 위해 두 방법 중 택일할 수 있다. 하나는 스스로 무역제한을 철폐하는 **일방적인 방법**이다. 19세기 영국이 이렇게 했으며, 최근에는 칠레와 한국이 했다. 대안으로, 일국은 **다자간** 방법을 선택하고 다른 국가들과 협력하여 무역제한을 완화할 수 있다. 다시 말해 일국은 세계 각국의 무역제한을 낮추기 위해 무역 상대국들과 협상한다.

다자간 방법을 따른 중요한 예로 북미자유무역협정(NAFTA)을 들 수 있는데, 이는 1993년에 미국, 멕시코, 캐나다 사이의 무역장벽을 낮추었다. 미국–멕시코–캐나다 협정으로도 알려진 경신된 새로운 NAFTA는 2020년에 발효되었다.

또 다른 중요한 다자간 조약은 관세 및 무역에 관한 일반 협정(GATT)인데, 이는 자유무역 증진을 목표로 세계의 많은 국가 간에 이루어진 일련의 협상이다. 미국은 1930년대 대공황기에 부과된 높은 관세에 대응하여 제2차 세계대전 후 GATT를 설립하는 데 도움을 주었다. 많은 경제학자들은 이런 관세가 이 기간에 발생한 전 세계적 경제 불황의 한 원인이 되었다고 생각한다. GATT는 회원국 간의 평균관세를 제2차 세계대전 이후 20% 이상이었던 것을 2000년에 5% 이하로 성공적으로 낮추었다. 그리고 이후 상당 기간 동안 낮은 수준이 지속되었다.

GATT에서 확립된 규칙들은 세계무역기구(WTO)라는 국제기구에 의해 시행된다. WTO는 1995년에 설립되었으며 스위스 제네바에 본부가 있다. 2021년 현재 회원국이 164개국이며 세계무역의 98%를 담당한다. WTO의 역할은 무역 협정을 관리하고, 협상 포럼을 주관하며, 회원국 간의 분쟁을 처리하는 것이다.

하지만 자유무역으로 가는 길은 일방 통행이 아니다. 몇 십 년간 자유무역을 이룩하기 위

경제 발전을 위한 수단으로서의 무역

자유무역을 통해 세계의 극빈자들을 도울 수 있다.

앤디 워홀의 공공정책 지침

아서 C. 브룩스(Arthur C. Brooks)

나는 내 전문분야인 공공정책의 관계자들에게 영감을 어디서 얻느냐고 묻곤 한다. 자유주의자들은 종종 존 F. 케네디를 말하고, 보수주의자들은 보통 로널드 레이건을 언급한다. 나는 개인적으로 예술가 앤디 워홀(Andy Warhol)을 선호한다. 그는 "나는 따분한 것을 좋아한다"고 선언한 것으로 유명하다. 물론 그는 예술을 언급한 것이었지만, 그 정취는 견고한 공공정책 지침에도 반영되었다.

워홀의 작품은 일상의 '따분한' 물건으로 삶의 초월적 아름다움을 보여준다. 표준적인 예가 그의 유명한 캠벨 수프 캔 그림이다. 이 그림을 조롱한 사람들도 있었지만 의도적으로 면밀하게 살펴본 사람들은 그림을 통해 그가 하려던 것을 알아차렸다. 그의 뜻은 옛 선종에서 전해져 오는 금언 "물을 길어오고 장작을 나르는 것이 얼마나 기적적이고 놀라운 일인가!"에 담긴 뜻과 같다. 이 말은 8세기 중국의 불교 철학자 레이먼 팡(Layman Pang)에게서 유래했다고도 한다.

워홀의 비판적 통찰력은 이 세상에서 대부분 사라졌다. 사람들이 멍청하기 때문이 아니라, 우리 뇌가 평범한 것을 걸러내고 낯설고 기발한 것에 집중하도록 고안되었기 때문이다. 이는 생존을 위한 적응이라는 사실이 밝혀졌다. 포식자를 식별하기 위해서는 끊임없이 바스락거리는 나뭇잎 소리를 걸러내고 잔가지가 부러지는 낯선 소리를 알아채야만 했다.

워홀은 이런 인지적 편견에서 벗어날 때 아름다움을 더 잘 인식하게 된다고 믿었다. 또 편견으로부터의 이탈은 특히 빈곤 구제에 일조하는 공공정책을 수립하게 해준다. 예를 들어보자. 우리는 열대 지방의 공중보건에서 최신의 매력적이며 고부가 가치의 혁신에 자연적으로 관심이 쏠리지만, 많은 전문가들은 말라리아로부터 가장 잘 보호해주는 것은 저렴하며 '따분한' 모기장이라고 주장한다. 생명을 구하는 효용성에도 불구하고, 따분한 모기장은 늘 부족하기 마련이다.

가정문제 역시 면밀하게 살펴볼 수 있다. 사람들은 가난한 학생들의 손에 환상적인 기술을 쥐어주는 방법을 찾고자 하지만, 아마도 학교에서 뒤처지는 학생들을 돕는 최선의 방법은 단순히 그 학생들을 학교에 출석시킬 방법을 고안하는 것일 것이다.

해 다자간 협상을 증진해온 미국이, 트럼프 행정부 동안에는 자유무역에 반대하여 중국, 유럽연합, 그 외 많은 국가들과 무역분쟁을 일으키며 일방적으로 관세를 인상했다. 이런 주장은 익히 듣던 것이며, 앞에서 논의했던 자유무역에 대한 비판 중 많은 것을 포함했다. 미국의 일부 무역 상대국들은 더 높은 관세로 보복했다. 예를 들면 2018년 초에는 미-중 무역에 관세가 거의 적용되지 않았다. 2020년 말까지 미국은 중국에서 수입하는 물품의 절반 이상에 약 20%의 관세를 부과했고, 중국은 미국에서 수입하는 물품의 절반 이상에 거의 동일한 규모의 관세를 부과했다. 앞으로 수년 내에 이런 관세가 종식될지 여부는 확실하지 않다.

자유무역을 이루기 위해 다자간 방식을 다시 채택하는 경우 장점과 단점은 무엇인가? 다자간 방식을 따를 경우 자국만이 아니라 해외에서도 무역제한을 낮추기 때문에 일방적인 방식보다 자유무역을 이룰 수 있는 잠재력이 크다고 볼 수 있다. 하지만 국제 협상이 실패할 경우, 일방적인 방식을 채택할 때보다 무역이 더 많이 제한될 수도 있다.

이 밖에 다자간 방식은 정치적 이점이 있을 수 있다. 대부분의 시장에서 생산자는 소비자보다 인원이 적고 더 잘 조직화되기 때문에 정치적 영향력이 더 크다. 예를 들어 아이소랜드가 섬유에 부과하는 관세를 낮추려는 경우, 이 자체만을 고려한다면 정치적으로 낮추기가 어려울 수 있다. 섬유 생산 기업은 자유무역에 반대할 것이며, 이득을 보게 될 섬유 매수인

그러나 정책에서 워홀의 원칙을 가장 잘 보여주는 예는 국제무역이다. 그것이 빈곤에 맞서 나가는 진척 방식이라면, 무역은 지금까지 고안된 멋진 개발 계획을 능가한다. 물품을 만들어서 자유롭게 교환하는 평범한 일상적 아름다움이 역사상 최대의 빈곤퇴치 업적이 될 수 있다.

20여 년간 해마다 세계 빈곤율은 어림잡아 1%씩 감소했다. 이 추세로 추정하면, 튀르키예와 태국의 총인구에 해당하는 약 7,000만 명이 매년 빈곤에서 벗어나는 셈이다. 이 수치를 합산하면, 1990년 이후 약 10억 명이 빈곤에서 탈출했다.

이유가 무엇인가? 국제 연합이나 해외 원조 때문이 아니다. 「예일글로벌 온라인(YaleGlobal Online)」에 실린 말을 빌리자면 "국경을 초월한 공급망을 활용하여 성장 중인 대규모 개방 신흥 경제권에서 유래한 고성장 파급효과" 때문이다. 전문지식이 없는 독자들을 위해 말한다면, 이것은 가난한 국가들에서 시행되고 있는 자유무역을 의미한다.

여러분이 손에 들고 있는 '중국산' 머그잔이야말로 6억 8,000만 명의 중국인이 1980년대 이후 절대 빈곤에서 벗어난 이유의 하나이다. 다국적 전문가들 간의 거대한 협력이나 대출 계획 때문이 아니다. 중국의 경제 개혁 때문이었고, 물품을 만들어 배에 싣고 미국으로 운송하여 바로 당신에게 판매되도록 한 사람들 덕분이다. 자유무역을 비판하는 사람들은 종종 경제를 개방할 경우 노동 착취나 환경 악화가 생긴다고 주장한다. 이는 심각한 문제이지만, 보호주의가 결코 해답이 될 수는 없다. 무역을 억제할 경우 국내 이익이 고착화되고 이는 전 세계 빈곤층에 불리하게 작용한다.

무역으로 인해 소득 불평등이 전 세계적으로 증대된다는 주장은 어떠한가? 이 주장은 틀렸다. 세계은행과 LIS(이전의 룩셈부르크 소득연구센터)의 경제학자들은 전 세계적으로 소득 불평등이 지난 20년 동안 대부분 감소했음을 보여주었다. 주된 이유는 세계화로 인해 개발도상국에서 소득이 증가했기 때문이다.

물론, 무역이 모든 문제를 해결하지는 못한다. 세상은 민주주의와 안보, 그 밖에 미국적 가치와 지도력 등 다양한 표현이 필요하다. 하지만 이상하고 소모적이며 허접한 사람들로 가득한 정책의 세계에서, 자유무역은 우리가 필요로 하는 아름답고 따분한 워홀의 전략일 뿐이다. 사람들을 도와주려고 헌신하는 미국인들은 타협이나 변명 없이 이를 지지해야 한다. ■

논의 사항

1. 여러분이 규칙적으로 사용하는 물품 중 다른 나라에서 만든 것은 무엇인가? 그 물품은 어느 나라에서 왔는가? 여러분이 구입함으로써 누가 이득을 보는가? 여러분인가 아니면 외국 생산자인가?
2. 미국과 가난한 국가 간의 무역은 가난한 국가의 노동자에게 어떤 영향을 미친다고 생각하는가?

아서 C. 브룩스는 하버드대학교 교수이다.

출처: *New York Times*, April 12, 2015.

은 수적으로 많아서 지지를 조직화하기가 어려울 수 있다. 하지만 이웃 국가가 밀에 대한 관세 인하를 약속하고 아이소랜드가 섬유에 대한 관세를 낮춘다고 가상하자. 이 경우, 정치적 영향력이 큰 아이소랜드의 밀 농부는 이 협상을 지지하게 된다. 다자간 방식을 채택할 경우, 일방적인 방식으로는 정치적 지지를 획득할 수 없을 때도 이따금 이를 얻어낼 수 있다. ●

Quiz

7. A국은 B국으로부터 로프를 수입하며, B국의 로프 생산자는 자신의 정치적 영향력으로 인해 정부로부터 보조금을 받고 있다. A국의 관점에서 볼 때 가장 효율적인 정책은 ________.
   a. 보조금이 지급된 가격으로 무역을 계속하는 것이다.
   b. 보조금을 상쇄하기 위해서 로프 수입품에 관세를 부과하는 것이다.
   c. 자국의 로프 생산자들에게 유사한 보조금을 지급하는 것이다.
   d. B국에서 무역을 중지하는 것이다.

8. 다자간 무역협정의 목표는 일반적으로 ________.
   a. 국가 간의 관세 수준을 균등화해서, 어떤 국가도 다른 국가들에 비해 불이익을 받지 않도록 하는 것이다.
   b. 목표관세를 사용하여 국가들이 비교우위를 갖는 물품들을 생산하도록 하는 것이다.
   c. 다양한 국가들에서 관세를 동시에 인하하여 보호주의를 채택하라는 정치적 압력을 완화하는 것이다.
   d. 궁극적으로 존속 가능한 유치산업을 증진시키기 위해서만 관세가 사용되도록 하는 것이다.

해답은 이 장의 끝부분에 있다.

9-4 결론

경제학자들과 대중은 종종 국제무역에 관해 견해가 다르다. 여론조사를 보면 무역이 기회인지, 위협인지에 관해 혼재된 의견이 일반적으로 존재한다는 사실을 알 수 있다. 정치인들도 종종 이런 혼재된 판단을 반영한다. 반면에 경제학자들은 압도적으로 자유무역을 지지한다. 이들은 무역을 국내와 해외 둘 다에서 생산을 효율적으로 배분하고 생활수준을 향상시키는 방법이라고 본다.

경제학자들은 미국의 50개 주를 자유무역의 가치를 확인해주는 진행 중인 실험의 장으로 보고 있다. 미국은 역사적으로 주들 사이의 무역을 무제한적으로 허용했으며, 국가는 이런 거래를 통해 할 수 있는 특화로 인한 이득을 보았다.

플로리다주는 오렌지를 재배하고, 텍사스주는 석유를 퍼내며, 캘리포니아주는 포도주를 생산하는 등등을 한다. 사람들이 자신이 속한 주에서 생산된 물품과 서비스만을 소비할 수 있었다면, 미국인들은 오늘날 그들이 누리는 생활수준을 향유하지 못했을 것이다. 이와 유사하게 세계는 국가 간의 자유무역을 통해 이득을 본다.

무역에 관한 경제학자들의 견해를 보다 잘 이해하기 위해서 아이소랜드의 경우를 다시 생각해보자. 오픈마인디드 대통령은 최근의 여론조사 결과를 읽고 나서 자신의 경제 연구팀 보고서를 무시하고 섬유부문에서 자유무역을 허용하지 않기로 결정했다. 이 국가는 여전히 국제무역이 없는 상황에서 균형을 이루고 있다.

그러던 어느 날 어떤 아이소랜드 발명가가 매우 낮은 비용으로 섬유를 생산하는 방법을 발견했다. 하지만 생산과정은 비밀이었다. 특이한 점은 면이나 양모와 같은 전통적인 생산요소가 필요하지 않다는 것이다. 필요한 유일한 재료는 밀이다. 그리고 아주 특이하게도 밀에서 섬유를 생산하는 데 어떠한 노동력도 필요하지 않다.

발명가는 천재라는 환호를 받았다. 모든 사람들이 의복을 구입하기 때문에, 의복을 만드는 데 필요한 섬유를 더 저렴한 비용으로 생산할 경우 모든 아이소랜드 사람들의 생활수준이 향상된다. 이전에 섬유를 생산했던 노동자들은 근무하던 공장이 폐쇄되자 어려움을 겪었지만, 결국에는 다른 산업에서 일자리를 구했다. 이들 중 일부는 농부가 되어 섬유를 만드는 데 필요한 밀을 경작하게 되었다. 다른 일부는 높아진 아이소랜드의 생활수준으로 인해 새롭게 등장한 산업에서 일자리를 구했다. 사양산업에 종사했던 노동자들의 이직은 기술진보와 경제 성장을 하기 위한 불가피한 과정이었다고 이해한다.

몇 년 후, 어떤 기자가 이 신비롭고 새로운 섬유 생산 과정을 조사하기로 했다. 이 기자는 공장에 몰래 잠입하여 섬유가 전혀 생산되고 있지 않다는 사실을 알아차렸다. 섬유를 생산하는 대신에, 다른 국가에서 생산된 섬유와 교환하는 조건으로 밀을 해외로 밀수출하고 있었다. 발명가가 발견한 유일한 것은 국제무역을 통한 이득이었다. 이 기자가 진실을 폭로했을 때, 정부는 발명가가 하는 작업을 중지시켰다. 섬유가격은 상승했고, 노동자들은 섬유공장에서 다시 일자리를 구했다. 아이소랜드의 생활수준은 이전 수준으로 되돌아갔다. 발명가는 감옥에 갇히고 공개적으로 조롱을 당했다. 결국, 이 작업을 주도한 사람은 발명가가 아니라 경제학자였을 뿐이었다.

요약

- 자유무역이 미치는 영향은, 무역이 이루어지기 전의 국내 가격과 세계 가격을 비교해봄으로써 결정될 수 있다. 국내 가격이 낮다는 사실이 시사하는 바는, 그 국가가 해당 물품을 생산하는 데 비교우위를 갖고 있으며 수출국이 될 것이라는 점이다. 국내 가격이 높다는 사실이 시사하는 바는, 세계의 다른 국가들이 해당 물품을 생산하는 데 비교우위를 갖고 있으며 수입국이 될 것이라는 점이다.
- 일국이 무역을 허용하고 어떤 물품의 수출국이 될 때, 해당 물품의 생산자들은 형편이 나아지고 소비자들은 형편이 나빠진다. 일국이 무역을 허용하고 어떤 물품의 수입국이 될 때, 해당 물품의 소비자들은 형편이 나아지고 생산자들은 형편이 나빠진다. 두 경우 모두에서 무역을 통한 이득은 손실을 상회한다.
- 수입품에 부과되는 조세인 관세가 부과될 경우, 시장은 무역이 없는 경우 이루어지는 균형에 더욱 근접하게 되며 무역을 통한 이득이 감소된다. 국내 생산자들은 형편이 나아지고 정부는 관세수입을 올리지만, 소비자들이 부담하는 손실이 이러한 이득을 상회하게 된다.
- 국제무역이 시행될 경우, 비교우위에 기반한 이득 이외에 다음과 같은 편익을 얻을 수 있다. 즉, 소비자들이 선택할 수 있는 물품 다양성의 증대, 기업들이 규모의 경제를 활용할 수 있는 기회의 증가, 시장 경쟁의 증대, 더 생산적인 기업이 확장되고 덜 생산적인 기업이 축소됨에 따른 전반적인 생산성의 향상, 첨단 기술에 접근할 수 있는 용이성 증대 등의 편익을 얻게 된다.
- 무역을 제한해야 한다는 다음과 같은 주장들이 있다. 즉, 일자리를 보호해야 한다는 주장, 국가안보를 지키자는 주장, 유치산업을 도와주자는 주장, 불공정 경쟁을 방지하자는 주장, 외국의 무역제한에 대응하자는 주장 등이다. 이들 주장 중 일부는 일정 부분 설득력이 있기는 하지만, 대부분의 경제학자들은 자유무역이 일반적으로 더 나은 정책이라고 믿는다.

주요 개념

복습용 질문

1. 국제무역이 없을 때 유지되는 국내 가격은 일국의 비교 우위에 대해 무엇을 시사하는가?
2. 일국은 언제 어떤 물품의 수출국이 되는가? 언제 수입국이 되는가?
3. 수입국에 대한 공급 및 수요 도해를 그리시오. 무역이 허용되기 전의 소비자 잉여와 생산자 잉여를 식별하시오. 자유무역하에서의 소비자 잉여와 생산자 잉여를 식별하시오. 총잉여의 변화는 무엇인가?
4. 관세와 관세가 미치는 경제적 영향을 설명하시오.
5. 무역제한을 지지하는 데 종종 제시되는 다섯 가지 주장을 열거하시오. 경제학자들은 이들 주장에 어떻게 반응하는가?
6. 자유무역을 달성하기 위한 일방적 방법과 다자간 방법의 차이는 무엇인가? 각 방법의 예를 드시오.

문제와 응용

1. 포도주의 세계 가격은 무역이 없는 경우 캐나다에서 유지되었던 가격보다 더 낮다고 가정하자.
   a. 캐나다의 포도주 수입이 세계 전체 포도주 생산에서 작은 부분을 차지한다고 가정하고, 자유무역하에서의 캐나다 포도주 시장에 대한 그래프를 그리시오. 소비자 잉여, 생산자 잉여, 총잉여를 식별하고 적절한 표를 작성하시오.
   b. 유럽의 기후에 영향을 주는 멕시코 만류가 변화해서 유럽에서 생각지도 못한 추운 여름을 보냈으며, 이로 인해 유럽의 포도 수확 대부분이 피해를 입었다고 가상하자. 이런 충격은 세계 포도주 가격에 어떤 영향을 미치는가? (a)에서 작성한 그래프와 표를 이용하여, 캐나다의 소비자 잉여, 생산자 잉여, 총잉여에 미치는 영향을 보이시오. 누가 승자인가, 누가 패자인가? 전체적으로 볼 때 캐나다의 형편은 좋아지는가 아니면 나빠지는가?
2. 미국 의회가 해외 경쟁으로부터 자국의 자동차 산업을 보호하기 위해서 수입 자동차에 관세를 부과한다고 가상하자. 미국은 세계 자동차 시장에서 가격 순응자라고 가정하고 다음을 도해상에 나타내시오. 즉, 수입량의 변화, 미국 소비자들이 입는 손실, 미국 제조업체가 얻는 이득, 정부의 관세수입, 관세와 관련된 사장된 손실을 식별하시오. 소비자가 입는 손실은 세 조각, 즉 국내 생산자가 얻는 이득, 정부의 관세수입, 사장된 손실로 나눠진다. 도해를 사용하여 이들 세 조각을 식별하시오.
3. 중국의 의류산업이 확장될 경우, 세계 공급이 증대되어 의류의 세계 가격이 하락한다.
   a. 이런 가격 변화가 가령 미국과 같은 의류 수입국에서의 소비자 잉여, 생산자 잉여, 총잉여에 어떤 영향을 미치는지 적절한 도해를 그려 분석하시오.
   b. 이제는 이런 가격 변화가 가령 도미니카 공화국과 같은 의류 수출국에서의 소비자 잉여, 생산자 잉여, 총잉여에 어떤 영향을 미치는지 적절한 도해를 그려 보이시오.
   c. (a)의 답변과 (b)의 답변을 비교하시오. 유사점은 무엇인가? 차이점은 무엇인가? 어느 국가가 중국 섬유 산업의 확장을 우려해야 하는가? 어느 국가가 이를 반겨야 하는가? 설명하시오.
4. 무역을 제한하자는 주장에 대해 생각해보자.
   a. 여러분이 저가 해외 경쟁으로 곤란을 겪고 있는 기존 목재산업의 로비스트이며 의회로 하여금 무역제한 규정을 통과시키게 하려 한다고 가상하자. 이 장에서 논의한 다섯 가지 주장 중 일반적인 의회 의원들에게 가장 설득력이 있다고 생각하는 주장 두세 개는 어느 것인가? 여러분의 추론을 설명하시오.

b. 이제 여러분은 경제학을 전공한 영특한 학생이라고 가정하자. 무역을 제한하자는 모든 주장은 각각 결점이 있지만, 여러분이 볼 때 가장 경제적으로 말이 되는 것처럼 보이는 두 개 내지는 세 개의 주장을 들어 보시오. 무역을 제한하자는 주장 각각을 옹호하고 반대하는 경제적 근거를 설명하시오.

5. A국은 의류 수입을 허용하지 않는다. 무역이 없는 경우의 균형에서 티셔츠는 비용이 20달러이고 균형량은 300만 장이다. A국의 대통령은 애덤 스미스의『국부론』을 휴가 중에 읽고 나서, 자국의 시장을 국제무역에 개방하기로 결정했다. 티셔츠의 시장가격은 세계 가격인 16달러로 하락했다. A국에서 소비되는 티셔츠의 수는 400만 개로 증가한 반면에, 생산되는 티셔츠의 수는 100만 개로 감소했다.

a. 위에서 살펴본 상황을 그래프로 나타내시오. 이 그래프상에 모든 숫자들을 표기하시오.

b. 무역개방에서 비롯된 소비자 잉여의 변화, 생산자 잉여의 변화, 총잉여의 변화를 계산하시오.(요령: 삼각형의 면적은 1/2×밑변×높이라는 사실을 기억하시오)

6. 중국은 밀, 옥수수, 쌀과 같은 주요 곡물 생산국이다. 중국 정부는 곡물 수출로 국내 소비자들에 대한 식료품 가격이 상승할 것을 우려하여 몇 년 전에 곡물 수출에 조세를 부과했다.

a. 수출국의 곡물시장을 설명하는 그래프를 그리시오. 이 그래프를 출발점으로 사용하여 다음 질문에 답하시오.

b. 곡물에 대한 수출세가 국내 곡물가격에 어떤 영향을 미치는가?

c. 곡물에 대한 수출세가 국내 소비자들의 후생, 국내 생산자들의 후생, 정부의 조세수입에 어떤 영향을 미치는가?

d. 소비자 잉여, 생산자 잉여, 조세수입의 합으로 측정되는 중국의 총잉여에는 어떤 일이 발생하는가?

7. 해외로부터 물품을 수입하는 국가를 생각해보자. 다음의 각 진술이 옳은지 아니면 틀리는지 여부를 말하시오. 여러분의 대답을 설명하시오.

a. "수요의 탄력성이 커질수록, 무역을 통한 이득은 커진다."

b. "수요가 완전히 비탄력적인 경우, 무역을 통한 이득은 없다."

c. "수요가 완전히 비탄력적인 경우, 소비자들은 무역을 통한 이득을 얻지 못한다."

8. 아이소랜드 대통령은 섬유에 대한 관세(수입품에 대한 관세) 부과를 거절하고 나서, (수입 섬유와 국내산 섬유 둘 다를 포함하는) 섬유 소비에 동일한 규모의 조세를 부과하려고 지금 생각하고 있다.

a. 그림 4를 이용하여, 섬유 관세가 부과될 경우 아이소랜드의 소비량과 생산량을 식별하시오.

b. 섬유 소비세가 부과될 경우, 그림 4의 표와 유사한 표를 작성하시오.

c. 소비세 또는 관세 중에서 어느 것이 정부수입을 더 올려주는가? 어느 것이 더 작은 사장된 손실을 갖게 되는가? 설명하시오.

9. 미국이 텔레비전 수입국이며 어떠한 무역제한도 두지 않는다고 가정하자. 미국 소비자들은 연간 100만 대의 텔레비전을 구입하며, 이 중 40만 대는 국내에서 생산되고 60만 대는 수입된다.

a. 중국 텔레비전 제조업체들 사이에서 기술진보가 이루어져, 텔레비전의 세계 가격이 100달러만큼 하락했다고 가상하자. 이런 변화가 미국 소비자들의 후생, 미국 생산자들의 후생, 미국의 총잉여에 어떤 영향을 미치는지 그래프를 그려 설명하시오.

b. 가격 하락 후, 소비자들은 120만 대의 텔레비전을 구입하며, 이 중 20만 대는 국내에서 생산되고 100만 대는 수입된다. 가격 하락으로 인한 소비자 잉여의 변화, 생산자 잉여의 변화, 총잉여의 변화를 계산하시오.

c. 정부가 수입 텔레비전에 100달러의 관세를 부과하여 대응할 경우, 어떤 일이 발생하는가? 거둘 수 있는 관세수입과 사장된 손실을 계산하시오. 미국 후생의 관점에서 볼 때 이는 좋은 정책인가? 누가 이 정책을 지지할 것인가?

d. 가격 하락이 기술진보에서 비롯된 것이 아니라, 중국

정부가 자국 산업에 제공하는 텔레비전당 100달러의 보조금에서 비롯되었다고 가상하자. 이것은 여러분의 분석에 어떤 영향을 미치는가?

10. 철강을 수출하는 소국을 생각해보자. '무역 친화적인' 정부는 해외로 판매되는 철강 각 톤에 대해 일정 금액의 수출 보조금을 지급하기로 결정했다고 가상하자. 이 수출 보조금은 철강 국내 가격, 철강 생산량, 철강 소비량, 철강 수출량에 어떤 영향을 미치는가? 이것은 소비자 잉여, 생산자 잉여, 정부수입, 총잉여에 어떤 영향을 미치는가? 경제적 효율성의 관점에서 볼 때 이는 좋은 정책인가?(요령: 수출 보조금에 대한 분석은 관세에 대한 분석과 유사하다)

Quiz 해답

1. d 2. b 3. c 4. a 5. b 6. c 7. a 8. c

Part

4 공공부문 경제학

Chapter

10

외부효과

종이를 만들어 판매하는 기업들은 제조 공정에서 나오는 부산물인 다이옥신이라는 화학물질을 배출하게 된다. 과학자들에 따르면, 일단 다이옥신이 환경에 유입되면 암, 기형아, 기타 건강상의 문제들이 유발한다. 이 장에서는 가령 다이옥신과 같은 오염물질이 배출될 경우 이것이 시장분석에 어떻게 합치되는가에 대해 생각해보자.

제1장에서 살펴본 **경제학의 열 가지 원리** 중 하나는 '시장은 일반적으로 경제활동을 조직화하는 좋은 방법'이라는 것이다. 제4장부터 제9장까지는 이런 원리들을 설명했다. 즉, 경쟁시장이 희소한 자원을 어떻게 배분하는지 검토했고, 공급과 수요가 균형을 이룰 때 일반적으로 자원이 효율적으로 배분된다는 사실을 보여주었다. 애덤 스미스의 은유를 사용한다면, 시장 참여자들이 받는 총편익을 극대화할 수 있도록 '보이지 않는 손'이 매수인과 매도인을 이끌게 된다.

하지만 자유로운 시장이 만병통치약은 아니다. 보이지 않는 손

그 자체가 종이시장에 참여한 기업들이 너무 많은 다이옥신을 배출하지 않도록 막을 수는 없다. 사회는 이 문제를 해결하기 위해서 어떤 다른 방법을 모색해야 한다. 그래서 우리는 **경제학의 열 가지 원리** 중 하나인 '정부는 때때로 시장에서 이루어진 결과를 개선할 수 있다'는 원리를 생각해보아야 한다.

외부효과
어떤 사람의 행위가 제3자와 경제적 후생에 보상이 이루어지지 않은 채로 미치는 영향

이 장에서 살펴보는 시장실패는 **외부효과**(externality)라고 하는 일반적인 범주에 속한다. 외부효과는 어떤 사람이 제3자의 후생에 영향을 미치는 행위를 하고, 그런 영향에 대해 어떠한 보상도 하지 않을 때 발생한다. 제3자에게 미치는 영향이 해로울 경우 이를 **음의 외부효과**라고 한다. 유익할 경우에는 **양의 외부효과**라고 한다.

외부효과가 존재할 경우 시장에서 이루어진 결과에 대한 사회의 관심은, 시장에 참여한 매수인과 매도인의 후생을 넘어 확장되며 제3자의 후생도 포함하게 된다. 매수인과 매도인이 얼마나 많이 수요하거나 공급할지를 결정할 때, 자신들의 행동에 따른 외부효과를 고려하지 않기 때문에 시장에서 이루어진 균형은 효율적이지 않다. 다시 말해, 사회적 후생이 극대화되지 않으며 정부정책을 통해 잠재적으로 시장실패를 바로잡을 수 있다.

예를 들어 다이옥신을 외부환경으로 배출할 경우, 이는 음의 외부효과이며 중대한 사안이다. 정부 개입이 없다면 종이 생산자는 자신이 배출한 오염에 따른 전체 비용을 고려하지 않을 수 있으며, 종이 소비자는 자신이 종이 구입을 통해 가담하게 된 오염을 포함한 전체 비용을 고려하지 않을 수 있다. 정부가 잘 고안된 정책으로 개입하지 않는다면, 시장은 너무 많은 다이옥신의 배출을 허용하게 된다. 실제로, 미국 환경보호청은 다이옥신 수준을 감독하며 이의 배출을 규제하고 있다.

외부효과가 여러 유형이 있는 것처럼, 이를 처리하기 위한 정책 대응도 그러하다. 다음은 몇 가지 예들이다.

- 자동차에 의한 배기가스는 사람들이 호흡하게 될 스모그를 만들어내며 세계 기후변화를 일으키기 때문에 음의 외부효과가 된다. 운전자들이 어떤 자동차를 구입해서 얼마나 사용할지를 결정할 때 이런 외부효과를 무시하기 때문에, 너무 많이 오염을 배출하는 경향이 있다. 연방정부는 자동차에 대한 배출 기준을 설정하여 이런 문제를 해결하고자 한다. 또한 휘발유에 과세를 하고 대중교통에 보조금을 지급하며, 사람들의 운전량을 줄이기 위해 자전거 도로를 건설한다.
- 복원된 역사적 건물들은 이를 보는 사람들이 해당 건물의 아름다움과 그 건물이 전달하는 역사적 의미를 즐길 수 있기 때문에, 양의 외부효과를 제공한다. 하지만 지나가는 사람들이 느끼는 편익을 건물 소유주들은 누리지 못하므로 너무 빨리 옛 건물들을 철거하는 경향이 있다. 이런 문제를 인지한 많은 지방정부들은 역사적 건물들의 철거를 규제하고, 이를 복원한 소유주들에게 세금 감면의 혜택을 제공한다.

- 개가 짖어대는 소음은 이웃들에게 짜증을 유발하기 때문에 음의 외부효과를 초래하게 된다. 견주들은 이런 소음에 전적인 책임을 지지 않고 소음을 방지하는 데 소극적이다. 지방정부는 동네의 평화로움을 깨뜨리는 행위를 불법화하여 이런 문제를 해결하고자 한다.
- 신기술을 개발하기 위한 연구는 다른 사람들이 사용할 수 있는 지식을 창출해내기 때문에 양의 외부효과를 만들어낸다. 개별 발명자, 기업, 대학들이 자신들의 발명품에 대한 편익을 차지할 수 없다면, 그들은 연구에 별 노력을 기울이지 않을 수 있다. 연방정부는 발명자에게 제한된 기간 동안 발명품을 배타적으로 사용할 수 있게 해주는 특허제도를 통해 이 문제를 부분적으로 해결하고자 한다.
- 손님으로 북적이던 음식점들은 세계적으로 대유행하던 팬더믹의 절정기 동안 질병이 확산되는 기회를 제공함으로써 음의 외부효과를 만들어낸다. 식당 주인들은 자신들의 사업이 사회에 미치는 건강상의 영향을 무시할 수 있다. 정부는 음식점들이 (아마도 음식점 주인들과 종업원들에게 보상을 해주면서) 일시적으로 포장 주문 전용으로 전환하도록 하여 이 문제를 해결할 수 있다.

이런 모든 경우에, 사람들은 자신들의 행동에 수반되는 외부효과를 고려하지 못할 수 있다. 정부는 이들의 행동에 영향을 주어 제3자들의 이익을 보호함으로써 이에 대응한다.

10-1 외부효과와 시장 비효율성

이 절에서는 제7장에서 살펴본 후생경제학의 도구들을 사용하여 외부효과가 경제적 후생에 어떤 영향을 미치는지 검토할 것이다. 이 분석을 통해, 외부효과로 인해서 시장이 자원을 비효율적으로 배분하는 이유를 알 수 있다. 이후의 절들에서는 사적 개인과 공공정책 입안자가 이런 종류의 시장실패를 바로잡는 방법들을 살펴볼 것이다.

10-1a 후생경제학: 요약

철강시장의 예를 통해 제7장에서 검토했던 후생경제학의 핵심 내용을 다시 살펴보도록 하자. 그림 1은 철강시장의 공급곡선과 수요곡선을 보여준다.

제7장에서는 공급곡선과 수요곡선이 비용과 편익에 관한 중요한 정보를 포함한다는 사실을 알 수 있었다. 수요곡선은 소비자들이 철강에 지불하려는 의지로 측정된 철강의 가치를 보여준다. 각 수량에서 수요곡선의 높이는 한계 매수인의 지불하려는 의지를 나타낸다. 다시 말해, 그것은 구입한 마지막 철강에 대해 소비자가 갖는 가치를 의

그림 1

철강시장

수요곡선은 매수인이 갖는 가치를 반영하며, 공급곡선은 매도인이 부담하는 비용을 반영한다. 균형량 $Q_{시장}$은 매수인이 갖는 총가치에서 매도인이 부담하는 총비용을 감한 차이를 극대화한다. 외부효과가 없는 경우 시장균형이 효율적이다.

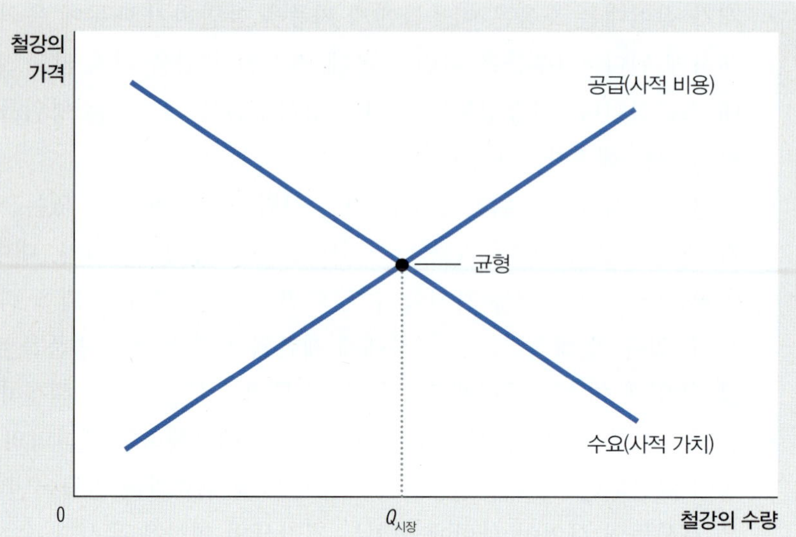

미한다. 이와 유사하게 공급곡선은 철강의 생산비용을 반영한다. 각 수량에서 공급곡선의 높이는 한계 매도인의 비용을 나타낸다. 다시 말해, 한계 매도인의 비용은 판매된 마지막 철강에 대해 생산자가 부담하는 비용을 의미한다.

가격이 조정되어 철강에 대한 공급과 수요가 균형을 이룬다. 그림 1에서 $Q_{시장}$으로 나타낸 시장균형에서의 생산량과 소비량은, 생산자 잉여와 소비자 잉여의 합을 극대화한다는 의미에서 효율적이다. 즉, 시장은 철강을 구입하여 사용하는 소비자가 갖는 총가치에서 철강을 만들어 판매하는 생산자가 부담하는 총비용을 감한 차이를 극대화하는 방법으로 자원을 배분한다.

10-1b 음의 외부효과

이제 철강공장이 오염을 배출한다고 가상하자. 즉, 생산되는 철강 각 단위에 대해 일정량의 매연이 대기로 배출된다. 이런 배출로 인해 건강 및 기후 위험이 발생하기 때문에, 이는 음의 외부효과가 된다. 이런 외부효과는 시장 효율성에 어떤 영향을 미치는가?

외부효과로 인해, 철강을 생산하는 데 따라 사회가 부담해야 하는 비용은 철강 생산자가 부담하는 비용을 초과한다. 생산되는 철강 각 단위에 대해, **사회적 비용**은 철강 생산자가 부담하는 사적 비용과 매연 배출에 따라 피해를 입는 제3자가 부담하는 비용을 합산한 것이다. 그림 2는 철강 생산에 따른 사회적 비용을 보여준다. 사회적 비용 곡선은, 철강 생산으로 인해 사회가 부담해야 하는 외부비용을 고려하기 때문에 공급곡선 위에 위치한다. 이들 두 곡선의 차이는 배출되는 오염의 비용을 나타낸다.

"선도적인 제조업체가 되기 위해 선도적인 오염업체가 되어야 한다면, 할 수 없지 뭐."

철강을 얼마나 생산해야 하는가? 남을 배려할 줄 아는 사회 계획 입안자들로 구성된

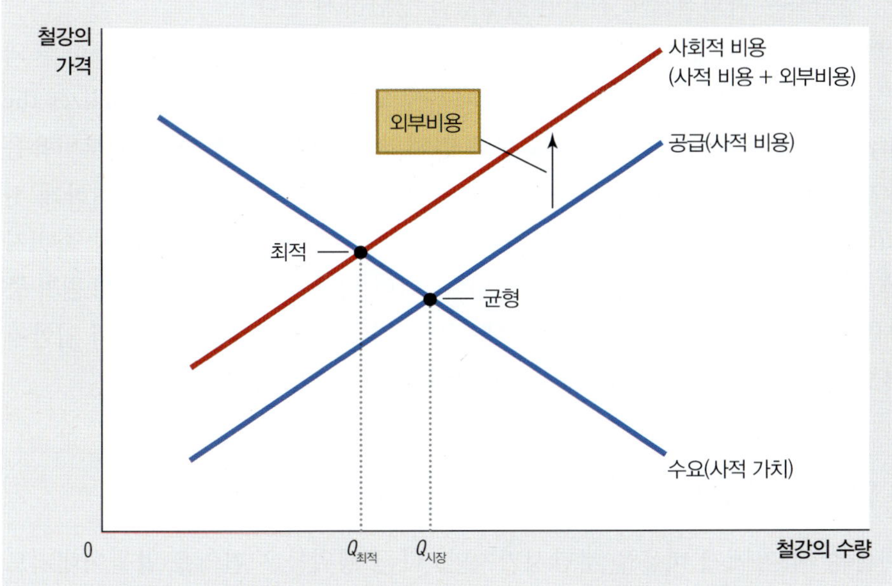

그림 2

오염과 사회적 최적

오염처럼 음의 외부효과가 존재하는 경우, 해당 물품의 사회적 비용이 사적 비용을 초과하게 된다. 따라서 최적량 $Q_{최적}$은 균형량 $Q_{시장}$보다 더 적다.

위원회가 어떤 일을 할지 생각해보자. 이들 계획 입안자는 시장에서 얻을 수 있는 총잉여, 즉 철강 소비자가 얻는 이득에서 이를 생산하는 데 따른 비용을 감한 차이를 극대화하고자 할 수도 있다. 하지만 이들은 포괄적으로 생각하며, 철강을 생산하는 비용에 오염에 따른 외부비용이 포함되어야 한다고 생각한다.

사회 계획 입안자는 수요곡선이 사회적 비용 곡선과 교차하는 점에서의 생산수준을 선택하게 된다. 이 교차점에서 사회 전체의 관점에서 볼 때 최적인 철강 생산량이 결정된다. 이 생산수준보다 낮은 경우, 소비자가 얻는 철강의 가치(수요곡선의 높이로 측정된다)가 철강 생산에 따른 사회적 비용(사회적 비용 곡선의 높이로 측정된다)을 초과한다. 이 생산수준보다 높은 경우, 추가적으로 철강을 생산하는 데 따른 사회적 비용이 소비자가 얻는 가치를 초과한다.

시장에서 이루어진 철강의 균형량 $Q_{시장}$은 사회적 최적량 $Q_{최적}$보다 많다는 사실에 주목하자. 시장에서 이루어진 균형은 사적 생산비용만을 반영하기 때문에 이런 비효율성이 발생한다. 시장에서 이루어진 균형에서, 한계적 소비자는 철강을 생산하는 데 따른 사회적 비용보다 더 적게 철강에 가치를 둔다. 즉, $Q_{시장}$에서 수요곡선은 사회적 비용 곡선보다 아래에 위치한다. 시장에서 이루어진 균형수준 아래로 철강 생산과 소비를 낮출 경우, 총 경제적 후생이 증대된다.

사회 계획 입안자는 최적의 결과를 어떻게 달성할 수 있을까? 한 가지 방법은 판매되는 철강 각 톤에 대해 철강 생산자에게 과세하는 것이다. 과세로 인해 공급곡선은 조세규모만큼 위쪽으로 이동한다. 조세가 대기로 배출되는 오염물질의 외부비용을 정확하게 반영할 경우, 새로운 공급곡선은 사회적 비용 곡선과 일치한다. 새로운 시장균형에서, 철강 생산자는 사회적으로 최적인 철강량을 생산하게 된다.

외부효과를 내부화하기
사람들이 자신들의 행동에 따른 외부효과를 고려하도록 유인을 변경시키는 것

경제학자들은 이런 조세가 시장에 있는 매수인과 매도인에게 자신의 행동에 따른 외부효과를 고려하도록 하는 유인을 제공하기 때문에 외부효과를 내부화(internalizes the externality)한다고 본다. 본질적으로, 조세로 인해 철강 생산자들은 이런 외부비용을 지불하기 때문에 철강을 얼마나 공급할지 결정할 때 오염에 따른 비용을 고려하게 된다. 그리고 시장가격이 생산자들에게 부과되는 조세를 반영하기 때문에, 철강 소비자들은 이를 더 적게 구입하려는 동기를 갖게 된다. 이런 정책은 경제학의 열 가지 원리 중 하나인 '사람들은 유인에 반응한다'는 원리에 기반한다. 이 장 뒷부분에서 정책 입안자들이 외부효과를 어떻게 처리할 수 있는지에 대해 좀 더 자세히 논의할 것이다.

10-1c 양의 외부효과

일부 행위들은 제3자에게 비용을 부담시키지만, 다른 행위들은 편익을 만들어내기도 한다. 교육을 생각해보자. 대체로 교육에 따른 편익은 사적이다. 엄격하게 금전적으로만 본다면, 교육의 소비자들은 더 생산적인 근로자가 돼서 더 높은 임금의 형태로 많은 편익을 받게 된다. 이 밖에 교육은 사람들의 지평을 넓혀서 다재다능해지도록 도와준다. 하지만 교육은 이런 사적 편익을 넘어 양의 외부효과도 창출해낸다. 그중 하나는 더 교육을 받은 사람들이 더 많은 정보를 갖고 있는 유권자가 되며, 모든 사람들이 더 나은 정부를 선택하도록 한다는 것이다. 또 다른 하나는 더 교육을 받은 사람들이 기술진보의 발전과 확산을 촉진해서, 모든 사람들이 더 높은 생산성과 임금을 향유하도록 한다는 것이다. 이런 외부효과가 발생할 경우 사람들은 잘 교육받은 이웃을 갖고자 한다.

양의 외부효과에 대한 분석은 음의 외부효과에 대한 분석과 유사하다. 그림 3이 보여주는 것처럼, 수요곡선은 해당 물품에 대해 사회가 갖는 가치를 반영하지 못한다. 사회적 가치가 사적 가치를 초과하기 때문에, 사회적 가치 곡선은 수요곡선보다 위에 위치한다. 최적량은 사회적 가치 곡선과 공급곡선이 교차하는 점에서 결정된다. 사회적으로 최적인 수량은 사적 시장이 외부편익을 고려하지 않고 도달하게 되는 수량을 초과한다. 다시 말해, 외부 개입이 없다면 시장은 너무 적은 교육을 산출하게 된다.

다시 한번, 정부는 시장 참여자들이 외부효과를 내부화하도록 하여 시장실패를 바로잡을 수 있다. 양의 외부효과를 다루는 적절한 정책은 음의 외부효과에 대한 정책과 정반대이다. 시장균형을 사회적 최적에 좀 더 근접시키기 위해, 양의 외부효과는 보조금을 필요로 한다. 사실 보조금은 정부가 따르는 정책이기도 하다. 즉, 교육은 공립학교, 정부 장학금, 조세 감면의 형태로 많은 보조금을 받고 있다.

이를 요약하면 다음과 같다. **음의 외부효과가 존재하는 경우, 시장은 사회적으로 바람직**

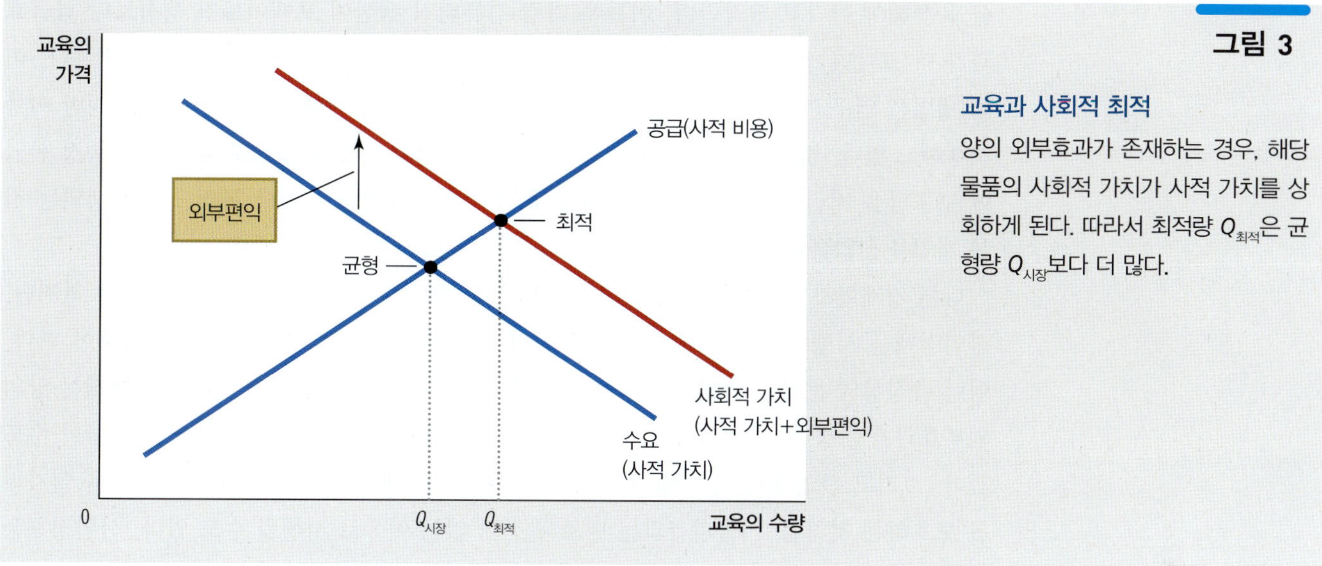

그림 3

교육과 사회적 최적
양의 외부효과가 존재하는 경우, 해당 물품의 사회적 가치가 사적 가치를 상회하게 된다. 따라서 최적량 $Q_{최적}$은 균형량 $Q_{시장}$보다 더 많다.

한 수량보다 많이 생산한다. 양의 외부효과가 존재하는 경우, 시장은 사회적으로 바람직한 수량보다 적게 생산한다. 이런 문제를 바로잡기 위해, 정부는 음의 외부효과가 있는 물품에 조세를 부과하고, 양의 외부효과가 있는 물품에 보조금을 지급하여 외부효과를 내부화할 수 있다.

기술파급, 산업정책, 특허보호

잠재적으로 중요한 양의 외부효과로 **기술파급**을 들 수 있다. 이것은 어떤 기업의 연구 및 생산 노력이 다른 기업의 기술진보 접근성에 미치는 영향을 말한다.

산업용 로봇시장을 생각해보자. 로봇은 나날이 변하는 최첨단 기술분야이다. 기업이 로봇을 만들 때는 언제나 새롭고 개선된 설계를 발견할 기회가 있다. 새로운 설계는 기술 지식이 모이는 집합지로 유입되기 때문에, 해당 기업만이 아니라 사회의 다른 기업에도 편익을 줄 수 있다. 즉, 새로운 설계는 다른 생산자들에게 양의 외부효과를 창출할 수 있다.

이 경우, 정부는 로봇 생산에 보조금을 지급하여 외부효과를 내부화할 수 있다. 정부가 기업이 생산한 각 로봇에 보조금을 지급할 경우, 공급곡선은 보조금만큼 아래로 이동하며 이로 인해 로봇시장에서의 균형량이 증가하게 된다. 시장에서 이루어진 균형이 사회적 최적과 동일해지도록, 보조금은 기술파급의 가치와 동일해야만 한다.

기술파급은 얼마나 크며, 공공정책에 어떤 의미가 있는가? 기술진보는 시간이 지나면서 생활수준을 향상시키는 주요 요인이기 때문에, 이 질문은 매우 중요하다. 하지만 경제학자들이 종종 의견 일치를 보지 못하는 어려운 질문이기도 하다.

일부 경제학자들은 기술파급이 널리 퍼져 나가야 하며 정부는 파급효과가 가장 큰 산업을 육성해야 한다고 생각한다. 이들은 가령 컴퓨터칩 생산이 포테이토칩 생산보다 파급효과가 더 크다면 정부가 포테이토칩 생산보다 컴퓨터칩 생산을 육성해야 한다고 믿는다. 미국 세법은 연구 개발에 대한 지출액에 특별 조세 감면을 실시하여 제한된 방법이지만 이를 시행하고 있다. 몇몇 국가는 더 나아가 대규모 기술파급이 있을 것으로 생각되는 특정 산업에 보조금을 지급하기도 한다. 기술향상에 기여하는 산업을 육성할 목적으로 시행되는 정부 개입을 **산업정책**이라고도 한다.

다른 경제학자들은 산업정책에 회의적이다. 기술파급이 일반적으로 발생하기는 하지만, 산업정책을 시행하려면 정부가 상이한 여러 시장에서 파급효과의 규모를 측정해야 한다. 이런 측정상의 문제는 잘해도 어렵다. 정확한 측정을 할 수 없다면, 결국 정치 체제는 양의 외부효과가 가장 큰 산업이 아니라 정치적 영향력이 가장 큰 산업에 보조금을 지급할 수도 있다. 그리고 산업정책은, 가령 외국과의 경쟁으로 인해 그렇지 않았다면 사라졌을 일자리를 보호하는 것처럼, 기술파급과는 별로 관련이 없는 이유로 시행될 수도 있다. 산업정책은 사회의 자원을 가장 생산적으로 사용하는 방법이 아닐 수 있다.

기술파급을 다루는 또 다른 방법은 특허 보호제도이다. 특허법은 발명품을 제한된 기간에 배타적으로 사용할 수 있도록 하여 발명자의 권한을 보호한다. 기업이 획기적인 아이디어를 내어 특허를 취득할 경우, 배타적으로 많은 경제적 편익을 차지할 수 있다. 특허제도는 기업에 발명품에 대한 **재산권**을 주어 외부효과를 내부화한다. 다른 사람들이 해당 기술을 사용하고자 하면, 발명한 기업에 허가를 받고 사용료를 지불해야 한다. 이 제도는 완벽하지 않다. 특허권자가 부과하는 사용료로 인해 새로운 기술의 파급이 느려진다. 하지만 특허제도는 기업이 연구와 기술을 발전시키는 기타 활동에 매진하도록 하는 더 큰 유인을 제공한다. ●

Quiz

1. 다음 중 어느 것이 양의 외부효과에 해당하는가?
   a. 현준이는 동하의 잔디를 깎아주고 그 대가로 100달러를 받았다.
   b. 현준이가 사용하는 잔디 깎는 기계는 매연을 배출하고, 동하의 이웃인 서현이는 이 매연을 들이마신다.
   c. 동하네 잔디를 새로 깎자 동네가 훨씬 좋아졌다.
   d. 동하의 이웃인 서현이는 동하가 자기 집 잔디를 잘 손질할 경우 돈을 지불하겠다고 제의한다.

2. 어떤 물품이 생산되어 음의 외부효과가 발생한 경우, 사회적 비용 곡선은 공급곡선 __________ 위치하며, 사회적으로 최적인 양은 균형량보다 __________.
   a. 위에; 더 많다.
   b. 위에; 더 적다.
   c. 아래에; 더 많다.
   d. 아래에; 더 적다.

해답은 이 장의 끝부분에 있다.

10-2 외부효과에 대한 공공정책

외부효과로 인해 시장이 자원을 비효율적으로 배분하는 이유를 살펴보았지만, 이런 비효율성이 어떻게 개선될 수 있는지에 대해서는 간단하게 언급하는 데 그쳤다. 실제로, 공공정책 입안자와 사적인 개인은 둘 다 다양한 방법으로 외부효과에 대응한다. 이런 개선책들은 모두 자원 배분을 사회적 최적에 더 근접시키려는 목표를 가진다.

이 절에서는 정부의 해법을 살펴보도록 하자. 일반적으로 보면, 정부는 다음과 같은 두 가지 중 한 가지 방법으로 외부효과에 대응할 수 있다. **명령 및 제어정책**은 행동을 직접적으로 규제하는 반면에, **시장기반 정책**은 유인을 제공하여 사적인 의사 결정자들이 스스로 문제에 대한 해법을 강구하도록 한다. 당연히, 경제학자들은 명령 및 제어정책이 이따금 필요하다는 것은 인정하지만 시장기반 정책을 선호하는 경향이 있다.

10-2a 명령 및 제어정책: 규제

정부는 어떤 행위를 요구하거나 금지함으로써 외부효과를 개선할 수 있다. 예를 들어 유독한 화학물질을 상수원에 내버리는 것은 범죄이다. 이 경우, 사회에 대한 외부비용이 오염시키는 자가 얻는 편익을 훨씬 초과한다. 따라서 정부는 이런 행위를 전면 금지하는 명령 및 제어정책을 시행하게 된다.

하지만 오염이 발생하는 상황은 대체로 이처럼 단순하지 않다. 일부 환경보호주의자들이 말하는 목표에도 불구하고, 모든 오염활동을 금지시키는 것은 불가능하다. 예를 들면 실제로 모든 형태의 운송수단, 심지어 말까지도 바람직하지 않은 부산물을 만들어낸다. 하지만 정부가 모든 운송수단을 금지시키는 것은 아무런 의미가 없다. 사회는 오염을 완전히 근절하는 대신에 비용과 편익을 따져서, 허용할 오염의 종류와 수량을 결정해야 한다. 미국 환경보호청은 환경을 보호하기 위해 규제를 개발하여 시행하는 임무를 맡은 정부기관이다.

환경 규제는 많은 형태를 취할 수 있다. 미국 환경보호청은 어떤 공장이 배출할 수 있는 최대 오염수준을 지정할 수 있다. 이따금 배출을 낮출 수 있는 특정 기술을 채택하도록 기업에 요구하기도 한다. 모든 경우에 정부 규제기관은 좋은 규정을 만들기 위해 특정 산업과 산업에서 채택할 수 있는 대안적인 기술에 대한 세부적인 사항을 알아야 한다. 정부 규제기관이 이런 정보를 얻기는 어려울 수 있다. 이익을 추구하는 산업들은 (일반적인 사회

경제 패널 **코로나 백신**

"예방 접종으로 인한 양의 외부효과를 감안해볼 때, 효과적인 코로나 19 백신은 (유아와 면역력이 저하된 사람들처럼 건강상 예외가 되는 사람들을 제외하고) 모든 미국 거주자에게 의무적으로 접종하고 연방정부가 비용을 부담해야 한다."

경제학자들의 의견

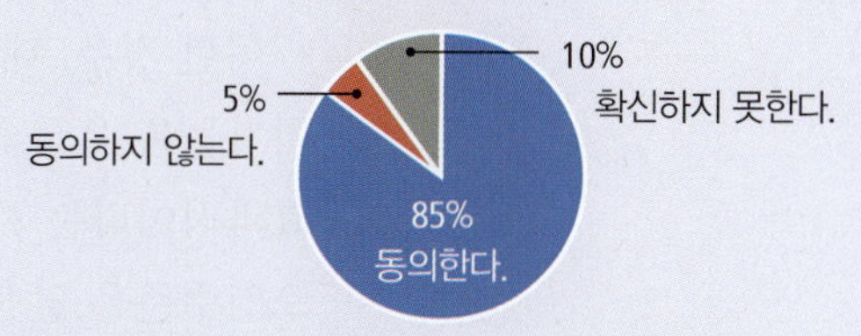

출처: IGM Economic Experts Panel, June 23, 2020.

적 책임의식에서 하는 것 이외에) 자신들이 알고 있는 지식과 기술을 공유할 이유가 거의 없다. 오히려 이들은 생산활동으로 발생하는 건강에 유해한 영향을 숨기고 친환경 기술로 전환하는 데 따른 비용을 과장하려는 유인을 종종 가진다.

10-2b 시장기반 정책 1: 교정세와 보조금

교정세
사적 의사 결정자가 음의 외부효과로 인해 발생하는 사회적 비용을 고려하도록 유도하기 위해 고안된 조세

정부는 외부효과에 대응하여 행동을 규제하는 대신에, 시장기반 정책을 실시하여 사적 유인을 사회적 효율성에 맞추어 조정할 수 있다. 예를 들어 앞에서 살펴본 것처럼 정부는 음의 외부효과를 갖는 행동에 조세를 부과하고, 양의 외부효과를 갖는 행동에 보조금을 지급하여 외부효과를 내부화할 수 있다. 음의 외부효과가 미치는 영향을 다루기 위해 부과되는 조세를 교정세(corrective tax)라고 한다. 이런 조세를 사용하도록 일찍부터 주장했던 경제학자 아서 피구(Arthur Pigou, 1877~1959)의 이름을 따서 **피구세**라고도 한다. 이상적인 교정세는 음의 외부효과를 갖는 행동으로 인해 발생하는 외부비용과 같아야 하며, 이상적으로 볼 때 교정하는 보조금은 양의 외부효과를 갖는 행동으로 인해 발생하는 외부편익과 같아야 한다.

경제학자들은 보통 오염을 줄이는 방법으로 규제보다 교정세를 선호하는데, 왜냐하면 더 낮은 사회적 비용으로 오염을 낮출 수 있기 때문이다. 그 이유를 알아보기 위해 다음과 같은 예를 생각해보자.

두 개 공장, 즉 제지공장과 제철소가 각각 해마다 질척한 오염물질 500톤을 강에 방출하고 있다고 가상하자. 나아가 가상의 두 공장에서 배출되는 오염물질이 동일하며, 소량일 때는 문제가 없지만 양이 많아지면 위험하다고 가정하자. 환경보호청은 방출량을 줄이고자 다음과 같은 두 가지 해법을 고려 중이다.

- **규제**: 각 공장이 배출하는 질척한 오염물질의 양을 연간 300톤까지 낮추라고 요구한다.
- **교정세**: 각 공장이 배출하는 질척한 오염물질에 대해 톤당 50,000달러의 조세를 부과한다.

규제는 오염수준을 지시하고 명령하는 반면에, 조세는 공장 소유주들에게 오염을 낮출 유인을 제시한다. 여러분은 어느 해법이 더 낫다고 생각하는가?

이런 경우, 대부분의 경제학자들은 조세를 선호한다. 그 이유를 설명하기 위해, 경제학자들은 우선 조세가 다양한 오염의 수준을 전반적으로 낮추는 데 규제와 마찬가지로 효과적이라는 사실을 지적한다. 환경보호청은 조세를 적정 수준으로 부과하여 원하는 오염수준을 달성할 수 있다. 조세가 높을수록, 오염의 감소는 더욱 커진다. 조세가 아주 높을 경우, 공장들이 완전히 폐쇄되어 오염수준은 영이 된다.

CHRONICLE/ALAMY STOCK PHOTO

아서 피구

규제와 교정세는 둘 다 다양한 오염을 낮출 수 있지만, 조세가 이 목표를 좀 더 효율적으로 달성할 수 있다. 왜냐하면 규제를 선택할 경우 각 공장이 오염을 동일한 양으로 감소시켜야 하는데, 이것이 반드시 수질을 정화하는 가장 저렴한 방법은 아니기 때문이다. 제지공장이 제철소보다 더 낮은 비용으로 오염을 낮출 수 있을지 모른다. 만일 그렇다면 제지공장은 조세를 피하기 위해서 오염을 대폭 감소시켜 조세에 대응하는 반면에, 제철소는 오염을 덜 낮추고 조세를 납부하게 된다.

본질적으로, 교정세는 오염배출권에 가격을 매긴다. 여러분이 경제학자들이 생각하는 방식에 익숙하지 않을 경우, 이 해법은 이상하게 보일 수 있다. 하지만 시장이 어떤 물품에 가장 높은 가치를 두는 매수인에게 해당 물품을 배분하는 것처럼, 교정세도 오염을 낮추는 데 가장 높은 비용이 소요되는 공장에 오염배출권을 배분한다. 이런 유연한 수단을 활용하여, 환경보호청은 가장 낮은 총비용으로 각 오염배출 수준을 달성할 수 있다.

경제학자들은 또한 교정세가 환경에 대해 종종 더 나은 방법이라고 주장한다. 명령 및 제어정책인 규제하에서, 공장은 목표치인 오염물질 300톤을 일단 달성하게 되면 오염배출을 낮출 이유가 없다. 반면에 조세의 경우 청정기술이 자신들이 납부해야 하는 조세금액을 낮추어줄 수 있기 때문에 공장에 청정기술을 개발하도록 하는 유인을 제공하게 된다.

교정세는 대부분의 다른 조세와 다르다. 제8장에서 살펴본 것처럼, 대부분의 조세는 유인을 왜곡하고 자원 배분을 사회적 최적 상태에서 벗어나게 한다. 경제적 후생, 즉 소비자 잉여와 생산자 잉여의 감소가 정부가 올린 조세 수입액을 상회하게 되어, 사장된 손실이 발생한다. 하지만 외부효과가 존재할 때 사회는 제3자의 후생도 고려해야 한다. 교정세는 시장 참여자들에게 올바른 유인을 제시한다. 즉 이들 조세는 외부효과를 내부화하여 자원 배분이 사회적 최적에 좀 더 근접하게 한다. 교정세는 정부수입을 올리고 경제적 효율성을 향상시킨다.

휘발유에 조세가 무겁게 부과되는 이유는 무엇인가?

많은 국가에서 휘발유는 가장 무겁게 과세되는 품목에 속한다. 휘발유세는 운전과 관련된 다음과 같은 세 가지 음의 외부효과를 시정하기 위해 부과되는 교정세라고 볼 수 있다.

- **대기오염**: 자동차의 배기가스 배출로 매연이 발생하는데, 이는 심장병과 폐질환 위험을 높인다. 이 밖에 휘발유와 같은 화석연료의 연소는 지구 기후변화의 주요 원인이 된다. 휘발유세는 휘발유 소비를 억제하여 이런 부작용을 줄일 수 있다.
- **교통혼잡**: 도로에서 운행되는 자동차의 수가 감소할 경우, 도로에 자동차가 꽉 차 있

는 혼잡한 상황이 완화될 수 있을 것이다. 휘발유세로 인해 사람들이 대중교통을 이용하고, 자전거를 타며, 좀 더 자주 카풀을 이용하고 직장 근처에 거주함으로써 교통 혼잡이 줄 수 있다.

- **교통사고:** 사람들이 대형차나 스포츠 유틸리티 차량(SUV)을 구입할 경우, 자신들은 더 안전해질 수 있지만 근처에 있는 사람들을 위험에 빠뜨릴 수 있다. 소형차를 운전하는 사람은 소형차와 충돌할 경우보다 대형차나 스포츠 유틸리티 차량과 충돌할 때 다칠 확률이 훨씬 더 높다. 휘발유세는 휘발유가 많이 소비되는 대형차로 인해 다른 사람들이 위험에 빠질 때 대형차 소유주로 하여금 대가를 지불하도록 하는 간접적인 방법이다. 휘발유세를 통해 사람이 어떤 자동차를 구입할지 선택할 때 이런 위험을 고려하도록 유도한다.

휘발유세는 대부분의 조세처럼 사장된 손실을 유발하지 않으면서, 경제가 더 잘 작동되도록 한다. 이것이 의미하는 바는 대기환경이 더 깨끗해지고, 교통혼잡이 완화되며, 도로상에서의 안전이 강화된다는 것이다.

휘발유에 얼마나 높은 조세가 부과되어야 하는가? 대부분의 유럽 국가들은 미국보다 훨씬 더 높은 휘발유세를 부과한다. 시장을 관찰하는 많은 사람들은 미국도 휘발유에 더 높은 과세를 해야 한다고 본다. 경제학술지 「Journal of Economic Literature」에 발표된 2007년 논

문은 운전과 관련된 다양한 외부효과의 규모에 관한 연구를 요약해서 보여주었다. 이 논문에 따르면, 휘발유에 대한 최적의 교정세는 2005년 가격 기준으로 갤런당 2.28달러였으며, 인플레이션에 대한 조정을 거친 후 해당 액수는 2021년 가격 기준으로 갤런당 약 3.20달러가 된다고 보았다. 반면에, 2021년 미국의 실제 휘발유세는 갤런당 55센트에 불과했다.

휘발유세 인상을 통해 얻은 조세수입은, 예를 들면 소득세처럼 유인을 왜곡하고 사장된 손실을 만들어내는 조세를 인하하는 데 사용될 수 있다. 이 밖에 자동차 소비자들이 올바른 유인에 직면하게 되므로, 전기 자동차에 대한 정부 보조금처럼, 자동차 업체에 보다 연료효율적인 자동차를 생산하도록 요구하는 정부 규제가 불필요해질 수도 있다. 하지만 휘발유세 인상은 정치적으로 환영받는 정책이 결코 아니다. ●

10-2c 시장기반 정책 2: 오염배출권 거래제도

제지공장과 제철소의 예로 돌아와서, 경제학자들의 조언에도 불구하고 환경보호청은 규제방식을 채택하여 각 공장이 질척한 오염물질 배출을 연간 300톤으로 낮추도록 요구했다. 규제가 실시되었고 두 공장이 모두 이를 준수하고 난 후 어느 날, 이들 두 기업은 한 가지 제안을 갖고 환경보호청을 방문했다. 제철소는 오염물질 배출을 300톤에서 400톤으로 증가시키고자 한다. 반면에, 제지공장은 제철소가 500만 달러를 지불한다면 오염물질 배출을 300톤에서 200톤으로 감소시키는 데 합의할 수 있다. 오염물질 총배출량은 그대로 600톤이다. 환경보호청은 두 공장이 이 거래를 성사시키도록 허용해야 하는가?

경제적 효율성의 관점에서 볼 때, 대답은 긍정적이다. 이 거래를 통해 두 공장 소유주들의 형편이 나아진다. 결국에 이들은 자발적으로 합의를 하게 된다. 나아가, 총오염량이 동일하기 때문에 이 거래로 인해 어떠한 외부효과도 발생하지 않는다. 그러므로 제지공장이 자신의 오염배출권을 제철소에 판매함으로써, 사회적 후생은 증대된다.

기업에서 기업으로 오염배출권을 자발적으로 이전하는 어떤 경우이든 이와 동일한 논리가 적용된다. 본질적으로, 환경보호청이 기업들로 하여금 이런 거래를 할 수 있도록 허용할 경우, 새로운 희소 자원 즉 오염배출권을 창출하게 된다. 이런 오염배출권을 거래하는 시장이 형성되고, 그 시장은 공급과 수요의 상호작용에 의해 운영된다. 보이지 않는 손이 작동하여 이 새로운 시장은 오염배출권을 효율적으로 배분한다. 즉, 오염배출권은 지불하려는 의지에 기반해 가장 큰 가치를 두는 사람들의 손으로 결국 들어가게 된다. 오염배출권에 대해 지불하려는 기업의 의지는 이제 오염 감축에 소요되는 비용에 의존한다. 즉, 기업은 오염을 감축시키는 데 더 많은 비용이 소요될수록 오염배출권에 대해 더 많이 지불하고자 한다.

오염배출권 시장을 허용하는 데 따른 이점은, 기업들 사이의 최초 오염배출권 배분이 경제적 효율성 관점에서 볼 때 중요하지 않다는 것이다. 낮은 비용으로 오염을 낮출 수 있는 기업은 자사가 갖고 있는 어떠한 오염배출권이든 판매할 것인 반면에, 높은 비용을 들여야만 오염을 낮출 수 있는 기업은 자사에 필요한 어떠한 오염배출권이든 구매할 것이다. 오염배출권 시장이 존재한다면, 최종 배분은 최초 배분에 관계없이 효율적이 된다.

오염배출권은 교정세와 매우 상이한 것처럼 보이지만, 이들 두 정책은 공통점이 많다. 두 경우 모두에서 기업은 자사가 배출한 오염에 대가를 지불한다. 교정세하에서, 오염을 배출한 기업은 정부에 조세를 납부해야 한다. 오염배출권하에서, 오염을 배출하려는 기업은 오염배출권을 구입해야 한다.(이미 오염배출권을 보유한 기업은 공개시장에서 자사의 배출권을 판매할 수 있는데 오염을 배출함으로써 그 수익을 포기하고 이로 인해 기회비용이 발생한다는 의미에서, 이들도 오염을 배출하려면 대가를 지불해야 한다고 볼 수 있다) 경제학 용어로 표현한다면, 교정세와 오염배출권은 둘 다 기업이 오염을 배출하는 데 비용이 들게 함으로써 오염의 외부효과를 내부화한다고 볼 수 있다.

이들 두 정책의 유사점은 오염배출권에 대한 시장을 생각해보면 알 수 있다. 그림 4(a) 및 (b)는 오염배출권에 대한 수요곡선을 보여준다. 이 곡선에 따르면 오염가격이

그림 4 **교정세와 오염배출권의 등가성**

(a)에서는 환경보호청이 교정세를 부과하여 오염가격을 설정하고, 수요곡선을 활용하여 오염량을 결정한다. (b)에서는 오염배출 허가증의 수를 제한하며, 오염량을 제한하고, 수요곡선을 활용하여 오염가격을 결정한다. 오염가격과 오염량은 두 경우 모두에서 동일해진다.

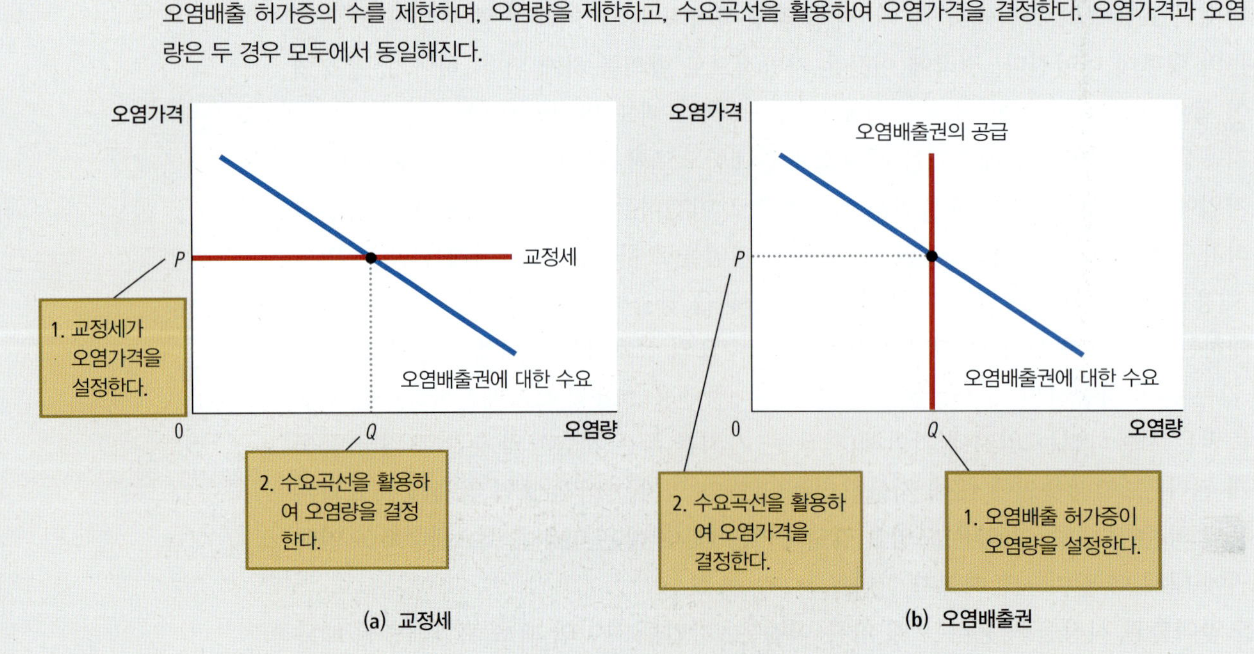

낮아질수록 기업들은 더 많이 오염을 하게 된다. 그림 4(a)에서 환경보호청은 교정세를 사용하여 오염가격을 설정한다. 이 경우 오염배출권의 공급곡선은 (기업은 조세를 납부함으로써 원하는 만큼 오염을 배출할 수 있으므로) 완전히 탄력적이며, 수요곡선이 오염량을 결정한다. 그림 4(b)에서 환경보호청은 오염배출 허가증을 발행함으로써 오염량을 설정한다. 이 경우 오염배출권의 공급곡선은 (오염량이 허가증의 수에 따라 결정되므로) 완전히 비탄력적이며, 수요곡선이 오염가격을 결정한다. 환경보호청은 교정세로 가격을 설정하거나 또는 오염배출 허가증으로 수량을 설정하여 수요곡선상의 어떠한 가격이든 달성할 수 있다.

하지만 오염배출권에 대한 수요곡선이 불확실하다면, 오염배출 허가증의 판매와 교정세 부과 중에서 어느 것을 선택할지가 중요해진다. 환경보호청은 강에 버려지는 오염물질이 600톤을 초과하지 않기를 원한다고 가상하자. 그러나 환경보호청은 수요곡선을 알지 못하기 때문에, 이 목적에 부합하기 위해서 조세규모가 얼마나 되어야 하는지 확신하지 못한다. 이 경우, 환경보호청은 600톤에 해당하는 오염배출 허가증을 경매에 부칠 수 있다. 이를 통해 결정된 경매가격이 환경보호청의 목표에 부합하는 교정세가 될 수 있다. 반면에, 환경보호청은 오염의 외부비용이 오염물질 톤당 50,000달러라는 사실을 알고 있지만, 해당 공장이 이 가격에서 얼마나 많은 오염물질을 배출할지 확신하지 못한다고 가상하자. 이 경우, 환경보호청은 교정세를 톤당 50,000달러로 설정하고 시장에서 오염량이 결정되도록 하여 효율적인 결과를 달성할 수 있다.

정부가 오염배출권을 경매에 부치는 방식은 처음에 일부 경제학자들의 생각에서 비롯되었으리라 여겨진다. 그리고 사실 그렇게 시작되었다. 하지만 환경보호청은 오염을 제어하는 데 점점 더 많이 이 방식을 사용한다. 주목할 만한 성공사례는 산성비의 주요 원인인 이산화황(SO_2)의 경우였다. 1990년에 미국 대기환경보전법 개정안은 발전소들로 하여금 이산화황 배출을 대폭 낮추도록 요구했다. 동시에, 이 개정안은 발전소들이 이산화황 허용량을 거래할 수 있는 제도를 마련했다. 처음에는 업계 대표자와 환경운동가 모두가 이 방식에 회의적이었지만, 시간이 지남에 따라 환경파괴를 최소화하면서 낮은 비용으로 오염을 낮출 수 있게 되었다. 교정세와 마찬가지로 오염배출권도 환경을 보전하는 비용 효율적인 방법으로 이제 널리 받아들여지고 있다.

10-2d 오염의 경제적 분석에 대한 반대입장

"우리는 누구에게도 돈을 받고 환경을 오염시킬 수 있는 선택권을 줄 수 없다." 미국 상원의원이었던 에드먼드 머스키가 1972년 수질오염방지법을 입법화하기 위해 노력하면서 했던 이 말은 아직까지도 일부 환경보호주의자들의 견해를 반영하고 있다. 1969년에 미국 클리블랜드 시의 쿠야호가 강에 다량의 오염물질이 과도하게 누적되어 실제로 화재가 발생했는데, 이런 화재는 여러 번 되풀이되었고 그 법안은 이 문제를 해결하는 데 도움이 되었다. 깨끗한 공기와 깨끗한 물은 결코 빼앗길 수 없는 기본적인 인권이라고 본다. 그 시절을 기억하면서 많은 환경보호주의자들은 경제학이 기껏해야 부차적인 관심사이며, 어떤 면에서는 비위에 거슬리는 불쾌한 것이라고 말한다. 깨끗한 공기와 깨끗한 물이 모든 인류가 물려받은 유산의 일부로 돈으로 살 수 없는 아주 귀중한 것이라면, 도대체 어떤 사람이 그것에 가격을 매기려 한단 말인가? 환경은 매우 중요해서, 이를 보호하는 데 비용에 관계없이 절대적인 우선순위가 주어져야 한다고 말한다.

현대의 많은 경제학자들은 환경보호주의자이며 깨끗한 공기와 깨끗한 물을 보전하고 지구 기후변화를 종식시키려 하지만, 이런 공공문제를 상이한 렌즈를 통해 바라본다. 경제학자들이 볼 때, 좋은 환경정책도 제1장에서 살펴본 **경제학의 열 가지 원리** 중 제1 원리인 '사람들은 상충적인 상황에 부딪히게 된다'는 원리를 인정하는 데서 시작해야 한다. 환경적 조치에 대한 가치는 그 조치의 기회비용, 즉 그것을 얻기 위해 포기해야만 하는 것과 비교되어야 한다. 모든 오염을 제거하는 것은 애석하지만 불가능하다. 모든 오염을 제거하려는 목표는 고결하고 숭고하지만, 높은 생활수준을 유지하게 해주는 많은 기술진보를 되돌리지 않고는 적어도 예측 가능한 장래에 달성할 수 없다. 환경을 가능한 한 깨끗하게 유지하기 위해 영양부족, 부적절한 건강관리, 남루한 주택을 받아들일 사람은 거의 없다.

환경보호주의자가 말하는 주장은 아마도 경제학자처럼 생각해야 최선의 진척을 이루게 될 것이 분명하다. 깨끗한 환경은 엄청난 가치를 지닌 또 다른 물품이라고 볼 수 있다. 모든 정상재처럼, 환경은 양의 소득 탄력성을 갖는다. 즉, 부유한 국가들이 가난한 국가들보다 더 깨끗한 환경을 감당할 여력이 있으며, 일반적으로 더 엄격한 환경보호를 실시한다. 이 밖에 다른 모든 재화처럼 깨끗한 공기와 깨끗한 물도 수요법칙을 따른다. 즉 환경보호의 가격이 낮아질수록, 사람들은 환경보호를 더 많이 원하게 된다. 교정세와 오염배출권을 사용하는 경제적 접근법으로 인해 깨끗한 공기와 깨끗한 물을 지키는 데 따른 비용이 낮아질 때, 사람들이 수요하는 환경보호의 규모가 증대된다.

기후변화와 탄소세

과학자들은 인간에 의한 탄소배출이 지구 기후변화의 원인이며 이는 다시 다양한 유해효과를 유발한다고 말한다. 이런 탄소배출은 전형적인 음의 외부효과 예이다.

이런 상황을 우려하는 유림이라는 사람이 자신의 탄소발자국을 감축시키려 한다고 가정하자. 유림이는 감축을 어떤 방법으로 실현할 수 있는가?

- 하이브리드나 전기차처럼 연료 효율적인 자동차를 구입한다.
- 카풀로 직장에 출근한다.

- 좀 더 자주 대중교통을 이용한다.
- 직장이 가까운 곳으로 이사한다.
- 냉온방에 에너지가 적게 소요되는 소규모 주택을 구입한다.
- 겨울에는 더 낮게, 여름에는 더 높게 냉온방 온도를 설정한다.
- 집 지붕에 태양전지 패널을 설치한다.
- 좀 더 에너지 효율적인 가전제품을 구입한다.
- 현지에서 생산된 식료품으로 더 많이 식사하여 배송에 드는 연료를 줄인다.
- 쇠고기 섭취를 중지한다. 쇠고기 생산에 엄청난 양의 온실가스가 배출되기 때문이다.

이제 여러분은 아이디어를 얻었을 것이다. 매일마다 우리 모두는 탄소배출량에 영향을 미치는 생활방식을 선택하게 된다.

정책 입안자들이 갖는 주요 의문점은, 사회가 어떻게 해야 사람들이 행동에 따른 개인적인 영향과 외부효과 둘 다를 고려하는 올바른 결정을 내리게 할 수 있는가이다. 대안으로 다음과 같은 세 가지 방법이 있다.

첫째 방법은 개인의 사회적 책임감에 호소하는 것이다. 사실, 일부 사람들은 지구 환경을 우려하여 자신이 만들어내는 탄소발자국을 최적수준까지 낮춘다. 하지만 대부분의 사람들이 이런 식으로 행동할 것이라고 기대하는 것은 비현실적이다. 인생은 바쁘며, 사람들에게는 나름의 우선순위가 있고, 자신의 행동이 지구 환경에 미치는 영향을 아는 것 자체가 힘든 일이다.

둘째 방법은 정부 규제를 이용하여 사람들이 내린 결정을 변화시키는 것이다. 예로 기업평균연비(CAFE) 표준을 들 수 있는데, 이는 미국에서 자동차 연비를 규제한다.

하지만 이 규제 접근법은 문제가 많다. 그중 하나는 소비자가 구입하고자 하는 물품과 기업에 판매가 허용된 물품 사이에 긴장상태가 조성된다는 것이다. 전 자동차 기업 최고경영자인 로버트 루츠는 CAFE 표준을 '거대한 관료적 악몽'이라고 한탄했다. 그는 "CAFE는 의류업체에 보다 작은 사이즈의 옷을 만들어 비만을 치료하라고 요구하는 것과 같다"고 말한다.

더 중요한 문제는 규제를 통해서는 단 몇 가지의 중요한 결정에만 영향을 미칠 수 있다는 점이다. 정부는 유림이가 자동차 판매점에서 찾아낼 수 있는 자동차 종류를 규제할 수는 있지만, 유림이가 직장

경제 패널 탄소세

"브루킹스 연구소는 최근에 미국의 탄소세는 톤당 20달러이며, 매년 4% 증가할 경우, 향후 10년 동안 연방정부 수입이 매년 약 1,500억 달러 증가할 것이라고 보았다. 이산화탄소 배출에 따른 음의 외부효과를 고려할 경우, 이런 수준의 연방 탄소세는 노동소득에 대한 전반적인 한계세율을 인상하여 동일한 조세수입을 올리는 것보다 미국 경제에 해로운 순왜곡을 더 적게 일으킬 것이다."

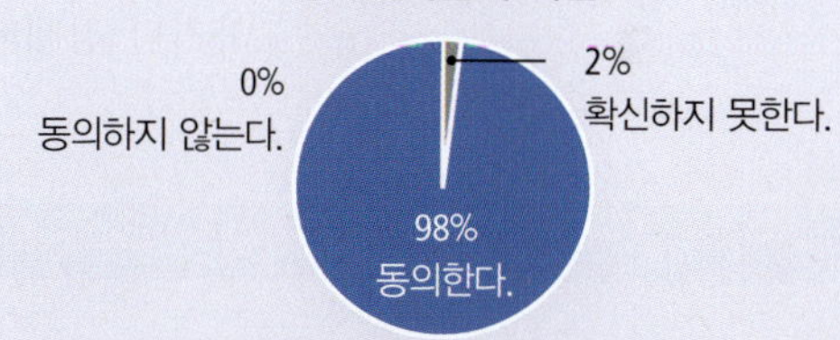

"연료의 탄소 함량에 대한 조세가, 예를 들면 자동차에 대한 '기업평균연비' 요구사항과 같은 정책들을 총합한 것보다 이산화탄소 배출을 낮출 수 있는 더 저렴한 방법이다."

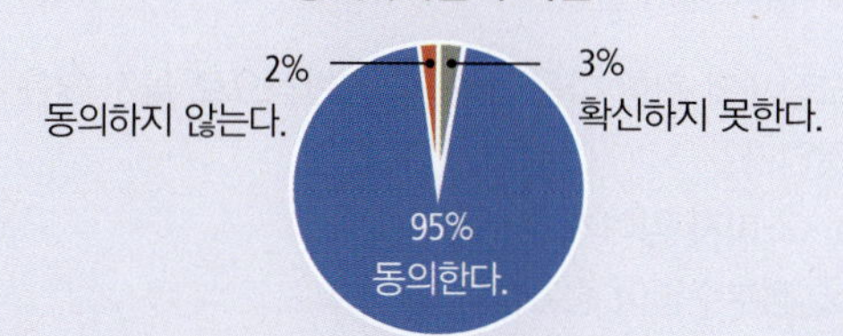

"탄소세가 '총량 및 거래' 제도보다 기후정책을 시행하는 더 나은 방법이다."

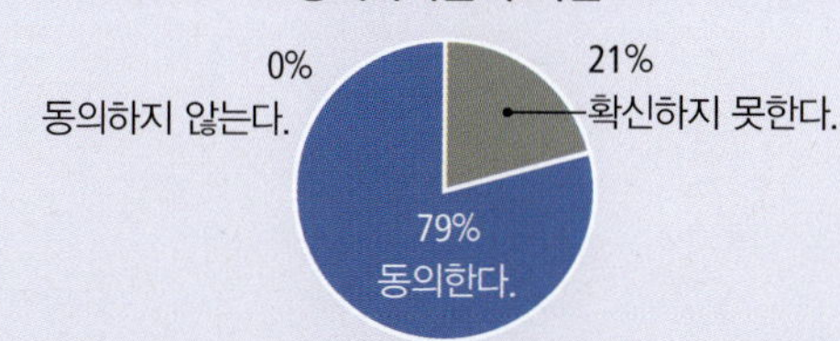

출처: IGM Economic Experts Panel, December 4, 2012, December 20, 2011, and November 13, 2018.

에 얼마나 가까이 살아야 하는지 또는 이웃과 카풀을 할지 여부를 쉽게 규제할 수는 없다. 그러나 최소 비용으로 탄소배출을 낮추려면 조정에 따른 가능한 한계점을 모두 포함하는 정책이 필요하다.

다행스럽게도, 더 넓은 범위의 정책이 가능하며 이로 인해 기후 외부효과를 다루는 셋째 방법, 즉 탄소배출에 가격을 매기는 방법을 고려해볼 수 있다. 이것은 탄소배출에 과세를 하거나, 거래 가능한 오염배출권의 '총량 및 거래' 제도를 도입하여 시행될 수 있다. 휘발유, 전기, 쇠고기 등의 매도인이 자신의 생산물에 내재되어 있는 각 탄소배출에 대가를 지불해야 한다면, 해당 대가는 가격에 포함되게 된다. 매일마다 결정을 내릴 때, 유림이와 다른 소비자들은 가격을 보고 사실상 자신들의 선택이 지구 환경에 미치는 영향을 고려하게 된다. 탄소에 대한 가격으로 인해 외부효과를 내부화할 수 있다. 이 방법은 미국에서 유행하지 못했지만, 유럽에서는 효과적으로 시행되었다.

하지만 경제패널에서 알 수 있듯이, 경제학자들에게는 탄소세가 인기 있는 정책이다. ●

Quiz

3. 정부가 어떤 물품의 생산과 관련된 외부비용과 동일한 규모의 조세를 부과할 때, 소비자가 지불하는 가격은 ________, 시장에서 이루어진 결과는 ________ 효율적이 된다.
   a. 상승하고; 더
   b. 상승하고; 덜
   c. 하락하고; 더
   d. 하락하고; 덜

4. 교정세에 관한 다음 진술 중 일반적으로 옳지 않은 설명은 어느 것인가?
   a. 소비자 잉여가 감소한다.
   b. 정부수입이 증가한다.
   c. 시장 판매량이 감소한다.
   d. 사장된 손실이 발생한다.

5. 정부는 오염배출권 500단위를 경매에 부쳤다. 오염배출권은 단위당 50달러에 판매되어, 정부수입은 25,000달러가 되었다. 이 정책은 오염 단위당 교정세 ________가 부과된 것과 동등하다.
   a. 10달러
   b. 50달러
   c. 450달러
   d. 500달러

6. 명령 및 제어정책을 통한 규제는 ________에 교정세보다 더 좋은 정책이 될 수 있다.
   a. 교정세가 상이한 산업에 대해 차별적인 영향을 미치는 경우
   b. 일부 오염 유발 기업들이 다른 기업들보다 더 낮은 비용으로 오염배출을 낮출 수 있는 경우
   c. 음의 외부효과가 너무 커서 최적량이 영인 경우
   d. 오염 저감 비용에 대한 정보가 분산되어 확보하기가 어려운 경우

해답은 이 장의 끝부분에 있다.

10-3 외부효과에 대한 사적인 해법

외부효과로 인해 시장에서 이루어지는 결과가 비효율적이 되는 경향이 있지만, 정부가 취하는 조치만이 유일한 해결책은 아니다. 이따금 사람들은 사적인 해법을 찾아낸다.

10-3a 사적인 해법

도덕률과 사회적 제재 규약을 통해 외부효과 문제를 해결할 수 있다. 예를 들면 대부분의 사람들이 쓰레기를 함부로 버리지 않는 이유에 대해 생각해보자. 쓰레기 투기 금지법이 있기는 하지만 엄격하게 시행되지는 않는다. 대부분의 사람들은 단지 나쁜 행동이기 때문에 쓰레기를 함부로 버리지 않는다. 많은 어린이에게 가르치는 황금률에 따르면, "다른 사람이 너에게 해주기를 원하는 대로, 니도 다른 사람에게 그렇게 해주라"고 한다. 이런 도덕적 계고는 우리 행동이 다른 사람에게 어떤 영향을 미치는지 생각해 보라고 권한다. 경제학의 다소 건조한 언어를 사용하여 표현한다면, 외부효과를 내부화하라고 알려준다.

또 다른 사적인 해법으로 자선행위를 꼽을 수 있다. 한 예로 시에라 클럽(Sierra Club)은 환경을 보호하려는 사적인 개인 기부자들이 자금을 지원하는 비영리단체이다. 부분적으로는 교육이 사회에 많은 편익 즉 양의 외부효과를 창출하기 때문에, 대학들은 졸업생, 기업, 재단으로부터 기부금을 받고 있다. 정부는 자선 기부에 소득세를 감면해주어 이런 사적인 해법을 촉진하고자 한다.

사적 시장에서는 종종 관련 당사자들의 이기심에 기반하여 외부효과 문제가 해결되기도 한다. 이따금, 해법은 상이한 형태의 사업을 통합하는 형태를 띤다. 예를 들어 서로 인접해 있는 과수원의 사과 재배업자와 양봉업자를 생각해보자. 이들 사업은 각각 서로에게 편익을 주어 양의 외부효과가 발생한다. 꿀벌은 사과나무의 꽃을 가루받이하여 과수원이 사과를 생산할 수 있도록 해주는 동시에 사과나무에서 화밀을 채취하여 꿀을 생산한다. 하지만 그렇다고 해서 이 두 업자가 이런 편익을 고려한다는 것은 아니다. 사과 재배업자가 얼마나 많은 나무를 심을지 결정하고 양봉업자가 얼마나 많은 꿀벌을 양봉할지 결정할 때, 그들은 양의 외부효과를 무시하곤 한다. 따라서 사과 재배업자는 너무 적은 수의 나무를 심고, 양봉업자는 너무 적은 수의 꿀벌을 양봉하게 된다. 양봉업과 사과 재배업이 하나로 통합될 경우 이런 외부효과가 내부화될 수 있다. 즉, 이들 두 활동이 동일한 업체 내에서 이루어지고, 이를 통해 최적의 나무 개수와 꿀벌 개수를 선택할 수 있다. 외부효과를 내부화하기 위해 일부 기업들은 다양한 사업분야에 종사한다.

또 다른 사적인 방법은 사과 재배업자와 양봉업자가 계약을 체결하는 것이다. 이를 통해 올바른 나무 개수와 꿀벌 개수를 설정하고 어쩌면 한쪽 당사자가 다른 쪽 당사자에게 대가를 지불하는 것이다. 이런 계약을 체결함으로써 외부효과로 인해 보통 발생하는 비효율성을 해결하고, 두 당사자에게 모두 이득이 될 수 있다.

10-3b 코우즈 정리

코우즈 정리
사적 당사자들이 어떠한 비용도 치르지 않고 자원 배분에 관해 협상할 수 있다면, 당사자들이 외부효과 문제를 해결할 수 있다는 주장

외부효과를 처리하는 데 사적 시장은 얼마나 효과적일까? 경제학자 로널드 코우즈(Ronald Coase)의 이름을 따서 명명된 코우즈 정리(Coase Theorem)란 유명한 결과에 따르면, 어떤 상황에서 매우 효과적일 수 있다고 한다. 코우즈 정리에 따르면, 사적 당사자들이 어떤 비용도 들이지 않고 자원 배분에 관해 협상을 할 수 있는 경우, 사적 시장은 언제나 외부효과 문제를 해결하고 자원을 효율적으로 배분할 수 있다.

코우즈 정리가 어떻게 작동하는지 알아보기 위해 간단한 예를 생각해보자. 광재에게 진도라고 하는 개가 있다고 하자. 진도가 짖어 이웃인 기령이에게 폐를 끼치고 있다. 광재는 진도와 친밀한 상호작용으로 큰 편익을 얻지만, 진도는 숙면을 취하려는 기령이에게 음의 외부효과를 발생시킨다. 광재는 진도에게 새로운 안식처를 마련해주어야 하는가? 아니면 기령이는 진도가 짖는 소리 때문에 밤에 숙면을 취하지 못하는 고통을 그저 감내해야 하는가?

먼저 어떤 결과가 사회적으로 효율적인지 생각해보자. 사회의 이익을 최우선으로 생각하는 경제학자는 광재가 개를 키우면서 얻게 되는 편익과 기령이가 개 짖는 소리로 인해 감수해야 하는 비용을 비교한다. 편익이 비용을 초과한다면, 광재는 개를 키우고 기령이는 개 짖는 소리를 견디며 사는 것이 효율적이다. 하지만 비용이 편익을 초과한다면, 광재는 개를 없애야 한다.

코우즈 정리에 따르면, 사적 시장은 자체적으로 효율적인 결과에 도달한다. 어떻게 가능한가? 기령이는 광재가 진도를 새로운 안식처로 옮길 경우 대가를 지불하겠다고 제안할 수 있다. 기령이가 제안한 금액이 개를 키우면서 얻는 편익보다 클 경우 광재는 이 제안을 받아들일 것이다.

보상금액에 대한 협상을 통해, 광재와 기령이는 언제나 효율적인 결과에 도달할 수 있다. 예를 들어 광재는 개를 키워 1,000달러의 편익을 얻고, 기령이는 개 짖는 소리로 인해 1,500달러의 비용을 감수해야 한다고 가상하자. 이 경우 기령이는 광재에게 개를 없애면 1,200달러의 비용을 지불하겠다고 제안할 수 있으며, 광재는 이를 수락하게 된다. 두 당사자는 모두 이전보다 상황이 나아지며, 효율적인 결과에 도달하게 된다.

물론 기령이는 광재가 수락할 수 있는 금액을 제시하지 못할 수 있다. 예를 들어 광재는 개를 키움으로써 3,000달러의 편익을 얻고, 기령이는 개 짖는 소리로 인해 1,500달러의 비용을 감수해야 한다고 가상하자. 이 경우 광재는 3,000달러 미만의 어떠한 제

안도 거절하는 반면에, 기령이는 1,500달러를 초과하는 어떠한 금액도 제안하지 못한다. 광재는 결국 진도를 키우게 된다. 이런 비용과 편익을 고려해볼 때, 이런 결과는 효율적이다.

지금까지는 광재가 짖는 개를 키울 수 있는 법적 권리를 갖고 있다고 가정했다. 다시 말해, 광재가 자발적으로 개를 포기할 정도의 보상금을 기령이가 지불하지 않는다면, 광재는 진도를 키울 수 있다. 하지만 기령이가 평화롭고 조용하게 숙면을 취할 수 있는 법적인 권한을 갖고 있다면 결과는 어떻게 달라지는가?

코우즈 정리에 따르면, 시장이 효율적인 결과에 도달하는 데 최초의 권리 배분은 중요하지 않다고 본다. 예를 들어 기령이가 광재로 하여금 개를 없애도록 법적으로 강제할 수 있다고 가상하자. 이런 권리를 갖고 있다는 것이 기령이에게는 유리하게 작용하지만, 아마도 결과를 변화시키지는 못할 것이다. 이 경우, 광재는 개를 키울 수 있도록 기령이에게 보상금을 지불하겠다고 제안할 수 있다. 광재가 개를 키우면서 얻는 편익이 기령이가 개 짖는 소리로 인해 감수해야 하는 비용을 초과한다면, 광재와 기령이는 광재가 개를 키울 수 있는 합의에 도달하게 될 것이다.

광재와 기령이는 법적 권리가 최초에 어떻게 배분되었는지에 관계없이 효율적인 결과에 도달할 수 있지만, 그들에게 권리 배분이 무관한 것은 아니다. 권리의 배분은 경제적 후생의 배분을 결정한다. 광재에게 짖는 개를 키울 권리가 있는지 아니면 기령이에게 평화롭고 조용하게 숙면을 취할 권리가 있는지 여부는 최종 협상에서 누가 누구에게 보상금을 지불해야 할지를 결정한다. 하지만 두 경우 모두에서, 두 당사자는 서로 간의 협상을 통해 외부효과 문제를 해결할 수 있다. 광재는 자신의 편익이 기령이의 비용을 초과할 경우에만 진도를 키우게 된다. 요약하면 다음과 같다. **코우즈 정리에 따르면, 사적인 경제 행위자들은 서로 간의 외부효과 문제를 잠재적으로 해결할 수 있다고 본다. 법적 권리가 최초에 어떻게 배분되든지 간에, 이해 당사자들은 모든 사람들의 상황이 나아지고 결과가 효율적이 되도록 하는 합의에 도달할 수 있다.**

10-3c 사적 해법이 반드시 작동하는 것은 아니다

코우즈 정리의 논리가 설득력이 있기는 하지만, 종종 사적 개인들은 외부효과에 의해 발생하는 문제를 스스로 해결하지 못한다. 코우즈 정리는 이해 당사자들이 합의에 도달하여 이행하는 데 어려움이 없을 때만 작용한다. 하지만 실제 세계에서는 상호이익이 되는 합의가 가능할 때조차도 협상이 언제나 작동하는 것은 아니다.

이따금 이해 당사자들은 협상에 동의하고 이행하는 과정에서 당사자들이 부담하는 비용, 즉 거래비용(transaction cost) 때문에 외부효과 문제를 해결하지 못한다. 위의 예에서, 광재와 기령이는 언어가 다르기 때문에 합의에 도달하기 위해 통역자를 고용해

거래비용
협상에 동의하고 이행하는 과정에서 당사자들이 부담하는 비용

야 한다고 가상하자. 개가 짖는 문제를 해결하여 얻는 편익이 통역자를 고용하는 데 따른 비용보다 적은 경우, 광재와 기령이는 문제가 해결되지 않은 상태로 놔둘 수 있다. 보다 현실적인 예에서, 거래비용은 통역자 고용에 따른 비용이 아니라 계약서를 작성하고 이행하는 데 필요한 변호사 비용이다.

어떤 경우에는 협상이 그냥 결렬될 수도 있다. 전쟁과 노동 파업이 반복되는 것을 보면, 합의에 도달하기가 어려울 수 있고 도달하지 못하면 비싼 대가를 치러야 한다는 사실을 알 수 있다. 문제는 종종 각 당사자가 더 나은 거래를 하기 위해 버티면서 협상을 보류한다는 것이다. 예를 들면 광재는 진도를 키우면서 1,000달러의 편익을 얻는 반면에, 기령이는 개 짖는 소리로 숙면을 취하지 못하여 1,500달러의 비용을 감수해야 한다. 광재가 개를 위해 다른 안식처를 마련할 경우 기령이가 광재에게 보상금을 지불하는 것이 효과적이기는 하지만, 이런 결과에 도달할 수 있는 보상금 금액은 매우 다양하다. 광재는 1,400달러를 받고자 하는데, 기령이는 1,100달러만을 제안할지 모른다. 금액을 두고 흥정하는 동안 개 짖는 소리로 인한 비효율적인 결과가 지속된다.

모든 사람들의 의견을 조정하려면 비싼 대가를 치러야 하기 때문에, 이해 당사자의 수가 많을 경우 효율적인 합의에 도달하기는 더욱 어렵다. 예를 들어 근처 호수를 오염시키는 공장의 경우를 생각해보자. 오염은 현지 어부들에게 음의 외부효과를 유발하고 있다. 코우즈 정리에 따르면 오염이 비효율적인 경우, 공장에서 오염을 유발하지 않도록 어부들이 보상금을 지불하는 협상안에 공장과 어부들이 합의하게 된다. 하지만 어부의 수가 많다면, 공장과 합의를 이루도록 이들 모두의 의견을 조정하는 것은 거의 불가능할 수 있다. 지구 환경의 변화에 대응하는 것도 이와 유사하다. 온실가스 배출에 책임이 있는 사람과 기업이 너무 많아서, 이들이 함께 협상하여 세계적인 해결책을 마련할 수가 없다.

사적 협상이 작동하지 못할 때, 정부는 이따금 어떤 역할을 수행할 수 있다. 정부는 집단행동을 할 수 있도록 합법화된 기관이다. 위의 호수 예에서, 어부들이 행동에 나서는 것이 현실적으로 불가능할 때도 정부는 어부를 대신해 행동할 수 있다.

Quiz

7. 코우즈 정리에 따르면, ____________________.
   a. 사적 경제 행위자들은 정부의 개입 없이 외부효과 문제를 해결할 합의에 도달할 수 있다.
   b. 교정 보조금이 양의 외부효과 문제를 해결하는 최선의 정책이다.
   c. 음의 외부효과는 사회에 문제가 되지만, 양의 외부효과는 사회에 문제가 되지 않는다.
   d. 두 사적 경제 행위자들이 외부효과 문제를 우호적으로 해결할 때, 이들은 그 문제를 제3자에게 전가한다.

8. ____________________, 코우즈 정리가 적용되지 않는다.
   a. 두 당사자 사이에 중대한 외부효과가 존재하는 경우
   b. 법원 조직이 모든 계약을 강력하게 집행하는 경우
   c. 거래비용으로 인해 협상이 어려운 경우
   d. 두 당사자가 외부효과를 완전하게 이해하는 경우

해답은 이 장의 끝부분에 있다.

시사 경제

실제 세계에서의 코우즈 정리

사람들이 밀접하게 접촉할 때마다 외부효과가 발생한다.

내가 비행기 좌석을 뒤로 젖히는 걸 원하지 않으세요? 그럼 그 대가를 지불해 주세요

조쉬 배로(Josh Barro)

나는 항공기를 많이 이용한다. 항공기에 탑승하면, 좌석을 뒤로 젖히는데 이 행동에 죄의식을 느끼지는 않는다. 내게 대가를 지불하면서 그렇게 하지 말아 달라고 말하지 않는 한, 나는 계속해서 그렇게 할 것이다.

여러분이 들었을지도 모를 사건으로 인해 이 이야기를 하고자 한다. 일요일에 뉴어크에서 덴버로 가던 유나이티드 에어라인 소속 항공기는 좌석을 뒤로 젖히는 문제로 다툼을 벌인 두 명의 승객을 내리게 하기 위해서 예정에 없던 시카고에 착륙했다. 미국연합통신에 따르면, 중간 좌석에 앉은 남성이 좌석을 똑바로 세우도록 하는 21.95달러짜리 무릎 보호장치, 즉 니 디펜더를 바로 앞좌석 등받이에 설치했다.

기내 승무원은 이 남성에게 이 장치를 제거해 달라고 요청했고, 그는 거절했다. 그러자 앞좌석에 앉아 있던 여성이 뒤로 돌아 남성에게 물을 뿌렸다. 조종사는 항공기를 착륙시켜 두 승객을 비행기에서 내리게 했다.

그럴 만한 이유가 있다고 해도 승객에게 물을 뿌리는 행위는 분명 부적절하다. 하지만 다툼을 유발했을 뿐만 아니라 같이 탑승한 승객의 재산권도 빼앗은 남성에게 동의할 수 없을 정도의 동정을 보이고 있다. 여러분이 항공권을 구입할 때는 여러분의 좌석을 뒤로 젖히는 기능을 사용할 수 있는 권리도 구입한 것이다. 앞에 앉은 승객이 좌석을 뒤로 젖히지 않기를 간절히 원했다면, 그 권리를 포기할 경우에 대한 대가를 지불했어야 했다.

항공기 좌석이 코우즈 정리에 대한 좋은 사례연구가 될 수 있다는 사실에 주목하면서, 2011년에 그런 취지의 기사를 썼다. 이 정리는 재산권이 최초에 누구에게 주어지는지가 크게 중요하지 않다고 보는 경제 이론이다. 재산권을 명확히 규정할 수 있고 거래비용이 낮은 한, 재산권은 사람들의 거래를 통해 그것에 가장 큰 가치를 두는 사람의 수중에 들어가게 된다. 즉, 좌석을 뒤로 젖힐 권리가 있는 내가 뒤로 젖혀서 여러분이 성가시다면, 내가 그렇게 하지 않을 경우에 대한 보상을 여러분에게 요구할 수 있다. 내가 뒤로 젖힐 수 있는 권리를 뒷좌석의 승객이 보유하는 방안이 있을 수도 있다.(하지만 그런 방안은 존재하지 않는다) 만약 그런 상황에서 내가 정말로 뒤로 젖히고 싶다면, 내가 그렇게 할 수 있도록 허용하는 뒷좌석 승객에게 그에 대한 대가를 지불할 수 있다.

GCHUTKA/E+/GETTY IMAGES

미국 의회예산국 전임 국장이었던 도널드 마론은 이 분석에 동의하되 단서를 붙였다. 뒤로 젖힐 권리에 대한 협상에는 거래 비용이 개입된다. 승객은 협상이 얼굴에 물세례를 받는 것으로 이따금 끝날지 모르기 때문에 근처 승객들과 젖히는 것에 관해 협상하고 싶지 않을 수 있다.

도널드 마론은 불필요한 거래 횟수를 줄이려면 좌석을 뒤로 젖히는 것에 관심이 가장 많은 사람에게 최초의 재산권을 배분해야 한다고 말한다. 더 나아가 사람들이 다리를 뻗을 수 있는 더 넓은 공간에 대해 일상적으로 대가를 지불한다는 사실에서 알 수 있듯이, 어쩌면 뒷좌석의 사람에게 맨 처음 그 권리를 배분해야 한다고 주장한다.

도널드 마론의 마지막 주장은 틀렸다고 생각한다. 사람들이 낯선 사람과 협상하고 싶어하지 않는다는 점은 이해하지만, 항공기 여행을 수백 번 했지만 내가 좌석을 뒤로 젖혔다고 불평하는 사람은 거의 보지 못했으며 좌석을 세워 똑바로 앉는 대가로 금전이나 그 밖의 어떤 것을 제안한 사람도 없었다.

뒤로 젖힌 내 의자 뒤에 앉는 것이 그렇게 비참하다면, 그리고 나처럼 뒤로 젖히고 앉는 사람들이 「위클리 스탠다드」지에 마크 헤밍웨이가 표현한 대로 괴물이라면, 내가 그렇게 하지 않을 경우 어느 누가 내게 대가를 지불하겠다고 하지 않겠는가? 소셜미디어에서 뒤로 젖히고 앉는 것의 끔찍함에 대해 말이 많지만, 사람들은 그저 온갖 것에 불평하고 싶어한다. 정말로 그렇게까지 괴롭다면, 누군가는 지금쯤 지갑에서 돈을 꺼내 내게 대가를 지불하지 않았을까 생각한다. ■

논의 사항

1. 항공기에서 여러분의 앞좌석에 앉은 사람에게 의자를 뒤로 젖히지 않는다면 대가를 지불하겠다고 제안하는 모습을 상상할 수 있는가? 그렇게 할 수 있는 이유는 무엇인가? 그렇게 할 수 없는 이유는 무엇인가?
2. 항공기에서 여러분의 뒷좌석에 앉은 사람이 여러분이 좌석을 뒤로 젖히지 않는다면 대가를 지불하겠다고 제안할 경우, 여러분은 어떻게 반응할 것인가? 그 이유는 무엇인가?

출처: *New York Times*, August 27, 2014.

10-4 결론

보이지 않는 손이 강력하기는 하지만 무엇이든 할 수 있는 것은 아니다. 시장균형에서 생산자 잉여와 소비자 잉여를 합산한 것이 극대화된다. 시장의 매수인과 매도인이 유일한 이해 당사자인 경우, 이렇게 이루어진 균형이 사회의 관점에서 볼 때 효율적이다. 하지만 오염과 같은 외부효과가 존재하는 경우, 시장에서 이루어진 결과를 평가하려면 제3자의 후생도 고려해야 한다. 이 경우, 시장의 보이지 않는 손은 자원을 효율적으로 배분하지 못할 수도 있다.

어떤 경우에는 사람들이 스스로 외부효과 문제를 해결할 수 있다. 코우즈 정리에 따르면, 이해 당사자들은 자기들끼리 협상하여 효율적인 해법에 합의할 수 있다고 한다. 하지만 이따금 이해 당사자의 수가 매우 많은 경우 협상이 어렵기 때문에 효율적인 결과에 도달하지 못한다.

사람들이 외부효과 문제를 사적으로 해결할 수 없을 때는 정부가 개입하기도 한다. 하지만 정부가 개입하는 경우에도, 사회는 시장에서 작동하는 힘을 회피하고 무시하기보다는 그 힘을 이용함으로써 편익을 얻을 수 있다. 정부는 시장 참여자들이 자신들의 행동에 따른 전체 비용을 부담하도록 할 수 있다. 예를 들면 오염배출에 대한 교정세와 오염배출권은 둘 다 오염에 따른 외부효과를 내부화하도록 마련되었다. 환경보호에 관심이 있는 사람들은 이런 정책들을 점점 더 많이 선택하고 있다. 적절하게 재조정된 시장에서 작동하는 힘은 종종 시장실패를 바로잡는 최선의 방법으로 제시된다.

요약

- 매수인과 매도인의 거래가 제3자에게 직접적인 영향을 미칠 때, 이런 영향을 외부효과라고 한다. 어떤 행동으로 인해 오염과 같은 음의 외부효과가 산출될 경우, 시장에서 사회적 최적량은 균형량보다 적다. 어떤 행동으로 인해 기술파급과 같은 양의 외부효과가 산출될 경우, 사회적 최적량은 균형량보다 많다.
- 정부는 외부효과로 인해 발생된 비효율성을 바로잡을 수 있다. 이따금 정부는 행동을 규제한다. 또는 교정세를 사용하여 외부효과를 내부화한다. 또 다른 정책은 오염배출 허가증을 발행하는 것이다. 예를 들어 정부는 제한된 수의 오염배출 허가증을 발행하여 환경을 보호할 수 있다. 이 정책의 결과는 오염배출 기업에 교정세를 부과하는 것과 유사하다.
- 외부효과의 영향을 받는 사람들은 이따금 사적으로 문제를 해결할 수 있다. 예를 들어 한 사업이 다른 사업에 대해 외부효과를 부과할 때, 두 사업은 합쳐져서 외부효과를 내부화할 수 있다. 또 다른 대안으로 이해 당사자들은 계약을 체결하여 문제를 해결할 수 있다. 코우즈 정리에 따르면, 사람들이 비용을 들이지 않고도 협상할 수 있는 경우 자원이 효율적으로 배분되는 협정에 도달할 수 있다. 하지만 여러 경우에 많은 이해 당사자들 간에 합의에 도달하는 것은 어려우며, 이로 인해 코우즈 정리가 적용되지 않는다.

주요 개념

외부효과 236
외부효과를 내부화하기 240
교정세 244
코우즈 정리 254
거래비용 255

복습용 질문

1. 음의 외부효과 예와 양의 외부효과 예를 드시오.
2. 공급 및 수요 도해를 그리고 기업의 생산과정으로 인해 발생하는 음의 외부효과가 미치는 영향을 설명하시오.
3. 특허제도는 사회가 외부효과 문제를 해결하는 데 어떤 도움을 주는가?
4. 교정세란 무엇인가? 경제학자들이 오염으로부터 환경을 보호하는 방법으로 규제보다 교정세를 선호하는 이유는 무엇인가?
5. 외부효과로 인해 발생한 문제들이 정부 개입 없이도 해결될 수 있는 방법들을 제시하시오.
6. 여러분이 흡연자와 같은 방을 사용하는 비흡연자라고 가상하자. 코우즈 정리에 따르면, 여러분의 룸메이트가 방에서 흡연을 할지 여부를 무엇이 결정하는가? 이에 따른 결과는 효율적인가? 여러분의 룸메이트는 이 해법에 어떻게 도달할 수 있는가?

문제와 응용

1. 여러분의 자동차를 절도 위험에서 보호하는 두 가지 방법이 있다. 하나는 '클럽'(운전대가 작동하지 못하도록 운전대에 설치하는 잠금 장치, 따라서 설치 여부를 눈으로 확인 가능하다)으로, 자동차 절도범이 자동차를 탈취하지 못하게 해준다. 다른 하나는 '로젝'(GPS기술 등을 활용한 도난 차량 추적 시스템, 따라서 설치 여부를 식별하기 어렵다)으로, 자동차 절도범을 경찰이 용이하게 체포할 수 있게 해준다. 두 방법 중 어느 것이 다른 자동차 소유주들에게 음의 외부효과를 발생시키는가? 어느 것이 양의 외부효과를 발생시키는가? 이에 대한 여러분의 분석은 정책 면에서 어떤 의미가 있다고 생각하는가?
2. 소화기 시장에 대해 생각해보자.
   a. 소화기가 양의 외부효과를 보여주는 이유를 설명하시오.
   b. 소화기 시장의 그래프를 그리고, 수요곡선, 사회적 가치 곡선, 공급곡선, 사회적 비용 곡선을 표시하시오.
   c. 시장균형 생산량 수준 및 효율적 생산량 수준을 표시하시오. 두 생산량 수준이 상이한 이유를 직관적으로 설명하시오.
   d. 외부편익이 소화기 1개당 10달러일 때 효율적 생산량을 달성할 수 있는 정부정책에 대해 설명하시오.
3. 주류 소비의 증가는 자동차 사고 증가로 이어진다. 따라서 음주하지 않고 운전하는 사람들에게 비용을 부과하게 된다.
   a. 그래프에 수요곡선, 사회적 가치 곡선, 공급곡선, 사회적 비용 곡선, 시장균형 생산량 수준, 효율적 생산량 수준을 표시하고 나서 주류시장에 대해 설명하시오.
   b. 여러분의 그래프에 시장균형의 사장된 손실에 상응하는 면적을 표시하시오.(요령: 사회적 비용이 사회적 가치를 초과하는 주류 소비로 인해 사장된 손실이 발생한다)
4. 일부 관찰자들은 우리 사회의 현재 오염수준이 너무 높다고 생각한다.

a. 사회가 전반적인 오염을 일정량 낮추려 할 때 상이한 기업들이 상이한 양을 감소시키는 것이 효율적인 이유는 무엇인가?

b. 명령 및 제어방법은 기업들에게 획일적인 감축을 하도록 종종 요구한다. 이 방법이 더 많은 감축을 떠맡아야 하는 기업들에게 그렇게 하도록 일반적으로 유도하지 못하는 이유는 무엇인가?

c. 경제학자들은 적절한 교정세 또는 오염배출권 거래제를 실시할 경우 효율적인 오염 감축을 달성할 수 있다고 주장한다. 이들 방법이 더 많은 감축을 떠맡아야 하는 기업들에게 그렇게 하도록 유도할 수 있는 이유는 무엇인가?

5. 후빌(이야기 속의 가상도시)에 거주하며 기호가 동일한 많은 사람들은 맛이 좋은 음료를 마시기 좋아한다. 후빌의 각 주민은 이 음료에 대해 다음과 같이 지불하려는 의지가 있다.

첫 번째 병	5달러
두 번째 병	4
세 번째 병	3
네 번째 병	2
다섯 번째 병	1
더 추가적인 병	0

a. 이 음료를 생산하는 비용은 1.50달러이고, 경쟁적인 공급사들은 이 가격에서 이 음료를 판매할 수 있다.(공급곡선이 수평선이다) 후빌의 각 주민은 얼마나 많은 병을 소비하게 되는가? 각 사람의 소비자 잉여는 얼마인가?

b. 이 음료를 생산할 때 오염이 발생한다. 각 병을 생산할 때 외부비용 1달러가 발생한다. 이런 추가적인 비용을 고려할 경우, (a)에서 살펴본 배분에서 1인당 총잉여는 얼마인가?

c. 후빌의 거주민인 신디 루 후는 스스로 이 음료 소비를 1병 줄이기로 결정했다. 신디의 (자신의 소비자 잉여에서 자신이 경험한 오염비용을 감한) 후생에 어떤 일이 발생하는가? 신디의 결정은 후빌의 총잉여에 어떤 영향을 미치는가?

d. 시장은 이 음료에 조세 1달러를 부과했다. 이제 1인당 소비는 얼마인가? 1인당 소비자 잉여, 외부비용, 정부 조세수입, 총잉여를 계산하시오.

e. 여러분의 계산에 기반할 경우, 시장의 정책을 지지하는가? 지지하는 이유는 무엇인가? 지지하지 않는 이유는 무엇인가?

6. 승규는 로큰롤 음악을 높은 볼륨으로 듣기를 좋아한다. 태희는 오페라를 좋아하며 로큰롤 음악을 매우 싫어한다. 불행하게도 이들은 방음이 잘 되지 않는 아파트의 옆집에 살고 있다.

a. 여기서 외부효과는 무엇인가?

b. 주인은 어떤 명령 및 제어정책을 실시할 수 있는가? 이런 정책은 비효율적인 결과로 이어지게 되는가?

c. 거주자들이 원하는 것이 무엇이든 주인이 허용한다고 가상하자. 코우즈 정리에 따르면, 승규와 태희는 스스로 효율적인 결과에 어떻게 도달할 수 있는가? 무엇이 이들이 효율적인 결과에 도달하지 못하도록 하는가?

7. 그림 4는 오염배출권에 대한 수요곡선에서 정부가 교정세로 가격을 설정하거나 아니면 오염배출권으로 수량을 설정하여 동일한 결과를 달성할 수 있다는 사실을 보여주었다. 오염을 감축시키는 기술이 급격하게 발전했다고 가상하자.

a. 그림 4와 유사한 그래프를 사용하여, 이런 기술 발전이 오염배출권에 대한 수요에 미치는 영향을 설명하시오.

b. 두 가지 제도하에서 오염가격과 오염량은 어떤 영향을 받는가?

8. 정부가 일정한 형태의 오염에 대해 거래 가능한 오염배출권을 발급하기로 결정했다고 가상하자.

a. 정부가 오염배출권을 배분하거나 경매에 부치는지 여부가 경제적 효율성 측면에서 볼 때 중요한가? 그 이유는 무엇인가? 그렇지 않은 이유는 무엇인가?

b. 정부가 오염배출권을 배분하기로 했다면, 기업들 사이에 배출권을 배분하는 것이 효율성 측면에서 중요한가? 설명하시오.

9. 다음과 같은 세 개 업체가 있다.

업체	최초 오염수준	오염 1단위 감축에 따른 비용
A	30단위	20달러
B	40	30
C	20	10

정부는 오염을 60단위로 낮추고자 하며, 그래서 각 업체에 20단위의 거래 가능한 오염배출 허가증을 주었다.

a. 어느 업체가 허가증을 판매하고, 얼마나 판매하는가? 어느 업체가 허가증을 구입하고, 얼마나 구입하는가? 매도인과 매수인이 각각 그렇게 하는 이유를 간략하게 설명하시오. 이 상황에서 오염을 감축하는 총비용은 얼마인가?

b. 허가증을 거래할 수 없다면, 오염을 감축하는 비용이 얼마나 증가하는가?

Quiz 해답

1. c 2. b 3. a 4. d 5. b 6. c 7. a 8. c

Chapter

11

공공재와 공유자원

"삶에서 가장 좋은 것들은 무료다"라고 옛 노래는 말하는데 그게 사실일지도 모른다. 강, 산, 해변, 호수, 바다는 누구나 누릴 수 있는 자연의 혜택이다. 놀이터, 공원, 퍼레이드는 종종 정부가 제공하며, 사람들은 보통 아무것도 지불하지 않고 이를 즐긴다.

가격이 책정되지 않은 물품들은 우리가 지금까지 해온 분석 대상으론 적합하지 않을 수 있다. 우리는 시장을 통해 배분되는 물품에 주로 집중해왔으며, 거기서 매수인은 자신이 받은 것에 대해 대가를 지불하고 매도인은 자신이 제공한 것에 대해 대가를 수령했다. 이런 경우 가격이 매수인과 매도인의 결정을 좌우하며, 이를 통해 가장 효율적인 배분이 이루어졌다. 하지만 재화 및 용역을 무료로 이용할 수 있을 때는 이런 명확한 시장 신호가 존재하지 않는다.

가격이 작동하지 않을 경우, 사적 시장은 자체적으로 이런 물품들을 이용할 수 있게 만들고 사회 전체의 편익이 최대화될 수 있도

ROMAN SAMBORSKYI/SHUTTERSTOCK.COM, ARNO VAN ENGELAND/EYEEM/GETTY IMAGES

록 보장할 수 없다. 이 장에서는 이런 문제들을 살펴보고, 정부정책을 통해 시장실패를 바로잡아 경제적 후생을 종종 증대시킬 수 있다는 사실을 보여줄 것이다. 이런 사실은 제1장에서 살펴본 **경제학의 열 가지 원리** 중 하나, 즉 '정부는 때때로 시장에서 이루어진 결과를 개선할 수 있다'는 원리를 입증해줄 것이다.

11-1 다양한 재화 유형

사람들이 원하는 것을 이들에게 공급하는 데 시장은 얼마나 잘 작동하는가? 이에 대한 대답은 관련 물품에 달려 있다. 제4장과 제7장은 아이스크림 콘에 대한 시장이 효율적으로 작동한다는 사실을 보여주었다. 즉, 아이스크림 콘 가격은 공급과 수요가 균형을 이루도록 조정이 이루어지며, 이렇게 달성된 균형에서 생산자 잉여와 소비자 잉여를 합산한 것이 극대화된다. 하지만 제10장에서는 시장이 모든 경우에 그렇게 좋은 결과를 달성할 것이라고 기대할 수 없다는 사실도 살펴보았다. 예를 들면 시장은 자체적으로 철강 제조업체가 대기 중 공기를 오염시키지 못하도록 방지할 수는 없다. 철강제품의 매수인과 매도인은 일반적으로 자신들의 결정에 따른 외부효과를 고려하지 않는다. 아이스크림에 대한 시장은 잘 작동하지만, 깨끗한 공기에 대한 시장은 잘 작동하지 못한다.

시장이 경제의 자원을 효율적으로 배분할 수 있는지에 관해 생각해볼 때, 재화를 좀 더 체계적으로 분류하는 것이 도움이 될 수 있다. 몇 가지 예를 통해 살펴보겠지만, 다음과 같은 두 가지 특성이 가장 중요하다.

배제성
사람들이 어떤 재화를 사용하지 못하도록 할 수 있는 경우 해당 재화가 갖는 특성

소비의 경합성
한 사람이 사용하면 다른 사람이 사용할 수 있는 양이 감소될 경우 해당 재화가 갖는 특성

- 배제성(excludability): 사람들이 어떤 재화를 사용하지 못하도록 할 수 있다면, 해당 재화는 배제성을 갖는다. 사람들이 어떤 재화를 사용하지 못하도록 할 수 없다면, 해당 재화는 배제성을 갖지 못한다.
- 소비의 경합성(rivalry in consumption): 한 사람이 어떤 재화를 한 단위 사용할 경우 해당 재화를 사용하려는 다른 사람의 양이 감소된다면, 해당 재화는 소비의 경합성을 갖는다. 감소되지 않는다면, 해당 재화는 소비의 경합성을 갖지 않는다.

그림 1에 있는 표에서 보는 것처럼, 이들 두 가지 특성에 기반하여 네 가지 유형으로 분류할 수 있다.

사유재
배제성과 소비의 경합성을 둘 다 갖고 있는 재화

1. 사유재(private goods)는 배제성과 소비 경합성 둘 다를 갖고 있다. 예를 들면 어떤 사람이 아이스크림 콘을 먹지 못하게 할 수 있기 때문에, 즉 여러분이 아이스크림 콘을 주지 않으면 먹을 수 없기 때문에 아이스크림 콘은 배제성을 갖는다.

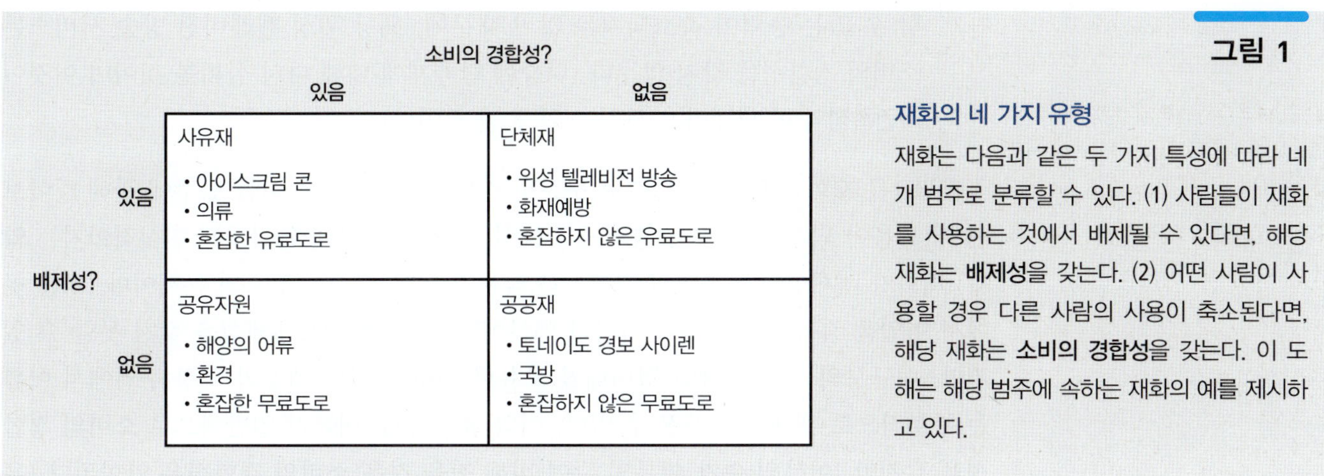

그림 1

재화의 네 가지 유형
재화는 다음과 같은 두 가지 특성에 따라 네 개 범주로 분류할 수 있다. (1) 사람들이 재화를 사용하는 것에서 배제될 수 있다면, 해당 재화는 **배제성**을 갖는다. (2) 어떤 사람이 사용할 경우 다른 사람의 사용이 축소된다면, 해당 재화는 **소비의 경합성**을 갖는다. 이 도해는 해당 범주에 속하는 재화의 예를 제시하고 있다.

한 사람이 아이스크림 콘을 먹으면 다른 사람은 동일한 콘을 먹을 수 없기 때문에 소비의 경합성도 갖는다.

경제의 대부분 재화들은 아이스크림 콘과 같이 사유재이다. 즉 여러분이 대가를 지불하지 않으면 해당 재화를 갖지 못하며, 여러분이 그 재화로부터 편익을 얻는 유일한 사람이다. 제4, 5, 6장에서 공급과 수요를 분석하고 제7, 8, 9장에서 시장의 효율성에 관해 살펴볼 때, 우리는 해당 재화가 배제성과 소비의 경합성을 갖고 있다고 묵시적으로 가정했다.

2. 공공재(public goods)는 배제성도 소비의 경합성도 갖지 않는다. 사람들이 공공재를 사용하는 것을 막을 수 없기 때문에 배제성을 갖지 못하며, 한 사람이 사용할 경우 다른 사람의 사용량이 감소하지 않기 때문에 소비의 경합성도 갖지 못한다.

   이런 예로 작은 마을의 토네이도 경보 사이렌을 꼽을 수 있다. 사이렌이 일단 소리를 내면, 사람이 그것을 듣지 못하게 할 수 없으므로 배제성이 없다. 한 사람이 이런 경보 사이렌으로 편익을 얻게 되었을 때, 이것이 다른 사람에 대한 편익을 낮추지 않는다. 따라서 소비의 경합성이 없다.

공공재
배제성도 소비의 경합성도 없는 재화

3. 공유자원(common resources)은 소비의 경합성은 갖지만, 배제성은 갖지 않는다. 해양의 어류를 생각해보자. 한 사람이 어류를 잡을 때 더 적은 수의 어류가 다음 사람에게 남겨지기 때문에, 소비의 경합성이 존재한다. 해양이 광대하여 어부의 어류 포획을 막을 수 없기 때문에 어류는 배제성이 없다.

공유자원
소비의 경합성은 있지만 배제성은 없는 재화

4. 단체재(club goods)는 배제성을 갖지만, 소비의 경합성은 갖지 않는다. 이런 예로 위성 텔레비전 방송을 들 수 있다. 여러분이 청구서 대금을 지불하지 않을 경우 해당 회사는 여러분에 대한 서비스를 중지시키기 때문에, 해당 재화는 배제성을 갖는다. 하지만 여러분이 위성신호를 사용한다고 해서 다른 사람이 이를 이용

단체재
배제성은 있지만 소비의 경합성은 없는 재화

할 수 있는 능력이 축소되지는 않기 때문에, 해당 위성 텔레비전 방송 서비스는 소비의 경합성을 갖지 않는다.(나중에 단체재에 대해 다시 살펴볼 것이며 이것이 **자연독점**의 한 형태라는 사실을 알게 될 것이다)

그림 1은 재화를 네 가지 범주로 구분하고 있다. 이 그림은 이들 범주에 관해 알아보는 데 도움이 되기는 하지만, 경계가 모호할 수 있기 때문에 완전하게 현실적이지는 않다. 재화가 배제성이나 소비의 경합성을 갖는지 여부는 종종 정도의 문제이다. 모든 곳에서 어업을 감독하기란 매우 어렵기 때문에 해양의 어류는 배제성을 갖지 못할 수 있지만, 대규모의 충분한 해안 경비대를 보유한 경우 적어도 해양의 일정 구역에서 어류는 부분적으로 배제성을 가질 수 있다. 이와 유사하게, 어류가 일반적으로 소비의 경합성을 갖지만, 어부의 수가 어류의 수에 비해 적을 경우 소비의 경합성은 약화된다.(유럽 정착민이 도착하기 전의 북아메리카를 생각해보자) 하지만 이런 모호성에도 불구하고, 재화를 네 개 범주로 분류하는 것은 유용하다.

이 장에서는 배제할 수 없는 재화, 즉 공공재와 공유자원에 대해 살펴볼 것이다. 이런 재화들은 사람들이 사용하지 못하도록 할 수 없기 때문에, 모든 사람이 무료로 사용할 수 있다. 하지만 가치 있는 것에 가격이 매겨지지 않을 경우 외부효과가 발생한다. 예를 들면 토네이도 경보 사이렌 같은 공공재를 사적 개인이 공급할 경우, 다른 사람들의 형편은 나아진다. 이들은 대가를 지불하지 않고 편익을 받아서, 양의 외부효과가 발생한다. 이와 유사하게 한 사람이 해양의 어류와 같은 공유자원을 사용할 경우, 잡을 수 있는 어류가 줄지만 이런 손해에 대해 보상을 받지 못하기 때문에 다른 사람들은 형편이 나빠진다. 이런 상황에서 음의 외부효과가 발생한다. 이런 외부효과들로 인해서, 정부가 개입하여 문제를 바로잡는 정책이 시행되지 않는다면 소비와 생산에 관한 사적 결정은 비효율적인 배분으로 이어진다.

Quiz

1. 다음 중 어느 범주의 재화가 배제성을 갖는가?
   a. 사유재와 단체재
   b. 사유재와 공유자원
   c. 공공재와 단체재
   d. 공공재와 공유자원

2. 다음 중 어느 범주의 재화가 소비의 경합성을 갖는가?
   a. 사유재와 단체재
   b. 사유재와 공유자원
   c. 공공재와 단체재
   d. 공공재와 공유자원

해답은 이 장의 끝부분에 있다.

11-2 공공재

공공재가 다른 재화와 어떻게 상이하며 사회에 문제를 야기하는 이유가 무엇인지 알아보기 위해, 불꽃놀이를 생각해보자. 불꽃놀이는 배제할 수가 없다. 즉, 모든 사람들이 하늘을 올려다보면 불꽃놀이를 볼 수 있다. 그리고 불꽃놀이는 소비하는 데 경합성이 없다. 즉, 내가 머리 위에서 국화 모양으로 터지는 불꽃 모습을 보고 기뻐한다고 해서, 여러분이 그것을 보고 느끼는 즐거움이 감소하지는 않는다.

11-2a 무임승차자 문제

미국의 어떤 작은 도시의 주민들은 7월 4일 독립기념일에 불꽃놀이 보는 것을 좋아한다. 이 도시 주민 500명 각각은 불꽃놀이에 대해 10달러의 가치를 두어, 총편익은 5,000달러가 된다. 편익 5,000달러가 비용 1,000달러를 초과하기 때문에, 이 도시 주민들이 독립기념일 불꽃놀이를 보는 것은 효율적이다.

사적 시장은 이런 결과를 만들어낼 수 있는가? 아마도 아닐 것이다. 이 도시의 사업가인 조이는 불꽃놀이를 하기로 결정했다. 잠재적 고객이 입장권 없이도 이를 볼 수 있다는 점을 알기 때문에, 조이는 입장권을 판매하는 데 어려움을 겪고 있다. 불꽃놀이는 배제할 수 없기 때문에, 어떤 재화에 대가를 지불하지 않고 해당 물품의 편익을 취하는 사람 즉 무임승차자(free rider)가 되기 쉽다. 대부분의 사람들이 입장권을 구입하지 않고 무임승차자가 되기로 한다면, 이 시장은 효율적인 결과를 산출해내지 못한다.

무임승차자
어떤 재화의 편익은 취하지만 그에 대한 대가를 지불하지 않는 사람

이 시장실패는 외부효과로부터 기인했다고 볼 수 있다. 조이가 불꽃놀이를 개최한다면 이에 대한 대가를 지불하지 않고 관람한 사람들에게 외부편익을 제공하는 것이다. 하지만 불꽃놀이 개최 여부를 결정할 때 조이는 이런 외부편익을 고려하지 않는다. 조이는 박애주의자가 아니다. 불꽃놀이가 사회적으로 바람직하더라도, 이윤이 남지 않는다. 따라서 조이는 사적으로는 합리적이지만 사회적으로 비효율적인 결정을 내려 불꽃놀이를 개최하지 않게 된다.

사적 시장은 거주민들이 원하는 불꽃놀이를 제공하지 못했지만, 이 도시가 갖고 있는 문제에 대한 해법은 명확하다. 시 정부는 7월 4일 독립기념일 축하행사에 후원을 할 수 있다. 시 의회는 모든 거주민의 조세를 2달러만큼 인상하여, 불꽃놀이를 개최할 수 있게 조이를 고용한다. 이 도시의 모든 거주민은, 그들이 불꽃놀이에 두는 가치 10달러에서 조세 2달러를 감한 8달러만큼 상황이 개선된다. 조이는 사적 시장에서 효율적인 결과에 도달할 수 없었지만, 공무원으로서 이 도시가 효율적인 결과에 도달하도록 도움을 줄 수 있다.

시 정부가 후원하는 불꽃놀이에 대한 위의 예화는 단순화했지만 현실적이다. 사실,

미국의 많은 지방정부들은 독립기념일을 축하하는 불꽃놀이에 지불을 한다. 더 중요한 것은 이 이야기가 일반적인 교훈을 제시하고 있다는 것이다. 즉, 공공재는 배제할 수 없기 때문에, 무임승차자 문제로 인해 사적 시장이 이 재화를 공급하지 못할 때가 종종 있다. 하지만 정부는 이 문제를 바로잡을 수 있다. 공공재의 총편익이 비용을 초과한다고 정부가 결정을 내리면, 공공재를 공급하고 조세수입으로 그에 대한 대가를 지불하여 모든 사람의 상황을 잠재적으로 더 나아지게 할 수 있다.

11-2b 중요한 공공재

여러 가지의 공공재가 있는데, 가장 중요한 세 가지는 다음과 같다.

국방 외부의 침략자로부터 한 나라를 지키는 국가방위는 공공재의 고전적인 예이다. 한 나라가 자국을 방어하기 위해 군비에 지출하게 되면, 자국의 한 사람이 이런 국가방위에 따른 편익을 누리지 못하게 할 수는 없다. 어떤 한 사람이 국가방위에 따른 편익을 누릴 때, 그 밖의 어떤 사람에 대한 편익이 축소되지는 않는다. 국방은 배제성을 갖지 않으며, 소비의 경합성도 갖지 않는다.

DANA FRADON/THE NEW YORKER COLLECTION/THE CARTOON BANK

"새로운 과세 없이 할 수만 있다면, 그 발상이 마음에 든다."

국방은 또한 가장 비싼 공공재의 하나이다. 2020년에 미국 연방정부는 국가방위에 총 8,860억 달러를 지출했는데, 이는 1인당 2,682달러를 지출한 셈이다. 사람들은 이 금액이 너무 적은지 아니면 너무 많은지 여부에 대해 논의하고, 모든 군비 지출이 우리를 더욱 안전하게 해주는지 여부에 대해서도 논의한다. 하지만 국가방위에 대한 정부 지출이 필요하다는 사실을 의심하는 사람은 거의 없다. 작은 정부를 주장하는 경제학자들조차도 국방은 정부가 제공해야만 하는 공공재라는 데 동의한다.

기초 연구 연구를 통해 많은 것에 대한 지식이 증대된다. 연구에 대한 공공정책을 평가할 때는 일반적 지식을 수명이 긴 배터리, 더 작은 마이크로칩, 더 나은 디지털 음악 플레이어 등의 발명과 같은 특정 기술적 지식과 구별하는 것이 중요하다. 특정 기술적 지식은 특허권이 부여될 수 있다. 특허권을 통해 발명자는 제한된 기간 동안 발명품에 대한 배타적 권한을 갖게 된다. 그 밖의 사람들은 이를 사용하지만 사용할 수 있는 권한에 대해 발명자에게 대가를 지불해야 한다. 다시 말해 특허권은 발명자의 발명품에 배타성을 부여한다.

반면에 일반적 지식은 공공재이다. 예를 들면 수학자는 자신이 입증한 정리에 대해 특허를 받을 수 없다. 지식이 일단 입증되면 다른 사람을 배제할 수가 없다. 즉, 정리는 어느 누구도 무료로 사용할 수 있는 지식의 집합체에 포함된다. 이 정리는 또한 소비의 경합성을 갖지 않는다. 즉, 한 사람이 그 수학 정리를 사용한다고 해서 다른 사람이 이를 사용하지 못하는 것은 아니다.

이윤을 추구하는 기업은 특허를 받아 판매할 수 있는 물품을 개발하는 연구에 많은 지출을 하지만, 대부분의 경우 기초 연구에는 많은 지출을 하지 않는다. 그 대신에 기업은 다른 사람들이 창출한 일반적 지식에 무임승차하고자 하는 동기를 갖는다. 따라서 어떤 공공정책이 시행되지 않는 경우, 사회는 일반적 지식을 창출하는 데 너무 적은 자원을 투입하게 된다.

정부는 여러 가지 방법으로 공공재인 일반적 지식을 공급하고자 한다. 예를 들면 미국의 국립보건원(NIH), 국립과학재단(NSF)과 같은 정부기관은 의학, 수학, 물리학, 화학, 생물학, 심지어 경제학 분야의 기초 연구에 보조금을 지급하고 있다. 일부 사람들은 지식의 집합체에 축적될 수 있다는 이유로 우주 프로그램에 대한 정부의 자금지원을 정당화한다. 편익을 측정하기 어렵기 때문에 적절한 수준의 정부지원을 결정하는 것은 어려운 일이다. 또한 필요한 재원을 예산에 계상하는 국회의원들은, 어떤 연구분야가 가장 큰 편익을 창출해낼 가능성이 큰지 판단하는 데 필요한 전문지식을 보통 갖고 있지 못하다. 따라서 기초 연구는 분명 공공재이기는 하지만, 종종 공공부문은 올바른 연구분야에 적절한 금액을 배분하지 못한다.

빈곤퇴치 많은 정부 프로그램들이 경제적으로 불우한 사람들을 돕는 것을 목표로 한다. 미국의 '빈곤가정 일시부조제도(TANF)'(단순히 복지라고도 한다)는 부양자녀가 있는 가난한 가정에 일시적으로 소득을 지원한다. '보충 영양 지원 프로그램(SNAP)'(이전에는 푸드 스탬프 프로그램이라고 했다)은 저소득 가계의 식료품 구매에 보조금을 지급한다. '메디케이드(Medicaid)'는 저소득층에 의료 보조를 제공한다. '근로소득세액공제(EITC)'는 저임금 직장에서 근무하는 사람들을 위해 세금을 환급해준다. 이런 프로그램이나 그 외 빈곤퇴치 프로그램은 고소득층에 대한 과세를 통해 재원이 조달된다.

경제학자들은 빈곤을 퇴치하는 데 정부가 어떤 역할을 해야 하는지에 대해 논의하고 있다. 이제는 중요한 주장에 대해 생각해보자. 즉, 빈곤퇴치 프로그램을 주장하는 사람들은 이따금 빈곤퇴치가 공공재라고 주장한다. 모든 사람들이 빈곤 없는 사회에서 살고자 하지만, 빈곤퇴치는 사적 행동을 통해서는 적절하게 공급되는 재화가 아니다.

그 이유를 알아보기 위해, 어떤 사람이 빈곤을 퇴치하기 위해 부유한 사람들의 단체를 조직하려 한다고 가상하자. 이들은 공공재를 공급하게 된다. 이 재화는 소비의 경합성을 갖지 않는다. 즉, 어떤 사람이 빈곤 없는 사회에서 살며 느끼는 기쁨이 그런 사회에서 그 밖의 사람들이 느끼는 기쁨을 감소시키지 않는다. 이 재화는 배제성을 갖지 않는다. 일단 빈곤이 퇴치되고 나면, 어떤 사람도 이런 사실에서 비롯되는 즐거움을 느끼지 못하게 할 수 없다. 결과적으로, 사람들은 빈곤을 퇴치하는 데 기여하지 않고도 이에 따른 편익을 누릴 수 있으므로 다른 사람들의 관대함에 무임승차하려는 경향이 발생한다.

무임승차자 문제 때문에, 개인적인 자비심을 통한 빈곤퇴치는 아마도 충분하지 못할 것이다. 하지만 정부는 조치를 취하여 이런 문제를 해결할 수 있다. 부유한 사람들에게 과세하여 가난한 사람들의 생활수준을 향상시킨다면, 이로 인해 잠재적으로 모든 사람들의 상황이 나아질 수 있다. 가난한 사람들은 이제 향상된 생활수준을 누릴 수 있으므로 상황이 나아진다. 그리고 조세를 납부한 사람들은 빈곤이 줄어든 사회에서 살아갈 수 있으므로 상황이 나아진다.

사례 연구

등대는 공공재인가?

일부 재화는 상황에 따라 공공재일 수도 있고 사유재일 수도 있다. 예를 들면 불꽃놀이는 거주민이 많은 마을에서 공공재이다. 하지만 디즈니월드에서 불꽃놀이를 한 경우, 이 테마파크 방문객들이 입장료를 지불했기 때문에 불꽃놀이는 사유재에 더 가깝다.

등대는 오래전부터 공공재의 예로 활용되었다. 등대가 해안을 따라 특정 지역을 알려주어 운항 중인 배들은 위험한 해역을 피할 수 있다. 등대가 선장들에게 제공하는 편익은 배제성도 없고 소비의 경합성도 없으므로, 이 서비스에 대한 대가를 지불하지 않고 등대를 활용하려는 무임승차 동기를 갖게 된다. 이런 무임승차자 문제 때문에, 사적 시장은 보통 선장에게 필요로 하는 등대를 공급하지 못한다. 따라서 오늘날 대부분의 등대는 정부에 의해 운영된다.

SIEGFRIED LAYDA/THE IMAGE BANK/GETTY IMAGES

등대는 어떤 종류의 재화입니까?

하지만, 어떤 경우에 등대는 사유재에 더 가깝다. 예를 들면 19세기 영국 해안에서 일부 등대는 사적으로 소유되어 운영되었다. 하지만 등대가 제공하는 서비스에 대한 요금을 선장들에게 청구하는 대신에, 근처 항구의 소유주들에게 청구했다. 만일 이들이 대가를 지불하지 않을 경우, 등대 소유주는 등대의 불을 꺼서 선박들이 해당 항구를 지나치도록 했다.

어떤 재화가 공공재인지 여부를 결정하려면, 누가 이익을 보는지와 이들이 해당 재화를 사용하는 데서 배제될 수 있는지 여부를 결정해야 한다. 수익자의 수가 많고 이들 중 어느 한 사람을 배제하는 것이 불가능할 때 무임승차자 문제가 발생한다. 등대가 많은 선장들에게 편익을 제공한다면, 공공재이다. 하지만 단일의 항구 소유주에게만 편익을 제공한다면, 사유재에 더 가깝다. ●

11-2c 비용-편익 분석은 어려운 작업이다

지금까지 사적 시장은 스스로 충분한 양을 생산하지 않기 때문에 정부가 공공재를 공급해야 한다는 사실을 살펴보았다. 하지만 정부가 역할을 수행해야 한다고 결정을 내리는 것은 첫 단계에 불과하다. 그다음에 정부는 어떤 종류의 공공재를 얼마나 공급할지 결정해야 한다.

정부가 새로운 고속도로 건설과 같은 공공 프로젝트를 고려하고 있다고 하자. 이 프로젝트를 계속 진행할지 여부를 판단하기 위해, 정부는 이를 사용할 모든 사람들이 얻을 편익과 이를 건설하고 유지하는 데 따른 비용을 비교한다. 경제학자와 기술자는 팀을 이루어 **비용-편익 분석**(cost-benefit analysis)을 하게 되는데, 이는 해당 프로젝트의 총비용과 사회 전체가 얻는 편익을 추정하는 조사이다.

비용-편익 분석
공공재를 공급하는 데 따른 비용과 사회가 얻는 편익을 비교하는 작업

비용-편익 분석은 어려운 작업이다. 고속도로는 모든 사람들이 무료로 사용할 수 있기 때문에, 그 가치를 판단할 가격이 존재하지 않는다. 사람들이 고속도로에 얼마나 가치를 두는지 단순히 묻는 것은 신뢰할 만하지 않다. 즉, 설문지를 통한 결과를 사용하여 편익을 정량화하기는 어려우며, 응답자들은 진실을 말할 유인을 갖고 있지 않다. 고속도로를 사용하게 될 사람들은 그것이 건설되도록 하기 위해서 자신들이 받게 될 편익을 과장하려는 유인을 갖게 된다. 피해를 보게 될 사람들은 해당 프로젝트가 무산되도록 비용을 과장하려는 유인을 갖는다.

따라서 효율적인 공공재의 공급은 본질적으로 사유재의 경우보다 더 어렵다. 사유재에 대한 매수인이 시장에 진입할 때, 이들은 자신이 지불하려는 가격을 통해 해당 재화에 두는 가치를 드러낸다. 동시에 매도인은 자신이 수용하려는 가격으로 비용을 나타낸다. 균형은 모든 이런 정보를 반영하기 때문에 효율적인 자원 배분이 달성된다. 반면에 비용-편익 분석은 정부가 공공재를 공급할지 여부와 공급량을 평가할 때 관찰할 수 있는 가격 신호를 갖고 있지 못하다. 공공 프로젝트에 대한 비용-편익 분석은 기껏해야 대략적인 근사치이다.

사례 연구

생명의 가치는 얼마나 되는가?

여러분이 지역 시의회 의원으로 선출되었다고 가상하자. 해당 시의 기술자가 여러분에게 와서 다음과 같이 제안했다. 즉, 시는 10,000달러를 지출하여 지금은 정지신호 표지판만 있는 교차로에 신호등을 설치해서 운영할 수 있다. 신호등이 제공하는 편익은 안전이 증대된다는 점이다. 유사한 교차로에서 얻은 데이터에 기초하여, 이 기술자는 신호등이 설치될 경우 신호등이 유지되는 동안 치명적인 사고 위험이 1.6%에서 1.1%까지 감소할 것이라 추정한다. 여러분은 새로운 신호등을 설치하는 데 예산을 지출해야 하는가?

이 질문에 답하기 위해, 여러분은 비용-편익 분석을 실시하게 된다. 하지만 곧바로 장애물에 부딪힌다. 즉, 비용과 편익을 의미 있게 비교하려면 이것들이 동일한 단위로 측정되어야 한다. 비용은 화폐 단위로 측정되지만, 편익 즉 인간의 생명을 구할 가능성은 직접적인 화폐 단위가 아니다. 결정을 내리려면, 여러분은 인간의 생명을 화폐가치로 환산해야 한다.

처음에는 인간의 생명이 대단히 귀중해서 돈으로 살 수 없다고 말할 수 있다. 결국에는 여러분이나 사랑하는 사람의 생명을 포기할 정도의 금액이 아마도 존재하지 않는다고 할 것이다. 이는 인간의 생명에는 무한대의 금전적 가치가 있음을 시사한다.

하지만 비용-편익 분석에서 이런 종류의 대답은 무의미한 결과로 이어진다. 인간의 생명에 무한대의 가치를 둘 경우, 모든 길모퉁이에 신호등을 설치해야 하며 모두 최신의 안전 기능이 장착된 대형차를 몰아야 한다. 하지만 모든 길모퉁이에 신호등을 설치하지 않으며, 사람들은 이따금 측면 충격 에어백이나 잠김 방지 브레이크와 같은 안전 옵션이 없는 소형차를 선택하고 더 적은 금액을 지불한다. 공적 및 사적 결정 모두에서 사람들은 금전을 절약하기 위해 위험을 감수한다.

사람의 생명이 묵시적인 금전적 가치를 갖는다는 생각을 받아들인 후에는, 그 가치가 얼마나 되는지 어떻게 결정할 수 있는가? 한 가지 방법은 부당한 사망 사고 소송에서 손해를 배상하기 위해 법원이 사용하는 것으로, 한 사람이 벌 수 있는 총액을 살펴보는 것이다. 이 방법은 생명을 잃은 데 따른 다른 기회비용을 무시하기 때문에, 경제학자들은 종종 이 방법에 대해 비판적이다. 이런 방식은 일하지 않는 사람의 생명은 가치가 없다는 이상한 의미를 갖게 된다.

인간 생명에 가치를 매기는 더 나은 방법은 사람들이 자발적으로 취하는 위험과 이런 위험을 취했을 때 얼마나 보상을 받는지 살펴보는 것이다. 예를 들면 사망 위험은 직업 전반에 걸쳐 서로 다르다. 고층 빌딩 건설노동자가 사무노동자보다 일하면서 사망할 위험이 더 크다. 교육, 경력, 기타 임금의 결정요인을 통제하고 나서 위험한 직업과 덜 위험한 직업의 임금을 비교함으로써, 경제학자들은 사람들이 자신의 생명에 어떤 가치를 두는지를 조금 이해할 수 있다. 이 방법을 사용한 연구에 따르면, 인간 생명의 가치는 약 1,000만 달러에 이른다고 한다.

여러분은 이제 시의 기술자에게 답변할 수 있다. 신호등을 설치할 경우 사망 위험이 0.5% 만큼 감소하기 때문에, 신호등 설치에 따른 기대편익은 0.005 × 1,000만 달러, 즉 50,000달러가 된다. 이 편익 추정값이 비용 10,000달러를 초과하기 때문에, 여러분은 이 프로젝트에 동의해야 한다. ●

Quiz

3. 다음 중 어느 것이 공공재인가?
   a. 주거용 주택
   b. 국방
   c. 레스토랑 식사
   d. 해양의 어류

4. 공공재는 ________________.
   a. 시장에서 작동하는 힘에 의해 효율적으로 공급된다.
   b. 정부가 개입하지 않으면 과소하게 공급된다.
   c. 정부가 개입하지 않으면 과도하게 사용된다.
   d. 자연독점의 한 형태이다.

5. 작은 도시에 거주하고 있는 세 명은 불꽃놀이에 대해 다음과 같이 생각한다. 승범이는 이 공공재에 대해 80달러의 가치를 두고, 기령이는 50달러의 가치를 두며, (불꽃놀이를 싫어하는) 양철이는 −30달러의 가치를 둔다. 불꽃놀이를 할 경우 이 도시가 120달러의 비용을 부담하거나 아니면 1인당 40달러의 비용을 부담해야 한다. 이 도시에 대한 효율적인 결과는 ________________________.

a. 가운데 위치한 사람이 1인당 비용보다 불꽃놀이에 더 많은 가치를 두기 때문에 공공재를 공급하는 것이다.
b. 거주민의 다수가 1인당 비용보다 불꽃놀이에 더 많은 가치를 두기 때문에 공공재를 공급하는 것이다.
c. 다수의 총가치가 총비용을 초과하기 때문에 공공재를 공급하는 것이다.
d. 모든 거주민들의 총가치가 총비용보다 작기 때문에 공공재를 공급하지 않는 것이다.

해답은 이 장의 끝부분에 있다.

11-3 공유자원

공공재와 같이 공유자원은 배제할 수 없다. 즉, 사용하고자 하는 모든 사람은 무료로 사용할 수 있다. 하지만 공유자원은 소비의 경합성을 갖는다. 즉, 한 사람이 공유자원을 사용할 경우 다른 사람들이 사용할 수 있는 여지를 감소시키게 된다. 따라서 공유자원은 다음과 같은 새로운 문제를 야기한다. 즉, 자원이 일단 공급되고 나면 정책 입안자들은 사용량에 관심을 가져야 한다. 이 문제는 **공유지의 비극**(Tragedy of the Commons)이라는 고전적인 비유로 가장 잘 이해될 수 있다.

공유지의 비극
사회 전체의 관점에서 볼 때 공유자원이 바람직한 수준보다 더 많이 사용되는 이유를 설명하는 비유적 표현

11-3a 공유지의 비극

작은 중세 마을에서 행하는 많은 경제활동 중에서 가장 중요한 것 하나는 양을 기르는 것이다. 많은 가족들이 양떼를 소유하며, 의류를 만드는 데 사용되는 양모를 판매하여 생활했다.

이야기를 처음 시작할 때, 양들은 마을 공유지인 마을 주변 목초지에서 대부분의 시간을 풀을 뜯어먹으며 지낸다. 어떤 가족도 목초지를 소유하고 있지 않다. 대신에 마을 거주민들은 집단적으로 이를 소유하며, 자신의 양들이 풀을 뜯어먹게 할 수 있다. 목초지가 풍부했기 때문에, 집단적 소유권은 작동이 잘 되었다. 모든 거주민들이 원하는 좋은 목초지를 사용할 수 있는 한 마을 공유지는 소비의 경합성을 갖지 않으며, 거주민들의 양이 무료로 풀을 뜯어먹기 때문에 문제가 발생하지 않는다. 모든 사람들이 행복하다.

세월이 흐르면서, 인구가 증가하고 마을 공유지에 방목되는 양의 개체 수도 증가했다. 양의 수가 증가하면서, 토지는 자체적으로 보충하는 능력을 상실하게 되었다. 결국, 과도하게 방목이 이루어져서 목초지가 불모지로 변했다. 마을 공유지에 초원이 사라지자, 양을 기르는 것이 불가능해졌고 한때 번창했던 양모 산업도 쇠퇴했다. 많은 가족들이 생계 기반을 잃게 되었다.

무엇 때문에 이런 비극이 발생했는가? 양을 기르는 사람들이 마을 공유지를 파괴할 정도로 양의 수를 대폭 늘린 이유는 무엇인가? 그 이유는 사회적 유인과 사적 유인이 상이하기 때문이다. 목초지 파괴를 막을 수 있느냐 여부는 양을 기르는 사람들의 집단 행동에 달려 있다. 이들이 함께 행동한다면, 마을 공유지가 지탱될 수 있는 규모로 양의 수를 줄일 수 있었을 것이다. 하지만 각 가족은 전체로 보았을 때 작은 일부에 불과했기 때문에 어떠한 가족도 자신의 양 떼 규모를 축소할 유인을 갖지 못했다.

본질적으로, 공유지의 비극은 외부효과로 인해 발생한다. 한 가족의 양 떼가 공유지에서 풀을 뜯어먹을 때, 다른 가족들이 활용할 수 있는 목초지의 질은 떨어진다. 사람들이 소유하려는 양의 규모를 결정할 때 이런 음의 외부효과를 무시하기 때문에, 결과적으로 양의 수가 지나치게 많아진다.

비극이 예견되었다면, 마을은 다양한 방법으로 이 문제를 해결할 수 있었을 것이다. 각 가정의 방목 가능한 양의 수를 규제하거나, 양에 과세하여 외부효과를 내부화하거나 또는 제한된 수의 방목 허가증을 경매에 부칠 수 있었다. 즉, 중세 마을은 현대 사회가 오염을 처리하는 방법으로 과도한 방목을 해결할 수 있었을 것이다.

하지만 토지의 경우 더 간단한 해법이 있다. 마을의 가족들에게 토지를 나누어줄 수 있다. 각 가족은 울타리로 자신의 구획 토지를 둘러칠 수 있으며, 그러고 나서 과도한 방목으로부터 이를 보호할 수 있다. 이런 방법으로, 목초지는 공유자원이 아니라 사유지가 된다. 이런 방식은 17세기 동안 영국에서 공유지를 사유화하는 인클로저 운동으로 나타났다.

공유지의 비극은 다음과 같은 일반적인 교훈을 알려준다. 한 사람의 공유자원 사용은 다른 사람들이 사용할 여지를 줄인다. 이런 음의 외부효과로 인해, 공유자원은 과도하게 사용되는 경향이 있다. 하지만 정부는 바람직하지 않은 행태를 규제하거나 과세하여 문제를 해결할 수 있다. 대안으로, 정부는 이따금 공유자원을 사유재로 전환시킬 수 있다.

이 교훈은 수천 년 동안 알려져왔다. 고대 그리스 철학자 아리스토텔레스는 다음과 같은 문제를 지적했다. 즉, "많은 사람들에 의해 공유되는 것은 가장 적은 관심을 받게 된다. 왜냐하면 모든 사람들은 다른 사람들과 공유하는 것보다 자신들만의 것에 더 큰 관심을 두기 때문이다."

11-3b 중요한 공유자원

공유자원의 과다 사용 문제를 완화하기 위해 정부는 다양한 정책을 시행한다.

깨끗한 공기와 물 제10장에서 자유로운 시장을 통해서는 환경을 적절하게 보호하지 못한다는 사실을 살펴보았다. 오염은 규제나 교정세로 바로잡을 수 있는 음의 외부효과이다. 시장실패는 공유자원 문제로 볼 수 있다. 깨끗한 공기와 물은 개방형 목초지와 같은 공유자원이며, 과도한 오염은 과도한 방목과 같다. 환경파괴는 현대판 공유지의 비극이다.

경제 패널

혼잡 통행료

"일반적으로, 예를 들면 도시에서 피크타임 동안 부과되는 더 높은 통행료 그리고 비행기 이착륙 피크타임 동안 부과되는 높은 통행료처럼, 혼잡한 운송 네트워크에 더 많은 혼잡요금을 부과하고, 이 요금수입을 사용하여 다른 조세를 낮출 경우 국민들은 평균적으로 볼 때 상황이 나아진다."

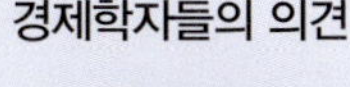

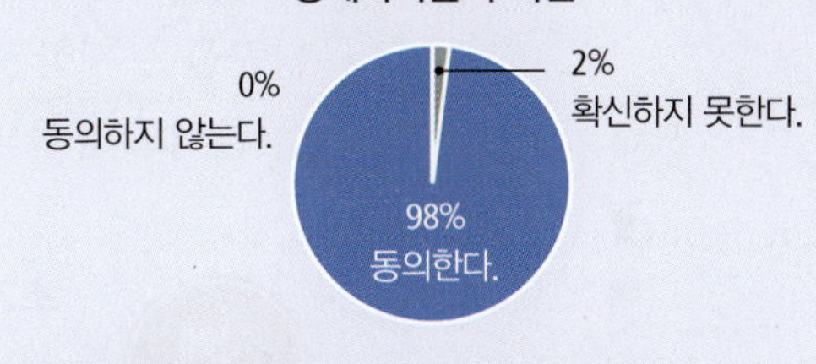

출처: IGM Economic Experts Panel, January 11, 2012.

혼잡한 도로 도로는 공공재이거나 공유자원일 수 있다. 도로가 혼잡하지 않다면, 한 사람이 사용하더라도 그 밖의 다른 사람들에게 영향을 미치지 않는다. 이 경우 도로 사용은 소비의 경합성을 갖지 않으며, 도로는 공공재이다. 하지만 많은 도시 지역에서 한산한 도로는 이룰 수 없는 꿈이다. 도로가 혼잡할 경우, 이를 사용하면 음의 외부효과가 발생한다. 다른 차량이 도로에서 운행될 경우에는 언제나 해당 도로가 더 혼잡해져서 다른 운전자들이 더 천천히 운전해야만 한다. 이 경우 도로는 공유자원이다.

정부가 도로 혼잡을 바로잡을 수 있는 한 가지 방법은 운전자에게 통행료를 부과하는 것인데, 이것은 본질적으로 혼잡이란 외부효과에 대한 교정세이다. 이따금 지방도로의 경우처럼 통행료를 징수하는 데 드는 비용이 높기 때문에, 이 방법은 실질적인 해법이 되지 못한다. 그러나 런던과 스톡홀름을 비롯하여 몇몇 주요 도시들은 통행료 인상이 혼잡을 낮추는 효과적인 방법이라는 사실을 깨달았고, 이러한 생각이 널리 퍼지고 있다.

이따금 혼잡은 하루 중 어떤 시간대에만 문제가 될 수 있다. 예를 들어 러시아워 동안에만 교량을 통과하는 데 혼잡이 발생하는 경우, 혼잡에 따른 외부효과는 그때에 가장 크다. 효율적인 해법은 러시아워 동안 더 높은 통행료를 부과하는 것이다. 이를 통해 운전자들에게 스케줄을 변경할 유인을 제공하여, 혼잡이 가장 클 때의 교통량을 감소시키게 된다.

(앞 장에서 논의한) 도로 혼잡 문제에 대응하는 또 다른 정책은 휘발유에 대한 과세이다. 휘발유세가 상승하면 연료가격이 인상되고, 사람들이 자동차를 운행하는 시간이 감소하며, 도로 혼잡이 줄어든다. 이런 조세는 혼잡한 도로에서의 자동차 운행시간 이외의 결정에도 영향을 주기 때문에 혼잡을 줄이기 위한 완전한 해법이 되지 못한다. 특히 혼잡하지 않은 도로에서는 혼잡에 따른 외부효과가 발생하지 않는데도 불구하고, 조세로 인해 이런 도로에서의 운행도 억제된다.

어류, 고래, 기타 야생동물 많은 생물 종은 공유자원이다. 예를 들면 어류와 고래는 상업적 가치가 있으며, 누구든 바다로 가서 가능한 무엇이든 잡을 수 있다. 각 개인은 내년을 위해 이런 종들을 포획하지 않고 남겨둘 동기를 거의 갖지 못한다. 과도한 방목이 마을 공유지를 황폐화시킬 수 있는 것처럼, 과도한 어업과 포경은 상업적으로 가치 있는 해양 개체 수를 소멸시킬 수 있다.

해양은 가장 적게 규제되고 있는 공유자원의 하나이다. 두 가지 문제 때문에 쉬운 해법을 마련할 수 없다. 첫째, 많은 국가들이 해양에 접근할 수 있어서, 어떠한 해법이든 상이한 가치를 갖고 있는 국가들 사이의 국제협력이 필요하다. 둘째, 해양은 매우 광대해서 어떠한 협정을 이행하기가 어렵다. 따라서 어업권은 평소에 우호적인 국가들 사이에서도 빈번히 긴장의 근원이 되어왔다.

미국에서는 다양한 법규들이 어류와 기타 야생동물 자원을 관리하고자 제정되었다. 정부는 낚시 허가증과 사냥 허가증을 발급해주며 일정액을 부과하고, 낚시 시즌과 사냥 시즌의 기간을 제한하고 있다. 낚시꾼들은 종종 작은 물고기를 놓아주어야 하며, 사냥꾼들은 제한된 수의 동물만을 사냥해야 한다. 이런 모든 법규들은 공유자원의 사용을 줄이고 동물의 개체 수를 유지하는 데 도움이 된다.

사례 연구

소가 멸종되지 않는 이유는 무엇인가

역사 전반에 걸쳐, 많은 동물 종이 멸종 위기에 처했다. 유럽인들이 북아메리카에 첫발을 디뎠을 때, 6,000만 마리 이상의 아메리카 들소들, 즉 버팔로들이 내륙을 어슬렁거리며 돌아다녔다. 하지만 버팔로 사냥이 마구 이루어져서 남아 있는 버팔로를 보호하기 위해 정부가 개입하기 전인 1900년까지 개체 수가 약 400마리로 감소했다. 오늘날 일부 아프리카 국가들에서 밀렵꾼들이 엄니에 있는 상아를 얻기 위해 코끼리를 사냥해서, 이 동물들도 유사한 위기 상황에 처해 있다.

하지만 상업적 가치가 있는 모든 동물들이 이런 위험에 직면하지는 않는다. 소는 귀중한 식량원이지만, 어느 누구도 곧 멸종할 것이라고 우려하지 않는다. 소에 대한 수요가 많기 때문에 이 동물 종이 계속 존재할 것이라는 점이 보장된다.

소고기가 갖고 있는 상업적 가치가 소를 보호해주는 반면에, 상아가 갖고 있는 상업적 가치가 코끼리를 위협하는 이유는 무엇인가? 소는 사유재산인 반면에, 코끼리는 공유자원이기 때문이다. 코끼리는 소유주가 없기 때문에 자유롭게 돌아다니며, 밀렵꾼은 할 수 있는 한 많은 수의 코끼리를 사살할 수 있다. 밀렵꾼의 수가 많기 때문에, 이들 각자는 코끼리 개체 수를 유지하고자 하는 동기를 거의 갖고 있지 않다. 반면에 소는 개인이 소유한 목장에서 사육되며, 이들 소유주는 소의 개체 수를 유지하려는 동기를 갖고 있다.

DOLORES M. HARVEY/SHUTTERSTOCK.COM

“시장이 나를 지켜줄까?”

정부는 코끼리 문제를 두 가지 방법으로 해결하려고 한다. 케냐, 탄자니아, 우간다와 같은 일부 국가들에서 코끼리를 사살하고 상아를 판매하는 것은 불법이다. 하지만 이런 법들은 시행하기 어려우며, 정부 당국과 밀렵자들 사이의 충돌도 점점 폭력적으로 변해 가고 있다. 코끼리 개체 수는 계속해서 감소하고 있다. 반면에 보츠와나, 말라위, 나미비아, 짐바브웨와 같은 국가들에서는 사람들이 코끼리를 사살하도록 허용하지만 자신들이 소유한 지역에서만 이루어지도록 하여, 코끼리를 사유재로 만들었다. 토지 소유주는 자신의 토지에 있는 동물의 종을 유지하려는 동기를 갖고 있어서, 결과적으로 코끼리 개체 수가 일부 증가하기 시작했다. 사적 소유권과 토지 소유주가 취할 이윤 동기로 인해 아프리카 코끼리는 언젠가 소처럼 멸종으로부터 안전해질지도 모른다. ●

Quiz

6. 다음 중 어느 것이 공유자원인가?
   a. 주거용 주택
   b. 국방
   c. 레스토랑 식사
   d. 해양의 어류

7. 공유자원은 ______________.
   a. 시장에서 작동하는 힘에 의해 효율적으로 공급된다.
   b. 정부가 개입하지 않으면 과소하게 공급된다.
   c. 정부가 개입하지 않으면 과도하게 사용된다.
   d. 자연독점의 한 형태이다.

8. 미국 매사추세츠주에 있는 매스 파이크는 출퇴근 시간대에만 혼잡한 유료 도로이다. 하루 중 다른 시간대에는 이 고속도로를 사용하는 데 ______________이 발생하지 않아서 효율적인 통행료가 ______________.
   a. 배제성; 더 높아야 한다.
   b. 배제성; 영이 되어야 한다.
   c. 소비의 경합성; 더 높아야 한다.
   d. 소비의 경합성; 영이 되어야 한다.

해답은 이 장의 끝부분에 있다.

11-4 결론: 재산권과 정부 조치

이 장과 앞 장에서, 시장은 사회가 필요로 하는 모든 것을 적절하게 공급하지는 못한다는 사실을 살펴보았다. 또한 시장은 우리가 호흡하는 공기를 깨끗하게 유지하거나 외국 침략자로부터 국가방위를 보장하지 못한다. 대신에, 사회는 환경을 보호하고 국방을 제공하는 정부에 의존한다.

이 장과 앞 장에서 살펴본 문제들은 발생하는 상황이 상이하지만, 한 가지 공통점이 있다. 각 경우에서 가치 있는 것에 가격이 설정되지 않을 때, 시장은 자원을 효율적으로 배분하지 못한다. 이따금은 그렇게 할 수 없어서 **재산권**이 잘 확립되지 않았을 때, 이런 일이 발생한다. 예를 들어 깨끗한 공기와 국방은 누구도 부인할 수 없는 가치가 있기는 하지만, 어떠한 사적 개인도 이것들에 가격을 책정하고 이것들을 사용하여 이윤을 취할 법적 권리가 없다. 어떤 공장이 배출하는 오염물질에 대해 어느 누구에게도 부담을 지우지 않기 때문에, 해당 공장은 너무 많이 오염시킨다. 자신들이 받은 국방

시사 경제 도로 가격책정

2021년에 바이든 대통령은 도로와 교량을 포함하는 사회기반시설에 2조 2,500억 달러를 지출하겠다고 제안했다. 이 글을 통해 한 경제학자는 국가가 이런 지출을 통해 할 수 있는 많은 것을 얻지 못할 수도 있다고 주장한다.

연방정부 사회기반시설 예산이 어떻게 낭비되는가

클리포드 윈스턴(Clifford Winston)

모든 계파의 정치인과 경제학자가 미국의 사회기반시설 상황을 향상시키기 위한 지출 증대에 합의했지만, 정책 입안자들은 수십 년간 이런 드문 합의를 쫓아 행동하지 못했다.

조 바이든 대통령은 미국 경제의 획기적인 변화를 촉진하기 위해 수조 달러가 소요되는 사회기반시설과 일자리 패키지에 대한 계획을 수립하고 있다. 불행하게도, 이 계획의 사회기반시설 부분은 나라의 도로, 교량 등을 크게 향상시키지는 못할 것이다. 왜냐하면 이 계획은 사회기반시설에 대한 지출로 인해 얻게 될 편익을 크게 낮출 현재 교통정책상의 광범위한 비효율성을 무시했기 때문이다.

예를 들어 고속도로의 교통상황을 개선하기 위해 지출되는 정부예산이 어떤 과정을 거치게 되는지 살펴보도록 하자. 이 예산은 길고 위험한 과정을 거치게 되며, 올바른 목적지에서 벗어나게 해서 큰 낭비적인 요소로 예산을 탈취해갈 많은 위험들을 도중에 직면하게 될 것이다. 잘못된 목적지에 도착할 때쯤 되면, 고속도로 개선을 위해 사용될 자금은 예산보다 훨씬 줄어들 것이다. 마주치게 될 위험에는 비효율적인 도로 가격책정이 있으며, 그리고 투자정책, 부풀려진 투입요소와 프로젝트 비용, 고속도로 수익의 잘못된 배분, 기술혁신에 대한 더딘 채택이 포함된다.

우리의 예산에 대한 은유적인 두통거리는, 목적지까지 이정표를 따라가려고 하기 시작하자마자 곧 시작된다. 효율적인 가격책정과 투자는, 이용자에게 가장 큰 편익을 줄 수 있는 추가 지출금액과 위치를 적시함으로써 그 목적을 달성할 수 있다. 효율적인 도로 가격책정은, 다른 이용객들을 지연시키고 그들의 차량을 손상시킴으로써 이들에게 부과시킨 비용과 고속도로를 수선하고 확장하는 데 따른 비용을 고려하여 정해진 혼잡 통행료 그리고 포장 마모 수수료를 자동차 운전자와 트럭 운전사에게 부과하는 것으로 이루어진다. 예를 들면 추가 차선과 같은 도로에 대한 투자는 가령 지연 감소와 같은 편익을 산출하는데, 이런 편익은 그만한 가치가 있다. 효율적인 가격책정과 투자를 통해 도로체계는 일정 수준의 지출에 대해 최적의 교통상황을 제공한다. 나아가 이것들은, 정책 입안자들이 가장 큰 편익을 제공할 추가 지출을 통해 도로교통을 어떻게 향상시킬 수 있을지에 대해 방향을 제시함으로써 낭비를 방지할 수 있다. 현재의 비효율적인 가격책정과 투자정책으로는 이런 방향을 제시할 수 없으며, 이로 인해 정책 입안자들은 단지 작은 편익만을 가져올 프로젝트에 예산을 낭비하게 된다.

도로 이용자들에 대한 효율적인 가격은 또한 두 가지 다른 중요한 목적에도 부합될 수 있다. 첫째, 효율적인 사회기반시설 투자에 대한 재원을 조달할 수 있다. 바이든 대통령은 기업에 대한 조세를 인상하여, 추가적인 사회기반시설 지출을 위한 재원을 조달하고자 한다. 이 방법은 비효율적이며, 자신의 계획을 정치적 위험에 빠뜨릴 수 있다. 둘째, 효율적인 가격을 통해, 고속도로 예산적자와 일반 납세자가 대한 부담을 낮추거나 어쩌면 없앨 수도 있다.

도로는 최소의 비용으로 적시에 건설되어 유지되어야 하며, 필요한 때에 확장되어야 한다. 다시 말해, 프로젝트는 품질을 희생시키지 않으면서 완성까지 최단경로를 선택해야 한다. 하지만 다양한 규제들로 인

편익에 대해 어느 누구에게도 부담을 지우지 않기 때문에, 시장은 국방을 제공하지 못한다.

재산권이 확립되지 않아서 시장실패로 이어질 경우, 정부는 이 문제를 해결할 수 있다. 어떤 때는 오염배출 허가증을 판매하는 것처럼 정부가 재산권을 식별할 수 있도록 도와서 시장에서 작용하는 힘이 작동할 수 있다. 또 어떤 때는 사냥이 제한되는 시즌처럼 정부가 사적 행동을 규제할 수 있다. 또 다른 때는 국가 방위를 제공하는 것처럼 정

해 품질을 향상시키지도 않으면서, 보다 길고 비용이 많이 소요되는 경로를 거쳐 건설될 수도 있다. 미국 주 및 연방(데이비스–베이컨) 규제로 인해, 임금이 인상되고 고속도로를 관리하고 완성하기 위해 고용되는 노동력이 부풀려지게 된다. 비슷한 품질의 저렴한 외국산 자재를 사용할 수 있더라도, 가령 교량 수리처럼 연방정부 지원의 고속도로 프로젝트에 필요한 건설 자재에 대해서는 '바이 아메리카' 요구사항으로 인해 비용이 상승하게 된다. 나아가 허가과정, 고속도로 설계상의 환경 규제, 기타 요인들로 인해 고속도로 프로젝트를 완성하는 데 소요되는 시간이 크게 연장된다.

특정 수혜자에게 할당되는 자금과 시범 프로젝트의 경우, 다년간의 연방 교통법안이 통과되도록 보장하기 위해서 정치적 비용이 늘게 된다. 효율성을 고려하지 않고 일정한 방식에 따라 국가 전체적으로 배분되는 고속도로 자금뿐만 아니라 특정 수혜자에게 할당된 자금은, 종종 목적지 없이 이루어지는 일시적 방문에 필요한 프로젝트에도 예산을 배정하게 된다.

최종적으로, 정책 입안자들이 더 저렴한 비용으로 고속도로의 설계특성과 유지관리를 향상시키고 고용안전을 강화하는 최신의 기술을 채택할 경우, 예산은 효과적인 지름길로 나아갈 수 있다. 하지만 주정부 교통부서는 신기술을 따라가고 이를 시행하는 속도가 느리며, 계약자의 기술적 정교함이 아니라 최소 입찰액에 기초하여 계약을 체결하는 경향이 있다.

이처럼, 예산은 잘못된 방향으로 들어서서, 더 긴 경로로 가며, 헛된 일시적 방문도 고려하고, 효과적인 기술적 지름길도 놓치기 때문에, 도로체계를 향상시키려는 예산안은 반복적으로 낭비가 이루어져 잘못된 목적지에서는 작은 금액만이 남게 된다. 사회기반시설 향상을 위해 마련된 예산액은 손실과 손상이 누적되어서, 연간 수십억 달러의 낭비적 지출이 이루어진다. 바이든 대통령의 새로운 사회기반시설 계획안이 통과된다면, 이 예산도 이전의 예산이 밟았던 위험한 경로를 동일하게 거치게 될 것이므로 동일한 결과로 이어질지 모른다.

정책 입안자들에게 사회기반시설 정책을 좀 더 효율적으로 만들어야 한다는 유인을 촉발할 정치적 리스크가 아직은 발생하지 않았기 때문에, 앞에서 살펴본 위험한 경로가 지속될 것이다. 쿠엔틴–카즈필로프와 내가 저술하여 브루킹스 연구소에서 간행된 서적 『자율주행차: 경제성장으로 가는 길?』에서 지적했던 것처럼, 자율주행차는 교통 발전에서 분수령이 되는 순간이 될 것이다. 자율주행차는 도로여행을 광범위하게 향상시키며 여행자, 화주, 배송업체들에게 커다란 편의를 줄 뿐 아니라, 혼잡을 줄이고 자동차 사고를 실제로 없애서 미국 경제의 주요 부문에도 편익을 줄 것이다. 하지만 위험한 경로를 만들어내고 도로여행을 어렵게 만드는 비효율적인 사회기반시설 정책들이 개혁되지 않는다면 자율주행차는 이런 것을 달성하지 못하게 될 것이다.

국가, 도시, 주들이 자율주행차를 성공적으로 발전시켜 채용하기 위해 치열하게 경쟁하는 모습을 전 세계가 지켜보게 될 것이다. 사회기반시설 예산이 계속해서 위태로운 경로를 밟아가도록 하여 자신들 관할의 자율주행과 운행을 악화시킨 정책 입안자들은 상당한 정치적 비용을 부담할 준비가 되어 있어야 한다. 바이든 대통령은 사회기반시설에 대한 지출을 단순히 증대시키는 대신에 좀 더 효율적으로 이루어지도록 하여 이런 비용을 피하기 위한 첫걸음을 내디뎌야 한다. ■

논의 사항

1. 여러분은 도로와 교량 사용자에 대한 통행료와 요금을 인상하길 선호하는가? 선호하는 이유는 무엇인가? 선호하지 않는 이유는 무엇인가?
2. 여러분은 도로와 교량 사용자에 대한 통행료와 요금을 인상시킬 경우 일반대중이 이를 받아들일 것이라고 생각하는가? 받아들인다고 생각하는 이유는 무엇인가? 받아들이지 않는다고 생각하는 이유는 무엇인가?

클리포드 윈스턴은 브루킹스 연구소의 경제학자이다.

출처: *Barron's*, March 24, 2021.

부가 조세수입을 사용하여 시장이 공급하지 못하는 재화를 공급할 수 있다. 이들 각 경우에 정책이 잘 계획되고 잘 시행된다면, 자원이 보다 효율적으로 배분되어서 경제적 후생이 증대될 수 있다.

요약

- 재화는 배제성이 있는지 여부 그리고 소비의 경합성이 있는지 여부에서 서로 상이하다. 어떤 사람이 어떤 재화를 사용하지 못하도록 할 수 있다면, 해당 재화는 배제성을 갖는다. 한 사람이 어떤 재화를 사용할 경우 이로 인해 다른 사람이 해당 재화를 사용할 여지가 감소된다면, 이 재화는 소비의 경합성을 갖는다. 시장은 사유재의 경우 가장 잘 작동하며, 이 재화는 배제성과 소비의 경합성을 둘 다 갖는다. 시장은 다른 형태의 재화에 대해서 똑같이 잘 작동하지는 않는다.
- 공공재는 배제성이 없으며 소비의 경합성도 갖지 않는다. 공공재의 예로는 불꽃놀이, 국방, 기초적 지식의 발견 등을 들 수 있다. 공공재를 사용하더라도 요금이 부과되지 않기 때문에, 무임승차하려는 유인을 갖게 되며 해당 재화의 사적 공급이 이루어지지 않게 된다. 정부는 공공재를 공급하고 비용-편익 분석을 통해 각 재화의 양을 결정하며 자원의 배분을 향상시킬 수 있다.
- 공유자원은 배제성을 갖지 않지만 소비의 경합성은 갖는다. 예로는 공유 목초지, 깨끗한 공기, 혼잡한 도로를 들 수 있다. 공유자원을 사용하더라도 요금이 부과되지 않기 때문에, 과도하게 사용하는 경향이 있다. 정부는 공유자원의 사용을 제한하기 위해, 예를 들면 규제와 교정세 같은 다양한 방법을 사용하여 이 문제를 해결할 수 있다.

주요 개념

배제성 264
소비의 경합성 264
사유재 264
공공재 265
공유자원 265
단체재 265
무임승차자 267
비용-편익 분석 271
공유지의 비극 273

복습용 질문

1. 배제성 있는 재화가 의미하는 것을 설명하시오. 소비의 경합성 있는 재화가 의미하는 것을 설명하시오. 피자 한 조각은 배제성을 갖는가? 소비의 경합성을 갖는가?
2. 공공재를 정의하고 예를 드시오. 사적 시장은 스스로 이런 재화를 공급할 수 있는가? 설명하시오.
3. 공공재에 대한 비용-편익 분석은 무엇인가? 이것이 중요한 이유는 무엇인가? 이것이 어려운 이유는 무엇인가?
4. 공유자원을 정의하고 예를 드시오. 정부 개입이 없다면 사람들은 이 재화를 너무 많이 사용하는가 아니면 너무 적게 사용하는가? 그 이유는 무엇인가?

문제와 응용

1. 여러분의 지방정부가 공급하는 재화와 용역에 대해 생각해보시오.
   a. 그림 1의 범주를 사용하여, 다음 재화를 각각 분류하고 그 이유를 설명하시오.
      - 경찰이 제공하는 보호
      - 눈 치우기
      - 교육
      - 시골 도로
      - 도시 거리
   b. 공공재가 아닌 재화를 정부가 공급하는 이유가 무엇이라고 생각하는가?

2. 공공재와 공유자원은 둘 다 외부효과가 개입된다.

a. 공공재와 관련된 외부효과는 일반적으로 양의 외부효과인가 아니면 음의 외부효과인가? 자유시장이 제공하는 공공재의 수량은 일반적으로 사회적으로 효율적인 수량보다 더 많은가 아니면 더 적은가? 예를 들어 답하시오.

b. 공유자원과 관련된 외부효과는 일반적으로 양의 외부효과인가 아니면 음의 외부효과인가? 자유시장에서 공유자원을 사용할 경우 이는 사회적으로 효율적인 사용보다 일반적으로 더 많은가 아니면 더 적은가? 예를 들어 답하시오.

3. 유나는 자신의 지역 공영 텔레비전 방송국에서 방영하는 교육강의 방송을 시청하길 원한다. 하지만 이 공영 방송국의 모금운동 기간 동안 어떠한 금전적 지원도 하지 않는다.

a. 경제학자들은 유나와 같은 사람들을 무엇이라고 부르는가?

b. 정부는 유나와 같은 사람들이 유발하는 문제를 어떻게 해결할 수 있는가?

c. 사적 시장이 이 문제를 해결할 수 있는 방법에 관해 생각해볼 수 있는가? 케이블 텔레비전 옵션이 있다면 이 상황을 어떻게 변화시킬 수 있는가?

4. 무선 초고속 인터넷이 커뮤니티빌 시의 공항에서 무료로 제공되고 있다.

a. 처음에는 단지 소수의 사람들만이 이 인터넷 서비스를 사용했다. 이것은 어떤 형태의 재화인가? 그 이유는 무엇인가?

b. 더 많은 사람들이 이 인터넷 서비스를 알게 되어 사용하기 시작하면서, 결국에는 연결속도가 느려지기 시작했다. 이제 이 무선 인터넷 서비스는 어떤 형태의 재화인가?

c. 어떤 문제가 발생할 수 있으며, 그 이유는 무엇인가? 이 문제를 해결할 수 있는 한 가지 방법은 무엇인가?

5. 네 명의 룸메이트가 기숙사 방에서 옛 영화를 보며 주말을 보낼 계획을 세우고 있다. 이들은 몇 편의 영화를 볼지에 대해 논의하고 있다. 각 영화에 대해 이들이 지불하고자 하는 의지는 다음과 같다.

	승우	현경	광재	동하
첫 번째 영화	7달러	5달러	3달러	2달러
두 번째 영화	6	4	2	1
세 번째 영화	5	3	1	0
네 번째 영화	4	2	0	0
다섯 번째 영화	3	1	0	0

a. 기숙사 방안에서의 영화상영은 공공재인가? 그렇다면 그 이유는 무엇인가? 그렇지 않다면, 그 이유는 무엇인가?

b. 영화 1편을 상영해서 보는 데 8달러의 비용이 든다면, 총잉여를 극대화하기 위해 이들 룸메이트는 몇 편을 상영하여 보아야 하는가?

c. (b)에서 최적의 수를 선택한 후 영화상영 비용을 균등하게 분할한다면, 영화를 보면서 각 사람은 얼마나 많은 잉여를 얻게 되는가?

d. 모든 사람이 편익을 얻도록 비용을 분할하는 방법이 있는가? 이런 해법은 어떤 실질적인 문제를 유발하는가?

e. 이들이 효율적인 영화 편수를 선택하여 영화상영 비용을 균등하게 배분하기로 미리 합의했다고 가상하자. 승우에게 지불하려는 의지를 물었을 때, 진실을 말할 유인을 갖게 되는가? 만일 그렇다면, 그 이유는 무엇인가? 만일 그렇지 않다면, 무엇을 말하고 싶겠는가?

f. 이 예는 여러분에게 공공재의 최적공급에 관해 무엇을 시사하는가?

6. 일부 경제학자들은 사적 기업들이 효율적인 규모의 기초과학 연구를 하지 않을 것이라고 주장한다.

a. 그럴 수도 있는 이유를 설명하시오. 답할 때 기초과학 연구를 그림 1의 범주 중 하나로 분류하시오.

b. 이런 문제에 대응하기 위해 미국은 어떤 종류의 정책을 채택했는가?

c. 이런 정책으로 인해 외국 기업에 비해 미국 생산업체의 기술력이 향상될 수 있다고 종종 주장된다. 이 주장은 (a)에서 살펴본 기초과학 연구에 대한 분류와 일치하는가?(요령: 배제성이 공공재의 일부 잠재적 수익자들에게 적용되지만 다른 사람들에게는 적용되지

않을 수 있는가?)

7. 거주민이 각각 세 명인 두 도시에서 새해를 축하하는 불꽃놀이를 실시할지 여부를 결정하려 한다. 불꽃놀이를 실시하는 데 360달러의 비용이 소요된다. 각 도시에서 일부 사람은 다른 사람들보다 불꽃놀이를 더 즐긴다.

a. 베이포트 시에서 각 거주민은 공공재에 대해 다음과 같이 가치를 둔다.

프랭크	50달러
조	100
칼리	300

불꽃놀이는 비용－편익 분석을 통과할 수 있는가? 설명하시오.

b. 베이포트의 시장은 다수결 원칙에 따라 결정하자고 하면서, 불꽃놀이에 대한 주민투표가 통과될 경우 그 비용을 모든 거주민들에게 균등하게 분할하겠다고 제의했다. 누가 찬성투표를 하며, 누가 반대투표를 할 것인가? 투표에 따른 결과도 비용－편익 분석과 동일한 답변을 제시할 것인가?

c. 리버하이트 시의 각 거주민은 공공재에 대해 다음과 같은 가치를 둔다.

낸시	20달러
베스	140
네드	160

불꽃놀이는 비용－편익 분석을 통과할 수 있는가? 설명하시오.

d. 리버하이트의 시장도 다수결 원칙에 따라 결정하자고 하면서, 불꽃놀이에 대한 주민투표가 통과될 경우 그 비용을 모든 거주민들에게 균등하게 분할하겠다고 제의했다. 누가 찬성투표를 하며, 누가 반대투표를 할 것인가? 투표에 따른 결과도 비용－편익 분석과 동일한 답변을 제시할 것인가?

e. 이 사례가 공공재의 최적공급에 대해 시사하는 바가 무엇이라고 생각하는가?

8. 고속도로 주변에는 종종 쓰레기가 있지만 개인이 소유한 마당에는 쓰레기가 거의 없다. 이런 사실에 대해 경제적으로 설명하시오.

9. 워싱턴 D.C. 메트로(지하철)와 같은 많은 교통체계에서는 다른 시간대보다 출퇴근 시간대에 더 높은 요금을 부과한다. 이렇게 하는 이유는 무엇인가?

10. 고소득층은 사망 위험을 피하기 위해 저소득층보다 더 많이 지불하려 한다. 예를 들면 이들은 자동차의 최첨단 안전기능에 대해 대가를 지불할 가능성이 더 높다. 공공 프로젝트를 평가할 때 비용－편익 분석자는 이런 사실을 고려해야 한다고 생각하는가? 예를 들면 부유한 도시와 가난한 도시 모두가 신호등 설치를 고려하고 있다고 하자. 이런 결정을 내릴 때 부유한 도시는 인간 생명에 대해 더 높은 화폐적 가치를 두어야 하는가? 그렇다면 그 이유는 무엇인가? 그렇지 않다면 그 이유는 무엇인가?

Quiz 해답

1. a 2. b 3. b 4. b 5. d 6. d 7. c 8. d

Part

5 기업 행태와 산업조직

Chapter

12

생산비용

경제에는 여러분이 매일 소비하는 재화 및 용역을 생산하는 수천 개의 기업이 있다. 제너럴 모터스는 자동차를 생산하고, 제너럴 일렉트릭은 전구를 생산하며, 제너럴 밀스는 아침식사용 시리얼을 생산한다. 일부 기업은 이들 세 기업처럼 규모가 크다. 즉, 수천 명의 근로자를 고용하고, 기업의 이윤을 공유하는 수천 명의 주주가 있다. 동네 잡화점, 이발소, 카페와 같은 상점은 규모가 작다. 즉, 소수의 근로자를 고용하고 한 사람이나 가족이 소유한다.

이전의 장들에서는 공급곡선을 사용하여 기업의 생산 결정을 개괄해서 설명했다. 공급법칙에 따르면, 기업은 가격이 상승할 때 더 많은 양을 생산하여 판매하고자 한다. 이러한 대응으로 인해 공급곡선의 기울기는 상향하게 된다. 많은 문제에서 여러분이 기업 행태에 관해 알아야 하는 것은 단 하나 공급법칙이었다.

이 장과 다음 장들에서는 기업 행태를 좀 더 자세히 살펴볼 것이다. 이런 주제는 공급곡선 이면에 있는 결정을 더 잘 이해할 수 있

SHIFT DRIVE/SHUTTERSTOCK.COM, ERDARKE/GETTY IMAGES

도록 해준다. 이것은 또한 여러분에게 **산업조직**이라고 하는 경제학의 한 분야를 소개해 줄 것이다. 이 분야는 가격과 수량에 관한 기업의 결정이 회사가 직면하는 시장상황에 어떻게 의존하는지 살펴본다. 예를 들어 여러분이 거주하는 도시에 여러 개의 피자가게와 단 한 개의 케이블 텔레비전 회사가 있을 수 있다. 그렇다면 다음과 같은 주요한 의문점이 제기된다. 기업의 수는 시장가격과 시장에서 이루어지는 결과의 효율성에 어떤 영향을 미치는가? 산업조직이란 분야는 이런 질문에 역점을 두고 분석한다.

이런 문제들로 넘어가기 전에, 생산비용을 이해하는 것이 중요하다. 델타 항공으로부터 지역 식품점까지 모든 기업은 판매할 재화 및 용역을 생산할 때 비용이 발생한다. 이 장에서는 이런 비용들을 측정하는 데 경제학자들이 사용하는 변수들을 정의하고, 이들 변수 간의 관계를 살펴볼 것이다.

경고의 말: 이 문제는 약간 기술적인 면이 있다. 솔직히 말해, 지루하다고까지 할 수 있다. 그럼에도 계속해서 학습해 나가길 권하는 바이다. 이런 학습내용은 뒤에 나오는 흥미로운 주제들의 기초가 될 것이다.

12-1 비용이란 무엇인가?

유나의 과자공장을 살펴보도록 하자. 소유주인 유나는 모든 사람이 좋아하는 과자를 구워 판다. 그렇게 하기 위해서 유나는 밀가루, 설탕, 초콜릿 칩, 기타 재료를 구입한다. 또한 믹서와 오븐을 구입하고, 노동자를 고용하여 이 장비를 운용하도록 한다. 그러고 나서 과자를 고마운 소비자들에게 판매한다. 유나가 사업을 하면서 직면하게 되는 일부 문제들은 모든 기업에 적용될 수 있다.

12-1a 총수입, 총비용, 이윤

기업이 내리는 결정을 이해하기 위해, 먼저 기업이 무엇을 하려 하는지 물어보는 것으로 시작하자. 세상에 과자를 공급하겠다는 이타적인 바람이나 단순히 과자사업에 대한 열정 때문에 사업을 시작했을 수도 있지만, 유나는 사실 돈을 벌기 위해 사업을 시작했다. 경제학자들은 일반적으로 기업의 목표가 이윤 극대화라고 가정하며, 이런 가정이 대부분의 경우 잘 작동한다는 사실을 발견했다.

총수입
기업이 자신의 생산물을 판매하고 받는 금액

총비용
기업이 생산에 사용한 생산요소의 시장가치

이윤
총수입에서 총비용을 뺀 금액

기업의 이윤이란 무엇인가? 기업이 자신의 생산물(쿠키)을 판매하고 받는 금액을 **총수입**(total revenue)이라고 한다. 생산요소(밀가루, 설탕, 노동자, 오븐 등)를 구입하기 위해 지불하는 금액을 **총비용**(total cost)이라고 한다. 즉, 기업의 **이윤**(profit)은 총수입에서 총비용을 뺀 것이며, 식으로 표현하면 다음과 같다.

이윤 = 총수입 − 총비용

유나는 가능한 한 많은 이윤을 얻고자 한다.

기업이 이윤을 어떻게 극대화하는지 알아보기 위한 첫 번째 단계는 총수입과 총비용을 측정하는 것이다. 총수입을 측정하는 방법은 간단하다. 즉, 기업이 생산한 생산량에 판매가격을 곱하여 구할 수 있다. 유나가 과자 10,000개를 생산하여 개당 2달러에 판매할 경우, 총수입은 20,000달러가 된다. 하지만 기업의 총비용을 측정하는 방법은 더 복잡하다.

12-1b 기회비용이 왜 중요한가

유나의 과자공장이나 다른 기업의 비용을 측정할 때, 제1장에서 살펴본 **경제학의 열 가지 원리** 중 하나인 '어떤 것의 비용은 그것을 얻기 위해서 포기해야 하는 것이다'에 유의하자. 어떤 품목의 **기회비용**은 그것을 얻기 위해서 포기해야 하는 모든 것과 관련된다는 사실에 주목하자. 경제학자들이 기업의 생산비용에 관해 말할 때, 이 비용에는 재화 및 용역을 생산하는 데 관련되는 기회비용이 모두 포함된다.

몇몇 기회비용은 명백하다. 유나가 밀가루에 1,000달러를 지불할 때 그 밖의 어떤 것을 구입하기 위해 이 1,000달러를 사용할 수 없기 때문에, 해당 1,000달러는 기회비용이 된다. 이와 유사하게, 유나가 과자를 생산하기 위해 노동자를 고용할 경우 노동자 임금은 해당 기업이 부담해야 하는 비용의 일부가 된다. 이들 기회비용으로 인해 해당 기업이 금전을 지불해야 하기 때문에, 이를 명시비용(explicit cost)이라고 한다.

명시비용
기업이 금전적 지출을 해야 하는 생산요소 비용

반면에 묵시비용(implicit cost)이라고 하는 기업의 일부 기회비용은 현금지출을 수반하지 않는다. 이들 비용은 즉각적으로 명백하지는 않지만, 그럼에도 불구하고 의미가 있다. 유나가 컴퓨터를 잘해서 프로그래머로 일할 경우 시간당 100달러를 벌 수 있다. 유나가 과자공장에서 일하는 시간마다 프로그래밍을 하면서 버는 소득 100달러를 포기하게 되는데, 이 사라진 소득 역시 그녀가 부담해야 하는 비용의 일부가 된다. 유나가 하는 사업의 총비용은 명시비용과 묵시비용을 합한 것이다.

묵시비용
기업이 금전적 지출을 하지 않아도 되는 생산요소 비용

경제학자와 회계사는 기업을 서로 다른 관점에서 분석한다. 경제학자들은 기업이 어떻게 생산을 하고 가격을 결정하는지에 관심을 둔다. 이런 결정은 명시비용과 묵시비용 모두에 기초하기 때문에, 경제학자들은 기업의 비용을 측정할 때 이들 두 가지 모두를 포함한다. 하지만 회계사들은 기업으로 유입되고 유출되는 금전의 흐름을 추적하기 때문에, 명시비용을 측정하고 묵시비용은 보통 무시한다.

경제학자의 방법과 회계사의 방법의 차이는 유나의 과자공장에서 쉽게 알 수 있다. 유나가 프로그래머로 금전을 벌 수 있는 기회를 포기할 경우, 회계사는 포기하지 않았다면 벌었을 비용을 유나가 하려는 사업의 비용으로 포함시키지 않는다. 왜냐하면 이

비용을 지불하기 위해 과자사업에서 어떤 금전적 유출도 발생하지 않기 때문이다. 회계사의 재무제표상에 어떤 기록도 남지 않는다. 하지만 경제학자는 유나가 상실하게 되는 소득이 과자사업에 대해 내리는 결정에 영향을 미치기 때문에 상실된 소득을 비용에 포함시킨다. 예를 들어 유나가 프로그래머로 일할 때 받는 임금이 시간당 100달러에서 300달러로 상승할 경우, 과자사업을 하는 데 따른 비용이 너무 많이 소요된다고 결정할지 모른다. 유나는 과자공장을 폐쇄하고 프로그래머로 일할 수도 있다.

12-1c 자본비용은 기회비용이다

거의 모든 사업에 적용되는 묵시비용으로 투자되는 금전의 기회비용을 들 수 있는데, 경제학자들은 이런 금전을 금융자본이라고 한다. 예를 들어 유나가 자신의 저축 300,000달러를 사용하여 과자공장을 인수했다고 가상하자. 대신에 유나가 이자율 5%를 지급하는 저축예금에 이 금액을 예치할 경우, 연간 15,000달러를 벌게 된다. 따라서 과자공장을 소유하기 위해 유나는 연간 이자소득 15,000달러를 포기하게 된다. 사라진 이 15,000달러가 유나의 사업 인수에 따른 묵시적 기회비용이다.

자본비용은 경제학자와 회계사가 기업을 상이하게 바라보는 주요한 예이다. 경제학자는 유나가 매년 포기하는 이자소득 15,000달러를 묵시비용으로 본다. 하지만 회계사는 이를 지불하기 위해 사업체에서 어떤 금전적 유출도 발생하지 않기 때문에 이 15,000달러를 비용으로 보지 않는다.

경제학자의 방법과 회계사의 방법에 존재하는 차이점을 좀 더 알아보기 위해 이 예를 약간 변형해보자. 유나가 공장 인수에 필요한 300,000달러 전액을 갖고 있지 않으며, 대신에 저축 100,000달러를 사용하고 은행에서 이자율 5%로 200,000달러를 차용한다고 가상하자. 명시비용만을 측정하는 회계사는 이제 은행 대출금에 대해 매년 지급하는 이자 10,000달러를 비용에 포함시킨다. 왜냐하면 이 금액이 사업체에서 유출되기 때문이다. 반면에, 경제학자에 따르면 기업을 소유하는 데 따른 기회비용은 계속해서 15,000달러이다. 이 기회비용은 은행 대출금에 대한 이자(명시비용 10,000달러)에 저축에 대한 사라진 이자(묵시비용 5,000달러)를 합산한 것이다.

12-1d 경제학자와 회계사는 이윤을 상이하게 측정한다

경제적 이윤
총수입에서 명시비용과 묵시비용 둘 다를 포함하는 총비용을 빼서 구한 것

회계적 이윤
총수입에서 명시비용만을 포함하는 총비용을 빼서 구한 것

이제 기업의 목표, 즉 이윤으로 돌아가보자. 경제학자와 회계사는 이윤도 역시 서로 다르게 측정한다. 경제학자는 기업의 경제적 이윤(economic profit)을 측정하는데, 이것은 총수입에서 판매된 재화 및 용역을 생산하는 데 따른 모든 기회비용(명시비용 및 묵시비용)을 빼서 구할 수 있다. 회계사는 기업의 회계적 이윤(accounting profit)을 측정하는데, 이것은 총수입에서 명시비용만을 빼서 구할 수 있다.

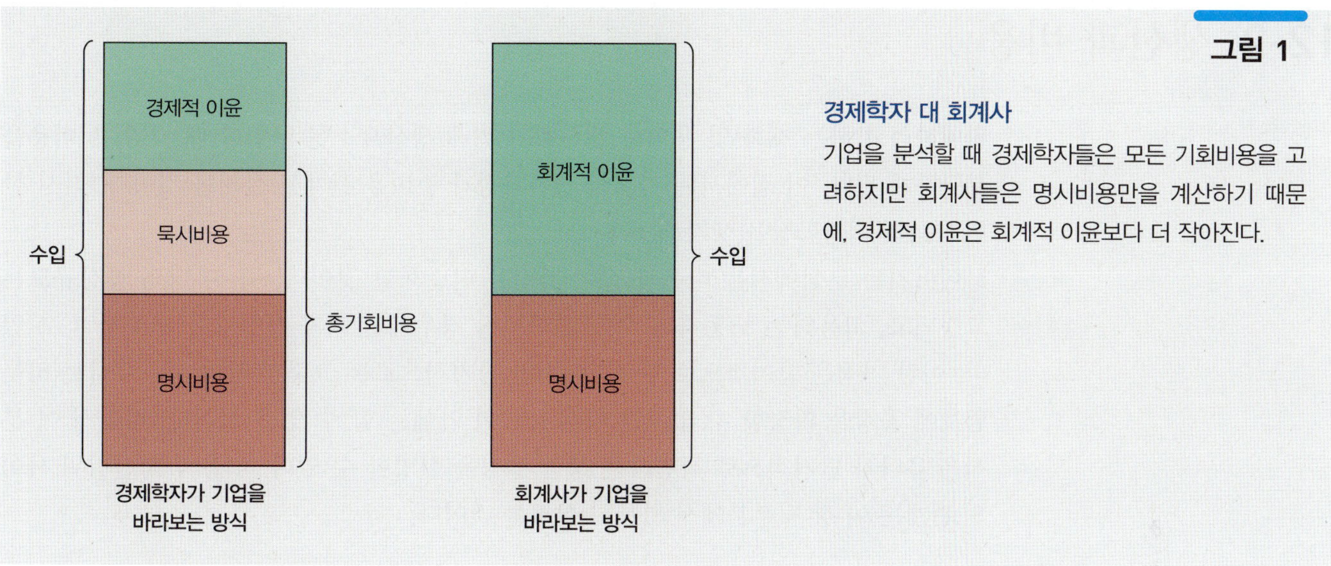

그림 1

경제학자 대 회계사

기업을 분석할 때 경제학자들은 모든 기회비용을 고려하지만 회계사들은 명시비용만을 계산하기 때문에, 경제적 이윤은 회계적 이윤보다 더 작아진다.

그림 1은 이런 차이점을 요약해서 보여준다. 회계사는 묵시비용을 무시하기 때문에 회계적 이윤이 경제적 이윤보다 크다는 사실에 주목하자. 경제학자의 관점에서 기업에 이윤이 남으려면, 총수입이 명시비용과 묵시비용 둘 다를 합한 총기회비용을 초과해야 한다.

경제적 이윤은 재화 및 용역을 공급하는 기업에 동기를 부여하기 때문에 중요한 개념이다. 앞으로 살펴볼 것처럼, 양의 경제적 이윤을 얻는 기업은 해당 사업을 계속하게 된다. 이 기업은 총기회비용을 충당하며, 기업 소유주에게 보상을 제공할 일부 수입을 남겨둘 수 있다. 기업에 경제적 손실이 발생할 때(즉, 경제적 이윤이 음이 될 때), 모든 생산비용을 충당할 충분한 수입을 올리지 못하게 된다. 상황이 변하지 않는다면, 소유주는 궁극적으로 기업을 폐쇄하고 해당 산업을 떠나게 된다. 기업의 결정을 이해하려면, 경제적 이윤을 계속 지켜봐야 한다.

Quiz

1. 농부인 태호는 시간당 20달러를 받고 현악기인 밴조를 가르치고 있다. 어느 날 그는 10시간 동안 자신의 농장에서 100달러 상당의 씨앗을 심었다. 태호가 부담한 총비용은 얼마인가?
   a. 100달러
   b. 200달러
   c. 300달러
   d. 400달러

2. 광재는 2시간 동안 가판대에서 레모네이드 음료수를 판매했다. 재료를 구입하는 데 10달러를 지출했고, 60달러 상당의 레모네이드를 판매했다. 똑같은 2시간 동안, 그는 40달러를 받고 이웃의 잔디밭을 깎을 수도 있었다. 광재가 벌어들인 회계적 이윤은 ________이고, 경제적 이윤은 ________이다.
   a. 50달러; 10달러
   b. 90달러; 50달러
   c. 10달러; 50달러
   d. 50달러; 90달러

해답은 이 장의 끝부분에 있다.

12-2 생산과 비용

판매하려고 하는 재화 및 용역을 생산하기 위해 생산요소를 구입할 때, 기업은 비용을 부담하게 된다. 이 절에서는 기업의 생산과정과 총비용 관계를 살펴볼 것이다. 다시 한 번 유나의 과자공장을 생각해보자.

이어지는 분석에서는 다음과 같이 가정을 단순화할 것이다. 즉, 유나의 공장규모는 고정되고, 고용하는 노동자의 수를 변화시킬 경우에만 과자 생산량을 변화시킬 수 있다. 이런 가정은 단기적으로 현실적이지만 장기적으로는 그렇지 않다. 즉, 유나는 하룻밤새에 공장을 확장할 수 없지만 향후 1~2년 안에는 할 수 있을 것이다. 따라서 이 분석은 유나가 단기적으로 직면하는 생산 결정을 설명할 수 있다. 비용과 시간범위 사이의 관계는 이 장 뒷부분에서 자세히 살펴볼 것이다.

12-2a 생산함수

표 1은 유나의 공장에서 시간당 생산되는 과자의 수량이 노동자의 수에 어떻게 의존하는지 보여준다. (1)열과 (2)열에서 볼 수 있는 것처럼, 공장에 노동자가 없다면 유나는

표 1

생산함수와 총비용: 유나가 운영하는 과자공장

(1)	(2)	(3)	(4)	(5)	(6)
노동자의 수	생산량(시간당 생산된 과자의 수량)	노동의 한계생산물	공장 비용	노동자 비용	생산요소의 총비용(공장 비용 + 노동자 비용)
0	0		30달러	0달러	30달러
		50			
1	50		30	10	40
		40			
2	90		30	20	50
		30			
3	120		30	30	60
		20			
4	140		30	40	70
		10			
5	150		30	50	80
		5			
6	155		30	60	90

과자를 생산하지 못한다. 노동자 1명이 있을 때 과자 50개를 생산하며 노동자가 2명 있을 때 과자 90개를 생산하고, 계속 이렇게 생산이 이루어진다. 그림 2(a)는 이들 두 개의 열에 있는 수치를 그래프로 나타낸 것이다. 노동자 수가 수평축에 표시되고, 과자의 생산 개수가 수직축에 표시되었다. 생산요소(노동자)의 수량과 생산물(과자)의 수량 사이에 존재하는 관계를 **생산함수**(production function)라고 한다.

생산함수
어떤 물품을 만들기 위해 사용한 생산요소량과 해당 물품의 생산량 사이에 존재하는 관계

제1장에서 살펴본 **경제학의 열 가지 원리** 중 하나는 '합리적인 사람들은 한계적으로 생각한다'는 것이다. 앞으로 다른 장들에서 살펴볼 것처럼, 이 원리는 기업이 얼마나 많은 노동자를 고용하고 얼마나 많은 생산물을 만들지에 대해 내리는 결정을 이해하는 실마리가 된다. 이런 결정을 이해하기 위해 한 걸음 더 나아가기 위해, 표의 (3)열은 노동자의 한계생산물을 제시한다. 생산량에 투입되는 모든 생산요소의 **한계생산물**(marginal product)은 해당 생산요소가 1단위 추가적으로 투입됨에 따라 만들어지는 생산량의 변화를 말한다. 노동자의 수가 1명에서 2명으로 증가할 경우 과자 생산은 50개

한계생산물
생산요소 1단위를 추가적으로 투입하는 데 따른 생산량의 증가

그림 2

유나가 운영하는 과자공장의 생산함수와 총비용곡선

(a)에 있는 생산함수는 투입된 노동자의 수와 생산량 사이의 관계를 보여준다. (수평축에 표시된) 투입된 노동자의 수는 표 1의 (1)열에 있으며, (수직축에 표시된) 생산량은 (2)열에 있다. 투입된 노동자의 수가 증가함에 따라 생산함수는 완만해지는데, 이는 한계생산물 체감을 반영한 것이다. (b)에 있는 총비용곡선은 생산량과 총생산비용 사이의 관계를 보여준다. 여기서 (수평축에 표시된) 생산량은 표 1의 (2)열에 있으며, (수직축에 표시된) 총비용은 (6)열에 있다. 총비용곡선은 한계생산물 체감으로 인해 생산량이 증가함에 따라 가파르게 된다.

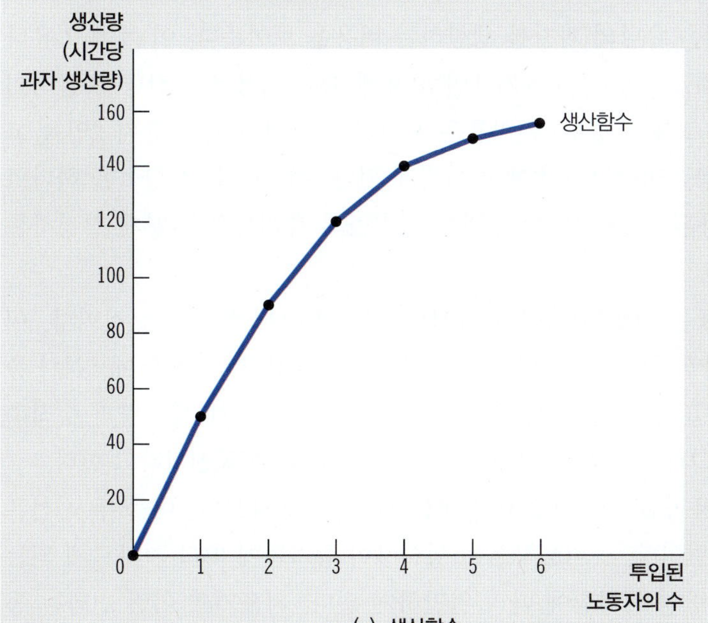

(a) 생산함수

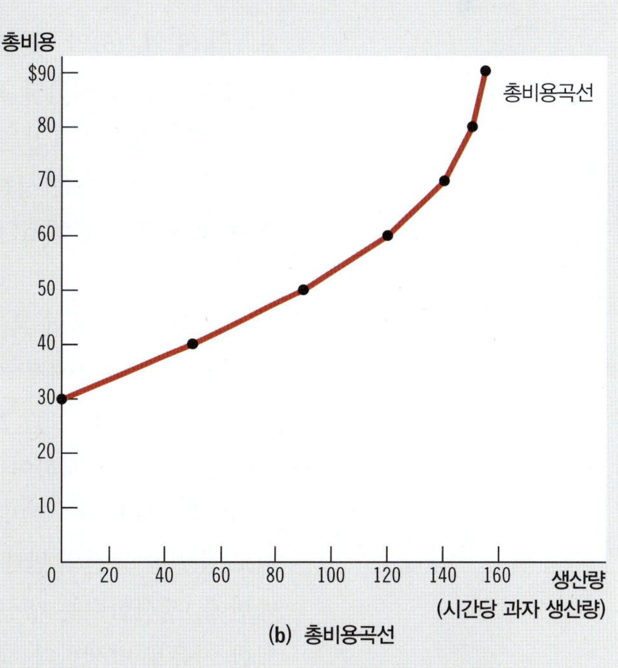

(b) 총비용곡선

에서 90개로 증가하여, 두 번째 노동자의 한계생산물은 40개이다. 노동자의 수가 2명에서 3명으로 증가할 경우 과자 생산은 90개에서 120개로 증가하여, 세 번째 노동자의 한계생산물은 30개이다. 표에서 한계생산물은 두 개 행의 중간에 위치하는데, 그 이유는 이것이 노동자의 수가 한 수준에서 다른 수준으로 증가하는 데 따른 생산량의 변화를 나타내기 때문이다.

노동자의 수가 증가함에 따라 한계생산물이 감소한다는 사실에 주목하자. 두 번째 노동자의 한계생산물은 과자 40개이고, 세 번째 노동자의 한계생산물은 과자 30개이며, 네 번째 노동자의 한계생산물은 과자 20개이다. 이런 특성을 **한계생산물 체감**(diminishing marginal product)이라고 한다. 처음 공장에 소수의 노동자만이 있을 때, 이들은 조리장비에 접근하기가 쉽다. 유나가 노동자 고용을 증가시켜 감에 따라, 노동자들은 장비를 같이 사용하고 더 혼잡해진 상황에 대처해야만 한다. 결국 조리장이 매우 과밀되어 노동자들은 서로를 방해하게 된다. 따라서 더 많은 노동자가 고용됨에 따라, 각각의 추가적인 노동자는 더 적은 과자를 총생산에 추가시킬 뿐이다.

한계생산물 체감
어떤 생산요소의 수량이 증가함에 따라 해당 생산요소의 한계생산물이 감소하는 특성

한계생산물 체감은 그림 2에서 명백하게 알 수 있다. 생산함수의 기울기(수직값을 수평값으로 나눈 비율)는 각각의 추가적인 노동 생산요소(수평값)에 대한 유나의 과자 생산량(수식값)의 변화를 측성한다. 즉, 생산함수의 기울기는 한계생산물을 나타낸다. 노동자의 수가 증가함에 따라, 한계생산물이 감소하고 생산함수는 더 완만해진다.

12-2b 생산함수에서 총비용곡선으로의 전환

표 1의 (4)열, (5)열, (6)열은 유나의 과자를 생산하는 비용을 보여준다. 이 예에서 유나의 공장 비용은 시간당 30달러이고, 노동자 1인 고용에 따른 비용은 시간당 10달러이다. 유나가 노동자 1인을 고용할 경우, 총비용은 시간당 40달러이다. 노동자 2인을 고용할 경우, 총비용은 시간당 50달러이며 계속 이렇게 된다. 이 정보는 상황들을 하나로 엮어준다. 표를 통해 고용된 노동자의 수가 과자 생산량과 총비용을 어떻게 결정하는지 알 수 있다.

다음 두 개 장들의 목표는 기업의 생산과 가격의 결정에 관해 살펴보는 것이다. 이 목표를 위해, 표 1에서 가장 중요한 관계는 [(2)열에 있는] 생산량과 [(6)열에 있는] 총비용의 관계이다. 그림 2(b)는 이들 두 개 열의 데이터를 수평축상에 생산량과 수직축상에 총비용을 표시하여 그래프로 나타내었다. 이 그래프를 **총비용곡선**이라고 한다.

이제는 그림 2(b) 총비용곡선과 그림 2(a)의 생산함수를 비교해보자. 이들 두 곡선은 서로 동일한 동전의 반대편이다. 총비용곡선은 생산량이 증가함에 따라 가파르게 되는 반면에, 생산함수는 생산량이 증가함에 따라 완만하게 된다. 기울기의 이런 변화는 동일한 이유로 발생한다. 과자 생산이 많다는 것은 유나의 공장 조리장이 노동자로 붐빈

다는 의미이다. 이 경우 한계생산물 체감으로 인해 각각의 추가적인 노동자는 생산량을 약간 추가할 뿐이다. 이것이 바로 생산함수가 상대적으로 완만한 이유이다. 하지만 이 논리를 뒤집어보자. 즉 과자공장의 조리장이 붐빌 경우, 과자를 추가적으로 생산하려면 더 많은 노동이 필요하여 비용이 많이 소모된다. 따라서 생산량이 많은 경우, 총비용곡선은 상대적으로 가파르다.

Quiz

3. 농부인 수진이는 한계생산물 체감을 경험하고 있다. 농장에 씨앗을 심지 않으면, 수확을 할 수 없다. 수진이가 씨앗 1자루를 심으면 밀 3부셸을 수확할 수 있고, 씨앗 2자루를 심으면 밀 5부셸을 수확할 수 있다. 만약 씨앗 3자루를 심으면 ________을 수확할 것이다.
   a. 6부셸
   b. 7부셸
   c. 8부셸
   d. 9부셸

4. 한계생산물 체감은 생산량이 증가함에 따라 __________를 설명할 수 있다.
   a. 생산함수와 총비용곡선이 둘 다 점점 가파르게 되는 이유
   b. 생산함수와 총비용곡선이 둘 다 완만하게 되는 이유
   c. 생산함수는 가파르게 되고, 총비용곡선은 완만하게 되는 이유
   d. 생산함수는 완만하게 되고, 총비용곡선은 가파르게 되는 이유

해답은 이 장의 끝부분에 있다.

12-3 다양한 비용 측정방법

유나의 과자공장에 대한 분석을 통해, 기업의 총비용이 자신의 생산함수를 어떻게 반영하는지 살펴보았다. 총비용에 관한 데이터를 활용하여, 나중에 생산과 가격의 결정을 분석할 때 유용한 비용 측정치를 몇 개 도출할 수 있다. 이제는 표 2의 예를 생각해보자. 이 표는 유나의 과자공장 근처에 있는 승규의 커피전문점에 대한 비용 데이터를 보여준다.

이 표의 (1)열은 승규가 생산할 수 있는 0잔부터 10잔까지의 커피 찻잔 수를 보여준다. (2)열은 승규가 운영하는 커피전문점의 총비용을 보여준다. 그림 3은 커피전문점의 총비용곡선을 그린 것으로, [(1)열에 있는] 커피의 생산량은 수평축에 있고, [(2)열에 있는] 총비용은 수직축에 있다. 승규의 총비용곡선은 유나의 것과 형태가 유사하다. 특히 생산량이 증가함에 따라 가파르게 되는데, 이는 (우리가 논의했던 것처럼) 한계생산물 체감을 반영한다.

표 2

다양한 비용 측정: 승규가 운영하는 커피전문점의 경우

(1) 생산량 (시간당 커피의 찻잔 수)	(2) 총비용	(3) 고정비용	(4) 가변비용	(5) 평균 고정비용	(6) 평균 가변비용	(7) 평균 총비용	(8) 한계비용
0	3.00달러	3.00달러	0.00달러	–	–	–	
							0.30달러
1	3.30	3.00	0.30	3.00달러	0.30달러	3.30달러	
							0.50
2	3.80	3.00	0.80	1.50	0.40	1.90	
							0.70
3	4.50	3.00	1.50	1.00	0.50	1.50	
							0.90
4	5.40	3.00	2.40	0.75	0.60	1.35	
							1.10
5	6.50	3.00	3.50	0.60	0.70	1.30	
							1.30
6	7.80	3.00	4.80	0.50	0.80	1.30	
							1.50
7	9.30	3.00	6.30	0.43	0.90	1.33	
							1.70
8	11.00	3.00	8.00	0.38	1.00	1.38	
							1.90
9	12.90	3.00	9.90	0.33	1.10	1.43	
							2.10
10	15.00	3.00	12.00	0.30	1.20	1.50	

12-3a 고정비용과 가변비용

고정비용
생산량에 따라 변하지 않는 비용

승규의 총비용은 두 가지 유형으로 나눌 수 있다. 고정비용(fixed cost)은 생산량에 따라 변화하지 않는다. 기업이 아무것도 생산하지 않아도 이 비용은 부담하게 된다. 승규의 고정비용에는 임대료가 포함되며, 이것은 커피의 생산 수량에 관계없이 동일하다. 이와 유사하게 승규가 청구서 대금을 지불해줄 상근 회계원을 고용해야만 하는 경우, 커피 생산 수량에 관계없이 회계원의 봉급은 고정비용이 된다. 표 2의 셋째 열은 승규의 고정비용을 보여주며, 이 예에서는 3달러가 된다.

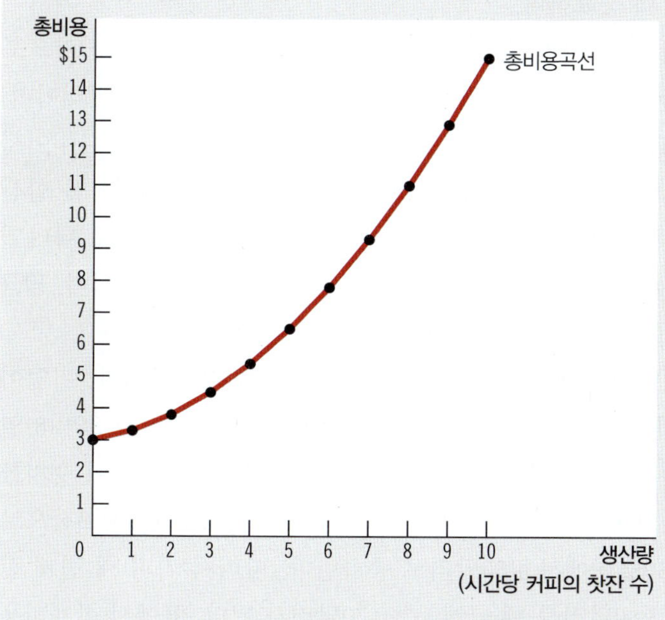

그림 3

승규가 운영하는 커피전문점의 총비용곡선

여기서 (수평축에 표시된) 생산량은 표 2의 (1)열에 있으며, (수직축에 표시된) 총비용은 (2)열에 있다. 그림 2에서 살펴본 것처럼 총비용곡선은 생산량이 증가함에 따라 가파르게 되는데, 이는 한계생산물 체감을 반영한 것이다.

가변비용
생산량에 따라 변하는 비용

반면에 가변비용(variable cost)은 기업이 생산량을 변경할 경우 변화한다. 승규의 가변비용에는 커피콩, 우유, 설탕, 종이컵의 비용이 포함된다. 승규가 더 많은 수량의 커피를 생산할수록, 이들 품목을 더 많이 구입해야 한다. 이와 유사하게 승규가 더 많은 수량의 커피를 생산하기 위해 더 많은 노동자를 고용해야 한다면, 노동자의 급료도 가변비용이 된다. 표의 (4)열은 승규의 가변비용을 보여준다. 승규가 아무것도 생산하지 않는다면 가변비용은 0달러가 된다. 커피 1잔을 생산하면 0.30달러가 되며, 2잔을 생산하면 0.80달러가 되고, 계속 그렇게 된다.

기업의 총비용은 고정비용과 가변비용을 합산한 것이다. 즉, 표 2에서 (2)열의 총비용은 (3)열의 고정비용과 (4)열의 가변비용을 합산한 것이다.

12-3b 평균비용과 한계비용

소유주로서 승규는 얼마나 많은 수량을 생산할지 결정을 한다. 이런 결정을 할 때, 생산수준이 비용에 어떤 영향을 미치는지 고려하고자 한다. 승규는 생산주임에게 커피 생산비용에 관해 다음과 같은 두 가지 질문을 할지도 모른다.

- 일반적인 커피 1잔을 만드는 데 얼마의 비용이 소요되는가?
- 커피 1잔을 추가적으로 더 만드는 데 얼마의 비용이 소요되는가?

위의 두 질문에 대한 답변이 동일할 것 같지만 그렇지 않다. 두 답변은 기업이 어떻게 생산을 결정하는지 이해하는 데 중요하다.

일반적인 1단위의 생산비용을 구하기 위해, 기업의 비용을 해당 기업의 생산량으로 나누어보자. 예를 들어 시간당 커피 2잔을 만들 경우 그에 따른 총비용은 3.80달러이며, 일반적인 1잔의 비용은 3.80달러/2 또는 1.90달러이다. 총비용을 생산량으로 나누어서 **평균 총비용**(average total cost)을 구할 수 있다. 총비용은 고정비용과 가변비용을 합산한 것이므로, 평균 총비용은 평균 고정비용과 평균 가변비용을 합산한 것으로 나타낼 수 있다. **평균 고정비용**(average fixed cost)은 고정비용을 생산량으로 나눈 것이며, **평균 가변비용**(average variable cost)은 가변비용을 생산량으로 나눈 것이다.

평균 총비용
총비용을 생산량으로 나눈 것

평균 고정비용
고정비용을 생산량으로 나눈 것

평균 가변비용
가변비용을 생산량으로 나눈 것

평균 총비용은 일반적인 1단위를 생산하는 데 소요되는 비용을 알려주지만, 기업이 생산수준을 변경할 경우 총비용이 얼마나 변화하는지는 알려주지 않는다. 표 2의 (8)열은 기업이 생산량을 1단위 증가시키는 데 따른 총비용의 증가액을 보여준다. 이 수치를 **한계비용**(marginal cost)이라고 한다. 예를 들어 승규가 생산을 커피 2잔에서 3잔으로 증가시킬 경우, 총비용은 3.80달러에서 4.50달러로 증가한다. 따라서 커피 세 번째 잔의 한계비용은 4.50달러에서 3.80달러를 뺀 금액, 즉 0.70달러가 된다. 표에서 한계비용은 두 행 사이의 중간에 위치하는데, 한계비용은 생산량이 어떤 수준에서 다른 수준으로 증가하는 데 따른 총비용의 변화를 나타내기 때문이다.

한계비용
추가적으로 1단위를 더 생산하는 데 따른 총비용의 증가분

이 정의를 다음과 같이 수학적으로 표현하면 이해하기가 쉽다.

평균 총비용 = 총비용 / 수량

$$ATC = TC / Q$$

한계비용 = 총비용 변화분/수량 변화분

$$MC = \Delta TC / \Delta Q$$

여기서 Δ는 그리스 문자 델타이며, 변수의 변화분을 나타낸다. 위의 식들은 평균 총비용과 한계비용이 총비용으로부터 어떻게 도출되는지 보여준다. **평균 총비용은 총비용이 생산된 모든 단위에 균등하게 배분되는 경우 일반적인 생산물 1단위가 부담하게 되는 비용을 알려준다. 한계비용은 생산량을 추가적으로 1단위 더 생산할 경우 발생하는 총비용의 증가분을 알려준다.** 다음 장에서는 승규와 같은 기업 경영자가 시장에 생산량을 얼마나 공급할지 결정할 때, 평균 총비용과 한계비용의 개념을 유념해야 하는 이유에 대해 설명할 것이다.

12-3c 비용곡선과 그 형태

공급곡선과 수요곡선 그래프가 시장의 행태를 분석할 때 유용했던 것과 같이, 평균비용곡선과 한계비용곡선 그래프는 기업의 행태를 분석할 때 도움이 된다. 그림 4는 표 2

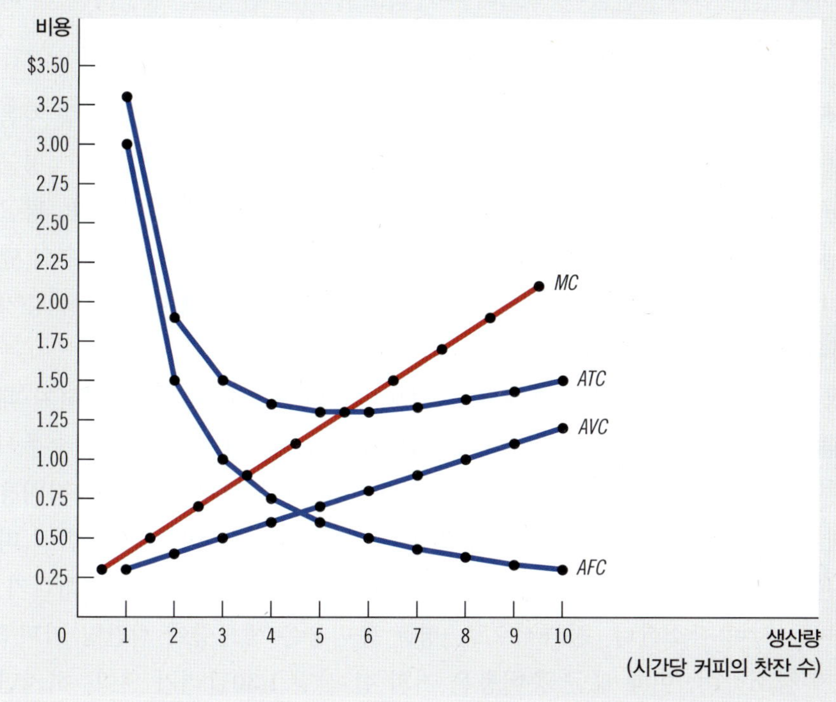

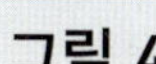

그림 4

승규가 운영하는 커피전문점의 평균비용 곡선과 한계비용곡선

이 그림은 승규가 운영하는 커피전문점에 관한 평균 총비용(*ATC*), 평균 고정비용(*AFC*), 평균 가변비용(*AVC*), 한계비용(*MC*)을 보여준다. 이 곡선들은 모두 표 2의 데이터에 기반하여 그린 것이며 세 가지 일반적인 특성을 갖는다. (1) 한계비용은 생산량이 증가함에 따라 상승한다. (2) 평균 총비용곡선은 U자 형태가 된다. (3) 한계비용곡선은 평균 총비용곡선의 최저점에서 이 곡선과 교차한다.

의 데이터를 사용하여 승규의 비용곡선들을 그래프로 나타낸 것이다. 수평축은 기업의 생산량을 나타내며, 수직축은 한계비용과 평균비용을 나타낸다. 그래프는 네 개 곡선, 즉 평균 총비용(*ATC*)곡선, 평균 고정비용(*AFC*)곡선, 평균 가변비용(*AVC*)곡선, 한계비용(*MC*)곡선을 보여준다.

여기서 보여주는 승규의 커피전문점에 대한 비용곡선들은 경제의 많은 기업에 대한 비용곡선들의 공통된 특성을 갖고 있다. 특히 다음과 같은 세 가지 특성, 즉 한계비용곡선의 형태, 평균 총비용곡선의 형태, 한계비용곡선과 평균 총비용곡선의 관계를 유의해서 살펴보도록 하자.

증가하는 한계비용 생산량이 증가함에 따라 승규의 한계비용도 증가한다. 이런 상향하는 기울기는 한계생산물 체감을 반영한 것이다. 승규가 소량의 커피를 생산할 때, 소수의 노동자를 고용하며 커피 관련 장비도 많이 가동되지 않는다. 승규는 이들 유휴자원을 손쉽게 사용할 수 있기 때문에, 추가적으로 고용한 노동자의 한계생산물은 크며 추가적으로 커피 한 잔을 생산하는 데 소요되는 한계비용은 작다. 하지만 승규가 많은 양의 커피를 생산할 때, 그의 커피전문점에는 많은 수의 노동자가 근무하며 커피 관련 장비도 계속해서 가동된다. 승규가 새로이 노동자를 고용하여 더 많은 마시는 커피를 생산하려면, 붐비는 상황에서 작업을 하고 커피 관련 장비를 사용하기 위해 대기해야만 할 수도 있다. 따라서 커피의 생산량 수준이 이미 높을 때, 추가적으로 한 명의 노동자를 더 고용하여 얻는 한계생산물은 작으며 추가적으로 커피 한 잔을 생산하는 데 따르는 한계비용은 크다.

U자 형태의 평균 총비용 그림 4에 있는 승규의 평균 총비용곡선은 U자 형태, 즉 처음에는 하락하며 그러고 나서 상승한다. 이런 형태가 되는 이유를 이해하기 위해, 평균 총비용은 평균 고정비용과 평균 가변비용을 합산한 것이라는 사실을 기억하자. 평균 고정비용은 생산량이 증가함에 따라 감소하는데, 그 이유는 고정비용이 많은 수의 단위에 분산되기 때문이다. 하지만 평균 가변비용은 생산량이 증가함에 따라 보통 증가하는데, 그 이유는 한계생산물 체감 때문이다.

평균 총비용은 평균 고정비용의 형태와 평균 가변비용의 형태를 둘 다 반영하기 때문에 U자 형태를 띠게 된다. 예를 들면 시간당 커피 1잔 또는 2잔처럼 생산량 수준이 매우 낮을 때, 평균 총비용은 매우 높다. 평균 가변비용이 작다손 치더라도, 고정비용이 단지 몇 개 단위에 분산되기 때문에 평균 고정비용은 높다. 생산량이 증가함에 따라, 고정비용은 더 많은 단위에 분산된다. 평균 고정비용은 처음에 급속히 감소하다가, 그러고 나서 더 서서히 감소한다. 결과적으로, 평균 총비용은 생산량이 시간당 커피 5잔이 될 때까지 감소하며, 이때 평균 총비용은 커피 한 잔당 1.30달러가 된다. 하지만 시간당 커피 6잔을 초과하여 생산하게 되면, 평균 가변비용의 증가가 우세한 힘으로 작동하게 되어 평균 총비용이 증가하기 시작한다. 평균 고정비용과 평균 가변비용 사이의 줄다리기로 인해, 평균 총비용은 U자 형태가 된다.

효율규모
평균 총비용을 최소화하는 생산량

U자 형태의 밑바닥은 평균 총비용을 최소화하는 수량에서 발생한다. 이 수량을 이따금 해당 기업의 효율규모(efficient scale)라고 한다. 승규의 경우, 효율규모는 시간당 커피 5잔 또는 6잔이다. 이 수량보다 더 많이 생산하거나 더 적게 생산하는 경우, 평균 총비용은 최저 비용인 1.30달러를 초과하여 상승하게 된다. 더 낮은 생산량 수준에서는 평균 총비용이 1.30달러보다 더 높은데, 그 이유는 고정비용이 매우 적은 수의 단위에 분산되기 때문이다. 더 높은 생산량 수준에서는 평균 총비용이 1.30달러보다 더 높은데, 그 이유는 생산요소의 한계생산물이 크게 감소하기 때문이다. 효율규모에서, 이들 두 힘이 균형을 이루어 가장 낮은 평균 총비용을 달성하게 된다.

한계비용과 평균 총비용의 관계 그림 4(또는 표 2)를 보게 되면, 처음에는 놀라울 수도 있는 다음과 같은 사실을 발견하게 될 것이다. **한계비용이 평균 총비용보다 작을 때는 항상 평균 총비용이 하락한다. 반면에, 한계비용이 평균 총비용보다 클 때는 항상 평균 총비용이 상승한다.** 승규의 비용곡선이 갖는 이런 특성은 우연의 일치가 아니며, 모든 기업에 적용된다.

그 이유를 알아보기 위해 유사한 상황을 생각해보자. 평균 총비용은 여러분의 누적 학점의 평균과 같고, 한계비용은 여러분이 택한 다음 학과목에서 받게 될 학점과 같다.

다음 학과목에서 받을 학점이 지금까지의 학점 평균보다 낮다면, 여러분의 학점 평균은 하락할 것이다. 다음 학과목에서 받을 학점이 지금까지의 학점 평균보다 높다면, 여러분의 학점 평균은 상승할 것이다. 평균비용과 한계비용에 관한 수학적 계산은 평균학점과 한계학점에 관한 수학적 계산과 같다.

평균 총비용과 한계비용의 관계로부터 다음과 같은 중요한 추론을 할 수 있다. **한계비용곡선은 평균 총비용곡선의 최저점에서 이 곡선과 교차한다.** 그 이유는 무엇인가? 생산량 수준이 낮은 경우, 한계비용은 평균 총비용보다 작으며 따라서 평균 총비용이 하락하게 된다. 하지만 이들 두 곡선이 교차한 후에는 한계비용이 평균 총비용보다 커지게 된다. 따라서 평균 총비용은 이 생산량 수준에서 상승하기 시작해야만 한다. 이것이 교차점에서 평균 총비용이 최소가 되는 이유이다. 다음 장에서 살펴볼 것처럼, 최소 평균 총비용은 경쟁기업을 분석하는 데 중심 역할을 한다.

12-3d 전형적인 비용곡선

지금까지 살펴본 예에서 기업은 모든 생산량 수준에서 한계생산물 체감과 한계비용 체증을 보여주었다. 이 단순화된 가정은 유용한데, 그 이유는 우리가 기업 행태를 분석할 때 가장 중요한 비용곡선의 특징에 초점을 맞출 수 있기 때문이다. 하지만 실제 운용되고 있는 기업들은 좀 더 복잡하다. 많은 기업의 경우, 한계생산물은 첫 번째 노동자가 고용된 직후부터 감소하기 시작하지 않는다. 생산공정에 따라, 두 번째 또는 세 번째

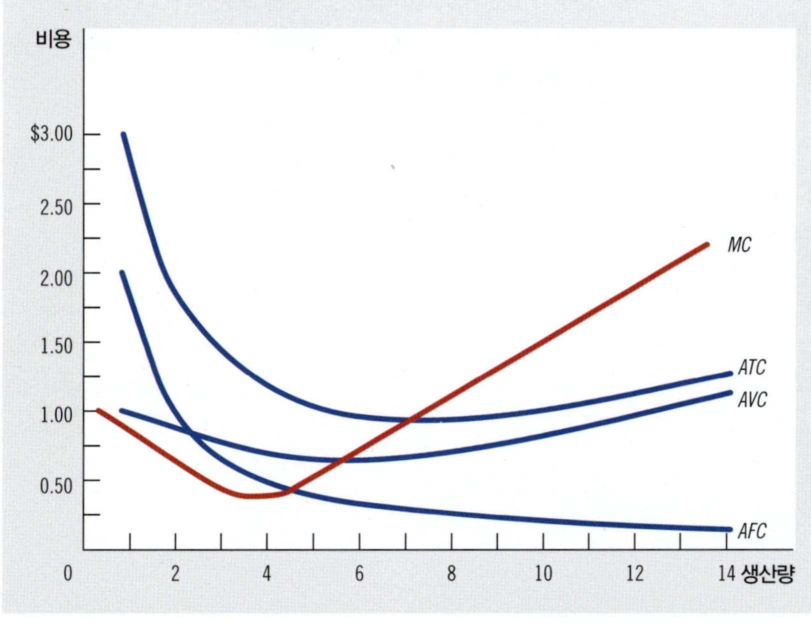

그림 5

전형적인 기업의 비용곡선

많은 기업들은 한계생산물 체감 전에 한계생산물 체증을 경험한다. 따라서 이 그림에 있는 것들과 유사한 형태의 비용곡선을 갖게 된다. 한계비용과 평균 가변비용은 상승하기 전에 한동안 하락한다는 사실에 주목하자.

노동자가 첫 번째 노동자보다 한계생산물을 더 많이 생산할 수도 있다. 왜냐하면 노동자들이 팀을 이루어 작업을 분할하게 되면 한 명이 하는 것보다 더 생산적으로 작업할 수 있기 때문이다. 이런 패턴을 갖고 있는 기업은 한계생산물 체감이 시작되기 전에 한동안 한계생산물 체증을 경험하게 될 수 있다.

그림 5는 이런 기업의 비용곡선을 보여주는데, 여기에는 평균 총비용(*ATC*)곡선, 평균 고정비용(*AFC*)곡선, 평균 가변비용(*AVC*)곡선, 한계비용(*MC*)곡선이 포함된다. 생산량이 낮은 수준에서, 기업은 한계생산물 체증을 경험하며 한계비용곡선은 하락한다. 결국에 기업은 한계생산물 체감을 경험하기 시작하며 한계비용곡선은 상승하기 시작한다. 체증하고 나서 체감하는 한계생산물의 조합으로 인해 평균 가변비용곡선도 U자 형태를 띤다.

이런 차이점에도 불구하고, 그림 5의 비용곡선과 그림 4의 비용곡선은 둘 다 다음과 같은 세 가지 중요한 특성을 공유한다.

- 생산량이 증가함에 따라 한계비용은 궁극적으로 상승하게 된다.
- 평균 총비용곡선은 U자 형태가 된다.
- 한계비용곡선은 평균 총비용의 최저점에서 평균 총비용곡선과 교차한다.

Quiz

5. 어떤 기업은 1,000개를 총비용 5,000달러로 생산한다. 생산을 1,001개로 증가시킬 경우, 총비용이 5,008달러로 증가한다. 이 기업의 경우 ________________.
   a. 한계비용은 5달러이고, 평균 가변비용은 8달러이다.
   b. 한계비용은 8달러이고, 평균 가변비용은 5달러이다.
   c. 한계비용은 5달러이고, 평균 총비용은 8달러이다.
   d. 한계비용은 8달러이고, 평균 총비용은 5달러이다.

6. 어떤 기업이 20개를 평균 총비용 25달러와 한계비용 15달러에 생산한다. 생산을 21개로 증가시킬 경우, 다음 중 어느 것이 발생해야만 하는가?
   a. 한계비용이 감소할 것이다.
   b. 한계비용이 증가할 것이다.
   c. 평균 총비용이 감소할 것이다.
   d. 평균 총비용이 증가할 것이다.

7. 정부가 연간 1,000달러의 인가료를 모든 피자 레스토랑에 부과하고 있다. 결과적으로, 어떤 비용곡선이 이동하게 되는가?
   a. 평균 총비용곡선 및 한계비용곡선
   b. 평균 총비용곡선 및 평균 고정비용곡선
   c. 평균 가변비용곡선 및 한계비용곡선
   d. 평균 가변비용곡선 및 평균 고정비용곡선

해답은 이 장의 끝부분에 있다.

12-4 단기비용 및 장기비용

이 장 앞부분에서 기업의 비용은 고려하고 있는 기간의 범위에 달려 있다는 사실에 주목했다. 왜 이런 현상이 발생하는지 살펴보도록 하자.

12-4a 단기 평균 총비용과 장기 평균 총비용의 관계

많은 기업의 경우, 총비용을 고정비용과 가변비용으로 나누어 배분하는 것은 기간의 범위에 달려 있다. 예를 들어 포드 자동차 회사와 같은 자동차 생산업체를 생각해보자. 단지 몇 달 안에 포드 자동차 회사는 공장 수 또는 규모를 조정할 수 없다. 추가적으로 자동차를 생산하는 유일한 방법은 기존의 공장에서 더 많은 노동자를 고용하는 것이다. 따라서 이들 공장의 비용은 단기적으로 고정비용이다. 그러나 수년 내로, 포드 자동차 회사는 기존의 공장규모를 확장하거나, 신규 공장을 건설하거나, 오래된 공장을 폐쇄할 수 있다. 장기적으로, 이들 공장은 가변비용이 된다.

많은 결정들이 단기적으로 고정되지만 장기적으로는 가변적이기 때문에, 기업의 장기 비용곡선과 단기 비용곡선은 다르다. 그림 6은 한 사례를 보여준다. 이 그림은 세 개 공장, 즉 소규모 공장, 중규모 공장, 대규모 공장에 대한 단기 평균 총비용곡선을 포함한다. 기업은 장기곡선을 따라 움직이면서 공장규모를 생산량에 따라 조절하게 된다.

이 그래프는 단기비용과 장기비용이 어떻게 연계되는지 보여준다. 장기 평균 총비용곡선은 단기 평균 총비용곡선보다 훨씬 더 완만한 U자 형태가 된다. 그리고 모든 단기

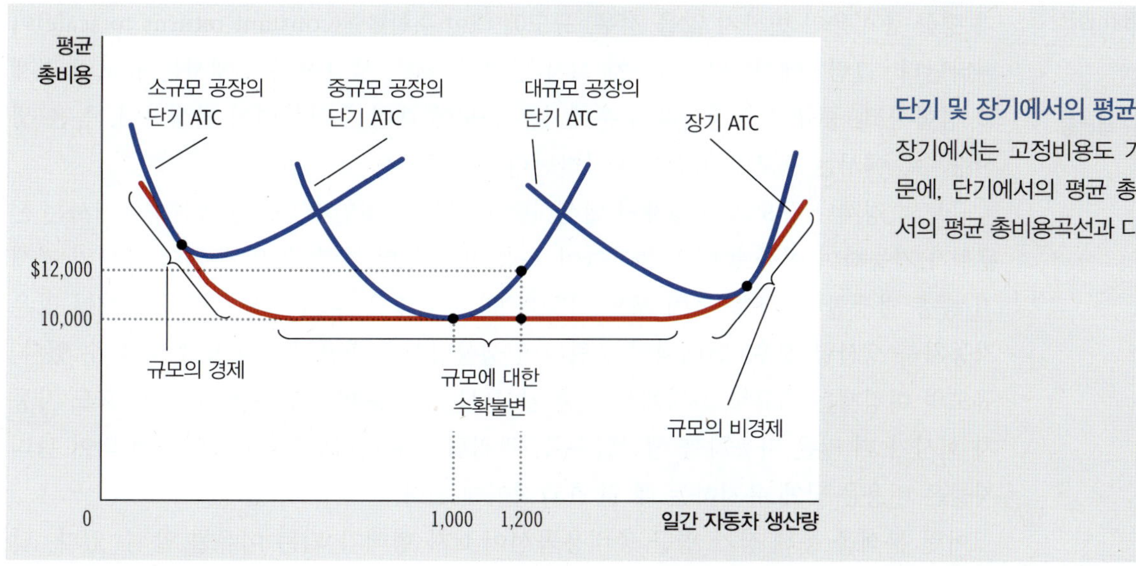

그림 6

단기 및 장기에서의 평균 총비용

장기에서는 고정비용도 가변비용이 되기 때문에, 단기에서의 평균 총비용곡선은 장기에서의 평균 총비용곡선과 다르다.

곡선이 장기곡선상에 위치하거나 그 위에 위치하는데, 그 이유는 기업이 장기에서 좀 더 유연하기 때문이다. 본질적으로, 장기에서 기업은 자신이 원하는 단기곡선을 선택하게 된다. 하지만 단기에서는 과거에 결정된 기존의 단기곡선을 활용해야 한다.

이 그림은 서로 다른 기간범위 동안 생산의 변화로 인해 비용이 어떻게 변화하는지 보여준다. 포드 자동차 회사가 생산을 일간 1,000대에서 1,200대로 증가시키고자 할 경우, 현존하는 중규모 공장에서 더 많은 노동자를 고용하는 것 외에는 단기적으로 선택의 여지가 없다. 한계생산물 체감으로 인해 평균 총비용은 1대당 10,000달러에서 12,000달러로 상승한다. 하지만 장기적으로 포드 자동차 회사는 공장규모 확장과 노동력 증대를 모두 할 수 있어서, 평균 총비용이 10,000달러로 돌아가게 된다.

기업이 장기에 도달하는 데 얼마나 오래 걸리는가? 기업에 따라 다르다. 예를 들면 자동차 회사와 같은 주요 제조업체가 더 큰 공장을 건설하는 데는 1년 이상이 소요된다. 하지만 커피전문점을 운영하는 사람은 몇 일 안에 또 다른 커피머신을 구입할 수 있다. 기업이 생산시설을 조절하는 데 얼마나 오래 걸릴지에 대한 획일적인 답은 없다.

12-4b 규모의 경제 및 규모의 비경제

장기 평균 총비용곡선의 형태는 기업의 생산량에 대한 중요한 정보를 제공한다. 특히 기업의 운영규모, 즉 크기가 변함에 따라 비용이 어떻게 변하는지 알려준다. 생산량이 증가함에 따라 장기 평균 총비용이 감소할 경우, 규모의 경제(economies of scale)가 발생한다. 생산량이 증가함에 따라 정반대 현상이 발생하여 장기 평균 총비용이 증가할 경우, 규모의 비경제(diseconomies of scale)가 존재한다. 생산량 수준이 변하더라도 장기 평균 총비용이 변하지 않을 경우, 규모에 대한 수확불변(constant returns to scale)이 나타난다. 그림 6에서 포드 자동차 회사의 경우, 낮은 생산량 수준에서는 규모의 경제를 경험하고, 중규모의 생산량 수준에서는 규모에 대한 수확불변이 발생하며, 높은 생산량 수준에서는 규모의 비경제가 나타난다.

규모의 경제
생산량이 증가함에 따라 장기 평균 총비용이 감소하는 특성

규모의 비경제
생산량이 증가함에 따라 장기 평균 총비용이 증가하는 특성

규모에 대한 수확불변
생산량이 변해도 장기 평균 총비용이 변하지 않는 특성

규모의 경제나 규모의 비경제가 발생하는 이유는 무엇인가? 높은 생산수준에서는 **전문화**가 가능하며 이를 통해 노동자들이 특정 작업을 더 잘할 수 있게 되어 규모의 경제가 종종 발생한다. 예를 들어 포드 자동차 회사가 많은 수의 노동자를 고용하여 많은 자동차를 생산할 경우, 현대적인 조립라인 생산방식을 활용하여 비용을 낮출 수 있다. 규모의 비경제는 대규모 조직에서 종종 일어나는 **조정문제**로 인해 발생한다. 포드 자동차 회사가 더 많은 자동차를 생산할수록, 관리팀의 관리라인이 더 길어지게 되어 관리자들은 비용을 낮게 유지하는 데 덜 효과적이게 된다.

이런 분석을 통해 장기 평균 총비용곡선이 U자 형태가 되는 이유를 알 수 있다. 낮

FYI 핀 공장에서 얻은 교훈

"모든 것을 다 하려는 사람은 어느 것에서도 달인이 될 수 없다." 이 속담은 모든 일을 다 하려고 시도하는 사람은 결국 어떤 일도 잘하지 못하게 된다는 뜻인데, 비용곡선의 형태를 설명하는 데도 도움이 된다. 기업이 자신의 노동자들이 최대한 생산적이길 원한다면, 각 노동자가 제한된 수의 작업에 숙달되도록 해야 한다. 하지만 이런 작동 방식은 기업이 많은 노동자를 고용하고 많은 양의 생산품을 생산할 때만 가능하다.

애덤 스미스는 저서 『국부론』에서 핀 공장을 방문했던 상황을 서술했다. 그는 노동자들의 전문화와 이를 통해 달성되는 규모의 경제에 깊은 인상을 받고 다음과 같이 묘사했다.

> 한 사람은 철사를 뽑고, 다른 사람은 뽑은 철사를 곧게 펴며, 세 번째 사람은 자르고, 네 번째 사람은 뾰족하게 하며, 다섯 번째 사람은 꼭대기를 간다. 핀 머리를 만들려면 두세 가지 별개의 작업이 필요하며, 핀 머리를 꼭대기에 끼우는 것도 고유의 작업이고, 그것을 희게 하는 것 역시 또 다른 작업이며, 핀을 종이에 넣는 그 자체가 또 하나의 수 작업이다.

애덤 스미스는 전문화로 인해 공장에서 매일 노동자 1인당 수천 개 핀을 생산한다고 말했다. 또한 노동자들이 작업별 전문가들의 팀으로 작업하지 않고 개별적으로 했다면, "그들은 확실히 각자 20개, 어쩌면 하루에 핀 한 개도 만들지 못했을지 모른다"고 추측했다. 전문화로 인해 큰 핀 공장은 작은 핀 공장보다 노동자 1인당 더 많은 생산량을 달성하고 핀 1개당 평균비용을 낮출 수 있었다.

애덤 스미스가 핀 공장에서 관찰한 전문화는 현대 경제에서 일반적이다. 여러분이 주택을 지으려는 경우, 혼자서 모든 작업을 할 수도 있다. 하지만 요즈음 대부분의 사람들은 주택 건설업자에게 의뢰할 것이며, 건설업자는 다시 목수, 배관공, 전기기사, 페인트공, 그 외 직업 분야의 많은 사람을 고용한다. 노동자가 비전문가인 경우보다 특정 작업의 전문가인 경우 일을 더 잘 수행하기 때문이다. 전문화를 통해 규모의 경제를 달성한 것이 현대 사회가 지금과 같은 번영을 이룩한 이유의 하나이다. ■

은 생산수준에서, 규모가 커지면 확대된 전문화를 이용할 수 있으며 조정문제가 아직 심각하지 않기 때문에 기업은 편익을 얻게 된다. 높은 생산수준에서, 전문화를 통한 편익은 이미 실현되었으며 조정문제는 기업규모가 커짐에 따라 보다 심각해진다. 따라서 장기 평균 총비용은 낮은 생산수준에서는 전문화가 확대되어 하락하는 반면에, 높은 생산수준에서는 조정문제가 커져서 상승하게 된다.

Quiz

8. 생산수준이 높아짐에 따라 노동자들이 특정 작업에 전문화할 수 있게 되면, 기업은 아마도 ______________를 보일 것이며, 평균 총비용은 ______________.
   a. 규모의 경제; 하락하게 될 것이다.
   b. 규모의 경제; 상승하게 될 것이다.
   c. 규모의 비경제; 하락하게 될 것이다.
   d. 규모의 비경제; 상승하게 될 것이다.

9. 보잉사가 월간 9대의 제트기를 생산할 경우, 장기 총비용은 월간 900만 달러가 된다. 월간 10대의 제트기를 생산할 경우, 장기 총비용은 월간 1,100만 달러가 된다. 보잉사는 ______________.
   a. 한계비용이 상승한다.
   b. 한계비용이 하락한다.
   c. 규모의 경제를 보여준다.
   d. 규모의 비경제를 보여준다.

해답은 이 장의 끝부분에 있다.

표 3

여러 종류의 비용: 요약

용어	정의	수학적 표현
명시비용	기업이 금전적 지출을 해야 하는 비용	
묵시비용	기업이 금전적 지출을 하지 않아도 되는 비용	
고정비용	생산량에 따라 변하지 않는 비용	FC
가변비용	생산량에 따라 변하는 비용	VC
총비용	기업이 생산하는 데 사용하는 모든 생산요소의 시장가치	$TC=FC+VC$
평균 고정비용	고정비용을 생산량으로 나눈 것	$AFC=FC/Q$
평균 가변비용	가변비용을 생산량으로 나눈 것	$AVC=VC/Q$
평균 총비용	총비용을 생산량으로 나눈 것	$ATC=TC/Q$
한계비용	추가적으로 1단위 더 생산하는 데 따른 총비용의 증가분	$MC=\Delta TC/\Delta Q$

12-5 결론

이 장에서는 기업들이 생산과 가격 결정을 어떻게 하는지 알아보는 데 필요한 방법들을 살펴보았다. 이제는 경제학자들이 사용하는 **비용**이란 용어가 무엇을 의미하는지, 기업의 생산량이 변화함에 따라 비용이 어떻게 변화하는지 이해해야만 한다. 표 3은 이 장에서 살펴본 몇 가지 비용의 정의를 요약한 것이다.

기업의 비용곡선만으로는 기업이 어떤 결정을 내릴지 알 수 없다. 하지만 다음 장에서 살펴보는 것처럼 비용곡선은 기업이 결정을 내릴 때 주요한 요소로 작용한다.

요약

- 기업의 목표는 총수입에서 총비용을 뺀 이윤을 극대화하는 것이다.
- 기업의 행태를 분석할 때, 생산에 수반되는 모든 기회비용을 포함시키는 것이 중요하다. 예를 들면 기업이 노동자들에게 지불하는 임금 같은 일부 기회비용은 명시적이다. 기업 소유주가 다른 일자리를 갖지 못해 포기해야 하는 임금 같은 기회비용은 묵시적이다. 회계적 이윤은 명시비용만을 고려하는 반면에, 경제적 이윤은 명시비용과 묵시비용 둘 다를 고려한다.
- 기업의 비용은 생산과정을 반영한다. 특정한 기업의 생산함수는 생산요소의 양이 증가함에 따라 더 완만하게 되는데, 이는 한계생산물 체감의 특성을 반영한 것이다. 따라서 총비용곡선은 생산량이 증가함에 따라 더 가파르게 된다.
- 기업의 총비용은 고정비용과 가변비용으로 분류될 수 있다. 고정비용은 기업이 생산량을 변화시킬 때 변하지 않

고 일정하게 유지된다. 가변비용은 기업이 생산량을 변화시킬 때 변하게 된다.

- 기업의 총비용으로부터 비용에 관한 두 가지 측정치를 도출할 수 있다. 평균 총비용은 총비용을 생산량으로 나눈 것이다. 한계비용은 생산량이 1단위 증가할 경우 발생하는 총비용의 증가분이다.
- 기업 행태를 분석할 때, 평균 총비용과 한계비용을 그래프로 그려보는 것이 유용하다. 전형적인 기업의 경우, 한계비용은 생산량이 증가함에 따라 상승한다. 평균 총비용은 처음에 생산량이 증가함에 따라 하락하며, 그러고 나서 생산량이 추가적으로 증가함에 따라 상승한다. 한계비용곡선은 언제나 평균 총비용의 최저점에서 평균 총비용곡선과 교차한다.
- 기업의 비용은 종종 고려하는 기간의 범위에 달려 있다. 많은 비용들이 단기적으로 고정되지만, 장기적으로는 가변적이다. 따라서 기업이 생산수준을 변화시킬 경우, 평균 총비용은 장기보다 단기에서 더 상승할 수 있다.

주요 개념

복습용 질문

1. 기업의 총수입, 총비용, 이윤 사이에는 어떤 관계가 있는가?
2. 회계사가 비용으로 계산하지 않는 기회비용의 예를 드시오. 회계사가 이 비용을 무시하는 이유는 무엇인가?
3. 한계생산물은 무엇이며, 한계생산물 체감은 무엇을 의미하는가?
4. 노동의 한계생산물 체감을 보여주는 생산함수를 그리시오. 이와 연관된 총비용곡선을 그리시오.(두 경우 모두 수직축과 수평축에 라벨을 표시하시오) 여러분이 그린 두 곡선의 형태를 설명하시오.
5. 총비용, 평균 총비용, 한계비용을 정의하시오. 이들은 어떻게 연계되는가?
6. 전형적인 기업에 대한 한계비용곡선과 평균 총비용곡선을 그리시오. 이들 곡선이 그런 형태가 되는 이유를 설명하시오. 이들 곡선이 해당 지점에서 교차하는 이유를 설명하시오.
7. 기업의 단기 평균 총비용곡선은 장기 평균 총비용곡선과 어떻게 다르고 왜 다른가?
8. 규모의 경제를 정의하고, 이것이 발생하는 이유를 설명하시오. 규모의 비경제를 정의하고, 이것이 발생하는 이유를 설명하시오.

문제와 응용

1. 이 장에서는 여러 가지 유형의 비용, 즉 기회비용, 총비용, 고정비용, 가변비용, 평균 총비용, 한계비용에 관해 논의했다. 다음 빈칸에 가장 적합한 비용의 유형을 써 넣으시오.
   a. 어떤 행위를 함으로써 포기해야 하는 것을 ________ 이라고 한다.
   b. ________은 한계비용이 이 비용보다 작을 때 감소하고, 한계비용이 이 비용보다 클 때 증가한다.
   c. 생산량에 의존하지 않는 비용은 ________이다.
   d. 아이스크림 산업에서 단기적으로 ________은 크림과 설탕 비용은 포함하지만 공장 관련 비용은 포함하지 않는다.
   e. 이윤은 총수입에서 ________을 뺀 것이다.
   f. 생산물을 추가적으로 1단위 더 생산하는 데 드는 비용은 ________이다.

2. 태영이는 부적 판매점을 개업하려고 생각 중이다. 점포를 임대하고 관련 상품을 매입하는 데 연간 350,000달러의 비용이 소요될 것으로 추정한다. 이 밖에 뱀파이어 사냥꾼으로 연간 80,000달러를 받을 수 있는 일자리도 포기해야 한다.
   a. 기회비용을 정의하시오.
   b. 1년 동안 해당 점포를 운영하는 데 따른 태영이의 기회비용은 얼마인가?
   c. 태영이는 1년 동안 400,000달러 상당의 부적을 판매할 수 있을 것으로 본다. 회계사는 이 점포의 이윤을 얼마라고 볼 것인가?
   d. 태영이는 이 점포를 개업해야 하는가? 설명하시오.
   e. 태영이가 양의 경제적 이윤을 얻으려면 이 점포는 얼마의 수입을 올려야 하는가?

3. 상업적 목적을 갖고 있는 어부는 물고기 잡는 데 사용한 시간과 잡은 어획량 사이에 다소 다른 관계가 존재한다는 사실에 주목하고 있다.

시간	어획량(파운드)
0시간	0파운드
1	10
2	18
3	24
4	28
5	30

   a. 물고기 잡는 데 사용한 각 시간의 한계생산물은 얼마인가?
   b. 이 데이터를 사용하여 어부의 생산함수를 그래프로 나타내시오. 형태에 대해 설명하시오.
   c. 어부의 고정비용(낚싯대)은 10달러이고, 사용한 시간에 대한 기회비용은 시간당 5달러이다. 이 어부의 총비용곡선을 그래프로 나타내시오. 형태에 대해 설명하시오.

4. 어떤 기업이 빗자루를 만들어 집집마다 방문 판매한다. 다음은 특정 일 동안 해당 기업 노동자의 수와 생산량의 관계를 보여주고 있다.

노동자	생산량	한계 생산물	총비용	평균 총비용	한계 비용
0	0		___	___	
		___			___
1	20		___	___	
		___			___
3	90		___	___	
		___			___
4	120		___	___	
		___			___
5	140		___	___	
		___			___
6	150		___	___	
		___			___
7	155		___	___	

   a. 한계생산물 열을 계산하여 채우시오. 어떤 패턴을 볼 수 있는가? 이를 어떻게 설명할 수 있는가?
   b. 노동자의 일당은 100달러이고, 기업의 고정비용은

200달러이다. 이 정보를 활용하여 총비용 열을 계산하여 채우시오.

c. 평균 총비용 열을 채우시오.($ATC = TC/Q$라는 사실을 기억하시오) 어떤 패턴을 볼 수 있는가?

d. 이제는 한계비용 열을 채우시오.($MC = \triangle TC/\triangle Q$라는 사실을 기억하시오) 어떤 패턴을 볼 수 있는가?

e. 한계생산물 열과 한계비용 열을 비교하시오. 이들의 관계를 설명하시오.

f. 평균 총비용 열과 한계비용 열을 비교하시오. 이들의 관계를 설명하시오.

5. 여러분은 게임 콘솔을 판매하는 회사의 최고 재무 책임자이다. 여러분이 근무하는 기업의 평균 총비용 스케줄은 다음과 같다.

수량	평균 총비용
콘솔 600개	300달러
콘솔 601개	301

여러분 기업의 현재 생산수준은 콘솔 600개이며, 전부 판매되었다. 어떤 사람이 콘솔 중 한 개를 구입하기 위해 필사적으로 전화하여 550달러를 지불하겠다고 제안했다. 이 제안을 수락해야 하는가? 수락해야 한다면 그 이유는 무엇이고 수락하지 않아야 한다면 그 이유는 무엇인가?

6. 피자가게에 대한 다음과 같은 비용 정보를 생각해보자.

수량	총비용	가변비용
피자 0다스	300달러	0달러
1	350	50
2	390	90
3	420	120
4	450	150
5	490	190
6	540	240

a. 피자가게의 고정비용은 얼마인가?

b. 총비용 정보를 활용하여 피자 1다스당 한계비용을 계산하여 표로 작성하시오. 또한 가변비용 정보를 활용하여 피자 1다스당 한계비용을 계산하시오. 이들 두 개 한계비용의 관계는 어떠한가? 설명하시오.

7. 여러분의 사촌인 재원이가 페인팅 회사를 소유하고 있다. 이 회사의 고정비용은 200달러이고 가변비용 스케줄은 다음과 같다.

월간 페인트칠 하는 주택 수	1	2	3	4	5	6	7
가변비용	10달러	20	40	80	160	320	640

페인트칠을 하는 각 주택의 수에 대한 평균 고정비용, 평균 가변비용, 평균 총비용을 계산하시오. 이 페인팅 회사의 효율규모는 무엇인가?

8. 시정부가 다음과 같은 두 가지 조세 제안을 고려하고 있다.

- 정액세 300달러를 각 햄버거 생산자에게 부과한다.
- 햄버거 1개당 1달러의 조세를 부과하고, 햄버거 생산자가 이를 납부한다.

a. 정액세가 부과될 경우 다음 곡선, 즉 평균 고정비용곡선, 평균 가변비용곡선, 평균 총비용곡선, 한계비용곡선 중에서 어느 것이 이동하는가? 그 이유는 무엇인가? 그래프에 이를 나타내시오. 그래프에 가능한 한 자세하게 라벨을 표기하시오.

b. 햄버거 1개당 조세가 부과될 경우 이들 네 개 곡선 중 어느 것이 이동하는가? 그 이유는 무엇인가? 새로운 그래프에 이를 나타내시오. 그래프에 가능한 한 자세하게 라벨을 표기하시오.

9. 현경이가 운영하는 주스 판매점의 비용 스케줄은 다음과 같다.

수량	가변비용	총비용
주스 0통	0달러	30달러
1	10	40
2	25	55
3	45	75
4	70	100
5	100	130
6	135	165

a. 각 수량에 대해 평균 가변비용, 평균 총비용, 한계비용을 계산하시오.

b. 이들 세 개 곡선을 그래프로 나타내시오. 한계비용곡선과 평균 총비용곡선 사이에는 어떤 관계가 있는가? 한계비용곡선과 평균 가변비용곡선 사이에는 어떤 관계가 있는가? 설명하시오.

10. 세 개의 상이한 기업들에 대한 장기 총비용이 다음 표와 같다고 하자.

수량	1	2	3	4	5	6	7
기업 A	60달러	70달러	80달러	90달러	100달러	110달러	120달러
기업 B	11	24	39	56	75	96	119
기업 C	21	34	49	66	85	106	129

이들 기업 각각은 규모의 경제를 경험하는가 아니면 규모의 비경제를 경험하는가?

Quiz 해답

1. c 2. a 3. a 4. d 5. d 6. c 7. b 8. a 9. d

Chapter

13

경쟁시장에서의 기업

지역 주유소가 휘발유 가격을 20% 인상하고 다른 주유소들은 그렇지 않을 경우, 해당 주유소 고객은 신속하게 다른 주유소에서 휘발유를 구매하게 될 것이다. 반면에 지역 수돗물 공급회사가 수돗물 가격을 20% 인상할 경우, 이 회사는 고객을 많이 잃지는 않을 것이다. 사람들은 수돗물을 더 효율적으로 사용할 수 있는 샤워기를 구입하고, 교외지역에서는 잔디밭에 물을 덜 줄지도 모른다. 하지만 이들이 다른 수돗물 공급회사를 찾기는 어려울 것이다. 휘발유를 판매하는 주유소 시장과 수돗물을 공급하는 시장의 차이점은, 대부분의 도시와 마을에 주유소는 여러 개 있지만 수돗물을 공급하는 회사는 한 개만 있다는 사실이다. 시장 구조상의 이런 차이가 이들 시장에서 운영되는 기업들의 가격과 생산 결정의 형태를 구체화한다.

이 장에서는 지역 주유소와 같은 경쟁적인 기업들의 행태에 대해 살펴볼 것이다. 매수인이나 매도인이 각각 시장규모와 비교해 볼 때 그 규모가 작아서 시장가격에 영향을 미칠 능력이 거의 없는

AZMANJAKA/E+/GETTY IMAGES; CARLOS FLORES/EYEEM/GETTY IMAGES

경우, 해당 시장은 경쟁적이다. 반면에, 지역 수돗물 회사처럼 자신이 판매하는 물품의 시장가격에 영향을 미칠 수 있는 기업은 **시장 지배력**을 갖는다고 한다. 다음 장에서는 이에 대해 살펴볼 것이다.

경쟁기업은 다음과 같은 두 가지 이유로 인해 기업 행태에 관한 연구를 시작하기에 적합한 대상이다. 첫째, 경쟁기업은 시장가격에 미치는 영향이 무시해도 될 정도로 작기 때문에, 시장 지배력이 있는 기업들보다 이해하기가 더 단순하다. 둘째, 경쟁시장은 (제7장에서 살펴본 것처럼) 자원을 효율적으로 배분하기 때문에, 다른 시장구조와 비교하는 데 기준이 될 수 있다.

이 장에서 하는 경쟁기업에 대한 분석은 시장 공급곡선 이면에 있는 결정을 설명하는 데 도움이 된다. 당연하게 시장의 공급곡선은 기업의 생산비용과 밀접하게 연계되어 있다. 상이한 형태의 비용, 즉 고정비용, 가변비용, 평균비용, 한계비용 중에서 어느 것이 공급 결정과 가장 밀접하게 관련되는지는 그렇게 분명하지 않다. 앞으로 살펴볼 것처럼, 이런 비용은 모두 공급을 결정하는 데 중요하고 상호 관련된 역할을 한다.

13-1 경쟁시장이란 무엇인가?

이 장의 목표는 경쟁시장에서 기업들이 어떻게 생산 결정을 하는지 살펴보는 것이다. 경쟁시장이 무엇인지 다시 한번 알아보자.

13-1a 경쟁의 의미

경쟁시장
많은 매수인과 많은 매도인이 동일한 물품을 거래하여, 각각의 매수인과 매도인이 가격 추종자가 되는 시장

이따금 **완전경쟁시장**이라고도 하는 경쟁시장(competitive market)은 다음과 같은 두 가지 특성이 있다.

- 시장에는 많은 매수인과 많은 매도인이 있다.
- 다양한 매도인이 공급하는 물품은 대체로 동일하다.

이런 조건하에서, 모든 단일 매수인 또는 단일 매도인이 하는 행위는 시장가격에 무시해도 될 정도의 영향을 미칠 뿐이다. 각각의 매수인과 매도인은 시장가격을 주어진 것으로 본다.

우유시장을 생각해보자. 각 매수인은 시장규모에 비해 적은 양의 우유를 구입하기 때문에, 단일 소비자는 우유가격에 영향을 미칠 수 없다. 이와 유사하게 많은 낙농가들이 본질적으로 동일한 우유를 시장에 내놓기 때문에, 각 낙농가는 가격에 대해 제한된 통제를 할 수 있을 뿐이다. 매도인은 현재 가격에서 자신이 원하는 모든 우유를 판매할

수 있기 때문에, 어느 누구도 더 낮은 가격을 부과할 이유가 없다. 그들 중 한 사람이 더 높은 가격을 부과하면, 매수인은 다른 데로 갈 것이다. 경쟁시장에 있는 매수인과 매도인은 시장에서 결정된 가격을 수락하여 받아들이므로 **가격 추종자**라고 한다.

경쟁에 대한 이전의 두 가지 조건 이외에, 다음과 같은 세 번째 조건이 이따금 완전경쟁시장을 특징 짓는다고 한다.

- 기업은 자유롭게 시장에 진입하거나 퇴출할 수 있다.

예를 들어 모든 사람이 새롭게 낙농업을 시작할 수 있고 기존의 모든 낙농가가 이 업종을 그만둘 수 있다면, 낙농산업은 이 조건을 충족한다. 경쟁기업에 관한 많은 분석들은 자유로운 진입 및 퇴출이란 가정을 요구하지 않는데, 그 이유는 기업이 그런 가정 없이도 가격 추종자가 될 수 있기 때문이다. 하지만 우리가 살펴볼 것처럼, 자유로운 진입 및 퇴출은 경쟁시장에서 장기균형의 형태를 구체화할 강력한 원동력이다.

13-1b 경쟁기업의 수입

경쟁시장의 표준 모형은 기업들이 (총수입에서 총비용을 뺀) 이윤의 극대화를 목표로 한다고 가정한다. 기업이 이를 어떻게 하는지 알아보기 위해 전형적인 경쟁기업, 즉 대관령 낙농가의 수입을 생각해보자.

대관령 낙농가는 우유의 양 *Q*를 생산하고 각 단위를 시장가격 *P*에서 판매한다. 낙농가의 총수입은 $P \times Q$가 된다. 예를 들면 우유 1갤런을 6달러에 판매하는데, 낙농가가 우유 1,000갤런을 팔 경우 낙농가의 총수입은 6,000달러가 된다.

대관령 낙농가는 세계 우유시장과 비교해 규모가 작기 때문에, 시장에서 주어진 가격을 추종하게 된다. 이것이 의미하는 바는, 가격이 대관령 낙농가가 생산하여 판매하는 우유의 양에 달려 있지 않다는 것이다. 대관령 낙농가가 생산량을 두 배로 늘려 2,000갤런을 생산할 경우, 가격은 변화하지 않고 동일하며 총수입은 두 배가 되어 12,000달러가 된다. 총수입은 생산량에 비례하게 된다.

표 1은 대관령 낙농가의 수입을 보여준다. (1)열 및 (2)열은 이 낙농가가 생산한 우유의 양과 이 우유를 판매한 가격이다. (3)열은 이 낙농가의 총수입을 나타낸다. 표는 우유가격이 갤런당 6달러라고 가정하고 있으므로, 총수입은 6달러에 갤런 수를 곱하여 구할 수 있다.

앞 장에서 비용을 분석할 때 평균 및 한계에 관한 개념이 유용했던 것과 마찬가지로, 수입에 관해 논의할 때도 유용하다. 이들 개념이 알려주는 것을 살펴보기 위해 다음과 같은 두 가지 질문을 생각해보자.

- 낙농가는 일반적인 우유 1갤런에 대해 얼마의 수입을 올릴 수 있는가?

표 1

경쟁기업에 대한 총수입, 평균수입, 한계수입

(1) 수량 (Q)	(2) 가격 (P)	(3) 총수입 ($TR=P\times Q$)	(4) 평균수입 ($AR=TR/Q$)	(5) 한계수입 ($MR=\Delta TR/\Delta Q$)
1갤런	6달러	6달러	6달러	
				6달러
2	6	12	6	
				6
3	6	18	6	
				6
4	6	24	6	
				6
5	6	30	6	
				6
6	6	36	6	
				6
7	6	42	6	
				6
8	6	48	6	

- 낙농가가 우유 생산을 1갤런 더 증가시킬 경우 얼마의 수입을 추가로 더 올릴 수 있는가?

표 1의 (4)열과 (5)열은 위의 질문에 답하고 있다.

평균수입
총수입을 판매량으로 나눈 것

표의 (4)열은 평균수입(average revenue)을 보여주는데, 이는 [(3)열의] 총수입을 [(1)열의] 수량으로 나눈 것이다. 평균수입은 판매된 전형적인 1단위에 대해 기업이 수령한 것이다. 표 1에서 평균수입은 6달러이며, 이것은 우유 1갤런의 가격이다. 이를 통해 경쟁적이든 그렇지 않든 간에 모든 기업에 적용되는 일반적인 원칙을 알 수 있다. 즉, **모든 형태의 기업에서 평균수입은 해당 물품의 가격과 같다.**

한계수입
추가적으로 판매된 1단위를 통해 얻은 총수입의 변화

(5)열은 한계수입(marginal revenue)을 나타내며, 이는 추가적인 생산량 각 1단위의 판매에 따른 총수입의 변화이다. 표 1에서 한계수입은 6달러이며, 이는 우유 1갤런의 가격이다. 이는 경쟁시장의 기업에만 적용되는 원칙이다. 총수입이 $P\times Q$인데 경쟁기업의 경우 P가 고정되기 때문에 Q가 1단위 증가할 때 총수입은 P달러만큼 증가한다. **즉, 경쟁기업에서 한계수입은 해당 물품의 가격과 같다.**

Quiz

1. 완전경쟁기업은 __________.
   a. 이윤을 극대화하기 위해 가격을 선택한다.
   b. 유사한 물품을 판매하는 다른 기업들을 약화시키기 위해 가격을 설정한다.
   c. 가격을 시장상황에서 주어지는 것으로 간주하고 이에 순응하여 추종한다.
   d. 가장 큰 시장 점유를 할 수 있는 가격을 고른다.

2. 완전경쟁기업이 10% 생산량을 증가시켜 판매할 경우, 한계수입은 __________, 총수입은 __________ 증대한다.
   a. 감소하고; 10% 미만으로
   b. 감소하고; 정확히 10%
   c. 불변하고; 10% 미만으로
   d. 불변하고; 정확히 10%

해답은 이 장의 끝부분에 있다.

13-2 이윤 극대화와 경쟁기업의 공급곡선

기업의 목표는 총수입에서 총비용을 감해 구한 이윤을 극대화하는 것이다. 이전 절에서는 경쟁기업의 수입에 관해 논의했고, 이전 장에서는 기업의 비용을 분석했다. 이제 경쟁기업이 어떻게 이윤을 극대화하고, 이를 통해 해당 기업의 공급곡선을 어떻게 결정하는지 생각해보자.

13-2a 이윤 극대화에 관한 단순한 예

표 2는 대관령 낙농가에 대해 더 많은 정보를 보여준다. 이 표의 (1)열은 해당 낙농가가 생산한 우유의 갤런 수를 보여주며, (2)열은 해당 낙농가의 총수입을 나타내는데 이는 6달러에 갤런 수를 곱하여 구할 수 있다. (3)열은 해당 낙농가의 총비용을 나타내는데, 여기에는 3달러인 고정비용과 생산량에 달려 있는 가변비용이 포함된다.

(4)열은 해당 낙농가의 이윤을 보여주는데 이는 총수입에서 총비용을 감하여 계산할 수 있다. 해당 낙농가가 아무것도 생산하지 않을 경우, (고정비용에 해당하는) 3달러의 손실을 보게 된다. 1갤런을 생산할 경우 1달러의 이윤을 얻게 되고, 2갤런을 생산할 경우 4달러의 이윤을 얻게 되며 계속 이렇게 된다. 대관령 낙농가는 가능한 한 많은 이윤을 내는 우유의 양을 생산하고자 한다. 이 예에서 해당 낙농가는 4 또는 5갤런을 생산하고 이윤 7달러를 얻어 극대화하게 된다.

대관령 낙농가의 결정을 살펴보는 또 다른 방법이 있다. 해당 낙농가는 생산된 각 단위의 한계수입과 한계비용을 비교함으로써 이윤을 극대화하는 양을 구할 수 있다. 표 2의 (5)열과 (6)열은 총수입의 변화와 총비용의 변화에 따른 한계수입과 한계비용을 계산하여 보여주고 있으며, (7)열은 생산된 추가적인 각 갤런에 대한 이윤의 변화를 나타낸다. 해당 낙농가가 생산한 우유 첫 갤런의 경우 한계수입은 6달러이고 한계비용은

표 2

이윤 극대화: 숫자적인 예

(1) 수량 (Q)	(2) 총수입 (TR)	(3) 총비용 (TC)	(4) 이윤 ($TR-TC$)	(5) 한계수입 ($MR=\Delta TR/\Delta Q$)	(6) 한계비용 ($MC=\Delta TC/\Delta Q$)	(7) 이윤의 변화 ($MR-MC$)
0갤런	0달러	3달러	−3달러			
				6달러	2달러	4달러
1	6	5	1			
				6	3	3
2	12	8	4			
				6	4	2
3	18	12	6			
				6	5	1
4	24	17	7			
				6	6	0
5	30	23	7			
				6	7	−1
6	36	30	6			
				6	8	−2
7	42	38	4			
				6	9	−3
8	48	47	1			

2달러가 되어, 해당 갤런을 생산함에 따라 이윤이 (−3달러에서 1달러로) 4달러만큼 증가한다. 생산된 두 번째 갤런의 경우 한계수입은 6달러이고 한계비용은 3달러가 되어, 해당 갤런을 생산함에 따라 이윤이 (1달러에서 4달러로) 3달러만큼 증가한다. 한계수입이 한계비용을 초과하는 한, 생산량을 증가시킬 경우 이윤이 증가한다. 하지만 해당 낙농가의 생산량이 일단 우유 5갤런에 도달하게 되면, 상황이 변화한다. 여섯 번째 갤런의 경우 한계수입은 6달러가 되고 한계비용은 7달러가 되어, 이를 생산할 경우 이윤이 (7달러에서 6달러로) 1달러만큼 감소한다. 따라서 대관령 낙농가는 5갤런을 초과하여 생산하지 않는다.

제1장에서 살펴본 **경제학의 열 가지 원리** 중 하나는 '합리적인 사람들은 한계적으로 생각한다'는 것이다. 대관령 낙농가에 이 원리를 적용할 수 있다. 1, 2, 3갤런에서처럼 한계수입이 한계비용보다 클 경우, 지출하는 돈(한계비용)보다 벌어들이는 돈(한계수입)이 더 많기 때문에 우유 생산을 증가시켜야 한다. 6, 7, 8갤런에서처럼 한계수입이 한계비용보다 작을 경우, 낙농가는 우유 생산을 감소시켜야 한다. 한계에서 생각하고

그림 1

경쟁기업의 이윤 극대화

이 그림은 한계비용곡선(*MC*), 평균 총비용곡선(*ATC*), 평균 가변비용곡선(*AVC*)을 보여준다. 또한 시장가격(*P*)도 보여주는데, 경쟁기업의 경우 시장가격은 한계수입(*MR*)과 평균수입(*AR*) 둘 다와 같아진다. 수량 Q_1에서 한계수입 MR_1은 한계비용 MC_1을 초과한다. 따라서 이 경우에는 생산을 증대시키면 이윤이 증가하게 된다. 수량 Q_2에서 한계비용 MC_2는 한계수입 MR_2를 초과한다. 따라서 이 경우에는 생산을 감소시키면 이윤이 증가하게 된다. 이윤을 극대화하는 수량 $Q_{최대}$는 가격을 나타내는 수평선이 한계비용곡선과 교차하는 점에 위치한다.

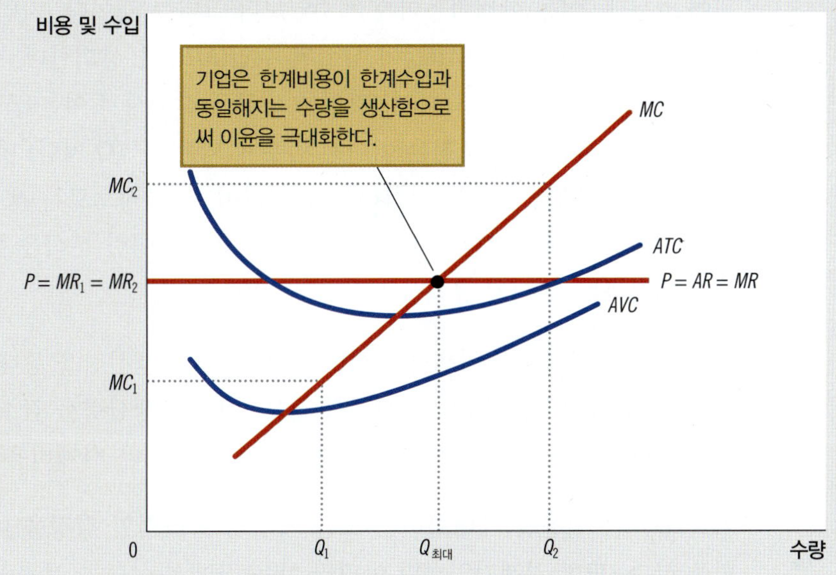

생산수준을 점진적으로 조절함으로써, 대관령 낙농가는 결국 이윤을 극대화하는 수량을 생산하게 된다.

13-2b 한계비용곡선과 기업의 공급 결정

이런 분석을 확장하기 위해서 그림 1에 있는 비용곡선들을 생각해보자. 이들 비용곡선은 앞 장에서 살펴본 것처럼 대부분의 기업을 설명한다고 생각되는 세 가지 특징을 보여준다. 즉, 한계비용곡선(*MC*)의 기울기는 상향하고, 평균 총비용곡선(*ATC*)은 U자 형태가 되며, 한계비용곡선은 평균 총비용곡선의 최저점에서 이 곡선과 교차한다. 이 그림은 또한 시장가격(*P*) 수준에서 수평선을 보여준다. 이 가격에서의 선이 수평선이 되는 이유는 경쟁기업이 가격 추종자이기 때문이다. 즉, 기업 생산물의 가격은 생산량에 관계없이 동일하다. 경쟁기업의 경우 가격이 기업의 평균수입(*AR*) 및 한계수입(*MR*)과 동일하다는 사실을 기억하자.

그림 1을 사용하여 이윤을 극대화하는 생산량을 구할 수 있다. 기업이 Q_1에서 생산

하고 있다고 가상하자. 이 생산량 수준에서 한계수입곡선은 한계비용곡선 위에 있는데, 이는 한계수입이 한계비용보다 더 크다는 것이다. 이것이 의미하는 바는 기업이 생산을 1단위 증가시킬 경우 추가적인 수입(MR_1)이 추가적인 비용(MC_1)을 초과한다는 것이다. 총수입에서 총비용을 뺀 이윤은 증가한다. 따라서 Q_1에서처럼 한계수입이 한계비용보다 크다면, 기업은 생산을 증가시켜 이윤을 증대시킬 수 있다.

수량이 Q_2일 때도 유사한 주장이 적용된다. 이 경우 한계비용곡선은 한계수입곡선 위에 있는데, 이는 한계비용이 한계수입보다 크다는 것이다. 기업이 생산을 1단위 감소시킬 경우, 절감된 비용(MC_2)이 상실된 수입(MR_2)을 상회한다. 따라서 Q_2에서처럼 한계비용이 한계수입보다 크다면, 기업은 생산을 감소시켜 이윤을 증가시킬 수 있다.

이런 한계적인 생산 조정은 어디서 멈추게 되는가? (Q_1처럼) 낮은 수준 아니면 (Q_2처럼) 높은 수준에서 생산을 시작하든 관계없이, 궁극적으로는 생산량이 이윤을 극대화하는 수량 $Q_{최대}$에 도달할 때까지 생산을 조정한다. 이런 분석을 통해 다음과 같이 이윤을 극대화하는 세 가지 규칙을 도출할 수 있다.

- 한계수입이 한계비용을 상회할 경우, 기업은 생산량을 증대시켜야 한다.
- 한계비용이 한계수입을 상회할 경우, 기업은 생산량을 감소시켜야 한다.
- 이윤을 극대화하는 생산량 수준에서, 한계수입은 한계비용과 동일하다.

이들 규칙은 이윤을 극대화하는 모든 기업이 합리적인 결정을 내리는 데 중심적인 역할을 한다. 또한 경쟁기업뿐만 아니라 다음 장에서 살펴볼 것처럼 다른 시장 형태에 속한 기업에도 적용된다.

이제 경쟁기업이 시장에 공급할 양을 어떻게 결정하는지 살펴볼 수 있다. 경쟁기업

그림 2

경쟁기업의 공급곡선이 되는 한계비용

가격이 P_1에서 P_2로 인상될 경우 해당 기업의 이윤을 극대화하는 수량은 Q_1에서 Q_2로 증가한다. 한계비용곡선은 모든 가격에서의 공급량을 나타내기 때문에, 이 곡선이 바로 해당 기업의 공급곡선이 된다.

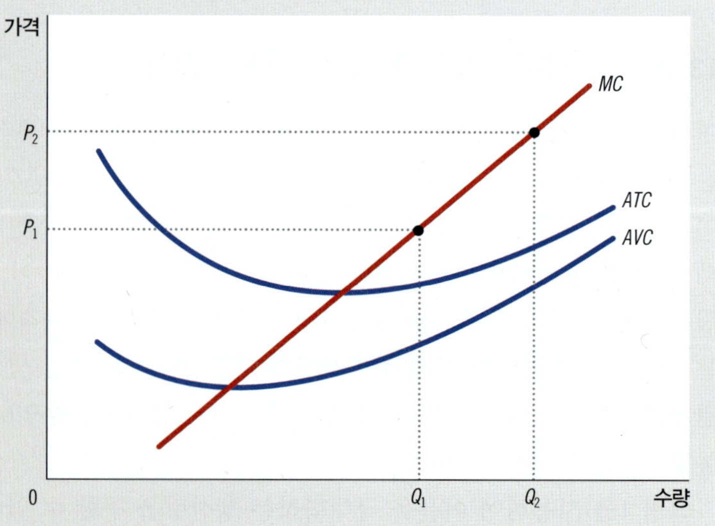

은 가격 추종자이기 때문에, 한계수입이 시장가격과 같다. 모든 가격에 대해, 경쟁기업의 이윤을 극대화하는 생산량은 가격과 한계비용곡선의 교차점에서 결정된다. 그림 1에서 해당 수량은 $Q_{최대}$이다.

시장 수요의 증가로 인해, 이 시장에서의 가격이 상승한다고 가상하자. 그림 2는 경쟁기업이 가격 상승에 어떻게 대응하는지 보여준다. 가격이 P_1일 때 기업은 수량 Q_1을 생산하는데, 이는 한계비용과 가격이 일치하는 생산량이다. 가격이 P_2로 상승할 경우, 기업은 한계수입이 이전 생산량 수준에서의 한계비용보다 높다는 사실을 깨닫게 된다. 따라서 해당 기업은 생산을 증대시키게 된다. 새로운 이윤을 극대화하는 수량은 Q_2이며, 여기서 한계비용은 새로운 인상된 가격과 일치한다. **해당 기업의 한계비용곡선이 모든 가격에서 그 기업이 공급하고자 하는 물품의 수량을 결정하기 때문에, 한계비용곡선은 또한 경쟁기업의 공급곡선이 된다.**

하지만 이렇게 결론을 내리려면 몇 가지 단서가 추가되어야 하며, 이에 대해서는 다음에 살펴볼 것이다.

13-2c 기업의 단기적인 폐쇄 결정

지금까지는 경쟁기업이 얼마나 많이 생산할지에 관한 문제를 분석했다. 하지만 일부 상황에서 기업은 폐쇄하고 아무것도 생산하지 않게 된다.

기업의 일시적인 폐쇄와 시장으로부터의 영원한 퇴출을 구별하는 것이 중요하다. **폐쇄**는 현재의 시장상황으로 인해 특정 기간 동안 아무것도 생산하지 않고 조업을 중단하는 단기적인 결정을 말한다. 반면에 **퇴출**은 시장을 떠나는 장기적인 결정을 말한다. 단기적인 결정과 장기적인 결정은 다른데, 그 이유는 대부분의 기업이 단기적으로는 피할 수 없는 고정비용을 장기적으로는 피할 수 있기 때문이다. 즉, 일시적으로 폐쇄한 기업은 계속해서 고정비용을 지불해야 하는 반면에, 시장에서 퇴출한 기업은 고정비용이나 가변비용 어떠한 비용도 전혀 지불하지 않는다.

예를 들어 농장에서의 생산 결정을 생각해보자. 토지에 대한 비용은 고정비용이 된다. 농장 소유주가 한 계절 동안 어떠한 작물도 생산하지 않기로 결정한다면, 농지는 휴경지가 되며 농장 소유주는 이 비용을 회복할 수 없다. 한 계절 동안 폐쇄할지 여부에 대한 단기적인 결정을 할 경우, 토지에 대한 고정비용은 **매몰비용**이 된다고 한다. 반면에 농장 소유주가 농사를 완전히 그만두기로 결정한다면, 토지를 판매할 수 있다. 시장에서 퇴출할지 여부에 관한 장기적인 결정을 할 때, 토지에 대한 비용은 매몰비용이 아니다.(매몰비용에 대해서는 곧 다시 살펴볼 것이다)

어떤 이유로 기업이 폐쇄 결정을 내리게 되는가? 기업이 폐쇄될 경우, 자사의 생산물을 판매하여 얻게 될 수입을 모두 잃게 된다. 동시에 해당 생산물을 만드는 데 소요되는 가변비용을 절약할 수 있다.(하지만 기업은 계속해서 고정비용을 지불해야 한다) **따라서 기업이 생산하여 번 수입이 가변생산비용보다 작다면, 해당 기업은 폐쇄하게 된다.**

약간의 수학적 표현을 사용하면, 이 폐쇄 규칙을 더 유용한 형태로 표현할 수 있다. TR이 총수입을 나타내고 VC가 가변비용을 나타낼 경우, 기업의 결정을 다음과 같이 표현할 수 있다.

$TR < VC$인 경우, 폐쇄를 결정한다.

총수입이 가변비용보다 작은 경우, 기업은 폐쇄를 결정한다. 이 부등식의 양변을 수량 Q로 나누어 다음과 같이 표현할 수 있다.

$TR/Q < VC/Q$인 경우, 폐쇄를 결정한다.

이 부등식의 왼편 TR/Q는 총수입 $P \times Q$를 수량 Q로 나눈 것으로 평균수입이 된다. 이를 가장 간단하게 해당 물품의 가격 P로 나타낼 수 있다. 이 부등식의 오른편 VC/Q는 평균 가변비용 AVC이다. 기업의 폐쇄규칙은 다음과 같이 표현할 수 있다.

$P < AVC$인 경우, 폐쇄를 결정한다.

즉 물품의 가격이 평균 가변생산비용보다 작은 경우, 기업은 폐쇄한다. 이런 규칙은 직관적이다. 즉 생산 여부를 결정할 때, 기업은 전형적인 판매 단위에 대해 자신이 수령하는 가격과 해당 물품을 생산하기 위해 기업이 부담해야 하는 평균 가변비용을 비교한다. 가격이 평균 가변비용을 떠맡지 못한다면, 기업은 생산을 전면 중단할 경우 형편이 더 나아진다. 기업은 (고정비용을 부담해야 하기 때문에) 계속해서 금전적 손실을

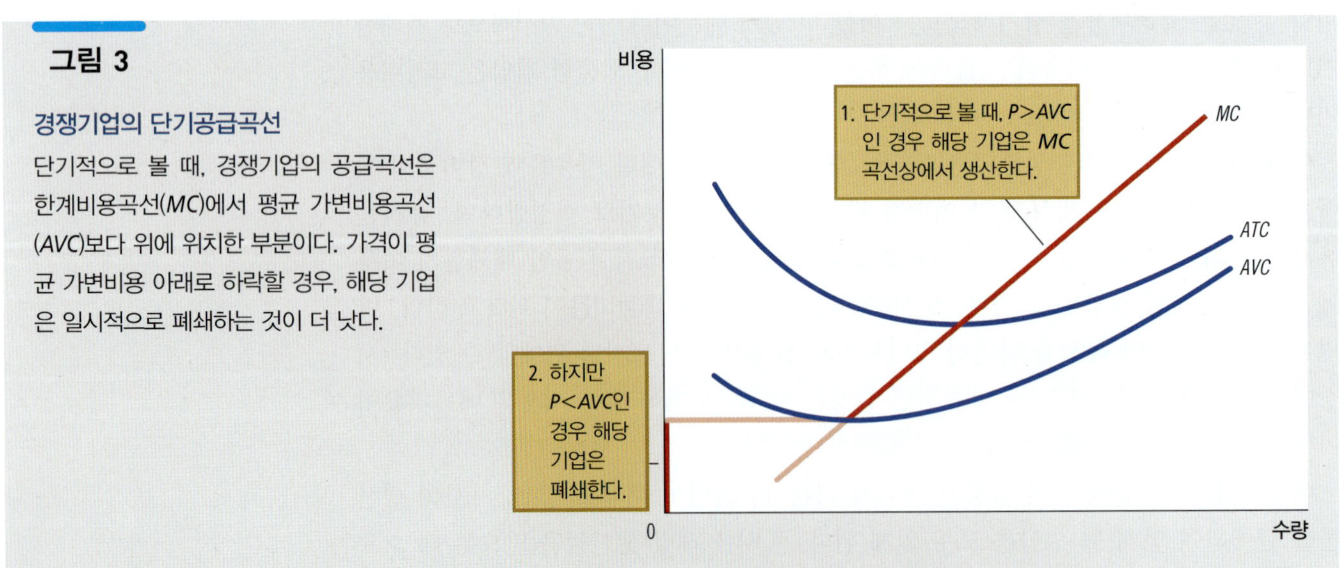

그림 3

경쟁기업의 단기공급곡선

단기적으로 볼 때, 경쟁기업의 공급곡선은 한계비용곡선(MC)에서 평균 가변비용곡선(AVC)보다 위에 위치한 부분이다. 가격이 평균 가변비용 아래로 하락할 경우, 해당 기업은 일시적으로 폐쇄하는 것이 더 낫다.

보게 되지만, 계속 생산하게 되면 훨씬 더 많은 금전적 손실을 보게 된다. 장래에 상황이 변화하여 가격이 평균 가변비용을 상회하게 될 경우, 기업은 다시 생산할 수 있다.

이제는 경쟁기업의 이윤을 극대화하는 전략을 완전하게 설명할 수 있다. 기업이 어떤 것을 생산한다면, 기업은 한계비용이 해당 기업이 주어진 것으로 보고 추종하는 물품 가격과 일치하는 수량을 생산하게 된다. 하지만 가격이 해당 수량에서 평균 가변비용보다 작다면, 해당 기업은 일시적으로 폐쇄하고 아무것도 생산하지 않을 때 형편이 나아진다. 그림 3은 이런 결과들을 보여준다. **경쟁기업의 단기공급곡선은 평균 가변비용곡선보다 위에 위치한 한계비용곡선 부분이다.**

13-2d 엎질러진 우유와 기타 매몰비용

인생의 어떤 시점에서 여러분은 "엎질러진 우유에 대해 한탄하지 마라" 또는 "지나간 일은 지나간 일로 놔두고 잊어버려라"라는 말을 들었을지 모른다. 이런 격언들은 경제학자들이 말하지 않았지만, 했을 수도 있다. 이런 격언들은 합리적인 결정에 관한 중요한 사실을 시사한다. 매몰비용(sunk cost)은 이미 발생했으며 회복될 수 없는 비용이다. 매몰비용에 관해 아무것도 할 수 없기 때문에 기업전략에 대한 결정을 포함하여 인생에서 많은 결정을 내릴 때 이것을 무시하는 것이 합리적이다.

매몰비용
이미 발생하여 회복될 수 없는 비용

기업의 폐쇄 결정에 대한 앞에서의 분석은 결정을 내릴 때 매몰비용이 관련되지 않는다는 한 예가 된다. 기업이 일시적으로 생산을 중단해도 고정비용을 회복할 수 없다고 가정했다. 즉, (공급량이 영이라고 하더라도) 공급량에 관계없이 기업은 계속해서 고정비용을 지불해야 한다. 단기적으로 고정비용은 매몰비용이며, 기업은 생산량을 결정할 때 이를 무시해야 한다. 기업의 단기공급곡선은 평균 가변비용곡선 위에 위치한 한계비용곡선 부분이다. 고정비용은 매몰비용이기 때문에 공급 결정을 할 때 고정비용의 규모는 문제가 되지 않는다.

결정을 내릴 때 매몰비용을 관련지어서는 안 된다는 사실은, 여러분의 개인 생활에서도 기억할 만한 가치가 있다. 예를 들어 여러분이 새로 개봉된 영화를 관람하려 한다고 가상하자. 이를 위해 여러분은 15달러를 지불할 의사가 있는데 입장권이 겨우 10달러라서 영화를 관람하기로 결정했다. 하지만 영화관에 입장하기 전에 입장권을 잃어버렸다. 극장 관리인은 이런 사실을 믿지 않는다. 어떻게 해야만 하는가?

여러분은 매우 화가 나고 낙담하여 집으로 가서 영화에 대해 더 이상 생각하지 않으려 할 수도 있다. 결국 또 다른 입장권을 구입하게 되면 이제 총비용은 20달러가 되는데, 이것은 너무 과한 것처럼 보일 수도 있다. 하지만 이 판단은 잘못되었을 수도 있다. 합리적으로 생각해보면, 여러분은 10달러를 지불하고 다른 입장권을 구입해야만 한다. 그 이유는 무엇인가? 영화를 관람하는 데 따른 편익(15달러)은 기회비용(두 번째 입장권에 지불한 10달러)을 초과한다. 여러분이 잃어버린 입장권에 지불했던 10달러는 매몰비용이다. 엎질러진 우유처럼 이런 상황에 대해 한탄해도 소용없다.

거의 비어 있는 레스토랑과 비수기 미니골프장

여러분은 점심시간에 레스토랑이 거의 텅 비어 있는 경우를 본 적이 있는가? 왜 그런 레스토랑이 굳이 영업을 하려고 하는지 의문을 가졌을지도 모른다. 소수의 고객으로 올린 수입이 어쩌면 레스토랑을 운영하는 데 수반되는 비용을 감당하지 못할 것처럼 보일 수도 있다.

점심시간에 영업을 할지 여부에 대해 결정하려는 경우, 레스토랑 주인은 고정비용과 가변비용을 구분해야만 한다. 임대료, 주방용품, 테이블, 접시, 식기류 등과 같은 많은 레스토랑 비용이 고정비용이다. 점심시간에 폐쇄할 경우 단기적인 이런 매몰비용을 낮추지는 못한다. 레스토랑 주인이 점심시간에 영업을 할지 여부를 결정할 때 추가적인 식재료 가격과 추가적인 직원의 임금과 같은 가변비용만이 관련된다. 점심시간에 방문한 소수의 고객으로부터 올린 수입이 가변비용을 감당하지 못할 경우에만, 점심시간에 레스토랑을 폐쇄하게 된다.

ADRIAN SHERRATT/ALAMY STOCK PHOTO

레스토랑에 손님이 별로 없더라도 개점해두는 것이 수익성에 도움이 될 수 있다.

피서지에서 미니골프장을 운영하는 사람도 유사한 결정에 직면하게 된다. 미니골프장 수입이 계절에 따라 큰 폭으로 변하기 때문에, 해당 업체는 언제 미니골프장을 열고 언제 닫을지 결정해야 한다. 다시 한 번, 토지를 매입해서 골프장을 짓는 데 소요되는 비용과 같은 고정비용은 이런 단기적인 결정과 관련되지 않는다. 연간 수입이 가변비용을 초과하는 시기에만 영업을 해야 한다. ●

13-2e 시장에서 퇴출하거나 진입하려는 기업의 장기적인 결정

시장을 떠나려는 기업의 장기적인 결정은 기업의 폐쇄 결정과 유사하다. 기업이 퇴출할 경우 생산물을 판매하여 얻을 수 있는 수입을 역시 잃게 되지만, 이번에는 생산가변비용뿐만 아니라 고정비용도 절약하게 된다. **자신이 생산하여 번 수입이 총생산비용보다 작다면 해당 기업은 시장에서 퇴출하게 된다.**

이를 수학적으로 표현하면 좀 더 유용한 형태의 규칙으로 만들 수 있다. TR이 총수입을 나타내고 TC가 총비용을 나타낼 경우, 기업의 퇴출 규칙을 다음과 같이 표현할 수 있다.

$$TR < TC\text{인 경우, 퇴출을 결정한다.}$$

총수입이 총비용보다 작은 경우, 기업은 퇴출을 결정한다. 이 부등식의 양변을 수량

Q로 나누어 다음과 같이 표현할 수 있다.

$$TR/Q < TC/Q \text{인 경우, 퇴출을 결정한다.}$$

TR/Q가 평균수입이며 가격 P와 같고, TC/Q가 평균 총비용 ATC라는 사실에 주목하여 이를 단순하게 나타낼 수 있다. 따라서 기업의 퇴출 규칙은 다음과 같이 표현할 수 있다.

$$P < ATC \text{인 경우, 퇴출을 결정한다.}$$

즉, 해당 물품의 가격이 평균 총생산비용보다 작은 경우, 기업은 퇴출을 결정한다.

이와 유사한 분석이 새로운 기업을 설립하려는 기업가에게도 적용된다. 설립할 경우 가격이 평균 총비용을 초과하여 수익이 남는다면, 해당 시장에 진입하려는 유인을 갖게 된다. 따라서 진입 규칙은 다음과 같다.

$$P > ATC \text{인 경우, 진입을 결정한다.}$$

진입 규칙은 퇴출 규칙의 정반대이다.

이제 경쟁기업의 장기 이윤 극대화 전략을 설명할 수 있게 되었다. 생산할 경우, 한계비용이 해당 물품의 가격과 일치하는 수량을 선택하게 된다. 하지만 가격이 해당 수량에서 평균 총비용보다 작다면, 기업은 시장에서 퇴출을 결정한다.(또는 시장에 진입하지 않기로 결정한다) 그림 4는 이런 결과들을 설명한다. **경쟁기업의 장기공급곡선은 평균 총비용곡선보다 위에 위치한 한계비용곡선 부분이다.**

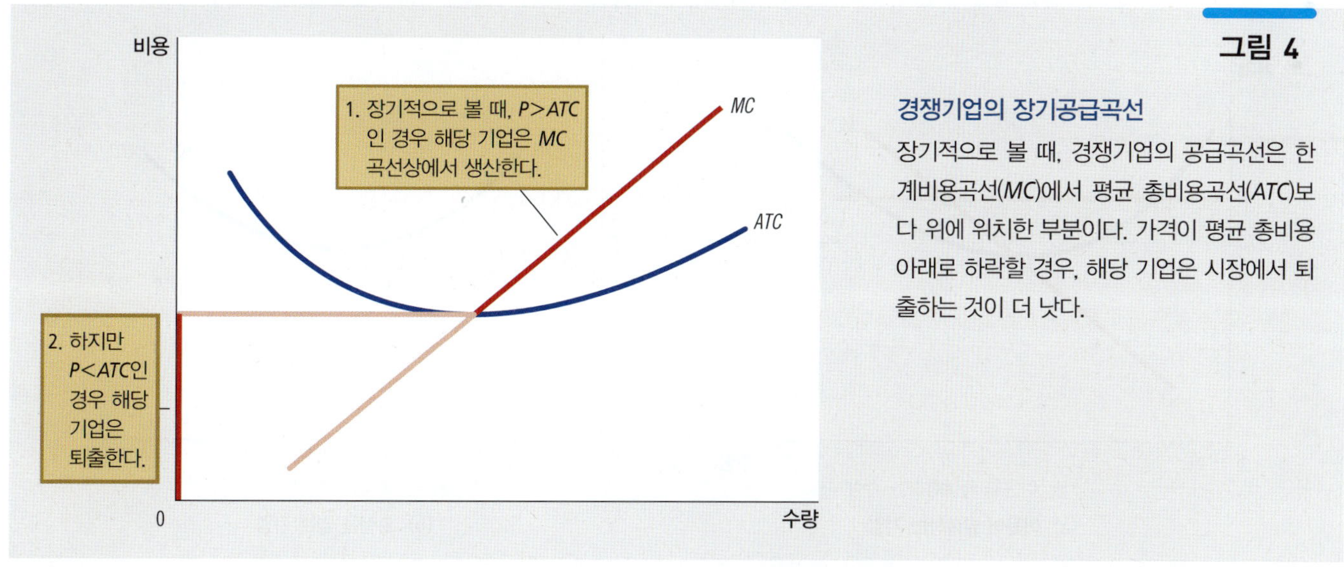

그림 4

경쟁기업의 장기공급곡선

장기적으로 볼 때, 경쟁기업의 공급곡선은 한계비용곡선(MC)에서 평균 총비용곡선(ATC)보다 위에 위치한 부분이다. 가격이 평균 총비용 아래로 하락할 경우, 해당 기업은 시장에서 퇴출하는 것이 더 낫다.

13-2f 그래프상에서 경쟁기업의 이윤 측정

퇴출과 진입에 대해 살펴볼 때 기업의 이윤을 세부적으로 분석하는 것이 유용하다. 이윤은 다음과 같이 총수입(*TR*)에서 총비용(*TC*)을 뺀 것과 같다는 사실을 기억하자.

$$\text{이윤} = TR - TC$$

오른편에 *Q*를 곱하고 나누어서 위의 정의를 다음과 같이 나타낼 수 있다.

$$\text{이윤} = (TR/Q - TC/Q) \times Q$$

TR/*Q*는 평균수입이며, 즉 가격 *P*이다. *TC*/*Q*는 평균 총비용 *ATC*이다. 따라서 다음과 같다.

$$\text{이윤} = (P - ATC) \times Q$$

기업의 이윤을 위와 같이 표현할 경우, 그래프상에서 이윤을 측정할 수 있다.

그림 5(a)는 양의 이윤이 발생하는 기업을 보여준다. 이미 논의했던 것처럼, 해당 기업은 가격과 한계비용이 일치하는 수량을 생산하여 이윤을 극대화한다. 이제 빗금 친 직사각형을 살펴보도록 하자. 직사각형의 높이는 *P*−*ATC*이며, 이는 가격과 평균 총비

그림 5 가격과 평균 총비용 사이의 면적으로 본 이윤

가격과 평균 총비용 사이에 있는 빗금 친 직사각형의 면적은 해당 기업의 이윤을 나타낸다. 이 직사각형의 높이는 가격에서 평균 총비용을 감한 것(*P*−*ATC*)이며, 너비는 수량(*Q*)이다. (a)에서 가격이 평균 총비용보다 높기 때문에, 기업은 양의 이윤을 얻을 수 있다. (b)에서는 가격이 평균 총비용보다 낮기 때문에, 기업은 손실을 입게 된다.

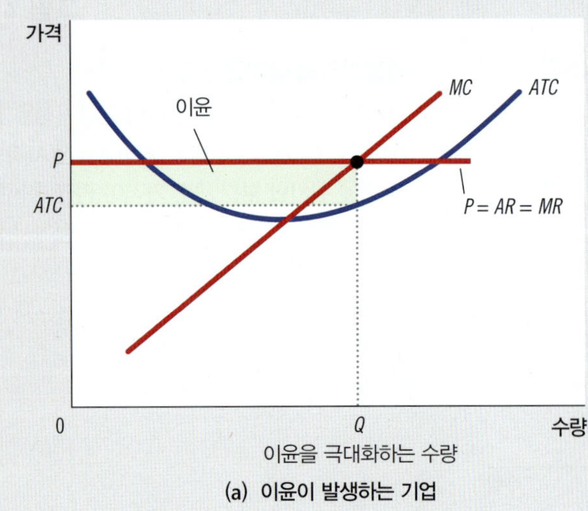

(a) 이윤이 발생하는 기업

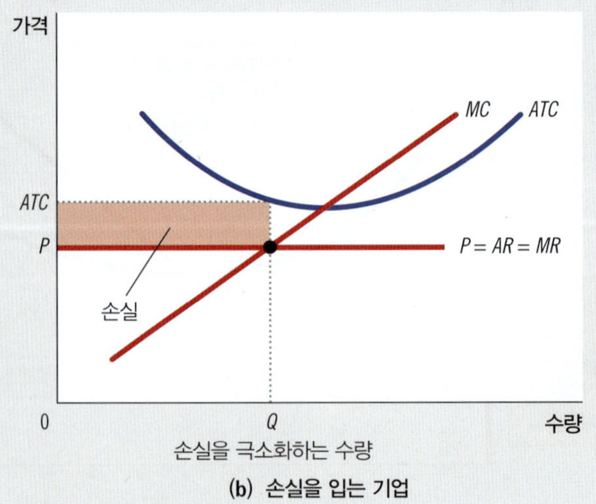

(b) 손실을 입는 기업

용의 차이이다. 직사각형의 너비는 Q이며, 이는 수량이다. 따라서 직사각형의 면적은 $(P-ATC)\times Q$이며, 이는 해당 기업의 이윤이다.

이와 유사하게, 그림 5(b)는 손실(음의 이윤)을 입는 기업을 보여준다. 이 경우 이윤을 극대화하는 것은 손실을 극소화하는 것을 의미하며, 이 작업은 다시 한번 가격이 한계비용과 일치하는 수량을 생산함으로써 이루어질 수 있다. 이제 빗금 친 직사각형을 생각해보자. 직사각형의 높이는 $ATC-P$이며, 너비는 Q이다. 면적은 $(ATC-P)\times Q$이며, 이는 해당 기업의 손실이다. 이 상황에 있는 기업은 각 생산물 단위에서 얻는 수입이 평균 총비용을 충당할 수 있을 정도로 충분하지 않기 때문에, 장기적으로 시장에서 퇴출하게 된다.

13-2g 간략한 요약

두 사업가가 나누는 대화를 통해 경쟁기업에 관해 우리가 했던 분석을 요약할 수 있다. 광재와 건희는 화강암 채석장을 매입했으며, 이는 주방 조리대의 상판을 제작하는 데 사용된다. 이 둘은 많은 채석장들과 경쟁하기 때문에, 시장상황에 따라 주어진 화강암 가격을 받아들여 추종한다. 대학에서 경제학을 전공한 광재는 건희에게 생산을 어떻게 결정할지에 대해 설명한다.

건희: 이윤을 극대화하려면 얼마나 생산해야 할까?
광재: 그러려면 $P=MC$에서의 생산량을 선택해야지.
건희: 이윤을 낼 수 있을까?
광재: 생산량 수준에서 $P>ATC$라면 이윤을 낼 수 있어. 하지만 $P<ATC$라면 손실을 낼 거야.
건희: 해당 생산량에서 이윤을 낼 경우 어떻게 해야 할까?
광재: 행복한 마음으로 계속 사업을 영위해야지.
건희: 해당 생산량에서 손실이 발생할 경우 어떻게 해야 할까?
광재: 장기적으로 퇴출할 계획을 수립해야지.
건희: 그 경우 단기적으로 계속 생산해야 할까?

표 3

경쟁기업의 이윤 극대화 규칙

1. $P=MC$인 곳에서 Q를 구한다.
2. $P<AVC$인 경우, 즉시 폐쇄하고 사업을 중단한다.
3. $AVC<P<ATC$인 경우, 단기적으로는 운영하지만 장기적으로는 퇴출한다.
4. $ATC<P$인 경우, 사업을 유지하면서 이윤을 얻는다.

광재: $P > AVC$라면 생산해야지. 계속 생산해야 손실을 최소화하거든.

건희: $P < AVC$라면 어떻게 해야 할까?

광재: 그렇다면, 가능한 한 빨리 폐쇄하고 퇴출계획을 수립해야지.

건희: 그래서 장기공급곡선은 *ATC* 곡선보다 위에 위치한 *MC* 곡선이고, 단기공급곡선은 *AVC* 곡선보다 위에 위치한 *MC* 곡선이야.

광재: 그렇지, 건희야. 그게 바로 우리가 수립한 계획이지. 표 3이 자네가 알아야 할 모든 것을 요약해 보여주고 있지.(이 규칙은 화강암에 새겨둘 만하다)

Quiz

3. 경쟁기업은 ________________을 선택해서 이윤을 극대화한다.
   a. 평균 총비용이 최저점일 때의 수량
   b. 한계비용이 가격과 일치할 때의 수량
   c. 평균 총비용이 가격과 일치할 때의 수량
   d. 한계비용이 평균 총비용과 일치할 때의 수량

4. 경쟁기업의 단기공급곡선은 자신의 ________________보다 위에 위치한 자신의 ________________이다.
   a. 한계비용곡선; 평균 총비용곡선
   b. 한계비용곡선; 평균 가변비용곡선
   c. 평균 총비용곡선; 한계비용곡선
   d. 평균 가변비용곡선; 한계비용곡선

5. 이윤을 극대화하는 경쟁기업의 경우 한계비용이 평균 가변비용과 평균 총비용 사이에 위치하는 상황에서의 수량을 현재 생산하고 있다면, 해당 기업은 ________________.
   a. 단기적으로 계속 생산하겠지만, 장기적으로는 시장을 퇴출하게 된다.
   b. 단기적으로 폐쇄하겠지만, 장기적으로는 다시 생산하게 된다.
   c. 단기적으로 폐쇄하고, 장기적으로는 시장을 퇴출하게 된다.
   d. 단기적으로 그리고 장기적으로 둘 다에서 계속 생산하게 된다.

해답은 이 장의 끝부분에 있다.

13-3 경쟁시장에서의 공급곡선

전체 시장에 대한 공급곡선은 개별 기업의 공급 결정을 기반으로 구축된다. 다음과 같은 두 가지 경우를 생각해보자. (1) 고정된 수의 기업이 있는 시장 (2) 기업이 진입하고 퇴출할 수 있는 시장 이들 두 경우가 모두 중요한데, 그 이유는 각 경우가 특정 기간의 범위에 적용되기 때문이다. 단기간에는 진입과 퇴출이 종종 어렵기 때문에, 고정된 수의 기업이 존재한다고 가정하는 것이 합리적일 수 있다. 하지만 장기간에는 진입과 퇴출이 더 용이하기 때문에, 시장상황의 변화에 따라 기업의 수가 조정될 수 있다.

13-3a 단기: 고정된 수의 기업이 존재하는 경우의 시장 공급

1,000개의 동일한 기업이 존재하는 시장을 생각해보자. 각 기업은 우리가 사용하는 표

그림 6

단기 시장 공급

단기에서는 시장에 있는 기업의 수가 고정된다. 따라서 (b)에 있는 시장 공급곡선은 (a)에 있는 개별 기업의 한계비용곡선을 합한 것이다. 여기서는 시장에 1,000개의 동일한 기업이 있다고 본다. 시장의 공급량은 각 기업의 공급량에 1,000배 한 것과 같다.

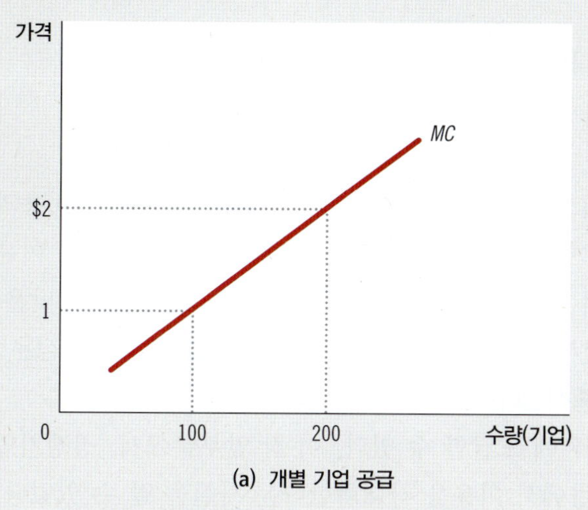

(a) 개별 기업 공급

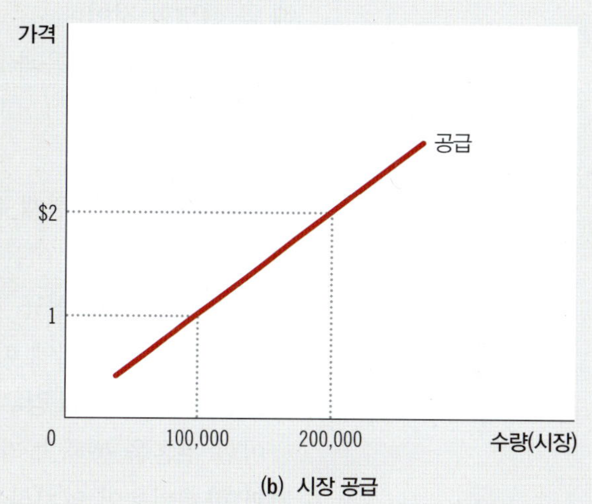

(b) 시장 공급

준 모형에 따라 행동한다. 즉, 모든 가격에 대해 각 기업은 한계비용이 가격과 일치하는 생산량을 공급한다. 그림 6(a)는 이런 상황을 보여준다. 가격이 평균 가변비용을 초과하는 한, 각 기업의 한계비용곡선은 해당 기업의 공급곡선이 된다. 시장에 공급되는 양은 1,000개 기업 각각이 공급하는 양을 합산한 것이다. 시장 공급곡선은 (제4장에서 살펴본 것처럼) 모든 기업의 공급곡선을 수평으로 합산하여 도출할 수 있다. 그림 6(b)가 보여주는 것처럼, 시장에 대한 공급량은 이들 동일한 기업 각각의 공급량에 1,000배하여 구할 수 있다.

13-3b 장기: 진입과 퇴출이 발생하는 경우의 시장 공급

이제 기업이 시장에 진입하고 퇴출할 수 있을 때 어떤 일이 발생하는지 생각해보자. 모든 사람이 동일한 생산기술에 접근할 수 있고 생산요소를 구입할 수 있는 동일한 시장에 접근할 수 있다고 가상하자. 따라서 현재 운영되고 있는 기업이나 향후 운영될 잠재적인 기업은 모두 동일한 비용곡선을 갖게 된다.

이런 형태의 시장에서 이루어지는 진입과 퇴출에 대한 결정은, 현재 운영되고 있는 기업의 소유주와 신규 기업을 설립할 수도 있는 기업가가 직면하는 유인에 달려 있다. 시장에서 이미 운영되고 있는 기업이 수익을 낼 경우, 신규 기업이 진입을 하게 된다. 진입이 이루어지면 기업의 수가 늘어나고, 공급량이 증가하며, 가격과 이윤은 하락하게 된다. 반대로 시장에 있는 기존의 기업이 손실을 입게 되면, 일부 기존 기업이 퇴출하게 된다. 이런 퇴출로 인해 기업의 수가 줄어들고, 공급량은 감소하며, 가격과 이윤은 상승하게 된다. **이런 진입과 퇴출 과정이 끝나면, 시장에 계속 남아 있는 기업은 영의 경제적 이윤을 얻게 된다.** 결론이 이상해 보일 수도 있지만 두려워할 필요는 없다. 이에 대해 곧 설명할 것이다.

기업의 이윤을 다음과 같이 나타낼 수 있다는 사실을 기억하자.

$$이윤=(P-ATC)\times Q$$

위의 식에 따르면, 현재 운영되고 있는 기업은 물품의 가격이 평균 총생산비용과 일치하는 경우에만 영의 이윤을 얻게 된다. 가격이 평균 총비용보다 높은 경우, 이윤은 양이 되며 이에 따라 신규 기업이 진입을 하게 된다. 가격이 평균 총비용보다 낮은 경우, 이윤은 음이 되며 이에 따라 일부 기업이 퇴출을 하게 된다. **진입 및 퇴출 과정은 가격과 평균 총비용이 일치될 경우에만 종식된다.**

이런 추론을 통해 놀라운 결론에 도달할 수 있다. 이 장 앞부분에서, 경쟁기업은 가격과 한계비용이 일치하는 수량에서 이윤을 극대화한다는 사실을 알 수 있었다. 그리고 지금 막 바로 위에서, 자유로운 진입 및 퇴출이 이루어질 경우 가격은 평균 총비용과 일치하게 된다는 사실도 알게 되었다. 하지만 가격이 한계비용과 평균 총비용 둘 다와 같다면, 비용에 대한 이들 두 측정값도 서로 같아야만 한다. 그러나 기업이 평균 총

그림 7 **장기 시장 공급**

장기에서는 이윤이 영에 도달할 때까지 기업이 시장에 진입하거나 퇴출하게 된다. 따라서 (a)에서 보는 것처럼 가격은 평균 총비용의 최저점과 같아진다. 기업의 수가 조정되어 이 가격수준에서 모든 수요가 충족되도록 한다. (b)에서 보는 것처럼 장기 시장 공급곡선은 이 가격수준에서 수평이 된다.

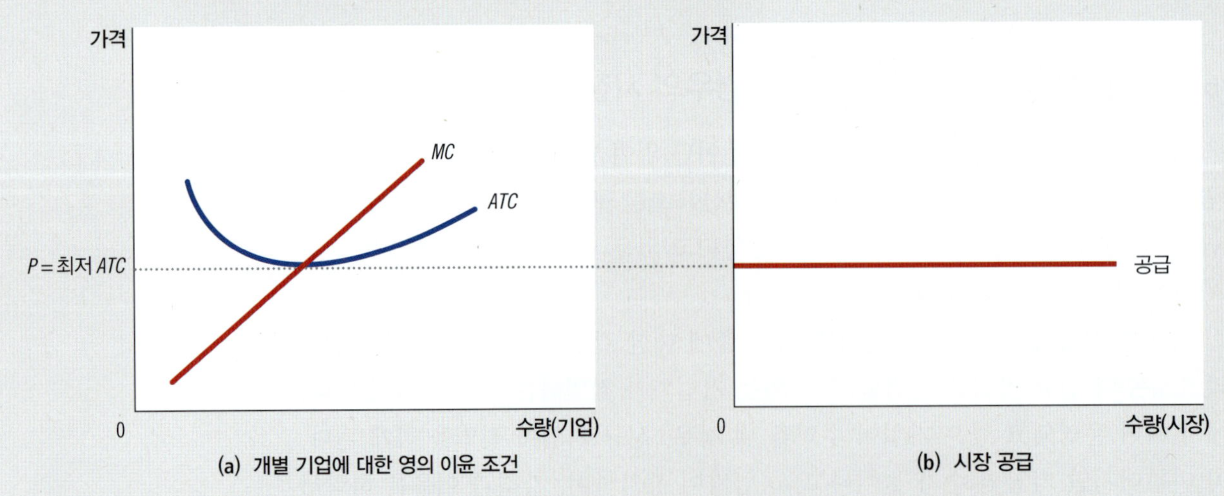

비용의 최저점에서 운영될 때만, 한계비용과 평균 총비용이 같아진다. 경제학자들이 **효율규모**라는 용어를 사용한다고 앞 장에서 언급했는데, 이는 최저의 평균 총비용에서 이루어지는 생산수준을 의미한다. 따라서 **자유로운 진입 및 퇴출이 이루어지는 경쟁시장의 장기균형에서는 기업이 효율규모에서 운영된다.**

그림 7(a)는 이런 장기균형 상태에 있는 어떤 기업을 보여준다. 이 그림에서 *P*는 한계비용 *MC*와 같으며, 따라서 해당 기업은 이윤을 극대화할 수 있다. 또한 가격은 평균 총비용 *ATC*와 같으며, 따라서 이윤은 영이 된다. 새로운 기업이 시장에 진입하고자 하는 유인을 갖지 않으며, 기존 기업은 시장을 떠나고자 하는 유인을 갖지 않는다.

기업 행태에 관한 이런 분석을 통해, 해당 시장의 장기공급곡선을 결정할 수 있다. 자유로운 진입 및 퇴출이 가능한 시장에서는 영의 이윤과 일치하는 오직 한 개의 가격만이 존재하며, 이는 평균 총비용의 최저수준에서 달성된다. 따라서 장기 시장 공급곡선은 이 가격수준에서 수평선이 되어야 하며, 이는 그림 7(b)에서처럼 완전탄력적인 공급곡선으로 나타낼 수 있다. 이 가격수준보다 높은 모든 가격에서 이윤이 발생하며, 이로 인해 진입이 발생하고 총공급량이 증대한다. 이 가격수준보다 낮은 모든 가격에서 손실이 발생하며, 이로 인해 퇴출이 발생하고 총공급량이 감소한다. 언젠가는 시장에 있는 기업의 수가 조정되어 가격은 평균 총비용의 최저수준과 같아지고, 이 가격에서 모든 수요를 충족시키기에 충분한 수의 기업이 존재하게 된다.

13-3c 이윤이 영인 경쟁기업이 사업을 유지하는 이유는 무엇인가?

경쟁기업이 장기적으로 영의 이윤을 얻는다는 것이 처음에는 이상해 보일 수도 있다. 사람들은 결국 돈을 벌기 위해 사업을 시작한다. 진입이 이루어져서 궁극적으로 이윤이 영이 된다면, 계속해서 사업을 유지할 이유가 없는 것처럼 보일 수 있다.

영의 이윤 조건을 좀 더 완벽하게 이해하기 위해, 이윤은 총수입에서 총비용을 감한 것이며 총비용에는 기업에 관한 모든 기회비용이 포함된다는 사실을 기억하자. 특히 총비용에는 기업 소유주가 기업에 투입한 시간과 금전이 포함된다. 중요한 사실은 이윤이 영이 되는 균형상태라 할 때 여기서 이윤은 기업이 번 수입에서 소유주에게 기회비용을 모두 보상해주고 난 후의 금액을 의미한다는 것이다.

한 가지 예를 생각해보자. 농장을 시작하기 위해 농부는 100만 달러를 투자해야 하고, 여기에 투자를 하지 않고 은행계좌에 예치할 경우 연간 40,000달러를 받을 수 있다고 가상하자. 이 밖에 농부는 연간 60,000달러를 받을 수 있는 다른 일자리를 포기해야만 한다. 그러므로 농장을 하는 데 따른 기회비용은 받지 못하고 사라진 이자와 임금 둘 다를 포함하여 총 100,000달러가 된다. 농장운영에 따른 이윤이 영이 되었더라도 이것은 농장을 통해 번 수입에서 농부

"우리는 비영리 단체입니다. 의도하지는 않았지만 그렇게 되었습니다."

에게 이런 기회비용을 모두 보상해주고 난 후의 이윤을 의미한다.

회계사와 경제학자는 비용을 서로 상이하게 측정한다는 사실을 기억하자. 앞 장에서 살펴본 것처럼, 회계사는 명시비용을 추적하여 계산하지만 묵시비용은 그렇게 하지 않는다. 회계사는 금전적 지출이 필요한 비용을 측정하지만, 기업에서 금전적 지출이 이루어지지 않는 기회비용은 무시한다. 따라서 이윤이 영인 균형에서 경제적 이윤은 영이 되지만 회계적 이윤은 양이 된다. 예를 들어 농부의 회계사는 농장이 100,000달러 상당의 이윤을 벌었다고 결론을 내리는데, 이것이 농부가 농장을 계속 운영하는 이유이다.

13-3d 단기 및 장기에서의 수요 이동

이제는 시장이 수요 변화에 어떻게 대응하는지 살펴보도록 하자. 기업이 장기적으로 진입 및 퇴출을 할 수 있지만 단기적으로는 그렇게 할 수 없으므로, 수요 변화에 대한 시장의 대응은 기간의 범위에 달려 있다. 이에 대해 알아보기 위해 수요 변화로 인해 시간이 흐름에 따라 나타나는 영향을 추적해보자.

우유시장이 장기균형에서 시작한다고 가상하자. 기업은 영의 이윤을 얻고 있으며, 따라서 가격은 평균 총비용의 최저수준과 일치한다. 그림 8(a)는 이런 상황을 보여준다. 장기균형은 점 A에서 이루어지고, 시장에서의 판매량은 Q_1이며 가격은 P_1이다.

이제는 우유가 기적적으로 건강을 증진시키는 효과가 있다는 사실을 과학자들이 발견했고 이로 인해 수요가 급등했다고 가상하자. 즉, 모든 가격에서 우유 수요량이 증가하여, 우유에 대한 수요곡선은 그림 8(b)에서 보는 것처럼 D_1에서 D_2로 바깥쪽으로 이동한다. 단기균형은 점 A에서 점 B로 이동하고, 수량은 Q_1에서 Q_2로 증가하며, 가격은 P_1에서 P_2로 상승한다. 시장에 있는 모든 기업이 더 많은 우유를 생산하여 인상된 가격에 대응한다. 각 기업의 공급곡선은 자신의 한계비용곡선을 반영하기 때문에, 각 기업이 생산을 얼마나 증가시키느냐는 한계비용곡선에 달려 있다. 새로운 단기균형에서 우유가격이 평균 총비용을 초과하며, 해당 기업은 양의 이윤을 얻게 된다.

시간이 지남에 따라, 이런 이윤으로 인해 신규 기업이 진입하게 된다. 예를 들어 다른 농산물을 공급하던 일부 농부들이 우유 생산으로 전환할 수 있다. 공급자의 수가 증가함에 따라, 모든 가격에서 공급량이 증가하여 단기공급곡선은 그림 8(c)에서 보는 것처럼 S_1에서 S_2로 오른쪽으로 이동한다. 이런 이동으로 인해 가격은 하락하게 된다. 결국에 가격은 다시 평균 총비용의 최저수준으로 돌아가서 이윤이 영이 되고, 기업은 진입을 멈추게 된다. 시장은 새로운 장기균형인 점 C에 도달한다. 우유가격은 P_1으로 다시 돌아가지만, 생산량은 Q_3로 증가한다. 각 기업은 다시 한번 효율규모에서 생산하게 되지만, 우유사업에는 더 많은 기업이 있기 때문에 우유 생산량과 판매량은 증대한다.

그림 8

단기 및 장기에서의 수요 증가

(a)는 점 A에서 장기균형에 있는 시장을 보여준다. 이 균형에서 각 기업은 영의 이윤을 내며, 가격은 최저 평균 총비용과 같아진다. (b)는 수요가 D_1에서 D_2로 증가할 때 단기적으로 어떤 일이 발생하는지 보여준다. 즉, 균형은 점 A에서 점 B로 이동하고, 가격은 P_1에서 P_2로 상승하며, 시장에서의 판매량은 Q_1에서 Q_2로 증가한다. 이제는 가격이 평균 총비용을 상회하기 때문에, 각 기업은 이윤을 얻게 되고 시간이 지남에 따라 신규 기업이 시장에 진입하게 된다. (c)는 이런 진입으로 인해 단기공급곡선이 오른쪽으로 즉 S_1에서 S_2로 어떻게 이동하는지 보여준다. 새로운 장기균형 점 C에서, 가격은 P_1으로 되돌아가지만 판매량은 Q_3로 증가한다. 이윤은 다시 0이 되고 가격은 최저 평균 총비용으로 되돌아가지만, 시장에는 이제 더 많은 기업이 있게 되어 더 많은 수요를 충족시키게 된다.

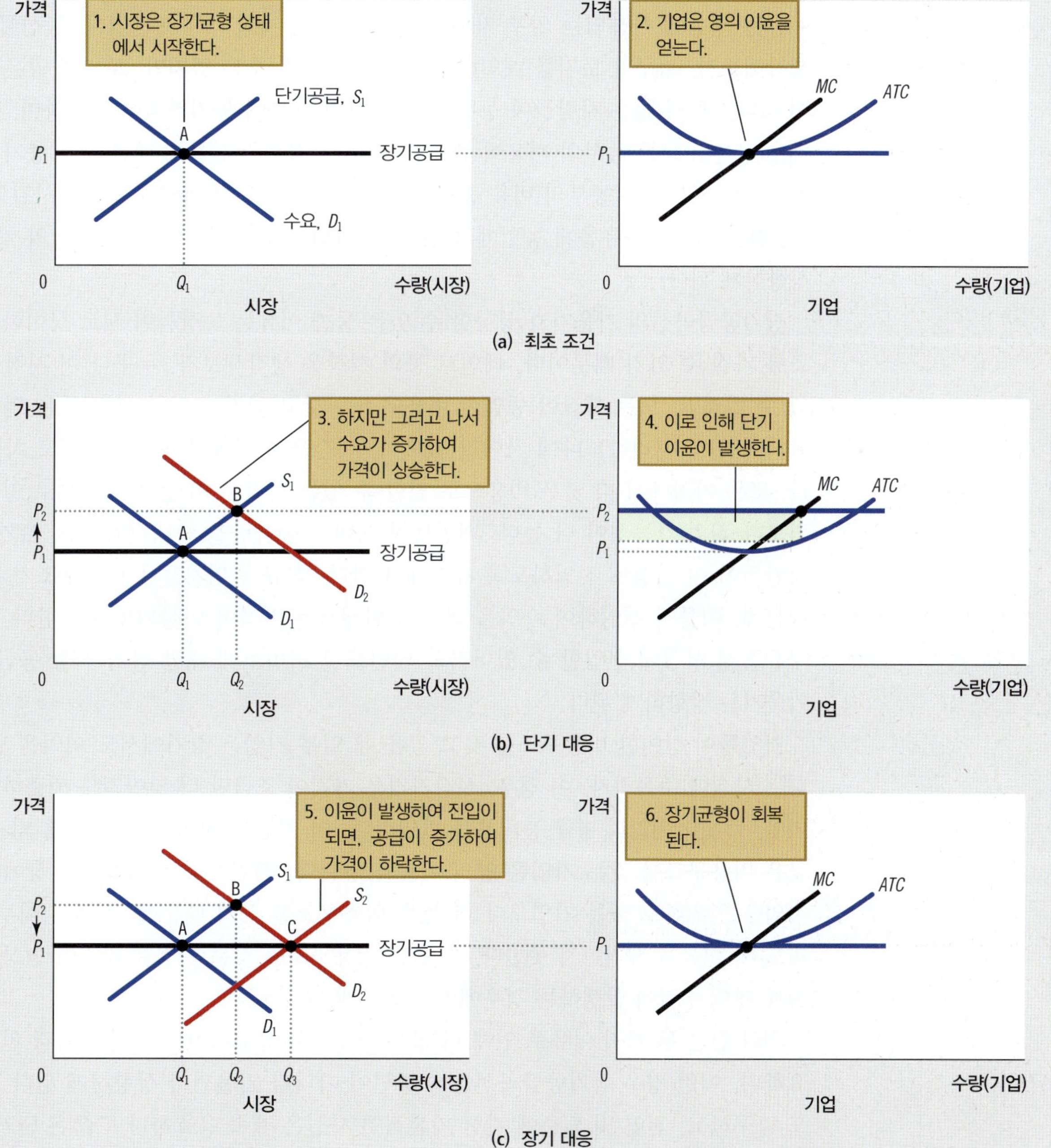

13-3e 장기공급곡선의 기울기가 상향할 수도 있는 이유

진입 및 퇴출로 인해 장기 시장 공급곡선이 완전히 탄력적이 될 수 있다는 사실을 살펴보았다. 본질적으로 진입하려는 잠재적인 기업이 많으며, 이들 각각은 동일한 비용에 직면하게 된다고 본다. 따라서 장기 시장 공급곡선은 평균 총비용의 최저수준에서 수평선이 된다. 수요가 증가할 경우 발생하는 장기적인 결과는, 기업의 수가 증가하고 총공급량이 증가하며 가격은 변화가 없다.

하지만 장기 시장 공급곡선의 기울기가 상향할 수도 있는 이유가 두 가지 있다. 첫째 이유는 생산에 사용되는 일부 자원의 가용 수량이 제한되기 때문이다. 농산물시장을 생각해보자. 누구나 토지를 매입하여 농장을 시작할 수는 있지만, 토지의 양은 제한되어 있다. 좀 더 많은 사람들이 농부가 되려 하기 때문에 농지가격이 상승하며, 이로 인해 시장에서 모든 농부의 비용이 증대한다. 이런 경우 농산물에 대한 수요 증가가 가격상승으로 이어지는 농부의 비용 증가를 유발하지 않으면서 공급량을 증대시킬 수는 없다. 결과적으로 자유롭게 농업에 진입할 수 있더라도 장기 시장 공급곡선의 기울기는 상향하게 된다.

장기공급곡선의 기울기가 상향할 수 있는 둘째 이유는 농장들이 서로 상이한 비용구조를 가질 수 있기 때문이다. 페인트 공의 시장을 생각해보자. 누구나 이 시장에 진입할 수 있지만, 모든 사람이 동일한 비용구조를 갖고 있지는 않다. 사람들은 얼마나 신속하게 일을 처리하느냐에 차이가 있으며, 시간을 어디에 사용하느냐에도 차이가 있다. 모든 가격에서 더 낮은 비용으로 일할 수 있는 사람은 더 높은 비용으로 일하는 사람보다 진입 가능성이 더 높다. 페인트칠 서비스 공급량을 증대시키려면, 추가적으로 사람들이 이 시장에 진입하도록 유인해야 한다. 신규 진입자들은 비용구조가 더 높기 때문에, 이들이 진입하여 수익을 남기기 위해서는 가격이 인상되어야만 한다. 따라서 자유롭게 시장에 진입할 수 있더라도 페인트칠 서비스에 대한 장기 시장 공급곡선의 기울기는 상향하게 된다.

기업들이 상이한 비용구조를 갖고 있을 때 일부 기업은 장기에서도 이익을 낼 수 있다는 사실에 주목하자. 이 경우, 시장가격은 가격이 조금만 더 낮아져도 퇴출하게 되는 기업, 즉 **한계기업**의 평균 총비용을 반영한다. 이 기업은 영의 이윤을 얻게 되지만, 더 낮은 비용구조를 갖는 기업은 양의 이윤을 얻는다. 진입하려는 기업은 시장에서 이미 사업을 영위하고 있는 기업보다 더 높은 비용구조를 갖기 때문에, 진입이 이루어지더라도 이 이윤을 제거하지 못한다. 더 높은 비용구조를 갖는 기업은 가격이 인상되어 이들에 대해 수익이 발생하는 경우에만 진입하게 된다.

위와 같은 두 가지 이유로 인해 더 많은 공급량을 유인하기 위해서는 가격 인상이 필요하며, 이런 경우 장기공급곡선은 수평선이 아니라 기울기가 상향하게 된다. 그럼에도 불구하고, 진입 및 퇴출에 관한 기본적인 사실은 계속 유효하다. **기업은 단기보다 장**

기에서 더 용이하게 진입 및 퇴출할 수 있기 때문에, 장기공급곡선이 단기공급곡선보다 일반적으로 더 탄력적이다.

Quiz

6. 동일한 기업이 있는 경쟁시장의 장기균형에서, 가격 P, 한계비용 MC, 평균 총비용 ATC의 관계는 어떠한가?
   a. $P > MC$ 그리고 $P > ATC$
   b. $P > MC$ 그리고 $P = ATC$
   c. $P = MC$ 그리고 $P > ATC$
   d. $P = MC$ 그리고 $P = ATC$
7. 동일한 기업이 있는 경쟁시장의 단기균형에서, 신규 기업이 진입할 준비를 하고 있다면 가격 P, 한계비용 MC, 평균 총비용 ATC의 관계는 어떠한가?
   a. $P > MC$ 그리고 $P > ATC$
   b. $P > MC$ 그리고 $P = ATC$
   c. $P = MC$ 그리고 $P > ATC$
   d. $P = MC$ 그리고 $P = ATC$
8. 뉴욕시의 (짭짤한 비스킷인) 프레첼 매점들이 장기균형 상태의 완전경쟁시장이라고 가상하자. 어느 날 뉴욕시가 각 매점에 매월 100달러의 조세를 부과하기 시작했다. 이 정책은 단기 및 장기에서 프레첼 소비량에 어떤 영향을 미치게 되는가?
   a. 단기적으로 감소하고, 장기적으로는 불변한다.
   b. 단기적으로 증가하고, 장기적으로는 불변한다.
   c. 단기적으로 불변하고, 장기적으로는 감소한다.
   d. 단기적으로 불변하고, 장기적으로는 증가한다.

해답은 이 장의 끝부분에 있다.

13-4 결론

완전경쟁시장에서 물품을 공급하여 얻게 되는 이윤을 극대화하는 기업 행태에 대해 논의했다. 제1장에서 살펴본 **경제학의 열 가지 원리** 중 '합리적인 사람들은 한계적으로 생각한다'는 원리를 기억해보자. 이 장에서는 이런 원리를 경쟁기업에 적용했다. 한계분석을 통해 경쟁시장에서의 공급곡선 이론을 살펴보고, 시장에서 이루어진 결과를 심도 있게 이해할 수 있었다.

경쟁시장에 속한 기업으로부터 물품을 매입할 때 여러분이 지불하는 가격은 해당 물품을 생산하는 데 소요되는 비용에 근접한다는 사실을 배웠다. 특히 기업이 경쟁적이고 이윤을 극대화하는 경우, 물품의 가격은 해당 물품을 만드는 데 소요되는 한계비용과 같아진다. 그리고 기업이 자유롭게 시장에 진입하고 퇴출할 수 있다면, 가격은 가능한 한 가장 낮은 총생산비용과 일치한다.

이 장 전반에 걸쳐 기업은 가격 추종자라고 가정했지만, 여기서 사용한 많은 분석방법은 덜 경쟁적인 시장에 속한 기업을 살펴보는 데도 유용하다. 다음 장에서 시장 지배력이 있는 기업을 살펴보는 데도 적절하다. 다음 장에서는 시장 지배력이 있는 기업의 행태를 분석할 것이다. 한계분석은 다시 한번 유용하겠지만, 기업의 생산 결정과 시장에서 이루어진 결과의 성격에 대해 시사하는 바는 매우 다를 것이다.

요약

- 경쟁기업은 가격 추종자이기 때문에, 해당 기업의 수입은 자신이 생산한 생산량에 비례한다. 해당 물품의 가격은 기업의 평균수입 및 한계수입 둘 다와 같아진다.
- 이윤을 극대화하기 위해, 기업은 한계수입이 한계비용과 일치하는 생산량을 선택한다. 경쟁기업의 한계수입은 시장가격과 같기 때문에, 기업은 가격이 한계비용과 일치하는 수량을 선택하게 된다. 따라서 기업의 한계비용곡선은 해당 기업의 공급곡선이 된다.
- 고정비용이 매몰되는 단기적으로 볼 때, 해당 물품의 가격이 평균 가변비용보다 더 작다면 해당 기업은 일시적으로 폐쇄된다. 기업이 고정비용과 가변비용 둘 다를 만회할 수 있는 장기적으로 볼 때, 가격이 평균 총비용보다 더 작다면 해당 기업은 퇴출하게 된다.
- 자유로운 진입 및 퇴출이 이루어지는 시장에서, 경제적 이윤은 장기적으로 영이 된다. 이런 장기균형에서, 모든 기업은 효율규모에서 생산하며 가격은 평균 총비용의 최저수준과 같아진다. 기업의 수는 조정되어 이 가격에서 수요량을 충족시킨다.
- 수요의 변화는 상이한 기간의 범위에 상이한 영향을 미친다. 단기적으로, 수요가 증가하면 가격이 인상되고 이는 이윤으로 이어지며, 수요가 감소하면 가격이 인하되고 이는 손실로 이어진다. 하지만 기업들이 자유롭게 시장에 진입 및 퇴출을 할 수 있는 장기에서는, 기업의 수가 조정되어 시장은 이윤이 영인 균형상태로 돌아가게 된다.

주요 개념

경쟁시장 310
평균수입 312
한계수입 312
매몰비용 319

복습용 질문

1. 경쟁시장의 주요 특성은 무엇인가?
2. 기업의 수입과 이윤의 차이를 설명하시오. 기업은 무엇을 극대화하는가?
3. 일반적인 기업에 대한 비용곡선을 그리시오. 경쟁기업은 이윤을 극대화하는 생산량 수준을 어떻게 선택하는지 설명하시오. 해당 생산량 수준에 대한 이 기업의 총수입과 총비용을 그래프상에 나타내시오.
4. 어떤 조건하에서 기업은 일시적으로 폐쇄하는가? 설명하시오.
5. 어떤 조건하에서 기업은 시장에서 퇴출하는가? 설명하시오.
6. 경쟁기업의 가격은 단기에서 자신의 한계비용과 일치하는가, 아니면 장기에서 일치하는가? 또는 둘 다에서 일치하는가? 설명하시오.
7. 경쟁기업의 가격은 단기에서 평균 총비용의 최저수준과 일치하는가, 아니면 장기에서 일치하는가? 또는 둘 다에서 일치하는가? 설명하시오.
8. 시장 공급곡선은 일반적으로 단기에서 더 탄력적인가, 아니면 장기에서 더 탄력적인가? 설명하시오.

문제와 응용

1. 많은 소형 보트는 원유에서 추출된 유리섬유와 수지로 만들어진다. 유가가 상승했다고 가상하자.
   a. 도해를 사용하여 보트를 제작하는 개별 기업의 비용곡선과 시장 공급곡선에 어떤 일이 발생하는지 보이시오.
   b. 보트 제작업체의 이윤에 단기적으로 어떤 일이 발생하는가? 보트 제작업체의 수에 장기적으로 어떤 일이 발생하는가?

2. 성진이의 잔디 깎는 회사는 이윤을 극대화하는 경쟁기업이다. 성진이는 각각 27달러를 받고 잔디를 깎고 있다. 매일마다 총비용은 280달러가 소요되며, 그중에서 30달러는 고정비용이다. 하루에 10개의 잔디를 깎는다. 조업을 중단하는 폐쇄에 관한 성진이의 단기적인 결정에 대해 무슨 말을 할 수 있는가? 퇴출에 관한 장기적인 결정에 대해 무슨 말을 할 수 있는가?

3. 다음 표에 주어진 총비용과 총수입을 생각해보자.

수량	0	1	2	3	4	5	6	7
총비용	8달러	9	10	11	13	19	27	37
총수입	0달러	8	16	24	32	40	48	56

   a. 각 수량에 대해 이윤을 계산하시오. 기업은 이윤을 극대화하기 위해서 얼마나 많이 생산해야 하는가?
   b. 각 수량에 대해 한계수입과 한계비용을 계산하시오. 이를 그래프로 나타내시오.(요령: 수량을 나타내는 정수들 사이에 점으로 나타내시오. 예를 들면 수량 2와 3 사이의 한계비용은 이들의 중간인 수량 $2\frac{1}{2}$에서 점으로 나타내시오) 어떤 수량에서 이들 곡선은 교차하는가? 여러분의 답변을 (a)와 어떻게 연계시킬 수 있는가?
   c. 이 기업이 경쟁적인 산업에 있는지 여부를 말할 수 있는가? 만일 그렇다면, 해당 산업은 장기균형 상태에 있는지 여부를 말할 수 있는가?

4. 볼 베어링 주식회사는 다음과 같은 생산비용에 직면한다.

수량(상자)	총고정비용	총가변비용
0	100달러	0달러
1	100	50
2	100	70
3	100	90
4	100	140
5	100	200
6	100	360

   a. 각 생산수준에서 이 회사의 평균 고정비용, 평균 가변비용, 평균 총비용, 한계비용을 계산하시오.
   b. 볼 베어링 주식회사의 상자당 가격은 50달러이다. 회사가 이윤을 낼 수 없다는 사실을 알고 나서 최고경영자(CEO)는 조업을 중지하고 폐쇄하기로 결정을 내렸다. 이 회사의 이윤 또는 손실은 얼마인가? 이런 폐쇄 결정은 현명한가? 설명하시오.
   c. 경제학 원론에서 학습했던 내용을 어렴풋하게 상기하면서, 최고재무책임자는 CEO에게 볼 베어링 한 상자를 생산할 경우 한계수입이 한계비용과 일치하기 때문에 해당 수량을 생산하는 것이 더 낫다고 말했다. 이 생산수준에서 해당 회사의 이윤 또는 손실은 얼마인가? 한 상자를 생산하는 것이 최선의 결정인가? 설명하시오.

5. 서적 인쇄산업은 경쟁적이며 장기균형에서 시작한다고 가상하자.
   a. 이 산업에 속한 일반적인 기업의 평균 총비용, 한계비용, 한계수입, 공급곡선을 보여주는 도해를 그리시오.
   b. 하이테크 인쇄회사는 서적 인쇄비용을 현저하게 낮출 수 있는 새로운 공정을 발명했다. 하이테크 회사의 특허로 인해 다른 기업들이 이 신기술을 사용할 수 없는 단기에서, 이는 이 하이테크 회사의 이윤과 서적가격에 어떤 영향을 미치는가?
   c. 특허기간이 종료되어 다른 기업들이 무료로 이 기술을 사용할 수 있게 되는 장기에서, 어떤 일이 발생하는가?

6. 경쟁시장에 속한 기업은 총수입이 500달러이고 한계수입은 10달러가 된다. 평균수입은 얼마이며, 얼마나 많은 단위가 판매되는가?

7. 경쟁시장에 속하며 이윤을 극대화하는 기업은 현재 생산량 100단위를 생산한다. 평균수입이 10달러이고 평균 총비용은 8달러이며, 고정비용은 200달러이다.

a. 이윤은 얼마인가?

b. 한계비용은 얼마인가?

c. 평균 가변비용은 얼마인가?

d. 이 기업의 효율규모는 100단위보다 더 많은가, 100단위보다 더 적은가, 아니면 정확히 100단위인가?

8. 비료시장은 완전경쟁시장이다. 이 시장에 속한 기업들은 생산을 하고 있지만 현재 경제적 손실을 입고 있다.

a. 비료가격을 비료를 생산하는 평균 총비용, 평균 가변비용, 한계비용과 비교하면 어떠한가?

b. 이 시장에 있는 일반적인 기업과 비료시장의 현재 상황을 설명하는 그래프를 각각 나란히 그리시오.

c. 수요곡선 또는 기업의 비용곡선에 변화가 없다고 가정하자. 비료가격, 한계비용, 평균 총비용, 각 기업의 공급량, 시장에 대한 총공급량에 장기적으로 어떤 일이 발생하는지 설명하시오.

9. 엑테니아 시의 애플파이 시장은 경쟁적이며, 다음과 같은 수요 스케줄을 갖는다.

가격	수요량
1달러	파이 1,200개
2	1,100
3	1,000
4	900
5	800
6	700
7	600
8	500
9	400
10	300
11	200
12	100
13	0

이 시장의 각 생산자에 대한 고정비용이 9달러이고 한계비용 스케줄은 다음과 같다.

수량	한계비용
파이 1개	2달러
2	4
3	6
4	8
5	10
6	12

a. 파이 1개부터 6개까지의 각 수량에 대한 각 생산자의 총비용과 평균 총비용을 계산하시오.

b. 파이가격은 현재 11달러이다. 얼마나 많은 파이가 판매되는가? 각 생산자는 얼마나 많은 파이를 만드는가? 얼마나 많은 생산자가 있는가? 각 생산자는 얼마나 많은 이윤을 얻는가?

c. (b)에서 설명한 상황은 장기균형인가? 그렇다면 그 이유는 무엇인가? 그렇지 않다면 그 이유는 무엇인가?

d. 장기적으로 자유로운 진입 및 퇴출이 발생한다고 가상하자. 장기균형에서 각 생산자는 얼마나 많은 이윤을 얻는가? 각 생산자는 얼마나 많은 파이를 만드는가? 시장에서 얼마나 많은 파이가 판매되는가? 얼마나 많은 파이 생산자가 존재하는가?

10. 어떤 산업에 현재 100개 기업이 있으며, 이들 각각의 고정비용은 16달러이고 평균 가변비용은 다음과 같다.

수량	평균 가변비용
1	1달러
2	2
3	3
4	4
5	5
6	6

a. 수량 1부터 6까지 각 수량에 대해 기업의 한계비용과 평균 총비용을 계산하시오.

b. 균형가격은 현재 10달러이다. 각 기업은 얼마나 많이 생산하는가? 시장의 총공급량은 얼마인가?

c. 장기적으로 기업은 시장에 진입하고 퇴출할 수 있으며, 모든 진입 기업은 위와 동일한 비용을 갖는다. 이 시장이 장기균형으로 전환될 때, 가격은 상승하는가 아니면 하락하는가? 수요량은 증가하는가 아니면 감소하는가? 각 기업의 공급량은 증가하는가 아니면 감소하는가? 여러분의 답변을 설명하시오.

d. 이 시장의 장기공급곡선을 그리고, 수직축과 수평축에 관련 사항을 기재하시오.

11. 경쟁산업에 속한 각 기업이 다음과 같은 비용구조를 갖는다고 가상하자.

총비용: $TC = 50 + 1/2\ q^2$
한계비용: $MC = q$

여기서 q는 개별 기업의 생산량이다.
이 생산물에 대한 시장 수요곡선은 다음과 같다.

수요: $Q^D = 120 - P$

여기서 P는 가격이며 Q는 해당 물품의 총수량이다. 현재 이 시장에는 9개의 기업이 있다.

a. 각 기업의 고정비용은 얼마인가? 가변비용은 얼마인가? 평균 총비용 식을 구하시오.

b. 5부터 15까지 q에 대한 평균 총비용곡선과 한계비용곡선을 그래프로 그리시오. 어느 수량에서 평균 총비용이 최저수준이 되는가? 해당 수량에서 한계비용과 평균 총비용은 얼마인가?

c. 각 기업의 공급곡선 식을 구하시오.

d. 기업의 수가 고정되어 있는 단기에서의 시장 공급곡선 식을 구하시오.

e. 이 시장의 단기적인 균형가격과 균형량은 얼마인가?

f. 이 균형에서 각 기업은 얼마나 많이 생산하는가? 각 기업의 이윤 또는 손실을 계산하시오. 기업은 진입 또는 퇴출하려는 유인을 갖는가?

g. 자유로운 진입 및 퇴출을 할 수 있는 장기에서 이 시장의 균형가격과 균형량은 얼마인가?

h. 이런 장기균형에서 각 기업은 얼마나 많이 생산하는가? 시장에는 얼마나 많은 기업이 존재하는가?

Quiz 해답

1. c 2. d 3. b 4. d 5. a 6. d 7. c 8. c

Chapter

14

독점

1990년대에 여러분이 개인용 컴퓨터를 보유하고 있었다면 아마도 마이크로소프트가 판매하는 운영체제인 윈도우의 어떤 버전을 사용했을 것인데 윈도우 컴퓨터는 오늘날에도 여전히 인기가 있다. 마이크로소프트는 처음에 윈도우를 개발했을 때 저작권을 신청하여 정부의 인가를 받았다. 이런 저작권은 마이크로소프트에 윈도우 운영체제의 사본을 만들어 판매할 수 있는 독점권을 부여한다. 이 사본을 구입하려는 사람은 마이크로소프트가 자사 생산품에 대해 부과하는 대략 100달러가 넘는 금액을 지불하는 것 외에 다른 선택의 여지가 거의 없다. 오늘날에는 다른 운영체제를 사용하는 것이 가능하지만 이들은 종종 매우 상이하다. 마이크로소프트는 윈도우 시장에서 **독점**의 위치에 있다고 본다.

마이크로소프트의 사업 결정은 바로 앞 장에서 살펴본 기업 행태 모형으로 잘 설명되지 않는다. 그 장에서는 경쟁시장을 분석했는데, 경쟁시장에서는 많은 기업이 대체로 동일한 물품을 제시하므로 각 기업은 자사가 수령하는 가격에 거의 영향을 미치지 못한

ROMAN SAMBORSKYI/SHUTTERSTOCK.COM; ARNO VAN ENGELAND/EYEEM/GETTY IMAGES

다. 반면에, 독점은 밀접한 경쟁기업이 없기 때문에 자사 생산물의 시장가격에 영향을 미칠 능력이 있다. 경쟁기업은 **가격 추종자**인 반면에, 독점기업은 **가격 설정자**가 된다.

이 장에서는 이런 시장 지배력이 갖는 의미를 살펴볼 것이다. 시장 지배력은 어떤 기업이 물품을 생산하는 데 부담해야 하는 비용과 해당 물품을 판매하는 가격의 관계를 변화시킨다는 사실을 알게 될 것이다. 지금까지 우리는, 경쟁기업이 자사의 생산물 가격을 주어진 것으로 보고 추종하며 가격이 한계비용과 같아지도록 공급할 수량을 선택한다고 보았다. 독점의 경우는 다르다. 독점기업은 한계비용을 초과하는 가격을 부과한다. 물론, 이런 관계는 마이크로소프트 윈도우의 경우에 명백하게 드러난다. 윈도우의 한계비용, 즉 고객이 사본을 한 개 더 다운로드할 때 마이크로소프트가 부담하는 추가적인 비용은 아주 사소한 수준이다. 윈도우의 시장가격은 이런 한계비용의 여러 배가 된다.

독점기업이 자사의 생산물에 높은 가격을 부과하는 것은 놀라운 일이 아니다. 독점기업의 고객은 이들 기업이 부과하는 가격이 무엇이든 지불하는 것 외에 다른 선택이 거의 없는 것처럼 보일 수도 있다. 하지만 만일 그렇다면 마이크로소프트가 윈도우 사본 한 개에 대해 1,000달러를 부과하지 않는 이유는 무엇인가? 또는 10,000달러를 부과하지 않는 이유는 무엇인가? 그 이유는 가격이 그렇게까지 높아진다면 더 적은 수의 사람들만이 윈도우를 구입할 것이기 때문이다. 사람들은 더 적은 수의 컴퓨터를 구입하거나, 다른 운영체제로 전환하거나, 불법으로 복사할 수도 있다. 독점기업은 자사가 판매하는 물품의 가격을 통제할 수 있지만, 가격이 높을 경우 수요량이 감소하기 때문에 독점기업의 이윤이 무제한적일 수는 없다.

이 장에서는 독점기업이 생산 및 가격을 어떻게 결정하는지 살펴보면서, 독점이 사회 전체에서 갖는 의미를 생각해볼 것이다. 경쟁기업처럼 독점기업도 이윤 극대화를 목표로 하지만 이런 목표를 추구할 경우 매우 다른 결론에 도달하게 된다. 경쟁시장에서 사적 이기심을 추구하는 소비자와 생산자는, 마치 보이지 않는 손이 작동하는 것처럼 일반적인 경제적 후생을 증진하는 균형에 도달하게 된다. 하지만 독점은 경쟁에 의해 견제되거나 점검을 받지 않기 때문에, 독점시장에서 달성된 결과는 종종 사회의 최선 이익이 되지 못한다.

제1장에서 살펴본 **경제학의 열 가지 원리** 중 하나는 '정부는 때때로 시장에서 이루어진 결과를 개선할 수 있다'는 것이다. 이 장에서는 독점으로 인해 발생하는 비효율성을 살펴보고 정부정책 입안자들이 이런 문제에 어떻게 대응하는지 논의함으로써 이 원리를 자세하게 알아볼 것이다. 예를 들면 미국 정부는 마이크로소프트의 사업 결정을 주의 깊게 살펴본다. 1994년에 미국 정부는 마이크로소프트가 개인 금융 소프트웨어 부문의 선도적 판매사였던 인튜이트를 합병하는 것에 반대했는데, 그 근거로 이들 두 기업의 합병이 성립되면 너무나 큰 시장 지배력이 집중된다는 점을 내세웠다. 이와 유사

하게, 1998년에 미국 법무부는 마이크로소프트가 자사의 인터넷 익스플로러 브라우저를 윈도우 운영체제로 통합하려 했을 때 이에 반대했는데, 그 이유는 이것이 성사될 경우 해당 기업의 시장 지배력이 새로운 분야로 연장될 것이라고 보았기 때문이다. 최근 들어 미국과 해외의 규제기관들은 가령 애플, 구글, 아마존처럼 시장 지배력을 확장하고 있는 기업들로 예의 주시하는 시선을 옮기고 있지만, 마이크로소프트가 독점금지법을 준수하는지 여부 역시 계속해서 감시하고 있다.

14-1 독점이 발생하는 이유

밀접한 대체재가 없는 생산물의 매도인이 유일한 경우 해당 기업은 독점(monopoly)의 상황에 있게 된다. 이런 독점이 발생하는 근본원인은 **진입장벽**이다. 독점기업은 시장에 있는 유일한 매도인인데, 그 이유는 다른 기업들이 진입해서 해당 기업과 경쟁할 수 없기 때문이다. 진입장벽은 다음과 같은 세 가지 이유로 발생한다.

독점
밀접한 대체재가 없는 생산물의 유일한 판매회사

- **독점자원**: 유일한 단일기업이 생산에 필요한 주요 자원을 보유한다.
- **정부 규제**: 정부가 어떤 물품 또는 서비스를 생산하는 독점권을 유일한 단일기업에 부여한다.
- **생산공정**: 유일한 단일기업이 많은 수의 기업들보다 더 낮은 비용으로 생산할 수 있다.

이런 진입장벽에 관해 자세히 살펴보도록 하자.

14-1a 독점자원

독점이 발생하는 가장 간단한 경우는 유일한 단일기업이 주요 자원을 보유하는 것이다. 수십 명의 주민들이 물이 나오는 다수의 우물을 보유하고 있다면, 앞 장에서 살펴본 경쟁시장 모형을 이용해 매도인의 행태를 설명할 수 있다. 공급자들 사이의 경쟁을 통해, 물 1갤런의 가격은 1갤런을 추가적으로 퍼올리는 데 소요되는 한계비용과 같아진다. 하지만 마을에 우물이 단 하나 있고 다른 곳에서 물을 얻는 것이 불가능하다면, 해당 우물의 소유주는 독점력을 갖게 된다. 당연히, 독점기업은 경쟁시장에 있는 어느 한 개 기업보다 훨씬 더 큰 시장 지배력을 갖게 된다. 물과 같은 필수품의 경우, 추가적으로 1갤런을 퍼올리는 데 따른 한계비용이 낮더라도 독점기업은 상당히 높은 가격을 요구할 수 있다.

"우리를 독점업체라고 생각하지 마시고, 그 일을 유일하게 실행할 수 있는 소중한 업체라고 생각해주시기 바랍니다."

주요 자원에 대한 소유권으로 인해 발생한 시장 지배력의 고전적인 예로는 다이아몬드 회사인 드비어스를 들 수 있다. 영국의 사업가(그리고 장학금을 기부하여 로즈 재단을 설립한) 세실 로즈가 1888년에 남아프리카에 설립한 기업 드비어스는 때때로 세계 다이아몬드 광산에서 이루어진 생산의 80%까지도 지배했다. 시장 점유율이 100%에 미치지 못하기 때문에 드비어스는 정확히 독점기업이라고는 할 수 없지만, 그럼에도 불구하고 다이아몬드 시장가격에 실질적인 영향력을 행사한다.

주요 자원에 대한 소유권이 독점적이므로 독점력을 가질 수는 있지만, 이런 경우는 실제에서 상대적으로 드물다. 경제는 규모가 크며, 자원은 많은 사람들에 의해 소유된다. 물품은 종종 국제적으로 거래가 이루어지기 때문에 많은 시장들의 자연적인 범위는 세계적이다. 밀접한 대체재가 없는 자원을 소유한 기업의 예는 거의 없다.

14-1b 정부가 만들어내는 독점

많은 경우에 정부가 어떤 한 사람이나 기업에 재화 또는 용역을 판매할 수 있는 독점권을 부여할 때 독점이 발생한다. 때로는 순전히 정치적 영향력 때문에 독점권을 받은 기업이 독점기업이 되기도 한다. 왕들은 한때 친구나 동맹 세력에게 독점사업 허가증을 부여했으며, 독재자들도 계속 그렇게 했다. 이따금 정부는 그렇게 하는 것이 공익에 부합하기에 독점권을 허용한다.

특허권법 및 저작권법은 정부가 독점을 어떻게 만들어내는지를 보여주는 두 가지 중요한 예이다. 제약회사가 신약을 개발했을 때 이 회사는 특허권을 얻기 위해서 정부에 신청을 하게 된다. 정부가 해당 신약이 최초의 독창적인 약이라고 생각한다면, 특허를 승인하여 해당 기업에 20년 동안 신약을 제조하여 판매할 수 있는 특허권을 부여하게 된다. 이와 유사하게 저서를 완성한 후 저작자는 이에 대한 판권을 얻을 수 있다. 저작권은 아무도 저작자의 허가 없이 해당 작품을 판매할 수 없다고 정부가 보증하는 것이다. 간신히 생계를 이어가는 저작자는 자신을 독점자라고 생각하지 않을 수도 있다. 하지만 어떤 물품의 유일한 판매인이 된다고 해서 다수의 매수인이 보장되는 것은 아니다.

특허권법 및 저작권법이 미치는 영향은 쉽게 알 수 있다. 이들 법률은 한 생산자에게 독점권을 부여하기 때문에, 완전경쟁하에서보다 가격과 이윤이 더 높아지도록 한다. 하지만 동시에 일부 바람직한 행태를 촉진하게 된다. 제약회사가 개발한 신약에 대해 독점기업이 됨으로써 기업들이 연구에 매진하게 된다. 저작자는 저서 판매에 독점권을 갖기 때문에 더 많고 더 좋은 저서를 저술하게 된다.

특허권과 저작권을 관장하는 법률들은 편익과 비용 둘 다를 발생시킨다. 편익은 창조적 활동을 장려하는 유인을 증대시키는 것이다. 이런 편익은 어느 정도 독점가격에 따른 비용으로 상쇄되며, 이에 대해서는 이 장 뒷부분에서 살펴볼 것이다.

14-1c 자연독점

단일기업이 둘 이상의 기업보다 더 낮은 비용으로 재화 또는 용역을 시장에 공급할 수 있을 때 해당 산업은 자연독점(natural monopoly)이 된다. 자연독점은 해당 생산량 범위에서 규모의 경제가 이루어질 때 발생한다. 그림 1은 규모의 경제를 갖는 기업의 평균 총비용을 보여준다. 이 경우, 단일기업이 가장 낮은 비용으로 모든 생산량을 생산할 수 있다. 즉, 주어진 해당 생산량에 대해, 더 많은 수의 기업이 참여할 경우 기업당 생산량이 축소되고 평균 총비용은 더 높아진다.

자연독점
단일기업이 둘 이상의 기업보다 더 낮은 비용으로 전체 시장에 물품 또는 용역을 공급할 수 있기 때문에 발생하는 독점의 한 형태

수돗물 공급은 자연독점의 한 예이다. 도시 거주민에게 수돗물을 공급하기 위해, 관련 기업은 수도관을 부설해야 한다. 둘 이상의 기업이 경쟁해야 하는 경우, 각 기업은 수도관 부설에 따른 고정비용을 부담해야만 한다. 이때 평균 총비용은 단일기업이 전체 시장에 수돗물을 공급하는 경우 가장 낮아진다.

제11장에서 제시한 자연독점의 다른 예에서는 **단체재**가 배제성은 있지만 소비의 경합성은 없다는 점에 주목했다. 그 한 예로, 매우 드물게 사용되어 결코 혼잡이 발생하지 않는 교량을 들 수 있다. 통행료 징수원은 어떤 사람이 교량을 이용하지 못하도록 할 수 있기 때문에, 해당 교량은 배제성을 갖는다. 혼잡이 발생하지 않는 한적한 교량의 경우, 한 사람이 사용한다고 해서 이것이 다른 사람이 사용하는 것을 방해하지 않는다. 다리를 건설하는 데 대규모의 고정비용이 발생하지만 추가적으로 사용하는 데 따른 한계비용은 무시할 수 있는 수준이다. 따라서 (총비용을 통행 횟수로 나눈) 평균 총비용은 통행하는 횟수가 증가함에 따라 감소하여, 교량은 자연독점이 된다.

어떤 기업이 자연독점인 경우, 자신의 독점력을 축소시킬 신규 진입 기업에 관해 우려를 덜 하게 된다. 보통, 기업은 정부 보호 또는 주요 자원에 대한 소유권이 없는 경우

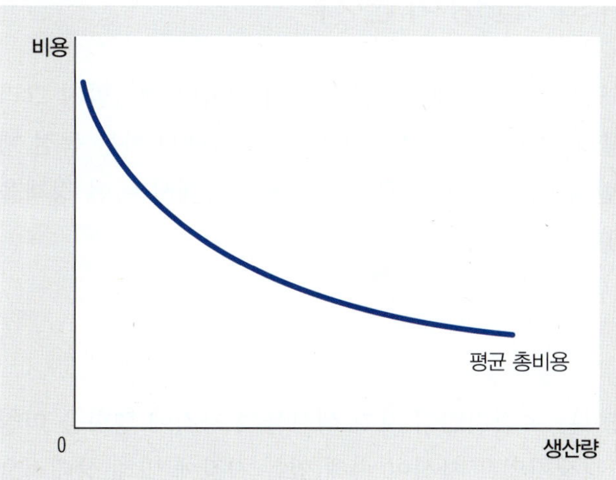

그림 1

독점의 원인으로서의 규모의 경제

기업의 평균 총비용곡선이 지속적으로 감소할 경우, 해당 기업은 자연독점이라고 하는 특성을 갖는다. 이 경우 생산이 더 많은 기업들로 배분된다면, 각 기업은 더 적은 규모로 생산하고 평균 총비용은 상승하게 된다. 단일기업이 가장 낮은 비용으로 해당하는 모든 수량을 생산할 수 있다.

독점적 지위를 유지하는 데 어려움을 겪는다. 독점기업이 누리는 이윤으로 인해 시장은 더 경쟁적이 된다. 반면에, 기존 기업이 자연독점인 시장에 진입하는 것은 매력적이지 않다. 진입을 고려하고 있는 기업은 진입 후에 각 기업이 차지하는 시장이 작기 때문에 기존의 독점기업이 누리는 것과 같은 낮은 비용을 달성할 수 없다는 사실을 알고 있다.

일부 경우에는 시장규모가 어떤 산업이 자연독점이 될지 여부를 결정한다. 다시 한 번, 강을 가로지르는 교량을 생각해보자. 인구 수가 적은 경우 교량은 자연독점이 된다. 단 한 개의 교량이 낮은 비용으로 강을 건너려는 전체 수요에 부응할 수 있다. 하지만 인구 수가 증가하여 교량에 혼잡이 발생하게 되면, 수요에 부응하기 위해 여러 개의 교량이 필요할 수 있다. 시장이 확장됨에 따라, 자연독점은 더 경쟁적인 시장으로 변화하게 된다.

Quiz

1. 정부가 독점권을 부여하여 ______________, 그것은 바람직할 수 있다.
   a. 치열한 경쟁의 부작용을 줄일 수 있다면
   b. 산업의 수익성을 높일 수 있다면
   c. 발명과 예술적 창작에 대한 유인을 제공할 수 있다면
   d. 소비자들이 대안적인 공급자들 중에서 선택할 필요가 없도록 해줄 수 있다면

2. 기업의 생산량이 증가함에 따라 ______________, 해당 기업은 자연독점 기업이라고 할 수 있다.
   a. 총수입이 증가하면
   b. 한계비용이 증가하면
   c. 한계수입이 감소하면
   d. 평균 총비용이 감소하면

해답은 이 장의 끝부분에 있다.

14-2 독점기업은 어떻게 생산 및 가격을 결정하는가

독점이 어떻게 발생하는지 살펴보았으므로, 이제는 독점기업이 얼마나 생산할지 그리고 얼마의 가격을 부과할지를 어떻게 결정하는지 생각해보자. 이 절에서 하는 독점 행태에 대한 분석은 독점이 바람직한지 여부 그리고 정부가 독점시장에서 어떤 정책을 추구할지 평가하는 데 출발점이 된다.

14-2a 독점 대 경쟁

경쟁기업과 독점기업의 주요한 차이는 독점기업이 자기 생산물의 가격에 영향을 미칠 수 있는 능력이 있다는 사실이다. 경쟁기업은 자신이 속해 있는 시장에 비해 상대적으로 규모가 작아서 자기 생산물의 가격에 영향을 미칠 수 있는 능력이 없다. 이들 기업

그림 2

경쟁기업 및 독점기업에 대한 수요곡선

가격 추종자인 경쟁기업은 (a)와 같은 수평적인 수요곡선을 마주하게 된다. 해당 기업은 현재 가격수준에서 자신이 원하는 모든 것을 판매할 수 있다. 하지만 독점기업은 해당 시장에서 유일한 생산자이므로, (b)와 같은 기울기가 하향하는 시장 수요곡선에 직면하게 된다. 해당 기업이 더 많이 판매하고자 한다면 더 낮은 가격을 받아들여야 한다.

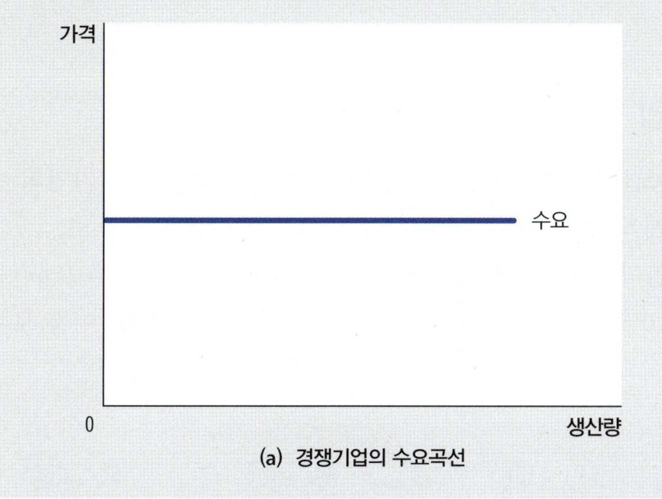

(a) 경쟁기업의 수요곡선

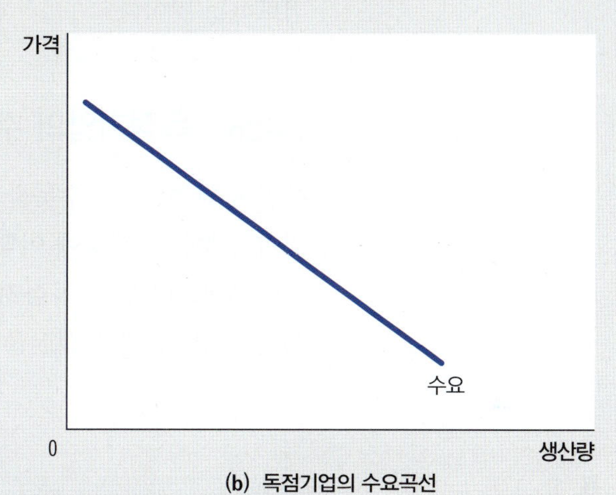

(b) 독점기업의 수요곡선

은 가격을 시장조건에 의해 주어진 것으로 본다. 반면에, 독점기업은 해당 시장에서 유일한 생산자이기 때문에 공급량을 조정하여 해당 물품의 가격을 변화시킬 수 있다.

경쟁기업과 독점기업에 존재하는 이런 차이점을 고찰해볼 수 있는 한 가지 방법은, 이들 각 기업이 직면하게 되는 수요곡선을 생각해보는 것이다. 앞 장에서 경쟁기업을 분석하면서, 시장가격을 수평선으로 나타냈었다. 경쟁기업은 이 가격수준에서 자신이 원하는 만큼 판매할 수 있기 때문에, 그림 2(a)와 같은 수평적인 수요곡선을 마주하게 된다. 실제로, 경쟁기업은 많은 완전 대체재(즉, 시장에 있는 다른 모든 기업들의 생산물)가 있는 생산물을 판매하기 때문에, 모든 단일기업의 수요곡선은 완전탄력적이다.

반면에, 독점기업은 시장의 유일한 생산자이기 때문에 이 기업의 수요곡선이 바로 시장 수요곡선이 되며, 그림 2(b)에서 보는 것처럼 기울기가 하향한다. 독점기업에서 자신이 생산하는 물품의 가격을 인상할 경우, 소비자들은 이를 더 적게 구입한다. 달리 표현하면 독점기업이 생산량을 감소시켜 판매할 경우, 생산물 가격이 상승한다.

시장 수요곡선은 시장 지배력을 통해 이윤을 얻으려는 독점기업의 능력에 제약을 두게 된다. 독점기업은 높은 가격을 부과하고 그 높은 가격에서 많은 수량을 판매하길 원할 수 있다. 하지만 이들 기업의 수요곡선으로 인해 이런 상황이 발생하는 것은 불가능하다. 시장 수요곡선은 독점기업이 가용할 수 있는 가격 및 수량의 조합을 보여준다. 독점기업은 생산량(또는 같은 뜻으로, 부과되는 가격)을 조정하여 수요곡선상의 모든 점을 선택할 수 있지만, 수요곡선보다 위쪽에 있는 점은 선택할 수 없다.

독점기업은 어떤 가격과 수량을 선택하는가? 경쟁기업과 마찬가지로, 독점기업의 목표도 이윤을 극대화하는 것이라고 가정한다. 기업의 이윤은 총수입에서 총비용을 뺀 것과 같기 때문에, 독점의 행태를 설명하기 위해 이 다음에 할 일은 독점기업의 수입을 검토하는 것이다.

14-2b 독점기업의 수입

유일한 단 한 개의 수돗물 공급업자가 있는 도시를 생각해보자. 표 1은 독점기업의 수입이 수돗물 생산량에 어떻게 의존하는지 보여준다.

(1)열 및 (2)열은 독점기업의 수요 스케줄을 보여준다. 독점기업이 수돗물 1갤런을 생산할 경우, 해당 갤런을 10달러에 판매할 수 있다. 2갤런을 생산할 경우, 이를 모두

표 1

독점기업의 총수입, 평균수입, 한계수입

(1) 수돗물의 수량 (*Q*)	(2) 가격 (*P*)	(3) 총수입 ($TR=P\times Q$)	(4) 평균수입 ($AR=TR/Q$)	(5) 한계수입 ($MR=\Delta TR/\Delta Q$)
0갤런	11달러	0달러	–	
				10달러
1	10	10	10달러	
				8
2	9	18	9	
				6
3	8	24	8	
				4
4	7	28	7	
				2
5	6	30	6	
				0
6	5	30	5	
				−2
7	4	28	4	
				−4
8	3	24	3	

판매하기 위해서는 가격을 9달러로 인하해야 한다. 3갤런을 생산할 경우, 가격을 8달러로 인하해야 한다. 계속 이렇게 이루어져야 한다. 이들 두 열의 수치를 그래프에 나타낼 경우, 전형적으로 기울기가 하향하는 수요곡선을 얻을 수 있다.

(3)열은 독점기업의 **총수입**을 보여준다. 이것은 [(1)열의] 판매량에 [(2)열의] 가격을 곱하여 구할 수 있다. (4)열은 기업의 **평균수입**을 계산한 것으로, 해당 기업이 판매 단위당 수령한 금액이다. 평균수입은 (3)열의 총수입을 (1)열의 수량으로 나누어 계산할 수 있다. 앞 장에서 설명했던 것처럼, 평균수입은 해당 물품의 가격과 같다. 이것은 경쟁기업뿐만 아니라 독점기업에서도 그렇다.

표 1의 (5)열은 해당 기업의 **한계수입**을 계산한 것으로, 추가적인 각 생산물 단위에 대해 해당 기업이 수령한 수입금액을 말한다. 한계수입은 생산량이 1단위 증가할 때 총수입의 변화를 구하여 계산할 수 있다. 예를 들어 기업이 3갤런에서 4갤런으로 수돗물 생산을 증대시킬 때, 해당 기업이 수령하는 총수입은 24달러에서 28달러로 증가한다. 수돗물 네 번째 갤런을 판매하여 얻은 한계수입은 28달러에서 24달러를 뺀 4달러가 된다.

표 1은 독점 행태에 관한 기본 모형에서 도출할 수 있는 다음과 같은 중요한 결과를 보여준다. 즉, **독점기업의 한계수입은 해당 물품의 가격보다 작다.** 예를 들면 해당 기업이 수돗물 생산을 3갤런에서 4갤런으로 증가시킬 경우, 각 갤런을 7달러에 판매하더라도 총수입은 단지 4달러만큼만 증가한다. 독점의 경우 한계수입이 가격보다 작은데, 그 이유는 독점기업이 기울기가 하향하는 수요곡선에 직면하기 때문이다. 판매량을 증가시키기 위해서 독점기업은 모든 고객에게 부과하는 가격을 인하해야만 한다. 네 번째 수돗물 갤런을 판매하기 위해서 독점기업은 처음 3갤런 각각에 대해 수령하는 수입이 1달러씩 작아진다. 이 3달러 손실은 네 번째 갤런의 가격(7달러)과 네 번째 갤런의 한계수입(4달러)의 차이를 말한다.

독점기업의 한계수입은 경쟁기업의 한계수입과 매우 다르다. 독점기업이 판매량을 증가시키게 되면, 총수입($P \times Q$)에 다음과 같은 두 가지 효과가 발생한다.

- **수량효과**: 더 많은 수량이 판매되어 Q가 증가하며, 이로 인해 총수입이 증가한다.
- **가격효과**: 가격이 하락해서 P가 낮아지며, 이로 인해 총수입이 감소한다.

경쟁기업은 시장가격에서 자신이 원하는 모든 것을 판매할 수 있기 때문에, 가격효과가 발생하지 않는다. 경쟁기업이 생산을 1단위 증가시킬 경우, 해당 수량에 대한 시장가격을 수령하며 이미 판매한 수량에 대해 더 작은 금액을 수령하지 않는다. 즉 경쟁기업은 가격 추종자이기 때문에, 해당 물품의 한계수입은 그 물품의 가격과 같다. 반면에 독점기업이 생산을 1단위 증가시킬 경우, 자신이 판매하는 각 수량에 부과하는 가격을 인하해야 하며, 이로 인해 이미 판매한 수량에서 얻은 수입도 감소하게 된다. 따라서

그림 3

독점기업의 수요곡선 및 한계수입곡선

수요곡선은 판매량이 가격에 어떤 영향을 미치는지 보여준다. 한계수입곡선은 판매량이 1단위 증가할 때 기업의 수입이 어떻게 변화하는지 보여준다. 독점기업이 생산을 증가시키려 한다면 판매되는 모든 단위에 대한 가격이 하락해야 하기 때문에, 한계수입이 더 작아지게 된다.

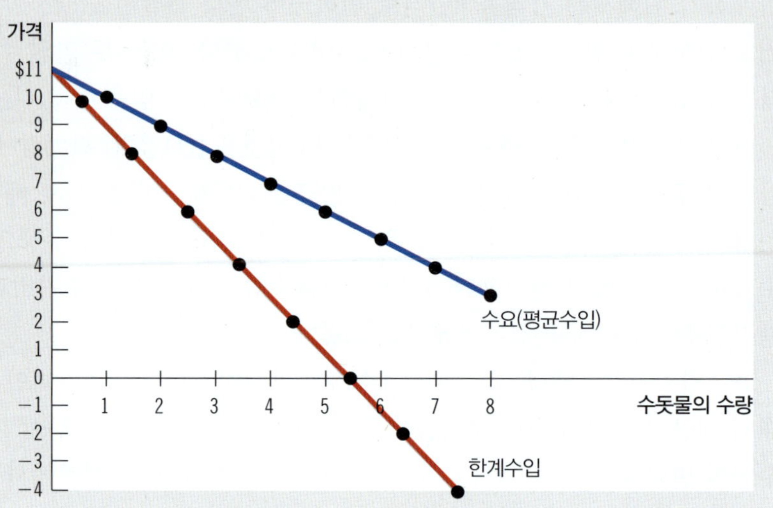

독점기업의 한계수입은 가격보다 작다.

그림 3은 독점기업에 대한 수요곡선 및 한계수입곡선을 그래프로 나타낸 것이다.(독점기업의 가격이 평균수입과 같기 때문에, 수요곡신은 또한 평균수입곡선이 된다) 이들 두 곡선은 언제나 수직축상의 동일한 점에서 시작하며, 첫 번째 판매 단위의 한계수입은 해당 물품의 가격과 같다. 하지만 위에서 논의한 이유로 인해 첫 번째 단위 이후의 모든 단위에 대한 독점기업의 한계수입은 가격보다 작다. 이것이 바로 독점기업의 한계수입곡선이 수요곡선 아래에 위치하는 이유이다.

(표 1에서뿐만 아니라) 그림 3에서도 한계수입이 마이너스가 될 수 있음을 알 수 있다. 수입에 대한 가격효과가 수량효과보다 클 경우 이런 현상이 발생한다. 이 경우, 추가적으로 1단위를 더 판매함으로써 더 많은 단위를 판매했음에도 불구하고 해당 기업의 수입이 작아질 정도로 가격이 하락했기 때문이다.

14-2c 이윤 극대화

독점기업의 수입에 대해 살펴보았으므로, 이런 기업이 이윤을 어떻게 극대화하는지 살펴볼 수 있게 되었다. 제1장에서 살펴본 것처럼 **경제학의 열 가지 원리** 중 하나는 '합리적인 사람들은 한계적으로 생각한다'는 것이다. 이 원리는 경쟁기업에서와 마찬가지로 독점기업에도 적용된다. 이제는 한계분석의 논리를 얼마나 생산할지에 관한 독점기업의 결정에 적용해볼 것이다.

그림 4에 독점기업의 수요곡선, 한계수입곡선, 비용곡선을 그래프로 나타내었다. 이 곡선들은 모두 낯익은 것처럼 보인다. 수요곡선과 한계수입곡선은 그림 3의 곡선과 같

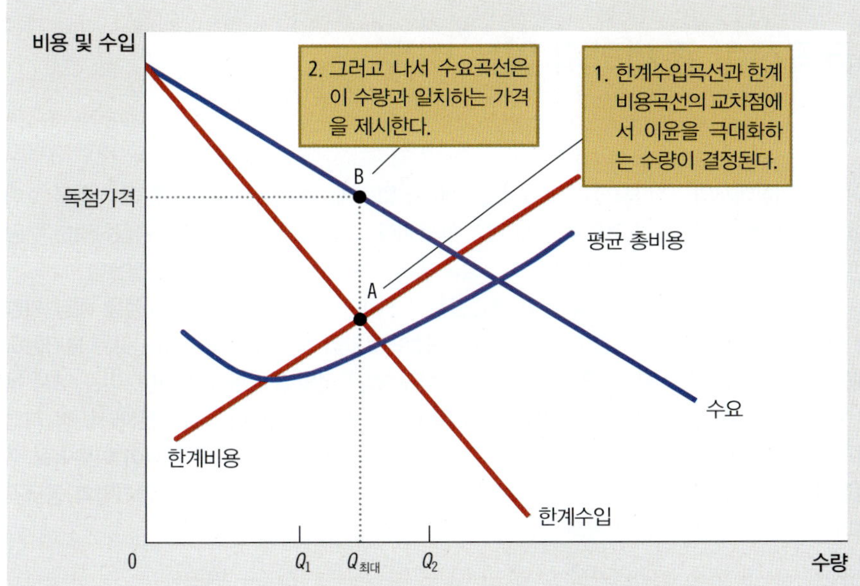

그림 4

독점기업의 이윤 극대화

독점기업은 한계수입과 한계비용이 동일해지는 수량(점 A)을 선택함으로써 이윤을 극대화한다. 그러고 나서 수요곡선을 이용하여 소비자들이 이 수량을 매입하도록 유도할 수 있는 가격(점 B)을 구한다.

으며, 비용곡선은 앞의 두 개 장에서 살펴본 것과 같다. 이들 곡선에는 이윤을 극대화하려는 독점기업이 생산량 수준을 결정하기 위해 필요한 모든 정보가 포함되었다.

기업이 가령 Q_1처럼 낮은 생산량 수준에서 생산한다고 가상하자. 이 경우 한계수입이 한계비용보다 더 크다. 기업이 생산을 1단위 증가시킬 경우, 추가적인 수입이 추가적인 비용보다 더 많아서 이윤이 증대한다. 다시 말해 한계수입이 한계비용을 상회할 경우, 해당 기업은 생산량을 증대시켜야만 한다.

유사한 추론이 가령 Q_2처럼 높은 생산량 수준에서도 적용된다. 이 경우 한계비용이 한계수입보다 더 크다. 기업이 생산을 1단위 감소시킬 경우, 절약된 비용이 상실된 수입보다 더 많아서 이윤이 증대된다. 따라서 한계비용이 한계수입을 상회할 경우, 해당 기업은 생산량을 감소시켜야만 한다.

결국, 기업은 한계수입이 한계비용과 일치하는 수량 $Q_{최대}$에 도달할 때까지 생산을 조정한다. **독점기업의 이윤을 극대화하는 생산량은 한계수입곡선과 한계비용곡선이 교차하는 지점에서 결정된다.** 그림 4에서 이런 교차는 점 A에서 이루어진다.

독점기업은 자신의 생산물에 대해 이윤을 극대화하는 가격을 어떻게 구할 수 있는가? 수요곡선이 이 질문에 답할 수 있다. 그 가격은 고객이 판매량에 기꺼이 지불하려는 금액과 관련된다. 독점기업이 이윤을 극대화하는 수량을 ($MR = MC$에서) 구한 후에, 해당 수량에서 자신이 부과할 수 있는 최고 높은 가격을 구하기 위해서는 수요곡선을 보면 된다.

이제는 경쟁기업 및 독점기업에 대한 결과를 비교해보자. 이들은 어떤 면에서 다음

FYI 독점기업의 경우 공급곡선이 존재하지 않는 이유

우리는 시장 수요곡선과 기업의 비용곡선을 활용하여 독점시장에서의 가격을 분석했지만, 시장 공급곡선에 대해서는 언급하지 않았다. 하지만 제4장에서 시작한 경쟁시장에서의 가격을 분석할 때 가장 중요한 두 가지 개념은 언제나 '공급' 및 '수요'였다.

공급곡선에 어떤 일이 발생한 것인가? 독점기업은 공급하려는 양에 대해 결정을 내리기는 하지만 공급곡선을 갖지는 않는다. 공급곡선은 모두 주어진 가격에서 기업이 공급하려고 선택하는 수량을 알려준다. 이런 개념은 경쟁기업의 경우 이치에 맞는데, 그 이유는 경쟁기업이 가격 추종자이기 때문이다. 하지만 독점기업은 가격 설정자이지 가격 추종자가 아니다. 독점기업이 주어진 모든 가격에서 얼마의 수량을 생산할지 질문하는 것은 의미가 없는데, 그 이유는 독점기업이 가격을 주어진 것으로 보지 않기 때문이다. 그 대신에 독점기업이 공급하려는 수량을 선택할 때 그 결정을 통해 수요곡선상에서 가격이 결정된다.

얼마나 많이 공급할지에 관해 독점기업이 내리는 결정을 해당 기업이 직면하고 있는 수요곡선으로부터 분리하여 생각하는 것은 불가능하다. 수요곡선의 모양이 한계수입곡선의 모양을 결정하며, 이는 다시 독점기업의 이윤을 극대화하는 수량을 결정한다. 경쟁시장에서, 각 기업의 공급 결정은 수요곡선에 대해 알지 못하더라도 분석이 이루어질 수 있다. 하지만 독점시장에서는 그렇지 않다. 따라서 독점기업의 공급곡선에 관해 언급하는 것은 말이 되지 않는다. ■

과 같이 유사하다. 즉 이윤을 극대화하기 위해, 이들 두 기업은 한계수입과 한계비용이 일치하는 지점에서 생산량을 선택한다. 하지만 다음과 같은 중요한 차이가 있다. 즉 이윤을 극대화하는 수량에서 경쟁기업의 경우 가격이 한계수입과 같지만, 독점기업의 경우 가격이 한계수입을 상회한다. 이를 다음과 같이 나타낼 수 있다.

$$\text{경쟁기업의 경우: } P = MR = MC$$
$$\text{독점기업의 경우: } P > MR = MC$$

이것은 경쟁과 독점의 중요한 차이를 두드러지게 보여준다. **경쟁시장에서 가격은 한계비용과 같다. 독점시장에서 가격은 한계비용을 상회한다.** 잠시 후에 살펴볼 것처럼, 이런 결과는 독점의 사회적 비용을 이해하는 데 매우 중요하다.

14-2d 독점기업의 이윤

독점기업은 얼마나 많은 이윤을 낼 수 있는가? 그래프에서 독점기업의 이윤에 대해 알아보기 위해, 이윤이 총수입(TR)에서 총비용(TC)을 뺀 것과 같다는 사실을 기억하자.

$$\text{이윤} = TR - TC$$

이를 다음과 같이 나타낼 수 있다.

$$\text{이윤} = (TR/Q - TC/Q) \times Q$$

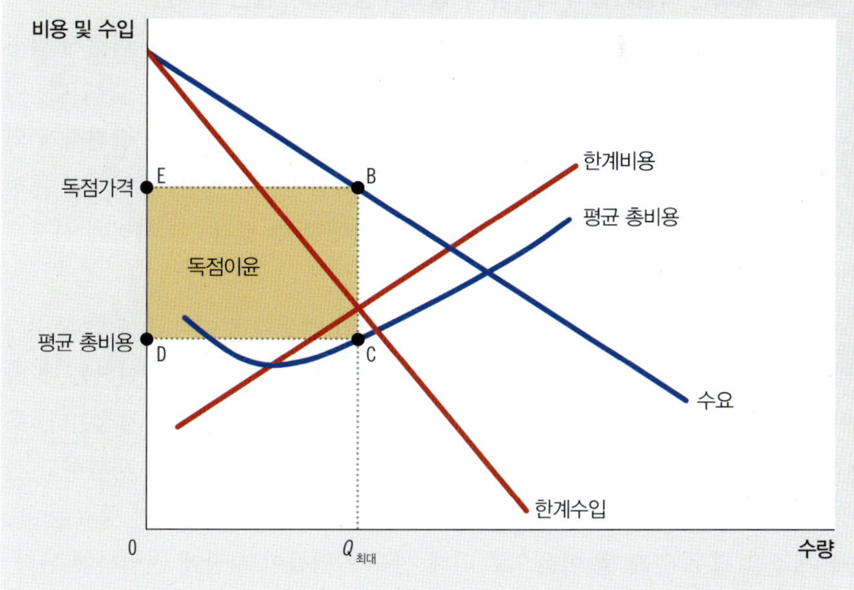

그림 5

독점기업의 이윤

사각형 BCDE의 면적은 독점기업의 이윤과 같다. 즉 사각형의 높이(BC)는 가격에서 평균 총비용을 뺀 것이며, 이는 판매 단위당 이윤과 같다. 사각형의 너비(DC)는 판매량이다.

TR/Q는 평균수입이며, 이는 가격 P와 같다. TC/Q는 평균 총수입 ATC이다. 따라서 다음과 같이 나타낼 수 있다.

$$\text{이윤} = (P - ATC) \times Q$$

이윤에 관한 위의 식(이는 경쟁기업에도 적용된다)에 기초하여 그래프에서 독점기업의 이윤을 측정할 수 있다.

그림 5의 빗금 친 사각형을 생각해보자. 이 사각형의 높이(선분 BC)는 가격에서 평균 총비용을 뺀 것, 즉 $P - ATC$이며, 이는 판매 단위당 이윤을 나타낸다. 이 사각형의 너비(선분 DC)는 판매량 $Q_{최대}$이다. 이 사각형의 면적은 독점기업의 총이윤에 해당한다.

표 2는 독점기업이 이윤을 어떻게 극대화하는지 요약해서 보여준다.

표 2

독점기업의 이윤 극대화 규칙

1. 수요곡선으로부터 *MR*곡선을 도출한다.
2. $MR = MC$인 점에서 Q를 구한다.
3. 수요곡선상에서, 소비자들이 Q를 매입하게 될 P를 구한다.
4. $P > ATC$인 경우, 독점은 이윤을 얻게 된다.

사례 연구

상표가 등록된 독점기업의 의약품 대 상표가 등록되지 않은 의약품

앞에서 한 분석에 따르면, 가격은 독점시장과 경쟁시장에서 서로 다르게 결정된다. 이런 이론을 검정하기에 적합한 자연적인 대상은 의약품 시장인데, 이는 독점시장과 경쟁시장 구조를 모두 취하기 때문이다. 어떤 기업이 의약품을 발견하게 되면, 특허법에 따라 이들 기업에 해당 의약품 판매에 관한 독점권을 부여한다. 하지만 특허가 종료된 후에는 모든 기업이 해당 의약품을 제조하여 판매할 수 있다. 그 시점에 시장은 독점시장이 아니라 경쟁시장으로 전환된다.

이론에 따르면 특허가 종료된 후 의약품 가격에 어떤 일이 발생할 것이라고 예측하는가? 일반적인 의약품 시장을 보여주는 그림 6을 생각해보자. 여기서는 의약품을 생산하는 데 따른 한계비용이 일정하다고 가정할 것이다.(많은 의약품의 경우 대체로 타당한 가정이다) 특허가 유효한 기간 동안, 독점기업은 한계수입이 한계비용과 일치하는 수량을 생산하고 한계비용보다 훨씬 더 높은 가격을 부과하여 이윤을 극대화한다. 하지만 특허가 종료된 후, 해당 의약품을 제조할 경우 얻게 될 이윤으로 인해 신규 기업들이 시장에 진입하게 된다. 경쟁하에서, 가격은 한계비용과 같아지는 수준까지 하락하게 된다.

이론에 기반한 예측은 실제 세계에서의 경험을 통해 확인할 수 있다. 의약품에 대한 특허가 종료된 후, 다른 기업들은 신속하게 진입하여 독점기업들의 이선 브랜드 의약품과 화학적으로 동일한 노브랜드 의약품을 판매하기 시작한다. 이론이 예측한 것처럼 경쟁적으로 생산되는 노브랜드 의약품 가격은 독점기업이 부과했던 가격보다 훨씬 더 낮게 책정된다.

하지만 특허가 종료되었다고 해서 독점기업이 자신의 모든 시장 지배력을 상실하는 것은 아니다. 일부 소비자들은 새로운 노브랜드 의약품이 이전에 수년 동안 사용했던 의약품과 동일하지 않을 수 있다는 두려움 때문에 계속해서 브랜드 의약품을 사용한다. 따라서 이전

그림 6

의약품 시장

기업은 특허권으로 인해 의약품 판매에 대한 독점권을 보유할 때는 한계비용보다 훨씬 더 높은 독점가격을 부과한다. 하지만 의약품에 대한 특허권이 종료되고 새로운 기업이 진입할 때는 해당 시장이 경쟁적이 되며 가격은 한계비용으로 하락한다.

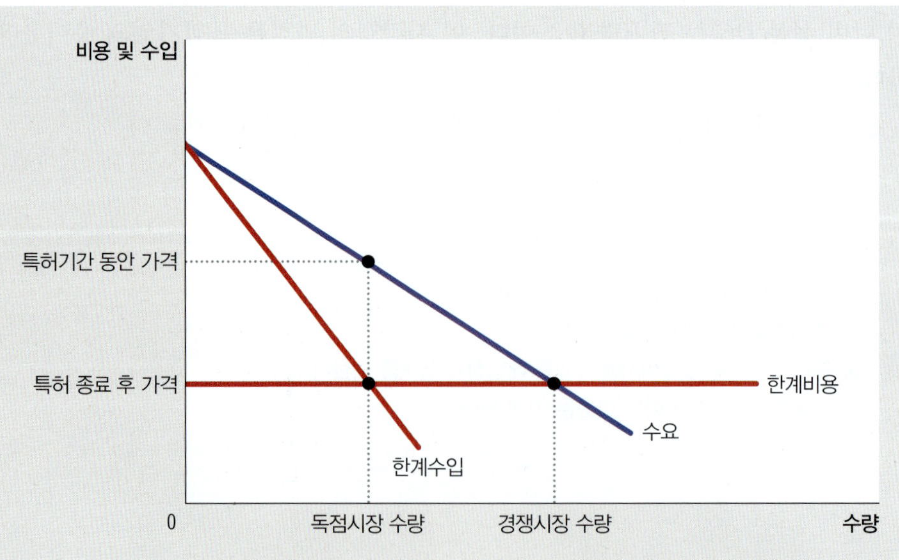

의 독점기업은 새로운 경쟁기업들보다 더 높은 가격을 부과할 수 있다.

예를 들어 수백만 명의 미국인들이 복용하는 항우울제 의약품 플로옥세틴은 원래 프로작이라는 브랜드명으로 판매되었다. 2001년에 특허가 종료되고 나서, 소비자들은 원래의 브랜드 의약품과 노브랜드 의약품 사이에서 선택할 수 있게 되었다. 오늘날 프로작은 노브랜드 플로옥세틴보다 훨씬 더 많은 금액을 받고 판매된다. 일부 소비자들은 두 의약품이 완전대체재라는 데 의구심을 갖고 있어서 이런 가격차이가 지속적으로 유지되고 있다. ●

Quiz

3. 단일가격을 부과하여 이윤을 극대화하는 독점기업의 경우, 가격 P, 한계수입 MR, 한계비용 MC의 관계는 다음 중 어느 것인가?
   a. $P = MR$ 그리고 $MR = MC$
   b. $P > MR$ 그리고 $MR = MC$
   c. $P = MR$ 그리고 $MR > MC$
   d. $P > MR$ 그리고 $MR > MC$

4. 독점기업의 고정비용이 증가할 경우, 해당 기업의 가격은 ____________, 이윤은 ____________.
   a. 상승하고; 감소한다.
   b. 하락하고; 증가한다.
   c. 상승하고; 불변한다.
   d. 불변하고; 감소한다.

해답은 이 장의 끝부분에 있다.

14-3 독점의 후생비용

독점은 시장을 조직화하는 바람직한 방법인가? 경쟁기업과 달리, 독점기업은 한계비용보다 높은 가격을 부과한다. 소비자의 입장에서 보면, 이런 높은 가격으로 인해 독점은 바람직하지 않다. 하지만 기업 소유주의 입장에서 보면, 높은 가격으로 인해 이윤이 더 많이 발생해서 독점은 매우 매력적이다. 기업 소유주에게 돌아가는 편익이 소비자에게 부과되는 비용을 상회하여, 사회 전체의 관점에서 볼 때 독점이 바람직할 수도 있는가?

후생경제학에서 사용하는 분석방법을 사용하여 이 질문에 답할 수 있다. 제7장에서 총잉여는 매수인과 매도인이 시장에서 얻는 경제적 후생을 측정한 것이라고 했다. 총잉여는 소비자 잉여와 생산자 잉여를 합산한 것이다. 소비자 잉여는 어떤 물품에 대해 소비자가 지불하려는 의지에서 해당 물품에 대해 실제로 지불한 금액을 뺀 것이다. 생산자 잉여는 생산자가 어떤 물품에 대해 수령한 금액에서 해당 물품을 생산하는 데 소요된 비용을 뺀 것이다. 여기서는 유일한 단일 생산자, 즉 독점기업이 존재한다.

여러분은 아마도 이런 분석의 결과를 추측해볼 수 있을 것이다. 제7장에서는 경쟁시장에서 이루어지는 공급 및 수요의 균형은 자연스러울 뿐만 아니라 바람직한 결과라고 결론을 내렸다. 시장의 보이지 않는 손에 의해 총잉여를 가능한 한 크게 만들어주는 자원 배분에 도달할 수 있다. 독점은 경쟁시장에서와는 다른 자원 배분으로 이어지기 때문에, 그에 따른 결과는 어떤 면에서 전체 경제적 후생을 극대화하지 못할 수 있다. 왜 이런 일이 발생하는지 살펴보도록 하자.

14-3a 사장된 손실

독점기업이 제7장에서 소개한 선의의 사회 계획 입안자 위원회에 의해 운영될 경우 무엇을 할지 생각해보자. 계획 입안자들은 기업 소유주의 이익뿐 아니라 소비자가 얻게 되는 편익에도 관심을 갖는다. 이들 계획 입안자는 생산자 잉여(이윤)에 소비자 잉여를 더한 총잉여를 극대화하고자 한다. 총잉여는 소비자가 해당 물품에 대해 갖는 가치에서 독점 생산자가 해당 물품을 만드는 데 드는 비용을 빼서 구한다.

그림 7은 계획 입안자가 독점기업의 생산량 수준을 어떻게 선택하는지 분석하여 보여준다. 수요곡선은 소비자가 해당 물품에 대해 갖는 가치를 나타내며, 이는 소비자가 그 물품에 대해 지불하려는 의지로 측정된다. 한계비용곡선은 독점기업이 부담하는 비용을 나타낸다. **사회적으로 효율적인 수량은 수요곡선과 한계비용곡선이 교차하는 지점에서 결정된다.** 이 수량보다 적은 경우 소비자가 추가적인 1단위에 대해 갖는 가치가 이를 공급하는 데 소요되는 비용을 상회하게 되어, 생산량을 증가시키면 총잉여가 증대된다. 이 수량보다 많은 경우 추가적인 1단위를 생산하는 데 소요되는 비용이 소비자가 해당 단위에 대해 갖는 가치를 상회하게 되어, 생산량을 감소시키면 총잉여가 증대된다. 최

그림 7

효율적인 생산량 수준

가상적인 의사 결정자인 사회 계획 입안자는 수요곡선과 한계비용곡선이 교차하는 지점에서 생산량 수준을 결정하여 시장에 총잉여를 극대화한다고 본다. 이 생산량보다 적은 경우, 한계적인 매수인이 갖는 해당 물품의 가치(수요곡선에 반영되었다)가 해당 물품을 만드는 데 드는 한계비용을 상회하게 된다. 이 생산량보다 많은 경우, 한계적인 매수인이 갖는 가치가 한계비용에 못 미치게 된다.

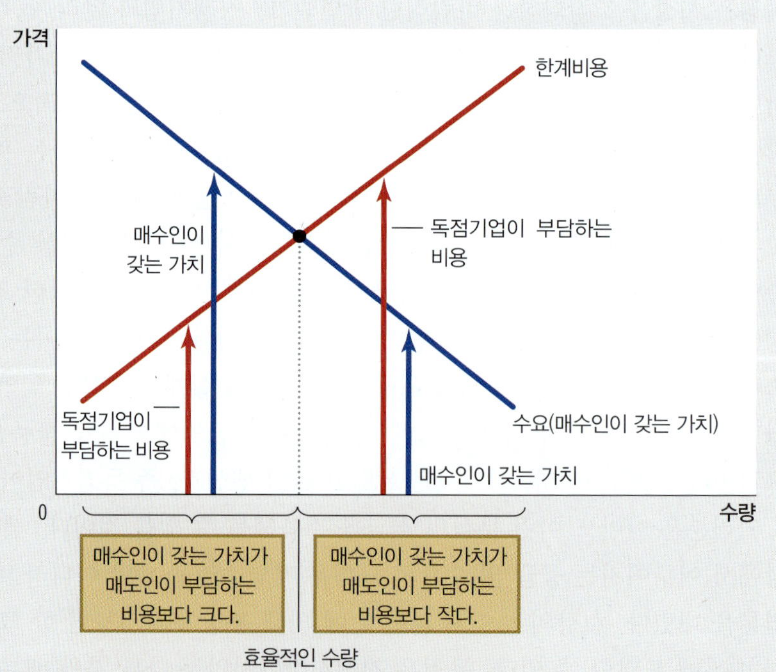

적의 수량에서, 소비자가 추가적인 1단위에 대해 갖는 가치는 이를 생산하는 데 따른 한계비용과 정확하게 일치한다.

사회 계획 입안자가 독점기업을 운영할 경우, 해당 기업은 수요곡선과 한계비용곡선이 교차하는 지점에서의 가격을 부과하여 효율적인 결과를 얻을 수 있다. 경쟁기업처럼 그리고 이윤을 극대화하는 독점기업과 달리, 사회 계획 입안자는 한계비용과 같은 가격을 부과하게 된다. 이 가격은 해당 물품을 생산하는 데 소요되는 비용에 관한 정확한 신호를 소비자에게 제공하기 때문에, 소비자는 효율적인 수량을 구입하게 된다.

독점기업이 선택한 생산량과 사회 계획 입안자가 선택한 생산량을 비교해봄으로써, 독점기업의 후생효과를 평가할 수 있다. 우리가 살펴보았던 것처럼, 독점기업은 한계수입곡선과 한계비용곡선이 교차하는 지점에서의 수량을 생산하여 판매하기로 선택한다. 그리고 사회 계획 입안자는 수요곡선과 한계비용곡선이 교차하는 지점에서의 수량을 선택한다. 그림 8은 이를 비교하여 보여주고 있다. **독점기업은 사회적으로 효율적인 수량보다 더 적게 생산한다.**

우리는 또한 독점기업이 부과하는 가격 측면에서 독점이 갖는 비효율성을 살펴볼 수 있다. 시장 수요곡선은 해당 물품이 가격과 수량 사이에 존재하는 음의 관계를 나타내기 때문에, 비효율적으로 낮은 수량을 생산하는 것은 비효율적으로 높은 가격을 부과하는 것과 같다. 독점기업이 한계비용보다 더 높은 가격을 부과할 경우, 일부 잠재적인 소비자들은 해당 물품에 한계비용보다 더 많은 가치를 두지만 독점기업이 부과하는 가격보다는 더 적게 가치를 둘 수 있다. 이들 소비자는 해당 물품을 구입하지 않게 된다. 소비자들이 해당 물품에 두는 가치가 해당 기업이 이들 물품을 공급하기 위해 소요되

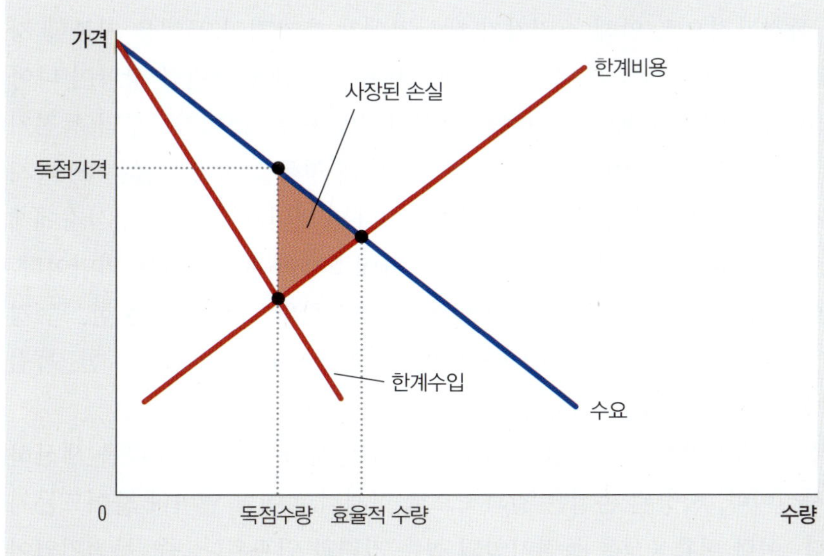

그림 8

독점의 비효율성

독점기업은 한계비용보다 더 높은 가격을 부과하기 때문에, 생산하는 비용보다 해당 상품에 더 많은 가치를 두는 모든 소비자들이 그 상품을 구입하지는 못한다. 이것이 의미하는 바는 독점기업이 생산하여 판매하는 수량이 사회적으로 효율적인 수준보다 적다는 것이다. 사장된 손실은 수요곡선(이 곡선은 소비자가 해당 상품에 대해 갖는 가치를 나타낸다)과 한계비용곡선(이 곡선은 독점 생산자가 부담하는 비용을 나타낸다) 사이에 있는 삼각형의 면적으로 나타낼 수 있다.

는 비용을 상회하기 때문에, 이 결과는 비효율적이다. 독점기업에 의한 가격책정으로 인해 상호이익이 되는 거래가 일부 발생하지 않게 된다.

그림 8에서 알 수 있는 것처럼, 독점기업의 비효율성은 사장된 손실 삼각형으로 측정할 수 있다. 수요곡선은 소비자가 갖는 가치를 나타내고 한계비용곡선은 독점 생산자가 부담하는 비용을 나타내기 때문에, 수요곡선과 한계비용곡선 사이에 존재하는 사장된 손실 삼각형의 면적은 독점 가격설정으로 인해 상실되는 총잉여와 같다. 이것은 독점기업의 시장 지배력 사용으로 인해 발생하는 경제적 후생의 감소를 나타낸다.

독점기업에 의해 발생하는 사장된 손실은 조세부과로 인해 발생하는 사장된 손실과 유사하다. 어떤 의미에서 독점기업은 사적인 조세 징수자와 같다. 제8장에서 살펴본 것처럼, 어떤 물품에 조세를 부과할 경우 이는 (수요곡선으로 나타낸) 지불하려는 소비자의 의지와 (공급곡선으로 나타낸) 생산자의 비용 사이의 차이와 같다. 독점기업은 시장 지배력을 이용하여 한계비용보다 높게 가격을 부과하기 때문에, 유사한 차이를 만들어낸다. 두 경우 모두에서 이런 차이로 인해 판매량은 사회적 최적에 이르지 못한다. 이들 두 경우에 존재하는 차이점은 조세로 인해 정부가 수입을 올리는 반면에, 독점기업이 설정한 가격으로 인해 해당 기업이 이윤을 얻게 된다는 것이다.

14-3b 독점이윤: 사회적 비용인가?

독점기업이 일반인들을 희생시켜 부당 이익을 취한다고 비난하고 싶을 수도 있다. 물론 독점기업은 자신의 시장 지배력으로 이윤을 얻는다. 하지만 독점에 대한 경제적 분석에 따르면, 기업의 이윤 그 자체가 반드시 사회에서 문제가 되는 것은 아니다.

모든 시장에서와 마찬가지로 독점시장에서의 후생에는 소비자와 생산자 둘 다의 후생이 포함된다. 독점가격으로 인해 소비자가 생산자에게 추가적인 금액을 지불할 경우, 소비자는 해당 금액만큼 상황이 나빠지고 생산자는 동일한 금액만큼 상황이 나아진다. 총잉여는 소비자 잉여와 생산자 잉여를 합산한 것이므로, 소비자로부터 독점기업 소유주에게로 이전이 이루어지더라도 시장의 총잉여에 영향을 미치지 않는다. 다시 말해 독점이윤 자체가 경제적 파이의 크기를 감소시킨다는 의미가 아니라, 생산자에게 더 큰 파이조각이 배분되고 소비자에게는 더 작은 파이조각이 배분된다는 의미이다. 소비자가 어떤 이유로 생산자보다 당연히 더 많이 받아야 한다고 하지 않는 한, 즉 경제적 효율성의 영역을 넘어 형평성에 관한 규범적인 판단이 세워져 있지 않는 한, 독점이윤은 사회적으로 문제가 되지 않는다.

대신에, 문제는 독점기업이 총잉여를 극대화하는 수준에 못 미치는 수량을 생산하여 판매한다는 사실이다. 사장된 손실은 결과적으로 경제적 파이가 얼마나 줄어드는지를 측정한 것이다. 이런 비효율성은 독점기업의 높은 가격과 연관된다. 즉, 독점기업이 가격을 한계비용보다 더 높게 올릴 경우 소비자는 더 적은 단위를 구입하게 된다. 계속 판매가 이루어지는 단위 수에 기초하여 얻은 이익은 문제가 되지 않는다는 사실을 기억하자. 문제는 비효율적으로 적은 수량에서 비롯된다. 달리 표현하면 높은 독점가격으로 인해 일부 소비자들이 해당 물품을 구입하지 못하게 되지 않는다면, 정확히 소비자 잉여를 감소시킨 만큼 생산자 잉여를 증가시키게 된다. 따라서 총잉여는 사회 계획입안자가 도달한 것과 같아진다.

하지만 이런 결론에 예외가 있을 수 있다. 독점기업이 시장에서 유일한 생산자로서의 입지를 유지하기 위해 추가적인 비용을 부담해야 한다고 가상하자. 예를 들어 정부가 만든 독점권을 갖고 있는 기업은 독점권을 계속 유지하기 위해 입법자들을 설득할 로비스트를 고용해야 한다. 이 경우 독점기업은 이런 추가적 비용을 지불하는 데 독점이윤 일부를 사용할 수 있다. 만일 그렇다면, 독점으로 인한 사회적 손실에는 이런 비용과 감소한 생산량에 따른 사장된 손실이 둘 다 포함된다.

Quiz

5. 사회적 최적 상태와 비교해볼 때, 독점기업은 __________을 선택한다.
   a. 너무 적은 수량과 너무 높은 가격
   b. 너무 많은 수량과 너무 낮은 가격
   c. 너무 많은 수량과 너무 높은 가격
   d. 너무 적은 수량과 너무 낮은 가격

6. 독점으로 인해 사장된 손실이 발생한다. 그 이유는 __________.
   a. 독점기업이 경쟁기업보다 더 많은 이윤을 얻기 때문이다.
   b. 어떤 물품의 구입을 포기한 일부 잠재적 소비자들이 해당 물품의 한계비용보다 그 물품에 더 많은 가치를 두기 때문이다.
   c. 어떤 물품을 구입한 소비자가 한계비용보다 더 많은 금액을 지불해야 하며, 이로 인해 소비자 잉여가 감소하기 때문이다.
   d. 독점기업이 가격과 평균수입이 일치하지 않는 수량을 선택하기 때문이다.

해답은 이 장의 끝부분에 있다.

14-4 가격차별

지금까지 우리는 독점기업이 모든 고객들에게 동일한 가격을 부과한다고 가정했다. 하지만 많은 경우에 어떤 물품을 두 고객을 위해 생산하는 비용이 동일하더라도, 기업들은 동일한 물품을 상이한 고객들에게 상이한 가격으로 판매한다. 이런 관행을 가격차별(price discrimination)이라고 한다.(마케팅 전문가들은 **가격맞춤**이라고도 하는데, 아마도 그 이유는 차별이라는 단어의 부정적 이미지 때문일 것이다. 이 책에서는 일반적으로 부르는 용어를 사용할 것이다)

가격차별
동일한 물품을 상이한 가격으로 상이한 고객들에게 판매하는 기업 관행

가격을 차별하는 독점기업의 행태를 논의하기 전에, 많은 기업들이 시장가격으로 동

일한 물품을 판매하는 경쟁시장에서는 가격차별이 가능하지 않다는 사실에 주목해야 한다. 어떤 기업도 고객에게 더 낮은 가격을 부과하려 하지 않는데, 그 이유는 자신이 원하는 모든 것을 시장가격으로 판매할 수 있기 때문이다. 그리고 어떤 기업이 고객에게 더 높은 가격을 부과하려 한다면, 해당 고객은 다른 기업에서 구입하려 할 것이다. 어떤 기업이 가격을 차별하려 한다면, 해당 기업은 어떤 시장 지배력을 갖고 있어야만 한다.

14-4a 가격설정에 관한 예화

독점기업이 가격을 차별하는 이유를 이해하기 위해서 다음과 같은 예를 생각해보자. 여러분이 다독출판사 사장이라고 가상하자. 여러분과 거래하는 베스트셀러 작가가 지금 막 신작 소설을 끝냈다. 간단히 하기 위해, 여러분은 신작 소설에 대한 독점권을 얻기 위해 작가에게 200만 달러를 지불했으며 인쇄비용으로 영 달러가 소요된다고 가정하자. 따라서 다독출판사의 이윤은 소설책을 판매하여 얻은 수입에서 작가에게 지불한 200만 달러를 빼면 구할 수 있다. 이런 가정들이 주어진다면, 여러분은 다독출판사 사장으로서 소설책의 가격을 어떻게 결정할 것인가?

여러분이 해야 할 첫 번째 일은 이 소설책에 대한 수요를 추정하는 것이다. 다독출판사 마케팅부는 여러분에게 이 소설책에는 두 가지 형태의 독자층이 있다고 말했다. 즉, 소설책 값으로 30달러를 지불하겠다는 100,000명의 열렬한 독자층과 5달러 이하만 지불하겠다는 덜 열성적인 독자층이다.

다독출판사가 모든 독자들에게 동일한 가격을 부과한다면, 어떤 가격에서 이윤이 극대화되는가? 고려할 수 있는 자연스러운 두 가지 가격은 다음과 같다. 30달러는 다독출판사가 부과할 수 있는 최대 가격이며, 100,000명의 열렬한 독자층을 끌어들일 수 있다. 5달러는 전체 시장의 독자, 즉 500,000명의 잠재적 독자층을 끌어들일 수 있는 최고 높은 가격이다. 이 문제는 간단한 산수로 해결할 수 있다. 가격 30달러에서, 다독출판사는 100,000부를 판매하고 300만 달러의 수입을 올릴 수 있으며, 100만 달러의 이윤을 얻을 수 있다. 가격 5달러에서, 다독출판사는 500,000부를 판매하고 250만 달러의 수입을 올릴 수 있으며, 50만 달러의 이윤을 얻을 수 있다. 이윤을 극대화하는 전략은 30달러의 가격을 부과하고 덜 열성적인 400,000명의 독자를 잃는 전략이다.

다독출판사의 결정으로 인해 사장된 손실이 발생한다. 해당 소설책에 5달러를 지불할 의지가 있는 400,000명의 독자가 있으며, 이들에게 소설책을 공급하는 데 따른 한계비용은 영이다. 다독출판사가 이보다 더 높은 가격을 부과할 경우, 사회는 총잉여 200만 달러를 상실하게 된다. 사장된 손실은 독점기업이 한계비용보다 더 높은 가격을 부과할 때 언제나 발생하는 비효율성이다.

다독출판사 마케팅부는 한 가지 사실, 즉 태평양으로 두 독자층이 분리될 수 있다는 것을 발견했다. 열렬한 독자층은 오스트레일리아에 거주하며, 덜 열성적인 독자층은 미국에 거주하고 있다. 어떤 나라에 거주하는 독자들은 다른 나라에서 소설책을 쉽게 구입할 수 없다.

알았다! 이제 됐다! 다독출판사는 마케팅 전략을 재빨리 바꾸었다. 오스트레일리아에 거주하는 100,000명의 독자들에게 30달러를 부과하는 반면에, 미국 독자 400,000명에게는 5달러만 부과한다. 이제 수입은 오스트레일리아에서 300만 달러, 미국에서 200만 달러가 되어 합계가 500만 달러가 된다. 이윤은 300만 달러가 되는데, 이는 모든 독자들에게 동일한 가격 30달러를 부과하여 얻을 수 있었던 100만 달러보다 훨씬 더 많다. 다독출판사 사장으로서 여러분은 가격차별 전략을 채택한 것이다.

다독출판사 이야기가 가상적이기는 하지만, 많은 기업의 사업 관행을 설명해준다. 표지가 두꺼운 책인 하드커버, 전자책인 이북, 보급판 종이책인 페이퍼백의 가격을 생각해보자. 출판사가 신간 소설을 발간할 경우, 처음에는 비싼 하드커버판과 보통 가격이 저렴한 이북을 출간한다. 다양하게 출간된 책의 가격차이가 한계생산비용의 차이보다 훨씬 더 크다. 출판사는 하드커버를 열렬한 독자층에게, 이북을 낮은 비용을 선호하면서 태블릿으로 읽어도 상관없는 독자층에게, 페이퍼백을 가격에 민감하지만 인쇄된 책을 좋아하는 독자층에게 판매하여 가격을 차별화한다. 이를 통해 이윤을 극대화할 수 있다.

14-4b 위의 예화로부터 얻은 교훈

위의 다독출판사 예화는 틀에 맞추어 작성되었지만, 우화처럼 몇 가지 중요한 사실이 담겨 있다. 바로 다음과 같은 가격차별에 관한 세 가지 교훈을 제시한다.

첫째, 가격차별은 이윤을 극대화하는 독점기업의 합리적인 전략이다. 상이한 고객에게 상이한 가격을 부과하여, 독점기업은 이윤을 증대시킬 수 있다. 본질적으로, 가격을 차별화하는 독점기업은 단일가격을 부과하기보다 각 고객의 지불하려는 의지에 더 근접한 가격을 부과한다.

둘째, 가격차별이 작용하기 위해서는 매도인이 지불하려는 의지에 따라 고객을 분리할 수 있어야 한다. 다독출판사 예화에서 고객은 지리적으로 분리되었다. 하지만 독점기업은 가령 연령이나 소득과 같은 차이점을 잘 활용하여 고객을 구분한다.

위의 둘째 교훈에서, 기업은 시장에서 작동하는 어떤 힘으로 인해 가격차별화를 시행하지 못할 수도 있음을 추론할 수 있다. 이런 한 가지 힘으로 **재정거래**를 들 수 있는데, 이는 어떤 시장에서 낮은 가격으로 물품을 구입하고 다른 시장에서 높은 가격으로 물품을 판매하여 가격차이에 해당하는 이윤을 얻는 과정이다. 위의 예화에서 오스트레일리아에 소재하는 서점들이 미국에서 소설책을 구입하여 오스트레일리아의 독자들에게 재판매할 수 있다고 가상하자. 이런 재정거래로 다독출판사가 가격차별을 시행하지 못할 수도 있다. 왜냐하면 오스트레일리아의 모든 독자들이 더 높은 가격으로 해당 소설책을 구입하지 않을 수 있기 때문이다.

셋째, 가장 놀라운 교훈은 가격차별을 통해 총잉여로 측정된 후생을 증대시킬 수 있다는 것이다. 다독출판사가 단일가격 30달러를 부과할 경우, 덜 열성적인 독자층 400,000명은 한계생산비용보다 더 높은 가치를 두지만 소설책을 구입할 수 없기 때문에 사장된 손실이 발생한다는 사실을 기억하자. 하지만 다독출판사가 가격차별화를 실시할 때, 모든 독자들이 소설책을 구입할 수 있으며 결과는 효율적이 된다. 따라서 가격차별은 독점 가격설정에 내재된 비효율성을 제거할 수 있다.

위의 예에서 가격차별로 인한 후생의 증가는 소비자 잉여의 증대가 아니라 생산자 잉여의 증대로 나타난다. 소비자들이 소설책을 구입했다고 상황이 나아지는 것은 아니다. 즉 소비자들이 지불한 가격은 이들이 소설책에 두고 있는 가치와 정확하게 같아서, 소비자 잉여를 얻지 못한다. 가격차별로 인한 총잉여의 증가는 전부 이윤 증대의 형태로 다독출판사에 발생한 것이다.

14-4c 가격차별에 대한 분석적 해석

가격차별이 후생에 어떤 영향을 미치는지 약간 더 정식으로 생각해보자. 독점기업이 가격차별을 완전하게 시행할 수 있다는 가정으로 시작했다. **완전 가격차별**은 독점기업이 각 고객의 지불하려는 의지를 정확하게 알아서 상이한 가격을 부과할 수 있는 상황을 말한다. 이 경우 독점기업은 고객이 지불하려는 의지만큼 정확하게 가격을 부과하며, 모든 거래에서 전체 잉여를 차지하게 된다.

그림 9는 가격차별이 있는 경우와 없는 경우의 생산자 잉여와 소비자 잉여를 보여준다. 간단히 하기 위해서, 이 그림은 단위비용이 일정하다고 즉 한계비용과 평균 총비용이 일정하며 같다고 가정한다. 가격차별이 없는 경우, 기업은 그림 9(a)와 같이 한계비용보다 높은 단일가격을 부과한다. 해당 물품에 한계비용보다 더 많은 가치를 두는 일부 잠재 고객이 그렇게 높은 가격에서는 구입하지 않기 때문에, 독점으로 인한 사장된 손실이 발생한다. 하지만 그림 9(b)처럼 완전 가격차별을 시행할 수 있을 때, 해당 물품에 한계비용보다 더 많은 가치를 두는 모든 고객이 구입하며 지불하려는 의지에 해당하는 가격이 부과된다. 상호이익이 되는 모든 거래가 이루어지고, 사장된 손실은 발생하지 않으며, 시장에서 도출된 전체 잉여는 이윤이라는 형태로 독점 생산자에게 귀속된다.

물론 실제에서 가격차별은 완전하지 않다. 고객은 자신이 지불하려는 의지가 적힌

그림 9

가격차별이 있는 경우와 없는 경우의 후생

(a)는 모든 고객들에게 동일한 가격을 부과하는 독점의 경우를 보여준다. 이 시장에서 총잉여는 이윤(생산자 잉여)과 소비자 잉여를 합한 것과 같다. (b)는 완전하게 가격차별화를 할 수 있는 독점의 경우를 보여준다. 소비자 잉여는 영이 되기 때문에, 이제 총잉여가 기업의 이윤이 된다. 이 두 그림을 비교해보면, 완전 가격차별을 시행할 경우 이윤이 증대하고, 총잉여가 증가하며, 소비자 잉여는 감소한다는 사실을 알 수 있다.

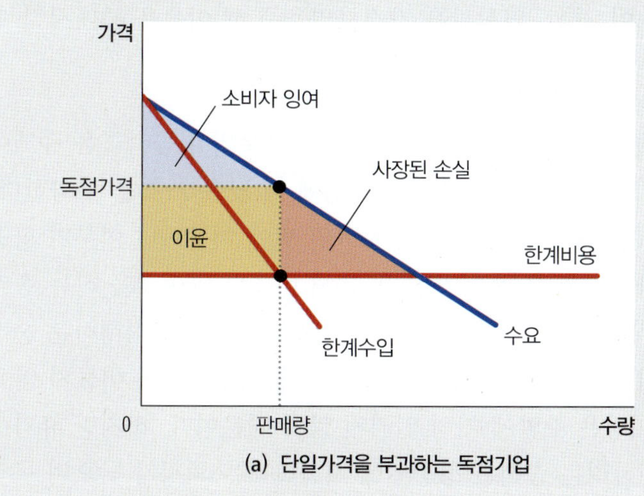

(a) 단일가격을 부과하는 독점기업

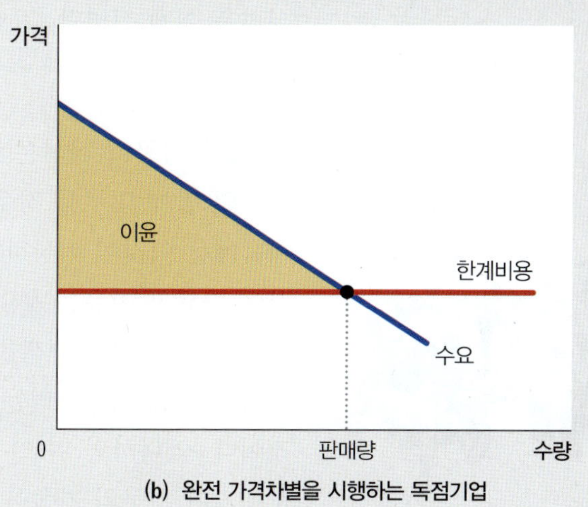

(b) 완전 가격차별을 시행하는 독점기업

표지판을 들고 가게에 들어가지 않는다. 대신에 기업은 고객을, 가령 젊은 층 대 노년층, 주중고객 대 주말고객, 미국인 대 오스트레일리아인, 종이책 독자 대 전자책 독자처럼 몇 개 집단으로 나눠 가격차별을 시행한다. 다독출판사 예화에 등장한 고객과 달리, 각 집단에 속한 고객은 해당 물품에 대해 지불하려는 의지가 다르며, 이로 인해 완전 가격차별은 불가능하다.

불완전 가격차별은 총잉여로 측정한 후생에 어떤 영향을 미치는가? 이들 가격설정 체계에 대한 분석은 복잡하며, 이런 질문에 대한 보편적 답변은 존재하지 않는다고 알려져 있다. 단일가격 독점기업의 결과와 비교해볼 때, 불완전 가격차별을 시행할 경우 시장에서 총잉여를 증대시키거나, 감소시키거나, 그대로 놔두거나 할 수 있다. 단 하나의 확실한 결론은 가격차별을 시행할 경우 독점기업의 이윤이 증가한다는 것이다. 그렇지 않다면, 기업은 모든 고객에게 동일한 가격을 부과하려 할 것이다.

14-4d 가격차별의 예

경제에서 실제로 운영되는 기업들은 다양한 기업전략을 사용하여 상이한 고객들에게 상이한 가격을 부과한다. 다음과 같은 몇 가지 예를 생각해보자.

영화 입장권 많은 영화관이 어린 관객이나 65세가 넘은 관객에게 다른 관객들보다 낮은 가격을 부과한다. 영화관 좌석을 제공하는 데 따른 한계비용은 모든 연령대의 누구에게나 동일하기 때문에, 가격과 한계비용이 동일한 경쟁시장에서 이런 현상을 설명하기는 어렵다. 하지만 영화관이 어떤 지역적 독점력을 갖고 있고 어린 관객이나 높은 연령층의 관객이 영화 입장권에 대해 더 낮은 지불 의지를 갖고 있다면, 이런 차등 가격 설정을 쉽게 설명할 수 있다. 이 경우, 영화관은 가격차별을 통해 이윤을 증대시킬 수 있다.

항공권 항공기 좌석은 상이한 여러 가격으로 판매된다. 대부분의 항공사들은 승객이 토요일 밤에 머무를 경우 두 도시를 오가는 왕복 항공권에 더 낮은 가격을 부과한다. 처음에는 이것이 이상하게 보일 수도 있다. 승객이 토요일 밤에 머무르냐 여부가 항공사에 중요한 이유는 무엇인가? 그 이유는 이 방법을 통해 비즈니스 여행을 하는 승객과 여가를 보내는 승객을 분리할 수 있기 때문이다. 비즈니스 목적으로 여행하는 승객은 항공권에 지불하려는 의지가 높으며, 아마도 토요일 밤에 여행지에서 머물지 않을 것이다. 왜냐하면 비즈니스 미팅은 주말에 거의 열리지 않기 때문이다. 하지만 휴가를 보내거나 친구와 가족을 방문하려는 승객은 항공권에 지불하려는 의지가 낮으며 목적지에서 주말을 보낼 가능성이 높다. 항공사들이 토요일 밤에 머무는 고객에게 더 낮은 가격을 부과하는 것은 성공한 가격차별 전략이다.

LUCY HAMILTON

"제가 이 비행편에 얼마나 낮은 요금을 지불했는지 말씀드려도 괜찮을까요?"

할인 쿠폰 많은 기업이 온라인, 신문, 잡지에 할인 쿠폰을 제공한다. 그리고 일부 공급업체들은 너무 잦아서 그닥 특별하지도 않은 특별한 날에 온라인 혜택을 제공한다. 할인을 받기 위해, 매수인은 단순히 쿠폰을 가위로 자르거나 해당하는 정확한 날에 구입해야 한다. 기업이 이렇게 다소 성가신 작업을 하도록 하는 이유는 무엇인가? 이들이 애초에 물품의 가격을 그냥 인하하지 않는 이유는 무엇인가?

그 이유는 이런 전략을 통해 기업이 가격차별을 실시할 수 있기 때문이다. 기업은 모든 고객이 시간을 들여 쿠폰을 자르거나 온라인 할인을 탐색하지는 않는다는 사실을 알고 있다. 나아가, 할인을 이용하려는 의지는 해당 물품에 지불하려는 고객의 의지와 관련된다. 부유하고 바쁜 기업 임원은 할인을 받기 위해 자신의 시간을 사용할 가능성이 낮으며, 아마도 많은 물품에 더 높은 가격을 지불하려 할 것이다. 실업자는 더 저렴한 거래를 모색할 가능성이 더 높으며 지불하려는 의지가 더 낮다. 할인을 모색하는 데 시간을 사용하려는 고객에게만 더 낮은 가격을 부과함으로써, 기업은 가격차별을 성공적으로 시행할 수 있다.

대학의 재정 지원 많은 대학이 가계소득에 기초하여 재정 지원을 한다. 이런 정책을 가격차별의 한 가지 형태로 볼 수 있다. 부유한 가계 출신 학생들은 재정 지원이 더 많아서 저소득 가계 출신 학생들보다 지불하려는 의지가 더 높다. 대학은 높은 수업료를 부과하고 선별적으로 재정 지원을 제공함으로써, 실제로 해당 학교 입학에 학생들이 두는 가치에 기초하여 가격을 부과하는 것이다. 이런 행태는 가격차별을 시행하는 독점기업의 행태와 유사하다.

수량 할인 지금까지 살펴본 가격차별의 예에서 독점기업은 상이한 고객들에게 상이한 가격을 부과했다. 하지만 독점기업은 이따금 고객이 구입하는 상이한 수량에 대해 동일한 고객에게 상이한 가격을 부과함으로써 가격차별을 시행할 수 있다. 예를 들면 많은 기업이 대규모 수량을 구입하는 고객에게 더 낮은 가격을 제안한다. 제과점은 도넛에 개당 0.50달러를 부과하지만 12개가 담긴 박스당 5달러를 부과한다. 이것은 가격차별의 한 형태이다. 왜냐하면 고객은 12번째 도넛보다 첫 번째 도넛에 더 높은 가격을 지불하기 때문이다. 수량 할인은 종종 가격차별을 성공적으로 시행하는 방법이 된다. 그 이유는 고객이 더 많은 수량을 구입함에 따라 추가적인 단위에 지불하려는 의지가 감소하기 때문이다.

Quiz

7. 독점기업이 시행하는 가격차별은 ________________ 상이한 가격을 부과하는 것을 의미한다.
   a. 지불하려는 소비자의 의지에 기초하여
   b. 소비자의 인종이나 민족집단에 기초하여
   c. 특정 소비자에 대해 물품을 생산하는 비용에 기초하여
   d. 소비자가 반복 구매자가 될지 여부에 기초하여

8. 독점기업이 단일가격을 부과하는 방식에서 완전 가격차별 방식으로 전환할 경우, ________________.
   a. 생산량이 감소한다.
   b. 기업 이윤이 감소한다.
   c. 소비자 잉여가 감소한다.
   d. 총잉여가 감소한다.

해답은 이 장의 끝부분에 있다.

14-5 독점에 대한 공공정책

경쟁시장과 달리, 독점은 자원을 효율적으로 배분하지 못한다. 사회적으로 바람직한 생산량보다 더 적게 생산하며, 한계비용보다 더 높은 가격을 부과한다. 정부정책 입안자들은 다음과 같은 몇 가지 방법으로 독점문제를 처리할 수 있다.

- 독점산업을 좀 더 경쟁적으로 만든다.
- 독점기업의 행태를 규제한다.
- 일부 사적 독점기업을 공적 기업으로 전환한다.
- 아무것도 하지 않는다.

14-5a 독점금지법에 따른 경쟁 촉진

두 회사 코카콜라와 펩시콜라가 합병하고자 한다면, 미국 연방정부는 이 합병이 발효되기 전에 거래를 면밀히 조사할 수 있다. 미국 법무부의 법률가와 경제학자는 두 대형 청량음료 회사의 합병으로 미국 청량음료 시장이 훨씬 덜 경쟁적이 되고, 그에 따라 국가 전체의 후생이 낮아질 수 있다고 판단할지도 모른다. 만일 그렇게 되면, 법무부는 법원에서 합병에 이의를 제기할 것이고, 판사가 동의할 경우 두 기업의 합병은 허용되지 않는다. 전통적으로, 법원은 코카콜라와 펩시콜라처럼 동일한 시장에 속한 두 기업 사이에 이루어지는 **수평적 합병**을 특히 신중하게 판단한다. 예를 들어 타이어 회사와 자동차 회사의 합병처럼 상이한 생산공정 단계에 있는 기업 사이에 이루어지는 **수직적 합병**을 막을 가능성은 낮다. 다시 말해 어떤 기업이 경쟁기업을 합병하고자 한다면, 공급업체 중 어떤 기업이나 고객업체 중 어떤 기업을 합병하고자 할 때보다 더 면밀한 조사를 받게 된다.

정부는 민간 산업에 대해, 독점력 억제를 목적으로 하는 법령인 **독점금지법**을 근거로 권한을 행사할 수 있다. 미국에서 이런 법령 중 가장 먼저 제정되고 가장 중요한 것은 셔먼 독점금지법이다. 이 법은 당시 지배적 독점 형태로서 기업 합동인 '트러스트'의 시장 지배력을 낮추기 위해 1890년에 제정되었다. 1914년에 제정된 클레이턴 독점금지법은 정부의 권한을 강화하고 민간소송을 인정하여 정당화했다. 미국 대법원이 선언했던 것처럼, 독점금지법은 "자유롭고 속박되지 않는 경쟁을 거래의 원칙으로 유지하고자 하는 경제적 자유에 대한 포괄적 헌장"이다.

독점금지법을 통해 정부는 경쟁을 촉진하는 수단을 가질 수 있다. 정부는 합병을 금지할 수 있으며, 때로는 대규모 기업을 해체할 수도 있다. 독점금지법은 또한 기업들이 결탁하여 경쟁을 낮추지 못하도록 한다.

SCIENCECARTOONSPLUS.COM

"하지만 노조가 소유한 아말가메이티드와 합병할 경우, 이로 인해 야기될 독점금지법 위반에 대처할 수 있는 충분한 방편을 갖게 될 것입니다."

합병을 중지시키고 기업을 분해할 경우 편익뿐만 아니라 비용도 발생하게 된다. 이따금 기업들은 결합하여 좀 더 효율적인 결합생산을 함으로써 비용을 낮춘다. 이런 편익들을 **시너지 효과**라고 한다. 예를 들면 최근 들어 미국 은행들은 합병하여 관리비용을 낮추었다. 항공산업에서도 합병이 이루어졌다. 독점금지법이 사회적 후생을 증대시킬 수 있다면, 정부는 어떤 합병이 바람직하고 어떤 합병이 바람직하지 않은지 결정할 수 있어야만 한다. 즉, 시너지 효과로 인한 사회적 편익을 측정하여 경쟁감소로 인한 사회적 비용과 비교해야만 한다. 정부가 필요한 비용-편익 분석을 정확하게 수행할 수 있는지 여부도 논의의 여지가 있다. 결국, 독점금지법의 적용에 대해서는 전문가들 사이에서도 종종 논쟁이 벌어진다.

14-5b 규제

정부가 독점문제를 처리하는 또 다른 방법은 독점기업의 행태를 규제하는 것이다. 이런 해결방식은 가격이 종종 정부에 의해 규제되는 경우, 가령 상수도 회사와 전기회사와 같은 자연독점의 경우 일반적이다.

정부는 자연독점에 대해 어떤 가격을 설정해야 하는가? 이 질문에 대한 답은 처음에는 쉬워 보이지만, 그처럼 쉽지만은 않다. 가격이 독점기업의 한계비용과 일치해야 한다고 결론을 내릴 수도 있다. 가격이 한계비용과 일치한다면, 고객은 총잉여를 극대화하는 독점기업의 생산량을 구입하게 되고, 자원 배분이 효율적이게 될 것이다.

하지만 규제방법으로 한계비용 설정방식을 실시할 경우 두 가지 실제적인 문제가 발생한다. 첫 번째 문제는 비용곡선의 논리에서 비롯될 수 있다. 정의에 따르면, 자연독점은 평균 총비용이 감소한다. 앞에서 논의했던 것처럼, 평균 총비용이 감소할 때 한계비용은 평균 총비용을 하회한다. 이런 상황은 그림 10에서 볼 수 있으며, 해당 기업은 대규모 고정비용을 갖고 그로부터 한계비용이 일정해진다. 규제당국이 가격을 한계비용과 일치하도록 설정할 경우, 해당 가격은 그 기업의 평균 총비용보다 작아서 손실이 발생한다. 독점기업은 이렇게 낮은 가격을 부과하는 대신에 해당 산업에서 퇴출하게 된다.

규제당국은 다양한 방법으로 이 문제에 대응할 수 있는데, 그중 어느 것도 완전하지는 않다. 한 가지 방법은 독점기업에 보조금을 지불하는 것이다. 본질적으로, 정부는 한계비용 가격설정에 내재된 손실을 떠맡게 된다. 하지만 정부는 과세를 통해 보조금의 재원을 마련해야 하는데, 이 자체만으로 사장된 손실이 발생한다. 대안으로, 규제당

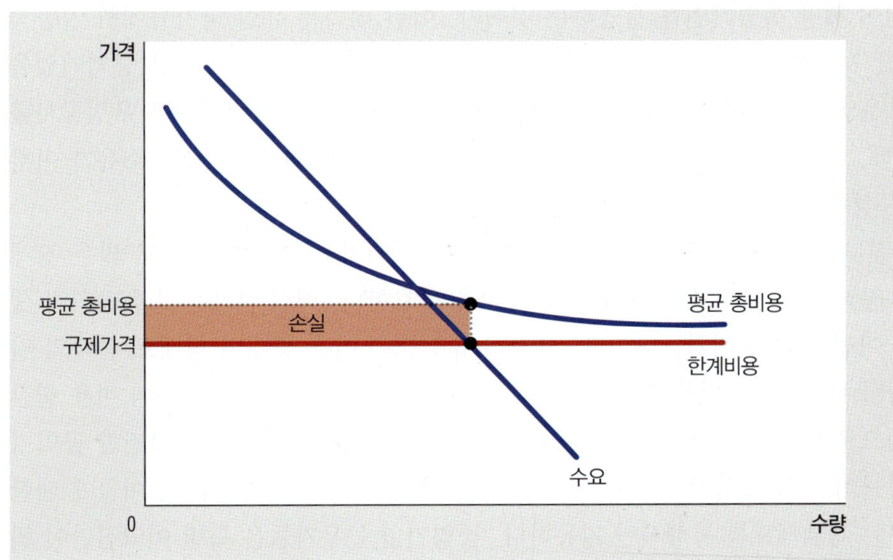

그림 10

자연독점의 한계비용 가격설정

자연독점의 경우 평균 총비용이 감소하기 때문에, 한계비용은 평균 총비용보다 더 작다. 따라서 규제당국이 자연독점 기업에 한계비용과 같은 가격을 부과하도록 요구할 경우, 해당 가격은 평균 총비용보다 낮아져서 손실이 발생한다.

합병과 경쟁

"규제당국이 지난 10년 동안 주요 네트워크 항공사들 사이의 합병을 승인하지 않았다면, 오늘날 여행자들의 형편은 나아졌을 것이다."

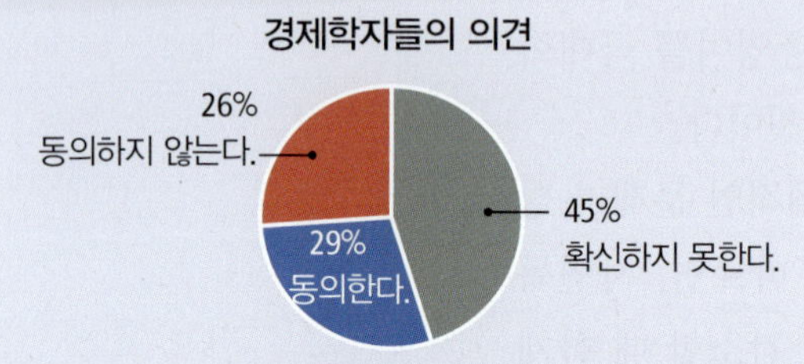

"미국인들이 광대역 정보통신망, 케이블 텔레비전, 통신서비스에 너무 많은 비용을 지불하는 것은 부분적으로 적절한 경쟁이 부족하기 때문이다."

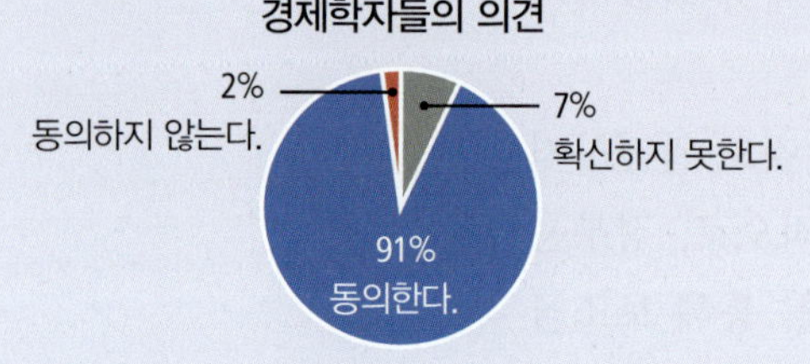

출처: IGM Economic Experts Panel, August 28, 2013, July 20, 2021.

국은 독점기업이 한계비용보다 더 높은 가격을 부과하도록 할 수 있다. 규제된 가격이 평균 총비용과 같을 경우, 독점기업은 정확히 영의 경제적 이윤을 얻게 된다. 하지만 독점기업이 설정한 가격이 해당 물품 생산에 따른 한계비용을 더 이상 반영하지 않기 때문에, 평균비용 가격설정은 사장된 손실로 이어진다. 본질적으로 평균비용 가격설정 방법은 독점기업이 판매한 물품에 대한 조세와 같은 효과를 갖는다.

규제방법으로서 한계비용 가격설정(그리고 평균비용 가격설정) 방식에 따른 두 번째 문제는 독점기업에 비용을 인하하려는 유인을 제공하지 못한다는 점이다. 경쟁시장에 있는 각 기업은 자신의 비용을 낮추려 하는데, 그 이유는 저렴한 비용이 바로 높은 이윤을 뜻하기 때문이다. 그러나 규제된 독점기업이 비용을 낮출 때마다 규제당국이 가격을 낮출 것을 알고 있다면, 독점기업은 비용 인하로 인해 편익을 얻지 못한다. 실제로, 규제당국은 독점기업이 증가된 이윤의 형태로 비용 인하에 따른 편익의 일부를 차지하도록 하여 이런 문제를 처리한다. 이것은 한계비용 가격설정 방식에서 약간 벗어나는 관행이다.

14-5c 공적 소유

독점을 처리하는 세 번째 정책은 공적 소유를 시행하는 것이다. 즉, 민간 기업이 운영하는 자연독점 기업을 규제하지 않고 정부기관 자신이 해당 독점기업을 운영하는 것이다. 이런 해법은 유럽 국가들에서 일반적이며, 해당 지역에서 정부기관은 전화회사, 상수도 회사, 전기회사와 같은 공익기업을 소유하고 운영한다. 이런 방식은 미국에서도 역시 일반적이다. 정부기관은 우정공사를 운영하는데, 이는 종종 자연독점으로 간주된다. 그리고 전국에 걸쳐 공적 소유가 이루어진 많은 상수도 및 전기 공익기업들이 있다.

자연독점 기업에 대한 공적 소유가 종종 대중적인 지지를 받기는 하지만, 많은 경제학자들은 공적 소유 방식보다 사적 소유 방식을 선호한다. 핵심 문제는 소유방식이 생산비용에 어떤 영향을 미치느냐이다. 사적 소유주들은 이윤 증대의 형태로 편익의 일부를 차지할 수 있는 한 비용을 극소화하려는 유인을 갖게 된다. 관리자들이 비용 절감을 성공적으로 달성하지 못할 경우, 기업 소유주들은 이들을 해고한다. 하지만 공익기업 근무자들이 이를 달성하지 못할 경우 고객과 납세자들이 손해를 보며, 이들에 대한 상환 청구는 정치제도를 통해서만 가능하다. 공익기업 근무자들은 특별 이익집단이 될 수 있으며, 정치제도를 왜곡해서 자신들의 이익을 추구한다. 간단히 말해, 기업이 효율적으로 운영되도록 보장하는 측면에서 볼 때 투표를 통한 방식은 이윤 동기를 통한 방식보다 신뢰성이 낮다.

14-5d 무엇보다도, 해를 끼치지 마시오

독점기업이 갖고 있는 문제를 완화하기 위해 시행되는, 앞에서 설명한 각 정책은 단점이 있다. 결과적으로, 일부 경제학자들은 독점기업의 가격책정 방식을 처리할 때 상황이 악화되지 않도록 정부가 주의를 기울여야 한다고 주장한다. 산업조직 분야에서 쌓은 업적으로 노벨 경제학상을 수상한 조지 스티글러(George Stigler)는 다음과 같이 평가했다.

> 경제학의 유명한 정리에 따르면, 경쟁기업 경제가 주어진 자본량으로부터 얻을 수 있는 가장 큰 소득을 산출한다. 이 정리의 정확한 조건에 부합하는 실제 경제는 존재하지 않으며, 모든 실제 경제는 이상적인 경제에 도달하지 못한다. 이 차이를 '시장실패'라고 한다. 하지만 내 생각으로는, 미국 경제에 존재하는 '시장실패'의 정도는 실제 정치제도에서 발견되는 경제정책의 불완전성에 기인한 '정치실패'보다 훨씬 작다.

이 인용문이 제시하고 있는 것처럼, 이따금 정치세계는 매우 불완전한 시장보다 훨씬 덜 완전하다. 스티글러 교수의 이름을 딴 시카고대학교의 한 연구소는 독점 지배력과 정치제도 사이에 존재하는 불안한 관계를 꾸준히 분석해오고 있다. 최선의 해법이 언제나 명확한 것은 아니다. 전부는 아니지만 몇몇 경우에는 아무것도 하지 않는 것이 더 현명할 수 있다.

Quiz

9. ______________ 독점금지 규제당국은 두 기업의 합병을 금지시킬 가능성이 높다.
   a. 해당 산업에 다른 기업들이 많이 존재하는 경우
   b. 결합으로 인해 상당한 시너지가 발생하는 경우
   c. 결합된 기업의 시장 점유율이 커지는 경우
   d. 결합된 기업이 낮은 가격으로 경쟁기업을 도태시키는 경우

10. 규제당국이 자연독점에 대해 한계비용 가격설정 방식을 시행할 경우, 발생할 수 있는 문제는 ______________.
    a. 소비자들이 효율적인 수준보다 해당 물품을 더 많이 구입할 것이다.
    b. 소비자들이 효율적인 수준보다 해당 물품을 더 적게 구입할 것이다.
    c. 해당 기업은 손실을 보고 시장에서 퇴출될 것이다.
    d. 해당 기업은 초과 이윤을 얻게 될 것이다.

해답은 이 장의 끝부분에 있다.

시사 경제

바이든 행정부는 독점금지 정책의 범위를 확대할 것인가?

계속되는 논쟁은 독점금지 규제당국이 단순히 대기업이 미치는 경제적 영향에서 정치적 및 문화적 영향으로 초점을 확대해야 하는지 여부에 대한 것이다.

독점금지의 새로운 임무: 효율성이 아닌 민주주의의 수호

그렉 아이피(Greg Ip)

아마존의 MGM 인수 제안은 독점금지에 대한 우려를 거의 유발하지 않았다. 영화 배급사인 MGM이 흥행 수입, 즉 박스오피스 총수입에서 차지하는 비중이 미미했고 아마존의 엔터테인먼트 규모가 상대적으로 작았다.

물론 아마존은 영화 제작 외에 훨씬 더 많은 사업을 한다. 미국 최대의 전자상거래 및 클라우드 컴퓨팅 회사이며 책, 비디오, 음반의 지배적 판매업체이기도 하다. 아마존의 설립자이자 최고 경영자인 제프 베이조스(Jeff Bezos)는 워싱턴 포스트지를 소유하고 있다. 전체적으로 아마존과 제프 베이조스는 경제적, 문화적 영향력이 상당히 집중되어 있다. 신세대 반트러스트법 위반 단속자들의 눈으로 보면, 이것은 합병으로 얻는 효율성 편익보다 더 큰 문제이다.

법학 전문대학원 학생이었던 리나 칸(Lina Khan)은 2017년에 지금은 널리 알려진 법률 학회지 논문에서 다음과 같이 말했다. "아마존이 자사 플랫폼을 활용하여 여러 사업분야를 통합하는 것은 과도한 경제적, 정치적 권력을 부여하게 될지에 의문을 제기할 타당한 이유가 된다."

지난달에 바이든 대통령은 32세의 리나 칸을 미국 공정거래위원회 위원장으로 지명했다. 4월 인증 청문회에서 그녀는 독점금지의 역사적 사명이 "견제받지 않는 독점력으로부터 우리의 경제와 민주주의를 보호하는 것"이라고 말했다.

리나 칸은 루이스 브랜다이스(Louis Brandeis)의 이름을 따서 명명된 네오-브랜다이지언 운동을 구체화하고 있다. 루이스 브랜다이스는 거대함은 비효율적이고 자유에 반하는 것이라고 주장하며, 승소 가능성이 희박한 사건을 맡아 정의가 실현되도록 노력하는 십자군 변호사였고, 후에 대법원 판사가 되었다. 1914년에 그는 다음과 같이 썼다. "규모는 범죄가 아니라고들 말하지만, 적어도 규모를 획득하는 수단이나 용도는 해로울 수 있다."

브랜다이스의 입장에서 볼 때, 민주주의에는 노동자가 고용주와 협상할 수 있는 자유, 공급업체와 소매업체가 협상할 수 있는 자유, 농부가 은행과 협상할 수 있는 자유가 있어야 하고, 이를 위해서는 다양한 시장 참여자가 필요하다. 콜롬비아대학교 법학 교수인 팀 우(Tim Wu)는 2018년 저서에서 다음과 같이 말했다. "브랜다이스는 기업들이 거대해지고 강력해지면서 자신만을 위한 삶을 영위하고 인류의 욕구와 두려움에 점차 둔감해지는 것을 두려워했다." 팀 우는 바이든 행정부의 국가경제위원회에서 활동하고 있다.

수십 년 동안 법원과 규제당국은 독점금지법을 해석하여, 예를 들면 공급업체와 고객의 독점적 거래와 같은 합병 및 사업 관행에 대해 주기적으로 판결을 내렸다.

1970년대에 들어 이 접근방식은 생전에 리처드 닉슨 행정부에서 일했던 법학자 로버트 보크(Robert Bork)가 이끄는 보수주의자들의 공격을 받았다. 그는 1978년 저서인 『독점금지 역설』에서 다음과 같이 말했다. "미국 독점금지법의 유일한 합법적 목적은 소비자 후생을 극대화하는 것이다." 효율성을 높여서 기업들은 성장했고, 이를 통해 "시장경제에 대해 기본적인" 이해도 하지 못하는 소비자, 판사, 규제당국에 이익을 주었으며, 정치적 및 사회적 목적의 "복주머니"를 추구하면서 합병을 막았을 때 소비자들에게서 이런 효율성에 따른 편익을 박탈하였다고 했다.

소비자 후생 기준이 독점금지를 좌우하게 되었다. 하지만 지난 10년간 경제 집중도의 증가, 이윤 폭의 증가, 창업 감소, 투자 저하 등은 독점력이 다시 증가하고 있음을 시사한다.

한편, 바이든 대통령이 당선되자 수십 년 동안 경제정책을 좌우해온 친시장 원칙에 대한 반발이 일어났다. 진보주의자들은 효율성에 대한

14-6 결론: 독점 범위의 확장

이 장에서는 기업이 부과하는 가격을 통제하는 이들의 행태에 관해 논의했다. 이런 기업들은 이전 장에서 살펴본 경쟁기업들과 매우 상이하게 행동한다는 사실을 알았다. 표 3은 경쟁시장과 독점시장에 존재하는 핵심적인 유사점과 차이점 일부를 요약해서

집착이 불평등과 인종 간 불균형을 악화한다고 비난한다. 반면에, 보수 포퓰리스트들은 자유무역이 제조업을 공동화했다고 비난한다.

빅테크 기업은 이런 반발의 폭심지가 되고 있다. 한두 기업이 소셜미디어, 스마트폰 앱스토어, 인터넷 검색, 웹 광고, 전자상거래를 지배한다. 소비자 후생의 관점에서만 판단할 경우, 이런 것은 문제를 야기할 것처럼 보이지 않는다. 이들 물품은 저렴하거나 무료이며, 매우 인기가 있다. 하지만 경제력 집중 관점에서 볼 때는 문제가 있다. 필수 플랫폼을 통제하기 때문에, 개별 판매자, 앱 개발자, 콘텐츠 제공자, 사용자는 대안이 거의 없으며 따라서 협상력도 없다. 잠재적 경쟁기업이 넘을 수 없을 정도로 진입장벽이 높다. 또한 이들은 수십억 명의 사용자가 공유하고 시청하는 예술적, 정치적 콘텐츠를 결정한다.

리나 칸은 미국 공정거래위원회 위원장이 되기 전에 아마존 같은 플랫폼 운영자가 해당 플랫폼 사용자와 경쟁하는 것을 금지하거나 공익기업처럼 규제하는 것을 옹호했다. 그녀는 플랫폼 운용자가 일단 지배적 규모에 도달하면 동일한 공급망에 있는 두 업체, 가령 MGM 같은 콘텐츠 공급업체와 아마존 같은 배급 유통업체의 수직적 합병을 금지했을 것이다. 공정거래위원회 위원장이 된 후, 그녀는 아마존에 대해 아무 말도 하지 않았다. 그럼에도, 아마존은 이런 견해를 인용하면서 리나 칸에게 기업에 대한 공정거래위원회의 조사에서 자사를 제외해 달라고 요청했다.

리나 칸의 견해에 따르면, 사업구조가 반경쟁적 행태를 조장하는 데 따른 위험은 가격 인상 같은 행태에 따른 위험보다 더 심각하다.

하지만 이런 접근방식은 그 자체로 위험을 수반한다. 증거가 부족한 경우 법정에서 패소하는, 증거가 빈약한 사건이 될 수 있다. 미국 연방판사는 페이스북이 독점이라는 사실을 입증하지 못했다는 이유로 공정거래위원회와 대부분의 주 법무장관이 제기한 소송을 기각했다. 하원에서 민주당이 발의한 법안은 그런 소송에서 승소할 기준을 낮출 수 있겠지만, 해당 법안의 운명은 불투명하다. 기업의 거대화를 막는 것은 대기업만이 제공할 수 있는 편익을 소비자에게서 박탈할 수 있다. 전염병의 세계적 대유행으로 매장 안으로 들어가지 못한 수백만 명이 아마존의 능력에 의존했다.

네오-브랜다이지언은 기업 지배력의 남용 가능성을 우려했지만, 로버트 보크와 견해를 같이하는 사람들은 독점금지 당국의 권한 남용 가능성을 우려했다. 2018년에 미국 법무부는 AT&T의 타임워너 인수를 막으려 했으나 성공하지 못했다. 많은 사람은 이런 조처를 타임워너 계열사인 CNN에 대한 그 당시 대통령 도널드 트럼프의 개인적인 적대감에서 비롯된 것으로 보았다.

SIPA USA/ALAMY STOCK PHOTO

미국 공정거래위원회 의장 리나 칸

모든 결점에도 불구하고, 소비자 후생 기준에 의해 좌우되는 독점금지는 민주주의에 무엇이 좋고 나쁜지에 대한 믿음보다 정치화될 위험이 적다. ■

논의 사항

1. 정책 입안자들이 대기업의 경제적 영향력 이외의 것에도 관심을 가져야 한다고 생각하는가? 그렇다면 그 이유는 무엇이고, 그렇지 않다면 그 이유는 무엇인가?
2. 독점금지법의 범위를 확대하는 데 어떤 위험이 있다고 생각하는가?

출처: *The Wall Street Journal*, July 8, 2021.

보여주고 있다.

공공정책 수립을 위해 필요하다고 생각되는 중요한 사실은, 독점기업은 효율적인 수량보다 더 적게 생산하며 한계비용보다 더 높은 가격을 부과한다는 것이다. 따라서 독점으로 인해 사장된 손실이 발생한다. 가격차별을 통해 이따금 이런 비효율성을 완화할 수 있다. 하지만 다른 때는 정책 입안자들의 적극적인 역할이 요구될 수도 있다.

표 3

경쟁 대 독점: 요약 비교

	경쟁	독점
유사점		
기업의 목표	이윤 극대화	이윤 극대화
이윤 극대화 규칙	$MR=MC$	$MR=MC$
단기적으로 경제적 이윤을 얻을 수 있는가?	그렇다	그렇다
차이점		
기업의 수	많다	한 개
한계수입	$MR=P$	$MR<P$
가격	$P=MC$	$P>MC$
후생을 극대화하는 생산량을 생산하는가?	그렇다	아니다
장기적으로 진입이 발생하는가?	그렇다	아니다
장기적으로 경제적 이윤을 얻을 수 있는가?	아니다	그렇다
가격차별이 가능한가?	아니다	그렇다

독점문제는 얼마나 널리 확산되어 있는가?

어떤 의미에서 독점은 흔한 일이다. 대부분의 기업은 자신이 부과하는 가격을 어느 정도 통제할 수 있다. 이들 기업은 자신이 생산하는 물품에 시장가격을 억지로 부과하지 않아도 되는데, 그 이유는 이들 물품이 다른 기업들이 제시하는 물품과 정확하게 동일하지 않기 때문이다. 전기차 브랜드 테슬라는 다른 전기차 브랜드 머스탱과 동일하지 않다. 또한 아이스크림 브랜드 벤 앤 제리스의 물품이 다른 아이스크림 브랜드 브라이어스의 물품과 동일하지 않다. 이들 물품은 각각 기울기가 하향하는 수요곡선을 가지며, 이로 인해 생산업체는 어느 정도의 독점력을 갖게 된다.

하지만 상당한 독점력을 갖고 있는 기업은 드물다. 정말로 독특한 물품은 거의 존재하지 않는다. 대부분의 물품은 정확하게 동일하지는 않더라도 유사한 대체재가 있다. 벤 앤 제리스 브랜드의 아이스크림 생산업체는 매출을 모두 잃지 않으면서 가격을 약간은 인상할 수 있다. 하지만 가격을 많이 인상할 경우 고객은 다른 브랜드로 전환해서 매출이 대폭 감소하게 된다.

결국, 독점력은 정도의 문제이다. 많은 기업이 어느 정도의 독점력을 갖는 것은 사실이다. 그럼에도, 대부분 기업의 독점력은 제한된다. 많은 상황에서, 기업이 경쟁시장에서 운영된다고 가정할 경우, 꼭 그렇게 운영되지 않더라도 이 가정이 크게 틀리지는 않을 것이다.

요약

- 독점기업은 해당 시장에 있는 유일한 매도인이다. 유일한 단일기업이 주요한 자원을 보유하는 경우, 정부가 어떤 기업에게 물품을 생산하는 독점권을 부여하는 경우, 유일한 단일기업이 많은 기업들보다 더 낮은 비용으로 전체 시장에 공급할 수 있는 경우, 독점이 발생한다.
- 독점기업은 시장에 있는 유일한 생산업체이기 때문에, 이 기업이 직면하는 해당 물품에 대한 수요곡선의 기울기는 하향한다. 독점기업이 생산을 1단위 더 증가시킬 경우, 해당 물품의 가격은 하락하게 되며 이로 인해 모든 생산 수량에 대해 받을 수 있는 수입액이 감소한다. 따라서 독점기업의 한계수입은 해당 물품의 가격보다 언제나 더 적다.
- 경쟁기업과 마찬가지로, 독점기업은 한계수입과 한계비용이 일치하는 수량을 생산하여 이윤을 극대화한다. 그러고 나서 독점기업은 소비자들이 해당 수량을 수요하는 가격을 설정한다. 하지만 경쟁기업과 달리 독점기업의 가격은 한계수입을 상회하므로, 가격이 한계비용을 상회하게 된다.
- 독점기업의 이윤을 극대화하는 생산량은 소비자 잉여와 생산자 잉여의 합을 극대화하는 수준에 못 미친다. 즉 독점기업이 한계비용을 상회하는 가격을 부과할 경우, 해당 물품의 생산비용보다 해당 물품에 더 많은 가치를 두는 일부 소비자가 해당 물품을 구입하지 못하게 된다. 따라서 독점은 조세로 인해 발생하는 것과 유사한 사장된 손실로 이어진다.
- 독점기업은 종종 매수인의 지불하려는 의지에 기초하여 동일한 물품에 상이한 가격을 부과하여 이윤을 증대시킬 수 있다. 이런 가격차별 관행을 통해 그렇지 않았다면 해당 물품을 구입할 수 없었을 일부 소비자들이 이를 얻게 되어 경제적 후생이 증대될 수 있다. 완전 가격차별과 같은 극단적인 경우에, 독점에 따른 사장된 손실이 제거되어 시장에서 발생하는 전체 잉여를 독점 생산업체가 차지하게 된다. 보다 일반적으로 가격차별이 불완전한 경우에, 단일 독점가격에 따른 결과와 비교해볼 때 후생을 증대시키거나 감소시킬 수 있다.
- 정책 입안자들은 다음과 같은 몇 가지 방법으로 독점기업 행태로 인한 비효율성에 대응할 수 있다. 독점금지법을 활용해 해당 산업을 좀 더 경쟁적으로 만들 수 있다. 독점기업이 부과하는 가격을 규제할 수 있다. 독점기업을 정부가 운영하는 기업으로 전환시킬 수 있다. 정책 시행에 따른 불가피한 불완전성에 비교해볼 때 시장실패의 규모가 작다고 생각되면, 아무것도 하지 않을 수 있다.

주요 개념

독점 339　　자연독점 341　　가격차별 355

복습용 질문

1. 정부가 만들어낸 독점의 예를 드시오. 이런 독점을 만드는 것은 반드시 나쁜 공공정책인가? 설명하시오.
2. 자연독점을 정의하시오. 시장규모는 어떤 산업이 자연독점인지 여부와 무슨 관련이 있는가?
3. 독점기업의 한계수입이 해당 물품의 가격보다 더 작은 이유는 무엇인가? 한계수입이 마이너스가 될 수 있는가? 설명하시오.
4. 독점기업의 수요곡선, 한계수입곡선, 평균 총비용곡선, 한계비용곡선을 그리시오. 이윤을 극대화하는 생산량, 이윤을 극대화하는 가격, 이윤 금액을 나타내시오.
5. 이전 질문에 따른 도해에 총잉여를 극대화하는 생산량을 나타내시오. 독점에 따른 사장된 손실을 나타내시오. 여러분의 답변을 설명하시오.

6. 가격차별에 관한 두 가지 예를 드시오. 각각의 경우에서 독점기업이 그런 기업전략을 선택한 이유를 설명하시오.

7. 정부가 기업 간의 합병을 규제할 수 있는 근거는 무엇인가? 사회 후생의 관점에서 볼 때, 합병이 도움이 되는 이유를 한 가지 들어보시오. 손해가 되는 이유를 한 가지 들어보시오.

8. 규제당국이 자연독점 기업에게 가격을 한계비용과 같게 설정하라고 지시할 경우 발생하는 두 가지 문제점을 설명하시오.

문제와 응용

1. 어떤 출판사는 인기 있는 작가가 쓴 신작소설에 대해 다음과 같은 수요 스케줄을 갖는다.

가격	수요량
100달러	0권
90	100,000
80	200,000
70	300,000
60	400,000
50	500,000
40	600,000
30	700,000
20	800,000
10	900,000
0	1,000,000

작가에게 200만 달러를 지불했고, 소설책을 출판하는 한계비용은 일정하게 권당 10달러이다.

a. 각 수요량에서의 총수입, 총비용, 이윤을 계산하시오. 이윤을 극대화하려는 출판업자는 어느 수량을 선택하는가? 그리고 어느 가격을 부과하는가?

b. 한계수입을 계산하시오.($MR = \Delta TR / \Delta Q$를 기억하시오) 한계수입은 가격과 어떻게 비교되는가? 설명하시오.

c. 한계수입, 한계비용, 수요곡선을 그래프로 나타내시오. 한계수입곡선과 한계비용곡선은 어느 수량에서 교차하는가? 이것이 의미하는 것은 무엇인가?

d. 여러분이 그린 그래프에서 사장된 손실을 빗금 쳐 나타내시오. 이것이 의미하는 바를 말로 설명하시오.

e. 소설책을 쓴 작가에게 200만 달러 대신에 300만 달러를 지불할 경우, 어느 가격을 부과해야 하는지에 관한 출판업자의 결정에 어떤 영향을 미치는가?

f. 출판업자는 이윤을 극대화하지 않고, 대신에 경제적 효율성을 극대화하는 데 관심이 있다고 가상하자. 소설책에 어느 가격을 부과해야 하는가? 이 가격에서 이윤을 얼마나 얻을 수 있는가?

2. 어느 작은 도시에 동일하면서 일정한 한계비용을 가지며 경쟁하는 슈퍼마켓들이 많이 있다.

a. 식료품 시장 도해를 사용하여, 소비자 잉여, 생산자 잉여, 총잉여를 보이시오.

b. 이제는 독립적인 슈퍼마켓들이 결합하여 하나의 체인망을 구성했다고 가상하자. 새로운 도해를 사용하여 새로운 소비자 잉여, 생산자 잉여, 총잉여를 보이시오. 경쟁시장과 관련지어 볼 때, 소비자들로부터 생산자들로 이전된 것은 무엇인가? 사장된 손실은 무엇인가?

3. 윤아는 지금 막 자신의 최근 앨범 녹음을 끝마쳤다. 그녀의 음반회사는 CD에 대한 수요가 다음과 같을 것이라 확정했다.

가격	CD의 수량
24달러	10,000
22	20,000
20	30,000
18	40,000
16	50,000
14	60,000

이 음반은 CD를 생산하는 데 고정비용이 들지 않으며 CD당 5달러의 가변비용이 소요된다.

a. CD 10,000장, 20,000장 등과 같은 수량에 대한 총수입을 구하시오. 판매량이 10,000장당 증가하는 데 따른 한계수입은 얼마인가?

b. 이윤을 극대화하는 CD의 수량은 얼마인가? 가격은 얼마인가? 이윤은 얼마인가?

c. 여러분이 윤아의 에이전트라면, 음반회사에 얼마의 음반 취입료를 요구하라고 조언하겠는가? 그 이유는 무엇인가?

4. 어떤 회사가 하천을 횡단하는 교량 건설을 고려하고 있다. 교량 건설비용은 200만 달러가 소요되고 유지비용은 발생하지 않는다. 교량의 수명 동안 해당 회사가 예상하는 하천 횡단 수요는 다음과 같다.

횡단 통행료	횡단 통행 수(천 명)
8달러	0
7	100
6	200
5	300
4	400
3	500
2	600
1	700
0	800

a. 해당 기업이 교량을 건설한다면 이윤을 극대화하는 가격, 즉 횡단 통행료는 얼마인가? 해당 생산량, 즉 횡단 통행 수의 수준은 효율적인가? 그렇다면 그 이유는 무엇이고, 그렇지 않다면 그 이유는 무엇인가?

b. 해당 기업이 이윤을 극대화하려 한다면, 교량을 건설해야 하는가? 이윤 또는 손실은 얼마인가?

c. 정부가 교량을 건설하려 한다면, 해당 기업은 가격, 즉 횡단 통행료를 얼마나 부과해야 하는가?

d. 정부가 교량을 건설해야 하는가? 설명하시오.

5. 독점기업의 가격설정과 수요의 가격 탄력성의 관계를 생각해보자.

a. 독점기업은, 수요곡선이 비탄력적인 수량 수준에서 생산하지 않는 이유를 설명하시오.(요령: 수요가 비탄력적이고 기업이 가격을 인상할 경우, 총수입 및 총비용에 어떤 일이 발생하는가?)

b. 독점기업에 대한 도해를 그리고, 수요곡선상의 비탄력적인 부분을 정확히 표기하시오.(요령: 이 물음에 대한 답은 한계수입곡선과 관계된다)

c. 여러분이 그린 도해에 총수입을 극대화하는 수량 및 가격을 나타내시오.

6. 여러분은 성인이 300명이고 어린이가 200명인 작은 마을에 살고 있으며, 이웃들에게 즐거움을 주고 수익을 올리기 위해 연극을 공연하려 한다. 연극 공연에 따른 고정비용은 2,000달러이지만, 입장권 발행에 따른 한계비용은 0달러이다. 두 유형의 고객에 대한 수요 스케줄은 다음과 같다.

가격	성인	어린이
10달러	0	0
9	100	0
8	200	0
7	300	0
6	300	0
5	300	100
4	300	200
3	300	200
2	300	200
1	300	200
0	300	200

a. 이윤을 극대화하기 위해, 성인 입장권에 어느 가격을 부과해야 하는가? 어린이 입장권에 대해서는 어떠한가? 이윤을 얼마나 올릴 수 있는가?

b. 시의회는 상이한 고객에게 상이한 가격을 부과하지 못하도록 하는 조례를 통과시켰다. 이제는 입장권에 어느 가격을 부과하게 되는가? 이윤을 얼마나 올릴 수 있는가?

c. 가격차별을 금지하는 조례로 누구의 형편이 나빠지는

가? 누구의 형편이 좋아지는가?(할 수 있다면, 후생의 변화를 수량으로 나타내시오)

d. 연극 공연에 따른 고정비용이 2,000달러가 아니라 2,500달러라면, (a), (b), (c)에 대한 여러분의 답변은 어떻게 변화하는가?

7. 한경 시에 거주하는 주민들은 모두 경제학을 좋아하며, 이 도시의 시장은 경제학 박물관을 설립하고자 한다. 박물관 건립에 따른 고정비용은 240만 달러이고 가변비용은 발생하지 않는다. 주민 수는 10만 명이고, 각 주민은 박물관 방문에 대해 수요가 동일하며 이는 다음과 같다. $Q^D=10-P$, 여기서 P는 입장료이다.

a. 이 박물관의 평균 총비용곡선 및 한계비용곡선을 그래프로 나타내시오. 이 박물관은 어떤 종류의 시장으로 설명할 수 있는가?

b. 시장은 일괄적으로 24달러의 조세를 부과하여 재원을 조달하고, 일반대중에게는 박물관을 무료로 개방하고자 한다. 각 주민은 몇 번이나 방문하게 되는가? 각 주민이 박물관에서 얻을 편익을 계산하시오. 이것은 소비자 잉여에서 부과된 새로운 조세를 감하여 구할 수 있다.

c. 시장이 부과하게 될 새로운 조세에 반대하는 사람들은 박물관이 입장료를 부과하여 자체적으로 재원을 조달해야 한다고 말한다. 박물관이 손실을 입지 않으면서 부과할 수 있는 가장 낮은 가격은 얼마인가?(요령: 입장료 2달러, 3달러, 4달러, 5달러에 대한 박물관 입장 횟수와 이윤을 구하시오)

d. (c)에서 구한 손익분기점 가격에 대해, 각 주민의 소비자 잉여를 계산하시오. 시장이 실시하려는 계획과 비교해볼 때, 이런 입장료가 부과될 경우 누구의 형편이 나아지고, 누구의 형편이 나빠지는가? 설명하시오.

e. 위의 문제에 포함되지 않은 실제 세계의 어떤 고려사항이 입장료 부과 계획안을 정당화하는가?

8. 대희는 소도시에서 깨끗한 식수를 제공하는 하나뿐인 우물을 소유한다. 그는 다음과 같은 수요곡선, 한계수입곡선, 한계비용곡선에 직면한다.

수요: $P=70-Q$

한계수입: $MR=70-2Q$

한계비용: $MC=10+Q$

a. 이들 세 곡선의 그래프를 그리시오. 대희가 이윤을 극대화한다면, 어느 수량을 생산하는가? 어느 가격을 부과하는가? 그래프에 이를 나타내시오.

b. 식수 소비자들을 보호하고자 하는 이 도시의 시장은 (a)에서 도출한 독점가격보다 10% 낮은 가격상한 실시를 고려하고 있다. 이 새로운 가격에서 어느 수량이 수요되는가? 이윤을 극대화하는 대희는 이 수량을 생산할 것인가? 설명하시오.(요령: 한계비용에 관해 생각해보시오)

c. 시장의 아저씨인 민수는, 가격상한이 시행될 경우 식수 부족현상이 발생하기 때문에 좋지 않은 정책이라고 말한다. 가격상한이 시행될 경우 어느 규모의 식수 부족현상이 발생하는가? 설명하시오.

d. 식수 소비자들을 훨씬 더 잘 보호하고자 하는 시장의 친구인 광재는 독점가격보다 50% 낮은 가격상한 실시를 고려하고 있다. 이 가격에서 어느 수량이 수요되는가? 대희는 얼마나 생산하게 되는가? 이 경우 시장의 아저씨인 민수의 주장은 옳은가? 가격상한이 시행될 경우 어느 규모의 식수 부족현상이 발생하는가?

9. 웍남국에는 유일한 한 회사가 축구공을 생산해서 판매하고 있으며, 처음에는 축구공에 대한 국제무역이 금지되어 있다고 가정한다. 이 독점기업의 수요, 한계수입, 총비용, 한계비용 식은 다음과 같다.

수요: $P=10-Q$

한계수입: $MR=10-2Q$

총비용: $TC=3+Q+0.5Q^2$

한계비용: $MC=1+Q$

여기서 Q는 수량이며, P는 웍남국 달러로 나타낸 가격이다.

a. 이 독점기업은 축구공을 얼마나 생산하는가? 어느 가격에서 축구공을 판매하는가? 독점기업의 이윤은 얼마인가?

b. 어느 날 웍남국의 국왕은, 이제부터 세계 가격 6달러로 축구공에 대한 자유무역, 즉 수입이나 수출이 가능하다는 포고령을 발표했다. 해당 기업은 이제 경쟁시

장에서 가격 추종자가 되었다. 축구공의 국내 생산에는 어떤 일이 발생하는가? 국내 소비에는 어떤 일이 발생하는가? 웍남국은 축구공을 수출하는가 아니면 수입하는가?

c. 제9장에서 살펴본 국제무역에 대한 분석에서, 무역이 이루어지지 않을 때의 가격이 세계 가격보다 낮으면 해당 국가는 수출국이 되며, 세계 가격보다 높으면 수입국이 된다. 이런 결론은 (a) 및 (b)의 답변에서도 유지되는가? 설명하시오.

d. 세계 가격이 6달러가 아니라, (a)에서 결정된 것처럼 무역이 이루어지지 않을 때의 국내 가격과 우연히 일치했다고 가상하자. 무역으로 인해 웍남국 경제에 어떤 것이 변화하게 되는가? 설명하시오. 여기서의 결과는 제9장에서 한 분석과 어떻게 비교되는가?

10. 시장조사에 기초하여, 어떤 기업이 자사의 신상품에 대한 수요 및 생산비용에 관해 다음과 같은 정보를 얻었다.

수요: $P = 1{,}000 - 10Q$
총수입: $TR = 1{,}000Q - 10Q^2$
한계수입: $MR = 1{,}000 - 20Q$
한계비용: $MC = 100 + 10Q$

여기서 Q는 판매 단위 수를 나타내며, P는 달러로 표시한 가격이다.

a. 해당 기업의 이윤을 극대화하는 가격 및 수량을 구하시오.

b. 사회적 후생을 극대화하는 가격 및 수량을 구하시오.

c. 독점으로 인한 사장된 손실을 계산하시오.

d. 위의 비용 이외에, 신상품을 발명한 사람에게 지불을 해야 한다. 회사는 다음과 같은 네 가지 옵션을 생각하고 있다.

i. 정액급여 2,000달러
ii. 이윤의 50%
iii. 판매 단위당 150달러
iv. 수입의 50%

위의 각 옵션에 대해, 이윤을 극대화하는 가격 및 수량을 계산하시오. 만일 있다면, 위의 보상제도 중 어느 것이 독점으로 인한 사장된 손실을 변화시키는가? 설명하시오.

11. 동하, 건희, 성진이는 작은 마을에서 하나뿐인 술집을 운영하고 있다. 동하는 금전적 손실을 보지 않으면서 가능한 한 많은 주류를 판매하고자 한다. 건희는 가능한 한 많은 수입을 올릴 수 있도록 술집을 운영하고자 한다. 성진이는 가능한 한 가장 많은 이윤을 얻고자 한다. 하나의 도해에 이 술집의 수요곡선과 비용곡선을 그려서, 이들 세 사람이 각각 선호하는 가격과 수량의 조합을 나타내시오. 이에 대해 설명하시오.(요령: 세 사람 중 한 사람만이 한계수입과 한계비용이 일치하도록 설정한다)

12. 많은 가격차별 제도에서는 어떤 비용이 발생한다. 예를 들면 할인 쿠폰을 사용할 경우 매수인과 매도인 둘 다에게 시간과 자원이 소요된다. 이 문제에서 비용이 수반되는 가격차별의 의미에 대해 살펴볼 것이다. 간단히 하기 위해, 평균 총비용과 한계비용이 일정하고 서로 같아지도록 독점기업의 생산비용은 단순히 생산량에 비례한다고 가상하자.

a. 독점기업의 비용곡선, 수요곡선, 한계수입곡선을 그리시오. 독점기업이 가격차별이 없는 경우 부과하는 가격을 보이시오.

b. 독점기업의 이윤에 해당하는 면적을 도해에 표시하고 이를 X라 하자. 소비자 잉여에 해당하는 면적을 표시하고 이를 Y라 하자. 사장된 손실에 해당하는 면적을 표시하고 이를 Z라 하자.

c. 이제 독점기업은 완전하게 가격차별을 시행할 수 있다고 가상하자. 독점기업의 이윤은 무엇인가?(X, Y, Z의 측면에서 답하시오)

d. 가격차별에 따른 독점기업의 이윤 변화는 무엇인가? 가격차별에 따른 총잉여의 변화는 무엇인가? 어느 변화가 더 큰가? 설명하시오.(X, Y, Z의 측면에서 답하시오)

e. 이제 가격차별과 관련하여 어떤 비용이 발생한다고 가상하자. 이 비용을 모형화하기 위해, 독점기업은 가격차별 시행에 따른 고정비용 C를 지불해야 한다. 독점기업은 이 고정비용의 지불 여부를 어떻게 결정하는가?(X, Y, Z, C의 측면에서 답하시오)

f. 총잉여에 관심이 있는 사회 계획 입안자는 독점기업이 가격차별을 시행할지 여부를 어떻게 결정하는가?(X, Y, Z, C의 측면에서 답하시오)

g. (e) 및 (f)의 답변을 비교하시오. 독점기업의 가격차별을 시행하려는 유인은 사회 계획 입안자의 유인과 어떻게 다른가? 가격차별이 사회적으로 바람직하지 않더라도, 독점기업은 이를 시행할 가능성이 있는가?

Quiz 해답

1. c 2. d 3. b 4. d 5. a 6. b 7. a 8. c 9. c 10. c

Part

6 거시경제학의 자료

Chapter

15

국민소득의 측정

여러분이 학교를 마치고 정규직 일자리를 구할 때, 대체로 전반적인 경제 상황이 여러분의 구직 경험을 구체적으로 결정하게 된다. 어떤 해에는 경제 전반에 걸쳐 기업이 재화 및 용역의 생산을 확장하고, 고용이 증대하며, 일자리가 많아진다. 다른 해에는 기업이 생산을 축소하고, 고용이 감소하며, 구직 광고가 극히 드물어진다. 경제가 확장되는 해에 일자리를 구하는 대학 졸업생은 경제가 수축되는 해의 졸업생보다 훨씬 더 쉽게 일자리를 구하게 된다.

경제 전반의 건전성은 모든 사람에게 영향을 미치기 때문에, 경제 상황이 변할 경우 널리 보도된다. 실제로 뉴스는 경제 통계로 가득 차 있다. 이들 수치는 경제 내 모든 사람의 총소득(국내총생산), 평균 물가가 상승하거나 하락하는 율(인플레이션/디플레이션), 직장이 없는 경제활동인구의 백분율(실업률), 가계에서 지출하는 총액(소매 판매액), 자국과 다른 국가들 사이에서 발생하는 무역 불균형(무역적자)을 측정한다. 이런 통계 수치는 모두 거시경

SHIFT DRIVE/SHUTTERSTOCK.COM, ERDARK/E+/GETTY IMAGES

제와 관련된다. 특정한 가계, 기업, 시장에 집중하지 않고 전체 경제에 관한 정보를 제공한다.

제2장에 논의했던 것처럼, 경제학은 두 분야, 즉 미시경제학과 거시경제학으로 나뉜다. 미시경제학(microeconomics)은 개별적인 가계와 기업이 어떻게 결정을 내리고 시장에서 어떻게 행동하는지 살펴본다. 거시경제학(macroeconomics)은 경제를 전체적으로 분석하며, 수많은 가계, 기업, 시장에 동시에 영향을 미치는 변화를 설명하고자 한다. 거시경제학자들은 다음과 같은 넓은 범위의 질문에 답한다. 평균소득이 일부 국가에서는 높고, 다른 국가에서는 낮은 이유가 무엇인가? 물가가 이따금 급속히 상승하고, 다른 때에는 보다 안정적인 이유는 무엇인가? 생산과 고용이 어떤 해에는 확장되고 다른 해에는 축소되는 이유가 무엇인가? 정부는 어떻게 소득의 신속한 성장, 낮은 인플레이션, 안정적인 고용을 촉진할 수 있는가? 이런 질문들은 전체 경제의 작동과 관련되며, 따라서 거시경제학의 범주에 속하게 된다.

미시경제학
가계와 기업이 어떻게 결정을 내리고 이들이 시장에서 어떻게 상호작용하는지를 분석하는 분야

거시경제학
인플레이션, 실업, 경제 성장을 포함해 경제 전반에 걸친 현상을 분석하는 분야

전체 경제는 많은 시장에서 상호작용하는 가계와 기업의 집합체이므로, 미시경제학과 거시경제학은 밀접하게 연계된다. 예를 들어 공급 및 수요라는 분석도구는 미시경제적 분석에서와 마찬가지로 거시경제적 분석에서도 핵심 역할을 한다. 하지만 경제를 전체적으로 분석할 경우, 이것은 해결하여야 할 또 다른 문제를 야기하게 된다. 숲을 이해하기 위해 각 나무를 분석하는 것만으로는 충분하지 않다.

이 장과 다음 장에서는 전반적인 경제의 성과를 알아보기 위해 경제학자와 정책 입안자가 검토하는 일부 데이터에 대해 논의할 것이다. 출발점은 **국내총생산**(GDP)인데, 이는 어떤 국가의 총소득을 측정하여 알려준다. GDP는 어떤 사회의 경제적 후생을 측정하는 최선의 단일 지표로 종종 간주된다.

15-1 경제의 소득과 지출

어떤 가계의 경제적 상황이 어떤지 판단하려면, 먼저 소득을 보아야 한다. 더 높은 소득은 보통 더 높은 생활수준, 즉 더 큰 주택, 더 좋은 건강관리, 더 멋진 자동차, 더 호화로운 휴가 등으로 해석된다.

동일한 논리가 어떤 국가의 경제에도 적용된다. 경제가 잘 운영되는지 아니면 잘못 운영되는지 여부를 판단하려 할 때, 해당 경제의 모든 사람이 번 총소득을 보는 것이 자연스럽다. 국내총생산을 통해 일국의 경제 상황을 알 수 있다.

GDP는 한 번에 두 가지, 즉 경제 내 모든 사람의 총소득, 그리고 경제의 재화 및 용역 산출물에 대한 총지출을 측정한다. GDP는 총소득과 총지출을 둘 다 측정하는 방안을 실행할 수 있는데, 그 이유는 이들 두 가지 측정치가 동일하기 때문이다. **전체적으로**

본 경제의 경우, 소득은 지출과 같아야만 한다.

왜냐하면 모든 거래에는 두 명의 당사자, 즉 매수인과 매도인이 있기 때문이다. 어떤 매수인이 지출하는 각 화폐 단위, 즉 1달러는 어떤 매도인의 소득 1달러가 된다. 태희가 자기 집의 잔디를 깎도록 동하에게 100달러를 지불할 경우, 동하는 용역의 매도인으로서 100달러를 벌고 태희는 해당 용역의 매수인으로서 100달러를 지출한다. 이 거래로 해당 경제의 소득과 지출이 균등해진다. 총소득으로 측정하든 총지출로 측정하든 GDP는 100달러가 된다.

소득과 지출이 동일하다는 사실을 알 수 있는 또 다른 방법은 거래의 순환경로 도해를 활용하는 것이다. 제2장의 학습을 통해 상기할 수 있는 것처럼, 이 도해는 가계와 기업 사이에 이루어지는 모든 거래를 설명해준다. 모든 재화 및 용역을 가계가 소득 전액을 지출하여 구입한다고 가정함으로써 문제를 단순화할 수 있다. 이 경제에서 가계가 재화 및 용역을 기업으로부터 구입할 때, 이런 지출은 재화 및 용역시장을 통해 이루어져 유통된다. 기업이 판매하여 받은 화폐를 노동의 임금, 지주의 지대, 기업 소유주의 이윤으로 사용할 때, 이런 소득은 생산요소시장을 통해 이루어져 유통된다. 화폐

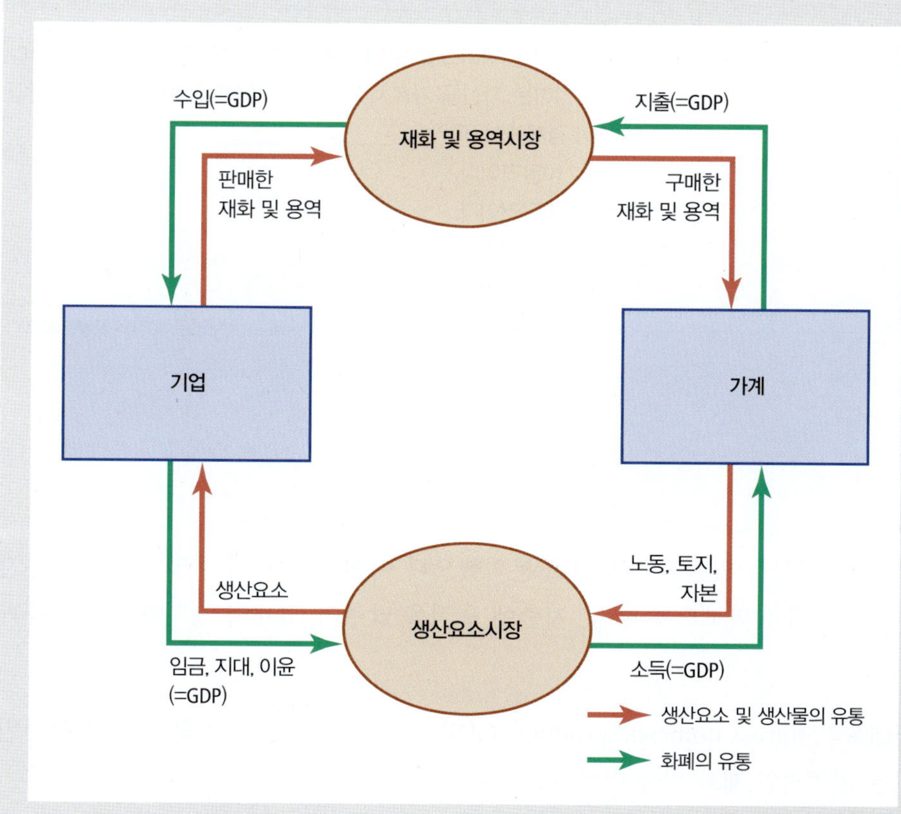

그림 1

순환경로 도해

가계는 기업으로부터 재화 및 용역을 구매하고, 기업은 판매를 통해 얻은 수입으로 노동자에게 임금을 지불하고, 지주에게 지대를 지불하며, 기업 소유주에게 이윤을 제공한다. GDP는 재화 및 용역시장에서 가계가 지출한 총액과 동일하다. 이는 또한 생산요소시장에서 기업이 지불한 총임금, 총지대, 총이윤과 같다.

는 계속해서 가계에서 기업으로 흐르고 그러고 나서 가계로 다시 흘러 들어오는 유통을 거치게 된다.

GDP는 경제 전반에서 이루어지는 화폐의 흐름을 측정한 것이다. 우리는 GDP를 두 가지 방법, 즉 가계의 모든 지출을 합산함으로써 또는 기업이 지불하는 모든 소득(임금, 지대, 이윤)을 합산함으로써 계산할 수 있다. 경제에서 모든 지출은 결국 어떤 사람의 소득이 되기 때문에, GDP는 우리가 그것을 어떻게 계산하는지에 관계없이 동일하다.

실제 경제는 이것보다 훨씬 복잡하다. 가계는 소득 전부를 지출하지 않는다. 이들은 그중 일부를 조세로 정부에 납부하고, 일부를 장래에 사용하기 위해 저축한다. 그리고 가계는 경제 내에서 생산된 모든 재화 및 용역을 구매하지는 않는다. 일부 재화 및 용역은 공적 목적을 위해 정부가 구매하고, 또 다른 일부는 기업이 생산능력을 확장시키기 위해 구매한다. 하지만 다음과 같은 기본적인 교훈은 변하지 않고 동일하다. 가계, 정부, 기업이 재화 또는 용역을 구입한 경우 누구든 관계없이, 거래에는 언제나 매수인과 매도인이 존재한다. 전체로 본 경제에서 지출은 소득과 같다.

Quiz

1. 어떤 경제의 국내총생산은 ________________.
   a. 지출이 소득을 초과한 금액이다.
   b. 소득이 지출을 초과한 금액이다.
   c. 총소득과 총지출이다.
   d. 총소득의 백분율로 나타낸 총지출이다.

2. 유림이는 케이크를 구워서 찬우에게 10달러를 받고 판매한다. 승범이는 자신을 가르쳐주도록 수경이에게 30달러를 지불한다. 이 경제에서 GDP는 ________________.
   a. 10달러이다.
   b. 20달러이다.
   c. 30달러이다.
   d. 40달러이다.

해답은 이 장의 끝부분에 있다.

15-2 GDP의 측정

앞에서 국내총생산을 일반적인 용어로 논의했으니 이제는 GDP가 어떻게 측정되는지를 보다 명확하게 살펴보도록 하자. 지출에 초점을 맞추어 GDP를 정의해보면 다음과 같다.

국내총생산(GDP)
일정한 기간에 일국 내에서 생산된 모든 최종적인 재화 및 용역의 시장가치

- 국내총생산(gross domestic product, GDP)은 일정한 기간에 일국 내에서 생산된 모든 최종적인 재화 및 용역의 시장가치이다.

이 정의가 매우 간단한 것처럼 보일지도 모른다. 하지만 실제로 한 경제의 GDP를 계산할 때는 난해하고 미묘한 문제점이 많이 발생한다. 위의 정의를 구성하는 각 문구를 설명해보도록 하자.

15-2a "GDP는 … 시장가치이다"

"여러분은 사과와 오렌지를 비교할 수 없다." 이 격언은 종종 사실이지만, GDP는 그것을 정확하게 해낸다. GDP는 많은 상이한 생산물들에 대한 경제활동 가치를 측정한 단일 척도로 합산한다. GDP는, 수량을 가치를 측정하는 척도로 환산하기 위해 시장가격을 사용해서 이 일을 수행한다. 가격은 상이한 재화에 대해 사람들이 지불하고자 하는 금액을 반영하기 때문에 가치를 판단하는 척도가 된다. 사과가격이 오렌지 가격의 두 배가 된다면, 사과는 오렌지보다 GDP에 두 배 더 기여한다.

15-2b "… 모든 …"

GDP는 넓은 범위의 물품을 포괄한다. GDP에는 경제에서 생산되어 시장에서 합법적으로 판매되는 모든 품목이 포함된다. GDP는 사과와 오렌지뿐만 아니라 배와 자몽, 서적과 영화, 이발과 보건의료 등의 시장가치를 측정한다.

GDP는 또한 경제의 주택 저량으로부터 나오는 주택 서비스의 시장가치를 포함한다. 임대주택의 경우, 이 가치는 계산하기가 쉽다. 즉 임대료는 주택 임차인의 지출과 같고 주택 소유주의 소득과도 같다. 하지만 많은 사람이 자신의 주택을 소유하고 있기 때문에 임차료를 지불하지 않는다. 정부는 소유주가 거주하는 주택의 임대 가치를 추정하여 이를 GDP에 포함시킨다. 실제로 국민소득 계정은 주택 소유주가 자신의 주택을 자신에게 임대한다고 가정한다. 이런 귀속 임대료는 주택 소유주의 지출과 소득 둘 다에 포함되어 GDP에 합산된다.

하지만 가치를 측정하기 어려운 일부 생산물은 GDP에서 배제한다. 이 범주에서는 대부분의 품목이 불법적인 약물처럼 불법적으로 생산되고 판매된다. GDP에서는 시장에서 거래되지 않는 대부분의 품목도 배제하는데, 그 이유는 가정에서 생산되고 소비되기 때문이다. 예를 들면 GDP는 식료품점에서 구매한 채소를 포함하지만 자기 집 마당에서 키운 채소는 포함하지 않는다. 여러분이 집에서 일을 할 때, 고용주를 위해 생산하는 것은 GDP의 일부가 되지만 가족을 위해 생산하는 것은 포함되지 못한다.

GDP에서 배제된 생산물로 인해 모순적인 결과에 도달할 수 있다. 태희가 승규에게 자기 집 잔디를 깎아 달라며 대가를 지불할 때, 이런 거래는 GDP의 일부가 된다. 하지만 태희와 승규가 결혼을 했다고 가상하자. 승규가 계속해서 태희의 잔디를 깎아 주더라도, 잔디 깎기로 인해 발생하는 가치는 이제 GDP에서 배제된다. 그 이유는 승규가 제공하는 서비스가 더 이상 시장에서 판매되지 않기 때문이다. 이들의 결혼으로 인해 자신들의 후생과 사회의 전체 후생이 향상될 수는 있지만 GDP는 감소한다.

15-2c "… 최종적인 …"

델사가 컴퓨터를 만들기 위해 사용하는 마이크로칩을 인텔이 만들 때, 마이크로칩은 **중간재**이고 컴퓨터는 최종재가 된다. GDP는 **최종재**의 가치만을 포함하는데, 그 이유는 중간재의 가치가 이미 최종재의 가격에 포함되어 있기 때문이다. 마이크로칩의 시장가치를 컴퓨터 시장가치에 합산할 경우 이는 이중 계산된다. 그것은 (틀리게) 마이크로칩을 두 번 계산하여 합산하는 것이다.

이 원칙에 대한 예외가 다음과 같은 때 발생한다. 즉, 중간재가 생산되어 사용되기보다는 나중에 사용하거나 또는 판매하기 위해 기업의 물품 재고에 추가될 때 예외가 된다. 이 경우 중간재는 지금 현재로서는 '최종재'로 간주되며, 재고 차원에서 그 가치는 GDP에 포함된다. 따라서 재고에 추가되어 GDP에 합산되며, 재고 물품이 나중에 사용되거나 판매될 때 이런 재고의 감소는 GDP에서 차감된다.

15-2d "… 재화 및 용역 …"

GDP에는 유형의 재화(식료품, 의류, 자동차) 및 무형의 용역(이발, 주택 청소, 의사 방문)이 포함된다. 여러분이 좋아하는 밴드의 로고가 부착된 티셔츠를 구매할 때, 여러분은 재화를 구매한 것이며 구매가격은 GDP의 일부를 구성한다. 여러분이 이 밴드가 연주하는 콘서트에 가기 위해 대가를 지불할 때, 여러분은 용역을 구매한 것이며 콘서트 입장권 가격 또한 GDP의 일부를 구성한다.

15-2e "… 생산된 …"

GDP에는 현재 생산된 재화 및 용역이 포함된다. 과거에 생산된 품목의 거래는 포함되지 않는다. (미국의) 포드 사가 새로운 자동차를 생산하여 판매할 때, 이 자동차의 가치는 (미국의) GDP에 포함된다. 하지만 어떤 사람이 중고 자동차를 다른 사람에게 판매할 때, 중고 자동차의 가치는 GDP에 포함되지 않는다.

15-2f "… 일국 내에서 …"

GDP는 일국의 지리적 국경 내에서 이루어진 생산의 가치를 측정한다. 캐나다인이 미국에서 한시적으로 일하면서 한 생산은 미국 GDP에 포함된다. 미국이 아이티에서 공장을 소유하고 있을 때 해당 공장에서 이루어진 생산은 미국 GDP에 기여하지 않는다.(이 생산은 아이티의 GDP에 합산된다) 생산자의 국적에 관계없이 어떤 물품이 국내에서 생산된 경우, 이 물품은 그 국가의 GDP에 포함된다.

15-2g "… 일정한 기간에 …"

GDP는 특정 기간 동안에 이루어진 생산의 가치이다. 그 기간은 보통 1년 또는 1분기(3개월)이다. GDP는 해당 기간 동안에 경제의 지출 흐름뿐만 아니라 소득 흐름을 측정한다.

정부가 분기별 GDP를 발표할 때 보통 '연간 율로' GDP를 발표한다. 이것이 의미하는 바는 분기별 GDP로 발표하는 수치는 분기 동안의 소득 및 지출에 4를 곱하여 구한 금액이라는 것이다. 정부는 이 관례를 사용하여 분기별과 연도별 GDP 수치를 보다 용이하게 비교할 수 있게 한다.

이 밖에 정부가 발표하는 분기별 GDP는 **계절 조정**이라고 하는 통계 절차를 거쳐 수정된 데이터이다. 조정이 이루어지지 않은 데이터는 경제가 1년 중 다른 기간보다 어떤 기간에 재화 및 용역을 더 많이 생산한다는 점을 보여준다.(12월의 휴일 쇼핑 시즌이 고점이다) 경제를 관찰할 때, 경제학자와 정책 입안자는 종종 이런 계절 변화 이상의 것을 알고자 한다. 따라서 정부 통계학자들은 계절 주기를 제거하기 위해 분기별 데이터를 조정한다. 뉴스에서 발표된 GDP 데이터는 언제나 계절 조정된 수치이다.

위에서 한 논의를 바탕으로 GDP에 대한 정의를 다시 한번 반복해보자.

- 국내총생산(GDP)은 일정한 기간에 일국 내에서 생산된 모든 최종적인 재화 및 용역의 시장가치이다.

위의 정의는 경제의 총지출 면에서 본 GDP에 초점을 맞추고 있다. 하지만 재화 또는 용역의 매수인이 지출한 각 화폐는, 즉 각 달러는 해당 재화 또는 용역의 매도인에게 소득의 각 달러가 된다. 따라서 정부는 경제의 총지출을 합산하여 GDP를 계산할 뿐만 아니라 경제의 총소득을 합산하여 **국내총소득**(GDI)을 구할 수 있다. GDP와 GDI는 거의 정확하게 동일한 수치가 된다. 여기서 '거의'란 말을 사용한 이유는 무엇인가? 두 측정치가 정확하게 같아야만 하지만, 데이터를 얻을 수 있는 출처가 완전하지 못하기 때문이다. GDP와 GDI의 차이를 **통계적 불일치**라고 한다.

GDP가 경제활동의 가치에 대한 정교한 측정치라는 사실이 명확해졌다. 고급 거시경제학 교과목에서 여러분은 계산에 따른 미묘한 차이에 관해 배우게 될 것이다. 하지만 현재로서도 여러분은 이 정의에 포함된 각 문구에 의미가 내포되어 있다는 사실을 알 수 있게 되었다.

FYI 소득의 기타 측정방법

미국 상무부는 국가의 GDP를 계산할 때 그 경제 상황을 완벽하게 이해하기 위해 기타 소득 측정치도 계산한다. 이런 측정치는 특정 소득을 배제하거나 포함함으로써 GDP와 달라진다. 가장 큰 측정치부터 가장 작은 것 순으로 다섯 가지 소득 측정치를 간략하게 설명한다.

- **국민총생산**(GNP)은 일국의 영구한 거주민(이른바 **국민**)이 번 소득이다. GNP는 국내 거주민이 해외에서 벌어들인 소득을 배제한다는 의미에서 GDP와 다르다. 예를 들어 캐나다인이 미국에서 한시적으로 일하면서 번 소득은 미국 GDP에 포함되지만 미국 GNP에는 포함되지 않는다.(캐나다 GNP에는 포함된다) 미국을 비롯한 대부분의 국가에서 국내 거주민이 대부분의 국내 생산을 책임지므로 GDP와 GNP는 매우 비슷하다.
- **국민순생산**(NNP)은 일국 거주민의 총소득(GNP)에서 감가상각에 따른 손실을 감한 수치이다. **감가상각**이란 트럭이 녹슬고 구형 컴퓨터가 쓸모없게 되는 것처럼 해당 경제의 장비와 구조물에 대한 저량이 마모되는 것이다. 미국 상무부가 작성하는 국민소득 계정에서 감가상각은 '고정자본의 소비'이다.
- **국민소득**은 재화 및 용역의 생산에서 일국의 거주민이 번 총소득이다. 이것은 국민순생산과 거의 같다. 두 측정치는 데이터를 수집하는 과정상의 문제로 발생하는 **통계적 불일치** 때문에 차이가 난다.
- **개인소득**은 가계와 비법인의 영업을 통해 받은 소득이다. 국민소득과 달리, 개인소득은 기업이 벌었지만 소유주에게 지급하지 않은 소득, 즉 유보이익을 배제한다. 개인소득은 (판매세 같은) 간접사업세, 기업 소득세, (대부분 사회보장세인) 사회보험 기여금을 차감한다. 이 밖에 가계가 정부 채무를 보유함으로써 받는 이자소득과, 복지와 사회보장 같은 정부 이전 프로그램을 통해 받은 소득을 포함한다.
- **개인 가처분 소득**은 가계와 비법인 영업 주체가 정부에 대한 모든 의무를 충족한 후 남겨 놓은 소득이다. 이 소득은 개인소득에서 개인 조세 부담금과 (교통 위반 범칙금 같은) 비조세 납부금을 감한 것이다.

다양한 소득 측정치는 세부적으로 다른 면이 있지만, 경제 상황에 관해 알려주는 내용은 거의 언제나 동일하다. GDP가 신속하게 성장할 때 이런 소득 측정치도 신속하게 성장하는 경향이 있다. GDP가 하락할 때 이런 측정치도 하락하는 경향이 있다. 따라서 전반적인 경제 상황의 변동을 살펴보고자 할 때 어느 소득 측정치를 사용하느냐는 별로 상관이 없다. ■

Quiz

3. 핫도그 가격이 2달러이고 햄버거 가격이 4달러인 경우, 핫도그 30개는 햄버거 ________만큼 GDP에 기여한다.
   a. 5개
   b. 15개
   c. 30개
   d. 60개

4. 양을 키우는 목축업자인 광재는 20달러를 받고 양모를 편물업자인 대희에게 판매한다. 대희는 스웨터 2개를 만드는데, 각각의 시장가격은 40달러이다. 주혜가 그중 한 개를 구입하고 나머지 스웨터는 나중에 판매되도록 대희가 소유한 가게의 선반에 올려져 있다. 이 경우 GDP는 얼마인가?
   a. 40달러
   b. 60달러
   c. 80달러
   d. 100달러

5. 미국인 대학생 메리는 여름 동안 영어를 가르치기 위해 일본에 왔다. 그녀의 봉급은 ____________________.
   a. 미국 GDP에만 포함된다.
   b. 일본 GDP에만 포함된다.
   c. 미국 GDP와 일본 GDP 둘 다에 포함된다.
   d. 미국 GDP에도 일본 GDP에도 포함되지 않는다.

해답은 이 장의 끝부분에 있다.

15-3 GDP의 구성요소

어떤 경제에서 이루어지는 지출은 여러 가지 형태를 띤다. 언제라도 수진이 가족은 패스트푸드점에서 점심을 먹을 수 있고, 자동차 회사는 자동차 공장을 건설할 수 있으며, 해군은 잠수함을 구매할 수 있다. 외국 항공사는 국내 항공기 제작사로부터 항공기를 구매할 수도 있다.(미국의 예를 들면, 영국항공이 미국 기업 보잉으로부터 항공기를 구입할 수 있다) GDP는 국내에서 생산된 재화 및 용역에 대한 이런 모든 형태의 지출을 포함한다.

어떤 경제가 희소한 자원을 어떻게 사용하는지 이해하기 위해, 경제학자들은 지출 형태에 기반하여 GDP의 구성요소에 대해 알아본다. 이렇게 하기 위해, (Y로 표기된) GDP는 다음과 같은 네 가지 구성요소 즉 소비(C), 투자(I), 정부 구매(G), 순수출(NX)로 나누어볼 수 있다.

$$Y = C + I + G + NX$$

위의 식은 **항등식**이다. 즉, 이 식에 포함된 변수에 대한 정의가 주어진 경우 언제나 성립되어야 하는 식이다. 이 경우 GDP에 포함된 지출액은 각각 네 개 구성요소 중 한 개에 속하게 되므로, 네 가지 구성요소의 총합은 GDP와 같아야만 한다. 네 가지 구성요소를 보다 더욱 면밀히 살펴보도록 하자.

15-3a 소비

소비(consumption)는 신축 주택의 구입을 제외한 재화 및 용역에 대한 가계의 지출이다. 재화에는 자동차와 가전제품 같은 내구재와 식료품이나 의류 같은 비내구재가 포함된다. 용역에는 이발과 의료 같은 무형 품목이 포함된다. 관례에 따라, 교육에 대한 가계 지출도 용역의 소비에 포함된다.(이것은 다음에 살펴볼 구성요소, 즉 투자에 더 적합하다고 주장할 수도 있기는 하다)

소비
신규 주택의 구입을 제외한 재화 및 용역에 대한 가계의 지출

15-3b 투자

투자(investment)는 재화 및 용역을 더 많이 생산하기 위해 장래에 사용될 (**자본재**라고 하는) 재화의 구입이다. 투자는 기업 자본, 주택 자본, 재고의 구입을 합산한 것이다. 기업 자본에는 (공장 또는 사무실 건물과 같은) 기업 구조물, (노동자의 컴퓨터와 같은) 장비, (컴퓨터를 작동시키는 소프트웨어와 같은) 지적 재산권이 포함된다. 주택 자본에는 임대 사업자의 아파트 건물과 주택 소유주의 개인 주택이 포함된다. 관례에 따라,

투자
기업 자본, 주택 자본, 재고에 대한 지출

신축 주택의 구입은 소비가 아니라 투자로 분류되는 가계 지출의 한 형태이다.

이미 언급했듯이, 재고는 주의를 요한다. 미국 기업 애플이 컴퓨터를 생산하여 판매하지 않고 재고에 편입한 경우 자사가 컴퓨터를 '구입했다'고 추정된다. 즉, 국민소득 계정은 해당 컴퓨터를 애플의 투자 지출 일부로 간주한다. 나중에 애플이 재고에 편입된 컴퓨터를 판매하면, 이 판매는 애플의 재고 투자에서 차감될 것이며, 매수인에 의한 양의 지출액을 상쇄하게 된다. 재고는 이런 방법으로 처리되는데, 그 이유는 GDP가 해당 경제의 일정 기간의 생산가치를 측정할 때 재고에 추가된 재화가 생산의 일부를 구성하기 때문이다.

GDP의 회계 처리 방식은 **투자**라는 단어를 특별한 방법으로 사용한다는 데 주목해야 한다. 일상 대화에서 이 단어는 주식, 채권, 개방형 투자신탁과 같은 나중에 학습하게 될 재무적 투자를 연상시킨다. 반면에 GDP는 재화 및 용역에 대한 지출액을 측정하기 때문에 여기서 **투자**라는 단어는 장래에 다른 재화 및 용역을 생산하기 위해 사용하게 된 (기업 자본, 주택 건물, 재고 같은) 재화의 구입을 의미한다.

15-3c 정부 구매

정부 구매
지방정부, 주정부, 연방정부에 의한 재화 및 용역에 대한 지출

정부 구매(government purchases)는 미국의 경우 연방정부, 주정부, 지방정부에 의한 재화 및 용역에 대한 지출을 측정한다. 이 구성요소에는 공공사업에 대한 지출뿐만 아니라 공무원 봉급이 포함된다. 미국 국민소득 계정은 이 지출 항목을 **정부 소비 지출 및 총투자**라고 하지만, 이 책에서는 보다 간단하게 **정부 구매**라는 용어를 사용할 것이다.

정부 구매의 의미를 이해하기 위해서는 약간의 설명이 필요하다. 정부가 군인이나 교사의 봉급을 지급할 때, 이 봉급은 정부 구매에 포함된다. 하지만 정부가 노년층에게 사회보장 급부금을 지불하거나 최근에 해고된 노동자에게 실업보험 급부금을 지급할 경우, 이야기가 달라진다. 이런 것들은 현재 생산된 재화 또는 용역에 대한 대가로 이루어진 것이 아니기 때문에 **이전지급**이라고 한다. 이전지급은 가계소득을 변화시키지만 경제에서 이루어지는 생산을 반영하지는 않는다.(거시경제학에서 볼 때, 이전지급은 음의 조세와 같다) GDP는 재화 및 용역의 생산으로부터 얻은 소득과 이것에 대한 지출을 측정하려 하기 때문에, 이전지급은 정부 구매로 간주되지 않는다.

15-3d 순수출

순수출
국내에서 생산된 재화에 대한 외국인의 지출에서 외국에서 생산된 재화에 대한 국내 거주민의 지출을 차감하여 구한 것

순수출(net exports)은 국내에서 생산된 재화 및 용역에 대해 해외로부터 이루어진 구매(수출)에서 해외에서 이루어진 구매(수입)를 차감하여 구할 수 있다. 미국의 예를 들면 미국 기업 보잉이 영국항공에 항공기를 판매하는 것처럼 타국에 있는 매수인을 대상으

로 한 국내 기업의 판매는 순수출을 증가시킨다.

순수출에서 '순'은 수출에서 수입이 차감되었다는 뜻이다. 이런 차감이 이루어지는 이유는 GDP의 다른 구성요소들이 재화 및 용역의 수입을 포함하기 때문이다. 예를 들면 어떤 가계가 스웨덴의 자동차 제작업체인 볼보로부터 50,000달러 상당의 자동차를 구입한다고 가상하자. 이 거래로 소비가 50,000달러만큼 증가하는데, 그 이유는 자동차 구매가 소비자 지출의 일부분이기 때문이다. 이 거래는 또한 순수출을 50,000달러만큼 감소시키는데, 그 이유는 해당 자동차가 수입품이기 때문이다. 다시 말해, 순수출은 해외에서 생산된 재화 및 용역을 포함(이것은 마이너스 부호를 갖는다)하는데, 그 이유는 이들 재화 및 용역이 소비, 투자, 정부 구매에 포함(이것은 플러스 부호를 갖는다)되기 때문이다. 따라서 국내의 가계, 기업, 정부가 해외에서 재화 또는 용역을 구입할 때, 이런 구입은 GDP에 영향을 미치지 않는다. 왜냐하면 이런 구입으로 인해 소비, 투자, 정부 구매가 증가한 것과 동일한 금액만큼 순수출이 감소하기 때문이다.

사례 연구

미국 GDP의 구성요소

표 1은 2021년 미국 GDP의 구성요소를 보여준다. 이 해에 미국의 GDP는 약 23조 달러였다. 이 숫자를 2021년 미국 인구수 3억 3,100만 명으로 나눌 경우 한 사람당 GDP를 구할 수 있으며(이따금 이를 1인당 GDP라고 한다), 2021년 평균 미국인의 소득 및 지출액은 69,386달러였다.

소비는 GDP의 68%를 차지하며, 1인당 47,528달러였다. 투자는 1인당 12,396달러였다. 정부 구매는 1인당 12,226달러였다. 순수출은 1인당 −2,764달러였다. 이 숫자가 음수인 이유는, 외국인이 미국산 재화에 지출한 것보다 미국인이 외국산 재화에 더 많이 지출했기 때문이다.

이 데이터는 국민소득 계정을 집계하는 미국 상무부 소속 경제분석국이 발표한다. 미국 GDP에 대한 최신 자료를 구하려면 웹사이트(http://www.bea.gov)를 참조한다. ●

	총액(십억 달러)	1인당(달러)	총액에 대한 백분율
국내총생산, Y	22,994	69,386	100%
소비, C	15,750	47,528	68
투자, I	4,108	12,396	18
정부 구매, G	4,052	12,226	18
순수출, NX	−916	−2,764	−4

표 1

GDP와 그 구성요소

미국 경제의 2021년 GDP 총액과 이를 구성하는 **네 가지 요소의** 금액을 알 수 있다. 이 표를 볼 때 항등식 $Y = C + I + G + NX$를 기억하자.

출처: U.S. Department of Commerce. 반올림으로 인해 합계가 일치하지 않을 수 있다.

Quiz

6. 다음 중 미국 GDP에 추가되지 않는 것은 어느 것인가?
   a. 보잉이 항공기를 제작하여 에어 프랑스에 판매한다.
   b. 제너럴 모터스가 신차공장을 노스캐롤라이나 주에 설립한다.
   c. 뉴욕시가 경찰에게 봉급을 지급한다.
   d. 연방정부가 여러분의 할머니에게 사회보장 급부금 수표를 보낸다.

7. 미국인이 이탈리아에서 만든 신발 한 켤레를 구입한다. 미국 국민소득 계정은 이 거래를 어떻게 처리하는가?
   a. 순수출과 GDP가 둘 다 증가한다.
   b. 순수출과 GDP가 둘 다 감소한다.
   c. 순수출은 감소하는 반면에, GDP는 변화하지 않는다.
   d. 순수출은 변화하지 않는 반면에, GDP는 증가한다.

8. 다음 중 GDP에서 가장 큰 구성요소는 어느 것인가?
   a. 소비
   b. 투자
   c. 정부 구매
   d. 순수출

해답은 이 장의 끝부분에 있다.

15-4 실질 GDP 대 명목 GDP

앞에서 살펴본 것처럼, GDP는 경제의 모든 시장에서 이루어지는 재화 및 용역에 대한 총지출을 측정한다. 총지출이 어떤 해에서 다음 해로 넘어가면서 증가할 경우, 다음과 같은 두 가지 중 적어도 하나가 이루어져야 한다. 즉, (1) 경제가 더 많은 양의 재화 및 용역을 생산한다. 또는 (2) 재화 및 용역이 더 높은 가격으로 판매된다. 경제학자들이 시장의 흐름에 따른 경제의 변화를 살펴보려고 할 경우, 이들은 위의 두 가지 효과를 분리하고자 한다. 특히, 해당 경제가 생산한 재화 및 용역의 가격 변화와는 별개로, 그 재화 및 용역의 총량을 측정하고자 한다.

이렇게 하기 위해, 경제학자들은 **실질 GDP**라고 하는 측정치를 사용한다. 실질 GDP는 다음과 같은 가상적인 물음에 답한다. 즉, 과거 어떤 특정 연도에 형성되었던 가격을 사용할 경우, 올해 생산된 재화 및 용역의 가치는 얼마나 되는가? 이처럼 과거 수준에 고정된 가격들을 사용하여 현재의 생산을 평가함으로써, 실질 GDP는 경제의 전반적인 재화 및 용역의 생산이 시간이 흐름에 따라 어떻게 변화했는지를 보여준다.

실질 GDP를 어떻게 구할 수 있는지 정확히 알아보기 위해 다음 예를 생각해보자.

15-4a 숫자를 이용한 예

표 2는 두 재화, 즉 핫도그와 햄버거만 생산하는 경제에 대한 데이터이다. 이 표는 2022년, 2023년, 2024년에 이루어진 두 재화의 가격과 생산량을 보여준다.

표 2

실질 GDP 및 명목 GDP

이 표는 핫도그와 햄버거만을 생산하는 가상적인 경제의 실질 GDP, 명목 GDP, GDP 디플레이터를 어떻게 계산하는지 보여준다.

가격 및 수량

연도	핫도그 가격	핫도그 수량	햄버거 가격	햄버거 수량
2022	1달러	100	2달러	50
2023	2	150	3	100
2024	3	200	4	150

명목 GDP 계산하기

2022	(핫도그 개당 1달러×핫도그 100개)+(햄버거 개당 2달러×햄버거 50개)=200달러
2023	(핫도그 개당 2달러×핫도그 150개)+(햄버거 개당 3달러×햄버거 100개)=600달러
2024	(핫도그 개당 3달러×핫도그 200개)+(햄버거 개당 4달러×햄버거 150개)=1,200달러

실질 GDP 계산하기(기준연도 2022)

2022	(핫도그 개당 1달러×핫도그 100개)+(햄버거 개당 2달러×햄버거 50개)=200달러
2023	(핫도그 개당 1달러×핫도그 150개)+(햄버거 개당 2달러×햄버거 100개)=350달러
2024	(핫도그 개당 1달러×핫도그 200개)+(햄버거 개당 2달러×햄버거 150개)=500달러

GDP 디플레이터 계산하기

2022	(200달러/200달러)×100=100
2023	(600달러/350달러)×100=171
2024	(1,200달러/500달러)×100=240

이 경제의 총지출을 계산하기 위해, 핫도그와 햄버거의 수량에 이들의 가격을 곱해 보자. 2022년에 핫도그 100개가 개당 1달러의 가격으로 판매되어, 핫도그에 대한 지출액은 100달러가 되었다. 같은 해에 햄버거 50개가 개당 2달러의 가격으로 판매되어, 햄버거에 대한 지출액도 100달러가 되었다. 핫도그와 햄버거에 대한 지출액의 합계인 이 경제의 총지출액은 200달러가 된다. 재화 및 용역의 생산을 현재가격으로 계산한 금액을 명목 GDP(nominal GDP)라고 한다.

명목 GDP
재화 및 용역의 생산을 현재가격으로 계산한 금액

이 표는 3년 동안의 명목 GDP를 계산한 것이다. 총지출은 2022년 200달러에서 2023년 600달러로 증가했으며, 이는 다시 2024년에 1,200달러로 증가했다. 이런 증가 중 일부는 핫도그와 햄버거의 생산량 증가에서 비롯되며, 또 다른 일부는 가격 상승에서 비롯된다.

가격 변화가 미치는 효과를 제거하고 생산량을 측정하기 위해, 재화 및 용역의 생산을 불변가격으로 계산한 금액인 실질 GDP(real GDP)를 사용한다. 실질 GDP를 계산하기 위해, 먼저 어떤 한 해를 **기준연도**로 지정해야 한다. 그러고 나서 기준연도의 핫도그 가격과 햄버거 가격을 사용하여 모든 연도에 대한 재화 및 용역의 가치를 계산한다. 다시 말해, 기준연도의 가격이 서로 다른 연도의 수량을 비교하기 위한 척도로 사용된다.

실질 GDP
재화 및 용역의 생산을 불변가격으로 계산한 금액

우리의 예에서 2022년이 지정된 기준연도라고 가상하자. 그러고 나서 2022년 가격을 사용하여 2022년, 2023년, 2024년에 이루어진 생산의 가치를 계산할 수 있다. 표 2는 이런 계산 결과를 보여준다. 2022년의 실질 GDP를 계산하기 위해, 2022년(기준연도)의 핫도그 가격과 햄버거 가격에 2022년에 생산된 핫도그 수량과 햄버거 수량을 곱해야 한다. 기준연도에는 실질 GDP가 언제나 명목 GDP와 같다. 2023년의 실질 GDP를 계산하기 위해, 2022년(기준연도)의 핫도그 가격과 햄버거 가격에 2023년에 생산된 핫도그 수량과 햄버거 수량을 곱해야 한다. 마찬가지로 2024년의 실질 GDP를 계산하기 위해, 2022년의 가격에 2024년에 생산된 수량을 곱해야 한다. 실질 GDP는 2022년 200달러에서 2023년 350달러로 증가했고, 2024년에 500달러로 증가했다.

이런 증가는 생산량 증가에서 비롯되어야만 하는데, 그 이유는 가격이 기준연도 수준에 고정되어 있기 때문이다.

요약: **명목 GDP는 어떤 경제의 재화 및 용역 생산을 현재가격으로 계산한 금액이다. 실질 GDP는 어떤 경제의 재화 및 용역 생산을 기준연도의 불변가격으로 계산한 금액이다.** 가격 변화는 실질 GDP에 영향을 미치지 않기 때문에, 실질 GDP의 변화는 생산량의 변화만을 반영한다. 따라서 실질 GDP는 전반적인 경제의 재화 및 용역 생산에 대한 측정치로 해석될 수 있다.

GDP를 계산하는 목적은 전반적인 경제가 얼마나 좋은 성과를 냈는지 측정하는 것이다. 실질 GDP는 어떤 경제의 재화 및 용역 생산을 측정한다는 점에서 사람들의 물적 필요와 욕구를 충족시킬 수 있는 경제의 능력을 반영하게 된다. 따라서 실질 GDP가 경제적 후생을 평가하는 데 명목 GDP보다 더 나은 지표이다. 경제학자들이 어떤 경제의 GDP에 관해 언급할 때, 이들은 보통 명목 GDP가 아니라 실질 GDP를 의미한다. 그리고 이들이 해당 경제의 성장에 관해 말할 때, 그 성장은 어떤 기간에서 다른 기간까지 발생한 실질 GDP의 백분율 변화로 측정한 것이다.

15-4b GDP 디플레이터

복습: 명목 GDP는 해당 경제의 재화 및 용역 생산량과 그 재화 및 용역의 가격 둘 다를 반영한다. 실질 GDP는 재화 및 용역의 생산량만을 반영하는데, 그 이유는 재화 및 용역의 가격이 기준연도 수준에서 불변한다고 보기 때문이다. 이 두 개의 통계치로부터, 재화 및 용역의 가격만을 반영하는 제3의 지표인 GDP 디플레이터를 계산할 수 있다.

GDP 디플레이터
실질 GDP에 대한 명목 GDP의 비율에 100을 곱하여 계산한 물가지수의 척도

GDP 디플레이터(GDP deflator)는 다음과 같이 정의된다.

$$\text{GDP 디플레이터} = \frac{\text{명목 GDP}}{\text{실질 GDP}} \times 100$$

기준연도에는 명목 GDP와 실질 GDP가 같아야만 하기 때문에, 기준연도의 GDP 디플레이터는 언제나 100이 된다. 차후 연도에 대한 GDP 디플레이터는, 실질 GDP의 변화에서 비롯되지 않은 기준연도로부터의 명목 GDP 변화를 측정한다.

GDP 디플레이터는 기준연도 물가수준에 대비한 현재 물가수준을 측정한다. 그 이유를 알아보기 위해, 다음과 같은 두 가지 간단한 예를 생각해보자. 첫째, 경제에서 이루어지는 생산량은 시간이 흐름에 따라 증가하지만 가격은 동일하다고 가상하자. 이 경우에 명목 GDP와 실질 GDP가 둘 다 동일한 비율로 증가하여, GDP 디플레이터는 불변한다. 이제는 그 대신에 가격은 상승하지만 생산량은 동일한 수준에 머무른다고 가상하자. 이 두 번째 경우에 명목 GDP는 증가하지만 실질 GDP는 일정하므로, GDP 디플레이터가 상승한다. 두 경우 모두에서, GDP 디플레이터는 가격에 어떤 일이 발생하는지를 반영하며 수량에 어떤 일이 발생하는지를 반영하지는 않는다.

표 2의 숫자를 이용한 예를 다시 살펴보자. GDP 디플레이터는 맨 밑에 계산되어 있다. 2022년 명목 GDP가 200달러이고 실질 GDP가 200달러이므로, GDP 디플레이터는 100이다.(기준연도의 디플레이터는 언제나 100이라는 사실을 기억하자) 2023년 명목 GDP가 600달러이고 실질 GDP가 350달러이므로, GDP 디플레이터는 171이다.

경제학자들은 경제의 전반적인 물가수준이 상승하는 상황을 **인플레이션**이라는 용어로 설명한다. **인플레이션율**은 어떤 기간에서 다음 기간으로 넘어가면서 발생한 물가수준 측정치의 백분율 변화를 말한다. GDP 디플레이터를 사용하여, 연속되는 두 연도 사이의 인플레이션율은 다음과 같이 계산된다.

$$\text{2차 연도의 인플레이션율} = \frac{\text{2차 연도 GDP 디플레이터} - \text{1차 연도 GDP 디플레이터}}{\text{1차 연도 GDP 디플레이터}} \times 100$$

2023년에 GDP 디플레이터는 100에서 171로 상승했기 때문에, 인플레이션율은 $100 \times (171-100)/100$ 또는 71%가 된다. 2024년에 GDP 디플레이터는 전년도의 171에서 240으로 상승했기 때문에, 인플레이션율은 $100 \times (240-171)/171$ 또는 40%이다.

GDP 디플레이터는 평균 물가수준과 인플레이션율을 살펴보기 위해 사용되는 한 가지 척도이다. GDP 디플레이터란 명칭이 붙은 이유는 명목 GDP에서 인플레이션을 제했기 때문이다. 다시 말해 물가 인상으로 인한 명목 GDP의 상승을 '디플레이트' 즉 제했기 때문에 그런 명칭이 붙었다. 다음 장에서는 경제의 물가수준에 대한 또 다른 척도인 **소비자 물가지수**에 대해 살펴보고 이들 두 개의 척도가 어떻게 다른지 논의할 것이다.

반세기 동안의 미국 실질 GDP

실질 GDP는 중요한 정보를 제공한다. 그림 2는 1970년 이래로 미국 경제의 실질 GDP에 대한 분기별 데이터를 보여준다.

이들 데이터가 시사하는 한 가지 사실은 실질 GDP가 시간이 흐름에 따라 성장했다는 것이다. 2021년 미국 경제의 실질 GDP는 1970년 수준의 약 네 배가 되었다. 이를 달리 표현하면, 미국의 재화 및 용역 생산량은 연간 약 3% 성장했다. 이런 실질 GDP의 지속적인 성장이 인구 성장률을 상회했기 때문에 오늘날의 평균 미국인들은 과거 세대보다 더 많은 경제적 번영을 누리고 있다.

GDP 데이터에 따르면 성장이 한결같지는 않았다는 사실을 알 수 있다. 실질 GDP의 상승은 GDP가 하락하는 기간, 즉 **침체기**로 인해 이따금 중단되었다. 그림 2는 빗금친 수직 막대로 이런 침체기를 나타내었다.(공식적인 경기 주기 확정위원회가 경기 침체가 발생했다

그림 2 미국 경제의 실질 GDP

이 그림은 1970년 이래 분기별 자료에 기초한 미국 경제의 실질 GDP를 보여준다. 실질 GDP가 감소한 침체기는 빗금친 수직 막대로 나타내었다.

출처: U.S. Department of Commerce.

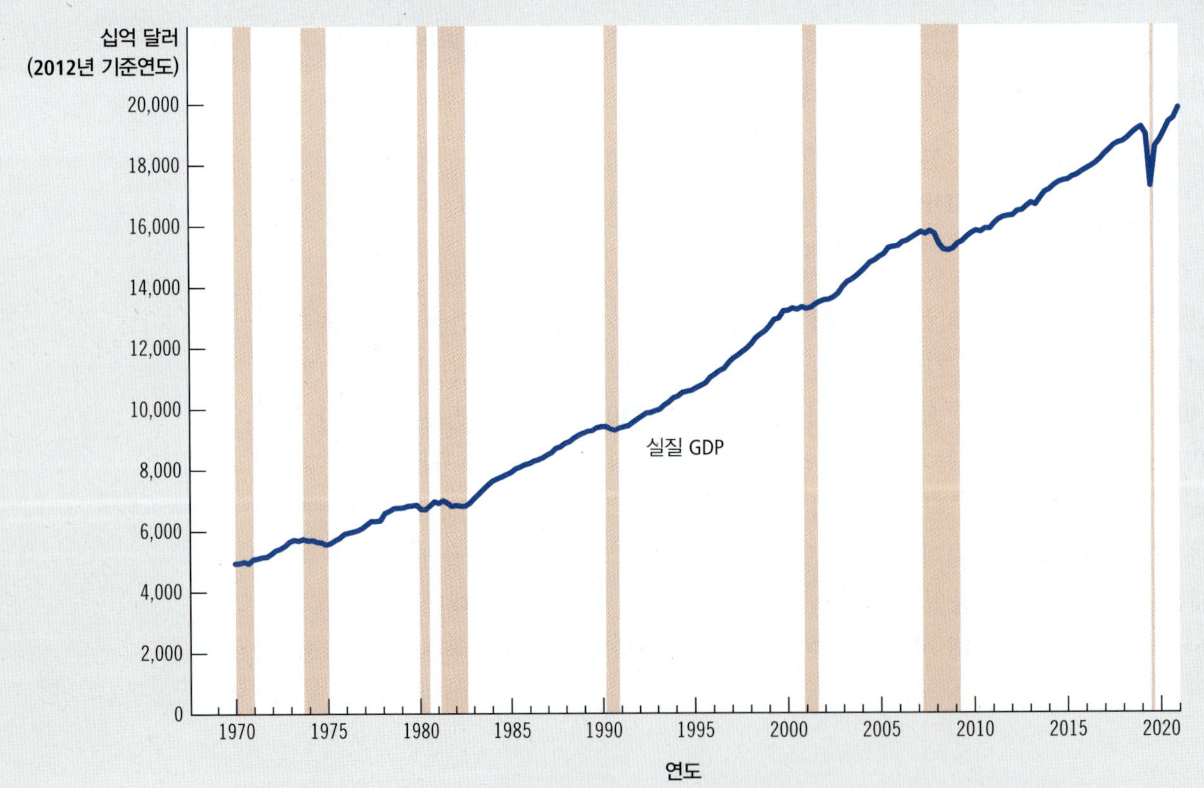

고 언제 선언하는지에 대한 확정된 규칙은 없다. 하지만 오래된 경험법칙에 따르면 2분기 연속해서 실질 GDP가 하락할 때라고 할 수 있다. 2020년에 발생된 전염병 대유행으로 인한 경제 침체는 이례적이었으며, 이때 한 분기 동안에만 GDP가 여느 때와 다르게 큰 폭으로 하락했다) 경제 침체 시 소득 감소뿐만 아니라 다른 형태의 고통, 즉 실업 증대, 이윤 감소, 파산 증가 같은 어려움을 겪게 된다.

거시경제학은 실질 GDP의 장기적인 성장과 단기적인 변동을 설명하고자 한다. 이후의 장들이 보여주는 것처럼, 이들 두 개의 목적에 부합하기 위해서는 상이한 모형이 필요하다. 단기적인 변동은 장기적인 추세에서 벗어나 일어나는 이탈을 의미하므로, 우리는 먼저 장기적으로 실질 GDP를 포함하는 주요 거시경제 변수들의 행태를 분석할 것이다. 그다음 이후의 장들에서 이런 분석에 기초하여 단기적인 변동을 설명할 것이다. ●

Quiz

9. 어떤 경제는 개당 2달러 가격으로 1차 연도에 10개 쿠키를 생산했고, 2차 연도에는 개당 3달러 가격으로 12개 쿠키를 생산했다. 1차 연도에서 2차 연도로 가면서 실질 GDP는 ____ 증가했다.
   a. 20%
   b. 50%
   c. 70%
   d. 80%

10. 모든 생산량이 5% 증가하고 모든 가격이 5% 하락한다면, 다음 중 이 상황을 가장 잘 설명한 것은?
   a. 실질 GDP가 5% 상승하는 반면에, 명목 GDP는 5% 하락한다.
   b. 실질 GDP가 5% 상승하는 반면에, 명목 GDP는 불변한다.
   c. 실질 GDP가 불변하는 반면에, 명목 GDP는 5% 상승한다.
   d. 실질 GDP가 불변하는 반면에, 명목 GDP는 5% 하락한다.

해답은 이 장의 끝부분에 있다.

15-5 GDP는 경제적 후생을 측정하는 좋은 지표인가?

이 장 앞부분에서 GDP는 종종 사회의 경제적 후생을 측정하는 최선의 단일 척도로 간주된다는 점에 주목했다. GDP가 무엇인지를 알게 되었으므로, 이런 견해의 근거에 대해 논의하고 사회적 후생을 판단하는 척도로서 GDP가 갖는 한계를 살펴보자.

앞서 살펴보았던 것처럼, GDP는 경제의 총소득과 재화 및 용역에 대한 총지출을 측정한다. 대부분의 사람들은 더 높은 소득을 받고 더 많이 지출하고자 하기 때문에, 1인당 GDP는 일반적인 사람의 경제적 후생을 측정하는 자연적인 척도처럼 보인다.

하지만 일부 사람들은 후생을 측정하는 지표로서 GDP가 타당한가에 대해 논쟁을 벌이곤 한다. 로버트 케네디 상원의원은 1968년 대선 연설에서 이런 통계들에 대해 다음과 같이 공감하는 말을 했다.

GDP는 어린이들의 건강, 교육의 질, 놀이를 통한 즐거움을 고려하지 않는다.

> GDP는 시의 아름다움, 결혼의 힘, 대중토론의 지성, 공무원들의 성실성을 포함하지 못한다. GDP는 재치, 용기, 지혜, 학식, 국가에 대한 헌신을 측정하지 못한다. 간단히 말해 GDP는 생활을 가치 있게 만드는 것을 제외한 모든 것을 측정할 수 있으며, 우리가 미국인이라는 것을 왜 자랑스러워해야 하는지를 제외하고 미국에 대한 모든 것을 말해준다.

로버트 케네디 상원의원의 말은 많은 부분이 옳다. 그럼에도 사람들이 GDP에 관심을 가져야 하는 이유는 무엇인가?

이 물음에 대한 답변은, 사실 GDP가 커질수록 더 나은 생활을 영위하기가 더 용이해지기 때문이라는 것이다. GDP가 우리 어린이들의 건강을 측정하지는 못하지만, GDP가 더 큰 국가들은 자국의 아이들에게 더 나은 건강관리를 제공할 수 있다. GDP가 교육의 질은 측정하지는 못하지만, GDP가 더 큰 국가들은 더 나은 교육제도를 제공할 수 있다. GDP가 시의 아름다움을 측정하지는 못하지만, GDP가 더 큰 국가들은 더 많은 국민들이 시를 읽고 즐길 수 있도록 이들을 가르칠 수 있다. GDP가 지성, 성실성, 용기, 지혜, 국가에 대한 헌신을 고려하지는 못하지만, 사람들이 생활의 물적 필요를 덜 걱정할 때 이런 덕행을 더 쉽게 배양할 수 있다. 간단히 말해, GDP는 생활을 가치 있게 해주는 것을 직접적으로 측정하지는 못하지만, 가치 있는 생활을 하기 위해 필요한 많은 요소들을 얻을 수 있는 우리의 능력을 측정한다.

하지만 GDP가 후생을 측정하는 완전한 지표라고는 할 수 없다. GDP는 가령 여가처럼 질이 높은 생활에 기여하는 일부의 것들을 빠뜨리고 있다. 예를 들어 모든 사람들이 가족이나 친구들과 함께 보내기 위해 또는 개인적으로 추구하는 바를 위해 주말에 휴식을 취하지 않고 일주일 내내 일을 해야 한다고 가상해보자. 보다 많은 재화 및 용역이 생산되고 GDP는 증가하게 될 것이다. 하지만 이런 GDP의 증가에도 불구하고, 모든 사람들의 생활이 더 나아졌다고 결론 내리지는 말아야 한다. 줄어든 여가로 인한 손실이, 더 많은 양의 재화 및 용역의 생산과 소비에 따른 이득을 상쇄하게 된다.

GDP는 시장가격을 사용하여 재화 및 용역의 가치를 평가하기 때문에, 시장 밖에서 이루어진 거의 모든 행위에 대한 가치는 배제된다. 특히 GDP는 가정에서 생산된 재화 및 용역의 가치를 누락시킨다. 요리사가 자신의 음식점에서 맛있는 식사를 준비할 경우, 이 식사의 가치는 GDP의 일부가 된다. 하지만 요리사가 자신의 가족을 위해 동일한 식사를 준비할 경우, 이들이 원재료에 추가시킨 가치는 GDP에 포함되지 않는다. 이와 유사하게 어린이 보육원에서 제공되는 육아 서비스는 GDP의 일부가 되는 반면에, 가정에서 부모가 제공하는 육아 서비스는 GDP의 일부가 되지 않는다. 자원 봉사자의 활동이 사회 구성원의 후생에 기여할 수 있지만, GDP는 이런 기여를 반영하지 않는다.

GDP가 배제하는 또 다른 것으로 환경의 질을 꼽을 수 있다. 정부가 모든 환경 규제를 제거했다고 가상해보자. 그러면 기업은 산출하는 오염을 고려하지 않고 재화 및 용역을 생산하게 되어, GDP는 증가할 수 있다. 하지만 후생은 하락하게 될 것이다. 공기와 물의 질이 악화되고, 이는 생산 증가에 따른 이득을 상쇄하고도 남는다.

GDP는 또한 소득 분배에 관해 어떤 것도 언급하지 않는다. 다음과 같은 두 가지 사회를 생각해보자. 하나는 100명의 연간소득이 50,000달러인 사회이고, 다른 하나는 10명이 500,000달러를 벌고 90명이 아무것도 벌지 못해 고통을 겪는 사회이다. 두 사회는 모두 GDP가 500만 달러이고 1인당 GDP는 50,000달러이다. 하지만 두 사회의 상황이 동등하다고 생각하는 사람은 거의 없다. 1인당 GDP는 평균적인 사람에게 어떤 일이 발생하는지에 대해 알려주는 반면에, 이들 평균적인 사람 이면에는 매우 다양한 개인적인 경험이 내재되어 있다.

결국, GDP는 많은 목적에 적합하게 경제적 후생을 측정하는 좋은 지표이기는 하지만, 모든 목적에 적합하지는 않다고 결론 내릴 수 있다. GDP에 포함되는 것과 제외되는 것을 분명히 기억해두어야 한다.

GDP와 삶의 질에 관한 국제적인 차이

GDP가 경제적 후생을 측정하는 지표로 유용한지를 평가하는 한 가지 방법은 국제적인 데이터를 살펴보는 것이다. 부국과 빈국은 1인당 GDP 수준이 매우 다르다. GDP 규모가 커서 생활수준이 높은 것이라면, GDP는 삶의 질을 측정하는 다양한 지표와 강한 상관관계가 있어야 한다. 그리고 실제로 그렇다.

표 3은 1인당 GDP 순으로 순위를 매긴 12개 인구 대국을 보여준다. 또한 출생 시 기대수명, 학교 교육을 받은 성인의 평균연수, 자신의 삶에 대해 어떻게 느끼냐는 질문에 사람들이 0~10의 점수 척도(10이 가장 좋은 점수이다)로 응답한 삶의 만족지수를 보여준다. 이 데이터는 명백한 추세를 보인다. 미국과 독일 같은 부국에서 기대수명은 약 80세이고, 학교 교육 평균연수는 약 13년, 삶의 만족지수는 약 7점이다. 반면에 방글라데시와 나이지리아 같은 빈국에서 기대수명은 약 10년 정도 짧고, 학교 교육 평균연수는 절반에 미치지 못하며, 삶의 만족지수는 10점 척도에서 약 2점 정도 낮다.

삶의 질을 측정한 다른 측면의 데이터도 이와 유사한 사실을 말한다. 1인당 GDP가 낮은 국가는 저체중으로 태어난 영아가 더 많으며, 영아 사망률이 더 높고, 산모 사망률도 더 높으며, 어린이 영양 실조율도 더 높은 경향이 있다. 전기, 포장 도로, 깨끗한 식수를 접하는 비율도 더 낮다. 또한 학령기 아동 중 더 적은 수가 실제로 학교에 다녔으며, 학교에 다니는 어린이들은 1인당 더 적은 수의 교사에게 수업을 받아야 했고, 성인의 문맹도 좀 더 보편적이었다. 이들 국가의 국민들은 텔레비전, 전화, 인터넷에 접근할 수 있는 기회가 더 적은 경향이 있다. 여러 국가의 데이터를 보면, 일국의 1인당 GDP와 국민의 생활수준이 밀접히 연관된다는 사실을 의심할 여지가 없음을 알 수 있다. ●

매춘과 마약이 GDP에 포함되어야 하는가

일부 국가는 자국의 국민소득 계정에 무엇이 포함되어야 하는지에 관해 논의한다.

매춘은 GDP에 포함시키지 말아야 합니다. 제발 그렇게 하지 마십시오. 우리는 프랑스인입니다.

재커리 카라벨(Zachary Karabell)

프랑스 정부는 공식적인 발표가 아닌 것으로 보이는 다음 내용을 발표했다. "우리는 국내총생산을 공식적으로 계산할 때 불법 마약과 매춘을 포함시키지 않을 것이다."

이 발표가 특이한 것은 그런 행위가 포함된 적이 없으며 대부분의 국가에서도 포함되지 않는다는 점 때문이다. 대부분의 정부는 그럴 계획이 없다는 사실을 공표하지 않는다.(미국 정부는 "우리는 금성에 인간을 보낼 의향이 있지 않다"고 발표하지 않는다) 하지만 프랑스 정부는 인접 국가들과 유럽연합으로부터 그런 행위를 국민계정과 경제의 생산량에 포함시키라는 상당한 압력을 받고 나서 내린 결정이었다. 이로 인해 다음과 같은 많은 의문점이 제기된다. 이런 행위는 **포함되어야만 하는가**, 그래야 한다면 다른 행위가 포함되지 않는 이유는 무엇인가? 그리고 우리가 측정하는 것은 정확히 무엇이며 왜 그것을 측정하려고 하는가?

GDP보다 현재 우리 사회의 모습을 더 구체적으로 보여주는 수치는 거의 없다. GDP는 국가의 성공을 보여주는 시금석이고, 정치가들과 전문가들에게는 국력을 나타내는 주요한 척도이며, 위대함과 부족함을 대신해 보여주는 수치이다.

하지만 GDP는 통계 수치일 뿐이며 여타 통계치처럼 한계가 있다. GDP는 1930년대에 고안된 국민계정에서 파생되어 모든 것을 포괄하는 척도로 취급되지만, 결코 그렇지 않다. 자원 봉사자 노동과 가사 노동을 비롯해 다수의 경제생활 영역이 배제되었다.

유럽연합의 공식적 통계기관인 유로스태트, 즉 유럽연합 통계국은 각 국가에서 GDP를 계산할 때 만연한 불법 행위, 가장 주목받고 있는 매춘과 불법 마약도 포함시켜야 한다는 여론을 주도하고 있다. 국제연합 위원회가 2008년에 제안했듯, 이 주장의 근거는 간단하다. 매춘과 불법 마약은 중요한 경제 활동이므로 경제 통계에 포함시켜 계산하지 않을 경우 우리가 파악한 경제 상황은 불완전할 것이며, 다시 이로 인해 빈틈없는 정책을 수립하기가 훨씬 더 어려워진다. 게다가, 국가마다 시행하는 법률이 다르다. 가령 네덜란드에서 매춘 행위는 마리화나와 마찬가지로 합법이다. 이런 상업적 거래(또는 최소한 기록이 남고 과세가 이루어지는 거래)는 이미 네덜란드 GDP의 일부이다. 이탈리아와 스페인의 GDP에는 이런 행위가 포함되지 않기 때문에 국가 간에 수치를 비교하는 것이 힘들다.

이런 이유로 스페인, 이탈리아, 벨기에, 영국이 최근 몇 달 들어 불법 마약과 무면허 매춘 행위를 자국의 국민계정에 포함시키려고 하는 것이다. 특히 영국 통계청은 상당히 진지하게 이 문제를 다룬다. 한 예로 (경

표 3

GDP와 삶의 질

이 표는 12개 인구 대국에 대한 1인당 실질 GDP와 삶의 질을 측정한 세 가지 지표를 보여준다.

출처: *Human Development Indices and Indicators: 2018 Statistical Update*, United Nations. 2017년에 대한 실질 GDP이며, 2011년을 기준연도로 하여 측정했다. 학교 교육을 받은 평균연수는 25세 이상의 성인을 대상으로 조사했다.

국가	1인당 실질 GDP	기대수명	학교 교육을 받은 평균연수	(0~10의 척도에 기초한) 전반적인 삶의 만족지수
미국	54,941달러	80년	13년	7.0
독일	46,136	81	14	7.1
일본	38,986	84	13	5.9
러시아	24,233	71	12	5.6
멕시코	16,944	77	9	6.4
중국	15,270	76	8	5.1
브라질	13,755	76	8	6.3
인도네시아	10,846	69	8	5.1
인도	6,353	69	6	4.0
파키스탄	5,311	67	5	5.8
나이지리아	5,231	54	6	5.3
방글라데시	3,677	73	6	4.3

찰 기록에 기반하여) 매춘 행위의 총액을 어떻게 계산하는지 또는 국내에서 만든 마약과 수입한 마약을 어떻게 처리하는지 그 방법을 설명한 20페이지짜리 요약본을 발간했다. 9월에 공식적으로 발표된 결과에 따르면, 100억 파운드가 영국 GDP에 추가될 것이라고 한다.

하지만 프랑스는 이에 반대했다. 매춘과 기타 야간의 유흥 문화를 접하면 그때의 상황에 맞춰 즐기는 것으로 오래전부터 알려진 프랑스(최소한 정부 관료들)는 유럽연합의 방침에도 불구하고 종종 합의가 이루어지지 않거나 비자발적인 불법 행위로 인해 발생한 영향을 계산하지는 않겠다고 결정했다. '길거리 매춘'이 대부분 폭력적인 마피아에 의해 통제된다고 하는 한 프랑스 각료의 말처럼 일부 매춘의 경우 그것은 분명한 사실이고, 중독성이 있는 일부 마약의 투여에도 이와 동일한 논리를 적용하는 것은 합리적이다.

프랑스의 결정에는 부인할 수 없는 강한 도덕주의적 요소가 있다. 이들은 자발적이지 않거나 합법적이지 않기 때문에 이런 거래를 GDP에 포함시키지 말아야 한다고 단언함으로써, 프랑스 정부는 사회가 처한 현재 상황을 바라보는 데 있어 경제적 시각보다 사회가 **추구해야 하는** 당위적인 도덕적 시각을 우선시했다. 그 결과, 이미 뒤섞여 버린 통계 수치는 훨씬 더 혼잡해질 것이며 그 누구의 국익에도 부합하지 않게 될 것이다.

GDP의 한계에 도덕적 잣대를 추가할 경우 통계 수치는 그만큼 덜 유용해질 뿐이다. 결국에는 다음과 같이 된다. 여성의 지위를 낮추기 때문에 매춘을 포함시키지 않는다는 데서 멈추어야 하는 이유는 무엇인가? 석탄이 환경을 훼손하는데도 석탄 생산량을 측정에서 배제하지 않는 이유가 무엇인가? 담배가 암을 유발하는데도 담배 흡연을 배제하지 않는 이유가 무엇인가? 이런 것에 기초하여 배제할 행위의 목록을 작성하는 것은 끝이 없다.

현재 GDP가 국가의 생산량을 측정하는 최선의 척도라면, 적어도 측정할 수 있는 생산량을 모두 포함해야 한다. 통상적인 관점에서 볼 때 도덕주의적인 미국은 합법적인 매춘이 네바다주에서 실제로 허용되었고, 현재 마리화나 판매와 소비는 콜로라도주, 캘리포니아주, 워싱턴주에서 '경제'라는 불분명한 실체를 구성하는 상업적 거래라는 주장에만 근거하여 어떠한 강력한 반대도 없이 허용되고 있다.

마약과 매춘은 측정하지 않는다고 해서 사라지는 것이 아니지만, 우리가 좋아하지 않는 것들을 배제하려는 쓸데없는 시도를 하여 경제생활에서 뒤섞여져 격자무늬처럼 복잡해진 실체를 이해하려는 노력을 방해하게 될 것이다. ■

논의 사항

1. 불법 행위가 GDP에 포함되어야 한다고 생각하는가? 그렇다고 생각한다면 그 이유는 무엇인가? 그렇지 않다고 생각한다면 그 이유는 무엇인가?
2. 여러분이 사회적으로 바람직하지 않다고 보는 합법 행위가 있는가? 만일 있다면 무엇인가? GDP에 이런 행위를 포함시켜야 한다고 생각하는가? 그렇다고 생각한다면 그 이유는 무엇인가? 그렇지 않다고 생각한다면 그 이유는 무엇인가?

출처: *Slate*, June 20, 2014.

Quiz

11. 김 선생님이 교사직을 그만두고 자녀들을 집에서 자택 학습시킬 경우, ______________.
    a. 그가 동일한 활동을 하기 때문에 GDP는 동일하다.
    b. 그가 이제 더 많은 소득세를 납부하기 때문에 GDP는 증가한다.
    c. 그의 시장소득이 감소하기 때문에 GDP는 감소한다.
    d. 집에서 하는 자택 학습의 가치에 따라, GDP가 증가할 수도 있고 감소할 수도 있다.

12. ______________, 후생을 측정하는 불완전한 지표이다.
    a. GDP는 생산된 물질적 재화를 포함하지만 무형적 용역을 포함하지 않기 때문에
    b. GDP는 정부가 제공하는 재화 및 용역을 포함하지 않기 때문에
    c. GDP는 경제활동에 따른 환경 파괴를 고려하지 않기 때문에
    d. GDP는 삶의 질을 측정하는 다른 지표와 상관관계가 없기 때문에

해답은 이 장의 끝부분에 있다.

15-6 결론

이 장에서는 경제학자들이 일국의 총소득을 어떻게 측정하는지에 관해 논의했다. 물론, 이런 측정은 출발점일 뿐이다. 거시경제학은 일국의 국내총소득에 대한 장기적 및 단기적 결정요인을 밝히고자 한다. 예를 들면 1인당 GDP가 인도와 나이지리아보다 미국과 일본에서 더 높은 이유는 무엇인가? 빈국이 부국을 따라잡기 위해 급속한 성장을 추진하려면 이들은 무엇을 할 수 있는가? 모든 국가의 GDP가 어떤 해에는 빠르게 성장하고 다른 해에는 하락하는 이유가 무엇인가? 정책 입안자들은 이런 심각한 경기 변동을 어떻게 완화할 수 있는가? 이런 것들이 우리가 곧 알아보려는 의문점이다.

이 시점에서는 단지 GDP를 측정하는 문제의 중요성을 인지하는 것이 중요하다. 우리 모두는 삶을 살아가면서 경제가 어떻게 운용되는지에 관해 조금씩은 알게 된다. 하지만 경제 상황을 정확히 파악하기 위해 경제학자와 정책 입안자는 구체적인 데이터가 필요하다. GDP와 같은 통계 자료를 활용하여 경제 행태를 수량화하는 것이 과학으로서의 거시경제학을 발전시키는 첫 단계이다.

요약

- 모든 거래에는 매수인과 매도인이 있기 때문에 경제의 총지출액이 총소득액과 같아야만 한다.
- 국내총생산(GDP)은 새로 생산된 재화 및 용역에 대한 해당 경제의 총지출액 그리고 이런 재화 및 용역의 생산을 통해 벌어들인 총소득액을 측정한다. 보다 정확하게 표현하면, GDP는 일정한 기간에 일국 내에서 생산된 모든 최종적인 재화 및 용역의 시장가치이다.
- GDP는 지출의 네 가지 구성요소, 즉 소비, 투자, 정부구매, 순수출로 구성된다. 소비는 가계에 의한 재화 및 용역에 대한 지출을 포함하며, 여기서 신축 주택의 구입은 예외적으로 제외된다. 투자는 기업 자본, 주택 자본, 재고에 대한 지출을 포함한다. 정부 구매는 미국의 경우 지방정부, 주정부, 연방정부에 의한 재화 및 용역에 대한 지출을 포함한다. 순수출은 국내에서 생산되어 해외에서 판매된 재화 및 용역의 가치(수출)에서 해외에서 생산되어 국내에서 판매된 재화 및 용역의 가치(수입)를 차감한 것이다.
- 명목 GDP는 재화 및 용역의 생산을 현재가격으로 계산한 금액이다. 실질 GDP는 재화 및 용역의 생산을 기준연도의 불변가격으로 계산한 금액이다. GDP 디플레이터는 실질 GDP에 대한 명목 GDP의 비율로 계산하며, 해당 경제의 물가수준을 측정한다.
- GDP는 사람들이 낮은 소득보다 높은 소득을 보통 선호하기 때문에 경제적 후생을 측정하는 좋은 지표이다. 하지만 경제적 후생을 측정하는 완전한 지표는 아니다. 예를 들면 GDP는 여가와 깨끗한 환경이 갖고 있는 가치를 포함하지 않는다.

주요 개념

복습용 질문

1. 어떤 경제의 소득이 지출과 같아야만 하는 이유를 설명하시오.
2. 소형 차의 생산과 대형 고급차의 생산 중 어느 것이 GDP에 더 많이 기여하는가? 그 이유는 무엇인가?
3. 농부는 제빵업자에게 밀을 2달러 받고 판매한다. 제빵업자는 밀을 사용하여 빵 한 덩어리를 만들고, 소비자는 3달러를 주고 이를 구입한다. 이 거래를 통해 GDP에 기여한 총액은 얼마인가?
4. 여러 해 전에 수혜는 500달러를 지불하고 음반을 수집했다. 그리고 오늘 그 음반을 100달러에 판매했다. 이 판매는 현재 GDP에 어떤 영향을 미치는가?
5. GDP의 네 가지 구성요소를 나열하시오. 각각의 예를 드시오.
6. 경제학자들이 경제적 후생을 평가하기 위해 명목 GDP가 아니라 실질 GDP를 사용하는 이유는 무엇인가?
7. 2023년에 경제는 각각 2달러에 판매되는 빵 100개를 생산했다. 2024년에 경제는 각각 3달러에 판매되는 빵 200개를 생산했다. 각 연도에 해당하는 명목 GDP, 실질 GDP, GDP 디플레이터를 계산하시오.(2023년을 기준연도로 사용하시오) 한 해에서 다음 해로 진행됨에 따라 이들 세 개 통계치는 각각 몇 % 증가했는가?
8. 어떤 국가가 큰 GDP를 갖는 것이 바람직한 이유는 무엇인가? GDP를 증대시키기는 하지만 바람직하지 않은 예를 드시오.

문제와 응용

1. 다음의 각 거래는 (만일 일어났다면) GDP의 어떤 구성요소에 영향을 미치는가? 설명하시오.
   a. 양호 아저씨가 국내 제조업체로부터 신제품 냉장고를 구입한다.
   b. 태희 아주머니가 지역 건축 도급업자를 고용하여 새 집을 건축한다.
   c. 동현이네 가족이 수경이네 가족으로부터 오래된 빅토리아 양식의 주택을 구입한다.
   d. 여러분이 이발사에게 이발을 하고 대가를 지불한다.
   e. 포드 사가 유나 가족에게 재고로 가지고 있던 무스탕이란 자동차를 판매한다.
   f. 포드 사가 포커스란 자동차를 제작하여 렌터카 업체인 에이비스에 판매한다.
   g. 캘리포니아주는 노동자를 고용하여 66번 고속도로를 다시 포장한다.
   h. 연방정부가 어떤 할머니에게 사회보장 급부금 수표를 보낸다.
   i. 여러분의 부모님이 프랑스산 포도주 한 병을 구입한다.
   j. 일본 혼다 사가 미국 오하이오주에 있는 자사의 공장 규모를 확장한다.

2. 다음 빈칸을 채우시오.

연도	실질 GDP (2000년도 달러 기준)	명목 GDP (현재 달러)	GDP 디플레이터 (기준연도: 2000년)
1970	3,000	1,200	______
1980	5,000	______	60
1990	______	6,000	100
2000	______	8,000	______
2010	______	15,000	200
2020	10,000	______	300
2030	20,000	50,000	______

3. GDP의 구성요소인 정부 구매에는 사회보장 급부금과 같은 이전지급이 포함되지 않는다. GDP의 정의에 관해 생각해보고 이전지급이 배제된 이유를 설명하시오.

4. 이 장에서 살펴본 것처럼, GDP에는 재판매되는 중고품의 가치가 포함되지 않는다. 이런 거래가 포함될 경우 GDP가 경제적 후생을 측정하는 데 더 적은 정보를 제공하는 지표가 되는 이유를 설명하시오.

5. 우유와 꿀을 생산하는 국가로부터 데이터를 얻었다.

연도	우유가격	우유 생산량	꿀가격	꿀 생산량
2023	1달러	100쿼트	2달러	50쿼트
2024	1	200	2	100
2025	2	200	4	100

a. 각 연도의 명목 GDP, 실질 GDP, GDP 디플레이터를 계산하시오. 2023년을 기준연도로 사용하시오.
b. 전년도 대비 2024년과 2025년의 명목 GDP, 실질 GDP, GDP 디플레이터의 백분율 변화를 계산하시오. 각 연도에서 변화하지 않는 변수를 밝히시오. 여러분의 답변이 타당한 이유를 설명하시오.
c. 경제적 후생은 2024년에 더 많이 증대되었는가 아니면 2025년에 더 많이 증대되었는가? 설명하시오.

6. 초콜릿바만 생산하는 경제를 생각해보자. 1차 연도의 생산량은 3개이고 가격은 개당 4달러이다. 2차 연도의 생산량은 4개이고 가격은 개당 5달러이다. 3차 연도의 생산량은 5개이고 가격은 개당 6달러이다. 기준연도는 1차 연도이다.

a. 세 개 연도 각각에 대한 명목 GDP는 얼마인가?
b. 세 개 연도 각각에 대한 실질 GDP는 얼마인가?
c. 세 개 연도 각각에 대한 GDP 디플레이터는 얼마인가?
d. 2차 연도에서 3차 연도로 갈 때 실질 GDP의 백분율 증가율은 얼마인가?
e. 2차 연도에서 3차 연도로 갈 때 GDP 디플레이터로 측정한 인플레이션율은 얼마인가?
f. 한 개 재화만을 생산하는 이런 경제에서 (b) 및 (c)에 먼저 답하지 않고 (d) 및 (e)에 어떻게 답할 수 있는가?

7. 미국 경제에 대한 다음과 같은 데이터를 생각해보자.

연도	명목 GDP (십억 달러)	GDP 디플레이터 (기준연도: 2012년)
2020	21,141	113.6
2000	10,287	78.1

a. 2000년과 2020년 사이에 발생한 명목 GDP의 증가율은 얼마인가?(요령: N년의 기간에 걸친 변수 X의 증가율은 $100 \times [(X_{\text{최종연도}}/X_{\text{기준연도}})^{1/N} - 1]$로 계산된다)
b. 2000년과 2020년 사이에 발생한 GDP 디플레이터의 증가율은 얼마인가?
c. 2012년 가격으로 측정한 2000년의 실질 GDP는 얼마인가?
d. 2012년 가격으로 측정한 2020년의 실질 GDP는 얼마인가?
e. 2000년과 2020년 사이에 발생한 실질 GDP의 증가율은 얼마인가?
f. 명목 GDP의 증가율이 실질 GDP 증가율보다 더 높은가 아니면 더 낮은가? 설명하시오.

8. 실질 GDP, 명목 GDP, GDP의 구성요소에서 일어나는 최근 변화에 대해 논의하시오. 관련 자료 및 추정치는 정부기관, 연구기관, 웹사이트, 보도된 기사 등에서 찾아볼 수 있다.

9. 농부는 밀을 재배하여, 제분업자에게 100달러를 받고 판매한다. 제분업자는 밀을 밀가루로 만들어서, 제빵업자에게 150달러를 받고 판매한다. 제빵업자는 밀가루를 빵

으로 만들어서, 소비자에게 180달러를 받고 판매한다. 소비자는 이 빵을 먹어서 소비한다.

a. 이 경제의 GDP는 얼마인가? 설명하시오.

b. **부가가치**는 생산자의 생산물 가치에서 해당 생산자가 생산물을 만들기 위해 구입한 중간재의 가치를 차감한 것으로 정의된다. 위에 설명된 것 이외의 중간재가 없다고 가정하고, 이들 세 명의 생산자 각각에 대해 부가가치를 계산하시오.

c. 이 경제에서 세 명 생산자의 총부가가치는 얼마인가? 총부가가치는 경제의 GDP와 비교할 때 어떠한가? 이 예는 GDP를 계산하는 또 다른 방법을 시사하는가?

10. 가정에서 생산되어 소비되는 식료품처럼, 시장에서 판매되지 않는 재화 및 용역은 일반적으로 GDP에 포함되지 않는다. 따라서 표 3의 둘째 열에 있는 1인당 실질 GDP 수치는 미국과 인도의 경제적 후생을 어떻게 잘못 비교하도록 할 수 있는가? 설명하시오.

11. 1970년 이래로 미국 경제활동인구로의 여성 참여가 극적으로 증가했다.

a. 이러한 증가가 GDP에 어떤 영향을 미쳤다고 생각하는가?

b. 이제는 가정에서 일을 하고 여가를 보내는 데 사용한 시간도 포함하는 후생 지표를 가상해보자. 이런 후생 지표상의 변화가 GDP의 변화와 어떻게 비교되는가?

c. 여성의 경제활동인구 참여 증가와 연관돼서 발생하는 후생의 다른 측면을 생각해볼 수 있는가? 이런 측면을 포함하는 후생 지표를 만드는 것이 실제적으로 가능한가?

12. 어느 날 이발소를 운영하는 현준이는 이발료로 400달러를 벌었다. 이 날 하루 동안 그의 이발 장비는 50달러만큼 감가상각이 이루어졌다. 남은 350달러 중에서 현준이는 판매세로 정부에 30달러를 납부하고, 임금으로 220달러를 집으로 가져갔으며, 장래에 새 장비를 추가하기 위해 사업장에 100달러를 유보했다. 현준이가 집으로 가져간 220달러에서 소득세로 70달러를 납부했다. 이 정보에 기초하여, 소득을 측정하는 다음 지표에 대해 현준이가 기여한 액수를 계산하시오.

a. 국내총생산

b. 국민순생산

c. 국민소득

d. 개인소득

e. 개인 가처분 소득

Quiz 해답

1. c 2. d 3. b 4. c 5. b 6. d 7. c 8. a 9. a 10. b 11. c 12. c

Chapter

16

생활비의 측정

미국 경제가 대공황을 겪고 있었던 1931년에, 뉴욕 양키스 야구 구단은 베이브 루스라는 야구선수에게 연봉 80,000달러를 지급했다. 당시에 이 금액은 스타급 야구선수들 사이에서조차도 파격적이었다. 하지만 베이브 루스는 평범한 선수가 아니었으며, 자신감이 결여되어 있지도 않았다. 한 이야기에 따르면, 기자가 베이브 루스에게 연봉 75,000달러를 받는 허버트 후버 대통령보다도 더 많은 급여를 받는 것이 옳다고 생각하는지 물었다. 베이브 루스는 "올해 내가 더 많이 받았네요"라고 대답했다.

2021년에 메이저 리그 야구선수들의 평균 연봉이 약 420만 달러인데, 로스앤젤레스 다저스 투수인 트레버 바우어는 연봉 3,800만 달러를 받아 가장 높은 연봉을 받는 선수가 되었다. 이런 이야기를 듣고 처음에는 지난 90년 동안 야구 구단들의 수익성이 훨씬 더 높아졌다고 생각할지 모른다. 하지만 모든 사람이 알다시피 재화 및 용역의 가격도 상승했다. 1931년에 5센트짜리 동전을 가지고서 아이스크림콘을 살 수 있었으며, 25센트짜리 동전으로는 지역 영화

AZMANJAKA/E+/GETTY IMAGES CARLOS FLORES/EYEEM/GETTY IMAGES

관 입장권을 구입할 수 있었다. 베이브 루스 시대에는 가격이 훨씬 낮았기 때문에, 그의 생활수준이 오늘날의 야구선수보다 높았는지 낮았는지를 즉각적으로 명확하게 판단할 수는 없다.

앞 장에서는 경제학자들이 국내총생산(GDP)을 사용해, 어떤 경제가 생산하는 재화 및 용역의 양을 어떻게 측정하는지 살펴보았다. 이 장에서는 경제학자들이 전반적인 생활비를 어떻게 측정하는지 살펴볼 것이다. 베이브 루스가 받았던 연봉 80,000달러를 오늘날의 연봉과 비교하기 위해 우리는 화폐 단위로 표시된 수치, 즉 달러 수치를 구매력을 측정하는 의미 있는 수치로 전환시켜야 한다. 이것은 정확히 **소비자 물가지수**, 간단히 CPI라고 하는 통계치가 해야 할 일이다.

CPI는 생활비의 변화를 살펴보기 위해 사용된다. CPI가 상승할 때, 일반 가정은 동일한 생활수준을 유지하기 위해 더 많은 금액을 지출해야 한다. 경제학자들은 **인플레이션**이란 용어를 사용해 전반적인 물가수준이 상승하는 상황을 설명하고 전반적인 물가수준이 하락하는 상황에 대해서는 **디플레이션**이란 용어를 사용한다. **인플레이션율**은 이전 기간에 대한 물가수준의 백분율 변화이다. 이전 장에서는 GDP 디플레이터를 사용해 인플레이션이 어떻게 측정되는지 보여주었다. 하지만 여러분이 저녁 뉴스나 밤 뉴스에서 듣게 되는 인플레이션율은 CPI에 기반하는데, 그 이유는 CPI가 소비자들이 구입하는 재화 및 용역을 더 잘 반영하기 때문이다.

이어지는 장들에서 살펴보는 것처럼, 인플레이션은 거시경제 성과를 살펴보는 한 측면이며 거시경제 정책을 이끄는 주요 변수이다. 이 장에서는 CPI가 어떻게 측정되며 상이한 시점에서 관찰된 화폐가치로 나타낸 수치를 비교하기 위해 어떻게 사용될 수 있는지 논의함으로써, 이러한 분석에서 기초가 되는 지식을 제공하고자 한다.

16-1 소비자 물가지수

소비자 물가지수(CPI)
일반적인 소비자가 구입하는 재화 및 용역의 전반적인 비용을 측정한 지표

소비자 물가지수(consumer price index, CPI)는 일반적인 소비자가 구입하는 재화 및 용역의 전반적인 비용을 측정한다. 미국의 경우 노동성 소속 노동통계국(BLS)이 매월 CPI를 계산해 발표한다. 이 절에서는 CPI가 어떻게 계산되며 이를 측정하는 데 무슨 문제가 발생하는지 살펴볼 것이다. 또한 이 지수가 앞 장에서 살펴본 전반적인 물가수준의 또 다른 지표인 GDP 디플레이터와 어떻게 비교되는지 논의할 것이다.

16-1a CPI는 어떻게 계산되는가

미국 노동통계국은 CPI와 인플레이션율을 계산할 때 수천 개의 재화 및 용역 가격에

표 1

소비자 물가지수 및 인플레이션율 계산하기: 예시

이 표는 소비자가 핫도그와 햄버거만을 구매하는 가상적인 경제에 대해 CPI 및 인플레이션율을 어떻게 계산하는지 보여준다.

1단계: 고정된 재화 바구니를 결정한 소비자를 조사한다.

바구니=핫도그 4개, 햄버거 2개

2단계: 각 재화의 연도별 가격을 구한다.

연도	핫도그 가격	햄버거 가격
2022	1달러	2달러
2023	2	3
2024	3	4

3단계: 재화 바구니의 연도별 비용을 계산한다.

2022	(핫도그 개당 1달러×핫도그 4개)+(햄버거 개당 2달러×햄버거 2개)=바구니당 8달러
2023	(핫도그 개당 2달러×핫도그 4개)+(햄버거 개당 3달러×햄버거 2개)=바구니당 14달러
2024	(핫도그 개당 3달러×핫도그 4개)+(햄버거 개당 4달러×햄버거 2개)=바구니당 20달러

4단계: 기준연도(2022년)를 선택하고 연도별 CPI를 계산한다.

2022	(8달러/8달러)×100=100
2023	(14달러/8달러)×100=175
2024	(20달러/8달러)×100=250

5단계: CPI를 활용해 전년도에 대한 인플레이션율을 계산한다.

2023	(175−100)/100×100=75%
2024	(250−175)/175×100=43%

관한 데이터를 사용한다. 이 통계치를 어떻게 계산하는지 알아보기 위해 소비자가 단 두 개의 재화, 즉 핫도그와 햄버거만을 구입하는 단순한 경제를 생각해보자. 표 1은 노동통계국이 거치는 다섯 가지 단계를 보여준다.

1. **바구니를 고정시킨다.** 어느 가격이 소비자들에게 가장 중요한지를 결정한다. 일반적인 소비자가 핫도그를 햄버거보다 더 많이 구입할 경우, 핫도그 가격은 햄버거 가격보다 더 중요하므로 생활비를 측정할 때 더 큰 가중치가 주어져야 한다. 노동통계국은 일반적인 소비자가 구입하는 재화 및 용역 바구니를 구하기 위해서 소비자들을 조사해 이런 가중치들을 설정한다. 표의 예에서 바구니에는 핫도그 4개와 햄버거 2개가 담겼다.
2. **가격을 구한다.** 각 시점에서 바구니에 담긴 각 재화 및 용역의 가격을 구한다. 표는 다른 3년간의 핫도그와 햄버거 가격을 보여준다.
3. **바구니의 비용을 계산한다.** 가격에 관한 데이터를 사용해 상이한 시점에서 재화 및 용역 바구니의 비용을 계산한다. 이 표는 세 개 연도 각각에 대한 이런 계산을

보여준다. 계산할 때 가격만 변화한다는 사실에 주목하자. 재화 바구니는 동일하게 유지(핫도그 4개와 햄버거 2개)함으로써, 동시에 발생할 수도 있는 수량 변화에 따른 효과로부터 가격 변화에 따른 효과를 분리할 수 있다.

4. **기준연도를 설정하고 지수를 계산한다.** 어떤 한 해를 기준연도로 지정하는데, 이는 다른 연도들을 비교하는 기준이 된다.(기준연도의 선택은 임의적으로 할 수 있다. 생활비의 백분율 변화를 측정하기 위해 지수가 사용되며, 이러한 백분율 변화는 기준연도의 선택에 관계없이 동일하다) 기준연도가 일단 선택되면, 지수는 다음과 같이 계산된다.

$$\text{소비자 물가지수} = \frac{\text{현재연도 재화 바구니 구입 비용}}{\text{기준연도 재화 바구니 구입 비용}} \times 100$$

즉, 어떤 특정 연도의 CPI는 해당 연도의 재화 및 용역 바구니 가격을 기준연도의 재화 및 용역 바구니 가격으로 나눈 수치에 100을 곱한 것이다.

표 1의 예에서는 2022년이 기준연도가 된다. 이 연도에 핫도그와 햄버거 바구니를 구입하는 데 8달러의 비용이 든다. 따라서 CPI를 계산하기 위해서는, 각 연도의 바구니 가격을 8달러로 나누고 그 값에 100을 곱해야 한다. 2022년 CPI는 100이다.(기준연도의 지수는 언제나 100이 된다) 2023년 CPI는 175이다. 이것이 의미하는 바는 2023년 바구니 가격은 기준연도 바구니 가격의 175%에 상당하다는 것이다. 달리 표현하면 기준연도에 100달러의 비용이 드는 재화 바구니는 2023년에 175달러의 비용이 든다. 이와 유사하게 2024년 CPI는 250이며, 이것이 시사하는 바는 2024년 물가수준은 기준연도 물가수준의 250%에 상당하다는 것이다.

인플레이션율
이전 기간 대비 물가수준의 백분율 변화

5. **인플레이션율을 계산한다.** 이전 기간 대비 물가지수의 백분율 변화인 **인플레이션율**(inflation rate)을 계산하기 위해 CPI를 사용하자. 즉, 연속적인 2년 사이의 인플레이션율을 다음과 같이 계산할 수 있다.

$$\text{2차 연도의 인플레이션율} = \frac{\text{2차 연도 CPI} - \text{1차 연도 CPI}}{\text{1차 연도 CPI}} \times 100$$

표 1 하단에서 볼 수 있는 것처럼, 우리의 예에서 인플레이션율은 2023년 75%이고, 2024년 43%이다.

이 예는 두 개의 재화만으로 구성된 바구니를 생산함으로써 실제 세계를 단순화시키기는 했지만, 정부 당국이 CPI와 인플레이션율을 어떻게 계산하는지 보여준다. 미국의 경우 노동통계국이 매월 수천 가지의 재화 및 용역 가격 관련 데이터를 수집하고 처리하며, 위에서 살펴본 다섯 가지 단계를 거쳐서 일반적인 소비자의 생활비가 얼마나 신속하게 상승하는지를 결정한다. 노동통계국이 월간 CPI를 발표하면, 여러분은 보통 저녁 뉴스나 관련 웹 페이지에서 이런 수치를 접하게 된다.

전반적인 경제에 대한 CPI 이외에, 노동통계국은 몇 가지 다른 물가지수를 계산한다. 예를 들면 식료품, 의류, 에너지처럼 좁은 범주의 재화 및 용역에 대한 지수를 발표한다. 또한 식료품 및 에너지를 제외한 모든 재화 및 용역에 대한 CPI를 계산하는데, 이 통계치를 근원 CPI(core CPI)라고 한다. 식료품 및 에너지 가격은 상당한 단기적 변동성을 보여주기 때문에, 근원 CPI가 근저에 있는 인플레이션율을 더 잘 반영한다. 마지막으로, 노동통계국은 생산자 물가지수(producer price index, PPI)도 계산하는데, 이 지수는 국내 생산자의 생산물 가격을 측정한다. 이전에 도매 물가지수로 불렸던 이 지수는 1893년 미국 의회 보고까지로 거슬러 올라가며, 미국 경제에서 가장 오래된 지수 중 하나가 되었다.

근원 CPI
식료품 및 에너지를 제외한 소비자 재화 및 용역의 전반적인 비용을 측정한 지수

생산자 물가지수(PPI)
국내 기업이 판매한 재화 및 용역 바구니의 비용을 측정한 지수

FYI CPI 바구니에는 어떤 항목이 있는가?

CPI를 작성할 때, 미국 노동통계국은 일반적인 소비자가 구입하는 모든 재화 및 용역을 포함시키려 한다. 나아가, 소비자들이 각 품목을 구입할 때 얼마나 지불하는지에 따라 이들 재화 및 용역에 가중치를 부여한다.

그림 1은 소비자 지출이 어떤 주요한 재화 및 용역 범주로 분류되는지 보여준다. 지금까지 가장 큰 범주는 주거비로, 일반적인 소비지출의 42%를 차지한다. 이 범주에는 주택비(33%), 연료비, 수도료, 전기료, 가스료(5%), 가계 비품비 및 운용비(5%)가 포함된다. 다음으로 큰 범주인 교통비가 18%를 차지하며, 여기에는 자가용, 휘발유, 버스, 지하철 등에 대한 지출이 포함된다. 식음료비 범주는 14%를 차지하며, 여기에는 가정에서의 식비(8%), 외식비(5%), 주류비(1%)가 포함된다. 다음으로 의료비 범주는 8%, 교육 및 통신비 범주는 6%, 여가비 범주는 5%를 차지한다. 의복비, 신발비, 장신구비를 포함하는 의류비 범주는 일반적인 소비자의 지출 중 2%를 차지한다.

마지막으로, 기타 재화 및 용역에 대한 지출비 범주는 3%를 차지한다. 여기에는 (담배, 이발료, 경조사비와 같이) 다른 범주에 자연스럽게 분류되지 않는 소비자 구매의 포괄적인 항목이 포함된다. ■

그림 1

일반적인 재화 및 용역 바구니
이 그림은 일반적인 소비자가 다양한 재화 및 용역 범주들에 대해 어떻게 지출을 배분하는지 보여준다. 미국 노동통계국은 각 배분율을 범주의 '상대적 중요성'이라고 한다.

출처: Bureau of Labor Statistics.

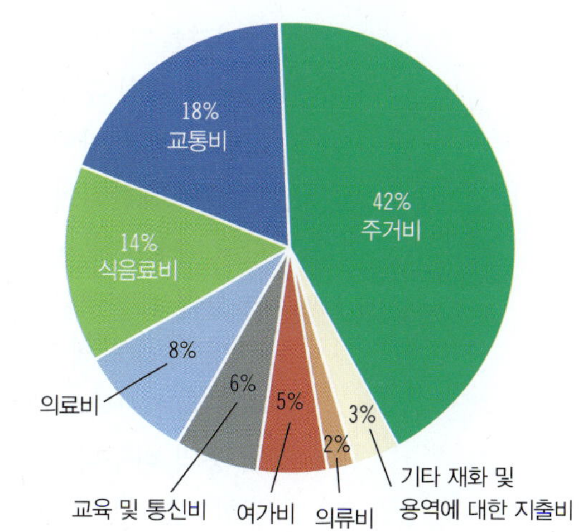

16-1b 생활비 측정상의 문제점

소비자 물가지수의 목적은 생활비의 변화를 측정하는 것이다. 다시 말해, CPI에 기초하여 생활수준을 일정하게 유지하기 위해 소득이 얼마나 증가해야 하는지 판단할 수 있다. 하지만 CPI는 완전한 측정치가 아니다. 지수와 관련된 세 가지 문제점은 널리 인정되고 있지만 해결하기는 어렵다.

CPI와 관련된 첫 번째 문제점은 **대체 편의**이다. 해가 바뀜에 따라 가정에서 구입하는 재화 및 용역의 가격이 모두 비례적으로 변화하지는 않는다. 즉, 일부 가격은 다른 가격보다 더 많이 상승하고, 심지어 일부 가격은 하락하기까지 한다. 소비자들은 가격이 많이 상승한 재화를 덜 구입하고, 가격이 적게 상승하거나 하락한 재화를 더 많이 구입함으로써 이에 대응하게 된다. 즉, 소비자들은 상대적으로 저렴한 재화로 대체하게 된다. 재화 바구니가 고정되어 있다고 가정하고 물가지수를 계산할 경우, 이는 소비자에 의해 대체되는 현상을 무시하고 어느 한 해에서 다음 해로의 생활비 상승을 과장하게 된다.

한 예를 생각해보자. 처음에는 사과가 배보다 더 저렴해서 소비자들이 사과를 배보다 더 많이 구입한다고 가상하자. CPI의 재화 바구니를 설정할 때, 미국 노동통계국은 소비자들의 구입 행태를 관찰하고 사과를 배보다 더 많이 포함시킨다. 이제 다음 해에 배가 사과보다 더 저렴하다고 가상하자. 소비자들은 아마도 배를 더 많이 구입하고 사과를 더 적게 구입하게 될 것이다. 하지만 재화 바구니는 고정되어 있기 때문에, 소비자들이 이제는 비싸진 사과를 이전과 동일한 양만큼 계속 구입하는 것처럼 보고 CPI를 계산하게 된다. 이런 이유로, 소비자 물가지수는 소비자들이 실제로 경험하는 것보다 생활비가 더 많이 상승한 것으로 측정한다.

CPI와 관련된 두 번째 문제점은 **신상품의 도입**에서 비롯된다. 신상품이 도입될 경우, 소비자들의 선택폭은 넓어져서 더 많은 다양성을 갖게 되며, 이로 인해 다시 동일한 수준의 경제적 후생을 유지하는 데 드는 비용이 감소하게 된다. 그 이유를 알기 위해 다양한 상품을 판매하는 대형 상점의 100달러짜리 상품권과, 가격은 동일하지만 선택지의 폭이 제한되어 있는 소형 상점의 100달러짜리 상품권 중에서 여러분이 선택할 수 있다고 가상하자. 여러분은 어느 상품권을 선호하는가? 대부분의 사람들은 선택의 폭이 큰 상점을 선택할 것이다. 본질적으로 선택의 폭이 커질수록 각 화폐 단위, 즉 각 달러는 더 가치 있게 된다. 동일한 논리가 경제에도 적용된다. 즉, 신상품이 도입될 경우 소비자들의 선택폭이 넓어져서 각 달러는 더 가치 있게 된다. 하지만 CPI는 고정된 재화 및 용역 바구니에 기초하기 때문에, 신상품 도입에 따른 달러가치의 상승을 반영하지 못한다.

예를 들어 2001년에 애플은 나중에 아이폰의 전신이 된, 음악을 들을 수 있는 소형

기기 아이팟을 출시했다. 음악을 들을 수 있는 기기들은 이미 이용할 수 있었지만, 휴대성이 뛰어나고 강력하며 사용하기가 쉽지는 않았다. 아이팟은 소비자들이 선택할 수 있는 기회를 넓혀준 새로운 선택지였다. 가용할 돈이 일정한 경우, 아이팟이 새롭게 도입됨에 따라 사람들의 형편이 나아진다. 거꾸로 이야기하면 동일한 수준의 후생을 달성하는 데 더 적은 돈이 소요된다. 물론 이런 논리는 아이팟만이 아니라 추가 기능이 탑재된 아이폰과 스마트폰이 뒤이어 도입되었을 때도 적용된다. 완벽한 생활비 지수라면, 이런 기기의 도입에 따른 생활비 감소를 반영했을 것이다. 하지만 CPI는 고정된 바구니를 사용하기 때문에 신상품이 도입될 때 지수가 하락하지 않는다. 결국, 미국 노동통계국은 재화 바구니를 조정하여 아이팟과 아이폰을 포함시켰으며, 뒤이어서 지수는 이들 가격의 변화를 반영했다. 하지만 이런 기기들의 최초 도입과 연관된 생활비의 감소는 지수에 결코 반영되지 않았다.

CPI와 관련된 세 번째 문제점은 **측정되지 않은 품질 변화**이다. 어떤 해에서 다른 해로 넘어가면서 상품의 품질은 저하되는 반면에 가격이 동일하게 유지된다면, 동일한 금액의 돈으로 더 못한 상품을 얻게 되어 화폐의 가치가 하락한다. 이와 유사하게, 어떤 해에서 다른 해로 넘어가면서 품질이 향상된다면, 화폐의 가치가 상승한다. 미국 노동통계국은 최선을 다해서 품질의 변화를 고려하려 한다. 바구니에 포함되어 있는 재화의 품질이 변화할 경우, 예를 들어 다음 해로 넘어가면서 어떤 자동차 모델이 더 많은 마력 수를 갖게 되거나 연비가 향상될 경우, 노동통계국은 해당 재화의 가격을 조정해 품질의 변화를 고려할 수 있다. 이렇게 함으로써, 노동통계국은 재화 바구니의 품질이 일정하게 유지되는 상태에서 그 가격을 계산하려 한다. 이런 노력에도 불구하고, 품질을 측정하는 것은 어렵기 때문에 품질 변화는 계속 문제가 되고 있다.

이런 측정상의 문제점들이 얼마나 심각한지 그리고 이에 대해 어떠한 조치가 취해져야 하는지에 관해 많은 논의가 있다. 연구 결과에 따르면 측정된 인플레이션이 연간 약 0.5~1.0% 상향하는 편의를 갖는다고 한다. 예를 들면 사회보장 수급자들은 CPI와 연계된 연간 급부금 증가액을 받게 된다. 일부 경제학자들은 이런 프로그램들을 수정해 자동적인 급부금 증액 규모를 축소시켜 측정상의 문제를 바로잡자고 제안했다. 하지만 다른 사람들은 그런 방법은 잘못된 결정이라고 말한다. 왜냐하면 노년층은 의료비에 더 많은 비용을 지출하는 경향이 있으며, 종종 이 비용은 표준적인 CPI 바구니보다 더 신속하게 증가하기 때문이다.

16-1c GDP 디플레이터 대 소비자 물가지수

앞 장에서는 경제의 전반적인 물가수준을 측정하는 지표로 GDP 디플레이터를 살펴보았다. GDP 디플레이터는 실질 GDP에 대한 명목 GDP의 비율이다. 명목 GDP는 현재

가격으로 계산한 현재 생산량의 금액이고 실질 GDP는 기준연도 가격으로 계산한 현재 생산량의 금액이므로, GDP 디플레이터는 기준연도의 물가수준에 대비한 현재 물가수준을 보여준다.

경제학자와 정책 입안자들은 물가가 얼마나 빠르게 상승하는지 판단하기 위해 몇 개의 다른 지표와 함께 GDP 디플레이터와 CPI를 둘 다 검토한다. 보통 이들 두 개 통계치는 유사한 행태를 보이지만, 두 가지 중요한 차이점으로 인해 서로 달라질 수 있다.

첫 번째 차이점은 GDP 디플레이터가 **국내에서 생산된** 모든 재화 및 용역의 가격을 반영하는 반면에, CPI는 **소비자들이 구입한** 모든 재화 및 용역의 가격을 반영한다는 것이다. 예를 들어 보잉이 생산해 공군에게 판매한 전투기의 가격이 상승했다고 가상하자. 전투기는 GDP의 일부가 되지만 소비자가 구입하는 재화 및 용역 바구니의 일부를 구성하지는 않는다. 이런 가격 인상은 GDP 디플레이터에 반영되지만 CPI에는 반영되지 않는다.

다른 예로, 피아트가 자사의 자동차 가격을 인상했다고 가상하자. 피아트 자동차는 이탈리아에서 생산되기 때문에, 해당 자동차는 미국 GDP의 일부가 아니다. 하지만 미국 소비자가 피아트 자동차를 구입하게 되면, 해당 자동차는 CPI 재화 바구니의 일부를 구성한다. 예를 들어 피아트 자동차와 같이 수입된 소비재의 가격이 상승할 경우, 이는 CPI에 반영되지만 GDP 디플레이터에는 반영되지 않는다.

역사적으로 볼 때, CPI와 GDP 디플레이터의 첫 번째 차이점은 석유가격이 변화할 때 특히 중요했다. 미국은 오랫동안 석유를 일정량 생산해왔지만, 훨씬 더 많이 소비해서 상당한 양의 석유를 수입했다. 따라서 석유와 휘발유 및 난방유 같은 석유 생산물은 GDP보다는 소비자 지출에서 더 큰 비중을 차지했다. 그러므로 석유가격이 상승할 때, CPI는 GDP 디플레이터보다 훨씬 더 많이 상승했다. 이런 현상은 오늘날 덜 중요해졌다. 2008년 이래로 미국의 석유 생산이 상당히 증가해 석유 수입에 대한 국가 의존성이 낮아졌기 때문이다.

"가격이 약간 비싸 보일 수도 있습니다만, 현재 가격 기준이라는 점을 고려해주시기 바랍니다."

GDP 디플레이터와 CPI 사이에 존재하는 두 번째 차이점이자 포착하기가 더 어려운 점은 전반적인 물가수준에 대한 단일 수치를 얻기 위해 다양한 가격에 가중치를 어떻게 두느냐와 관련된다. CPI는 재화 및 용역의 **고정된** 바구니에 대한 가격을 기준연도의 해당 바구니 가격과 비교한다. 노동통계국은 오직 이따금씩만 바구니에 포함되는 항목을 변경한다. 반면에 GDP 디플레이터는 **현재 생산되는** 재화 및 용역의 가격과 기준연도의 해당 재화 및 용역의 가격을 비교한다. 이런 이유로, GDP 디플레이터를 계산하기 위해 사용되는 재화 및 용역 꾸러미는 시간이 흐름에 따라 자동적으로 변경된다. 모든 가격이 비례적으로 변화할 때 이런 차이는 중요하지 않다. 하지만 서로 다른 재화 및 용역의 가격이 다양한 규모로 변화한다면, 다양한 가격에 두는 가중치가 전반

그림 2

인플레이션을 측정하는 두 가지 지표

이 그림은 물가수준의 백분율 변화, 즉 인플레이션율을 1965년 이래 연간 데이터를 사용해 GDP 디플레이터 및 CPI로 측정해 보여준다. 두 가지 인플레이션 지표가 일반적으로 함께 변한다는 사실에 주목하자.

출처: U.S. Department of Labor; U.S. Department of Commerce.

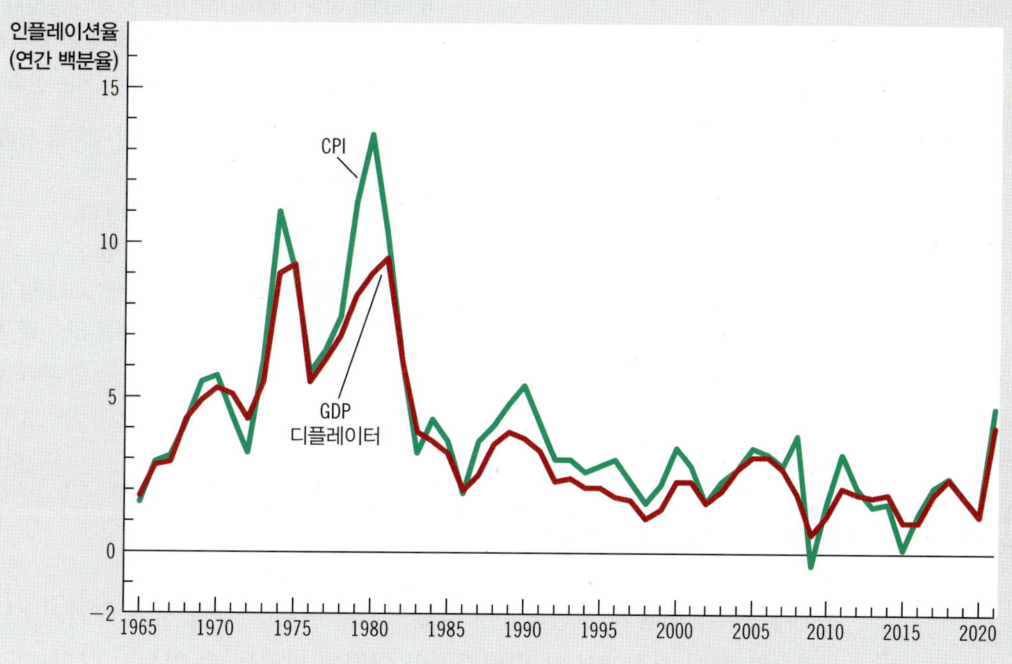

적인 인플레이션율을 계산하는 데 영향을 미친다.

그림 2는 1965년 이래로 매년 측정한 GDP 디플레이터와 CPI 둘 다로 나타낸 인플레이션율을 보여준다. 여러분은 이들 두 지표가 이따금 벌어지는 경우를 볼 수 있다. 이런 경우 이들 수치 이면을 살펴보고 위에서 논의한 두 가지 차이점을 활용해 이렇게 벌어지는 현상을 설명할 수 있다. 예를 들면 1979년과 1980년에 CPI 인플레이션이 GDP 디플레이터로 측정한 인플레이션보다 더 많이 상승했는데, 그 이유는 주로 유가가 2년 동안 두 배 이상 상승했기 때문이다. 반대로, 2009년과 2015년에는 CPI 인플레이션이 GDP 디플레이터로 평가한 인플레이션보다 많이 떨어졌는데, 그 이유는 유가가 급격히 하락했기 때문이다. 하지만 이들 두 지표가 벌어지는 상황은 통례적이라기보다 예외적인 경우이다.

Quiz

1. CPI는 ____________와(과) 거의 같은 경제 현상을 측정한다.
   a. 명목 GDP
   b. 실질 GDP
   c. GDP 디플레이터
   d. 실업률

2. CPI를 계산하기 위해 사용하는 재화 및 용역 바구니에서 가장 큰 구성요소는 ____________이다.
   a. 식음료비
   b. 주거비
   c. 의료비
   d. 의류비

3. 펜실베이니아 총기 제조업체가 미국 육군에게 판매하는 소총가격을 인상할 경우, 이런 가격 인상으로 인해 ____________.
   a. CPI와 GDP 디플레이터가 둘 다 상승한다.
   b. CPI와 GDP 디플레이터 어느 것도 상승하지 않는다.
   c. CPI는 상승하지만, GDP 디플레이터는 상승하지 않는다.
   d. GDP 디플레이터는 상승하지만, CPI는 상승하지 않는다.

4. 소비자들은 이따금 가격이 상승한 재화를 저렴한 재화로 대체할 수 있기 때문에, ____________.
   a. CPI는 인플레이션을 과대 평가한다.
   b. CPI는 인플레이션을 과소 평가한다.
   c. GDP 디플레이터는 인플레이션을 과대 평가한다.
   d. GDP 디플레이터는 인플레이션을 과소 평가한다.

해답은 이 장의 끝부분에 있다.

16-2 인플레이션의 영향에 따른 경제변수 조정

물가지수가 어떻게 계산되는지 알았으므로 이런 지수를 사용해 과거 시점에서 본 화폐가치가 현재 시점에서 본 화폐가치와 어떻게 비교될 수 있는지 살펴보도록 하자.

16-2a 상이한 시점에서 본 화폐가치

야구선수 베이브 루스의 소득 관련 문제로 돌아가보자. 1931년에 그가 받았던 봉급 80,000달러는 오늘날의 야구선수가 받는 봉급과 비교해볼 때 높은가 아니면 낮은가?

이 물음에 답하기 위해, 우리는 1931년의 물가수준과 오늘날의 물가수준을 알아야만 한다. 야구선수들의 봉급이 상승한 이유 중 일부는 물가 상승을 보상하기 위한 것이다. 베이브 루스의 봉급을 비교하기 위해, 1931년 화폐가치가 오늘날의 화폐가치로 전환될 수 있도록 베이브 루스의 봉급을 부풀려야만 한다.

*T*년도의 화폐가치로 본 금액을 오늘날의 화폐가치로 환산하는 공식은 다음과 같다.

$$\text{오늘날의 화폐가치로 환산한 금액} = T\text{년도의 화폐가치로 본 금액} \times \frac{\text{현재 물가수준}}{T\text{년도 물가수준}}$$

예를 들어 CPI와 같은 물가지수는 물가수준을 측정하고 인플레이션에 대한 조정규모를 결정한다.

위의 공식을 베이브 루스의 봉급에 적용해보자. 정부 통계 자료에 따르면 1931년의 CPI는 15.2이며, 2021년은 271이다. 이것이 의미하는 바는 전반적인 물가수준이 17.8(271/15.2를 계산한 결과)배 증가했다는 것이다. 이 수치를 사용해 2021년의 화폐가치로 베이브 루스의 봉급을 측정하면 다음과 같다.

$$\text{2021년의 화폐가치로 환산한 봉급} = \text{1931년의 화폐가치로 본 봉급} \times \frac{\text{2021년 물가수준}}{\text{1931년 물가수준}}$$

$$= 80{,}000\text{달러} \times \frac{271}{15.2}$$

$$= 1{,}426{,}316\text{달러}$$

1931년의 화폐가치로 본 베이브 루스의 봉급은 오늘날의 화폐가치로 환산하면 140만 달러를 넘는 수준이라는 사실을 알 수 있다. 이 봉급은 매우 높지만, 오늘날 평범한 메이저 리그 선수 봉급의 약 3분의 1에 해당하며 정상급 투수 트래버 바우어 봉급의 4%에도 미치지 못한다. 전반적인 경제 성장과 정상급 선수들이 받는 봉급 비중의 증대를 포함해 다양한 이유로 인해, 정상급 선수들의 생활수준이 큰 폭으로 향상되었다.

FYI 할리우드 영화에 물가지수 적용하기

역대에 가장 인기 있었던 영화는 무엇인가요? 여러분은 이 질문의 답을 듣고 놀랄 수도 있다.

영화의 인기는 흥행 수입으로 결정되는 경우가 많다. 이 기준에 따르면, 2015년 개봉된 〈스타워즈: 깨어난 포스〉가 미국 흥행 수입 9억 3,700만 달러로 역대 1위를 차지했다. 그 뒤를 〈어벤져스: 엔드게임〉(8억 5,300만 달러), 〈아바타〉(7억 6,100만 달러), 〈블랙 팬서〉(7억 달러)가 잇는다. 하지만 이 수치에는 중요한 사실, 즉 시간이 흐르면서 영화 입장권 등의 가격이 상승했다는 점이 고려되지 않았다. 인플레이션으로 인해 순위 설정 시 최신 영화가 유리하다.

인플레이션이 미친 영향을 따져 흥행 수입을 수정하면 이야기가 달라진다. 이제는 역대에 가장 인기 있었던 영화가 〈바람과 함께 사라지다〉(2019년 화폐가치로 18억 5,100만 달러)이고, 그 뒤를 이은 최초의 〈스타워즈〉(16억 2,900만 달러), 〈사운드 오브 뮤직〉(13억 400만 달러)이 있다. 〈스타워즈: 깨어난 포스〉(9억 8,900만 달러)는 11위로 하락한다.

〈바람과 함께 사라지다〉는 모든 가정에 텔레비전이 보급되기 전인 1939년에 개봉되었고, 그때 매주 영화관을 찾은 약 9,000만 명의 미국인은 오늘날 약 2,500만 명에 견줄 수 있다. 하지만 당시 입장권 가격

LUCASFILM/PHOTO 12/ALAMY STOCK PHOTO

"인플레이션의 위세가 당신과 함께하길 기원합니다."

이 25센트에 불과해서 그 시대의 영화들은 전통적인 인기 순위에 들지 못한다. 실제로 명목 흥행 수입으로 매긴 순위에서 〈바람과 함께 사라지다〉는 상위 100개 영화에 들지 못하지만, 일단 인플레이션이 미치는 영향을 조정하게 되면 흥행 순위가 훨씬 앞으로 이동한다. ■

후버 대통령의 1931년도 봉급 75,000달러도 살펴보도록 하자. 이 금액을 2021년도 화폐가치로 환산해보기 위해, 두 개 연도의 물가수준 비율을 이 금액에 다시 곱해보자. 후버 대통령의 봉급을 2021년도 화폐가치로 환산하면 75,000달러×(271/15.2) 또는 1,337,171달러가 된다는 사실을 알 수 있다. 이 금액은 조 바이든 대통령의 봉급 400,000달러보다 훨씬 더 높다. 결국 후버 대통령의 봉급이 꽤 높았던 것으로 보인다.

사례 연구

생활비의 미국 내 지역별 차이

여러분은 대학을 졸업할 때 몇 개의 일자리를 제안받을 것이고 그중에서 선택할 수도 있다. 하지만 일자리들이 상이한 지역에 있을 수 있기 때문에 봉급을 비교할 때 주의를 기울여야 한다. 생활비는 시간 경과뿐만 아니라, 지역에 따라 변한다. 지역별 물가 차이를 고려하면 봉급이 더 많은 것처럼 보이는 일자리가 실제로는 그렇지 않기도 하다.

미국 경제분석국은 CPI를 구하기 위해 수집한 데이터로 미국 전역의 물가를 비교한다. 이렇게 생성된 유용한 통계치를 **지역물가 평가**라고 한다. CPI가 해마다 생활비 변동을 측정하는 것처럼, 지역물가 평가는 주별 생활비 차이를 측정한다.

그림 3은 2020년의 지역물가 평가를 보여준다. 한 예로 하와이주에 거주할 경우, 미국 내 일반적인 주에서 거주할 경우 소요되는 비용의 112%에 해당하는 비용이 든다.(즉 하와이주 거주 비용은 평균 비용보다 12% 더 많다) 미시시피주에 거주할 경우, 일반적인 주에서 거주할 경우 드는 비용의 87.8%에 해당하는 비용이 든다.(즉 미시시피주 거주 비용은 평균 비용보다 12.2% 더 적다)

이런 차이를 무엇으로 설명할 수 있는가? 예를 들어 식료품과 의류 같은 재화의 가격은 이런 지역 간 차이의 작은 부분을 설명할 뿐이다. 대부분의 재화는 거래될 수 있다. 즉, 어떤 주에서 다른 주로 쉽게 운송될 수 있다. 이런 지역 간 거래로 인해 큰 가격 불일치가 오랫동안 지속될 것 같지는 않다.

지역 간 차이의 많은 부분을 설명하는 것은 서비스 부문이다. 가령 이발하는 데 다른 주보다 어떤 주에서 더 많은 비용이 들 수 있다. 이발사가 이발료가 더 비싼 지역으로 기꺼이 이동한다면, 또는 고객이 이발료가 저렴한 지역을 찾아 기꺼이 전국을 비행기로 날아다닐 의향이 있다면, 지역 간의 이발료는 수렴될지도 모른다. 하지만 이렇게 받는 이발 서비스는 매우 비싸기 때문에 큰 가격 불일치가 지속된다.

주거 서비스는 생활비의 지역적 차이를 이해하는 데 특히 중요하다. 주거 서비스를 누리기 위해 지불해야 하는 비용은 일반적인 소비자의 지출에서 큰 비중을 차지한다. 그리고 주택이나 아파트 건물이 일단 지어지면 쉽게 이동할 수 없는 반면에, 이들 건물이 위치한 토지는 전혀 이동하지 못한다. 따라서 큰 폭의 주거비 차이가 계속해서 유지될 수 있다. 예를 들어 하와이주의 임대료는 미시시피주 임대료의 약 두 배이다.

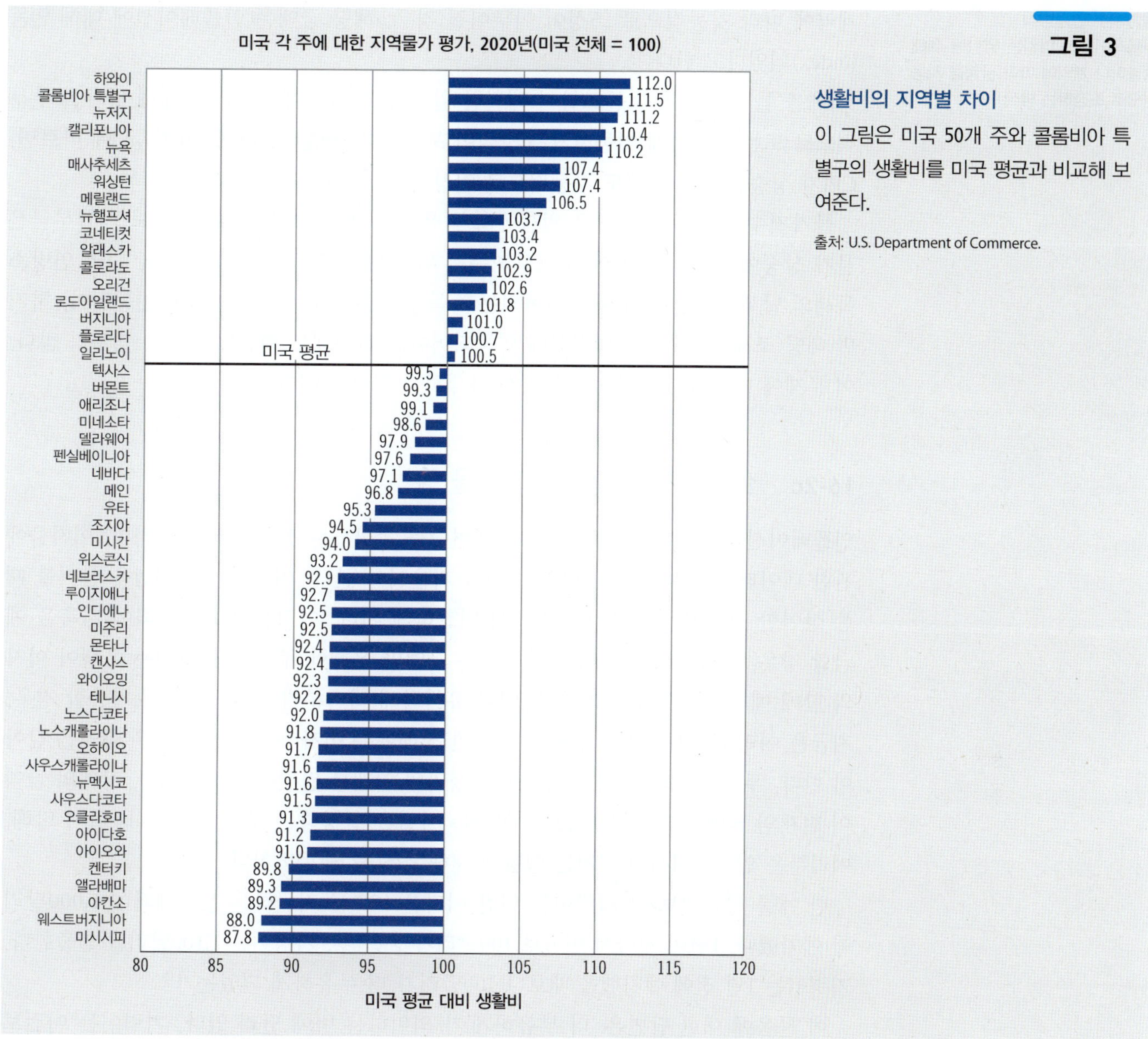

그림 3

생활비의 지역별 차이

이 그림은 미국 50개 주와 콜롬비아 특별구의 생활비를 미국 평균과 비교해 보여준다.

출처: U.S. Department of Commerce.

일자리 제안을 비교해야 할 때가 오면 이런 사실을 염두에 두어야 한다. 화폐가치로 본 봉급뿐만 아니라 해당 지역의 재화 가격과 서비스 가격, 특히 주거비를 고려해야 한다. ●

16-2b 물가지수 연동방식

앞서 살펴본 것처럼, 서로 다른 시기의 금액을 비교하려 할 때 인플레이션이 미치는 영향을 조정하기 위해 물가지수가 사용된다. 금액이 물가수준의 변화에 대해 법률 또는

물가지수 연동방식
인플레이션이 미치는 영향에 대해 법률이나 계약에 따라 금액을 자동적으로 조정하는 방식

계약에 따라 자동적으로 조정이 이루어질 경우, 해당 금액은 인플레이션에 대해 **연동**(index)되었다고 한다.

예를 들면 기업과 노동조합이 체결한 일부 장기 계약에는 CPI에 대해 임금을 부분적으로 또는 완전하게 연동시키는 방식이 포함된다. 생활비 연동조항(COLA)에 따르면, CPI가 상승할 경우 임금도 자동적으로 인상된다.

물가지수 연동방식은 많은 법률에도 적용되고 있다. 예를 들어 사회보장 급부금은 물가 상승에 대해 수급자에게 보상해주기 위해 매년 조정이 이루어진다. 미국 연방소득세의 납세 계층, 즉 세율이 변화되는 소득수준 계층도 인플레이션에 연동된다. 하지만 해당 조세제도가 인플레이션에 연동되어야만 하는데도 연동되지 않는 경우가 많다. 이 문제에 대해서는 본서 뒷부분에서 자세히 논의할 것이다.

16-2c 실질이자율 및 명목이자율

인플레이션이 미치는 영향에 대해 경제변수를 수정하는 것은 특히 중요하며, 이자율에 관한 데이터를 분석할 때는 다소 주의를 기울여야 한다. 이자율이란 개념을 살펴볼 때는 상이한 시점에서의 금액을 반드시 비교하게 된다. 여러분이 은행계좌에 저축을 예금할 경우, 지금은 여러분이 예치하려는 금액만 은행에 주지만 장래에는 은행이 이자와 함께 예치한 금액을 돌려준다. 이와 유사하게 여러분이 은행으로부터 차용할 경우, 지금은 여러분이 대출받은 금액만 받지만 장래에는 이자와 함께 대출받은 금액을 갚아야 한다. 두 경우 모두에서 여러분이 은행과의 거래를 완전히 이해하려면, 장래의 금액이 현재의 금액과 가치가 다를 수 있다는 사실을 인정하는 것이 중요하다. 다시 말해, 여러분은 인플레이션이 미치는 영향에 대해 조정을 해야만 한다.

한 예를 생각해보자. 기령이는 연간 이자율 10%를 지급하는 은행계좌에 1,000달러를 예치했다. 1년이 지나서 이자로 100달러가 붙은 후, 기령이는 1,100달러를 인출한다. 기령이는 1년 전에 예치했을 때보다 100달러가 더 부유하게 되었는가?

이 물음에 대한 답변은 '더 부유하게'가 의미하는 바에 달려 있다. 기령이는 이전보다 100달러 더 갖게 되었다. 다시 말해, 그녀가 보유하는 금액이 10%만큼 증가했다. 하지만 기령이는 금액 자체에 관심을 가지고 있지 않으며, 해당 금액으로 구입할 수 있는 것에 관심을 갖는다. 그녀의 돈이 은행에 있는 동안에 물가가 상승했다면, 1년 전에 비해 이제는 더 적은 양을 구입할 수 있을 뿐이다. 이 경우 그녀의 구매력, 즉 구입할 수 있는 재화와 용역의 양이 10%만큼 증가하지는 않는다.

간단히 하기 위해, 기령이는 영화광이며 영화 관람권을 구입하는 데 자신의 돈을 전부 지출한다고 가상하자. 기령이가 예금했을 때, 영화 관람권은 10달러였다. 예금액 1,000달러는 관람권 100장에 해당한다. 1년이 지나서 10% 이자를 받게 되면 금액이

1,100달러가 된다. 그녀는 이제 몇 장의 관람권을 구입할 수 있는가? 이 물음에 대한 답변은 관람권의 가격에 어떤 변화가 발생했는지에 달려 있다. 다음과 같은 몇 가지 경우를 생각해볼 수 있다.

- **인플레이션이 0% 발생하는 경우:** 관람권 가격이 계속 10달러라면, 그녀가 구입할 수 있는 관람권의 수는 100장에서 110장으로 증가한다. 받은 금액이 10% 증가했다면, 이는 그녀의 구매력이 10% 증가했다는 의미이다.
- **인플레이션이 6% 발생하는 경우:** 관람권 가격이 10달러에서 10.60달러로 상승한다면, 그녀가 구입할 수 있는 관람권의 수는 100장에서 약 104장으로 증가한다. 그녀의 구매력이 약 4%만큼 증가했다.
- **인플레이션이 10% 발생하는 경우:** 관람권 가격이 10달러에서 11달러로 상승한다면, 그녀는 여전히 관람권 100장만을 구입할 수 있다. 기령이의 화폐가치로 본 부가 증가하기는 했지만, 그녀의 구매력은 1년 전과 동일하다.
- **인플레이션이 12% 발생하는 경우:** 관람권 가격이 10달러에서 11.20달러로 상승한다면, 그녀가 구입할 수 있는 관람권의 수는 100장에서 약 98장으로 감소한다. 금액으로는 커졌더라도, 그녀의 구매력은 약 2%만큼 감소했다.

기령이가 디플레이션, 즉 음의 인플레이션 또는 더 간단히 말해 가격이 하락하는 경제에 살고 있다면, 또 다른 가능성이 나타날 수 있다.

- **디플레이션이 2% 발생하는 경우:** 관람권의 가격이 10달러에서 9.80달러로 하락한다면, 그녀가 구입할 수 있는 관람권의 수는 100장에서 약 112장으로 증가한다. 그녀의 구매력은 약 12%만큼 증가한다.

위의 예들에 따르면, 인플레이션율이 높아질수록 기령이의 구매력 증대는 작아진다. 인플레이션율이 이자율을 상회할 경우, 그녀의 구매력은 감소한다. 디플레이션이 발생할 경우, 그녀의 구매력은 이자율 이상으로 증가한다.

어떤 사람이 저축예금에서 얼마나 벌 수 있는지 알려면, 이자율과 물가 변화 둘 다를 고려해야 한다. 금액의 변화를 측정하는 이자율을 **명목이자율**(nominal interest rate)이라고 하며, 인플레이션이 조정된 이자율을 **실질이자율**(real interest rate)이라고 한다. 명목이자율, 실질이자율, 인플레이션율의 관계는 대략적으로 다음과 같다.

명목이자율
인플레이션이 미치는 영향에 대해 조정하지 않은 상태로 보통 발표되는 이자율

실질이자율
인플레이션이 미치는 영향에 대해 조정한 이자율

실질이자율 = 명목이자율 − 인플레이션율

실질이자율은 명목이자율과 인플레이션율의 차이이다. 명목이자율은 은행계좌에 예치한 금액이 시간이 지남에 따라 얼마나 빠르게 증가하는지를 알려주는 반면에, 실질이자율은 은행에 예치한 금액의 구매력이 시간이 지남에 따라 얼마나 빠르게 증가하는지 알려준다.

미국 경제와 이자율

그림 4는 1965년 이후 미국 경제의 실질이자율과 명목이자율을 보여준다. 이 그림에서 명목이자율은 (다른 이자율의 데이터도 그렇지만) 3개월 만기 미국 재무성 증권의 이자율이다. 실질이자율은 명목이자율에서 인플레이션율을 차감해 계산된다. 여기서 인플레이션율은 CPI의 백분율 변화로 측정된다.

이 그림의 한 가지 특징은 명목이자율이 일반적으로 실질이자율을 상회한다는 점이다. 이는 디플레이션이 이따금 발생하기는 했지만 이 기간 동안 대부분의 해에 미국 경제에서 소비자 물가가 상승했다는 사실을 알려준다. 반면에 19세기 후반 미국 경제에 대한 데이터를 보거나 또는 최근 몇 년 동안 일본 경제에 대한 데이터를 보면, 상당한 디플레이션 기간을 발견하게 될 것이다. 디플레이션 기간에는 실질이자율이 명목이자율을 상회한다.

이 그림은 또한 인플레이션이 변덕스럽기 때문에 실질이자율과 명목이자율이 언제나 함

그림 4 실질이자율 및 명목이자율

이 그림은 1965년 이후의 연간 데이터를 사용해 명목이자율 및 실질이자율을 보여주고 있다. 명목이자율은 3개월 만기 재무성 증권에 대한 이자율로 측정했으며, 실질이자율은 명목이자율에서 CPI로 측정한 인플레이션율을 차감해 구했다. 명목이자율과 실질이자율은 종종 함께 변한다는 사실에 주목하자.

출처: U.S. Department of Labor; U.S. Department of Treasury.

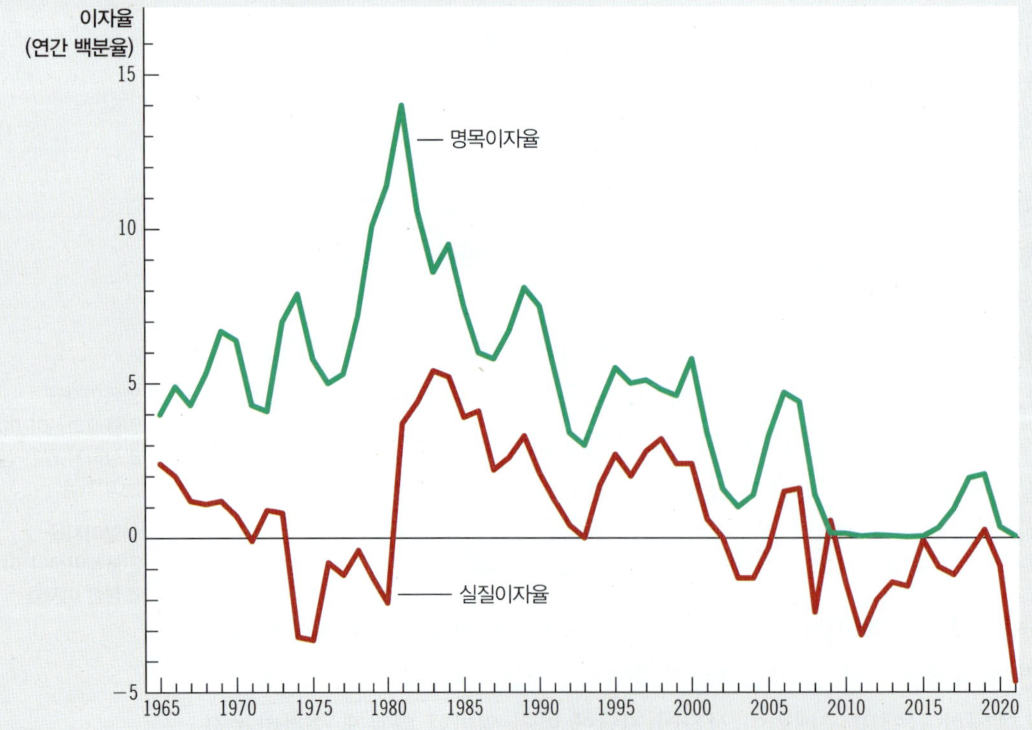

께 움직이지는 않는다는 사실을 보여준다. 예를 들어 1970년대 후반에는 명목이자율이 높았지만, 인플레이션이 매우 높아서 실질이자율이 낮아졌다. 실제로 1970년대 대부분 동안 실질이자율은 음이었다. 즉, 명목이자율이 사람들의 저축을 증대시키는 것보다 인플레이션이 더 빠르게 이를 감소시켰다. 반면에 1990년대 후반에 명목이자율은 20년 전보다 낮았지만, 인플레이션이 훨씬 더 낮았기 때문에 실질이자율은 종종 같은 방향으로 변화한다. 2020년 코로나 바이러스로 인한 경기 침체기에 명목이자율은 거의 영으로 하락했고 실질이자율은 다시 한번 음으로 전환되었다. 앞으로의 장들에서는 실질이자율과 명목이자율 둘 다를 결정하는 경제적 요인들에 관해 살펴볼 것이다. ●

Quiz

5. CPI가 2010년에 200이고 현재 300이라면, 2010년 600달러는 현재 _______가 갖는 것과 같은 구매력을 갖는다.
   a. 400달러
   b. 500달러
   c. 700달러
   d. 900달러

6. 생활비가 어떤 국가(가령 미국)의 지역에 따라 달라지는 가장 주요한 이유는 _______ 가격의 차이에서 비롯된다.
   a. 식료품
   b. 의류
   c. 주거
   d. 의료

7. 여러분이 저축예금에 2,000달러를 예치하고, 1년 후에 2,100달러를 받았다. 그동안 CPI는 200에서 204로 상승했다. 이 경우 명목이자율은 _______이고, 실질이자율은 _______이다.
   a. 1%; 5%
   b. 3%; 5%
   c. 5%; 1%
   d. 5%; 3%

해답은 이 장의 끝부분에 있다.

16-3 결론

훌륭한 야구선수였던 고인이 된 요기 베라는 “5센트짜리 동전 니켈은 더 이상 한 푼의 가치도 없다”라고 이전에 불평을 토로한 적이 있다. 물론 5센트짜리 동전은 전혀 가치가 없지만, 5센트짜리 동전, 10센트짜리 동전, 달러화 이면에 있는 실질 가치가 안정적이지 않았던 것도 사실이다. 전반적인 물가수준의 지속적인 상승현상은 정상이 되었다. 이런 인플레이션은 화폐의 구매력을 감소시킨다. 상이한 시점에서 금액을 비교할 때 현재의 1달러 가치가 20년 전의 1달러 가치와 같지 않고, 아마도 지금으로부터 20년 후의 1달러 가치와도 같지 않을 것이라는 사실을 반드시 명심해야 한다.

이 장에서는 경제학자들이 전반적인 물가수준을 어떻게 측정하고, 이런 물가지수를 활용하여 인플레이션이 미치는 영향에 대해 경제변수를 어떻게 조정하는지 논의했다. 물가지수를 이용해 상이한 시점에서의 금액을 비교할 수 있고, 이를 통해 경제가 어떻게 변화하는지 더 잘 이해할 수 있다.

앞 장에서 살펴본 GDP에 대한 논의와 함께, 이 장에서 알아본 물가지수에 대한 논의는 거시경제학을 학습하기 위해 필요한 첫 단계이다. 이제 우리는 무엇이 일국의 GDP를 결정하는지 살펴보고 인플레이션의 원인 및 결과에 대해 알아볼 것이다. 앞의 두 장에서 경제학자들이 거시경제 생산량과 물가를 어떻게 측정하는지 살펴보았으므로, 이 들 변수의 변화를 설명하는 모형을 만들어갈 준비가 되었다.

이어지는 장들에서 살펴볼 내용은 다음과 같다. 첫째, 실질 GDP와 저축, 투자, 실질이자율, 실업과 같은 관련 변수의 장기적인 결정요인들을 알아볼 것이다. 둘째, 물가수준과 통화 공급, 인플레이션, 명목이자율과 같은 관련 변수들의 장기적인 결정요인을 검토할 것이다. 마지막으로, 이런 변수들이 장기적으로 어떻게 결정되는지 알아보고 나서, 무엇이 실질 GDP와 물가수준의 단기적인 변동을 일으키는지에 관한 복잡한 의문점도 분석할 것이다. 우리가 논의한 측정과 관련된 사항은 이런 내용을 살펴볼 모든 장에서 분석의 기초가 될 것이다.

요약

- 소비자 물가지수(CPI)는 기준연도의 재화 및 용역 바구니를 구입하는 데 따른 비용과 현재연도에 소요되는 동일한 바구니의 구입 비용 간 관계를 보여준다. 경제의 전반적인 물가수준을 측정하기 위해 이 지수가 사용된다. CPI의 백분율 변화가 인플레이션율을 측정한다.
- CPI는 다음과 같은 세 가지 이유로 생활비를 측정하는 완전한 지표가 되지 못한다. 첫째, 시간이 지남에 따라 상대적으로 더 저렴해진 재화로 대체하려는 소비자의 의지를 고려하지 않는다. 둘째, 신상품이 도입됨에 따라 발생하는 화폐의 구매력 증대를 포함하지 못한다. 셋째, 재화 및 용역의 품질 변화를 측정하지 못해 왜곡이 발생할 수 있다. 이런 측정상의 문제로 CPI는 실제로 발생한 진정한 인플레이션을 과대 평가하게 된다.
- CPI와 마찬가지로 GDP 디플레이터는 경제의 전반적인 물가수준을 측정한다. 이 두 물가지수는 보통 함께 변화하지만, 중요한 차이점이 있다. CPI와 달리, GDP 디플레이터는 소비자가 구입한 재화 및 용역이 아니라 국내에서 생산된 재화 및 용역의 가격을 반영한다. 따라서 수입된 재화는 CPI에 영향을 미치지만 GDP 디플레이터에는 영향을 미치지 않는다. 이 밖에 CPI는 고정된 재화 바구니를 사용하는 반면에, GDP 디플레이터에 반영된 재화 및 용역 바구니는 GDP의 구성이 변화함에 따라 시간이 흘러가면서 자동적으로 변화한다.
- 상이한 시점의 금액으로는 구매력을 타당하게 비교하지 못한다. 과거의 금액을 현재의 금액과 비교하기 위해서는 이전의 금액을 물가지수를 사용해 환산해야 한다.
- 다양한 법률과 사적 계약은 물가지수를 사용해 인플레이션이 미치는 영향을 조정한다. 하지만 세법은 단지 부분적으로만 인플레이션과 연동된다.
- 이자율에 대해 알아보려 할 때 인플레이션에 대해 조정을 하는 것이 특히 중요하다. 통상적으로 발표되는 이자율인 명목이자율은 가령 저축예금에 예치된 금액이 시간이 지남에 따라 증가하는 비율이다. 반면에 실질이자율은 저축예금에 예치된 금액의 구매력이 시간이 지남에 따라 증가하는 (또는 감소하는) 비율이다. 실질이자율은 명목이자율에서 인플레이션율을 차감한 것이다.

주요 개념

소비자 물가지수(CPI) 404
인플레이션율 406
근원 CPI 407
생산자 물가지수(PPI) 407
물가지수 연동방식 416
명목이자율 417
실질이자율 417

복습용 질문

1. 닭고기 가격이 10% 상승하는 경우와 캐비아 가격이 10% 상승하는 경우 중에서 어느 것이 CPI에 더 큰 영향을 미친다고 생각하는가? 그 이유는 무엇인가?

2. CPI가 생활비를 측정하는 불완전한 지표가 되도록 하는 세 가지 문제점을 설명하시오.

3. 수입된 프랑스산 포도주의 가격은 CPI와 GDP 디플레이터 중 어느 것에 더 많은 영향을 미치는가? 설명하시오.

4. 오랜 기간에 걸쳐 캔디 바의 가격이 0.20달러에서 1.20달러로 상승했다. 동일한 기간 동안 CPI는 150에서 300으로 상승했다. 전반적인 인플레이션에 대해 조정을 거친 후, 캔디 바의 가격은 얼마나 변화했는가?

5. 명목이자율과 실질이자율의 의미를 설명하시오. 이들은 어떤 관계가 있는가?

문제와 응용

1. 여러분이 태어난 해에 어떤 사람이 출생 선물로 100달러에 해당하는 재화 및 용역을 구입해서 주었다고 가상하자. 유사한 금액의 재화 및 용역을 현재 구입할 경우 비용이 얼마나 소요될 것이라고 생각하는가? CPI에 관한 데이터를 구하고 그것에 기초해 답하시오.

2. 베고피아에 거주하는 주민들은 자신들의 소득을 모두 콜리플라워, 브로콜리, 당근에 지출한다. 2023년에 이들은 콜리플라워 100개에 총 200달러, 브로콜리 50개에 총 75달러, 당근 500개에 총 50달러를 지출했다. 2024년에는 콜리플라워 75개에 총 225달러, 브로콜리 80개에 총 120달러, 당근 500개에 총 100달러를 지출했다.
   a. 각 연도에 해당하는 각 채소 1단위의 가격을 계산하시오.
   b. 2023년을 기준연도로 해서 각 연도의 CPI를 계산하시오.
   c. 2024년의 인플레이션율은 얼마인가?

3. 표에서 보는 것처럼 사람들이 세 개의 재화만을 소비한다고 가상하자.

	테니스공	골프공	병에 들어 있는 게토레이
2023년 가격	2달러	4달러	1달러
2023년 수량	100	100	200
2024년 가격	2달러	6달러	2달러
2024년 수량	100	100	200

   a. 세 개 재화에 대한 각 가격의 백분율 변화는 얼마인가?
   b. CPI와 유사한 방법을 사용해서 전반적인 물가수준의 백분율 변화를 계산하시오.
   c. 게토레이가 들어 있는 병의 용량이 2023년에서 2024년으로 가면서 증가했다는 사실을 알게 되었다면, 이 사실은 여러분이 하는 인플레이션 계산에 영향을 미쳐야 하는가? 만일 그렇다면, 어떻게 해야 하는가?
   d. 2024년에 새로운 맛의 게토레이가 도입되었다는 사실을 알게 되었다면, 이 사실은 인플레이션 계산에 영향을 미쳐야 하는가? 만일 그렇다면, 어떻게 해야 하는가?

4. 미국 노동통계국의 웹 사이트(http://www.bls.gov)를 방문해 CPI에 관한 데이터를 찾아보시오. 모든 항목을 포함하는 지수는 지난해 동안에 얼마나 많이 상승했는가? 지출 항목 중 물가가 가장 많이 상승한 항목은 어느 것인가? 가장 적게 상승한 항목은 어느 것인가? 하락한 항목이 있는가? 이런 사실을 설명할 수 있는가? 우리나라의 경우, 통계청 국가통계포털(http://kosis.kr)을 방문해 이와 같은 사항을 살펴보시오.

5. 규모가 아주 작은 어떤 국가가 텔레비전 프로인 〈음성〉을 심취해서 시청하고 있다. 이들이 생산하고 소비하는 모든 것은 노래방 기계와 텔레비전 프로인 〈음성〉뿐이며, 금액은 다음과 같다.

	노래방 기계		텔레비전 프로 〈음성〉	
	수량	가격	수량	가격
2023	10	40달러	6	50달러
2024	12	60	10	60

a. CPI와 유사한 방법을 사용해서 전반적인 물가수준의 백분율 변화를 계산하시오. 2023년을 기준연도로 사용하고, 노래방 기계 5대와 텔레비전 프로 3개에 바구니를 고정시키시오.

b. GDP 디플레이터와 유사한 방법을 사용해서 전반적인 물가수준의 백분율 변화를 계산하시오. 다시 한번, 2023년을 기준연도로 사용하시오.

c. 위의 두 가지 방법으로 구한 2024년의 인플레이션율은 동일한가? 그렇게 답한 이유를 설명하시오.

6. CPI를 구하는 데 발생할 수 있는 문제점 중 다음의 각 상황으로 설명할 수 있는 문제점은 무엇인가? 설명하시오.

a. 휴대 전화기의 발명

b. 자동차 에어백의 도입

c. 가격이 하락함에 따라 개인용 컴퓨터의 구매 증대

d. 켈로그의 레이즌 브랜 시리얼 각 제품에 들어가는 건포도 양의 증가

e. 휘발유 가격이 상승한 후에 발생하는 연료 효율적인 자동차의 사용 증가

7. 달걀 12개를 구입하는 비용이 1980년 1월에는 0.88달러이고, 2021년 1월에는 1.47달러였다. 생산 및 비관리직 노동자의 시간당 평균임금이 1980년 1월에는 6.57달러이고, 2021년 1월에는 25.86달러였다.

a. 달걀가격은 몇 % 상승했는가?

b. 임금은 몇 % 상승했는가?

c. 각 연도에, 달걀 12개를 구입하기 위해 노동자는 몇 분을 일해야 했는가?

d. 달걀 측면에서 본 노동자의 구매력은 상승했는가 아니면 하락했는가?

8. 이 장에서는 다음과 같이 설명했다. 즉, 대부분의 경제학자들이 CPI는 실제 인플레이션을 과대 평가하지만 사회보장 급부금은 CPI의 상승에 비례해 매년 증가한다고 말했다.

a. 노년층이 다른 사람들과 동일한 시장 바구니를 소비한다면, 사회보장을 통해 이들의 생활수준을 향상시킬 수 있는가? 설명하시오.

b. 실제로, 노년층은 젊은 층과 비교해볼 때 더 많은 의료 서비스를 받으며, 의료비는 전반적인 인플레이션보다 더 빠르게 상승한다. 노년층이 해마다 실제로 형편이 나아지는지 여부를 알아보려면 여러분은 무엇을 해야 하는가?

9. 차용인과 대출인이 대출에 대해 지불해야 하는 명목이자율에 합의했다고 가상하자. 합의 후에 인플레이션이 양측이 기대한 것보다 더 높은 것으로 판명되었다.

a. 대출에 대한 실질이자율은 기대한 것보다 높은가 아니면 낮은가?

b. 대출인은 이런 기대하지 않은 인플레이션으로 이득을 보는가 아니면 손해를 보는가?

c. 1970년대 동안 인플레이션은 1970년대가 시작되었을 때 대부분의 사람들이 기대했던 것보다 훨씬 더 높았다. 이런 기대하지 않은 높은 인플레이션은 1960년대 동안 고정 이자율로 주택담보 장기대출을 받은 주택 소유주에게 어떤 영향을 미쳤는가? 대출을 제공한 은행에는 어떤 영향을 미쳤는가?

Quiz 해답

1. c 2. b 3. d 4. a 5. d 6. c 7. d

Part

7 장기적으로 본 실물 경제

Chapter

17

생산과 성장

전 세계를 여행하다 보면 생활수준이 천차만별하다는 사실을 깨닫게 된다. 물가수준의 국제적인 차이를 조정하고 난 후, 가령 미국, 일본, 독일 같은 부국의 평균소득은 인도, 나이지리아, 니카라과 같은 빈국의 평균소득의 10배가 된다. 이런 소득의 차이는 생활의 질에서 많은 차이를 보여준다. 부국에 사는 사람들은 더 많은 자동차, 더 많은 전화, 더 많은 컴퓨터를 갖고 있을 뿐만 아니라 더 나은 영양상태, 더 안전한 주거환경, 더 나은 의료 서비스, 더 긴 기대수명을 누리고 있다.

개별 국가 내에서도 시간이 지남에 따라 생활수준에 큰 변화가 있다. 지난 세기 동안 미국에서 1인당 실질 국내총생산(GDP)으로 측정한 평균소득은 연간 약 2%씩 성장했다. 이런 성장률은 작게 보일 수도 있지만, 평균소득이 35년마다 대략 두 배가 된다는 의미이다. 그래서 조부모님이 여러분 나이에 누렸던 생활수준보다 여러분이 누리는 생활수준이 더 높은 것이다.

성장률은 국가마다 크게 변동한다. 1990년부터 2020년까지 중국

ROMAN SAMBORSKYI/SHUTTERSTOCK.COM, ARNO VAN ENGELAND/EYEEM/GETTY IMAGES

의 1인당 GDP는 연간 평균 8.5%의 율로 성장했으며, 이로 인해 평균소득이 거의 12배 증가했다. 이런 성장을 통해, 중국은 세계에서 가장 가난한 국가들 중 하나에서 대략 한 세대가 지나 중간소득 국가가 되었다. 반면에, 동일한 기간 동안 짐바브웨의 1인당 소득은 총 24% 하락해 이 국가의 일반적인 사람은 빈곤에 빠지게 되었다.

이런 다양한 경험을 어떻게 설명할 수 있는가? 부국은 어떻게 높은 생활수준을 유지할 수 있는가? 빈국은 보다 빠른 성장을 촉진하고 선진국에 합류하기 위해 어떤 정책을 추구할 수 있는가? 경제학자 로버트 루커스(Robert Lucas)가 말했듯이 "이런 질문들은 인류의 후생에 대해 중대한 영향을 미치며 이런 사실이 우리를 망연자실케 할 따름이다. 일단 이런 것들에 관해 생각하기 시작하면, 그 밖의 것을 생각하기 어렵다."

앞의 두 장에서는 경제학자들이 거시경제의 수량 및 가격을 어떻게 측정하는지에 관해 논의했다. 이제는 이런 변수들을 결정하는 요인들에 관해 살펴볼 것이다. 어떤 경제의 GDP는 해당 경제에서 번 총소득과 해당 경제의 재화 및 용역 생산물에 대한 총지출을 둘 다 측정한다는 사실을 기억하자. 실질 GDP의 수준은 경제 번영을 판단하는 척도가 되며, 실질 GDP의 성장은 경제 발전을 판단하는 척도가 된다. 이 장에서는 실질 GDP의 수준과 성장을 결정하는 장기적인 요인들을 집중적으로 살펴볼 것이다. 나중에는 이런 장기적인 추세를 중심으로 하면서 그 주변으로 일어나는 실질 GDP의 단기적인 변동에 대해 알아볼 것이다.

여기서는 세 단계를 밟아 살펴볼 것이다. 첫째, 1인당 실질 GDP에 관한 여러 국가들의 데이터를 검토해볼 것이다. 이런 데이터를 통해 생활수준의 정도와 성장이 전 세계적으로 얼마나 많이 차이 나는지에 대한 감을 잡을 수 있다. 둘째, 노동시간당 생산된 재화 및 용역의 규모, 즉 생산성에 관해 논의할 것이다.

생산성은 일국의 생활수준을 결정하는 주요한 요인이므로, 이것에 영향을 미치는 많은 요인을 조심스럽게 살펴볼 것이다. 셋째, 생산성과 일국이 추구하는 정책의 연계성을 검토할 것이다.

17-1 전 세계의 경제 성장

장기적인 성장을 살펴보는 출발점으로 먼저 몇몇 국가의 경험을 알아보도록 하자. 표 1은 13개국의 1인당 실질 GDP 데이터를 보여준다. 각국의 데이터는 역사적으로 그 기간이 1세기를 넘어간다. 표의 첫째 열과 둘째 열은 국가명과 기간을 나타낸다.(기간은 데이터 가용성의 차이로 인해 국가별로 다소 상이하다) 셋째 열과 넷째 열은 1세기가 넘는 기간 전의 1인당 실질 GDP 추정값과 최근 연도의 1인당 실질 GDP 추정값을 보여준다.

표 1

다양한 성장 경험

출처: Robert J. Barro and Xavier Sala-i-Martin, *Economic Growth* (New York: McGraw-Hill, 1995), Tables 10.2 and 10.3; *World Bank* online data; 그리고 저자의 계산. 국가 간 물가 차이를 조정하기 위해, 가용할 수 있는 경우 데이터는 구매력 평가로 조정되었다.

		1인당 실질 GDP(2020년 기준연도)		
국가	기간	시작하는 연도	종료하는 연도	성장률(연간)
중국	1900~2020	834달러	17,312달러	2.56%
일본	1890~2020	1,751	42,197	2.48
브라질	1900~2020	907	14,836	2.36
멕시코	1900~2020	1,350	18,833	2.22
인도네시아	1900~2020	1,038	12,074	2.07
독일	1870~2020	2,544	53,694	2.05
캐나다	1870~2020	2,766	48,073	1.92
인도	1900~2020	786	6,454	1.77
미국	1870~2020	4,668	63,544	1.76
아르헨티나	1900~2020	2,671	20,768	1.72
방글라데시	1900~2020	726	5,083	1.64
파키스탄	1900~2020	859	4,877	1.46
영국	1870~2020	5,601	44,916	1.40

1인당 실질 GDP 데이터는 생활수준이 국가별로 큰 차이가 있음을 보여준다. 예를 들어 미국의 1인당 소득은 현재 중국의 거의 네 배, 인도의 거의 열 배에 해당한다. 최빈국은 수십 년 동안 선진국에서는 보지 못했던 평균소득 수준을 유지하고 있다. 2020년 방글라데시 또는 파키스탄의 일반적인 사람은 실질소득이 1870년대의 일반적인 미국인과 거의 같은 수준을 유지한다.

표의 마지막 열은 각국의 성장률을 보여준다. 성장률은 1인당 실질소득의 일반적인 연도에 얼마나 신속하게 증가했는지를 측정한 것이다. 예를 들어 1인당 실질소득이 1870년에 4,668달러이고 2020년에 63,544달러인 미국에서 성장률은 연간 1.76%이다.

이것의 의미하는 바는, 1인당 실질소득이 4,668달러에서 시작해 150년 동안 매년 1.76%씩 증가해서 63,544달러가 되었다는 것이다. 물론, 소득이 매년 정확하게 1.76% 증가하지는 않았다. 어떤 해에는 더 많이 증가했고, 다른 해에는 더 적게 증가했으며, 또 다른 해에는 감소하기까지 했다. 연간 성장률 1.76%라는 장기적인 추세를 중심으로 단기적으로 이루어지는 변동을 무시하고 여러 해 동안의 1인당 실질소득 평균 성장률을 나타낸 것이다.

표 1에는 성장률이 가장 높은 국가에서 가장 낮은 국가 순으로 나열되었다. 이 표에서 성장률이 높은 국가로 브라질과 중국을 들 수 있는데, 두 국가는 세계 최빈국에 속하다가 중간소득 국가군으로 상승했다. 또한 성장률이 높은 국가로 일본을 들 수 있는데, 일본은 중간소득 국가였지만 이제는 가장 부유한 국가 중 하나가 되었다.

FYI 여러분은 역대 미국에서 가장 부유한 사람보다 더 부유한가요?

「아메리칸 헤리티지」는 이전에 역대 미국에서 매우 부유한 사람들의 명단을 게재한 적이 있다. 1위 자리는 1839~1937년에 살았던 석유 기업가 존 록펠러(John D. Rockefeller)에게 돌아갔다. 이 잡지의 계산법에 따르면 그의 재산은 오늘날 가치로 약 2,500억 달러였는데, 이것은 오늘날 미국에서 가장 부유한 기술 기업가인 일론 머스크의 재산과 거의 같다.

록펠러는 자신이 갖고 있던 거대한 재산에도 불구하고 오늘날 당연하게 받아들이는 문명의 이기 중 많은 것을 향유할 수 없었다. 그는 텔레비전을 시청할 수 없었고 비디오 게임을 할 수 없었으며, 인터넷을 서핑하거나 이메일을 보낼 수 없었다. 더운 여름철에 에어컨디션으로 집을 시원하게 할 수도 없었다. 그는 생애의 대부분 동안 자동차나 비행기로 여행을 할 수 없었고, 전화기로 친구나 가족과 통화를 할 수 없었다. 그는 의사들이 생명을 보호하고 연장하며 향상시키기 위해 오늘날 일상적으로 사용하는 많은 백신과 의약품을 이용할 수 없었다.

BETTMANN/GETTY IMAGES

존 록펠러

이제 생각해보자. 록펠러가 향유하지 못한 현대적 문명의 이기를 여러분이 여생동안 포기하도록 하려면 여러분에게 얼마나 많은 돈을 지불해야 하는가? 2,500억 달러를 지불하면 여러분은 그렇게 할 것인가? 아마도 아닐 것이다. 여러분이 그렇게 하지 않는다면, 믿기 어려울 정도의 재산을 갖고 있던 록펠러보다 여러분이 처한 상황이 더 낫다고 말하는 것은 적절한가?

앞 장에서 논의한 것처럼, 상이한 시점의 금액을 비교하기 위해 표준적인 물가지수를 사용할 경우 신제품의 도입을 완전하게 반영하지는 못한다. 따라서 인플레이션율이 과대 평가된다. 이 말의 이면을 살펴보면, 실질 경제 성장률이 과소 평가된다는 것이다. 록펠러의 생애를 깊이 생각해보면 이 문제가 얼마나 중요한지 알 수 있다. 엄청난 기술 발전으로 인해 오늘날 평범한 미국인이 1세기 전에 가장 부유했던 미국인보다 '더 부유하다'고 말할 수 있는 여지가 있다. 물론 이런 현실이 표준적인 통계 수치에 드러나지는 않는다. ■

파키스탄과 방글라데시가 표에서 거의 최하위에 위치하는데, 이들은 19세기 말에 최빈국에 속했으며 오늘날도 그러하다. 그리고 맨 아래에 영국이 있다. 1870년에 영국은 세계에서 가장 부유한 국가로, 평균소득이 미국보다 약 20% 더 높고 캐나다의 거의 두 배였다. 오늘날 영국의 평균소득은 미국보다 29% 더 낮고 캐나다보다 약 7% 더 낮다.

이들 데이터에 따르면, 세계에서 가장 부유한 국가가 그 상태를 계속 유지한다는 보장이 없으며, 세계에서 가장 빈곤한 국가가 끝없이 빈곤을 겪어야 하는 운명도 아니다. 하지만 시간이 지남에 따라 나타나는 이런 변화를 무엇으로 설명할 수 있는가? 일본 같은 국가들이 급속히 성장해 앞으로 나아가는 반면에 다른 국가들이 뒤처지는 이유는 무엇인가? 이런 것들은 우리가 다음에 다룰 질문이다.

Quiz

1. 지난 세기 동안, 미국의 1인당 실질 GDP는 매년 약 _______ 씩 성장했으며, 이것은 _______마다 대략 두 배가 되었다는 의미이다.
   a. 2%; 14년
   b. 2%; 35년
   c. 5%; 14년
   d. 5%; 35년

2. 미국 및 독일과 같은 부국의 1인당 소득은 파키스탄 및 인도와 같은 빈국의 1인당 소득의 _______가 된다.
   a. 약 2배
   b. 약 4배
   c. 약 10배
   d. 약 30배

3. 지난 세기 동안 _______은(는) 특히 높은 성장을 경험했으며, _______은(는) 특히 낮은 성장을 경험했다.
   a. 중국; 영국
   b. 중국; 캐나다
   c. 영국; 캐나다
   d. 캐나다; 중국

해답은 이 장의 끝부분에 있다.

17-2 생산성: 역할과 결정요인

생활수준이 국가에 따라 그리고 시간이 지남에 따라 크게 차이가 나는 이유를 설명하는 것은 어떤 의미에서 보면 쉽다. 대답은 한 개의 단어, 즉 **생산성**으로 요약될 수 있다. 하지만 다른 의미에서 보면 많은 요인이 일국의 생산성에 영향을 미치기 때문에 생활수준의 차이를 설명하는 것은 매우 어렵다.

17-2a 생산성은 왜 매우 중요한가

불모지 같은 섬에 조난된 선원에 관해 쓴 대니얼 디포의 소설 『로빈슨 크루소』에 막연하게 기초한 단순한 경제를 생각해보자. 로빈슨 크루소는 혼자 살고 있었으므로, 스스로 물고기를 잡고 스스로 야채를 재배하며 스스로 옷을 만든다. 그의 활동, 즉 물고기, 야채, 옷을 생산하고 소비하는 활동은 단순한 경제이다. 로빈슨 크루소의 경제를 살펴봄으로써, 우리는 보다 복잡하고 현실적인 경제에도 적용할 수 있는 교훈을 배울 수 있다.

무엇이 로빈슨 크루소의 생활수준을 결정하는가? 한마디로 말하면 생산성(productivity)이며, 이는 노동 한 단위를 투입해 생산된 재화 및 용역의 양을 말한다. 로빈슨 크루소가 물고기를 잘 잡고, 야채를 잘 재배하며, 옷을 잘 만든다면, 그는 섬에서 잘 살거나 또는 최소한 가능한 한 잘 산다. 로빈슨 크루소는 생산하는 것만 소비할 수 있기 때문에, 그의 생활수준은 자신의 생산성에 달려 있다.

생산성
노동 한 단위를 투입해 생산된 재화 및 용역의 양

로빈슨 크루소의 경제에서 생산성이 생활수준을 결정하는 주요한 요인이고 생산성의 성장이 생활수준을 향상시키는 주요한 결정요인이라는 사실은 쉽게 알 수 있다. 로빈슨 크루소가 시간당 더 많은 물고기를 잡을수록, 저녁에 더 많이 먹을 수 있다. 물고기를 잡기에 더 적합한 장소를 발견할 경우, 생산성이 증가한다. 이렇게 향상된 생산성으로 인해 로빈슨 크루소의 상황은 더 나아지게 된다. 그는 여분의 물고기를 더 먹거나 또는 물고기를 잡는 데 더 적은 시간을 사용해 다른 일을 하는 데 더 많은 시간을 투입할 수 있다.

생활수준을 결정하는 데 생산성이 하는 주요한 역할은 조난된 선원의 경우처럼 국가의 경우에도 마찬가지다. GDP는 경제에 관해 두 가지, 즉 모든 사람이 번 총소득 그리고 재화 및 용역 생산량에 대한 총지출을 동시에 측정한다. 전체 경제에서 이들 두 가지가 같아야만 하므로, GDP는 이 둘을 동시에 측정할 수 있다. 간단히 말해, 경제의 소득은 경제의 생산량이다.

즉, 일국이 많은 양의 재화 및 용역을 생산할 수 있는 경우에만 높은 생활수준을 누릴 수 있다는 것이다. 미국인은 나이지리아인보다 더 잘 사는데, 그 이유는 미국의 노동자가 나이지리아의 노동자보다 더 생산적이기 때문이다. 일본인은 아르헨티나인보다 더 빠르게 향상된 생활수준을 누렸는데, 그 이유는 일본의 노동자가 더 빠르게 생산성을 증대시켰기 때문이다. 제1장에서 살펴본 **경제학의 열 가지 원리** 중 하나가 '일국의 생활수준은 재화 및 용역을 생산할 수 있는 능력에 달려 있다'라는 사실을 기억하자. 이 원리는 로빈슨 크루소의 작고 단순한 경제처럼 오늘날의 크고 복잡한 경제에도 마찬가지이다.

하지만 생활수준과 생산성의 연결관계에 대해 알아보는 것은 첫 단계일 뿐이다. 이것은 다음 질문, 즉 '일부 경제가 다른 경제보다 재화 및 용역을 훨씬 더 잘 생산하는 이유는 무엇인가?'라는 질문으로 이어진다.

17-2b 생산성은 어떻게 결정되는가

로빈슨 크루소의 생활수준을 결정하는 데 유일하게 중요한 생산성은 많은 요인에 의해 결정된다. 예를 들어 더 많은 낚싯대를 갖고 있는 경우, 최고의 낚시 기술을 훈련받은 경우, 물 속에 물고기가 풍부한 경우, 더 나은 낚시 미끼를 고안한 경우에 로빈슨 크루소는 물고기를 더 잘 잡게 된다. 로빈슨 크루소의 생산성을 결정하는 이러한 요인들은 현실적인 경제에서 이에 상응하는 명칭이 있다. 즉, 우리는 이것들을 **물적 자본**, **인적 자본**, **천연자원**, **기술지식**이라고 부를 수 있다. 이들 요인에 대해 차례로 알아보도록 하자.

노동자 1인당 물적 자본 노동자들이 노동을 하는 데 도구를 갖추고 있는 경우 이들은 보다 생산적이 된다. 재화 및 용역을 생산하는 데 사용하는 장비와 구조물의 저량을 **물적 자본**(physical capital) 또는 간략히 **자본**이라고 한다. 예를 들어 목수는 가구를 만들 때 톱, 선반기계, 드릴, 프레스를 사용한다. 보다 많은 도구를 사용할 경우 목수는 만들려는 목공물을 보다 신속하고 정확하게 생산할 수 있다. 즉, 기본 수공구만을 사용하는 노동자는 정교하고 전문화된 장비를 갖춘 노동자보다 매주 더 적은 수의 가구를 생산할 뿐이다.

물적 자본
재화 및 용역을 생산하는 데 사용하는 장비와 구조물의 저량

재화 및 용역을 생산하기 위해 사용되는 요소, 즉 노동, 자본 등을 **생산요소**라고 한다는 사실을 기억하자. 자본이 갖는 중요한 특징은 그것이 이전에 **생산된** 생산요소라는 점이다. 즉, 자본은 과거에 생산과정에서 얻은 생산물로서 다시 생산과정에 투입되는 요소이다. 목수는 탁자의 다리를 만들기 위해 과거의 다른 생산과정에서 생산된 선반을 사용한다. 즉, 이전에 선반 그 자체는 선반을 제작하는 기업의 생산물이었다. 선반 제조업자도 자신의 생산물인 선반을 만들기 위해 다른 장비를 사용했다. 따라서 자본은 다른 자본을 포함해 모든 종류의 재화 및 용역을 생산하는 데 사용되는 생산요소이다.

노동자 1인당 인적 자본 생산성을 결정하는 둘째 요인으로 **인적 자본**(human capital)을 들 수 있다. 경제학자들은 노동자들이 교육, 훈련, 경험을 통해 취득한 지식과 기술을 일컬어 인적 자본이라고 한다. 인적 자본에는 유아 프로그램, 초등학교, 고등학교, 대학교, 성인 노동인구를 위한 직업훈련에서 축적된 기술이 포함된다.

인적 자본
교육, 훈련, 경험을 통해 노동자들이 획득한 지식과 기술

교육, 훈련, 경험은 선반기계, 불도저, 건물보다 덜 가시적이지만, 인적 자본은 여러 가지 면에서 물적 자본과 유사하다. 두 가지는 모두 재화 및 용역을 생산하는 일국의 능력을 증대시키며, 이전에 생산된 생산요소이다. 인적 자본을 생산하려면 교사, 책, 학생, 시간의 형태로 투입되는 요소가 필요하다. 어떤 의미에서 학생은 장래 생산에 사용할 인적 자본을 생산하는 중요한 역할을 하고 있는 '노동자'이다.

노동자 1인당 천연자원 **천연자원**(natural resources)은 생산성을 결정하는 셋째 요인이다. 여기에는 토지, 하천, 광물, 자연에 의해 공급이 이루어지고 생산에 투입되는 요소로 사용되는 기타 자원이 있다. 천연자원에는 두 가지 형태, 즉 재생할 수 있는 자원과 재생할 수 없는 자원이 있다. 한 그루의 나무가 벌목될 경우, 장래에 수확할 수 있도록 해당 장소에 묘목을 심을 수 있다. 석유는 재생할 수 없는 자원이다. 석유는 수백만 년에 걸쳐 자연에 의해 공급되기 때문에 공급이 제한된다. 공급이 일단 고갈되고 나면, 추가적으로 더 생산하는 것이 불가능하다.

천연자원
토지, 하천, 광물처럼 자연에 의해 공급이 이루어지고 재화 및 용역 생산에 투입되는 요소

천연자원의 차이로 인해 전 세계적으로 일부 생활수준의 차이가 발생한다. 미국이 역사적으로 성공을 이룬 이유는 부분적으로 농업에 적합한 토지가 대규모로 공급되었

기 때문이다. 오늘날 쿠웨이트와 사우디 아라비아처럼 중동의 일부 국가들은 세계에서 가장 큰 유전층이 존재한다는 이유만으로 부유하게 되었다.

천연자원은 어떤 경제의 생산성을 높이기 위해 중요하지만 반드시 필요한 것은 아니다. 일본은 천연자원이 거의 없지만, 가장 부유한 국가 중 하나이다. 국제무역을 통해서 일본이 성장할 수 있었다. 일본은 석유와 다른 천연자원을 수입하고 제조업 제품을 수출한다. 천연자원이 풍부한 국가들도 교역을 통해 이득을 볼 수 있다.

기술지식
재화 및 용역을 생산하는 최선의 방법에 대한 사회의 이해

기술지식 기술지식(technological knowledge)은 생산성을 결정하는 넷째 요소로 재화 및 용역을 생산하는 최선의 방법에 대한 이해를 말한다. 200년 전에 그 당시의 농업 기술로 전체 인구를 부양하기 위해서는 높은 노동 투입이 필요했으며, 그로 인해 대부분의 미국인이 농업에 종사했다. 오늘날에는 비료, 농약, 농기계, 그리고 식물 교배기술의 발전 덕분에, 인구 중 일부만 투입되어도 국가 전체를 부양할 수 있는 충분한 식량을 생산할 수 있다. 이런 기술변화로 노동이 많이 필요하지 않게 되었으며, 그로 인해 다른 재화 및 용역을 생산하는 데 노동이 투입될 수 있다.

기술지식은 다양한 형태를 취한다. 일부 기술은, 어떤 사람이 그것을 사용한 후에 모든 사람이 그것을 알게 되는 기본상식이 된다. 헨리 포드가 조립라인 생산 방식을 도

FYI 생산함수

경제학자들은 종종 생산함수를 사용해 생산에 사용된 생산요소의 양과 생산을 통해 얻은 생산물의 양 사이의 관계를 나타낸다. 예를 들어 Y는 생산물의 양, L은 노동의 양, K는 물적 자본의 양, H는 인적 자본의 양, N은 천연자원의 양을 나타낸다고 가상하자. 그러면 다음과 같이 표현할 수 있다.

$$Y = AF(L, K, H, N)$$

여기서 F( )는 생산물을 생산하기 위해 생산요소들이 어떻게 결합되는지를 보여준다. A는 가용할 수 있는 생산기술을 나타내는 변수이다. 기술이 발전함에 따라 A가 증대되므로 경제는 모든 생산요소의 결합으로부터 더 많은 생산물을 생산하게 된다.

많은 생산함수는 **규모에 대한 수확불변**이라는 특성을 갖고 있다. 생산함수가 규모에 대한 수확불변이라는 특성을 갖는다면, 모든 생산요소가 두 배가 될 경우 생산물의 양도 역시 두 배가 된다. 수학적으로 모든 양수 x에 대해 다음과 같이 나타낼 수 있다면 생산함수는 규모에 대한 수확불변을 갖는다고 말할 수 있다.

$$xY = AF(xL, xK, xH, xN)$$

모든 생산요소가 두 배가 될 경우 이 식에서 x=2가 된다. 오른편은 생산요소가 두 배가 되는 것을 보여주며, 왼편은 생산물이 두 배가 되는 것을 보여준다.

규모에 대한 수확불변이라는 특성을 갖는 생산함수는 흥미롭고도 유용한 의미를 내포하고 있다. 그것을 알아보기 위해 x=1/L라고 하면 위의 식을 다음과 같이 나타낼 수 있다.

$$Y/L = AF(1, K/L, H/L, N/L)$$

Y/L은 노동과 1인당 생산물의 양을 의미하며, 이는 생산성을 측정하는 척도이다. 이 식에 따르면, 노동 생산성은 노동자 1인당 물적 자본의 양(K/L), 노동자 1인당 인적 자본의 양(H/L), 노동자 1인당 천연자원의 양(N/L), 변수 A로 나타냈던 기술상태에 달려 있다. 이 식은 이제 방금 논의한 생산성의 네 가지 결정요인을 요약해서 보여준다. ■

입하자, 경쟁 자동차 제조사들도 신속하게 그 뒤를 따랐다. 어떤 기술은 그것을 발견한 기업만이 알고 소유하기도 한다. 예를 들면 코카콜라 회사는 자신들의 청량음료를 만드는 비법을 자기들만이 알고 있다. 그럼에도 이 기술은 제한된 시간 동안 해당 기업이 소유한다. 제약회사가 신약을 발견했을 때, 특허제도로 인해 해당 기업은 독점적 제조업체가 될 수 있는 일시적인 권한을 보유하게 된다. 하지만 특허가 종료되었을 때 다른 기업들은 상표 등록에 의한 법적인 보호를 받지 않는 일반명칭의 약품을 만들 수 있다. 이런 형태의 모든 기술지식은 경제가 재화 및 용역을 생산하는 데 중요하다.

기술지식과 인적 자본을 구분하는 것은 그럴 만한 가치가 있다. 기술지식은 세상이 어떻게 작동하는지에 대한 사회의 이해를 말한다. 반면, 인적 자본은 이를 사용할 사람들에게 이런 이해를 전달하는 데 사용되는 자원을 말한다. 적절한 은유를 사용해 말한다면 기술지식은 사회가 갖고 있는 교과서의 질인 반면에, 인적 자본은 사람들이 교과서를 읽는 데 사용하는 시간의 규모이다. 생산성은 이들 둘 다에 달려 있다.

천연자원은 성장을 제약하는 한계요인이 되는가?

오늘날 80억 명에 육박하는 세계 인구는 1세기 전 인구의 거의 네 배가 된다. 동일한 기간 동안 평균 생활수준도 향상되었다. 영원히 이어질 논쟁은 장래에도 인구성장이 지속되고 생활수준이 계속 향상될 것인지 여부에 관한 것이다.

일부 시사 해설가들은 천연자원이 궁극에 가서는 세계 경제가 성장할 수 있는 정도를 제한하게 될 것이라고 본다. 전 세계의 석유, 광물 같은 재생할 수 없는 천연자원은 잔존량이 제한되며 시간이 지나면서 점차 고갈된다. 이런 자원의 공급이 감소함에 따라, 경제 성장이 둔화되고 생활수준은 낮아질 수밖에 없게 된다. 만일 그렇지 않다면 이에 대한 논쟁은 지속될 것이다.

이런 논리에 호소력이 있음에도, 대부분의 경제학자들은 사람들이 생각하는 이런 한계를 크게 우려하지 않는다. 이들의 주장에 따르면, 기술진보에서 이런 한계를 피할 수 있는 방법을 종종 찾곤 한다. 과거와 현재의 경제를 비교하다 보면, 천연자원의 사용이 개선되는 방식을 곧 알아차리게 될 것이다. 현대의 자동차는 연비가 더 좋으며, 일부 자동차는 휘발유를 전혀 사용하지 않는다. 신축 주택은 단열이 더 잘 되어서 난방과 냉방을 하는 데 에너지가 덜 필요하다. 더 효율적인 유정 굴착기는 추출하는 과정에서 석유를 덜 낭비한다. 재활용을 통해 일부 재생할 수 없는 자원이 재사용된다. 대체 전력 에너지원이 개발됨에 따라 재생할 수 없는 자원을 재생할 수 있는 자원으로 대체할 수 있다. 예를 들면 풍력과 태양광이 전기를 생산하는 데 필요한 석탄과 석유를 점진적으로 대체하고 있다.

20세기 중반에 일부 환경 보호론자들은 주석과 구리의 과도한 사용에 우려를 표했다. 그 당시 이들 광물은 중요한 원자재였다. 많은 식품 용기를 만드는 데 주석이 사용되고, 전화선을 만드는 데 구리가 필요했다. 일부 사람들은 장래 세대가 이용할 수 있도록 주석과 구리의 재활용과 배분을 의무화해야 한다고 주장했다. 하지만 오늘날 많은 식품 용기를 만드는 재료로 플라스틱이 주석을 대신하며, 전화 통화는 모래를 활용해 만든 광섬유나 케이블이 전혀 필요하지 않은 전파를 통해 종종 이루어진다.

하지만 이런 노력이 경제 성장을 지속시키는 데 충분한가? 이 물음에 답하는 한 가지 방법은 천연자원의 가격을 살펴보는 것이다. 시장경제에서 희소성은 시장가격에 반영된다. 중요한 천연자원이 세계적으로 부족해질 경우, 해당 천연자원의 가격은 시간이 지나면서 상승하게 된다. 하지만 실제로는 그 반대 상황이 사실인 경우가 더 많다. 천연자원 가격은 단기적으로 큰 폭의 변동을 보일 수 있지만, 장기적으로 보면 (전반적인 인플레이션에 대해 조정을 거친) 천연자원 가격은 대부분 안정적이거나 하락한다. 이런 자원을 보존하고자 하는 능력이 공급이 줄어드는 것보다 더 빠르게 향상되는 것처럼 보인다. 시장가격을 살펴볼 경우, 천연자원이 경제 성장의 한계로 작용할 것이라는 믿을 만한 이유가 없다. ●

Quiz

4. 경제에서 인적 자본의 규모가 증가할 경우 실질소득이 _______ 경향이 발생하는데, 그 이유는 노동의 _______이 증가하기 때문이다.
   a. 증가하는; 협상력
   b. 증가하는; 생산성
   c. 감소하는; 협상력
   d. 감소하는; 생산성

5. 대부분의 경제학자들은 천연자원이 궁극적으로 경제 성장을 제약하게 될 것이라고 _______. 이들은 그 증거로 전반적인 인플레이션에 대해 조정을 거친 후 대부분의 천연자원의 가격이 시간이 지남에 따라 _______ 경향이 있다는 사실에 주목한다.
   a. 우려한다; 상승하는
   b. 우려한다; 하락하는
   c. 우려하지 않는다; 상승하는
   d. 우려하지 않는다; 하락하는

해답은 이 장의 끝부분에 있다.

17-3 경제 성장과 공공정책

어떤 사회의 생활수준은 재화 및 용역을 생산하는 능력에 달려 있으며, 생산성은 기술 지식뿐만 아니라 노동자 1인당의 물적 자본, 인적 자본, 가용할 수 있는 천연자원에 달려 있다. 이런 관계가 주어질 경우 정책 입안자들은 다음과 같은 중요한 질문에 마주하게 된다. 생산성 및 생활수준을 향상시키기 위해 정부정책은 무엇을 할 수 있는가?

17-3a 저축 및 투자

자본은 생산된 생산요소이므로, 사회는 자신이 보유하는 자본량을 변화시킬 수 있다.

경제가 지금 많은 양의 자본재를 생산한다면, 가까운 장래에 더 많은 자본량과 재화 및 용역을 생산할 수 있는 더 많은 시설을 갖게 된다. 장래의 생산성을 높이는 한 가지 방법은 더 많은 현재의 자원을 자본 생산에 투입하는 것이다.

제1장에서 살펴본 **경제학의 열 가지 원리** 중 하나는 '사람들은 상충적인 상황에 부딪히게 된다'는 사실이다. 이 원리는 특히 자본축적에 대해 생각할 때 중요한 의미를 갖는다. 자원은 희소하기 때문에, 자본을 생산하기 위해 더 많은 자원을 투입하려면 현재 소비를 위해 필요한 재화 및 용역의 생산에 더 적은 자원을 투입해야 한다. 즉, 사회가 자본에 더 많이 투자하기 위해서는 현재의 소득 중에서 더 적게 소비하고 더 많이 저축해야만 한다. 자본축적을 통한 성장은 공짜가 아니다. 사회는 장래에 더 높은 소비를 하기 위해 현재의 소비를 희생해야 한다.

다음 장에서는 경제의 금융시장이 저축과 투자를 어떻게 일치시키는지 보다 자세히 살펴볼 것이다. 또한 정부정책이 저축 및 투자의 규모에 어떤 영향을 미치는지에 대해 논의할 것이다. 여기서는 저축과 투자를 장려하는 것이 정부가 성장을 촉진하고 장기적으로 경제의 생활수준을 향상시킬 수 있는 한 가지 방법이라는 사실에 주목하자.

17-3b 수확 체감과 추격효과

정부가 일국의 저축률, 즉 소비가 아니라 저축에 충당되는 GDP의 백분율을 증대시키려는 정책을 추진한다고 가상하자. 어떤 일이 발생하는가? 저축이 증가함에 따라, 소비재를 생산하는 데는 더 적은 자원이 필요하며 더 많은 자원이 자본재를 생산하는 데 투입될 수 있다. 따라서 자본량이 증가하고 이로 인해 생산성이 향상되어 GDP가 더 빠르게 성장한다. 하지만 이렇게 더 높아진 성장률이 얼마나 오래 지속되는가? 저축률이 이런 새로운 더 높은 수준을 유지한다고 가정할 경우, GDP의 높은 성장은 무한히 유지되는가 아니면 일정 기간만 유지되는가?

생산과정에 대한 전통적인 견해에 따르면, 자본은 **수확 체감**(diminishing returns)의 대상이 된다. 자본량이 증가함에 따라, 자본이 1단위 추가되어 얻는 추가 생산량은 감소한다. 다시 말해 노동자들이 재화 및 용역을 생산하는 데 사용하는 자본을 이미 많이 보유한 경우, 이들에게 자본을 추가적으로 1단위 더 공급해도 생산성은 약간만 증가할 따름이다. 그림 1은 이런 현상을 설명한다. 이 그림은 생산량을 결정하는 (천연자원 및 기술지식 같은) 다른 요인들이 일정하다고 보고 노동자 1인당 자본량이 노동자 1인당 생산량을 어떻게 결정하는지 보여준다. 자본의 수확 체감을 이따금 **자본의 한계생산물 체감**이라고 한다.

수확 체감
생산요소의 양이 증가함에 따라 생산요소가 1단위 더 추가되는 데 따른 이득이 감소하는 특성

수확 체감으로 인해, 저축률이 증대해도 그에 따른 성장률 증가는 일정 기간 동안만 지속된다. 저축률이 높아져서 보다 많은 자본이 축적됨에 따라, 추가적인 자본에 따른

그림 1

생산함수에 대한 설명

이 그림은 노동자 1인당 자본량이 노동자 1인당 생산량에 어떤 영향을 미치는지 보여준다. 여기서 인적 자본, 천연자원, 기술처럼 생산량을 결정하는 다른 요인들은 일정하다고 본다. 자본량이 증가함에 따라 자본에 대한 수확이 체감하기 때문에, 생산함수 곡선은 완만해진다.

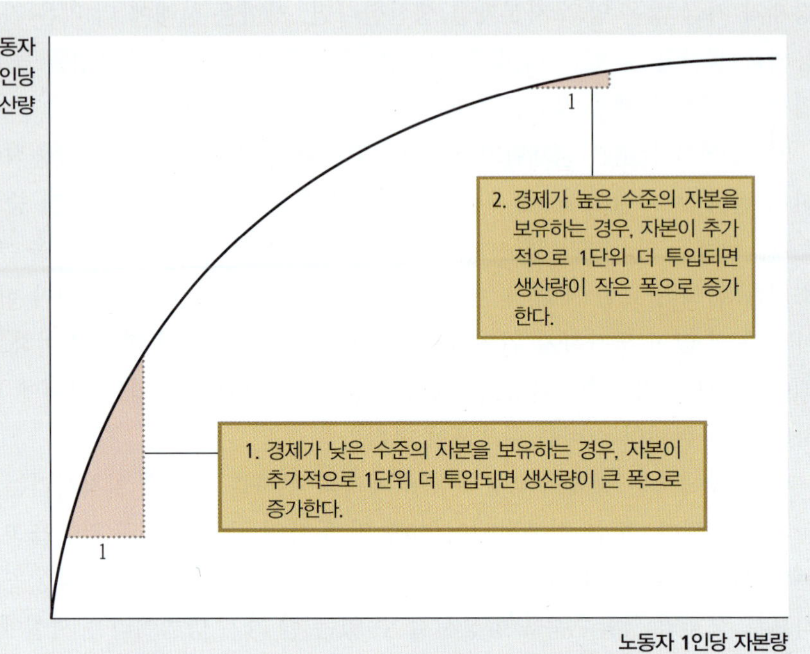

이득은 시간이 지나면서 점점 더 작아져서 성장률이 둔화된다. **장기적으로 보면 저축률이 높아질 경우 생산성 수준과 소득수준은 높아지지만, 이들 변수의 성장률, 즉 생산성 성장률과 소득 성장률이 높아지지는 않는다.** 하지만 이런 장기에 도달하려면 꽤 오랜 시간이 걸린다. 경제 성장에 관한 여러 국가들의 자료를 분석해보면, 저축률이 높아질 경우 성장률이 수십 년 동안 상당히 높아질 수 있음을 알 수 있다.

추격효과
빈곤하게 시작한 국가들이 부유하게 시작한 국가들보다 더 신속하게 성장하는 경향을 보이는 특성

자본에 대한 수확 체감이란 특성은 또 다른 중요한 의미를 갖는다. 다른 사정이 동일하다면, 일국이 상대적으로 빈곤하게 시작할 경우 신속하게 성장하는 것이 쉽다. 초기의 조건이 이후의 성장에 미치는 이런 영향을 이따금 추격효과(catch-up effect)라고 한다. 빈국에서 노동자는 기본적인 도구조차 갖추지 못하고 있으며, 이에 따라 생산성이 낮다. 이런 상황에서는 소규모 자본 투자도 생산성을 상당히 향상시킬 수 있다. 반면에 부국의 노동자는 일하는 데 필요한 많은 자본을 이미 갖추고 있어서 높은 생산성을 유지한다. 이 경우, 추가적인 자본 투자는 생산성에 상대적으로 작은 영향을 미칠 뿐이다. 경제 성장에 관한 여러 국가들의 자료를 검토해보면 이런 추격효과를 확인할 수 있다. 예를 들어 투자에 배정되는 GDP의 백분율과 같은 다른 변수들을 통제하고 나면, 빈국은 부국보다 더 빠르게 성장하는 경향이 있다.

이런 추격효과는 그렇지 않았다면 당혹스러울 수도 있는 사실들을 설명하는 데 도움이 된다. 1960년부터 1990년까지 한국과 미국은 투자에 투입한 GDP 비중이 유사했다. 하지만 이 기간에 미국은 약 2%의 완만한 성장을 이룬 반면 한국은 성장률이 6%를 초

과했다. 추격효과가 이런 차이를 설명한다. 1960년에 한국의 1인당 GDP는 미국의 10분의 1에도 미치지 못했는데, 그 이유는 부분적으로 초기의 투자가 매우 낮았기 때문이다. 초기의 자본량이 적었던 한국은 자본축적을 통해 더 큰 이득을 얻을 수 있었고, 이로 인해 이후의 성장률이 더 높아졌다고 볼 수 있다.

이런 추격효과는 생활의 다른 측면에서도 나타난다. 학교에서 학년 말에 '학업 성적이 가장 향상된' 학생에게 상을 줄 경우, 해당 학생은 보통 상대적으로 학업 성적이 낮은 상태에서 해당 학년을 시작한 경우가 많다. 학업을 열심히 하지 않은 상태에서 시작한 학생은 언제나 열심히 했던 학생보다 더 용이하게 학업을 향상시킬 수 있다. '학업 성적이 가장 많이 향상된' 학생이 되는 것도 좋지만, '학업 성적이 가장 우수한' 학생이 되는 것이 훨씬 더 좋다는 사실에 주목하자. 이와 유사하게, 1960~1990년의 경제 성장은 미국보다 한국에서 훨씬 더 빨리 이루어졌지만, 1인당 GDP는 미국에서 훨씬 더 높았다.

17-3c 해외로부터의 투자

일국의 저축률을 증대시키기 위한 정책이 투자와 장기적인 경제 성장을 촉진시킬 수 있지만, 국내 거주민에 의한 저축이 일국의 자본량을 증대시킬 수 있는 유일한 방법은 아니다. 외국인에 의한 투자도 이런 역할을 수행할 수 있다.

해외로부터 이루어지는 투자는 몇 가지 형태를 취한다. 포드 자동차 회사는 멕시코에 자동차 공장을 건설할 수도 있다. 외국 법인이 소유하고 운영하는 자본 투자를 **해외 직접투자**라고 한다. 대안적으로, 미국의 경우 미국인은 멕시코 기업의 주식을 매입하고 (즉, 해당 기업의 소유권 지분을 매입하고), 해당 기업은 주식 매각 수익금을 사용해 새로운 공장을 세울 수 있다. 외국 통화로 재원이 조달되었지만 국내 거주민에 의해 운영되는 투자를 **해외 증권투자**라고 한다. 위의 두 경우 모두에서, 미국인은 멕시코의 자본량을 증대시키기 위해 필요한 재원을 공급한다. 즉, 미국인의 저축이 멕시코 투자의 재원을 조달하기 위해 사용될 수 있다.

외국인들이 어떤 나라에 투자를 하는 것은 투자에 대한 수익을 얻을 것으로 기대하기 때문이다. 포드의 자동차 공장은 멕시코의 자본량을 증대시키고 이에 따라 멕시코의 생산성과 GDP를 증대시키게 된다. 하지만 포드 자동차 회사는 이런 추가적인 소득의 일부를 이윤의 형태로 미국에 다시 가져간다. 이와 유사하게, 미국의 투자자가 멕시코의 주식을 매입할 경우, 해당 투자자는 멕시코 기업이 번 이윤 중 일부에 대해 권한을 갖는다.

따라서 해외로부터의 투자가 경제적 풍요를 측정하는 모든 지표에 미치는 영향은 동일하지 않다. 일국의 국내총생산(GDP)은 국민과 외국인 둘 다에 의해 해당 국가 내에서 번 소득이라는 사실을 기억하자. 포드 사가 자동차 공장을 멕시코에서 운영할 경우, 해당 공장이 산출한 소득의 일부는 멕시코에 거주하지 않는 사람들에게 돌아간다. 따라서 멕시코에서 이루어진 해외투자는 (GDP로 측정한) 멕시코에서의 생산 증대보다 (GNP로 측정한) 멕시코인들의 소득을 더 적게 증가시킨다.

그럼에도 불구하고, 해외로부터의 투자는 일국이 성장하는 한 가지 방법이다. 이런 이득 중 일부가 외국 소유주들에게 다시 흘러가기는 하지만, 이런 투자로 인해 일국 경제의 자본량이 증가해 생산성과 임금이 상승한다. 더구나 해외로부터의 투자를 통해 부국에서 개발되어 사용되고 있는 기술을 빈국이 배울 수 있다. 이런 이유들로 인해, 많은 경제학자들이 경제가 덜 발전된 국가들은 해외로부터의 투자를 장려해야 한다고 본다. 때로는 국내 자본에 대한 외국인 소유 제한을 철폐해야 한다는 의미도 된다.

빈국으로의 자본 유입을 촉진하려는 국제기구로 세계은행을 들 수 있다. 이 기구는 자본이 풍부한 국가들로부터 자금을 받고 있다. 자금을 제공하는 주요 국가로는 미국, 일본, 중국, 독일, 프랑스, 영국을 꼽을 수 있다. 이 기구는 덜 개발된 국가들이 도로, 하수도 시스템, 학교, 기타 형태의 자본에 투자할 수 있도록, 이들 국가에 대출을 해준다. 또한 이 자금이 어떻게 가장 잘 사용될 수 있는지에 관해 조언을 해준다. 세계은행과 함께 자매기구인 국제통화기금은 제2차 세계대전 후 설립되었다. 세계대전을 통해 얻은 교훈은 경제적 어려움이 종종 정치적 혼란, 국제적 긴장, 군사적 충돌로 이어진다는 사실이다. 따라서 모든 국가들은 세계 각국의 경제적 번영을 촉진하는 데 관심을 갖는다. 세계은행과 국제통화기금은 이런 공통의 목표를 달성하기 위해 설립되었다.

17-3d 교육

인적 자본에 대한 투자의 한 형태인 교육은 일국의 장기적인 경제적 성취를 달성하는 데 적어도 물적 자본에 대한 투자만큼 중요하다. 미국에서는 역사적으로 개인의 임금이 학교에 다닌 연수에 비례해 평균 약 10%만큼 상승했다. 인적 자본이 특히 희소한 개발도상국가에서 교육받은 노동자와 교육받지 못한 노동자의 임금격차는 훨씬 더 크다. 좋은 학교 교육을 제공하고 사람들이 이를 활용하도록 장려함으로써, 이런 정부정책은 생활수준을 향상시킬 수 있다.

물적 자본에 대한 투자와 마찬가지로 인적 자본에 대한 투자에서도 기회비용이 발생한다. 학생들이 학교에 다닐 때, 이들은 경제활동을 했더라면 벌 수 있었을 임금을 받지 못하게 된다. 개발도상국들에서는 추가적으로 학교 교육을 받을 경우 얻게 되는 이득이 커도 가족을 부양하기 위해 노동력이 필요하다는 이유만으로 어린 나이에 종종 학교를 중퇴한다.

일부 경제학자들의 주장에 따르면, 인적 자본은 양의 외부효과가 있기 때문에 경제

성장을 하는 데 특히 중요하다. **외부효과**는 어떤 사람의 행위가 관련이 없는 제3자의 후생에 미치는 영향이다. 예를 들어 교육받은 사람은 재화 및 용역을 어떻게 생산하는 것이 최선인지에 관해 새로운 의견을 낼 수 있다. 이런 견해가 널리 확산되어 모든 사람이 이를 사용할 수 있게 된다면, 해당 견해는 교육의 외부편익이 된다. 이 경우, 학교 교육을 통해 사회가 얻게 되는 이익은 개인이 얻는 이익보다 훨씬 더 크다. 이런 주장은 공교육의 형태로 인적 자본 투자에 제공되는 대규모 보조금을 정당화한다.

일부 빈국들이 직면하는 한 가지 문제는 **두뇌유출**인데, 이는 높은 수준의 교육을 받은 노동자들이 부국으로 이주하는 현상을 말한다. 인적 자본의 양이 외부효과를 갖는다면, 두뇌유출로 인해 남겨진 사람들은 더욱 빈곤하게 된다. 정책 입안자들은 진퇴양난에 빠지게 된다. 미국과 기타 부국들은 최고의 고등교육 제도를 갖추고 있으며, 빈국들이 가장 우수한 학생들을 해외로 파견해 대학원의 학위를 받도록 하는 것은 자연스러운 것처럼 보인다. 하지만 해외에 머물렀던 학생들이 고국으로 돌아가지 않으려 할 수 있으며, 이런 두뇌유출로 빈국의 인적 자본량은 훨씬 더 줄게 된다.

17-3e 건강과 영양

인적 자본이란 용어는 보통 교육과 관련되지만 또 다른 형태의 사람에 대한 투자, 즉 국민들이 보다 건강해지도록 하는 지출과도 관련된다. 국민건강에 대한 올바른 투자는 일국이 생산성을 증대시키고 생활수준을 향상시킬 수 있는 한 가지 방법이다.

고인이 된 경제학자 로버트 포겔(Robert Fogel)은 영양 섭취가 좋아져서 건강이 향상될 경우, 이는 장기적인 경제 성장에 작용하는 주요한 요인이 된다는 사실을 발견했다. 그는 1780년 영국에서 5명 중 1명이 영양실조 상태에 있어서 육체노동을 할 수 없었다고 추정했다. 노동을 할 수 있었던 사람들 중에서, 충분하게 칼로리를 섭취하지 못함으로 인해 자신들이 투입할 수 있는 근로 노력을 상당히 낮추었다. 영양 상태가 향상됨에 따라 노동자의 생산성도 향상되었다.

로버트 포겔은 사람들의 신장을 측정한 수치를 관찰함으로써 이런 추세를 부분적으로 연구했다. 신장이 단신인 경우, 이는 영양실조, 특히 임신과 출생 후 몇 년 동안의 나쁜 영양 상태를 보여주는 지표가 될 수 있다. 그는 일국이 경제적으로 발전함에 따라 사람들이 식사를 더 많이 할 수 있게 되고 신장도 더 커지게 된다는 사실을 발견했다. 1775~1975년에 영국에서의 평균 칼로리 섭취량은 26% 증가했고 남성의 평균 신장은 약 9.1센티미터만큼 커졌다. 이와 유사하게 한국에서 놀라운 경제 성장이 이루어졌던 1962~1995년에 칼로리 소비가 44%만큼 증가했고 남성의 평균 신장도 약 5.1센티미터만큼 커졌다. 물론 신장은 유전적 요인과 환경적 요인의 결합에 의해 결정된다. 하지만 인간의 유전적 구성이 서서히 변화하기 때문에 이런 평균 신장의 증가는 환경적 요인의 변화에서 비롯되었을 가능성이 높다. 즉 영양 상태가 이런 상황을 명백하게 설명해준다고 볼 수 있다.

로버트 포겔은 경제사 연구에 대한 기여를 인정받아 1993년에 노벨 경제학상을 수상했고, 그의 업적에는 영양에 관한 연구뿐만 아니라 미국 노예제도와 미국 경제 발전에서 철도가 기여한 역할에 관한 연구도 포함된다. 그는 노벨상 수상 기념 강연에서 건강과 경제 성장에 관한 연구를 개괄적으로 소개했다. 그는 "전반적인 영양 상태가 개선됨으로 인해 이것이 1790~1980년 영국의 1인당 소득 성장의 약 30%를 설명할 수 있다"고 결론 내렸다.

오늘날 영국 및 미국과 같이 발전된 국가에서 영양실조는 드물다.(비만이 보다 일반적인 문제이다) 하지만 개발도상국 국민들의 경우 나쁜 건강 상태와 불충분한 영양 상태가 매우 심각한 문제로 남아 있다. 국제연합은 사하라 이남 아프리카에 거주하는 인구 중 약 25%가 영양실조 상태에 있다고 추정한다.

건강과 부 사이에 존재하는 인과관계는 양방향으로 작동한다. 빈국은 부분적으로 국민이 건강하지 못하기 때문에 빈곤하고, 부분적으로는 국민이 가난해서 적절한 의료 서비스를 받고 영양을 섭취할 여유가 없기 때문에 건강하지도 못하다. 이것이 너무나도 자주 악순환이 되지만, 선순환이 될 가능성도 존재한다. 즉, 보다 신속한 성장으로 이어지는 정책은 건강 상태를 향상시킬 수 있으며 이는 다시 성장을 더욱 촉진하게 된다.

17-3f 재산권과 정치적 안정

정책 입안자들이 경제 성장을 촉진할 수 있는 또 다른 방법은 재산권을 보호하고 정치적 안정을 도모하는 것이다. 이 문제는 시장경제가 어떻게 운용되는지에 관한 핵심과 관련된다.

시장경제에서 생산은 개인과 기업의 수많은 상호작용을 통해 이루어진다. 여러분이 자동차를 구입할 경우, 자동차 판매업자, 자동차 제작업체, 철강회사, 철광석 채굴업체 등이 만든 생산품을 구입하는 것이다. 이런 생산 분업을 통해 경제의 생산요소들이 효과적으로 사용될 수 있다. 이런 결과를 만들어내기 위해, 경제는 이들 기업 간의 거래와 기업 및 소비자 간의 거래를 조정해야 한다. 시장경제는 이런 조정을 시장가격을 통해 달성한다. 즉, 가격이 바로 시장의 보이지 않는 손이 경제를 구상하는 수천 개의 각 시장에서 공급과 수요가 균형을 이루도록 하는 도구이다.

자신이 보유한 자원에 대해 권한을 행사할 수 있는 능력인 **재산권**은 이런 과정이 작동되기 위해 존중되어야만 한다. 철광석이 도난을 맞을 것으로 예상될 경우 철광석 채굴업체는 이를 채굴하려 하지 않을 것이다. 채굴업체가 철광석을 인도하겠다는 약속을 어길 것으로 예상될 경우 철강회사는 철광석에 대한 대가를 지불하지 않을 것이다. 이런 이유로 법원은 시장경제에서 중요한 역할을 수행한다. 즉, 재산권을 집행한다. 법원은 형사 사법제도를 통해 절도와 사기를 방지한다. 또한 민사 사법제도를 통해 매수인과 매도인이 계약을 지키도록 보장한다.

사법제도가 종종 잘 작동되지 않는 개발도상국들에서는 재산권이 확립되지 않은 것이 문제가 될 수 있다. 계약이 이행되기 어려우며, 사기는 종종 처벌을 받지 않는다. 일부 경우에는 정부가 재산권을 집행하지 않을 뿐만 아니라 실제로 이를 침해하기도 한다. 일부 지역에서는 사업을 하기 위해 기업이 정부 관리에게 뇌물을 주는 것이 당연하게 요구된다. 이런 부패는 여러 가지 면에서 생활의 품격을 떨어뜨린다. 경제학적인 용어로 표현하면, 시장의 조정능력을 방해한다. 또한 국내 저축과 해외로부터의 투자를 억제하게 된다.

재산권에 대한 위협으로 정치적 불안정을 들 수 있다. 빈번한 혁명과 쿠데타가 발생할 경우 재산권이 장래에 보장될지에 관해서 의구심을 갖게 된다. 공산 혁명 후에 종종 그랬던 것처럼 혁명 정부가 일부 기업의 자본을 몰수할 경우, 국민은 저축하고 투자해 새로운 사업을 시작하려는 유인을 덜 갖게 된다. 동시에, 외국인은 해당 국가에 투자하려는 유인을 덜 갖게 된다. 혁명이 발생할 수 있다는 가능성만으로도 일국의 생활수준을 떨어뜨릴 수 있다.

간단히 말해, 경제적 번영은 부분적으로 호의적인 정치제도에 달려 있다. 효율적인 사법 체계, 정직한 정부 관료, 확립된 헌법을 갖춘 국가는 열악한 사법 체계, 부패한 정부 관료, 빈번한 정권 교체를 겪고 있는 국가보다 더 높은 생활수준을 향유할 수 있다.

17-3g 자유무역

세계에서 가장 빈곤한 국가들 중 일부는 **내부 지향적 정책**을 시행해서 보다 급속한 경제성장을 달성하려 한다. 이 정책은 다른 국가들과의 상호작용을 회피함으로써 생산성과 생활수준을 향상시키려 한다. 국내 기업들은 종종 유치 산업 보호를 주장하며 자신들이 번창하고 성장하기 위해서는 해외 경쟁으로부터 보호를 받아야 한다는 논리를 편다. 외국인들에 대한 일반적인 불신과 함께 이런 주장에 기반해 개발도상국들의 정책입안자들은 이따금 관세와 기타 무역제한 조치를 부과한다.

오늘날 대부분의 경제학자들은 빈국들이 세계 경제로 통합되는 **대외 지향적 정책**을 시행할 경우, 이들 국가의 형편이 나아진다고 믿고 있다. 재화 및 용역의 국제무역을 통해 일국 국민들의 경제적 후생을 향상시킬 수 있다. 무역은 어떤 면에서 기술의 한 형태이다. 일국이 밀을 수출하고 섬유를 수입하는 경우, 해당 국가는 밀을 섬유로 전환할 수 있는 기술을 발명한 것처럼 이득을 얻을 수 있다. 따라서 무역제한을 제거한 국가는 주요한 기술 발전을 달성한 후 얻게 되는 것과 동일한 종류의 경제 성장을 경험하게 된다.

내부 지향적 정책이 미치는 불리한 영향은 덜 개발된 소규모의 많은 경제를 생각해보면 명백해진다. 예를 들어 아르헨티나의 총 GDP는 미시간주의 GDP와 거의 같다. 미시간주에 거주하는 사람들이 다른 주와 다른 국가에 거주하는 사람들과 거래하는 것이 금지될 경우 어떤 일이 발생하는지 생각해보자. 무역을 통한 이득을 활용할 수 없기 때문에 미시간주는 자신들이 소비하는 모든 재화를 생산해야 한다. 또한 다른 곳으로부터 최첨단 장비를 수입하지 않고 자신들의 모든 자본재를 생산해야 한다. 생활수준은 즉각적으로 하락하고 시간이 지남에 따라 문제가 더욱 악화된다. 아르헨티나가 20세기 대부분 기간 동안 내부 지향적 정책을 시행했을 때 바로 이런 현상이 발생했다. 반면에 한국, 싱가포르, 대만처럼 대외 지향적 정책을 시행했던 국가들은 높은 경제 성장률을 달성했다.

일국이 거래하는 다른 국가들과의 무역 규모는 정부정책뿐만 아니라 지리적 위치에 의해서도 결정된다. 자연적인 항구가 있는 국가들은 그렇지 못한 국가들보다 무역을 하기가 더 용이하다. 예를 들면 뉴욕시, 샌프란시스코, 홍콩과 같은 세계의 많은 주요 도시들이 해양에 인접한다는 사실은 우연의 일치가 아니다. 이와 유사하게, 많은 내륙 국가들은 국제무역에 종사하기가 더 어렵기 때문에 해로 접근이 용이한 국가들보다 소득수준이 더 낮은 경향이 있다.

17-3h 연구 및 개발

생활수준이 1세기 전보다 오늘날 더 높아진 주요한 이유는 기술지식이 진보했기 때문이다. 전화기, 트랜지스터, 컴퓨터, 전기 자동차는 경제의 재화 및 용역 생산능력을 확장시킨 혁신 중 하나이다.

대부분의 기술진보는 기업과 개별 발명가에 의한 민간 연구에서 비롯되지만, 이런 노력을 장려하는 데 따른 공적 이익도 존재한다. 지식은 대부분 **공공재**이다. 어떤 사람이 개념을 발견하게 되면, 그것은 사회가 갖고 있는 지식의 풀로 들어가서 다른 사람들도 그것을 무료로 자유롭게 사용할 수 있다. 정부가 국가방위와 같은 공공재를 공급하는 역할을 수행하는 것처럼, 신기술에 대한 연구 및 개발을 장려하는 역할도 수행한다.

미국 정부는 기술지식의 창안과 확산에 오랫동안 참여해왔다. 1세기 전에 미국 정부는 영농 방법에 관한 연구를 지원했으며, 농지를 어떻게 가장 잘 활용할 수 있는지에 관해 농민들에게 조언을 해주었다. 최근 들어 미국 정부는 자국의 공군과 항공우주국을 통해 항공우주에 관한 연구를 지원했으며, 결과적으로 미국은 로켓과 항공기 부문에서 선두 제조국이 되었다. 미국 정부는 국립과학재단과 국립보건원이 연구비를 지원하도록 하고 연구 및 개발에 참여하는 기업에 조세 감면을 실시해 지식을 계속해서 발전시키려 한다.

정부정책을 통해 연구를 장려하는 또 다른 방법은 특허제도이다. 개인이나 기업이 신약처럼 혁신적인 물품을 만들어낼 경우, 발명자는 특허의 출원을 신청할 수 있다. 해당 물품이 최초로 간주될 경우, 정부는 특허를 부여해 발명자가 정해진 연도 동안 해당 물품을 독점적으로 생산할 권한을 준다. 본질적으로 특허는 발명자에게 발명품에 대한 재산권을 부여하는 것이며, 이를 통해 발명자의 새로운 고안은 공공재에서 사유재로 전환된다. 이것은 혁신의 확산을 둔화시킬 수 있다. 하지만 발명자가 일시적이기는 하지만 발명품으로부터 이득을 얻도록 함으로써 특허제도를 통해 개인과 기업이 연구에 종사하도록 하는 유인을 증대시킬 수 있다.

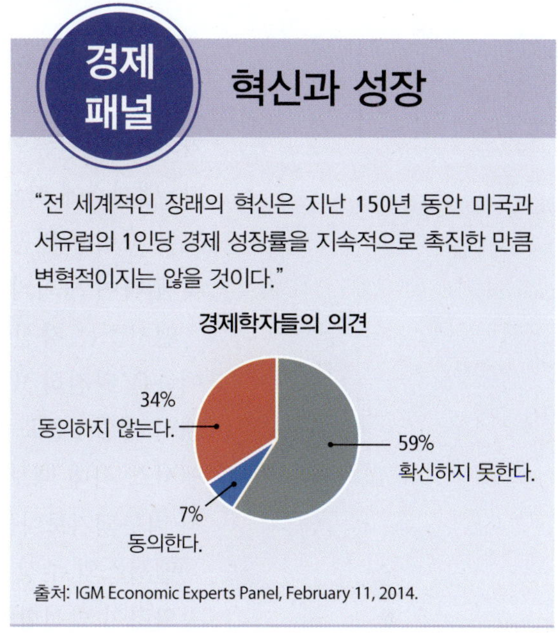

17-3i 인구 증가

경제학자들과 다른 사회과학자들은 인구의 규모와 증가가 사회에 어떤 영향을 미치는지 오랫동안 논의했다. 가장 직접적인 영향은 경제활동인구의 규모에 미치는 영향이다. 인구가 많다는 사실이 의미하는 바는 재화 및 용역을 생산하는 데 더 많은 노동자를 사용할 수 있다는 것이다. 엄청난 규모의 중국 인구가 중국이 세계 경제에서 중요한 역할을 하는 한 가지 이유이다.

하지만 동시에 인구가 많다는 사실이 의미하는 바는 재화 및 용역을 소비할 사람이 많다는 것이다. 따라서 인구가 많은 경우 재화 및 용역의 총생산량이 더 많아지기는 하지만, 이것을 일반 국민의 생활수준 향상으로 해석하지는 않는다. 실제로 모든 경제 발전 수준에 대국과 소국이 존재한다.

인구 규모가 미치는 이런 명백한 영향 외에, 인구 증가는 보다 미묘하고 논쟁의 여지가 있는 방법으로 다른 생산요소들과 상호작용을 한다.

천연자원의 속박화 영국의 성직자이자 초창기 경제학자였던 토머스 로버트 맬서스(Thomas Robert Malthus, 1766~1834)는 『인구가 장래 사회의 발전에 미치는 영향면에서 본 인구 원칙에 관한 소론』으로 유명하다. 저서에서 그는 극히 비관적인 예측을 했다. 맬서스의 주장에 따르면, 인구가 계속해서 증가할 경우 한 사회가 자신을 지탱할 수 있는 능력을 끊임없이 속박하게 된다고 한다. 따라서 인류는 영원히 빈곤하게 생활할 것이라고 예측했다.

2002 ARPL/TOPFOTO/THE IMAGE WORKS

토머스 로버트 맬서스

그의 논리는 간단했다. "식량은 인간이 생존하는 데 필요"하며 "남녀간에는 사랑이 있어야 하고 이는 거의 현재 상태로 유지될 것이다"라는 점에 주목했다. 그는 "인구 증가의 힘이 인류의 생존을 위해 필요한 지구상의 힘보다 무한히 더 크다"고 결론 내렸다. 맬서스에 따르면, 인구 증가를 억제하는 유일한 방법은 "빈곤과 악행"이라고 한다. 그는 자비나 빈곤을 완화시키려는 정부정책은 가난한 사람들로 하여금 더 많은 자녀를 갖게 하여 사회의 생산능력을 더욱 속박하게 되므로 역효과를 낳는다고 주장한다.

맬서스는 자신이 살았을 때의 세계를 올바르게 설명했을지 모르지만, 그의 비참한 예측은 완전히 빗나갔다. 세계 인구는 지난 2세기 동안 약 여섯 배 증가했지만, 전 세계의 생활수준도 역시 향상되었다. 경제 성장으로 인해, 고질적인 기근과 영양실조는 맬서스 시대 때보다 훨씬 감소했다. 굶주림이 이따금 발생하지만 식량 생산의 부족에서 비롯되기보다는 불평등한 소득 분배나 정치적 불안정으로 인해 더 자주 발생한다.

맬서스의 주장은 어디가 잘못되었는가? 이 장 앞부분에서 논의했던 것처럼, 인간의 창의력이 발전함에 따라 인구 증가에 따른 영향을 상쇄하게 된다. 맬서스가 결코 상상하지 못했던 농약, 비료, 영농기계, 신품종, 기타 기술진보로 인해 농부들은 훨씬 더 많은 사람들에게 식량을 공급할 수 있게 되었다. 농부들의 생산성이 향상되어, 식량을 충분히 공급해주어야 하는 인구 수는 증가했지만 필요한 농부 수는 오히려 감소했다.

자본량의 희석화 맬서스는 인구 증가가 천연자원의 활용에 미치는 영향을 우려한 반면, 일부 현대 경제 성장 이론은 인구 증가가 자본축적에 미치는 영향에 주목한다. 이 이론에 따르면, 인구 증가가 빨리 이루어질 경우 노동자의 수가 급속히 증가해 축적된 자본이 보다 광범위하게 퍼지기 때문에 노동자 1인당 GDP가 감소한다. 다시 말해, 인구 증가가 급속히 이루어질 때 각 노동자는 더 적은 자본을 갖게 된다. 노동자 1인당 자본량이 적어짐에 따라, 생산성이 낮아지고 노동자 1인당 GDP도 감소한다.

이 문제는 인적 자본의 경우에 가장 뚜렷해진다. 인구 증가율이 높은 국가들은 학령기 어린이가 많으며, 이것은 교육제도에 큰 부담을 준다. 바로 이것이 인구 증가율이 높은 국가에서 교육 성취가 낮은 경향이 있는 이유 중 하나이다.

전 세계에서 이루어지는 인구 증가는 그 차이가 크다. 예를 들면 미국과 서유럽 국가들처럼 경제개발이 이루어진 국가들에서는 인구가 최근 몇 십 년 동안 연간 1% 미만으로 증가했으며, 장래에는 훨씬 더 서서히 증가할 것으로 예상된다. 반면에 일부 빈곤한 아프리카 국가들에서 인구는 연간 약 3%씩 증가한다. 이 속도라면 인구는 23년마다 두 배가 된다. 이런 급속한 인구 증가로 인해 높은 수준의 생산성을 달성하는 데 필요한 도구와 기술을 노동자들에게 공급하는 것이 더욱 어려워진다.

빠른 인구 증가가 개발도상국들이 빈곤한 주된 이유는 아니지만, 일부 분석가들에 따르면 인구 증가율을 낮출 경우 이들 국가들이 생활수준을 향상시키는 데 도움이 된다고 본다. 일부 국가에서 이 목표는 가정이 가질 수 있는 자녀 수를 규제하는 법률을 통해 직접적으로 달성되기도 한다. 예를 들면 1980~2015년에 중국은 가정당 한 자녀만을 허용했으며, 이 규정을 위반한 부부는 상당한 벌금을 내야 했다. 덜 권위주의적인 국가에서 인구 증가를 낮추려는 목표는 피임 기법에 대한 인식을 증대시킴으로써 덜 직접적으로 달성되었다.

일국이 인구 증가에 영향을 미칠 수 있는 또 다른 방법은, 경제학의 열 가지 원리 중 하나를 적용시키는 것이다. 즉, '사람들은 유인에 반응한다'는 원리를 생각해보자. 모든 결정과 마찬가지로 아이를 낳을 경우 기회비용이 발생한다. 기회비용이 증가할 때, 사람들은 더 작은 규모의 가정을 갖고자 한다. 특히 좋은 교육을 받고 취업 전망이 좋은 여성은 가정 밖에서 더 적은 기회를 갖는 여성보다 더 적은 자녀를 원하는 경향이 있다. 여성에게 평등한 대우를 장려하는 정책은 개발도상국 경제가 인구 증가율을 낮추고 생활수준을 향상시키는 한 가지 방법이 될 수 있다.

기술진보의 촉진화 인구가 빠르게 증가하면 각 노동자가 갖추게 될 자본량이 감소해 경제적 번영이 낮아질 수 있지만, 경제적 번영을 향상시키는 면도 갖게 된다. 일부 경제학자들은 세계 인구 증가가 기술진보를 촉진하는 핵심 동력이라고 본다. 이들이 전개하는 논리는 단순하다. 즉, 인구가 많아지면 기술을 진보시키는 데 도움이 되는 더 많은 과학자, 발명가, 기술자가 있게 되어 모든 사람을 이롭게 할 수 있다.

경제학자 마이클 크레머(Michael Kremer)는 '인구 증가와 기술 변화: 기원전 100만 년부터 1990년까지'라는 제목의 1993년 논문에서 이 가설을 지지하는 일부 자료를 제시했다. 그는 인류 역사 전반에 걸쳐 세계 성장률은 세계 인구 증가와 함께 증대되었다는 사실에 주목했다. 예를 들어 전 세계적으로 달성된 성장은 (기원전 500년경) 인구가 1억 명에 불과했을 때보다 (1800년경) 인구가 10억 명이 되었을 때 더 신속하게 이루어졌다. 이것은 인구가 많을수록 기술진보가 더 많이 이루어진다는 가설과 일치한다.

마이클 크레머는 세계 각 지역들을 비교함으로써 두 번째 증거를 제시한다. 기원전 10,000년경 빙하시대 말기에 극지방의 만년설이 녹기 시작해 육지들을 연결해주었던 지역으로 물이 범람하게 되자 세계는 몇 개 지역으로 분리되었다. 이로 인해 각 지역은 수천 년 동안 서로 교통할 수 없게 되었다. 사물을 발견할 인구가 많을수록 기술진보가 더 급속히 이루어진다면 인구가 많은 지역이 더 급속한 성장을 이루어야 한다.

마이클 크레머에 따르면 사실 그러했다. (유럽의 해양 탐험가들이 분리된 지역들을 다시 연결했던) 1500년에 세계에서 가장 성공한 지역은 넓은 유라시아-아프리카 지역의 '구세계' 문명이었다. 그다음 기술적 발전은 아메리카의 아즈텍 및 마야 문명이었으며, 오스트레일리아의 수렵 및 채취 문명이 그 뒤를 이었다. 그다음은 태즈메이니아의 원시인들이었는데 이들은 불, 석기, 뼈로 만든 도구도 거의 사용하지 못했다.

가장 인구가 적고 고립된 지역은 태즈메이니아와 오스트레일리아 사이에 있는 작은 섬 플린더스였다. 새로운 혁신을 주도할 사람이 거의 없는 플린더스 섬의 경우 기술진보를 이룰 기회가 가장 적었으며 사실은 퇴보했던 것처럼 보인다. 기원전 3000년경에 플린더스 섬의 인류 사회는 완전히 소멸되었다.

이런 증거에 기초해 마이클 크레머는 많은 인구가 기술진보를 이루기 위한 선행조건이라고 결론 내렸다.

사례 연구

아프리카는 왜 그렇게 많은 지역이 빈곤한가?

지구상에서 가장 빈곤한 사람 다수가 사하라 사막 이남의 아프리카에서 살고 있다. 2020년에 이 지역의 1인당 GDP는 세계 평균의 약 22%에 해당하는 3,821달러에 불과하다. 극심한 빈곤은 이 지역의 고질적인 현상이다. 전 세계 인구의 9%가 하루 1.90달러 미만으로 생활하는 데 반해, 그 지역의 인구는 40%가 그렇게 생활한다.

이렇게 낮은 수준의 경제 발전이 이루어진 이유에 대해 힘들이지 않고 쉽게 설명할 수 있는 방법은 없다. 서로 연관된 많은 힘이 작용하고 있으며, 때로는 빈곤의 원인과 결과를 구별하기가 어렵다. 하지만 설명의 실마리를 찾아본다면 다음과 같다.

낮은 자본 투자 사하라 사막 이남 아프리카 지역은 소득수준과 근로자 1인당 자본수준이 낮으므로 자본에 대한 수익이 높을 것이라고 예상해서 이들 지역의 국내에서 저축하는 사람과 해외에서 투자하는 사람 모두에게 매력적인 투자지가 될 것이라 생각할 수도 있다. 하지만 GDP에 대한 백분율로 본 사하라 사막 이남 아프리카 지역의 자본 형성은 세계 평균보다도 몇 % 낮은 수준이다. 이렇게 낮은 투자수준은 다음과 같은 요인 일부가 작동해 발생했을 수 있다.

낮은 교육수준 사하라 사막 이남 아프리카 지역에 거주하는 어린이들은 31%가 초등학교를 마치기 전에 교육을 중단하는데, 이에 해당하는 전 세계 수치는 10%이다. 교육의 질도 더 낮다. 이 지역의 초등학교에서 교사 1인당 학생 비율은 37명인데, 이에 해당하는 전 세계 수치는 23명이다. 성인 중 65%만이 읽고 쓸 수 있는데, 이에 해당하는 전 세계 수치는 86%이다. 교육을 적게 받은 노동자는 생산성이 낮다.

열악한 위생 보건 사하라 사막 이남 아프리카 지역에 사는 한 살 영아의 27%가 DPT(디프테리아, 백일해, 파상풍) 예방접종을 하지 않았으며, 30%가 홍역 예방접종을 하지 않았다. 이들 두 경우는 모두 세계 평균의 약 두 배가 된다. 5세 이하 아동의 33%가 성장에 지장을 받을 정도로 영양상태가 좋지 않은데, 이에 해당하는 전 세계 수치는 22%이다. 성인의 1.6%가 에이즈 바이러스에 감염되었는데, 이는 세계 평균의 네 배가 된다. 이런 통계 수치는 극단적인 개인적 비극을 반영할 뿐만 아니라 경제적 비극을 설명하는 데도 도움이 된다. 건강하지 못한 노동자는 생산성이 낮다.

높은 인구 증가 사하라 사막 이남 아프리카 지역의 인구는 최근 들어 연간 약 2.7% 증가했는데, 이 경우 26년마다 인구가 두 배가 된다. 반면에 세계 인구는 연간 1.1% 증가했으며, 이 경우 64년마다 인구가 두 배가 된다. 인구가 빠르게 증가하면 높은 생산력을 유지하는 데 필요한 물적 자본과 인적 자본을 노동자가 갖추기가 어려워진다.

NIKKULCH/SHUTTERSTOCK.COM

사하라 사막 이남에 위치한 아프리카는 세계에서 가장 빈곤한 지역이다.

지리적 불이익 사하라 사막 이남 아프리카 지역에 거주하는 인구의 25% 이상이 에티오피아, 우간다, 차드, 니제르, 말리와 같은 내륙 국가에 살고 있는데, 이는 세계 인구의 7%가 내륙 국가에 사는 현실과 비교된다. 내륙 국가는 빈곤한 경향이 있다. 운송을 위해 해양에 근접하는 것이 쉽지 않다면, 무역을 통한 이득을 얻기 어렵다.

제한된 자유 사회과학자들은 해당 국가의 국민이 누리는 자유의 정도를 평가하는 지수를 개발했다. 이 지수는 사법제도의 신뢰성, 개인의 보호 및 안전, 표현의 자유, 국제무역에 종사할 수 있는 권리 등과 같은 특성을 측정한다. 사하라 사막 이남 아프리카 지역에 위치한 국가들은 남아시아, 동유럽, 중동과 마찬가지로 이런 측정치에서 순위가 낮은 경향이 있다. 가장 자유로운 국가는 서유럽, 북유럽, 북아메리카에 위치한 국가들인 경향이 있다.(가령 남아메리카처럼 세계 다른 지역은 두 극단의 사이에 속한다) 이런 자유 지수는 경제적 번영과 양의 상관관계가 있다. 즉, 자유가 많이 주어질수록 일반적으로 소득이 높은데, 아마도 어떤 제한이 주어질 경우 보이지 않는 손이 자원을 효율적으로 배분하는 능력이 저해되기 때문일 수 있다.

만연한 부패 많은 아프리카 국가의 정부는 부패한 정도가 심하다. 부패를 감시하는 비영리기구인 국제 투명성기구에 따르면, 소말리아와 남수단이 2020년에 세계에서 가장 부패한 국가였으며, 사하라 사막 이남 아프리카 지역은 전반적으로 볼 때 가장 부패한 지역이었다.(가장 덜 부패한 국가는 뉴질랜드와 덴마크였다) 부패가 심해지면 내국인들은 저축해서 투자하려 하지 않으며, 해외로부터의 투자는 억제된다.

식민지 시대의 유산 경제학자 다론 아제모을루(Daron Acemoglu)와 제임스 로빈슨(James Robinson)은 많은 아프리카 지역의 낮은 경제 발전 수준이 유럽 식민지 개척자들이 처음 설립한 제도에 기인한다고 본다. 17세기와 18세기에 유럽인들은 미국, 캐나다, 뉴질랜드처럼 기후가 온화한 식민지에 정착하기를 원했다. 이들은 해당 식민지에 거주하려 했기 때문에 모국의 제도와 같은 **포용적 제도**를 도입했다. 포용적 제도는 정치 권력을 넓게 분산시키고 재산권과 법에 의한 통치를 존중하며 이를 통해 경제적 번영을 달성했다. 아프리카의 대부분을 포함해 열대기후 지역에서는 식민지 개척자들이 영구히 정착하는 데 관심이 거의 없었다. 따라서 이들은 권위주의 정부처럼 **수탈적 제도**를 마련했는데, 이들 제도는 해당 지역의 인구와 천연자원을 착취하도록 고안되었다. 식민지 개척자들이 떠났는데도 수탈적 제도는 계속 유지되어 새로운 지배층에게 인수되었으며, 이로 인해 경제 발전이 저해되었다.

노예무역의 여파 경제학자 네이선 넌(Nathan Nunn)은 아프리카의 낮은 발전수준은 부분적으로 1400년경에 시작해서 약 500년 동안 지속된 국제 노예무역의 결과라고 주장한다. 이 기간에 약 2,000만 명의 아프리카인이 전쟁, 납치, 친구와 친척의 배신으로 노예가 되었다. 그는 오늘날 아프리카에서 가장 빈곤한 지역은 (이들 지역이 원래 가장 빈곤하지 않았음에도 불구하고) 가장 많은 수의 노예가 잡혀 간 지역이라는 사실을 보여줌으로써, 그가 주장한 가설에 대한 증거를 제시한다. 이런 사실을 설명하기 위해, 그는 노예무역이 정치적, 법적 제도를 훼손하고 불신의 문화를 남기게 되어 경제 발전이 저해되었다고 말한다.

위에서 살펴본 원인 중 그 어느 것도 아프리카가 안고 있는 여러 문제에 대해 쉬운 해법을

미국의 번영이 가능한 비밀스러운 이유

규모가 큰 국가들 중에서 미국은 오랫동안 가장 높은 평균소득을 유지해오고 있다. 이런 견해를 접하게 되면, 경제학자들은 이런 성공을 이룩할 수 있었던 이유에 대해 깊이 생각하게 된다.

미국이 규모가 큰 모든 다른 국가보다 여전히 더 부유한 이유는 무엇인가

마틴 펠드스타인(Martine Feldstein)

매년 미국은 대부분의 선진 경제보다 1인당 생산량이 더 많다. 2015년 1인당 실질 GDP가 미국은 56,000달러였다. 같은 해에 구매력 조정을 거친 1인당 실질 GDP가 독일은 47,000달러, 프랑스와 영국은 41,000달러, 이탈리아는 36,000달러에 불과했다.

간단히 말해, 미국은 부유한 여타 국가들보다 더 부유하다. 그 이유가 무엇인가? 나는 미국이 다른 산업화된 경제와 구별되는 열 가지 특징이 있다고 생각한다.

기업가 정신이 충만한 문화 미국에 거주하는 사람들은 위험을 감수하겠다는 의지뿐만 아니라, 사업을 시작해서 키우겠다는 욕망을 밖으로 드러내는 경향이 있다. 실패하고 다시 시작하는 데 따른 불이익이 미국 문화에서는 상대적으로 작다. 대학이나 경영대학에 다니는 학생들조차도 이런 사업가적 욕구를 표출하며 스스로를 강화시킨다. 즉, 페이스북과 같은 실리콘 밸리의 성공사례가 기업가 정신을 더욱 고취한다.

기업가 정신을 뒷받침하는 금융제도 미국은 유럽 국가들보다 주식금융제도가 더 선진화되었다. 스타트업 기업에 재원을 조달해주는 엔젤투자자와 성장하고 있는 기업에 재원을 조달할 수 있는 활동적인 벤처캐피털 시장이 있다. 또 7,000여 개의 소규모 은행을 비롯해 기업에 대출해주는 권한이 분산된 은행제도가 있다.

세계적인 수준의 연구 중심 대학교 미국 대학교들은 하이테크에 기반한 기업가 정신을 이끌어낼 수 있는 많은 기초연구 결과물을 산출해내고 있다. 교수진과 박사과정 학생들은 종종 근처의 스타트업 기업들과 함께 시간을 보내며 대학교와 기업의 문화가 같이 합쳐져 협업할 것을 장려한다. 최고의 연구 중심 대학들은 전 세계의 재능 있는 학생들을 모집하고 그중 많은 학생이 결국 미국에 남게 된다.

대규모 노동조합, 국영기업, 지나치게 제한적인 노동규제의 방해를 받지 않으면서 일반적으로 노동자와 일자리를 연결해주는 노동시장 미국은 민간부문 노동력의 7% 미만이 노동조합에 가입했으며, 실제적으로 국영기업은 존재하지 않는다. 미국도 근로조건과 채용에 관해 규제를 하지만 그 규칙이 유럽보다 훨씬 덜 번거롭다. 따라서 노동자는 적합한 일자리를 구할 더 좋은 기회를 갖게 되고, 기업은 혁신하기가 더 용이하며, 새로운 기업은 창업하기가 더 용이하다.

이민을 포함한 인구의 증가 미국 인구가 증가한다는 의미는 노동력이 더 젊어지고 이에 따라 더 유연해지며, 훈련이 가능해진다는 것이다. 미국으로 이민하는 데는 제한이 있지만 미국 경제에 접근할 수 있도록 하는 특별 규칙이 있고, 개인의 재능과 산업계의 후원을 바탕으로 시민권(영주권)을 받을 수 있는 경로도 있다. 이와 별도로 '영주권 추첨' 제도는 미국 이민을 열망하는 사람들에게 또 다른 통로가 된다. 이민자를 수용할 수 있는 일국의 능력은 번영할 수 있는 중요한 이유가 된다.

제시하지는 못한다. 하지만 빈곤도 필연적인 결과는 아니다. 좋은 정책과 행운이 겹쳐서 아프리카 국가인 보츠와나는 중간소득 국가가 되었다. 1인당 GDP가 세계 평균과 거의 같으며, 극단적인 빈곤율은 사하라 사막 이남 아프리카 지역에 위치한 나머지 국가들의 절반에도 미치지 않는다. 보츠와나는 내륙 국가라는 불리한 점이 있으며, 널리 퍼져 있는 에이즈 바이러스에 시달리고 있다. 대부분의 인접 국가들과 비교해볼 때, 보츠와나는 광범위한 노예제도의 역사를 겪지 않았다는 행운이 있을 뿐만 아니라 더 높은 투자, 더 나은 교육, 더 낮은 인구 증가, 더 높은 예방접종률, 더 낮은 영양실조, 더 많은 자유, 더 적은 부패가 있다. 보츠와나는 한때 식민지였던 나라이지만, 아프리카에서 가장 오래되고 연속적인 민주 국가가 되었다. 어떤 면에서 보츠와나는 경제 성장을 이룩할 수 있는 요소에 주력할 경우 이를 성취할 수 있다는 것을 보여주는 본보기가 된다. ●

열심히 일하고 장시간 근무하는 것을 장려하는 문화(와 조세제도) 미국에서 평균 근로자가 일하는 시간은 연간 1,800시간으로 (홍콩, 싱가포르, 한국의 2,200시간에는 못 미치지만) 프랑스의 1,500시간, 독일의 1,400시간보다는 훨씬 더 많다. 일반적으로 더 오랜 시간 근무할 경우 더 많이 생산하게 되고, 이는 다시 더 높은 실질소득으로 이어진다.

북아메리카의 에너지 자립을 가능케 하는 에너지 공급 특히 천연가스 수압 파쇄법을 활용해서 풍부하고 상대적으로 저렴한 에너지를 미국 기업에 제공한다.

유리한 규제 환경 미국 규제가 결코 완벽하지는 않지만, 유럽 국가들과 유럽연합이 기업에 부과하는 규제보다는 덜 부담된다.

여타 산업화된 국가보다 규모가 더 작은 정부 OECD에 따르면 미국 연방정부, 주정부, 지방정부의 지출은 합계가 GDP의 38%인 반면, 이에 상응하는 수치가 독일은 44%, 이탈리아는 51%, 프랑스는 57%가 된다. 다른 국가에서 정부 지출이 차지하는 비중이 더 높다는 사실은 소득에서 더 많은 몫을 조세로 징수해갈 뿐만 아니라 근로 유인을 낮추는 이전 지급도 더 높다는 의미이다. 미국인들이 더 많이 일한다는 것은 놀라운 일이 아니다. 이들에게는 그렇게 하려는 추가적 유인이 있다.

주끼리 경쟁하는 권한이 분산된 정치제도 서로 다른 주들 간의 경쟁을 통해 기업가 정신과 노동이 촉진되도록 장려되며, 주는 자체 법적 규칙과 조세제도를 활용해 기업과 개인 거주민이 정착하도록 서로 경쟁을 한다. 어떤 주는 소득세가 없고 노동법이 노조 결성을 제한한다. 또 해당 주에 거주하는 학생에게 낮은 수업료를 받으면서 우수한 대학 교육을 제공하려 한다. 주는 법적 의무 규칙면에서도 경쟁한다. 법적 제도를 통해 기업가와 대기업을 유치하려 한다. 미국은 고소득 국가 중 정치적 분권화 정도 면에서 유일무이할지 모른다.

미국이 이런 이점을 계속 유지해나갈 것인가? 조지프 슘페터(Joseph Schumpeter)는 1942년에 출간된 저서 『사회주의, 자본주의 그리고 민주주의』에서 자본주의는 번창하는 데 필요한 정치적 및 지적 환경이 자본주의가 거둔 성공과 지식인이 제기하는 비판으로 훼손되어 결국 쇠퇴하고 몰락할 것이라고 경고했다. 그의 주장에 따르면, 대중의 인기로 선출된 사회 민주주의 정당들은 기업가 정신을 제한하는 복지국가를 만들어 갈 것이다.

슘페터의 저서는 그가 유럽에서 미국으로 이주한 후 20여 년이 지나 출간되었지만, 그의 경고는 미국보다 오늘날 유럽에 더 적절한 것처럼 보인다. 미국에서도 복지국가가 성장했지만, 유럽보다는 훨씬 덜 받아들여졌다. 미국의 지적 풍요는 자본주의를 훨씬 더 많이 지지한다.

슘페터가 오늘날 우리와 함께 있었다면, 그는 유럽의 산업 국가들이 미국에서 이룬 것과 같은 탄탄한 경제 성장을 누리지 못한 이유로 유럽 사회민주당의 성장과 이에 따른 복지국가의 확장을 지적했을 것이다. ■

논의사항

1. 이 글에 열거한 미국의 특성 중 어느 것이 미국의 번영을 가장 잘 설명한다고 생각하는가? 그 이유가 무엇인가?
2. 이 글에 열거한 특성 중 어느 것이 잘못된 정책 선택으로 훼손될 위험이 가장 크다고 생각하는가? 그 이유가 무엇인가?
3. 여러분은 글쓴이의 관점에 동의하는가? 어떤 항목에 동의하지 않는가? 그 이유가 무엇인가?

마틴 펠드스타인은 하버드대학교 경제학 교수이다.

출처: *Harvard Business Review*, April 20, 2017.

Quiz

6. 자본은 수확 체감이 발생하기 때문에, 저축 및 투자가 증가하더라도 ________________.
   a. 장기적으로는 더 높은 소득으로 이어지지 않는다.
   b. 단기적으로는 더 높은 소득으로 이어지지 않는다.
   c. 장기적으로는 더 높은 성장률로 이어지지 않는다.
   d. 단기적으로는 더 높은 성장률로 이어지지 않는다.

7. 일본의 자동차 제작회사인 도요타가 미국에서 자사의 자동차 공장 중 한 개를 확장할 경우, 이로 인한 결과는 미국의 국내총생산(GDP) 및 국민총생산(GNP)에 어떤 영향을 미치는가?
   a. GDP는 증가하고, GNP는 감소한다.
   b. GNP는 증가하고, GDP는 감소한다.
   c. GDP 및 GNP는 둘 다 증가하지만, GDP가 더 많이 증가한다.
   d. GDP 및 GNP는 둘 다 증가하지만, GNP가 더 많이 증가한다.

8. 토머스 로버트 맬서스의 주장에 따르면, ________________.
   a. 인구가 증가할 경우 식량을 생산하는 경제의 능력에 압박을 가해, 인류는 계속 빈곤한 생활을 하게 된다.
   b. 인구가 증가할 경우 자본량이 경제활동인구 전반에 광범위하게 퍼져서 희석화되며, 이에 따라 각 노동자의 생산성이 낮아지게 된다.
   c. 인구가 증가할 경우 과학자와 발명가가 많아져서 기술진보를 촉진하게 된다.
   d. 산아 제한이 향상되고 사람들이 더 작은 규모의 가정을 갖게 됨에 따라 인구 증가는 지속할 수 있는 수준까지 감소한다.

해답은 이 장의 끝부분에 있다.

17-4 결론: 장기 성장의 중요성

이 장에서는 무엇이 일국의 생활수준을 결정하고, 정책 입안자들은 경제 성장을 촉진하는 정책을 시행해 생활수준을 어떻게 향상시킬 수 있는지에 대해 논의했다. 이런 분석의 대부분은 **경제학의 열 가지 원리** 중 하나에 요약되어 있다. 즉, '일국의 생활수준은 재화 및 용역을 생산할 수 있는 능력에 달려 있다'로 설명할 수 있다. 생활수준을 향상시키고자 하는 정책 입안자들은 생산요소를 빠르게 축적하고 이들 요소가 가능한 한 효과적으로 투입되도록 해서 생산성을 높이도록 해야 한다.

경제학자들은 경제 성장을 촉진시키기 위해 정부가 해야 하는 역할에 대해 의견이 다르다. 하지만 적어도 정부는 재산권과 정치적 안정을 유지함으로써 보이지 않는 손이 작동하도록 할 수 있다. 정부가 기술진보를 위해 특히 중요한 특정 산업을 목표로 설정하고 보조금을 주어야 하는지 여부는 논쟁의 여지가 있다. 이런 문제들은 경제학에서 가장 중요한 논제에 속한다. 한 세대의 정책 입안자들이 경제 성장에 관한 근본적인 교훈을 배워 유의하는 데 성공하느냐에 따라 다음 세대가 물려받을 세상이 결정된다.

요약

- 1인당 GDP로 측정한 경제적 번영은 전 세계적으로 상당히 다르다. 세계에서 가장 부유한 국가들의 평균소득은 가장 빈곤한 국가들의 10배가 넘는다. 실질 GDP의 성장률도 상당히 다르기 때문에, 국가들의 상대적인 위치도 시간이 흐름에 따라 극적으로 변화할 수 있다.
- 생활수준은 재화 및 용역을 생산하는 경제의 능력에 달려 있다. 생산성은 다시 물적 자본, 인적 자본, 천연자원, 노동자들이 활용할 수 있는 기술지식에 달려 있다.
- 정부는 여러 가지 방법으로 경제의 성장률에 영향을 미칠 수 있다. 즉, 저축과 투자를 촉진하고, 해외로부터의 투자를 용이하게 하며, 교육을 장려하고, 건강을 증진하며, 재산권과 정치적 안정을 확립하고, 자유무역에 종사하며, 신기술에 대한 연구 및 개발을 지원함으로써 영향을 미칠 수 있다.
- 자본축적에서는 수확 체감이 발생한다. 어떤 경제가 자본을 많이 갖게 될수록 자본 1단위를 추가함으로써 얻게 되는 추가적인 생산량은 적어진다. 저축 및 투자가 증가하면 성장률이 한동안 높아질 수 있더라도, 자본, 생산성, 소득이 증가함에 따라 궁극적으로 성장률이 둔화된다. 또한 수확 체감으로 인해 자본에 대한 수확은 종종 빈국에서 높다. 다른 사정이 동일하다면, 추격효과로 인해 이들 국가가 더 빠르게 성장할 수 있다.
- 인구 증가는 경제 성장에 다양한 영향을 미칠 수 있다. 보다 빠르게 인구가 증가할 경우, 천연자원 공급의 속박을 받고 각 노동자가 활용할 수 있는 자본량이 감소함으로써 생산성이 낮아질 수 있다. 하지만 인구가 증가할 경우, 보다 많은 과학자나 기술자가 존재하기 때문에 기술진보를 향상시킬 수 있다.

주요 개념

복습용 질문

1. 일국의 GDP 수준은 무엇을 측정하는가? GDP 성장률은 무엇을 측정하는가? 여러분은 GDP 수준이 높고 성장률이 낮은 국가에서 살겠는가 아니면 GDP 수준이 낮고 성장률이 높은 국가에서 살겠는가?
2. 생산성을 결정하는 네 가지 요인을 열거하고 설명하시오.
3. 대학학위는 어떤 방식으로 자본의 한 형태가 되는가?
4. 저축이 증대할 경우 어떻게 생활수준이 향상되는지 설명하시오. 정책 입안자는 무엇 때문에 저축률을 높이는 데 어려움을 겪는가?
5. 저축률이 증가할 경우 성장률이 일시적으로 높아지는가 아니면 무한히 높아지는가?
6. 관세와 같은 무역제한을 제거할 경우 경제 성장이 더 빠르게 이루어지는 이유는 무엇인가?
7. 인구 증가율은 1인당 GDP 수준에 어떤 영향을 미치는가?
8. 미국 정부가 기술진보의 발전을 촉진할 수 있는 두 가지 방법을 설명하시오.

문제와 응용

1. 미국을 포함해 대부분의 국가들은 다른 국가로부터 상당한 양의 재화 및 용역을 수입하고 있다. 하지만 이 장에서는 일국이 많은 양의 재화 및 용역을 자체적으로 생산할 수 있을 경우에만 높은 생활수준을 누릴 수 있다고 말한다. 이런 두 가지 사실을 조화롭게 설명할 수 있는가?

2. 사회가 소비를 감소시키고 투자를 증가시키기로 결정했다고 가상하자.
   a. 이런 변화는 경제 성장에 어떤 영향을 미치는가?
   b. 이런 변화로 인해 사회의 어떤 집단이 이득을 보게 되는가? 어떤 집단이 손해를 보게 되는가?

3. 사회는 소비에 할당할 자원의 비율과 투자에 할당할 자원의 비율을 선택한다. 이런 결정들 중 일부는 민간 지출을 포함하고, 다른 부문은 정부 지출을 포함한다.
   a. 소비를 나타내는 민간 지출의 형태와 투자를 나타내는 형태를 설명하시오. 여러분의 의견에 따르면, 교육에 할당하는 자원은 소비의 한 형태인가 아니면 투자의 한 형태인가?
   b. 소비를 나타내는 정부 지출의 형태와 투자를 나타내는 형태를 설명하시오. 여러분의 의견에 따르면, 우리는 의료보건 프로그램에 대한 정부 지출을 소비의 한 형태로 보아야 하는가 아니면 투자의 한 형태로 보아야 하는가? 젊은 층에 대한 의료보건 프로그램과 노인 층에 대한 의료보건 프로그램을 구별해야 하는가?

4. 자본에 투자하는 데 따른 기회비용은 무엇인가? 일국이 자본에 과잉투자할 수 있다고 생각하는가? 인적 자본에 투자하는 데 따른 기회비용은 무엇인가? 여러분은 일국이 인적 자본에 과잉투자할 수 있다고 생각하는가?

5. 1990년대와 2000년대 첫 20년 동안, 일본 및 중국과 같은 아시아 경제의 투자자들은 미국에 상당한 직접투자와 증권투자를 했다. 당시에 많은 미국인들은 이런 투자가 이루어지는 상황에 대해 만족해하지 않았다.
   a. 미국이 이런 외국투자를 받지 않는 것보다 받는 것이 어떤 면에서 더 좋았는가?
   b. 미국인들 스스로가 이런 투자를 하는 것이 어떤 면에서 더 좋았겠는가?

6. 많은 개발도상국에서 젊은 여성의 중등학교 등록률이 젊은 남성보다 낮다. 젊은 여성에게 더 많은 교육기회가 주어질 경우, 이들 국가에서 경제 성장이 보다 빠르게 이루어질 수 있는 몇 가지 방편을 설명하시오.

7. 국제 재산권 지수(International Property Right Index)는 각국의 법적 및 정치적 환경과 이들이 재산권을 보호하는 정도에 기초해 해당 국가에 점수를 부여한다. 온라인상에서 최근의 순위를 살펴보시오. 점수가 높은 3개 국가와 점수가 낮은 3개 국가를 고르시오. 그러고 나서 이들 6개 국가 각각에 대한 1인당 GDP 추정값을 구하시오. 어떤 유형을 발견할 수 있는가? 이들 유형에 대한 두 가지 가능한 해석을 하시오.

8. 국가들의 데이터를 관찰해보면, 1인당 소득과 주민의 건강상태 사이에 양의 상관이 있음을 알 수 있다.
   a. 소득이 더 높을 경우 어떻게 건강상태가 더 좋아지는지 설명하시오.
   b. 건강상태가 더 좋을 경우 어떻게 소득이 더 높아지는지 설명하시오.
   c. 이들 두 개 가설이 갖는 상대적인 중요성은 공공정책을 수립하는 데 어떤 관련이 있는가?

9. 위대한 18세기 경제학자 애덤 스미스는 다음과 같이 기술했다. "일국을 가장 낮은 수준의 야만상태에서 가장 높은 수준의 풍요로운 국가로 끌어 올리는 데 필요한 것은 평화, 관대한 조세, 납득할 수 있는 사법행정이며, 이외에는 거의 필요하지 않다. 나머지 모든 것들은 자연스러운 과정을 거쳐 이루어진다." 그가 설명한 세 가지 조건 각각이 어떻게 경제 성장을 촉진하는지 설명하시오.

Quiz 해답

1. b 2. c 3. a 4. b 5. d 6. c 7. c 8. a

Chapter

18

저축, 투자, 금융제도

여러분이 (경제학 학위를 받고) 대학을 졸업한 후 경제예측회사를 설립해 운영하기로 결정했다고 가상하자. 예측 결과를 판매하기 전에 상당한 회사 설립 비용이 발생하게 된다. 여러분은 컴퓨터, 프린터, 소프트웨어, 책상, 의자, 서류 캐비닛이 필요할 것이다. 이런 것들은 예측 서비스를 만들어서 판매하기 위해 여러분이 설립한 기업이 사용하게 될 자본재이다.

이런 자본에 투자할 자금을 어떻게 구할 수 있는가? 어쩌면 여러분은 저축해둔 자금을 사용할 수도 있다. 하지만 여러분은 대부분의 기업가처럼 새 사업을 시작할 만큼 충분한 자금이 없을 것이고 그래서 필요한 자금을 다른 곳에서 구해야 할 것이다.

이런 자본 투자에 재원을 조달할 수 있는 몇 가지 방법이 있다. 여러분은 은행, 친구, 친척으로부터 차용하면서, 나중에 해당 금액을 돌려주고 자금 사용에 대한 대가로 이자를 지불하겠다고 약속할 수 있다. 아니면, 장래에 발생할 이윤의 일부를 대가로 자금을 제공하도록 어떤 사람을 납득시킬 수도 있다. 이 두 경우 모두에서

GAUDILAB/SHUTTERSTOCK.COM, LECHATNOIR/E+/GETTY IMAGES

컴퓨터와 사무실 장비에 대한 여러분의 투자는 다른 사람의 저축으로 자금을 조달하게 된다.

금융제도
어떤 사람의 저축을 다른 사람의 투자와 일치시키는 데 도움을 주는 경제 내 일단의 기관들

금융제도(financial system)는 어떤 사람의 저축을 다른 사람의 투자와 일치시키는 데 도움을 주는 기관들로 구성된다. 앞 장에서 논의했던 것처럼, 저축과 투자는 장기적인 경제 성장을 달성하기 위한 핵심 요소이다. 즉, 일국이 GDP에 더 많은 부분을 저축할 경우, 더 많은 자원을 자본 투자에 활용할 수 있게 되고 이런 자본 증대로 인해 일국의 생산성과 생활수준이 향상된다. 하지만 저축과 투자를 조화시키는 문제는 간단하지 않다. 언제나 어떤 사람들은 장래를 위해 소득 일부를 저축하려 하며, 다른 사람들은 새로운 성장산업에 투자하기 위해 차용하려 한다. 무엇이 이들 두 부류의 사람들을 조화시켜 일치시킬 수 있는가? 저축하려는 사람들의 자금 공급과 투자하려는 사람들의 자금 수요가 균형을 이루도록 무엇이 보장할 수 있는가?

이 장에서는 금융제도가 어떻게 작동하는지 살펴볼 것이다. 첫째, 경제에서 금융제도를 구성하는 다양한 기관에 대해 논의할 것이다. 둘째, 금융제도와 핵심 거시경제 변수, 특히 저축과 투자의 관계를 검토할 것이다. 셋째, 금융시장에서의 자금에 대한 공급 및 수요 모형을 개발할 것이다. 이 단순 모형에서는 한 개의 이자율만 존재하며, 이 이자율은 조정되어 공급과 수요를 균형시키는 가격으로서의 기능을 수행한다. 이 모형은 정부정책이 이자율에 어떤 영향을 미치고, 이것이 다시 희소한 자원에 대한 사회의 배분에 어떤 영향을 미치는지 보여준다.

18-1 미국 경제의 금융기관

가장 넓은 범위에서 본다면, 금융제도는 희소한 자원을 (번 것보다 더 적게 지출하는 사람인) 저축자로부터 (번 것보다 더 많이 지출하는 사람인) 사용자에게로 이전시켜준다. 저축자는 몇 달 후에 휴가를 보내기 위해 필요한 돈을 저축하는 것부터 몇 년 후에 자녀를 대학에 보내는 것 그리고 몇 십 년 후에 편안하게 은퇴하는 것까지 다양한 목적으로 저축을 한다. 이와 유사하게, 차용자도 자동차를 구입하는 것부터 주택을 구입하는 것 그리고 사업을 시작하는 것까지 다양한 이유로 금전이 필요하다. 저축자는 나중에 이자와 함께 돌려받을 것이라는 기대를 갖고 금융제도에 자신의 자금을 공급한다. 사용자는 이자와 함께 갚아야 한다는 것을 알면서도 금융제도로부터 자금을 빌린다.

금융제도는 저축자와 차용자의 행위를 조정하는 데 도움이 되는 기관들로 구성된다. 금융제도를 움직이는 경제적 힘을 분석하기 위한 전조 단계로서 이 기관들 중 가장 중요한 기관을 생각해보자. 기관은 2개 범주, 즉 금융시장과 금융 중개기관으로 분류된다.

18-1a 금융시장

금융시장(financial market)은 저축하고자 하는 사람이 차용하고자 하는 사람에게 자금을 직접 공급할 수 있는 기관을 말한다. 가장 중요한 두 개의 금융시장은 채권시장과 주식시장이다.

금융시장
저축자가 차용자에게 자금을 직접 공급할 수 있는 금융기관

채권시장 컴퓨터 칩 제조업체인 인텔이 공장을 신설할 재원을 조달하기 위해 차용하고자 할 경우, 일반인들로부터 직접 차용할 수 있다. 채권을 판매함으로써 그렇게 할 수 있다. 채권(bond)은 채권 구매자에 대한 차용자의 의무를 명시한 채무 증명서이다. 간단히 말해, 채권 구매자는 대부자이고 채권은 약식 차용증서이다. 채권은 **만기일**이라고 하는 대출금을 상환할 일자와 만기 전까지 차용자가 주기적으로 지급하는 이자율을 밝히고 있다. 채권 구매자는 인텔이 이자를 지급하고 **원금**이라고 하는 차용금액을 최종적으로 상환하겠다는 약속을 받고 인텔에 자금을 제공한다. 채권 구매자는 만기일까지 채권을 보유하거나 만기일 이전에 다른 사람에게 판매할 수 있다.

채권
채무 증명서

미국 경제에는 수백만 개의 상이한 채권이 있다. 대기업, 연방정부, 주정부, 지방정부는 공장 신설, 신형 제트 전투기 구매, 새로운 학교의 개교 등에 관한 재원을 조달하기 위해 차용을 해야만 할 때, 보통 채권을 발행한다. 「월 스트리트 저널」이나 뉴스 서비스 경제면을 보면, 일부 가장 중요한 채권 발행의 가격과 이자율 목록을 볼 수 있다. 이들 채권은 다음과 같은 네 가지 중요한 특성에 따라 서로 상이하다.

고려할 첫 번째 사항은 채권이 만기 도래할 때까지의 시간 길이, 즉 **기간**이다. 일부 채권은 예를 들면 수개월처럼 단기인 반면에, 어떤 채권은 30년 이상의 장기이다.(영국 정부는 만기가 없는 채권, 즉 **영구채**를 발행하기로 했다. 이 채권은 영구히 이자를 지불하지만 원금은 상환할 필요가 없다) 채권에 대한 이자율은 부분적으로 기간에 달려 있다. 장기채권 보유자는 원금을 상환받기 위해 더 오랜 기간 기다려야 하기 때문에, 장기채권이 단기채권보다 더 위험하다. 장기채권 보유자는 먼 만기일이 도래하기 전에 자금이 필요할 경우, 어쩌면 인하된 가격으로 해당 채권을 다른 사람에게 판매하는 것 외에는 선택의 여지가 없다. 이런 위험을 보상해주기 위해, 장기채권은 단기채권보다 더 높은 이자율을 지불하는 경향이 있다.

채권의 두 번째 중요한 특성은 차용자가 이자 또는 원금의 일부를 납부하지 못할 확률, 즉 **신용 위험**이다. 이렇게 지급을 하지 못하는 것을 **채무 불이행**이라고 한다. 차용자들은 파산을 선언함으로써 대부에 관한 채무 불이행을 할 수 있다.(이따금 그렇게 한다) 채권 구매자는 채무 불이행 확률이 높다고 판단할 때 보상책으로 더 높은 이자율을 요구한다. 미국 정부는 신용 위험이 낮다고 생각되기 때문에, 미국 정부 채권은 낮은 이자율을 지급하는 경향이 있다. 반면에, 재무적으로 위태로운 기업은 높은 이자율을 지급하는 **고수익 채권**을 발행해 자금을 마련하는데, 이런 채권은 투기 등급 채권, 즉

정크본드라고 보통 알려져 있다. 채권 구매자는 채권 발행자의 재무 상태를 평가하는 민간기관에 확인해서 신용 위험을 판단할 수 있다. 가령 스탠다드 앤 푸어스는 채권에 AAA(가장 안전한 등급)부터 D(이미 채무 불이행 상태인 등급)까지의 등급을 매긴다.

채권의 세 번째 중요한 특성은 세법이 채권으로 번 이자를 처리하는 방식, 즉 **조세처리**이다. 대부분의 채권은 이자가 과세소득이다. 즉, 채권 보유자는 자신이 받은 이자의 일부분을 소득세로 납부해야 한다. 하지만 주정부와 지방정부가 채권을 발행할 경우, 즉 **지방채**의 경우 채권 보유자는 이자소득에 대한 연방소득세를 납부하지 않아도 되며, 일부 경우에는 주세와 지방세도 납부하지 않는다. 이런 조세 혜택으로 인해, 주정부와 지방정부가 발행하는 채권은 일반적으로 기업이나 연방정부가 발행하는 채권보다 낮은 이자율을 지급한다.

채권의 네 번째 중요한 특성은 **인플레이션으로부터의 보호** 여부이다. 대부분의 채권은 명목금액으로 작성된다. 즉, 이자와 원금을 특정한 달러금액으로 (어쩌면 또 다른 통화금액으로) 지급하겠다고 약속한다. 물가가 상승해 달러화의 구매력이 하락할 경우, 채권 보유자의 형편은 나빠지게 된다. 하지만 일부 채권은 이자와 원금의 지급액이 인플레이션 측정치에 연동되어 있어서, 물가가 상승할 때 지급액이 비례적으로 증가하게 된다. 1997년 이래로 미국 정부는 이런 증권, 즉 인플레이션으로부터 보호된 재무성 증권(TIPS)을 발행하고 있다. 이 증권은 인플레이션으로부터의 보호를 제공하기 때문에, 일반적으로 이런 특성이 없는 유사한 증권보다 낮은 이자율을 지급한다.

주식
기업의 일부 소유권을 요구할 수 있는 권리

주식시장 인텔이 반도체 공장을 신설하기 위해 필요한 자금을 마련하는 다른 방법은 기업의 주식을 판매하는 것이다. **주식**(stock)은 각 주가 기업의 일부 소유권을 나타내며 해당 기업이 창출한 이윤의 일부를 요구할 수 있는 권리이다. 예를 들어 인텔이 주식을 총 1,000,000주 판매할 경우, 각 주는 해당 기업의 1/1,000,000에 해당하는 소유권을 나타낸다.

자금을 마련하기 위해 주식을 판매할 경우 이를 **주식금융**이라고 하는 반면에, 채권을 판매할 경우 이를 **부채금융**이라고 한다. 기업은 새로 투자할 자금을 마련하기 위해 주식금융과 부채금융을 둘 다 사용하지만, 주식과 채권은 매우 다르다. 인텔 주식의 지분을 보유한 사람은 인텔의 일부 보유자인 반면에, 인텔 채권을 보유한 사람은 이 기업의 채권자이다. 인텔의 수익이 매우 좋은 경우, 주식 보유자는 이윤에 따른 혜택을 누리지만 채권 보유자는 채권에 명기된 이자만을 받을 뿐이다. 인텔이 재무적 어려움을 겪을 경우, 주주가 어떤 것도 받기 전에 채권 보유자는 만기가 된 금액을 지급받는다. 채권과 비교해볼 때, 주식은 더 큰 위험을 부담하지만 잠재적으로 더 높은 수익을 제시한다.

기업이 주식을 발행하고 지분을 일반인에게 판매하고 나면, 이 지분은 조직화된 증권거래소에서 거래가 이루어진다. 이런 거래에서 주식의 주인이 바뀔 때, 관련 기업은 어떤 금전도 받지 않는다. 미국 경제에서 가장 중요한 증권거래소는 뉴욕 증권거래소와 나스닥이다. 세계 대부분의 국가는 현지 회사의 지분이 거래되는 증권거래소를 보유하며, 가장 중요한 증권거래소는 도쿄, 상하이, 홍콩, 런던에 있다.

주식이 증권거래소에서 거래되는 가격은 공급과 수요에 의해 결정된다. 주식은 기업의 소유권을 나타내기 때문에, 주식에 대한 수요(따라서 주식 가격)는 부분적으로 해당 기업의 장래 수익성에 대한 사람들의 인식에 좌우된다. 사람들이 어떤 기업에 대해 낙관적인 경우, 해당 기업 주식에 대한 수요를 증가시켜 주식 가격을 끌어올리게 된다. 반대로 어떤 기업의 향후 전망에 대한 기대가 저하되는 경우, 주식 가격이 하락한다.

주가지수는 주식 가격의 전반적인 수준을 추적한다. **주가지수**는 일단의 주가 평균으로 계산된다. 가장 유명한 주가지수는 다우 존스 인더스트리얼 애버리지이며, 1896년에 도입되었다. 이 지수는 디즈니, 마이크로소프트, 코카콜라, 보잉, 애플, 월마트와 같은 30개의 주요 미국 기업의 주가에 기반해 계산된다. 또 잘 알려진 주가지수는 스탠다드 앤 푸어스 500지수이며, 500개 주요 기업의 주가에 기초한다. 주식 가격이 기대 수익성을 반영하기 때문에, 이들 지수는 장래 경제상황을 전망하기 위한 경제지표로서 면밀히 관찰된다.

18-1b 금융 중개기관

금융 중개기관(financial intermediary)은 저축자가 차용자에게 자금을 간접적으로 공급하게 해주는 금융기관이다. 중개기관이란 용어는 저축자와 차용자 사이에 위치하는 이들 기관의 역할을 반영한 것이다.

금융 중개기관
저축자가 차용자에게 자금을 간접적으로 공급하게 해주는 금융기관

은행 조그마한 편의점을 소유하고 있는 김씨 가족을 생각해보자. 김씨 가족이 사업을 확장하기 위해 재원을 조달하고자 할 경우, 인텔 사와는 다르게 진행될 것이다. 대기업과 달리, 소규모 가족 소유 기업은 주식시장과 채권시장에서 자금을 마련하기가 어렵다는 사실을 깨닫게 된다. 대부분의 주식 및 채권 구매자는 대규모이며 잘 알려진 기업이 발행한 주식 및 채권을 구입하고자 한다. 김씨 가족은 아마도 지역 은행을 통한 대출로 사업 확장에 필요한 재원을 마련할 것이다.

은행은 사람들에게 가장 익숙한 금융 중개기관이다. 은행이 하는 주요한 역할은 저축하고자 하는 사람들로부터 예금을 받고, 이 예금을 활용해 차용하고자 하는 사람들에게 대부를 제공하는 것이다. 은행은 예금자들에게 이들의 예금에 대해 이자를 지급하고, 차용자들에게 이들의 대출금에 대해 약간 더 높은 이자를 부과한다. 두 이자율의 차이로 은행의 비용을 충당하고 은행 소유주들에게 이윤의 일부를 배당하게 된다.

은행은 금융 중개기관일 뿐만 아니라 또 다른 중요한 역할을 한다. 즉, 재화 및 용역의 거래를 용이하게 해준다. 사람들은 은행 예금을 활용해 수표를 발행하거나, 전자결제를 하거나, 직불카드를 사용해 물품을 구매할 수 있다. 다시 말해, 은행은 사람들이 거래할 때 사용할 수 있는 **교환의 매개수단**이라는 특별한 자산을 창출하는 데 도움이 된다. 은행은 교환의 매개수단을 제공하는 역할로 인해 많은 다른 금융기관과 구별된다. 은행 예금처럼 주식과 채권은 사람들이 과거에 저축으로 축적한 부에 대한 **가치의 저장** 기능을 제공하지만 수표를 발행하거나 '지불 결제' 버튼을 가볍게 누르거나 직불카드를 판독기에 통과시켜서 갖고 있는 부에 쉽고 저렴하며 즉각적으로 접근할 수 있는 기능은 제공하지 못한다. 지금은 은행의 두 번째 기능을 무시하지만, 나중에 화폐제도에 관해 논의할 때 이에 대해 살펴볼 것이다.

투자신탁회사
일반인들에게 지분을 판매하고 그에 따른 수입액으로 주식과 채권의 포트폴리오를 구매하는 기관

투자신탁회사 미국 경제에서 중요성을 더해가는 금융 중개기관으로 투자신탁회사, 다시 말해 뮤추얼 펀드를 들 수 있다. **투자신탁회사**(mutual fund)는 일반인들에게 지분을 판매하고, 그에 따른 수입액으로 다양한 형태의 주식, 채권, 주식과 채권 둘 다를 정선해 선택한 것이나 **포트폴리오**를 매입하는 기관이다. 뮤추얼 펀드의 지분 보유자는 포트폴리오와 연관된 모든 위험과 수익을 받아들인다. 포트폴리오의 가치가 상승할 경우, 지분 보유자는 이득을 보게 된다. 포트폴리오의 가치가 하락할 경우, 지분 보유자는 손실을 입게 된다.

뮤추얼 펀드(이와 유사한 상장지수 펀드)가 갖는 주요 이점은 소액을 보유한 사람들이 자신의 보유를 다양화할 수 있다는 것이다. 단일 주식이나 채권의 가치는 한 개 기업의 운명과 동일하게 움직이기 때문에, 단일 주식이나 채권을 보유하는 것은 매우 위험할 수 있다. 반면에 주식과 채권의 다양한 포트폴리오를 보유하는 사람은 각 회사에 대해 작은 지분만을 보유하기 때문에 더 작은 위험을 마주하게 된다. 뮤추얼 펀드를 통해 이런 다각화를 용이하게 달성할 수 있다. 겨우 수백 달러를 보유하는 사람도 뮤추얼

아를로와 재니스_ 지미 존슨

펀드의 지분을 매입할 수 있어서, 간접적으로 수백 개 주요 기업의 일부 소유주나 채권자가 될 수 있다. 뮤추얼 펀드를 운용하는 기업은 이런 서비스를 제공하는 데 대해서 일반적으로 지분 보유자에게 보통 연간 자산의 0.1~1.5%에 해당하는 수수료를 부과한다.

뮤추얼 펀드 회사가 주장하는 두 번째 이점은 일반인들이 전문적인 자금 운용자의 기술에 접근할 수 있다는 것이다. 많은 뮤추얼 펀드의 운용자는 주식을 매입한 기업의 발전 상황과 향후 전망을 면밀히 관찰하고 검토한다. 이들 운용자는 자신이 장래에 이윤이 발생할 것이라고 보는 기업의 주식을 매입하고, 장래가 밝지 않은 기업의 주식은 매도한다. 전문적인 운용을 통해 뮤추얼 펀드 지분 보유자의 투자에 대한 수익이 당연히 증대한다고 주장한다.

하지만 금융경제학자들은 이런 주장에 대해 종종 냉소적이다. 수천 명의 자금 운용자가 각 기업의 향후 전망을 면밀히 검토하기 때문에, 기업의 주식은 해당 기업의 진정한 가치를 반영하는 가격으로 보통 거래가 이뤄진다. 따라서 좋은 주식을 매입하고 나쁜 주식을 매도해서 '시장을 이긴다'는 것은 어렵다. 사실, 주가지수에 포함된 모든 주식을 매입한 **인덱스 펀드**란 뮤추얼 펀드가 전문 자금 운용자에 의해 적극적인 거래가 이뤄지는 뮤추얼 펀드보다 평균적으로 보면 수익성이 약간 더 좋다. 인덱스 펀드의 수익 성과가 우수한 이유는, 매입과 매도를 매우 드물게 하므로 전문적인 자금 운용자의 봉급을 지급하지 않아도 되어 비용을 낮게 유지할 수 있기 때문이다.

18-1c 요약

미국 경제에는 매우 다양한 금융기관이 있다. 채권시장, 주식시장, 은행, 투자신탁회사 이외에, 연금기금, 신용조합, 보험회사, 지역 사채업자까지도 있다. 이런 기관들은 여러 가지 면에서 서로 상이하다. 하지만 금융제도의 거시적 역할을 분석할 때, 이런 차이에도 불구하고 모든 금융기관은 동일한 목표, 즉 저축자의 자원을 차용자의 손으로 이전시킨다는 목표를 달성하려 한다는 사실에 주목하는 것이 중요하다.

Quiz

1. 은교는 지역신문을 발간하려 하지만, 창업할 수 있는 재정 자원을 갖고 있지 못하다. 그녀는 7%의 이자율을 약속하고 친구인 건희로부터 60,000달러를 차용했다. 그리고 자신이 얻을 이윤 중 10%를 배당해주겠다는 약속을 하고 친구인 광재에게서 40,000달러를 얻었다. 다음 중 이 상황을 가장 잘 설명한 것은?

   a. 건희는 주주이고, 은교는 회사채 보유자이다.
   b. 건희는 주주이고, 광재는 회사채 보유자이다.
   c. 광재는 주주이고, 은교는 회사채 보유자이다.
   d. 광재는 주주이고, 건희는 회사채 보유자이다.

2. ________________, 해당 채권은 높은 이자율을 지불하는 경향이 있다.
   a. 장기채권이 아니라 단기채권인 경우
   b. 연방세가 면제되는 지방채인 경우
   c. 기업이 아니라 연방정부가 발행한 경우
   d. 신용도가 의심스러운 기업이 발행한 경우

3. 뮤추얼 펀드가 갖는 주요 이점은 ________________.
   a. 정부가 보장하는 수익을 제공한다는 것이다.
   b. 다각화된 포트폴리오를 보유할 수 있는 용이한 방법을 제공한다는 것이다.
   c. 교환의 매개수단으로 널리 사용되는 자산을 제공한다는 것이다.
   d. 주식 가격과 채권 가격의 변동을 피할 수 있는 방법을 제공한다는 것이다.

해답은 이 장의 끝부분에 있다.

18-2 국민소득 계정에서의 저축과 투자

금융제도 내에서 발생하는 사건들이 전반적인 경제상황의 진전을 결정짓는 핵심 역할을 한다. 살펴보았던 것처럼, 금융제도를 구성하는 기관들, 즉 채권시장, 주식시장, 은행, 투자신탁회사는 경제의 저축과 투자가 조화를 이루도록 한다. 앞 장에서 논의했던 것처럼, 저축과 투자는 GDP의 장기 성장과 생활수준을 결정짓는 중요한 요소이다. 따라서 거시경제학자는 금융시장이 어떻게 작동하고 사건 및 정책이 금융시장에 어떤 영향을 미치는지 이해해야 한다.

출발점으로, 이들 시장에서의 활동을 측정하는 핵심적인 거시경제 변수를 생각해보자. 여기서 우리가 강조하는 것은 행태에 관한 것이 아니라 회계에 관한 것이다. **회계**는 다양한 수치를 정의하고 합산하는 방법에 관해 논의한다. 개인을 위해 일하는 회계사는 어떤 가족이 소득과 비용 지출을 합산하도록 도와준다. 국민소득을 계산하기 위해 일하는 회계사도 전반적인 경제에 대해 동일한 일을 한다. 국민소득 계정은 특히 GDP와 많은 관련 통계치를 포함한다.

국민소득 회계 규칙에는 몇 개의 중요한 항등식이 포함된다. **항등식**은 식에 있는 변수들을 정의하는 방법이기 때문에 반드시 성립되어야 하는 식이다. 항등식은 상이한 변수들이 상호 어떻게 연계되는지를 명확히 밝힌다. 여기서는 금융시장이 거시경제에서 하는 역할을 조명해주는 몇 가지 회계 항등식을 생각해볼 것이다.

18-2a 중요한 관련 항등식

국내총생산(GDP)은 한 경제의 총소득과 이 경제의 재화 및 용역 생산물에 대한 총지출을 둘 다 나타낸다는 사실을 기억하자. (Y로 나타낸) GDP는 지출의 네 가지 구성요소, 즉 소비(C), 투자(I), 정부 구매(G), 순수출(NX)로 나누어진다.

$$Y = C + I + G + NX$$

왼편에 나타나는 각 지출액은 오른편에 있는 네 개 구성요소 중 하나에도 나타나기 때문에, 위의 식은 항등식이다. 위의 식은 각 변수가 정의되고 측정되는 방법이기 때문에 언제나 준수되어야만 한다.

간단히 하기 위해 이 장에서는 우리가 검토하는 경제가 폐쇄되어 있다고 가정한다. **폐쇄경제**는 다른 경제와 상호작용을 하지 않는 경제이다. 특히, 폐쇄경제는 재화 및 용역의 국제무역에 참여하지 않으며, 국제적인 차용 및 대부에도 참여하지 않는다. 실제 경제는 **개방경제**이며, 전 세계의 다른 경제들과 상호작용을 한다. 그럼에도 불구하고 폐쇄경제를 가정하는 것은 폐쇄경제가 모든 경제에 적용되는 교훈을 학습하는 데 유용한 단순화된 모형이기 때문이다. 더구나, 이 가정은 세계 경제에 완벽하게 적용된다.(행성 간 무역은 아직 이루어지지 않으니까 말이다!)

폐쇄경제는 국제무역에 종사하지 않기 때문에, 수입과 수출이 발생하지 않으며 이에 따라 순수출(NX)은 정확히 영이 된다. 위의 항등식을 다음과 같이 단순화시킬 수 있다.

$$Y = C + I + G$$

이 식에 따르면, GDP는 소비, 투자, 정부 구매를 합산한 것이다. 폐쇄경제에서 판매되는 생산물의 각 단위는 소비되거나 투자되거나 정부에 의해 구매된다.

이 항등식이 금융시장에 관해 시사하는 바를 알아보기 위해, 이 식의 양변에서 C 및 G를 감하면 다음과 같다.

$$Y - C - G = I$$

이 식의 왼편 $(Y - C - G)$는 소비 및 정부 구매에 대해 지불하고 난 후 남은 경제의 총소득이다. 이 금액을 **총저축**(national saving) 또는 간단하게 **저축**(saving)이라고 하며 S로 나타낸다. $Y - C - G$를 S로 대체시키면, 식은 다음과 같이 된다.

총저축(저축)
소비 및 정부 구매에 대해 지불하고 난 후 남은 경제의 총소득

$$S = I$$

이 식이 의미하는 바는 저축과 투자가 같다는 것이다.

위의 정의를 약간 변형시킬 경우, 총저축의 의미를 이해하는 데 도움이 된다. T는 정부가 조세 형태로 가계로부터 징수한 금액에서 (예를 들면 사회보장 급부금과 사회복지 급부금처럼) 이전지급의 형태로 가계에 되돌려준 금액을 감한 것이다. 그러고 나면 총저축을 다음과 같이 두 가지 방법으로 나타낼 수 있다.

$$S = Y - C - G$$

또는

$$S = (Y - T - C) + (T - G)$$

두 번째 식에 있는 두 개의 T는 서로 상쇄되기 때문에 위의 두 식은 동일하다. 하지만 이들 각 식은 총저축을 상이한 방법으로 보여준다. 특히 두 번째 식은 총저축을 두 개의 부분, 즉 개인저축($Y-T-C$)과 공공저축($T-G$)으로 분리해서 나타낸다.

개인저축
가계가 조세 및 소비에 대해 지불하고 난 후 남은 소득

공공저축
정부 지출을 지급하고 난 후 남은 조세 수입액

재정흑자
조세 수입이 정부 지출을 초과하는 경우

재정적자
조세 수입이 정부 지출에 미치지 못해 부족한 경우

이제 각 부분을 생각해보자. **개인저축**(private saving)은 가계가 조세를 납부하고 소비에 대해 지불을 한 후 남은 소득액이다. 특히, 가계는 소득 Y를 받고 조세 T를 납부하며 소비에 C를 지출하기 때문에, 개인저축은 $Y-T-C$가 된다. **공공저축**(public saving)은 정부 지출을 지급하고 난 후 남은 조세 수입액이다. 정부는 조세 수입으로 T를 수령하고 재화 및 용역에 G를 지출한다. T가 G를 초과할 경우, 정부는 지출한 금액보다 더 많은 금액을 수령한다. 이 경우 공공저축($T-G$)은 양이 되고, 정부는 **재정흑자**(budget surplus)를 영위한다고 본다. G가 T를 초과할 경우, 정부는 조세 수입으로 수령한 금액보다 더 많은 금액을 지출한다. 이 경우 공공저축은 음이 되고, 정부는 **재정적자**(budget deficit)를 영위한다고 본다.

이제는 이들 회계 항등식이 금융시장과 어떻게 연결되는지 생각해보자. 식 $S=I$는 다음과 같은 중요한 사실을 시사한다. **경제 전체적으로 볼 경우, 저축은 투자와 일치해야만 한다.** 하지만 이 사실은 다음과 같은 중요한 의문을 제기하게 된다. 어떤 메커니즘이 이 항등식 이면에 존재하는가? 얼마나 저축할지를 결정하는 사람들과 얼마나 투자할지를 결정하는 사람들을 무엇이 조화시키는가? 채권시장, 주식시장, 은행, 투자신탁회사, 기타 금융시장 및 금융 중개기관이 식 $S=I$의 양편 사이에 존재한다. 이들은 일국의 저축을 받아들이고 이를 일국의 투자로 연계시킨다.

18-2b 저축 및 투자의 의미

저축 및 **투자**라는 용어는 이따금 혼동되어 사용된다. 사람들은 대부분 이 용어들을 별 생각 없이, 때로는 맞바꾸어 사용한다. 반면에 국민소득 계정을 작성하는 거시경제학자들은 이들 용어를 주의를 기울여 그리고 분명히 구별해서 사용한다.

다음과 같은 예를 생각해보자. 동하는 자신이 지출하는 것보다 더 많이 벌어서 사용하지 않는 소득을 은행에 예치하거나 또는 이를 사용해 각 기업의 주식이나 채권을 매입한다고 가정하자. 동하는 소득이 소비를 상회하기 때문에 총저축을 증대시키게 된다. 동하는 자신의 돈을 '투자한 것'으로 생각할지 모르지만, 거시경제학자들은 동하의 행위를 투자가 아니라 저축이라고 본다.

거시경제학의 언어를 사용해서 표현한다면, 투자는 장비나 건물과 같은 새로운 자본을 구매하는 것이다. 현준이가 은행에서 차용해 스스로 신축 주택을 건설할 경우, 그는 일국의 투자를 증대시킨다.(신축 주택을 구매할 경우 이것은 소비가 아니라 투자에 속하는 가계 지출의 한 형태라는 사실을 기억하자) 이와 유사하게, 예를 들면 어떤 기

업이 주식의 일부를 매도하고 그 수입액을 사용해 신규 공장을 새롭게 건설할 경우, 이 역시 일국의 투자를 증대시킨다.

회계 항등식 $S=I$는 저축과 투자가 전체 경제에서 동일하다는 사실을 보여주기는 하지만, 저축과 투자가 각 개별 가계 또는 기업에서 동일하다는 것을 의미하지는 않는다. 동하의 저축은 자신의 투자보다 많을 수 있으며 초과액을 은행에 예치할 수도 있다. 현준이의 저축은 자신의 투자보다 적을 수 있으며 부족액을 은행에서 차용할 수도 있다. 은행과 여타 금융기관들은 한 사람의 저축이 다른 사람의 투자 재원이 될 수 있도록 해서 개인 차원에서의 저축과 투자가 일치하지 않고 차이가 날 수 있다.

Quiz

4. 정부가 지출하는 것보다 조세 수입으로 더 많이 징수하고 가계가 세후 소득액보다 더 많이 소비할 경우, ________.
   a. 개인저축과 공공저축은 둘 다 양이 된다.
   b. 개인저축과 공공저축은 둘 다 음이 된다.
   c. 개인저축은 양이 되지만 공공저축은 음이 된다.
   d. 개인저축은 음이 되지만 공공저축은 양이 된다.

5. 폐쇄경제하에서 소득은 1,000달러이고, 정부 지출은 200달러이며, 조세는 150달러이고, 투자는 250달러이다. 개인저축은 얼마인가?
   a. 100달러
   b. 200달러
   c. 300달러
   d. 400달러

해답은 이 장의 끝부분에 있다.

18-3 대부자금시장

경제에 있는 중요한 금융기관에 대해 논의하고 이들 금융기관의 거시경제적 역할을 살펴보았으므로, 이제는 금융기관 모형을 구축할 수 있게 되었다. 우리 목표는 금융시장이 경제의 저축과 투자를 어떻게 조화시키는지 설명하는 것이다. 이 모형은 저축과 투자에 영향을 미치는 정부정책을 분석할 수 있게 해줄 도구를 제공한다.

간단히 하기 위해 경제에는 대부자금시장(market for loanable funds)이라고 하는 단 하나의 금융시장이 존재한다고 가정하자. **대부자금**이란 용어는 사람들이 소비에 사용하지 않고 저축해서 빌려주려는 소득 그리고 새로운 투자계획에 대한 재원을 조달하기 위해 투자자들이 차용하려는 금액과 관련된다. 대부자금시장에는 한 개의 이자율이 있으며, 이는 저축에 대한 수익이면서 차용에 따른 비용이다.

대부자금시장
저축하고자 하는 사람이 자금을 공급하고, 투자하기 위해 차용하고자 하는 사람이 자금을 수요하는 시장

경제에는 다양한 형태의 금융기관이 존재하기 때문에 단 한 개의 금융시장이 존재한다는 가정은 현실적이지 않다. 하지만 제2장에서 세상을 설명하기 위해 경제 모형을 구축할 때 세상을 단순화시켰던 사실을 기억하자. 우리의 목적에 부합하도록, 다양한

금융기관이 존재한다는 현실을 무시하고 단 한 개의 금융시장이 존재한다고 가정한다.

18-3a 대부자금의 공급 및 수요

대부분의 시장들처럼, 대부자금시장도 공급과 수요에 의해 결정된다.

대부자금의 공급은 저축을 해서 빌려주려는 여분의 소득을 가진 사람들로부터 비롯된다. 이런 대출은 가계가 기업으로부터 채권을 매입할 때처럼 직접적으로 이뤄질 수도 있고, 가계가 은행에 예치하고 은행이 이를 활용해 대부를 제공할 때처럼 간접적으로 이뤄질 수도 있다. **두 경우 모두에서 저축은 대부자금을 공급하는 근원이 된다.**

대부자금의 수요는 투자하기 위해 차용하려는 가계와 기업으로부터 비롯된다. 이 수요에는 신규 주택을 구입하기 위해 주택담보 대출을 받으려는 가계가 포함된다. 또한 새 장비를 구입하거나 공장을 세우기 위해 차용하려는 기업도 포함된다. **두 경우 모두에서 투자는 대부자금을 수요하는 근원이 된다.**

이자율은 대부에 따른 가격이라고 볼 수 있다. 이자율은 차용자가 대부에 대해 지급하는 금액이고 빌려주는 사람이 자신의 저축에 대해 수령하는 금액이다. 이자율이 높을 때 차용하는 것은 더욱 값비싸기 때문에, 이자율이 상승함에 따라 대부자금 수요량은 감소하게 된다. 이와 유사하게 이자율이 높을 때 저축하는 것은 사람들의 마음을 더 끌기 때문에, 이자율이 상승함에 따라 대부자금 공급량은 증가하게 된다. 다시 말해 대부자금 수요곡선의 기울기는 하향하고, 대부자금 공급곡선의 기울기는 상향한다.

그림 1은 대부자금의 공급과 수요를 균형시키는 이자율을 보여준다. 균형에서, 이자율은 5%이고 대부자금 수요량과 대부자금 공급량은 둘 다 1조 2,000억 달러이다.

이자율이 균형수준으로 조정되는 과정은 다른 경우와 마찬가지로 통상적인 이유로

그림 1

대부자금시장

이자율이 조정되어 대부자금에 대한 공급과 수요가 균형을 이룬다. 대부자금의 공급은 개인저축과 공공저축을 합한 총저축에서 비롯된다. 반면에 대부자금의 수요는 투자할 목적으로 차용하고자 하는 기업 및 가계에서 비롯된다. 이 그림에서 균형 이자율은 5%이며, 대부자금 1,200(십억)달러, 즉 1조 2,000억 달러에서 공급과 수요가 균형을 이룬다.

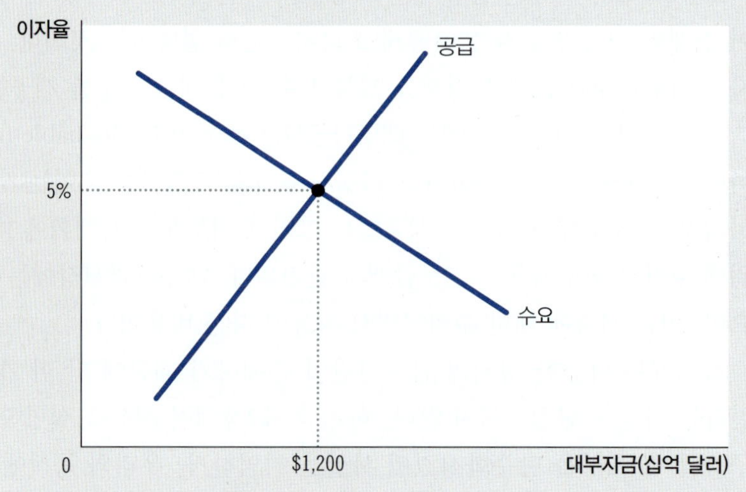

인해 발생하게 된다. 이자율이 균형수준보다 낮은 경우, 대부자금 공급량이 수요량을 하회하게 된다. 이에 따라 발생하는 대부자금 부족현상으로 인해, 자금을 빌려주는 사람은 자신이 부과하는 이자율을 올리게 된다. 이자율이 상승함에 따라 저축이 증가하고(대부자금 공급량이 증가하고) 투자하기 위한 차용이 감소한다(대부자금 수요량이 감소한다). 반대로 이자율이 균형수준보다 높은 경우, 대부자금 공급량이 수요량을 상회하게 된다. 빌려주는 사람이 희소한 차용자를 놓고 경쟁하게 되므로, 이자율은 하락하게 된다. 이런 방식으로, 이자율은 대부자금의 공급과 수요가 정확히 균형을 이루는 수준으로 접근하게 된다.

경제학자들이 실질이자율과 명목이자율을 구별한다는 사실을 기억하자. 명목이자율은 통상적으로 보도되는 이자율이고, 저축에 대한 금전적 수익이자 차용에 따른 금전적 비용이다. 실질이자율은 물가수준의 변화를 조정한 명목이자율이다. 즉 명목이자율에서 인플레이션율을 감한 것이다. 인플레이션이나 디플레이션은 시간이 지남에 따라 화폐의 가치를 변화시키기 때문에, 실질이자율이 저축에 대한 실질적 수익과 차용에 따른 실질적 비용을 더 정확하게 반영한다. 따라서 대부자금의 공급과 수요는 (명목이자율이 아니라) 실질이자율에 달려 있으며, 그림 1의 균형은 경제의 실질이자율을 결정하는 것으로 해석해야 한다. 이 장의 나머지 부분에서 이자율이란 용어를 접하게 될 때, 이는 실질이자율을 의미한다는 점을 기억해두자.

대부자금에 대한 공급 및 수요 모형은 금융시장이 다른 시장과 매우 유사하게 작동한다는 사실을 보여준다. 예를 들면 우유시장에서는 우유가격이 조정되어 우유 공급량이 우유 수요량과 균형을 이룬다. 이런 방법으로, 보이지 않는 손은 낙농업자와 우유 마시는 사람들의 행태를 조화시킨다. 저축이 대부자금의 공급을 나타내고 투자가 대부자금의 수요를 나타낸다는 사실을 일단 깨닫게 되면, 보이지 않는 손이 저축과 투자를 어떻게 조화시키는지 알게 된다. 이자율이 조정되어 대부자금시장에서 공급과 수요가 균형을 이룰 때, 이것은 저축하려는 사람(대부자금 공급자)의 행태와 투자하려는 사람(대부자금 수요자)의 행태를 조화시키게 된다.

대부자금시장 모형을 사용해 경제의 저축과 투자에 영향을 미치는 정부정책을 분석할 수 있다. 이 모형은 특정 시장에서의 공급과 수요일 뿐이므로, 제4장에서 논의한 세 가지 단계를 활용할 수 있다. 첫째, 해당 정책이 공급곡선이나 수요곡선을 이동시키는지 여부를 결정한다. 둘째, 이동의 방향을 결정한다. 셋째, 공급 및 수요 도해를 사용해 균형이 어떻게 변화하는지 살펴본다.

18-3b 정책 1: 저축을 장려하기 위한 유인 방안

많은 경제학자와 정책 입안자는 저축증대를 옹호하고 지지한다. 이들의 주장은 간단하다. 제1장에서 살펴본 **경제학의 열 가지 원리** 중 하나는 '일국의 생활수준은 재화 및 용역을 생산할 수 있는 능력에 달려 있다'는 것이다. 앞 장에서 논의했던 것처럼, 저축은 일국의 생산성을 장기적으로 결정하는 중요한 요소이다. 일국이 어떻게든 저축률을 끌어올릴 경우, 보다 많은 자원이 자본축적에 사용되고 GDP는 보다 신속하게 성장하고 시간이 지남에 따라 사람들은 더 높은 생활수준을 영위할 수 있다.

경제학의 열 가지 원리 중 또 다른 하나는 '사람들은 유인에 반응한다'는 것이다. 많은 경제학자들은 이런 원리에 근거해 낮은 저축률이 적어도 부분적으로는 저축을 억제하는 세법에서 기인된다고 본다. 미국의 많은 주정부뿐만 아니라 연방정부는 이자소득과 배당소득을 포함한 소득에 과세를 해서 조세 수입을 징수한다. 이런 정책이 미치는 효과를 알아보기 위해, 1,000달러를 저축해 이자율 9%를 지급하는 30년 만기 채권을 구입한 25세 사람을 생각해보자. 조세가 부과되지 않는다면 이 사람이 55세가 되었을 때 1,000달러는 13,268달러가 된다. 하지만 이자소득의 예를 들면 33%의 세율로 과세될 경우, 세후 이자율은 6%에 불과하다. 이 경우 1,000달러는 30년이 지나 5,743달러가 될 뿐이다. 이자소득에 대한 과세로 인해 현재 저축으로 얻게 될 장래의 수익이 큰 폭으로 낮아져서, 사람들이 저축하려는 유인이 저하된다.

이런 문제에 대응하기 위해, 일부 경제학자와 입법자는 저축증대를 장려하기 위한 세법 개정을 제안했다. 예를 들어 세법 개정안 중 하나는 개인연금 계좌처럼 저축한 금액 중 일부를 과세로부터 보호하도록 허용하는 특별계좌의 수급 자격을 확장하는 것이다. 그림 2에서 보는 것처럼, 저축 유인 방안이 대부자금시장에 미치는 영향을 생각해 보자.

그림 2

저축을 장려하는 유인 방안이 마련될 경우 대부자금의 공급이 증가한다

국민들이 저축을 증가시키도록 장려하는 세법상의 변화가 이뤄질 경우, 대부자금의 공급곡선은 오른쪽, 즉 S_1에서 S_2로 이동한다. 따라서 균형 이자율은 하락하며, 이로 인해 투자가 촉진된다. 이 그림에서 균형 이자율은 5%에서 4%로 하락하며, 저축해서 투자가 이뤄진 대부자금의 균형량은 1조 2,000억 달러에서 1조 6,000억 달러로 증가한다.

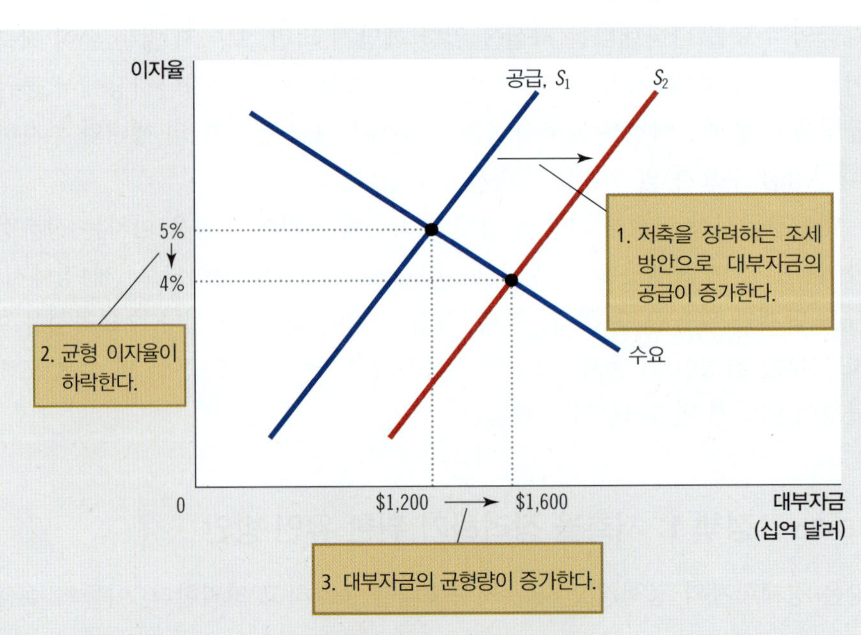

첫째, 이런 정책 방안은 어느 곡선에 영향을 미치는가? 조세상의 변화로 주어진 모든 이자율 수준에서 가계의 저축 유인이 변화하기 때문에, 이 방안은 각 이자율 수준에서의 대부자금 공급량에 영향을 미쳐 대부자금 공급곡선이 이동한다. 조세상의 변화는 차용자가 모든 이자율 수준에서 차용하고자 하는 수량에 직접적으로 영향을 미치지 않기 때문에, 대부자금에 대한 수요곡선은 이동하지 않고 그대로 위치한다.

둘째, 공급곡선은 어느 방향으로 이동하는가? 현행법상 저축에 조세가 덜 부과되기 때문에, 가계는 소득 중 더 적은 부분을 소비하고 저축을 증대시킨다. 가계는 이런 증가된 저축을 활용해서 은행에 예금을 증대시키거나 더 많은 채권을 매입하게 된다. 대부자금 공급이 증가하여 공급곡선은 그림 2에서 보는 것처럼 오른쪽으로, 즉 S_1에서 S_2로 이동한다.

마지막으로, 이전의 균형과 새로운 균형을 비교해보자. 그림에서 대부자금의 공급이 증가함에 따라 이자율은 5%에서 4%로 인하된다. 이자율이 인하됨에 따라 대부자금 수요량은 1조 2,000억 달러에서 1조 6,000억 달러로 증가한다. 즉, 공급곡선이 이동함에 따라 시장균형은 수요곡선을 따라 이동하게 된다. 차용 비용이 낮아짐에 따라, 가계와 기업은 더 많은 투자에 재원을 조달하기 위해 더 많이 차용하려는 동기를 갖게 된다. **간단히 말해 세법 개정을 통해 저축을 장려할 경우, 그에 따라 이자율이 낮아지고 투자가 증대된다.**

저축증대가 미치는 영향에 대한 이런 분석은 경제학자들 사이에서 널리 받아들여지고 있지만, 이런 종류의 조세상 변화가 규정되어야 하는지에 관해서는 공감대가 부족하다. 많은 경제학자들은 투자와 성장을 촉진하기 위해 저축을 증대시키려는 조세 개혁을 지지한다. 하지만 다른 경제학자들은 이러한 조세상의 변화가 저축에 큰 영향을 미칠 것이라는 데 회의적이다. 이들 회의론자는 또한 이렇게 제안된 개혁에 따른 형평성에 의구심을 갖고 있다. 이들의 주장에 따르면, 많은 경우에 조세상의 변화에 따른 이득이 주로 부유한 사람들에게 돌아가는데, 이들은 조세 감면이 가장 적게 필요한 사람들이다.

18-3c 정책 2: 투자를 촉진하기 위한 유인 방안

의회가 이따금 했던 것처럼 예를 들면 **투자 세액 공제**를 실시해 투자 매력을 높이는 것을 목표로 하는 조세 개혁안을 통과시켰다고 가상하자. 투자 세액 공제는 새 공장을 건설하거나 새 장비를 구입한 모든 기업에 조세 혜택을 제공한다. 그림 3에서 보는 것처럼, 이런 조세 개혁이 대부자금시장에 미치는 영향을 생각해보자.

첫째, 이런 세액 공제는 대부자금의 공급 또는 수요에 영향을 미치는가? 이 제도는 차용해 새로운 자본에 투자하는 기업에 보상해주기 때문에, 모든 이자율 수준에서 투

그림 3

투자를 장려하는 유인 방안이 마련될 경우 대부자금에 대한 수요가 증가한다
기업들이 투자를 증가시키도록 장려하는 투자 세액 공제 안이 통과될 경우, 대부자금에 대한 수요가 증가한다. 이로 인해 균형 이자율이 상승하며, 이렇게 높아진 이자율은 저축을 촉진한다. 이 그림에서 수요곡선이 D_1에서 D_2로 이동할 경우 균형 이자율은 5%에서 6%로 상승하며, 저축해서 투자가 이뤄진 대부자금의 균형량은 1조 2,000억 달러에서 1조 4,000억 달러로 증가한다.

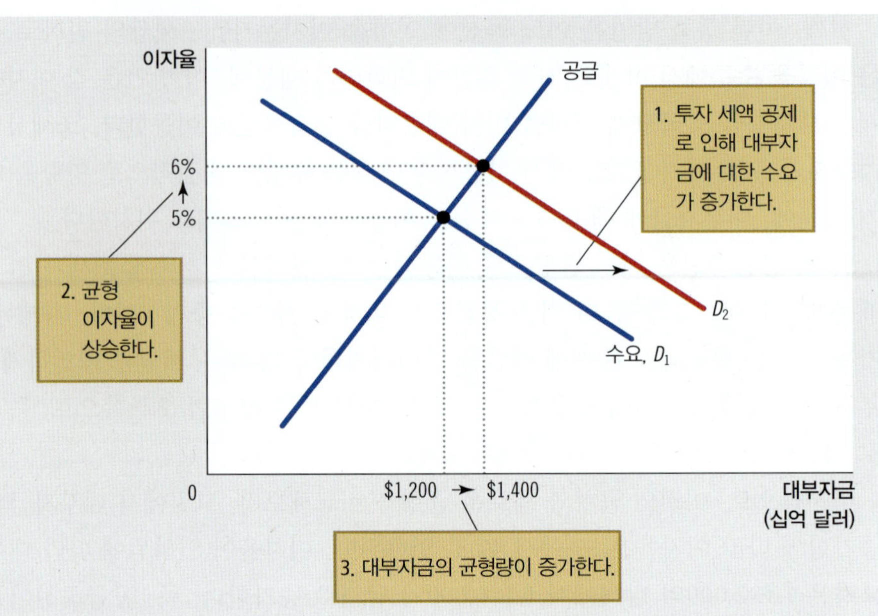

자를 변화시키며 이에 따라 대부자금에 대한 수요를 변화시키게 된다. 하지만 세액 공제는 가계가 모든 이자율 수준에서 저축하는 총액에는 영향을 미치지 못하기 때문에, 대부자금 공급에는 영향을 미치지 않는다.

둘째, 수요곡선은 어느 방향으로 이동하는가? 기업이 모든 이자율 수준에서 투자를 증가시키려는 유인을 갖기 때문에, 대부자금 수요량은 모든 이자율 수준에서 증가하게 된다. 대부자금에 대한 수요곡선은 그림 3에서 D_1에서 D_2로 이동하는 것처럼 오른쪽으로 이동하게 된다.

셋째, 균형은 어떻게 변화하는지 생각해보자. 그림 3에서 대부자금에 대한 수요가 증가해 이자율이 5%에서 6%로 상승하고, 이자율이 상승함에 따라 가계가 이제 저축하는 금액을 증가시켜 대응하기 때문에, 대부자금 공급량은 1조 2,000억 달러에서 1조 4,000억 달러로 증대된다. **따라서 세법 개정을 통해 투자를 촉진하는 경우, 그에 따라 이자율이 높아지고 저축이 증대된다.**

1984~2020년의 실질이자율 하락

지난 수십 년 동안 미국 경제에서 발생했던 일 중 특히 주목할 만한 사실이 한 가지 있다. 그것은 실질이자율이 큰 폭으로 그리고 상당히 지속적으로 하락했다는 것이다. 그림 4는 이런 현상을 보여준다. 1980년대 후반과 1990년대에 실질이자율은 일반적으로 4~5%였다. 2010년대에는 일반적으로 1%에 미치지 못했다. 2020년에는 실질이자율이 잠시 영 아래로 내려가기까지 했다. 이 기간 동안 많은 다른 국가들도 유사한 추세

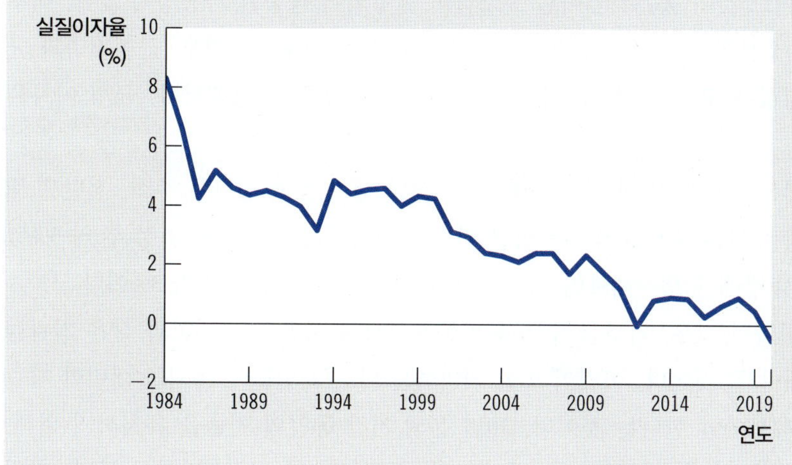

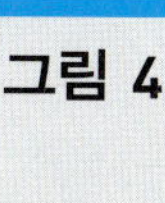
그림 4

실질이자율의 하락

미국에서 실질이자율은 1984~2020년에 상당 폭 하락했다. 다양한 가설이 제기되기는 했지만, 그 이유는 아직도 수수께끼로 남아 있다.

출처: 여기서 실질이자율은 10년 만기 미국 재무성 증권 수익률에서 (농산물과 에너지를 제외한 PCE 디플레이터에 기초해 측정된) 근원 인플레이션율(이를 기대 인플레이션 측정치로 간주한다)을 감해 구했다.

를 경험했다.

무엇이 이런 하락현상을 설명할 수 있으며, 그것이 갖는 의미는 무엇인가? 저축이 증가해 대부자금 공급곡선이 오른쪽으로 이동한 다음과 같은 세 가지 이유를 먼저 살펴보도록 하자.

- 소득 불평등이 지난 수십 년 동안 증가함에 따라, 자원이 빈곤한 가계에서 부유한 가계로 이동했다. 부자들의 저축 성향이 더 높다면, 더 많은 자원이 자본시장으로 유입된다.
- 중국 경제는 최근 몇 년 동안 급속하게 성장했으며, 중국의 저축률은 높다. 이런 저축의 새롭고 거대한 자금이 전 세계의 자본시장으로 유입되었다.
- 2008년에 발생한 금융위기와 2020년에 발생한 전염병의 세계적 대유행과 같은 사건들은 실생활이 얼마나 불확실한지를 생생하게 보여주었다. 사람들은 이런 유감스러운 사건에 대비하기 위해 예비적 저축을 증가시켜 대응할 수 있다.

이 밖에 투자가 감소해 대부자금 수요곡선이 왼쪽으로 이동한 다음과 같은 세 가지 이유를 생각해보자.

- 지난 수십 년 동안 낮은 생산성 증가와 낮은 인구 증가로 인해 평균 경제 성장이 둔화되었다. 이런 성장 하락으로 인해서 신규 자본 투자에 대한 수요가 감소했다.
- 예를 들면 철도와 자동차 공장과 같은 이전의 기술들은 대규모 자본 투자를 필요로 했다. 실리콘밸리에서 개발된 것과 같은 새로운 기술들은 덜 자본집약적이다.
- 일부 경제학자들은 미국 경제가 예전보다 덜 경쟁적이라고 보았다. 기업은 시장 지배력이 클수록 더 높은 가격을 부과하고 더 적게 투자한다.

위의 가설들 중 어느 것이 옳은가? 이런 요소들이 결합되어 작동할 가능성이 높다. 대부자금의 공급곡선이 오른쪽으로 이동하고 수요곡선이 왼쪽으로 이동할 경우, 균형저축과 균형투자에 미치는 영향은 모호하지만 균형 이자율에 미치는 영향은 명백하다. 균형 이자율은 하락하게 된다.

낮은 이자율이 갖는 의미는 명백하다. 예를 들어 지난 세기 동안 절반은 주식, 절반은 채권으로 구성된 균형을 이룬 포트폴리오는 평균 연간 수익률이 인플레이션 조정 후 약 5%였다. 2021년 현재에서 장래를 생각해보면, 보다 그럴듯한 예측은 수익률이 약 3%이다.

이런 전망이 현실화될 경우, 기부금 수익을 활동자금으로 사용하는 대학과 같은 기관들은 허리띠를 졸라매야 할 것이다. 이것이 또한 의미하는 바는 개인들이 은퇴를 대비한 저축을 다시 한번 생각해보아야 한다는 것이다. 30년 은퇴 기간 동안의 지출을 유지하기 위해, 한 사람의 은퇴 자금은 연간 수익률이 5%일 때보다 3%일 때 27%가 더 많아야 한다. 거의 똑같은 이유로 인해, 공적 연금 및 개인연금 제도도 현재 추정치가 제시한 것보다 어쩌면 더 많은 자금이 부족할지 모른다.

하지만 이자율 하락에 따른 장점도 있다. 예를 들면 주택을 구입하려고 하는 젊은 층 가계들은 주택담보 대출을 통한 재원 조달 시 저렴해진 비용으로 인해 이득을 보게 된다.

결론적으로 말해 이자율은 가격에 불과할 뿐이다. 가격이 낮아지면 (주택담보 대출을 받는 젊은 층 가계처럼) 금융시장의 수요 측면에 있는 사람들은 이득을 보고, (은퇴를 위해 저축하는 노년층처럼) 공급 측면에 있는 사람들은 손해를 보게 된다. 이자율이 다시 상승하기 시작하면 이들의 입장은 역전되게 된다. ●

18-3d 정책 3: 정부의 재정적자 및 재정흑자

끊임없는 정치토론의 주제는 정부의 재정상태에 관한 것이다. **재정적자**는 조세 수입을 넘어서는 정부 지출의 초과액이다. 정부는 채권시장에서 차용해 재정적자의 재원을 마련하며, 과거의 정부 차용 누적액을 **정부 채무**라고 한다. 정부 지출을 넘어서는 조세 수입의 초과액인 **재정흑자**는 정부 채무의 일부를 상환하는 데 사용될 수 있다. 정부 지출이 정확하게 조세 수입과 일치할 경우 정부는 **균형재정**을 유지한다고 본다.

정부가 처음에는 균형재정에서 시작했으나 정부 지출의 증가로 재정적자를 영위하게 되었다고 가상하자. 그림 5에서 살펴보는 것처럼 대부자금시장에서 다음과 같은 세 가지 단계를 밟아 재정적자가 미치는 영향을 분석해볼 수 있다.

첫째, 정부가 재정적자를 영위할 때 어느 곡선이 이동하는가? 대부자금을 공급하는 근원인 총저축은 개인저축과 공공저축으로 구성된다. 정부 균형재정이 변화할 경우 이는 공공저축의 변화 그리고 이로 인한 대부자금 공급의 번화를 의미한다. 재정적자는 가계와 기업이 모든 이자율 수준에서 투자에 대한 재원을 마련하기 위해 차용하고자

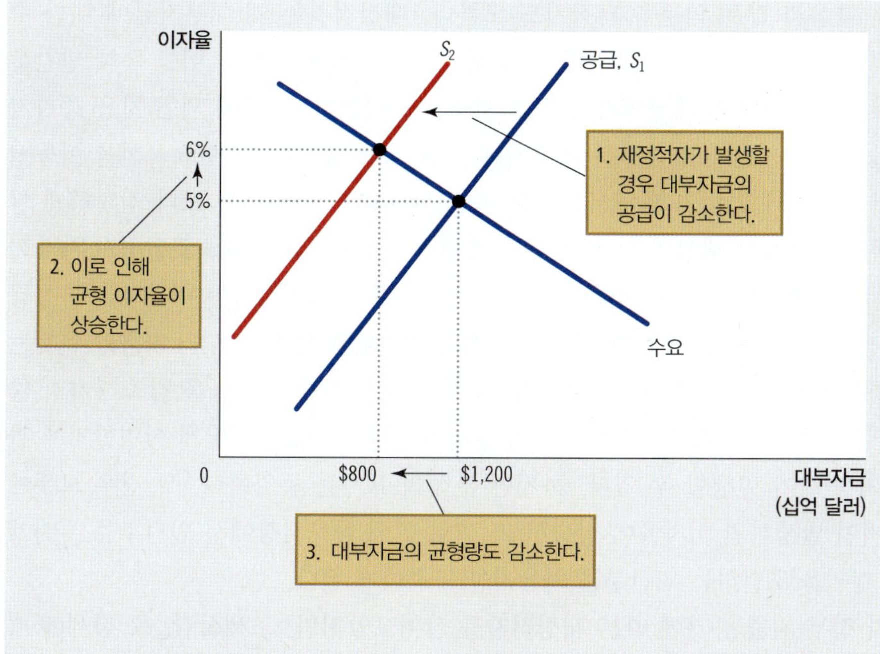

그림 5

정부 재정적자가 미치는 영향

정부가 조세 수입보다 더 많이 지출할 경우, 재정적자가 발생하고 이로 인해 총저축이 감소한다. 이에 따라 대부자금의 공급은 감소하고, 균형 이자율은 상승한다. 그러므로 정부가 재정적자의 재원을 조달하기 위해 차용할 경우, 정부가 그렇게 차용을 하지 않았다면 투자의 재원을 마련하기 위해 차용을 했을 가계와 기업들을 구축하게 된다. 그림에서 보면 공급곡선이 S_1에서 S_2로 이동할 경우 균형 이자율은 5%에서 6%로 상승하고, 저축하여 투자가 이뤄진 대부자금의 균형량은 1조 2,000억 달러에서 8,000억 달러로 감소한다.

하는 금액에 영향을 미치지 않기 때문에, 대부자금 수요를 변화시키지 않는다.

둘째, 공급곡선은 어느 방향으로 이동하는가? 정부가 재정적자를 영위할 경우, 공공저축은 음이 되어 총저축이 감소한다. 다시 말해 정부가 재정적자의 재원을 조달하기 위해 차용할 경우, 이로 인해 투자의 재원을 조달하기 위해 가용할 수 있는 대부자금의 공급이 감소한다. 따라서 그림 5에서 보는 것처럼 재정적자로 인해 대부자금의 공급곡선이 왼쪽으로, 즉 S_1에서 S_2로 이동한다.

셋째, 이전의 균형과 새로운 균형을 비교해보자. 그림에서 재정적자로 대부자금의 공급이 감소할 경우, 이자율은 5%에서 6%로 상승한다. 이자율이 상승함에 따라 많은 대부자금 수요자가 투자를 단념하게 되므로, 대부자금 수요량은 1조 2,000억 달러에서 8,000억 달러로 감소한다. 더 적은 수의 가계가 신규 주택을 구입하고 더 적은 수의 기업이 신규 공장을 신설하게 된다. 정부 차용에 따른 투자 감소는 수요곡선상에서의 이동으로 나타낼 수 있으며, 이를 **구축**(crowding out)효과라고 한다. 즉, 정부가 재정적자의 재원을 조달하기 위해 차용할 경우, 이것은 투자의 재원을 조달하려고 하는 민간부문의 차용자들을 구축하게 된다.

구축
정부 차용으로 발생하는 투자 감소 현상

이런 표준적인 모형에서 재정적자에 관한 가장 기본적인 교훈은 대부자금의 공급과 수요에 이들 적자가 미치는 영향으로부터 다음과 같이 직접 추론할 수 있다. **정부가 재정적자를 영위함으로써 총저축을 감소시킬 경우, 이자율이 상승하고 투자가 감소한다.** 투자가 장기적인 성장에 중요하기 때문에 정부의 재정적자는 경제 성장률을 낮추게 된다.

여러분은 다음과 같은 의문을 가질지도 모른다. 재정적자는 왜 대부자금에 대한 수요가 아니라 공급에 영향을 미치는가? 결국 정부는 채권을 판매하고 이를 통해 민간부문으로부터 차용함으로써 재정적자에 대한 재원을 조달한다. 정부에 의한 차용 증가가 공급곡선을 이동시키는데 민간부문 투자자에 의한 차용 증가는 왜 수요곡선을 이동시키는가? 이런 물음에 답하기 위해서는 '대부자금'이란 용어의 의미를 보다 정확하게 살펴보아야 한다. 여기서 제시된 모형에서 이 용어는 **민간투자의 재원을 조달하기 위해 가용할 수 있는 자원의 흐름**을 의미한다. 이런 이유로 정부의 재정적자는 대부자금의 공급을 감소시킨다. 이 대신에 '대부자금'이란 용어가 **민간부문 저축으로부터 가용할 수 있는 자원의 흐름**을 의미한다고 정의할 경우에는 정부의 재정적자가 공급을 감소시키지 않고 수요를 증가시키게 된다. 용어의 해석이 달라질 경우, 모형을 어떻게 설명할지에 관한 의미상의 변화가 발생할 수 있다. 하지만 분석의 요지는 동일하다. 두 경우 모두에서 재정적자가 발생하면 이자율이 상승하고, 그로 인해 금융시장에서 민간부문 투자계획 사업에 재원을 조달하는 민간부문 차용자를 구축하게 된다.

지금까지 정부 지출 증가에 따른 재정적자를 살펴보았지만, 조세삭감, 즉 감세에 따른 재정적자도 유사한 효과를 갖게 된다. 감세로 인해 조세 수입 T 및 공공저축 $T-G$가 감소하게 된다. T가 낮아져서 개인저축 $Y-T-C$가 증가할 수 있지만, 가계가 더 많이 소비함으로써 낮아진 조세에 대응한다면 C가 증가해, 개인저축은 공공저축의 감소보다 더 적게 증가한다. 따라서 공공저축과 개인저축의 합인 총저축($S=Y-C-G$)은 감소한다. 재정적자로 인해 대부자금 공급이 감소하고 이자율은 상승하며 자본 투자에 대한 재원을 조달하려는 차용자를 구축하게 된다.

재정적자가 미치는 영향을 살펴보고 난 후, 이런 분석을 뒤집어서 정부의 재정흑자가 미치는 정반대 효과를 검토해볼 수 있다. 정부가 지출한 것보다 조세 수입으로 더 많이 징수하는 경우, 그 차액을 활용해 정부채무의 일부를 상환할 수 있다. 재정흑자나 공공저축은 총저축에 기여한다. 따라서 **재정흑자가 발생하면 대부자금의 공급이 증가하고 이자율이 하락해 투자를 촉진하게 된다.** 투자가 증가하면 이는 다시 더 많은 자본축적으로 이어져 더 빠르게 경제 성장이 이뤄진다.

경제 패널 **재정정책과 저축**

"저축률을 낮추는 방식으로 소비를 촉진하는 조세 및 지출 정책을 지속적으로 실시할 경우, 장기적인 생활수준이 낮아질 가능성이 있다."

경제학자들의 의견

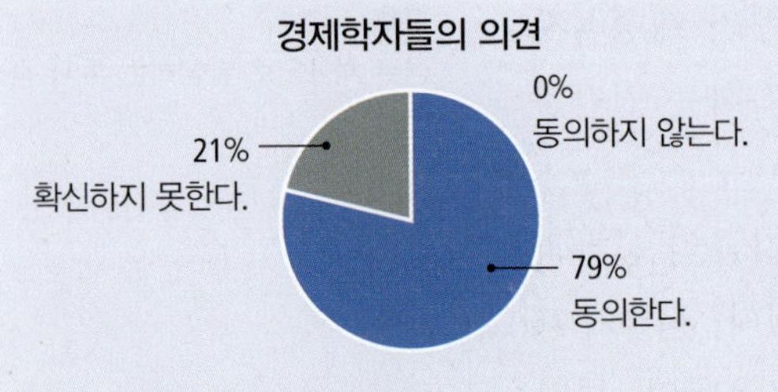

출처: IGM Economic Experts Panel, July 8, 2013.

미국 정부 채무의 역사

미국 정부는 채무가 얼마나 되는가? 이 물음에 대한 답변은 시간이 흐르면서 크게 달라진다. 그림 6은 미국 연방정부의 채무를 미국 GDP에 대한 백분율로 나타낸다. 이에 따르면, 정부 채무는 1836년 GDP에 대해 0% 수준에서 1946년 106% 수준으로 변동했다.

그림 6

미국 정부 채무

GDP에 대한 백분율로 나타낸 미국 연방정부 채무는 지난 세월 동안 변동했다. 전쟁과 심각한 경기하강이 발생할 경우 일반적으로 정부 채무가 상당 폭 증가했다.

출처: U.S. Department of Treasury; U.S. Department of Commerce; and T. S. Berry, "Production and Population since 1789," Bostwick Paper No. 6, Richmond, 1988. 여기서 활용한 자료는 일반 민간부분이 보유한 정부 채무에 대한 것이며, 예를 들면 사회보장 신탁기금처럼 정부계정에서 보유하고 있는 정부 채무는 제외했다.

GDP 대비 채무 비율은 정부의 재정상태를 파악하는 한 가지 척도이다. GDP는 정부의 과세표준을 대략 측정한 것이므로, GDP 대비 채무의 비율이 감소한다는 사실은 정부의 채무액이 조세 수입을 올릴 수 있는 능력에 비해 감소한다는 점을 나타낸다. 이것은 정부가 어떤 의미에서 정부의 재원 능력 안에서 운영되고 있음을 시사한다. 반면에 GDP 대비 채무의 비율이 증가한다는 사실은 정부의 채무액이 조세 수입을 올릴 수 있는 능력에 비해 증가한다는 점을 나타낸다. 이것은 종종 정부 지출과 조세에 기반한 재정정책이 현재 수준에서 영원히 지속될 수 없음을 시사하는 것으로 해석된다.

지난 역사 동안 정부 채무가 변동한 주된 요인은 전쟁이었다. 전쟁이 발발하면, 정부는 군인과 군장비에 필요한 지출을 하기 위해 국방 지출이 크게 증가한다. 그에 따라 재정적자가 발생하고 정부 채무가 증대한다. 전쟁이 끝나면 정부 지출은 감소하고 GDP 대비 채무

비율도 떨어지기 시작한다.

전쟁의 재원을 조달하기 위한 채무를 적절한 정책이라고 보는 이유가 두 가지 있다. 첫째, 채무를 통해 정부는 시간이 지남에 따라 세율을 급격한 변화 없이 완만하게 유지할 수 있다. 채무를 통해 전쟁 재원을 마련할 수 없다면 세율을 급격히 올려야 하고, 이로 인해 경제적 효율성이 상당히 하락하게 된다. 둘째, 채무를 통해 전쟁의 재원을 마련할 경우 이는 전쟁에 수반되는 비용 일부를 장래 세대에 전가하게 되며, 이들 세대는 정부 채무를 갚아야 할 것이다. 이전 세대가 치른 전쟁으로 인해 지속적인 이득이 발생한다면, 조세부담의 일부를 장래 세대에 이전시키는 것은 아마 틀림없이 공정하다고 볼 수 있다.

정부 채무가 증가한 원인으로 또 주목할 만한 것은 1930년대 대공황, 2008~2009년 금융위기와 관련된 대침체, 2020년 코로나 바이러스 감염증으로 인한 심각한 경기하강이다. 경기 침체기에는 소득세와 급여세를 통해 징수한 수령액이 감소해서 정부 수입이 자동적으로 하락한다. 또한 예를 들면 실업보험과 같은 정부 프로그램에 대한 지출이 자동적으로 증가한다. 이 밖에 정책 입안자들이 통상적으로 경기하강을 경감시키고 경제불황을 완화시키기

FYI 금융위기

2008년과 2009년에 미국 경제와 세계의 많은 경제가 금융위기를 겪고, 이로 인해 경제활동이 심각하게 침체되었다. 이 책 뒷부분에서 이런 일들로 초래된 결과를 자세히 살펴볼 것이다. 여기서는 일반적인 금융위기가 발생하는 핵심 요인을 살펴본다.

금융위기의 첫째 요인은 일부 자산가격의 급격한 하락이다. 2008년과 2009년에 이에 해당한 자산은 부동산이었다. 10년 전에 가격이 급등했던 주택가격이 불과 몇 년 만에 약 30%가 하락했다. 부동산 가격의 이런 급락은 1930년대 이래로 미국에서 발생한 적이 없었다.

금융위기의 둘째 요인은 금융기관 전반에 걸쳐 발생한 지급불능의 파산상황이다.(부채가 자산가치를 상회할 경우 해당 기업은 파산상태에 빠지게 된다) 2008년과 2009년에 많은 은행과 기타 금융기관은 부동산을 담보로 한 대출을 보유함으로써 사실상 주택가격의 변동에 많은 것을 내맡긴 상황이었다. 주택가격이 급락했을 때, 많은 주택 소유자들이 대출 상환을 중단했다. 이런 채무 불이행으로 몇몇 주요 금융기관은 파산상태로 내몰렸다.

셋째 요인은 금융기관에 대한 신뢰성의 하락이다. 은행에 예치된 일부 예금은 정부정책의 보호를 받지만 전부 그런 것은 아니다. 2008년과 2009년에 파산이 증가하면서 금융기관은 파산이 발생할지 모르는 대상이 되었다. 이들 보호받지 못하는 금융기관에 예금한 개인과 기업은 자금을 인출했다. 예금자들에게 상환하기 위해 은행은 자산을 매각했고(이따금 할인된 '처분 세일' 가격으로 이루어졌다) 신규 대출을 줄였다.

넷째 요인은 신용 경색이다. 많은 금융기관이 어려움에 봉착하면서, 향후에 예상되는 차용자는 수익성이 있는 투자계획 사업을 갖고 있더라도 대부를 받기가 어려워진다. 근본적으로 금융제도가 저축자의 자원을 최선의 투자기회를 갖고 있는 차용자에게 이전시키는 일이 어려워진다.

다섯째 요인은 경기 침체이다. 사람들이 새로운 투자계획 사업에 재원을 조달하지 못하게 됨에 따라 재화 및 용역에 대한 전반적인 수요가 감소한다. 따라서 이 책 뒷부분에서 자세하게 논의할 이유로 인해 국민소득이 감소하고 실업이 증가한다.

금융위기의 여섯째 마지막 요인은 악순환 과정이다. 경기 침체로 많은 기업의 수익성과 많은 자산가치가 하락하게 되어 경제는 최초의 첫 단계로 돌아가게 된다. 금융제도와 경제 전반에 걸친 문제들이 서로를 더한층 강화하여 상황이 악화된다.

2008년과 2009년의 경우처럼 금융위기는 심각한 결과를 초래할 수 있다. 다행히도 조만간 금융위기는 종식된다. 금융제도는 아마도 정부의 도움을 받아 다시 일어설 것이며, 금융 중개기관으로서의 정상적인 기능을 다시 수행하게 될 것이다. ■

위한 정책을 수립해 실시하게 되므로 재정적자는 더 커진다.

많은 정부 재정 분석가들이 향후 장래에는 GDP 대비 채무 비율이 더 증가할 것이라고 우려한다. 대규모 베이비붐 세대가 은퇴 연령에 도달하면서 이들은 사회보장과 의료보장 혜택을 받을 수 있는 자격이 되어 정부 지출 증대 압력을 가하게 된다. 조세 수입이 상당히 증가하거나 정부 지출이 상당히 삭감되지 않는다면, 미국 정부는 향후 몇 십 년에 걸쳐 상당한 채무 증가를 경험할 가능성이 높다. 미국 의회예산국이 실시한 2021년 예측에 따르면 GDP 대비 채무 비율이 2040년까지 140%에 달할 것인데, 이 수치는 역사적으로 경험했던 그 어떤 수치보다도 크다. ●

Quiz

6. 개인의 재무 관리에 대한 인기 있는 텔레비전 프로를 시청한 후 미국인들이 은퇴에 대비해 저축을 더 많이 해야겠다고 생각했다면, 대부자금의 ____________이 이동하고 균형 이자율이 ____________.
   a. 공급곡선; 상승한다.
   b. 공급곡선; 하락한다.
   c. 수요곡선; 상승한다.
   d. 수요곡선; 하락한다.

7. 기업들이 자본의 수익성에 관해 보다 낙관적이라면, 대부자금의 ____________이 이동하고 균형 이자율이 ____________.
   a. 공급곡선; 상승한다.
   b. 공급곡선; 하락한다.
   c. 수요곡선; 상승한다.
   d. 수요곡선; 하락한다.

8. 다음 정책 조치 중 어느 것이 명백하게 대부자금의 공급을 감소시키고 투자를 구축하는가?
   a. 조세 증가와 정부 지출 감소
   b. 정부 지출 증가와 함께 조세 감소
   c. 조세와 정부 지출이 둘 다 증가
   d. 조세와 정부 지출이 둘 다 감소

9. 코로나 바이러스 감염증으로 인한 위기 기간인 2019~2021년에 미국의 GDP 대비 정부 채무 비율은 ____________.
   a. 현저하게 증가했다.
   b. 현저하게 감소했다.
   c. 역사적으로 높은 수준에서 안정적이었다.
   d. 역사적으로 낮은 수준에서 안정적이었다.

해답은 이 장의 끝부분에 있다.

18-4 결론

세익스피어의 『햄릿』에서 폴로니우스는 아들에게 "빌리지도 말고 빌려주지도 말라"고 조언한다. 모든 사람이 폴로니우스의 조언을 따른다면, 이 장에서 논의한 사항은 필요하지가 않다.

하지만, 그렇게 하는 사람은 거의 없다. 우리가 생활하는 경제에서 사람들은 보통 정당한 이유로 빌리기도 하고 빌려주기도 한다. 여러분도 언젠가 빌려서 사업을 시작하거나 주택을 구입할 수도 있다. 그리고 사람들은 여러분이 지급하는 이자로 은퇴 후 풍요롭게 살기를 바라면서 여러분에게 빌려주게 된다. 금융제도가 하는 역할은 모든 이런 차용과 대부를 조화시키는 것이다.

여러 가지 면에서 금융시장은 경제 내에 존재하는 여타 시장들과 유사하다. 대부자금의 가격, 즉 이자율은 경제 내의 다른 가격들처럼 공급과 수요에 의해 결정된다. 그리고 다른 시장에서와 마찬가지로, 금융시장에서도 공급이나 수요의 변화를 분석할 수 있다. 제1장에서 살펴본 **경제학의 열 가지 원리** 중 하나는 '시장은 일반적으로 경제활동을 조직화하는 좋은 방법이다'라는 것이다. 이 원리가 금융시장에도 적용된다. 금융시장에서 대부자금의 공급과 수요가 균형을 이룰 때, 경제의 희소한 자원은 가장 효율적인 용도로 배분된다.

그러나 금융시장은 한 가지 면에서 특별하다. 대부분의 시장과 달리 금융시장은 현재와 장래를 연결한다. 대부자금을 공급하는 사람, 즉 저축자는 현재 소득 중 일부를 장래의 구매력으로 전환하고자 하기 때문에 그렇게 한다. 대부자금을 수요하는 사람, 즉 차용자는 현재 투자를 하고 그 자본을 사용해 장래에 재화 및 용역을 생산하고자 하기 때문에 그렇게 한다. 잘 작동하는 금융시장은 현재 세대뿐만 아니라 많은 혜택을 물려받게 될 장래 세대에도 중요하다.

요약

- 미국의 금융제도는 채권시장, 주식시장, 은행, 투자신탁회사와 같은 다양한 형태의 금융기관들로 구성된다. 이들 기관은 모두 자신의 소득 중 일부를 저축하려는 가계의 자원이 차용하려는 가계와 기업으로 이전되도록 한다.
- 국민소득 회계 항등식은 거시경제 변수들 사이의 중요한 관계를 보여준다. 특히 폐쇄경제의 경우 총저축은 투자와 일치해야 한다. 금융기관은 어떤 사람의 저축과 다른 사람의 투자를 일치시키는 기관이다.
- 이자율은 대부자금의 공급과 수요에 의해 결정된다. 공급은 자신의 소득 중 일부를 저축해 빌려주는 가계에서 비롯된다. 수요는 투자를 위해 차용하고자 하는 가계와 기업에서 비롯된다. 어떤 정책이나 사건이 이자율에 어떤 영향을 미치는지 분석해보려면, 대부자금의 공급과 수요에 어떤 영향을 미치는지 생각해보아야 한다.
- 총저축은 개인저축과 공공저축을 합산한 것과 같다. 정부의 재정적자는 음의 공공저축을 의미하므로, 그로 인해 총저축과 투자의 재원을 조달하기 위해 가용할 수 있는 대부자금의 공급이 감소하게 된다. 정부의 재정적자가 투자를 구축할 경우, 생산성과 GDP의 성장이 감소하게 된다.

주요 개념

복습용 질문

1. 금융제도의 역할은 무엇인가? 미국 경제에서 금융제도를 구성하는 두 개 시장을 밝히고 설명하시오. 두 개의 금융 중개기관을 밝히고 설명하시오.
2. 주식과 채권을 보유한 사람들이 보유 자산을 다각화하는 것이 중요한 이유는 무엇인가? 어떤 형태의 금융기관이 다각화를 더 용이하게 할 수 있는가?
3. 총저축은 무엇인가? 개인저축은 무엇인가? 공공저축은 무엇인가? 이들 세 개 변수는 어떻게 연관되는가?
4. 투자는 무엇인가? 이것은 폐쇄경제에서 총저축과 어떻게 연계되는가?
5. 개인저축을 증대시킬 수 있는 세법상의 변화를 설명하시오. 이런 정책이 시행될 경우 이는 대부자금시장에 어떤 영향을 미칠 수 있는가?
6. 정부의 재정적자는 무엇인가? 이것은 이자율, 투자, 경제 성장에 어떤 영향을 미치는가?

문제와 응용

1. 다음의 각 채권 쌍 중 어느 채권이 더 높은 이자율을 지급할 것으로 예상하는가? 설명하시오.
   a. 미국 정부의 채권 아니면 동유럽 정부의 채권
   b. 2030년에 원금을 상환하는 채권 아니면 2050년에 원금을 상환하는 채권
   c. 코카콜라 사가 발행하는 채권 아니면 주택의 차고에서 여러분이 운영하는 소프트웨어 회사가 발행하는 채권
   d. 미국 연방정부가 발행하는 채권 아니면 뉴욕주가 발행하는 채권
2. 많은 근로자들이 자신들이 근무하는 기업에서 발행한 주식을 대규모로 보유한다. 기업들이 이런 형태를 장려하는 이유가 무엇이라고 생각하는가? 사람들이 자신들이 근무하는 기업의 주식을 보유하지 않을 수도 있는 이유는 무엇인가?
3. 거시경제학자가 사용하는 정의에 의거해서 저축과 투자의 차이를 설명하시오. 다음 상황 중 어느 것이 투자를 나타내는가? 어느 것이 저축을 나타내는가? 설명하시오.
   a. 여러분의 가족이 주택담보 대출을 받아서 신규 주택을 매입한다.
   b. 임금 200달러를 사용해서 AT&T의 주식을 매입한다.
   c. 여러분의 룸메이트가 100달러를 벌어서 이를 은행 계정에 예치한다.
   d. 피자 배달업을 하기 위해 은행에서 1,000달러를 빌려서 자동차를 구입한다.
4. GDP는 8조 달러이고, 조세는 1.5조 달러이며 개인저축은 0.5조 달러이고, 공공저축은 0.2조 달러이다. 폐쇄경제라고 가정하고 소비, 정부 구매, 총저축, 투자를 계산하시오.

5. 폐쇄경제인 펀란디아의 경제학자들은 특정 연도의 해당 경제에 대해 다음과 같은 정보를 수집했다.

$$Y=10{,}000$$
$$C=6{,}000$$
$$T=1{,}500$$
$$G=1{,}700$$

경제학자들은 또한 투자함수를 다음과 같이 추정했다.

$$I=3{,}300-100r$$

여기서 r은 백분율로 표시한 해당 국가의 실질이자율이다. 개인저축, 공공저축, 총저축, 투자, 균형 실질이자율을 계산하시오.

6. 인텔 사가 새로운 칩 제조 공장을 건설하려 한다고 가상하자.
   a. 인텔 사가 채권시장에서 금전을 차용해야 한다고 가정하자. 이자율 상승이 공장 건설 여부에 관한 인텔 사의 결정에 어떤 영향을 미치는가?
   b. 인텔 사가 차용하지 않고 신축 공장 건설에 대한 재원을 자체 자금으로 마련할 수 있다면, 그럼에도 이자율 상승이 공장건설 여부에 관한 인텔 사의 결정에 영향을 미치는가? 설명하시오.

7. 세 명의 학생은 각각 1,000달러를 저축한다. 이들은 각각 2,000달러까지 투자할 수 있는 투자기회를 갖고 있다. 학생들의 투자계획 사업의 수익률은 다음과 같다.

승범	5%
양호	8%
기령	20%

   a. 차용 및 대부가 금지되어 있어서 각 학생이 개인의 저축만을 사용해 투자계획 사업에 재원을 마련할 수 있다면, 해당 투자계획 사업이 수익금을 지급한 1년 후에 각 학생은 얼마나 보유하게 되는가?
   b. 이제는 학교가 학생들 간에 이자율 r로 차용하고 대부해줄 수 있는 대부자금시장을 개설했다고 가상해보자. 어떤 학생이 이 시장에서 차용자가 될지 아니면 대부자가 될지 여부를 무엇이 결정하는가?
   c. 세 명의 학생 사이에서 이자율이 7%인 경우 대부자금의 공급량은 얼마이며 수요량은 얼마인가? 이자율이 10%인 경우는 어떠한가?
   d. 어떤 이자율 수준에서 세 학생 사이의 대부자금시장이 균형을 이루는가? 이 이자율 수준에서 어떤 학생이 차용을 하고 어떤 학생이 대부를 제공하는가?
   e. 균형 이자율에서, 투자계획 사업이 수익금을 지불하고 대부금이 상환된 1년 후 각 학생은 얼마나 보유하게 되는가? 이 답변과 (a)의 답변을 비교하시오. 대부자금시장이 존재함으로써 누가 이득을 보는가? 차용자인가 아니면 대부자인가? 손해를 보는 학생이 존재하는가?

8. 정부가 올해보다 내년에 200억 달러를 더 차용한다고 가상하자.
   a. 공급 및 수요 곡선을 사용해 이 정책을 분석하시오. 이자율은 상승하는가 아니면 하락하는가?
   b. 투자에는 어떤 일이 발생하는가? 개인저축은 어떠한가? 공공저축은 어떠한가? 총저축은 어떠한가? 이런 변화의 규모와 추가적인 정부 차용 200억 달러를 비교하시오.
   c. 대부자금의 공급 탄력성은 이런 변화의 규모에 어떤 영향을 미치는가?
   d. 대부자금의 수요 탄력성은 이런 변화의 규모에 어떤 영향을 미치는가?
   e. 현재의 정부 차용 증가는 장래의 정부 채무 상환을 위한 증세를 의미하는 것으로 가계가 믿고 있다고 가상하자. 이런 믿음은 현재 개인저축과 대부자금의 공급에 어떤 영향을 미치는가? 이것은 (a) 및 (b)에서 논의한 결과를 증가시키는가 아니면 감소시키는가?

9. 이 장에서는 개인저축에 대한 과세를 낮추거나 정부 재정적자를 감소시켜서 투자가 증대될 수 있다고 설명했다.
   a. 두 정책을 동시에 시행하기 어려운 이유는 무엇인가?
   b. 두 정책 중 어느 것이 투자를 증대시키는 데 더 효과적인지 결정하려면 개인저축에 관해 무엇을 알아야 하는가?

Quiz 해답

1. d 2. d 3. b 4. d 5. c 6. b 7. c 8. b 9. a

Chapter

19

기본적인 재무분석 방법

여러분은 삶의 어떤 시점에서 금융제도가 중요해진다. 여러분은 저축을 은행 계정에 예치하거나 아니면 수업료를 납부하거나 주택을 구입하기 위해 대부를 받을 수 있다. 여러분이 일자리를 구한 회사의 고용주는 여러분을 위해 퇴직계좌를 개설할 수 있고, 여러분은 자금을 주식, 채권, 기타 금융상품에 투자할지 여부를 결정할 수 있다. 여러분이 직접 투자를 할 경우, 자금을 코카콜라 같은 기존 회사나 에어비앤비 같은 신설 회사 아니면 인덱스 펀드를 통한 전체 주식시장에 투자할지 여부를 선택할 수 있다. 언론을 통해, 여러분은 주식의 상승과 하락에 관한 보도와 함께 시장이 왜 그와 같이 변동하는지 설명하려는 종종 설득력이 약한 말도 듣게 될 것이다.

여러분이 일생 동안 내리는 거의 모든 금융 관련 결정에서 두 가지 관련 요소, 즉 시간과 위험을 마주하게 된다. 앞의 두 장이 보여주었던 것처럼, 금융제도는 성장을 결정하는 중요한 요소인 저축과 투자를 조화시키려 한다. 가장 근본적으로 본다면, 금융제도

BLACKCATE+/GETTY IMAGES, GOWITHSTOCK/SHUTTERSTOCK.COM

는 알 수 없는 장래에 여러분의 삶에 영향을 미치게 될 현재 취하는 결정 및 행위와 관련된다. 사람들이 자신의 저축을 배분할 때 그리고 기업이 투자계획 사업을 선택할 때, 이들의 결정은 예상되는 결과에 대한 추론에 기초하게 된다. 실제 결과는 기대했던 것과 매우 상이하게 끝날 수도 있다.

이 장에서는 사람들이 내리는 금융 결정을 이해하는 데 필요한 분석방법 몇 가지를 소개할 것이다. 이런 분석방법을 세부적으로 발전시키는 분야가 재무(finance)인데, 여러분은 나중에 이 주제에 초점을 맞춘 교과목을 선택해 배울 수 있다. 하지만 금융제도가 매우 중요하기 때문에 재무에 관한 많은 통찰력 있는 분석방법은 경제가 어떻게 운영되는지 이해하는 데 핵심이 된다. 또한 재무의 분석방법은 여러분이 살아가면서 내리는 몇몇 결정을 심사숙고하는 데 유익할 것이다.

재무
시간이 지남에 따른 자원 배분과 위험 관리에 대해 사람들이 어떤 결정을 내리는지 연구하는 분야

이 장에서는 세 가지 논의, 즉 상의한 시점에서 본 금액을 어떻게 비교하는지에 관한 논의, 위험을 어떻게 관리하는지에 관한 논의, 주식 지분과 같은 자산의 가치를 어떻게 결정하는지에 관한 논의를 살펴볼 것이다.

19-1 현재가치: 화폐의 시간가치 측정하기

어떤 사람이 여러분에게 현재에 지금 당장 100달러를 주거나 10년 후에 100달러를 주겠다고 제안하는 상황을 가상해보자. 여러분은 어느 제안을 선택하겠는가? 이 질문에 답하는 것은 쉽다. 현재에 지금 당장 100달러를 받을 경우 여러분은 이 금액을 은행에 예치해서 10년 후에 여전히 100달러를 받고 그 과정 동안 100달러에 대한 이자를 받을 수 있기 때문에, 이 선택이 더 낫다. 교훈: 지금 당장 받는 금액이 장래에 받는 동일한 금액보다 더 가치 있다.

이제는 더 어려운 질문을 생각해보자. 어떤 사람이 여러분에게 현재에 지금 당장 100달러를 주겠다고 제안하거나 10년 후에 200달러를 주겠다고 제안하는 상황을 가상해보자. 여러분은 어느 제안을 선택할 것인가? 이 물음에 답하기 위해, 여러분은 상이한 시점의 금액을 비교하는 어떤 방법이 필요하다. 경제학자들은 현재가치라고 하는 개념을 활용해 이런 작업을 한다. 장래의 어떤 금액의 현재가치(present value)는 해당 장래 금액을 얻기 위해 현재 주어진 이자율하에서 지금 당장 필요한 금액이다.

현재가치
장래의 어떤 금액을 얻기 위해, 현재 주어진 이자율하에서 지금 당장 필요한 금액

현재가치란 개념을 어떻게 사용하는지 알아보기 위해 간단한 예를 몇 가지 살펴보도록 하자.

장래가치
현재 지금 당장의 금액에 대해 현재의 이자율로 지급이 이뤄질 경우 장래에 얻게 될 금액

물음: 여러분이 현재에 지금 당장 100달러를 은행 계정에 예치할 경우, N년 후 그 가치는 얼마가 될까? 즉, 100달러의 장래가치(future value)는 얼마인가?

답변: 이자율을 십진법으로 표기한 r(따라서 이자율 5%는 $r=0.05$를 의미한다)을 사

용할 것이다. 이자율이 매년 지급되며 더 많은 이자를 얻기 위해 은행 계정에 계속 예치한다고 가상하자. 즉, **복리**(compounding) 계산법을 적용할 것이다. 그러면 100달러는 다음과 같아진다.

복리
어떤 금액이 가령 은행 계정에 예치되고 받은 이자도 해당 계정에 예치되어서 장래에 추가적인 이자를 받는 누적 방식

$(1+r)\times$ 100달러	1년 후
$(1+r)\times(1+r)\times$ 100달러 $=(1+r)^2\times$ 100달러	2년 후
$(1+r)\times(1+r)\times(1+r)\times$ 100달러 $=(1+r)^3\times$ 100달러	3년 후...
$(1+r)^N\times$ 100달러	N년 후

예를 들어 이자율 5%로 10년 동안 투자할 경우 100달러의 장래가치는 $(1.05)^{10}$ × 100달러 또는 163달러이다.

물음: 이제 여러분이 N년 후에 200달러를 받기로 했다고 가상하자. 이 장래 지급금의 **현재가치**는 얼마인가? N년 후 200달러를 받기 위해 현재에 지금 당장 얼마나 은행에 예금해야 하는가?

답변: 이 물음에 답하기 위해, 이전의 답변을 뒤집어보도록 하자. 이전의 질문에서 현재가치로부터 장래가치를 계산하기 위해, 인수 $(1+r)^N$으로 **곱했다**. 그렇다면 장래가치로부터 현재가치를 계산하기 위해, 인수 $(1+r)^N$으로 **나누어야** 한다. 해당 금액을 현재에 지금 당장 은행에 예치할 경우, N년 후 금액은 $(1+r)^N$ × [200달러/$(1+r)^N$], 즉 200달러가 된다. 예를 들어 이자율이 5%인 경우 10년 후 지급되는 200달러의 현재가치는 200달러/$(1.05)^{10}$, 즉 123달러가 된다. 즉, 5%의 이자를 받는 은행 계정에 현재에 지금 당장 123달러를 예치할 경우 10년 후 200달러가 된다.

이를 통해 다음과 같은 일반적인 공식을 도출할 수 있다.

- r이 이자율인 경우 N년 후 받을 금액 X의 현재가치는 $X/(1+r)^N$이다.

이자를 받을 가능성으로 인해 현재가치가 금액 X 아래로 하락하게 되므로, 장래 금액의 현재가치를 구하는 과정을 **할인**이라고 한다. 이 공식은 장래 금액이 얼마나 할인되어야 하는지를 정확하게 보여준다.

이제 최초의 물음으로 돌아가자. 여러분은 현재 지금 당장 100달러를 선택하겠는가 아니면 10년 후 200달러를 선택하겠는가? 이자율 5%하에서 현재와 같은 계산법에 기초할 경우, 여러분은 10년 후 200달러를 선택하게 된다. 장래 금액 200달러의 현재가치가 123달러이므로 장래 금액은 100달러보다 크다. 여러분은 장래에 받을 금액을 기다리는 편이 낫다.

이런 물음에 대한 답변은 이자율에 달려 있다는 사실에 주목하자. 이자율이 8%인 경

우, 10년 후 200달러의 현재가치는 200달러/$(1.08)^{10}$, 즉 93달러가 된다. 이 경우 여러분은 현재 지금 당장 100달러를 선택해야 한다. 이자율이 중요한 이유는 무엇인가? 이자율이 높을수록 은행에 예치할 경우 더 많이 받을 수 있으므로, 현재 지금 당장 100달러를 받는 것이 더 낫다. 이 시점에서 호기심이 많은 학생은 다음과 같은 질문을 할 수도 있다. 이런 계산을 할 때 어느 이자율을 사용해야 하는가? 실질이자율인가 아니면 명목이자율인가? 물가수준이 변화할 때 결과가 달라질 수 있다. 답은 상황에 따라 달라진다. 장래 금액이 (현재 가격으로 측정된) 명목가치로 표시된 경우, 명목이자율이 사용되어야 한다. 하지만 장래 금액이 (현재 가격으로 측정되고 인플레이션 조정이 이루어진) 실질가치로 표시된 경우, 실질이자율이 사용되어야 한다. 할인과 현재가치는 두 경우 모두에 적용되지만, 계산은 일관되게 일치하도록 이루어져야 한다.

현재가치란 개념은 기업이 투자계획 사업을 평가할 때 직면하는 결정을 포함해 많은 경우에 유용한 개념으로 사용된다. 예를 들어 제너럴 모터스가 새 공장의 건설을 생각하고 있다고 가상해보자. 공장을 건설하는 데 현재 지금 당장 1억 달러의 비용이 소요되고 10년 후에 회사에 2억 달러의 수익을 안겨줄 것이라고 생각하자. 제너럴 모터스는 이 계획 사업에 착수해야 하는가? 이에 대한 결정은 앞서 살펴본 사례의 결정과 일치한다. 선택을 하려면 기업은 수익금 2억 달러의 현재가치와 비용 1억 달러를 비교해야 한다.

따라서 결정은 이자율에 달려 있다. 이자율이 5%인 경우, 공장에서 얻게 될 수익금 2억 달러의 현재가치는 1억 2,300만 달러가 되고, 기업은 비용으로 1억 달러를 지불하는 선택을 해야 한다. 하지만 이자율이 8%인 경우, 수익금의 현재가치가 9,300만 달러에 불과하므로 기업은 이 사업을 그만두어야 한다. 현재가치란 개념은 이자율이 상승할 때 투자와 대부자금 수요량이 감소하는 이유를 설명하는 데 도움이 된다.

현재가치를 적용하는 또 다른 사례는 다음과 같다. 100만 달러짜리 복권에 당첨되어 50년 동안 매년 받는 금액 20,000달러(합계는 1,000,000달러이다)와 즉각 지급금 500,000달러 중에서 선택을 할 수 있다. 어느 것이 금전적으로 더 가치가 있는가? 답을 알려면, 50번에 걸쳐 이루어지는 지급금의 현재가치를 계산해보아야 한다. 이자율이 5%라고 가상하자. (각 지급금에 대해 한 번씩) 위와 같이 50번 계산을 해서 나온 결과를 합산하고 나면, 이자율 5%하에서 100만 달러의 현재가치는 383,000달러에 불과하다는 사실을 알 수 있다. 그렇다면 즉각 지급금 500,000달러가 더 나은 선택이다. 100만 달러가 더 많은 금액인 것처럼 보일 수 있지만, 현재가치로 일단 할인하게 되면 장래의 현금 흐름은 가치가 낮아진다.

FYI 복리 계산의 마술과 70의 법칙

어떤 국가의 평균 성장률은 연간 1%인 반면에 다른 국가의 평균 성장률은 연간 3%라고 가정하자. 처음에는 이런 차이가 사소한 것처럼 보일 수 있다. 2%가 어떤 차이를 만들어낼 수 있는가?

큰 차이가 날 수 있다고 답할 수 있다. 성장률은 백분율로 나타낼 때는 작게 보여도 여러 해 동안 복리적으로 계산하면 그 결과가 커지게 된다.

다음 예를 생각해보자. 두 명의 대학 졸업생 승규와 태희가 22살에 연봉이 50,000달러인 첫 직장에 입사했다고 가상하자. 승규는 총소득이 연간 1% 증가하는 경제에 살고, 태희는 연간 3% 증가하는 경제에 살고 있다. 간단한 계산을 통해 어떤 일이 발생하는지 알 수 있다. 40년 후 두 사람이 62세가 될 때, 승규는 연간 74,000달러를 받는 반면에 태희는 163,000달러를 받는다. 증가율의 차이로 인해 태희는 봉급이 승규의 두 배가 넘는다.

70의 법칙이라고 하는 경험법칙은 복리 계산이 미치는 영향을 명확하게 보여준다. 70의 법칙에 따르면, 어떤 금액이 연간 x%의 비율로 증가할 경우 해당 금액은 대략 70/x년 후에 두 배가 된다. 승규가 속한 경제는 소득이 연간 1%씩 증가하므로, 소득이 두 배가 되는 데 약 70년이 소요된다. 태희가 속한 경제는 소득이 연간 3%씩 증가하므로, 소득이 두 배가 되는 데 약 70/3년, 즉 약 23년이 소요된다.

70의 법칙은 증가하는 경제만이 아니라 증가하는 저축 계좌에도 적용된다. 한 예를 들면 다음과 같다. 미국 건국의 아버지 중 한 사람인 벤 프랭클린(Ben Franklin)은 1791년에 사망하면서 의과 대학생들과 과학 연구를 위해 사용하도록 200년 동안 투자할 5,000달러를 유산으로 남겼다. 이 금액이 (사실 가능했을 것으로 보이는) 연간 7%의 수익을 냈다면, 투자금액은 10년마다 두 배가 되었을 것이나. 200년이 지난 후에는 20번 두 배가 되었을 것이다. 복리 계산을 한 200년 뒤에는 투자금액이 $2^{20}\times$5,000달러, 즉 약 50억 달러가 되었을 것이다.(사실 벤 프랭클린이 남긴 5,000달러는 일부 금액이 도중에 지출되어 200년 후에 겨우 200만 달러에 불과했다)

프랭클린은 복리 계산의 효과를 이해하고 다음과 같이 말했다. "돈이 돈을 번다. 돈이 벌어들인 그 돈은 또 돈을 번다." 오랫동안 이 과정이 지속된다면, 깜짝 놀랄 만한 결과가 벌어질 수 있다. ■

Quiz

1. 이자율이 영인 경우, 10년 후 지급되는 100달러의 현재가치는 ______.
   a. 100달러보다 적다.
   b. 정확히 100달러이다.
   c. 100달러보다 많다.
   d. 불확정적이다.

2. 이자율이 10%인 경우, 현재 100달러의 2년 후 장래가치는 ______.
   a. 80달러이다.
   b. 83달러이다.
   c. 120달러이다.
   d. 121달러이다.

3. 이자율이 10%인 경우, 2년 후 지급되는 100달러의 현재가치는 ______.
   a. 80달러이다.
   b. 83달러이다.
   c. 120달러이다.
   d. 121달러이다.

해답은 이 장의 끝부분에 있다.

19-2 위험 관리

인생은 도박으로 가득 차 있다. 스키를 타러 갈 때는 다리가 부러질 위험이 있다. 어딘가에서 운전을 할 때는 자동차 사고가 날 위험이 있다. 저축의 일부를 주식시장에 투자할 경우 주가 하락에 따른 금전 손실의 위험이 있다. 위험에 대한 합리적인 대응은 어떤 대가를 치르더라도 이를 피하는 것이 아니라 이를 고려해 결정을 내리는 것이다. 금융 관련 결정을 내릴 때 이를 어떻게 할 수 있는지 생각해보자.

19-2a 위험 기피

위험 기피
불확실성을 싫어하는 것

사람들은 대부분 **위험 기피적**(risk averse)이다. 이것은 사람들이 자신에게 일어나는 나쁜 일을 싫어한다는 것 이상을 의미한다. 즉, 사람들이 나쁜 것에 필적할 만한 좋은 것을 좋아하는 것보다 나쁜 것을 더 싫어한다는 것을 의미한다.

여러분의 친구 수경이가 다음과 같은 거래를 제시했다고 가상하자. 수경이가 동전을 던져 앞면이 나오면, 여러분에게 1,000달러를 지급할 것이다. 하지만 뒷면이 나오면 여러분은 그녀에게 1,000달러를 지급해주어야 할 것이다. 이 거래를 받아들이겠는가? 여러분이 위험 기피적이라면 받아들이지 않을 것이다. 위험 기피적 사람인 경우, 1,000달러를 잃는 데 따른 고통이 1,000달러를 얻는 데 따른 즐거움을 상회하게 된다. 두 가지 결과가 발생할 가능성이 동일하기 때문에, 평균적으로 볼 때 상황이 나빠진다.

경제학자들은 후생 또는 만족을 측정하는 어떤 사람의 주관적인 척도인 효용이란 개

그림 1

효용함수

만족을 측정하는 주관적 척도인 효용은 부에 의존한다. 부가 증가함에 따라 효용함수는 점차 완만해지는데 이는 한계효용 체감을 반영하는 것이다. 이런 한계효용 체감으로 인해 부가 1,000달러 감소할 경우, 효용은 1,000달러 증가할 때 증대되는 효용보다 더 많이 감소한다.

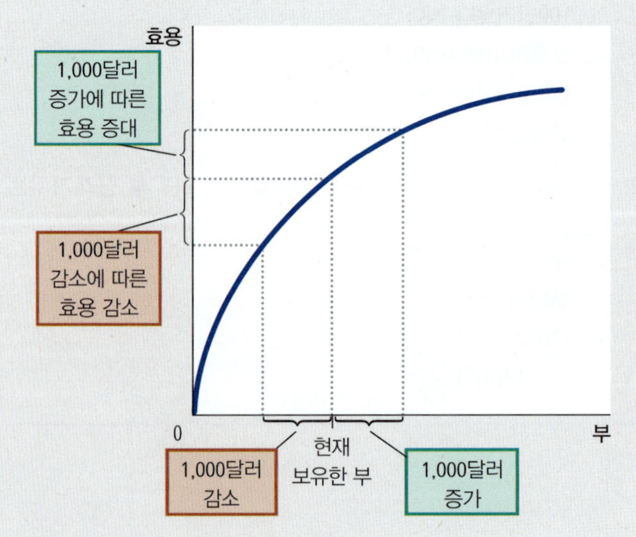

념을 사용해 위험 기피 모형을 발전시켰다. 그림 1의 효용함수가 보여주는 것처럼, 각 수준의 부는 어떤 양의 효용을 산출해낸다. 하지만 부가 증가함에 따라 효용함수가 완만해지는데, 이것은 한계효용 체감의 특성을 보여주는 것이다. 어떤 사람이 부를 더 많이 가질수록, 추가되는 각 금전은 더 적은 효용을 산출하게 된다. 이런 이유로, 1,000달러 내기에서 져서 상실하게 되는 효용은 이겨서 얻게 되는 효용을 상회하게 된다. 다시 말해 한계효용 체감은 대부분의 사람들이 위험 기피적이 되는 이유이다.

위험 기피는 경제에서 일어나는 많은 사실을 설명하는 데 도움이 된다. 그중 세 가지, 즉 보험, 다각화, 위험과 수익의 상충관계에 대해 살펴보기로 하자.

19-2b 보험시장

보험을 구입하는 것은 위험을 처리하는 한 가지 방법이 될 수 있다. 보험 계약을 체결하면, 위험에 직면한 사람은 해당 위험의 전부 또는 일부를 인수하기로 합의한 보험회사에게 보험료를 지불한다. 보험은 여러 가지 형태를 띤다. 자동차 보험은 자동차 사고에 대한 위험을 부보해주고, 화재 보험은 주택이 화재로 전소되는 위험을 부보해주며, 의료 보험은 값비싼 진료를 받아야 하는 위험을 부보해주고 생명 보험은 젊은 나이에 사망하면서 충분한 자금 없이 가족을 남겨두게 되는 위험을 부보해준다. 갖고 있는 재원보다 더 오래 사는 데 따른 위험도 있다. 현재 납부하는 보험료에 대해 보험회사는 여생 동안 정기소득, 즉 **연금**을 지급해준다.

어떤 의미에서 모든 보험 계약은 도박이다. 자동차 사고를 당하지 않을 수 있고, 주택이 화재로 전소되지 않을 수 있으며, 값비싼 진료를 받지 않을 수도 있다. 대부분의 기간에 보험회사에 보험료를 납부하고 마음의 평화 이외에 아무것도 보상을 받지 못한다. 보험회사는 자신의 보험증권에 근거해 보험금 지급 청구를 하지 않는 대부분의 사람들 덕분에 유지된다. 그렇지 않다면, 보험회사는 불행한 소수의 가입자에게 대규모 보험 청구액을 지급해줄 수 없고 계속해서 사업을 영위할 수도 없다.

경제 전체로 볼 때, 보험의 역할은 삶에 내재된 위험을 제거하는 것이 아니라 보다 효율적으로 이를 분산시키는 것이다. 화재 보험을 생각해보자. 이를 매입할 경우 주택에 화재가 발생해 전소될 위험을 낮추는 것이 아니다. 하지만 불행한 사건이 발생할 경우, 보험회사는 여러분에게 보상을 해준다. 위험을 여러분 혼자서 부담하는 것이 아니라 수천 명의 해당 보험회사 가입자들과 분담하는 것이다.

보험시장은 위험을 분산시킬 수 있는 능력을 저해하는 두 가지 문제로 인해 어려움을 겪는다. 첫 번째 문제는 **역선택**이다. 위험이 높은 사람이 보험이 제공하는 보호로부터 더 많은 이득을 보게 돼서, 위험이 낮은 사람보다 해당 보험을 구입할 가능성이 더 높아진다. 두 번째 문제는 **도덕적 해이**이다. 사람들이 보험을 구입하고 난 후에는, 자신이 입은 손실의 많은 부분을 보험회사가 보상해주기 때문에 위험한 행태에 관해 주의를 기울일 유인을 더 적게 갖게 된다. 보험회사는 이런 위험성을 인지하지만, 이를 전적으로 회피할 수는 없다. 보험회사는 위험이 높은 고객과 위험이 낮은 고객을 완벽하게 구별할 수 없으며 고객의 모든 위험한 행태를 감독할 수도 없다. 보험 가격은 고객이 보험을 구입하고 난 후에 보험회사가 직면하게 될 기대 위험을 반영하는 것이다. 보험 가격이 높은 이유는 일부 사람들, 특히 자신의 위험이 낮다고 인지하는 사람들이 보험을 구입하지 않고 대신 스스로 삶의 불확실성을 견디어 나가기 때문이다.

19-2c 기업 고유 위험의 다각화

2001년에 한때 평판이 좋았던 대기업 엔론은 사기 및 회계 부정 혐의로 파산했다. 이 회사의 최고경영진 중 몇 명은 기소되어 감옥에 가게 되었다. 하지만 이 이야기의 가장 슬픈 부분은 엔론의 수천 명 하급직원과 관련된다. 이들은 일자리를 잃었을 뿐만 아니라 많은 사람들이 평생 저축한 돈도 잃게 되었다. 직원들은 은퇴자금 중 약 3분의 2를 엔론 주식에 투자했는데 이 주식이 쓸모없게 되었다.

재무 관련 지식에 기반해 위험 기피적 사람들에게 해줄 수 있는 한 가지 실질적 조언이 있다면, 그것은 바로 "여러분의 달걀 모두를 한 바구니에 담지 말라"는 것이다. 여러분은 이런 상식적인 이야기를 이전에 들어봤겠지만, 재무 이론은 이것을 과학으로 전환시켰다. 이것을 다각화(diversification)라고 한다.

다각화
한 개의 위험을 다수의 소규모로 불완전하게 상관된 위험으로 대체시켜 달성할 수 있는 위험의 감소

보험시장은 다각화의 한 예가 된다. 10,000명의 주택 소유주가 있으며 이들 각각이 주택 화재의 위험에 직면하고 있는 소도시를 생각해보자. 어떤 사람이 보험회사를 설립하고 각 사람이 주주이자 해당 회사의 보험 계약자라면, 이들은 모두 다각화를 통해 자신의 위험을 낮출 수 있다. 여러분의 주택에 발생한 단 한 건의 화재로 전체 위험에 마주하기보다는 발생할지도 모르는 10,000건 화재 위험의 1/10,000에 마주하는 것이 더 낫다. 소도시 전체가 한꺼번에 화재로 소실되지 않는 한, 각 사람이 마주하는 불이익은 훨씬 더 작아진다.

사람들이 자신의 저축을 사용해 금융 자산을 구입할 경우, 다각화를 통해 위험을 낮출 수 있다. 어떤 회사의 주식을 매입한 사람은 해당 회사의 장래 수익성에 내기를 건 것이다. 어떤 단일 회사의 장기 수익성을 예측하는 것은 어렵기 때문에, 이런 내기는 본질적으로 위험하다. 마이크로소프트 사는 몇몇 괴짜 십대의 창업으로 시작해 수년 만에 세계에서 가장 가치 있는 기업으로 발전했다. 엔론은 세계에서 가장 평판이 좋은 기업 대열에서 불과 수개월 만에 거의 가치 없는 기업으로 떨어졌다. 다행스럽게도 주주들은 자신들의 재산을 단일 기업의 재산에 묶어둘 필요가 없다. 적은 수의 기업에 대규모로 투자하기보다는 많은 수의 불완전하게 상관된 기업에 소규모로 투자함으로써

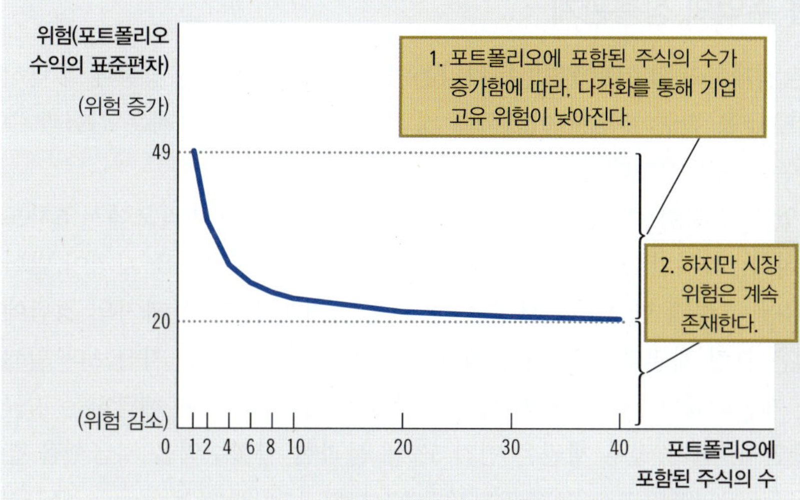

그림 2

다각화는 위험을 낮춘다

이 그림은 **표준편차**라고 하는 통계량으로 측정한 포트폴리오 위험이 포트폴리오에 포함된 주식의 수에 어떻게 의존하는지 보여준다. 투자자들이 동일한 규모로 각 주식에 투자한다고 가정한다. 주식의 수가 증가함에 따라 포트폴리오 위험을 낮출 수는 있지만 제거하지는 못한다.

출처: Adapted from Meir Statman, "How Many Stocks Make a Diversified Portfolio?" *Journal of Financial and Quantitative Analysis 22* (September 1987): 353–364.

위험을 낮출 수 있다.

그림 2는 주식 포트폴리오의 위험이 포트폴리오에 포함된 주식의 수에 따라 어떻게 달라지는지 보여준다. 여기서 위험은 **표준편차**라고 하는 통계량으로 측정되며, 여러분은 수학이나 통계학 수업에서 이에 대해 배우게 된다. 표준편차는 변수의 변동성, 즉 해당 변수가 얼마나 변동할 것으로 기대되는지를 측정한다. 포트폴리오 수익의 표준편차가 클 경우 수익은 변동할 가능성이 크며, 해당 포트폴리오를 보유한 사람들은 수익이 기대한 것보다 훨씬 아래로 하락할 상당한 위험에 직면하게 된다.

이 그림은 주식의 수가 증가함에 따라 주식 포트폴리오의 위험이 상당히 감소한다는 사실을 보여준다. 단 한 개의 주식에 투자된 포트폴리오의 경우 표준편차는 49%이다. 1개 주식에서 10개 주식으로 증가할 경우 약 절반의 위험이 제거된다. 10개 주식에서 20개 주식으로 증가할 경우, 위험이 다시 10% 감소한다. 주식의 수가 계속 증가함에 따라, 20~30개 주식을 넘어서는 데 따른 위험의 감소가 작기는 하지만 계속 감소한다.

포트폴리오에 포함된 주식의 수를 증가시키는 것으로 모든 위험을 제거하는 것이 불가능하다는 사실에 주목하자. 다각화를 통해서 특정 기업과 연관된 불확실성인 기업 고유 위험(firm-specific risk)을 제거할 수 있다. 하지만 전체 주식시장과 연관된 불확실성인 시장 위험(market risk)을 제거할 수는 없다. 예를 들어 경제가 침체기로 접어들 경우, 대부분의 기업은 판매 하락, 이윤 감소, 주식 수익 하락을 겪게 된다. 다각화는 주식 보유에 따른 위험을 낮출 수는 있지만 이를 제거하지는 못한다.

기업 고유 위험
단일 기업에만 영향을 미치는 위험

시장 위험
주식시장의 모든 기업에 영향을 미치는 위험

19-2d 위험과 수익의 상충관계

제1장에서 살펴본 경제학의 열 가지 원리 중 하나는 '사람들은 상충적인 상황에 부딪히게 된다'는 것이다. 금융 관련 결정을 이해하는 데 가장 밀접한 상충관계는 위험과 수익 사이에 존재하는 상충관계이다.

우리가 살펴보았던 것처럼 주식을 보유하는 것은 다각화된 포트폴리오에서조차도 태생적으로 위험하다. 하지만 위험 기피적인 사람들은 이런 불확실성을 기꺼이 받아들이는데, 그 이유는 그렇게 함으로써 보상을 받을 수 있기 때문이다. 과거의 경험에 비추어볼 때 주식은 가령 채권과 은행 저축 계좌와 같은 대안적인 금융 자산보다 훨씬 더 높은 수익률을 제공해왔다. 지난 2세기 동안에 주식은 연간 약 8%에 해당하는 평균 실질수익을 낸 반면에, 단기 정부 채권은 연간 3%에 불과한 실질수익을 지급했을 뿐이다.

사람들은 저축을 배분할 때 더 높은 기대수익을 얻기 위해 얼마나 큰 위험을 받아들일지 선택한다. 예를 들어 다음과 같은 두 가지 자산 분류에 포트폴리오를 배분하려는 사람을 생각해보자.

- 첫 번째 자산 유형은 평균 연수익이 8%이고 표준편차가 20%인 위험한 주식들로 다각화된 그룹이다. 여러분은 수학 수업이나 통계학 수업에서 배운 다음과 같은 내용을 기억할 것이다. 정규 확률 변수는 95%가 평균에서 2개의 표준편차 내에 위치한다. 이 경우 2개 표준편차는 ±40%의 변동을 의미한다. 따라서 수익률은 8%를 중심으로 위치하지만, 95%가 수익률 48%와 손실률 32% 사이에서 변동한다.(그리고 5%는 수익률이나 손실률이 이보다 더 크다)

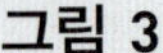

그림 3

위험과 수익 사이에 존재하는 상충관계

저축에서 주식으로 투자되는 비율이 증가할 경우, 마주하게 될 것으로 기대되는 위험과 함께 얻게 될 것으로 기대되는 수익도 증가한다.

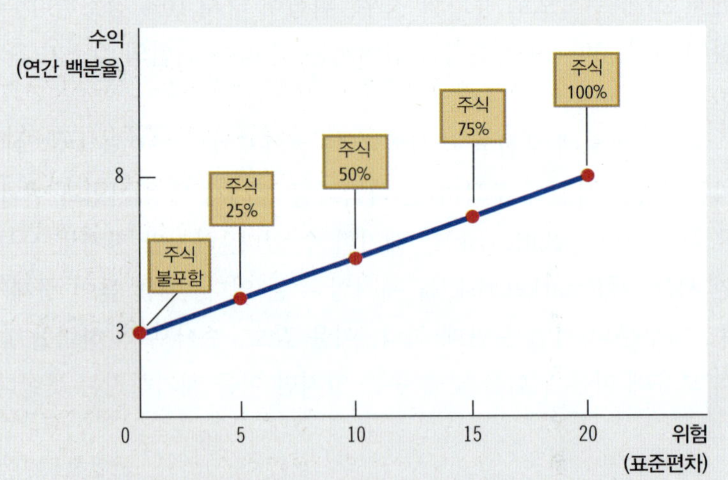

- 두 번째 자산 유형은 연수익이 3%이고 표준편차가 0인 안전한 자산 그룹이다. 즉, 이 자산은 언제나 정확하게 3%를 지급한다. 이 안전한 자산 그룹은 은행 저축 계좌이거나 정부 채권일 수 있다.

그림 3은 위험과 수익 사이에 존재하는 상충관계를 보여준다. 그림상의 각 점은 위험한 주식과 안전한 자산 간의 특정 포트폴리오 배분을 나타낸다. 그림에 따르면, 주식에 많이 배분할수록 위험과 수익이 둘 다 더 커진다는 사실을 알 수 있다.

위험과 수익 사이의 상충관계를 인정하는 것 자체만으로는 사람이 무엇을 해야 하는지를 알 수 없다. 위험과 수익의 특정 조합을 선택하는 것은 개인의 위험 기피 정도에 달려 있으며, 이런 위험 기피는 개인 선호와 관련된다. 하지만 주식 보유자들이 더 높은 기대수익은 더 높은 위험을 대가로 얻을 수 있다는 사실을 인지하는 것이 중요하다.

Quiz

4. 위험을 분산하려는 보험의 목적은 ______________로(으로) 인해 제한된다.
   a. 위험 기피와 도덕적 해이
   b. 위험 기피와 역선택
   c. 도덕적 해이와 역선택
   d. 오직 위험 회피

5. 포트폴리오를 구성할 때 다각화에 따른 이득은 그것이 ______________을(를) 제거할 수 있다는 데 있다.
   a. 역선택
   b. 위험 회피
   c. 기업 고유 위험
   d. 시장 위험

6. (평균적으로 볼 때) 주식이 채권에 비해 얻게 되는 추가 수익은 ______________에 대해 주식 보유자에게 보상을 제공하는 것이다.
   a. 주식 보유로 인해 발생하는 더 큰 시장 위험
   b. 주식 보유로 인해 발생하는 더 큰 기업 고유 위험
   c. 주식 보유자에게 부과되는 더 높은 조세
   d. 주식을 매입할 때 부담하게 되는 더 높은 중개 수수료

해답은 이 장의 끝부분에 있다.

19-3 자산가치 평가

재무분석을 하는데 필요한 두 가지 구성요소, 즉 시간과 위험에 대한 기본적인 이해를 바탕으로 이를 적용해보자. 이 절에서는 다음과 같은 단순한 물음을 생각해볼 것이다. 무엇이 주식의 가격을 결정하는가? 대부분의 가격과 마찬가지로 답은 공급과 수요이다. 하지만 이것은 이야기의 끝이 아니다. 주식 가격을 이해하기 위해 우리는 무엇이 주식에 관한 대가를 지불하고자 하는 사람들의 의지를 결정하는지에 대해 깊이 있게 생각해보아야 한다.

19-3a 기본 분석

여러분이 저축의 60%를 주식에 투자하기로 결정하고 다각화를 이루기 위해 상이한 20개 주식을 구입하려 한다고 가상하자. 주식 목록을 보면 수천 개의 주식이 있음을 알 수 있다. 여러분의 포트폴리오를 구성할 20개 주식을 어떻게 골라야 하는가?

주식을 매입할 경우, 여러분은 해당 기업의 지분을 매수하는 것이다. 어떤 기업의 지분을 보유할지 결정하려면 두 가지 사항, 즉 보유한 기업 지분의 가치와 지분을 매도할 경우의 가격을 당연히 고려해보아야 한다. 가격이 가치보다 큰 경우, 해당 주식은 **과대 평가**되었다고 한다. 가격이 가치와 동일한 경우, 해당 주식은 **공정 평가**되었다고 한다. **과소 평가**된 주식, 다시 말해 저평가된 주식은 기업 가치보다 더 적은 금액을 지불하기 때문에 저렴하다고 볼 수 있다. 여러분의 포트폴리오를 구성할 20개 주식을 고를 때는 저평가된 주식을 찾아야 한다.

기본 분석
기업의 가치를 결정하기 위해 회계 자료와 장래 전망에 대해서 하는 분석

말하기는 쉽지만 그렇게 행하기는 어렵다. 기업의 주식 가격을 알아보는 것은 쉽다. 그냥 찾아보면 알 수 있다. 기업의 가치를 결정하는 일은 어렵다. **기본 분석**(fundamental analysis)이란 기업의 가치를 평가하기 위해 해당 기업에 대한 세부적인 사항을 분석하는 작업이다. 미국 뉴욕 월스트리트에 소재하는 많은 기업은 주식 분석가를 고용해 기본 분석을 수행하고 어떤 주식을 매입할지에 관한 조언을 해준다.

주식 보유자에게 주식의 가치란 주식을 보유함으로써 얻게 되는 것으로, 배당금 흐름의 현재가치와 최종 판매 가격이 포함된다. **배당금**은 기업이 주식 보유자에게 지급하는 현금을 말한다. 주식 보유자가 자신의 지분을 매도할 때의 주식 가치뿐만 아니라 배당금을 지급하는 기업의 능력도 수익을 낼 수 있는 해당 기업의 능력에 달려 있다. 기업의 수익성은 다시 많은 요소, 즉 해당 기업 제품에 대한 수요, 보유하고 있는 자본의 규모와 종류, 해당 기업이 직면하는 경쟁의 정도, 노동자의 노조 결성 정도, 고객의 충성도, 해당 기업이 마주하는 정부 규제와 조세 등에 달려 있다. 기본 분석의 목적은 이런 요소들을 고려해 해당 기업의 주식이 얼마나 가치 있는지를 결정하는 것이다.

기본 분석에 의존해서 주식 포트폴리오를 고르려 한다면, 그렇게 할 수 있는 세 가지 방법이 있다. 첫 번째 방법은 예를 들면 해당 기업의 연간 보고서를 보면서 직접 필요한 모든 연구를 하는 것이다. 두 번째 방법은 월스트리트에서 근무하는 분석가의 조언을 따르는 것이다. 세 번째 방법은 뮤추얼 펀드의 지분을 매입하고 해당 관리자가 여러분을 대신해서 결정을 내리도록 하는 것이다.

19-3b 효율적 시장 가설

여러분의 포트폴리오를 구성할 20개 주식을 고르는 또 다른 방법이 있다. 예를 들면 주식 페이지를 게시판 위에 붙여놓고 거기에 뾰족한 쇠살을 던져서 20개 주식을 무작

FYI 주식 투자 시 유의해야 할 핵심 수치

기업의 주식을 분석할 때는 다음의 세 가지 핵심 수치를 주시해야 한다. 이 수치는 일반 신문과 많은 온라인 서비스에 보도된다.

- **주식 가격** 주식에 관한 가장 중요한 정보를 하나 꼽는다면, 그것은 바로 주식 가격, 즉 주가이다. 뉴스 매체는 보통 주식 가격을 몇 가지로 제공한다. '종가'는 최근에 거래된 주식 가격이다. '이전 종가' 또는 '전일 종가'는 이전 거래일을 마감할 때 최종 거래된 가격이다. 또 과거의 거래 일간, 거래 주간, 거래 월간, 거래 연간의 '고가'와 '저가'를 알려준다. 전일 종가에서 생긴 변화도 보도한다.
- **배당금** 기업은 이윤 일부를 주주에게 지급하는데, 이 금액을 **배당금**이라고 한다.(지급되지 않는 이윤을 **이익 잉여금**이라고 하는데, 기업은 이를 활용해 자본 투자에 대한 재원을 조달하거나, 현금 준비금을 늘리거나, 자사주를 매입한다) 뉴스 매체는 종종 지난 연도에 주당 지급된 배당금을 보도한다. **배당 수익률**도 종종 보도하는데, 이는 주식 가격에 대한 백분율로 나타낸 배당금이다.
- **주가 수익률** 기업의 수익이나 회계적 이윤은 자사 제품을 판매해 받은 수입에서 회계사가 측정한 생산비를 감해 구한다. **주당 순이익**은 기업의 순이익 총액을 주식 수로 나눠 구한다. **주가 수익률**은 종종 P/E라고 하는데, 기업의 주당 가격을 지난해 동안 번 기업의 주당 수익으로 나눠 구한다. 역사적으로 볼 때, 주가 수익률은 평균 약 16 정도 되었지만, 종종 이 기준에서 상당히 벗어나기도 한다. 높은 P/E는 해당 기업의 주식이 최근 수익에 비해 비싸다는 것을 의미하는데, 이는 사람들이 장래에 수익이 증가할 것이라고 기대하거나 주식이 고평가되었음을 시사한다. 반대로 낮은 P/E는 해당 기업의 주식이 최근 수익에 비해 싸다는 것을 의미하는데, 이는 사람들이 장래에 수익이 감소할 것이라고 기대하거나 주식이 저평가되었음을 시사한다.

제공되는 금융 서비스들이 이런 데이터를 모두 보도하는 이유가 무엇일까? 저축을 주식에 투자하는 많은 사람은 어떤 주식을 매수하고 매도할지 결정할 때 이런 수치를 면밀히 검토한다. 반면에 어떤 주식 보유자들은 매수 후 보유 전략을 취하기도 한다. 이들은 경영 실적이 좋은 기업의 주식을 매수해 장기간 보유하며 일시적 변동에 대응하지 않는다. ■

위로 뽑을 수 있다. 이 방법은 이상하게 들릴 수도 있지만, 여러분이 아주 잘못 뽑지는 않을 것이라고 믿을 만한 이유가 있다. 그 이유를 효율적 시장 가설(efficient markets hypothesis)이라고 한다.

효율적 시장 가설
자산 가격은 자신의 가치에 관해 공개적으로 이용할 수 있는 모든 정보를 반영한다는 이론

이 이론을 이해하기 위한 출발점은, 주요 증권거래소에 상장된 각 기업이 뮤추얼 펀드, 연기금, 대학 기부금을 운용하며 최선의 수익을 얻으려고 적극적으로 모색하는 수많은 포트폴리오 관리자에 의해 면밀히 분석되고 있다는 사실을 깨닫는 것이다. 매일 이들 관리자는 뉴스기사를 검토하고, 주식의 가치를 결정하기 위해 기본 분석을 한다. 이들의 임무는 주식 가격이 기본 가치를 하회할 때 주식을 매수하고, 기본 가치를 상회할 때 주식을 매도하는 것이다.

효율적 시장 가설과 관련된 두 번째 사항은 공급과 수요가 균형을 이루어 시장가격이 결정된다는 사실이다. 이것이 의미하는 바는, 시장가격에서 매도하고자 하는 주식의 수는 매수하고자 하는 주식의 수와 정확하게 일치한다는 것이다. 다시 말해 시장가격에서 주식이 고평가되었다고 생각하는 사람의 수가 저평가되었다고 생각하는 사람의 수와 정확하게 균형을 이룬다. 그러고 나서 시장에 있는 일반적인 사람에 의해 판단되는 것처럼 모든 주식은 언제나 공정하게 평가된다.

정보 효율성
이용할 수 있는 모든 정보를 합리적으로 반영한 자산 가격에 대한 설명

이 이론에 따르면, 주식시장은 정보 효율성(informational efficiency)을 보인다. 즉, 주식시장은 자산 가격에 관한 이용할 수 있는 모든 정보를 반영한다. 정보가 변화할 경우 주식 가격이 변화한다. 어떤 기업의 전망에 대해 좋은 뉴스가 알려질 경우, 해당 기업의 가치와 주식 가격은 둘 다 상승한다. 기업의 전망이 나빠질 경우, 해당 기업의 가치와 주식 가격은 둘 다 하락한다. 하지만 언제든지 시장가격은 이용할 수 있는 정보에 기초한 해당 기업 가치에 관한 최선의 추정이라고 볼 수 있다.

확률 보행
변화를 예측할 수 없는 변수의 경로

효율적 시장 가설이 갖는 한 가지 의미는 주식 가격은 확률 보행(random walk)을 따라야만 한다는 것인데, 이는 내부 정보를 갖고 있지 않다면 주식 가격의 변화는 예측이 불가능함을 시사한다. 공개적으로 이용할 수 있는 정보에 기초해서 주식 가격이 내일 10% 상승할 것이라 예측할 수 있다면, 주식시장은 오늘 그런 정보를 내포할 수 없어야만 한다. 이 이론에 따르면, 어떤 기업의 주식 가격을 움직일 수 있는 유일한 것은 해당 기업의 가치에 관한 시장의 인식을 변화시키는 뉴스이다. 하지만 뉴스는 태생적으로 예측할 수 없으며, 그렇지 않았다면 그것은 진정으로 뉴스가 아닐 것이다. 따라서 주식 가격의 변화 역시 예측할 수 없어야만 한다.

효율적 시장 가설이 옳다면, 포트폴리오에 추가할 주식 20개를 결정하기 위해 신문의 기업면 기사를 면밀히 읽는 데 많은 시간을 소비할 필요가 없다. 주식 가격이 이용할 수 있는 모든 정보를 반영한다면, 어떤 주식도 다른 주식들보다 더 나은 매수가 될 수는 없다. 여러분이 할 수 있는 최상의 방법은 다각화된 포트폴리오를 매수하는 것이다.

사례 연구

확률 보행과 인덱스 펀드

효율적 시장 가설은 주식시장이 어떻게 작동하는지를 설명하는 이론이다. 이 이론이 완벽하게 참일 수는 없다. 다음 절에서 설명하는 것처럼, 주식 보유자가 언제나 합리적이며 주식 가격이 매 순간 정보 면에서 효율적이라고 하는 주장에는 의심의 여지가 있다. 그럼에도 효율적 시장 가설은 세상을 여러분이 기대하는 것보다 훨씬 더 잘 설명할 수 있다.

주식 가격이 정확하게 확률 보행을 하는 것은 아니지만, 그와 유사한 경로를 따라 간다는 증거는 많다. 예를 들어 여러분은 최근에 상승한 주식을 매수하고 최근에 하락한 주식을 피하고 싶을 수 있다.(또는 정반대로 하고 싶을 수도 있다) 하지만 통계적 연구에 의하면 이런 추세를 따를 경우(또는 추세를 완강하게 거스를 경우) 체계적으로 시장보다 더 좋은 성과를 올리지 못한다. 한 해의 주식 성과와 다음 해의 주식 성과 사이에 존재하는 상관은 거의 영이다.

효율적 시장 가설을 지지하는 최선의 증거 몇 가지는 인덱스 펀드의 운용성과에서 비롯된다. 인덱스 펀드는 주가지수에 포함된 주식을 모두 매수한 뮤추얼 펀드이다. 인덱스 펀드의 운용성과를 적극적으로 관리되는 뮤추얼 펀드와 비교할 수 있는데, 뮤추얼 펀드에서는

전문적인 포트폴리오 관리자들이 광범위한 연구와 유명한 전문가 의견에 기초해 주식을 선택한다. 근본적으로, 인덱스 펀드는 모든 주식을 매수해 투자자에게 평균적인 주식에 대한 수익을 제안하는 반면, 적극적으로 운용되는 펀드는 최근의 주식만을 매수해 시장의 평균 수익보다 더 좋은 성과를 올리려 한다.

하지만 실제로는 적극적인 펀드 관리자들이 통상적으로 인덱스 펀드의 수익을 앞서지 못한다. 예를 들어 2021년 12월 31일에 만료되는 15년 동안, 주식 뮤추얼 펀드의 86%가 미국 증권거래소에서 거래되는 모든 주식을 포함하는 광범위한 종목에 기반한 인덱스 펀드보다 운용성과가 낮다. 이 기간 동안 주식 펀드의 평균 연수익은 인덱스 펀드 수익에 1.07%만큼 미치지 못한다. 대부분의 적극적인 포트폴리오 관리자들은 더 자주 거래를 해서 더 많은 거래비용을 발생시키며, 관리자 자신의 연구와 투자 의견에 보상하기 위해 더 많은 수수료를 부과하면서 시장을 추적하게 된다.

시장을 이긴 14%의 펀드 관리자들은 어떠했는가? 어쩌면 이들은 평균보다 더 똑똑했거나 아니면 운이 좋았을지 모른다. 5,000명이 각자 열 번씩 동전 던지기를 할 경우, 열 번 모두 앞면이 나올 사람은 평균적으로 약 다섯 명이다. 하지만 이 관리자들은 이를 재연해 보이는 데 어려움을 겪을 것이다. 마찬가지로, 연구에 따르면 우수한 운용성과를 낸 뮤추얼 펀드 관리자들은 통상적으로 뒤이은 기간에 이런 성과를 연달아 내지 못한다.

효율적 시장 가설에 따르면, 장기간에 걸쳐 시장을 이기기란 불가능하다. 시장을 이기는 것이 극히 어렵다는 사실은 많은 연구에서 확인된다. 효율적 시장 가설이 세상을 완벽하게 설명할 수는 없지만, 유용한 관점을 제시한다. ●

경제 패널 다각화된 투자

"일반적으로 내부 정보가 없다면, 주식 투자자는 소수의 주식을 보유하는 경우보다 다각화가 잘 이루어지고 수수료가 낮은 소극적인 인덱스 펀드를 보유하는 경우 더 나은 운용성과를 기대할 수 있다."

경제학자들의 의견

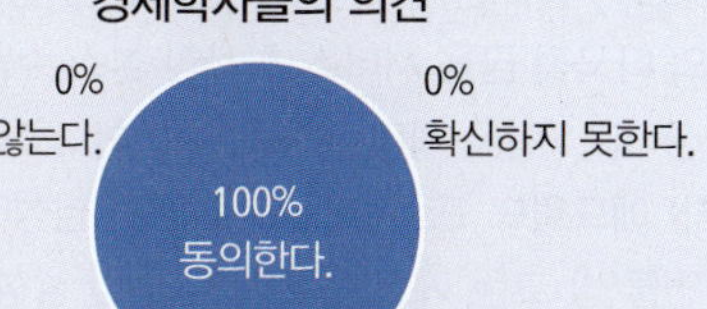

출처: IGM Economic Experts Panel, January 28, 2019.

19-3c 시장의 비합리성

효율적인 시장 가설은 주식을 매수하고 매도하는 사람들이 해당 주식의 기본 가치에 관해 알고 있는 정보를 합리적으로 처리한다고 가정한다. 하지만 주식시장 참여자들이 정말로 그렇게 합리적인가? 아니면 주식 가격은 진정한 가치에 대한 합리적 기대로부터 이따금 벗어나는가?

주식 가격의 변동이 부분적으로는 심리적이라고 주장하는 전통이 있다. 1930년대에 경제학자인 존 메이너드 케인스(John Maynard Keynes)는 자산시장이 투자자들의 '동물적 기질', 즉 낙관주의와 비합리적인 파동에 의해 주도된다고 말했다. 주식시장이 신고점으로 치솟았던 1990년대에 연방준비제도 이사회 의장이었던 앨런 그린스펀(Alan Greenspan)은 이런 급격한 벼락 경기가 '비합리적 과열'을 반영한 것이 아닌가 하는 의문을 제기했다. 이후 주식 가격이 급락했지만, 1990년대에 발생했던 과열현상이 그 당시 이용할 수 있었던 정보에 기반할 경우 비합리적이었는지에 대해서는 아직도 논쟁의 여지가 있다. 자산 가격이 기본 가치 이상으로 상승할 경우, 해당 시장은 **투기적 거품**을 겪고 있다고 본다.

성염색체 Y를 갖고 투자하는 데 따른 위험

투자할 때 도움이 되지 않는 과신은 특히 남성에게 흔하다.

여성은 남성보다 더 좋은 투자자일 수 있다. 남자인 내가 거들먹거리며 그 이유를 한번 설명해보겠다

론 리버(Ron Lieber)

(세계 최대 증권사였던 메릴 린치를 생각해보자) 메릴은 남성이고 린치도 남성이다. (미국계 다국적 투자 은행인 골그만 삭스를 생각해보자) 골드만은 어떤가? 골드만은 남성이고 삭스도 마찬가지다. (미국의 다국적 금융 서비스 회사인 찰스 슈왑을 생각해보자) 찰스 슈왑은 남성이고, (미국 최대 금융회사의 하나였던 E.F. Hutton & Co을 생각해보자) 에드워드 프랜시스 허튼 역시 남성이다. (영화 〈월스트리트〉의 가상 인물인) 고든 게코는 의지가 굳센 남성이다. (영화 〈더 울프 오브 월스트리트〉의 실제 인물이며 주식 중계인이었던) 조던 벨퍼트는 어떠한가? 이들 모두 그 잘난 남성들이다.

영웅이든 악당이든, 승자이든 패자이든, 실제 인물이든 가상 인물이든 간에 우리의 우상이 되는 투자자는 바로 그 잘난 남성들이다. 하지만 이것은 잘못됐다. 왜냐하면 여성이 종종 투자를 더 잘 한다는 것이 사실로 판명되었기 때문이다.

(미국의 다국적 금융 서비스 기업인) 피델리티(Fidelity)는 이달에 최신 증거를 제시했다. 10년 동안에 여성 고객은 남성보다 평균적으로 매년 0.4% 더 높은 수익을 올렸다. 이 수치가 크게 보이지 않을 수 있지만, 몇 십 년에 걸쳐 합계를 내면 수만 달러 그 이상이 될 수 있다.

"여성처럼 투자하십시오. 그것이 여러분이 여기서 배우는 것입니다"라고 피델리티 사의 여성 투자자이자 고객 계약 부서 책임자인 로라 카푸스타가 말했다.

연구자들이 여성이 더 유능한 투자자라는 사실을 발견한 것은 이번이 처음이 아니다. 하지만 이런 현상에 관해 놀라운 점은 여성도 남성도 이를 알지 못하는 것처럼 보인다는 것이다. 이들은 종국에 가서 남성과 여성이 둘 다 더 잘 투자하는 데 유익한 교훈을 스스로 무시해 버린다는 것이다.

피델리티 사는 2011~2020년에 520만 명의 고객 계좌를 분석했다.(1 계좌 이상을 보유하는 사람들도 있다) 이 분석에서 (금융 전문가가 아닌) 개인이 관리하는 개인 은퇴 계좌, 529플랜, 기본 중개 계좌를 조사했 주식시장에 투기적 거품이 발생할 가능성이 있는데, 그 이유는 부분적으로 주식 보유자에게 주식의 가치가 배당금 지급의 흐름뿐만 아니라 해당 주식의 최종 매도 가격에도 좌우되기 때문이다. 내일 사람들이 해당 주식에 대해 훨씬 더 높은 가격을 지불할 것이라고 예상하는 일부 사람들은 오늘 그 주식의 가치보다 더 높게 가격을 지불할 것이다. 이런 관점에서 본다면 주식의 가치를 평가할 때, 여러분은 해당 기업의 진정한 가치보다 장래에 사람들이 해당 기업의 가치를 어떻게 생각하는지에 더 큰 관심을 갖게 된다.

경제학자들은 합리적인 가격 평가로부터 벗어나는 빈도와 중요성에 관해 의견의 일치를 보지 못하고 있다. 시장의 비합리성을 믿는 사람들은 기업에 대한 합리적인 가치 평가를 변화시킬 수도 있는 뉴스에 기반해서는 설명하기 어려운 방식으로 주식시장이 움직이는 경우가 많다는 사실을 (자신의 입장에서 보면 올바르게) 지적한다. 효율적 시장 가설을 믿는 사람들은 어떤 기업에 대해 진실하고 합리적인 가치 평가를 알기 어려우므로 어떤 특정 가치 평가가 비합리적이라고 성급하게 결론을 내려서는 안 된다는 사실을 (자신의 입장에서 보면 올바르게) 지적한다. 나아가, 시장이 비합리적이라면 합리적인 사람이 이런 사실을 이용해서 시장을 이길 수 있을지도 모른다. 하지만 이전의

지만, 401(k) 같은 직장 계좌는 조사하지 않았다. 어떤 전략도 배제하지 않았다. 개별 주식을 거래하는 사람은 뮤추얼 펀드에 가입한 사람과 함께 추적해 조사가 이루어졌다.

여성들이 올린 우수한 수익의 원천은 거래하는 방식이다. 아니면, 오히려 거래하지 않는 방식이다. 피델리티 사의 여성 고객이 매수하고 매도한 거래의 횟수가 남성 고객의 절반 정도였다. (미국의 전문 투자 자문회사인) 뱅가드 사도 자신이 운용하고 있는 직장 은퇴 계좌를 조사하고 동일한 10년 동안에 유사한 패턴을 발견했다. 그 기간 동안 매년 남성은 여성보다 적어도 50% 이상 더 많이 거래했다.

이것은 매우 나쁜 현상이다. '빈번한 거래는 여러분의 부를 증식하는 데 악영향을 미친다'는 제목으로 2000년에 「Journal of Finance」에 발표되어 이제는 고전이 된 논문에서 브래드 바버(Brad M. Barber) 교수와 테란스 오딘(Terrance Odean) 교수는 바로 이 사실을 입증했다. 1991~1996년에 가장 많이 거래한 개인 투자자들은 전반적인 주식시장의 실적보다 6.5% 차이가 나는 더 낮은 연간 수익을 올렸다.

이듬해에 두 교수는 '소년은 소년이 될 것이다'라는 논문에서 거래와 성별을 살펴보았다. 물론, 여성도 필요한 거래보다 더 많이 거래했으며, 이런 거래로 1991~1997년 순수익이 연간 1.72%만큼 낮아졌다. 하지만 남성은 더 빈번한 매수와 매도로 수익이 2.65%만큼 낮아졌는데, 이 수치는 몇 년 후 피델리티 사가 발견한 남성 저수익의 두 배가 넘는다.

남성이 그렇게 많이 거래하는 이유가 무엇인가? 브래드 바버 교수와 테란스 오딘 교수는 그들이 과신하기 때문이라고 생각했다. 그렇다면 과신은 어디에서 비롯되는가? 몇 년 전에 투자로 관심을 돌린 신경학자인 윌리엄 번스타인(William Bernstein)은 테스토스테론을 지적한다.

이 호르몬은 투자자에게 세 가지 문제를 일으킨다. 공포를 감소시키고, 탐욕을 증대시키며, 과신하도록 만든다. "이 호르몬은 근육량과 반사운동 시간에는 놀랍게 기능하지만 판단에는 큰 도움이 되지 않는다."

너무 적게 두려워할 경우 시장이 침체될 때 타격을 입을 가능성이 높아지는데, 그 이유는 잘못된 투자에 과도하게 많은 돈을 투입하기 때문이다. 마찬가지로, 과도한 탐욕은 막대한 위험으로 이어질 수 있다.

『투자자의 선언서』를 포함해 과신에 관한 책을 여러 권 집필한 윌리엄 번스타인은 자신에게 다음과 같이 자문해볼 것을 제안한다. '나는 내가 하고 있는 것을 얼마나 확신하는가?' 그리고 이 질문에 대해 그는 "금융 분야에서 여러분이 어떤 것을 확신한다면, 여러분은 제정신이 아니다"라고 답했다. ■

논의 사항

1. 여러분은 개인적인 경험을 통해 남성이 여성보다 과신할 가능성이 높다고 생각해본 적이 있는가?
2. 투자자는 과신으로부터 자신을 어떻게 보호할 수 있는가?

출처: *New York Times*, October 29, 2021.

사례연구에서 논의했던 것처럼, 지속적인 기간에 걸쳐 시장을 이기기란 거의 불가능하다.

Quiz

7. 기본 분석의 목적은 ______________________.
   a. 어떤 기업의 진정한 가치를 결정하는 것이다.
   b. 다각화된 포트폴리오를 구성하는 것이다.
   c. 투자자의 비합리성에 기반한 변화를 예측하는 것이다.
   d. 투자자의 위험 기피를 제거하는 것이다.

8. 효율적 시장 가설에 따르면, ______________________.
   a. 과도한 다각화는 투자자의 포트폴리오 기대수익을 낮출 수 있다.
   b. 주식 가격의 변동은 공개된 정보를 이용해 예측하는 것이 불가능하다.
   c. 적극적으로 운용되는 뮤추얼 펀드는 인덱스 펀드보다 더 높은 수익을 올려야만 한다.
   d. 주식시장은 투자자의 변화하는 동물적 기질에 기반해 변동한다.

9. 역사적으로 볼 때 인덱스 펀드는 가장 적극적으로 운용되는 뮤추얼 펀드보다 ______________________.
   a. 더 높은 수수료를 받는다.
   b. 다각화가 덜 이루어졌다.
   c. 조세 부담이 더 크다.
   d. 더 높은 수익을 올린다.

해답은 이 장의 끝부분에 있다.

19-4 결론

이 장에서는 재무적 결정을 내리기 위해 사람들이 사용해야 하는 (그리고 종종 사용하는 있는) 일부 기본적인 분석도구를 살펴보았다. 현재가치란 개념을 통해 장래의 금액이 현재의 금액보다 가치가 낮다는 사실을 알 수 있었다. 이 개념은 또한 상이한 시점에서의 금액을 비교할 수 있는 방법을 제시한다. 위험 관리 이론에 따르면, 장래는 불확실하며 위험 기피적인 사람들은 이런 불확실성으로부터 보호하기 위해 예방 조치를 취할 수 있다. 자산가치 평가에 관한 연구를 통해 모든 기업의 주식 가격은 장래 기대 수익성을 반영해야 한다는 사실을 알 수 있다.

재무와 관련된 대부분의 분석도구가 잘 정립되어 있지만, 효율적 시장 가설의 타당성과 주식이 실제로 어떤 기업의 진정한 가치에 대한 합리적 추정치인지 여부에 관해서는 논란이 있다. 합리적이든 아니든 간에, 주식 가격이 큰 폭으로 변동할 경우 이는 중요한 거시경제적 의미를 갖게 된다. 주식시장의 변동은 종종 보다 광범위하게 경제에서의 변동과 밀접하게 연관된다. 이 책 뒷부분에서 경제 변동에 관해 학습할 때 주식시장에 대해 다시 한번 살펴볼 것이다.

요약

- 저축을 하면 이자를 받을 수 있기 때문에, 현재의 금액은 장래의 동일한 금액보다 더 가치가 있다. 현재가치란 개념을 사용해 상이한 시점에서의 금액을 비교할 수 있다. 모든 장래 금액의 현재가치는 해당 장래 금액을 얻기 위해 현재 이자율을 고려할 때 현재 필요한 금액이다.
- 한계효용 체감으로 인해 대부분의 사람은 위험 기피적이다. 보험을 구입하고, 보유 자산을 다각화하며, 위험이 낮고 수익이 작은 포트폴리오를 선택함으로써 위험을 낮출 수 있다.
- 자산의 가치는 보유자가 받게 될 현금 흐름의 현재가치와 같다. 주식 한 주에 대해, 이런 현금 흐름에는 배당금과 최종 판매 가격이 포함된다. 효율적 시장 가설에 따르면, 금융시장은 이용할 수 있는 정보를 합리적으로 처리하기 때문에 주식 가격은 언제나 해당 기업 가치에 대한 최선의 추정치와 같다. 하지만 일부 경제학자들은 효율적 시장 가설에 의문을 제기하고, 비합리적인 심리적 요소들이 자산 가격에 영향을 미친다고 본다.

주요 개념

재무 480
현재가치 480
장래가치 480
복리 481
위험 기피 484
다각화 486
기업 고유 위험 487
시장 위험 487
기본 분석 490
효율적 시장 가설 491
정보 효율성 492
확률 보행 492

복습용 질문

1. 이자율이 7%이다. 현재가치란 개념을 사용해 10년 후에 받게 될 200달러와 20년 후에 받게 될 300달러를 비교하시오.
2. 사람들은 보험시장으로부터 어떤 이득을 얻는가? 보험시장이 완벽하게 작동하는 것을 방해하는 두 가지 문제는 무엇인가?
3. 주식 보유의 다각화란 무엇인가? 1개 주식을 10개 주식으로 증가시킬 때와 100개 주식을 120개 주식으로 증가시킬 때 중에서 주식 보유자가 다각화로 더 큰 이득을 얻는 때는 언제인가?
4. 주식과 정부 채권 중에서 어느 자산이 더 위험한가? 어느 자산이 더 높은 평균 수익을 지급하는가?
5. 주식을 분석하는 사람은 주식의 가치를 결정할 때 어떤 요소를 고려해야 하는가?
6. 효율적 시장 가설을 설명하고, 이 가설과 일치하는 증거를 제시하시오.
7. 효율적 시장 가설에 대해 회의적인 경제학자들의 견해를 설명하시오.

문제와 응용

1. 오래된 이야기에 따르면, 아메리카 원주민들이 맨해튼 섬을 약 400년 전에 24달러를 받고 팔았다고 한다. 이 금액을 연 이자율 7%로 투자했다면, 현재 대략 얼마나 되겠는가?

2. 어떤 회사가 현재 1,000만 달러의 비용이 소요되고 4년 후에 1,500만 달러를 받을 수 있는 투자계획 사업을 갖고 있다.
   a. 이자율이 11%인 경우 해당 기업은 이 투자계획 사업을 착수해야 하는가? 10%인 경우는 어떠한가? 9%인 경우는 어떠한가? 8%인 경우는 어떠한가?
   b. 해당 기업이 이 투자계획 사업을 착수하는 것과 포기하는 것 사이에 차이가 없는 정확한 이자율을 계산할 수 있는가?(이 이자율을 투자계획 사업의 **내부 수익률**이라고 한다)

3. 채권 A는 20년 후에 8,000달러를 지급하고, 채권 B는 40년 후에 8,000달러를 지급한다.(간단히 하기 위해, 상환기일까지 이자가 없는 제로 쿠폰채라고 가정한다. 즉, 8,000달러가 채권 보유자가 받는 유일한 지급금이다)
   a. 이자율이 3.5%인 경우, 현재 각 채권의 가치는 얼마인가? 어느 채권이 더 가치 있는가? 그 이유는 무엇인가?(요령: 계산기를 사용할 수 있지만, 70의 법칙을 활용하면 쉽게 계산할 수 있다)
   b. 이자율이 7%로 상승할 경우, 각 채권의 가치는 얼마인가? 어느 채권이 가치면에서 **백분율** 변화가 더 큰가?
   c. 위의 예에 기초해서 다음 문장에 있는 두 개의 선택지 중에서 선택하시오. "채권 가치는 이자율이 오를 때 [상승하며 / 하락하며], 만기가 더 긴 채권은 이자율 변화에 [덜 / 더] 민감하다."

4. 여러분의 은행 계좌는 이자율 8%를 지불한다. 여러분은 XYZ 회사의 주식을 주당 110달러에 매수할 것을 고려하고 있다. 1년 후, 2년 후, 3년 후 해당 기업은 배당금 5달러를 지급할 것이다. 여러분은 3년 후 해당 주식을 120달러에 매도할 것으로 예상한다. XYZ 회사 주식은 좋은 투자 대상인가? 계산을 통해 여러분의 답변을 뒷받침하시오.

5. 다음의 각 보험에 대해 도덕적 해이를 보여주는 행태의 예를 드시오. 그리고 역선택을 보여주는 행태의 예를 드시오.
   a. 의료 보험
   b. 자동차 보험
   c. 생명 보험

6. (예를 들면 자동차 제작회사처럼) 경제상황에 매우 민감한 산업의 주식과 (예를 들면 상수도 회사처럼) 경제상황에 상대적으로 민감하지 않은 산업의 주식 중에서, 어느 주식이 더 높은 평균 수익률을 지급할 것이라고 예상하는가?

7. 기업은 두 가지 종류의 위험에 마주하게 된다. 기업 고유 위험은 경쟁기업이 시장에 진입해서 일부 고객을 가져가는 것이다. 시장 위험은 경제가 침체기로 진입해 매출이 축소되는 것이다. 기업의 주주들은 이들 두 위험 중 어느 것에 더 높은 수익을 요구할 가능성이 있는가?

8. 기업 임원들이 직무상 취득한 사적 정보에 기초해 주식을 매수하고 매도할 때, 이들은 **내부자 거래**를 하는 것이다.
   a. 주식을 매수하거나 매도하는 데 유용할 수 있는 내부 정보의 예를 드시오.
   b. 내부 정보에 기초해 주식을 거래하는 사람들은 보통 매우 높은 수익률을 올린다. 이것은 효율적 시장 가설을 위반하는가?
   c. 내부자 거래는 불법이다. 그 이유가 무엇이라고 생각하는가?

9. 동하는 효용함수 $U = W^{1/2}$를 가지며, 여기서 W는 백만 달러로 나타낸 그의 부이고 U는 이런 부로부터 얻는 효용이다. 게임 쇼의 마지막 단계에서, 사회자는 동하에게 (A) 확실한 400만 달러와 (B) 확률 0.6으로 100만 달러를 지급하고 확률 0.4로 900만 달러를 지급하는 도박 중에서 선택하라고 제안했다.
   a. 동하의 효용함수를 그래프로 나타내시오. 그는 위험 기피적인가? 설명하시오.
   b. (A)와 (B) 중에서 어느 것이 동하에게 더 높은 기대되

는 금액을 제안하는가? 정확한 계산을 통해 여러분의 추론을 설명하시오.(요령: 확률변수의 기댓값은 발생 가능한 결과들의 가중평균인데 여기서는 확률이 가중치이다)

c. (A)와 (B) 중에서 어느 것이 동하에게 더 높은 기대효용을 제안하는가? 다시 한번 여러분의 계산을 보이시오.

d. 동하는 (A)와 (B) 중에서 어느 것을 선택해야 하는가? 그 이유는 무엇인가?

Quiz 해답

1. b 2. d 3. b 4. c 5. c 6. a 7. a 8. b 9. d

Chapter

20

실업

실직은 한 사람의 삶에서 가장 비참하고 괴로운 경제적 사건일 수 있다. 대부분의 사람들은 봉급에 의존해서 생활수준을 유지하고, 많은 사람들은 자신의 일에서 개인적인 성취감을 얻는다. 실직을 하게 되면 즉각적인 재정적 어려움, 장래에 대한 불안, 추락한 자존감을 느끼게 된다. 정치인이 공직선거 운동을 할 때 자신이 제시한 정책이 일자리를 창출할 것이라고 종종 주장하는 것은 당연하다고 볼 수 있다.

실업은 개인적 비극일 뿐만 아니라 거시경제적 비극이기도 하다. 앞 장에서는 일국의 생활수준과 그것의 성장에 영향을 미치는 일부 요인, 예를 들면 저축과 투자, 법에 의한 지배, 정치적 안정, 교육수준, 무역의 개방성, 기술진보 등에 관해 논의했다. 일국의 생활수준을 결정하는 또 다른 중요한 요인은 겪고 있는 실업률이다. 일하고자 하지만 일자리를 구할 수 없는 사람들은 재화 및 용역을 생산하지 못한다. 실업은 경제적 번영을 방해한다.

경제학자들은 실업문제를 두 가지, 즉 장기적으로 지속되는 실

SHIFT DRIVE/SHUTTERSTOCK.COM, ERDARKE//GETTY IMAGES

업과 단기적으로 발생하는 실업으로 나눈다. **자연 실업률**은 경제가 정상적으로 경험하는 실업의 규모를 말한다. **경기 순환적 실업**은 자연 실업률을 중심으로 매년 변동하는 실업을 말하며, 경제활동의 단기적인 변동과 밀접하게 연관된다. 이 책의 뒷부분에서 단기적인 변동을 학습할 때 경기 순환적 실업에 대해 알아볼 것이다. 이 장에서는 경제의 자연 실업률을 결정하는 요인들에 초점을 맞출 것이다. 우리가 앞으로 살펴볼 것처럼 여기서 자연이란 용어는 이 실업률이 바람직하다는 뜻이 아니다. 이것은 자연 실업률이 시간이 지나거나 장소가 달라도 일정하다는 것을 의미하지 않으며, 경제정책의 영향을 받지 않는다는 뜻도 아니다. 단지 자연 실업률이 장기적으로 보아도 저절로 사라지지 않는다는 것을 뜻할 뿐이다.

실업 데이터에 관한 세 가지 질문으로 시작해보자. 즉, 정부는 경제의 실업률을 어떻게 측정하는가? 이 데이터를 해석하는 데 어떤 문제가 발생하는가? 실업자들은 일반적으로 얼마나 오랫동안 일자리 없이 지내는가?

그러고 나서 경제에 언제나 일부 실업이 존재하는 이유와 정책 입안자들이 실업자들을 도와줄 수 있는 방법에 대해 논의할 것이다. 자연 실업률에 대한 다음과 같은 네 가지 설명, 즉 구직, 최저임금법, 노동조합, 효율성 임금에 대해 알아볼 것이다. 장기 실업은 단 하나의 이유로 발생하지 않으며 다양한 관련 요인을 반영한다. 따라서 정책 입안자들이 자연 실업률을 낮추고 실업자들의 어려움을 완화시킬 수 있는 손쉬운 방법은 존재하지 않는다. 하지만 실업에 관한 연구를 통해 활용할 수 있는 선택 방안과 정책 입안자들이 마주하게 되는 상충관계를 명확히 할 수 있다.

20-1 실업을 인지하기

실업이란 용어가 의미하는 것을 보다 정확하게 살펴보는 것부터 시작해보자.

20-1a 실업은 어떻게 측정되는가?

미국에서 실업을 측정하는 작업은 노동성에 소속된 노동통계국(BLS)이 담당한다. 매월 노동통계국은 실업과 고용의 형태, 평균 주 노동시간, 실업의 지속기간을 포함하는 노동시장의 여러 측면에 관한 데이터를 생성해낸다. 이런 데이터는 「현재 인구 조사」라고 하는 약 60,000가구에 대한 조사를 통해 얻게 된다.

조사 설문에 대한 답변에 기초해, 노동통계국은 조사 대상 가계의 (16세 이상인) 각 성인을 다음과 같은 세 범주로 분류한다.

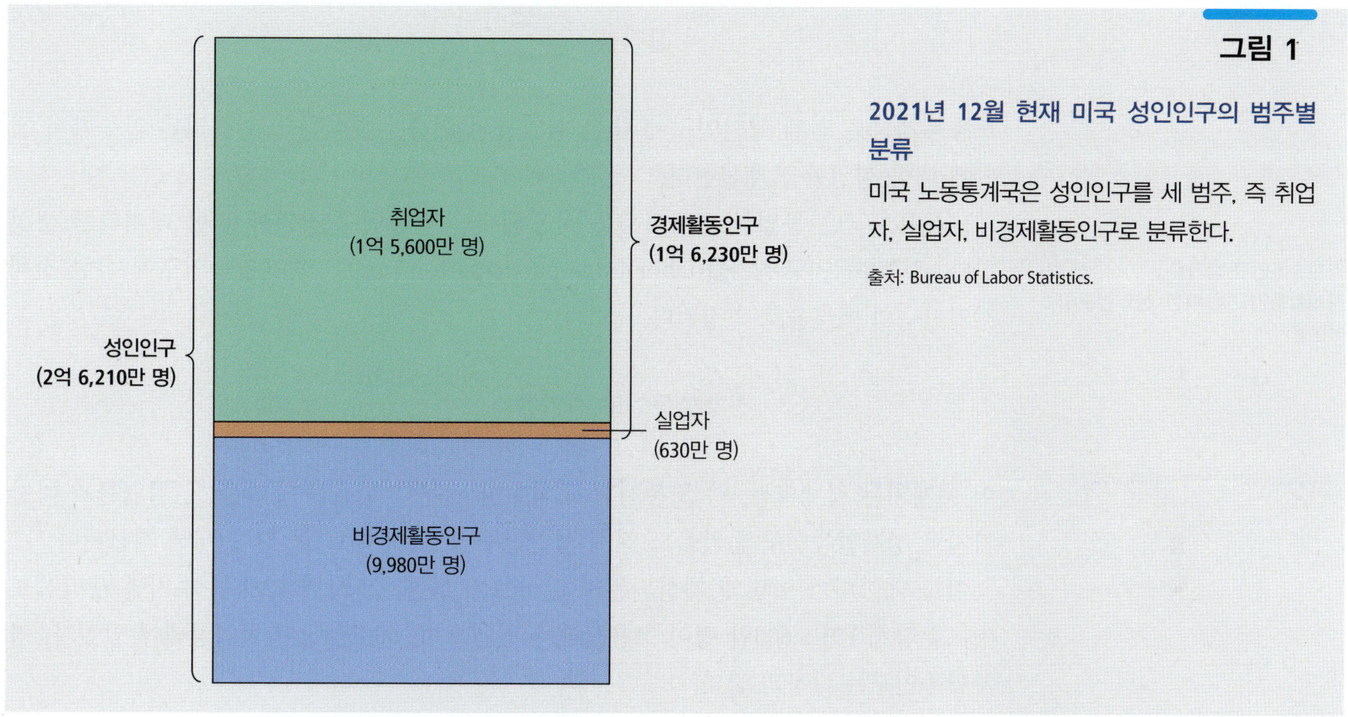

그림 1

2021년 12월 현재 미국 성인인구의 범주별 분류

미국 노동통계국은 성인인구를 세 범주, 즉 취업자, 실업자, 비경제활동인구로 분류한다.

출처: Bureau of Labor Statistics.

- **취업자:** 이 범주에는 보수를 받는 피고용인으로 근무하거나, 자신의 사업체에서 근무하거나, 가족 사업체에서 보수를 받지 않는 근로자로 근무하는 사람들이 포함된다. 풀타임 및 파트타임 근로자 둘 다가 포함된다. 또한 휴가, 질병, 악천후, 이와 유사한 이유로 일시적으로 근무하지 못하는 일자리가 있는 사람도 포함된다.
- **실업자:** 이 범주에는 고용되어 있지 않지만 근로를 할 수 있으며, 지난 4주 동안 일자리를 구하려고 시도했던 사람들이 포함된다. 일시적으로 해고된 일자리로 복직하기 위해 기다리고 있는 사람도 포함된다.
- **비경제활동인구:** 이 범주에는 위의 두 범주에 속하지 않은 사람, 예를 들면 학업에만 종사하는 학생, 가정주부, 은퇴자 등이 포함된다.

그림 1은 2021년 12월 현재 이들의 범주별 분류를 보여준다.

일단 노동통계국은 조사를 받은 모든 사람을 범주별로 분류한 다음, 통계치를 계산해 노동시장의 상황을 요약해서 정리한다. 노동통계국은 경제활동인구(labor force)를 취업자와 실업자의 합계로 정의한다.

경제활동인구
취업자와 실업자 둘 다를 포함한 노동자의 총 수

$$\text{경제활동인구} = \text{취업자} + \text{실업자}$$

실업률(unemployment rate)은 실업상태에 있는 경제활동인구의 백분율이다.

실업률
실업상태인 경제활동인구의 백분율

$$실업률 = \frac{실업자의\ 수}{경제활동인구} \times 100$$

노동통계국은 전체 성인인구에 대한 실업률과 인종, 성별 등으로 정의된 인구학적 집단에 대한 실업률을 계산한다.

노동통계국은 동일한 조사자료를 사용해 경제활동인구 참가에 관한 데이터를 생성한다. **경제활동인구 참가율**(labor force participation rate)은 경제활동인구에 속한 전체 성인인구의 백분율로 측정된다.

경제활동인구 참가율
경제활동인구에 속한 성인인구의 백분율

$$경제활동인구\ 참가율 = \frac{경제활동인구}{성인인구} \times 100$$

이 통계치는 경제활동, 즉 노동시장에 참여한 인구의 비율을 알려준다. 실업률과 마찬가지로 경제활동인구 참가율도 전체 성인인구 및 특정 집단 둘 다에 대해 계산된다.

이들 데이터가 어떻게 계산되는지 알아보기 위해, 2021년 12월의 수치를 생각해보자. 그 당시 1억 5,600만 명이 고용상태에 있었으며, 630만 명이 실업상태에 있었다. 경제활동인구는 다음과 같다.

$$경제활동인구 = 1억\ 5{,}600만\ 명 + 630만\ 명 = 1억\ 6{,}230만\ 명$$

실업률은 다음과 같다.

$$실업률 = (630만\ 명/1억\ 6{,}230만\ 명) \times 100 = 3.9\%$$

성인인구는 2억 6,210만 명이며, 경제활동인구 참가율은 다음과 같다.

$$경제활동인구\ 참가율 = (1억\ 6{,}230만\ 명/2억\ 6{,}210만\ 명) \times 100 = 61.9\%$$

따라서 2021년 12월에 성인인구의 61.9%가 노동시장에 참여했으며, 이들 노동시장 참가자의 3.9%는 일자리가 없었다.

경제학자들과 정책 입안자들은 노동시장에 관한 노동통계국의 데이터를 활용해 시간의 흐름에 따른 경제의 변화를 면밀히 검토한다. 그림 2는 1960년 이래로 미국의 실업률을 보여주고 있다. 이 그림을 통해 경제에는 언제나 실업이 존재했고 그 규모가 매년 변화했음을 알 수 있다. 앞에서 언급했듯이 실업률은 정상 실업률을 중심으로 변동하며, 이렇게 중심이 되는 실업률을 **자연 실업률**(natural rate of unemployment)이라고 하고, 이런 자연율로부터 벗어난 실업률을 **경기 순환적 실업**(cyclical unemployment)이라고 한다. 이 그림에 있는 자연 실업률은 의회예산국 소속 경제학자들이 산출한 연속적인 데이터이다. 2021년의 경우 이들은 자연율을 4.5%라고 추정했으며, 이는 실제 실업률 5.4%와 비교된다. 이 장의 나머지 부분에서는 자연율을 중심으로 이루어지는 실

자연 실업률
실업률은 변동을 하는데 그 중심이 되는 정상 실업률

경기 순환적 실업
자연율로부터 벗어나는 실업

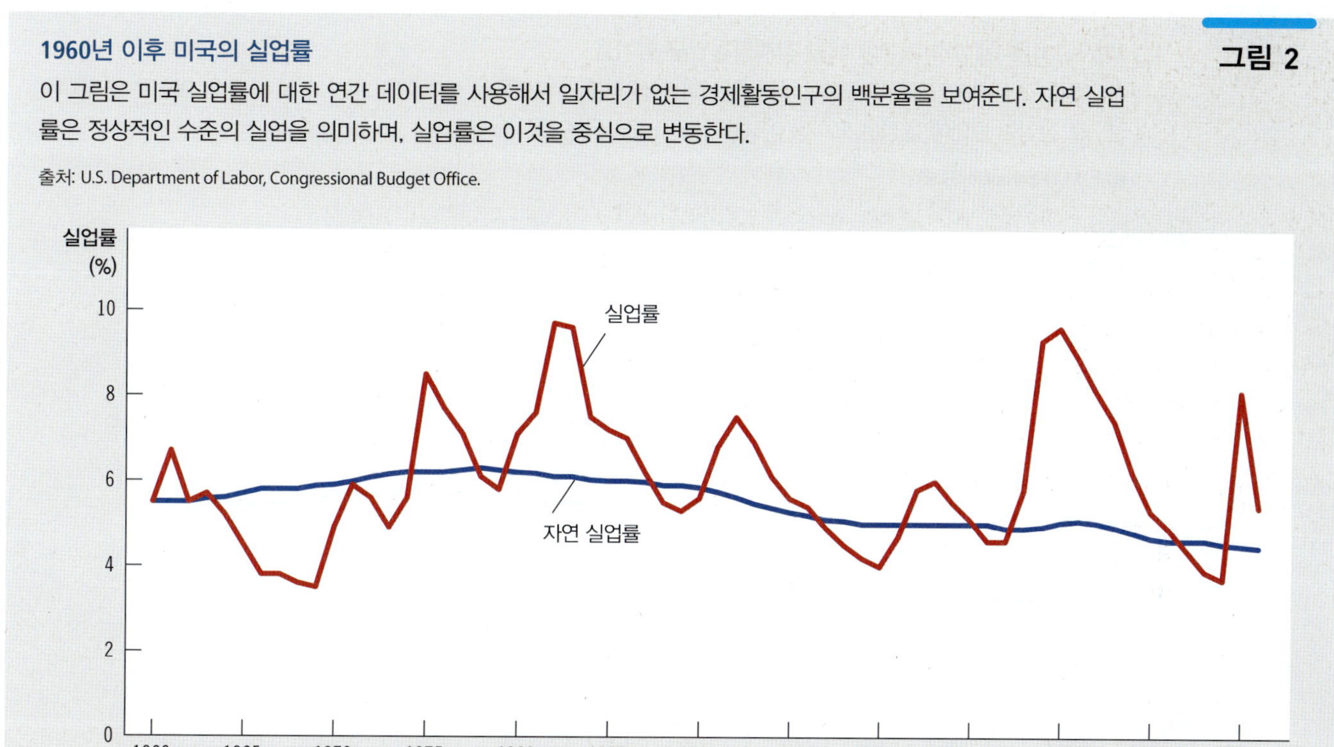

그림 2

1960년 이후 미국의 실업률

이 그림은 미국 실업률에 대한 연간 데이터를 사용해서 일자리가 없는 경제활동인구의 백분율을 보여준다. 자연 실업률은 정상적인 수준의 실업을 의미하며, 실업률은 이것을 중심으로 변동한다.

출처: U.S. Department of Labor, Congressional Budget Office.

업의 단기변동은 무시하고, 언제나 실업이 존재하는 이유에 대해 살펴볼 것이다.

사례 연구

미국 경제에서 여성과 남성의 경제활동인구 참가

지난 세기에 미국 사회는 여성의 역할에 극적인 변화가 있었다. 이런 변화가 생긴 이유는 여러 가지다. 부분적으로는 일상적인 가사를 하는 데 필요한 시간을 단축해주는 세탁기, 건조기, 냉장고, 냉동기, 세척기 같은 신기술이 대량 도입되었기 때문이다. 또 부분적으로는 산아제한 방법이 향상되어 일반 가정에서 출산하는 아이 수가 줄었기 때문이다. 이런 현상은 정치적, 사회적 태도의 변화에 기인하며, 이런 변화는 다시 기술과 산아제한의 발전으로 촉진되었다. 이런 상황의 변화 모두가 사회 전반과 특히 경제에 심대한 영향을 미쳤다.

이런 영향은 경제활동인구 참가에 관한 데이터에서 명백하게 나타난다. 그림 3은 1950년 이래로 미국 남성과 여성의 경제활동인구 참가율을 보여준다. 제2차 세계대전 직후 남성과 여성은 매우 상이한 역할을 수행했다. 남성의 87%에 비해 여성은 33%만이 취업하거나 일자리를 구하려 했다. 그 이후 여성인구가 점차 경제활동인구로 편입되는 반면에 일부 남성은 이탈하게 되어, 남성과 여성 간의 참가율 차이가 서서히 사라지게 되었다. 2021년 데이터에 따르면, 참가율은 남성이 68%인 반면에 여성은 56%가 되었다. 경제활동인구 참가율

그림 3 **1950년 이후 남성과 여성에 대한 경제활동인구 참가율**

이 그림은 경제활동인구에 포함되는 성인 남성과 여성 인구의 백분율을 보여준다. 지난 수십 년 동안 여성은 경제활동인구로 진입한 반면에 남성은 오히려 이탈했다는 사실을 알 수 있다.

출처: U.S. Department of Labor.

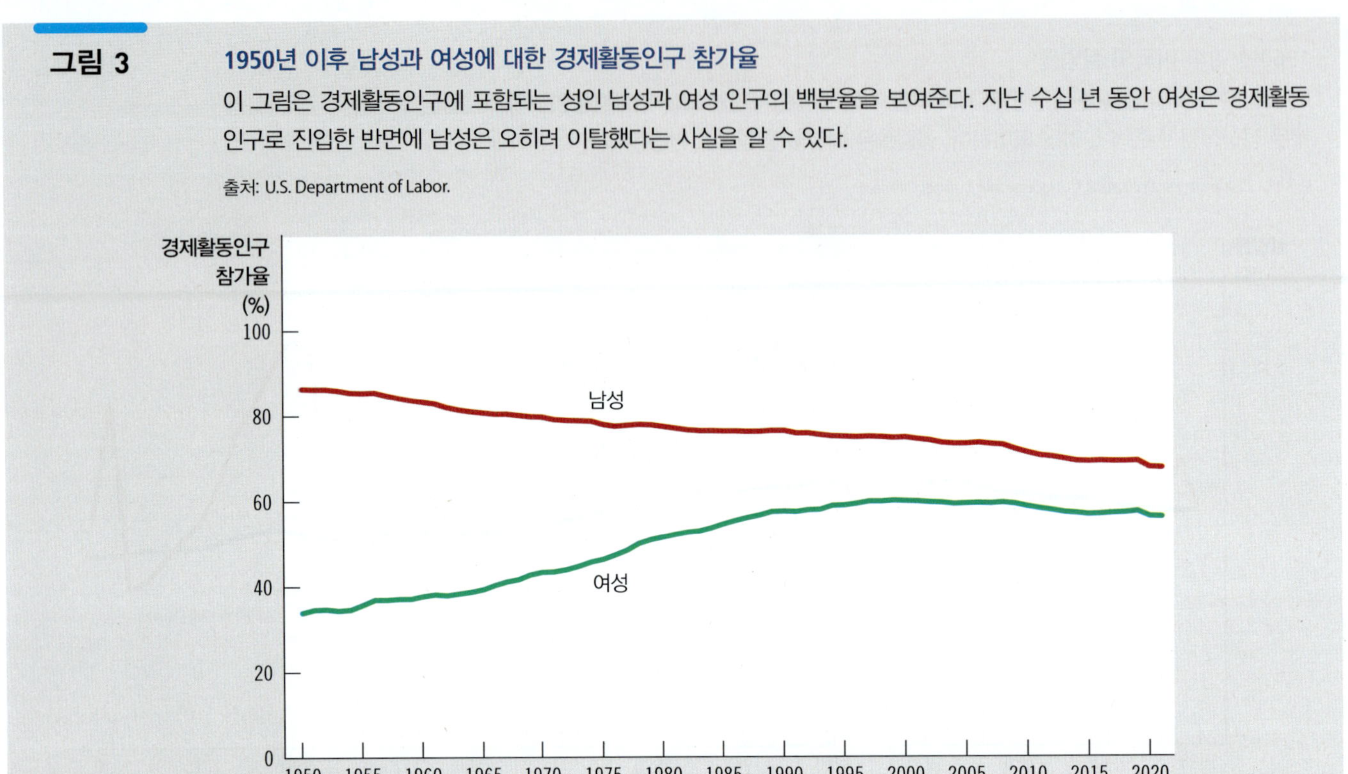

에서 알 수 있듯이 남성과 여성은 이제 보다 평등한 경제적 역할을 수행하고 있다.

여성의 경제활동인구 참가가 증대된 이유는 쉽게 설명할 수 있지만, 남성의 참가 감소는 간단하게 설명되지 않는다. 이렇게 감소한 데는 몇 가지 이유가 있다. 첫째, 젊은 남자 세대는 아버지나 할아버지 세대보다 이제 학교를 다니는 기간이 증가했다. 둘째, 노년의 남자들이 이전보다 일찍 은퇴하고 오래 생존한다. 셋째, 많은 여성이 취업함에 따라 많은 남성이 아이를 돌보는 가사에 종사한다. 이처럼 학업에만 종사하는 학생, 은퇴자, 가사에 종사하는 남성은 경제활동인구로 계산되지 않는다. ●

20-1b 실업률은 우리가 측정하고자 하는 것을 측정하는가?

어떤 경제에서 실업 규모를 측정하는 것은 간단하지가 않다. 정규직 풀타임으로 일하는 사람과 전혀 일하지 않는 사람을 구별하는 것은 용이하다. 하지만 일하지 않는 사람 중에서 실업상태인 사람과 경제활동인구에 포함되지 않는 사람을 구별하는 것은 어렵다.

경제활동인구에서는 편입되고 또한 이탈해 나가는 일이 일반적으로 벌어진다. 실업자의 3분의 1 이상은 경제활동인구로 최근에 편입되었다. 경제활동인구로 편입된 사람에는 처음으로 일자리를 찾는 젊은 노동자들이 포함된다. 또한 경제활동인구에서 이탈해 나갔다가 일자리를 찾기 위해 다시 돌아온 더 많은 수의 사람들이 포함된다. 나아가 모든 실업은 구직자가 일자리를 찾는 것으로 끝나지는 않는다. 모든 실업의 거의 절반은 실직자가 구직활동을 중단하고 경제활동인구에서 이탈해 나갈 때 종식된다.

사람들이 경제활동인구로 편입되고 이탈하는 일이 빈번하기 때문에, 실업에 관한 통계치는 해석하기가 어렵다. 반면에 실직상태에 있다고 보고한 사람들 중 일부는 일자리를 열심히 구하려 하지 않을 수 있다. 실업자에게 재정적 지원을 해주는 정부 프로그램 수급 자격을 얻기 원하거나 일을 하고는 있지만 수입에 대한 과세를 피하기 위해 '남이 알지 못하게' 지급받기 때문에, 이들은 자신들을 실업상태에 있다고 할 수 있다.(특히 2020년과 2021년 대부분 기간 동안 그랬을 수 있는데, 전염병 대유행 기간 동안 정부 지원 프로그램은 일부 사람들에게 실업상태에 있다고 보고하도록 하는 추가적인 유인을 제공했다) 이들은 경제활동인구에서 이탈해 나갔거나, 일부 경우에는 고용되었다고 보는 것이 더 정확할 수 있다. 반면에 경제활동인구에서 이탈했다고 보고한 사람들 중 일부는 일자리를 갖고자 할 수 있다. 이들은 일자리를 구하고자 했으나 성공하지 못한 후에 일자리 구하는 것을 포기했을 수도 있다. 낙담한 노동자(discouraged worker)라고 부르는 이들은 일자리가 없는 향후의 노동자이기는 하지만 실업통계상에

낙담한 노동자
일하기를 원하지만 일자리 구하는 것을 포기한 사람

표 1

노동의 과소 이용에 대한 측정방법

이 표는 미국 경제에서 실업의 정도를 측정하는 다양한 방법을 보여준다. 2021년 12월의 데이터를 사용했다.

출처: U.S. Department of Labor.

측정방법 및 설명		비율
U-1	15주 이상 실업상태인 사람을 민간 경제활동인구에 대한 백분율로 측정(최장기 실업자만을 포함)	1.7%
U-2	일자리를 잃은 사람과 임시 일자리를 종료한 사람을 민간 경제활동인구에 대한 백분율로 측정(일자리를 버린 사람은 제외)	1.9%
U-3	총실업자를 민간 경제활동인구에 대해 백분율로 측정(공식적인 실업률)	3.9%
U-4	총실업자에 낙담한 노동자를 합해서 민간 경제활동인구와 낙담한 노동자를 더한 인구에 대한 백분율로 측정	4.3%
U-5	총실업자에 한계적으로 포함된 모든 노동자를 합해서 민간 경제활동인구와 한계적으로 포함된 모든 노동자를 더한 인구에 대한 백분율로 측정	4.9%
U-6	총실업자, 한계적으로 포함된 모든 노동자, 그리고 경제적인 이유로 시간제 근무를 하는 인구를 합해서 민간 경제활동인구와 한계적으로 포함된 모든 노동자를 더한 인구에 대한 백분율로 측정	7.3%

주: 미국 노동통계국은 다음과 같이 정의한다.

- **한계적으로 포함된 노동자**는 현재 일을 하고 있지도 않고 일자리를 찾고 있지도 않지만, 일자리를 원하고 일자리에 가용할 수 있으며 종래 들어 한때 일자리를 찾았던 사람들이다.
- **낙담한 노동자**는 한계적으로 포함된 노동자의 일부분으로 인력시장과 관련된 이유로 인해 현재 일자리를 찾고 있지 않는 사람들이다.
- **경제적인 이유로 시간제 근무를 하는 사람**은 정규직 일자리를 원하고 정규직으로 근무가 가능하지만 시간제 근무 스케줄을 불만스럽게 받아들이는 사람들이다.

는 포함되지 않는다.

이런 문제들과 여타 문제들로 인해, 미국 노동통계국은 노동의 과소 이용에 대한 몇 가지 측정치를 계산하고 있으며, 표 1은 이를 보여주고 있다. 결국, 공식적인 실업률은 실업상태에 대한 유용하지만 불완전한 측정치로 간주하는 것이 최선이다.

20-1c 실업자는 얼마나 오랫동안 일자리 없이 지내는가?

실업문제가 얼마나 심각한지 판단할 때 고려할 한 가지 의문점은 실업이 일반적으로 단기적 현상인지 아니면 장기적 현상인지 여부에 관한 것이다. 실업이 단기적 현상이라면 큰 문제가 아니라고 결론을 내릴 수 있다. 노동자는 기호와 기술에 가장 적합한 일자리를 구하기 위해 어떤 직장에서 다른 직장으로 옮기는 데 몇 주가 필요할 수 있다. 하지만 실업이 장기적 현상이라면 정말로 심각하다고 결론을 내릴 수 있다. 노동자가 수개월간 실업상태에 있게 될 경우 경제적 및 심리적 어려움을 겪을 가능성이 더 높아진다.

경제학자들은 많은 노력을 기울여 실업의 지속기간에 관한 데이터를 분석했다. 이런 연구를 통해 이들은 중요하고 미묘하며 겉으로 보면 모순되는 것처럼 보이는 다음과 같은 결론에 도달했다. **대부분의 실업 지속기간은 단기적이지만, 어떤 시점에서 관찰되는 대부분의 실업은 장기적이다.**

이 결론이 어떻게 진실일 수 있는지 알아보기 위해 간단한 예를 생각해보자. 실업자들을 조사하기 위해 실업문제를 담당하는 정부 관청을 방문했다고 가상해보자. 매주 여러분은 실업상태인 노동자 네 명을 만나게 된다. 네 명 중 세 명은 일 년 내내 동일한 사람들인 반면에, 네 번째 실업상태인 노동자는 매주 바뀐다. 이런 경험에 기초할 경우 여러분은 실업이 일반적으로 단기적이라고 말하겠는가 아니면 장기적이라고 말하겠는가?

간단한 계산을 통해 이 물음에 답할 수 있다. 이 예에서 여러분은 일 년 동안 실업상태에 있는 55명의 사람을 만나게 되며, 이들 55명은 일주일 동안 실업상태에 있는 52명(1년을 52주라고 생각하자)과 일 년 내내 실업상태에 있는 3명으로 구성된다. 이것이 의미하는 바는 실업의 52/55 또는 95%가 일주일 안에 종식된다는 것이다. 하지만 여러분이 실업문제를 담당하는 정부 관청을 방문할 때마다, 여러분이 만나는 네 명 중 세 명은 일 년 내내 실업상태에 있게 된다. 따라서 실업기간의 95%가 일주일 안에 종식되기는 하지만 어떤 시점에 관찰되는 실업의 75%(3/4 = 0.75)는 일 년 내내 실업상태에 있는 사람들로부터 기인한다. 이 예에서는 세상에서와 마찬가지로 대부분의 실업 지속기간은 단기적이지만, 어떤 시점에서 관찰되는 대부분의 실업은 장기적이다.

이 미묘한 결론이 의미하는 바는 실업에 관한 데이터를 해석할 때와 실업자들을 도와주는 정책을 마련할 때 경제학자들과 정책 입안자들이 주의를 기울여야만 한다는 것이다. 실업상태에 있는 대부분의 사람들은 곧 일자리를 구했다. 하지만 경제에서 발생하는 대부분의 실업문제는 장기간 동안 일자리가 없는 상대적으로 소수인 노동자들에게서 비롯된다.

20-1d 실업자가 언제나 존재하는 이유는 무엇인가?

우리는 실업의 측정, 실업 통계치를 해석하는 데 따른 문제, 실업의 지속기간에 대해 논의했다. 하지만 애초에 실업이 경제에서 발생하는 이유는 설명하지 않았다.

공급과 수요로 다시 돌아가보자. 제4장에서 소개했던 것처럼 표준적인 경쟁시장 모형에서 판매되는 재화는 모두 동일하며, 공급량과 수요량이 균형을 이루도록 가격이 조정된다. 특정 목적을 위해 이 모형은 노동시장에도 적용될 수 있다. 즉, 노동은 재화이고 가격은 임금이다. 하지만 모든 모형과 마찬가지로 이 모형도 한계를 갖고 있다. 모형의 균형에서는 실업이 존재하지 않기 때문에 노동시장을 완전하게 설명할 수 없다.

경제상황이 좋을 때에도 세상에는 언제나 일자리가 없는 노동자들이 존재한다. 실업률은 결코 영이 되지 않지만, 대신에 자연 실업률을 중심으로 변동한다. 실업을 설명하기 위해 이 장의 나머지 부분에서는 실제 노동시장이 공급 및 수요의 기본 모형에서 이탈하게 되는 이유를 살펴볼 것이다.

결론부터 말한다면 실업이 존재하는 이유를 설명하는 네 가지 주장이 있다. 첫 번째 주장은, 노동자와 일자리가 다양하며 이로 인해 노동자가 자신에게 가장 적합한 일자리를 구하는 데 시간이 걸리고 기업이 회사의 필요에 가장 적합한 노동자를 구하는 데도 시간이 걸린다고 강조한다. 이런 구직과정에서 비롯되는 실업을 마찰적 실업(frictional unemployment)이라고 하는데, 이는 종종 상대적으로 단기적인 실업을 설명하는 데 적합하다고 생각된다.

마찰적 실업
노동자들이 자신의 기호와 기술에 가장 적합한 일자리를 찾는 데 시간이 필요하기 때문에 발생하는 실업

다음의 세 가지 주장은 공통 주제를 갖고 있다. 즉, 일부 노동시장에서 이용할 수 있는 일자리의 수가 일자리를 찾고 있는 사람의 수보다 적을 때 실업이 발생한다는 것이다. 이상적인 노동시장에서는 임금이 공급과 수요를 균형시키기 때문에 실업이 결코 발생하지 않는다. 하지만 이따금 임금은 균형수준 위에 고착되고, 이로 인해 노동의 공급량이 수요량을 초과하게 된다. 이런 종류의 실업을 구조적 실업(structural unemployment)이라고 하는데, 이는 장기적인 실업을 설명하는 데 적합하다고 보통 생각된다.

구조적 실업
어떤 노동시장에서 이용할 수 있는 일자리의 수가 일자리를 원하는 모든 사람에게 제공하기에는 불충분하기 때문에 발생하는 실업

임금이 균형보다 높게 설정되는 세 가지 이유, 즉 최저임금법, 노동조합, 효율성 임금에 대해 논의할 것이다. 균형수준보다 높은 임금은 최저임금법의 경우 정부에 의해, 노동조합의 경우 노동자에 의해, 효율성 임금의 경우 기업에 의해 설정된다.

FYI 일자리 수

미국 노동통계국이 매달 초에 실업률을 발표할 때, 이전 달에 경제가 창출했거나 상실한 일자리의 수도 알려준다. 단기적 경제 추세의 지표로서 일자리 수는 실업률만큼 많은 관심을 끌고 있다.

일자리 수는 어디서 구할 수 있는가? 여러분은 실업률을 산출하는 데 사용된 60,000개 가계에 대한 설문조사에서 구할 것이라고 생각할 수 있다. 그리고 실제로 그 설문조사를 통해 총고용에 관한 데이터를 생성한다. 하지만 가장 주목받는 일자리 수는 급료 지급 명부에 4,000만 명 이상의 노동자가 있는 160,000개 기업체에 대한 별개의 설문조사를 통해 얻는다. 기업체 설문조사를 통해 얻은 결과는 가계 설문조사를 통해 얻은 결과와 동시에 발표된다.

두 설문조사가 총고용에 관한 정보를 제공하지만 결과가 반드시 동일하지는 않다. 그 이유 하나는 기업체 설문조사는 표본이 더 크기 때문에 결과를 더 신뢰할 수 있다는 것이다. 또 다른 이유는 두 설문조사가 정확하게 동일한 것을 측정하지 않는다는 것이다. 예를 들어 상이한 기업체에서 두 개의 파트타임 일자리를 갖고 있는 사람은 가계 설문조사에서 한 명의 취업자로 계산된다. 또 다른 예로 소규모 자영업을 영위하는 사람은 가계 설문조사에서 취업자로 계산되지만, 기업체 설문조사에서는 기업체의 급료 지급 명부에 있는 취업자만을 계산하기 때문에 취업자로 계산되지 않는다.

기업체 설문조사는 일자리에 관한 데이터로 주목받지만, 실업에 관해서는 아무것도 알려주지 않는다. 실업자의 수를 측정하기 위해서는 일자리가 없는 사람 중 얼마나 많은 사람이 일자리를 찾고 있는지 알아야만 한다. 가계 설문조사가 이런 정보를 제공하는 유일한 출처이다. ■

Quiz

1. 어떤 국가의 인구가 100명이다. 그중 40명은 정규직 풀타임으로 근무하고, 20명은 기간직 하프타임으로 근무하지만 풀타임으로 근무하길 선호한다. 10명은 일자리를 구하고 있으며, 10명은 일하고자 하지만 매우 낙담해서 일자리 구하는 것을 포기했다. 10명은 학업에만 전념하는 학생이기 때문에 일하는 것에 관심이 없으며, 10명은 은퇴한 사람들이다. 실업자는 몇 명인가?
   a. 10명
   b. 20명
   c. 30명
   d. 40명
2. 위의 내용에 기반할 경우 이 국가의 경제활동인구는 몇 명인가?
   a. 50명
   b. 60명
   c. 70명
   d. 80명

해답은 이 장의 끝부분에 있다.

20-2 구직

구직
노동자들이 자신의 기호와 기술에 적합한 일자리를 찾는 과정

경제에 실업이 존재하는 한 가지 이유는 **구직**(job search) 때문인데, 이는 노동자가 적절한 일자리를 구하는 과정을 말한다. 모든 노동자와 모든 일자리가 동일하다면, 이를 부합시키는 일은 신속하게 이루어지고 용이하다. 하지만 노동자들은 기호와 기술 면에서 다르고, 일자리는 특성 면에서 상이하며, 일자리 지원자와 일자리 공백에 관한 정보는 경제의 많은 기업과 가계 사이에 서서히 확산되어 퍼져 간다. 이런 과정이 진행됨에

따라 일부 사람들은 실업상태로 시간을 보내게 된다.

20-2a 마찰적 실업이 불가피한 이유는 무엇인가

노동시장은 끊임없이 변동하는 상태에 있다. 기업은 부침을 겪기 때문에 이에 따라 노동에 대한 수요도 변동하고 이로 인해 마찰적 실업이 발생한다. 예를 들어 소비자들이 포드 자동차보다 테슬라 자동차를 선호하게 되면, 테슬라 사는 고용을 증대시키고 포드 사는 노동자를 해고하게 된다. 전직 포드 노동자들은 이제 새로운 일자리를 찾아야 하고, 테슬라 사는 빈 일자리를 채우기 위해 어떤 노동자를 고용할지 결정해야만 한다. 이런 전환기가 도래하게 되면 일부 근로자들은 실업을 경험하게 된다.

이와 유사하게, 고용이 일국의 한 지역에서는 증가하는 반면에 다른 지역에서는 감소할 수 있다. 유가가 세계 시장에서 하락할 경우 어떤 일이 발생하는지 생각해보자. 미국 텍사스주와 노스다코타주에 소재하는 석유 생산기업은 생산과 고용을 줄여 인하된 가격에 대응한다. 한편 휘발유 가격이 저렴해짐에 따라 자동차 판매가 촉진되어 미시간주와 오하이오주에 소재하는 자동차 생산기업은 생산과 고용을 확대하게 된다. 유가가 상승할 경우 정반대 현상이 발생한다. 산업 간 또는 지역 간 수요 구성의 변화를 **부문 간 이동**이라고 한다. 노동자들이 새로운 부문에서 일자리를 구하는 데는 시간이 걸리기 때문에 부문 간 이동으로 인해 실업이 발생한다.

또한 국제무역 패턴이 변화함에 따라 마찰적 실업이 발생할 수 있다. 제3장에서 설명했던 것처럼, 국가는 자국이 비교우위를 갖는 물품을 수출하고, 다른 국가들이 비교우위를 갖는 물품을 수입한다. 하지만 비교우위가 시간이 흐르는데도 변하지 않고 안정적일 필요는 없다. 세계 경제가 발전함에 따라 국가들은 과거와는 다른 물품을 수입하고 수출하게 된다. 노동자들은 산업 간에 이동하게 된다. 이런 전환이 이루어짐에 따라 노동자들은 한동안 실업에 처할 수 있다.

경제는 언제나 변화하기 때문에 마찰적 실업의 발생은 불가피하다. 예를 들어 2010~2020년의 미국 경제에서 고용은 신문과 서적 출판 부문에서 235,000명이 감소했고, 호텔 산업 부문에서 238,000명이 감소했으며, 주정부 및 지방정부 부문에서 534,000명이 감소했다. 동일한 기간 동안 고용은 제조업 부문에서 650,000명이 증가했고, 건설 부문에서 1,800,000명이 증가했으며, 보건의료 부문에서 3,000,000명이 증가했다. 이런 고용된 노동력의 변화는 제대로 기능하며 동태적인 경제에서 발생하는 정상적인 현상이다. 노동자들은 자신의 가치가 가장 높아지는 산업으로 이동하는 경향이 있기 때문에, 전반적인 경제에서 보면 장기적으로 더 높은 생산성과 생활수준이 달성된다. 하지만 이런 과정을 거치면서 사양산업에 종사하는 노동자들은 실업을 경험하고 새로운 일자리를 찾게 된다. 이에 수반되는 결과가 마찰적 실업이다.

20-2b 공공정책과 구직

마찰적 실업이 불가피하기는 하지만 정확한 규모를 알 수 없다. 일자리와 노동자 가용성에 대한 정보가 더 빠르게 확산될수록, 노동자와 기업을 더 신속하게 일치시킬 수 있다. 예를 들면 인터넷은 구직을 용이하게 하고 마찰적 실업을 낮추는 데 도움을 줄 수 있다. 이 밖에 공공정책을 통해 실직상태의 노동자들이 새로운 일자리를 구하는 데 걸리는 시간을 줄일 수 있으며 그로 인해 자연 실업률을 낮출 수 있다.

정부 프로그램을 통해 다양한 방법으로 구직을 쉽게 하도록 도와주려 한다. 그중 하나는 정부가 운영하는 직업 소개소인데, 이는 노동자들이 사양산업에서 성장산업으로의 전환을 용이하게 해주고 취약계층이 빈곤에서 벗어나도록 도와주고자 한다. 이들 프로그램을 옹호하는 사람들은, 이를 통해 노동자들을 보다 완전하게 고용함으로써 경제가 보다 효율적으로 운영되도록 하며 항상 변화하는 시장경제에 내재된 불평등을 낮출 수 있다고 믿는다.

이들 프로그램을 비판하는 사람들은, 정부가 구직과정에서 역할을 담당하는 것에 의문을 제기한다. 이들의 주장에 따르면 민간시장에서 노동자와 일자리가 일치되도록 하는 것이 더 낫고, 정부는 적합한 노동자에게 적합한 정보를 전파하고 어떤 종류의 노동자 훈련이 가장 가치 있는지를 잘 결정하지 못하며 아마도 더 못할 것이라고 한다. 사실 미국 경제에서 대부분의 구직은 정부의 개입 없이 이루어진다. 신문 광고, 온라인 취업 사이트, 대학 진로 사무소, 인재 스카우트 회사, 입소문 모두가 채용 공고와 취업 희망자에 관한 정보를 전파하는 데 도움이 된다. 이와 유사하게 많은 노동자 교육이 학교나 현장교육을 통해 민간부문에서 이루어진다.

20-2c 실업보험

실업보험
실직상태에 있는 노동자들의 소득을 부분적으로 유지하기 위한 정부 프로그램

의도하지는 않았지만 마찰적 실업의 규모를 증대시킨 정부 프로그램 하나는 실업보험(unemployment insurance)이다. 이 프로그램은 일자리를 잃은 경우 노동자들에게 임금의 일부를 보상해준다. 스스로 일자리를 그만두었거나, 정당한 이유로 해고되었거나, 경제활동인구에 지금 막 편입된 실업자들은 자격이 주어지지 않는다. 이전의 고용주가 해당 노동자의 기술이 더 이상 필요하지 않아서 해고된 실업자들에게만 실업급여가 지급된다. 이 프로그램의 조건은 시간이 흐름에 따라 그리고 주에 따라 다르지만, 미국에서 실업보험의 혜택을 받는 일반적인 노동자들은 이전 임금의 50%를 26주 동안 지급받게 된다. 이 실업보험은 종종 전국적인 경기 침체기에 증가하며, 이런 현상은 2020~2021년의 코로나 바이러스 감염증 대유행 기간 동안에 특히 그러했다.

실업보험은 실업에 따른 어려움을 완화시켜 주는 반면에, 실업의 규모를 증대시킨

다. 이 설명은 제1장에서 살펴본 **경제학의 열 가지 원리** 중 하나인 '사람들은 유인에 반응한다'는 사실에 기초한다. 노동자가 새로운 일자리를 얻게 될 때 실업급여가 중단되기 때문에, 실업자는 일자리를 구하는 데 더 적은 노력을 기울일 수 있고 매력적이지 않은 일자리 제안을 거절할 가능성이 높아진다. 이 밖에 실업보험은 실업을 덜 부담스럽게 만들기 때문에, 노동자들은 고용주와 고용조건을 두고 협상할 때 일자리 안정성 보장을 추구할 가능성이 낮아진다.

노동경제학자들은 많은 연구를 통해 실업보험이 미치는 유인효과를 분석했다. 그중 한 연구에서 1985년에 미국 일리노이주가 시행한 실험을 분석했다. 주정부는 실업상태인 노동자들이 실업보험 급여를 받기 위해 신청할 때 이들 중 일부를 무작위로 뽑아서 11주 내에 새로운 일자리를 구할 경우 각각에게 장려금 500달러를 지불하겠다고 제안했다. 그러고 나서 이 집단을 장려금을 지급하겠다는 제안을 받지 않은 대조집단과 비교했다. 장려금 지급을 제안받은 집단의 평균 실업기간은 대조집단의 평균 실업기간보다 7% 짧았다. 이 실험을 통해 실업보험 제도의 설계 내용이 실업자들이 구직하는 데 쏟는 노력에 영향을 미친다는 사실을 알 수 있다.

몇 개의 다른 연구에서는 시간의 흐름을 따라 노동자 집단을 추적해서 이들의 구직 노력을 분석했다. 실업보험 급여는 영원히 지속되는 것이 아니라 보통 6개월 또는 1년 후에 종료된다. 이들 연구에 따르면, 실업자들이 실업급여 수급 자격을 상실하게 될 경우 일자리를 구할 확률이 눈에 띄게 높아진다고 한다. 즉 실업보험 급여를 받을 경우 실업자의 구직 노력이 감소된다는 것이다.

실업보험이 구직 노력을 줄이고 실업을 증가시키는 것으로 나타나기는 했지만, 반드시 이 정책이 바람직하지 않다고 결론을 내려서는 안 된다. 이 프로그램은 노동자들이 당면하는 소득 불확실성을 줄이려는 주요 목표를 달성하고 있다. 이 밖에 노동자들이 매력적이지 않은 일자리 제안을 거절할 때, 이들은 자신의 기호와 기술에 더 적합한 일자리를 찾을 수 있다. 일부 경제학자들은 실업보험이 각 노동자를 가장 적합한 일자리와 일치시키려는 경제의 능력을 향상시킨다고 주장한다.

Quiz

3. 실업보험의 주요 정책 목표는 ____________________.
   a. 실업자들의 구직 노력을 줄이는 것이다.
   b. 노동자들이 당면하는 소득 불확실성을 줄이는 것이다.
   c. 임금 설정 시 노동조합의 역할을 줄이는 것이다.
   d. 마찰적 실업의 규모를 줄이는 것이다.

4. 실업보험이 의도하지 않은 한 가지 결과는 실업보험이 ____________________.
   a. 실업자들의 구직 노력을 줄이는 것이다.
   b. 노동자들이 당면하는 소득 불확실성을 줄이는 것이다.
   c. 임금 설정 시 노동조합의 역할을 줄이는 것이다.
   d. 마찰적 실업의 규모를 줄이는 것이다.

해답은 이 장의 끝부분에 있다.

20-3 최저임금법

마찰적 실업은 구직과정에서 발생하는 반면에, 구조적 실업은 일자리의 수가 노동자의 수에 비해 부족할 때 발생한다.

구조적 실업을 이해하기 위해서 최저임금법으로 인해 실업이 어떻게 발생하는지 다시 생각해보는 데서부터 시작해보자. 최저임금법이 미국 경제에서 실업이 발생하는 주요 원인은 아니지만, 이에 관한 분석은 구조적 실업이 발생하는 여타 원인들을 이해하는 데 사용될 수 있어 좋은 출발점이 된다.

그림 4는 최저임금이 경쟁적인 노동시장에서 이루어진 결과에 어떤 영향을 미치는지 개략적으로 보여준다. 최저임금법이 구속력이 있을 때, 이로 인해 임금은 공급과 수요를 균형시키는 수준보다 높게 형성된다. 그렇지 않았다면 이루어졌을 균형과 비교해볼 때, 공급량은 더 많고 수요량은 더 적다. 노동 과잉 현상이 발생한다. 일하고자 하는 노동자가 일자리보다 더 많기 때문에 일부 노동자는 실업상태에 있게 된다.

미국 경제에서 최저임금법은 경제활동인구의 작은 비율에만 영향을 미친다. 대부분의 노동자들은 법적인 최저임금보다 훨씬 더 높은 임금을 받고 있어서, 최저임금법으로 인해 임금이 공급과 수요를 균형시키기 위해 조정되는 것이 방해받지는 않는다. 최저임금법은 예를 들면 십대들처럼 기술과 경험 수준이 낮은 사람들에게 가장 문제가 된다. 이들의 균형임금은 법적인 최저임금보다 아래로 하락할 가능성이 높기 때문에, 최저임금법이 실업의 발생원인을 설명하는 데 도움을 주는 경우는 주로 이 노동자들이다.

그림 4

균형수준보다 높게 설정된 임금으로 인해 발생하는 실업

이 노동시장에서 공급과 수요는 임금이 W_E에서 균형을 이룬다. 이 균형임금에서 노동의 공급량과 수요량은 둘 다 L_E가 된다. 하지만 최저임금법으로 인해 임금이 균형수준보다 높게 설정될 경우, 노동의 공급량은 L_S로 증가하고 수요량은 L_D로 감소한다. 이에 따른 노동 과잉 $L_S - L_D$가 실업을 나타낸다.

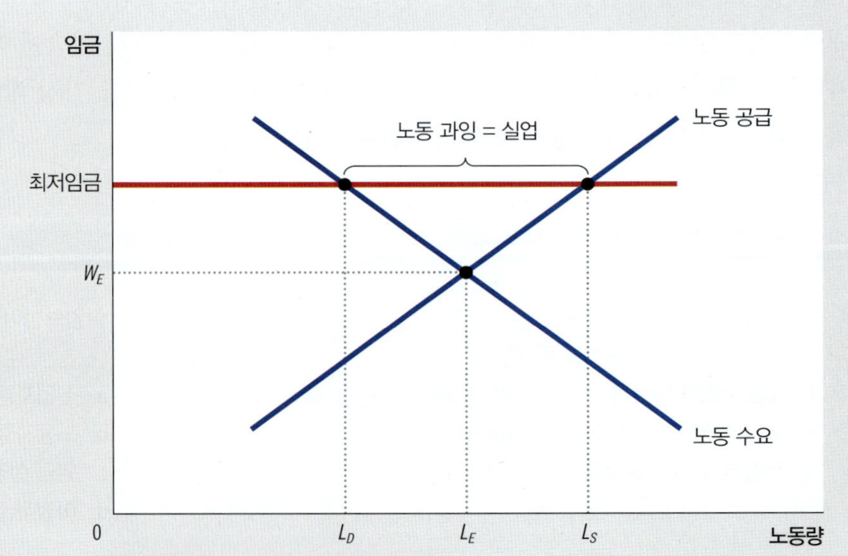

그림 4는 다음과 같은 보다 일반적인 교훈을 알려준다. **임금이 어떤 이유로 균형수준보다 높게 설정될 경우 그 결과로 실업이 발생한다.** 이 장의 나머지 두 개 절에서는 최저임금법 이외에 임금이 균형수준 이상으로 설정되는 두 가지 이유, 즉 노동조합과 효율성 임금에 관해 살펴볼 것이다. 이들 경우에 적용되는 기본적인 경제 논리는 그림 4의 논리와 유사하지만 구조적 실업에 관해 설명하는 이런 주장은 더 많은 노동자에게 적용된다.

하지만 계속 진행하기 전에 구조적 실업과 마찰적 실업의 주요한 차이에 주목하자. 구조적 실업은 균형수준보다 높게 설정된 임금으로 인해 발생하는 반면에, 마찰적 실업은 구직과정에서 발생한다. 일자리를 탐색하는 구직의 필요성은 임금이 노동 공급과 노동 수요를 균형시키지 못하기 때문에 발생하는 것이 아니라, 매우 다양한 노동자와 일자리에서 비롯되는 것이다. 마찰적 실업의 경우, 노동자들은 자신들의 기호와 기술에 가장 적합한 일자리를 찾으려 탐색한다. 반면에 구조적 실업의 경우, 노동 공급량이 노동 수요량을 초과해 노동자들은 공고될 일자리를 기다린다.

사례 연구

누가 연방 최저임금을 받는가?

2021년에 미국 노동성은 연방 최저임금이 시간당 7.25달러였던 2020년에 어떤 노동자들이 최저임금이나 이보다 낮은 임금을 받았는지 보여주는 연구 결과를 발표했다.(최저임금에 미달하는 것으로 보고된 임금은 일부 노동자들이 해당 법령의 적용에서 면제되거나, 법적 시행이 불완전하거나, 조사 시 자신이 임금을 보고할 때 우수리를 버렸기 때문에 가능했다)

- 2020년에 (봉급을 받거나 자영업이 아닌) 시간당 임금을 받은 사람은 7,300만 명이다. 시간당 임금을 받는 노동자의 약 1.5%가 연방 최저임금이나 그보다 낮은 임금을 받았다고 보고했다. 전체적으로 보면, 연방 최저임금이 직접적으로 영향을 미친 노동자는 전체 노동자의 약 0.8%이다.
- 최저임금을 받는 노동자들은 젊은 경향이 있다. 시급을 받는 10대(16~19세)의 약 5%가 최저임금이나 그 미만을 받는데, 이는 시급을 받는 25세 이상 노동자의 1%와 비교된다.
- 최저임금을 받는 노동자들은 교육수준이 낮은 경향이 있다. 시급을 받는 16세 이상 노동자 중에서 학사 학위가 없는 노동자의 약 2%가 최저임금이나 그 미만을 받는데, 이는 학사 학위가 있는 노동자의 약 1%와 비교된다.
- 최저임금을 받는 노동자들은 기간제 파트타임으로 일할 가능성이 높다. 파트타임 노동자(주당 보통 35시간 미만 일하는 노동자들)의 4%가 최저임금이나 그 미만을 받는데, 이는 정규 풀타임 노동자의 1%와 비교된다.

- 시급으로 최저임금이나 그 미만을 받는다고 보고한 노동자의 비율이 가장 높은 산업은 레저 및 서비스였다(8%). 최저임금이나 그 미만을 받는 전체 노동자의 약 5분의 3이 이 산업, 주로 레스토랑과 기타 식음료 서비스업에 종사했다. 이들 노동자의 다수가 팁으로 시간당 임금을 보충한다.
- 연방 최저임금이나 그 미만을 받는 시급 노동자들의 백분율은 시간이 흐르면서 상당히 변화했다. 이 백분율은 정기적으로 데이터를 처음 수집하기 시작한 1979년 13.4%에서 2020년 1.5%로 하락했다. 이런 변화가 생긴 이유 하나는 연방 최저임금이 인플레이션을 따라잡지 못했기 때문이다. 만일 그랬다면, 2020년 최저임금은 시간당 7.25달러가 아니라 약 10달러가 되었을 것이다. 더 높았다면 최저임금은 더 많은 노동자에게 구속력 있는 가격 하한이 되었을 것이다.

마지막으로, 미국 주의 절반가량이 연방 최저임금보다 높은 최저임금을 설정했으며 상당히 높게 설정한 주도 있다. 이런 주에 거주하는 노동자들은 주에서 설정한 최저임금이 더 관련된다. ●

Quiz

5. 경쟁적인 노동시장에서 최저임금이 인상되면, 노동 공급량이 __________ 노동 수요량이 __________.
   a. 증가하고; 증가한다.
   b. 증가하고; 감소한다.
   c. 감소하고; 증가한다.
   d. 감소하고; 감소한다.

6. 미국 노동자의 약 몇 %가 연방 최저임금의 영향을 직접적으로 받는가?
   a. 1%
   b. 6%
   c. 12%
   d. 25%

해답은 이 장의 끝부분에 있다.

20-4 노동조합과 단체교섭

노동조합
고용주와 임금, 수당, 근무조건에 관해 협상하는 노동자 단체

노동조합(union)은 고용주와 임금, 수당, 근무조건에 관해 협상하는 노동자 단체이다. 미국에서 노조 가입률이 최고조에 달했던 1940년대와 1950년대에, 미국 노동자의 약 33%가 노동조합에 가입했다. 오늘날에 미국 노동자의 11% 미만이 노동조합에 속해 있다. 하지만 많은 유럽 국가에서 노동조합은 큰 역할을 한다. 벨기에, 노르웨이, 스웨덴에서는 노동자의 50% 이상이 노동조합에 소속되어 있다. 프랑스, 이탈리아, 독일에서는 노동자의 일부만이 노조원이기는 하지만 대부분의 노동자가 법에 의한 단체교섭을 통해 정해진 임금을 받는다. 이런 경우 임금은 경쟁적인 노동시장에서 공급과 수요의 균형에 의해 결정되지 않는다.

20-4a 노동조합의 경제적 의미

'카르텔'이란 단어는 보통 힘을 합해 경쟁을 제한하려는 기업들의 연합을 말하지만, 여러 가지 면에서 노동조합에도 적용될 수 있다. 여느 카르텔처럼, 노동조합도 공동의 시장 지배력을 행사한다는 목표를 가지고 함께 행동하는 매도인 집단이다. 미국 경제에서 대부분의 노동자는 임금, 수당, 근무조건 같은 문제에 대해 개인으로 고용주와 교섭한다. 반면에 노조원은 공동으로 교섭하며 결과에 더 큰 영향을 미친다. 노동조합과 기업이 고용조건에 관해 합의하는 과정을 단체교섭(collective bargaining)이라고 한다.

노동조합이 기업과 협상할 때, 노조는 해당 조합이 없을 때 기업에 제안했을 것보다 더 높은 임금, 더 나은 수당, 더 좋은 근무조건을 요구한다. 노조와 기업이 합의에 도달하지 못할 경우, 노조는 기업으로부터의 인력 철수, 즉 파업(strike)을 조직화해 추진할 수 있다. 파업이 진행될 경우 생산, 판매, 이윤이 감소하기 때문에, 파업 위협에 직면한 기업은 그렇지 않은 경우보다 더 높은 임금을 지급하는 데 합의할 가능성이 높다. 노동조합이 미치는 영향에 관해 연구하는 경제학자들은 일반적으로 노조에 가입한 노동자들이 가입하지 않은 유사한 노동자들보다 10~20% 더 많은 봉급을 받는다는 사실을 발견하곤 한다.

단체교섭
노조와 기업이 고용조건에 관해 협상하는 과정

파업
노동조합이 조직화하여 추진하는 기업으로부터의 인력 철수

노동조합의 개입으로 인해 임금이 인상되어 균형수준을 상회하는 경우, 노동 공급량은 증가하고 노동 수요량은 감소해 결과적으로 실업이 발생한다. 더 높은 임금수준으로 고용된 노동자들의 형편은 나아진다. 그렇지 않았다면 고용이 됐겠지만 지금은 실업상태에 있는 노동자들의 형편은 나빠진다. 이런 이유로 종종 노동조합은 상이한 노동자 집단, 즉 노조의 개입으로 인해 높은 임금을 받아 이득을 보는 **내부 노동자**와 노조의 개입으로 인해 일자리를 얻지 못한 **외부 노동자** 사이에 갈등을 일으키는 것으로 간주된다.

외부 노동자들은 다음과 같이 두 가지 방법 중 하나로 자신의 상황에 대응할 수 있다. 하나는 실업상태에 있으면서 내부 노동자가 되어 노조가 개입해 설정된 높은 임금을 받을 기회를 기다리는 것이다. 다른 하나는 노조가 결성되지 않은 기업에서 일자리를 구하는 것이다. 따라서 노조 개입으로 인해 경제의 한 부분에서 임금이 상승할 경우, 경제의 다른 부분에서 노동 공급이 증가한다. 이런 노동 공급 증가로 인해 이번에는 노조가 결성되지 않은 산업의 임금이 하락한다. 다시 말해, 노조에 가입한 노동자들은 단체교섭으로 인한 이득을 얻는 반면에 노조에 가입하지 않은 노동자들은 비용의 일부를 부담하게 된다.

경제에서 노동조합이 하는 역할은 어떤 면에서 노동조합 조직과 단체교섭에 적용되는 법률에 달려 있다. 보통 카르텔 구성원들 간의 명시적 합의는 불법이다. 유사한 물품을 판매하는 여러 기업이 높은 가격을 설정하기로 합의할 경우, 정부는 해당 합의를

'거래를 제한하는 음모'로 간주해 독점금지법 위반혐의로 해당 기업을 기소한다. 하지만 노동조합은 이러한 법률의 적용을 받지 않는다. 독점금지법과 노동법을 마련한 정책 입안자들은 노동자들이 고용주와 교섭할 때 더 큰 시장 지배력이 필요하다고 믿었다. 실제로 다양한 법률이 제정되어 노동조합의 결성을 장려하고 있다. (1935년에 제정되어 훗날 개정이 이루어진) 미국의 전국 노동관계법은 고용주들이 어떤 방식으로든 노조를 조직하려는 노동자들에게 개입하지 못하도록 하고 있으며, 노조가 결성된 회사에서는 고용주와 노조가 고용조건에 관해 협상할 때 선의로 교섭할 것을 요구한다.

노동조합의 시장 지배력에 영향을 미치는 법률 제정은 영원한 정치 논쟁 주제가 되고 있다. 예를 들어 미국 주의회 의원들은 이따금 노동조합과 고용주가 노동자들에게 노조를 재정적으로 지원하도록 요구하지 못하게 하는 **근로권법**에 관해 논의한다. 이런 법률이 없다면, 노동조합은 단체교섭을 하면서 모든 피고용인들에게 (조합원의 경우) 조합비 또는 (비조합원의 경우) 대리인 수수료를 고용조건으로 납부하도록 요구하는 협정안을 체결하려 할 수 있다. 2021년 현재 미국 주의 약 절반가량이 근로권법을 입법화했으며, 일부 연방의회 의원들은 전국적인 근로권법을 제안하고 있다. 워싱턴의 의원들은 또한 파업을 보다 용이하게 하거나 특정 상황에서 이를 금지하는 법률을 고려하고 있다. 예를 들어 어떤 제안은 파업 중인 근로자들을 대신할 (일시적인 대체 인력에 반대되는 개념으로) 영구적인 대체 인력 고용을 기업이 하지 못하게 하려 한다. 이런 법률이 입법화될 경우 파업 중인 노동자들은 영구적인 대체 인력으로 인해 일자리를 잃을 위험에 더 이상 직면하지 않게 되어 파업을 더욱 실행할 수 있으며, 이로 인해 노동조합의 시장 지배력이 증대된다. 다른 제안은 항공산업과 철도산업의 경우 노조와 고용주에게 단체교섭이 끝나고 남은 의견 차이는 중재를 통해 해결하도록 요구해 파업을 금지시키려 한다. 이런 정책 논의가 어떻게 해결되느냐는 노동조합 운동의 장래를 결정하는 데 도움이 될 것이다.

"여러분, 경영진은 이윤 극대화를 원하고 노조는 더 많은 금전적 보상을 원한다는 사실을 제외하고는 최종 합의에 도달하는 데 어떤 장애요인도 없습니다."

20-4b 노동조합은 경제에 바람직한가, 바람직하지 않은가?

경제학자들은 노동조합이 전체적으로 볼 때 경제에 바람직한 영향을 미치는지, 바람직하지 않은 영향을 미치는지 여부에 관해 의견의 일치를 보지 못하고 있다. 토론에 임하는 양측의 견해를 생각해보자.

노조에 대해 비판적인 입장을 취하는 사람들은 노동조합이 모든 카르텔이 갖고 있는 단점을 갖고 있다고 주장한다. 노동조합이 경쟁적인 시장에서 유지되는 수준을 상회하도록 임금을 상승시킬 경우, 노동 수요량은 감소하고 이로 인해 일부 노동자들이 실업 상태에 빠지게 되며 경제의 여타 분야에서 임금이 하락하게 된다. 이에 따른 결과로 이루어지는 노동의 배분은 비효율적이며 불공평하다고, 노조를 비판하는 사람들은 말한다. 노조가 개입해 임금이 높게 설정되면 노조가 결성된 기업의 고용수준은 효율적이며 경쟁적인 수준 아래로 감소하기 때문에 비효율적이다. 일부 노동자들은 다른 노동자들의 희생하에 이득을 얻게 되므로 불공평하다.

노조를 옹호하는 입장을 취하는 사람들은 노동조합이 노동자들을 고용하는 기업의 시장 지배력에 대항하기 위해 필요한 수단이라고 주장한다. 기업이 갖는 이런 시장 지배력의 극단적인 경우로 '기업도시'를 들 수 있는데, 이 도시에서는 단일 기업이 특정 지역에서 이루어지는 대부분의 고용을 담당한다. 기업도시에서 노동자들은 해당 기업이 제시하는 임금과 근로조건을 수락하지 않을 경우 해당 도시를 떠나거나 취업을 하지 않고 그에 따른 결과를 감내하는 것 외에는 선택의 여지가 거의 없다. 따라서 노조가 없다면, 해당 기업은 시장 지배력을 이용해 동일한 노동자를 놓고 다른 기업과 경쟁하는 경우보다 더 낮은 임금을 지급하고 더 나쁜 근무조건을 제시할 수 있다. 이런 경우, 노동조합은 기업의 시장 지배력을 견제하고 기업 소유주가 마음대로 하는 것으로부터 노동자들을 보호하기 위해 필요할 수 있다.

노조를 옹호하는 사람들은 또한 노동조합이 노동자들의 관심사에 대해 효율적으로 대처할 수 있도록 도와준다고 주장한다. 노동자들이 취업할 때, 노동자들과 기업은 임금 이외에 일자리가 갖는 많은 특성, 즉 근무시간, 초과 근무, 휴가, 병가, 의료 혜택, 승진 스케줄, 고용 안정 등에 관해 합의해야만 한다. 노동조합은 이런 문제들에 관한 노동자들의 의견을 주장함으로써 기업이 이런 일자리 특성을 올바르게 제시하도록 도와줄 수 있다. 노동조합은 임금을 균형수준 이상으로 올려 실업을 발생시키는 부작용을 낳기도 하지만, 기업이 만족해하는 생산적인 노동력을 보유하도록 보장해주는 이점이 있다.

결론적으로 보면, 노동조합이 경제에 미치는 전반적인 영향에 대해 일치된 의견은 없다. 많은 제도처럼, 노동조합이 미치는 영향은 아마도 어떤 상황에서는 바람직하고 다른 상황에서는 바람직하지 않을 것이다.

Quiz

7. 미국에서 노조에 가입한 노동자들은 가입하지 않은 유사한 노동자들보다 약 ________ 더 많은 봉급을 받는다.
   a. 2%
   b. 5%
   c. 15%
   d. 40%

8. 많은 유럽 국가들에서 노동조합은 ________________.
   a. 독점금지법을 위반하는 카르텔이라고 본다.
   b. 임금을 경쟁수준 아래로 유지하기 위해 기업들과 담합한다.
   c. 경제적 영향력이 없는 사교클럽이다.
   d. 미국에서 훨씬 더 큰 역할을 한다.

해답은 이 장의 끝부분에 있다.

FYI 구조적 실업의 원인으로서의 노동력 불일치

실업은 이따금 일자리를 구하는 노동력의 종류와 기업이 고용하려는 노동력의 종류의 불일치로 발생한다고 본다. 가용할 수 있는 노동자가 트럭 운전자 교육을 받았는데 기업이 컴퓨터 기술자를 고용하려는 경우, 이 둘은 불일치한다. 가용할 수 있는 노동자가 고등학교 졸업 전에 교육을 중단했는데 기업이 박사학위를 소지한 노동자를 원하는 경우 역시 불일치한다. 가용할 수 있는 노동자가 텍사스주에 사는데 기업이 플로리다주에서 고용하고자 한다면, 이 역시 불일치한다.

공급과 수요에 의해 결정되는 이상적인 노동시장에서는 임금이 이런 불일치에 대해 조정된다. 트럭 운전자, 고등학교 중퇴자, 텍사스 주민의 임금은 하락하고 컴퓨터 기술자, 대학 졸업자, 플로리다주민의 임금은 상승한다.

실제 세계에서는 임금이 공급과 수요에 대해 신속하고 완전하게 반드시 조정되지는 않는다. 따라서 불일치가 발생할 때 일부 노동시장에서는 노동 공급량이 노동 수요량을 초과할 수 있다. 위에서 트럭 운전자, 고등학교 중퇴자, 텍사스 주민에서 잉여가 발생할 수 있다. 이것은 일종의 구조적 실업이다. 공급이나 수요가 변화하고 다양한 이유로 일부 임금이 균형수준보다 높게 고착될 경우 구조적 실업이 발생한다. ■

20-5 효율성 임금 이론

효율성 임금
노동자 생산성을 증대시키기 위해 기업이 지불하는 균형보다 높은 임금

구직, 최저임금법, 노동조합 이외에 **효율성 임금**(efficiency wage) 이론은 경제에서 실업이 발생하는 네 번째 이유를 제시한다. 이 이론에 따르면, 임금이 균형수준보다 높을 경우 기업이 보다 효율적으로 운영된다. 따라서 노동 잉여가 존재함에도 기업이 임금을 높게 유지할 경우 이윤이 발생할 수 있다.

어떤 면에서 효율성 임금으로 인해 발생하는 실업은 최저임금법과 노동조합으로 인해 발생하는 실업과 유사하다. 세 경우 모두에서 실업은 공급과 수요를 균형시키는 수준보다 높게 임금을 설정해 발생한 결과이다. 하지만 중요한 차이가 있다. 최저임금법과 노동조합은 노동자 과잉이 존재하더라도 기업이 임금을 낮추지 못하게 한다. 효율성 임금 이론에 따르면 어떤 경우에 기업이 균형수준보다 높게 임금을 유지하려 하기 때문에 기업에 대한 이런 제약이 필요하지 않다.

기업이 높은 임금을 선호하는 이유가 무엇일까? 보통 이윤을 극대화하는 기업은 비용, 그리고 그에 따라 임금을 가능한 한 낮게 유지하려고 한다. 효율성 임금 이론이란 기발한 통찰력에 따르면, 임금을 인상할 경우 노동자들의 효율성을 증대시켜 기업이 더 많은 이윤을 얻을 수 있다.

몇 가지 유형의 효율성 임금 이론이 있다. 각 유형은 임금이 노동자 효율성에 어떤 영향을 미치는지에 대해 상이한 메커니즘을 제시한다.

20-5a 노동자 건강

첫째, 가장 단순한 유형의 효율성 임금 이론은 임금과 노동자 건강의 연결관계를 강조한다. 더 높은 급료를 받는 노동자들은 보다 영양가 있는 식사를 섭취하고, 이런 노동자들은 더 건강하고 더 생산적이 된다. 기업은 노동자들이 건강하고 생산적이 되도록 하기 위해 높은 임금을 지불하는 것이 이득이 된다.

이런 형태의 효율성 임금 이론은 영양부족이 문제가 되는 저개발 국가에서 균형수준을 상회하는 임금과 실업을 설명하는 데 적절하다. 이들 국가에서 기업은 임금을 삭감할 경우 노동자의 건강과 생산성에 악영향을 끼칠 수 있다고 우려한다. 노동자 건강에 대한 우려는 미국과 같은 부유한 국가의 기업과 덜 관련되며, 이들 국가에서 대부분의 노동자에 대한 균형임금은 적절한 식사를 섭취하는 데 필요한 수준보다 훨씬 더 높게 결정된다.

20-5b 노동자 이직

둘째 유형의 효율성 임금 이론은 임금과 노동자 이직의 연결관계를 강조한다. 노동자들은 가령 다른 기업에서 일자리를 구하거나 해당 국가의 다른 지역으로 이주하거나 경제활동인구에서 이탈하는 등 여러 가지 이유로 직장을 그만둔다. 노동자들이 이직하는 빈도는 직장을 그만두는 데 따른 이득과 계속 근무하는 데 따른 이득을 포함해 직면하는 일련의 모든 유인에 달려 있다. 기업이 노동자들에게 급료를 더 많이 지급할수록, 이들이 해당 기업을 떠날 빈도는 더 줄어든다. 기업은 더 높은 임금을 지급함으로써 이직을 낮출 수 있다.

기업은 신규 노동자들을 고용해 훈련시키는 데 비용이 들기 때문에 노동자들의 이직을 우려한다. 게다가 신규 노동자들은 훈련을 받은 후에도 경험이 풍부한 노동자들만큼 생산적이지 못하다. 따라서 이직이 증가하면 생산비가 증가하는 경향이 있다. 기업은 노동자의 이직을 줄이기 위해 균형수준보다 높은 임금을 지급하는 것이 이득이 된다는 사실을 알게 된다.

20-5c 노동자 자질

셋째 유형의 효율성 임금 이론은 임금과 노동자 자질의 연결관계를 강조한다. 모든 기업은 훈련받은 노동자를 원한다. 하지만 기업은 취업 지원자들의 자질을 완벽하게 평가할 수 없기 때문에, 채용에는 어느 정도 무작위성이 따른다. 어떤 기업이 높은 임금을 지급할 경우, 해당 기업은 자기 회사에 지원할 더욱 나은 인력 풀을 유지할 수 있고 그로 인해 노동자의 질을 향상시킬 수 있다. 기업이 임금을 인하해 과잉 노동에 대응할 경우, 유능하지 않은 지원자보다 더 나은 채용 기회를 가질 가능성이 높은 가장 유능한 지원자는 지원하지 않을 수 있다. 임금이 노동자 자질에 미치는 영향이 강력한 경우, 기업은 공급과 수요를 균형시키는 수준보다 높은 임금을 지불하는 것이 이득이 될 수 있다.

20-5d 노동자 태도

넷째 유형의 효율성 임금 이론은 임금과 노동자의 노력하는 근무 태도의 연결관계를 강조한다. 많은 직장에서 노동자들은 얼마나 열심히 근무할지 선택할 수 있으며, 일부는 가능한 한 적게 일하려 할 수 있다. 직장 내 감시는 비용이 들며 불완전하기 때문에 기업이 모든 근무 태만자를 신속하게 포착할 수 없다.

근무 태만을 억제하는 한 가지 방법은 균형수준 이상으로 임금을 지급하는 것이다. 높은 임금을 지급할 경우, 노동자들은 자신의 일을 계속하려는 마음이 강해져서 최선의 노력을 다하겠다는 동기를 갖게 된다. 임금이 공급과 수요를 균형시키는 수준이라면, 노동자들은 해고될 경우 동일한 임금수준에서 새로운 일자리를 신속하게 구할 수 있기 때문에 열심히 일할 이유가 더 적다. 따라서 기업은 균형수준보다 높게 임금을 인상함으로써 노동자들이 자신의 의무를 태만히 하지 않도록 할 수 있다.

20-5e 노동자 사기

다섯째 마지막 유형의 효율성 임금 이론은 높은 임금이 지급될 경우 노동자의 사기가 올라가고 만족한 노동자들이 보다 생산적이 된다고 본다. 이런 설명은 경제학자들이 갖고 있는 표준 개념인 합리성에서 벗어나며, 사회적 기준과 사람들이 갖고 있는 공정한 행위에 관한 인식에 기초한다. 수익을 낸 기업이 그 행운을 직원들과 공유하기 위해 균형보다 높은 임금을 지급해야만 한다면, 그렇게 하는 것이 공정하다고 노동자들은 생각할 수 있다. 기업은 이런 공정에 대한 인식을 공유할 수 있다. 그렇지 않다면, 노동

SCOTT ADAMS/DIST. BY ANDREWS MCMEEL SYNDICATION.

자들이 불공정하게 대우받고 있다고 생각할 경우 이들의 생산성이 하락하는 것을 쉽게 알 수 있게 된다. 이렇다면 높은 임금을 지급하는 것이 기업에게 최선의 관심사가 될 수 있다.

사례 연구

헨리 포드와 일당 5달러라는 놀라운 임금

헨리 포드는 복잡한 사람이었다. 역사가들에 따르면 그는 인종 차별주의자이며 반유대주의자였지만 산업계의 선구자였다. 포드 자동차 회사 설립자로서 현대적인 생산방식을 도입했다. 헨리 포드는 숙련된 장인으로 구성된 소규모 팀과 함께 자동차를 만들지 않고, 미숙련 노동자들에게 동일하고 단순한 작업을 반복하도록 교육하여 조립라인에서 자동차를 만들었다. 이 조립과정에서 만들어진 자동차가 바로 '포드 모델 T'이며, 이 모델은 종종 중산층 가정이 자동차 여행을 즐길 수 있도록 제작된 최초의 저가 자동차로 여겨진다.

1914년에 포드 사는 또 다른 혁신을 도입했다. 그것은 바로 일당 5달러였다. 지금은 별것 아닌 것처럼 보이지만, 당시 5달러는 보통 지급되는 임금의 약 두 배였다. 게다가 공급과 수요를 균형시키는 임금보다 훨씬 높았다. 새로운 일당 5달러가 발표되었을 때, 포드 공장 밖에는 구직하려는 사람들로 긴 행렬이 이어졌다. 이 임금수준에서 취직하려는 근로자의 수는 포드 사가 필요로 하는 근로자의 수를 훨씬 상회했다.

포드 사는 고임금 정책을 통해 효율성 임금 이론이 예측한 많은 효과를 달성할 수 있었다. 이직이 감소하고, 의도적인 결근이 줄었으며, 생산성이 증대되었다. 노동자들이 훨씬 더 효율적이 되어 포드 사의 생산비는 임금 상승에도 불구하고 감소했다. 따라서 균형수준보다 높은 임금을 지불하는 것이 해당 기업에는 이득이 되었다. 초기 포드 자동차 회사의 연대기를 작성한 사람은 다음과 같이 기술했다. "헨리 포드와 그 동료들은 고임금 정책이 성공적인 사업상의 결정임이 밝혀졌다고 거리낌 없이 말하곤 했다. 그들이 시사하고자 한 바는 고임금 정책으로 노동자의 규율이 향상되고, 노동자에게 소속 기업에 대한 충성스러운 관심을 더 많이 부여하게 되었으며, 노동자의 개인적인 효율성을 향상시키게 되었다는 것이다." 헨리 포드 자신은 일당 5달러 임금을 "포드 사가 내린 가장 훌륭한 비용 절감 조치 중 하나였다"고 말했다.

포드 사가 이런 효율성 임금을 도입한 이유가 무엇일까? 다른 기업들이 외견상 이득이 되는 것처럼 보이는 이러한 기업 전략을 채택하지 않는 이유는 무엇인가? 일부 분석가에 따르면, 포드 사의 이런 결정은 조립라인을 처음 도입한 상황과 연계된다. 조립라인을 중심으로 편성된 노동자들은 매우 상호 의존적이다. 한 노동자가 결근하거나 작업속도가 느리면, 다른 노동자들은 자기 업무를 완수하지 못한다. 조립라인으로 인해 생산이 효율적이게 되는 한편, 노동자의 낮은 이직, 노동자 자질의 향상, 노동자의 높은 근로 의욕이 더욱 중요해졌다. 효율성 임금을 지급하는 것은 당시 여타 기업들보다 포드 자동차 회사에 더 좋은 전

실제에서의 효율성 임금

2020년에 발생한 코로나 바이러스 감염증으로 인한 경기 침체기에 많은 기업이 직원들의 급료를 삭감하거나 동결했다. 하지만 연구에 따르면, 직원들에게 급료를 더 많이 지급할 경우 이따금 수익을 증대시킬 수 있다고 한다.

임금 인상은 어떻게 이윤을 증가시키는가

레이 피스먼(Ray Fisman)과 마이클 루카(Michael Luca)

급여 삭감과 봉급 동결은 불행하게도 코로나 바이러스 감염증으로 인한 경기 침체기의 중요한 특징이 되었다. 700만 명이 넘는 직원의 임금이 3월 이후 하락했고, 그 외 많은 사람의 급여가 동결되었다. 하지만 소수의 기업은 이런 추세를 무시하고 경제위기에도 불구하고 급여를 인상했다. 11월 요거트 제조업체 초바니 사는 근로자의 시간당 가장 낮은 임금을 13달러에서 15달러로 인상했고, 뉴욕 같은 고비용 중심지에서는 18달러로 설정했다고 발표했다. 온라인 가구 소매업체 웨이페어 사는 이들의 선례를 따라 지난주에 최소 15달러로 책정했다.

이들 기업과 그 외 기업들은 계몽된 자본주의와 같은 임금 인상을 제시한다. 이것은 어려운 시기에 직원을 돕는 동시에 생산성 향상과 이직률 하락으로 전환되는 충성심과 선의를 획득하는 방식이다. 이것은 기업이 직원에게 더 많은 급여를 지급함으로써 생산성과 이윤을 증대시킬 수 있는지 여부에 관한 1세기간 논쟁의 최신 사례이다. 경제학자들은 이러한 가능성을 효율성 임금이라고 한다. 즉, 시장의 임금수준보다 높게 인상된 임금은 근로자들에게 동기를 부여하고 이직률을 낮추어서 기업으로 다시 돌아오게 된다는 논리이다. 효율성 임금을 제안한 사람들의 주장이 옳다는 증거가 늘고 있다. 즉, 높은 임금을 지급할 경우 때때로 그리고 바로 이 순간에 결정적으로 이윤을 증대시킬 수 있다. 급여를 삭감할 경우 직원의 반발과 심지어 작업 방해 행위를 유발할 수 있다.

1914년에 효율성 임금이란 간단한 경제 논리를 직관으로 깨달은 헨리 포드는, (당시 표준 근로시간인 9시간에서 단축된) 8시간을 근무하고 근처 공장에서 지급하는 급여의 두 배 이상인 일당 5달러를 지급할 생각이었다. 헨리 포드는 높은 임금을 지급할 경우 직원들이 더 적극적으로 열심히 일할 것으로 기대했다. 만일 직원들이 그의 엄격한 기준에 부합하지 못했다면, 미시간주에 소재하는 포드 사 공장 밖에서 일자리를 구하기 위해 기다리는 구직자들의 긴 줄이 있었을 것이다.

현대의 효율성 임금 이론은 보다 미묘해졌다. 예를 들면, 이 책이 출간될 당시 차기 재무장관이었던 재닛 옐런(Janet Yellen)의 남편인 노벨 경제학상 수상자 조지 애컬로프(George Akerlof)는 '선물 교환'이란 개념을 도입했다.(재닛 옐런도 효율성 임금 연구의 선구자이다) 고용주가 가령 시장보다 높은 임금을 지급함으로써 상황이 나아지게 될 경우, 노동자도 직장을 단순히 유지하기 위해 요구되는 것보다 더 생산성을 높임으로써 이에 보답하게 된다.

더 높은 급여를 지급해 얻는 이득에 관한 확실한 증거 하나는 하버드 대학교 박사과정 학생들이 최근에 발표한 연구 보고서에서 찾아볼 수 있다. 이들은 포춘 500대 온라인 소매업체 창고 노동자(연구에서는 익명으로 처리되었다)의 임금과 생산성을 분석했다. 초바니 사와 웨이페어 사가 최근에 발표한 것과 매우 유사한 급여 인상, 즉 2019년에 시간당 약 16달러에서 18달러로 급여를 인상한 후 나타난 효과를 살펴보았다. 임금 인상이 있기 전에 직원들은 시간당 평균 4.92상자를 옮겼다. 급여의 1달러 증가는 이 수치를 3분의 1상자만큼 증가시켰다. 또 임금 인상으로 직원 이직률이 대폭 감소했다. 즉, 1달러 증가에 따라 이직률이 19%만큼 감소했다.

새 직원을 고용하고 교육할 필요가 없어서 비용이 절감되고 생산성이 향상되어 지불하는 것보다 더 많이 얻게 되며, 이로 인해 직원의 삶이 개선될 뿐만 아니라 기업의 수익도 증대된다. 이런 결과는 창고 직원들에게만 적용되는 것이 아니다. 기업 고객 서비스 담당자에게 더 높은 임금을 지급하는 경우에도 생산성과 이직률 면에서 유사한 개선이 이뤄

략이었을 수 있다.

하지만 균형수준 이상의 임금 지불을 시행한 기업이 포드 사 하나는 아니다. 「캘리포니아 선」에 실린 2018년 기사에 따르면, 패스트푸드 체인점인 인 앤 아웃 버거가 점장들에게 평균적으로 업계 평균의 약 세 배인 연봉 160,000만 달러 이상을 지급했다. 이유가 무엇인가? 해당 회사의 운영담당 부사장 데니 워닉의 말에 의하면, 이 정책은 고품질 서비스를 중심

진다는 사실을 알 수 있다.

특정 회사의 고임금에 바탕을 둔 상생정책이 시사하는 바는, 2019년의 급여 인상 전에는 급여가 비효율적으로 낮게 설정되었다는 사실이다. 포춘 500대 기업이 이런 실수를 범할 수 있다면, 다른 기업도 비슷한 정책을 통해 이득을 얻을 수 있는지에 대해 생각해보는 것이 좋을 수 있다.

다른 연구에 따르면 급여 인상이 미치는 영향은 부분적으로 직원들과 어떻게 소통하느냐에 달려 있다. 던컨 길크리스트(Duncan Gilchrist), 디팩 말호트라(Deepak Malhotra)와 함께 우리 중 한 사람이 2016년 「Management Science」 학술지에 발표한 논문에서 이런 급료 인상으로 생산성이 증대할 가능성이 생기는 이유를 이해할 수 있게 되었다. (지금은 업워크라고 하는) 프리랜서 플랫폼 오데스크를 통해 실시된 실험에서 시급 4달러를 받고 고용된 노동자가 3달러를 받고 고용된 노동자보다 더 열심히 근무하지는 않는다는 사실을 발견했다.(당시 오데스크는 인도에서 프리랜서의 가장 큰 비중을 차지했으며, 실험상의 두 개 임금은 플랫폼의 유사한 일자리와 비교할 때 높았다) 하지만 고용된 후에 기대하지 않은 임금 인상, 즉 시급 3달러에서 4달러로 인상될 경우 더 많은 근무 열의를 이끌어낼 수 있다.

노동시장의 불황을 이용해 임금을 간신히 최저수준으로 삭감하려는 경영자의 경우, 급여 삭감이 미치는 효과에 대한 증거를 생각해볼 필요가 있다. 제이슨 샌드빅(Jason Sandvik), 리처드 사우마(Richard Saouma), 네이선 시거트(Nathan Seegert), 크리스토퍼 산톤(Christopher Santon)이 「Management Science」 학술지에 곧 발표할 논문에서는 어떤 회사가 한 부서에서 몇몇 직원의 급여를 삭감하는 방식으로 급여를 재조정하기로 한 결정을 살펴보았다. 동시에 급여를 재조정하지 않은 부서는 해당 연구에서 '대조집단'으로 활용되었다.

연구진은 (연구진에 의해 익명으로 처리된) 해당 회사의 2,033명에 달하는 판매 지배인의 인사기록을 입수했다. 하버드대학교 대학원생들이 창고 노동자들을 대상으로 수행한 연구 결과와 일치되게, 급여가 삭감된 직원은 이직할 가능성이 더 높다는 연구 결과를 얻었다. 회사 이익에 더 큰 문제가 발생했고 회사를 떠난 사람들은 가장 생산성이 높은 영업사원이었다. 급여 인상이 이뤄질 경우 그에 따른 비용을 자체적으로 지불할 수 있는 것처럼, 급여 삭감이 이뤄질 경우 절감액의 대부분이나 전부를 상쇄하는 비용이 발생할 수 있다.

데시오 코비엘로(Decio Coviello), 에리카 데세라노(Erika Deserranno), 니콜라 페르시코(Nichola Persico)에 의해 수행된 최근의 연구 보고서에서 급여 삭감으로 인해 직원들이 의도적으로 비생산적이 될 수 있다는 증거를 제시했다. 연구진은 미국의 대규모 소매점에서 전화기 영업 담당자가 고객이 별로 원하지 않는 품목을 추가시켜 판매함으로써 2014년에 시행된 급여 삭감에 대응했다는 사실을 발견했다. 연구진이 이 사실을 어떻게 알아냈을까? 급여가 삭감되자 이에 수반해 결국에는 환불받기 위해 반품된 품목들의 판매가 증가했기 때문이었다. 이것이 부주의에 의한 것이었든 영업 방해 행위에 의한 것이었든 간에 회사수입은 감소했다.

물론 모든 기업이 2021년에 임금을 올릴 수는 없었다. 코로나 바이러스 감염증으로 야기된 경기 침체로 큰 타격을 입은 영세업체처럼 살아남기 위해 고군분투하는 기업의 경우, 급여 삭감은 궁극적으로 유일한 선택지일 수 있다. 그 대신에 몇몇 기업은 직원들에게 동기를 부여하기 위해 광범위한 감시를 하거나 복잡한 성과계약에 의존하는 방법을 선택할 수도 있었다.

하지만 특히 어려운 시기일 때는 임금 인상에 따른 비용과 이득을 둘 다 주의 깊게 생각해보는 것이 중요하다. 높은 임금으로 인해 생산성이 향상되고 궁극적으로는 이윤이 증대할 가능성이 있기 때문에, 임금 인상에 따른 노동자 근로 의욕에 관해 상당히 많은 논의가 있어 왔으나, 이제는 확실한 기업사례도 존재하게 되었다. 전염병 대유행 이후 경제 기준이 전환됨에 따라, 옳은 일을 하는 것이 또한 수익에도 가장 좋은 것이 될 수 있다. ■

레이 피스먼은 보스턴대학교 경제학 교수이고 마이클 루카는 하버드 비즈니스 스쿨 경영학 교수이다.

출처: *The Wall Street Journal*, January 23, 2021.

목표로 삼은 회사 창립자로 거슬러 올라간다고 말했다. "동료들에게 높은 급여를 지급하는 것은 고품질 서비스를 유지하는 데 도움이 되는 한 가지 방법일 뿐이며, 이 신념은 오늘날에도 확고하게 자리잡고 있다"고 그는 말했다. 헨리 포드와 마찬가지로 인 앤 아웃 버거 소유주들도 노동자 효율성을 증대시키기 위해 높은 임금을 지급하는 것으로 보인다. ●

Quiz

9. 효율성 임금 이론에 따르면, ______________.
   a. 기업들은 균형수준 이상의 임금을 지급하는 것이 이득이 된다는 사실을 알게 된다.
   b. 노동의 초과 공급은 임금에 하향 압력을 가하게 된다.
   c. 부문 간 이동은 마찰적 실업의 주요 원인이 된다.
   d. 근로권법은 노동조합의 교섭력을 약화시킨다.

10. 기업이 효율성 임금을 지급할 경우, ______________.
   a. 충분한 노동자들을 확보하는 데 어려움을 겪을 수 있다.
   b. 노동자들을 보다 면밀하게 감시해야 할 수도 있다.
   c. 노동자들의 자질 하락을 경험할 수 있다.
   d. 노동자들의 이직 빈도가 감소한다는 사실을 알 수 있다.

해답은 이 장의 끝부분에 있다.

20-6 결론

이 장에서는 실업을 측정하는 방법과 경제에 언제나 어느 정도의 실업이 존재하는 이유에 대해 논의했다. 우리는 구직, 최저임금법, 노동조합, 효율성 임금이 일부 노동자들이 직장을 갖지 못하는 이유를 설명하는 데 어떤 도움이 될 수 있는지 살펴보았다. 자연 실업률에 대한 이들 네 가지 설명 중 어느 것이 미국 경제 및 전 세계 여타 경제와 가장 밀접하게 관련되는가? 말할 수 있는 쉬운 방법은 없다. 경제학자들은 실업에 관한 이들 설명 중 어느 것을 강조하는지에 있어서 의견이 상이하다.

이상에서 한 분석을 통해 다음과 같은 중요한 교훈을 얻을 수 있다. 경제에 어느 정도의 실업이 존재하기는 하지만 자연 실업률은 시간이 흐름에 따라 변화한다. 많은 사건과 정책들로 인해 어떤 경제가 일반적으로 겪는 실업의 규모가 변화할 수 있다. 정보 혁명으로 인해 구직과정이 변화하는 경우, 미국의 연방 의회와 주 의회가 최저임금을 조정하는 경우, 노동자들이 노동조합을 결성하거나 이탈하는 경우, 기업들이 효율성 임금의 시행을 변경하는 경우에 자연 실업률이 점진적으로 변화한다. 실업은 해법이 간단한 그렇게 단순한 문제가 아니다. 하지만 우리가 사회를 어떻게 조직화하느냐에 따라 실업이 얼마나 만연한 문제가 되는지에 깊게 영향을 미칠 수 있다.

요약

- 실업률은 일을 하고 싶지만 일자리가 없는 사람들의 백분율이다. 미국 노동통계국은 수천 개 가계에 대한 설문조사에 기초해 매월 이 통계치를 계산한다.
- 실업률은 실업에 대한 불완전한 측정치이다. 자신이 실업상태에 있다고 하는 일부 사람들은 실제로 일하기를 원하지 않을 수 있으며, 일하고자 하는 일부는 일자리를 찾는 데 실패한 후에 경제활동인구로부터 이탈했기 때문에 실업으로 계산되지 않는다.
- 미국 경제에서 실업상태에 있는 대부분의 사람들은 짧은 시간 안에 일자리를 구하다 그럼에도 불구하고 어떤 시점에서 관찰되는 대부분의 실업은 오랜 기간 동안 실업상태에 있는 소수의 사람들로부터 비롯된다.
- 일자리를 잃은 노동자들의 소득을 보전해주기 위해 마련된 정부정책인 실업보험은 실업자들의 구직 노력을 감소시킴으로써 마찰적 실업을 증대시킨다.
- 경제에 언제나 실업이 존재하는 두 번째 이유는 최저임금법 때문이다. 숙련되지 않고 경험이 없는 노동자들의 임금을 균형수준보다 높게 인상시킴으로써, 이 법은 노동 공급량을 증가시키고 노동 수요량을 감소시킨다. 이에 따른 노동 과잉이 실업을 의미한다.
- 노동조합으로 인해 노조가 결성된 산업의 임금이 균형수준 이상으로 상승할 경우, 노동 과잉이 발생한다.
- 실업이 발생하는 네 번째 이유는 효율성 임금 이론으로 설명할 수 있다. 이 이론에 따르면 균형수준보다 높은 임금을 지급할 경우 그것이 기업에게 이득이 된다는 것이다. 높은 임금이 지급되면 노동자 건강이 향상되고, 노동자 이직이 감소하며, 노동자 자질이 높아진다. 또한 노력하는 노동자 태도가 강화되고 노동자 사기도 높아진다.

주요 개념

복습용 질문

1. 미국 노동통계국이 모든 사람을 분류하는 세 가지 범주는 무엇인가? 노동통계국은 경제활동인구, 실업률, 경제활동인구 참가율을 어떻게 계산하는가?
2. 실업은 일반적으로 단기적인가, 장기적인가? 설명하시오.
3. 마찰적 실업이 불가피한 이유는 무엇인가? 정부는 마찰적 실업의 규모를 어떻게 감소시킬 수 있는가?
4. 최저임금법은 십대들의 구조적 실업을 더 잘 설명하는가 아니면 대학 졸업생들의 구조적 실업을 더 잘 설명하는가? 그 이유는 무엇인가?
5. 노동조합은 자연 실업률에 어떤 영향을 미치는가?
6. 노동조합을 옹호하는 사람들은 노동조합이 경제에 도움을 준다고 말하기 위해 어떤 주장을 하는가?
7. 기업이 지급하는 임금을 인상함으로써 이윤을 증대시킬 수 있는 다섯 가지 방식을 설명하시오.

문제와 응용

1. 코로나 바이러스 감염증에 의한 경기 침체의 저점에 있었던 2020년 4월, 미국 노동통계국은 모든 성인 중에서 133,320,000명이 취업자이고, 23,038,000명이 실업자이며, 103,538,000명이 경제활동인구에서 이탈한 상태라고 발표했다. 이 정보를 이용해 다음을 계산하시오.
   a. 성인인구
   b. 경제활동인구
   c. 경제활동인구 참가율
   d. 실업률
2. 아래의 각 경우가 실업률과 경제활동인구 참가율을 증가시키는지, 감소시키는지 아니면 영향을 미치지 않는지 여부를 설명하시오.
   a. 동하는 오랜 기간 일자리를 탐색하다가, 일자리를 구했다.
   b. 학업 때문에 진로를 고민하던 대학생 건희는 졸업하자마자 즉시 고용되었다.
   c. 구직을 하려다가 이를 달성하지 못하자, 성진이는 일자리 탐색을 포기하고 은퇴했다.
   d. 현경이는 직장을 그만두고 전업 주부가 되었다.
   e. 현준이는 성인이 되었지만, 취업하는 데 관심이 없다.
   f. 민경이는 성인이 되었고, 일자리를 찾기 시작했다.
   g. 승규는 은퇴해서 지내다가 사망했다.
   h. 현준이는 사무실에서 장시간 일하다가 과로로 사망했다.
3. 미국 노동통계국 웹사이트(http://www.bls.gov)를 이용해서 전국 실업률이 지금 얼마인지 알아보시오. (예를 들면 연령, 성별, 인종 등에 기초해) 여러분에게 가장 적합한 인구통계학적 집단에 대한 실업률을 구하시오. 이 실업률은 전국 평균 실업률보다 높은가 아니면 낮은가? 그 이유가 무엇이라고 생각하는가? 우리나라의 경우 국가통계포털(KOSIS)을 참조하시오.
4. 2012년 1월~2019년 1월에 미국에서 취업한 노동자의 수는 1,730만 명 증가했으나 실업자의 수는 단지 630만 명 감소했다. 두 수치는 어떻게 서로 일치할 수 있는가? 실업자로 계산된 사람 수의 감소가 취업자 수의 증가보다 더 적은 이유가 무엇이라고 생각하는가?
5. 경제학자들은 노동시장 데이터를 사용해 경제가 가장 가치 있는 자원, 즉 인적 자원을 얼마나 잘 활용하는지 평가한다. 면밀히 관찰되는 두 개 통계치는 실업률과 (취업한 성인인구 백분율로 계산한) 고용률이다. 다음과 같은 상황에서 이들 통계치 각각에 어떤 일이 발생하는지 설명하시오. 여러분은 어느 통계치가 경제가 얼마나 잘 운용되는지를 평가하는 데 더 의미 있다고 생각하는가?
   a. 자동차 회사가 파산해서 노동자들을 해고했고, 이들은 즉시 새 일자리를 찾기 시작한다.
   b. 일자리를 찾고자 했으나 찾지 못한 경우, 해고된 노동자들 일부는 새로운 일자리 탐색을 중단한다.
   c. 많은 학생이 대학을 졸업하지만 일자리를 구하지 못한다.
   d. 많은 학생이 대학을 졸업하고 즉시 취업한다.
   e. 주식시장 호황으로 부자가 된 60세 노인이 조기에 은퇴한다.
   f. 의료 기술의 발전으로 많은 은퇴자의 수명이 연장된다.
6. 다음의 노동자들은 단기 실업을 경험할 가능성이 높은가 아니면 장기 실업을 경험할 가능성이 높은가?
   a. 나쁜 날씨로 인해 해고된 건설 노동자
   b. 고립된 지역에 위치한 공장에서 일자리를 잃게 된 제조업 노동자
   c. 철도와의 경쟁으로 해고된 역마차 산업 노동자
   d. 길 건너편에 음식점이 개업해 일자리를 잃은 즉석 요리 전문 요리사
   e. 기업이 자동 용접기계를 설치해 일자리를 잃은 정규 교육을 거의 받지 않은 전문 용접공
7. 노동시장을 보여주는 도해를 사용해서 최저임금이 인상될 경우 노동자에게 지급되는 임금, 공급되는 노동자의 수, 수요되는 노동자의 수, 실업자 수에 미치는 영향을 설명하시오.

8. 두 개의 노동시장, 즉 제조업 노동자에 대한 노동시장과 서비스 노동자에 대한 노동시장이 존재하는 경제를 생각해보자.
   a. 제조업 노동자들이 노동조합을 결성할 경우, 임금과 고용에 어떤 일이 발생할 것이라고 예상하는가?
   b. 제조업 노동시장에서의 이런 변화가 서비스 노동시장에서의 노동 공급에 어떤 영향을 미치는가? 이 노동시장에서 균형임금과 균형 고용규모에 어떤 일이 발생하는가?

9. 구조적 실업은 이따금 고용주가 원하는 직업상 기술과 노동자가 보유하는 직업상 기술의 불일치에서 비롯된다고 한다. 이런 실업에 대해 알아보기 위해 두 개의 산업, 즉 자동차 제작 산업과 항공기 제작 산업이 있는 경제를 생각해보자.
   a. 유사한 규모의 훈련을 받아야 하는 두 산업의 노동자들이 직장 경력을 시작하는 초기에 훈련받을 산업을 선택할 수 있다면, 두 산업의 임금에 어떤 일이 발생할 것이라고 예상하는가? 이 과정은 얼마나 오래 걸릴 것이라고 예상하는가? 설명하시오.
   b. 어느 날 해당 경제가 개방해서 국제무역을 시작했고 이에 따라 자동차를 수입하고 항공기를 수출하게 되었다고 가정하자. 이들 두 산업의 노동 수요에 어떤 일이 발생하겠는가?
   c. 어떤 산업의 노동자가 다른 산업에 필요한 재훈련을 즉시 받을 수 없다고 가정하자. 이런 노동 수요 변화가 단기 및 장기 둘 다에서 균형임금에 어떤 영향을 미치는가?
   d. 어떤 이유로 임금이 조정되어 새로운 균형수준에 도달할 수 없다면, 어떤 일이 발생하는가?

10. 의회가 고용주에게 직원 한 명당 비용을 시간당 4달러만큼 증가시키는 (예를 들어 보건의료와 같은) 급부금을 제공하도록 요구하는 법률을 통과시켰다고 가상하자.
   a. 고용주에 대한 요구는 노동 수요에 어떤 영향을 미치는가?(이 물음과 다음 물음들에 대한 답변을 할 경우 가능하면 정량적으로 하시오)
   b. 직원들이 급부금에 대한 가치와 급부금 제공에 따른 비용을 정확히 동일하게 본다면, 이 고용주에 대한 요구는 노동 공급에 어떤 영향을 미치는가?
   c. 임금이 자유롭게 조정되어 공급과 수요를 균형시킬 수 있다면, 이 법률은 임금과 고용수준에 어떤 영향을 미치는가? 고용주의 상황은 더 나아지는가 아니면 더 나빠지는가? 직원의 상황은 더 나아지는가 아니면 더 나빠지는가?
   d. 이 요구가 시행되기 전에 이 시장에서 임금은 최저임금보다 높은 3달러였다. 이 경우 고용주에 대한 요구는 임금, 고용수준, 실업수준에 어떤 영향을 미치는가?
   e. 이제는 노동자들이 고용주에게 요구되어 시행된 급부금에 전혀 가치를 두지 않는다고 가정하자. 이런 대안적인 가정에 따른 경우 (b) 및 (c) 답변은 어떻게 변화하는가?

Quiz 해답

1. a 2. c 3. b 4. a 5. b 6. a 7. c 8. d 9. a 10. d

Part

8 장기적으로 본 화폐 및 물가

Chapter

21

화폐제도

여러분이 미국에서 패밀리 레스토랑, 가령 로지에스 레스토랑에서 식사를 하게 되면, 가치 있는 것 즉 배가 그득한 포만감을 얻게 된다. 이 서비스에 대가를 지불하기 위해 여러분은 이상한 상징, 정부 건물, 고인이 된 유명 미국인의 초상화가 들어 있는 여러 장의 낡은 녹색 종이를 건네게 된다. 그렇지 않으면 여러분은 은행 이름과 자필 서명이 들어간 종이 한 장을 건넬 수도 있다. 또는 플라스틱 카드나 휴대폰 앱을 사용해 대가를 지불할 수도 있다. 여러분이 현금, 수표, 직불카드나 모바일 이체 중 무엇으로 지불하든 상관없이, 그 자체로는 가치가 없는 가치의 징표를 대가로 레스토랑은 여러분의 미식 욕구를 충족시키기 위해 기꺼이 여러분에게 열심히 서비스를 제공한다.

현대 경제에서 살고 있는 모든 사람은 이런 사회적 관행에 익숙하다. 지폐와 디지털 지급방식은 본질적 가치를 갖고 있지는 못하지만 레스토랑 점주는 장래에 어떤 제3자가 자신이 가치를 두는 어떤 것과 교환으로 이를 받아들일 것이라고 확신한다. 그 세 번째

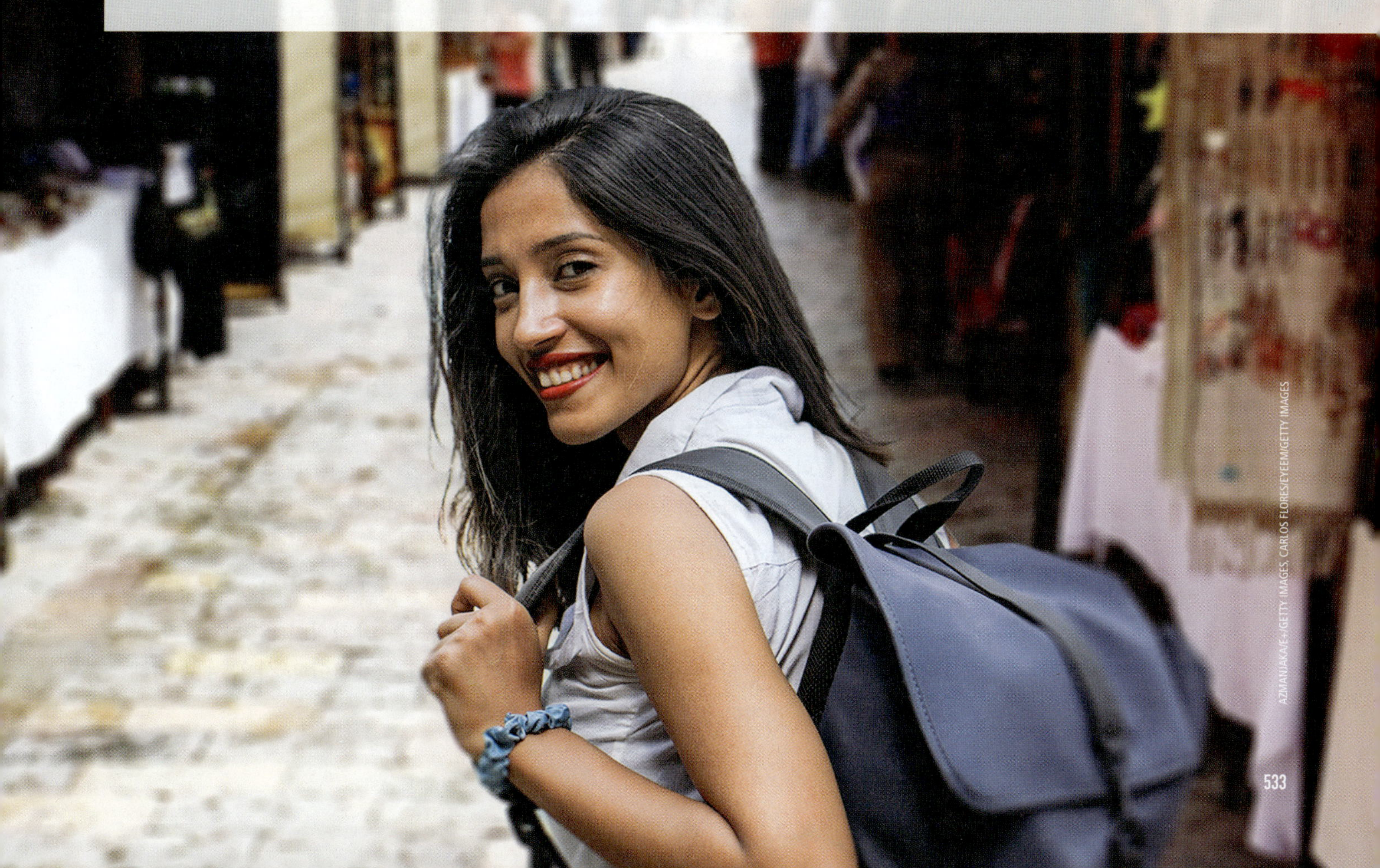

AZMANJAKA/E+/GETTY IMAGES, CARLOS FLORES/EYEEM/GETTY IMAGES

사람은 네 번째 사람이 화폐를 받아들일 것이라고 확신하며, 이 네 번째 사람 역시 다섯 번째 사람이 계속해서 이를 받아들일 것이라는 사실을 알고 있다. 레스토랑 점주와 다른 사람들에게 여러분의 현금, 수표, 직불카드 청구금액, 전자결제는 장래에 재화 및 용역에 대해 요구할 수 있는 권리를 나타낸다.

거래하기 위해 화폐를 사용하는 사회적 관행은 매우 유용하다. 재화 및 용역을 교환하는 데 널리 받아들여지는 수단이 경제에 존재하지 않는다고 가상해보자. 이런 경우 사람들은 필요한 것을 얻기 위해, 어떤 재화나 용역을 다른 재화나 용역으로 교환하는 **물물교환**에 의존해야만 한다. 예를 들어 로지에스 레스토랑에서 식사를 하기 위해, 여러분은 레스토랑 점주에게 즉시 가치가 있는 어떤 것을 제시해야만 한다. 어쩌면 여러분은 설거지를 해주거나 잔디를 깎아주거나 어떤 음식 예를 들면 미트로프를 만드는 여러분 가정의 요리비법을 알려주겠다고 제시할 수 있다. 물물교환에 의존하는 경제는 희소한 자원을 효율적으로 배분하는 데 어려움을 겪게 된다. 이런 경제에서 거래가 이루어지려면 두 명의 사람이 각각 상대방이 원하는 재화 또는 용역을 갖고 있는 일어날 것 같지 않은 상황, 즉 **필요의 이중일치**가 요구된다.

화폐가 존재하기 때문에 거래가 더 용이해진다. 레스토랑 점주는 자신을 위해 여러분이 가치 있는 재화나 용역을 생산할 수 있는지 여부에는 신경을 쓰지 않는다. 점주는 다른 사람들이 자신에게도 동일하게 할 것이라는 사실을 알고 있어서 여러분이 제시한 화폐를 기꺼이 받아들인다. 이런 관행으로 인해 거래는 우회적으로 이루어질 수 있다. 레스토랑 점주는 여러분이 제시한 화폐를 받아들이고 이를 사용해 레스토랑 요리사에게 급료를 지급한다. 요리사는 자신의 급료를 사용해서 딸을 유치원에 보내며, 유치원 원장은 이 수업료를 사용해 유치원 교사에게 급료를 지급한다. 이 교사는 여러분을 고용해 자기 집의 잔디를 깎게 할 수 있다. 화폐는 사람에게서 사람에게로 유통되기 때문에, 생산과 거래를 용이하게 해준다. 이로 인해 사람들은 자신들이 가장 잘 할 수 있는 것에 특화하고 모든 사람들의 생활수준이 향상된다.

이 장에서는 경제에서 화폐가 하는 역할에 대해 살펴볼 것이다. 우리는 화폐란 무엇이며, 화폐는 어떤 형태를 하고, 은행제도는 통화가 창출되도록 어떤 도움을 주며, 정부는 유통되는 통화량을 어떻게 관리하는지에 관해 논의할 것이다. 이 책의 나머지 부분에서는 많은 지면을 할애해서 통화량의 변화가 인플레이션, 이자율, 생산, 고용을 포함하는 다양한 경제변수에 어떤 영향을 미치는지 살펴볼 것이다. 앞의 네 개 장에서 초점을 맞추었던 장기적인 관점과 일관되게, 다음 장에서는 통화량의 변화가 미치는 장기적인 영향에 대해 알아볼 것이다. 통화량의 변화가 미치는 단기적인 영향은 보다 복잡한 주제이므로 뒤에서 살펴볼 것이다. 이 장에서는 이런 추가적인 분석을 하기 위해 필요한 기초를 닦을 것이다.

21-1 화폐의 의미

화폐란 무엇인가? 이것은 뜻밖의 질문처럼 보일 수도 있다. 아마존 닷컴의 설립자인 제프 베이조스가 많은 돈을 갖고 있다는 기사를 읽었을 때, 여러분은 그것이 의미하는 바를 알고 있다. 즉, 그는 매우 부자라서 원하는 거의 모든 것을 구입할 수 있다는 의미이다. 이런 의미에서 **화폐는 재산**을 뜻하는 것으로 사용된다.

하지만 경제학자들은 이 단어를 좀 더 구체적인 의미로 사용한다. 화폐(money)란 사람들이 서로 간에 재화 및 용역을 구입하기 위해 일반적으로 사용하는 경제 내 자산의 집합이다. 여러분의 지갑에 있는 현금은 그것을 사용해 레스토랑에서 식사를 하거나 상점에서 셔츠를 구입할 수 있기 때문에 화폐이다. 반면에 제프 베이조스가 보유하고 있는 재산의 대부분을 차지하는 아마존의 많은 지분은 화폐의 유형으로 간주되지 않는다. 제프 베이조스가 먼저 현금을 확보하지 않는다면 이런 재산으로는 식사를 하거나 셔츠를 구입할 수 없다. 경제학자들의 정의에 따르면, 화폐에는 매도인이 재화 및 용역과 교환으로 언제나 받아들이는 몇 가지 유형의 재산만이 포함된다.

화폐
사람들이 재화 및 용역을 구입하기 위해 일반적으로 사용하는 자산의 집합

21-1a 화폐의 기능

화폐는 다음과 같은 세 가지 기능을 한다. 즉, **교환의 매개수단**, **계산 단위**, **가치저장수단**으로서의 기능을 수행한다. 이 기능 모두를 통해 화폐는 예를 들면 주식, 채권, 부동산, 예술품, 심지어 야구카드(수집을 목적으로 판매되는 야구 관련 카드) 같은 자산과 구별된다. 이들 세 개 기능 각각에 대해 살펴보도록 하자.

교환의 매개수단(medium of exchange)이란 매수인이 재화 및 용역을 구입할 때 매도인에게 주는 품목을 말한다. 여러분이 셔츠를 구입할 때, 상점 주인은 여러분에게 셔츠를 주고 여러분은 상점 주인에게 화폐를 준다. 매수인에게서 매도인으로 화폐가 이전됨으로써 거래가 이루어진다. 물품을 구매할 때, 해당 상점 주인이 구매한 물품과 교환으로 여러분이 지불하는 화폐를 받아들일 것이라고 여러분은 확신하는데, 그 이유는 화폐가 일반적으로 받아들여지는 교환의 매개수단이기 때문이다.

교환의 매개수단
매수인이 재화 및 용역을 구매하고자 할 때 매도인에게 주는 품목

계산 단위(unit of account)란 사람들이 가격을 게시하고 채무를 기록하는 데 사용하는 척도를 말한다. 상점을 갔을 때, 셔츠 한 벌 가격이 60달러이고 햄버거 한 개 가격이 6달러라는 사실을 깨닫게 된다. 셔츠 한 벌 가격은 햄버거 10개이고 햄버거 한 개 가격은 셔츠 1/10벌이라고 말하는 것이 정확할지 모르지만, 가격을 이런 방식으로는 거의 말하지 않는다. 이와 유사하게 은행에서 차용을 할 경우 여러분의 장래 대출 상환액은 달러로 설정되지, 재화 및 용역의 수량으로 설정되지 않는다. 대부분의 사람들이 경제적 가치를 측정해 기록하고자 할 때 화폐를 계산 단위로 사용한다.

계산 단위
사람들이 가격을 게시하고 채무를 기록하는 데 사용하는 척도

가치저장수단
사람들이 구매력을 현재에서 장래로 이전시키기 위해 사용할 수 있는 품목

가치저장수단(store of value)이란 사람들이 구매력을 현재에서 장래로 이전시키기 위해 사용할 수 있는 품목을 말한다. 매도인이 재화 및 용역과 교환으로 현재 화폐를 받아들인 경우, 이들은 화폐를 보유함으로써 다른 시점에 매수인이 될 수 있다. 화폐가 경제에서 유일한 가치저장수단은 아니다. 즉, 사람들은 주식, 채권과 같은 비화폐적 자산을 보유함으로써 구매력을 현재로부터 장래로 이전시킬 수 있다. **재산**이란 용어는 화폐적 자산과 비화폐적 자산 둘 다를 포함해 모든 가치저장의 총합을 말한다.

유동성
어떤 자산이 교환의 매개수단으로 전환될 수 있는 용이성

경제학자들은 유동성(liquidity)이란 용어를 사용해 어떤 자산이 경제의 교환의 매개수단으로 전환될 수 있는 용이성을 설명한다. 화폐는 경제의 교환의 매개수단이므로 이용할 수 있는 유동성이 가장 큰 자산이다. 다른 자산들은 유동성 면에서 큰 차이가 있다. 대부분의 주식과 채권은 저렴한 비용으로 쉽게 판매할 수 있으므로 상대적으로 유동성이 있는 자산이다. 반면에 주택, 화가 렘브란트의 그림, 1948년 조 디마지오 선수의 야구카드를 판매하려면 보다 많은 시간과 노력이 필요하므로, 이들 자산은 유동성이 낮다.

사람들이 자산을 어떻게 배분할지 결정하려 할 때, 가능한 각 자산의 유동성과 가치저장수단으로서의 자산의 유동성 사이에 균형을 맞추려 한다. 화폐는 가장 유동성이 큰 자산이지만, 가치저장수단으로서는 결코 완벽하지 못하다. 물가가 상승할 때 화폐가치는 하락한다. 다시 말해 재화 및 용역이 더 값비싸질 때 화폐로 이를 더 적게 구매하게 된다. 물가수준과 화폐가치 사이의 이런 연결관계는 화폐가 경제에 어떤 영향을 미치는지 이해하는 데 핵심적인 역할을 한다. 다음 장에서 이 주제에 관해 논의할 것이다.

21-1b 화폐의 종류

상품화폐
내재적으로 본질적 가치를 갖는 상품의 형태를 취하는 화폐

화폐가 본질적 가치를 갖는 상품의 형태를 취하는 경우, 이를 상품화폐(commodity money)라고 한다. 본질적 가치라는 용어는 어떤 물품이 화폐로 사용되지 않더라도 내재적으로 가치를 갖는 것을 의미한다. 상품화폐의 한 예가 금이다. 금은 산업에 그리고 보석류를 만드는 데 사용되기 때문에 본질적 가치를 갖는다. 오늘날 우리는 금을 화폐로 더 이상 사용하지 않지만, 금은 운반하고 측정하며 모조품을 입증하기가 상대적으로 용이하기 때문에 역사적으로 일반적인 화폐 형태였다. 경제가 금을 화폐로 사용할 경우(또는 요구할 때 일정량의 금으로 상환되는 지폐를 사용할 경우), 해당 경제가 **금본위제**로 운용된다고 한다.

상품화폐의 또 다른 예로 담배를 들 수 있다. 제2차 세계대전 동안 포로 수용소에서 포로들은 서로 간에 재화 및 용역을 거래했으며 담배를 가치저장수단, 계산 단위, 교환의 매개수단으로 사용했다. 이와 유사하게 소련 연방이 1980년대 후반에 해체될 때 모

스크바에서 담배는 이따금 루블화를 대체하는 통화로 선호되었다. 두 경우 모두에서 비흡연자는 담배를 교환물로 받아들였으며, 이들은 담배를 사용해 다른 재화 및 용역을 구매할 수 있다는 사실을 알고 있었다.

본질적 가치가 없는 화폐를 **법정불환지폐**(fiat money)라고 하는데, 이는 정부 법령에 의해 확립된 화폐라는 의미이다. 예를 들어 (미국 정부에 의해 인쇄된) 여러분의 지갑 속에 있는 지폐와 (해즈브로 게임회사에 의해 인쇄된) 게임용 지폐를 비교해보자. 여러분이 레스토랑에서 전자의 지폐를 사용해 음식 값을 지불할 수 있지만, 후자의 지폐로는 그렇게 할 수 없는 이유가 무엇인가? 이 물음에 대한 답은 미국 정부가 인쇄한 지폐가 유효한 화폐라고 선언했기 때문이다. 여러분의 지갑 속에 있는 달러화 지폐에는 '본

법정불환지폐
정부 법령에 의해 화폐로 사용되는 본질적 가치가 없는 화폐

FYI 암호화폐: 일시적 유행인가, 장래의 화폐인가?

최근 들어 **암호화폐**라고 하는 새로운 종류의 화폐가 세계적으로 급속히 확산되고 있다. 이 화폐는 전자적 형태로만 존재하는 교환의 매개수단을 만들어내기 위해 정보를 암호화하는 과학인 암호 작성법에 의존한다. 이들은 **블록체인**이라는 기술을 사용해 거래를 기록하는 공적 장부를 유지한다.

2009년에 도입된 첫 번째 암호화폐는 **비트코인**이었다. 이것은 사토시 나카모토라는 이름을 사용하는 사람 또는 전문가 집단에 의해 고안되었다. 사토시 나카모토는 비트코인 의정서를 확립하는 백서를 작성하고 배포했지만, 그의 신원은 그 외에 알려진 바가 없다. 의정서에 따르면, 사람들이 컴퓨터를 사용해 복잡한 수학문제를 풀 경우 비트코인을 받을 수 있다. 이런 방식으로 채굴될 수 있는 비트코인의 수는 아마도 2,100만 개로 제한되어 있다. 일단 이렇게 도입되고 나면, 비트코인은 교환될 수 있다. 이들 비트코인은 설립된 비트코인 거래소에서 매입되고 매도될 수 있으며, 공급과 수요에 의해 비트코인의 달러 가격이 결정된다. 사람들은 비트코인을 가치저장수단으로 보유할 수 있으며, 이를 받아들이는 판매상으로부터 물품을 구입하는 데 비트코인을 사용할 수 있다. 본질적으로, 사토시 나카모토는 아무것도 없는 상태에서 가상자산을 만들어냈으며 이를 보유한 사람들에게 공급은 영원히 제한될 것이라고 보장했다.

비트코인은 상품화폐도 아니고 법정불환지폐도 아니다. 상품화폐와 달리 비트코인은 본질적인 가치를 갖고 있지 않다. 교환 이외의 목적으로 비트코인을 사용할 수 없다. 법정불환지폐와 달리 비트코인은 정부 법령에 의거해서 만들어진 것이 아니다. 실제로 비트코인을 애호하는 많은 사람들은 이것이 정부와는 별개로 존재한다는 사실에 환호하고 있다. 일부 사용자들은 마약거래와 같은 불법적인 거래에 가담하고 있으며, 비트코인 거래가 제공하는 익명성을 좋아한다.

비트코인이 도입된 짧은 역사동안 미국 달러화로 측정된 비트코인의 가치는 큰 폭으로 변동했다. 2010년 동안 쭉 비트코인 가격은 5센트에서 39센트까지 분포했다. 2011년에 가격이 1달러 이상으로 상승했으며 2013년에는 잠시 1,000달러를 초과했으나 2014년이 되자 500달러 이하로 하락했다. 그 후 몇 년 동안 부침이 심하긴 했지만 비트코인의 달러 가격은 급등했다. 비트코인은 2021년 4월 60,000달러를 찍고, 2021년 7월 31,000달러로 다시 하락했으며, 2021년 11월에는 67,000달러로 상승했다가 2022년 7월 20,000달러로 다시 하락했다. 그동안에 이더리움, 라이트코인, 리플, 지캐시와 같은 여타 암호화폐들이 도입되어 비트코인과 경쟁을 했다. 이런 여타 암호화폐는 의정서의 세부사항에서 비트코인과 다르지만, 비트코인처럼 큰 가격 변동을 보여준다. 스테이블코인이라고 알려진 일부 좀 더 새로운 암호화폐는 달러화에 고정되어 있다. 하지만 이런 가격 지지는 이따금 유지하기가 불가능했다.

암호화폐가 장기적으로 유통될 수 있느냐는 가치저장수단, 계산 단위, 교환의 매개수단과 같은 화폐의 기능을 성공적으로 이행할 수 있느냐 여부에 달려 있다. 많은 경제학자들은 회의적이다. 대부분 암호화폐의 달러 가격은 변동성이 크기 때문에 부를 보유하는 데는 위험한 방법이며, 가격을 매기는 데도 불편하다. 최소한 지금까지 소매상들은 교환을 하는 데 암호화폐를 거의 수용하지 않고 있다. 따라서 암호화폐는 통화량의 표준척도에서 배제된다.

암호화폐는 장래에 화폐가 될 수도 있거나 아니면 지나가는 일시적 유행이 될 수도 있다. 또는 단순히 새로운 틈새 자산이 될 수도 있다. ■

지폐는 공적 및 사적 채무에 대한 법화'라는 문구가 있다. 즉, 법으로 정한 법정 화폐, 다시 말해 법화라고 인쇄되어 있다.

정부가 법정불환지폐 제도를 (예를 들면 지폐 위조범을 기소함으로써) 확립하고 규제하는 데 중심 역할을 하더라도, 화폐제도가 성공하기 위해서는 다른 요소들도 충족되어야 한다. 대체로 어떤 자산을 화폐로 받아들이냐는 정부 법령만큼이나 향후 예상과 사회적 관습에도 달려 있다. 1980년대에 소련 연방정부는 공식 통화로서 루블화를 포기하지 않았다. 하지만 모스크바 시민들은 종종 달러화나 담배를 선호했는데, 그 이유는 이런 대안적인 화폐들이 보다 신뢰할 수 있는 가치저장수단이며 교환의 매개수단으로 계속 받아들여질 것으로 믿었기 때문이다.

21-1c 미국 경제에서의 화폐

우리가 앞으로 살펴볼 것처럼, 경제 내에서 유통되는 화폐의 양인 **통화량**은 많은 경제변수에 강한 영향을 미친다. 하지만 먼저 다음과 같은 기본적인 질문을 해야 한다. 화폐의 양이란 무엇인가? 미국 경제에 얼마나 많은 화폐가 존재하는지 측정하는 일이 주어졌다고 가상하자. 이를 측정하기 위해 무엇이 포함되어야 하는가?

현금
일반인의 수중에 있는 지폐 및 동전

포함되어야 할 가장 분명한 자산은 현금(currency)으로, 일반인의 수중에 있는 지폐 및 동전을 말한다. 현금은 아직까지 경제에서 가장 널리 받아들여지는 교환의 매개수단이며, 통화량의 일부라는 데 의심의 여지가 없다.

하지만 현금이 재화 및 용역을 구입하기 위해 여러분이 사용할 수 있는 유일한 자산은 아니다. 많은 업체들은 또한 개인수표를 받아들인다. 당좌예금 계좌에 보유하고 있는 금액은 거의 수중에 있는 금액만큼 물품을 구입하는 데 편리하다. 따라서 통화량을 측정하려면 요구불예금(demand deposit)을 추가하고자 할 수 있으며, 이는 예금자가 필요할 때 수표를 쓰거나 직불카드를 긁는 것만으로도 접근할 수 있는 은행계좌의 잔액이다.

요구불예금
예금자가 필요할 때 수표를 발행함으로써 인출할 수 있는 은행계좌의 잔액

여러분이 일단 통화량에 당좌예금 잔액을 포함시키게 되면, 은행과 다른 금융기관에 예치된 여타 계정도 고려하게 된다. 은행 예금자들은 보통 자신의 저축예금 잔액에 대해 수표를 발행할 수 없지만, 저축예금에서 당좌예금 계좌로는 자금을 쉽게 이체할 수 있다. 이 밖에 투자신탁 예치자들은 지급횟수와 규모가 제한될 수는 있지만 종종 잔고에 대해 수표를 발행하거나 청구된 금액을 전자적으로 지불하기 위해 이를 사용할 수 있다. 물론 이런 여타 계좌들도 미국 통화량의 일부로 계산되어야만 한다.

복잡한 경제에서 '화폐'라고 불릴 수 있는 자산과 불릴 수 없는 자산을 명확하게 구분하는 것은 어렵다. 의심의 여지 없이 여러분 주머니 속에 있는 동전은 통화량의 일부가 되고 미국 뉴욕의 엠파이어 스테이트 빌딩은 되지 못한다. 하지만 많은 자산이 이들 두 극단적인 경우 사이에 위치하기 때문에 구분하기가 분명하지 않다. 상이한 분석가들은

금융적 자산과 비금융적 자산 사이 어디에 선을 그어야 하는지에 관해 합리적으로 의견 일치를 보지 못하므로 다양한 통화량 측정치를 이용할 수 있다.

미국 경제에서 가장 널리 활용되는 두 개 통화량 측정치는 M1 및 M2이다. M1에는 현금, 은행에 예치된 요구불예금, 저축예금 잔고처럼 현금으로의 전환이 용이한 일부 기타 예금이 포함된다. M2에는 M1 모든 항목에 소액 정기예금, (제한된 은퇴계좌에 예치된 금액을 제외한) 투자신탁이 추가된다. 이 책의 목적상 다양한 통화량 측정치 사이의 차이는 중요하지 않다. 중요한 점은 통화량에 현금뿐만 아니라 쉽게 접근해서 재화 및 용역을 구매하는 데 사용할 수 있는 은행과 기타 금융기관의 예금도 포함된다는 것이다.

사례 연구

현금은 모두 어디에 있는가?

미국 경제의 통화량에 관한 한 가지 수수께끼는 현금액에 관한 것이다. 2021년 11월에 현금액은 2조 1천억 달러에 달했다. 이 금액을 현실감 있게 나타내기 위해, 미국의 (16세 이상) 성인 인구 수인 2억 6,200만 명으로 나누어보자. 이 계산을 통해 성인 1인당 현금 8,000달러 이상을 보유한다는 사실을 알 수 있다. 대부분의 사람들은 지갑에 훨씬 더 적은 금액을 갖고 있기 때문에 이 금액에 깜짝 놀랄 것이다.

누가 이 많은 현금을 갖고 있는가? 아무도 확실히 알지 못하지만 두 가지 설명이 가능하다.

FYI 신용카드가 화폐가 아닌 이유

신용카드를 경제 내 통화량의 일부로 포함시키는 것이 자연스러운 것처럼 보일 수도 있다. 결국 사람들은 구매하기 위해 종종 신용카드를 사용한다. 그렇다면 신용카드는 교환의 매개수단이 아닌가?

처음에는 이 주장이 설득력 있는 것처럼 보일 수도 있지만, 신용카드는 모든 통화량 측정치에서 배제된다. 그 이유는 신용카드가 실제로 대금지급 방법이 아니라 오히려 대금지급을 연기하는 방법이기 때문이다. 여러분이 신용카드로 레스토랑에서 식사를 할 때, 해당 카드를 발행해준 은행은 해당 레스토랑에 사용된 금액을 지불하게 된다. 나중에 여러분은 (아마도 이자와 함께) 은행에 상환을 하게 된다. 신용카드 대금을 상환해야 할 시기가 되면, 여러분은 아마도 당좌예금 계좌에 대해 수표를 발행하거나 전자적인 방법을 이용해 그렇게 할 것이다. 이 당좌예금 계좌의 잔고는 경제 내 통화량의 일부가 된다.

외견상 보이는 물리적 유사성에도 불구하고 신용카드는 구입한 물품 대금을 지불하기 위해 은행계좌에서 자동적으로 인출하는 현금카드(이를 직불카드라고도 한다)와 다르다. 현금카드의 경우 구입한 물품의 대금지급을 뒤로 미루는 것이 아니라 사용자 자신의 은행계좌에서 직접 해당 금액을 결제하는 것이다. 이런 의미에서 현금카드는 신용카드보다 개인수표에 더 가깝다. 현금카드와 연계된 계좌 잔액은 통화량의 측정치에 포함된다.

신용카드는 화폐의 한 형태라고 간주되지는 않지만, 화폐제도를 분석하는 데 중요하다. 신용카드를 사용하는 사람들은 물품을 산발적으로 구입하는 것과 달리 사용금액의 대부분을 해당 월말에 한꺼번에 지불한다. 따라서 신용카드를 갖고 있는 사람들은 아마도 신용카드를 갖고 있지 않은 사람들보다 평균적으로 더 적은 화폐를 보유한다. 신용카드와 종종 연계되어 있는 전자결제 시스템과 함께 신용카드의 사용이 증가하게 되면 일반인들의 화폐 보유액은 감소할 수 있다. ■

첫 번째 설명으로는 현금의 많은 부분을 해외에서 보유한다고 볼 수 있다. 안정적인 화폐 제도를 갖추지 못한 외국에서 사람들은 국내 자산보다 미국 달러화를 선호한다. 추정에 따르면 미국 달러화의 절반 이상이 미국 밖에서 유통된다고 한다.

두 번째 설명으로는 현금의 많은 부분을 마약상, 탈세자, 기타 범죄자들이 보유한다고 볼 수 있다. 미국 경제에서 활동하는 대부분 사람들의 경우, 현금이 자산을 보유하는 데 특별히 좋은 방법은 아니다. 현금은 분실이나 도난이 발생할 수 있을 뿐만 아니라 이자를 받지 못하는 데 반해 은행예금은 이자가 발생한다. 따라서 대부분의 사람들은 소액의 현금만을 보유할 뿐이다. 하지만 범죄자들은 현금이 보다 매력적이라고 생각할 수 있다. 예를 들어 이들은 자신들의 돈을 은행에 예치하는 상황을 피할 수 있다. 왜냐하면 은행에 예금을 할 경우 경찰이 불법행위를 추적하는 데 사용할 수 있는 서류상의 수색 실마리를 제공할 수 있기 때문이다. 범죄자의 경우 현금은 이용할 수 있는 최선의 가치저장수단이 될 수 있다. ●

Quiz

1. 법정불환지폐는 ____________________.
   a. 본질적 가치가 내재된 화폐 유형이다.
   b. 정부 법령에 의해 만들어진 화폐 유형이다.
   c. 교환의 매개수단으로 사용되는 자산이다.
   d. 계산 단위로 사용되는 자산이다.

2. 통화량에는 ____________________을(를) 제외한 아래의 모든 것이 포함된다.
   a. 금속으로 만든 동전
   b. 지폐
   c. 신용카드의 신용한도
   d. 현금카드(직불카드)의 은행 잔고

해답은 이 장의 끝부분에 있다.

21-2 미국의 중앙은행인 연방준비제도

연방준비제도(Fed)
미국의 중앙은행

중앙은행
은행시스템을 감독하고 통화량을 조절하도록 설립된 기관

미국 경제처럼 어떤 경제가 법정불환지폐 제도를 채택하는 경우에는 언제나 어떤 기관이 해당 제도를 담당해야 한다. 미국에서 그 실체적 기관은 연방준비제도(Federal Reserve, 간단히 Fed라고도 한다)이다. 미국 달러 지폐의 윗부분을 보게 되면, '연방준비제도 지폐'라는 문구를 발견하게 될 것이다. 연방준비제도는 은행시스템을 감독하고 통화량을 조절하도록 설립된 기관, 즉 중앙은행(central bank)의 한 예이다. 세계 각국의 여타 주요한 중앙은행에는 잉글랜드은행(영국은행), 일본은행, 유럽중앙은행이 있다.

21-2a 연방준비제도의 조직

1907년에 발생한 일련의 은행 파산으로 인해, 의회가 미국의 국가 은행시스템의 건전성을 보장하기 위해 중앙은행이 필요하다고 확신하고 난 후인 1913년에 연방준비제도가 창설되었다. 현재 연방준비제도는 연방준비제도 이사회에 의해 운영되는데, 이사회는 대통령에 의해 지명되고 상원에 의해 인준된 7명 이내의 이사로 구성된다. 이사의 임기는 14년이다. 연방판사가 이들을 정치로부터 격리시키기 위해 종신으로 임명되는 것처럼, 연방준비제도 이사들도 금융정책을 수립할 때 단기적인 정치적 압력으로부터 독립을 지켜주기 위해 임기가 길다.

이사들 중에서 가장 중요한 사람은 이사회 의장이다. 의장은 직원을 지휘하고, 이사회 회의를 주재하며, 연방의회 위원회 앞에서 연방준비제도의 정책에 관해 정기적으로 증언한다. 대통령은 의장을 4년 임기로 지명한다. 이 책이 출간될 때 의장은 제롬 파월(Jerome Powell)이며, 그는 2017년에 도널드 트럼프 대통령에 의해 의장에 임명되었고 2021년에 조 바이든 대통령에 의해 재임명되었다.

연방준비제도는 수도인 워싱턴 D.C.에 소재하는 연방준비제도 이사회와 전국 주요 도시에 소재하는 12개의 지역 연방준비은행으로 구성된다. 각 지역 연방준비은행의 총재는 각 지역 연방준비은행의 이사회에서 선임되며, 이 이사회의 이사는 일반적으로 해당 지역의 은행 및 비즈니스 커뮤니티 출신들이다.

연방준비제도는 두 개의 관련된 직무를 수행한다. 첫째, 은행들을 규제하고 은행시스템의 건전성을 보장하려 한다. 특히 연방준비제도는 각 은행의 재정상태를 감시하고 수표를 교환에 의해 결제함으로써 은행 거래를 용이하게 한다. 또한 연방준비제도는 은행의 은행으로서 행동한다. 즉, 연방준비제도는 은행 자신이 자금을 필요로 할 때 이들 은행에게 대부를 제공한다. 연방준비제도는 전반적인 은행시스템의 안정성을 유지하기 위해 **최종 대부자**, 즉 다른 곳에서 차용을 할 수 없는 당사자들에게 대부자로 활동한다.

둘째, **통화 공급**(money supply)이라고 하는, 경제에서 이용할 수 있는 통화량을 조절한다. 이 통화 공급은 단기적으로 이자율 수준과 밀접하게 연계된다. 통화 공급과 이자율에 관한 정책 입안자들의 결정이 **통화정책**(monetary policy)을 구성한다. 연방준비제도에서 금융정책은 연방공개시장 위원회(FOMC)에 의해 수립된다. 연방공개시장 위원회는 워싱턴 D.C.에서 대략 6주마다 만나서 경제상황에 관해 논의하고 금융정책의 변화 필요성에 관해 검토한다.

통화 공급
경제에서 가용할 수 있는 통화량

통화정책
중앙은행의 정책 입안자들에 의한 통화 공급의 설정

21-2b 연방공개시장 위원회

연방공개시장 위원회는 연방준비제도 이사회 이사와 12개 지역 연방준비은행 총재 중 5명으로 구성된다. 지역 연방준비은행 총재 12명은 연방공개시장 위원회 회의에 모두 참석하지만 5명만이 투표를 한다. 투표권은 12명의 지역 연방준비은행 총재들 사이에서 돌아가며 행사한다. 하지만 뉴욕 연방준비은행 총재는 언제나 투표권을 행사하는데, 그 이유는 뉴욕이 미국의 전통적인 금융 중심지이고 연방준비제도가 하는 모든 국채의 매입 및 매도가 뉴욕 연방준비은행의 트레이딩 데스크에서 이루어지기 때문이다.

연방공개시장 위원회의 결정에 따라 연방준비제도는 경제의 달러화의 양, 즉 통화량을 증가시키거나 감소시킨다. 간단하게 비유적으로 말하면, 달러화를 찍어서 헬리콥터로 전국에서 이를 떨어뜨려 통화 공급을 확장시키는 연방준비제도를 상상해보자. 이와 유사하게, 거대한 진공청소기로 사람들의 지갑에서 달러화를 빨아들여 통화 공급을 감소시키는 연방준비제도를 상상해보자. 실제로 통화 공급을 변화시키는 연방준비제도의 방법들은 복잡하고 미묘하지만 헬리콥터 및 진공청소기와 같은 은유는 통화정책을 이해하는 데 좋은 출발점이 된다.

이 장 뒷부분에서 헬리콥터나 진공청소기를 사용하지 않고 연방준비제도가 통화 공급에 영향을 미칠 수 있는 많은 방법에 관해 논의할 것이지만, 역사적으로 연방준비제도의 주요한 도구가 미국 국채를 매입하고 매도하는 **공개시장 조작**이었다는 점은 주목해둘 만하다. 미국 국채는 연방정부의 채무증명서라는 사실을 기억하자. 통화 공급을 증대시키기 위해 연방준비제도는 달러화를 창출하고 이를 사용해 채권시장에서 일반 대중으로부터 국채를 매입할 수 있다. 매입이 이루어지고 나면 이런 달러화는 민간의 수중에 있게 된다. 이런 방식으로 연방준비제도가 공개시장에서 국채를 매입할 경우 통화 공급이 증가한다. 반대로 통화 공급을 감소시키기 위해 연방준비제도는 자신의 포트폴리오에서 국채를 채권시장에서 민간에게 매도할 수 있다. 국채를 매도한 후 연방준비제도가 받는 달러화는 민간의 수중에서 벗어나게 된다. 연방준비제도가 공개시장에서 국채를 매도할 경우 이로 인해 통화 공급이 감소한다. 최근 들어 우리가 살펴볼 것처럼 연방준비제도는 공개시장 조작에 덜 의지하고 다른 통화정책 도구에 더 의존하고 있다.

중앙은행은 통화 공급의 변화가 경제에 심대한 영향을 미치기 때문에 중요한 기관이다. 제1장에서 살펴본 **경제학의 열 가지 원리** 중 하나는 '정부가 너무 많은 통화를 발행할 경우 물가가 상승한다'는 것이다. 다른 하나는 '사회는 인플레이션과 실업 사이에 존재하는 단기적인 상충관계에 직면하게 된다'는 것이다. 연방준비제도의 힘은 이런 원리에 기반하고 있다. 앞으로의 장들에서 보다 자세하게 논의하게 될 이유들로 인해서, 연방준비제도의 정책 결정은 장기적으로 인플레이션을 결정하고 단기적으로 고용과 생산을 결정하는 주요한 요인이다. 연방준비제도 이사회 의장은 미국에서 강력한 권한을 지닌 제2인자라고 불린다.

Quiz

3. 연방준비제도에 관한 다음 설명 중 옳지 않은 것은?
   a. 미국 헌법에 의거해서 설립되었다.
   b. 은행시스템을 규제한다.
   c. 은행에 대출을 제공한다.
   d. 국채를 보유할 수 있다.

4. 연방준비제도가 통화 공급을 증대시키려 할 경우, ________.
   a. 소득세율을 인상할 수 있다.
   b. 소득세율을 인하할 수 있다.
   c. 공개시장 조작을 통해 채권을 매수할 수 있다.
   d. 공개시장 조작을 통해 채권을 매도할 수 있다.

해답은 이 장의 끝부분에 있다.

21-3 은행과 통화 공급

지금까지 우리는 '화폐'의 개념을 소개했고, 연방준비제도가 통화 공급을 어떻게 관리하는지에 대해 논의했다. 이 설명은 옳지만 완전하지 않다. 왜냐하면 화폐제도에서 은행이 하는 핵심적인 역할을 빠뜨렸기 때문이다.

여러분이 보유하는 화폐에는 현금(지갑에 있는 지폐와 호주머니에 있는 동전)과 요구불예금(여러분의 당좌예금 계좌 잔고) 둘 다가 포함된다. 요구불예금은 은행에 예치돼 있기 때문에, 은행의 행태가 요구불예금의 규모에 영향을 미칠 수 있으며 이로 인해 통화 공급에도 영향을 미칠 수 있다. 이 절에서는 은행이 통화 공급에 어떤 영향을 미치고 통화 공급을 관리하려는 연방준비제도의 직무를 어떻게 복잡하게 하는지에 대해 알아볼 것이다.

MICK STEVENS

"돈에 대해 잘 들었습니다. 이제는 그 돈을 좀 활용해보고 싶습니다."

21-3a 단순한 경우: 100% 지급준비제도

은행이 통화 공급에 어떤 영향을 미치는지 알아보기 위해, 먼저 은행이 전혀 없는 세상을 생각해보자. 이런 단순한 세계에서는 현금이 유일한 형태의 화폐이다. 구체적으로 알아보기 위해 현금의 총규모가 100달러라고 가상해보자. 따라서 통화 공급이 100달러이다.

이제는 어떤 사람이 은행을 개업했다고 가상하고, 이에 걸맞게 제1 국영은행이라고 하자. 제1 국영은행은 유일한 예금기관으로 예금을 받지만 대출을 하지는 않는다. 이 은행의 목적은 예금자들에게 이들의 돈을 보관할 안전한 장소를 제공하는 것이다. 사람들이 예금을 하고자 할 때는 언제든지 예금자가 인출하거나, 수표를 발행하거나, 잔액을 인출하기 위해 현금카드를 사용할 때까지 은행은 돈을 금고에 보관한다. 은행이 받았지만 대출을 하지 않은 예금을 **지급준비금**(reserves)이라고 한다. 이런 가상적인 경제에서 모든 예금은 지급준비금으로 보유되기 때문에, 이런 제도를 **100% 지급준비제도**

지급준비금
은행이 받았지만 대출을 하지 않은 예금

라고 한다.

제1 국영은행의 재정상태를 은행의 자산과 부채로 보여주는 단순화된 회계 계산인 **T자 계정**으로 나타낼 수 있다. 경제의 총현금인 100달러를 은행에 예치할 경우 제1 국영은행의 T자 계정은 다음과 같다.

제1 국영은행			
자산		부채	
지급준비금	100.00달러	예금	100.00달러

T자 계정의 왼편에는 은행의 자산 100달러(은행이 금고에 보유하고 있는 지급준비금)를 기록했고, 오른편에는 은행의 부채 100달러(은행이 예금자에게 빚을 지고 있는 금액)를 기록했다. 자산과 부채가 균형을 이루기 때문에, 이 회계 계산서를 **대차대조표**라고 한다.

이제 경제의 통화 공급을 생각해보자. 제1 국영은행이 개점되기 전에 사람들이 보유하는 것은 현금 100달러이다. 은행이 개점되고 사람들이 현금을 예치하고 난 후에, 통화 공급은 요구불예금 100달러이다.(현금은 모두 은행금고에 있기 때문에 더 이상 유통되는 현금은 없다) 각 예금이 정확하게 동일한 금액만큼 현금을 감소시키고 요구불예금을 증가시켜서, 통화 공급은 불변하게 된다. **은행이 모든 예금을 지급준비금으로 보유할 경우, 은행은 통화 공급에 영향을 미치지 못한다.**

21-3b 통화가 창출되는 경우: 부분 지급준비제도

궁극적으로 제1 국영은행을 운영하는 사람들은 자신들의 정책인 100% 지급준비제도를 재고할 수 있다. 그 돈을 모두 금고 속에 그대로 놔두는 것은 불필요한 것처럼 보일 수 있다. 일부를 대출해주고 대출금에 이자를 부과해 이윤을 얻으면 되지 않을까? 주택을 구입하려는 가계, 새로운 공장을 건설하려는 기업, 대학 수업료를 납부하려는 학생들은 한동안 이자를 지불하고 그중 일부를 기꺼이 차용하려 한다. 제1 국영은행은 예금자들이 인출하려는 경우에 대비해 현금을 이용할 수 있도록 일부 지급준비금을 보유해야 한다. 하지만 새로운 예금의 유입액이 인출에 따른 유출액과 거의 같다면, 제1 국영은행은 예금 중 극히 일부만을 지급준비금으로 보유하면 된다. 따라서 제1 국영은행은 **부분 지급준비제도**(fractional-reserve banking)라고 하는 방식을 채택하게 된다.

은행이 총예금 중 지급준비금으로 보유하는 비율을 **지급준비율**(reserve ratio)이라고 한다. 이 비율은 정부 규제와 은행정책이 결합되어 결정된다. 이 장 뒷부분에서 보다 자세하게 논의할 것처럼, 연방준비제도는 전통적으로 은행이 보유해야만 하는 최소한

부분 지급준비제도
은행이 예금 중 극히 일부만을 지급준비금으로 보유하는 방식

지급준비율
은행이 예금 중 지급준비금으로 보유하는 비율

의 지급준비금, 즉 **법정지급준비금**을 설정한다. 이 밖에 은행은 법적 최소금액을 상회하는 지급준비금, 즉 **초과 지급준비금**을 보유할 수 있으며, 이런 경우 은행들은 현금이 부족하지 않을 것이라고 더욱 확신할 수 있다. 여기서는 우리의 목적을 위해, 지급준비율을 주어진 것으로 보고 부분 지급준비제도가 통화 공급에 어떤 영향을 미치는지 살펴볼 것이다.

제1 국영은행의 지급준비율이 1/10 또는 10%라고 가상하자. 이것이 의미하는 바는 예금 중 10%를 지급준비금으로 보유하고 나머지를 대출해준다는 것이다. 이제 이 은행의 T자 계정을 다시 살펴보도록 하자.

제1 국영은행			
자산		부채	
지급준비금	10.00달러	예금	100.00달러
대출금	90.00달러		

제1 국영은행은 계속해서 부채가 100달러인데, 그 이유는 대출을 하더라도 예금자에 대한 은행의 의무가 변화하지 않기 때문이다. 하지만 지금 은행은 두 가지 종류의 자산, 즉 금고에 있는 지급준비금 10달러와 대출금 90달러를 갖고 있다.(이 대출금은 제1 국영은행으로부터 차용한 사람들에게 부채이지만, 차용자들은 대출금을 상환할 것이기 때문에 은행에게 자산이 된다) 전체적으로 볼 때 제1 국영은행의 자산은 계속해서 부채와 같다.

다시 한번, 경제의 통화 공급을 생각해보자. 제1 국영은행이 대출을 제공하기 전에, 통화 공급은 예금 100달러였다. 하지만 제1 국영은행이 이들 예금 중 일부를 대출할 경우, 통화 공급이 증가한다. 예금자는 계속해서 총액 100달러인 요구불예금을 갖고 있지만, 이제 차용자는 현금 90달러를 보유하게 된다.(현금과 요구불예금을 합산한) 통화 공급은 190달러가 된다. **은행이 예금 중 일부만을 지급준비금으로 보유할 경우, 이런 부분 지급준비제도는 통화를 창출한다.**

처음에는 부분 지급준비제도에 의한 통화 창출이 너무나도 훌륭해서 진짜가 아닌 것처럼 보일 수 있다. 즉, 은행이 허공에서 통화를 창출한 것처럼 보인다. 이런 묘기를 덜 마술처럼 보이게 하기 위해, 제1 국영은행이 지급준비금 중 일부를 대출해주고 통화를 창출할 때 어떤 재산도 창출하지 않았다는 사실에 주목하자. 제1 국영은행이 제공한 대출을 통해 차용자에게 어떤 현금을 주는데, 이는 재화 및 용역을 구입할 수 있는 차용자의 능력을 증대시킨다. 하지만 차용자는 채무도 지게 돼서, 대출이 차용자를 더 부유하게 만들어주지는 않는다. 다시 말해 은행이 통화라는 자산을 창출할 때, 이는 또한 창출된 통화를 차용한 사람들에게는 그에 상응하는 부채를 지게 만든다. 이런 통화 창출 과정 끝에 보다 많은 교환의 매개수단이 존재하게 되었다는 의미에서 경제의 유동성이 더 풍부해지기는 했지만, 경제가 전보다 더 부유해진 것은 아니다.

21-3c 통화승수

이런 통화 창출은 제1 국영은행에서 멈추지 않는다. 제1 국영은행으로부터 차용을 한 사람이 이 90달러를 사용해 어떤 사람으로부터 물품을 구입하게 되고, 이 사람이 그 현금을 제2 국영은행에 예금을 한다고 가상하자. 제2 국영은행에 대한 T자 계정은 다음과 같다.

제2 국영은행			
자산		부채	
지급준비금	9.00달러	예금	90.00달러
대출금	81.00달러		

예금을 받고 나면, 제2 국영은행의 부채는 90달러가 된다. 제2 국영은행이 또한 지급준비율 10%를 유지한다면, 지급준비금으로 자산 9달러를 보유하고 81달러를 대출하게 된다. 이런 방식을 통해 제2 국영은행은 추가적으로 통화를 81달러 창출한다. 이 81달러를 궁극적으로 제3 국영은행에 예금하게 되면, 이 은행 또한 지급준비율 10%를 유지해야 한다. 제3 국영은행은 지급준비금으로 8.10달러를 보유하고 72.90달러를 대출하게 된다. 제3 국영은행에 대한 T자 계정은 다음과 같다.

제3 국영은행			
자산		부채	
지급준비금	8.10달러	예금	81.00달러
대출금	72.90달러		

이런 과정은 계속해서 진행된다. 예금이 되고 은행 대출이 이루어질 때마다 통화가 창출된다.

모든 이런 통화 창출 후에 이 경제에는 얼마나 많은 통화가 존재하는가? 이를 합산해보자.

최초의 예금	= 100.00달러
제1 국영은행 대출금	= 90.0달러(=.9 × 100.00달러)
제2 국영은행 대출금	= 81.0달러(=.9 × 90.00달러)
제3 국영은행 대출금	= 72.90달러(=.9 × 81.00달러)
⋮	⋮
총통화공급	= 1,000.00달러

통화 창출 과정은 영원히 지속될 수 있지만 통화량을 무한으로 창출하지는 못한다는 사실이 밝혀졌다. 위의 예에서 무한수열을 힘들게 합산하게 되면, 지급준비금 100달러에서 통화 1,000달러가 창출되었음을 알 수 있다. 지급준비금 각각의 1달러에서 창출된 통화의 규모를 **통화승수**(money multiplier)라고 한다. 지급준비금 100달러가 통화 1,000달러를 창출하는 이 경제에서 통화승수는 10이다.

통화승수
지급준비금 1달러에서 창출되는 통화의 규모

무엇이 통화승수의 크기를 결정하는가? 이 물음에 대한 답변은 간단하다. **통화승수는 지급준비율의 역수이다.** R이 경제 내 모든 은행에 대한 지급준비율이라면, 지급준비금 각각의 1달러는 통화 $1/R$달러를 창출한다. 위의 예에서 $R = 1/10$이므로 통화승수는 10이 된다.

통화승수에 관한 역수 공식이 합리적인 것처럼 보이는 이유가 무엇인지 생각해보자. 은행이 예금으로 1,000달러를 보유하고 있는 경우, 지급준비율 1/10(10%)이 의미하는 바는 은행이 지급준비금으로 100달러를 보유해야만 한다는 것이다. 통화승수는 이 생각을 정반대로 하면 된다. 즉, 은행시스템이 전체적으로 지급준비금을 총 100달러 보유하고 있다면, 은행시스템은 예금으로 1,000달러만을 보유할 수 있다. 다시 말해, R이 각 은행에서 예금에 대한 지급준비금 비율(즉 지급준비율)이라면, 은행시스템에서 지급준비금에 대한 예금의 비율(즉 통화승수)은 $1/R$이 되어야만 한다.

이 공식은 은행이 창출하는 통화량이 어떻게 지급준비율에 의존하는지를 보여준다. 지급준비율이 1/20(5%)인 경우, 은행시스템은 지급준비금의 20배만큼 예금을 보유하게 되며, 이는 통화승수가 20이라는 의미이다. 지급준비금 1달러는 통화 20달러를 창출한다. 이와 유사하게 지급준비율이 1/4(25%)인 경우, 예금은 지급준비금의 4배가 되며 통화승수는 4이고 지급준비금 1달러는 통화 4달러를 창출한다. **지급준비율이 높을수록, 은행은 예금 중에서 대출을 더 적게 하며 통화승수도 더 작아진다.** 특수한 경우인 100% 지급준비제도에서 지급준비율은 1이고 통화승수도 1이며 은행은 대출을 하지 않거나 통화를 창출하지 않는다.

21-3d 은행자본, 레버리지, 2008~2009년의 금융위기

앞에서는 은행이 어떻게 작동하는지를 간단하게 설명했다. 현대적인 은행의 실체는 더 복잡하며, 이런 복잡성이 2008~2009년의 금융위기에서 중요한 역할을 했다. 이런 금융위기를 이해하기 위해, 은행이 실제로 어떻게 기능하는지에 관해 약간 더 그 배경을 알아볼 필요가 있다.

지금까지 살펴본 은행 대차대조표에서 은행은 예금을 받고 이 예금을 활용해 대출을 해주거나 지급준비금으로 보유한다. 하지만 보다 현실적으로 말하면 은행은 예금을 받을 뿐만 아니라 다른 기업들처럼 주식과 채권을 발행해 재원을 조달한다. 은행이 소유

은행자본
은행 소유주가 해당 은행에 투입한 재원

주들에게 주식을 발행해 얻은 재원을 은행자본(bank capital)이라고 한다. 은행은 소유주의 이윤을 창출하기 위해 다양한 방법으로 이런 재원을 사용한다. 대출을 하고 지급준비금을 보유하는 이외에 주식 및 채권과 같은 유가증권을 매입할 수 있다.

좀 더 현실적인 은행 대차대조표의 예는 다음과 같다.

보다 현실적인 국영은행			
자산		부채 및 자본	
지급준비금	200달러	예금	800달러
대출금	700달러	채무	150달러
유가증권	100달러	자본(소유주의 주식)	50달러

이 대차대조표의 오른편에 은행의 부채 및 자본(또는 **소유주의 주식**)이 기록된다. 이 은행은 소유주에게서 자본으로 50달러의 재원을 마련한다. 또한 채무 150달러를 발행하고 예금 800달러를 받는다. 은행은 은행의 자산을 보여주는 대차대조표의 왼편에 나열된 세 가지 방식으로 총 1,000달러를 사용한다. 이 은행은 지급준비금으로 200달러를 보유하고, 대출을 700달러 했으며, 국채나 회사채와 같은 유가증권을 매입하는 데 100달러를 사용했다. 은행은 이런 선택을 제한하는 규제뿐만 아니라 위험과 수익에 기반해 자산 사이에 재원을 어떻게 배분할지 결정한다.

회계 규칙에 의하면 대차대조표 왼편에 있는 지급준비금, 대출금, 유가증권의 총합은 오른편에 있는 예금, 채무, 자본의 총합과 언제나 같아진다. 소유주의 주식 가치는 정의에 기초하여 은행의 자산(지급준비금, 대출금, 유가증권)가치에서 부채(예금 및 채무)가치를 감한 것이다. 따라서 대차대조표의 왼편과 오른편을 각각 합산하면 총합이 같아진다.

레버리지
투자 목적으로 기존 자금을 보충하기 위해서 활용하는 차입자금의 사용

많은 기업은 레버리지(leverage)에 의존하는데, 이는 투자 목적으로 기존 자금을 보충하기 위해서 활용하는 차입자금의 사용을 말한다. 기업이 투자계획 사업에 대한 재원을 조달하기 위해 채무를 지게 될 때는 언제나 레버리지를 사용하는 것이다. 은행의 경우 레버리지가 특히 중요한데, 그 이유는 차용 및 대출이 은행이 하는 일의 핵심이기 때문이다. 은행업무를 보다 잘 이해하기 위해 레버리지가 어떻게 작용하는지 보다 면밀하게 살펴보도록 하자.

레버리지율
은행자본에 대한 자산의 비율

레버리지율(leverage ratio)은 은행자본에 대한 은행 총자산의 비율이다. 이 예에서 레버리지율은 1,000달러/50달러 또는 20이다. 레버리지율 20이 의미하는 바는 은행 소유주가 기여한 자본 1달러에 대해 은행은 자산 20달러를 갖고 있다는 것이다. 자산 20달러 중 19달러는 예금을 받거나 채무를 발행함으로써 차용한 돈으로 재원이 마련되었다.

여러분은 지렛대가 힘을 증폭시킬 수 있다는 사실을 과학수업에서 배웠을 것이다. 팔 힘만으로는 움직일 수 없는 바위도 지렛대를 사용하면 더 쉽게 움직인다. 유사한 증폭현상이 은행 레버리지로도 발생할 수 있다. 어떻게 발생하는지 알아보기 위해, 예를 들면 은행이 보유하고 있는 일부 유가증권 가격이 상승해서 은행의 자산가치가 5%만큼 올랐다고 가상하자. 이제 자산 1,000달러는 1,050달러의 가치가 있다. 예금자와 채무 보유자에게는 계속해서 950달러를 빚지고 있어 이를 갚아야 하기 때문에, 은행자본은 50달러에서 100달러(1,050달러 − 950달러)로 증가하게 된다. 따라서 레버리지율이 20인 경우, 자산가치가 5% 상승하면 자본은 100% 증가한다.

동일한 원리가 가치가 하락할 경우에도 작동하지만 문제가 되는 결과로 이어질 수 있다. 은행으로부터 차용을 한 일부 사람들이 대출금에 대한 상환을 불이행해서 은행의 자산가치가 5%만큼 하락해 950달러로 감소했다고 가상하자. 다시 한번, 예금자와 채무 보유자에게는 계속해서 950달러를 빚지고 있어 이를 갚아야 하기 때문에, 은행자본은 0달러(950달러 − 950달러)로 감소한다. 따라서 레버리지율이 20인 경우 은행자산의 가치가 5% 하락하면 은행자본은 100% 감소한다. 자산의 가치가 5%를 초과해 하락할 경우, 은행자산은 부채보다 낮은 수준으로 감소한다. 이 경우 은행은 **지급불능**에 빠지고 채무 보유자와 예금자에게 전액을 지급할 수 없게 된다.

은행 감독기관은 은행에 일정액의 자본을 보유하도록 요구한다. 이런 **자본요건**(capital requirement)을 설정하는 목적은 (정부가 제공하는 예금보험기금에 의존하지 않고) 예금자들에게 예금액을 확실하게 지급할 수 있도록 하는 것이다. 요구되는 자본액은 은행이 보유하고 있는 자산의 종류에 달려 있다. 다른 것이 동일하다면, 신용도가 의심스러운 차용자에 대한 대출과 같은 위험한 자산을 보유한 은행은 국채와 같은 안전한 자산을 보유한 은행보다 더 많은 자본을 보유해야 한다.

자본요건
최소한의 은행자본액을 명시하는 정부 규제

은행들이 너무 적은 자본을 갖고 있어서 자본요건을 충족시킬 수 없을 때 경제적 혼란이 초래될 수 있다. 이런 현상의 예가 2007~2008년에 발생했으며, 이때 많은 은행들이 일부 자산, 특히 주택담보 대출과 이를 담보로 한 유가증권에서 상당한 손실을 입었다. 자본 부족으로 인해 은행들은 대출을 축소했다. **신용 경색**이라고 하는 이런 현상은 심각한 경제활동 침체의 한 가지 원인이 되었다.(제23장에서 이에 대해 훨씬 더 자세히 논의할 것이다) 이 문제를 해결하기 위해 미국 재무성은 연방준비제도와 함께 수십억 달러의 공적 자금을 은행시스템에 투입해 은행자본을 증대시켰다. 따라서 미국의 납세자들은 일시적으로 많은 은행들을 일부 소유하게 됐었다. 이런 이례적인 정책의 목표는 대출이 정상적으로 이루어질 수 있도록 은행시스템을 재건하는 것이었다. 그리고 실제로 2009년 말까지 그렇게 되었다.

Quiz

5. 서현이는 자신의 지갑에서 현금 100달러를 꺼내서 자신의 당좌예금 계좌에 이를 예치했다. 은행이 100달러 전부를 지급준비금으로 보유할 경우 통화 공급이 ____________, 은행이 100달러 중 일부를 대출할 경우 통화 공급이 ____________.
   a. 증가하지만; 더 많이 증가한다.
   b. 증가하지만; 더 적게 증가한다.
   c. 불변하지만; 증가한다.
   d. 감소하지만; 더 적게 감소한다.

6. 지급준비율은 1/4이고 중앙은행이 은행시스템에서 지급준비금을 120달러만큼 증가시킬 경우, 통화 공급은 ____________만큼 증가한다.
   a. 90달러
   b. 150달러
   c. 160달러
   d. 480달러

7. 은행의 자본은 200달러이고, 레버리지율은 5이다. 은행자산의 가치가 10%만큼 감소할 경우, 자본은 ____________로 감소한다.
   a. 100달러
   b. 150달러
   c. 180달러
   d. 185달러

해답은 이 장의 끝부분에 있다.

21-4 통화량을 조절하기 위한 연방준비제도의 정책도구

연방준비제도는 통화 공급을 조절하는 일을 담당하고 있으며, 난해하면서도 서서히 발전하는 방식으로 이를 수행한다. 은행들은 부분 지급준비제도의 틀 내에서 통화를 창출하기 때문에, 연방준비제도가 통화 공급을 조절하는 방식은 간접적이다. 연방준비제도가 통화 공급을 변화시키기로 결정할 경우, 자신의 행위가 은행시스템을 통해 어떻게 작동하는지를 고려해야만 한다.

연방준비제도는 통화량을 조절하기 위한 연장통 속에 다양한 정책도구를 갖고 있으며, 시간이 흐름에 따라 이런 도구의 사용도 변화한다. 우리는 이런 정책도구들을 두 개 그룹, 즉 지급준비금의 규모에 영향을 미치는 정책도구 그룹 그리고 지급준비율에 영향을 미쳐서 통화승수에 영향을 미치는 정책도구 그룹으로 분류할 수 있다.

21-4a 연방준비제도는 지급준비금의 규모에 어떻게 영향을 미치는가

연방준비제도가 통화 공급을 변화시킬 수 있는 첫 번째 방법은 지급준비금의 규모를 변화시키는 것이다. 연방준비제도는 공개시장 조작을 이행하거나 은행들에게 대출을 해줌으로써 이 일을 수행할 수 있다.

공개시장 조작 앞에서 살펴본 것처럼, 연방준비제도가 국채를 매입하거나 매도할 때

공개시장 조작(open market operation)을 하게 된다. 통화 공급을 증가시키기 위해, 연방준비제도는 뉴욕 연방준비은행의 채권 거래자에게 채권시장에서 민간으로부터 채권을 매입하도록 지시한다. 새롭게 창출된 통화로 채권금액을 지급함으로써 연방준비제도는 경제의 통화를 증대시키게 된다. 이 새로운 통화 중 일부는 현금으로 보유되며 또 다른 일부는 은행에 예금된다. 현금으로 보유된 새로운 1달러는 정확하게 1달러만큼 통화 공급을 증대시킨다. 은행에 예금된 새로운 1달러는 지급준비금을 증가시키고 이로 인해 은행시스템이 창출할 수 있는 통화량을 증대시키므로 1달러보다 더 많이 통화 공급을 증대시킨다.

공개시장 조작
연방준비제도에 의한 미국 국채의 매입 및 매각

통화 공급을 감소시키기 위해, 연방준비제도는 정반대로 국채를 채권시장에서 매각한다. 민간에서는 보유하고 있던 현금과 은행 예금으로 채권금액을 지불하며, 이로 인해 유통되던 통화량이 직접적으로 감소한다. 이 밖에 사람들이 연방준비제도로부터 채권을 매입하기 위해 은행에서 인출을 함에 따라, 은행들은 지급준비금이 줄어들게 된다. 이로 인해 은행은 대출액을 축소시키고 통화 창출 과정은 정반대로 이루어진다.

공개시장 조작은 시행하기가 용이하다. 사실 연방준비제도에 의한 채권시장에서의 국채 매각은, 사람들이 자신의 투자 포트폴리오에서 했던 거래와 같다. 하지만 중요한 차이가 있다. 두 사람이 서로 거래를 할 때는 돈의 주인이 바뀌기는 하지만 유통되는 통화량은 변화하지 않는다. 반면에 연방준비제도가 거래의 당사자일 경우에는 통화 공급이 변화한다. 공개시장 조작은 연방준비제도가 역사적으로 가장 자주 사용했던 통화 정책 도구이다.

은행들에 대한 연방준비제도의 대출 제공 연방준비제도는 또한 은행들에게 지급준비금을 대출해줌으로써 지급준비금의 규모를 증대시킬 수 있다. 은행 규제를 충족시키거나, 예금자 인출에 부응하거나, 신규 대출을 하거나, 다른 사업상의 이유로 인해 충분한 지급준비금을 보유하고 있지 못할 경우, 은행들은 연방준비제도로부터 차용을 한다.

은행들이 연방준비제도를 통해 차용하는 몇 가지 방법이 있다. 전통적으로 은행들은 연방준비제도의 **할인창구**를 통해 차용을 하며 **할인율**(discount rate)이라고 하는 대출에 대한 이자율을 지불한다. 연방준비제도가 은행에 이런 대출을 할 경우, 은행시스템은 그렇지 않은 것보다 더 많은 지급준비금을 보유하게 되고 이런 추가적인 지급준비금으로 인해 은행시스템은 더 많은 통화를 창출할 수 있다.

할인율
연방준비제도가 은행에 제공하는 대출에 대한 이자율

연방준비제도는 할인율을 변화시킴으로써 통화 공급을 조절할 수 있다. 할인율이 인상되면 은행들의 연방준비제도를 통한 차용이 억제되어 은행시스템의 지급준비금이 감소하며, 이로 인해 통화 공급이 감소한다. 반대로 할인율이 인하되면 은행들의 연방준비제도를 통한 차용이 촉진되어 지급준비금이 증가하며, 이로 인해 통화 공급이 증가한다.

때때로 연방준비제도는 은행들이 차용할 수 있는 다른 메커니즘을 마련했다. 예를 들면 2007~2010년 사이에 기간입찰 대출하에서 연방준비제도는 은행들에게 대출하고자 하는 자금의 규모를 설정하고, 자격을 갖춘 은행들은 해당 자금을 차용하기 위해 입찰에 참여할 수 있도록 했다. 대출은 가장 좋은 조건을 제시한 입찰 참가 은행, 즉 수용할 수 있는 담보를 갖고 있으면서 가장 높은 이자율을 지불하겠다는 은행에 제공된다. 연방준비은행이 대출의 가격을 설정하고 은행들이 차용규모를 결정하는 할인창구와 달리, 기간입찰 대출하에서는 연방준비은행이 차용규모를 설정하고 은행들 사이의 경쟁적인 입찰을 통해 가격이 결정된다. 연방준비제도가 더 많은 자금을 제공할수록 지급준비금 규모가 커지며, 이에 따라 통화 공급도 증가하게 된다.

연방준비제도는 통화 공급을 조절하는 것뿐만 아니라 곤경에 처한 금융기관들을 돕기 위해 은행들에게 대출을 제공한다. 예를 들어 1987년 10월 19일에 주식시장이 22% 폭락했을 때, 많은 월가의 중개회사들은 대량의 주식거래에 재원을 조달할 자금이 일시적으로 필요했다. 주식시장이 개장되기 전인 다음날 아침에 연방준비제도 이사회 의장이었던 앨런 그린스펀은 연방준비제도가 "경제 및 금융시스템을 지원하기 위해 유동성 공급원으로서의 역할을 수행할 준비가 되어 있다"고 발표했다. 많은 경제학자들은 주식시장 폭락에 대한 앨런 그린스펀의 대응이 폭락에 따른 반향이 거의 없었던 중요한 이유라고 믿고 있다.

이와 유사하게 2008~2009년에 미국 전역에 걸쳐 주택가격이 하락하자 주택담보 대출에 대해 채무 불이행을 하는 주택 소유주의 수가 급증했고, 그런 주택담보 대출을 보유한 많은 금융기관이 곤경에 처했다. 이런 사태가 더 광범위한 경제적 파급효과를 초래하지 못하도록 연방준비제도는 곤경에 처한 금융기관들에 수십억 달러의 대출을 제공했다.

다시 한번, 코로나 바이러스 감염증이 대유행함에 따라 주식시장과 채권시장이 붕괴되기 직전이었던 2020년 초에, 연방준비제도는 최종 대부자로서 행동했고 경제에 유동성을 증대시키는 새로운 프로그램을 착수했다. 연방준비제도 이사회 의장인 제롬 파월(Jerome Powell)은 "우리가 회복의 길로 굳건히 들어섰다고 확신할 때까지" 은행과 경제를 지원할 것이라고 약속했다.

21-4b 연방준비제도는 지급준비율에 어떻게 영향을 미치는가

지급준비금의 규모에 영향을 미치는 것 외에도, 연방준비제도는 지급준비율과 통화승수에 영향을 미침으로써 통화 공급을 변화시킬 수 있다. 은행들이 보유해야만 하는 지급준비금의 규모에 대한 규제나 연방준비제도가 은행들에게 이들의 지급준비금에 대해 지불하는 이자율을 통해, 연방준비제도는 통화 공급을 변화시킬 수 있다.

법정지급준비금 연방준비제도가 지급준비율에 영향을 미칠 수 있는 한 가지 방법은 은행들이 예치된 예금에 대해 보유해야만 하는 최소 지급준비금액을 설정한 규제인 법정지급준비금(reserve requirements)을 변화시키는 것이다. 법정지급준비금의 인상이 의미하는 바는, 은행이 더 많은 지급준비금을 보유해야만 해서 예치된 예금 1달러당 이전보다 더 적은 금액을 대출해줄 수 있을 뿐이므로 은행시스템이 창출할 수 있는 통화량도 감소하게 된다는 것이다. 다시 말해 법정지급준비금이 인상되면, 지급준비율이 상승하고 이에 따라 통화승수가 작아져서 통화 공급이 감소한다. 반대로 법정지급준비금이 인하되면, 지급준비율이 하락하고 이에 따라 통화승수가 커져서 통화 공급이 증가한다.

법정지급준비금
은행이 예치된 예금에 대해 보유해야만 하는 최소 지급준비금에 대한 규제

은행들이 법정지급준비금을 상당히 상회하는 지급준비금을 보유하기 시작했기 때문에, 이 정책도구는 관련성이 낮아졌다. 2020년 3월에 연방준비제도는 법정지급준비금을 영으로 설정해서, 사실상 이를 삭제했다. 그럼에도 불구하고 법정지급준비금에 대해 알아두는 것이 필요하다. 역사적으로 중요했으며 장래에 다시 중요해질 수도 있다.

지급준비금에 대한 이자 전통적으로 은행 지급준비금에는 이자가 지급되지 않았다. 하지만 2008년 10월에 이것이 변화해 연방준비제도는 지급준비금에 대한 이자(interest on reserves)를 지급했다. 즉, 은행들이 자신들의 지급준비금을 연방준비제도에 예치할 때, 은행들이 예금계좌에 대해 이자를 지급하는 것과 매우 흡사하게 연방준비제도가 은행들에게 이들의 예치금에 대해 이자를 지급한다. 이런 정책 변화가 법정지급준비금이 더 이상 필요하지 않은 이유이다. 일단 지급준비금이 이자가 지불되는 자산이 되면, 은행은 그렇게 하도록 요구되지 않더라도 이를 보유하려 한다.

지급준비금에 대한 이자
연방준비제도에 예치해 보유하고 있는 지급준비금에 대해 은행들에게 지불되는 이자

결과적으로, 연방준비제도는 경제에 영향을 미치는 또 다른 정책도구를 갖는다. 지급준비금에 대한 이자율이 높아질수록 은행들이 보유하고자 하는 지급준비금이 증가한다. 지급준비금에 대한 이자율을 인상하면, 지급준비율이 상승하고 통화승수가 작아져서 통화 공급이 감소한다. 반대로 지급준비금에 대한 이자율을 인하하면, 지급준비율이 하락하고 통화승수가 커져서 통화 공급이 증가한다.

지급준비금에 대한 이자지급이 2008년에 도입된 이래로, 통화정책상 가장 중요한 정책도구 중 하나가 되었다. 우리가 살펴볼 것처럼 최근의 연방준비제도 정책은 은행 간 하룻밤 대출에 대한 이자율인 연방자금 금리의 단기목표를 강조한다. 연방준비제도가 지급준비금에 대해 지불하는 이자율은 특히 연방자금 금리의 목표를 달성하는 데 유용한 정책도구가 된다.

21-4c 통화 공급을 조절하는 데 따른 문제

연방준비제도가 시행하는 다양한 정책도구들, 즉 공개시장 조작, 은행들에 대한 대출, 법정지급준비금, 지급준비금에 대한 이자지급과 같은 정책도구들은 통화 공급에 강력한 영향을 미친다. 하지만 연방준비제도는 통화 공급을 정확하게 조절하지는 못한다. 연방준비제도는 이따금 두 가지 문제에 대해 전력을 다하는데, 이들 문제는 각각 통화 공급 중 많은 부분이 부분 지급준비제도를 통해 이루어진다는 데서 비롯된다.

첫 번째 문제는 가계가 은행에 예금으로 보유하고자 하는 화폐의 양을 연방준비제도가 조절할 수 없다는 데 있다. 가계가 예금을 많이 할수록, 은행은 더 많은 지급준비금을 보유하고 은행시스템은 더 많은 통화를 창출한다. 가계가 예금을 적게 할수록, 은행은 더 적은 지급준비금을 보유하고 은행시스템은 더 적은 통화를 창출한다. 이것이 문제가 되는 이유를 알아보기 위해, 어느 날 사람들이 은행시스템을 신뢰하지 않게 되어서 더 많은 현금을 보유하기 위해 예금 중 일부를 인출한다고 가상하자. 이런 일이 발생할 경우 은행시스템에서 지급준비금이 감소하고 더 적은 통화가 창출된다. 이렇게 되면 연방준비제도가 어떤 행동을 하지 않았음에도 불구하고 통화 공급이 감소한다.

통화량 조절과 관련된 두 번째 문제는 은행들이 대출하려는 금액을 연방준비제도가 조절하지 못한다는 데 있다. 화폐가 예금으로 은행에 예치될 때, 해당 은행이 대출을 할 때에만 더 많은 통화가 창출된다. 은행들이 대신에 초과 지급준비금을 보유할 수 있으므로, 은행시스템이 얼마나 많은 통화를 창출할지 연방준비제도는 확신할 수 없다. 예를 들어 어느 날 은행들이 경제상황을 보다 우려해 대출을 더 적게 하고 지급준비금을 더 많이 보유하기로 결정했다고 가상하자. 이 경우 은행시스템은 그렇지 않은 것보다 더 적은 통화를 창출하게 된다. 은행들의 결정으로 인해 통화 공급이 감소한다.

이것이 부분 지급준비제도에서 경제의 통화량이 부분적으로 예금자와 은행의 행태에 달려 있는 이유이다. 연방준비제도는 이 행태를 통제하거나 완벽하게 예측할 수 없기 때문에 통화 공급을 정확하게 조절할 수 없다. 하지만 연방준비제도가 방심하지 않고 관찰을 한다면, 이런 것들이 큰 문제가 되지는 않는다. 연방준비제도는 매주마다 예금과 지급준비금에 대한 데이터를 수집해서 예금자와 은행의 행태 변화를 신속하게 인지하고 그에 따라 대응한다.

나아가 우리가 곧 논의할 것처럼, 최근 들어 연방준비제도는 통화 공급 목표치가 아니라 이자율 목표치를 설정함으로써 정책을 수행한다. 이런 방법은 은행과 은행 예금자들의 태도 변화를 수용할 수 있도록 지급준비금의 규모를 자동적으로 변경한다.

은행 예금에 대한 인출 쇄도 상황과 통화 공급

여러분은 실생활에서 은행 예금에 대한 인출 쇄도를 본 적이 없을 수 있지만 〈메리 포핀스〉나 〈멋진 인생〉 같은 영화에서 영상으로 그려진 상황은 보았을지 모른다. 은행 예금에 대한 인출 쇄도는, 은행이 재무적 어려움을 겪을지도 모른다고 예금자들이 두려워해 자신들의 예금을 인출하기 위해 은행으로 '쇄도'할 때 발생하는 거대한 공포의 한 형태이다. 미국은 1930년대 대공황 이래로 은행 예금에 대한 큰 인출 쇄도를 경험하지 않았으나, 영국에서는 노던록이라고 하는 은행이 2007년 인출 쇄도를 경험했고 궁극적으로 정부가 해당 은행을 인수했다.

부분 지급준비제도하에서 은행 예금에 대한 인출 쇄도는 은행들에게 문제가 된다. 은행은 지급준비금으로 예금의 일부만을 보유하기 때문에, 모든 예금자들로부터의 인출 요청이 동시에 발생할 경우 이를 충족시킬 수 없다. 은행들이 지급능력이 있더라도(이것은 자산이 부채를 상회한다는 의미이다), 이들은 모든 예금자들이 자신들의 예금액을 모두 즉각적으로 인출하려 할 때 이를 충족시킬 수 있는 현금을 충분히 보유하고 있지는 않다. 인출 쇄도가 발생할 경우, 일부 은행 대출이 상환될 때까지 또는 연방준비제도와 같은 최종 대부자가 예금자들을 충족시키는 데 필요한 현금을 공급해줄 때까지 해당 은행은 영업을 중단할 수밖에 없다.

예금 인출 쇄도로 인해 통화 공급의 조절이 복잡해졌다. 1930년대 초에 어떤 일이 발생했는지 생각해보자. 일련의 예금 인출 쇄도와 은행 폐쇄 이후에, 가계와 은행들은 보다 주의를 하게 되었다. 가계들은 은행에서 예금을 인출해서 자신들의 돈을 현금으로 보유하고자 했다. 이런 결정에 대해 은행들이 대출을 축소시켜 지급준비금 감소에 대응함에 따라 통화 창출 과정이 정반대가 되었다. 동시에 은행들은 지급준비율을 높여서 장래의 예금 인출 쇄도 시 예금자의 요구에 부응할 수 있도록 충분한 현금을 보유하게 되었다. 지급준비율이 상승하면 통화승수는 작아지고, 이로 인해 통화 공급은 더욱 감소한다. 1929년부터 1933년까지 연방준비제도가 어떤 신중한 수축적인 조치를 취하지 않았음에도 통화 공급은 28%만큼 감소했다. 많은 경제학자들은 이 기간 동안 만연되었던 높은 실업과 물가 하락을 설명하기 위해 통화 공급의 대폭적인 감소를 지적한다.(통화 공급의 변화가 고용 및 물가에 영향을 미치는 메커니즘에 대해서는 후속 장들에서 살펴볼 것이다)

부분적으로 1930년대 위기 이후에 이루어진 개혁으로 인해, 오늘날 예금 인출 쇄도가 미국 은행시스템에 큰 문제가 되지는 않는다. 연방정부는 이제 주로 연방예금보험공사(FDIC)를 통해 대부분 은행 예금의 안전을 보장하고 있다. 예금자들은 예치한 은행이 파산을 하더라도 FDIC가 해당 예금에 대해 보상해줄 것이라고 확신하기 때문에 예금을 인출하기 위해 쇄도하지는 않는다.

하지만 당황한 투자자들이 이따금 정부예금보험이 부족한 금융기관을 이탈해서, 예금 인출 쇄도와 유사한 사건이 발생하기도 한다. 예를 들어 2008년과 또다시 2020년에 사람들은 기술적으로 은행은 아니지만 어떤 면에서 은행과 유사한 특성을 가진 머니마켓 뮤추얼 펀드의 건전성에 의구심을 갖게 되었다. 연방준비제도는 이 뮤추얼 펀드로부터 대규모 인출이 발생해 대출을 방해하고 금융시장을 혼란에 빠뜨려서 경제활동을 침체시킬 것을 우려했

MOVIESTORE COLLECTION LTD/ ALAMY STOCK PHOTO

그다지 '멋지지는 않은' 은행 예금에 대한 인출 쇄도 상황 (영화 〈멋진 인생〉의 한 장면)

다. 두 경우는 모두 연방준비제도가 개입해 유동성을 추가하고 안전성을 회복했다.

정부의 예금보험 정책으로 은행시스템에 대한 일반인의 신뢰를 유지하는 데 성공하기는 했지만 단점도 역시 갖고 있다. 예금이 보장되는 은행은 대출 시 신용불량 위험을 피하려는 유인을 거의 갖지 않을 수 있다. 이들은 '앞면이 나오면 은행이 이기고 뒷면이 나오면 납세자가 진다'고 생각할 수도 있다. 이것이 바로 감독기관이 은행자산의 위험성을 면밀히 관찰하는 이유이다.

대부분의 사람들이 이제는 은행 예금에 대한 인출 쇄도가 발생하는 상황을 영화에서만 보고 있다. ●

시사 경제 제킬 아일랜드로의 여행

연방준비제도 설립에 관한 비밀회의가 열렸던 제킬 아일랜드

다음은 연방준비제도가 어떻게 탄생하게 되었는지 알려주는 이야기다.

소설보다 더 기묘한 연방준비제도 창설에 관한 이야기

로저 로웬스타인(Roger Lowenstein)

여론조사에 의하면 국세청을 제외한 어떤 기관도 연방준비제도보다 호감도가 낮지는 않다. 또한 연방준비제도가 통화를 타락시키고 궁극적으로 국가를 파산시킬 것이라고 주장하는 급진적 자유주의자들이 조장하는 음모론의 원천으로 이 연방준비제도가 거론되기도 한다.

예를 들어 2008년 금융위기 동안 금융시스템에 개입해 경제를 구하지 못했다면, 연방준비제도가 이렇게 인기 없는 것도 당연하다고 볼 수 있다. 하지만 사실은 연방준비제도가 경제를 구했다. …

그럼에도 불구하고 의회에는 불만이 가득하며, 연방준비제도의 자율권을 박탈하고 민감한 통화정책을 선출된 정치인의 감시에 맡기자는 법안들이 발의된다. 일부 법안은 이보다 훨씬 더 나가 금본위제로의 회귀를 모색하자고 한다.

중앙은행 전문가들의 눈에는 효과적인 정책이 대중몰이하는 사람들의 비웃음을 받는 이런 동적인 상황이 새로울 게 없다. 미국에서는 언제나 그랬기 때문이다.

알렉산더 해밀턴(Alexander Hamilton)이 촉구함에 따라, 미국 의회는 처음으로 1791년에 국립은행을 허가했다. 하지만 (농업이 더 고결하다고 생각하면서) 은행을 불신하고 강력한 중앙정부의 출현을 우려했던 것으로 잘 알려진 토머스 제퍼슨(Thomas Jefferson)이 이런 사태 진전에 반대했다. 20년 후에 제퍼슨의 주장에 공감하는 사람들이 이겨서 미국 의회는 허가가 만료되도록 놔두었다.

이런 결정은 대재앙인 파괴적인 인플레이션으로 이어졌다. 따라서 미국 의회는 1817년에 업무를 시작했던 필라델피아 소재 미국 제2은행을 허가했다. 이 은행은 성장하는 국가에 더 좋고 더 균일한 통화를 공급하고 공공재정을 개선했다. 이 은행은 이런 성공을 거두었지만 지속될 수 없었다. 앤드루 잭슨(Andrew Jackson)은 이 은행을 동부 엘리트들의 활용 도구라고 경멸했으며, 이것도 역시 폐지되었다.

대부분의 유럽 국가들과 달리 미국은 19세기 대부분의 기간 동안 최종 대부자 역할을 수행할 은행을 갖고 있지 못했다. 빈번한 공황과 신용부족은 그로 인한 결과였다. 하지만 예를 들면 신용대출이 매우 필요했던 농부들과 같이 중앙은행으로 인해 가장 혜택을 받을 그런 사람들 중 일부가 은행이 없는 현상유지를 선호했다. 이전의 앤드루 잭슨과 토머스 제퍼슨처럼 이들은 정부은행이 어쩌면 월가와 공모해 사람들을 압제할까봐 두려워했다.

1907년 금융공황으로 인해 은행시스템이 실제로 폐쇄되고 나서, 개혁론자들은 중앙은행 설립을 다시 한번 압박하기 시작했다. 하지만 대중의 불신이 여전히 심해서 공표하기를 두려워했다.

후대 할리우드 극작가에 의해 대본으로 작성된 이 이야기는 바로 이때, 즉 지금으로부터 105년 전에 있었던 일이다.

1910년 11월 어느 날 저녁에 로드 아일랜드 출신의 유력한 공화당 상원의원인 넬슨 올드리치(Nelson W. Aldrich)는 뉴욕 근처에서 자신의 개인 철도차량에 탑승했다. 가벼운 눈이 내리고 있었으며, 이는 초대된 손님들이 음모를 꾸미는 듯한 낮은 어조를 더욱 가라앉게 했다. 이것이 바로 올드리치가 원했던 방식이었다.

그의 손님 중 한 명인 개혁적 사고의 소유자인 은행가 폴 워버그는

21-4d 연방자금 금리

여러분이 신문에서 미국 통화정책에 관한 기사를 읽다 보면 연방자금 금리에 관해 많은 논의가 이루어지고 있음을 알 수 있다. 따라서 다음과 같은 몇 가지 의문을 갖게 된다.

Q: 연방자금 금리란 무엇인가?

A: 연방자금 금리(federal funds rate)란 은행들이 서로 간에 대출을 제공하며 부과하는 단기 이자율이다. 은행은 지급준비금이 부족할 경우 다른 은행으로부터 지급준비금을 차용할 수 있다. 이 대출은 일시적이며, 일반적으로 하룻밤 사이에 이루어진

연방자금 금리
은행들이 서로에게 하룻밤 사이의 대출을 제공할 때 부과하는 이자율

사냥용 소총을 메고 있었지만 사냥에는 관심이 없었다. 그 모임에는 또한 미국 재무성 차관보, 한때 미국 최대 은행이었던 내셔널 시티은행의 행장 프랭크 반더립, 막강한 모건은행 소속 임원도 있었다.

"우리는 뭐하려고 모였습니까?"라고 프랭크 반더립이 물었다.

"제킬 아일랜드에서 기러기 사냥을 할 수도 있고요. 어쩌면 여러분과 제가 지금까지 했던 일 중 가장 대단한 일을 할 수도 있고요." 폴 워버그가 대답했다.

오리 사냥꾼으로 위장한 이들 일행은 조지아주 브런즈윅에서 내려서 소나무와 야자나무 숲으로 둘러싸인, 외부인 출입이 금지된 클럽이 있는 제킬 아일랜드로 배를 타고 이동했다. 일주일 동안 넬슨 올드리치 상원의원과 그의 일행들은 훗날 연방준비제도법이 될 초안을 작성했으며 이를 통해 미국 경제를 영원히 변화시켰다.

넬슨 올드리치가 제의한 법안의 초안이 월가의 거물들에 의해 마련되었다는 이야기를 의회는 듣지 못했다. 그가 제의한 법안은 통과되지 못했으나 우드로우 윌슨(Woodrow Wilson)이 1913년 서명한 후속 법안인 연방준비제도법의 기초가 되었다. 몇 년 후 지킬 아일랜드로의 여행이 일반인에게 공개되었을 때, 극단주의자들은 이 기묘한 일화를 이용해 연방준비제도가 미국 국민을 상대로 한 은행가들의 음모라는 주장을 펼쳐나갔다. 음모론자들에게 있어 제킬 아일랜드에서 있었던 은행가들의 비밀회의는 연방준비제도 그 자체를 상징하는 것이 되었다. 중앙은행제도에 대해 미국인들이 갖고 있는 불합리한 의구심을 우려해서 넬슨 올드리치 상원의원과 회의 참가자들이 사용했던 방식이 궁극적으로는 미국인들의 근거 없는 격한 공포심을 심화시켰다는 것은 분명한 아이러니이다.

그들이 비밀스러운 전술을 사용하기는 했지만, 이들 금융업자들의 동기는 실제로 애국심에 바탕을 두었었다. 넬슨 올드리치는 유럽을 방문해서 중앙은행에 관해 연구를 했다. 그는 미국에서 중앙은행이 설립되도록 전문가들이 초안을 마련해주길 바랐다. 야생 칠면조와 신선하게 요리된 굴이 제공되는 호화로운 식사 자리에서 넬슨 올드리치가 동원해 참여시킨 부유한 은행가들 집단은 현재까지도 우리를 어렵게 만드는 문제들을 처리하기 위해 진지하게 씨름을 했다. 경제에 대한 권한이 워싱턴 중앙정부와 지방정부 사이에 어떻게 배분되어야 하는가? 중앙은행은 이자율과 통화 공급을 어떻게 설정해야 하는가?

넬슨 올드리치 상원의원

오늘날에도 연방준비제도는 완벽하지 못하다. 하지만 전임 의장이었던 벤 버냉키(Ben S. Bernanke)가 실시한 개혁 덕분에 그 어느 때보다도 더 투명해졌고, 중앙은행은 1791년에 필요했던 것과 다름없이 필요하다. 언제나 그랬던 것처럼 미국인들의 근거 없는 격한 공포심은 정당화되지 못한다. ■

논의사항

1. 넬슨 올드리치 상원의원이 제킬 아일랜드에서 가진 모임을 비밀로 하길 원했던 이유가 무엇이라고 생각하는가? 여러분의 관점에서 볼 때 이런 비밀유지는 정당화될 수 있는가?
2. 대부분의 사람들은 연방준비제도가 무엇을 하는지 이해하지 못한다. 이렇게 이해하지 못하는 상황이 중앙은행 직원들의 직무수행에 어떤 영향을 미친다고 생각하는가?

로저 로웬스타인은 『미국의 은행: 연방준비제도를 창설하기 위한 웅대한 투쟁』의 저자이다.

출처: *Los Angeles Times*, November 2, 2015.

다. 이런 대출에 따른 가격이 연방자금 금리이다.

Q: 연방자금 금리는 지급준비금에 대해 지불되는 이자율과 어떻게 다른가?

A: 지급준비금에 대해 지불되는 이자율은 연방준비제도에 예치된 지급준비금에 대해 연방준비제도가 지급하는 이자율이다. 연방자금시장에서 다른 은행에게 지급준비금을 빌려주는 것은 연방준비제도에 지급준비금을 보유하는 것에 대한 대안이며, 은행은 일반적으로 더 많은 돈을 지불하는 쪽을 택한다. 따라서 이들 두 이자율은 보통 서로 거의 같다.

Q: 연방자금 금리는 은행들에게만 중요한가?

A: 전혀 그렇지 않다. 단지 은행들만이 연방자금시장에서 직접 차용을 하지만 이 시장이 미치는 경제적 영향은 훨씬 더 광범위하다. 금융시스템의 상이한 부분들이 고도로 상호 연계되기 때문에, 상이한 종류의 대출에 대한 이자율들은 서로 강하게 상관된다. 따라서 연방자금 금리가 상승하거나 하락할 경우, 다른 이자율들도 보통 동일한 방향으로 변화한다.

Q: 연방준비제도는 연방자금 금리를 어떻게 하는가?

A: 최근 들어 연방준비제도는 연방자금 금리에 대한 목표치를 설정한다. 연방공개시장 위원회가 약 6주마다 만날 때, 이 목표치를 인상할지 아니면 인하할지 여부를 결정한다.

Q: 연방준비제도는 연방자금 금리가 자신들의 설정한 목표치에 도달하도록 어떻게 할 수 있는가?

A: 실제 연방자금 금리는 은행들 간에 대출이 이루어지는 시장의 공급과 수요에 의해 결정되기는 하지만 연방준비제도는 통화정책 도구를 사용해 해당 시장에 영향을 미칠 수 있다. 가장 직접적으로 연방준비제도가 지급준비금에 대해 지급하는 이자율을 인상할 경우, 은행들은 연방자금시장에서 다른 은행들에게 더 높은 이자를 부과하게 된다. 그리고 연방준비제도가 지급준비금에 대해 지급하는 이자율을 인하할 경우, 은행들은 연방자금시장에서 더 적극적으로 빌려주게 되며 이로 인해 연방자금 금리가 하락하게 된다.

Q: 하지만 이들 연방준비제도의 행위가 통화 공급에 영향을 미치지 않는가?

A: 그렇다. 당연히 미친다. 연방준비제도가 연방자금 금리에 대한 목표치를 발표할 경우, 자신들의 정책도구를 사용해 목표치를 달성하겠다고 약속한 것이며 이런 정책상의 행위로 인해 통화 공급에 영향을 미치게 된다. 연방자금 금리에 대한 목표치의 변화와 통화 공급의 변화는 동전의 양면이다. 다른 것이 동일하다면, 연방자금 금리에 대한 목표치가 인하될 경우 이것은 통화 공급의 확장을 의미하며, 목표치가 인상될 경우 이것은 통화 공급의 수축을 의미한다.

Quiz

8. 연방준비제도에 의한 다음 행위 중 어느 것이 통화 공급을 증대시키는 경향이 있는가?
   a. 공개시장 조작을 통한 국채의 매각
   b. 법정지급준비금의 인하
   c. 지급준비금에 지불되는 이자율의 인상
   d. 연방준비제도의 대출에 대한 할인율의 인상

9. 연방준비제도가 지급준비금에 대해 지불하는 이자율을 인상할 경우, ______________(을)를 증가시킴으로써 통화 공급을 ______________.
   a. 통화승수; 감소시킨다.
   b. 초과 지급준비금; 감소시킨다.
   c. 통화승수; 증가시킨다.
   d. 초과 지급준비금; 증가시킨다.

10. 부분 지급준비제도에서는 중앙은행이 어떤 행위를 하지 않더라도, 가계가 현금을 ______________ 보유하거나 또는 은행이 지급준비금을 ______________ 보유할 경우 통화 공급이 감소한다.
   a. 더 많이; 더 많이
   b. 더 많이; 더 적게
   c. 더 적게; 더 많이
   d. 더 적게; 더 적게

해답은 이 장의 끝부분에 있다.

21-5 결론

몇 년 전에 『성전의 비밀: 연방준비제도가 국가를 운영하는 방식』이란 제목의 서적이 베스트셀러 목록에 올랐다. 의심할 여지 없이 과장이긴 하지만 이 서적은 우리의 일상에서 화폐제도의 중요한 역할을 강조했다. 우리가 사고팔 때는 언제나 '화폐'라고 하는 극히 유용한 사회적 관례에 의존한다. 화폐가 무엇이며 무엇이 통화 공급을 결정하는지를 알게 되었으므로, 통화량의 변화가 경제에 어떤 영향을 미치는지 살펴볼 수 있게 되었다. 다음 장에서는 이 주제에 대해 알아볼 것이다.

요약

- 화폐란 용어는 재화 및 용역을 구입하기 위해 사람들이 정기적으로 사용하는 자산을 말한다.
- 화폐는 다음과 같은 세 가지 기능을 한다. 교환의 매개수단으로서 거래를 하기 위해 사용된다. 계산 단위로서 가격과 다른 경제적 가치를 기록하는 척도로 사용된다. 가치저장수단으로서 구매력을 현재에서 장래로 이전하는 방법으로 사용된다.
- 금과 같은 상품화폐는 본질적 가치를 갖는 화폐이다. 화폐로 사용되지 않더라도 가치가 있다. 예를 들면 지폐와 같은 법정불환지폐는 본질적 가치가 없는 화폐이다. 화폐로 사용되지 않을 경우 가치가 없다.
- 미국 경제에서 화폐는 현금과 예를 들면 당좌예금 계좌와 같은 다양한 종류의 은행 예금 형태를 취한다.
- 미국의 중앙은행인 연방준비제도는 미국 화폐제도를 감

독하는 의무를 진다. 연방준비제도 이사회 의장은 대통령이 임명하고 상원의 인준을 받는다. 의장은 통화정책을 정하는 연방공개시장 위원회의 수장이 된다.

- 사람들은 은행에 예금을 하고 은행들은 이런 예금의 일부를 사용해 대중들에게 대출을 할 경우, 경제의 통화량은 증가한다. 은행시스템은 이런 방식으로 통화 공급에 영향을 미치기 때문에, 연방준비제도의 통화 공급 조절은 불완전하다.
- 은행 소유주들은 은행 자본이라고 하는 은행을 시작하는데 필요한 재원을 제공한다. (투자를 하기 위해 차용한 자금을 사용하는) 레버리지로 인해서, 은행 자산가치의 작은 변화는 은행 자본가치의 큰 변화로 이어질 수 있다. 예금자들을 보호하기 위해 은행 감독기관은 일정 규모의 최소 자본액을 보유하도록 은행들에게 요구한다.
- 연방준비제도는 통화 공급에 영향을 미치기 위해 사용할 수 있는 몇 가지 정책도구를 갖고 있다. 연방준비제도는 공개시장 조작에서 채권을 매입하거나, 할인율을 인하하거나, 은행에 대한 대출을 증대시키거나, 법정지급준비금을 낮추거나, 지급준비금에 대해 지불하는 이자율을 인하함으로써 통화 공급을 확장할 수 있다. 연방준비제도는 공개시장 조작에서 채권을 매각하거나, 할인율을 인상하거나, 은행에 대한 대출을 감소시키거나, 법정지급준비금을 올리거나, 지급준비금에 대해 지급하는 이자율을 인상함으로써 통화 공급을 수축시킬 수 있다. 역사적으로 보면, 공개시장 조작이 연방준비제도의 주요 정책도구였지만, 2008년 이래로 지급준비금에 대해 지불하는 이자율에 더 많이 의존하고 있다.
- 최근 들어 연방준비제도는 은행들이 서로에게 대출할 때 적용하는 단기 이자율인 연방자금 금리에 대한 목표치를 설정해 통화정책을 시행한다. 연방준비제도는 이 목표치를 추구함으로써 통화 공급을 조절한다.

주요 개념

복습용 질문

1. 무엇으로 화폐와 경제 내 다른 자산을 구별하는가?
2. 상품화폐란 무엇인가? 법정불환지폐란 무엇인가? 우리는 어떤 종류의 화폐를 사용하는가?
3. 요구불예금이란 무엇인가? 이것이 통화량에 포함되어야 하는 이유는 무엇인가?
4. 미국에서 누가 통화정책을 결정하는 의무를 지는가? 이 집단은 어떻게 선정되는가?
5. 연방준비제도가 공개시장 조작을 통해 통화 공급을 증가시키려 한다면, 어떻게 하는가?
6. 은행들이 100% 지급준비금을 보유하지 않는 이유는 무

엇인가? 은행들이 보유하는 지급준비금액은 경제에 존재하는 통화량과 어떻게 연계되는가?

7. 은행 A의 레버리지율은 10인 반면에, 은행 B의 레버리지율은 20이다. 두 은행에서 은행대출에 대해 유사한 손실을 입어서 자산가치가 7%만큼 하락했다. 어떤 은행이 은행 자본에서 더 큰 변화를 겪게 되는가? 어떤 은행이 지급 가능한가? 설명하시오.

8. 할인율이란 무엇인가? 연방준비제도가 할인율을 인상할 경우 통화 공급에 어떤 일이 발생하는가?

9. 법정지급준비금이란 무엇인가? 연방준비제도가 법정지급준비금을 인상할 경우 통화 공급에 어떤 일이 발생하는가?

10. 연방준비제도가 통화 공급을 완벽하게 조절할 수 없는 이유는 무엇인가?

문제와 응용

1. 다음 중 어느 것이 미국 경제에서 화폐라고 생각되는가? 어느 것이 화폐가 아니라고 생각되는가? 화폐의 세 가지 기능을 각각 논의함으로써 여러분의 답변을 설명하시오.
   a. 미국 1센트짜리 동전(페니)
   b. 멕시코 페소화
   c. 피카소의 그림
   d. 플라스틱 신용카드

2. 다음의 각 사건이 통화 공급을 증가시키는지 아니면 감소시키는지 여부를 설명하시오.
   a. 연방준비제도가 공개시장 조작을 통해 채권을 매입한다.
   b. 연방준비제도가 법정지급준비금을 인하한다.
   c. 연방준비제도가 지급준비금에 대해 지불하는 이자율을 인상한다.
   d. 시티뱅크는 연방준비제도로부터 이전에 받았던 대출을 상환한다.
   e. 소매치기가 빈발하자 사람들은 더 적은 현금을 보유하기로 결정한다.
   f. 은행 예금 인출이 쇄도하는 상황을 우려해 은행들은 더 많은 지급준비금을 보유하기로 결정한다.
   g. 연방공개시장 위원회(FOMC)는 연방자금 금리의 목표치를 인상한다.

3. 동하는 자신의 거래은행인 맨해튼 뱅크 당좌예금 계좌에서 100달러짜리 수표를 발행해 같은 은행인 맨해튼 뱅크로부터 받은 100달러 대출을 상환했다. T자 계정을 사용해 이 거래가 동하와 맨해튼 뱅크에 미친 영향을 설명하시오. 동하의 부는 변화했는가? 설명하시오.

4. 시카고 은행은 예금으로 2억 5,000만 달러를 보유하고 있으며 지급준비율 10%를 유지한다.
   a. 시카고 은행에 대한 T자 계정을 작성하시오.
   b. 이제 시카고 은행의 가장 큰 예금자인 양호가 자신의 계좌에서 현금으로 1,000만 달러를 인출했으며, 시카고 은행은 대출액을 낮추어서 지급준비율을 회복하기로 결정했다고 가상하자. 새로운 T자 계정을 작성하시오.
   c. 시카고 은행의 행위가 다른 은행들에게 미친 영향을 설명하시오.
   d. 시카고 은행이 (b)에서 제시한 행위를 취하기 어려울 수도 있는 이유는 무엇인가? 시카고 은행이 최초의 지급준비율로 회복할 수 있는 다른 방법에 대해 논의하시오.

5. 여러분이 침대 아래에 보관했던 100달러를 꺼내서 여러분의 은행계좌에 이를 예치했다. 이 100달러는 지급준비금으로 은행시스템 내에 있으며 은행들이 예금의 10%에 해당하는 지급준비금을 보유한다면, 은행시스템에서 예금 총액은 얼마나 증가하는가? 통화 공급은 얼마나 증가하는가?

6. 해피은행은 은행 자본 200달러로 시작한다. 그러고 나서 예금으로 800달러를 받는다. 지급준비금으로 예금의 (1/8에 해당하는) 12.5%를 보유한다. 나머지 자산을 사용해 은행대출을 한다.
   a. 해피은행의 대차대조표를 작성하시오.

b. 해피은행의 레버리지율은 얼마인가?
c. 해피은행으로부터 차용을 한 일부 사람이 채무를 이행하지 않아서 은행 대출의 가치가 10%만큼 감소했다. 이 은행의 새로운 대차대조표를 작성하시오.
d. 은행의 총자산은 몇 %만큼 감소하는가? 은행의 자본은 몇 %만큼 감소하는가? 어느 변화가 더 큰가? 그 이유를 설명하시오.

7. 공개시장 조작을 통해 연방준비제도는 개별 투자자로부터 1,000만 달러 상당의 국채를 매입했다. 법정지급준비율이 10%라면 통화 공급은 최대 얼마나 증가할 수 있는가? 최소 얼마나 증가할 수 있는가? 설명하시오.

8. 법정지급준비율이 5%라고 가정하자. 모든 다른 사정이 동일하다면 연방준비제도가 2,000달러 상당의 채권을 매입할 경우 통화 공급이 더 많이 증가하는가? 아니면 항아리 속에 감춰두었던 2,000달러를 은행에 예금할 경우 통화 공급이 더 많이 증가하는가? 이들 중 어느 하나가 통화를 더 많이 창출한다면, 얼마나 더 많이 창출하는가? 여러분이 하는 답변의 근거를 제시하시오.

9. 당좌예금에 대한 법정지급준비율은 10%이고 은행이 초과 지급준비금을 보유하지 않는다고 가정하자.
a. 연방준비제도가 100만 달러 상당의 국채를 매각할 경우, 이는 경제의 지급준비금과 통화 공급에 어떤 영향을 미치는가?
b. 이제는 연방준비제도가 법정지급준비율을 5%로 낮추었지만 초과 지급준비금으로 예금의 또 다른 5%를 보유하기로 했다고 가상하자. 은행이 이렇게 하는 이유는 무엇인가? 이런 행위로 인해 통화승수와 통화 공급의 전반적인 변화는 어떠한가?

10. 은행시스템은 1,000억 달러 상당의 총 지급준비금을 보유하고 있다고 가정하자. 법정지급준비율은 당좌예금의 10%이고, 은행은 초과 지급준비금을 보유하고 있지 않으며, 가계는 현금을 보유하지 않는다고 가정하자.
a. 통화승수는 얼마인가? 통화 공급은 얼마인가?
b. 연방준비제도가 이제 법정지급준비율을 당좌예금의 20%로 인상할 경우, 지급준비금의 변화와 통화 공급의 변화는 어떠한가?

11. 법정지급준비율이 20%라고 가정하자. 또한 은행은 초과 지급준비금을 보유하지 않으며 일반 대중은 현금을 보유하지 않는다고 가정하자. 연방준비제도는 통화 공급을 4,000만 달러만큼 증대시키기로 결정했다.
a. 연방준비제도가 공개시장 조작을 사용하는 경우, 채권을 매입해야 하는가 아니면 매각해야 하는가?
b. 이 목표를 달성하려면 연방준비제도는 채권을 얼마나 매입하거나 매각해야 하는가? 여러분의 논리를 설명하시오.

12. 어떤 경제에 1달러짜리 지폐 2,000장이 있다고 하자.
a. 사람들이 모든 통화를 현금으로 보유할 경우, 통화량은 얼마인가?
b. 사람들이 모든 통화를 요구불예금으로 보유하며 은행들은 100% 지급준비제도를 시행할 경우, 통화량은 얼마인가?
c. 사람들이 현금과 요구불예금을 동일한 규모로 절반씩 보유하고 은행들은 100% 지급준비제도를 시행할 경우, 통화량은 얼마인가?
d. 사람들이 모든 통화를 요구불예금으로 보유하고 은행들은 지급준비율 10%를 유지할 경우 통화량은 얼마인가?
e. 사람들이 현금과 요구불예금을 동일한 규모로 절반씩 보유하고 은행들은 지급준비율 10%를 유지할 경우, 통화량은 얼마인가?

Quiz 해답

1. b 2. c 3. a 4. c 5. c 6. d 7. a 8. b 9. b 10. a

Chapter

22

통화 증가와 인플레이션

요즘 미국에서 아이스크림 콘을 사려면 최소한 몇 달러는 주어야 한다. 그러나 항상 그랬던 것은 아니다. 1930년대 뉴저지주 주도인 트렌턴시에서 저자의 할머니께서는 과자가게를 운영하셨는데, 두 가지 크기의 아이스크림 콘을 판매했다. 작은 주걱으로 담은 아이스크림 콘이 3센트이고, 큰 주걱으로 담은 아이스크림 콘이 5센트였다.

아이스크림과 1930년대 팔렸던 물품 대부분의 가격이 이 정도 상승하는 것은, 시간이 흐름에 따라 가격이 상승하는 현대 경제의 전형적인 현상이다. 전반적인 물가수준의 이러한 상승을 **인플레이션**이라고 한다. 이전 장에서는 경제학자들이 인플레이션을 소비자물가지수(CPI), GDP 디플레이터, 전반적인 물가수준을 측정한 여타 지수의 백분율 변화로 어떻게 측정하는지에 대해 논의했다. CPI에 기반할 경우 미국에서 1935년부터 2021년 사이에 물가가 연간 평균 3.5%씩 상승했다. 이렇게 오랜 기간 누적될 경우 연간 인플레이션율 3.5%는 물가수준 면에서 거의 20배 상승한 것과 같다.

ROMAN SAMBORSKYI/SHUTTERSTOCK.COM, ARNO VAN ENGELAND/EYEEM/GETTY IMAGES

최근 수십 년 동안 미국에서 살고 있는 사람들에게 인플레이션은 자연스러운 것처럼 보일 수 있지만 사실 불가피한 것은 아니다. 19세기에는 대부분의 물가가 하락하는 오랜 기간이 있었으며, 이런 현상을 **디플레이션**이라고 한다. 미국 경제의 평균 물가수준이 1896년에 1880년보다 23% 낮아졌는데, 이 디플레이션은 1896년 대선에서 주요한 논쟁 대상이 되었다. 대규모 채무를 갖고 있었던 농부들은 작물 가격이 하락하면 소득이 감소하고 채무를 상환할 능력이 축소되므로 어려움을 겪고 있었다. 이들은 디플레이션을 역전시킬 정부정책을 옹호했다.

인플레이션이 최근 미국 역사에서 정상적인 현상처럼 받아들여졌지만, 물가상승률은 상당히 크게 변동해왔다. 1970년부터 1980년까지 가격이 연간 7.8%씩 상승하여 물가수준이 10년 동안 두 배 이상이 되었다. 반면에 2010년부터 2020년까지 인플레이션은 연평균이 1.7%에 불과했다. 하지만 미국이 코로나 바이러스 감염증 대유행으로부터 회복하려고 애를 쓰고 있었던 2022년 초에, 인플레이션율은 40년 만에 가장 높은 수준인 7% 이상 상승했다. 경제를 관찰하는 사람들은 이런 물가의 급상승이 일시적일지 아니면 더 지속적일지 여부를 알고 싶어했다.

국제적인 데이터는 국가들이 경험했던 광범위한 인플레이션을 보여준다. 2020년에 미국의 인플레이션율은 1.2%였던 반면에, 일본은 0%였고, 멕시코는 3.4%, 나이지리아는 11%, 터키는 12%였다. 나이지리아와 터키의 높은 인플레이션율조차도 어떤 기준에서 보면 적당한 수준이었다. 2018년에 베네수엘라의 인플레이션은 연간 100만%에 달했으며, 이것은 '하루에' 약 2.5%씩 물가가 인상되었다는 것이다. 이렇게 이례적으로 높은 율의 인플레이션을 **초인플레이션**이라고 한다.

경제가 인플레이션을 겪고 있는지 여부와 겪고 있다면 얼마나 높은 인플레이션을 겪고 있는지를 무엇이 결정하는가? 이후의 장들에서 논의하는 것처럼 여러 가지 요인이 단기적으로 물가수준에 영향을 미칠 수 있다. 하지만 대폭적이거나 지속적인 인플레이션을 설명하기 위해 경제학자들은 빈번하게 이 장에서 다룰 주요 학습 주제인 **화폐수량이론**에 기반한다. 제1장에서 살펴본 **경제학의 열 가지 원리** 중 하나는, '정부가 너무 많은 통화를 발행할 경우 물가가 상승한다'는 기본적인 통찰력을 요약하여 설명한다. 수량 이론은 초인플레이션뿐만 아니라, 미국이 겪고 있는 것과 같은 적정한 인플레이션을 설명할 수 있다.

이 장에서는 '인플레이션이 문제가 되는 이유가 무엇인가?'라는 관련된 질문도 살펴볼 것이다. 언뜻 보면 답변이 명백한 것처럼 보일 수 있다. 즉, 사람들이 싫어하기 때문에 문제가 된다고 할 수 있다. 미국이 상대적으로 높은 인플레이션을 경험했던 1970년대에 실시한 여론조사에 따르면, 인플레이션이 국가가 직면한 가장 중요한 문제라고 보았다. 1974년에 포드 대통령은 인플레이션을 '공공의 적 제1호'라는 말로 표현해 이런 정서를 반영했다. 또한 그는 양복의 접은 옷깃에 'WIN'(Whip Inflation Now의 약자로 지금 당장 인플레이션에 철퇴를 내리자는 의미이다)이라는 배지를 달고 다녔다. 그리고 코로나 바이러스 감염증 대유행의 후반부에 인플레이션이 급등했던 2021년에 바이든 대통령은 "미국인들의 가장 절실한 경제적 관심사 중 하나"라고 말했다.

하지만 인플레이션으로 사회에 부과되는 비용은 정확히 무엇인가? 여러분은 이 물음의 답변에 놀랄지도 모른다. 인플레이션에 따른 비용을 밝히는 일은 처음에 생각했던 것처럼 간단하지 않다. 모든 경제학자들이 초인플레이션의 문제점을 공공연히 말하지만, 일부 경제학자들은 적당한 인플레이션에 따른 비용이 대부분의 일반인이 생각하는 것만큼 크지 않다고 주장한다.

22-1 인플레이션에 관한 고전파 이론

화폐수량 이론은 일부 초기 경제사상가들에 의해 개발되었다는 의미에서 **고전적**이다. 일부 역사학자들에 따르면, 이 이론은 태양중심설이나 지동설로 가장 유명한 르네상스 시대 박식가였던 니콜라우스 코페르니쿠스와 함께 16세기에 시작되었다. 많은 위대한 경제학자들, 즉 18세기의 데이비드 흄(David Hume), 19세기의 존 스튜어트 밀(John Stuart Mill), 20세기의 어빙 피셔(Irving Fisher), 밀턴 프리드먼(Milton Friedman)이 수량 이론을 지지했다. 오늘날 대부분의 경제학자들은 수량 이론에 기반하여 물가수준과 인플레이션율의 장기적 결정요인을 설명한다.

22-1a 물가수준과 통화가치

아이스크림 콘 가격이 일정 기간 동안에 5센트에서 1달러로 인상되었다고 가상하자. 아이스크림 콘의 대가로 훨씬 더 많은 돈을 포기하겠다는 사람들의 의지에 기초하여 어떤 결론을 도출해야 하는가? (어쩌면 누군가가 기적적인 새로운 맛을 고안해냈기 때문에) 사람들이 아이스크림을 더 좋아하게 되었을지도 모른다. 하지만 아이스크림을 좋아하는 사람들의 기호는 대체로 같은데, 시간이 흐름에 따라 아이스크림을 구매하기 위해 사용하는 화폐의 가치가 하락했을 가능성이 더 높다. 대부분의 경우 인플레이션은 물품의 가치보다 화폐의 가치와 더 관련된다.

이런 통찰력에 기반하여 인플레이션 이론을 이해하는 방식을 알 수 있다. 소비자 물가지수와 가격수준을 측정한 다른 척도들이 상승할 경우, 이런 물가지수를 구성하는 개별 가격을 살펴보고 싶어한다. 일반 뉴스매체는 "CPI가 지난달에 3%만큼 상승했는데 이는 신선한 과일과 채소 가격의 20% 인상과, 자동차 연료 가격의 30% 인상이 주도한 것이다"라고 보도한다. 이런 방식은 어떤 일이 발생했는지에 대해 유용한 정보를 포

FRANK MODELL/THE NEW YORKER COLLECTION/ WWW.CARTOONBANK.COM

"그래서 어떻게 할까요? 작년과 '같은 크기의' 크리스마스 트리를 살까요? 아니면 작년과 '같은 가격의' 크리스마스 트리를 살까요?"

함하고 있지만, 인플레이션은 무엇보다도 경제 내 교환의 매개수단 가치와 관련되는 경제 전반적인 현상이라는 핵심 요점을 누락하고 있다.

경제 전반의 물가수준은 두 가지 방법으로 관찰할 수 있다. 지금까지는 그것을 재화 및 용역 바구니의 가격으로 보아왔다. 물가수준이 상승할 때 사람들은 자신들이 구매하려는 것에 더 많이 지불해야 한다. 대안적으로, 물가수준을 통화가치를 측정하는 척도로 볼 수 있다. 물가수준이 상승할 경우, 지갑이나 당좌예금 계좌에 있는 각 화폐로 더 적은 재화 및 용역을 구입하게 되므로 통화가치가 하락한다.

이런 생각을 수학적으로 표현하는 것이 도움이 될 수 있다. P는 소비자 물가지수나 GDP 디플레이터로 측정한 물가수준이라고 가정하자. 그러고 나면 P는 재화 및 용역 바구니를 구매하는 데 필요한 화폐의 수량을 나타낸다. 이제 이 생각을 뒤집어보자, 즉 1달러로 구매할 수 있는 재화 및 용역의 수량은 $1/P$가 된다. 바꾸어서 P가 화폐 측면에서 측정한 재화 및 용역의 가격이라면, $1/P$는 재화 및 용역 측면에서 측정한 통화가치이다.

이런 수학적 표현은 한 개의 재화, 예를 들면 아이스크림 콘을 갖고 있는 경제를 이해하는 데 가장 편리한 방법이다. 이 경우, P는 아이스크림 콘의 가격이다. 아이스크림 콘의 가격(P)이 2달러인 경우, 1달러의 가치인 ($1/P$)는 절반의 아이스크림 콘이다. 가격(P)이 3달러인 경우, 1달러의 가치($1/P$)는 3분의 1의 아이스크림 콘으로 감소한다. 실제 경제에서는 수천 개의 재화 및 용역이 생산되기 때문에, 단일 재화의 가격이 아니라 물가지수를 사용한다. 하지만 논리는 동일하다. 즉, 물가지수가 상승할 때 통화가치가 하락한다.

22-1b 통화 공급, 통화 수요, 화폐 시장균형

무엇이 통화가치를 결정하는가? 경제학에서 묻게 되는 많은 질문이 그러하듯, 이 답도 공급과 수요에 의해 결정된다. 바나나 공급과 바나나 수요가 바나나 가격을 결정하는 것처럼, 통화 공급과 통화 수요가 화폐의 가치를 결정한다. 하지만 어떤 요인이 통화 공급과 통화 수요를 결정하는가?

먼저 통화 공급에 대해 생각해보자. 앞 장에서는 연방준비제도가 은행시스템과 함께 통화 공급에 어떤 영향을 미치는지 논의했다. 그렇게 하기 위해, 연방준비제도는 다양한 정책도구를 활용한다. 공개시장 조작을 통해 국채를 매입하거나 연방준비제도가 보유하고 있는 지급준비금에 대해 은행들에게 지불하는 이자율을 인하함으로써 통화 공급을 증대시킬 수 있다. 국채를 매각하거나 지급준비금에 대한 이자율을 인상함으로써 통화 공급을 감소시킬 수 있다. 이런 정책적 행위는 부분 지급준비제도를 통해 작동함으로써 통화 공급에 영향을 미친다. 하지만 이 장의 목적에 부합되게 은행시스템과 통화 창출에 관한 세부적인 사항은 제쳐두기로 한다. 통화 공급량을 연방준비제도가 조절하는 정책변수로 간주함으로써 문제를 단순화할 수 있다.

이제 통화 수요를 생각해보자. 보다 넓게 근본적으로 통화 수요는 사람들이 얼마나 많은 재산을 유동성이 있는 형태로 보유하느냐를 반영한다. 많은 요소가 통화 수요량에 영향을 미친다. 예를 들어 사람들이 지갑에 보유하는 현금의 양은 사람들이 신용카드에 얼마나 의존하는지와 현금 자동 입출금기를 얼마나 이용하기 쉬운지에 달려 있다. 그리고 제24장에서 강조할 것처럼, 통화 수요량은 지갑에 돈을 보관하거나 저금리의 당좌예금 계좌에 예치하지 않은 돈으로 이자가 발생하는 채권을 매입함으로써 얻는 이자율에 달려 있다.

많은 변수들이 통화 수요에 영향을 미치지만, 경제의 평균 물가수준이 특히 중요하다. 화폐가 교환의 매개수단이기 때문에 사람들이 이를 보유한다. 예를 들면 채권이나 주식 같은 자산과 달리 사람들은 화폐를 사용하며 쇼핑목록에 있는 재화 및 용역을 구입할 수 있다. 사람들이 이런 목적으로 얼마나 많은 화폐를 보유할지는 재화 및 용역의 가격에 달려 있다. 가격이 높을수록 일반적인 거래를 하는 데 더 많은 화폐가 필요하고, 사람들은 지갑과 당좌예금 계좌에 더 많은 화폐를 보유하게 된다. 즉, 물가수준이 높아질수록(화폐의 가치가 낮아질수록) 통화 수요량이 증가한다.

무엇이 연방준비제도가 공급하는 통화량과 사람들이 수요하는 통화량이 균형을 이루도록 보장하는가? 이 물음에 대한 답변은 고려하는 기간에 달려 있다. 이 책의 뒷부분에서 우리는 단기간에 기초한 답변을 살펴보고, 이자율이 핵심적인 역할을 한다는 사실을 알게 될 것이다. 하지만 장기간에 걸친 답변은 훨씬 더 간단하다. **장기적으로 통화 공급과 통화 수요는 전반적인 물가수준에 의해 균형을 이루게 된다.** 물가수준이 균형수준보다 더 높다면 사람들은 연방준비제도가 창출한 것보다 더 많은 화폐를 보유하고자 하기 때문에, 통화 공급과 통화 수요를 균형시키기 위해 물가수준이 하락해야만 한다. 물가수준이 균형수준보다 더 낮다면 사람들은 연방준비제도가 창출한 것보다 더 적은 화폐를 보유하고자 하기 때문에, 통화 공급과 통화 수요를 균형시키기 위해 물가수준이 상승해야만 한다. 균형 물가수준에서 사람들이 보유하고자 하는 통화량은 연방준비제도가 공급하는 통화량과 정확하게 균형을 이룬다.

그림 1은 이런 사고의 틀을 보여준다. 이 그래프의 수평축은 통화량을 나타낸다. 왼편의 수직축은 통화가치 $1/P$를 나타내고, 오른편의 수직축은 물가수준 P를 나타낸다. 오른편의 물가수준 축은 뒤집혀 역전되었다는 사실에 주목하자. 낮은 물가수준이 축의 상단에 위치하며, 높은 물가수준이 축의 하단에 위치한다. 이 뒤집혀 역전된 축은 (왼편 축의 상단에서 보는 것처럼) 통화가치가 높을 때 (오른편 축의 상단에서 보는 것처럼) 물가수준이 낮다는 사실을 보여준다.

그림 1 **통화 공급 및 통화 수요는 균형 물가수준을 어떻게 결정하는가**

수평축은 통화량을 의미한다. 왼편의 수직축은 통화가치를 의미하고, 오른편의 수직축은 물가수준을 나타낸다. 통화 공급량은 중앙은행(미국의 경우, 연방준비제도)에 의해 설정되므로, 통화 공급곡선은 수직선이 된다. 각 통화 단위로 더 적게 매입하게 될 경우 사람들은 더 많은 통화량을 보유하고자 하기 때문에, 통화 수요곡선의 기울기가 하향한다. 균형점 A에서, (왼편 축의) 통화가치와 (오른편 축의) 물가수준이 조정되어 통화 공급량과 통화 수요량은 균형을 이루게 된다.

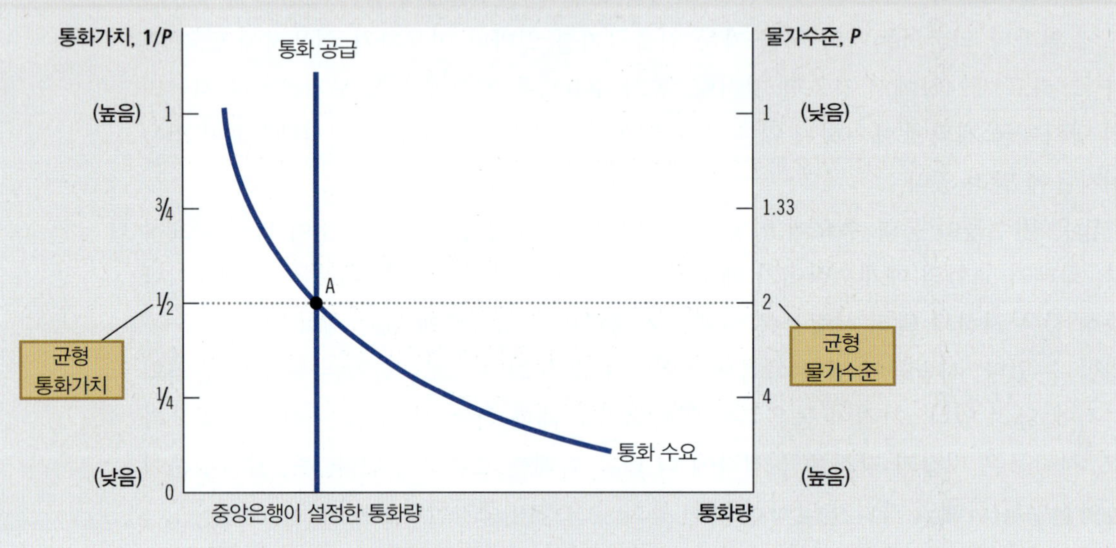

이 그림에 있는 두 개의 곡선은 통화 공급곡선과 통화 수요곡선이다. 연방준비제도는 이용할 수 있는 통화량을 고정시키기 때문에 통화 공급곡선은 수직선이 된다. 통화 수요곡선은 기울기가 하향하는데, 이것은 통화가치가 낮을 때 (그리고 물가수준이 높을 때) 사람들은 재화나 용역을 구입하기 위해 더 많은 통화량을 수요하기 때문이다. 그림의 점 A와 같은 균형에서 통화 수요량은 통화 공급량과 균형을 이룬다. 통화 공급과 통화 수요의 균형점에서 통화가치와 물가수준이 결정된다.

22-1c 통화 공급 증가가 미치는 영향

통화정책 변화가 미치는 영향을 생각해보자. 그렇게 하기 위해, 경제가 균형상태에 있는데 갑자기 중앙은행(미국의 경우 연방준비제도)이 화폐를 발행하여 이를 전국에서 헬리콥터로 떨어뜨림으로써 통화 공급을 두 배로 증가시킨다고 가상하자.(보다 현실적으로 표현하면, 중앙은행은 앞 장에서 논의한 정책도구를 활용하여 통화량을 변화시키지만, 헬리콥터란 은유를 사용할 경우 더 단순하고 보다 생생하게 느껴진다) 이런 통화 증가 이후에 어떤 일이 발생하는가? 새로운 균형과 이전의 균형은 어떻게 비교되는가?

그림 2

통화 공급의 증가

중앙은행이 통화 공급을 증가시킬 경우, 통화 공급곡선은 MS_1에서 MS_2로 이동한다. (왼편 축의) 통화가치와 (오른편 축의) 물가수준이 조정되어 공급과 수요가 균형을 회복하게 된다. 균형은 점 A에서 점 B로 이동한다. 따라서 통화 공급이 증가하여 통화가 풍부해질 경우, 물가수준은 상승하고 이로 인해 통화가치는 하락하게 된다.

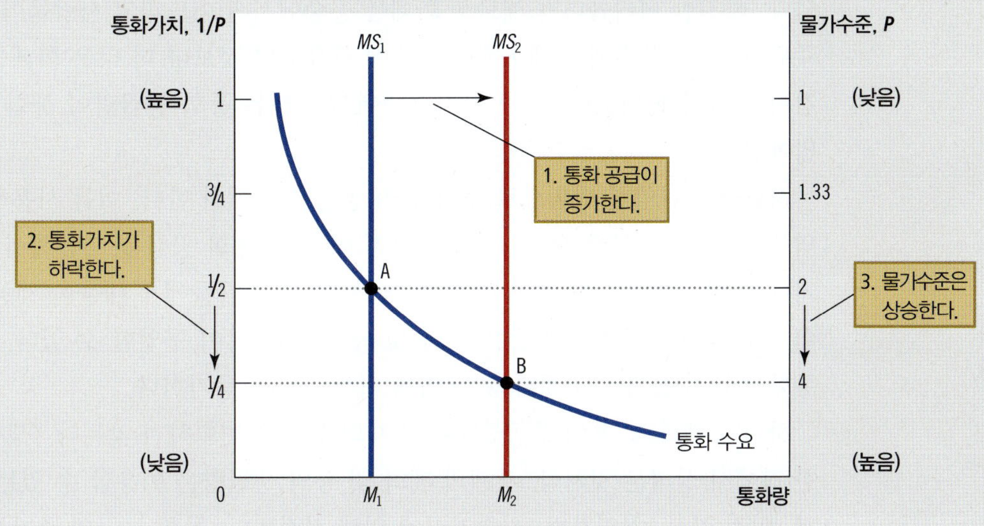

그림 2는 어떤 일이 발생하는지를 보여준다. 통화 공급 증가로 인해 공급곡선이 오른쪽으로, 즉 MS_1에서 MS_2로 이동하며, 균형은 점 A에서 점 B로 이동한다. 따라서 (왼편 축의) 통화가치는 1/2에서 1/4로 감소하며, (오른편 축의) 균형 물가수준은 2에서 4로 상승한다. 다시 말해 통화 공급 증가로 인해 통화(미국의 경우 달러화)가 더 풍부해질 경우, 그에 따른 결과는 물가수준의 상승과 통화(달러화)가치의 하락이다.

물가수준이 어떻게 결정되며 이것이 시간의 흐름에 따라 어떻게 변하는지에 관한 이런 설명을 화폐수량 이론(quantity theory of money)이라고 한다. 화폐수량 이론에 따르면, 경제에서 이용할 수 있는 통화량이 통화가치를 결정하며 통화량의 증가가 인플레이션의 주요 원인이라고 한다. 경제학자 밀턴 프리드먼이 말한 것처럼, "인플레이션은 언제나 어디서나 화폐적 현상이다"라고 볼 수 있다.

화폐수량 이론
이용할 수 있는 통화량이 물가수준을 결정하고, 이용할 수 있는 통화량의 증가율이 인플레이션율을 결정한다고 보는 이론

22-1d 조정과정을 간단히 살펴보기

지금까지 우리는 통화량이 증가한 후에 이전의 균형과 새로운 균형을 비교했다. 경제는 어떤 균형에서 다른 균형으로 어떻게 이동하는가? 이 물음에 완벽하게 답변하기 위해서는 단기적인 경제변동을 이해할 필요가 있으며, 이에 대해서는 이 책 뒷부분에서 살펴볼 것이다. 여기서는 통화 공급이 변화한 후에 발생하는 조정과정을 간단하게 생

각해보자.

통화 공급 증가가 미치는 즉각적인 효과는 초과 통화 공급을 창출하는 것이다. 통화 공급 증가가 이루어지기 전에 경제는 균형상태(그림 2의 점 A)에 있었다. 현재 물가수준에서 사람들은 교환의 매개수단으로서 자신들이 원하는 만큼 정확하게 보유하고 있었다. 하지만 헬리콥터가 새로운 화폐를 공중에서 떨어뜨리고 사람들이 거리에서 이를 주워 모으고 난 후에는 계획했던 거래에 필요했던 것보다 더 많은 화폐를 갖게 되어 지갑이 불룩하게 되었다. 현재 물가수준에서 이제는 통화 공급량이 통화 수요량보다 더 많아진다.

사람들은 다양한 방법으로 초과 통화 공급을 없애려 한다. 이를 사용하여 재화 및 용역을 더 많이 구입할 수도 있다. 아니면 이 초과 통화 공급을 사용해서 채권을 매입하거나 은행 저축예금 계좌에 예금함으로써 다른 사람들에게 대출을 제공할 수도 있다. 이 대출을 활용하여 사람들은 재화 및 용역을 더 많이 구입할 수 있다. 어느 경우이든 통화 공급이 증가하면 재화 및 용역에 대한 수요가 증가한다.

하지만 재화 및 용역을 공급하는 경제의 능력은 변화하지 않는다. '생산과 성장'에 관한 장에서 살펴본 것처럼, 경제의 재화 및 용역 생산량은 이용할 수 있는 노동, 물적 자본, 인적 자본, 천연자원, 기술지식에 의해 결정된다. 통화 공급의 증가는 이것들 중 어느 것도 변화시키지 못한다.

이것이 재화 및 용역에 대한 수요가 증가할 경우 재화 및 용역에 대한 가격이 상승하는 이유이다. 물가수준이 상승하면, 사람들은 각 거래에 대해 더 많은 화폐를 사용해야 하므로 통화 수요량이 증가한다. 결국, 경제는 통화 수요량과 통화 공급량이 다시 일치하는 새로운 균형(그림 2에서 점 B)에 도달하게 된다. 이런 방식으로 전반적인 물가수준이 조정되어 통화 공급과 통화 수요가 다시 균형을 이루게 된다.

22-1e 고전파의 이분법 및 화폐의 중립성

우리는 통화 공급의 변화가 재화 및 용역의 평균 물가수준의 변화로 어떻게 이어지는지 살펴보았다. 화폐상의 변화가 생산, 고용, 임금, 이자율 같은 변수에 어떤 영향을 미치는가? 이 문제는 경제학자들이 전부터 알고 싶어했던 사항이다.

경제변수는 두 개 유형으로 분류될 수 있다. 첫 번째 유형은 화폐적 단위로 측정된 변수, 즉 명목변수(nominal variable)이다. 두 번째 유형은 물리적 단위로 측정된 변수, 즉 실질변수(real variable)이다. 예를 들어 옥수수 재배 농부의 소득은 화폐적 단위의 달러화로 나타내기 때문에 명목변수인 반면에, 이들이 생산한 옥수수의 수량은 물리적 단위인 (약 36리터에 해당하는) 부셸로 나타내기 때문에 실질변수이다. 명목 GDP는 경제의 재화 및 용역 생산량을 달러화 가치로 측정한 것이며, 실질 GDP는 재화 및 용

명목변수
화폐적 단위로 측정한 변수

실질변수
물리적 단위로 측정한 변수

역의 물리적 생산량을 측정한 것으로 재화 및 용역의 현재 가격에 의해 영향을 받지 않는다. 실질변수와 명목변수를 분리하는 것을 고전파의 이분법(classical dichotomy)이라고 한다. 이분법이란 두 개 유형으로의 분리를 뜻하며, 고전파란 이런 분리를 처음에 제안한 초기 경제사상가들을 말한다.

고전파의 이분법
명목변수와 실질변수의 이론적 분리

고전파의 이분법을 적용할 경우 가격에 보다 유의해야 한다. 대부분의 가격들은 화폐 단위로 표시되며, 따라서 명목변수이다. 옥수수 가격이 부셸당 2달러 또는 밀 가격이 부셸당 1달러라고 할 때, 두 가격은 모두 명목변수이다. 하지만 다른 물품 측면에서 환산한 물품의 가격, 즉 상대가격은 어떠한가? 이 예에서 옥수수 1부셸의 가격은 밀 2부셸이라고 할 수 있으며, 이런 상대가격은 화폐 단위로 측정되지 않는다. 어떤 두 재화의 가격을 비교할 때, 화폐 단위인 달러란 부호는 상쇄되어서 그에 따른 수치는 물리적 단위로 표시된다. 따라서 달러화로 표시된 가격은 명목변수인 반면에, 상대가격은 실질변수이다.

이것은 많은 경우에 적용된다. 예를 들어 (인플레이션에 대해 조정된 명목임금인) 실질임금은 실질변수인데, 그 이유는 사람들이 노동 1단위를 재화 및 용역으로 교환하는 비율을 측정하기 때문이다. 이와 유사하게 (인플레이션에 대해 조정된 명목이자율인) 실질이자율은 실질변수인데, 그 이유는 사람들이 현재의 재화 및 용역을 장래의 재화 및 용역으로 교환하는 비율을 측정하기 때문이다. 실마리가 되는 것은 강력한 단어인 '실질'이다. '실질'이라는 단어가 변수 앞에 추가되면, 해당 변수는 인플레이션에 대해 조정되면서 물리적 단위로 측정된다.

변수들을 이런 유형으로 분류하는 이유는 무엇인가? 상이한 요인들이 실질변수와 명목변수에 영향을 미치기 때문에, 고전파의 이분법이 유용하다. 고전파의 분석에 따르면, 명목변수들은 경제 내 화폐 시스템상의 변화에 의해 영향을 받지만 실질변수들은 영향을 받지 않는다.

이런 사고의 틀은 실제 경제에 대한 장기적인 논의에 암묵적으로 포함되어 있다. 이전 장들에서는 생산, 저축, 투자, 실질이자율, 실업에 관한 결정요인들을 살펴볼 때, 통화가 미치는 영향에 관한 논의를 하지 않고 검토했다. 이렇게 분석할 경우 경제의 재화 및 용역 생산량이 기술과 생산요소 공급에 달려 있고, 실질이자율은 대부자금의 공급과 수요를 균형시키고, 실질임금이 균형수준을 상회할 때 실업이 발생한다. 이런 결론은 통화 공급량과 아무런 상관이 없다.

고전파 이론에 따르면 통화 공급의 변화가 명목변수에는 영향을 미치지만, 실질변수에는 영향을 미치지 않는다고 한다. 중앙은행이 통화 공급을 두 배로 할 경우, 물가수준이 두 배가 되며 명목임금이 두 배가 되고 다른 모든 명목가치가 두 배가 된다. 생산, 고용, 실질임금, 실질이자율 같은 실질변수는 변화하지 않는다. 통화량의 변화가 실질변수와 관련이 없다는 주장을 화폐의 중립성(monetary neutrality)이라고 한다.

화폐의 중립성
통화 공급의 변화가 실질변수에 영향을 미치지 않는다는 주장

서로 닮은 상황을 비교해서 설명하면 화폐의 중립성을 설명하는 데 도움이 된다. 계산 단위로서의 화폐는 경제적 거래를 측정하는 데 사용되는 척도가 된다. 중앙은행이 통화 공급을 두 배로 할 경우, 모든 가격은 두 배가 되며, 계산 단위의 가치는 절반으로 하락한다. 정부가 1야드의 길이를 원래의 36인치에서 18인치로 축소시킬 경우 유사한 변화가 발생할 수 있다. 새롭게 짧아진 척도에 기초할 경우, 모든 **측정된** 거리(명목변수에 해당한다)는 두 배가 되지만 **실제** 거리(실질변수에 해당한다)는 동일하다. 길이를 나타내는 야드처럼 화폐 단위를 나타내는 달러가 측정 단위에 불과하므로, 달러가치의 변화는 실질효과가 없어야 한다.

화폐의 중립성은 현실적인가? 완벽하게 그렇지는 않다. 1야드의 길이가 36인치에서 18인치로 변화할 경우, 장기적으로는 문제가 되지 않지만 단기적으로는 혼란과 실수가 야기될 수 있다. 이와 유사하게 오늘날 많은 경제학자들은 1년 또는 2년 내와 같은 단기간에는 통화 공급의 변화가 실질변수에 영향을 미친다고 생각한다.(고전파 경제학자 자신들, 특히 데이비드 흄은 화폐의 중립성이 단기적으로 적용될지에 관해 역시 미심쩍게 생각했다) 이 책 뒷부분에서 단기적인 화폐의 비중립성에 대해 살펴볼 것인데, 이 주제는 연방준비제도가 시간이 흐름에 따라 통화 공급을 조절하는 이유를 설명하는 데 도움을 준다.

하지만 경제에 관한 고전파의 분석은 장기적으로 보면 근본적으로 옳다. 10년 동안에 통화 공급의 변화는 (가령 물가수준 같은) 명목변수에 상당한 영향을 미치지만 (가령 실질 GDP 같은) 실질변수에는 무시해도 될 정도의 영향을 미친다. 경제의 장기적인 변화에 대해 살펴볼 경우, 화폐의 중립성은 세상이 어떻게 작동하는지에 관해 상당히 좋은 설명을 제시한다는 사실을 알 수 있다.

22-1f 유통속도와 수량 방정식

화폐의 유통속도
화폐가 주인이 바뀌어 사람에서 사람으로 이동하는 빠르기 수준

화폐수량 이론에 관한 또 다른 관점에서 다음 질문을 생각해보자. 새롭게 생산된 재화 또는 용역에 대한 대가를 지불하기 위해 일반적인 달러 지폐는 일 년에 몇 번이나 사용되는가? 이 물음에 대한 답변은 화폐의 유통속도(velocity of money)라는 변수로 할 수 있다. 물리학에서 **속도**라는 말은 물체가 이동하는 빠르기를 말한다. 경제학에서 화폐의 유통속도는 일반적인 달러 지폐가 경제 내에서 사람으로부터 사람으로 이동하는 빠르기를 말한다.

화폐의 유통속도는 생산량의 명목가치(명목 GDP)를 화폐수량으로 나누어 계산할 수 있다. P를 물가수준(GDP 디플레이터), Y를 생산량(실질 GDP), M을 화폐수량이라고 하면, 화폐의 유통속도는 다음과 같다.

$$V = (P \times Y) / M$$

위의 식이 의미를 갖는 이유를 알아보기 위해, 피자만을 생산하는 단순한 경제를 생각해보자. 해당 경제는 1년에 100개의 피자를 생산하고, 1개 피자는 10달러에 판매되며, 경제 내 화폐수량은 50달러라고 가상하자. 그러면 화폐의 유통속도는 다음과 같다.

$$V = (10\text{달러} \times 100)/50\text{달러}$$
$$= 20$$

이 경제에서 사람들은 피자에 연간 총 1,000달러를 지출한다. 50달러의 화폐수량만으로 1,000달러 상당의 지출이 이루어지기 위해, 각 달러화는 주인이 바뀌어 연간 평균 20회 사람에서 사람으로 이동해야 한다.

약간 대수학적으로 재배열하면 다음과 같이 나타낼 수 있다.

$$M \times V = P \times Y$$

위의 식에 따르면, 화폐수량(M)에 화폐의 유통속도(V)를 곱한 것은 생산물의 가격(P)에 생산량(Y)을 곱한 것과 같다. 이를 수량 방정식(quantity equation)이라고 하는데, 그

수량 방정식
이 방정식은 $M \times V = P \times Y$이며, 이것은 화폐수량, 화폐의 유통속도, 경제의 재화 및 용역 생산량의 명목가치를 연계시킨다.

그림 3

명목 GDP, 화폐수량, 화폐의 유통속도

이 그림은 명목 GDP로 측정한 생산량의 명목가치, M2로 측정한 화폐수량, 이들 둘의 비율로 측정한 화폐의 유통속도를 보여준다. 비교하기 위해 이들 세 개 변수는 1959년이 100이 되도록 척도화했다. 명목 GDP와 화폐수량은 해당 기간에 상당히 증가한 반면에, 유통속도는 상대적으로 안정적이었다.

출처: U.S. Department of Commerce; Federal Reserve Board.

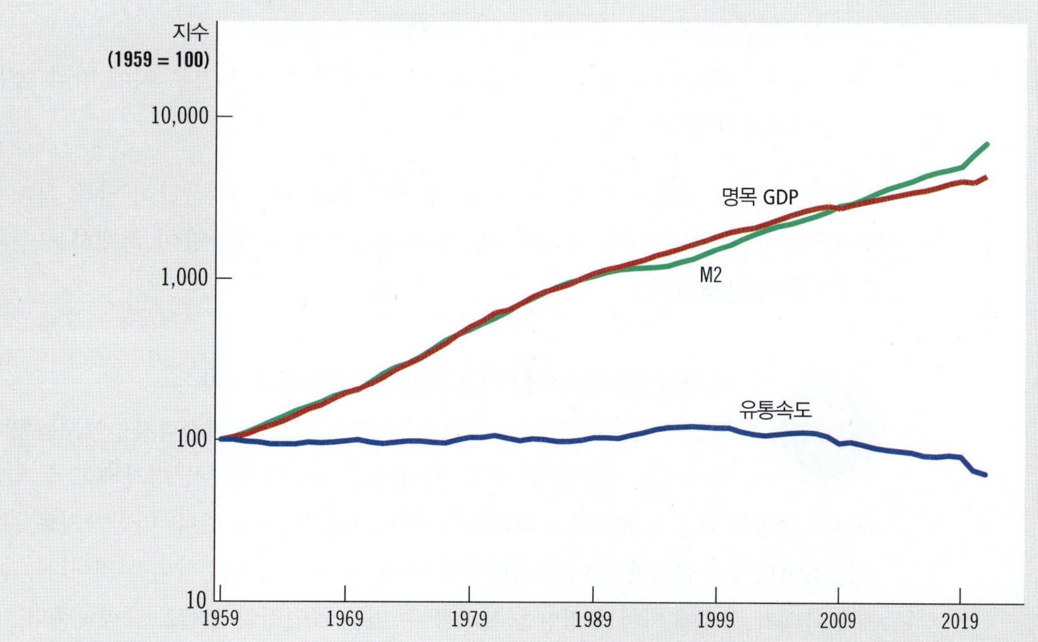

이유는 이 식이 화폐수량(M)을 생산량의 명목가치($P \times Y$)와 연계시켰기 때문이다. 이 수량 방정식에 따르면, 경제의 화폐수량이 증가할 경우 다른 세 가지 변수들 중 하나에 반영되어야만 한다. 즉, 물가수준이 상승해야만 하거나, 생산량이 증가해야만 하거나, 화폐의 유통속도가 하락해야만 한다.

많은 경우에 화폐의 유통속도는 적어도 다른 경제변수들과 비교해볼 때 상대적으로 안정적이라는 사실이 밝혀졌다. 예를 들어 그림 3은 1959년 이래로 미국 경제에서 명목 GDP, (M2로 측정한) 화폐수량, 화폐의 유통속도를 보여준다. 이 기간 동안 통화 공급과 명목 GDP는 둘 다 40배 이상 증가했다. 반면에 화폐의 유통속도는 정확하게 일정하지는 않지만 거의 변화하지 않았다. 어떤 목적을 위해 화폐의 유통속도가 일정하다고 보는 가정은 좋은 근사치라고 할 수 있다.

이제 우리는 균형 물가수준과 인플레이션율을 설명하는 데 필요한 모든 요소를 살펴보았다. 이들은 다음과 같다.

1. 화폐의 유통속도는 시간이 흐름에 따라 상대적으로 안정적이다.
2. 화폐의 유통속도가 안정적이기 때문에, 중앙은행이 화폐수량(M)을 변화시킬 경우 생산량의 명목가치($P \times Y$)는 비례적으로 변화한다.
3. 경제의 재화 및 용역 생산량(Y)은 생산요소(노동, 물적 자본, 인적 자본, 천연자원)의 공급과 이용할 수 있는 생산기술에 의해 결정된다. 특히 화폐는 중립적이기 때문에 생산량에 영향을 미치지 않는다.
4. 생산량(Y)은 생산요소 공급과 기술에 의해 고정되기 때문에, 중앙은행이 통화 공급(M)을 변화시키고 생산량의 명목가치($P \times Y$)가 비례적으로 변화할 때 이런 통화 공급의 변화는 물가수준(P)의 변화에 반영된다.
5. 따라서 중앙은행이 통화 공급을 급속하게 증가시킬 경우 이에 따라 높은 인플레이션율이 발생한다.

위의 다섯 가지 사항이 화폐수량 이론의 핵심적 본질이다. 간단히 말해 화폐수량 이론에 따르면 너무 적은 물품이 있는 데 비해 너무 많은 화폐수량이 존재하는 상황에서 인플레이션이 발생한다.

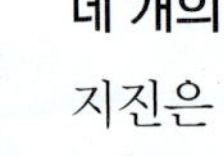

사례 연구

네 개의 초인플레이션 기간 동안의 화폐수량과 물가

지진은 사회에 엄청난 피해를 입힐 수 있지만, 지진학자들에게는 많은 유용한 데이터를 제공한다. 이들 데이터는 새로운 이론을 평가해볼 수 있게 해주며 사회가 장래의 위험을 예측하고 대처하는 데 도움을 줄 수도 있다. 마찬가지로, 초인플레이션을 겪어내기란 끔찍한 일이지만(나중에 이에 관해 더 자세히 살펴볼 것이다), 경제학자들에게 화폐가 경제에 미치는 영향을 살펴볼 수 있는 자연적인 실험을 제공해준다.

초인플레이션은 간단한 이유로 인해 흥미롭다. 통화 공급과 물가수준의 변화가 엄청나다. 초인플레이션은 일반적으로 **월간 50%를** 상회하는 인플레이션이라고 정의되며, 이는 1년 동안 물가수준이 100배 이상 상승한다는 것이다. 우리의 아이스크림 예로 돌아가보면, 이 인플레이션율이 의미하는 바는 2023년 여름에 구매했던 2달러짜리 아이스크림이 2024년 여름에 260달러가 된다는 것이다.

제1차 세계대전 이후 1920년대에 오스트리아, 헝가리, 독일, 폴란드에서 네 개의 고전적인 초인플레이션이 발생했다. 예를 들어 오스트리아에서 1922년 7월에서 1922년 8월까지 물가수준이 거의 두 배가 되었으며, 다음 달에 다시 두 배가 되었다. 비엔나 방문객은 "가격에 대해 말할 수조차 없었다. 한마디 말이 끝나기도 전에 가격이 다시 상승했다"고 말했다.

이들 초인플레이션에 관한 데이터는 화폐수량과 물가수준 사이에 존재하는 명백한 연결

그림 4

네 개의 초인플레이션 기간 동안의 화폐수량과 물가

이 그림은 네 개 초인플레이션 기간 동안의 화폐수량과 물가수준을 보여준다.(이들 변수는 **대수** 척도에 기초하여 그래프로 나타내었기 때문에 그래프상의 수직축 간격은 해당 변수의 **백분율** 변화와 같아진다는 사실에 주목하자) 각 경우에 화폐수량과 물가수준은 밀접하게 같이 변한다. 이들 두 변수 사이에 존재하는 강한 연관관계는 화폐수량 이론과 일치하며, 이 이론은 통화 공급의 증가가 인플레이션의 주요 원인이라고 본다.

출처: Adapted from Thomas J. Sargent, "The End of Four Big Inflations," in Robert Hall, ed., *Inflation* (Chicago: University of Chicago Press, 1983), pp. 41 – 93. 관련 자료는 각각 최초 관찰값이 100이 되도록 표준화되었다.

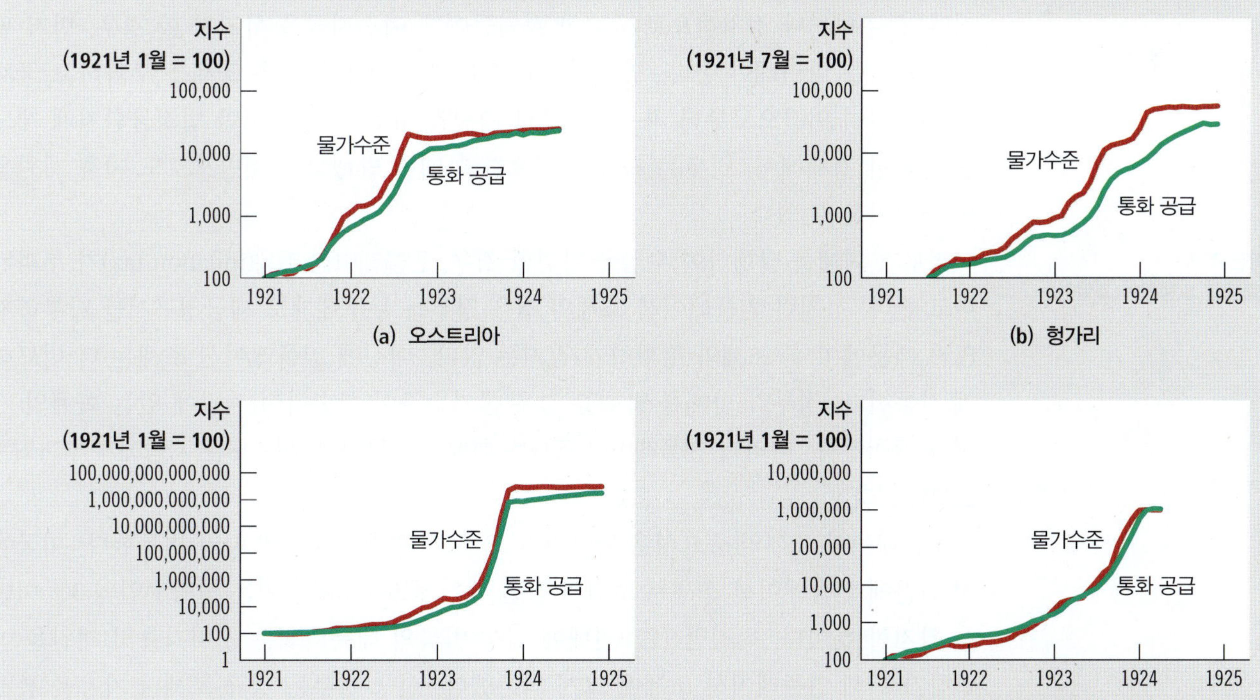

관계를 보여준다. 그림 4는 이들 각 경제에 대한 화폐수량과 물가수준을 보여준다. 통화 공급을 나타내는 선의 기울기는 화폐수량의 증가율을 나타내며, 물가수준을 나타내는 선의 기울기는 인플레이션율을 나타낸다. 이들 선이 가파를수록 화폐수량의 증가율 또는 인플레이션율이 더 높아진다.

각 그래프에서 화폐수량과 물가수준이 거의 평행하다는 사실에 주목하자. 각 예에서 화폐수량의 증가가 처음에는 적당하고 인플레이션도 그러하다. 그러나 시간이 지남에 따라 경제의 화폐수량이 더욱 빠르게 증가하기 시작했다. 거의 같은 시기에 인플레이션도 상승했다. 그러고 나서 화폐수량이 안정화될 때 물가수준도 역시 안정화된다. 이런 상황들은 **경제학의 열 가지 원리** 중 하나인 '정부가 너무 많은 통화를 발행할 경우 물가가 상승한다'는 사실을 보여준다. ●

22-1g 인플레이션 조세

인플레이션을 이와 같이 쉽게 설명할 수 있다면 일부 국가들이 초인플레이션을 겪는 이유는 무엇인가? 즉, 이들 국가의 중앙은행들이 그렇게 많은 통화를 발행하여 통화의 가치가 급속하게 하락하도록 하는 이유는 무엇인가?

이 물음에 대한 대답은 이들 국가의 정부들이 지출액을 마련하기 위해 통화를 창출하기 때문이다. 이들 정부가 도로나 학교를 건설하고자 하거나, 공무원 급여를 지불하거나, 불우하거나 정치적으로 유력한 사람들에게 이전지급을 하고자 할 경우, 먼저 필요한 자금을 마련해야 한다. 일반적으로 소득세와 판매세 같은 조세를 부과하고 국채를 매각하여 민간으로부터 차용함으로써 재원을 마련한다. 하지만 법정불환지폐 제도를 채택한 경제에서, 정부는 자신이 필요한 화폐를 발행하는 것만으로도 지출 재원을 역시 마련할 수 있다.

인플레이션 조세
정부가 화폐를 발행하여 조달하는 수입

정부가 화폐를 발행하여 수입을 마련할 경우, **인플레이션 조세**(inflation tax)가 부과된다고 한다. 하지만 인플레이션 조세의 경우 정부는 누구에게도 세금청구서를 발부하지 않기 때문에 다른 조세와 정확하게 같지는 않다. 대신에 인플레이션 조세는 더 미묘하게 작동한다. 정부가 화폐를 발행할 경우 물가수준이 상승하여 지갑에 있는 화폐의 가치가 떨어진다. 따라서 **인플레이션 조세는 화폐를 보유하고 있는 모든 사람에게 부과되는 조세와 같다.**

인플레이션 조세의 중요성은 국가마다 그리고 시간이 지남에 따라 변동했다. 미국에서 최근에 인플레이션 조세는 수입의 작은 재원에 불과하다. 이는 연방수입의 3% 미만을 차지할 뿐이다. 하지만 1770년대에 신생 미국의 대륙의회는 군비지출의 재원을 마련하기 위해 인플레이션 조세에 크게 의존했다. 신생 정부는 정규 조세나 차용을 통해 지출을 마련할 수 있는 능력이 제한되었기 때문에, 화폐를 발행하는 것이 독립을 위해 전투하고 있는 병사들에게 보상해주는 가장 손쉬운 방법이었다. 화폐수량 이론이 예측한 것처럼, 이에 따라 높은 인플레이션율이 발생했다. 그 당시 발행된 대륙 달러로 측정된 물가는 몇 년 동안 백 배 이상 상승했다.

거의 모든 초인플레이션은 미국 독립혁명 기간 동안에 발생했던 초인플레이션과 동일한 패턴을 좇아간다. 정부는 많은 지출을 해야 하지만 조세 수입이 부족하고 차용할 수 있는 능력도 제한된다. 이런 지출에 대한 재원을 조달하기 위해 화폐를 발행하는 인쇄기에 의존하게 된다. 화폐수량이 대규모로 증가하면 이로 인해 대규모 인플레이션이 발생하게 된다. 정부가 인플레이션 조세의 필요성을 제거하는 정부 지출 삭감과 같은 재정개혁을 실시할 경우, 초인플레이션이 종식된다.

22-1h 피셔효과

화폐의 중립성 원리에 따르면 통화 증가율이 증대할 경우 인플레이션율을 상승시키지만 실질변수에는 영향을 미치지 않는다. 이것이 적용되는 중요한 경우는 화폐가 이자율에 미치는 영향과 관련된다. 이자율이 저축과 투자에 미치는 영향을 통하여 현재 경제와 장래 경제를 연계시키기 때문에, 경제학자들은 특히 이것에 관심을 갖는다.

화폐, 인플레이션, 이자율 사이의 관계를 이해하기 위해 명목이자율과 실질이자율 사이의 차이를 기억해보자. **명목이자율**은 여러분이 은행에 방문했을 때 듣게 되는 이자율이다. 여러분이 예를 들어 저축예금 계좌를 갖고 있다면, 명목이자율은 여러분의 계좌에 넣어둔 달러화가 시간이 지남에 따라 얼마나 신속하게 증가하는지를 알려준다. **실질이자율**은 여러분이 갖고 있는 저축예금 계좌의 실질 구매력이 시간이 지남에 따라 얼마나 신속하게 증가하는지를 알려주기 위해 명목이자율을 인플레이션이 미치는 영향에 대해 수정한 것이다. 실질이자율은 명목이자율에서 인플레이션율을 감한 것이다.

$$\text{실질이자율} = \text{명목이자율} - \text{인플레이션율}$$

예를 들어 은행이 명목이자율은 연간 7%라고 공시하고 인플레이션율은 연간 3%라면, 예금의 실질가치는 연간 4%만큼 증가한다.

위의 식을 다시 써서 명목이자율은 실질이자율과 인플레이션율의 합이라는 사실을 보여줄 수 있다.

$$\text{명목이자율} = \text{실질이자율} + \text{인플레이션율}$$

명목이자율을 이런 방식으로 나타낼 경우, 위의 식 오른편에 있는 두 개의 항 각각은 상이한 요인들에 의해 결정되기 때문에 유용하게 사용할 수 있다. 이전 장에서 논의한 것처럼, 대부자금의 공급 및 수요가 실질이자율을 결정한다. 그리고 화폐수량 이론에 따르면 통화 공급의 증가가 인플레이션율을 결정한다.

통화 공급의 증가가 이자율에 어떤 영향을 미치는가? 화폐가 중립적인 장기에서 통화 증가의 변화는 실질이자율에 영향을 미치지 않아야 한다. 실질이자율이 변화하지 않기 위해, 인플레이션율의 변화는 명목이자율과 일대일 변화로 이어져야 한다. 따라서 **중앙은행이 통화 증가율을 증대시킬 경우, 장기적으로 인플레이션율과 명목이자율이 균등하게 증가한다.** 인플레이션율에 대한 명목이자율의 이런 조정을, 이에 관해 처음으로 연구한 경제학자 어빙 피셔(Irving Fisher, 1867~1947)의 이름을 따라 **피셔효과**(Fisher effect)라고 한다.

피셔효과
인플레이션율에 대한 명목이자율의 일대일 조정

피셔효과에 관한 이런 분석은 장기적으로 이루어졌다는 사실을 기억하자. 피셔효과가 단기적으로는 유지될 필요가 없는데, 그 이유는 인플레이션이 단기적으로는 기대될 수 없기 때문이다. 명목이자율은 대출에 대한 보상이며, 일반적으로 대출이 처음 이루어질 때 설정된다. 인플레이션 급등이 차용자와 대출자에게 느닷없이 엄습할 경우, 이들이 합의한 명목이자율은 급등한 인플레이션을 반영하지 못하게 된다. 하지만 인플레이션이 계속해서 높게 유지될 경우, 사람들은 결국 인플레이션을 예상하게 되어 대출 합의서에 설정된 명목이자율이 이런 예상치를 반영하게 된다. 따라서 정확히 말하면

그림 5 **명목이자율과 인플레이션율**

이 그림은 1960년 이후 연간 자료를 사용하여 3개월 만기 재무성 증권에 대한 명목이자율과 소비자 물가지수로 측정한 인플레이션율을 보여준다. 이들 두 변수 사이의 밀접한 연관관계는 피셔효과, 즉 인플레이션율이 상승할 경우 명목이자율도 그렇게 된다는 사실을 알려준다.

출처: U.S. Department of Treasury; U.S. Department of Labor.

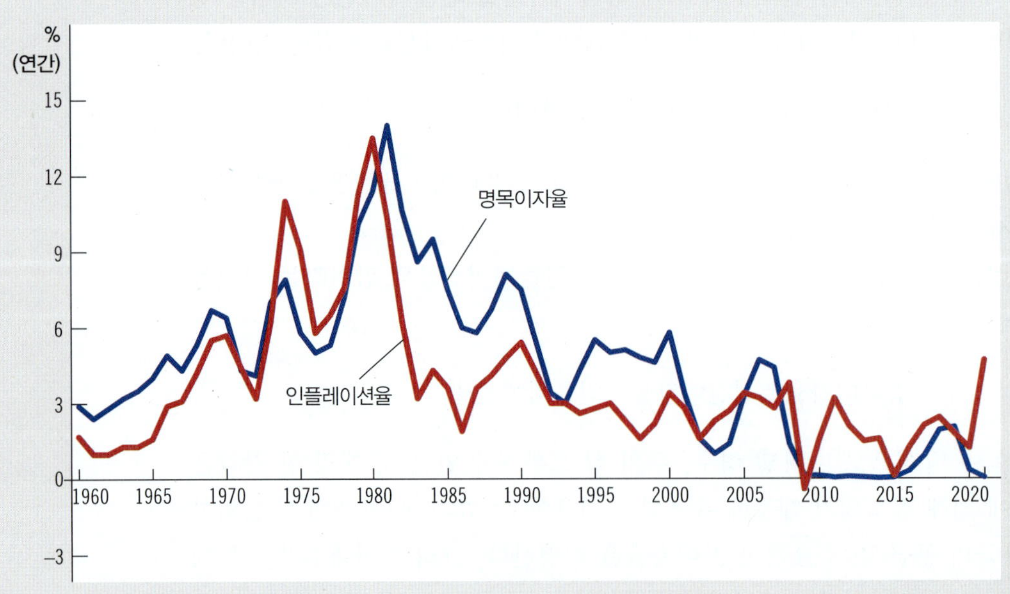

피셔효과는 명목이자율이 기대된 인플레이션에 조정되는 상황을 설명하는 것이다. 기대 인플레이션이 장기적으로는 실제 인플레이션과 함께 움직이지만, 단기적으로는 반드시 그런 것은 아니다.

피셔효과는 시간의 흐름에 따른 명목이자율의 변화를 이해하는 데 중요한 역할을 한다. 그림 5는 1960년 이래로 미국 경제의 명목이자율과 인플레이션율을 보여준다. 이들 두 변수 사이의 밀접한 연관관계가 명백하게 존재한다. 명목이자율이 1960년대 초부터 1970년대까지 상승했는데, 그 이유는 인플레이션이 이 기간 동안 상승했기 때문이다. 이와 유사하게 명목이자율이 1980년대 초부터 1990년대까지 하락했는데, 그 이유는 연방준비제도가 인플레이션을 통제했기 때문이다. 2010년대에는 명목이자율과 인플레이션율이 둘 다 역사적 기준에서 볼 때 낮았다.

Quiz

1. 화폐의 중립성에 관한 고전파의 원리에 따르면 통화 공급의 변화가 __________에 영향을 미치지 않는다고 보는데, 이 원리는 __________에서 가장 적합하다고 생각된다.
   a. 명목변수; 단기
   b. 명목변수; 장기
   c. 실질변수; 단기
   d. 실질변수; 장기

2. 명목 GDP가 400달러이고 실질 GDP가 200달러이며 통화 공급이 100달러인 경우, ________________.
   a. 물가수준은 1/2이고, 화폐의 유통속도는 2이다.
   b. 물가수준은 1/2이고, 화폐의 유통속도는 4이다.
   c. 물가수준은 2이고, 화폐의 유통속도는 2이다.
   d. 물가수준은 2이고, 화폐의 유통속도는 4이다.

3. 화폐수량 이론에 따르면, 수량 방정식에서 어떤 변수가 장기와 단기에 걸쳐 가장 안정적인가?
   a. 화폐
   b. 유통속도
   c. 물가수준
   d. 생산량

4. 정부가 대규모 재정 __________를 영위하고 중앙은행이 상당한 통화 __________을 통해 재원을 조달할 때, 초인플레이션이 발생한다.
   a. 적자; 수축
   b. 적자; 확장
   c. 흑자; 수축
   d. 흑자; 확장

5. 화폐수량 이론과 피셔효과에 따르면, 중앙은행이 통화 증가율을 증대시킬 경우 ________________.
   a. 인플레이션과 명목이자율이 둘 다 상승한다.
   b. 인플레이션과 실질이자율이 둘 다 상승한다.
   c. 명목이자율과 실질이자율이 둘 다 상승한다.
   d. 인플레이션, 실질이자율, 명목이자율이 모두 상승한다.

해답은 이 장의 끝부분에 있다.

22-2 인플레이션에 수반되는 비용

미국 인플레이션율이 연간 약 10%에 달했던 1970년대 말에 인플레이션은 경제정책에 관한 토론에서 주도적인 주제였다. 그리고 인플레이션이 낮을 때에도 면밀히 관찰되는 거시경제 변수이다. 어떤 연구에 따르면 인플레이션은 미국 신문에서 (2위인 실업과 3위인 생산성보다) 가장 자주 언급되는 경제용어이다.

인플레이션은 중대한 경제문제라고 생각되기 때문에 면밀히 관찰되고 폭넓게 논의가 이루어진다. 하지만 이것은 사실인가? 사실이라면 그 이유는 무엇인가?

22-2a 구매력의 하락? 인플레이션 오류

여러분이 대부분의 사람들에게 인플레이션이 나쁜 이유를 물어볼 경우, 그들은 분명한 답변 즉 인플레이션은 수고해서 번 돈의 구매력을 탈취해간다고 답변할 것이다. 물가가 상승할 때, 소득으로 더 적은 재화 및 용역을 구매할 수 있을 뿐이다. 그래서 인플레이션이 생활수준을 직접적으로 낮추는 것처럼 보일 수도 있다.

하지만 추가적으로 생각해보면 이 답변에서 오류를 밝혀낼 수 있다. 물가가 상승할 경우, 재화 및 용역의 구매자는 자신이 구매하는 것에 대해 더 많이 지불을 하게 된다. 하지만 동시에 재화 및 용역의 판매자는 자신이 판매하는 것에 대해 더 많은 대가를 얻게 된다. 대부분의 사람들은 예를 들면 자신의 노동처럼 용역을 판매함으로써 소득을 벌기 때문에, 소득에서의 인플레이션은 물가에서의 인플레이션과 함께 이루어진다. **인플레이션은 그 자체가 사람들의 실질 구매력을 낮추지는 않는다.**

사람들은 화폐의 중립성 원리를 인식하지 못하기 때문에 인플레이션 오류를 믿게 된다. 연간 10% 상승한 급료를 받은 노동자는 이런 급료 인상을 자신의 재능과 노력에 대한 보상이라고 생각한다. 인플레이션율이 6%라서 급료 인상에 따른 실질가치가 4%로 낮아질 경우, 노동자는 기만당했다고 느낄 수 있다. 사실 '생산과 성장'에 관해 살펴본 장에서 논의한 것처럼, 실질소득은 물적 자본, 인적 자본, 천연자원, 이용할 수 있는 생산기술 같은 실질변수에 의해 결정된다. 명목소득은 이런 요소들과 전반적인 물가수준이 결합되어 결정된다. 연방준비제도가 인플레이션율을 6%에서 0%로 낮출 경우, 노동자의 연간 급료 인상은 10%에서 4%로 낮아진다. 이들이 인플레이션으로 인한 탈취감은 덜 느낄 수 있지만, 실질소득이 더 신속하게 증가하지는 않는다.

명목소득이 장기적으로 상승하는 물가와 보조를 맞춰 증가한다면, 인플레이션이 왜 문제가 되는가? 한 가지 답변만 존재하는 것은 아니라는 사실이 밝혀졌다. 대신에 경제학자들은 인플레이션에 수반되는 몇 가지 비용을 인지했다. 이들 각 비용은 지속적인 통화량 증가가 실질변수에 부작용을 일으키는 방식을 보여준다.

22-2b 구두창 비용

우리가 살펴본 것처럼, 인플레이션은 화폐 보유자에 대한 조세와 같다. 조세 자체는 사회에 비용이 되지 않는다. 많은 경우에 가계에서 정부로 자원이 이전될 뿐이다. 하지만 대부분의 조세는 사람들에게 조세 납부를 회피하기 위해 자신들의 행태를 변화시키려는 유인을 제공하며, 이런 유인의 왜곡으로 인해 사장된 손실이 발생한다. 이것은 인플레이션 조세에도 역시 적용된다. 사람들은 인플레이션 조세를 피하기 위해 희소한 자원을 낭비하기 때문에 사장된 손실이 발생한다.

인플레이션 조세의 납부를 어떻게 회피할 수 있는가? 인플레이션으로 인해 화폐의 실질가치가 감소하기 때문에, 더 적은 화폐를 보유함으로써 인플레이션 조세를 회피할 수 있다. 이렇게 하는 한 가지 방법은 은행에 더 자주 방문하는 것이다. 예를 들어 여러분은 4주마다 200달러를 인출하지 않고, 일주일에 한 번씩 50달러를 인출할 수 있다. 보다 자주 은행에 방문함으로써 이자가 발생하는 저축계좌에 더 많이 예치하고, 인플레이션으로 인해 가치가 감소하는 지갑 속에는 더 적은 화폐를 보유할 수 있다.

화폐 보유액을 줄이는 데 따른 비용을 인플레이션에 수반되는 **구두창 비용**(shoeleather cost)이라고 하는데, 이렇게 부르는 이유는 은행에 더 자주 방문함으로써 신발이 빠르게 마모되기 때문이다. 물론, 이 용어를 문자 그대로 받아들여서는 안 된다. 화폐 보유액을 줄이는 데 따른 실제 비용은 신발의 마모와 파손이 아니라 인플레이션이 없을 때보다 수중에 더 적은 화폐를 보유하기 위해 희생해야만 하는 시간과 편리성이다.

구두창 비용
인플레이션으로 인해 사람들이 화폐 보유액을 줄일 경우 낭비되는 자원

인플레이션에 수반되는 구두창 비용은 보통 적절한 인플레이션만 발생하는 미국 경제에서는 그 규모가 사소했다. 하지만 초인플레이션을 경험하는 국가에서는 이 비용이 확대될 수 있다. 초인플레이션 기간 동안 볼리비아에서 어떤 사람이 겪었던 경험은 다음과 같다.(1985년 8월 13일자 「월 스트리트 저널」에 실린 기사이다)

> 에드거 미란다씨는 교사 월급으로 2,500만 페소를 받으면, 잠시도 지체할 틈이 없었다. 매시간 페소화의 가치가 하락한다. 그래서 그의 부인은 시장으로 달려가 한 달치 쌀과 국수를 비축해놓는 동안, 그 자신은 남은 페소화를 들고 나가 암시장에서 달러화로 환전한다.
>
> 에드거 미란다씨는 오늘날 세계에서 가장 통제가 불가능한 인플레이션 와중에 생존의 제1 법칙을 실행하고 있다. 볼리비아는 폭주하는 인플레이션이 한 사회를 어떻게 훼손하는지 보여주는 사례가 되고 있다. 물가 상승이 굉장히 거대해서 이를 표현하는 숫자들은 이미 거의 이해하지 못할 정도가 되었다. 예를 들어 6개월 기간 동안 물가는 연율로 환산해서 38,000%를 치솟았다. 하지만 공식집계에 따르면, 지난해 인플레이션은 2,000%에 달했고 올해는 8,000%에 달할 것으로 예상되고 있다. 물론 다른 추정치들은 몇 배 더 높다. 볼리비아의 인플레이션율은 극심한 인플레이션의 또 다른 사례인 이스라엘의 370%와 아르헨티나의 1,100%를 낮게 보

이게 만든다.

38세의 에드거 미란다씨가 자신의 월급을 달러화로 신속하게 환전하지 않을 경우 그의 월급에 어떤 일이 발생할지는 더 쉽게 이해된다. 2,500만 페소를 받았던 그 날은 1달러가 500,000페소에 해당해서 50달러를 받았다. 며칠 후에는 환율이 900,000만 페소로 올라서 월급으로 27달러를 받았을 것이다.

위의 이야기가 보여주는 것처럼, 인플레이션에 수반되는 구두창 비용이 커질 수 있다. 높은 인플레이션하에서 에드거 미란다씨는 가치저장수단으로서 자국 통화를 보유하는 호사를 누릴 수 없다. 대신에 자신의 페소화를 보다 안정적인 가치저장수단의 역할을 해줄 재화나 미국 달러화로 전환시켜야만 한다. 에드거 미란다씨가 자신의 페소화 화폐 보유를 낮추기 위해 지출하는 시간과 노력은 낭비되는 자원이다. 통화당국이 저인플레이션 정책을 시행한다면, 에드거 미란다씨는 기꺼이 페소화를 보유하려 할 것이며, 자신의 시간과 노력을 보다 생산적인 용도에 투입할 수 있을 것이다. 사실 이 기사가 작성되고 얼마 안 있다가, 볼리비아의 인플레이션율은 보다 제한적인 통화정책으로 인해 상당히 하락했다.

22-2c 메뉴비용

대부분의 기업은 자사의 제품가격을 매일마다 변화시키지는 않는다. 대신에 기업은 종종 가격을 발표하고 몇 주, 몇 달, 심지어 몇 년 동안 그대로 놔둔다. 한 설문조사에 따르면, 일반적인 미국 기업들은 일 년에 약 한 번씩 가격을 변경한다고 한다.

메뉴비용
가격을 변화시키는 데 따른 비용

가격을 변경하는 데 비용이 소요되기 때문에 기업들은 드물게 가격을 변경한다. 가격 조정에 따른 비용을 메뉴비용(menu cost)이라고 하는데, 이는 새로운 메뉴표를 인쇄하는 데 따른 레스토랑의 비용에서 유래했다. 이 메뉴비용에는 새로운 가격을 결정하고, 새로운 가격표와 카탈로그를 인쇄하며, 이들 새로운 가격표와 카탈로그를 판매인과 고객들에게 보내고 새로운 가격을 광고하며, 가격 변화에 대한 고객들의 불만에 응대하는 데 따른 비용들이 포함된다.

인플레이션으로 인해 기업이 부담해야 하는 메뉴비용이 증가한다. 현대 미국 경제에서 보통 유지되었던 낮은 인플레이션 환경하에서 가격을 일 년에 한 번 조정하는 것은 많은 기업에 적절한 사업전략이다. 하지만 높은 인플레이션으로 인해 기업의 비용이 빠르게 상승할 경우, 일 년에 한 번씩 이루어지는 가격 조정은 실용적이지 않을 수 있다. 예를 들어 초인플레이션 동안 기업은 경제의 모든 가격과 단순히 보조를 맞추기 위해 매일마다 또는 훨씬 더 자주 가격을 변화시켜야만 한다.

22-2d 상대가격의 변동과 자원 배분의 왜곡

어떤 레스토랑이 매년 1월에 새로운 가격으로 수정한 새로운 메뉴를 인쇄하고 그해 남은 기간 동안 가격을 변경하지 않는다고 가상하자. 인플레이션이 없다면 이 레스토랑의 상대가격, 즉 경제의 다른 가격과 비교가 된 이 레스토랑의 식사 가격은 그해 내내 일정할 것이다. 하지만 인플레이션율이 연간 12%라면, 이 레스토랑의 상대가격은 매월 자동적으로 1%씩 하락할 것이다. 레스토랑의 상대가격은 새로운 메뉴가 인쇄된 직후인 처음 몇 달 동안 가장 높고, 나중 몇 달 동안 가장 낮다. 그리고 인플레이션율이 높아질수록 상대가격의 이런 변동성은 더 커지게 된다. 따라서 가격은 가끔씩만 변화하기 때문에 인플레이션으로 인해 상대가격은 인플레이션이 없었다면 발생했을 것보다 더 많이 변동하게 된다.

이것이 중요한 이유는 무엇인가? 그 이유는 시장경제가 희소한 자원을 배분하기 위해 상대가격에 의존하기 때문이다. 소비자들은 다양한 재화 및 용역의 품질과 가격을 비교하여 무엇을 구매할지 결정한다. 이런 결정을 통해서 소비자들은 희소한 생산요소들이 산업과 기업 사이에 어떻게 배분되도록 할지 결정하게 된다. 인플레이션으로 상대가격이 왜곡될 경우, 소비자 결정이 왜곡되어 시장은 자원을 최상의 용도로 배분하는 능력이 떨어지게 된다.

22-2e 인플레이션으로 인한 조세 왜곡

대부분의 조세는 유인을 왜곡하고, 사람들이 자신들의 행태를 변화시키도록 하며, 경제의 자원을 덜 효율적으로 배분되도록 한다. 인플레이션이 있는 경우 많은 조세들은 훨씬 더 문제가 된다. 그 이유는 입법자들이 세법을 마련할 때 인플레이션을 고려하지 못하기 때문이다. 세법을 연구하는 경제학자들은 인플레이션으로 인해 저축으로 얻은 소득에 대한 조세부담이 가중되는 경향이 있다고 결론을 내린다.

인플레이션이 저축을 억제하는지에 관한 한 가지 예로, 구매가격보다 더 높게 자산을 매도하여 얻은 이익, 즉 **자본이득**에 관한 조세처리를 들 수 있다. 1975년에 저축 중 일부를 사용하여 IBM 주식 한 주를 10달러에 매수하여 2020년에 이를 110달러에 매도했다고 가상하자. 세법에 따르면 100달러에 상당하는 자본이득을 얻은 것이며, 얼마나 많은 소득세를 납부해야 하는지 계산할 때 이 금액을 소득에 포함시켜야 한다. 하지만 1975년부터 2020년까지 전반적인 물가수준이 5배 증가했으므로, 1975년에 투자한 10달러는 (구매력 측면에서 보면) 2020년에 50달러가 된다. 따라서 110달러에 주식을 매도했을 때 단지 60달러(110달러−50달러) 상당의 실질이득(구매력 증대)을 얻었을 뿐이다. 하지만 세법은 인플레이션을 무시하고 100달러 상당의 이득에 대해 과세한다. 이런 방식으로 인플레이션은 자본이득의 규모를 과장하여, 별생각 없이 이런 유형의 소

표 1

인플레이션은 저축에 대한 조세부담을 어떻게 증가시키는가

0의 인플레이션하에서 이자소득에 대해 25%의 조세가 부과되는 경우, 실질이자율은 4%에서 3%로 감소한다. 8%의 인플레이션하에서 동일한 세율, 즉 25%의 조세가 부과되는 경우, 실질이자율은 4%에서 1%로 감소한다.

	경제 A (0의 인플레이션)	경제 B (높은 인플레이션)
실질이자율	4%	4%
인플레이션율	0	8
명목이자율 (실질이자율+인플레이션율)	4	12
25% 조세부과로 감소된 이자 (0.25×명목이자율)	1	3
조세부과 후 명목이자율 (0.75×명목이자율)	3	9
조세부과 후 실질이자율 (조세부과 후 명목이자율−인플레이션율)	3	1

득에 대한 조세부담을 증가시킨다.

또 다른 예로 이자소득에 대한 조세처리를 들 수 있다. 명목이자율의 일부는 인플레이션에 대한 보상일 뿐이지만, 소득세는 전부 받은 **명목**이자를 소득으로 처리한다. 이 효과를 알아보기 위해 표 1에 제시된 숫자적인 예를 생각해보자. 이 표는 두 개 경제를 비교하는데, 이들 두 경제는 모두 이자소득에 25%의 세율로 과세한다. 경제 A에서 인플레이션은 0%이며 명목이자율과 실질이자율은 둘 다 4%이다. 이 경우 이자소득에 대해 25% 과세하면 실질이자율은 4%에서 3%로 인하된다. 경제 B에서 실질이자율은 다시 4%이지만 인플레이션율은 8%이다. 피셔효과로 인해 명목이자율은 12%가 된다. 소득세는 이 전체 12%의 이자를 소득으로 처리하기 때문에, 이에 대해 25% 과세하면 조세부과 후 명목이자율은 9%에 불과하고, 8%의 인플레이션에 대해 수정을 하고 나면 조세부과 후 실질이자율은 1%에 불과하다. 이 경우 이자소득에 대해 25% 과세하면 실질이자율은 4%에서 1%로 인하된다. 조세부과 후 실질이자율이 저축하도록 하는 유인을 제공하므로, 저축은 물가가 안정적인 경제(경제 A)에서보다 인플레이션이 높은 경제(경제 B)에서 훨씬 덜 사람의 마음을 끈다.

명목 자본이득과 명목 이자소득에 대한 과세는 세법이 인플레이션과 어떻게 상호작용하는지를 보여주는 두 가지 예이다. 많은 다른 예들도 있다. 이런 인플레이션으로 인한 조세 변화 때문에, 인플레이션이 높아질수록 사람들이 저축하는 것을 억제하는 경향이 있다. 경제의 저축은 투자를 하기 위한 재원을 제공하며, 이는 다시 장기 경제 성장에 중요하다. 인플레이션으로 인해 저축에 대한 조세부담이 증가할 경우, 이는 경제의 장기 성장률을 떨어뜨리는 경향이 있다. 하지만 이런 효과의 크기에 관해 경제학자들 사이에 일치된 의견은 없다.

인플레이션을 제거하는 것 외에 이런 문제를 해결할 수 있는 한 가지 방법은 조세제도를 인플레이션에 연동시키는 것이다. 즉, 인플레이션 효과를 고려할 수 있도록 세법을 수정할 수도 있다. 예를 들어 자본이득의 경우에, 세법은 물가지수를 사용하여 매수가격을 조정해서 실질이득에 대해서만 과세할 수도 있다. 이자소득의 경우, 인플레이션을 단순히 보상해주는 이자소득 부분은 배제함으로써 실질 이자소득에만 과세할 수 있다. 미국에서 어느 정도 세법이 물가지수와 연동화되는 방향으로 변화되어 왔다. 예를 들어 소득세율이 변경되는 소득수준은 소비자 물가지수의 변화에 기초하여 매년 자동적으로 조정되고 있다. 하지만 예를 들면 자본이득과 이자소득의 조세처리처럼, 세법의 다른 많은 측면은 물가지수와 연동화되어 있지 않다.

이상적인 세계에서는 세법이 인플레이션으로 인해 어떠한 사람의 실질 조세부담도 변화시키지 않도록 작성되어야 한다. 하지만 실제 세계에서는 세법이 결코 완벽하지 못하다. 보다 완벽한 물가지수 연동화가 어쩌면 바람직할지 모르지만, 그로 인해 많은 사람들이 이미 번거롭게 생각하는 세법이 더욱 복잡해질지 모른다.

22-2f 혼돈과 불편

우리가 여론조사를 하면서 다음과 같은 질문을 한다고 가상해보자. '올해에는 1야드가 36인치입니다. 내년에는 얼마나 길어야 한다고 생각하십니까?' 사람들이 진지하게 생각한다면, 그들은 1야드가 계속해서 동일한 길이인 36인치여야 한다고 말할 것이다. 그 밖의 어떤 것도 단지 불필요하게 생활을 복잡하게 만들 뿐이다.

이것이 인플레이션에서 무슨 상관이 있는가? 경제의 계산 단위로서 화폐는 가격을 매기고 채무를 기록하기 위해 사용하는 것이다. 화폐는 경제 거래를 측정하는 척도이다. 연방준비제도는 일반적으로 사용되는 측정 단위의 신뢰성을 확보하는 것이 의무인 표준업무를 담당하는 정부기관과 약간 유사하다. 연방준비제도로 인해 인플레이션이 발생하게 되면, 계산 단위의 실질가치는 하락한다.

인플레이션에서 비롯된 혼란과 불편함에 따른 비용을 판단하기란 어렵다. 앞에서 살펴본 것처럼, 세법은 인플레이션이 존재하는 경우 실질소득을 정확하게 측정하지 못한다. 이와 유사하게 회계사들은 물가가 시간이 흐름에 따라 상승할 경우 기업들의 수입을 측정하는 데 어려움을 겪는다. 인플레이션으로 인해 상이한 시기의 화폐는 상이한 실질가치를 갖게 되므로, 기업의 수입에서 비용을 감한 차액인 이윤을 계산하는 것은 인플레이션이 급속히 진행되는 경제에서 더욱 복잡해진다. 따라서 어느 정도까지는 인플레이션으로 인해 성공적인 기업과 실패한 기업을 구분하기가 더욱 어려워지며, 이로 인해 경제의 자본을 최상의 용도로 배분하려는 금융시스템을 방해하게 된다.

22-2g 기대하지 못한 인플레이션에 수반되는 특별한 비용: 부의 임의적 재분배

지금까지 논의한 인플레이션에 수반되는 비용은 물가수준의 변화가 안정적이고 예측할 수 있더라도 발생한다. 하지만 인플레이션이 갑자기 발생할 때는 또 다른 비용이 수반된다. 기대하지 못한 인플레이션이 발생하는 경우 공헌한 정도나 필요와 전혀 상관없는 방법으로 부가 재분배된다. 경제의 많은 대출이 화폐의 계산 단위 측면에서 명시되기 때문에 이런 재분배가 발생한다.

다음과 같은 예를 생각해보자. 대학생 주혜가 대학에 다니기 위해 어떤 은행으로부터 7%의 이자율로 50,000달러의 대출을 받았다고 가상하자. 10년 후에 대출이 만기가 도래한다. 그녀의 채무는 7%의 이자율로 10년 동안 복리로 늘어나서, 은행에 100,000달러의 빚을 지게 된다. 하지만 이 채무의 실질가치는 10년 동안의 인플레이션에 달려 있다. 주혜가 운이 좋다면, 경제는 초인플레이션을 겪게 될 것이다. 이 경우 임금과 물가가 매우 높게 상승하여 주혜는 자신의 주머니에서 나가는 작은 금액으로도 100,000달러 상당의 채무를 상환할 수 있게 될 것이다.(하지만 초인플레이션은 다른 방법으로 주혜에게 피해를 줄 수 있다) 반면에 경제가 대규모 디플레이션을 겪게 된다면, 임금과 물가는 하락하게 되어 100,000달러 상당의 채무는 예상했던 것보다 더 큰 부담으로 바뀔 수 있다.

위의 예에 따르면, 물가의 기대하지 않은 변화로 인해서 부가 채무자와 채권자 사이에 재분배된다. 인플레이션이 높아질 경우 채무의 실질가치가 감소하기 때문에 은행의 희생하에 주혜가 부유하게 된다. 주혜는 기대했던 것보다 가치가 낮아진 화폐, 즉 달러화로 대출을 상환할 수 있다. 디플레이션의 경우, 채무의 실질가치가 높아지기 때문에 주혜의 희생하에 은행이 부유하게 된다. 이 경우 주혜는 기대했던 것보다 가치가 높아진 화폐, 즉 달러화로 대출을 상환해야 한다. 인플레이션을 예측할 수 있다면, 은행과 주혜는 대출에 대한 명목이자율을 설정할 때 인플레이션을 고려할 수 있을 것이다.(피셔효과를 기억하시오) 하지만 인플레이션을 예측하는 것이 어렵다면, 은행과 주혜는 둘 다 피해야 하는 위험을 안게 된다.

기대하지 못한 인플레이션에 따른 이런 비용을 생각할 때 다음과 같은 또 다른 추세를 고려하는 것이 중요하다. 즉 평균 인플레이션율이 높은 경우, 인플레이션은 특히 변동성이 크고 불확실하다. 이것은 서로 다른 국가들 사이에서 비교할 때 명백해진다. 예를 들면 20세기 후반 독일처럼 평균 인플레이션이 낮은 국가들은 안정적인 인플레이션을 겪는 경향이 있다. 라틴 아메리카의 많은 국가들처럼 평균 인플레이션이 높은 국가들은 불안정한 인플레이션을 겪는 경향이 있다. 높으면서 안정적인 인플레이션을 겪는 경제라고 알려진 예는 존재하지 않는다. 인플레이션의 수준과 변동성 사이에 존재하는 이런 관계는 인플레이션에 수반되는 또 다른 비용을 시사한다. 일국이 높은 인플레이션으로 이어지는 통화정책을 시행할 경우, 해당 국가는 높은 기대 인플레이션에 따른 비용뿐만 아니라 기대하지 못한 인플레이션과 연관된 부의 임의적 재분배도 감내해야 할 것이다.

22-2h 인플레이션이 나쁘지만, 디플레이션은 더 나쁠 수 있다

최근의 미국 역사에서 인플레이션이 하나의 표준이 되었다. 하지만 19세기 말과 1930년대 초처럼 이따금 물가수준이 하락하기도 했다. 1998년부터 2012년까지 일본은 전반적인 물가수준에서 4%의 하락을 겪었다. 따라서 인플레이션에 수반되는 비용에 관한 논의를 마무리하면서, 디플레이션에 수반되는 비용도 살펴볼 가치가 있다.

일부 경제학자들에 따르면 소규모이면서 예측할 수 있는 수준의 디플레이션은 바람직할 수 있다고 한다. 밀턴 프리드먼은 디플레이션으로 인해 (피셔효과를 통해) 명목이자율을 낮출 수 있고 명목이자율이 낮아지면 화폐 보유 비용이 감소할 수 있다는 사실을 지적했다. 그는 또한 화폐 보유에 따른 구두창 비용은 거의 영에 근접한 명목이자율에 의해 최소화되며, 이는 다시 디플레이션이 실질이자율과 같아지게 된다고 주장했다. 적당하게 완만한 디플레이션을 제안하는 이런 규범을 **프리드먼 규칙**이라고 한다.

하지만 디플레이션에 수반되는 비용 역시 발생한다. 이런 비용들 중 일부는 인플레이션에 수반되는 비용을 그대로 반영한다. 예를 들어 물가수준 상승으로 메뉴비용과 상대가격 변동성이 발생했던 것처럼, 물가수준이 하락하는 경우에도 그렇게 된다. 나아가 디플레이션은 실제로 밀턴 프리드먼이 말한 것과 같이 좀처럼 안정적이지 않고 예측 가능하지도 않다. 디플레이션은 보다 자주 갑자기 발생하며, 이로 인해 부가 채권자에게 이롭고 채무자에게 불리하게 재분배된다. 채무자들이 더 빈곤해지는 경향이 있기 때문에, 이런 부의 재분배는 특히 고통스럽다.

아마도 가장 중요한 점은 디플레이션이 종종 보다 광범위한 거시경제적 어려움에서 비롯된다는 것이다. 앞으로의 장들에서 살펴볼 것처럼, 통화 긴축 같은 사건들로 인해 재화 및 용역에 대한 전반적인 수요가 감소할 때 가격 하락이 발생한다. 이렇게 총수요가 감소할 경우 소득이 감소하고 실업이 증가한다. 다시 말하면 디플레이션은 종종 보다 심각한 경제문제의 징후로 발생한다.

사례 연구

『오즈의 마법사』와 은화 자유주조 논쟁

1900년에 쓰인 어린이 동화책에 기반한 〈오즈의 마법사〉란 영화는 몇 년 동안 텔레비전과 비디오의 주요 상영물이 되었다. 영화와 동화책은 집에서 멀리 떨어진 곳에서 길을 잃어버린 어린 소녀 도로시에 관한 친숙한 이야기를 말해준다. 하지만 이 이야기가 심각한 디플레이션이 발생했던 기간인 19세기 말 미국 통화정책에 대한 풍자물이라고 일부 학자들이 믿고 있다는 사실을 여러분은 모를 수도 있다.

1880년부터 1896년 사이에 미국 경제의 물가수준은 23%만큼 하락했다. 이 사건은 기대하지 못한 것이었기 때문에 급격한 부의 재분배로 이어졌다. 미국 서부에 거주하는 대부분의 농부들이 채무자였으며, 이들의 채권자는 동부에 있는 은행들이었다. 물가수준이 하락했을 때 이 채무들의 실질가치는 상승했으며, 농부들의 희생하에 은행가들이 부유하게 되었다.

그 당시 미국의 인민당 정치인들에 따르면, 농부들이 갖고 있는 문제에 대한 해법은 은화 자유주조였다. 그 당시 미국은 금본위제를 채택하여 운영하고 있어서, 금의 수량에 따라 통화 공급과 물가수준이 결정되었다. 은화 자유주조를 옹호하는 사람들은 금 이외에 은이 화폐로 사용되기를 원했다. 이렇게 되면 통화 공급이 급격히 증가하고 물가수준이 상승하여 농부들의 채무부담이 감소하게 된다.

은화 자유주조에 관한 논쟁은 격렬해졌고 1890년대 정치의 핵심 사안이 되었다. 그 당시 인민당의 선거 슬로건은 다음과 같았다. "우리는 저당 잡힌 인생입니다. 우리가 행사하는 투표를 빼고 모든 것이 저당 잡혀 있습니다." 은화 자유주조를 옹호했던 유명 인사로는 1896년 미국 대선 후보 민주당 지명자였던 윌리엄 제닝스 브라이언을 들 수 있다. 그는 부분적으로 민주당 대선 후보 지명대회에서 했던 인상적인 연설 때문에 기억되고 있는데, 다음과 같이 연설했다. "가시 면류관을 노동자 계급의 머리에 씌우지 맙시다. 인류를 황금의 십자가에 못박지 맙시다." 그 이후로 여타 통화정책 방식에 관해 이렇게 시적으로 표현한 정치가는 거의 없었다. 그럼에도 불구하고 윌리엄 제닝스 브라이언은 공화당 후보 윌리엄 맥킨리에게 선거에서 졌으며, 미국은 계속 금본위제로 남게 되었다.

『오즈의 마법사』란 책을 쓴 저자인 프랭크 바움(L. Frank Baum)은 미국 중서부 지역의 언론인이었다. 그는 표면적으로는 어린이들을 위한 이야기를 썼지만, 이야기 속 등장인물들이 그 당시 주요한 정치적 싸움을 하고 있는 주인공 역할을 맡도록 의도했다. 경제사학자 휴 록오프(Hugh Rockoff)가 1990년에 「Journal of Political Economy」에 발표한 논문에서 이 이야기를 어떻게 해석했는지는 다음과 같다.

AF ARCHIVE/ALAMY STOCK PHOTO

일찌감치 이루어졌던 통화정책에 대한 논쟁 (영화 〈오즈의 마법사〉의 한 장면)

도로시:	전통적인 미국의 가치
토토:	금주주의자라고도 불리는 미국의 금주당(1869년 설립)
허수아비:	미국의 농부
양철 나무꾼:	미국의 산업 노동자
겁쟁이 사자:	윌리엄 제닝스 브라이언
먼치킨:	미국 동부의 주민(먼치킨 나라의 주민, 조금 키가 작고 파란 색으로 된 것들만 착용)

동부의 사악한 마녀: 미국 대통령 그로버 클리블랜드(재임기간: 1885~1889년, 1893~1897년)
서부의 사악한 마녀: 윌리엄 맥킨리
마법사: 미국 공화당 의장 마커스 알론조 하나
오즈: ounce of gold의 약자(ounce는 금의 무게를 재는 단위)
노란색 벽돌이 깔려 있는 길: 금본위제

프랭크 바움의 이야기 끝부분에서 도로시는 집으로 돌아가는 길을 찾았지만, 그저 노란색 벽돌이 깔려 있는 길을 따라 가기만 하면 되는 것은 아니었다. 길고 위험한 여정을 거치고 난 후, 그녀는 마법사가 도울 수 없다는 사실을 깨닫게 되었다. 대신에 도로시는 신고 있던 은 구두의 마술적 힘을 알게 된다.(이 책이 1939년에 영화로 만들어졌을 때 도로시의 구두는 은에서 루비로 바뀌었다. 할리우드의 영화 제작자들은 19세기 통화정책에 관한 이야기를 말하는 것보다 컬러영화 제작기법인 테크니컬러의 새로운 기술을 과시하는 데 더 관심이 있었다)

미국의 인민당은 은화 자유주조를 달성하지는 못했지만, 결국에는 원했던 통화 확장과 인플레이션을 이룰 수 있었다. 1898년에 탐광업자들은 캐나다 유콘의 클론다이크강 근처에서 금을 발견했고, 남아프리카에서도 금광이 발견되어 금의 공급이 증가되었다. 따라서 미국과 금본위제를 운영하는 여타 국가들에서 통화 공급과 물가수준이 상승하기 시작했다. 15년 내에 미국의 물가는 1880년대에 유지되었던 수준으로 회복되었으며, 미국 농부들은 자신들의 채무를 더 잘 처리할 수 있게 되었다. ●

Quiz

6. 지속적인 인플레이션이 발생하더라도 대부분 사람들의 소득이 자동적으로 감소하지는 않는데, 그 이유는 ______________.
   a. 세법이 인플레이션과 완전히 연동되어 있기 때문이다.
   b. 사람들이 화폐를 덜 보유함으로써 인플레이션에 대응하기 때문이다.
   c. 임금 인플레이션이 가격 인플레이션과 함께 이루어지기 때문이다.
   d. 인플레이션이 높아질수록 실질이자율이 낮아지기 때문이다.

7. 어떤 경제가 연간 10%의 인플레이션을 언제나 겪게 될 경우, 해당 경제는 인플레이션에 수반되는 다음 비용 중 어느 것을 경험하지 않는가?
   a. 화폐 보유액 감소에 따른 구두창 비용
   b. 보다 빈번한 가격조정에 따른 메뉴비용
   c. 명목 자본이득에 부과되는 조세로 인한 왜곡
   d. 채무자와 채권자 사이에 이루어지는 부의 임의적인 재분배

8. 대부분의 대출은 __________ 조건으로 이루어지기 때문에, 기대하지 못한 인플레이션이 증가할 경우 __________에게 손해가 된다.
   a. 실질; 채권자
   b. 실질; 채무자
   c. 명목; 채권자
   d. 명목; 채무자

해답은 이 장의 끝부분에 있다.

초인플레이션이 진행되는 동안의 삶

인플레이션이 극심해질 경우, 인플레이션에 수반되는 비용이 극명하게 드러난다.

52,000%의 인플레이션은 일상에 어떤 영향을 미칠 수 있는가

브룩 라머(Brook Larmer)

나는 고무줄로 묶은 코르도바(니카라과 화폐) 현금 다발들을 채워 넣은 배낭을 짊어지고 마나과(니카라과 수도)의 빈 식당으로 걸어 들어갔다. 기대한 바대로 종업원은 나에게 현금 다발 모두를 건네라고 했다. 이것은 불법거래인 것처럼 보일 수 있었다. 하지만 이곳은 미국에서 훈련받은 콘트라 반군과의 전쟁이 종식되었던 1990년의 니카라과였으며, 나는 내 돈의 가치가 상실되기 전에 식사를 하려고 했을 뿐이다. 10년 동안의 게릴라 전쟁과 적자 지출로 인해 초인플레이션과 물자부족이란 소용돌이가 휘몰아쳤다. 메뉴판에 있는 두 개 식사만 주문이 가능했으며, 가격이 몇 주 만에 두 배가 되었다. 인플레이션이 연간 13,000%가 넘게 치솟자, 이제 음식점들은 종업원들이 돈을 세서 계산을 하는 데 필요한 시간을 충분히 확보하기 위해 선불을 요구했다. 내가 식사로 쌀과 콩을 먹고 있을 때 다른 식탁에서 두 명의 종업원이 지폐를 세고 있었다. 식삿값이 10달러도 되지 않았으나, 수백만 코르도바가 되었으며 종업원들이 지폐를 세는 작업을 마치기도 전에 나는 식사를 끝냈다.

초인플레이션은 변덕스럽게 발생하는 현상이다. 즉, 정부가 자신이 보유하지도 않은 돈을 지속적으로 지출하고(아니면 발행하고) 대중들이 그 과정에 대해 신뢰를 하지 않게 될 때 발생하는 파괴적인 현상이다. 곧 가치가 없어질 현금으로 가득 찬 배낭처럼 현실로 나타날 왜곡 상황은 어리석은 것처럼 보이고, 심지어 우스꽝스러운 것처럼 보인다. 하지만 초인플레이션이 국민들의 삶과 국가에 끼칠 수 있는 피해는 전혀 재미있지 않다. 존스 홉킨스 대학교 응용 경제학과 교수이자 초인플레이션 연구에 관한 저명한 전문가인 스티브 핸크(Steve Hanke)는 다음과 같이 말했다.(그는 또한 초인플레이션을 월간 50%의 인플레이션이 최소한 30일 동안 지속되는 상황이라고 정의했다) "여러분이 정부가 발행하는 화폐를 신뢰할 수 없다면 어떠한 것도 신뢰할 수 없다." 스티브 핸크 교수는 독일 바이마르 공화국부터 내가 니카라과에서 직접 경험한 상황까지 58개 사례의 초인플레이션을 연구했으며, 그가 연구한 초인플레이션은 사람들이 자신들의 삶이 달려 있는 기반 즉 화폐의 가치에 대한 신뢰를 상실하게 만드는 지진이었다.

불명예스러운 목록에 새롭게 추가되었고 미국 정부에 경각심을 불러일으킨 사례는 베네수엘라에서 발생한 위기 상황이었다. 세계에서 가장 풍부한 유전을 보유하고 있음에도 불구하고, 베네수엘라는 나아갈 방향을 잘못 관리하여 경제 재앙으로 이어졌다. 초인플레이션과 이와 동반해서 발생한 만성적인 식량 및 의약품 부족으로 인해 이 나라의 3,100만 국민 중 거의 모든 사람들이 빈곤에 빠졌다. 최근의 조사에 따르면 10명의 베네수엘라인들 중에서 9명이 충분한 식량을 구입할 만한 수입을 갖지 못했다고 한다. 전반적으로 베네수엘라인들은 평균 24파운드의 체중이 줄었다. 말라리아가 증가하고 범죄도 증가하고 있다. 베네수엘라를 빠져나갈 수 있는 사람들은 다 그렇게 하고 있다. 베네수엘라 의사의 절반 이상을 포함하여 230만 명 이상이 이 나라를 떠났다.

상황은 여전히 통제 불능 상태이다. 베네수엘라 경제는 2013년과 2017년 사이에 35%나 축소되었으며, 경제학자들은 2018년에 추가적으로 18% 위축될 것이라고 예측한다. 보수 유지 및 신규투자 부족으로 인해 어려워진 석유생산은 7월에 거의 70년 만에 최저치로 떨어졌다. 스티브 핸크 교수에 따르면 지난 12개월 동안의 인플레이션율이 52,000%에 이르렀다고 한다. 혼란으로 인해 전 지역에 위험이 번지고 있다. 존스 홉킨스 대학교의 고등 국제대학원(SAIS) 라틴 아메리카 연구 책임자인 브라질 출신 경제학자 모니카 데 볼레(Monica de Bolle)는 다음과 같이 말했다. "베네수엘라는 수십 년 만에 아메리카 대륙에서 가장 심각한 경제적, 인도주의적, 정치적 위기를 불러일으켰다. 우리는 많은 위기를 겪어 왔다. 이 지역에서 이와 같은 위기는 한 번도 없었다."

거의 1세기 전에 블라디미르 레닌은 초인플레이션이 "자본주의의 근본 정신을 절멸시키는 가장 간단한 방법"이라고 말한 것으로 「뉴욕타임스」에 인용되었다. 만일 어떤 국가가 실질가치가 있는 어떤 것이라도 연

22-3 결론

이 장에서는 인플레이션이 발생하는 원인과 그에 수반되는 비용에 대해 논의했다. 대폭적이거나 지속적인 인플레이션이 발생하는 주요 원인은 통화량의 증가이다. 중앙은

계되지 않는 높은 액면가 지폐로 넘쳐나게 되어, "돈으로 아무것도 사지 못하게 될 것이라는 사실을 깨닫게 되면 사람들은 더 이상 돈을 쌓아두지 않을 것이며, 자본주의 국가가 기반을 두고 있는 돈의 가치와 위력에 대한 커다란 환상이 확실하게 파괴될 것이다"라고 레닌은 추론했다.

레닌의 이런 사악한 생각은 제1차 세계대전 직후 신경이 예민하게 곤두선 시기에 거의 예언적인 것처럼 보였다. 독일 바이마르 공화국은 차입한 자금으로 패전한 전쟁의 전비를 상환하는 도박을 무모하게 감행했다. 빚에 파묻히고 1921년에 승리한 동맹국들에게 배상금을 지불하도록 강요받은 독일은, 지폐를 발행하여 가장 악명 높은 초인플레이션을 촉발하게 되었다. 1923년 후반에는 물가가 대략 3일 반마다 두 배가 되었으며, 한때 1달러의 가치는 6조 7,000억 독일 마르크에 달했다. 제2차 세계대전 종전 후 훨씬 더 심각한 초인플레이션이 발생했으며, 그때 헝가리는 전후 회복의 재원을 조달하기 위해 더욱 높은 액면가의 지폐를 계속 발행했다. 기록상 가장 빠른 초인플레이션이 발생했다. 1946년 7월 정점에 도달했을 때, 물가는 15시간마다 두 배가 되었다.

전쟁이 종종 초인플레이션에서 촉매적 역할을 하기는 하지만 이것만이 작동하는 경우는 거의 없다. 1990년대 초 이런 현상이 전쟁과 소련의 붕괴에 직면하고 있던 동유럽의 국가들(유고슬로비아, 보스니아, 헤르체코비나, 아르메니아)에게 엄습해왔다. 10년 후 짐바브웨에서는 농업 생산량이 오랫동안 하락했음에도 불구하고 로버트 무가베 정권은 관료조직에게 급료를 지급하고 자신들의 주머니를 채우기 위해 화폐를 발행했다. 무가베 대통령이 2007년 인플레이션이 불법이라고 했을 때, 사람들은 자신들의 현금에 대한 신뢰를 상실했다. 1년 여에 인플레이션이 796억% 치솟았으며, 이렇게 물가가 높아지자 짐바브웨 정부가 발행한 100조 달러짜리조차도 발행된 후 곧 쓸모없는 기념품이 되었다.

일부 사람들이 생각하는 것처럼, 초인플레이션은 단순히 상황이 나빠진 인플레이션이 아니다. 그것은 경제학만큼이나 정치학, 심리학에 의해 주도되는 전혀 다른 짐승과 같은 것이다. 정부가 자신의 재정능력을 훨씬 뛰어넘어서 계속 지출을 하는(아니면 화폐를 발행하는) 것은 전비를 조달하거나 선거에서 승리하거나 국민들을 달래 인기를 얻으려는 여부에 관계없이 정치적인 결정이다. 이런 절제되지 않은 통화관리가 견제를 받지 않게 되면 식량부족, 물가상승, 통화의 평가절하라는 악순환으로 이어진다. 가장 큰 타격을 받는 계층은 (자신들의 부를 부동산, 주식, 상품에 투자하는) 부자들이 아니라 중산층이며, 이들 계층은 초인플레이션으로 인해 그 가치가 급격히 하락하는 현지 통화로 지급된 급여, 저축, 연금에 의존한다.

베네수엘라가 혼돈에 빠진 것은 분쟁이나 자연재해 때문이 아니다. 사우디아라비아도 능가하는 확인 매장량 3,000억 배럴을 보유한 베네수엘라는 부유하게 살아야만 한다. 하지만 외국 기업들에 의해 주도되었던 이 국가의 초창기 석유 경기 활황으로는 산발적인 발전만 이루어졌을 뿐이다. 우고 차베스가 1998년 대통령에 당선되었을 때, 그는 국민에게 권력과 부를 주겠다고 맹세했다. 석유가격의 지속적인 상승에 힘입어 그는 석유기업을 국유화하고 석유 수입을 복지 프로그램 및 식량 수입에 쏟아부었다. 빈곤과 실업률이 절반으로 감소했다. 2008년 석유가격이 폭락했을 때 우고 차베스는 아무런 변화가 없는 것처럼 지출을 그대로 유지했다. 심지어 2013년 그가 사망한 이래로, 후계자 니콜라스 마두로는 우고 차베스가 시행했던 정책을 두 배로 강화했으며 심지어 반대파를 폭력적으로 억압하기조차 했다.

니콜라스 마두로가 권좌에 있는 한 새로운 시대가 시작될 것 같지는 않다. 그는 지출 삭감과 볼리바르(베네수엘라의 통화)를 견고한 외국 화폐와 연계시키는 정책처럼 경제적 균형을 회복할 수 있는 조치를 취하는 데 전혀 관심을 보이지 않고 있다. 미국 정부는 정권 교체에 관해 공공연하게 말하고 있지는 않다. 하지만 니콜라스 마두로에 대한 가장 큰 위협은 미국 법원에서 진행되고 있는 Citgo 석유회사(베네수엘라가 대부분 소유)에 대한 일련의 민사소송들이다. 베네수엘라가 소유한 기업은 이 정권이 외화를 얻을 수 있는 가장 큰 창출원이며 채권자들이 추적할 수 있는 유일한 자산이다. 이 소송들을 통해 차베스 정권이 단행한 국유화로 인해 손해를 보았다는 주장이 받아들여질 경우 니콜라스 마두로의 주요 생명선이 끊어질 수도 있다. 모니카 데 볼레는 다음과 같이 말했다. "자금이 사라지면, 지지도 사라지고 정권은 무너지게 된다." 베네수엘라인들이 수중에 있는 화폐를 신뢰할 수 없는 악몽에서 벗어날 수 있을 것처럼 보인다. ■

논의 사항

1. 이 기사는 베네수엘라의 초인플레이션이 경제 위축과 함께 발생했다고 말한다. 생산량 감소는 초인플레이션에 어떻게 기여하는가? 초인플레이션은 생산량 감소에 어떻게 기여하는가?
2. 정치인들이 초인플레이션으로 이어지는 정책을 시행하는 이유가 무엇이라고 생각하는가?

출처: *New York Times*, November 4, 2018.

행이 대규모로 통화를 창출할 경우, 화폐가치는 급속하게 하락한다. 안정적인 물가수준을 유지하기 위해 중앙은행은 통화 공급의 증가를 제한해야만 한다.

인플레이션에 수반되는 비용은 포착하기가 더 어렵다. 이런 비용에는 구두창 비용,

메뉴비용, 상대가격의 변동성 증가, 조세부담의 의도하지 않은 변화, 혼돈과 불편, 부의 임의적 재분배가 포함된다. 이들 비용은 전체로 볼 때 규모가 큰가 아니면 작은가? 모든 경제학자들은 이들 비용이 초인플레이션 기간 동안에 매우 크다는 데 동의한다. 하지만 물가가 연간 10% 미만으로 증가하는 완만한 인플레이션 기간 동안에 이들 비용의 규모는 논의의 여지가 있다.

이 장에서 인플레이션에 관한 가장 중요한 교훈들 중 많은 것을 살펴보았지만, 분석이 완벽하지는 않았다. 중앙은행이 통화 증가율을 낮출 경우, 화폐수량 이론이 시사하는 것처럼 물가는 덜 빠르게 상승하게 된다. 하지만 경제가 더 낮은 인플레이션율로 전환되어 감에 따라, 통화정책의 이런 변화는 어쩌면 생산과 고용을 저해할지 모른다. 즉, 통화정책이 장기적으로 중립적이긴 하지만 단기적으로는 실질변수에 충분한 영향을 미치게 된다. 이 책 뒷부분에서 인플레이션의 원인과 본질에 대한 이해를 높이기 위해 단기적인 화폐 비중립성이 발생하는 이유를 살펴볼 것이다.

요약

- 경제의 전반적인 물가수준은 통화 공급과 통화 수요가 균형을 이루도록 조정된다. 중앙은행이 통화 공급을 증가시킬 경우 물가수준이 상승하게 된다. 통화량이 지속적으로 증가할 경우 지속적인 인플레이션으로 이어진다.
- 화폐의 중립성 원리에 따르면 통화량의 변화는 명목변수에 영향을 미치지만 실질변수에는 영향을 미치지 않는다. 대부분의 경제학자들은 화폐의 중립성이 대략적으로 경제의 장기적인 행태를 설명한다고 믿고 있다.
- 정부는 간단히 화폐를 발행하여 정부 지출의 일부에 충당할 수 있다. 국가가 이런 '인플레이션 조세'에 과중하게 의존할 경우, 결과적으로 초인플레이션이 발생하게 된다.
- 화폐의 중립성 원리가 적용된 한 예로 피셔효과를 들 수 있다. 즉, 기대 인플레이션율이 증가할 때 명목이자율도 동일한 규모만큼 증가해서 실질이자율은 동일하게 유지된다.
- 많은 사람들은 자신들이 구입하는 것의 비용을 상승시키기 때문에 인플레이션으로 인해 더 가난해진다고 생각한다. 인플레이션으로 인해 명목소득도 증가하기 때문에 이런 생각은 오류이다.
- 경제학자들은 인플레이션에 수반되는 여섯 가지 비용으로, 화폐 보유액을 줄임으로 인한 구두창 비용, 가격의 보다 빈번한 조정과 관련된 메뉴비용, 상대가격의 증대된 변동성, 세법의 물가에 대한 비연동화로 인해 발생하는 조세부담의 의도하지 않은 변화, 계산 단위의 변화로 인한 혼돈과 불편, 채무자와 채권자 사이에 발생하는 부의 임의적 재분배를 든다. 이런 비용 중 대부분이 초인플레이션이 진행되는 동안에는 규모가 커서 명백해지지만, 완만한 인플레이션이 진행되는 동안에는 규모가 작아서 덜 명백하게 드러난다.

주요 개념

화폐수량 이론 569
명목변수 570
실질변수 570
고전파의 이분법 571
화폐의 중립성 571
화폐의 유통속도 572
수량 방정식 573
인플레이션 조세 576
피셔효과 578
구두창 비용 581
메뉴비용 582

복습용 질문

1. 물가수준의 상승이 화폐의 실질가치에 어떤 영향을 미치는지 설명하시오.

2. 화폐수량 이론에 따르면, 통화량의 증가가 미치는 영향은 무엇인가?

3. 명목변수와 실질변수의 차이를 설명하고, 각 변수의 두 가지 예를 제시하시오. 화폐의 중립성 원리에 따르면, 통화량의 변화에 의해 어떤 변수가 영향을 받는가?

4. 어떤 의미에서 인플레이션은 조세와 같은가? 인플레이션을 조세로 생각할 경우 초인플레이션을 설명하는 데 어떤 도움을 주는가?

5. 피셔효과에 따르면 인플레이션율이 증가할 경우 이는 실질이자율과 명목이자율에 어떤 영향을 미치는가?

6. 인플레이션에 수반되는 비용은 무엇인가? 이들 비용 중 어느 것이 미국 경제에 가장 중요하다고 생각하는가?

7. 인플레이션이 기대한 것보다 낮다면, 채무자와 채권자 중에서 누가 이득을 보는가? 설명하시오.

문제와 응용

1. 올해의 통화 공급이 5,000억 달러, 명목 GDP가 10조 달러, 실질 GDP가 5조 달러라고 가상하자.

a. 물가수준은 얼마인가? 화폐의 유통속도는 얼마인가?

b. 화폐의 유통속도가 일정하고 재화 및 용역의 경제 생산량이 매년 5%만큼 증가한다고 가상하자. 연방준비제도가 통화 공급을 일정하게 유지한다면 내년 명목 GDP와 물가수준은 어떻게 되는가?

c. 연방준비제도가 물가수준을 안정적으로 유지하고자 한다면, 내년에 통화 공급을 어떻게 설정해야 하는가?

d. 연방준비제도가 10%의 인플레이션을 원한다면, 내년에 통화 공급을 어떻게 설정해야 하는가?

2. 은행 규제가 변화하면서 신용카드의 이용도가 확장되었으며, 이로 인해 사람들이 더 적은 현금을 보유하게 되었다고 가상하자.

a. 이것은 통화 수요에 어떤 영향을 미치는가?

b. 연방준비제도가 이런 상황에 대응하지 않는다면, 물가수준은 어떻게 되는가?

c. 연방준비제도가 물가수준을 안정적으로 유지하고자 한다면, 어떻게 해야 하는가?

3. 연방준비제도가 영의 인플레이션을 달성하도록 노력해야 한다고 이따금 사람들은 주장한다. 화폐의 유통속도가 일정하다고 가정할 경우, 이런 영의 인플레이션 목표를 달성하기 위해 통화 증가율은 영과 같아야 하는가? 만일 그렇다면, 그 이유를 설명하시오. 만일 그렇지 않다면, 통화 증가율이 얼마가 되어야 하는지 설명하시오.

4. 일국의 인플레이션율이 급격하게 상승한다고 가정하자. 화폐 보유자에 대한 인플레이션 조세는 어떠한가? 저축예금 계좌로 보유한 부가 인플레이션 조세의 변화에 영향을 받지 않는 이유를 설명하시오. 저축예금 계좌 보유

자가 인플레이션 상승으로 인해 피해를 입게 되는 상황을 생각해볼 수 있는가?

5. 단지 두 사람으로 구성된 경제에서 인플레이션이 미치는 영향을 생각해보자. 두 사람은 콩을 재배하는 농부 동하와 쌀을 경작하는 농부 수진이다. 동하와 수진이 둘 다 언제나 동일한 양의 콩과 쌀을 소비한다. 2022년에 콩 가격은 1달러이고, 쌀 가격은 3달러이다.
   a. 2023년에 콩 가격은 2달러이고 쌀 가격은 6달러이다. 인플레이션은 얼마인가? 이런 가격 변화로 동하는 상황이 나아졌는가, 나빠졌는가 아니면 영향을 받지 않았는가? 수진이는 어떠한가?
   b. 이제는 2023년에 콩 가격이 2달러이고 쌀 가격이 4달러라고 가상하자. 인플레이션은 얼마인가? 이런 가격 변화로 동하는 상황이 나아졌는가, 나빠졌는가 아니면 영향을 받지 않았는가? 수진이는 어떠한가?
   c. 마지막으로 2023년에 콩 가격이 2달러이고 쌀 가격이 1.50달러라고 가상하자. 인플레이션은 얼마인가? 이런 가격 변화로 동하는 상황이 나아졌는가, 나빠졌는가 아니면 영향을 받지 않았는가? 수진이는 어떠한가?
   d. 전반적인 인플레이션 또는 콩과 쌀의 상대가격 중에서 어느 것이 동하와 수진이에게 더 중요한가?

6. 세율이 40%라고 가정하고, 다음의 각 경우에 대해 세전 실질이자율과 세후 실질이자율을 계산하시오.
   a. 명목이자율은 10%이고, 인플레이션율은 5%이다.
   b. 명목이자율은 6%이고, 인플레이션율은 2%이다.
   c. 명목이자율은 4%이고, 인플레이션율은 1%이다.

7. 화폐가 경제에서 세 가지 기능을 수행한다는 사실을 기억하자. 이들 기능은 무엇인가? 인플레이션은 이들 각 기능을 수행하는 화폐의 능력에 어떤 영향을 미치는가?

8. 사람들은 인플레이션이 3%가 될 것이라고 기대했지만, 사실은 물가가 5%만큼 상승했다고 가상하자. 이 기대하지 못한 높은 인플레이션은 다음의 경우에 어떻게 도움이 되는가 아니면 어떻게 손해를 미치는가?
   a. 정부
   b. 고정이자율의 주택담보 대출을 갖고 있는 주택 소유자
   c. 노동계약 2년차에 있는 노동조합 가입 노동자
   d. 기부금의 일부를 국채에 투자한 대학

9. 다음 진술이 참인지, 거짓인지 아니면 확신하지 못하는지 여부를 설명하시오.
   a. "인플레이션은 차용자에게 손해를 주고 대출자에게 도움을 주는데, 그 이유는 차용자가 더 높은 이자율을 지급해야 하기 때문이다."
   b. "전반적인 물가수준은 변하지 않는 방식으로 가격들이 변화할 경우, 어떤 사람도 상황이 나아지거나 나빠지지 않는다."
   c. "인플레이션이 노동자 대부분의 구매력을 낮추지는 않는다."

Quiz 해답

1. d 2. d 3. b 4. b 5. a 6. c 7. d 8. c

Part

9 단기적으로 본 경제 변동

Chapter

23

총수요 및 총공급 모형

침체기
실질소득이 감소하고 실업이 증가하는 기간

불황
심각한 침체기

경제활동은 매년 변동한다. 대부분 연도에 재화 및 용역 생산이 증가한다. 경제활동인구의 증가, 자본량의 증대, 기술지식의 진보로 인해 경제는 시간이 흐름에 따라 점점 더 많이 생산할 수 있다. 평균적으로 볼 때, 지난 반세기 동안 실질 GDP로 측정한 미국 경제의 생산은 연간 약 3%씩 성장했다.

하지만 일부 연도에서는 경제가 확장되는 대신에 축소된다. 기업들은 자신들이 제의한 재화 및 용역을 모두 판매할 수 없다는 사실을 깨닫게 되면 생산을 줄이게 된다. 그렇게 되면 노동자들은 해고되고 실업이 만연하며 공장들은 유휴상태가 된다. 경제가 재화 및 용역을 더 적게 생산하게 되면, 실질 GDP와 다른 소득 측정치들이 감소한다. 소득이 감소하고 실업이 증가하는 기간을 침체기(recession)라고 한다. 이런 상황이 심각할 때 이를 때때로 불황(depression)이라고 한다.

2008년과 2009년에 미국 경제는 이제 '대침체'라고 부르는 경기후퇴를 경험했다. 2007년 4분기부터 2009년 2분기까지 실질 GDP

SHIFT DRIVE/SHUTTERSTOCK.COM, ERDARKE+/GETTY IMAGES

는 4.0%만큼 감소했다. 실업률은 2007년 5월 4.4%에서 2009년 10월 10.0%로 상승했는데, 이는 지난 25여 년 동안에 가장 높은 수준이었으며, 그 후 3년 동안 8% 이상 수준에 머물렀다. 놀랄 것도 없이 이 기간에 졸업한 학생들은 좋은 일자리를 구하기가 어려웠다.

그다음 경기 침체는 코로나 바이러스 감염증 대유행 기간인 2020년에 발생했는데, 이번에는 침체가 더 신속하고 더 가파르게 이루어졌다. 실질 GDP는 2019년 4분기부터 2020년 2분기까지 10%만큼 감소했다. 실업은 2020년 2월 3.5%에서 단 두 달 후 14.8%로 치솟았다. 이번에는 경제가 신속하게 되돌아왔다. 2021년 12월 실업률은 3.9%로 돌아왔고, 구인 공고 수는 기록적인 최고치에 달했다.

무엇이 경제활동의 단기적인 변동을 일으키는가? 소득이 감소하고 실업이 증가하는 기간을 방지하기 위해 공공정책이 할 수 있다면 무엇을 할 수 있는가? 경기 후퇴가 발생했을 때 정책 입안자들은 그 기간과 심각성을 어떻게 줄일 수 있는가? 이제는 이 문제들에 관해 살펴볼 것이다.

분석의 중심에 있는 변수들은 이전 장들에서부터 익히 알고 있는 것들이다. 여기에는 GDP, 실업, 이자율, 물가수준이 포함된다. 정책수단인 정부 지출, 조세, 통화 공급도 잘 알고 있는 것들이다. 이전에 했던 논의와 다른 점은 시간적 범위이다. 지금까지 우리 목표는 이런 변수들의 행태를 장기적으로 설명하는 것이었다. 이제 우리 목표는 장기적인 추세에서 벗어나는 이들 변수의 단기적인 일탈을 설명하는 것이다. 다시 말해 세대 간 경제 성장을 설명하는 요인에 초점을 맞추는 대신에 이제는 연간 발생하는 경제 변동을 설명하는 요인에 관심을 갖는다.

경제학자들이 단기적인 변동을 어떻게 가장 잘 설명할 수 있는지에 대해 논의하고 있지만, 대부분은 **총수요 및 총공급** 모형을 사용한다. 이 장에서는 이 모형의 두 가지 부분인 총수요곡선과 총공급곡선을 소개할 것이다. 하지만 먼저 경제의 상승과 하강을 설명하는 일부 사실을 살펴본다.

23-1 경제 변동에 관한 세 가지 기본 사실

경제활동의 단기적인 변동은 모든 국가에서 역사를 통틀어 발생했다. 이런 단기적 변동을 설명하는 데는 다음의 세 가지 사실이 가장 중요하다.

23-1a 사실 1: 경제 변동은 불규칙적이며 예측이 불가능하다

경제에서 발생하는 변동을 종종 **경기 순환**이라고 한다. 이 용어가 시사하는 것처럼, 경제 변동은 경기상황의 변화와 상응한다. 실질 GDP가 빠르게 성장할 때 경기가 좋다.

이런 경기 확장기에 대부분의 기업은 고객이 많고 이윤이 성장한다는 사실을 알고 있다. 하지만 실질 GDP가 침체기 동안 감소할 때 기업은 곤란에 처한다. 이런 경제 수축기에 대부분의 기업은 매출 감소와 이윤 축소를 경험하게 된다.

하지만 **경기 순환**이란 용어는 다소 오해하기 쉽다. 이 용어는 경제 변동이 사인파나 심장박동처럼 규칙적이며 예측 가능한 패턴을 따를 것으로 암시한다. 실제로는 경제활동에서 발생하는 변동은 전혀 규칙적이지 않으며 정확하게 예측하는 것은 거의 불가능하다.

그림 1(a)는 1972년 이래로 미국 경제의 실질 GDP를 보여준다. 빗금 친 부분으로 나타낸 침체기가 규칙적인 간격으로 발생하지 않는다는 사실을 알 수 있다. 이따금 침체기는 1980년과 1982년처럼 서로 근접해서 발생한다. 또한 이따금 경제는 침체기 없이 수년이 지나간다. 미국 역사상 침체기 없이 가장 오랫동안 지속된 기간은 128개월이었는데, 이는 2009년 6월에 시작해서 코로나 바이러스 감염증으로 인해 침체기가 시작된 2020년 2월에 종식되었다.

23-1b 사실 2: 대부분의 거시경제 수량 측정치는 함께 변동한다

실질 GDP는 경제의 단기적인 변화를 측정하기 위해 가장 일반적으로 사용되는 변수인데, 그 이유는 경제활동에 관한 가장 포괄적인 측정치이기 때문이다. 이것은 경제 내 모든 사람의 (인플레이션이 조정된) 총소득뿐만 아니라 주어진 기간 내에 생산된 모든 최종 재화 및 용역의 가치를 측정한 것이다.

하지만 단기적인 변동을 측정하기 위해 여러분이 어떤 경제활동 측정치를 사용하느냐는 상관이 없다는 사실이 밝혀졌다. 어떤 종류의 소득, 지출, 생산을 측정하는 대부분의 거시경제 변수는 밀접하게 함께 변동한다. 실질 GDP가 침체기에 감소할 때, 개인소득, 기업 이윤, 소비자 지출, 투자 지출, 산업 생산, 소매 판매, 주택 판매, 자동차 판매 등도 역시 감소한다. 경기 침체는 경제 전반적인 현상이기 때문에 많은 거시경제 데이터 자료에 나타난다.

많은 거시경제 변수가 함께 변동하기는 하지만 양적인 면에서는 서로 상이하게 변화한다. 특히 그림 1(b)에서 보는 것처럼 투자 지출은 경기 순환 국면에 따라 크게 변화한다. 투자는 평균적으로 GDP의 약 6분의 1에 불과하지만 침체기 동안 GDP 감소의 약 3분의 2를 차지한다. 다시 말해 경제가 수축할 때 하락하는 많은 부분이 신규 공장, 신규 주택, 신규 재고에 대한 지출 감소에서 비롯된다.

ROBERT MANKOFF/CARTOONSTOCK LTD

"자네는 해고일세. 자네 부서에 근무하는 직원들에 대해서도 동일한 해고 절차를 밟아주게."

그림 1

단기 경제 변동

미국 경제에 관해 (a)는 실질 GDP, (b)는 투자 지출, (c)는 실업률을 보여준다. 경기 침체기는 빗금 친 막대로 나타내었다. 침체기 동안 실질 GDP 및 투자 지출은 감소한 반면 실업은 증가했다.

출처: U.S. Department of Commerce; U.S. Department of Labor.

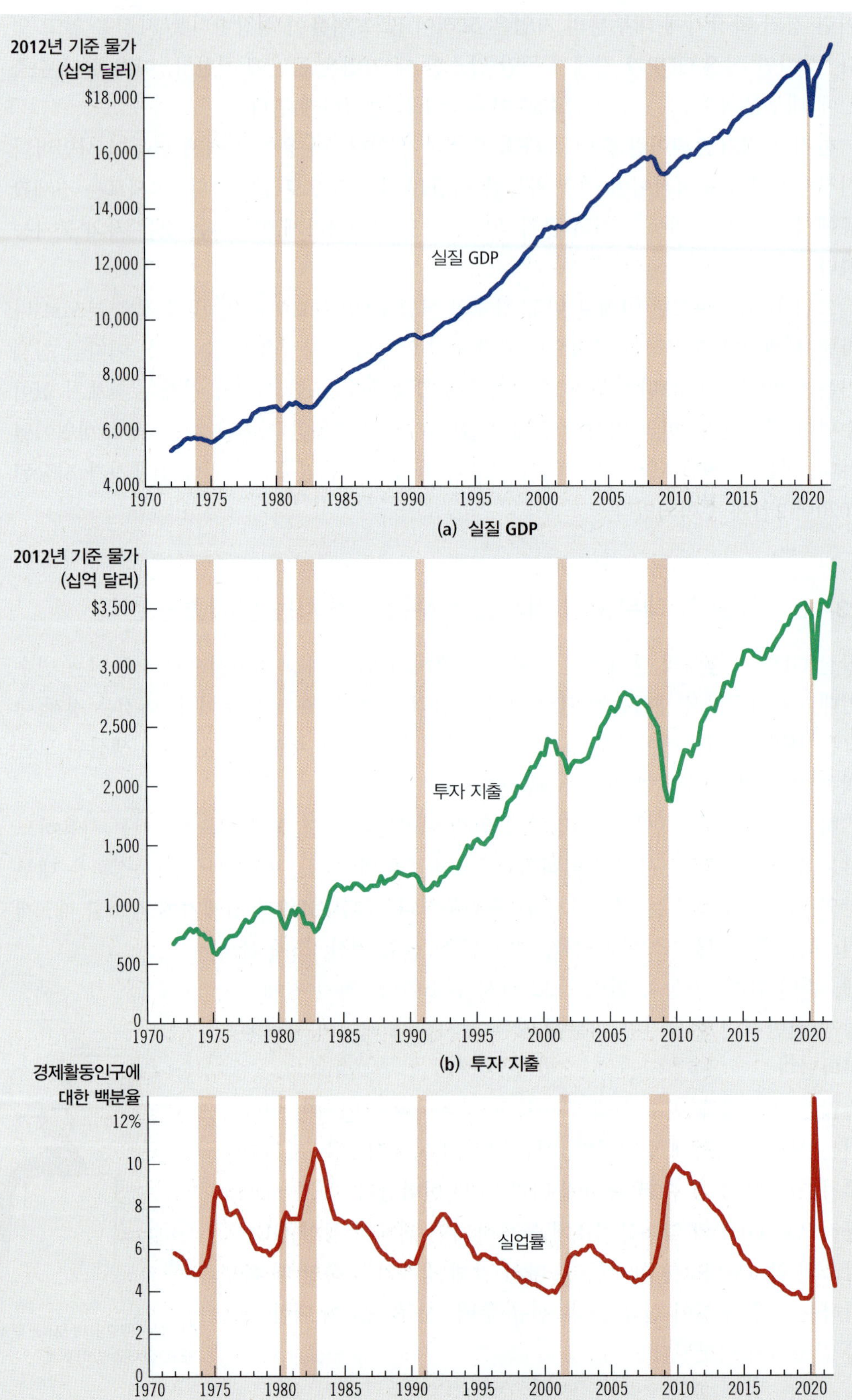

(a) 실질 GDP

(b) 투자 지출

(c) 실업률

23-1c 사실 3: 경제의 생산량이 감소함에 따라 실업이 증가한다

경제의 재화 및 용역 생산량의 변화는 경제의 경제활동인구 활용의 변화와 강하게 상관된다. 다시 말해 실질 GDP가 감소할 때 실업률이 상승한다. 이런 사실은 별로 놀랍지 않다. 기업들이 생산을 감소하기로 했을 때 노동자들을 해고하고 그러면 실업자가 증가하게 된다.

그림 1(c)는 1972년 이래로 미국 경제의 실업률을 보여준다. 다시 한번 빗금 친 부분은 침체기를 나타낸다. 이 그림에 따르면 각 침체기에 실업률이 상당히 상승한다. 침체기가 종식되고 실질 GDP가 확장되기 시작할 때 실업률은 점차적으로 감소한다. 일자리를 바꾸려는 노동자들은 언제나 존재하기 때문에, 실업률은 결코 영이 될 수 없다. 대신에 자연 실업률인 약 5% 근처에서 변동하게 된다.

Quiz

1. 경제가 침체기로 들어갈 때 실질 GDP가(는) __________, 실업도(은) __________.
   a. 증가하고; 증가한다.
   b. 증가하고; 감소한다.
   c. 감소하고; 증가한다.
   d. 감소하고; 감소한다.

2. 침체기는 __________ 발생한다.
   a. 규칙적으로 약 3년마다
   b. 규칙적으로 약 7년마다
   c. 규칙적으로 약 12년마다
   d. 불규칙적으로

해답은 이 장의 끝부분에 있다.

23-2 단기적인 경제 변동 설명하기

경제가 변동할 때 어떤 일이 발생하는지 설명하기는 쉽다. 하지만 이런 변동이 발생하는 이유를 설명하기는 어렵다. 이전 장들에서 학습한 주제들과 비교해볼 때, 경제 변동에 관한 이론은 여전히 논란의 여지가 있다. 이 장에서는 경제활동의 단기적 변동을 설명하기 위해 대부분의 거시경제학자들이 사용하는 모형을 살펴본다.

23-2a 고전파 경제학의 가정

이전 장들에서는 무엇이 장기적으로 가장 중요한 거시경제 변수들을 결정하는지 설명하는 이론들을 살펴보았다. 제17장에서는 생산성과 실질 GDP의 수준 및 성장에 관해 학습했다. 제18장과 제19장에서는 금융시스템이 어떻게 작동하고 실질이자율이 어떻게 조절되어 저축과 투자를 균형시키는지 분석했다. 제20장에서는 경제에 실업이 늘 존재하는 이유를 살펴보았다. 제21장과 제22장에서는 화폐제도와 통화 공급의 변화가 물가수준, 인플레이션율, 명목이자율에 어떤 영향을 미치는지 분석했다.

이런 이전의 분석은 두 가지 연관된 견해, 즉 고전파의 이분법과 화폐의 중립성에 기초한다. 고전파의 이분법은 변수를 (수량이나 상대가격을 측정하는 변수인) 실질변수와 (화폐 측면에서 측정하는 변수인) 명목변수로 분리했다는 사실을 기억하자. 고전파의 거시경제 이론에 따르면 통화 공급의 변화는 명목변수에 영향을 미치지만 실질변수에는 영향을 미치지 않는다. 이런 화폐의 중립성으로 인해, 우리는 명목변수(통화 공급과 물가수준)를 도입하지 않고도 실질변수(실질 GDP, 실질이자율, 실업)를 결정하는 요인을 검토할 수 있었다.

어떤 의미에서 화폐는 고전파 이론체계에서는 중요하지 않다. 경제에서 화폐수량이 두 배가 되면 모든 것은 두 배 비싸지며, 모든 사람의 소득도 두 배가 된다. 하지만 그래서 그게 뭐 어쨌다는 것인가? 이런 변화는 (일반적으로 '거의 중요하지 않다'는 의미에서) **명목적**이다. 사람이 **실제로** 신경 쓰는 것, 즉 일자리가 있는지 여부, 얼마나 많은 재화 및 용역을 구매할 수 있는지 등은 정확하게 이전과 동일하다.

고전파의 견해는 이따금 '화폐는 장막이다'라는 말로 설명되기도 한다. 즉, 경제변수가 종종 화폐 단위로 표현되기 때문에 명목변수는 우리가 경제를 관찰할 때 처음 접하게 되는 것이다. 하지만 실질변수와 이를 결정하는 요인들이 더 중요하다. 고전파 이론에 따르면, 이런 실질변수들을 이해하기 위해서는 장막의 이면을 들여다보아야 한다.

23-2b 단기적 변동이 발생하는 현실

고전파 거시경제 이론의 이런 가정들은 우리가 살고 있는 현실 세계에 적용되는가? 이런 물음에 대한 답변은 경제가 어떻게 작동하는지를 이해하는 데 중요하다. **대부분의 경제학자들은 고전파 이론이 현실 세계를 장기적으로는 설명하지만 단기적으로는 설명하지 못한다고 생각한다.**

화폐가 경제에 미치는 영향을 다시 한번 생각해보자. 대부분의 경제학자들은 몇 년의 기간이 지나면 통화 공급의 변화가 물가와 여타의 명목변수에 영향을 미치지만, 고전파 이론이 말하는 것처럼 실질 GDP, 실업, 여타의 실질변수에는 영향을 미치지 않는다고 생각한다. 하지만 경제의 연간 변화를 살펴볼 때 화폐의 중립성에 대한 가정은 더 이상 적절하지 않다. 단기적으로는 실질변수와 명목변수가 매우 얽혀 있어서, 통화 공급이 변화할 경우 실질 GDP가 장기적인 추세에서 일시적으로 벗어날 수 있다.

데이비드 흄과 같은 고전파 경제학자들조차도 화폐의 중립성이 단기적으로 준수되지 않는다는 사실을 알았다. 18세기 영국에서 데이비드 흄은 자신의 관점에서 관찰했을 때 금이 발견된 후 통화 공급이 확장되면 물가가 상승하는 데 시간이 좀 걸리며 그 사이에 고용과 생산이 증가한다는 사실을 알게 되었다.

경제가 단기적으로 어떻게 작동하는지 이해하기 위해 우리는 새로운 모형이 필요하다. 이 모형은 이전 장들에서 살펴본 많은 분석도구를 사용하여 만들 수 있지만 그러자면 고전파의 이분법과 화폐의 중립성을 포기해야 한다. 또한 우리는 생산량 및 고용 같은 실질변수에 대한 분석과 화폐 및 물가수준과 같은 명목변수에 대한 분석을 더 이상 분리할 수 없다. 우리의 새로운 모형은 실질변수와 명목변수가 어떻게 상호작용하는지에 집중할 것이다.

23-2c 총수요 및 총공급 모형

단기적 경제 변동에 관한 모형은 두 가지 변수의 행태에 집중한다. 첫 번째 변수는 실질 GDP로 측정한 재화 및 용역 생산량이다. 두 번째 변수는 CPI 또는 GDP 디플레이터로 측정한 평균 물가수준이다. 생산량은 실질변수이고 물가수준은 명목변수라는 사실에 주목하자. 이들 두 변수의 관계에 집중함으로써, 실질변수와 명목변수를 분리해서 살펴볼 수 있다는 고전파의 가정에서 벗어나게 된다.

우리는 총수요 및 총공급 모형(model of aggregate demand and aggregate supply)을 사용하여 경제 전체의 변동을 분석할 수 있으며 이는 그림 2에 있다. 수직축은 경제의 전반적인 물가수준을 나타내고, 수평축은 경제의 전반적인 재화 및 용역 생산량을 나타낸다. 총수요곡선(aggregate demand curve)은 가계, 기업, 정부, 해외 고객이 각 물가수준에서 구입하고자 하는 재화 및 용역의 수량을 보여준다. 총공급곡선(aggregate supply curve)은 기업이 각 물가수준에서 생산하여 판매하고자 하는 재화 및 용역의 수량을 보

총수요 및 총공급 모형
장기적인 추세를 중심으로 발생하는 단기적인 경제활동의 변동을 설명하기 위해 대부분의 경제학자가 사용하는 모형

총수요곡선
가계, 기업, 정부, 해외 고객이 각 물가수준에서 구입하고자 하는 재화 및 용역의 수량을 보여주는 곡선

총공급곡선
기업이 각 물가수준에서 생산하여 판매하고자 하는 재화 및 용역의 수량을 보여주는 곡선

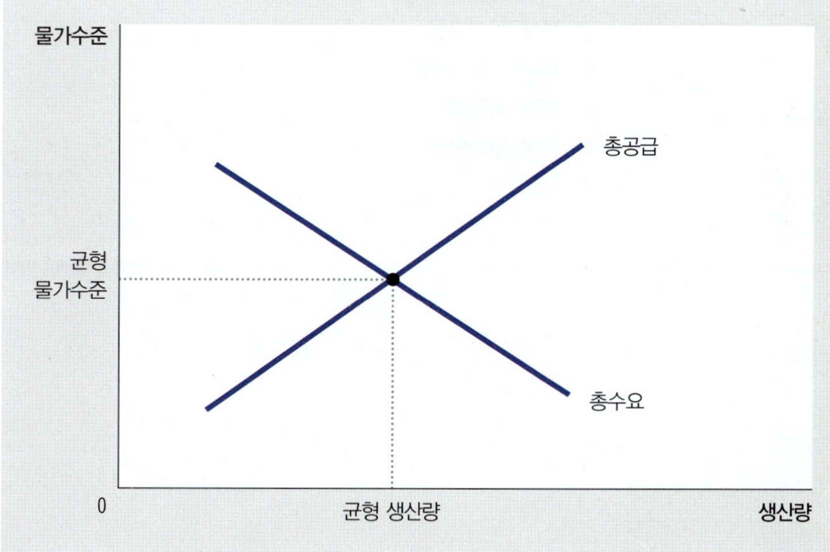

그림 2

총수요 및 총공급

경제학자들은 총수요 및 총공급 모형을 사용하여 경제 변동을 분석한다. 수직축은 전반적인 물가수준을 나타내고, 수평축은 해당 경제의 재화 및 용역 생산량을 나타낸다. 총공급곡선과 총수요곡선이 교차하는 점까지 생산량과 물가수준이 조절된다.

여준다. 이 모형에 따르면, 물가수준과 생산량은 조절이 이루어져 총수요와 총공급이 균형을 이루게 한다.

총수요 및 총공급 모형을 제4장에서 살펴본 시장 수요 및 시장 공급 모형을 단지 확대 해석한 것으로 간주하고자 할지 모른다. 하지만 사실 이 모형은 매우 다르다. 우리가 예를 들어 아이스크림처럼 특정 물품에 대한 시장의 수요와 공급을 살펴볼 때, 매수인 및 매도인의 행태는 자원을 한 시장에서 다른 시장으로 이동시킬 수 있는 능력에 달려 있다. 아이스크림 가격이 상승할 경우, 아이스크림 이외의 여타 물품을 구입하기 위해 소득을 사용할 수 있기 때문에 아이스크림 수요량이 감소한다. 이와 유사하게 아이스크림 가격이 상승할 경우, 아이스크림을 생산하는 업체들은 경제의 여타 부분으로부터 노동자를 고용하여 아이스크림 생산을 증가시키기 때문에 공급량이 증가한다. 어떤 시장에서 다른 시장으로 이루어지는 **미시경제적** 대체는 경제 전체에 대해서는 불가능하다. 결국 우리 모형이 설명하려고 하는 수량은 **모든** 시장에서 **모든** 기업이 생산하는 재화 및 용역의 **총량**을 측정하는 실질 GDP이다. 총수요곡선의 기울기가 하향하는 이유와 총공급곡선의 기울기가 상향하는 이유를 이해하기 위해서는 수요되는 재화 및 용역의 총량과 공급되는 재화 및 용역의 총량을 설명하는 **거시경제** 이론이 필요하다. 이런 이론을 고찰하는 것이 우리의 다음 과제이다.

Quiz

3. 고전파의 거시경제 이론과 화폐의 중립성에 따르면, 통화 공급의 변화는 ____________.
   a. 실업률에 영향을 미친다.
   b. 실질 GDP에 영향을 미친다.
   c. GDP 디플레이터에 영향을 미친다.
   d. 위의 어느 것에도 영향을 미치지 않는다.

4. 대부분의 경제학자들은 고전파 거시경제 이론이 ____________ 생각한다.
   a. 장기적으로만 타당하다고
   b. 단기적으로만 타당하다고
   c. 언제나 타당하다고
   d. 결코 타당하지 않다고

5. 총수요 및 총공급 모형에서 ____________은(는) 수평축에 위치하고, ____________은 수직축에 위치한다.
   a. 생산량; 이자율
   b. 생산량; 물가수준
   c. 화폐; 이자율
   d. 화폐; 물가수준

해답은 이 장의 끝부분에 있다.

23-3 총수요곡선

총수요곡선은 모든 물가수준에서 경제 내 모든 재화 및 용역의 수요량을 나타낸다. 그림 3이 보여주는 것처럼 총수요곡선의 기울기는 하향한다. 다른 사정이 동일하다면, 경제의 전반적인 물가수준이 (예를 들면 P_1에서 P_2로) 하락할 경우 재화 및 용역의 수요량은 (Y_1에서 Y_2로) 증가한다. 반대로 물가수준이 상승할 경우 재화 및 용역의 수요량은 감소한다.

23-3a 총수요곡선의 기울기가 하향하는 이유

물가수준이 변화할 경우 재화 및 용역의 수요량이 반대방향으로 움직이는 이유는 무엇인가? 이 물음에 답하기 위해 (Y로 표시한) 경제의 GDP는 소비(C), 투자(I), 정부 구매(G), 순수출(NX)의 합계라는 사실을 기억하는 것이 유용하다. 이는 다음과 같다.

$$Y = C + I + G + NX$$

이들 네 개 구성요소는 각각 재화 및 용역에 대한 총수요에 기여한다. 지금은 정부 지출이 정책에 의해 고정되어 있다고 가정하자. 다른 세 가지 지출 구성요소 즉 소비, 투자, 순수출은 경제상황과 특히 물가수준에 달려 있다. 총수요곡선의 기울기가 하향하는 이유를 이해하기 위해 우리는 물가수준이 소비, 투자, 순수출에 대한 재화 및 용역

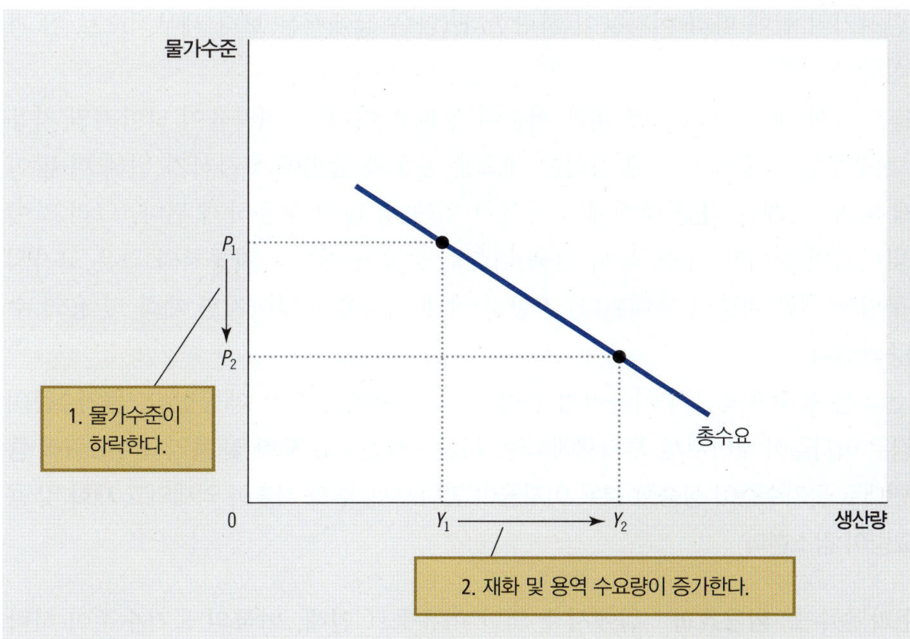

그림 3

총수요곡선

물가수준이 P_1에서 P_2로 하락할 경우, 재화 및 용역에 대한 수요량은 Y_1에서 Y_2로 증가한다. 이런 음의 관계가 발생하는 세 가지 이유가 있다. 물가수준이 하락하면, 실질적인 부는 증가하고, 이자율은 하락하며, 환율은 평가절하된다. 이들 효과는 소비, 투자, 순수출에 대한 지출을 촉진시킨다. 생산량을 구성하는 이들 요소의 일부 또는 전부에 대한 지출이 증가할 경우, 재화 및 용역에 대한 수요량이 증가하게 된다.

의 수요량에 어떤 영향을 미치는지 검토해야 한다.

물가수준과 소비: 부의 효과 여러분이 지갑과 은행계좌에 보유하고 있는 화폐를 생각해보자. 이 화폐의 명목가치는 고정되어 있다. 1달러는 언제나 1달러의 가치가 있다. 하지만 1달러의 실질가치는 변화할 수 있다. 캔디 바 1개가 1달러라면, 1달러는 1개 캔디 바의 가치가 있다. 1개 캔디 바 가격이 50센트로 하락하면, 1달러는 2개 캔디 바의 가치가 있다. 이처럼 물가수준이 하락할 때, 여러분이 보유한 달러화의 가치는 상승하며 여러분의 실질적인 부와 재화 및 용역을 구입할 수 있는 능력이 증대된다.

위의 논리는 총수요곡선의 기울기가 하향하는 첫 번째 이유를 제공한다. 물가수준이 하락할 경우 화폐의 실질가치가 상승하여, 소비자들은 더 부유해지며 지출 증대를 촉진하게 된다. 소비자 지출의 증대가 의미하는 바는 재화 및 용역의 수요량이 증가한다는 것이다. 반대로 물가수준이 상승할 경우 화폐의 실질가치가 하락하여, 소비자들은 더 가난해지며 소비자 지출과 재화 및 용역 수요량이 감소하게 된다.

물가수준과 투자: 이자율 효과 물가수준은 화폐 수요량을 결정하는 중요한 요인이다. 물가수준이 낮아질 경우, 사람들은 자신들이 원하는 재화 및 용역을 구입하기 위해 이전과 같은 액수만큼의 화폐를 보유할 필요가 없다. 따라서 물가수준이 하락할 때, 사람들은 일부를 빌려줌으로써 자신들의 화폐 보유를 줄이려 한다. 예를 들어 물가수준 하락으로 인해 초과 보유하게 된 화폐를 활용하여 이자가 발생하는 채권을 구입할 수 있다. 아니면 초과 보유하게 된 화폐를 이자가 발생하는 저축계좌에 예치하고 은행은 이 자금을 대부해줄 수 있다. 어느 쪽이든 사람들이 화폐의 일부를 이자가 발생하는 자산으로 전환시키려 함에 따라 이자율이 하락한다.(다음 장에서는 보다 세부적으로 이 과정을 분석할 것이다)

이자율은 다시 재화 및 용역에 대한 지출에 영향을 미친다. 이자율이 낮아지면 차용에 따른 비용부담이 줄기 때문에 기업은 새로운 공장과 장비에 투자하기 위해 더 많이 차용하게 되며, 가계는 신규 주택에 투자하기 위해 더 많이 차용하게 된다.(그리고 이자율이 낮아지면 소비자 지출, 특히 신용 대출로 종종 구매하는 자동차와 같은 고가의 내구재 구입에 대한 지출이 증대된다) 간단히 말해 이자율이 낮아지면 재화 및 용역 수요량이 증가한다.

위의 논리는 총수요곡선의 기울기가 하향하는 두 번째 이유를 제공한다. 물가수준이 하락할 경우 이자율이 낮아져서, 투자재에 대한 지출이 촉진되고 재화 및 용역의 수요량이 증가한다. 반대로 물가수준이 상승할 경우 이자율이 높아져서, 투자 지출이 억제되고 재화 및 용역의 수요량이 감소한다.

물가수준과 순수출: 환율효과 위에서 논의한 이유들로 인해, 미국의 물가수준이 하락

하면 미국의 이자율이 낮아지게 된다. 이자율 하락에 대응하여, 일부 투자자들은 자신의 자산을 미국으로부터 외국으로 이동시켜 더 높은 수익을 추구하려 할 것이다. 예를 들어 미국 채권에 대한 이자율이 하락함에 따라 뮤추얼 펀드는 독일 채권을 매입하기 위해 미국 채권을 매각할 수도 있다. 뮤추얼 펀드가 독일 채권을 매입하기 위해 달러화를 유로화로 교환하려 할 때, 이는 외환시장에 달러화 공급을 증대시키게 된다.

유로화로 교환하기 위한 달러화의 공급이 증가함에 따라, 달러화는 유로화 대비 평가절하된다. 이것은 실질환율, 즉 국내 물품과 외국 물품의 상대가격을 변화시킨다. 각 달러화로 더 적은 외화를 매입할 수 있기 때문에 외국 물품은 국내 물품과 비교하여 더 비싸지게 된다.

이런 상대가격의 변화는 국내에서의 지출과 해외에서의 지출에 영향을 미친다. 외국 물품이 더 비싸기 때문에, 미국인들은 다른 국가들로부터 더 적게 구입하게 되어 재화 및 용역에 대한 미국의 수입이 감소한다. 동시에 미국 물품이 상대적으로 저렴하기 때문에, 외국인들은 미국으로부터 더 많이 구입하게 되어 미국의 수출이 증가한다. 순수출은 수출에서 수입을 감한 것이므로, 이들 두 가지 변화로 미국의 순수출이 증가한다. 이런 방식으로 달러화가 평가절하될 경우 이는 재화 및 용역의 수요량 증가로 이어진다.

위의 논리는 총수요곡선의 기울기가 하향하는 세 번째 이유를 제공한다. **미국의 물가수준이 하락하여 이로 인해 미국의 이자율이 낮아질 경우, 외환시장에서 달러화의 실질가치가 하락한다. 이런 평가절하는 미국의 순수출을 촉진시키고 미국의 재화 및 용역 수요량을 증가시킨다. 반대로 미국의 물가수준이 상승하여 미국의 이자율이 높아질 경우, 외환시장에서 달러화의 실질가치가 상승한다. 이런 평가절상은 미국의 순수출을 축소시키고 미국의 재화 및 용역 수요량을 감소시킨다.**

요약 물가수준이 하락하면 재화 및 용역의 수요량이 증가하는 이유가 세 가지 있다. 각 이유는 별개이지만 연계된다.

1. 소비자가 더 부유해져서 소비재에 대한 수요가 촉진된다.
2. 이자율이 하락해서 투자재에 대한 수요가 촉진된다.
3. 통화가 평가절하해서 순수출에 대한 수요가 촉진된다.

위와 같은 세 가지 효과가 거꾸로 작동할 수 있다. 즉, 물가수준이 상승하면 부가 감소해서 소비자 지출이 억제되고, 이자율이 상승해서 투자 지출이 억제되며, 통화가 평가절상되어서 순수출이 억제된다.

이런 효과를 여러분이 직관적으로 이해할 수 있도록 다음 예를 가상해보자. 어느 날 여러분이 일어나서 보니 어떤 신비스러운 이유로 인해 모든 재화 및 용역의 가격이 절반으로 떨어져서 여러분이 보유하고 있는 화폐가 두 배의 가치를 갖게 되었다고 가상하자. 실제로 여러분은 전날 밤에 잠자리에 들 때 갖고 있었던 것보다 두 배의 돈을 지금 갖고 있다. 여러분은 이런 추가적인 돈으로 무엇을 하겠는가? 여러분은 좋아하는 레스토랑에서 이를 지출할 수 있으며, 이로 인해 소비자 지출이 증대된다. 여러분은 (채권을 매입하거나 은행에 예치함으로써) 빌려줄 수도 있으며, 이로 인해 이자율이 낮아지고 투자 지출이 증대한다. 아니면 여러분은 (국제 뮤추얼 펀드의 할당분을 매입하여) 해외에 이를 투자할 수 있으며, 이로 인해 해당 통화의 실질 교환가치가 낮아져 순수출이 증대한다. 여러분이 이러한 사항 중 어느 것을 선택하든지 간에, 물가수준 하락은 재화 및 용역의 수요량 증가로 이어진다. 이런 관계가 의미하는 바는 총수요곡선의 기울기가 하향한다는 것이다.

(모든 수요곡선들처럼) 총수요곡선은 '다른 사정은 동일하다'는 전제하에 그려졌다는 사실을 기억하자. 특히 총수요곡선의 기울기가 하향한다는 위의 세 가지 설명은 통화 공급이 고정되어 있다고 가정한다. 즉, 경제의 통화량은 일정하다고 보고 물가수준이 변화할 경우 이것이 재화 및 용역의 수요에 어떤 영향을 미치는지 살펴보았다. 우리가 살펴볼 것처럼 통화량이 변화할 경우 총수요곡선이 변화한다. 이 시점에서는 총수요곡선이 통화 공급량이 일정하게 주어진 상황에서 그려졌다는 점만 기억하자.

23-3b 총수요곡선이 이동하는 이유

총수요곡선의 기울기가 하향한다는 사실이 의미하는 바는 물가수준이 하락할 경우 재화 및 용역의 전반적인 수요량이 증가한다는 것이다. 다른 많은 요인들 역시 재화 및 용역의 수요량에 영향을 미친다. 이런 요인들 중 하나가 변화할 때 모든 물가수준에서 재화 및 용역 수요량이 변화하여 총수요곡선이 이동한다.

총수요를 이동시키는 경우들을 생각해보자. 가장 직접적으로 영향을 받는 지출의 구성요소에 따라 이들을 다음과 같이 분류할 수 있다.

소비의 변화에서 비롯되는 총수요곡선의 이동 미국인들이 갑자기 은퇴를 대비해 저축에 더 관심을 갖게 되었으며 이에 따라 소비를 줄인다고 가상하자. 모든 물가수준에서 재화 및 용역의 수요량이 이제 감소했기 때문에 총수요곡선이 왼쪽으로 이동한다. 반대로 주식시장 활황으로 인해 사람들이 더 부유해졌고 저축에 덜 관심을 갖게 되었다고 가상하자. 이에 따라 소비자 지출이 증대하고, 이로 인해 모든 물가수준에서 재화 및 용역의 수요량이 증가하여 총수요곡선이 오른쪽으로 이동한다.

일정하게 주어진 물가수준에서 사람들이 얼마나 소비하고자 하는지를 변화시키는 모든 경우는 총수요곡선을 이동시킨다. 이런 효과를 갖는 한 가지 정책변수로 과세를 들 수 있다. 정부가 감세할 경우, 사람들은 더 많이 지출하게 되어 총수요곡선이 오른쪽으로 이동한다. 정부가 증세할 경우, 사람들은 지출을 줄여 총수요곡선이 왼쪽으로 이동한다.

투자의 변화에서 비롯되는 총수요곡선의 이동 일정하게 주어진 물가수준에서 기업이 얼마나 투자하고자 하는지를 변화시키는 모든 경우 역시 총수요곡선을 이동시킨다. 예를 들어 컴퓨터 업계가 더 빠른 컴퓨터 제품을 출시해서 많은 기업이 새로운 컴퓨터 시스템에 투자하기로 결정했다고 가상하자. 모든 물가수준에서 재화 및 용역의 수요량이 증대하여 총수요곡선이 오른쪽으로 이동한다. 반대로 기업이 장래의 기업상황에 대해 비관적일 경우, 투자 지출이 감소하여 총수요곡선이 왼쪽으로 이동한다.

조세정책은 또한 투자를 통해 총수요에 영향을 미칠 수 있다. 예를 들어 다른 사정이 동일하다면 (기업의 투자 지출과 연계된 세금환급 제도인) 투자 세액 공제로 인해 기업이 구입하고자 하는 투자재의 수량이 증가하여 총수요곡선이 오른쪽으로 이동한다. 투자 세액 공제가 폐지될 경우 투자가 감소하여 총수요곡선이 왼쪽으로 이동한다.

투자와 총수요에 영향을 미칠 수 있는 또 다른 정책변수로 통화 공급을 들 수 있다. 다음 장에서 설명하는 것처럼 통화 공급이 증가할 경우 단기적으로 이자율이 하락한다. 이자율이 하락하면 차용에 따른 비용이 낮아져서, 투자 지출이 촉진되고 총수요곡선이 오른쪽으로 이동한다. 반대로 통화 공급이 감소할 경우 이자율이 상승해서, 투자 지출이 억제되고 총수요곡선이 왼쪽으로 이동한다. 많은 경제학자들은 미국 역사 전반에 걸쳐 통화 공급의 변화가 총수요곡선을 이동시킨 중요한 원인이었다고 생각한다.

정부 구매의 변화에서 비롯되는 총수요곡선의 이동 정책 입안자가 총수요곡선을 이동시키는 가장 직접적인 방법은 정부 구매를 통하는 것이다. 예를 들어 의회가 새로운 무기체계의 구입을 줄이기로 했다고 가상하자. 모든 물가수준에서 재화 및 용역의 수요량이 감소하기 때문에 총수요곡선은 왼쪽으로 이동한다. 반대로 주정부가 고속도로를 더 많이 건설하기 시작하면, 모든 물가수준에서 재화 및 용역의 수요량이 증가하게 되어 총수요곡선이 오른쪽으로 이동한다.

순수출의 변화에서 비롯되는 총수요곡선의 이동 일정하게 주어진 물가수준에서 순수출이 변화하는 경우에도 총수요곡선이 이동한다. 예를 들어 유럽이 경기 침체를 겪을 때 미국으로부터 물품을 더 적게 구입하게 된다. 모든 물가수준에서 미국의 순수출이 감소하여 미국 경제에 대한 총수요곡선은 왼쪽으로 이동하게 된다. 유럽이 경기 침체에서 회복할 경우 미국산 물품을 더 많이 구입하게 되어 총수요곡선이 오른쪽으로 이동한다.

국제적인 투기세력이 환율에 영향을 미치는 경우에도 순수출이 변화할 수 있다. 예를 들어 투기꾼이 어떤 외국 경제를 신뢰하지 못해 부를 미국 경제로 이전하고자 한다고 가상하자. 그렇게 함에 따라 외환시장에서 미국 달러화의 가치가 상승하게 된다. 미국 달러화에 대한 이런 평가절상으로 인해, 미국 물품은 외국 물품에 비해 더 비싸져서 순수출이 축소되고 총수요곡선이 왼쪽으로 이동하게 된다. 반대로 투기세력으로 인해 달러화가 평가절하될 경우 순수출이 촉진되고 총수요곡선이 오른쪽으로 이동하게 된다.

요약 다음 장에서는 총수요곡선을 보다 자세하게 분석할 것이다. 그때 통화정책과 재정정책의 도구들이 어떻게 총수요곡선을 이동시킬 수 있으며, 정책 입안자들이 그 목적을 위해 이들 정책도구를 언제 사용해야 하는지를 자세하게 살펴볼 것이다. 당분간은 총수요곡선의 기울기가 하향하는 이유와 어떤 경우에 정책들이 이 총수요곡선을 이동시킬 수 있는지를 이해하고 있어야 한다. 표 1은 지금까지 학습한 내용을 요약해 보여준다.

표 1

총수요곡선: 요약

총수요곡선의 기울기가 하향하는 이유는 무엇인가?

1. **부의 효과:** 물가수준이 하락할 경우 실질적인 부가 증가하며, 이는 소비에 대한 지출을 촉진시킨다.
2. **이자율 효과:** 물가수준이 하락할 경우 이자율이 낮아지며, 이는 투자에 대한 지출을 촉진시킨다.
3. **환율효과:** 물가수준이 하락할 경우 실질환율이 평가절하되며, 이는 순수출에 대한 지출을 촉진시킨다.

총수요곡선이 이동하는 이유는 무엇인가?

1. **소비의 변화에서 비롯되는 이동:** 소비자들이 일정하게 주어진 물가수준에서 지출을 증가시키는 상황(예를 들면 감세, 상승하는 주식시장 등)인 경우, 이는 총수요곡선을 오른쪽으로 이동시킨다. 반면에 소비자들이 일정하게 주어진 물가수준에서 지출을 감소시키는 상황(예를 들면 증세, 하강하는 주식시장 등)인 경우, 이는 총수요곡선을 왼쪽으로 이동시킨다.
2. **투자의 변화에서 비롯되는 이동:** 기업이 일정하게 주어진 물가수준에서 투자를 증가시키는 상황(예를 들면 장래에 대한 낙관적 평가, 통화 공급 증가로 인한 이자율 하락 등)인 경우, 이는 총수요곡선을 오른쪽으로 이동시킨다. 반면에 기업이 일정하게 주어진 물가수준에서 투자를 감소시키는 상황(예를 들면 장래에 대한 비관적 평가, 통화 공급 감소로 인한 이자율 상승 등)인 경우, 이는 총수요곡선을 왼쪽으로 이동시킨다.
3. **정부 구매의 변화에서 비롯되는 이동:** 재화 및 용역에 대한 정부 구매가 증가하는 상황(예를 들면 국가방위나 고속도로 건설 등에 대한 지출 증가 등)인 경우, 이는 총수요곡선을 오른쪽으로 이동시킨다. 반면에 재화 및 용역에 대한 정부 구매가 감소하는 상황(예를 들면 국가방위나 고속도로 건설 등에 대한 지출 삭감 등)인 경우, 이는 총수요곡선을 왼쪽으로 이동시킨다.
4. **순수출의 변화에서 비롯되는 이동:** 일정하게 주어진 물가수준에서 순수출에 대한 지출을 증가시키는 상황(예를 들면 해외의 경기 활황, 평가절하를 야기하는 투기 등)인 경우, 이는 총수요곡선을 오른쪽으로 이동시킨다. 일정하게 주어진 물가수준에서 순수출에 대한 지출을 감소시키는 상황(예를 들면 해외의 경기 침체, 평가절상을 야기하는 투기 등)인 경우, 이는 총수요곡선을 왼쪽으로 이동시킨다.

Quiz

6. 총수요곡선의 기울기가 하향하는데, 그 이유는 물가수준이 하락할 경우 ____________.
   a. 실질적인 부가 감소하기 때문이다.
   b. 이자율이 낮아지기 때문이다.
   c. 통화가 평가절상되기 때문이다.
   d. 위의 모두이다.

7. 다음 중 어느 것이 총수요곡선을 왼쪽으로 이동시키는가?
   a. 하락하는 주식시장
   b. 조세 증가
   c. 정부 지출 감소
   d. 위의 모두이다.

해답은 이 장의 끝부분에 있다.

23-4 총공급곡선

총공급곡선은 기업이 모든 물가수준에서 생산하여 판매하는 재화 및 용역의 총수량을 보여준다. 기울기가 언제나 하향하는 총수요곡선과 달리 총공급곡선의 기울기는 분석하고자 하는 시간의 범위에 달려 있다. **장기적으로는 총공급곡선이 수직선인 반면에, 단기적으로는 기울기가 상향한다.** 이 절에서는 장기 공급곡선과 단기 공급곡선 둘 다를 살펴볼 것이다. 그렇게 해서 경제가 고전파 이론이 설명하는 장기균형으로부터 단기적으로 경제가 벗어나는 이유를 설명할 수 있다.

23-4a 총공급곡선이 장기적으로 수직선인 이유

무엇이 장기적으로 재화 및 용역의 공급량을 결정하는가? 우리는 경제 성장에 관해 논의할 때 이 책 앞부분에서 묵시적으로 이 물음에 답했었다. **장기적으로 경제의 재화 및 용역 생산(실질 GDP)은 노동의 공급량, 자본의 공급량, 천연자원의 공급량과 이들 생산요소로 재화 및 용역을 생산하는 데 사용할 수 있는 기술에 달려 있다.**

우리가 장기적인 성장을 결정하는 요인을 분석할 때 전반적인 물가수준은 언급하지 않았다. 물가수준은 별개의 장에서 설명했으며, 거기서 화폐수량 이론을 살펴보았다. 한 경제의 통화량이 다른 경제의 두 배라는 것을 제외하고 두 경제가 모든 면에서 동일하다면, 통화량이 더 많은 경제의 물가수준이 두 배가 된다는 사실을 알고 있다. 하지만 통화량은 기술이나 노동, 자본, 천연자원의 공급량들에 영향을 미치지 않기 때문에, 두 경제의 재화 및 용역 생산량은 동일하게 된다.

물가수준은 실질 GDP의 장기적인 결정요인에 영향을 미치지 않기 때문에, 장기 공급곡선은 그림 4에서 보는 것처럼 수직선이 된다. 다시 말해 장기적으로는 경제의 노동, 자본, 천연자원, 기술이 재화 및 용역의 공급 총량을 결정하며, 이 공급량은 물가수준에 관계없이 변하지 않고 동일하다.

그림 4

장기 총공급곡선

장기적으로 보면 공급되는 생산량은 해당 경제의 노동량, 자본량, 천연자원량, 그리고 이런 생산요소들을 생산물로 전환시키는 데 필요한 기술에 달려 있다. 공급되는 생산량은 전반적인 물가수준에 의존하지 않기 때문에, 장기 총공급곡선은 자연 생산량 수준에서 수직선이 된다.

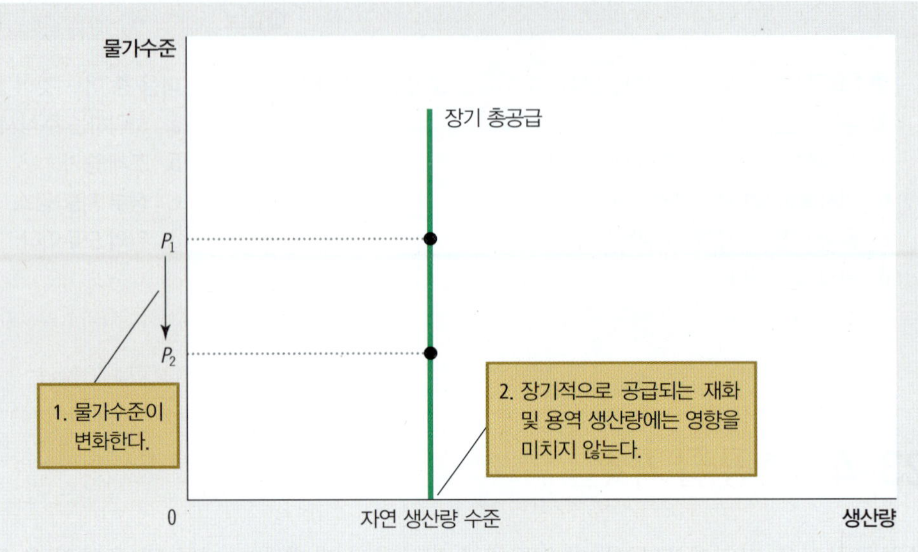

수직선인 장기 총공급곡선은 고전파의 이분법과 화폐의 중립성을 그래프로 나타낸 것이다. 우리가 논의한 것처럼, 고전파의 거시경제 이론은 실질변수가 명목변수에 의존하지 않는다는 가정에 기초한다. 장기 총공급곡선은 이런 생각과 일치하는데, 그 이유는 이 곡선이 생산량(실질변수)이 물가수준(명목변수)에 의존하지 않는다는 것을 의미하기 때문이다. 앞에서 살펴본 것처럼, 대부분의 경제학자들은 이 원칙이 수년에 걸쳐 경제를 분석할 때 잘 작동하지만 연간 변화를 분석할 때는 잘 작동하지 않는다고 생각한다. **이런 이유로 총공급곡선은 장기에서만 수직선이 된다.**

23-4b 장기 총공급곡선이 이동하는 이유

고전파 거시경제 이론은 장기적으로 경제가 생산하는 재화 및 용역의 수량을 설명하기 때문에 장기 총공급곡선의 위치도 설명한다. 장기 생산수준을 이따금 **잠재 생산량** 아니면 **완전고용 생산량**이라고 한다. 더 정확하게 말하면, 이것은 자연 실업률이나 정상 실업률에서 경제가 생산하는 것을 나타내기 때문에 **자연 생산량 수준**(natural level of output)이라고 한다. 자연 생산량 수준은 경제가 장기적으로 수렴해 들어가는 생산율이다.

자연 생산량 수준
정상 실업률 상태인 장기에서 경제가 달성하는 재화 및 용역 생산

자연 생산량 수준을 변화시키는 경제의 모든 변화는 장기 총공급곡선을 이동시킨다. 고전파 모형에서 생산량은 노동, 자본, 천연자원, 기술지식에 달려 있기 때문에, 장기 총공급곡선의 이동을 이들 네 개 근원에서 비롯되는 것으로 범주화할 수 있다.

노동의 변화에서 비롯되는 총공급곡선의 이동 어떤 경제에 이민이 증가했다고 가상하

자. 이민이 증가하면 노동자의 수가 증가하기 때문에 재화 및 용역의 공급량도 증가하게 된다. 따라서 장기 총공급곡선은 오른쪽으로 이동한다. 반대로 많은 노동자들이 해당 경제를 떠나 해외로 나갈 경우, 장기 총공급곡선은 왼쪽으로 이동한다.

장기 총공급곡선의 위치는 자연 실업률에도 의존하기 때문에 자연 실업률의 모든 변화는 장기 총공급곡선을 이동시킨다. 예를 들어 의회가 실업보험을 상당히 더 관대하게 만들 경우, 실업자들은 열심히 구직활동을 하지 않을 수 있어서 자연 실업률이 증가하고 경제의 재화 및 용역 생산이 감소하게 된다. 반대로 의회가 실직한 노동자를 위한 성공적인 직업 훈련 프로그램을 입법화할 경우, 자연 실업률은 하락하고 장기 총공급곡선은 오른쪽으로 이동한다.

자본의 변화에서 비롯되는 총공급곡선의 이동 경제의 자본량이 증가하면 생산성이 향상되며, 그에 따라 재화 및 용역 공급량이 증가한다. 따라서 장기 총공급곡선은 오른쪽으로 이동한다. 반대로 경제의 자본량이 감소하면 생산성이 저하되며, 그에 따라 재화 및 용역 공급량이 감소한다. 따라서 장기 총공급곡선이 왼쪽으로 이동한다.

기계 및 공장과 같은 물적 자본이든 아니면 대학학위와 같은 인적 자본이든 상관없이 모든 자본에 동일한 논리가 적용된다는 사실에 주목하자. 이런 두 가지 유형의 자본 중 어느 것이 증가하더라도 재화 및 용역을 생산하는 경제의 능력이 증대되어 장기 총공급곡선이 오른쪽으로 이동한다.

천연자원의 변화에서 비롯되는 총공급곡선의 이동 어떤 경제의 생산은 해당 경제의 토지, 광물, 기후를 포함하는 천연자원에 의존한다. 새로운 광물 매장량을 발견하는 경우 장기 총공급곡선이 오른쪽으로 이동한다. 농사를 더 어렵게 만드는 기후 패턴의 변화가 발생하는 경우 장기 총공급곡선이 왼쪽으로 이동한다.

많은 국가에서 중요한 천연자원은 수입되고 있다. 이런 자원들의 가용성에 변화가 발생하는 경우에도 총공급곡선이 이동할 수 있다. 예를 들어 이 장 뒷부분에서 논의할 것처럼 세계 석유시장의 상황이 변화하는 경우 이는 석유 수입국가들의 총공급곡선이 이동하는 중요한 원인이 된다.

기술지식의 변화에서 비롯되는 총공급곡선의 이동 오늘날 경제가 한 세대 전보다 더 많은 것을 생산하는 가장 중요한 이유는 아마도 기술지식의 발전일 것이다. 예를 들어 산업용 로봇이 발전하면서 기업은 일정한 양의 노동, 자본, 천연자원을 활용하여 재화 및 용역을 더 많이 생산할 수 있게 되었다. 로봇 사용이 확산됨에 따라 장기 총공급곡선은 오른쪽으로 이동한다. 반대로 정부가 노동자 안전이나 환경문제를 바로잡기 위해 기업들이 어떤 생산방법을 사용하지 못하도록 하는 새로운 규제를 통과시킬 경우, 결과적으로 장기 총공급곡선은 왼쪽으로 이동하게 된다.

요약 장기 총공급곡선은 고전파 모형을 반영하는 것이기 때문에, 이전 장들에서 한 분석을 표현하는 새로운 방법이 된다. 이전 장들에서 살펴본 실질 GDP를 증대시키는 어떤 정책이나 경우는 재화 및 용역의 공급량을 증가시키고 장기 총공급곡선을 오른쪽으로 이동시킨다고 설명할 수 있다. 이전 장들에서 살펴본 실질 GDP를 감소시키는 어떤 정책이나 사건은 재화 및 용역의 공급량을 감소시키고 장기 총공급곡선을 왼쪽으로 이동시킨다고 말할 수 있다.

23-4c 총수요 및 총공급을 활용하여 장기 성장과 인플레이션 설명하기

경제의 총수요곡선과 장기 총공급곡선을 살펴보고 난 후 경제의 장기적인 추세를 설명

그림 5 **총수요 및 총공급 모형에서의 장기적인 성장과 인플레이션**

주로 기술진보로 인해 해당 경제가 재화 및 용역을 더 잘 생산할 수 있게 됨에 따라 장기 총공급곡선은 오른쪽으로 이동한다. 동시에 중앙은행이 통화 공급을 증가시킴에 따라 총수요곡선도 역시 오른쪽으로 이동한다. 그림에서 생산량은 Y_{2000}에서 Y_{2010}으로, 그러고 나서 다시 Y_{2020}으로 이동한다. 물가수준은 P_{2000}에서 P_{2010}으로, 그러고 나서 다시 P_{2020}으로 이동한다. 이처럼 총수요 및 총공급 모형은 성장과 인플레이션에 관한 고전파적인 분석을 설명할 수 있는 새로운 방법을 제시한다.

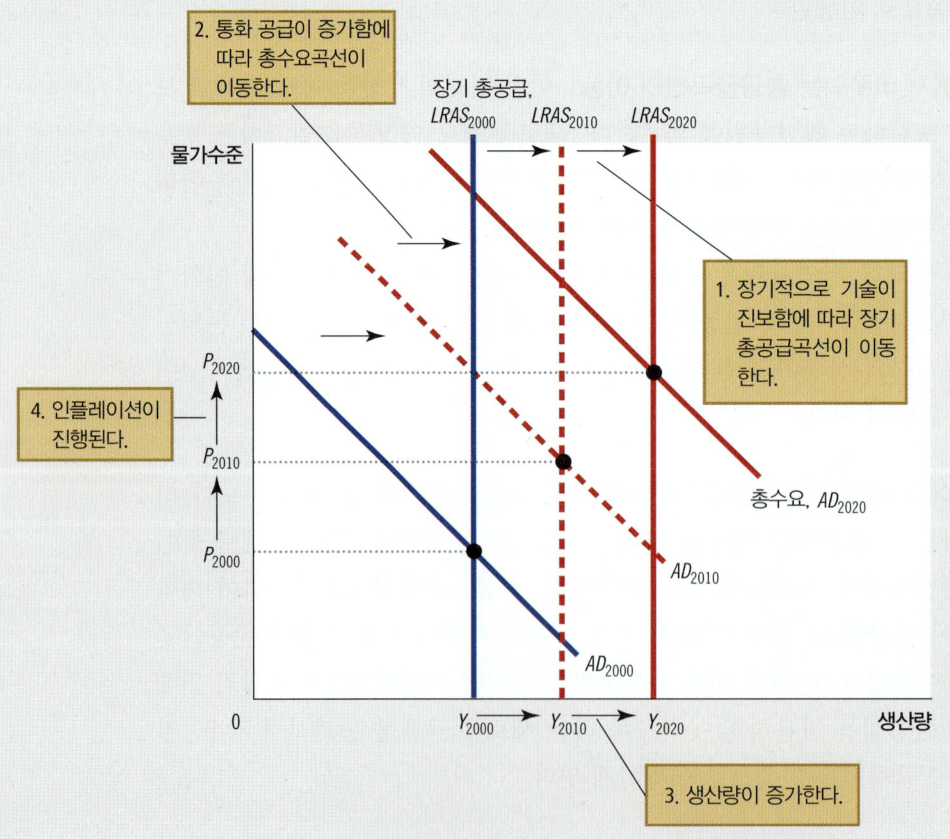

하는 새로운 방법을 알게 되었다. 그림 5는 10년 간격으로 경제에서 발생하는 변화를 설명한다. 두 곡선이 모두 이동한다는 사실에 주목하자. 많은 요인이 장기적으로 경제에 영향을 미치고 이론상으로 이런 변화를 일으킬 수는 있지만, 실제로 가장 중요한 두 가지 요인은 기술과 통화정책이다. 기술진보로 재화 및 용역을 생산하는 경제의 능력이 향상되고, 그에 따른 생산량의 증대는 장기 총공급곡선이 계속해서 오른쪽으로 이동하는 것으로 나타낼 수 있다. 동시에 중앙은행의 역할을 하는 연방준비제도가 시간이 흐름에 따라 통화 공급을 증대시키기 때문에 총수요곡선 역시 오른쪽으로 이동한다. 그림이 보여주는 것처럼, 결과적으로 (Y의 증가로 나타낸 것처럼) 생산량이 계속해서 증가하며, (P의 상승으로 나타낸 것처럼) 인플레이션도 계속 상승한다. 이것은 이전 장들에서 살펴본 성장과 인플레이션에 관한 고전파적인 분석을 보여주는 또 다른 방법일 뿐이다.

하지만 총수요 및 총공급 모형을 학습하는 목적은 이전에 살펴본 장기적인 관점에서 얻은 결론에 새로운 옷을 입히는 것이 아니다. 대신에 잠시 후에 살펴볼 것처럼 단기적인 분석을 하기 위한 틀을 제공하는 것이다. 단기 모형을 전개해나갈 때, 그림 5에서 곡선의 이동으로 나타낸 진행 중인 성장과 인플레이션을 누락시킴으로써 분석을 단순화시킬 수 있다. 하지만 장기적인 추세는 단기적인 변동이 겹쳐 놓이는 배경이라는 사실을 언제나 기억하자. **우리가 공부하게 될 생산량과 물가수준의 단기적인 변동은 생산량 성장과 인플레이션의 장기적인 추세에서 벗어나는 것으로 보아야 한다.**

23-4d 총공급곡선이 단기적으로 기울기가 상향하는 이유

단기적으로 본 경제와 장기적으로 본 경제의 주요한 차이는 총공급의 행태에 관한 것이다. 장기적인 총공급곡선은 수직선인데, 그 이유는 장기적으로 전반적인 물가수준이 재화 및 용역을 생산하는 경제의 능력에 영향을 미치지 않기 때문이다. 반면에 단기적으로 물가수준은 경제의 생산량에 영향을 미친다. 즉 1년 또는 2년 동안에는 물가수준이 상승할 경우 재화 및 용역의 공급량이 증가하는 경향이 있는 반면에 물가수준이 하락할 경우 재화 및 용역의 공급량이 감소하는 경향이 있다. 따라서 단기적인 총공급곡선은 그림 6에서처럼 기울기가 상향한다.

물가수준의 변화가 단기적으로 생산량에 영향을 미치는 이유는 무엇인가? 거시경제학자들은 단기 총공급곡선의 기울기가 상향하는 이유에 관해 세 가지 이론을 제시했다. 각 이론에서 시장 불완전성으로 인해 단기적으로는 경제의 공급 측면이 장기와는 다르게 작동한다. 이 이론들은 세부적인 면에서는 상이하지만 공통의 논지, 한마디로 뜻밖의 상황이라는 점을 공유하고 있다. **경제의 실제 물가수준이 사람들이 기대한 물가수준에서 벗어날 경우, 재화 및 용역의 공급량은 장기적인 수준 또는 자연적인 수준에서 벗어나**

그림 6

단기 총공급곡선

단기적으로 물가수준이 P_1에서 P_2로 하락함에 따라 공급되는 생산량은 Y_1에서 Y_2로 감소한다. 이들 둘 사이에 존재하는 이런 양의 관계는 비신축적 임금, 비신축적 가격, 오인에서 비롯될 수 있다. 시간이 흐름에 따라 임금, 가격, 인식은 조정이 이루어지므로 이런 양의 관계는 단지 일시적으로 존재할 뿐이다.

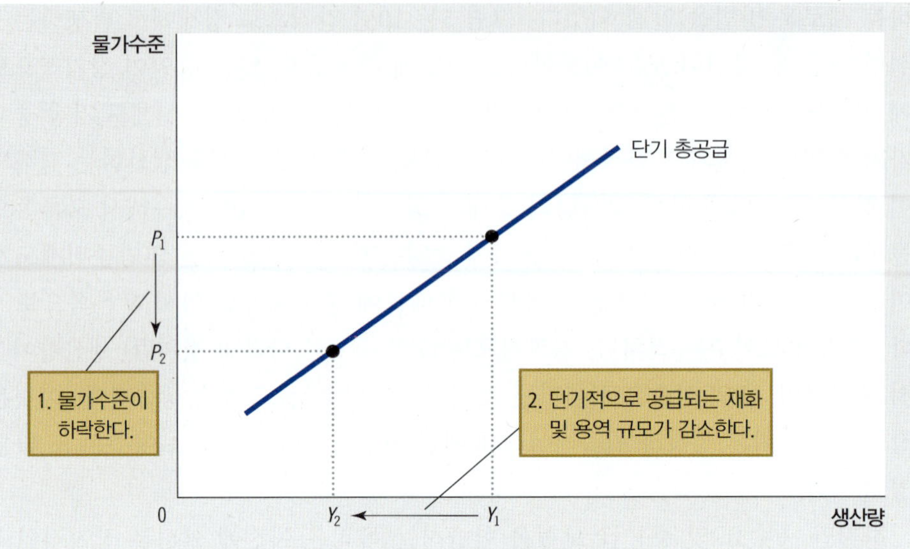

게 된다. 물가수준이 기대했던 수준 이상으로 상승할 경우 생산량은 자연율 수준 이상으로 증가하고, 물가수준이 기대했던 수준 아래로 하락할 경우 생산량은 자연율 수준 아래로 감소한다.

비신축적 임금 이론 단기 총공급곡선의 기울기가 상향하는 이유를 설명하는 첫 번째 모형은 비신축적 임금 이론이다. 이 이론은 총공급에 관한 세 가지 모형 중 가장 단순한 형태이며, 일부 경제학자들은 이 이론이 단기와 장기가 상이하다는 점을 설명하는 가장 중요한 이유를 강조한다고 믿는다. 단기 총공급에 관한 이 이론은 이 책에서도 강조하는 설명 모형이다.

이 이론에 따르면, 단기 총공급곡선의 기울기가 상향하는데 그 이유는 명목임금이 변화하는 경제상황에 서서히 조정되기 때문이다. 다시 말해 임금이 단기적으로 '비신축적'이기 때문이다. 명목임금이 서서히 조정되는 것이 어느 정도까지는 명목임금을 이따금 3년 동안이나 고정시켜 두는 노동자와 기업의 장기계약에서 비롯된다. 이런 점진적인 조정은 또한 임금 설정에 영향을 미칠 수 있는 서서히 변화하는 사회적 규범과 공정성에 대한 개념에서 기인한다.

다음과 같은 예는 비신축적 명목임금이 기울기가 상향하는 단기 총공급곡선을 어떻게 초래할 수 있는지 설명하는 데 도움이 된다. 1년 전에 어떤 기업이 현재의 물가수준이 어떤 수준, 가령 100이 될 것이라고 예상했다. 이런 기대에 기초하여 노동자들에게 시간당 30달러를 지급하겠다고 합의하는 계약을 체결했다. 사실 물가수준은 단지 95에 불과했다. 물가수준이 기대 이하로 하락했기 때문에, 해당 기업은 자신이 판매하는 물품의 각 단위에 대해 기대한 것보다 5% 더 적게 받았다. 하지만 해당 물품을 만드는 데 사용하는 노동의 비용은 시간당 30달러에 고정되어 있다. 이제 생산 수익성이 낮아져서, 기업은 더 적은 수의 노동자를 고용하고 공급량을 줄이게 된다. 시간이 흐름에 따라 노동계약이 종료되고, 기업은 (물가수준이 낮아져서 노동자가 수용할 수 있는) 인하된 명목임금으로 노동자와 재협상할 수 있다. 하지만 그때까지 고용과 생산은 장기적인 수준 아래로 유지될 것이다.

동일한 논리가 거꾸로 적용될 수도 있다. 물가수준이 105가 되고 명목임금은 30달러에 고정되어 있다고 가상하자. 기업은 판매한 각 단위에 지불된 금액이 5% 상승한 반면 노동비용은 그렇지 않다는 사실을 알고 있다. 이에 대응하여 기업은 노동자를 더 많이 고용하고 공급량을 증가시킨다. 결국 노동자는 물가수준 상승을 벌충하기 위해 명목임금 인상을 요구하게 된다. 하지만 잠시동안 기업은 고용과 생산을 장기적인 수준 이상으로 증가시켜 이윤을 얻을 수 있는 기회를 활용할 수 있다.

간단히 말해 비신축적 임금 이론에 따르면 단기 총공급곡선의 기울기는 상향한다. 이렇게 되는 이유는 명목임금이 기대된 물가에 기초하는데, 실제 물가수준이 기대된 물가와 상이하게 될 경우 명목임금이 즉시 반응하지 않기 때문이다. 이런 임금의 비신축성으로 인해 기업은 물가수준이 기대된 물가보다 낮을 경우 더 적게 생산하고, 물가수준이 기대된 물가보다 높을 경우 더 많이 생산하려는 유인을 갖게 된다.

비신축적 가격 이론 일부 경제학자들은 단기 총공급곡선의 기울기가 상향하는 이유를 설명하는 또 다른 모형, 즉 비신축적 가격 이론을 주장한다. 비신축적 임금 이론은 시간이 흐름에 따라 명목임금이 서서히 조정되는 사실을 강조하는 반면에, 비신축적 가격 이론은 경제상황의 변화에 대응하여 역시 서서히 조정되는 일부 재화 및 용역 가격에 초점을 맞춘다. 부분적으로는 가격을 변화시키는 데 따른 비용, 즉 **메뉴비용**이 발생하기 때문에 조정이 천천히 이루어진다. 이 메뉴비용에는 카탈로그를 인쇄하여 배포하는 데 따른 비용, 가격표를 변경하는 데 필요한 시간, 새로운 가격을 결정하는 데 필요한 관리상의 수고도 포함된다. 이런 비용들 때문에 임금뿐만 아니라 가격도 단기적으로 비신축적일 수 있다.

비신축적 가격이 총공급곡선의 기울기가 상향하는 이유를 어떻게 설명하는지 알아보기 위해, 경제의 각 기업이 내년에 기대하는 경제상황에 기초하여 가격을 먼저 발표한다고 가상하자. 가격이 발표되고 난 후에 경제는 기대하지 못한 통화 공급 감소를 겪게 되며 이로 인해 (우리가 배운 것처럼) 장기적으로 전반적인 물가수준이 하락한다고 가상하자. 단기적으로 어떤 일이 발생하는가? 일부 기업은 경제상황의 변화에 대응하여 신속하게 가격을 인하하지만 다른 많은 기업은 추가적인 메뉴비용을 피하고자 하며 일시적으로 가격을 인하하는 데 뒤처지게 된다. 이렇게 뒤처진 기업은 가격이 너무 높기 때문에 이들의 판매가 감소한다. 판매 감소로 인해 이들 기업은 생산과 고용을 삭감하게 된다. 다시 말해 물가수준의 기대하지 못한 하락으로 인해 일부 기업은 원하는 것보다 더 높은 가격을 유지하게 되며, 이 때문에 판매가 감소하고 자신이 생산하는 재화 및 용역의 수량이 축소된다.

통화 공급과 물가수준이 기업이 자신의 가격을 설정할 때 기대한 것보다 더 높을 경우에도 이와 유사한 추론이 적용될 수 있다. 일부 기업은 새로운 환경에 대응하여 빠르게 가격을 인상하지만, 다른 기업은 가격 인상에 뒤처지게 된다. 이들 기업은 낮은 가격으로 인해 고객을 유치할 수 있으며, 이에 따라 고용과 생산을 증대시키게 된다. 다시 한번 경제 전반에 걸쳐 기대하지 못한 물가수준 변화와 생산량 사이에 양의 관계가 있음을 알 수 있다. 단기 총공급곡선의 기울기가 상향하는 이유는 이 곡선이 이런 양의 연관관계를 반영하기 때문이다.

오인 이론 단기 총공급곡선의 기울기가 상향하는 이유를 설명하는 세 번째 모형은 오인 이론이다. 이 이론에 따르면 전반적인 물가수준이 변화할 경우 이는 공급자들이 자신들의 생산물을 판매하는 시장에서 일어나는 상황에 대해 오인하도록 할 수 있다고 주장한다. 이런 단기적인 오인으로 인해 공급자들은 물가수준의 변화에 대응하게 되며, 이로 인해 총공급곡선의 기울기가 상향하게 된다.

이 이론이 어떻게 작동하는지 알아보기 위해, 전반적인 물가수준이 공급자가 기대한 수준 이하로 하락했다고 가상하자. 공급자는 자신의 물품가격이 하락했다는 사실을 깨달았을 때 잘못 판단하여 상대가격이 하락했다고 생각할 수 있다. 즉, 자신의 물품가격이 경제의 다른 가격들과 비교해볼 때 하락했다고 믿을 수 있다. 예를 들면 밀 경작 농부는 자신이 소비자로서 구입하는 많은 물품의 가격이 하락했다는 사실을 깨닫기 전에 밀가격의 하락을 인지할 수 있다. 이들은 밀 생산에 따르는 보상이 일시적으로 낮아졌다고 추론할 수 있으며, 이에 따라 자신이 공급하는 밀의 양을 줄임으로써 이에 대응할 수 있다. 이와 유사하게 노동자는 자신이 구입하는 물품의 가격이 하락했다는 사실을 깨닫기 전에 자신의 명목임금이 하락했음을 먼저 깨달을 수 있다. 이들은 노동에 따른 보상이 일시적으로 하락했으니 노동을 더 적게 제공함으로써 이에 대응하겠다고 추론할 수 있다. 위의 두 경우 모두에서 물가수준이 하락하면 상대가격에 대해 오인을 하게 되며, 이런 오인 때문에 공급자는 재화 및 용역의 공급량을 줄여 물가수준 하락에 대응하게 된다.

물가수준이 기대한 수준 이상일 경우에도 유사한 오인 상황이 발생한다. 재화 및 용역의 공급자는 자신의 생산물 가격이 상승하는 것을 인지하고서 상대가격이 상승했다고 잘못 추론할 수 있다. 이들은 재화 및 용역의 공급량을 증대시켜 물가수준 상승에 대응하게 된다. 이런 행태는 기울기가 상향하는 단기 총공급곡선으로 이어진다.

요약 단기적인 총공급곡선의 기울기가 상향하는 이유를 설명하는 세 가지 이론 즉 (1)

비신축적 임금 이론, (2) 비신축적 가격 이론, (3) 상대가격에 관한 오인 이론이 있다. 경제학자들은 이들 이론 중 어느 것이 옳은지 논의하고 있으며, 각 이론은 참인 요소를 포함할 가능성이 있다. 우리의 목적에는 이 이론들의 유사점이 차이점보다 더 중요하다. 이들 세 가지 이론 모두가 시사하는 바는 실제 물가수준이 사람들이 기대한 물가수준에서 벗어날 경우 생산량이 단기적으로 자연율 수준에서 벗어난다는 것이다. 우리는 이를 수학적으로 다음과 같이 나타낼 수 있다.

$$\text{생산물의 공급량} = \text{자연 생산량 수준} + a(\text{실제 물가수준} - \text{기대 물가수준})$$

여기서 a는 생산물의 공급량이 기대하지 못한 물가수준의 변화에 얼마나 반응하는지를 결정하는 숫자이다.

단기 총공급곡선에 관한 이들 세 가지 이론 각각은 일시적일 것 같은 문제를 강조한다는 사실에 주목하자. 단기 총공급곡선의 기울기가 상향한다는 사실이 비신축적 임금 또는 비신축적 가격 아니면 오인에 기인하든 간에, 이런 조건들이 영원히 지속되지는 않을 것이다. 시간이 흐름에 따라 명목임금과 가격은 고정되지 않으며, 상대가격에 관한 오인도 수정된다. 장기적으로 임금과 가격은 비신축적이지 않고 신축적이며 사람들은 상대가격을 정확하게 인지한다고 가정하는 것이 합리적이다. 이들 세 가지 이론 각각은 기울기가 상향하는 단기 총공급곡선뿐만 아니라 수직선인 장기 총공급곡선도 설명한다.

23-4e 단기 총공급곡선이 이동하는 이유

단기 총공급곡선은 모든 물가수준에서의 단기적인 재화 및 용역의 공급량을 나타낸다. 장기 총공급곡선과 유사하지만 비신축적 임금, 비신축적 가격, 오인으로 인해 수직선이 아니라 기울기가 상향한다. 단기 총공급곡선을 무엇이 이동시키는지에 관해 생각할 때, 장기 총공급곡선을 이동시키는 모든 변수에 더해 기대 물가수준을 추가적으로 고려해야 한다. 기대 물가수준은 고정된 임금, 고정된 가격, 상대가격에 관한 인식의 오류에 영향을 미친다.

장기 총공급곡선에 관해 우리가 알고 있는 것에서부터 시작해보자. 우리가 논의했던 것처럼, 장기 총공급곡선의 이동은 보통 노동, 자본, 천연자원, 기술지식의 변화에서 비롯된다. 이런 변수들은 또한 단기 총공급곡선을 이동시킨다. 예를 들어 자본량이 증가하여 생산성이 향상되면, 해당 경제는 생산물을 더 많이 생산하게 된다. 따라서 장기 총공급곡선 및 단기 총공급곡선이 둘 다 오른쪽으로 이동한다. 대규모 부문 간 이동이 발생하여 자연 실업률이 상승하면, 더 적은 수의 노동자가 고용되고 생산물을 더 적게 생산하게 된다. 따라서 장기 총공급곡선 및 단기 총공급곡선이 둘 다 왼쪽으로 이동한다.

단기 총공급곡선의 위치에 영향을 미치는 새로운 변수는 사람들이 기대한 물가수준이다. 우리가 논의한 것처럼, 재화 및 용역의 공급량은 단기적으로 비신축적 임금, 비신축적 가격, 오인에 달려 있다. 그런데 임금, 가격, 인식은 기대 물가수준에 기초하여 설정된다. 따라서 기대 물가수준이 변화할 때 단기 총공급곡선이 이동하게 된다.

예를 들어 비신축적 임금 이론에 따르면 노동자와 기업은 물가수준에 대한 자신의 기대에 기초하여 명목임금 수준에 합의하게 된다. 따라서 기대 물가수준은 기업의 비용 그리고 모든 실제 물가수준에 대한 재화 및 용역의 공급량에 영향을 미친다. 기대 물가수준이 상승할 경우, 임금은 더 높게 설정되어 비용이 증가하고 모든 실제 물가수준에서 더 적은 양의 재화 및 용역을 생산하게 된다. 따라서 단기 총공급곡선은 왼쪽으로 이동한다. 반대로 기대 물가수준이 하락할 경우, 임금은 더 낮게 설정되어 비용이 감소하고 기업은 모든 실제 물가수준에서 생산량을 증대시킨다. 따라서 단기 총공급곡선은 오른쪽으로 이동한다.

표 2

단기 총공급곡선: 요약

단기 총공급곡선의 기울기가 상향하는 이유는 무엇인가?

1. **비신축적 임금 이론:** 명목임금이 일정하게 주어지고 기대 밖으로 물가수준이 낮아질 경우, 기업은 더 적은 수의 노동자를 고용하고 이로 인해 더 적은 양의 재화 및 용역을 생산하게 된다.
2. **비신축적 가격 이론:** 기대 밖으로 물가수준이 낮아질 경우, 적정한 수준보다 더 높게 가격을 책정한 기업은 판매가 감소하여 생산을 감축하게 된다.
3. **오인 이론:** 기대 밖으로 물가수준이 낮아질 경우, 일부 공급업체는 자신의 상대가격이 하락했다고 생각하여 생산을 감축하게 된다.

단기 총공급곡선이 이동하는 이유는 무엇인가?

1. **노동의 변화에서 비롯되는 이동:** (어쩌면 자연 실업률이 하락함으로써) 가용할 수 있는 노동 규모가 증가하는 경우, 총공급곡선이 오른쪽으로 이동한다. 반면에 (어쩌면 자연 실업률이 상승함으로써) 가용할 수 있는 노동 규모가 감소하는 경우, 총공급곡선이 왼쪽으로 이동한다.
2. **자본의 변화에서 비롯되는 이동:** 물적 자본 또는 인적 자본이 증가하는 경우, 총공급곡선이 오른쪽으로 이동한다. 반면에 물적 자본 또는 인적 자본이 감소하는 경우, 총공급곡선이 왼쪽으로 이동한다.
3. **천연자원의 변화에서 비롯되는 이동:** 가용할 수 있는 천연자원이 증가하는 경우, 총공급곡선이 오른쪽으로 이동한다. 반면에 가용할 수 있는 천연자원이 감소하는 경우, 총공급곡선이 왼쪽으로 이동한다.
4. **기술의 변화에서 비롯되는 이동:** 기술지식이 발전하는 경우, 총공급곡선이 오른쪽으로 이동한다. 반면에 (어쩌면 정부 규제로 인해서) 가용할 수 있는 기술이 감소하는 경우, 총공급곡선이 왼쪽으로 이동한다.
5. **기대 물가수준의 변화에서 비롯되는 이동:** 기대 물가수준이 하락하는 경우, 단기 총공급곡선이 오른쪽으로 이동한다. 반면에 기대 물가수준이 상승하는 경우, 단기 총공급곡선이 왼쪽으로 이동한다.

이와 유사한 논리가 총공급에 관한 각 이론에 적용된다. 일반적인 결론은 다음과 같다. 기대 물가수준이 상승할 경우 재화 및 용역의 공급량이 감소하여 단기 총공급곡선이 왼쪽으로 이동하게 된다. 기대 물가수준이 하락할 경우 재화 및 용역의 공급량이 증가하여 단기 총공급곡선이 오른쪽으로 이동하게 된다.

다음 절에서 논의할 것처럼, 단기 총공급곡선의 위치에 기대가 미치는 영향은 경제가 단기에서 장기로 어떻게 전환하는지 설명하는 데 핵심 역할을 한다. 단기적으로는 기대가 고정되고 경제가 총수요곡선과 단기 총공급곡선의 교차점에 위치하게 된다. 시간이 흐름에 따라 물가수준이 사람들이 기대하는 수준과 상이해질 경우, 기대가 변화하고 단기 총공급곡선이 이동하게 된다. 이런 이동을 통해 장기적으로는 경제가 총수요곡선과 장기 총공급곡선의 교차점으로 이동하게 된다.

표 2는 단기 총공급곡선에 관해 우리가 학습한 것을 요약해 보여준다.

Quiz

8. 단기 총공급곡선의 기울기가 상향하는 한 가지 이유는 물가수준이 상승하는 경우 ______________.
   a. 실질임금이 비신축적이라면 명목임금이 상승하기 때문이다.
   b. 실질임금이 비신축적이라면 명목임금이 하락하기 때문이다.
   c. 명목임금이 비신축적이라면 실질임금이 상승하기 때문이다.
   d. 명목임금이 비신축적이라면 실질임금이 하락하기 때문이다.

9. 다음 중 어느 것이 변화할 경우, 단기 총공급곡선은 이동하지만 장기 총공급곡선은 이동하지 않는가?
   a. 경제활동인구
   b. 자본량
   c. 기술수준
   d. 기대 물가수준

해답은 이 장의 끝부분에 있다.

23-5 경제 변동의 두 가지 원인

이제는 총수요 및 총공급 모형을 사용하여 단기 변동의 두 가지 기본 원인, 즉 총수요 변화와 총공급 변화를 살펴보도록 하자.

간단히 하기 위해 경제는 그림 7에서 보는 것처럼 장기균형에서 시작한다고 가정하자. 생산량과 물가수준은 장기적으로 그림의 점 A에서 보는 것처럼 총수요곡선과 장기 총공급곡선의 교차점에서 결정된다. 이 점에서 생산량은 자연율 수준이 된다. 경제는 언제나 단기균형 상태에 있기 때문에 단기 총공급곡선도 역시 이 점을 통과하게 되는데, 이는 기대 물가수준이 이 장기균형으로 조정되었다는 것을 의미한다. 즉 경제가 장기균형 상태에 있을 때 기대 물가수준은 실제 물가수준과 같아져서, 총수요곡선과 단기 총공급곡선의 교차점은 총수요곡선과 장기 총공급곡선의 교차점과 같아진다.

그림 7

장기균형

총수요곡선과 장기 총공급곡선이 교차하는 점, 즉 점 A에서 경제의 장기균형이 달성된다. 경제가 이 장기균형에 도달할 때 기대 물가수준은 조정되어 실제 물가수준과 동일해진다. 따라서 단기 총공급곡선도 역시 이 점에서 교차한다.

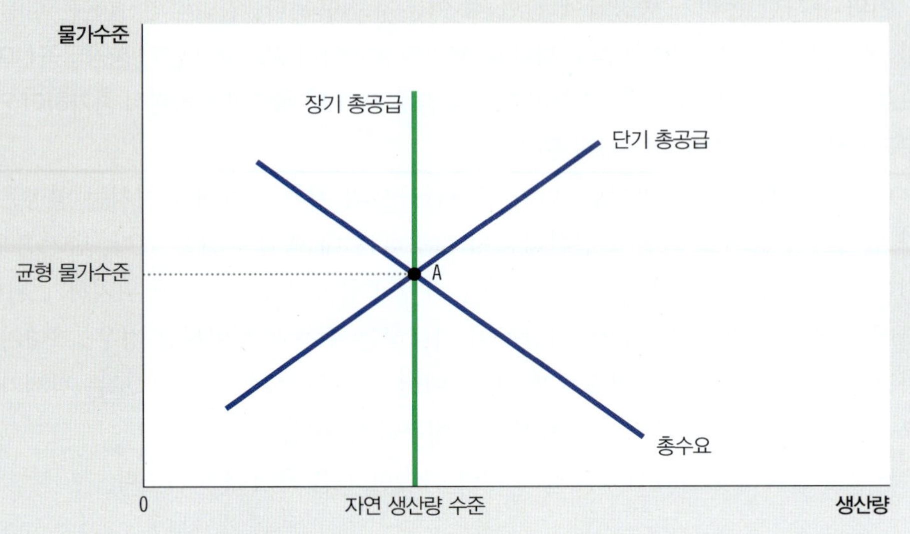

23-5a 총수요 변화가 미치는 영향

비관적인 분위기가 경제를 덮쳤다고 가상하자. 그 원인은 백악관의 추문일 수도 있고 주식시장의 폭락일 수도 있으며 아니면 해외에서의 전쟁 발발일 수도 있다. 구체적인 이유가 무엇이든 간에 많은 사람들이 장래에 대한 신뢰를 잃고 자신들의 계획을 바꾸었다. 가계는 지출을 감축시키고 주요한 구매계획을 연기하며, 기업은 새로운 장비 구입을 연기한다.

이런 비관주의의 물결이 미치는 거시경제적 영향은 무엇인가? 이 물음에 답하기 위해 공급과 수요에 대한 분석을 하는데 제4장에서 제안한 세 가지 단계를 따라가보도록 하자. 첫째, 이런 충격이 총수요 아니면 총공급 어느 것에 영향을 미치는지 결정한다. 둘째, 곡선이 이동하는 방향을 결정한다. 셋째, 총수요 및 총공급 도해를 사용하여 최초의 균형과 새로운 균형을 비교한다. 새로이 제시하는 의견은 네 번째 단계를 추가할 필요가 있다는 것이다. 즉, 우리는 새로운 단기균형, 새로운 장기균형, 이들 두 균형 사

표 3

거시경제 변동을 분석하는 네 단계

1. 해당 충격이 총수요곡선과 총공급곡선 중 어느 곡선(또는 어쩌면 두 곡선 모두)을 이동시키는지 여부를 결정한다.
2. 곡선이 이동하는 방향을 결정한다.
3. 총수요곡선 및 총공급곡선의 도해를 활용하여 해당 충격이 생산량과 물가수준에 미치는 단기적인 영향을 결정한다.
4. 총수요곡선 및 총공급곡선 도해를 활용하여 경제가 새로운 단기균형에서 새로운 장기균형으로 어떻게 이동하는지 분석한다.

이의 전환을 놓치지 말고 따라가며 살펴보아야 한다. 표 3에 경제적 변동을 분석하기 위한 네 단계를 요약해 정리했다.

앞의 두 단계는 간단히 해결할 수 있다. 첫째, 비관적인 분위기가 만연되면 지출 계획에 영향을 미치게 되므로, 이에 따라 총수요곡선이 영향을 받게 된다. 둘째, 가계와 기업은 이제 모든 물가수준에서 더 적은 규모의 재화 및 용역을 구입하려 하기 때문에 총수요가 감소하게 된다. 그림 8에서 보는 것처럼 총수요곡선은 왼쪽으로, 즉 AD_1에서 AD_2로 이동한다.

이 그림을 활용하여 세 번째 단계를 이행할 수 있다. 최초 균형과 새로운 균형을 비교함으로써 총수요의 감소가 미치는 영향을 살펴볼 수 있다. 단기적으로 경제는 최초의 단기 공급곡선 AS_1을 따라 이동하여 점 A에서 점 B로 이동하게 된다. 경제가 이들 두 점 사이를 이동함에 따라 생산량은 Y_1에서 Y_2로 감소하며 물가수준은 P_1에서 P_2로 하락한다. 생산량이 감소한다는 것은 경제가 침체기로 들어간다는 의미이다. 그림에 나타나 있지는 않지만, 기업은 고용을 줄임으로써 판매 및 생산 감소에 대응하게 된다. 총수요의 변화를 유발한 비관적 상황은 어느 정도 자기 실현적이다. 즉 장래에 대한 비관적 생각은 소득 감소와 실업 증대로 이어진다.

이제는 단기균형에서 새로운 장기균형으로 전환되는 네 번째 단계를 살펴보도록 하자. 총수요가 감소하기 때문에 물가수준은 처음에 P_1에서 P_2로 하락한다. 물가수준은 총수요가 갑자기 감소하기 전에 사람들이 기대하고 있었던 수준(P_1)을 하회한다. 사람들은 단기적으로 놀랄 수 있지만 영원히 계속해서 놀라지는 않을 것이다. 결국에는 사

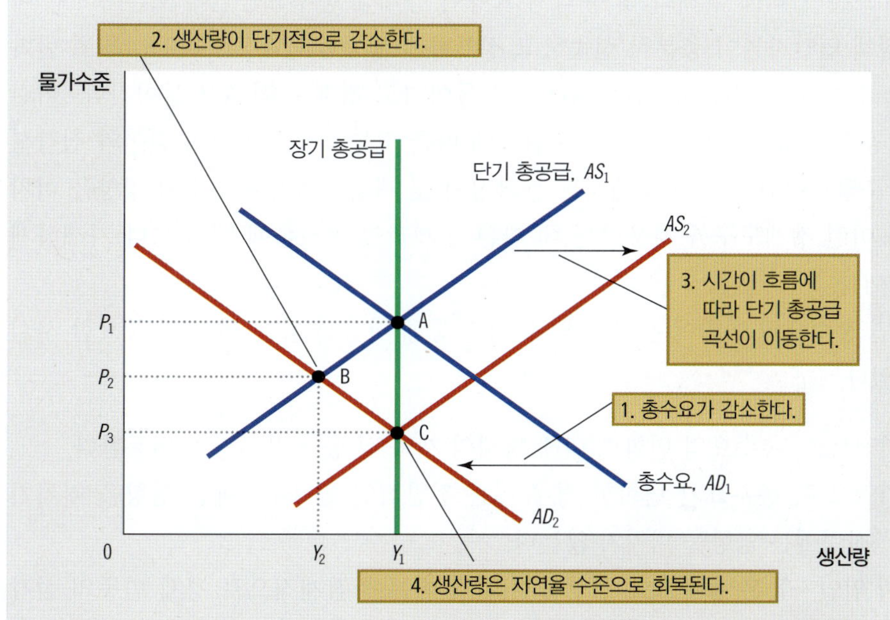

그림 8

총수요 측면에서의 수축

총수요가 감소하면 총수요곡선은 왼쪽으로 즉 AD_1에서 AD_2로 이동한다. 단기적으로 경제는 점 A에서 점 B로 이동하게 된다. 생산량은 Y_1에서 Y_2로 감소하며, 물가수준은 P_1에서 P_2로 하락한다. 하지만 기대 물가수준이 조정됨에 따라, 단기 총공급곡선은 오른쪽으로 즉 AS_1에서 AS_2로 이동하고, 경제는 새로운 총수요곡선이 장기 총공급곡선과 교차하는 점 즉 점 C로 회복된다. 장기적으로 물가수준은 P_3로 하락하고 생산량은 자연율 수준 Y_1으로 회복하게 된다.

람들의 기대가 새로운 현실을 따라잡게 된다. 기대 물가수준이 하락하며 이는 임금, 가격, 인식을 변화시키고, 이런 변화는 다시 단기 총공급곡선의 위치에 영향을 미친다. 예를 들어 비신축적 임금 이론에 따르면, 노동자와 기업이 일단 더 낮은 물가수준을 기대하게 되면 이들은 더 낮은 명목임금에 합의하게 된다. 이렇게 해서 노동비용이 감소하게 되면 기업은 노동자를 더 많이 고용하게 되고, 그에 따라 모든 물가수준에서 생산이 확장된다. 이런 식으로 기대 물가수준이 하락하면 단기 총공급곡선은 오른쪽으로, 즉 그림 8의 AS_1에서 AS_2로 이동하게 된다. 이런 이동을 거쳐 경제는 점 C로 근접하며, 거기서 새로운 총수요곡선(AD_2)은 장기 총공급곡선과 교차한다.

새로운 장기균형인 점 C에서, 생산량은 자연율 수준으로 돌아간다. 경제는 스스로를 정정하여 바로잡는 능력이 있다. 즉, 생산량의 감소는 정책 입안자가 하는 어떤 행위가 없더라도 장기적으로 반전이 이루어진다. 비관적인 상황으로 인해 총수요가 감소하더라도, 물가수준이 총수요곡선의 이동을 상쇄할 정도로 충분히 (P_3까지) 하락하고 사람들도 역시 낮아진 새로운 물가수준을 기대하게 된다. 장기적으로는 총수요의 변화가 물가수준에 충분히 반영되고 생산량 수준에는 전혀 반영되지 않는다. 다시 말해, 총수요의 변화에 따른 장기적인 효과는 (물가수준이 낮아지는 것처럼) 명목적인 변화를 일으키지 (생산량이 불변하는 것처럼) 실질적인 변화를 일으키지는 않는다.

정책 입안자들은 총수요가 갑자기 감소할 때 무엇을 해야 하는가? 위의 분석은 정책 입안자들이 아무것도 하지 않는다고 가정한다. 하지만 또 다른 가능성은 경제가 (점 A에서 점 B로 이동하여) 침체기로 진입하자마자, 정책 입안자가 총수요를 증대시키는 조치를 취하는 것이다. 앞에서 살펴본 것처럼, 정부 지출이 증가하거나 통화 공급이 증가할 경우 모든 가격에서 재화 및 용역 수요량이 증대해 총수요곡선이 오른쪽으로 이동한다. 정책 입안자들이 충분히 신속하고 정확하게 행동할 경우, 총수요의 최초 변화를 상쇄할 수 있어서 총수요곡선은 AD_1으로 돌아가고 경제는 점 A로 돌아간다. 이런 정책이 성공적일 경우, 생산량 및 고용 감소에 따른 고통스러운 기간이 길이와 심각성 면에서 감축될 수 있다. 다음 장에서는 통화정책 및 재정정책이 총수요에 영향을 미치는 방식과 이런 정책도구를 사용하는 데 따른 실제적인 어려움에 대해 보다 자세하게 살펴볼 것이다.

요약하면 총수요의 변화에 관한 위의 논의를 통해 다음과 같은 세 가지 중요한 사실을 알 수 있다.

- 단기적으로, 총수요의 변화로 인해 경제의 재화 및 용역 생산량이 변동한다.
- 장기적으로, 총수요가 변화할 경우 이는 전반적인 물가수준에는 영향을 미치지만 생산량에는 영향을 미치지 않는다.
- 정책 입안자들은 총수요에 영향을 미치기 때문에 잠재적으로 경제 변동의 심각성을 완화시킬 수 있다.

FYI 화폐의 중립성에 대한 재해석

고전파의 경제 이론에 따르면 화폐는 중립적이라고 한다. 즉, 화폐수량이 변화할 경우 이는 물가수준과 같은 명목변수에 영향을 미치지만 생산량과 같은 실질변수에는 영향을 미치지 않는다. 이 장 앞부분에서 대부분의 경제학자들은 이런 결론을 경제가 장기적으로 어떻게 작동하는지에 대한 설명으로 받아들이지만, 단기적으로는 적절한 설명으로 받아들이지 않는다는 점을 살펴보았다. 총수요 및 총공급 모형을 사용하면 이 결론을 보다 완전하게 설명할 수 있다.

(중앙은행의 역할을 하는) 연방준비제도가 경제의 통화량을 감소시키려 한다고 가상하자. 이런 변화는 어떤 효과를 갖게 되는가? 논의했던 것처럼, 통화 공급은 총수요를 결정하는 요인이다. 통화 공급이 감소할 경우 총수요는 왼쪽으로 이동한다.

통화 공급의 감소에 따른 분석은 그림 8의 분석과 같아진다. 총수요의 변화를 일으키는 원인은 상이하지만 생산량과 물가수준에는 동일한 영향을 미친다는 사실을 알 수 있다. 단기적으로는 생산량과 물가수준이 둘 다 하락하여 경제가 경기 침체를 겪게 된다. 하지만 시간이 흐름에 따라 기대 물가수준도 역시 하락하여 기업과 노동자들은 예를 들면 낮아진 명목임금에 합의함으로써 자신들의 새로운 기대에 대응하게 된다. 그렇게 함에 따라 단기 총공급곡선은 오른쪽으로 이동하며, 궁극적으로는 경제가 장기 총공급곡선으로 돌아가게 된다.

그림 8은 화폐가 실질변수에 대해 중요할 때와 그렇지 않을 때를 보여준다. 장기적으로 화폐는 중립적이며, 이는 경제가 점 A에서 점 C로 이동하는 것으로 나타낼 수 있다. 하지만 단기적으로 통화 공급이 변화할 경우 실질적인 효과를 미치며, 이는 경제가 점 A에서 점 B로 이동하는 것으로 나타낼 수 있다. 이런 분석을 압축해서 설명한, 이전부터 해오던 말이 있다. "화폐는 장막이지만, 장막이 휘날릴 때 실질 생산량은 칙칙 소리를 내다가 시동이 꺼진다." ■

사례 연구 두 번의 대폭적인 총수요 변화: 대공황과 제2차 세계대전

이 장은 1972년 이후의 데이터를 활용하여 경제 변동에 관한 세 가지 사실을 확립하는 데서부터 시작했다. 이제는 보다 장기간에 걸쳐 미국의 경제사를 살펴보도록 하자. 그림 9는 1900년 이후 '3년 전 대비 실질 GDP의 백분율 변화'에 관한 데이터를 보여준다. 평균 3년 동안 실질 GDP는 약 10%, 즉 연간 3% 약간 더 성장했다. 이 그림에서 특히 주목할 만한 두 가지 사건, 즉 1930년대 초 실질 GDP의 대규모 감소와 1940년대 초 실질 GDP의 대규모 증가를 볼 수 있다. 총수요의 변화로 인해 이들 두 사건이 발생했다.

1930년대 초에 발생한 경제적 재난을 **대공황**이라고 하는데, 이는 미국 역사상 지금까지 가장 큰 경기 침체였다. 실질 GDP는 1929년부터 1933년까지 26%만큼 감소했으며, 실업은 3%에서 25%로 증가했다. 동시에 물가수준은 이 4년 동안 22%만큼 하락했다. 다른 많은 국가들도 이 기간 동안 유사한 수준의 생산량 및 물가 하락을 경험했다.

경제사학자들은 대공황의 원인에 대해 계속 논의하고 있지만, 대부분의 설명은 총수요의 대폭적인 감소로 수렴된다. 총수요가 수축된 이유는 무엇인가? 여기서 의견 불일치가 발생한다.

많은 경제학자들은 주요한 책임을 통화 공급의 감소로 돌린다. 즉, 1929년부터 1933년까지 통화 공급이 28%만큼 감소했다. 화폐제도에 관한 논의에서 살펴보았던 것처럼, 통화 공급의 감소는 은행시스템상의 문제에서 비롯되었다. 가계가 재무적으로 불안정한 은행에서 예금을 인출했고 은행은 보다 조심해서 더 많은 지급준비금을 보유하기 시작했기 때문에,

그림 9 **1900년 이후 미국의 실질 GDP 성장**

미국 경제사를 살펴보면, 특히 두 가지 경제 변동이 눈길을 끈다. 1930년대 초에 미국 경제는 대공황을 견뎌냈는데, 이때 재화 및 용역 생산이 급감했다. 1940년대 초에 미국은 제2차 세계대전에 참전했으며 생산이 급격히 증가했다. 이들 두 사건은 모두 일반적으로 총수요의 대폭적인 변화에 기인했다고 본다.

출처: Louis D. Johnston and Samuel H. Williamson, "What Was GDP Then?" http://www.measuringworth.com/usgdp/; Department of Commerce.

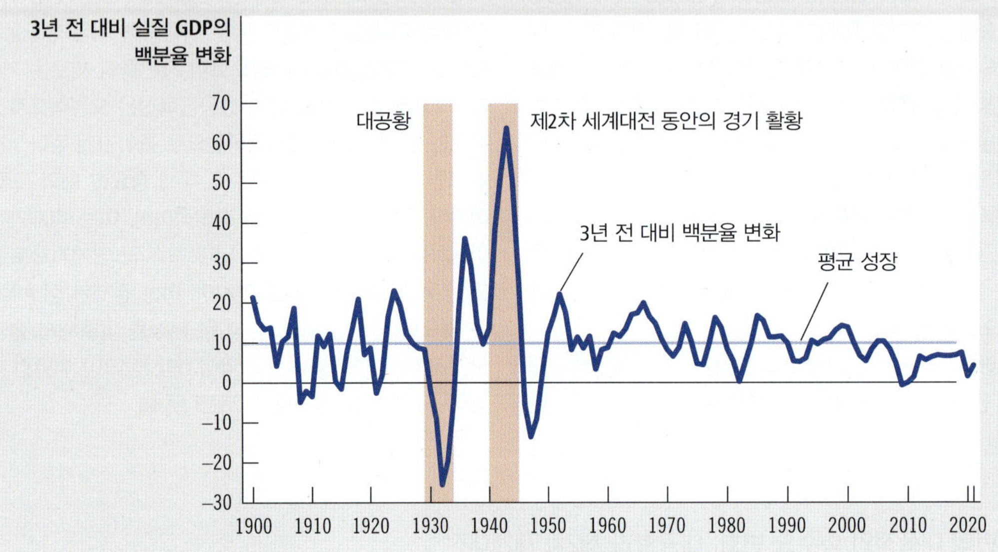

BETTMANN/GETTY IMAGES

총수요가 대폭적으로 감소함에 따라 발생하는 상황

부분 지급준비제도하에서 통화 창출과정은 역전되었다. 한편 연방준비제도는 확장적인 공개시장 조작으로 이런 통화승수의 하락을 상쇄시키지 못해 통화 공급이 감소했다. 많은 경제학자들은 대공황이란 심각한 상황에 대해 연방준비제도가 조치를 취하지 않은 것을 비판한다.

일부 경제학자들은 총수요가 붕괴된 다른 이유를 제시했다. 예를 들어 주가가 이 기간에 약 90% 하락하여 가계의 부와 소비자 지출이 감소했다. 이밖에 은행시스템상의 문제로 일부 기업은 새로운 계획사업과 사업 확장에 필요한 자금 조달을 할 수 없어서 투자 지출이 축소되었다. 이런 모든 요인들이 함께 작동해서 총수요를 축소시켰을 가능성이 있다.

그림 9에서 두 번째로 중요한 사건인 1940년대 초에 발생한 급격한 경제 확장은 설명하기가 더 쉽다. 제2차 세계대전으로 인해 경제가 활황을 겪게 되었다. 미국이 해외에서 참전함에 따라 연방정부는 더 많은 자원을 군에 투입했다. 정부의 재화 및 용역 구매는 1939년부터 1944년까지 거의 다섯 배 증가했다. 이처럼 총수요가 막대하게 확장되자 경제의 재화 및 용역 생산이 거의 두 배가 되었으며 (정부가 실시한 가격 통제로 인해 가격 인상이 제한되기는 했지만) 물가수준은 20% 상승했다. 실업은 1939년 17%로부터 1944년 미국 역사상 가장 낮은 수준인 약 1%로 하락했다. ●

사례 연구

2008~2009년에 발생한 대침체

2008년과 2009년에 미국 경제는 금융위기와 심각한 경제활동 침체를 겪었다. 여러 면에서 이 침체는 반세기 이상의 기간에 발생했던 최악의 거시경제 사건이었다.

이런 경기 침체의 시초는 부분적으로는 낮은 이자율에 의해 주택시장이 활황이었던 몇 년 전으로 거슬러 올라간다. 2001년에 발생한 경기 침체의 여파로 인해 미국 연방준비제도는 역사적으로 낮은 수준까지 이자율을 인하했다. 이런 낮은 이자율로 인해 경제는 회복되었지만 담보대출을 받아 주택을 구입하는 것은 더 저렴해져서 주택가격 상승에 일조했다.

낮은 이자율 이외에 주택담보 장기 대출시장이 활성화됨에 따라 소득과 신용상태에 비추어볼 때 채무 불이행 위험이 높은 차용자, 즉 **서브프라임 차용자**들이 대출을 받아 주택을 구입하기가 더 용이해졌다. 이런 방법 중 하나가 **담보화**하는 것이었는데, 이는 (특히 주택담보 장기 대출을 처음 제공한) 금융기관이 대출을 제공하고 나서 (투자은행의 도움을 받아) 이를 함께 묶어서 주택담보 대출에 기초한 유가증권이라고 하는 금융상품을 만드는 과정이다. 이런 주택담보 대출에 기초한 유가증권은 (은행 및 보험회사와 같은) 제3 금융기관에 판매되었는데, 이들은 이 유가증권의 위험을 충분히 인식하지 못했다. 일부 경제학자들은 고위험 대출에 대한 규제가 적절히 이루어지지 않았다고 비판했다. 반면에 다른 경제학자들은 저소득 가계가 주택을 소유하도록 이런 대출을 장려한 정부정책의 문제점을 지적했다. 이런 요인들이 함께 작동하여 주택 수요와 주택가격이 급등했다. 1995년부터 2006년까지 미국 내 평균 주택가격은 두 배 이상 상승했다.

이렇게 높은 주택가격이 계속 지속될 수 없다는 사실이 입증되었다. 2006년부터 2009년까지 전국적으로 주택가격이 약 30% 하락했다. 이런 가격 변동을 시장경제 체제에서 반드시 문제화할 필요는 없다. 결국 가격 변동은 시장에서 공급과 수요가 균형을 이루기 위해 필요하다. 하지만 이 경우에 가격 하락은 대규모의 총수요 감소로 이어지는 두 가지 상황을 발생시켰다.

첫 번째 상황은 주택담보 대출 채무 불이행과 주택 압류가 급증한 것이다. 주택경기가 활황을 이루었을 때 많은 사람들은 대부분을 차용하고 최소한의 계약금만을 납입하여 주택을 구입했다. 주택가격이 하락하자 주택 소유주들은 **손실상태**에 빠지게 되었다.(소유하고 있는 주택의 가치보다 대출금이 더 커지게 되었다) 많은 주택 소유주들이 대출금 상환을 중지했다. 대출을 제공했던 은행들도 이런 채무 불이행에 대응하여 주택에 대해 압류 절차를 밟고 이를 매도해버렸다. 은행들의 목적은 부실 대출에서 가능한 모든 것을 회수하는 것이었다. 하지만 판매하려는 주택의 수가 증가하자 주택가격의 하락도 나선형으로 가속화되었다. 주택가격이 하락함에 따라 주택 건설에 대한 지출이 급감했다.

두 번째 상황은 주택담보 대출에 기초한 유가증권을 보유하고 있던 금융기관들이 대규모 손실을 입게 된 것이다. 대규모 자금을 차용하여 고위험의 주택담보 대출채권을 매입한 금융기관들은 주택가격이 계속 상승할 것으로 판단했다. 하지만 판단이 잘못된 것으로 밝혀

지자 자신들이 파산하거나 또는 거의 파산할 지경에 도달했다는 사실을 깨닫게 되었다. 이렇게 손실을 입게 되자, 많은 금융기관들은 대출을 제공해줄 자금을 확보하지 못하게 되었으며, 금융재원을 가장 잘 활용할 수 있는 사람들에게 이를 전달해주는 금융시스템의 능력이 손상되었다. 신용도가 있는 고객들조차도 투자 지출에 대한 재원을 조달하기 위해 차용을 할 수 없게 되었다. 이런 현상을 **신용 경색**이라고 한다.

주택 투자의 붕괴와 신용 경색의 결과로 경제는 총수요가 수축하여 감소하는 변화를 겪게 되었다. 실질 GDP와 고용은 둘 다 급격하게 감소했다. 이 장 도입부에서 인용된 수치들은 다시 한번 반복할 만한 가치가 있다. 실질 GDP는 2007년 4분기와 2009년 2분기 사이에 4.0%만큼 감소했고, 실업률은 2007년 5월 4.4%에서 2009년 10월 10.0%로 상승했다. 이런 경험은 심각한 경제 침체와 이로 인한 개인적 어려움이 역사 속 유물이 아니라 현대 경제에 상존하는 끊임없는 위험이라는 사실을 생생하게 일깨워준다.

위기가 전개됨에 따라 미국 정부는 다양한 방식으로 대응했다. 세 가지 정책 조치가 가장 주목할 만한데, 이들 모두는 부분적으로 총수요를 이전 수준으로 되돌리는 것을 목표로 한다.

첫째, 연방준비제도는 연방자금 금리에 대한 목표치를 2007년 9월 5.25%에서 2008년 12월에는 거의 0%로 낮추었다. 이 밖에 **양적 완화**라고 하는 정책에서 연방준비제도는 공개시장 조작을 통해 주택담보 대출에 기초한 유가증권과 기타 장기 채무증권을 매입하기 시작했다. 양적 완화의 목표는 장기 이자율을 낮추고 금융시스템에 추가적인 자금을 공급하여 은행들이 보다 쉽게 이용할 수 있는 대출을 제공하도록 하는 데 있다.

둘째, 2008년 10월에 미국 의회는 재무성이 금융제도를 보호하기 위해 사용할 수 있도록 7,000억 달러의 지출을 승인했다. 이 자금의 대부분은 은행 주식을 확보하는 데 사용되었다. 즉, 재무성은 이 자금을 은행제도권으로 투입했으며, 은행은 이를 이용하여 대출을 했고 그렇지 않으면 계속해서 정상적인 운영을 했다. 미국 정부는 자금 제공의 대가로 일시적이나마 해당 은행의 소유권을 일부 확보했다. 이 정책의 목표는 월가의 위기를 막고 기업과 개인이 차용을 더 쉽게 할 수 있도록 하는 것이었다.

마지막으로, 버락 오바마가 2009년 1월에 대통령이 되었을 때 첫 번째로 취한 중요한 시책은 정부 지출의 대폭적인 증대였다. 간단한 의회 토론을 거치고 나서 그는 2009년 2월 17일에 7,870억 달러 상당의 경기부양 법안에 서명했다.

2009년 6월에 이 경기 침체로부터 회복이 시작되었지만, 역사적 기준에서 볼 때 결과는 빈약했다. 이후 7년 동안 실질 GDP 성장은 연간 평균이 2.2%에 불과했는데, 이는 지난 반세기 동안의 평균 성장률인 약 3%보다 훨씬 낮은 수준이었다. 실업률은 2016년까지 5.0% 아래로 하락하지 못했다.

어떤 정책방안이 경기 침체를 종식시키는 데 가장 중요한가? 어떤 다른 정책이 보다 강력한 경기 회복을 촉진시킬 수 있었는가? 거시경제사학자들은 이런 물음에 대해 계속해서 논의를 하고 있다. ●

23-5b 총공급 변화가 미치는 영향

장기균형 상태에 있는 경제를 다시 한번 생각해보자. 이제 일부 기업의 경우 생산비가 갑자기 증가했다고 가상하자. 예를 들어 곡창지대의 기상이변으로 인해 수확이 급감하여 식품의 비용이 급등했다고 하자. 아니면 중동지역에서 전쟁이 발발하여 원유의 선적이 중지됨으로써 석유 집약적 물품의 비용이 급등했다고 하자.

생산비의 이런 증가가 거시경제에 미치는 영향을 분석하기 위해 항상 네 가지 동일한 단계를 밟아가도록 하자. 첫째, 어느 곡선이 영향을 받는가? 생산비가 재화 및 용역을 공급하는 기업에 영향을 미치기 때문에 생산비의 변화는 총공급곡선의 위치를 변화시킨다. 둘째, 해당 곡선은 어느 방향으로 이동하는가? 생산비가 상승할 경우 재화 및 용역의 판매에 따른 수익성이 떨어지기 때문에 기업은 이제 모든 물가수준에서 생산량을 더 적게 공급한다. 그림 10이 보여주는 것처럼 단기 총공급곡선은 왼쪽으로, 즉 AS_1에서 AS_2로 이동하게 된다.(발생하는 상황에 따라 장기 총공급곡선도 이동할 수 있다. 하지만 간단히 하기 위해 이동하지 않는다고 가정한다)

이 그림을 활용하여 최초 균형과 새로운 균형을 비교하는 세 번째 단계를 밟을 수 있다. 단기적으로, 경제는 기존의 총수요곡선을 따라 점 A에서 점 B로 이동한다. 경제의 생산량은 Y_1에서 Y_2로 감소하고, 물가수준은 P_1에서 P_2로 상승한다. 경제가 **스태그네이션**(생산량 감소)과 **인플레이션**(물가 상승)을 둘 다 겪기 때문에 이런 상황을 이따금 **스태그플레이션**(stagflation)이라고 한다.

스태그플레이션
생산량이 감소하고 물가가 상승하는 기간

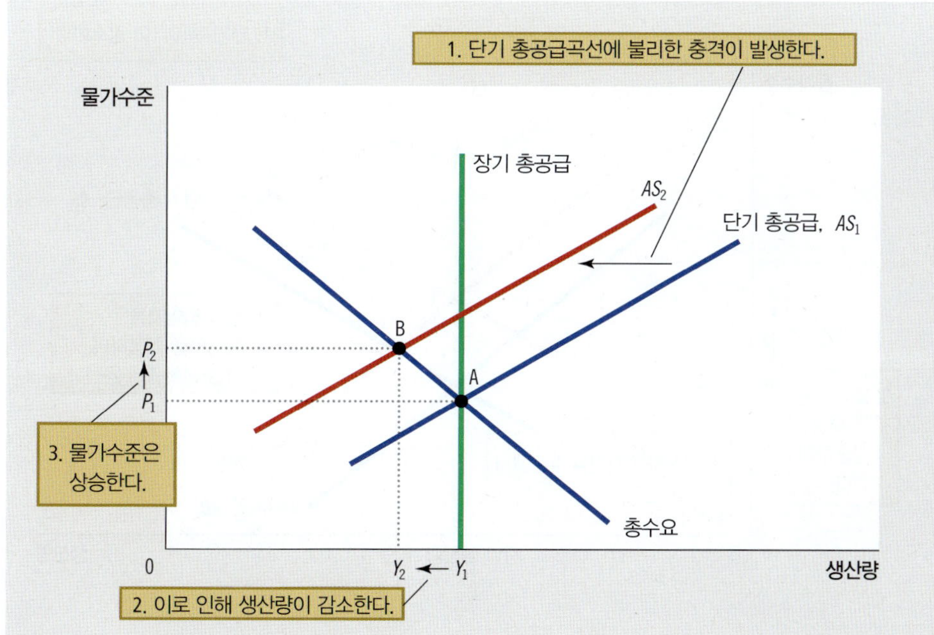

그림 10

총공급 측면에서의 불리한 충격
불리한 충격으로 인해 기업들의 비용이 증가할 경우, 단기 총공급곡선은 왼쪽으로, 즉 AS_1에서 AS_2로 이동한다. 경제는 점 A에서 점 B로 이동하며, 이에 따라 스태그플레이션이 발생한다. 즉, 생산량은 Y_1에서 Y_2로 감소하고 물가수준은 P_1에서 P_2로 상승한다.

이제 단기균형에서 장기균형으로 전환하는 네 번째 단계를 생각해보자. 비신축적 임금 이론에 따르면, 중요한 문제는 스태그플레이션이 명목임금에 어떻게 영향을 미치느냐이다. 기업과 노동자들은 처음에 물가수준에 대한 기대를 높이고 명목임금을 더 높이 설정하여 물가수준 상승에 대응하게 된다. 이 경우 기업의 비용은 다시 한번 상승하여 단기 총공급곡선은 왼쪽으로 더욱 이동함으로써 스태그플레이션 문제를 더욱 악화시킨다. 물가 상승이 임금 상승으로 이어지고 이는 다시 더 높은 물가 상승으로 이어지는 현상을 이따금 **임금-물가 상승의 악순환**이라고 한다.

일정 지점에 다다르게 되면 계속 상승하던 임금과 물가의 악순환은 속도가 떨어지게 된다. 낮은 생산량 및 고용수준에서는 임금에 하향 압력을 가하게 되는데, 그 이유는 실업이 높을 때 노동자들은 협상력이 감소하기 때문이다. 명목임금이 하락함에 따라 재화 및 용역을 생산할 경우 수익을 더 많이 얻게 되어 단기 총공급곡선은 오른쪽으로 이동하게 된다. 단기 총공급곡선이 AS_1으로 다시 이동함에 따라 물가수준은 하락하고 생산량은 자연율 수준으로 근접한다. 장기에서 경제는 점 A로 돌아가고, 거기서 총수요곡선은 장기 총공급곡선과 교차한다.

하지만 이렇게 최초의 균형으로 돌아가는 추이는 총수요가 과정 전반에 걸쳐 일정하게 유지된다는 가정을 전제로 한다. 실제 세계에서는 그렇지 않을 수도 있다. 금융정책 및 재정정책 입안자들은 총수요곡선을 이동시켜 단기 총공급곡선이 이동함에 따라 발생하는 효과를 상쇄하고자 할지 모른다. 이런 가능성을 그림 11에서 볼 수 있다. 이 경

그림 11

총공급 측면에서의 불리한 충격 수용하기

AS_1에서 AS_2로 이동하는 총공급 측면에서의 불리한 충격이 발생하는 경우, 총수요에 영향을 미칠 수 있는 정책 입안자들은 총수요곡선을 오른쪽으로 즉 AD_1에서 AD_2로 이동시키려고 할 수 있다. 이렇게 되면 경제는 점 A에서 점 C로 이동하게 된다. 이런 정책을 시행하게 되면, 총공급 측면에서의 충격으로 인해 생산량이 단기적으로 감소하는 상황을 방지할 수 있다. 하지만 물가수준은 P_1에서 P_3로 영구히 상승하게 된다.

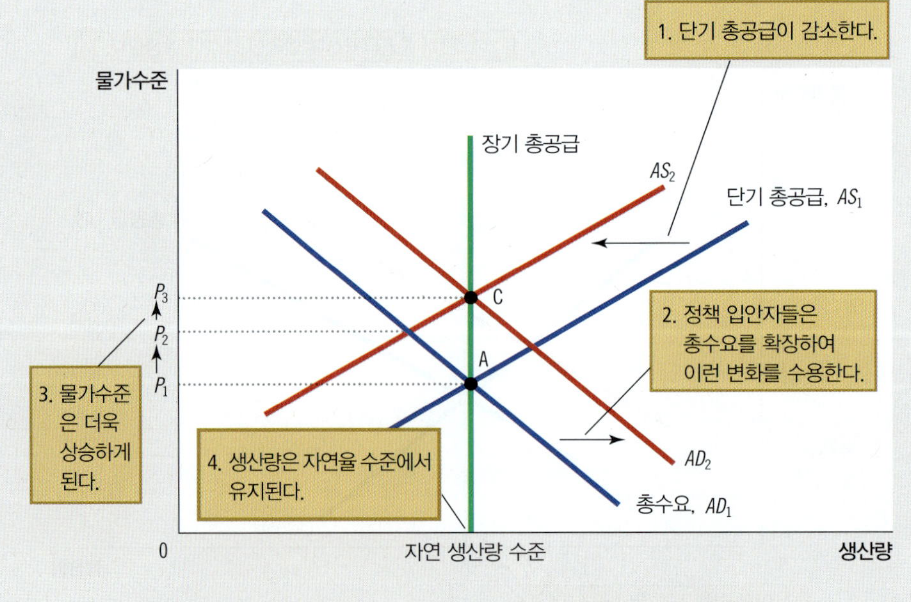

우 정책 변화로 인해 총공급의 변화가 생산량에 영향을 미치지 못하도록 할 만큼만 총수요곡선이 오른쪽으로, 즉 AD_1에서 AD_2로 이동하게 된다. 경제는 직접적으로 점 A에서 점 C로 이동한다. 생산량은 자연율 수준에 머무르며, 물가수준은 P_1에서 P_3로 상승한다. 이 경우 정책 입안자들이 총공급의 변화를 수용했다고 본다. 이 수용적인 정책은 더 높은 생산량과 고용수준을 유지하기 위해 영구적으로 더 높은 물가수준을 받아들이게 된다.

요약하면, 총공급이 변화하는 상황에서 다음과 같은 두 가지 중요한 결론을 얻을 수 있다.

- 총공급이 변화할 경우 침체(생산량 감소)와 인플레이션(물가 상승)이 결합된 스태그플레이션이 발생할 수 있다.
- 총수요에 영향을 미칠 수 있는 정책 입안자들은 생산량에 미치는 불리한 충격을 완화시킬 수는 있지만, 인플레이션 문제를 악화시키는 대가를 치르게 된다.

석유와 경제

1970년 이래로 미국 경제에서 발생한 가장 큰 경제 변동 중 일부는 중동의 유전에서 유래했다. 원유는 많은 재화 및 용역의 생산에 투입되는 요소이며, 세계 원유의 상당량이 사우디아라비아, 쿠웨이트, 여타 중동국가에서 생산된다. (종종 정치적인) 사건으로 인해 이 지역의 원유 공급이 감소할 경우, 유가는 전 세계적으로 상승하게 된다. 그러면 휘발유, 타이어, 여타 많은 생산물을 생산하는 미국의 기업들은 비용 상승을 겪게 되어, 모든 가격수준에서 재화 및 용역 생산물을 공급할 경우 수익성이 떨어진다. 결과적으로 총공급곡선이 왼쪽으로 이동하고 이는 다시 스태그플레이션으로 이어진다.

이런 종류의 첫 번째 사건은 1970년대 중반에 발생했다. 대규모 석유 매장량을 가진 국가들은 석유수출국기구(OPEC)의 회원국들로 세계 경제에 영향력을 행사하기 시작했다. 석유수출국기구는 경쟁을 없애고 생산을 줄여서 가격을 인상하려는 매도인들의 집단, 즉 **카르텔**이다. 실제로 유가는 상당히 상승했다. 1973년부터 1975년까지 유가는 거의 두 배가 되었다. 전 세계의 석유 수입국들은 인플레이션과 경기 침체를 동시에 경험했다. 소비자 물가지수로 측정한 미국 인플레이션율은 수십 년 만에 처음으로 10%를 상회했다. 실업은 1973년 4.9%에서 1975년 8.5%로 증가했다.

거의 동일한 사건이 수년 후에 발생했다. 1970년대 말에 석유수출국기구 회원국들은 다시 석유 공급을 제한했다. 1978년부터 1981년까지 유가는 두 배 이상 상승했다. 이에 따른 결과는 다시 한번 스태그플레이션이었다. 석유수출국기구가 주도했던 첫 번째 사건 이후 다소 잠잠해졌던 인플레이션은 다시 연간 10% 이상 상승했다. 하지만 미국 연방준비제도가 이런 대규모 인플레이션을 수용하려 하지 않았기 때문에, 곧이어 경기 침체가 발생했다. 실

YASSER AL-ZAYYAT/AFP/GETTY IMAGES

중동의 석유 생산량이 변화할 경우, 이는 미국 경제 변동의 한 원인이 될 수 있다.

업은 1978년과 1979년에 약 6%에서 수년 뒤에 약 10%로까지 증가했다.

세계 석유시장 상황은 또한 총공급에 유리한 변화를 일으키는 원천이 될 수 있다. 1986년에 석유수출국기구 회원국들 사이에 사소한 내분이 발생했다. 석유수출국기구 회원국들이 석유 생산을 제한하는 합의를 위반했다. 세계 석유시장에서 유가가 절반정도 하락했다. 이런 유가 하락은 미국 기업들의 비용을 줄였으며, 해당 기업들은 이제 모든 가격수준에서 재화 및 용역을 공급할 경우 수익이 더 많이 남게 되었다. 따라서 총공급곡선은 오른쪽으로 이동했다. 미국 경제는 스태그플레이션과 정반대되는 현상을 겪게 되었다. 생산량은 급격히 증가했으며, 실업은 감소했고, 인플레이션율은 수년 내에 가장 낮은 수준에 도달했다.

최근 몇 년 동안 세계 석유시장 상황이 미국 경제 변동을 일으킨 중요한 원인은 아니었다. 이렇게 된 한 가지 원인은 보존 노력, 기술 발전, 대체 에너지원의 가용성 증가로 인해 경제의 석유 의존도가 낮아졌기 때문이다. 실질 GDP 1단위를 생산하는 데 사용되는 석유의 양은 석유수출국기구가 1970년대에 야기한 충격 이후 60% 이상 감소했다. 따라서 유가 변화가 미국 경제에 미치는 영향은 과거보다 오늘날 더 작아졌다. ●

FYI 총수요 및 총공급 모형의 유래

총수요 및 총공급 모형을 살펴보았으므로, 뒤로 물러서서 이 모형이 탄생하게 된 역사를 생각해보자. 이 단기 변동 모형은 어떻게 발전되어 왔는가? 이 물음에 대한 답변은 이 모형이 대체로 1930년대에 발생한 대공황의 부산물이라는 사실이다. 그 당시 경제학자와 정책 입안자들은 이런 재앙적 상황이 무엇 때문에 발생했는지에 대해 당혹해했으며, 이를 어떻게 해결해야 할지 확신하지 못하고 있었다.

1936년에 경제학자 존 메이너드 케인스는 일반적으로 발생하는 단기적인 경제 변동과 특정된 대공황을 설명하기 위해 획기적으로 시도한 저서인 『고용, 이자 및 화폐에 관한 일반이론』을 출간했다. 케인스가 전하고자 했던 주요한 요지는 재화 및 용역에 대한 부적절한 총수요 때문에 경기 침체와 불황이 발생할 수 있다는 점이다.

케인스는 고전파 경제 이론이 정책의 장기적인 효과만을 설명할 수 있기 때문에 이를 오랫동안 비판해왔다. 일반이론을 제시하기 수년 전에 그는 고전파 경제학에 관해 다음과 같은 글을 썼다.

> 장기적인 관점은 현재 발생한 사건에 대해 오해를 불러일으킬 수 있는 지침이 될 수 있다. 장기적으로 보면 우리 모두는 사망한다. 폭풍우가 몰아치는 시기에 경제학자들이 폭풍우가 지나가고 한참 있다 보면 바다가 잠잠해질 것이라고만 말할 수 있다면, 그들은 너무 쉽고 너무 쓸모없는 일을 하고 있는 것이다.

KEYSTONE/HULTON ARCHIVE/GETTY IMAGES

존 메이너드 케인스

케인스가 말한 요지는 경제학자들뿐만 아니라 정책 입안자들도 목표로 하고 있다. 세계 경제가 높은 실업으로 고통을 겪고 있을 때, 케인스는 공공사업에 대한 정부 지출을 포함하여 총수요를 증대시키는 정책을 주장했다.

다음 장에서는 정책 입안자들이 통화정책 및 재정정책을 사용하여 총수요에 어떻게 영향을 미칠 수 있는지 세부적으로 살펴볼 것이다. 이 장뿐만 아니라 다음 장에서 하게 될 분석은 존 메이너드 케인스의 유산에 많이 의존하고 있다. ■

코로나 바이러스 감염증에 의해 촉발된 2020년의 경기 침체

2020년에 미국 경제와 세계 대부분의 국가 경제들이 세 가지 면에서 이례적인 경기 침체를 겪었다.

첫 번째 이례적인 특징은 경기 침체의 원인이었다. 전염성이 강하고 위험한 바이러스가 2019년 말에 중국에서 처음 발생했으며, 그러고 나서 2020년 초에 미국에서 발견되었다. 바이러스의 확산을 늦추기 위해, 보건 전문가들은 다른 사람들과의 밀접한 접촉을 피하라고 권고했다. 선출된 지도자들은 경제의 많은 부분을 폐쇄하도록 명령했다. 여기에는 영화관, 스포츠 이벤트, 음악회, 음식점(포장음식은 제외), 필수적이지 않은 소매점이 포함되었다. 상업적 항공여행은 거의 완벽하게 중단되었다.

두 번째 이례적인 특징은 경기 침체의 속도와 심각성이었다. 2020년 2월부터 2020년 4월까지 미국의 고용은 성인인구의 61.1%에서 51.3%로 하락했는데, 이는 지금까지 기록된 가장 큰 두 달간의 감소였다. 2020년 4월의 실업률은 14.8%였는데, 이는 대공황 이래로 가장 높은 수준이었다.

세 번째 이례적인 특징은 어떤 의미에서 경기 침체가 의도적이었다는 점이다. 대부분의 침체는 우연한 상황이었다. 즉, 예상하지 못한 사건으로 총공급 아니면 총수요가 변화하고 이로 인해 생산과 고용이 감소한다. 이런 상황이 발생할 경우 정책 입안자들은 보통 경제를 가능한 한 신속하게 정상적인 생산과 고용수준으로 되돌리려 한다. 이와는 대조적으로 2020년 경기 침체는 의도적으로 이루어졌다. 코로나 바이러스의 세계적 대유행을 억제하기 위해 정책 입안자들은 생산과 고용을 감소시키게 될 행태적인 변화를 강제했다. 물론 세계적 대유행 자체는 의도되지도 않았고 바라지도 않았다. 하지만 이런 상황하에서 경제활동의 대규모적인 일시적 감소는 아마도 할 수 있었던 최선의 선택이었을 것이다.

총공급 및 총수요 모형을 사용하여 2020년의 경기 침체를 고찰해볼 수 있다. 먼저 총수요에 미친 영향을 생각해보자. 2020년 3월부터 예를 들면 음식점과 소매점처럼 사람들이 정상적으로 물품을 구입하는 많은 장소가 정부의 명령에 의해 폐쇄되었다. 감염 위험을 낮추기 위해 사람들은 개점상태인 많은 사업체들을 회피하게 되었다. 결과적으로 수요되는 재화 및 용역의 양이 모든 물가수준에서 더 낮아졌으며, 총수요곡선은 왼쪽으로 이동했다.

이제는 총공급에 미친 영향을 생각해보자. 보건 위기로 인해 많은 업체들이 일시적으로 폐쇄하자 모든 물가수준에서 재화 및 용역의 공급량이 갑작스럽게 대규모로 감소하게 되었다. 따라서 총공급곡선은 왼쪽으로 이동했다. 총수요와 총공급이 동시에 변화하여 생산 및 고용이 급격하게 감소했다.

엄청난 경기 침체가 발생했다는 사실이 명확해지자, 정책 입안자들은 신속하게 대응했다. 2020년 3월 27일에 '코로나 바이러스 지원, 구호, 경제적 보호(CARES)'법이 제정되었다. 비슷한 시기에 제정된 다른 법안들과 함께 이 법은 GDP의 약 10%에 해당하는 약 2조 달러 상당의 지출 증가와 세금 감면의 결합을 승인했다. 이것은 역사상 경기 침체에 대한 가장

2020년에 촉발된 생소한 경기 침체

코로나 바이러스 감염증의 세계적 대유행으로 촉발된 경제상황은 일반적으로 일어나는 현상이 결코 아니었다.

코로나 바이러스 감염증으로 인한 유별난 경기 침체

오스턴 굴즈비(Austan Goolsbee)

끝날 것 같지 않은 장황한 이야기와 같은 느낌을 주는, 재고가 바닥난 물품에서 인플레이션에 이르기까지의 코로나 바이러스 감염증으로 인한 경제문제와 외출 시 질병에 노출될 수 있다는 지속적인 두려움이 끝날지에 대해 도처에 있는 미국인들이 우려를 표하고 있다. 이런 상황은 언제 끝날 것인가?

전문적인 경제 예측자들은 이 물음에 답하기 위해 노력을 하고 있다.

많은 사람들은 상황이 어떻게 진전될지에 관한 지침으로 이전의 경기 침체를 참조하고 있다. 그러나 이해해야 하는 가장 중요한 사항 중 하나는 전염병 대유행으로 인해 경제 붕괴가 초래되었고 일부의 경우는 경제 재앙까지도 초래되었지만, 정상적인 의미에서 보면 실제로는 경기 침체가 아니었다는 것이다.

이상하게 들릴지 모르지만, 이런 일을 판단하는 미국 국립경제연구소는 미국이 2020년 3월과 4월에 2개월간의 경기 침체를 겪었다고 했다.

하지만 과거의 경기 변동은 미국이 전염병 대유행 기간 동안에 겪었던 것과 전혀 달라서, 상황이 지금 어디로 가고 있는지에 대한 지침을 구하기에 적합하지 않은 입장에 있다.

경기 침체의 원인은 다양하지만 기본적인 패턴을 따른다. 즉, 가장 큰 타격을 입는 산업은 수요가 고갈되는 경기 순환에 민감한 부문이다. 이런 부문에는 노동통계국과 다른 기관들이 제시하는 것처럼 가구, 건축자재, 가전제품, 자동차와 같은 고가 제품의 판매가 포함된다. 이런 것들은 시기적으로 적합하지 않을 때 구매가 연기될 수 있는 품목들이다. 수요가 경기 순환적으로 민감한 이들 산업에 돌아오게 될 때, 즉 가격이 충분히 떨어지거나 이자율이 충분히 인하되거나 억눌렸던 요구가 충분히 쌓여 수요가 돌아올 때 경기 회복이 시작된다.

경기 침체는 병원, 간호, 가스 및 전기 공급 등과 같이 경기 순환에 민감하지 않은 산업에 훨씬 더 적은 영향을 미친다. 이런 산업에 대한 수요는 경기 순환에 관계없이 꾸준히 지속된다. 교육과 같은 일부 서비스 부문 산업은 경기 침체기에 수요가 증가한다.

이런 익숙한 패턴 중 어느 것도 전염병 대유행으로 인한 경제 붕괴 기간 중 일어나지 않았다. 내구 소비재에 대한 지출도 증가했다. 실제로 65인치를 초과하는 대형 스크린을 가진 텔레비전 판매는 전년도와 비교해볼 때 경제가 바닥을 쳤던 2020년 4월부터 6월까지 77% 증가했다. 텔레비전을 보는 것은 사람들이 봉쇄 중에도 할 수 있었던 몇 가지 일들 중 하나였다. 주택 및 건축자재와 같이 경제 순환에 민감한 산업물품도 역시 활황이었다.

전염병 대유행으로 인한 경기 침체 동안, 미국인들은 물품보다는 서비스에 지출해온 10년간의 추세를 역전시켰다. 75년 동안 미국의 소비자들은 (1940년 지출 중 60%에서 2019년 31%로) 물리적인 물품에 지출

큰 규모의 재정적 대응이었다. CARES법은 이따금 경기부양 법안이라고 하지만, 실제 목표는 경제를 활성화시키고 경기 침체를 종식시키는 것이 아니었다. 전염병의 세계적 대유행 상황하에서 경기 침체는 불가피했다. 정책의 목표는 사람들이 직면하게 될 고난을 경감시키고, 경기 침체가 경제에 영구적인 상흔을 남기지 않도록 하는 것이었다.

정책 대응의 대부분은 사회 보장 또는 재해 구제라고 할 수 있었다. 고소득 가계를 제외하고 모든 가계는 성인 1인당 1,200달러, 아동 1인당 500달러의 세금을 환급받았다. 실업보험에 대한 수급 요건이 확대되고, 수당이 일시적으로 주당 600달러 증가했다. 소규모 업체가 향후 두 달 동안 근로자를 해고하지 않을 경우 빚이 탕감되어 보조금으로 전환되는 대출을 제공했다.

경기 침체로 인한 영구적인 손상을 방지하기 위해, CARES법은 사업의 연속성을 증진시키기 위한 다양한 규정들을 포함했다. 이것이 소규모 업체들에게 빚을 탕감받을 수 있는 대

하는 돈을 점점 줄여왔다. 이런 추세에 반하여 (그리고 이전의 경기 침체와는 대조적으로) 물리적 물품에 대한 소비자 지출 비중은 전염병 대유행 기간 동안 17년 만에 최고 수준으로 뛰어올랐으며, 기록된 역대 최대 폭의 상승 중 하나였다.

다시 말해 이 경기 침체는 근래에 발생한 적이 없는 종류의 침체였다. 전염병 대유행으로 인한 경기 침체는 침체를 잘 견디어낸다고 생각되는 산업, 즉 치과 방문, 사무실과 쇼핑몰의 전기 사용 등에 의해 주도되었다. 그리고 일반적으로 경기 순환의 추세에 반하는 교육 부문은 경기 침체에도 불구하고 등록률이 크게 떨어졌다.

물론, 이것은 코로나 바이러스 때문이다. 하지만 이것이 의미하는 바는 과거의 경기 침체로부터 이루어진 회복은 전염병 대유행으로 인한 침체로부터의 회복이 앞으로 어떻게 이루어질지에 대해 사실 많은 것을 시사하지 못한다는 것이다. 모든 사람들은 건강 관리, 육아, 교육처럼 일반적으로는 감소하지 않는 서비스 부문 산업의 회복이 언제 이루어질지 예측하려고 한다. 그것은 실제로 경기 침체의 근본에 관한 문제라기보다는 바이러스 확산을 얼마나 빨리 통제할 수 있는지의 문제이다.

동시에 미국과 기타 부국들에서 이루어지는 물리적 물품에 대한 비정상적으로 큰 수요가 공급을 초과하게 되어, 인플레이션을 끌어올리고 부족현상을 유발하게 된다.

그래서 경제를 이해하려 한다면 주시해야 하는 가장 중요한 것은 1년 반 동안 그랬듯이 바이러스에 대해서 우리가 이룬 진전이다. 미국인들이 서비스에 비해 물품에 얼마나 지출했는지(2019년에 31%, 현재는 35%로 증가했다)는 관련이 있으며 주목할 만한 가치가 있다.

2021년 3분기에 미국의 경제 성장은 실망적이었지만, 코로나 바이러스 감염자 수가 향상될 경우 쉽게 반전될 수 있다. 금요일에 발표된 미국 고용 수치는 고무적이었다. 새로운 코로나 바이러스 감염자 수가 상당히 감소했으며 수백만 명의 어린이들이 이제 백신접종을 받을 수 있게 되어서 감염률이 훨씬 더 떨어질 수 있다.

하지만 몇 개월이 지나고 나서를 생각한다면 가장 흥미로운 질문은 경기 침체와 경기 회복에 대한 것이 아니다. 그것은 전염병 대유행으로 인해 야기된 변화들 중에서 어떤 것이 지속될지 여부에 초점을 맞추게 될 것이다. 예를 들어 일부 기업들이 현재 혼란을 피하기 위해 더 많은 재고를 보유하고 공급망을 국내 지역으로 유지하고 있다. 많은 사람들이 부분적으로 재택 근무를 하고 있으며, 일부는 교외로 이사를 했다. 하지만 사람들이 전염병 대유행 전에 적은 재고를 보유하는 방식과 글로벌 공급망을 채택했던 이유를 다시 발견하기까지 얼마나 걸릴 것인가? 미국인들은 이미 도시로 돌아오고 있다.

내 생각으로는 오랫동안 계속되었던 경제추세가 역전될 경우 이것이 영구히 지속될 것 같지는 않다. 일단 경제적 측면에서의 전염병 대유행에 대한 기억이 희미해지면, 일반적인 경기 순환을 통해 얻은 이전부터의 교훈이 아마도 다시 한번 결부될 것이다. 하지만 그렇게 될 때까지는 백신접종을 받기 위해 줄을 서고 감염자 수를 주시하는 것이 최선이다. ■

논의 사항

1. 여러분 가정의 지출은 코로나 바이러스 감염증 대유행 기간 동안 어떻게 변화했는가?
2. 여러분은 정부가 전염병 대유행 기간 동안에 어떤 경제정책을 추진했어야 한다고 보는가?

오스틴 굴즈비는 시카고대학교의 경제학 교수이다.

출처: *New York Times*, November 10, 2021.

출을 제공한 동기의 일부가 되었다. 근로자들은 계속해서 급여를 받을 뿐만 아니라 자신의 고용주들과 계속 연결되어 있어서, 위기가 지나가면 정상적인 사업이 신속하게 재개될 수 있었다. CARES법은 또한 연방준비은행이 재무성과 협력하여 대기업, 주정부, 지방자치정부에게 대출을 할 수 있도록 자금을 제공했다. 이처럼 이 법은 최종 대부자로서의 연방준비은행의 역할을 확대시켰다. 동시에 연방자금 금리의 목표치를 거의 영으로까지 낮추었다.

미국에서 코로나 바이러스 감염증으로 인한 일간 사망자 수는 2020년 4월 말에 정점에 도달했으며, 그러고 나서 서서히 감소하기 시작했다. 2020년 6월까지 경제활동에 대한 많은 제한 조치가 완화되었으며 이는 빠른 경제 회복으로 이어졌다. 실업률은 2020년 2월 3.5%에서 2020년 4월 14.8%로 증가한 후에, 2020년 10월 6.9%로 감소했다.

하지만 전염병 대유행은 종식되지 않았다. 감염사례가 2021년 1월에 급증했으며, 그러고 나서 2021년 10월과 2022년 1월에 다시 급증했다.

전염병 대유행이 지속됨에 따라 후속 입법이 계속 이루어져서, CARES법이 제시하는 구호를 확대했다. 트럼프 대통령은 2020년 12월에 9,000억 달러 상당의 구호 패키지에 서명했으며, 바이든 대통령은 2021년 3월에 1조 9,000억 달러 상당의 구호 패키지에 서명했다.

일부 경제학자들 특히 전 재무장관 로렌스 서머스(Lawrence Summers)는 재정적 대응이 과도했다고 말했다. 이들은 전염병 대유행으로 인한 공급망 붕괴와 함께 이런 통화정책 및 재정정책이 과도한 인플레이션으로 이어지지는 않을지 우려했다. CPI로 측정한 12개월 인플레이션율이 2022년 1월에 7.5%로 상승했는데 이는 40년 만에 최고 수준이었다. 정책 입안자들은 처음에 이런 인플레이션 급등현상이 일시적일 것이라고 믿었다. 하지만 2022년 3월에 연방준비제도는 인플레이션 압력을 억제하기 위해 이자율을 인상하기 시작했다.

이 경제 침체에 대한 궁극적인 해결책은 거시경제학이 아니라 미생물학으로부터 나왔다. 2021년에 여러 백신이 개발되어 배포되고 난 후 경제활동은 정상적으로 돌아오기 시작했다. 하지만 새로운 오미크론 변종 바이러스의 출현과 함께 미국 인구의 상당수가 백신접종을 주저하자, 전염병 대유행의 종식이 지연되고 경제 회복의 속도가 늦춰졌다. ●

Quiz

10. 비관적인 분위기가 갑자기 경제를 덮친 경우 __________ 곡선이 이동하여, 생산량 __________로 이어진다.
   a. 총공급; 감소
   b. 총공급; 증가
   c. 총수요; 감소
   d. 총수요; 증가

11. 재화 및 용역에 대한 총수요가 증가할 경우 __________ 생산량에 더 큰 영향을 미치며, 또한 __________ 물가수준에 더 큰 영향을 미친다.
   a. 단기적으로; 장기적으로
   b. 장기적으로; 단기적으로
   c. 단기적으로; 단기적으로
   d. 장기적으로; 장기적으로

12. 스태그플레이션은 __________ 발생한다.
   a. 총수요곡선이 왼쪽으로 이동함에 따라
   b. 총수요곡선이 오른쪽으로 이동함에 따라
   c. 총공급곡선이 왼쪽으로 이동함에 따라
   d. 총공급곡선이 오른쪽으로 이동함에 따라

해답은 이 장의 끝부분에 있다.

23-6 결론

이 장은 다음과 같은 두 가지 목표를 갖고 있다. 첫째, 경제활동의 단기적인 변동에 관한 중요한 사실을 논의하는 것이다. 둘째, 이런 변동들을 설명하기 위해 총수요 및 총공급 모형이라고 하는 기본적인 모형을 소개하는 것이다. 무엇이 경제 변동을 일으키고 정책 입안자들이 이에 대해 어떻게 대응하는지 이해하기 위해 다음 장에서 이 모형에 관해 계속 살펴볼 것이다.

요약

- 모든 사회는 장기적인 추세를 중심으로 일어나는 단기적인 경제 변동을 겪게 된다. 이런 변동들은 불규칙적이며 대부분 예측할 수 없다. 경기 침체가 발생하는 경우, 실질 GDP 및 기타 소득 측정치, 지출, 생산은 감소하는 반면에 실업률은 증가한다.
- 고전파 경제 이론은 통화 공급 및 물가수준과 같은 명목변수는 생산량 및 고용 같은 실질변수에 영향을 미치지 않는다는 가정에 기초한다. 대부분의 경제학자들은 이 가정이 장기적으로 타당하지만, 단기적으로는 타당하지 않다고 믿는다. 경제학자들은 총수요 및 총공급 모형을 사용하여 단기적인 경제 변동을 분석한다. 이 모형에 따르면 재화 및 용역의 생산량과 전반적인 물가수준이 조정되어 총수요와 총공급의 균형을 이룬다.
- 총수요곡선의 기울기는 다음과 같은 세 가지 이유로 하향한다. 첫째, 부의 효과이다. 물가수준이 하락하면 가계가 보유한 화폐의 실질가치가 상승하여 소비자 지출을 촉진한다. 둘째, 이자율 효과이다. 물가수준이 하락하면 가계의 통화 수요량이 감소한다. 가계는 화폐를 이자가 발생하는 자산으로 전환하고자 하기 때문에, 이자율이 하락하여 투자 지출을 촉진하게 된다. 셋째, 환율효과이다. 미국의 물가수준이 하락하면 이자율이 낮아지고 이에 따라 외환시장에서 달러화가 평가절하되어 순수출을 촉진하게 된다.
- 모든 물가수준에서 소비, 투자, 정부 구매, 순수출을 증대시키는 사건이나 정책은 총수요를 증대시킨다. 소비, 투자, 정부 구매, 순수출을 감소시키는 사건이나 정책은 총수요를 감소시킨다.
- 장기 총공급곡선은 수직선이다. 장기적으로 재화 및 용역 공급량은 경제의 노동, 자본, 천연자원, 기술에 의존하지만 전반적인 물가수준에는 영향을 받지 않는다.
- 단기적인 총공급곡선의 기울기가 상향하는 이유를 설명하는 세 가지 이론이 있다. 비신축적 임금 이론에 따르면, 일정하게 주어진 명목임금에 대해 기대하지 못한 물가수준 하락이 발생하는 경우 기업들은 고용 및 생산을 축소하게 된다. 비신축적 가격 이론에 따르면, 물가수준의 기대하지 못한 하락으로 인해 일부 기업들은 일시적으로 너무 높은 가격을 유지하게 되며, 이 때문에 판매가 감소하고 생산이 축소된다. 오인 이론에 따르면, 기대하지 못한 물가수준 하락이 발생하는 경우 상대가격이 하락했다고 잘못 믿을 수 있으며, 이로 인해 생산을 감소시키게 된다. 세 가지 이론은 모두 실제 물가수준이 사람들이 기대했던 물가수준에서 벗어날 경우 생산량이 자연율 수준에서 벗어나게 된다는 것을 의미한다.
- 노동의 변화, 자본의 변화, 천연자원의 변화, 기술의 변화와 같이 생산물을 생산하는 경제의 능력을 변화시키는 사건들은 단기 총공급곡선을 이동시킨다.(그리고 장기 총공급곡선도 이동시킬 수 있다) 이 밖에 단기 총공급곡선의 위치는 기대 물가수준에 달려 있다.
- 경제 변동이 발생할 수 있는 첫 번째 원인으로 총수요의 변화를 들 수 있다. 예를 들어 총수요곡선이 왼쪽으로 이동할 경우, 생산량과 물가수준은 단기적으로 하락하게 된다. 시간이 흐름에 따라 기대 물가수준이 변화하면 임금, 가격, 인식이 조정되어, 단기 총공급곡선은 오른쪽으로 이동하게 된다. 이렇게 이동함에 따라 경제는 더 낮아진 새로운 물가수준에서 자연 생산량 수준으로 돌아가게 된다.
- 경제 변동이 발생할 수 있는 두 번째 원인으로 총공급의 변화를 들 수 있다. 단기 총공급곡선이 왼쪽으로 이동할 경우, 그에 따른 영향은 생산량 감소와 물가 상승이며 이를 결합하여 스태그플레이션이라고 한다. 시간이 흐름에 따라 임금, 가격, 인식이 조정되어, 단기 총공급곡선은 오른쪽으로 다시 이동하며 물가수준과 생산량은 원래의 수준으로 돌아가게 된다.

주요 개념

복습용 질문

1. 경제가 침체기로 진입할 때 하락하는 두 개 거시경제 변수의 명칭을 말하시오. 경기 침체기 동안 상승하는 한 개 거시경제 변수의 명칭을 말하시오.

2. 총수요, 단기 총공급, 장기 총공급을 보여주는 도해를 그리시오. 각 축에 올바르게 명칭을 붙이도록 주의를 기울이시오.

3. 총수요곡선의 기울기가 하향하는 세 가지 이유를 나열하고 설명하시오.

4. 장기 총공급곡선이 수직선인 이유를 설명하시오.

5. 단기 총공급곡선의 기울기가 상향하는 세 가지 이유를 나열하고 설명하시오.

6. 무엇이 총수요곡선을 왼쪽으로 이동시키는가? 총수요 및 총공급 모형을 사용하여 이런 이동이 생산량 및 물가수준에 미치는 영향을 순차적으로 설명하시오.

7. 무엇이 총공급곡선을 왼쪽으로 이동시키는가? 총수요 및 총공급 모형을 사용하여 이런 이동이 생산량 및 물가수준에 미치는 단기 및 장기 영향을 순차적으로 설명하시오.

문제와 응용

1. 경제가 장기균형 상태에 있다고 가상하자.
   a. 경제 상태를 설명하는 도해를 그리시오. 총수요, 단기 총공급, 장기 총공급을 반드시 보여주시오.
   b. 이제는 주식시장 폭락으로 인해 총수요가 감소했다고 가상하자. 도해를 사용하여 생산량과 물가수준에 단기적으로 어떤 일이 발생하는지 보이시오. 실업률에는 어떤 일이 발생하는가?
   c. 총공급에 관한 비신축적 임금 이론을 사용하여 장기적으로 생산량과 물가수준에 어떤 일이 발생하는지 설명하시오.(정책의 변화는 없다고 가정하시오) 기대물가수준은 이 조정과정에서 어떤 역할을 하는가? 여러분의 분석을 그래프로 설명하시오.

2. 다음의 각 상황이 장기 총공급을 증가시키는지, 감소시키는지 아니면 영향을 미치지 않는지 여부를 설명하시오.
   a. 미국으로 많은 이민이 이루어지고 있다.
   b. 미국 의회는 최저임금을 시간당 15달러로 인상했다.
   c. 인텔 사는 새롭고 더 강력한 컴퓨터 칩을 개발했다.
   d. 맹렬한 허리케인으로 동부 해안에 위치한 공장들이 피해를 입었다.

3. 경제가 장기균형 상태에 있다고 가상하자.
   a. 총수요 및 총공급 모형을 사용하여 최초의 균형(점 A라고 하자)을 설명하시오. 단기 총공급과 장기 총공급 둘 다를 포함시키시오.
   b. 중앙은행은 통화 공급을 5%만큼 증가시켰다. 도해를 사용하여, 경제가 최초 균형으로부터 새로운 단기균형(점 B라고 하자)으로 이동함에 따라 생산량과 물가수준에 어떤 영향을 미치는지 보이시오.
   c. 이제는 새로운 장기균형(점 C라고 하자)을 보이시오. 경제가 점 B에서 점 C로 이동하는 이유는 무엇인가?

d. 총공급에 관한 비신축적 임금 이론에 따르면, 점 A의 명목임금은 점 B의 명목임금과 어떻게 비교되는가? 점 A의 명목임금은 점 C의 명목임금과 어떻게 비교되는가?

e. 총공급에 관한 비신축적 임금 이론에 따르면, 점 A의 실질임금은 점 B의 실질임금과 어떻게 비교되는가? 점 A의 실질임금은 점 C의 실질임금과 어떻게 비교되는가?

f. 통화 공급이 명목임금이나 실질임금에 미치는 영향으로 미루어볼 때, 이 분석은 화폐가 단기적으로 실질효과를 갖지만 장기적으로는 중립적이라는 주장에 일치하는가?

4. 미국 경제가 대공황으로부터 아직 완전히 회복되지 않았던 1939년에 프랭클린 루스벨트 대통령은 추수감사절이 평소보다 일주일 일찍 시작되어 크리스마스 전 쇼핑기간이 더 길어진 것이라고 선언했다.(이 정책을 프랭크스기빙이라고 불렀다) 총수요 및 총공급 모형을 사용하여, 루스벨트 대통령이 무엇을 달성하려고 했는지 설명하시오.

5. 다음 진술이 옳지 않은 이유를 설명하시오.

a. "총수요곡선의 기울기는 하향하는데, 그 이유는 이 곡선이 개별 물품에 대한 수요곡선을 수평으로 합한 것이기 때문이다."

b. "장기 총공급곡선은 수직선인데, 그 이유는 경제적 요인들이 장기 총공급에 영향을 미치지 않기 때문이다."

c. "기업들이 매일마다 가격을 조정한다면 단기 총공급곡선은 수평선이 될 것이다."

d. "경제가 침체기로 진입했을 때는 언제나 장기 총공급곡선이 왼쪽으로 이동한다."

6. 단기 총공급곡선의 기울기가 상향한다는 세 가지 이론 각각에 대해 다음 사항을 주의 깊게 설명하시오.

a. 경제가 어떻게 정책 개입 없이 경기 침체에서 회복되어 장기균형으로 돌아가는가?

b. 무엇이 회복 속도를 결정하는가?

7. 경제는 장기균형에서 시작된다. 그러고 나서 어느 날 대통령이 신임 연방준비제도 이사회 의장을 임명했는데, 이 신임 의장은 인플레이션이 경제의 주요 문제가 아니라는 견해를 갖고 있는 것으로 잘 알려져 있다.

a. 이 뉴스는 사람들이 기대하는 물가수준에 어떤 영향을 미치는가?

b. 이런 기대 물가수준의 변화는 노동자와 기업이 새로운 노동계약에서 합의한 명목임금에 어떤 영향을 미치는가?

c. 이런 명목임금의 변화는 모든 물가수준에서 재화 및 용역을 생산하는 데 따른 수익성에 어떤 영향을 미치는가?

d. 이런 수익성의 변화는 단기 총공급곡선에 어떤 영향을 미치는가?

e. 총수요가 일정하게 유지된다면, 이런 총공급곡선의 변화는 물가수준과 생산량에 어떤 영향을 미치는가?

f. 이 신임 연방준비제도 이사회 의장을 임명한 것은 좋은 결정이었다고 생각하는가?

8. 다음과 같은 각 경우에 단기 총공급곡선이 이동하는지, 총수요곡선이 이동하는지 아니면 두 곡선이 모두 이동하는지, 이동하지 않는지 여부를 설명하시오. 각 경우에 대해 도해를 그려, 명백히 미치는 영향을 설명하시오.

a. 가계들이 자신들의 소득 중 더 많은 부분을 저축하기로 했다.

b. 플로리다 오렌지 과수농장들이 장기간 지속된 영하의 기온으로 어려움을 겪고 있다.

c. 해외에서 취업할 수 있는 기회가 증대되어 많은 사람들이 국가를 떠났다.

9. 다음의 각 경우에 생산량과 물가수준에 미치는 단기적 영향과 장기적 영향을 설명하시오. 정책 입안자들이 어떤 조치도 취하지 않는다고 가정한다.

a. 주식시장이 급락해서 소비자의 부가 감소한다.

b. 연방정부는 국가방위에 대한 지출을 증대시킨다.

c. 기술 향상으로 인해 생산성이 증대된다.

d. 해외에서의 경기 침체로 외국인들이 미국 물품을 더 적게 구매한다.

10. 기업들이 장래 기업상황에 대해 낙관적인 견해를 가지고 새로운 자본설비에 대규모 투자를 한다고 가상하자.

a. 총수요/총공급 도해를 그려서 이런 낙관주의가 경제에 미치는 단기적인 효과를 설명하시오. 새로운 물가 수준과 실질 생산량을 표기하시오. 총공급량이 변화하는 이유를 말로 설명하시오.
b. 이제 (a)의 도해를 사용하여 이 경제의 새로운 장기균형을 설명하시오.(당분간 장기 총공급곡선에 변화가 없다고 가정하시오) 단기와 장기 사이에서 총수요량이 변화하는 이유를 말로 설명하시오.
c. 투자 활황이 장기 총공급곡선에 어떤 영향을 미칠 수 있는가? 설명하시오.

Quiz 해답

1. c 2. d 3. c 4. a 5. b 6. b 7. d 8. d 9. d 10. c 11. a 12. c

Chapter

24

통화정책 및 재정정책이 총수요에 미치는 영향

여러분이 통화정책을 정하는 미국 연방준비제도의 연방공개시장 위원회의 위원이라고 가상하자. 여러분은 대통령과 의회가 증세를 하여 재정적자를 낮추려고 한다고 생각하고 있다. 연방준비제도는 이런 재정정책 변화에 어떻게 대응해야 하는가? 통화정책이 확장적이어야 하는가, 수축적이어야 하는가 아니면 변화하지 않아야 하는가?

이 물음에 답하려면 통화정책 및 재정정책이 경제에 미치는 영향을 생각해보아야 한다. 앞 장에서는 총수요 및 총공급 모형을 사용하여 단기적인 경제 변동을 설명했다. 총수요곡선 또는 총공급곡선이 이동할 경우 재화 및 용역의 전반적인 생산량과 물가수준이 변동한다는 사실을 알고 있다. 앞에서 살펴본 것처럼 통화정책 및 재정정책은 둘 다 총수요에 영향을 미치므로, 이런 정책 중 하나가 변화할 경우 이는 생산량 및 물가수준의 단기적인 변동으로 이어질 수 있다. 정책 입안자는 이에 대응하기 위해 다른 정책을 조정하고자 할 수 있다.

AZMANJAKA/E+/GETTY IMAGES, CARLOS FLORES/EYEEM/GETTY IMAGES

이 장에서는 정부정책 도구들이 총수요곡선의 위치에 어떤 영향을 미치는지 살펴볼 것이다. 이들 도구에는 통화정책(중앙은행에서 시행하는 공개시장 조작과 지급준비금에 대해 지급하는 이자율)과 재정정책(대통령과 의회가 설정하는 정부의 지출 및 조세 수준)이 포함된다. 우리는 이미 이들 정책이 미치는 장기적 효과에 대해 논의했다. 제17장과 제18장에서는 재정정책이 저축, 투자, 장기 경제 성장에 어떤 영향을 미치는지 살펴보았다. 제21장과 제22장에서는 통화정책이 장기적으로 물가수준에 어떤 영향을 미치는지 검토했다. 이제는 이런 정책도구들이 총수요곡선을 어떻게 이동시키며, 단기적으로 거시경제 변수들에 어떤 영향을 미치는지 알아볼 것이다.

통화정책과 재정정책 이외에 많은 요인들이 총수요에 영향을 미친다. 그중 하나는 가계와 기업이 원하는 지출이다. 원하는 지출이 변화할 경우 총수요가 변화하며, 정책 입안자들이 이에 대응하지 않는 경우 이런 변화로 인해 생산량과 고용에 단기적인 변동이 발생한다. 정책 입안자들은 이따금 자신들의 재량에 속하는 정책수단을 사용하여 이런 효과들을 상쇄하고 경제를 안정화하려 한다. 이 이론을 실제로 사용할 때 발생하는 어려움과 함께 이런 정책적 조치 이면에 있는 이론에 초점을 맞출 것이다.

24-1 통화정책은 총수요에 어떤 영향을 미치는가

총수요곡선은 모든 가격수준에 대한 재화 및 용역의 총수요량을 나타낸다. 앞 장에서 총수요곡선의 기울기가 하향하는 세 가지 이유를 논의했다.

- **부의 효과:** 물가수준이 하락할 경우, 가계가 갖고 있는 부의 일부를 구성하는 보유 중인 화폐의 실질가치가 증대한다. 실질적인 부가 증대하면 소비자 지출이 촉진되고 재화 및 용역의 수요량이 증가한다.
- **이자율 효과:** 물가수준이 하락할 경우, 사람들이 보유하고자 하는 화폐 총액이 감소한다. 사람들이 초과적으로 보유하게 되는 화폐를 빌려줄 경우, 이자율이 하락한다. 이자율이 하락하면 투자 지출이 촉진되어, 재화 및 용역의 수요량이 증가한다.
- **환율효과:** 물가수준이 하락하여 이자율이 낮아질 경우, 투자자들은 더 높은 수익을 추구하기 위해 자금 중 일부를 해외로 이전한다. 이런 이전이 이루어지면 외환시장에서 국내 통화의 실질가치가 하락하게 된다. 국내 물품은 외국 물품에 비해 저렴해진다. 이런 실질환율의 변화는 순수출에 대한 지출을 촉진하게 된다. 따라서 재화 및 용역의 수요량이 증가한다.

위의 세 가지 효과가 동시에 작동하여 물가수준이 하락할 경우 재화 및 용역의 수요량이 증가한다. 물가수준이 상승할 경우 정반대 상황이 벌어진다.

위의 세 가지 효과가 모두 총수요곡선의 기울기가 하향하는 이유를 설명하기는 하지만 이들 세 가지 효과가 동등하게 중요한 것은 아니다. 보유하고 있는 화폐의 총액은 가계가 갖고 있는 부의 작은 부분만을 차지하므로 부의 효과가 가장 덜 중요하다. 이 밖에 수출과 수입은 미국 GDP에서 작은 부분만을 차지하기 때문에 환율효과는 미국 경제의 경우 크지 않다.(일반적으로 환율효과는 수출과 수입이 GDP에서 차지하는 비중이 크며 규모가 작은 경제의 경우 더 중요하다) **미국 경제의 경우 총수요곡선의 기울기가 하향하는 가장 중요한 이유는 이자율 효과 때문이다.**

이런 이유로 인해 이제는 이자율의 단기적인 결정요인을 자세히 살펴보고, **유동성 선호 이론**(theory of liquidity preference)이라고 알려진 이론을 소개할 것이다. 이 이자율 이론은 통화정책 및 재정정책이 총수요곡선을 어떻게 이동시키는지뿐만 아니라 이 곡선의 기울기가 하향하는 이유를 설명하는 데도 도움이 된다. 이것은 단기적인 변동의 원인과 어쩌면 그에 대한 정책 대응을 분석하는 데 유용할 것이다.

유동성 선호 이론
이자율이 조정되어 통화 공급과 통화 수요가 균형을 이루게 된다는 케인스의 이론

24-1a 유동성 선호 이론

존 메이너드 케인스는 자신의 저서 『고용, 이자 및 화폐에 관한 일반이론』에서 경제의 이자율을 결정하는 요인들을 설명하기 위해 유동성 선호 이론을 제시했다. 본질적으로, 이 이론은 공급과 수요를 적용한 것이다. 케인스에 따르면 이자율이 조정되어 화폐의 공급과 수요가 균형을 이루게 된다고 한다.

경제학자들은 두 개의 이자율을 구별한다는 사실을 기억하자. **명목이자율**은 일반적으로 보도되는 이자율인 반면에, **실질이자율**은 인플레이션이 수정된 이자율이다. 인플레이션이 발생하지 않는다면 두 개 이자율은 동일하다. 하지만 차용자와 대부자가 대부기간 동안 물가가 상승할 것이라고 기대하는 경우, 이들은 기대 인플레이션율만큼 실질이자율을 상회하는 명목이자율에 합의할 것이다. 명목이자율이 상승할 경우 이는 가치가 하락한 화폐로 대출금이 상환될 것이라는 예상에 대해 보상을 해주게 된다.

우리는 유동성 선호 이론으로 어느 이자율을 설명하려 하는가? 이 물음에 대한 답변은 둘 다이다. 이후의 분석에서 우리는 기대 인플레이션율을 일정하다고 볼 것이다. 기대 인플레이션은 일반적으로 단기간 동안에는 안정적이기 때문에 경제를 단기적으로 분석할 때 이 가정은 합리적이다. 이 경우 명목이자율과 실질이자율은 일정한 상수만큼 차이가 있다. 명목이자율이 상승하거나 하락할 때, 사람들이 받을 것으로 기대하는 실질이자율도 동일한 크기만큼 상승하거나 하락하게 된다. 이 장 나머지 부분에서 이자율의 변화는 실질이자율과 명목이자율 둘 다를 말한다.

이제는 화폐의 공급과 수요를 기초로 한 유동성 선호 이론에 대해 살펴볼 것이다.

화폐의 공급 유동성 선호 이론을 학습할 때 고려해야 할 첫 번째 요소는 화폐의 공급이다. 제21장에서 논의한 것처럼, 연방준비제도는 미국에서 화폐의 공급을 관리한다. 역사적으로 볼 때 연방준비제도는 주로 공개시장 조작을 통해 국채를 매입하고 매도하여 은행시스템의 지급준비금 규모를 변화시켜서 화폐의 공급을 변동시킨다. 연방준비제도가 국채를 매입할 경우, 매입한 대가로 지불하는 달러화는 일반적으로 은행에 예치되어 은행 지급준비금을 증가시키지만, 연방준비제도가 국채를 매도할 경우 매도한 대가로 수령하는 달러화는 은행스템으로부터 회수되어 은행 지급준비금이 감소한다. 은행 지급준비금의 이런 변동은 대출을 하고 통화를 창출하는 은행의 능력을 변화시킨다. 이런 방식으로 연방준비제도는 통화 공급을 변화시킬 수 있다.

공개시장 조작 이외에, 연방준비제도는 다양한 여타 정책도구들을 사용하여 화폐의 공급에 영향을 미칠 수 있다. 보다 최근 들어 선택하여 사용하는 방법은 연방준비제도가 지급준비금에 대해 지급하는 이자율을 변화시키는 것이다. 예를 들어 지급준비금에 대해 지급하는 이자율을 인하할 경우 은행들이 이를 보유하는 것을 억제하게 되어 은행 대출이 증가하고 이는 다시 화폐의 공급을 증가시킨다. 반대로 지급준비금에 대해

그림 1 **화폐시장에서의 균형**

유동성 선호 이론에 따르면 이자율이 조정되어 화폐의 공급량과 화폐에 대한 수요량이 균형을 이루게 된다고 한다. 이자율이 균형수준보다 높은 (r_1과 같은) 경우 사람들이 보유하고자 하는 화폐의 양(M_1^d)이 중앙은행이 창출한 양보다 더 적으며, 이로 인해 이자율에 하방 압력이 가해진다. 반대로 이자율이 균형수준보다 낮은 (r_2와 같은) 경우 사람들이 보유하고자 하는 화폐의 양(M_2^d)이 중앙은행이 창출한 양을 초과하게 되며, 이로 인해 이자율에 상승 압력이 가해진다. 유동성 선호 이론에 따르면 이런 방법을 통해 화폐시장의 공급 및 수요가 작동하여 사람들은 중앙은행이 창출한 화폐의 양을 보유하는 데 만족해하는 균형 이자율 수준으로 이자율을 밀게 된다.

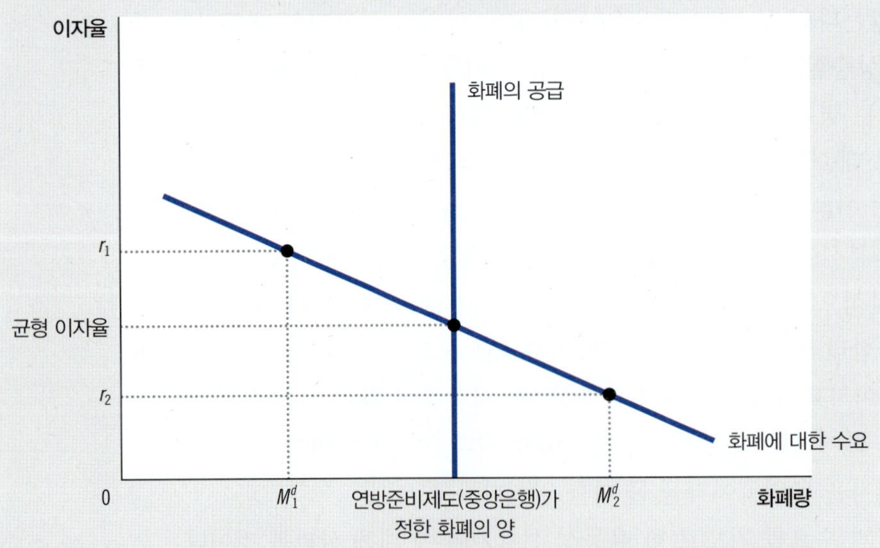

지급하는 이사율을 인상할 경우 은행들이 이를 보유하는 것을 촉진하게 되어 은행 대출이 감소하고 이는 다시 화폐의 공급을 감소시킨다. 연방준비제도는 또한 법정지급준비금(예금에 대해 은행이 보유해야만 하는 지급준비금)이나 할인율(은행이 연방준비제도에서 지급준비금을 차용할 경우 연방준비제도가 부과하는 이자율)을 변화시켜 화폐의 공급을 변화시킬 수 있다.

화폐의 공급을 통제하는 세부적인 사항은 연방정책을 시행하는 데 중요하지만 이 장에서 하는 분석에서는 결정적으로 중요하지 않다. 지금 학습하는 목표는 화폐의 공급 변화가 재화 및 용역의 총수요에 어떤 영향을 미치는지 살펴보는 것이다. 끝으로 유동성 선호 이론은 연방준비제도가 통화 공급을 직접적으로 통제한다는 단순화된 가정을 할 것이다.

경제에 공급되는 화폐의 수량은 연방준비제도가 설정한 어떤 수준에서든 고정되기 때문에, 이자율에 의존하지 않는다. 화폐의 고정된 공급은 그림 1에서 보는 것처럼 수직선인 공급곡선으로 나타낼 수 있다.

화폐에 대한 수요 유동성 선호 이론을 학습할 때 고려할 두 번째 요소는 화폐에 대한 수요이다. 자산의 **유동성**이란 경제에서 사용되는 교환의 매개수단으로 전환될 수 있는 용이성을 말한다. 화폐가 경제에서 사용되는 교환의 매개수단이므로 가용할 수 있는 가장 유동적인 자산이다. 이 유동성이 언제나 화폐에 대한 수요가 존재하는 이유를 설명해준다. 사람들은 더 높은 수익률을 제시하는 여타 자산 대신에 화폐를 보유하기로 선택하는데, 그 이유는 화폐를 사용하여 재화 및 용역을 구입할 수 있기 때문이다.

많은 요인들이 화폐에 대한 수요의 양을 결정하지만 유동성 선호 이론은 이자율을 강조하는데, 그 이유는 이자율이 화폐 보유에 따른 기회비용을 나타내기 때문이다. 즉, 여러분이 부를 이자가 발생하는 채권이나 은행예금으로서가 아니라 현금으로 보유할 경우, 벌 수 있었던 이자를 상실하게 된다. 이자율이 상승할 경우 이는 화폐 보유에 따른 비용을 증가시키기 때문에 화폐에 대한 수요의 양을 감소시킨다. 반대로 이자율이 하락할 경우 화폐 보유에 따른 비용을 감소시키기 때문에 화폐에 대한 수요의 양을 증가시킨다. 그림 1에서 보는 것처럼, 이것이 화폐에 대한 수요곡선의 기울기가 하향하는 이유이다.

화폐시장에서의 균형 유동성 선호 이론에 따르면, 이자율이 조정되어 화폐의 공급과 화폐에 대한 수요가 균형을 이룬다. 화폐에 대한 수요량과 화폐의 공급량이 정확하게 균형을 이루는 한 가지 이자율이 존재하는데 이를 **균형 이자율**이라고 한다. 이자율이 균형 이자율 수준이 아닌 경우, 사람들은 화폐 자산과 비화폐 자산의 포트폴리오를 조정하여 이자율이 균형을 향하도록 한다.

예를 들어 이자율이 그림 1의 r_1처럼 균형수준을 상회한다고 가상하자. 이 경우 사람들이 보유하고자 하는 화폐의 양 M_1^d는 연방준비제도(중앙은행)가 공급하는 양보다 적다. 과잉으로 화폐를 보유한 사람들은 이자가 발생하는 채권을 매입하거나 이자가 발생하는 은행계좌에 이를 예치해서 이를 제거하고자 한다. 채권 발행자와 은행은 더 낮은 이자율을 지급하길 선호하기 때문에, 자신들이 제시하는 이자율을 낮춰 화폐의 과잉 보유에 대응하게 된다. 이자율이 하락함에 따라 균형 이자율에서 연방준비제도가 공급하는 양을 정확하게 보유할 때까지, 사람들은 화폐를 보유할 의지가 크다.

반대로 이자율이 그림 1의 r_2처럼 균형수준을 하회하는 경우, 사람들이 보유하고자 하는 화폐의 양 M_2^d는 연방준비제도가 공급하는 양을 초과하게 된다. 결과적으로 사람들은 채권과 기타 이자 수익이 나는 자산 보유를 줄임으로써 화폐 보유를 증대시키고

FYI 장기 이자율 및 단기 이자율

이전 장에서 이자율이 조정되어 대부자금의 공급(총저축)과 대부자금에 대한 수요(원하는 투자)가 균형을 이룬다고 했다. 하지만 이제는 이자율이 조정되어 화폐의 공급과 화폐에 대한 수요가 균형을 이룬다고 한다. 이들 두 이론을 어떻게 일치시킬 수 있는가?

이 물음에 답하기 위해 세 가지 거시경제 변수, 즉 경제의 재화 및 용역 생산량, 이자율, 물가수준에 집중할 필요가 있다. 이 책 앞부분에서 살펴본 고전파의 거시경제 이론에 따르면, 이들 변수는 다음과 같이 결정된다.

1. **생산량**은 자본 및 노동의 공급과 자본 및 노동을 생산물로 전환시키는 데 사용할 수 있는 생산 기술에 의해 결정된다.(이를 자연 생산량 수준이라고 한다)
2. 모든 주어진 생산량 수준에 대해, **이자율**이 조정되어 대부자금의 공급과 대부자금에 대한 수요를 균형시킨다.
3. 생산량과 이자율이 주어진 경우, **물가수준**이 조정되어 화폐의 공급과 화폐에 대한 수요를 균형시킨다.

위의 주장은 고전파 경제 이론의 핵심적인 세 가지 논리이다. 대부분의 경제학자들은 이들 세 가지 논리를 활용하여 경제가 **장기적으로** 어떻게 작동하는지를 잘 설명할 수 있다고 믿고 있다.

하지만 이런 논리가 단기적으로는 성립하지 못한다. 앞 장에서 살펴본 것처럼, 많은 가격들이 통화 공급의 변화에 대해 서서히 조정된다. 이것은 수직선이 아니라 기울기가 상향하는 단기 총공급곡선에 반영된다. 따라서 **단기적으로** 전반적인 물가수준이 스스로 변화해서 화폐의 공급과 화폐에 대한 수요를 균형시키지 못한다. 이런 물가수준의 비신축성으로 인해 이자율이 변화해서 화폐시장의 균형을 이루게 된다. 이런 이자율의 변화는 다시 재화 및 용역에 대한 총수요에 영향을 미친다. 총수요가 변동함에 따라, 경제의 재화 및 용역 생산량은 요소 공급과 기술에 의해 결정된 수준에서 벗어나게 된다.

단기적으로 (일 단위로, 주 단위로, 월 단위로, 분기 단위로) 경제에 관해 생각할 경우, 다음과 같은 논리가 적용된다.

1. **물가수준**은 (이전에 형성된 기대에 기초한) 어떤 수준에 고착되어, 단기적으로는 변화하는 경제상황에 상대적으로 반응하지 않는다.
2. 모든 주어진(고착된) 물가수준에 대해, **이자율**이 조정되어 화폐의 공급과 화폐에 대한 수요를 균형시킨다.
3. 화폐시장을 균형시키는 이자율은 재화 및 용역의 수요량에 영향을 미치고 이에 따라 **생산량** 수준에 영향을 미치게 된다.

위의 논리는 경제를 장기적으로 연구하기 위해 사용한 분석의 순서를 역전시킨 것이라는 사실에 주목하시오.

이자율에 관한 두 가지 상이한 이론은 서로 다른 목적에 사용하는 데 유용하다. 이자율의 장기 결정요인에 관해 생각할 경우 대부자금 이론을 기억하는 것이 최선이며, 이 이론은 경제의 저축 성향과 투자 기회의 중요성을 강조한다. 하지만 이자율의 단기 결정요인에 관해 생각할 경우 유동성 선호 이론을 기억하는 것이 최선이며, 이 이론은 통화정책의 중요성을 강조한다. ■

자 한다. 사람들이 채권 보유를 줄임에 따라, 채권 발행자들은 채권 매수인들을 유치하기 위해 더 높은 이자율을 제시해야 한다는 사실을 깨닫게 된다. 궁극적으로 이자율은 균형수준에 도달할 때까지 상승하게 된다.

24-1b 기울기가 하향하는 총수요곡선

유동성 선호 이론이 경제의 균형 이자율을 어떻게 설명하는지 살펴보았으므로, 이제는 이 이론이 재화 및 용역의 총수요에 대해 갖는 의미를 생각해보자. 워밍업하기 위한 연습으로서, 먼저 이 이론을 활용하여 이미 알아보았던 주제인 이자율 효과와 기울기가 하향하는 총수요곡선에 대해 다시 한번 검토해본다. 특히 경제의 전반적인 물가수준이 상승한다고 가상하자. 화폐의 공급과 화폐에 대한 수요를 균형시키는 이자율에 어떤 일이 발생하며, 이런 변화는 재화 및 용역의 수요량에 어떤 영향을 미치는가?

제22장에서 논의한 것처럼, 물가수준은 화폐의 수요량을 결정하는 한 가지 요인이다. 물가가 상승할 경우, 재화 또는 용역이 판매될 때마다 더 많은 화폐가 교환되기 때문에 사람들은 더 많은 수량의 화폐를 보유하기로 할 것이다. 이것이 의미하는 바는 물가수준이 상승함에 따라 모든 이자율 수준에 대한 화폐 수요량이 증가한다는 것이다.

그림 2

화폐시장과 총수요곡선의 기울기

물가수준이 P_1에서 P_2로 상승하면 (a)에서 보는 것처럼 화폐 수요곡선이 오른쪽으로 이동한다. 화폐에 대한 수요가 증가할 경우 이자율은 r_1에서 r_2로 상승한다. 이자율은 화폐를 차용하는 비용이기 때문에, 이자율이 상승할 경우 재화 및 용역에 대한 수요량이 Y_1에서 Y_2로 감소한다. 물가수준과 재화 및 용역에 대한 수요량 사이에 존재하는 음의 관계는 (b)에서 보는 것처럼 기울기가 하향하는 총수요곡선으로 나타낼 수 있다.

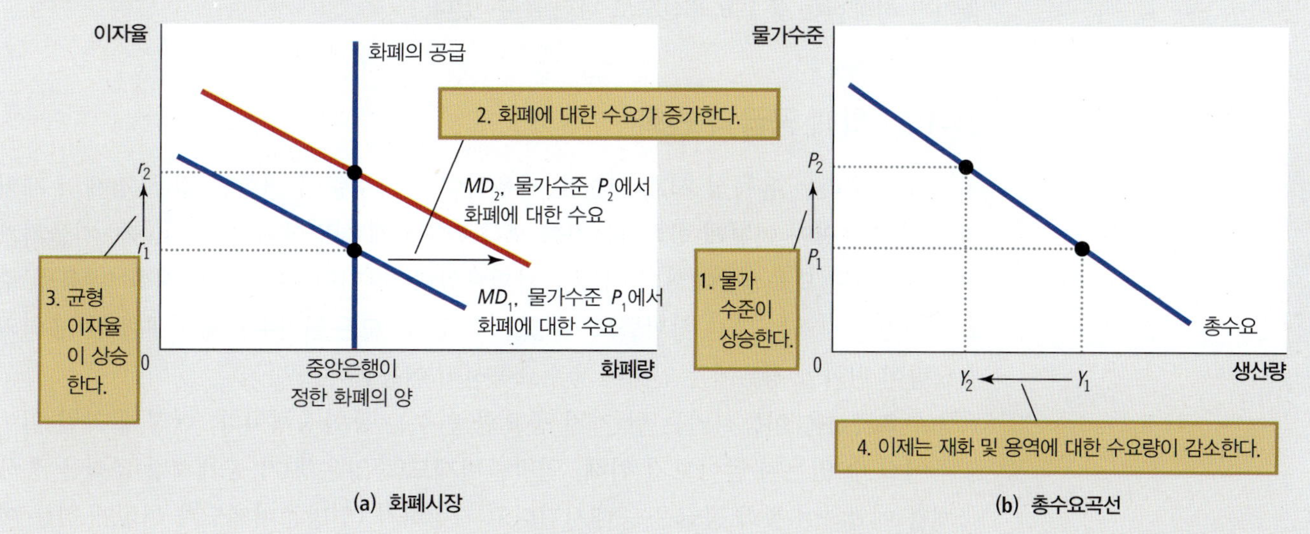

(a) 화폐시장　　(b) 총수요곡선

이것은 그림 2(a)에서 살펴볼 수 있다. 즉 물가수준이 P_1에서 P_2로 상승함에 따라 화폐 수요곡선은 오른쪽으로 즉 MD_1에서 MD_2로 이동한다.

화폐에 대한 이런 수요 변화는 화폐시장의 균형에 영향을 미친다. 그림이 보여주는 것처럼, 화폐의 공급과 화폐에 대한 수요가 균형을 이루도록 이자율이 상승해야만 한다. 물가수준이 상승함에 따라 사람들이 보유하고자 하는 화폐의 총액이 증가하기 때문에, 화폐 수요곡선이 오른쪽으로 이동한다. 하지만 공급되는 화폐의 양은 고정되기 때문에, 추가적인 수요를 예방적으로 차단하기 위해 이자율이 r_1에서 r_2로 상승해야만 한다.

이자율이 이렇게 상승하게 되면 화폐시장뿐만 아니라 그림 2(b)에서 보는 것처럼 재화 및 용역의 수요량에도 파급효과가 미치게 된다. 높아진 이자율에서 차용에 따른 비용과 저축에 대한 수익이 증대된다. 더 적은 수의 가계가 차용하여 신규 주택을 매입하고, 차용하기로 한 가계도 더 적은 규모의 주택을 매입해서 주택 투자에 대한 수요가 감소한다. 더 적은 수의 기업이 차용하여 신규 공장을 건설하고 신규 장비를 구입하기 때문에, 기업 투자가 감소한다. 이처럼 물가수준이 P_1에서 P_2로 상승할 경우, 화폐에 대한 수요는 MD_1에서 MD_2로 증가하고 이자율은 r_1에서 r_2로 상승하여 재화 및 용역에 대한 수요량은 Y_1에서 Y_2로 감소하게 된다.

이자율 효과는 다음과 같은 세 가지 단계로 요약할 수 있다. (1) 물가수준이 상승하면 화폐에 대한 수요가 증가한다. (2) 화폐에 대한 수요가 증가할 경우 이는 이자율 상승으로 이어진다. (3) 이자율이 상승하면 재화 및 용역 수요량이 감소한다. 물가수준이 하락할 경우에도 동일한 논리가 적용된다. 즉, 물가수준이 하락하면 화폐에 대한 수요가 감소하며, 이는 이자율 하락과 재화 및 용역 수요량의 증가로 이어진다. 이 분석의 결과에 따르면 물가수준과 재화 및 용역 수요량 사이에 음의 관계가 존재하며, 이는 기울기가 하향하는 총수요곡선으로 나타낼 수 있다.

24-1c 화폐 공급의 변화

지금까지 우리는 유동성 선호 이론을 사용하여 물가수준이 변화할 경우 경제의 재화 및 용역 수요량이 어떻게 변화하는지를 보다 완벽하게 설명할 수 있었다. 즉, 기울기가 하향하는 총수요곡선상에서의 이동을 살펴보았다. 하지만 이 이론은 재화 및 용역 수요량을 변화시키는 다른 상황들도 설명할 수 있다. **모든 물가수준에서** 재화 및 용역의 수요량이 변화할 경우에는 언제나 총수요곡선이 이동한다.

총수요곡선을 이동시키는 한 가지 중요한 변수는 통화정책이다. 어떻게 그런 일이 이루어질 수 있는지 알아보기 위해, 연방준비제도(중앙은행)가 공개시장 조작을 통해 국채를 매입하여 통화 공급을 증대시킨다고 가상하자.(연방준비제도가 이렇게 하는 이

그림 3

화폐의 공급 증가

(a)에서 보는 것처럼 화폐의 공급이 MS_1에서 MS_2로 증가할 경우 균형 이자율은 r_1에서 r_2로 하락한다. 이자율이 하락할 경우 화폐를 차용하는 비용이 감소하여, 일정하게 주어진 물가수준에서 재화 및 용역에 대한 수요량은 Y_1에서 Y_2로 증가한다. 따라서 (b)에서 총수요곡선은 오른쪽으로, 즉 AD_1에서 AD_2로 이동한다.

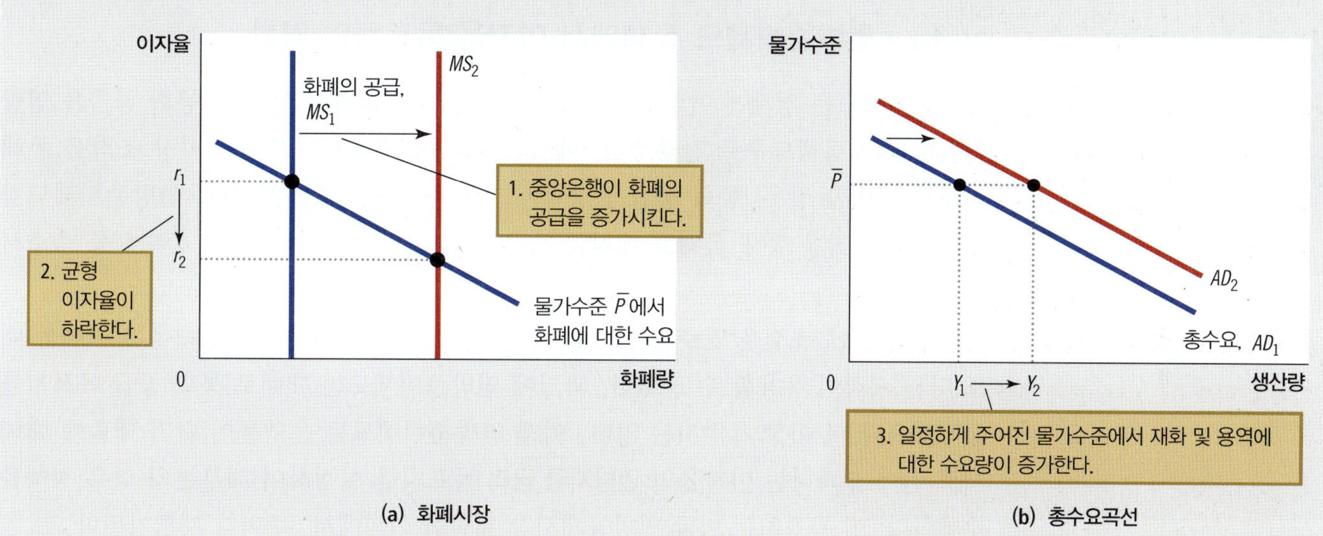

유는 나중에 분명해질 것이다) 이런 통화 공급의 증가가 주어진 물가수준에 대해서 균형 이자율에 어떤 영향을 미치는지 생각해보자. 이를 통해 통화 공급의 증가가 총수요곡선의 위치에 어떤 영향을 미치는지 알 수 있게 된다.

그림 3(a)가 보여주는 것처럼 화폐 공급이 증가할 경우 화폐의 공급곡선은 오른쪽으로, 즉 MS_1에서 MS_2로 이동하게 된다. 화폐에 대한 수요곡선은 변화하지 않기 때문에, 이자율은 r_1에서 r_2로 하락하여 화폐의 공급과 화폐에 대한 수요가 균형을 이룬다. 즉, 사람들이 연방준비제도가 창출한 추가적인 화폐를 보유하도록 하여 화폐시장의 균형이 회복되도록 하려면 이자율이 하락해야만 한다.

다시 한번, 그림 3(b)에서 보는 것처럼 이자율은 재화 및 용역의 수요량에 영향을 미친다. 이자율이 낮아지면, 차용하는 비용과 저축에 대한 수익이 하락하게 된다. 가계들은 신규 주택에 더 많이 지출하게 되어 주택 투자에 대한 수요를 촉진하게 된다. 기업들은 신규 공장과 신규 장비에 더 많이 지출하게 되어 기업 투자를 촉진하게 된다. 그러므로 일정하게 주어진 물가수준에서 재화 및 용역의 수요량은 Y_1에서 Y_2로 증가한다. 이것은 $\bar{P}$에 대해서만 특정적으로 성립하는 것이 아니다. 즉, 화폐의 공급이 증가할 경우 모든 물가수준에서 재화 및 용역의 수요량이 증가한다. 따라서 총수요곡선 전체가 오른쪽으로 이동하게 된다.

요약하면 다음과 같다. 연방준비제도(중앙은행)가 통화 공급을 증가시킬 경우, 이자율이 하락하고 모든 물가수준에서 재화 및 용역의 수요량이 증가하여 총수요곡선이 오른쪽으로 이동한다. 반대로 연방준비제도가 통화 공급을 감소시킬 경우, 이자율이 상승하고 모든 물가수준에서 재화 및 용역의 수요량이 감소하여 총수요곡선이 왼쪽으로 이동한다.

24-1d 연방준비제도 정책에서 이자율 목표치의 역할

연방준비제도는 경제에 어떻게 영향을 미치는가? 지금까지 이 책은 통화 공급을 연방준비제도의 정책도구로 간주했다. 예를 들어 연방준비제도가 공개시장 조작을 통해 국채를 매입할 경우, 통화 공급을 증대시키고 총수요를 확대시킨다. 연방준비제도가 공개시장 조작을 통해 국채를 매각할 경우, 통화 공급을 감소시키고 총수요를 축소시킨다.

통화 공급에 초점을 맞추는 시각은 좋은 출발점이지만, 최근의 정책을 고려해볼 때 또 다른 시각이 유용할 수도 있다. 과거에 연방준비제도는 때때로 통화 공급 목표치를 설정했으나 더 이상 그렇지는 않다. 이제 연방준비제도는 은행들이 단기 대출에 대해 서로 간에 부과하는 이자율인 **연방자금 금리** 목표치를 설정하여 대부분의 경우 정책을 수행한다. 이 목표치는 미국 연방공개시장 위원회 회의에서 6주마다 재평가된다.

이자율을 목표로 하는 연방준비제도의 결정은 통화정책에 대한 우리의 분석을 근본적으로 변화시키지 않는다. 유동성 선호 이론은 다음과 같은 중요한 원칙을 확립했다. **통화정책은 통화 공급의 관점에서 또는 이자율의 관점에서 설명될 수 있다.** 연방준비제도가 연방자금 금리의 목표치를 예를 들어 4%로 설정할 경우, 화폐시장의 균형이 이 목표치에 부합되도록 통화 공급을 조정하겠다고 약속하는 것이다.

따라서 통화정책의 변화는 이자율 목표치를 변화시키거나 통화 공급을 변화시키는 것으로 볼 수 있다. 여러분이 뉴스에서 '연방준비제도가 연방자금 금리 목표치를 4%에서 3%로 낮추기로 했다'는 기사를 읽게 될 때, 목표치에 부합되도록 통화 공급이 조정될 것이라고 이해해야 한다. 연방준비제도는 연방자금 금리 목표치를 낮추기로 했을 때, (그림 3에서 본 것처럼) 통화 공급을 증대시켜 균형 이자율을 낮추게 된다. 반대로 연방준비제도가 목표치를 높이기로 했을 때, 통화 공급을 감소시켜 균형 이자율을 높이게 된다.

연방준비제도의 이자율 목표치와 통화 공급 사이의 연결관계는 연방준비제도가 지급준비금에 대해 지불하는 이자율을 정책도구로 도입한 2008년 이래로 거의 기계적으로 이루어졌다. 은행들이 연방자금시장에서 대출해주는 이자율은 이들이 연방준비제도에 지급준비금으로 보유할 경우 받는 이자율과 밀접하게 연결된다. 연방준비제도가 연방자금 금리 목표치를 낮출 경우 지급준비금에 대해 지불하는 이자율도 낮추게 되며, 이로 인해 은행들은 일반 대중에게 더 많이 대출을 제공하게 되므로 통화 공급이 증대한다. 그리고 연방준비제도가 연방자금 금리 목표치를 높일 경우 지급준비금에 대해 지불하는 이자율도 높이게 되며, 이로 인해 은행들은 대출을 줄이기 때문에 통화 공급이 감소한다.

결론은 다음과 같이 간단하다. **총수요 확장을 목표로 하는 통화정책상의 변화는 통화 공급 증대 또는 이자율 인하로 설명될 수 있다. 총수요 축소를 목표로 하는 통화정책상의 변화는 통화 공급 감소 또는 이자율 인상으로 설명될 수 있다.**

사례 연구

연방준비제도가 주식시장을 주시하는 이유(그리고 주식시장이 연방준비제도를 주시하는 이유)

"주식시장은 지난 다섯 번의 경기 침체 중에서 아홉 번의 경기 침체를 예측했다." 저명한 경제학자 (그리고 유명한 교과서의 저자이기도 했던) 폴 새뮤얼슨(Paul Samuelson)의 말이다. 주식시장이 별로 감동을 주지 못하는 점술 능력을 갖고 있다는 점을 그가 이렇게 표현한 것은 전적으로 옳았다. 주식시장은 매우 변동성이 크며 장래 경제활동에 관해 잘못된 신호를 종종 보낸다.

하지만 주가는 이따금 더 광범위한 경제 발전 상황을 반영한다. 예를 들어 1990년대의 경제활황은 급속한 GDP 성장과 실업 감소뿐만 아니라 십 년 동안 약 네 배 증가한 주가 상승으로 나타났다. 이와 유사하게 2008년과 2009년의 대침체는 주가하락에 반영되었다. 2007년 11월부터 2009년 3월까지 주식시장에서 가치의 약 절반이 사라졌다. 그리고 2020년 전염병 대유행 동안의 심각한 경제 침체에서는 그 해 2월 14일부터 3월 23일까지 주가의 34% 하락이 반영되었다.

연방준비제도는 주식시장 변동에 어떻게 대응해야 하는가? 연방준비제도가 주가 자체에 신경을 쓸 이유는 없지만, 전반적인 경제상황의 진전을 감독하고 이에 대응하는 역할을 해야 한다. 주식시장은 풀어야 할 난제의 한 조각이다. 주식시장이 활황일 때 가계는 더 부유해지고 이런 증가된 부로 인해 소비자 지출이 촉진된다. 이 밖에 주가가 상승할 때 기업들이 새로운 주식들을 판매하면 사람의 마음을 더욱 끌게 되어 투자 지출이 증대한다. 이런 두 가지 이유로 인해 주식시장이 활황일 경우 재화 및 용역에 대한 총수요가 확장된다.

이 장 뒷부분에서 보다 자세히 논의할 것처럼, 연방준비제도의 목표 중 하나는 총수요를 안정화시키는 것인데, 이는 다시 생산량 및 물가수준의 안정화로 이어진다. 이런 안정화를 촉진하기 위해 연방준비제도는 그렇지 않았다면 시행했을 것보다 더 많이 통화 공급을 줄이고 이자율을 높여서 주식시장 활황에 대응할 수도 있다. 엄격한 통화정책에 따른 수축적 효과가 주가상승에 따른 확장적 효과를 상쇄하게 된다. 사실상 연방준비제도는 1990년대 말 주식시장 활황기간 동안에 역사적 기준으로 보았을 때 이자율을 높게 유지했다.

주식시장이 하락할 때 정반대 상황이 발생한다. 그런 순간에 소비 및 투자에 대한 지출은 감소하는 경향이 있으며, 이로 인해 총수요가 억제되고 경제를 침체로 밀어넣게 된다. 총수요를 안정화시키기 위해 연방준비제도는 통화 공급을 증가시키고 이자율을 낮출 수도 있다. 예를 들어 1987년 10월 19일에 주식시장은 22.6%만큼 하락했는데, 이는 역사상 하루 하락률이 가장 컸던 경우 중 하나였다. 연방준비제도는 10월 초에 7.7%였던 연방자금 금리를 그 달 말에 6.6%로 인하하여 시장 붕괴에 대응했다. 부분적으로는 연방준비제도의 이런 신속한 조치로 인해 경제는 경기 침체를 피했다. 이와 유사하게, 앞 장에서 논의한 것처럼 연방준비제도는 2008년과 2009년에 발생한 경제 침체와 주식시장 하락기간 동안에도 이자율을 인하했으나, 이번에는 심각한 경기 침체를 피할 수 있을 정도로 통화정책이 충분하게 시행되지 못했다. 그리고 연방준비제도는 2020년에 전염병 대유행으로 인한 주식하락 기간 동안 이자율을 상당히 인하했다.

연방준비제도가 주식시장을 주시하는 반면에, 주식시장 참가자들도 역시 연방준비제도를 주시한다. 통화정책이 변화할 경우 주식 평가에 영향을 미칠 수 있다. 예를 들어 연방준비제도가 이자율을 인상하면 주가가 일반적으로 하락한다. 이자가 발생하는 채권은 주식에 대한 대체 투자수단이 되므로, 이자율이 상승할 경우 주식 소유와 관련된 장래 현금 흐름의 현재가치가 감소하게 된다. 이 밖에 엄격한 통화정책으로 인해 재화 및 용역에 대한 수요가 억제되고 경제활동과 기업의 이윤이 축소된다. ●

24-1e 이자율의 하위 한계인 0

통화정책은 이자율을 통해 작동한다. 이는 다음과 같은 의문을 제기한다. 연방준비제도의 이자율 목표치가 할 수 있는 한 최대로 하락했다면, 무엇을 할 수 있을까? 2008년과 2009년에 발생한 대침체 그리고 다시 한번 2020년에 발생한 코로나 바이러스 감염증에 의한 경기 침체 동안에 연방자금 금리는 거의 0까지 하락했다. 이런 상황에서 만일 있다면 통화정책은 경제활동을 촉진하기 위해 무엇을 할 수 있는가?

일부 경제학자들은 이런 상황을 **유동성 함정**이라고 한다. 유동성 선호 이론에 따르면, 확장적 통화정책은 이자율을 낮추고 투자 지출을 촉진하도록 작동한다고 본다. 하지만 이자율이 이미 거의 0으로 떨어진 경우라면 통화정책은 더 이상 효과적이지 못할 수도 있다. 명목이자율은 0 밑으로 더 떨어질 수 없다. 즉, 음의 명목이자율로 대출을 해주기보다 그냥 현금을 보유하려 할 것이다. 이런 상황에서 확장적 통화정책은 통화 공급을 증대시키고 일반인으로 하여금 더 많은 유동성을 갖게 하지만, 이자율이 더 이상 하락할 수 없기 때문에 추가적인 유동성은 효력을 발휘할 수 없다. 총수요, 생산, 고용은 낮은 수준으로 떨어져 '함정에 빠지게 된다'.

다른 경제학자들은 유동성 함정의 관련성에 대해 회의적이며 이자율 목표치가 하위 한계인 0이 된 이후에도 중앙은행이 경제를 확장시킬 수 있는 정책수단을 계속 보유하고 있다고 믿는다. 첫 번째 선택은 중앙은행이 향후 상당 기간 동안 이자율을 낮게 유지하겠다고 약속하는 것이다. 이런 정책을 이따금 **사전적 정책방향 제시**라고 한다. 중앙은행의 이자율에 대한 현재 목표치가 더 이상 하락할 수 없더라도, 이자율을 계속 낮게 유지하겠다는 약속은 투자 지출을 증대시키는 데 도움이 될 수 있다.

두 번째 선택은 중앙은행이 더 다양한 금융정책 수단을 이용하여 확장적 공개시장 조작을 시행하도록 하는 것이다. 연방준비제도는 통상적으로 단기 국채를 매입하여 확장적 공개시장 조작을 한다. 하지만 연방준비제도는 또한 주택담보 대출 증권과 장기 국채를 매입하여 이런 대출들의 이자율을 낮출 수 있다. 이런 형태의 비전통적 통화정책을 이따금 **양적 완화**라고 하는데, 그 이유는 이를 통해 은행 지급준비금이 증가하기 때문이다. 대침체와 코로나 바이러스 감염증에 의한 경기 침체 동안에 연방준비제도는 사전적 정책방향 제시와 양적 완화 둘 다를 시행했다.

일부 경제학자들은 이자율의 하위 한계인 0에 도달할 가능성이 있기 때문에 0보다 높은 목표 인플레이션율을 설정해야 한다고 주장한다. 0의 인플레이션하에서 실질이자율은 명목이자율처럼 0 아래로 떨어질 수 없다. 하지만 통상적인 인플레이션율이 예를 들어 4%인 경우, 중앙은행은 명목이자율을 0으로 낮추어 실질이자율을 −4%까지 손쉽게 낮출 수 있다. 인플레이션 목표치가 높아질 경우 통화정책 입안자들은 필요할 때 경제활동을 촉진할 수 있는 더 많은 여지를 갖게 되므로, 이자율의 하위 한계인 0에 도달하여 유동성 함정에 빠질 위험성이 낮아진다.

Quiz

1. 유동성 선호 이론에 따르면, 경제의 이자율은 ______________.
   a. 대부자금의 공급과 대부자금에 대한 수요가 균형을 이루도록 조정된다.
   b. 화폐의 공급과 화폐에 대한 수요가 균형을 이루도록 조정된다.
   c. 기대 인플레이션의 변화에 1:1로 조정된다.
   d. 세계 금융시장의 이자율과 같아지도록 조정된다.

2. 중앙은행이 총수요를 축소시키고자 한다면, 통화 공급을 ______________ 그에 따라 이자율을 ______________.
   a. 증대시키고; 상승시킬 수 있다.
   b. 증대시키고; 하락시킬 수 있다.
   c. 감소시키고; 상승시킬 수 있다.
   d. 감소시키고; 하락시킬 수 있다.

3. 연방준비제도의 연방자금 금리 목표치는 ______________.
   a. 통화 공급에 추가해서 통화 공급과 별개로 중앙은행이 사용할 수 있는 추가적인 정책도구이다.
   b. 공표된 목표치를 달성할 수 있도록 연방준비제도가 특정한 통화 공급을 설정하도록 한다.
   c. 연방준비제도는 통화 공급만을 결정할 수 있기 때문에 거의 달성되지 않는 목표이다.
   d. 연방자금을 차용하고 대출해주는 은행들에게는 중요하지만 총수요에는 영향을 미치지 못한다.

해답은 이 장의 끝부분에 있다.

24-2 재정정책은 총수요에 어떤 영향을 미치는가

재정정책
정부 지출과 조세의 수준에 대해 정부정책 입안자들이 내리는 결정

정부는 통화정책뿐만 아니라 재정정책을 사용하여 경제의 행태에 영향을 미칠 수 있다. 재정정책(fiscal policy)은 정부 구매와 조세의 전반적인 수준에 관한 정부의 선택을 말한다. 이 책 앞부분에서 재정정책이 장기적으로 저축, 투자, 성장에 어떤 영향을 미치는지 살펴보았다. 하지만 단기적으로 재정정책의 주된 효과는 재화 및 용역에 관한 총수요에 미치는 영향과 관련된다.

24-2a 정부 구매의 변화

정책 입안자들이 통화 공급이나 조세 수준을 변화시킬 경우, 이들은 기업이나 가계의 지출 결정에 영향을 미쳐서 총수요곡선을 간접적으로 이동시킨다. 반면에 정부가 자신의 재화 및 용역 구매를 변화시킬 경우, 정부는 총수요곡선을 직접적으로 이동시킨다.

예를 들어 미국 국방성이 항공기 제작업체인 보잉 사에 200억 달러 상당의 신형 전투기를 주문했다고 가상하자. 이 주문을 통해 보잉 사가 생산한 물품에 대한 수요가 증가했으며, 이로 인해 해당 기업은 노동자들을 더 많이 고용하여 생산을 증대시킨다. 전체 경제의 관점에서 볼 때, 보잉 사 항공기에 대한 수요 증대는 모든 물가수준에서 재화 및 용역의 수요량이 증가한다는 의미이다. 따라서 총수요곡선이 오른쪽으로 이동하게 된다.

정부에 의한 200억 달러 상당의 주문은 총수요곡선을 얼마나 많이 이동시키는가? 여러분은 어쩌면 총수요곡선이 정확히 200억 달러만큼 오른쪽으로 이동할 것이라고 생각할지 모른다. 하지만 이것은 사실이 아닌 것으로 밝혀졌다. 두 가지 거시경제 효과로 인해 총수요 변화의 크기가 정부 구매의 변화와 상이해진다. 첫째, 승수효과를 들 수 있는데, 이로 인해 총수요의 변화는 200억 달러보다 **커질 수 있다**. 둘째, 구축효과를 들 수 있는데, 이로 인해 총수요의 변화는 200억 달러보다 **작아질 수 있다**. 우리는 이들 두 개 효과를 차례로 살펴볼 것이다.

24-2b 승수효과

정부가 보잉 사로부터 200억 달러 상당의 물품을 구매할 경우, 해당 구매는 다른 부문으로 파급되는 반향을 갖게 된다. 즉각적인 영향은 보잉 사의 고용과 이윤을 증대시키는 것이다. 그러고 나서 노동자들이 더 높은 급료를 받고 기업 소유주가 더 높은 이윤을 얻게 됨에 따라, 소비자 물품들에 대해 지출을 증대시킴으로써 이런 소득 증대에 대응하게 된다. 따라서 보잉 사로부터의 정부 구매는 경제의 많은 다른 기업들의 생산물

에 대한 수요를 증대시키게 된다. 정부가 지출한 1달러는 1달러를 초과하는 금액으로 재화 및 용역에 대한 총수요를 증대시키기 때문에, 정부 구매는 총수요에 대해 **승수효과**(multiplier effect)를 갖는다고 한다.

승수효과
확장적 재정정책으로 인해 소득이 증가하고 그에 따라 소비자 지출이 증대할 경우 이로 인해 발생하는 총수요의 추가적인 변화

이런 승수효과는 첫 번째 라운드 이후에도 지속된다. 소비자 지출이 증가할 경우, 소비자 물품을 생산하는 기업은 사람들을 더 많이 고용하고 더 많은 이윤을 얻게 된다. 급여 증가와 이윤 증대로 인해 소비자 지출이 다시 한번 촉진되며 그 이후로도 지속된다. 수요 증가가 소득 증대로 이어짐에 따라 긍정적인 피드백 고리가 전개되고, 이는 다시 훨씬 더 높은 수요로 이어진다. 이런 모든 효과가 합쳐지면, 재화 및 용역에 대한 수요량에 미치는 영향은 정부 지출 증가에서 비롯된 최초의 증가보다 훨씬 더 커질 수 있다.

그림 4는 승수효과를 보여준다. 200억 달러 상당의 정부 구매가 증가할 경우, 최초에 총수요곡선을 오른쪽으로 즉 AD_1에서 AD_2로 정확히 200억 달러만큼 이동시킨다. 하지만 소비자들이 자신들의 지출을 증가시켜 대응하게 되면, 총수요곡선은 훨씬 더 멀리 AD_3로 이동한다.

소비자 지출의 반응에서 비롯된 승수효과는 투자가 반응하게 되면 더 높은 수준의 수요로 강화된다. 보잉 사는 더 많은 장비를 구입하거나 또 다른 공장을 건설하여 비행기 수요 증가에 대응할 수도 있다. 이 경우 정부 수요의 증가로 투자재에 대한 수요가 촉발된다. 투자에 대한 수요의 이런 긍정적 효과를 이따금 **투자 촉진현상**이라고 한다.

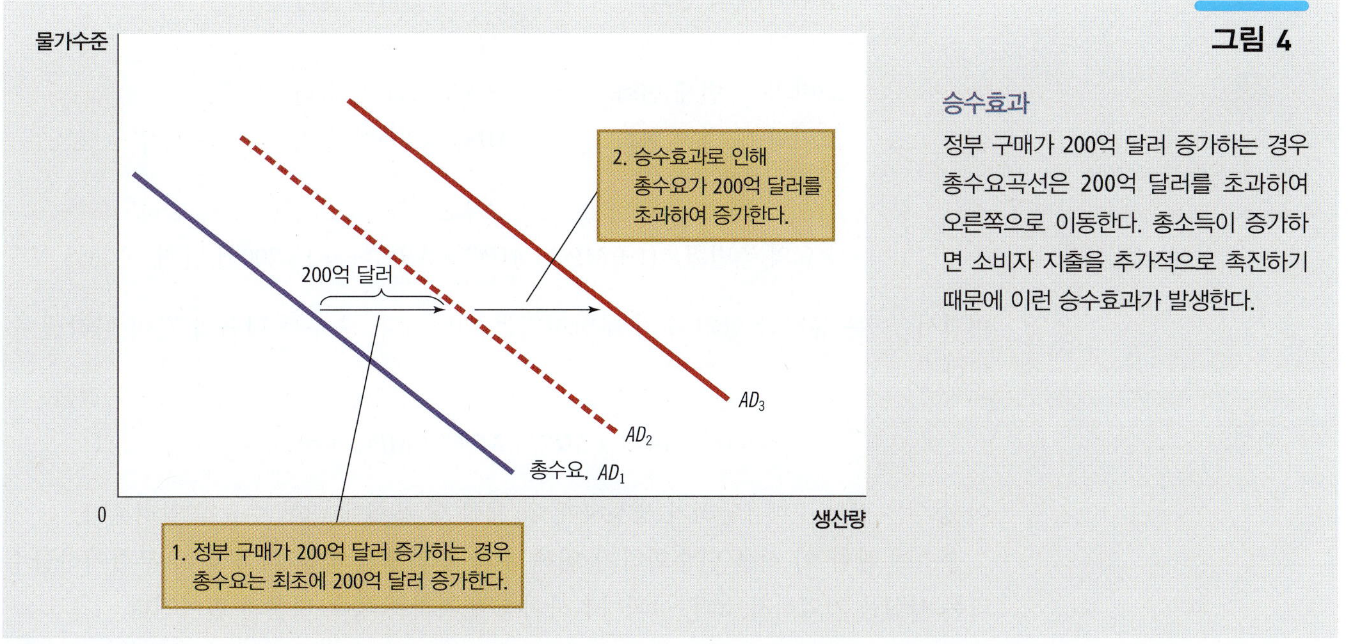

그림 4

승수효과

정부 구매가 200억 달러 증가하는 경우 총수요곡선은 200억 달러를 초과하여 오른쪽으로 이동한다. 총소득이 증가하면 소비자 지출을 추가적으로 촉진하기 때문에 이런 승수효과가 발생한다.

24-2c 지출 승수 공식

간단한 대수학을 활용하여, 정부 구매의 증가가 소비자 지출의 증대를 유발할 경우 발생하는 승수효과의 규모를 측정하는 공식을 도출할 수 있다. 중요하면서도 이 공식에도 포함되는 개념으로 **한계소비성향**(*MPC*)을 들 수 있으며, 이는 가계가 추가 소득 중에서 저축하지 않고 소비하는 비율을 나타낸다. 예를 들어 한계소비성향이 3/4이라고 가상하자. 이것이 의미하는 바는 가계가 번 추가적인 1달러 중에서 해당 가계는 (1달러의 3/4인) 0.75달러를 지출하고 0.25달러를 저축한다는 것이다. *MPC*가 3/4인 경우, 보잉사의 노동자와 소유주가 정부와의 계약을 통해 200억 달러를 받았다면 이들은 자신의 소비자 지출을 3/4×200억 달러 또는 150억 달러만큼 증가시키게 된다.

정부 구매의 변화가 총수요에 미치는 영향을 측정하기 위해 이런 변화를 단계별로 밟아갈 것이다. 정부가 200억 달러를 지출하여 결과적으로 국민소득(급료와 이윤)을 동일한 금액만큼 증가시킬 때 이 과정이 시작된다. 이 추가적인 소득 200억 달러를 가지고, 소비자는 지출을 *MPC*×200억 달러만큼 증가시킨다. 이 추가적인 소비자 지출은 소비재를 생산하는 기업의 노동자와 소유주의 소득을 동일한 금액만큼 증가시킨다. 이 두 번째 소득 증가를 가지고, 소비자들은 지출을 다시 증대시키며, 이번에는 *MPC*×(*MPC*×200억 달러)만큼 증대시킨다. 이런 피드백 효과는 계속된다.

재화 및 용역에 대한 수요에 미치는 영향을 모두 구하기 위해, 이런 모든 효과를 합산하면 다음과 같다.

$$
\begin{array}{lcr}
\text{정부 구매의 변화} & = & 200\text{억 달러} \\
\text{소비의 첫 번째 변화} & = & MPC \times 200\text{억 달러} \\
\text{소비의 두 번째 변화} & = & MPC^2 \times 200\text{억 달러} \\
\text{소비의 세 번째 변화} & = & MPC^3 \times 200\text{억 달러} \\
\vdots & & \vdots \\
\hline
\end{array}
$$

$$\text{수요의 총변화} = (1 + MPC + MPC^2 + MPC^3 + \cdots) \times 200\text{억 달러}$$

여기서 '…'는 유사한 항의 수가 무한하다는 의미이다. 승수를 다음과 같이 나타낼 수 있다.

$$\text{승수} = 1 + MPC + MPC^2 + MPC^3 + \cdots$$

이 승수는 정부 구매 1달러가 생성하게 될 재화 및 용역에 대한 수요를 알려준다.

승수에 관한 이 식을 단순화하기 위해 수학 수업에서 배운 다음 식이 무한기하급수라는 사실을 기억하자. x가 -1과 $+1$ 사이에 위치하는 경우 다음과 같아진다.

$$1 + x + x^2 + x^3 + \cdots = 1/(1-x)$$

위의 경우 $x = MPC$이다. 따라서 식은 다음과 같아진다.

$$승수 = 1/(1-MPC)$$

예를 들어 *MPC*가 3/4인 경우 승수는 1/(1−3/4), 즉 4이다. 이 경우 정부 지출 200억 달러는 재화 및 용역에 대한 수요 800억 달러를 생성한다.

이 공식에 따르면 승수의 크기는 한계소비성향에 달려 있다. *MPC*가 3/4인 경우 승수는 4가 되는 반면에, *MPC*가 1/2인 경우 승수는 2에 불과하다. 따라서 *MPC*가 클수록 승수가 커진다. 그 이유를 알려면, 소득 증가가 소비자 지출 증대를 유발하기 때문에 승수가 발생한다는 사실을 기억하자. *MPC*가 클수록 소득 변화에 대해 소비자 반응이 더 많아져서 승수는 더 커지게 된다.

24-2d 승수효과를 다른 경우에 적용하기

승수효과로 인해 1달러의 정부 구매는 1달러를 초과하는 총수요를 생성하게 된다. 하지만 승수효과의 논리는 정부 구매의 변화에만 한정되지 않는다. 대신에 이 효과는 GDP의 모든 구성요소 즉 소비, 투자, 정부 구매, 순수출에 대한 지출을 변화시키는 모든 경우에 적용된다.

예를 들어 해외의 경기 침체로 인해 미국의 순수출에 대한 수요가 100억 달러만큼 감소했다고 가상하자. 미국의 재화 및 용역에 대한 지출 감소는 미국의 국민소득을 떨어뜨리고, 이는 다시 미국 소비자에 의한 지출을 축소시킨다. 한계소비성향이 3/4이고 승수가 4인 경우 순수출이 100억 달러 감소하면, 이는 400억 달러 상당의 총수요 감소로 이어진다.

또 다른 예로, 주식시장 활황으로 인해 가계의 부가 증대되고 재화 및 용역에 대한 지출이 200억 달러만큼 증가했다고 가상하자. 이 추가적인 소비자 지출은 국민소득을 증대시키고, 이는 다시 훨씬 더 많은 소비자 지출을 생성시킨다. 한계소비성향이 3/4이고 승수가 4인 경우, 소비자 지출의 최초 증가액 200억 달러는 800억 달러 상당의 총수요 증가로 바뀐다.

승수는 거시경제학에서 중요한 개념이다. 왜냐하면 지출 변화가 미치는 영향을 경제가 어떻게 증폭시킬 수 있는지 보여주기 때문이다. 소비, 투자, 정부 구매, 순수출에서 일어나는 최초의 작은 변화가 총수요에 큰 영향을 미칠 수 있으며, 그로 인해 결국은 경제의 재화 및 용역 생산에 커다란 영향을 미치게 된다.

24-2e 구축효과

승수효과가 시사하는 바에 따르면 정부가 보잉 사로부터 200억 달러 상당의 비행기를 구입할 경우 그에 따른 총수요의 확장은 필연적으로 200억 달러를 초과한다고 본다. 하지만 또 다른 요인이 정반대방향으로 작동한다. 정부 구매가 증가하면 재화 및 용역에 대한 총수요를 증대시키는 반면에, 이는 또한 이자율을 상승시켜서 투자 지출을 감소시키고 총수요에 대해 하향 압력을 가하게 된다. 재정 확장으로 이자율이 상승해서 발생하는 총수요 감소현상을 구축효과(crowding-out effect)라고 한다.

구축효과
확장적 재정정책으로 인해 이자율이 상승하고 그에 따라 투자 지출이 감소해서 증대된 총수요를 상쇄하는 현상

구축효과가 발생하는 이유를 알아보기 위해, 정부가 보잉 사로부터 비행기를 구입할 때 화폐시장에 어떤 일이 일어나는지 생각해보자. 이렇게 수요가 증가하면 해당 기업(그리고 승수효과로 인해 또 다른 기업들)의 노동자와 소유주의 소득이 증가함에 따라 가계는 더 많은 재화 및 용역을 구입하려 하므로, 자신의 부에서 더 많은 부분을 유동성이 있는 형태로 보유하고자 한다. 즉, 재정 확장으로 인해 소득이 증가하면 화폐에 대한 수요가 증대해서 그런 결과가 나타날 수 있다.

화폐에 대한 수요의 증가가 미치는 영향은 그림 5(a)에서 볼 수 있다. 연방준비제도가 화폐의 공급을 변화시키지 않는다면, 수직선인 화폐의 공급곡선은 변동하지 않는다. 소득수준이 높아져서 화폐에 대한 수요곡선이 오른쪽으로 즉 MD_1에서 MD_2로

그림 5 **구축효과**

(a)는 화폐시장의 상황을 보여준다. 정부가 재화 및 용역의 구매를 증가시킬 경우 소득이 증대하고, 화폐에 대한 수요는 MD_1에서 MD_2로 증가하며 균형 이자율은 r_1에서 r_2로 상승한다. (b)는 총수요에 미치는 영향을 보여준다. 정부 구매의 증가가 미치는 최초의 충격으로 인해 총수요곡선이 AD_1에서 AD_2로 이동한다. 하지만 이자율은 화폐의 차용비용이기 때문에 이자율이 상승할 경우 재화 및 용역, 특히 투자재에 대한 수요를 감소시키는 경향이 있다. 이런 투자로 인한 구축효과 때문에 재정 확장이 총수요에 미치는 영향을 부분적으로 상쇄하게 된다. 결국에는 총수요곡선이 AD_3로만 이동한다.

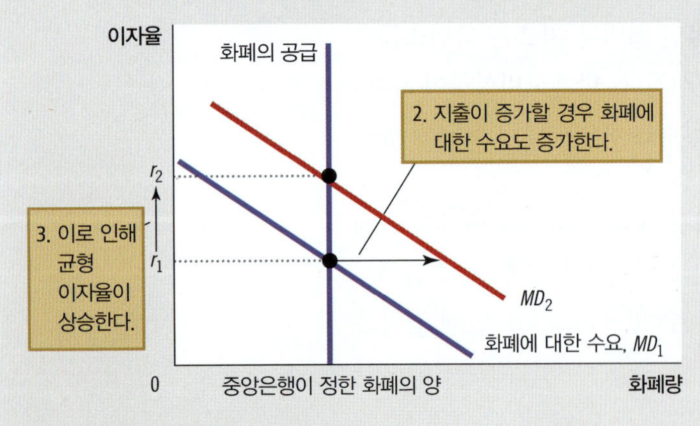

(a) 화폐시장

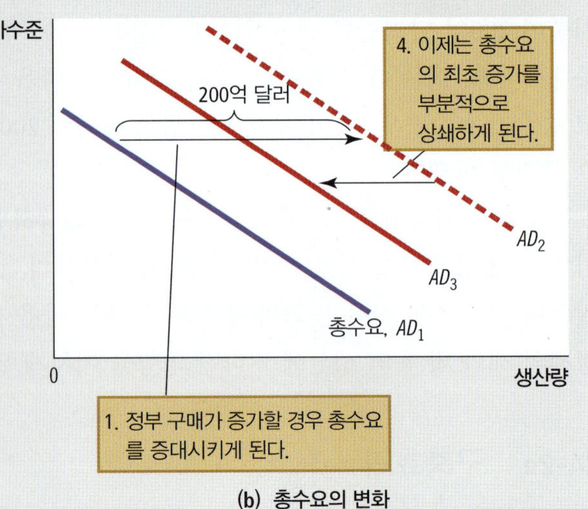

(b) 총수요의 변화

이동할 경우, 화폐의 공급과 수요를 균형시키기 위해 이자율은 r_1에서 r_2로 상승해야 한다.

이자율이 상승하면 이는 다시 재화 및 용역의 수요량을 감소시킨다. 특히 차용에 따른 비용이 더 많이 소요되기 때문에 주택 및 기업 투자재에 대한 수요가 감소한다. 다시 말해 정부 구매가 증가해서 재화 및 용역에 대한 수요가 증가하기 때문에, 이는 또한 투자를 구축한다. 그림 5(b)에서 보는 것처럼 이런 구축효과는 정부 구매가 총수요에 미치는 영향을 부분적으로 상쇄하게 된다. 정부 구매가 증가하면 처음에 총수요곡선이 AD_1에서 AD_2로 이동하지만 일단 구축효과가 발생하면 총수요곡선은 AD_3로 돌아가게 된다.

요약하면 다음과 같다. **정부가 200억 달러만큼의 구매를 증가시킬 경우, 재화 및 용역에 대한 총수요는 승수효과 및 구축효과의 크기에 따라 200억 달러보다 더 많이 아니면 더 적게 증대할 수 있다.** 승수효과는 총수요를 200억 달러보다 더 많이 증대시킨다. 구축효과는 총수요곡선을 반대방향으로 이동시키며, 이 효과가 충분히 크면 200억 달러보다 더 적게 총수요를 증대시킨다.

24-2f 조세 변화

정부 구매 이외에 또 다른 중요한 재정정책 도구로 조세를 들 수 있다. 예를 들어 정부가 개인소득세를 인하할 경우 가계의 실수령액이 증가한다. 가계는 이런 추가적인 소득의 일부를 저축하지만 또한 일부는 소비재에 지출하게 된다. 조세가 인하되면 소비자 지출이 증가하기 때문에, 총수요곡선은 오른쪽으로 이동한다. 이와 유사하게 조세가 인상되면 소비자 지출이 축소되어 총수요곡선이 왼쪽으로 이동한다.

조세 변화로 인해 발생하는 총수요 변동의 규모는 또한 승수효과 및 구축효과의 영향을 받는다. 정부가 조세를 인하하여 소비자 지출을 촉진할 경우, 급료와 이윤이 증가하여 추가적인 지출을 촉발하게 된다. 이것이 승수효과이다. 동시에 소득이 증가하면 화폐에 대한 수요가 증대하며, 이로 인해 다른 사정이 동일하다면 이자율이 상승하는 경향이 있다. 이자율 상승이 의미하는 바는 차용에 따른 비용이 증가하고 투자 지출이 감소한다는 것이다. 이것이 구축효과이다. 승수효과와 구축효과의 크기에 따라, 총수요의 변동은 이를 유발한 조세 변화보다 더 클 수도 있고 아니면 더 작을 수도 있다.

승수효과 및 구축효과 이외에, 조세 변화에서 비롯되는 총수요의 변동크기를 결정하는 또 다른 중요한 요인이 있다. 즉, 조세 변화가 영구적인지 아니면 일시적인지 여부에 관한 사람들의 인식을 들 수 있다. 예를 들어 정부가 1인당 1,000달러 상당의 조세 인하를 발표했다고 가상해보자. 이 1,000달러 중 얼마나 많이 지출할지 결정하는 경우, 사람들은 이 추가적인 소득이 얼마나 오랫동안 지속될지에 관해 생각해볼 것이다.

FYI 재정정책은 총공급에 어떻게 영향을 미칠 수 있는가

지금까지는 논의가 정부 구매 및 조세의 변화가 재화 및 용역의 수요량에 어떻게 영향을 미치는지에 대해 주로 이루어졌다. 대부분의 경제학자들은 재정정책이 미치는 단기적인 거시경제적 효과가 주로 총수요를 통해 작동한다고 생각한다. 하지만 재정정책이 잠재적으로는 재화 및 용역의 공급량에도 역시 영향을 미칠 수 있다.

예를 들어 조세의 변화가 총공급에 미치는 영향을 생각해보자. 제1장에서 살펴본 **경제학의 열 가지 원리** 중 하나가 '사람들은 유인에 반응한다'는 것이다. 정부정책 입안자가 세율을 낮출 경우 노동자들은 자신들이 벌어들인 1달러 중 더 많은 몫을 차지할 수 있게 되어 노동을 하여 재화 및 용역을 생산하겠다는 더 큰 유인을 갖게 된다. 노동자들이 이런 유인에 반응할 경우, 재화 및 용역의 공급량은 각 물가수준에서 더 커져 총공급곡선이 오른쪽으로 이동하게 된다.

총수요보다 총공급에 대한 조세정책의 중요성을 강조하는 경제학자들을 **공급론자**라고 한다. 이따금 일부 공급론자들은 총공급에 미치는 조세의 영향이 매우 커서 세율 인하가 이루어질 경우 조세 수입이 증가할 정도로 충분히 생산과 소득이 추가적으로 증대한다고 주장한다. 이런 결과는 이론적으로 볼 때 가능하지만 대부분의 경제학자들은 이것이 정상적인 경우라고 생각하지 않는다. 공급 측면의 효과를 고려하는 것이 중요하기는 하지만 인하되었을 때 조세 수입이 증가할 만큼 이 효과가 충분히 큰 경우는 거의 없다.

조세 변화와 마찬가지로 정부 구매의 변화도 또한 총공급에 영향을 미칠 수 있다. 예를 들어 정부가 도로나 국가 철도망 같이 정부가 제공하는 자본에 대한 지출을 증대시킨다고 가상하자. 민간 기업들이 고객들에게 물품을 배달하기 위해 도로와 철도를 사용하기 때문에 이런 산업기반 시설의 양과 질이 개선될 경우 이들 기업의 생산성이 향상된다. 정부가 도로와 철도에 더 많이 지출할 때, 이는 모든 물가수준에서 재화 및 용역의 공급량을 증대시켜 총공급곡선이 오른쪽으로 이동하게 된다. 하지만 총공급에 미치는 이런 영향은 단기보다 장기에서 더 중요할 것처럼 보이는데, 그 이유는 정부가 산업기반 시설을 건설하여 사용할 수 있게끔 하는 데 시간이 소요되기 때문이다. ■

조세 인하가 영구적일 것이라고 생각할 경우, 자신들의 재원에 실질적으로 추가된 것으로 간주하고 많은 금액만큼 지출을 증가시킬 수 있다. 이 경우 조세 인하는 총수요에 큰 영향을 미칠 가능성이 높다. 하지만 조세 변화가 일시적일 것이라고 생각할 경우, 자신들의 재원에 약간만 추가된 것으로 간주하고 적은 금액만큼만 지출을 증가시킬지 모른다. 이 경우 조세 인하는 총수요에 작은 영향만을 미칠 가능성이 높다.

일시적인 조세 인하의 극단적인 예는 1992년에 발표된 조세 인하였다. 그 해 조지 부시 대통령은 지속되는 경기 침체 속에서 다가올 재선 캠페인을 해야 하는 상황이었다. 그는 연방정부가 노동자 급여에서 원천 징수하는 소득세 금액을 줄여서 이런 상황에 대응했다. 하지만 입법화된 소득세율은 변화하지 않았기 때문에, 1992년 원천 징수액이 1달러 감소하면 1992년 소득세 신고서를 제출해야 하는 1993년 4월 15일에 추가로 1달러의 세금을 납부해야 한다. 이 '조세 인하'는 실제로 정부의 단기 대출일 뿐이었다. 이것이 소비자 지출과 총수요에 미친 영향은 상대적으로 작았다.

Quiz

4. 정부가 총수요를 확장하려는 경우 정부 구매를 ____________, 조세를 ____________.
   a. 증가시키거나; 인상시킬 수 있다.
   b. 증가시키거나; 인하시킬 수 있다.
   c. 감소시키거나; 인상시킬 수 있다.
   d. 감소시키거나; 인하시킬 수 있다.

5. 총수요 부족으로 경제가 침체기에 있는 상황에서, 정부가 정부 구매를 1,200달러만큼 증가시켰다. 중앙은행이 통화 공급을 조절하여 이자율을 일정하게 유지하고, 투자 지출은 변화하지 않으며, 한계소비성향은 2/3라고 가상하자. 총수요는 얼마나 증가하는가?
   a. 400달러
   b. 800달러
   c. 1,800달러
   d. 3,600달러

6. 앞의 문제에서 중앙은행이 통화 공급을 일정하게 유지하고 이자율이 조절되도록 할 경우, 정부 구매의 증가에 따른 총수요의 변화는 ____________.
   a. 더 커질 것이다.
   b. 동일할 것이다.
   c. 더 작아지지만 계속 플러스가 될 것이다.
   d. 마이너스가 될 것이다.

해답은 이 장의 끝부분에 있다.

24-3 경제를 안정화시키는 정책을 시행하기

통화정책과 재정정책이 재화 및 용역에 대한 총수요에 미치는 영향은 다음과 같은 중요한 질문을 제기한다. 정책 입안자들은 총수요를 관리하고 경제를 안정화시키기 위해 정책도구를 사용해야 하는가? 그렇다면 언제 사용해야 하는가? 그렇지 않다면 그 이유는 무엇인가?

24-3a 적극적인 안정화 정책을 옹호하는 입장

이 장 앞부분에서 한 질문으로 돌아가보자. 즉, 대통령과 의회가 증세하여 재정적자를 낮추려고 할 때, 연방준비제도(중앙은행)는 어떻게 대응해야 하는가? 조세수준이 총수요곡선의 위치를 결정하는 중요한 요인이라는 사실을 살펴보았다. 정부가 증세를 할 경우, 총수요는 감소하고 생산과 고용은 단기적으로 하락하게 된다. 연방준비제도가 재정정책에 따른 이런 불리한 효과를 방지하려 할 경우, 통화 공급을 증대시켜 총수요를 확장시킬 수 있다. 통화 공급이 증대하면 이자율이 하락하여, 투자 지출이 촉진되고 총수요가 확장된다. 통화정책이 적절하게 설정될 경우, 통화정책과 재정정책이 결합되어 나타나는 효과로 인해 재화 및 용역에 대한 총수요는 영향을 받지 않을 수 있다.

이런 분석은 연방공개시장 위원회(FOMC)의 위원들이 따르는 방식과 정확하게 같다. 이들은 통화정책이 총수요를 결정하는 중요한 요인이라는 사실을 알고 있다. 또한 대통령과 의회가 결정하는 재정정책을 포함하여 다른 중요한 결정요인도 존재한다는 점을 알고 있다. 따라서 연방공개시장 위원회는 재정정책에 관한 논의를 예리한 눈으로 지켜본다.

재정정책의 변화에 대한 통화정책의 이런 반응, 즉 총수요를 안정시키고 이를 통해 생산과 고용을 안정화시키기 위해 정책도구를 사용하는 것은 보다 일반적인 현상의 한 가지 예이다. 경제 안정화는 1946년에 제정된 고용법 이래로 미국 정책의 분명한 목표가 되었다. 이 법에는 "… 완전고용과 생산을 진전시키는 것은 연방정부의 지속적인 정책이자 의무이다"라고 명시되었다. 본질적으로 이 법과 다른 법들은 정부가 단기적인 거시경제 성과에 책임을 지도록 하고 있다.

고용법은 두 가지 의미를 갖는다. 첫째, 정부는 경제 변동의 원인이 되는 것을 피해야만 한다. 위기로 인해 불가피하지 않다면 대부분의 경제학자들은 통화정책과 재정정책상의 대규모적이고 갑작스러운 변화에 반대하는데, 그 이유는 이런 변화가 총수요의 상당한 변화를 유발할 가능성이 높기 때문이다. 나아가 대규모 변화가 발생할 때 통화정책 및 재정정책 입안자들은 서로의 행위에 대응하는 것이 중요하다. 둘째, 정부는 총수요를 안정화시키기 위해 민간 경제의 변화에 가능한 한 대응해야 한다. 고용법은 역사적으로 가장 영향력 있는 경제학 도서의 하나인 케인스의『고용, 이자 및 화폐에 관한 일반이론』이 출판된 후 얼마 지나지 않아 제정되었다. 거기서 케인스는 단기적인 변동을 설명하는 데 총수요가 중요한 역할을 한다는 사실을 강조했다. 케인스는 완전고용 수준에서의 생산을 유지하는 데 총수요가 충분하지 않을 경우 경제를 적극적으로 부양해야 한다고 말했다.

케인스(그리고 그의 많은 추종자)는 비관주의와 낙관주의가 대체로 비이성적으로 변동하기 때문에 총수요가 변동한다고 말했다. 그는 이런 태도 변화를 말하기 위해 '동물적 기질'이란 용어를 사용했다. 비관주의가 널리 퍼져 있을 때, 가계는 소비 지출을 줄이고 기업은 투자 지출을 감소시킨다. 그에 따른 결과는 총수요 감소, 생산 하락, 실업 증가이다. 반대로 낙관주의가 널리 퍼져 있을 때, 가계와 기업은 지출을 증대시킨다. 그에 따른 결과는 총수요 증가, 생산 증대, 인플레이션 압력 상승이다. 이런 태도 변화는 어느 정도 예언대로 충족되는 경향이 있다는 사실에 주목하자.

원칙적으로, 정부는 낙관주의와 비관주의가 변동함에 따라 통화정책과 재정정책을 조절하여 경제를 안정화시킬 수 있다. 예를 들어 사람들이 과도하게 비관적일 때 연방준비제도는 통화 공급을 증대시킴으로써, 이자율을 낮춰 총수요를 확장시킬 수 있다. 사람들이 과도하게 낙관적일 때 연방준비제도는 통화 공급을 감소시킴으로써, 이자율을 높여 총수요를 감축시킬 수 있다. 전 연방준비제도 이사회 의장인 윌리엄 맥체스니 마틴(William McChesney Martin)은 통화정책에 관한 이런 견해를 다음과 같이 매우 간략하게 설명했다. "연방준비제도 이사회가 할 일은 파티가 시작되고 바로 그때 펀치 잔을 가져가는 것이다."

백악관에서 경제정책을 조언했던 케인지언들

1961년에 어떤 기자가 존 에프 케네디 대통령에게 조세 인하를 지지하는 이유를 묻자 케네디 대통령은 다음과 같이 대답했다. "경제에 활기를 불어넣기 위해서입니다. 대학 교과목인 경제원론을 기억하지 못하십니까?" 케네디의 정책은 사실 이 장에서 분석한 재정정책 이론에 기초했다. 그의 목표는 소비자 지출을 증가시키고 총수요를 확대하며, 경제의 생산과 고용을 증대시키는 것이다.

조세 인하를 제안했을 때 케네디 대통령은 일단의 저명한 경제 참모들의 조언을 받아들였다. 이들은 케네디 대통령의 비공식적인 개인 교수였던 폴 새뮤얼슨(Paul Samuelson) 이외에, 제임스 토빈(James Tobin), 로버트 솔로(Robert Solow), 케네스 애로(Kenneth Arrow)이며 모두 해당 분야에서의 업적을 인정받아 후에 노벨 경제학상을 수상했다. 이들은 학생이던 1940년대에 불과 몇 년 전에 출간된 케인스의 『일반이론』을 면밀히 학습했었다. 케네디의 제안은 케인스의 생각을 실행에 옮긴 것이었다.

조세상의 변화는 총수요에 강력한 영향을 미치는 반면에, 앞의 FYI에서 논의한 것처럼 재화 및 용역의 총공급도 변경시킬 수 있다. 케네디 대통령이 제안한 사항 중 일부는 새로운 자본에 투자한 기업에 세금을 감면해주는 투자 세액 공제였다. 투자가 증가하면 총수요를 즉시 촉진할 뿐만 아니라 장기적으로 경제의 생산능력을 증대시킨다. 케네디 대통령이 제안한 조세 인하가 1964년에 마침내 입법화되었을 때, 이는 견고한 성장시대를 여는 데 도움이 되었다.

1964년에 실시된 조세 인하 이래로, 정책 입안자들은 이따금 총수요에 영향을 미치는 도구로 재정정책을 사용했다. 예를 들어 버락 오바마 대통령이 2009년에 취임했을 때 미국 경제는 경기 침체의 한가운데에 있었다. 그가 실시한 첫 번째 정책 사항 중 하나는 미국 경제회복 및 재투자법(ARRA)이라고 하는 경기부양 법안이었으며, 여기에는 정부 지출의 상당한 증가가 포함되었다. 이 법률의 중심목표는 총수요를 증대시키고 경기 회복을 가속화시키는 것이었다. 그리고 다시 한번, 2020년과 2021년에 트럼프 대통령과 바이든 대통령하의 미국 연방정부는 부분적으로 총수요를 회복하고 코로나 바이러스 감염증으로 인한 경기 침체의 잔여효과를 완화하기 위해 재정 부양책을 실시했다. ●

> **경제 패널**
>
> ## 경제 활성화
>
> "2009년에 제정된 미국 경제 회복 및 재투자법으로 인해, 2010년 말에 미국 실업률은 이런 경기부양법이 없었다면 도달했을 수준보다 더 낮았다."
>
> **경제학자들의 의견**
>
> 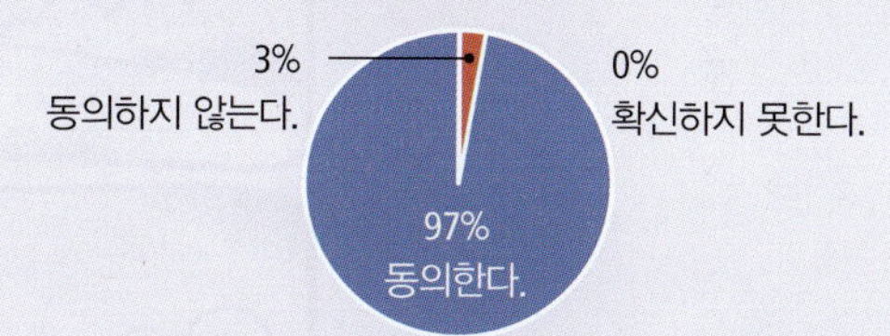
>
>
> "지출을 충당하기 위해 조세를 인상하는 데 따른 경제적 비용, 장래 지출에 미치는 영향, 기타 있을지도 모를 장래 효과를 포함하여 미국 경제회복 및 재투자법에 수반되는 모든 경제적 결과를 고려할 경우, 경기부양에 따른 혜택이 결국은 비용을 상회할 것이다."
>
> **경제학자들의 의견**
>
> 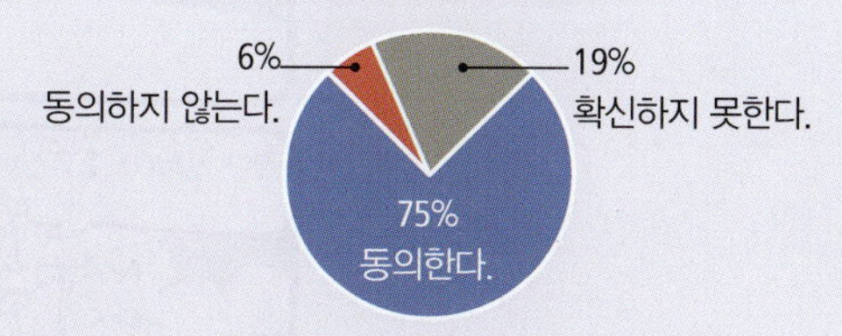
>
>
> 출처: IGM Economic Experts Panel, July 29, 2014.

24-3b 적극적인 안정화 정책에 반대하는 입장

일부 경제학자들의 주장에 따르면, 정부는 경제를 안정화시키기 위해 통화정책 및 재정정책을 적극적으로 시행하는 것을 피해야 한다고 본다. 이들에 의하면, 이런 정책도구들은 견실한 경제 성장과 낮은 인플레이션 같은 장기적인 목표를 달성하도록 설정되어야 하며, 경제는 어떠한 간섭 없이 스스로 대부분의 단기적인 변동을 처리해야 한다. 이들은 통화정책 및 재정정책이 이론적으로 볼 때 경제를 안정화시킬 수 있다는 점을 인정하지만, 실제로 그렇게 할 수 있는지에 대해서는 의구심을 갖고 있다.

적극적인 통화정책 및 재정정책에 반대하는 주요 논지는 이 정책들이 긴 시차를 갖고 작동한다는 것이다. 우리가 살펴본 것처럼, 통화정책은 이자율을 변화시켜서 작동하며 이는 다시 투자 지출에 영향을 미친다. 하지만 많은 기업이 그에 앞서 투자계획을 수립한다. 대부분의 경제학자들은 통화정책의 변화가 생산량 및 고용에 많은 영향을 미치려면 최소한 6개월이 소요된다고 믿는다. 나아가 이런 효과가 시작되면 몇 년 동안 지속될 수 있다. 안정화 정책을 비판하는 사람들은 이런 시차로 인해 연방준비제도가 경제에 대한 미세조정을 시도하지 말아야 한다고 본다. 이들의 주장에 따르면 연방준비제도는 종종 변화하는 상황에 너무 늦게 반응하고, 이에 따라 경제 변동을 치유하기보다는 결국 이를 유발한다고 한다. 이런 비판가들은 느리면서 지속적으로 이루어지

는 통화 공급과 같은 수동적인 통화정책을 지지한다.

재정정책은 또한 시차를 두고 작동하는데, 이런 시차는 주로 정치과정에서 비롯된다. 미국에서 정부 지출과 조세상의 대부분 큰 변화는 하원과 상원 둘 다에서 위원회를 거치고 두 입법체계에서 통과되어야 한다. 이 과정을 마치는 데 수개월 아니면 일부 경우에 수년이 걸릴 수 있다. 변화된 재정정책이 시행될 즈음에는 경제상황이 변할 수도 있다.

경제 예측은 매우 불완전하기 때문에 통화정책 및 재정정책상의 이런 시차는 문제가 된다. 경제상황을 1년 앞서서 정확하게 예측하는 것이 가능하다면, 통화정책 및 재정정책 입안자들은 정책 결정을 내릴 때 앞을 내다볼 수 있다. 이렇게 앞을 내다볼 수 있다면, 정책 입안자들은 직면하게 되는 시차에도 불구하고 적절한 단기적인 정책을 선택할 수 있다. 하지만 실제로는 경기 침체와 불황이 사전 경고 없이 발생한다. 정책 입안자들이 할 수 있는 최선의 것은 경제 변화가 발생할 때 이에 대응하는 것이다.

24-3c 자동안정장치

안정화 정책을 옹호하거나 비판하는 경제학자들은 모두 시행하는 데 발생하는 시차로 인해 단기적인 안정화를 위한 도구로서의 정책 효력이 감소한다는 데 동의한다. 자동안정장치(automatic stabilizer)는 경제가 침체에 빠지려 할 때 정책 입안자가 의도적으로 조치를 취하지 않더라도 총수요를 촉진하는 재정정책상의 변화를 말한다.

자동안정장치
경제가 침체에 빠지려 할 때 정책 입안자가 의도적으로 조치를 취하지 않더라도 총수요를 촉진하는 재정정책상의 변화

가장 중요한 자동안정장치는 조세제도이다. 경제가 경기 침체로 진입할 경우, 거의 모든 조세는 경제활동과 밀접하게 연계되기 때문에 정부 조세 수입이 자동적으로 감소한다. 개인소득세는 가계소득에 달려 있고, 급여세는 노동자의 급료에 달려 있으며, 법인소득세는 기업 이윤에 달려 있다. 소득, 급료, 이윤은 모두 침체기에 하락하기 때문에, 정부의 조세 수입 역시 감소한다. 이런 자동적인 조세 인하로 총수요가 촉진되고 경제 변동폭이 축소된다.

일부 정부 지출도 자동안정장치로서 작용한다. 경제가 침체기로 들어가고 노동자들이 해고당할 경우, 보다 많은 사람들이 실업보험 혜택, 복지혜택, 기타 형태의 소득 지원을 받을 자격을 갖게 된다. 완전고용을 유지할 정도로 수요가 충분하지 않을 경우, 정부 지출이 이렇게 증가하여 총수요가 증대된다. 실업보험 제도가 1930년대에 처음 입법화되었을 때, 이 정책을 지지했던 경제학자들은 자동안정장치로서의 역할을 인식했었다.

미국 경제에서 자동안정장치가 경기 침체를 완벽하게 방지할 정도로 충분히 강력하지는 않다. 그럼에도 불구하고 이 제도가 없다면 생산량과 고용은 이 제도가 있을 때보다 더 많이 변동할 가능성이 있다. 이런 이유로 인해 일부 정치가들은 연방정부가 균

형예산을 언제나 유지하도록 하는 헌법 개정을 제안하기도 하지만, 경제학자들은 일반적으로 이에 반대한다. 경제가 침체를 경험하게 되면, 조세가 감소하고 정부 지출이 증가하며 정부 예산은 적자로 기울게 된다. 정부가 엄격한 균형예산 준칙을 지켜야만 할 경우, 최악의 시기에 조세를 인상하거나 지출을 줄일 방법을 모색해야만 할 것이다. 다시 말해, 엄격한 균형예산 준칙은 현재의 조세 및 정부 지출 제도에 내재된 자동안정장치를 약화시킬 것이다.

Quiz

7. 부정적인 '동물적 기질'의 물결이 경제 전반에 걸쳐 퍼지고 사람들이 장래에 대해 비관적이 되었다고 가상하자. 총수요를 안정화시키기 위해, 연방준비제도가 연방자금 금리의 목표치를 ______________ 의회가 조세를 ______________.
   a. 높이거나; 인상할 수 있다.
   b. 높이거나; 인하할 수 있다.
   c. 낮추거나; 인상할 수 있다.
   d. 낮추거나; 인하할 수 있다.

8. 주로 통화정책은 ______________ 시간이 오래 걸리기 때문에, 시차를 갖고 경제에 영향을 미치게 된다.
   a. 중앙은행이 정책을 변화시키는 데
   b. 정책 결정이 내려지고 난 후 통화 공급을 변화시키는 데
   c. 통화 공급의 변화가 이자율에 영향을 미치는 데
   d. 이자율의 변화가 투자 지출에 영향을 미치는 데

9. 다음 중 어느 것이 자동안정장치의 예가 되는가? 경제가 침체기로 들어갈 때, ______________.
   a. 보다 많은 사람들이 실업보험 혜택을 받을 자격을 갖게 된다.
   b. 특히 경기 순환의 영향을 많이 받는 산업에 속한 기업들의 주가가 하락한다.
   c. 의회가 가능한 경기부양책에 대한 청문회를 시작한다.
   d. 연방준비제도가 연방자금 금리의 목표치를 변화시킨다.

해답은 이 장의 끝부분에 있다.

24-4 결론

정책 입안자들은 정책상의 변화를 시도하기 전에 그들이 내리는 결정이 미칠 모든 영향을 고려해야 한다. 앞에서 이 책은 경제에 관한 고전파 모형을 살펴보았는데, 이 모형은 통화정책 및 재정정책이 저축, 투자, 장기적인 성장에 어떤 영향을 미치며 통화정책이 물가수준과 인플레이션율에 어떤 영향을 미치는지 설명해준다.

이 장에서는 통화정책 및 재정정책이 미치는 단기적인 영향을 살펴보았다. 즉, 정책 도구들이 재화 및 용역에 대한 총수요에 어떤 영향을 미치는지 알아보았다. 총수요의 변화는 단기적으로 경제의 생산과 고용을 변경시킨다.

두 개의 시간 범위, 즉 단기와 장기는 모두 중요하다. 의회가 정부 지출이나 조세를 변화시킬 경우, 성장에 미치는 장기효과와 고용에 미치는 단기효과를 둘 다 고려해야만 한다. 연방준비제도(중앙은행)가 통화 공급과 이자율을 변화시킬 경우, 생산에 미치는 단기적인 효과뿐만 아니라 인플레이션에 미치는 장기적인 효과를 인식해야 한다. 정부의 모든 부문에서 정책 입안자들은 장기목표와 단기목표를 둘 다 유념해야 한다.

요약

- 단기적 경제 변동에 관한 자신의 연구에서 케인스는 유동성 선호 이론을 제시하여 이자율의 결정요인을 설명했다. 이 이론에 따르면 이자율이 조정되어 화폐의 공급과 화폐에 대한 수요가 균형을 이룬다.
- 물가수준이 상승하면 화폐에 대한 수요가 증가하여, 화폐시장을 균형시키는 이자율이 상승하게 된다. 이자율은 차용에 따른 비용을 나타내기 때문에, 이자율이 상승하면 투자 지출이 감소하고 그로 인해 재화 및 용역에 대한 수요량이 감소한다. 기울기가 하향하는 총수요곡선은 물가수준과 수요량 사이에 이런 음의 관계가 있음을 나타낸다.
- 정책 입안자들은 통화정책을 사용하여 총수요에 영향을 미칠 수 있다. 통화 공급이 증가할 경우 모든 물가수준에 대해 균형 이자율이 하락한다. 이자율이 하락하면 투자 지출이 촉진되기 때문에, 총수요곡선은 오른쪽으로 이동한다. 반대로 통화 공급이 감소할 경우 모든 물가수준에 대해 균형 이자율이 상승하여 총수요곡선이 왼쪽으로 이동한다.
- 정책 입안자들은 또한 재정정책을 사용하여 총수요에 영향을 미칠 수 있다. 정부 구매가 증가하거나 조세가 인하될 경우 총수요곡선이 오른쪽으로 이동한다. 정부 구매가 감소하거나 조세가 인상될 경우 총수요곡선이 왼쪽으로 이동한다.
- 정부가 지출이나 조세를 변경할 경우, 그에 따른 총수요의 변화는 재정상의 변화보다 더 커지거나 더 작아질 수 있다. 승수효과는 재정 정책이 총수요에 미치는 영향을 확대시키는 경향이 있다. 구축효과는 이런 효과를 축소시키는 경향이 있다.
- 통화정책 및 재정정책이 총수요에 영향을 미칠 수 있기 때문에, 정부는 이따금 이런 정책도구들을 사용하여 경제를 안정화시키려 한다. 정부가 얼마나 적극적으로 이 일을 수행해야 하는지에 대해서는 경제학자들이 의견의 일치를 보지 못하고 있다. 적극적인 안정화 정책을 옹호하는 사람들에 따르면, 가계와 기업의 태도 변화로 인해 총수요가 변화하며 정부가 이에 대응하지 않을 경우 생산량과 고용상에 바람직하지 않고 불필요한 변동이 발생한다고 본다. 보다 수동적인 안정화 정책을 옹호하는 사람들에 따르면, 통화정책 및 재정정책은 긴 시차를 갖고 작동하기 때문에 경제를 안정화시키려는 시도가 종종 결국에는 경제를 불안정하게 만든다고 본다.

주요 개념

유동성 선호 이론 643
재정정책 654
승수효과 655
구축효과 658
자동안정장치 665

복습용 질문

1. 유동성 선호 이론은 무엇인가? 그것은 총수요곡선의 하향하는 기울기를 어떻게 설명하는가?
2. 유동성 선호 이론을 이용하여, 통화 공급이 감소할 경우 총수요곡선에 어떤 영향을 미치는지 설명하시오.
3. 정부는 경찰차를 구입하는 데 30억 달러를 지출한다. 총수요가 30억 달러보다 더 많이 증가하거나 아니면 더 적게 증가할 수 있는 이유를 설명하시오.
4. 소비자 신뢰에 대한 설문조사 측정치에 따르면 비관주의 물결이 전국을 휩쓸고 있다고 가상하자. 정책 입안자들이 아무것도 하지 않을 경우 총수요에 어떤 일이 발생하는가? 연방준비제도가 총수요를 안정화시키려 한다면 무엇을 해야 하는가? 연방준비제도가 아무것도 하지 않는다면 의회는 총수요를 안정화시키기 위해 무엇을 할 수 있는가? 여러분의 추론을 설명하시오.

5. 자동안정장치의 기능을 하는 정부정책의 예를 들어보시오. 이 정책이 왜 이런 효과가 있는지 설명하시오.

문제와 응용

1. 다음의 각 상황이 화폐의 공급, 화폐에 대한 수요, 이자율에 어떤 영향을 미치는지 설명하시오. 도해를 사용하여 답변을 설명하시오.
   a. 연방준비제도의 채권 거래자는 공개시장 조작을 통해 채권을 매입한다.
   b. 신용카드 이용 가능성이 증가하면 사람들이 보유하고자 하는 현금 금액이 감소한다.
   c. 연방준비제도가 지급준비금에 대해 지불하는 이자율을 낮추었다.
   d. 가계들이 휴가철 쇼핑을 하기 위해 사용할 화폐를 더 많이 보유하기로 했다.
   e. 낙관주의 물결이 퍼져서 기업 투자가 증가하고 총수요가 확장되었다.
2. 연방준비제도가 통화 공급을 5%만큼 증대시킨다.
   a. 유동성 선호 이론을 사용하여 이런 정책이 이자율에 미치는 영향을 그래프로 그려 설명하시오.
   b. 총수요 및 총공급 모형을 사용하여 이자율의 이런 변화가 생산량과 물가수준에 단기적으로 미치는 영향을 설명하시오.
   c. 경제가 단기균형에서 새로운 장기균형으로 이전할 경우 이는 물가수준에 어떤 영향을 미치는가?
   d. 물가수준의 이런 변화는 화폐에 대한 수요와 균형 이자율에 어떤 영향을 미치는가?
   e. 이 분석은 화폐가 단기적으로 실질효과를 갖지만 장기적으로 중립적이라는 주장과 일치하는가?
3. 컴퓨터 바이러스가 현금 자동 입출금기를 작동 불능상태로 만들고 온라인 지불시스템을 교란했다고 가상하자. 따라서 사람들은 현금을 더 많이 보유하고자 하며 이로 인해 화폐에 대한 수요가 증가한다.
   a. 연방준비제도는 통화 공급을 변화시키지 않는다고 가정하자. 유동성 선호 이론에 따르면 이자율에 어떤 일이 발생하는가? 총수요에는 어떤 일이 발생하는가?
   b. 연방준비제도가 총수요를 안정화시키려 한다면, 통화 공급을 어떻게 변화시켜야 하는가?
   c. 연방준비제도가 공개시장 조작을 통해 이런 통화 공급의 변화를 달성하려 한다면, 무엇을 해야 하는가?
4. 두 가지 정책, 즉 1년 동안만 지속되는 조세 인하 정책과 영구적으로 지속될 것이라고 기대되는 조세 인하 정책을 생각해보자. 어느 정책이 소비자 지출을 더 많이 촉진하는가? 어느 정책이 총수요에 더 많은 영향을 미치는가? 설명하시오.
5. 경제가 실업은 높고 생산량은 낮은 경기 침체를 겪고 있다.
   a. 총수요 및 총공급 그래프를 그려서 현재의 상황을 설명하시오. 총수요곡선, 단기 총공급곡선, 장기 총공급곡선을 포함시키시오.
   b. 경제를 자연율 수준으로 회복시킬 공개시장 조작을 제시하시오.
   c. 화폐시장 그래프를 그려서 이런 공개시장 조작이 미치는 영향을 설명하시오. 이에 따른 이자율 변화를 설명하시오.
   d. (a)와 유사한 그래프를 그려서, 공개시장 조작이 생산량과 물가수준에 미치는 영향을 설명하시오. 이 정책이 그래프를 통해 보여준 효과를 갖는 이유를 말로 설명하시오.
6. 1970년대와 1980년대 초에 새로운 법률이 제정됨에 따라 이전에는 이자를 지급할 수 없었던 특정 당좌예금에 은행이 이자를 지급할 수 있게 되었다.
   a. 화폐를 정의할 때 당좌예금을 포함시킨다면, 이 법률은 화폐에 대한 수요에 어떤 영향을 미치는가? 설명하시오.
   b. 연방준비제도가 이런 변화에 직면하여 통화 공급을 일정하게 유지한다면, 이자율에 어떤 일이 발생하는가? 총수요 및 총생산에 어떤 일이 발생하는가?

c. 연방준비제도가 이런 변화에 직면하여 시장 이자율(비화폐 자산에 대한 이자율)을 일정하게 유지한다면, 어떤 통화 공급의 변화가 필요하겠는가? 총수요 및 총생산량에 어떤 일이 발생하는가?

7. 100억 달러 상당의 정부 지출 증가로 인해 재화 및 용역에 대한 총수요가 300억 달러만큼 증대된다는 점을 경제학자들이 인지했다고 가상하자.

a. 이들 경제학자가 구축효과의 가능성을 무시한다면, 이들은 한계소비성향(*MPC*)이 얼마라고 추정한 것인가?

b. 이제는 경제학자들이 구축효과를 참작한다고 가상하자. *MPC*의 새로운 추정값은 최초의 값보다 더 커지는가 아니면 더 작아지는가?

8. 어떤 경제는 자연 생산량 수준보다 4,000억 달러 더 적게 생산하고 있으며, 재정정책 입안자들은 경기 침체 갭을 좁히고자 한다. 중앙은행은 이자율을 일정하게 유지하기 위해 통화 공급을 조절하기로 합의했으며, 따라서 구축효과는 발생하지 않는다. 한계소비성향은 4/5이고, 물가수준은 단기적으로 완벽하게 고정되어 있다. 경기 침체 갭을 좁히기 위해 정부 지출은 어떤 방향으로 얼마만큼 변화해야 하는가? 여러분의 생각을 설명하시오.

9. 정부 지출이 증가했다고 가상하자. 이에 대응해서 연방준비제도가 통화 공급을 일정하게 유지하는 경우와 연방준비제도가 고정된 이자율을 유지하기로 약속한 경우 중에서 총수요에 미치는 효과가 더 큰 것은 어느 경우인가? 설명하시오.

10. 다음 중 어느 경우에 확장적 재정정책이 단기적인 투자 증대로 이어질 가능성이 더 높은가?

a. 투자 가속화 현상이 큰 경우와 작은 경우 중 어느 경우에 가능성이 더 높은가? 설명하시오.

b. 투자의 이자 민감도가 큰 경우와 작은 경우 중 어느 경우에 가능성이 더 높은가? 설명하시오.

11. 다음 식으로 설명되는 경제를 설명해보자.

$$Y = C + I + G$$
$$C = 100 + 0.75(Y - T)$$
$$I = 500 - 50r$$
$$G = 125$$
$$T = 100$$

여기서 Y는 GDP이고, C는 소비이며, I는 투자이다. G는 정부 구매이고, T는 조세이며, r은 이자율이다. 경제가 완전고용 수준(즉, 자연 생산량 수준)에 있다면, GDP는 2,000이 된다.

a. 위의 각 식이 의미하는 바를 설명하시오.

b. 이 경제에서 한계소비성향은 얼마인가?

c. 중앙은행이 통화 공급을 조절하여 이자율을 4%에서 유지한다고 가상하자. 따라서 $r = 4$이다. GDP를 구하시오. 이것은 완전고용 수준과 어떻게 비교되는가?

d. 통화정책상에는 변화가 없다고 가정하자. 완전고용 수준으로 회복하려면 정부 구매는 얼마나 변화해야 하는가?

e. 재정정책상에는 변화가 없다고 가정하자. 완전고용 수준으로 회복하려면 이자율은 얼마나 변화해야 하는가?

Quiz 해답

1. b 2. c 3. b 4. b 5. d 6. c 7. d 8. d 9. a

용어 설명

ㄱ

가격상한(price ceiling) 어떤 물품이 판매될 수 있는 가격에 부과되는 법적 최대치

가격차별(price discrimination) 동일한 물품을 상이한 가격으로 상이한 고객들에게 판매하는 기업 관행

가격하한(price floor) 어떤 물품이 판매될 수 있는 가격에 부과되는 법적 최소치

가변비용(variable cost) 생산량에 따라 변하는 비용

가치저장수단(store of value) 사람들이 구매력을 현재에서 장래로 이전시키기 위해 사용할 수 있는 품목

개인저축(private saving) 가계가 조세 및 소비에 대해 지불하고 난 후 남은 소득

거래비용(transaction cost) 협상에 동의하고 이행하는 과정에서 당사자들이 부담하는 비용

거시경제학(macroeconomics) 인플레이션, 실업, 경제 성장을 포함하여 경제 전반에 걸친 현상을 연구하는 경제학 분야

경기 순환(business cycle) 고용 및 생산과 같은 경제활동의 변동

경기 순환적 실업(cyclical unemployment) 자연율로부터 벗어나는 실업

경쟁시장(competitive market) 많은 매수인과 많은 매도인이 동일한 물품을 거래하여, 각각의 매수인과 매도인이 가격 추종자가 되는 시장

경제적 이윤(economic profit) 총수입에서 명시비용과 묵시비용 둘 다를 포함하는 총비용을 빼서 구한 것

경제활동인구(labor force) 취업자와 실업자 둘 다를 포함한 노동자의 총 수

경제활동인구 참가율(labor force participation rate) 경제활동인구에 속한 성인인구의 백분율

계산 단위(unit of account) 사람들이 가격을 게시하고 채무를 기록하는 데 사용하는 척도

고전파의 이분법(classical dichotomy) 명목변수와 실질변수의 이론적 분리

고정비용(fixed cost) 생산량에 따라 변하지 않는 비용

공개시장 조작(open market operation) 연방준비제도에 의한 미국 국채의 매입 및 매각

공공재(public goods) 배제성도 소비의 경합성도 없는 재화

공공저축(public saving) 정부 지출을 지급하고 난 후 남은 조세 수입액

공급곡선(supply curve) 어떤 물품의 가격과 공급량 사이의 관계를 나타낸 그래프

공급량(quantity supplied) 매도인이 판매하겠다는 의사를 갖고 있으며 실제로 판매할 수 있는 능력을 갖춘 수량

공급 및 수요법칙(law of supply and demand) 어떤 물품의 가격이 조정되어서 해당 물품의 공급량과 수요량이 균형을 이루게 된다는 주장

공급법칙(law of supply) 다른 사정이 동일하다면, 어떤 물품의 가격이 상승할 때 해당 물품의 공급량도 증가한다는 주장

공급 스케줄(supply schedule) 가격과 공급량 사이의 관계를 보여주는 표

공유자원(common resources) 소비의 경합성은 있지만 배제성은 없는 재화

공유지의 비극(Tragedy of the Commons) 사회 전체의 관점에서 볼 때 공유자원이 바람직한 수준보다 더 많이 사용되는 이유를 설명하는 비유적 표현

과잉(surplus) 공급량이 수요량보다 많은 상황

관세(tariff) 외국에서 생산되어 국내에서 판매되는 물품에 부과되는 조세

교정세(corrective tax) 사적 의사 결정자가 음의 외부효과로 인해 발생하는 사회적 비용을 고려하도록 유도하기 위해 고안된 조세

교환의 매개수단(medium of exchange) 매수인이 재화 및 용역을 구매하고자 할 때 매도인에게 주는 품목

구두창 비용(shoeleather cost) 인플레이션으로 인해 사람들이 화폐 보유액을 줄일 경우 낭비되는 자원

구조적 실업(structural unemployment) 어떤 노동시장에서 이용할 수 있는 일자리의 수가 일자리를 원하는 모든 사람에게 제공하기에는 불충분하기 때문에 발생하는 실업

구직(job search) 노동자들이 자신의 기호와 기술에 적합한 일자리를 찾는 과정

구축(crowding out) 정부 차용으로 발생하는 투자 감소 현상

구축효과(crowding-out effect) 확장적 재정정책으로 인해 이자율이 상승하고 그에 따라 투자 지출이 감소해서 증대된 총수요를 상쇄하는 현상

국내총생산(gross domestic product, GDP) 일정한 기간에 일국 내에서 생산된 모든 최종적인 재화 및 용역의 시장가치

규모에 대한 수확불변(constant returns to scale) 생산량이 변해도 장기 평균 총비용이 변하지 않는 특성

규모의 경제(economies of scale) 생산량이 증가함에 따라 장기 평균 총비용이 감소하는 특성

규모의 비경제(diseconomies of scale) 생산량이 증가함에 따라 장기 평균 총비용이 증가하는 특성

규범적 진술(normative statement) 세계가 어떻게 되어야만 하는지를 규정하는 주장

균형(equilibrium) 시장가격이 공급량과 수요량이 같아지는 수준에서 결정되는 상황

균형가격(equilibrium price) 공급량과 수요량이 균형을 이루는 가격

균형량(equilibrium quantity) 균형가격에서의 공급량과 수요량

근원 CPI(core CPI) 식료품 및 에너지를 제외한 소비자 재화 및 용역의 전반적인 비용을 측정한 지수

금융시장(financial market) 저축자가 차용자에게 자금을 직접 공급할 수 있는 금융기관

금융제도(financial system) 어떤 사람의 저축을 다른 사람의 투자와 일치시키는 데 도움을 주는 경제 내 일단의 기관들

금융 중개기관(financial intermediary) 저축자가 차용자에게 자금을 간접적으로 공급하게 해주는 금융기관

기본 분석(fundamental analysis) 기업의 가치를 결정하기 위해 회계 자료와 장래 전망에 대해서 하는 분석

기술지식(technological knowledge) 재화 및 용역을 생산하는 최선의 방법에 대한 사회의 이해

기업 고유 위험(firm-specific risk) 단일 기업에만 영향을 미치는 위험

기회비용(opportunity cost) 어떤 것을 얻기 위해 포기해야 하는 것

ㄴ

낙담한 노동자(discouraged worker) 일하기를 원하지만 일자리 구하는 것을 포기한 사람

노동조합(union) 고용주와 임금, 수당, 근무조건에 관해 협상하는 노동자 단체

ㄷ

다각화(diversification) 한 개의 위험을 다수의 소규모로 불완전하게 상관된 위험으로 대체시켜 달성할 수 있는 위험의 감소

단체교섭(collective bargaining) 노조와 기업이 고용조건에 관해 협상하는 과정

단체재(club goods) 배제성은 있지만 소비의 경합성은 없는 재화

대부자금시장(market for loanable funds) 저축하고자 하는 사람이 자금을 공급하고, 투자하기 위해 차용하고자 하는 사람이 자금을 수요하는 시장

대체재(substitutes) 어떤 물품의 가격이 상승할 경우 다른 물품에 대한 수요가 증가하는 이들 두 물품

독점(monopoly) 밀접한 대체재가 없는 생산물의 유일한 판매회사

ㄹ

레버리지(leverage) 투자 목적으로 기존 자금을 보충하기 위해서 활용하는 차입자금의 사용

레버리지율(leverage ratio) 은행자본에 대한 자산의 비율

ㅁ

마찰적 실업(frictional unemployment) 노동자들이 자신의 기호와 기술에 가장 적합한 일자리를 찾는 데 시간이 필요하기 때문에 발생하는 실업

매몰비용(sunk cost) 이미 발생하여 회복될 수 없는 비용

메뉴비용(menu cost) 가격을 변화시키는 데 따른 비용

명목 GDP(nominal GDP) 재화 및 용역의 생산을 현재가격으로 계산한 금액

명목변수(nominal variable) 화폐적 단위로 측정한 변수

명목이자율(nominal interest rate) 인플레이션이 미치는 영향에 대해 조정하지 않은 상태로 보통 발표되는 이자율

명시비용(explicit cost) 기업이 금전적 지출을 해야 하는 생산요소 비용

무임승차자(free rider) 어떤 재화의 편익은 취하지만 그에 대한 대가를 지불하지 않는 사람

묵시비용(implicit cost) 기업이 금전적 지출을 하지 않아도 되는 생산요소 비용

물가지수 연동방식(COLA) 인플레이션이 미치는 영향에 대해 법률이나 계약에 따라 금액을 자동적으로 조정하는 방식

물적 자본(physical capital) 재화 및 용역을 생산하는 데 사용하는 장비와 구조물의 저량

미시경제학(microeconomics) 가계와 기업이 어떻게 의사 결정을 하고 이들이 시장에서 어떻게 상호작용하는지를 연구하는 경제학 분야

ㅂ

배제성(excludability) 사람들이 어떤 재화를 사용하지 못하도록 할 수 있는 경우 해당 재화가 갖는 특성

법정불환지폐(fiat money) 정부 법령에 의해 화폐로 사용되는 본질적 가치가 없는 화폐

법정지급준비금(reserve requirements) 은행이 예치된 예금에 대해 보유해야만 하는 최소 지급준비금에 대한 규제

보완재(complements) 어떤 물품의 가격이 상승할 경우 다른 물품에 대한 수요가 감소하는 이들 두 물품

복리(compounding) 어떤 금액이 가령 은행 계정에 예치되고 받은 이자도 해당 계정에 예치되어서 장래에 추가적인 이자를 받는 누적 방식

부분 지급준비제도(fractional-reserve banking) 은행이 예금 중 극히 일부만을 지급준비금으로 보유하는 방식

부족(shortage) 수요량이 공급량보다 많은 상황

불황(depression) 심각한 침체기

비교우위(comparative advantage) 다른 물품보다 어떤 물품을 더 낮은 기회비용으로 생산하는 능력

비용(cost) 물품을 생산하기 위해서 매도인이 포기해야만 하는 모든 것의 가치

비용–편익 분석(cost-benefit analysis) 공공재를 공급하는 데 따른 비용과 사회가 얻는 편익을 비교하는 작업

ㅅ

사유재(private goods) 배제성과 소비의 경합성을 둘 다 갖고 있는 재화

사장된 손실(deadweight loss) 시장 왜곡에 따른 총잉여 감소

상품화폐(commodity money) 내재적으로 본질적 가치를 갖는 상품의 형태를 취하는 화폐

생산가능곡선(production possibilities frontier) 가용할 수 있는 생산요소와 생산기술하에서 해당 경제가 어떻게든 해서 생산할 수 있는 생산량의 조합을 보여주는 도해

생산성(productivity) 노동 한 단위를 투입해 생산된 재화 및 용역의 양

생산자 물가지수(producer price index, PPI) 국내 기업이 판매한 재화 및 용역 바구니의 비용을 측정한 지수

생산자 잉여(producer surplus) 매도인이 어떤 물품에 대해 지급받은 금액에서 이를 생산하는 데 소요된 비용을 감한 것

세계 가격(world price) 어떤 물품에 대해 세계시장에서 널리 받아들여지는 해당 물품의 가격

소비(consumption) 신규 주택의 구입을 제외한 재화 및 용역에 대한 가계의 지출

소비의 경합성(rivalry in consumption) 한 사람이 사용하면 다른 사람이 사용할 수 있는 양이 감소될 경우 해당 재화가 갖는 특성

소비자 물가지수(consumer price index, CPI) 일반적인 소비자가 구입하는 재화 및 용역의 전반적인 비용을 측정한 지표

소비자 잉여(consumer surplus) 매수인이 어떤 물품에 대해 기꺼이 지불하려는 금액에서 매수인이 실제로 지불한 금액을 감한 것

수량 방정식(quantity equation) 이 방정식은 $M \times V = P \times Y$이며, 이것은 화폐수량, 화폐의 유통속도, 경제의 재화 및 용역 생산량의 명목가치를 연계시킨다.

수요곡선(demand curve) 어떤 물품의 가격과 수요량 사이의 관계를 나타낸 그래프

수요량(quantity demanded) 매수인들이 구입하겠다는 의사를 갖고 있으며 실제로 구입할 수 있는 능력을 갖춘 수량

수요법칙(law of demand) 다른 사정이 동일하다면, 어떤 물품의 가격이 상승할 경우 해당 물품의 수요량은 감소한다는 주장

수요 스케줄(demand schedule) 어떤 물품의 가격과 수요량 사이의 관계를 보여주는 표

수요의 가격 탄력성(price elasticity of demand) 어떤 물품의 수요량이 그 물품의 가격 변화에 얼마나 반응하는지를 측정한 척도이며, 수요량의 백분율 변화를 가격의 백분율 변화로 나누어 계산한 값

수요의 교차가격 탄력성(cross-price elasticity of demand) 어떤 물품의 수요량이 다른 물품의 가격 변화에 얼마나 반응하는지를 측정한 값이며, 물품 1 수요량의 백분율 변화를 물품 2 가격의 백분율 변화로 나누어 계산한 값

수요의 소득 탄력성(income elasticity of demand) 어떤 물품의 수요량이 소비자의 소득 변화에 얼마나 반응하는지를 측정한 척도이며, 수요량의 백분율 변화를 소득의 백분율 변화로 나누어 계산한 값

수입품(imports) 해외에서 생산되어 국내에서 판매되는 물품

수출품(exports) 국내에서 생산되어 해외에서 판매되는 물품

수확 체감(diminishing returns) 생산요소의 양이 증가함에 따라 생산요소가 1단위 더 추가되는 데 따른 이득이 감소하는 특성

순수출(net exports) 국내에서 생산된 재화에 대한 외국인의 지출에서 외국에서 생산된 재화에 대한 국내 거주민의 지출을 차감하여 구한 것

순환경로 도해(circular-flow diagram) 가계와 기업 사이에 존재하는 시장을 통해 화폐가 어떻게 유통되는지 보여주는 시각적인 경제 모형

스태그플레이션(stagflation) 생산량이 감소하고 물가가 상승하는 기간

승수효과(multiplier effect) 확장적 재정정책으로 인해 소득이 증가하고 그에 따라 소비자 지출이 증대할 경우 이로 인해 발생하는 총수요의 추가적인 변화

시장(market) 재화 또는 용역의 매수인과 매도인으로 구성된 집합체

시장경제(market economy) 많은 기업과 가계가 재화 및 용역시장에서 상호작용을 하면서 내리는 분산된 결정을 통해 자원을 배분하는 경제

시장실패(market failure) 시장만으로는 홀로 자원을 효율적으로 배분하지 못하는 상황

시장 위험(market risk) 주식시장의 모든 기업에 영향을 미치는 위험

시장 지배력(market power) 시장가격에 상당한 영향을 미치는 단일 경제 행위자(또는 소규모 경제 행위자 집단)의 능력

실업률(unemployment rate) 실업상태인 경제활동인구의 백분율

실업보험(unemployment insurance) 실직상태에 있는 노동자들의 소득을 부분적으로 유지하기 위한 정부 프로그램

실증적 진술(positive statement) 세계를 있는 그대로 설명하려고 주장

실질 GDP(real GDP) 재화 및 용역의 생산을 불변가격으로 계산한 금액

실질변수(real variable) 물리적 단위로 측정한 변수

실질이자율(real interest rate) 인플레이션이 미치는 영향에 대해 조정한 이자율

ㅇ

연방자금 금리(federal funds rate) 은행들이 서로에게 하룻밤 사이의 대출을 제공할 때 부과하는 이자율

연방준비제도(Federal Reserve, Fed) 미국의 중앙은행

열등재(inferior good) 다른 사정이 동일하다면, 소득이 증가할 경우 수요가 감소하는 물품

외부효과(externality) 어떤 사람의 행위가 제3자와 경제적 후생에 보상이 이루어지지 않은 채로 미치는 영향

외부효과를 내부화하기(internalizes the externality) 사람들이 자신들의 행동에 따른 외부효과를 고려하도록 유인을 변경시키는 것

요구불예금(demand deposit) 예금자가 필요할 때 수표를 발행함으로써 인출할 수 있는 은행계좌의 잔액

위험 기피(risk aversion) 불확실성을 싫어함

유동성(liquidity) 어떤 자산이 교환의 매개수단으로 전환될 수 있는 용이성

유동성 선호 이론(theory of liquidity preference) 이자율이 조정되어 통화 공급과 통화 수요가 균형을 이루게 된다는 케인스의 이론

유인(incentive) 사람들이 행동하도록 유도하는 것

은행자본(bank capital) 은행 소유주가 해당 은행에 투입한 재원

이윤(profit) 총수입에서 총비용을 뺀 금액

인적 자본(human capital) 교육, 훈련, 경험을 통해 노동자들이 획득한 지식과 기술

인플레이션(inflation) 경제의 전반적인 물가수준이 상승하는 현상

인플레이션율(inflation rate) 이전 기간 대비 물가수준의 백분율 변화

인플레이션 조세(inflation tax) 정부가 화폐를 발행하여 조달하는 수입

ㅈ

자동안정장치(automatic stabilizer) 경제가 침체에 빠지려 할 때 정책입안자가 의도적으로 조치를 취하지 않더라도 총수요를 촉진하는 재정정책상의 변화

자본요건(capital requirement) 최소한의 은행자본액을 명시하는 정부 규제

자연독점(natural monopoly) 단일기업이 둘 이상의 기업보다 더 낮은 비용으로 전체 시장에 물품 또는 용역을 공급할 수 있기 때문에 발생하는 독점의 한 형태

자연 생산량 수준(natural level of output) 정상 실업률 상태인 장기에

서 경제가 달성하는 재화 및 용역 생산

자연 실업률(natural rate of unemployment) 실업률은 변동을 하는데 그 중심이 되는 정상 실업률

장래가치(future value) 현재 지금 당장의 금액에 대해 현재의 이자율로 지급이 이뤄질 경우 장래에 얻게 될 금액

재무(finance) 시간이 지남에 따른 자원 배분과 위험 관리에 대해 사람들이 어떤 결정을 내리는지 연구하는 분야

재산권(property right) 희소한 자원을 소유하고 통제할 수 있는 개인의 능력

재정적자(budget deficit) 조세 수입이 정부 지출에 미치지 못해 부족한 경우

재정정책(fiscal policy) 정부 지출과 조세의 수준에 대해 정부정책 입안자들이 내리는 결정

재정흑자(budget surplus) 조세 수입이 정부 지출을 초과하는 경우

절대우위(absolute advantage) 다른 생산자보다 더 적은 생산요소를 사용하여 물품을 생산하는 능력

정보 효율성(informational efficiency) 이용할 수 있는 모든 정보를 합리적으로 반영한 자산 가격에 대한 설명

정부 구매(government purchases) 지방정부, 주정부, 연방정부에 의한 재화 및 용역에 대한 지출

정상재(normal good) 다른 사정이 동일하다면, 소득이 증가할 경우 수요가 증가하는 물품

조세귀착(tax incidence) 조세부담이 시장 참여자들 사이에 배분되는 방식

주식(stock) 기업의 일부 소유권을 요구할 수 있는 권리

중앙은행(central bank) 은행시스템을 감독하고 통화량을 조절하도록 설립된 기관

지급준비금(reserves) 은행이 받았지만 대출을 하지 않은 예금

지급준비금에 대한 이자(interest on reserves) 연방준비제도에 예치해 보유하고 있는 지급준비금에 대해 은행들에게 지불되는 이자

지급준비율(reserve ratio) 은행이 예금 중 지급준비금으로 보유하는 비율

지불하려는 의지(willingness to pay) 매수인이 어떤 물품에 대해 지불하게 될 최대 금액

ㅊ

채권(bond) 채무 증명서

천연자원(natural resources) 토지, 하천, 광물처럼 자연에 의해 공급이 이루어지고 재화 및 용역 생산에 투입되는 요소

총공급곡선(aggregate supply curve) 기업이 각 물가수준에서 생산하여 판매하고자 하는 재화 및 용역의 수량을 보여주는 곡선

총비용(total cost) 기업이 생산에 사용한 생산요소의 시장가치

총수요곡선(aggregate demand curve) 가계, 기업, 정부, 해외 고객이 각 물가수준에서 구입하고자 하는 재화 및 용역의 수량을 보여주는 곡선

총수요 및 총공급 모형(model of aggregate demand and aggregate supply) 장기적인 추세를 중심으로 발생하는 단기적인 경제활동의 변동을 설명하기 위해 대부분의 경제학자가 사용하는 모형

총수입(total revenue) 어떤 물품의 매수인이 지급하고 매도인이 수령한 금액으로 해당 물품의 가격에 판매량을 곱하여 계산한 값

총저축(저축)(national saving)(saving) 소비 및 정부 구매에 대해 지불하고 난 후 남은 경제의 총소득

추격효과(catch-up effect) 빈곤하게 시작한 국가들이 부유하게 시작한 국가들보다 더 신속하게 성장하는 경향을 보이는 특성

침체기(recession) 실질소득이 감소하고 실업이 증가하는 기간

ㅋ

코우즈 정리(Coase Theorem) 사적 당사자들이 어떠한 비용도 치르지 않고 자원 배분에 관해 협상할 수 있다면, 당사자들이 외부효과 문제를 해결할 수 있다는 주장

ㅌ

탄력성(elasticity) 결정요인 중 한 개가 변화하는 경우, 수요량 또는 공급량이 그 변화에 반응하는 정도를 측정하는 척도

통화 공급(money supply) 경제에서 가용할 수 있는 통화량

통화승수(money multiplier) 지급준비금 1달러에서 창출되는 통화의 규모

통화정책(monetary policy) 중앙은행의 정책 입안자들에 의한 통화 공급의 설정

투자(investment) 기업 자본, 주택 자본, 재고에 대한 지출

투자신탁회사(mutual fund) 일반인들에게 지분을 판매하고 그에 따른 수입액으로 주식과 채권의 포트폴리오를 구매하는 기관

ㅍ

파업(strike) 노동조합이 조직화하여 추진하는 기업으로부터의 인력 철수

평균 가변비용(average variable cost) 가변비용을 생산량으로 나눈 것

평균 고정비용(average fixed cost) 고정비용을 생산량으로 나눈 것

평균수입(average revenue) 총수입을 판매량으로 나눈 것

평균 총비용(average total cost) 총비용을 생산량으로 나눈 것

피셔효과(Fisher effect) 인플레이션율에 대한 명목이자율의 일대일 조정

ㅎ

한계변화(marginal change) 행동 계획에 대한 점진적인 조정

한계비용(marginal cost) 추가적으로 1단위를 더 생산하는 데 따른 총비용의 증가분

한계생산물(marginal product) 생산요소 1단위를 추가적으로 투입하는 데 따른 생산량의 증가

한계생산물 체감(diminishing marginal product) 투입되는 요소의 수량이 증가함에 따라 해당 요소의 한계생산물이 감소하는 특성

한계수입(marginal revenue) 추가적으로 판매된 1단위를 통해 얻은 총수입의 변화

할인율(discount rate) 연방준비제도가 은행에 제공하는 대출에 대한 이자율

합리적인 사람(rational people) 자신의 목표를 달성하기 위해서 체계적이며 의도적으로 할 수 있는 최선을 다하는 사람

현금(currency) 일반인의 수중에 있는 지폐 및 동전

현재가치(present value) 장래의 어떤 금액을 얻기 위해, 현재 주어진 이자율하에서 지금 당장 필요한 금액

형평성(equality) 경제적 번영에 따른 과실이 사회 구성원들 사이에 균등하게 배분되는 특성

화폐(money) 사람들이 재화 및 용역을 구입하기 위해 일반적으로 사용하는 자산의 집합

화폐수량 이론(quantity theory of money) 이용할 수 있는 통화량이 물가수준을 결정하고, 이용할 수 있는 통화량의 증가율이 인플레이션율을 결정한다고 보는 이론

화폐의 유통속도(velocity of money) 화폐가 주인이 바뀌어 사람에서 사람으로 이동하는 빠르기 수준

화폐의 중립성(monetary neutrality) 통화 공급의 변화가 실질변수에 영향을 미치지 않는다는 주장

확률 보행(random walk) 변화를 예측할 수 없는 변수의 경로

회계적 이윤(accounting profit) 총수입에서 명시비용만을 포함하는 총비용을 빼서 구한 것

효율규모(efficient scale) 평균 총비용을 최소화하는 생산량

효율성(efficiency) 사회의 모든 구성원이 수령하는 총잉여가 극대화되도록 자원 배분이 이루어질 경우 갖게 되는 특성

효율성 임금(efficiency wage) 노동자 생산성을 증대시키기 위해 기업이 지불하는 균형보다 높은 임금

효율적 시장 가설(efficient markets hypothesis) 자산 가격은 자신의 가치에 관해 공개적으로 이용할 수 있는 모든 정보를 반영한다는 이론

후생경제학(welfare economics) 자원 배분이 경제적 후생에 어떤 영향을 미치는지에 대해 분석하는 경제학의 한 분야

기타

GDP 디플레이터(GDP deflator) 실질 GDP에 대한 명목 GDP의 비율에 100을 곱하여 계산한 물가지수의 척도

찾아보기

주제 찾아보기(한글)

ㅌ

ㅍ

ㅎ

주제 찾아보기(영문)

A

B

C

D

E

F

G

H

I

J

L

M

N

인명 찾아보기(한글)

인명 찾아보기(영문)

방학동안 읽을 추천 도서 목록

이 책으로 경제학 원론을 즐겁게 학습했고 경제 문제에 대해 보다 많은 관심을 가지고 있다면, 다음과 같은 도서를 읽어보도록 제안합니다.(저자 성명의 알파벳 순으로 나열했다)

Good Economics for Hard Times
by Abhijit V. Banerjee and Esther Duflo
(New York: PublicAffairs, 2019)
2019년에 노벨 경제학상을 수상한 이들 두 명의 저명한 경제학자는 더 나은 세상을 만드는 방법에 관한 자신들의 생각을 제시한다. 『힘든 시대를 위한 좋은 경제학』이란 제목으로 번역되어 출간되었다.

The Cartoon Introduction to Economics
by Yoram Bauman and Grady Klein
(New York: Hill and Wang, 2010)
유머스럽게 기본적인 경제 원리를 설명한다. 『카툰 길라잡이 경제학』이란 제목으로 번역되어 출간되었다.

The Myth of the Rational Voter: Why Democracies Choose Bad Policies
by Bryan Caplan
(Princeton, NJ: Princeton University Press, 2008)
경제학자가 선출된 지도자들이 종종 경제학자들이 권하는 정책들을 실행하지 못하는 이유를 묻고 있다. 『합리적 투표자에 대한 미신』이란 제목으로 번역되어 출간되었다.

Open: The Progressive Case for Free Trade, Immigration, and Global Capital
by Kimberly Clausing
(Cambridge, MA: Harvard University Press, 2019)
한 경제학자가 미국인들이 세계 다른 국가들과 상호 교류를 함으로써 이익을 얻는 이유를 설명한다.

The Art of Strategy: A Game Theorist's Guide to Success in Business and Life
by Avinash K. Dixit and Barry J. Nalebuff
(New York: Norton, 2008)
이 게임이론 입문서는 체포된 범죄자로부터 기업 임원에 이르기까지 모든 사람이 어떻게 전략적 결정을 내려야 하고 내리고 있는지에 대해 논의한다. 『전략의 탄생』이란 제목으로 번역되어 출간되었다.

The Wisdom of Finance: Discovering Humanity in the World of Risk and Return
by Mihir Desai
(Boston: Houghton Mifflin Harcourt, 2017)
재무적 통찰력이 우리의 삶에 어떤 영향을 미치는지에 대한 매력적인 시각을 제시한다. 『금융의 모험』이란 제목으로 번역되어 출간되었다.

The Tyranny of Experts: Economists, Dictators, and the Forgotten Rights of the Poor
by William Easterly
(New York: Basic Books, 2013)
전직 세계은행 경제학자는 세계 최빈국들을 돕기 위한 많은 시도를 조사하고, 이런 시도가 종종 실패했던 이유에 대해 설명한다. 『전문가의 독재: 경제학자, 독재자 그리고 빈자들의 잊힌 권리』라는 제목으로 번역되어 출간되었다.

Capitalism and Freedom
by Milton Friedman
(Chicago: University of Chicago Press, 1962)
20세기에 가장 중요한 경제학자들 중 한 명의 주장에 따르면 사회는 정부에 덜 의존하고 자유시장에 더 의존해야 한다고 본다. 『자본주의와 자유』라는 제목으로 번역되어 출간되었다.

The Worldly Philosophers
by Robert L. Heilbroner
(New York: Touchstone, 1953, revised 1999)
애덤 스미스, 데이비드 리카도, 존 메이너드 케인스를 포함한 위대한 경제 사상가들의 삶, 시대, 사상에 관한 고전적인 입문서이다. 『세속의 철학자들』이란 제목으로 번역되어 출간되었다.

The Armchair Economist: Economics and Everyday Life
by Steven E. Landsburg
(New York: Free Press, 2012)
영화관에서 팝콘이 그렇게 비싼 이유는 무엇인가? 저자는 이 문제 그리고 경제 생활과 관련된 다른 수수께끼들에 대해 논의한다. 『런치타임 경제학』이란 제목으로 번역되어 출간되었다.